E-Book inside.

Mit folgendem persönlichen Code
erhalten Sie die E-Book-Ausgabe
dieses Buches zum kostenlosen
Download.

40yw6-p56r0-
18201-m6148

Registrieren Sie sich unter
www.hanser-fachbuch.de/ebookinside
und nutzen Sie das E-Book
auf Ihrem Rechner*, Tablet-PC
und E-Book-Reader.

* Systemvoraussetzungen:
  Internet-Verbindung und Adobe® Reader®

Kofler/Nebelo

Excel programmieren

Bleiben Sie auf dem Laufenden!

Der Hanser Computerbuch-Newsletter informiert
Sie regelmäßig über neue Bücher und Termine
aus den verschiedenen Bereichen der IT.
Profitieren Sie auch von Gewinnspielen und
exklusiven Leseproben. Gleich anmelden unter

www.hanser-fachbuch.de/newsletter

Michael Kofler
Ralf Nebelo

Excel programmieren

Abläufe automatisieren,
Apps und Anwendungen entwickeln
mit Excel 2007 bis 2013

HANSER

Die Autoren:

Michael Kofler, Graz
Ralf Nebelo, Bocholt

Bibliografische Information der Deutschen Nationalbibliothek:

Die Deutsche Nationalbibliothek verzeichnet diese Publikation in der Deutschen Nationalbibliografie; detaillierte bibliografische Daten sind im Internet über http://dnb.d-nb.de abrufbar.

© 2014 Carl Hanser Verlag München, www.hanser-fachbuch.de
Lektorat: Brigitte Bauer-Schiewek
Copy editing: Petra Kienle, Fürstenfeldbruck
Herstellung: Irene Weilhart
Umschlagdesign: Marc Müller-Bremer, www.rebranding.de, München
Umschlagrealisation: Stephan Rönigk
Layout: Manuela Treindl, Fürth
Druck und Bindung: Kösel, Krugzell
Ausstattung patentrechtlich geschützt. Kösel FD 351, Patent-Nr. 0748702
Printed in Germany

Print-ISBN: 978-3-446-43866-8
E-Book-ISBN: 978-3-446-43912-2

Inhalt

Vorwort

Excel bietet von Haus aus ein riesiges Spektrum von Funktionen. Wozu sollten Sie dann noch selber Makros, Add-ins, Apps und andere Programmerweiterungen mit VBA, Visual Studio oder anderen Werkzeugen entwickeln? Weil Sie damit ...

- ... eigene Tabellenfunktionen programmieren können, die einfacher anzuwenden sind als komplizierte Formeln.
- ... Excel nach Ihren Vorstellungen konfigurieren und auf diese Weise eine einfachere und effizientere Programmbedienung erreichen können.
- ... komplexe Arbeitsschritte wie etwa das Ausfüllen von Formularen durch „intelligente" Formulare (alias Mustervorlagen) strukturieren und erleichtern können.
- ... immer wieder auftretende Arbeitsvorgänge automatisieren können. Das empfiehlt sich besonders dann, wenn regelmäßig große Datenmengen anfallen, die verarbeitet, analysiert und grafisch aufbereitet werden sollen.
- ... eigenständige und leistungsfähige Excel-Lösungen erstellen können, die sich durch maßgeschneiderte Bedienelemente nahtlos in das Menüband, die sogenannte Backstage-Ansicht (im Datei-Menü) oder andere Teile der Excel-Oberfläche integrieren.

  Damit lassen sich Excel-Anwendungen in ihrer Bedienung so weit vereinfachen, dass sie von anderen Personen (auch von Excel-Laien) ohne lange Einweisung verwendet werden können.

Das notwendige Know-how für alle diese Formen der Excel-Programmierung finden Sie in diesem Buch. *Übrigens: Auch wenn Excel 2013 auf dem Titel steht, so gilt das Gesagte – oder besser: Geschriebene – doch für alle Programmversionen ab 2007 (und zum größten Teil auch für die Versionen davor).*

Wenn es Dinge gibt, die in einer älteren Version anders funktionieren als in Excel 2013, so wird das ausdrücklich erwähnt. Falls das wider Erwarten einmal nicht der Fall sein sollte, bitten wir schon jetzt um Verzeihung. Bei so vielen Versionen verlieren auch erfahrene Autoren manchmal den Überblick.

Neues in Excel

Mit der radikal neuen Multifunktionsleiste, die die früheren Menüs und Symbolleisten plötzlich sehr alt aussehen ließ (und letztlich in Rente schickte), war Excel 2007 eine echte Revolution. Excel 2010 ließ es entwicklungstechnisch deutlich ruhiger angehen und bescherte uns statt einer großen *Re*volution viele kleine *E*volutionen.

Eine davon war der neue *Oberflächeneditor*, mit dem wir nicht mehr nur die unscheinbare „Symbolleiste für den Schnellzugriff" nach unseren Wünschen konfigurieren dürfen, sondern die komplette Multifunktionsleiste. Die heißt nun übrigens „*Menüband*" (siehe Abschnitt 8.2) und beschränkt sich auf solche Befehle, die der Bearbeitung von Dokumentinhalten dienen. Für alle anderen Befehle, die das Dokument als Ganzes betreffen (Speichern, Drucken etc.), hat Microsoft die sogenannte *Backstage-Ansicht* (siehe Abschnitt 8.5) erfunden, die das Office-Menü von Excel 2007 ersetzt. Menüband und Backstage-Ansicht bilden seither die Kommandozentrale von Excel und zeichnen sich durch eine konsequente Aufgabenteilung aus.

Konsequenz zeigte Microsoft auch bei der *Oberflächenprogrammierung.* Hier gilt seit Excel 2010 für alle Bestandteile – Menüband, Backstage-Ansicht, Symbolleiste für den Schnellzugriff *und* Kontextmenüs – das gleiche „duale Prinzip": XML-Code bestimmt das Design, VBA-Code die Funktion. Mit dem Know-how, das Sie sich womöglich schon bei der Anpassung der früheren Multifunktionsleiste erworben haben, können Sie jetzt also die gesamte Excel-Oberfläche verändern und eigene Lösungen integrieren (Kapitel 8).

Evolutionär präsentierte sich Excel 2010 auch bei der Visualisierung von Zahlen. So fanden die *SmartArt-Diagramme* (Abschnitt 10.7), die mit der Version 2007 eingeführt wurden, Eingang in das Objektmodell, so dass man sie nun programmatisch erstellen oder verändern kann. Darüber hinaus hat Excel 2010 der Welt die sogenannten *Sparklines-Diagramme* (Abschnitt 10.6) beschert, ein seinerzeit völlig neuer und ebenfalls programmierbarer Diagrammtyp, der in eine einzelne Zelle passt und sich insbesondere für die Visualisierung von Trends eignet.

Wo Licht ist, ist bekanntlich auch Schatten. Und das gilt insbesondere für die Tatsache, dass es Excel seit der Version 2010 auch in einer *64-Bit-Version* zu kaufen gibt. Dass die nicht nur Vorteile hat, sondern auch massive Nachteile in Form von diversen Inkompatibilitäten, zeigt der Abschnitt 15.7 (und was Sie dagegen tun können, natürlich auch).

Und was bringt uns Excel 2013? Aus Anwendersicht zunächst mal einen nüchternen, von Schatten und Transparenzeffekten befreiten Look, der sich an der Optik von Windows 8 orientiert. Und dazu passend eine neuerlich aufgeräumte und entschlackte Menüband- und Backstage-Oberfläche, in der man so manchen Befehl aus früheren Versionen leider nicht mehr findet.

Neue Funktionen wie SCHNELLANALYSE und EMPFOHLENE DIAGRAMME beschleunigen die Erstellung von Diagrammen. Arbeitsmappen lassen sich nun standardmäßig „in der Cloud" und somit online speichern, manche Diagramme in animierter Form anzeigen und Pivot-Tabellen auf der Basis mehrerer Listen beziehungsweise Tabellen generieren. Unter der Haube gibt es die eine oder andere Tabellenfunktion zu entdecken, unter anderem für das direkte Anzapfen von Webdiensten (siehe Abschnitt 15.4).

Der wichtigste und aus Entwicklersicht interessanteste Neuzugang aber ist die *App für Office*. Dabei handelt es sich um ein völlig neues Erweiterungskonzept, das Webtechniken an die Stelle von VBA-Makros setzen möchte. Wie (und ob) das funktioniert, ist detailliert im Kapitel 15.9 beschrieben.

Warum dieses Buch?

Im Gegensatz zu anderen Titeln, die sich mit dem Thema Excel-Programmierung beschäftigen, liefert Ihnen dieses Buch *keine* systematische Beschreibung von Objekten, ihren Eigenschaften und Methoden oder VBA-Befehlen. Wer so etwas sucht, ist mit der Hilfefunktion des VBA-Editors und mit zahlreichen Internetquellen besser bedient.

Anstelle einer umfassenden Referenz stehen bei diesem Buch praktische Lösungen und Anwendungsmöglichkeiten im Vordergrund. Die zugehörigen Code-Beispiele lassen sich relativ leicht an eigene Bedürfnisse anpassen, was die Entwicklungszeit für manches berufliche oder private Programmiervorhaben spürbar verkürzen kann.

Dass man bei praxisbezogenen Projekten natürlich auch sehr viel über Objekte (die wichtigsten sogar!), vor allem aber über sinnvolle Formen ihres programmierten Zusammenarbeitens erfährt, ist quasi ein Nebeneffekt. Gleichzeitig nennen wir aber auch die Probleme Excels beim Namen, um Ihnen die langwierige Suche nach Fehlern zu ersparen, die Sie gar nicht selbst verursacht haben.

Neben konkreten Programmierlösungen liefert Ihnen dieses Buch aber auch sehr viel Insider-Wissen über die Bedienung von Excel. Damit werden Sie so ganz nebenbei zum „Power-User" und können so manches Anwendungsproblem manuell lösen, für das Sie womöglich sonst ein Programm geschrieben hätten ... ;-)

Jenseits von VBA

Obwohl VBA immer noch das wichtigste Werkzeug für die Entwicklung von Excel-Lösungen ist (und daher im Mittelpunkt dieses Buchs steht), stellen sich zunehmend mehr Aufgaben, die mit der „eingebauten" Programmiersprache des Kalkulationsprogramms nur noch teilweise oder gar nicht mehr zu lösen sind. Beispiele sind etwa die Anpassung von Menüband (siehe Abschnitt 8.2.2) und Backstage-Ansicht (8.5.1), die Programmierung individueller Aufgabenbereiche (15.8.4.1), die Abfrage von Web Services (15.4) oder die Integration von Webtechniken in Form der neuen Office-Apps (15.9).

Damit Sie solche Aufgaben dennoch meistern können, stellt Ihnen dieses Buch die erforderlichen Werkzeuge vor und liefert Ihnen das notwendige Know-how für den erfolgreichen Einsatz. Das erspart Ihnen mühsame Recherchen im Internet, den Kauf weiterer Bücher und lässt Sie mitunter auch kleine programmiertechnische „Wunder" vollbringen – die Wiederbelebung der mit Excel 2003 „entschlafenen" Menüs und Symbolleisten (siehe Abschnitt 8.2.5) beispielsweise. Darüber dürften sich insbesondere altgediente Excel-Anwender freuen, die sich im Menüband immer noch nicht zurechtfinden.

Tipp

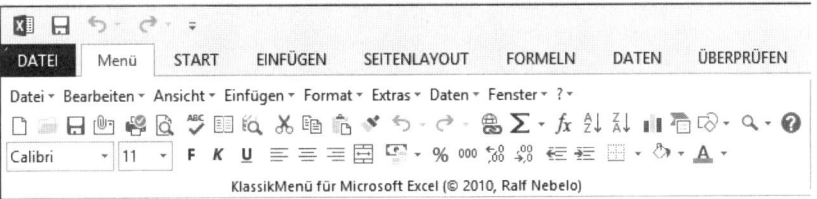

Die Datei *KlassikMenü.xlam* im Unterordner 8 der Beispieldateien enthält eine vollständige Nachbildung der Menü- und Symbolleiste von Excel 2003. Sie können diese Datei als sofort nutzbares Add-in in Excel ab Version 2007 einbinden. Abschnitt 8.2.6 verrät, wie Sie dazu vorgehen müssen.

Viel Erfolg!

Die Beispiele dieses Buchs zeigen, wie weit Excel-Programmierung gehen kann. Die Möglichkeiten sind beinahe unbegrenzt! Wer sie nutzen will, muss sich aber nicht mehr nur im komplexen Objektmodell von Excel und in VBA zurechtfinden, sondern zunehmend auch in angrenzenden Programmierwelten.

Dabei will Ihnen dieses Buch eine praktische Orientierungshilfe sein. Mit zunehmender Übersicht und Erfahrung beginnt dann die Office-Programmierung mit VBA, Visual Studio, XML und diversen anderen Werkzeugen richtig Spaß zu machen.

Und wenn das der Fall ist, lässt auch der gewünschte Erfolg nicht lange auf sich warten. Genau den wünschen wir Ihnen von Herzen!

Michael Kofler und *Ralf Nebelo*, August 2013

   http://www.kofler.info

■ Konzeption des Buchs

Visual Basic für Applikationen (oder kurz: VBA) ist eine sehr leistungsfähige Programmiersprache. Die große Zahl von Schlüsselwörtern bringt aber auch viele Probleme mit sich. Während des Einstiegs ist es so gut wie unmöglich, auch nur halbwegs einen Überblick über VBA zu gewinnen. Und selbst nach monatelanger Programmierung mit VBA wird die Hilfe der wichtigste Ratgeber zu den Details eines bestimmten Schlüsselworts bleiben. Dieses Buch versucht deswegen ganz bewusst, das zu bieten, was in der Originaldokumentation bzw. in der Hilfe zu kurz kommt:

- detaillierte Informationen für die Entwicklung eigener VBA-Lösungen und deren Integration in Menüband, Backstage-Ansicht und andere Bestandteile der Excel-Oberfläche
- „echte" Anwendungen in Form von konkreten, realitätsbezogenen Beispielen
- themenorientierte Syntaxzusammenfassungen (z. B. alle Eigenschaften und Methoden zur Bearbeitung von Zellbereichen)
- aussagekräftige Beschreibungen der wichtigsten Objekte von VBA und ihre Einordnung in die Objekthierarchie

Darüber hinaus liefert Ihnen dieses Buch sehr viel Know-how für fortgeschrittene Programmierthemen, bei denen VBA nicht unbedingt im Mittelpunkt steht:

- Einsatz von DLL-Funktionen
- ActiveX-Automation
- Programmierung eigener Add-ins
- Verwendung von Web Services
- 64-Bit-Programmierung
- Realisierung von Office-Anwendungen mit den Visual Studio Tools for Office (VSTO)
- Entwicklung von Office-Apps mit Webtechnologien

Einem Anspruch wird das Buch aber ganz bewusst nicht gerecht: dem der Vollständigkeit. Es erscheint uns sinnlos, Hunderte von Seiten mit einer Referenz aller Schlüsselwörter zu füllen, wenn Sie beinahe dieselben Informationen auch in der Hilfe finden können. Anstatt zu versuchen, auch nur den Anschein der Vollständigkeit zu vermitteln, haben wir uns bemüht, wichtigeren Themen den Vorrang zu geben und diese ausführlich, fundiert und praxisorientiert zu behandeln.

Formalitäten

Die Namen von Menüs, Befehlsregisterkarten, Symbolen, Buttons und anderer Dialog- und Oberflächenelemente werden in Kapitälchen dargestellt: DATEI|ÖFFNEN, ABBRUCH oder OK. Die Anweisung ÜBERPRÜFEN|BLATT SCHÜTZEN|ZELLEN FORMATIEREN meint, dass Sie zuerst die Befehlsregisterkarte ÜBERPRÜFEN öffnen, den Befehl BLATT SCHÜTZEN anklicken und im daraufhin erscheinenden Dialog das Kontrollkästchen ZELLEN FORMATIEREN auswählen sollen.

VBA-Schlüsselwörter, Variablen- und Prozedurnamen sowie Datei- und Verzeichnisnamen werden *kursiv* angegeben, etwa *Application*-Objekt, *Visible*-Eigenschaft, *strName*-Variable oder *C:\Muster.xlsm*. Tabellenfunktionen wie *WENN()* erscheinen in der gleichen Schrift, aber in Großbuchstaben. (Tabellenfunktionen sind auch anhand der Sprache von VBA-Schlüsselwörtern zu unterscheiden: VBA-Schlüsselwörter sind grundsätzlich englisch, Tabellenfunktionsnamen immer deutsch.)

Beispielcode, Beispieldateien

Aus Platzgründen sind in diesem Buch immer nur die wichtigsten Code-Passagen der Beispielprogramme abgedruckt. Den vollständigen Code finden Sie auf der beiliegenden CD. Die Beispieldateien sind in Verzeichnissen angeordnet, deren Namen den Kapitelnummern entsprechen. VBA-Code in diesem Buch beginnt immer mit einem Kommentar im Format Verzeichnis\Dateiname, der auf die entsprechende Beispieldatei verweist:

```
' 01\format.xlsm
Sub FormatAsResult()
    Selection.Style = "result"
End Sub
```

Im Fall von XML-Code (den Sie hauptsächlich im Kapitel 8 finden) haben die Kommentare die folgende Form:

```
<!-- 08\Menüband_Button.xlsm -->
```

Kommentare in JavaScript-Dateien (Kapitel 15.9) schließlich sehen so aus:

```
/* 15\OfficeApps\SimpleApp\ComplexApp.js */
```

Internetadressen (Hyperlinks.pdf)

Der Text dieses Buchs enthält zahlreiche Verweise auf Internetadressen, wo Sie weiterführende Informationen finden, Tools herunterladen können etc. Da viele dieser „Links" zu kompliziert sind, um sie abzutippen, haben wir sie in einem PDF-Dokument zusammengefasst. Es trägt den Namen *Hyperlinks.pdf* und ist ebenfalls auf der beiliegenden CD im Ordner *Info* zu finden.

Die Links in diesem Dokument sind jeweils mit einer Nummer gekennzeichnet, die Sie auch im Buchtext in der Form *[Link x]* finden, wobei „x" für die konkrete Link-Nummer steht. Zum Öffnen eines Links genügt ein Mausklick. Beim ersten Mal müssen Sie Ihrem Reader-Programm unter Umständen die Erlaubnis dazu erteilen.

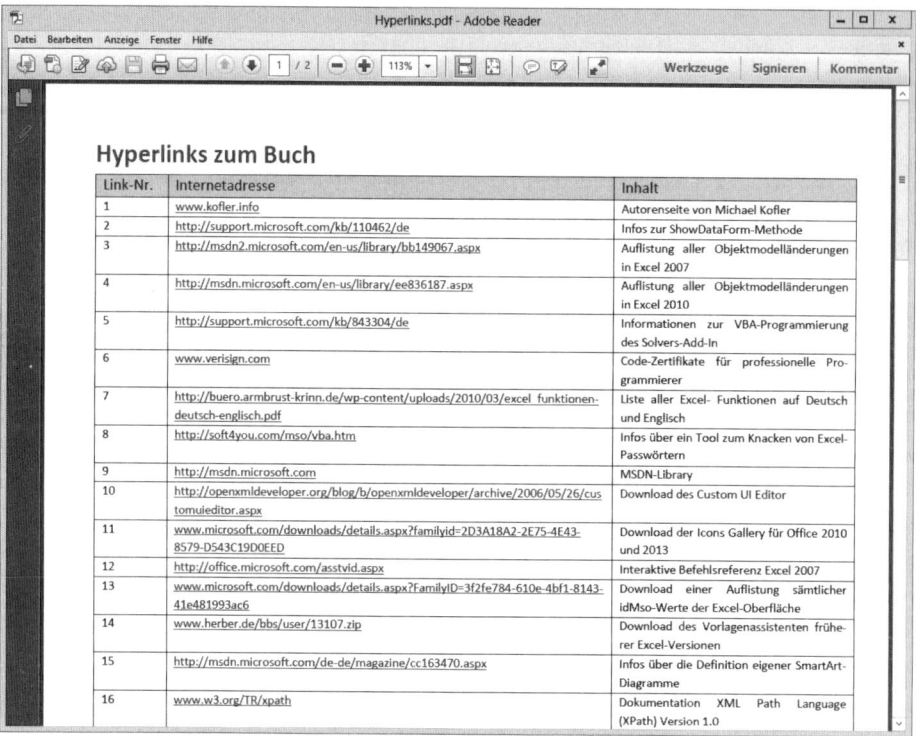

Die Internetadressen in der Datei *Hyperlinks.pdf* können Sie direkt per Mausklick öffnen.

Und eine Entschuldigung

Wir sind uns bewusst, dass unter den Lesern dieses Buchs auch zahlreiche Frauen sind. Dennoch ist in diesem Buch immer wieder von *dem Anwender* die Rede, wenn wir keine geschlechtsneutrale Formulierung gefunden haben. Wir bitten dafür alle Leserinnen ausdrücklich um Entschuldigung. Wir sind uns des Problems bewusst, empfinden Doppelgleisigkeiten der Form *der/die Anwender/in* oder kurz *AnwenderIn* aber sprachlich als nicht schön – und zwar sowohl beim Schreiben als auch beim Lesen.

TEIL I

Intuitiver Einstieg

1 Das erste Makro

Im Verlauf des Kapitels lernen Sie Begriffe wie Makro oder Visual Basic für Applikationen kennen, zeichnen selbst Makros auf, integrieren diese in die Symbolleiste für den Schnellzugriff, stellen eine einfache Datenbankanwendung zusammen etc. Das Kapitel gibt Ihnen einen ersten Einblick in Themen, die im Buch später viel ausführlicher aufgegriffen werden.

■ 1.1 Begriffsdefinition

Makro

Dieses Kapitel steht unter dem Motto „Das erste Makro". Daher soll zunächst einmal der Begriff „Makro" erklärt werden:

Ein Makro bezeichnet eine Reihe von Anweisungen an den Computer, die dieser ausführt, sobald er dazu aufgefordert wird.

Welchen Zweck haben Makros? Hier ein paar Antworten:

- Sie können Arbeitsschritte, die sich häufig wiederholen, automatisieren und vereinfachen.
- Sie können Excel und dessen Benutzeroberfläche ganz an Ihre Bedürfnisse anpassen.
- Sie können die Bedienung von Excel für andere Anwender vereinfachen, sodass diese praktisch ohne Schulung konkrete Excel-Anwendungen bedienen können.
- Und schließlich können Sie echte „Programme" (Anwendungen) schreiben, denen man kaum mehr anmerkt, dass sie in Excel entstanden sind.

Da der Computer natürlichsprachliche Anweisungen wie „Speichere diese Datei!" oder „Stelle die drei markierten Zellen in einer größeren Schrift dar!" leider nicht versteht, müssen Makroanweisungen in einer speziellen Sprache formuliert werden. Aus Kompatibilitätsgründen stellt Excel zwei Sprachen zur Auswahl:

- Die *herkömmliche Makroprogrammiersprache* hat sich im Verlauf der ersten Excel-Versionen gebildet. Makros in dieser Sprache heißen herkömmliche Makros oder Excel-4-Makros, weil die Grundkonzepte dieser Sprache seit der Programmversion 4 nicht mehr verändert oder erweitert wurden. Die Schlüsselwörter der herkömmlichen Makroprogrammiersprache werden in deutscher Sprache angegeben.

- Mit Excel 5 wurde die Sprache *Visual Basic für Applikationen* (kurz VBA) eingeführt. Sie bietet mehr und ausgefeiltere Möglichkeiten der Programmsteuerung, wirkt aber vielleicht auf den ersten Blick etwas umständlich (insbesondere dann, wenn Sie schon einmal ein herkömmliches Makro geschrieben haben).

 Hinweis

In Excel 5 war der deutsche VBA-Dialekt die Default-Einstellung. Bereits mit Version 7 vollzog Microsoft dann aber eine Kehrtwendung: Plötzlich wurden englische Schlüsselwörter bevorzugt. In Version 97 wurde der deutsche Dialekt dann vollständig gestrichen. Deutschsprachiger VBA-Code wird beim Laden alter Dateien automatisch konvertiert. Dieses Buch beschreibt daher ausschließlich die englische VBA-Variante!

Zu den Makrosprachen gleich ein Beispiel, das die aktuelle Arbeitsmappe speichert (zuerst als herkömmliches Makro, dann in VBA):

```
=SPEICHERN()                   'herkömmliches Makro (Excel 4)
AktiveArbeitsmappe.Speichern   'VBA deutsch  (Excel 5 und 7)
ActiveWorkbook.Save            'VBA englisch (Excel 97 und folgende)
```

Das zweite Beispiel stellt in zuvor markierten Zellen eine etwas größere Schriftart ein (wiederum zuerst als herkömmliches Makro, dann in VBA):

```
=SCHRIFTART.EIGENSCHAFTEN(;;ZELLE.ZUORDNEN(19)+2)   'Excel 4
Selection.Font.Size = Selection.Font.Size + 2       'VBA englisch
```

Aus dem Begriff Makro allein geht die gewählte Makrosprache nicht hervor. In diesem Buch meint Makro aber immer ein VBA-Makro.

 Anmerkung

Die obigen Beispiele sind in dieser Form nicht verwendbar. Ein Excel-4-Makro muss mit dem Namen des Makros beginnen und mit dem Kommando =*RÜCK-SPRUNG()* enden. VBA-Makros müssen zwischen *Sub Name()* und *End Sub* eingeklammert werden. Die Syntaxkonventionen von Visual Basic gehen aus den Beispielen dieses Kapitels hervor. Eine detaillierte Beschreibung der VBA-Syntax bietet Kapitel 4.

Makros aufzeichnen

Generell gibt es zwei Möglichkeiten, Makros zu erstellen: Entweder Sie tippen die Kommandos über die Tastatur ein oder Sie lassen sich das Makro von Excel „aufzeichnen". Damit ist gemeint, dass Sie (über Maus und Tastatur) Daten eingeben, Zellen formatieren, Kommandos ausführen etc. Excel verfolgt Ihre Aktionen und schreibt die entsprechenden VBA-Anweisungen in ein Modul. Wenn Sie das so erzeugte Makro später ausführen, werden exakt dieselben Arbeitsschritte, die Sie vorher manuell ausgeführt haben, durch das Makro wiederholt.

In der Realität erfolgt die Erstellung von Makros zumeist in einem Mischmasch aus beiden Methoden. Sie werden zwar immer wieder einzelne Arbeitsschritte von Excel aufzeichnen lassen, ebenso wird es aber auch oft notwendig sein, diese Makros später zu ändern oder zu erweitern.

Makros ausführen

Die unbequemste Form, ein Makro auszuführen, bietet das Kommando ANSICHT | MAKROS | MAKROS ANZEIGEN. Es stellt Ihnen eine Liste mit allen definierten Makros in allen geladenen Arbeitsmappen zur Auswahl. Sobald Sie einen der Makronamen anklicken, wird das entsprechende Makro ausgeführt.

Daneben bestehen aber elegantere Varianten: Sie können ein Makro mit einem beliebigen Symbol in der Symbolleiste für den Schnellzugriff oder mit einer Tastaturabkürzung Strg+Anfangsbuchstabe verbinden. Sobald Sie das Symbol anklicken oder die Tastaturabkürzung eingeben, wird das Makro sofort ausgeführt. Solcherart definierte Makros können eine enorme Arbeitserleichterung bedeuten, wie die Beispiele der folgenden Abschnitte beweisen.

Bis Excel 2003 bestand zudem die Möglichkeit, Makros über selbst definierte Menübefehle zu aktivieren. Da es seit Excel 2007 keine klassische Menüleiste mehr gibt, fällt diese Möglichkeit weg. Ersatzweise können Sie aber das Menüband um eigene Makrostartbefehle erweitern. Das dazu notwendige Verfahren erfordert ein wenig Programmierung und wird ausführlich im Abschnitt 8.2 beschrieben.

Es besteht sogar die Möglichkeit, Makros automatisch beim Eintreten bestimmter Ereignisse ausführen zu lassen. Excel kennt eine ganze Menge solcher Ereignisse – etwa den Wechsel des aktiven Arbeitsblatts, die Neuberechnung des Blatts, das Speichern der Arbeitsmappe etc. Ereignisprozeduren werden in Abschnitt 4.4 ausführlich behandelt.

Makros und Programme

Vielen Excel-Anwendern – sogar solchen, die bereits Makros erstellt haben – stehen die Haare zu Berge, wenn sie den Begriff „programmieren" hören. Programmieren, das sei nur etwas für Profis mit Fach- oder Hochschulausbildung, lautet eine immer wieder vertretene Ansicht. In Wirklichkeit sind Sie bereits ein Programmierer, sobald Sie das erste – vielleicht nur dreizeilige – Makro erstellt haben. Jedes Makro stellt im Prinzip ein echtes Programm dar.

In diesem Buch wird der Begriff Programm zumeist etwas weiter gefasst. Ein Programm meint eine eigenständige Excel-Anwendung, die sich zumeist durch eigene Menübandkommandos, eigene Dialoge und eine oft große Anzahl von Makros auszeichnet. Dieses Buch leitet Sie vom ersten Makro (in diesem Kapitel) bis zu umfangreichen Anwendungen.

■ 1.2 Was ist Visual Basic für Applikationen?

Visual Basic für Applikationen ist eine Makroprogrammiersprache. Mit VBA können Sie Excel-Anwendungen automatisieren oder in ihrer Bedienung vereinfachen. Die Einsatzmöglichkeiten von VBA reichen so weit, dass Sie damit vollkommen eigenständige Programme erstellen können, denen kaum mehr anzumerken ist, dass es sich eigentlich um Excel-Anwendungen handelt. Einführungs- und Anwendungsbeispiele einfacher Makros finden Sie in diesem Kapitel.

Geschichtliches

Die herkömmliche Makrosprache von Excel hat sich ursprünglich aus dem Wunsch heraus entwickelt, neue Tabellenfunktionen zu definieren und wiederholt auftretende Kommandos zu einer Einheit (zu einem Makro) zusammenzufassen. Um die Bedienung von Excel-Anwendungen möglichst einfach zu gestalten, wurden außerdem die Veränderung der (früheren) Menüs und die Definition eigener Dialoge ermöglicht. Verbunden mit dem riesigen Funktionsspektrum von Excel hat sich daraus bis Version 4 eine ziemlich unübersichtliche Makrosprache entwickelt.

Diese Makrosprache hat zwar eine fast uneingeschränkte Programmierung aller Excel-Funktionen erlaubt, viele Programmierprobleme ließen sich allerdings nur umständlich lösen. Die resultierenden Programme waren fehleranfällig und langsam. Bei größeren Projekten traten die Grenzen dieser Makrosprache besonders deutlich zum Vorschein. Für Anwender, die gleichzeitig mehrere Microsoft-Programme (Excel, Word, Access) verwenden, kam als weiteres Problem hinzu, dass jedes Programm mit einer eigenen Makrosprache ausgestattet ist.

Aufgrund all dieser Unzulänglichkeiten beschloss Microsoft, eine seinerzeit vollkommen neue Makroprogrammiersprache zu entwickeln, die zuerst für Excel zur Verfügung stand, inzwischen aber längst in alle Office-Anwendungen integriert wurde.

Die besonderen Merkmale von VBA

VBA ist im Gegensatz zu bisherigen Makrosprachen eine vollwertige Programmiersprache: VBA kennt alle in „echten" Programmiersprachen üblichen Variablentypen, kann mit Zeichenketten umgehen, dynamische Felder verwalten, zur Definition rekursiver Funktionen eingesetzt werden etc.

- VBA ist **objektorientiert**: Als *Objekte* gelten beispielsweise markierte Zellbereiche, Diagramme etc. Typische Merkmale von Objekten – etwa die Ausrichtung des Zellinhalts, die Hintergrundfarbe eines Diagramms – werden über sogenannte *Eigenschaften* eingestellt. Eigenschaften sind also vordefinierte Schlüsselwörter, die zur Manipulation von Objekten vorgesehen sind. Neben den Eigenschaften gibt es noch *Methoden*, die zur Ausführung komplexer Operation vorgesehen sind: etwa zum Erzeugen von Objekten (neuen Diagrammen, Pivot-Tabellen etc.) oder zum Löschen vorhandener Objekte. Methoden lassen sich am ehesten mit herkömmlichen Kommandos vergleichen. Der wesentliche Unterschied besteht darin, dass Methoden nur auf speziell dafür vorgesehene Objekte angewendet werden können.

- VBA ist **ereignisorientiert**: Das Anklicken eines Buttons oder eines Symbols führt zum automatischen Aufruf des dazugehörigen Makros. Als Programmierer müssen Sie sich nicht um die Verwaltung der Ereignisse kümmern, sondern lediglich Makros erstellen, die dann von Excel selbstständig aufgerufen werden.

- VBA stellt professionelle Hilfsmittel zur **Fehlersuche** zur Verfügung: Programmteile können Schritt für Schritt ausgeführt und die Inhalte von Variablen können überwacht werden. Die Programmausführung kann beim Eintreffen von bestimmten Bedingungen unterbrochen werden.

- VBA ist **erweiterungsfähig**: In jedem VBA-Dialekt kann auf Objekte anderer Anwendungen zugegriffen werden. Beispielsweise ist es möglich, in einem Excel-VBA-Programm auch die Schlüsselwörter (im Fachjargon: die *Objektbibliothek*) von Access oder Word zu nutzen. Mit Add-ins können Sie neue Excel-Funktionen und Objekte erstellen.

- Zur Ausstattung von VBA gehört ein leistungsfähiger **Dialogeditor**. Die Verwaltung von Dialogen erfolgt nach dem gleichen objekt- und ereignisorientierten Schema wie die Verwaltung von Excel-Objekten.

Hinweis

Gelegentlich stiftet der Umstand Verwirrung, dass es bei Microsoft mehrere Produkte gibt, die mit Visual Basic zu tun haben. Thema dieses Buchs ist Excel, das über die integrierte Sprache VBA gesteuert werden kann. Es gab und gibt aber auch die eigenständigen Produkte „Visual Basic 6" und dessen Nachfolger „Visual Basic .NET". Dabei handelt es sich um Programmiersprachen, mit denen Sie unabhängig vom Office-Paket Programme entwickeln können; die Ausführung solcher Programme setzt also nicht voraus, dass beim Anwender ebenfalls das Office-Paket installiert ist. VBA auf der einen Seite und VB6 bzw. VB.NET auf der anderen Seite weisen zwar Ähnlichkeiten auf, sind aber durchaus nicht immer kompatibel. (Insbesondere bei VB.NET gibt es sehr viele Änderungen.)

■

1.3 Beispiel: eine Formatvorlage mit einem Symbol verbinden

Im ersten Beispiel wird zuerst eine Formatvorlage definiert. (Eine Formatvorlage sammelt ein Bündel von Formatinformationen zu Schriftart, Ausrichtung, Rahmen und Farben. Formatvorlagen können zur Formatierung von Zellen verwendet werden.) Anschließend wird ein Makro aufgezeichnet, das den markierten Zellen diese Formatvorlage zuweist. Dann wird in die Symbolleiste für den Schnellzugriff ein neues Symbol eingefügt und diesem Makro zugewiesen. Damit besteht die Möglichkeit, die zuvor markierten Zellen durch einen Klick auf das neue Symbol mit der definierten Formatvorlage zu formatieren.

Tipp

Alle Beispiele dieses Kapitels befinden sich natürlich auch in den Beispieldateien der beiliegenden CD (Verzeichnis 01 für das erste Kapitel). ∎

Bevor Sie beginnen

Vorweg einige Tipps, die Ihnen das Leben und die Programmierung mit Excel erleichtern:

- Machen Sie die Befehlsregisterkarte ENTWICKLERTOOLS im Menüband sichtbar. Dazu öffnen Sie die Registerkarte DATEI und wählen OPTIONEN. Klicken Sie links im Dialogfeld auf MENÜBAND ANPASSEN, schalten Sie im rechten Listenfeld das Kontrollkästchen vor ENTWICKLERTOOLS ein und schließen Sie das Dialogfeld mit OK.

- Die nun sichtbare Befehlsregisterkarte stellt Ihnen alle Werkzeuge für die Aufzeichnung und Bearbeitung von Makros, den Entwurf von Formularen sowie die XML-Programmierung zur Verfügung.

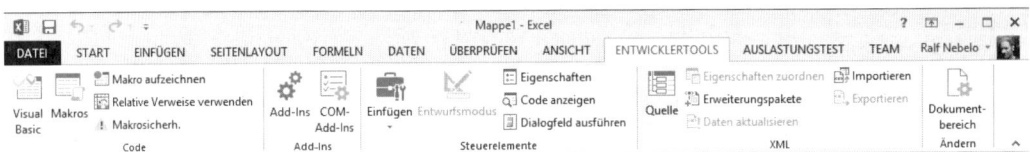

BILD 1.1 Die Registerkarte Entwicklertools

- Standardmäßig deaktiviert Excel sämtliche Makros. Beim Öffnen eines „Makrohaltigen" Dokuments erscheint unterhalb des Menübands eine Sicherheitswarnung, über deren INHALT-AKTIVIEREN-Schaltfläche Sie die Makroausführung ausdrücklich „freischalten" müssen. Was als Schutz vor möglichen Makroviren gedacht ist, kann die Entwicklung eigener Makros aber ungemein behindern.

- Wenn Sie möchten, dass Excel alle Ihre Makros ohne Sicherheitswarnung aktiviert, stellen Sie die Makrosicherheitsstufe vorübergehend für die Zeit der Makroentwicklung auf den niedrigsten Level ein. Dazu wählen Sie ENTWICKLERTOOLS | MAKROSICHERH., aktivieren das Optionsfeld ALLE MAKROS AKTIVIEREN und wählen OK. Sofern Sie einen Virenscanner installiert haben (was dringend zu empfehlen ist), überprüft Excel nun immer noch alle Dokumente auf mögliche Makroviren, sodass Sie kein allzu großes Risiko eingehen. (Weitere Informationen zur Sicherheit von Makros folgen in Abschnitt 4.7.)

- In der VBA-Entwicklungsumgebung (die Sie mit Alt+F11 erreichen) sind einige Optionen verquer voreingestellt. Den Optionsdialog erreichen Sie dort mit EXTRAS | OPTIONEN.

- Dort deaktivieren Sie AUTOMATISCHE SYNTAXÜBERPRÜFUNG. (Die Syntax wird weiterhin überprüft, fehlerhafte Zeilen werden rot markiert. Es entfällt nur die lästige Fehlermeldung samt Piepston.)

- Dann aktivieren Sie die Option VARIABLENDEKLARATION ERFORDERLICH. (Eine ausführliche Begründung folgt in Abschnitt 4.1.)

- Im Dialogblatt ALLGEMEIN deaktivieren Sie die Option KOMPILIEREN | BEI BEDARF (siehe Abschnitt 3.2).

▶ Schritt 1: Definition der Formatvorlage „Result"

Zellen, die das (Zwischen-)Ergebnis einer Berechnung beinhalten, sollen folgendermaßen aussehen:

- Schrift: Arial, 14 Punkt, fett
- Rahmen: doppelte Linie unten
- Zahlenformat: zwei Dezimalstellen

Wenn Sie möchten, können Sie natürlich auch andere Formatierungsmerkmale auswählen. Es geht in diesem Beispiel nur darum, ein neues, eindeutig erkennbares Format zu definieren.

Zur Definition der Formatvorlage öffnen Sie eine neue Arbeitsmappe mit DATEI | NEU | LEERE ARBEITSMAPPE, schreiben in eine beliebige Zelle eine Zahl und formatieren diese Zelle anschließend mit den oben aufgezählten Merkmalen. Anschließend führen Sie das Kommando START | ZELLENFORMATVORLAGEN | NEUE ZELLENFORMATVORLAGE aus. Im nun erscheinenden Dialog geben Sie als Formatvorlagenname „Result" ein und klicken OK an.

BILD 1.2
Die Definition einer neuen Formatvorlage

Geben Sie in Ihrer Tabelle in einer beliebigen Zelle eine weitere Zahl ein, und testen Sie die neue Formatvorlage: Führen Sie START | ZELLENFORMATVORLAGEN aus, und wählen Sie als Vorlage „Result". Die zweite Zelle sollte nun ebenso formatiert sein wie die erste.

▶ Schritt 2: Makro aufzeichnen

Die Arbeitsschritte, die Sie gerade zur Formatierung einer Testzelle ausgeführt haben, sollen in Zukunft automatisch von einem Makro erledigt werden. Dazu müssen diese Arbeitsschritte in einem Makro aufgezeichnet werden. Bewegen Sie den Zellzeiger in eine neue Zelle, und geben Sie dort (um das Ergebnis zu kontrollieren) eine Zahl ein. Schließen Sie die Eingabe mit Return ab, und bewegen Sie den Zellzeiger gegebenenfalls zurück in die gerade veränderte Zelle. Wählen Sie in Excel (nicht in der VBA-Entwicklungsumgebung) das Kommando ENTWICKLERTOOLS | MAKRO AUFZEICHNEN, und geben Sie als Makronamen „FormatAsResult" ein.

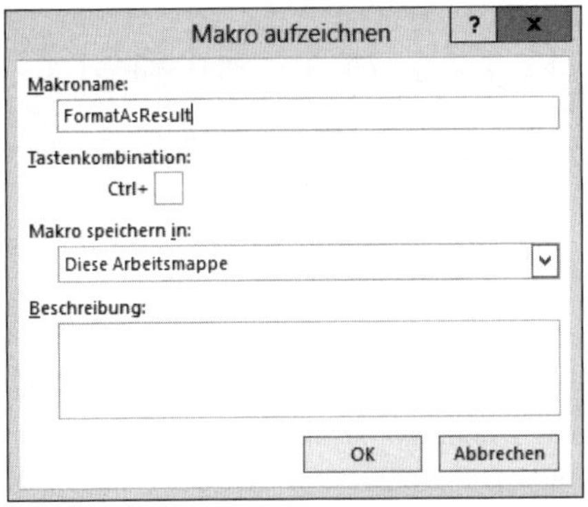

BILD 1.3
Der Dialog zum Aufzeichnen von Makros

Sobald Sie das Dialogfeld mit OK schließen, beginnt Excel mit der Aufzeichnung des neuen Makros. Formatieren Sie die gerade aktive Zelle mit dem Druckformat „Result" (ebenso wie am Ende von Schritt 1, als Sie die Formatvorlage getestet haben). Beenden Sie die Makroaufzeichnung mit ENTWICKLERTOOLS | AUFZEICHNUNG BEENDEN oder durch das Anklicken des kleinen Quadrats, das seit Beginn der Aufzeichnung in der Statuszeile von Excel am unteren Bildschirmrand angezeigt wird.

Jetzt können Sie sich das fertige Makro ansehen, indem Sie mit Alt+F11 in die Entwicklungsumgebung wechseln und dort „Modul1" ansehen. (Dieses Modul wurde im Zuge der Makroaufzeichnung automatisch erzeugt. Wenn „Modul1" schon existiert, legt Excel ein neues Modul mit dem Namen „Modul2" an.) Das neue Modul sollte folgendermaßen aussehen:

```
Sub FormatAsResult()
'
' FormatAsResult Makro
'
    Selection.Style = "result"
End Sub
```

Jetzt sollten Sie das neue Makro noch testen: Wechseln Sie wieder zurück in das Tabellenblatt, geben Sie in einer beliebigen Zelle eine weitere Zahl ein, und schließen Sie die Eingabe mit Return ab. Wählen Sie mit dem Kommando ANSICHT | MAKROS | MAKROS ANZEIGEN das Makro „FormatAsResult" aus. Excel führt Ihr Makro aus, die Zelle sollte anschließend in dem nun schon vertrauten Ergebnisformat erscheinen.

▶ Schritt 3: Definition eines neuen Symbols

Damit das Makro bequemer aufgerufen werden kann, soll jetzt ein neues Symbol in die Symbolleiste für den Schnellzugriff (die Sie links in der Titelleiste des Excel-Programmfensters finden) eingefügt werden. Dazu klicken Sie mit der rechten Maustaste auf die Symbolleiste und wählen den Befehl PASSEN SIE DIE SYMBOLLEISTE FÜR DEN SCHNELLZUGRIFF AN. Stellen Sie das Listenfeld BEFEHLE AUSWÄHLEN auf „Makros" ein, markieren Sie „FormatAsResult" in der Liste darunter, und klicken Sie auf HINZUFÜGEN >>. Der Name Ihres aufgezeichneten Makro sollte nun in dem rechten Listenfeld erscheinen.

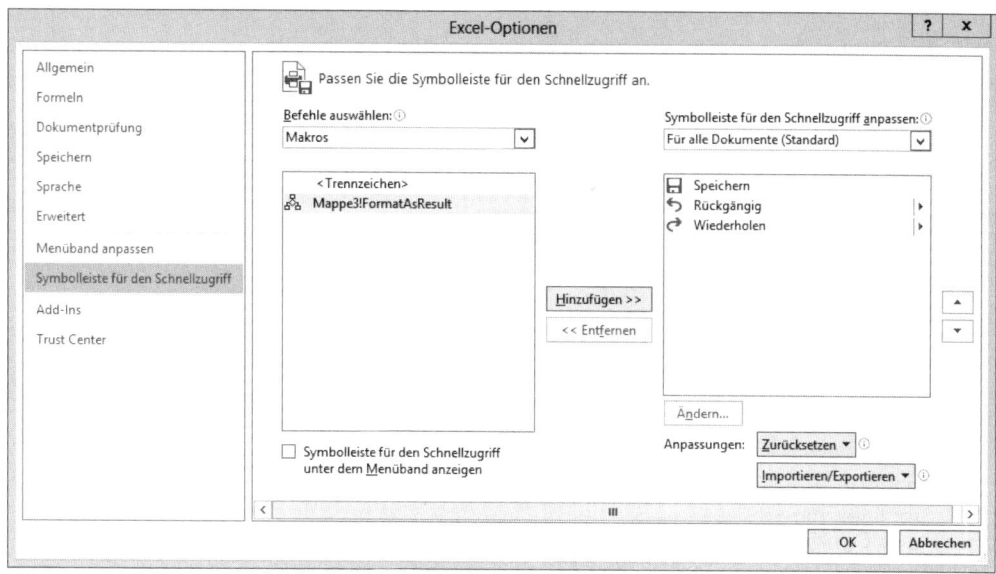

BILD 1.4 Der Dialog zur Anpassung der Symbolleiste für den Schnellzugriff

Würden Sie das ANPASSEN-Dialogfeld jetzt per OK-Schaltfläche schließen, wäre das neue Makrostartsymbol bereits in der Symbolleiste für den Schnellzugriff sichtbar. Beim „Überfahren" des Symbols mit dem Mauszeiger würde allerdings nur der vielleicht etwas kryptische Makroname „FormatAsResult" als sogenannter Tooltip-Text erscheinen. Sie sollten diesen Text gegen eine aussagekräftigere Bezeichnung ersetzen, welche die Funktion des Makros auch anderen Anwendern offenbart.

Und wo Sie schon gerade beim Anpassen sind, sollten Sie dem neuen Symbol auch gleich eine individuelle Grafik zuweisen, die das Standardbild, das voreinstellungsgemäß für alle Makros Verwendung findet, ersetzt.

Um beides zu bewerkstelligen, klicken Sie im immer noch geöffneten ANPASSEN-Dialog im rechten Listenfeld auf den Makronamen „FormatAsResult" und anschließend auf die Schaltfläche ÄNDERN. Markieren Sie nun ein Symbol Ihrer Wahl, und ändern Sie den Anzeigenamen im Textfeld darunter, beispielsweise in „Formatvorlage Result zuweisen". Nach einem Klick auf OK erscheint das neue Symbol in seiner endgultigen Fassung in der Symbolleiste für den Schnellzugriff.

Im Unterschied zu früheren Excel-Versionen gibt es keine Möglichkeit, einem Symbol eine selbst erstellte Grafik zuzuweisen. Die Auswahl ist somit auf die angebotenen Standard-Icons beschränkt.

BILD 1.5
Das neue Symbol erhält ein individuelles Bild
und einen Anzeigenamen zugewiesen.

Das Symbol wieder aus der Symbolleiste entfernen

Wenn Sie das Beispiel beendet haben, wird Ihnen das neue Symbol vermutlich im Weg stehen. Um es wieder zu entfernen, klicken Sie erneut mit der rechten Maustaste auf die Symbolleiste für den Schnellzugriff und wählen den Befehl PASSEN SIE DIE SYMBOLLEISTE FÜR DEN SCHNELLZUGRIFF AN. Markieren Sie im rechten Listenfeld den Makronamen „FormatAsResult", und klicken Sie auf << ENTFERNEN. Nach einem Klick auf OK befindet sich die Symbolleiste wieder in ihrem ursprünglichen Zustand.

Anmerkungen für Fortgeschrittene

Obwohl das Beispiel recht einfach war, wirft es interessante Probleme auf. Es ist nicht ohne Weiteres möglich, die gesamten Informationen dieses Beispiels (also die Definition der Formatvorlage, des neuen Symbols und des Makros) in einer Makroarbeitsmappe so zu speichern, dass ein anderer Excel-Anwender das neue Symbol zur Formatierung von Zellen in seiner eigenen Tabelle verwenden kann. Selbst wenn Sie den Button nur dazu verwenden möchten, um eine Zelle in einer anderen Arbeitsmappe zu formatieren, kommt es zu einer Fehlermeldung. Die Gründe:

- Formatvorlagen gelten nur für eine Arbeitsmappe und können nicht problemlos in einer anderen Arbeitsmappe verwendet werden. (Das Makro könnte natürlich so erweitert werden, dass es die Formatvorlage zuerst in die jeweilige Arbeitsmappe kopiert. Das übersteigt aber den Charakter eines Einführungsbeispiels.)

- Die Anpassung der Symbolleiste für den Schnellzugriff wird in einer Datei gespeichert, die zu den persönlichen Konfigurationsdateien von Excel gehört. (Details zu den Speicherorten dieser Dateien finden Sie in Abschnitt 5.9.)

Das neu definierte Symbol steht daher nur zur Verfügung, wenn Sie sich unter Ihrem Namen anmelden. Andere Benutzer desselben Rechners (mit eigenen Login-Namen) können das neue Symbol somit nicht verwenden.

■ 1.4 Beispiel: Makro zur Eingabeerleichterung

Bei der Eingabe tabellarischer Daten kommt es häufig vor, dass in einer Zelle derselbe Wert bzw. derselbe Text eingegeben werden muss, der bereits in der unmittelbar darüber stehenden Zelle zu finden ist. Excel stellt zwar verschiedene Möglichkeiten zur Verfügung, mit denen Sie die Zelle nach unten kopieren können, alle Varianten setzen aber entweder die Verwendung der Maus voraus (das stört bei einer reinen Tastatureingabe erheblich) oder erfordern umständliche Cursorbewegungen. Es liegt nahe, hierfür wiederum ein Makro aufzuzeichnen, das mit einer einfachen Tastenkombination (z. B. Strg+K zum Kopieren) aufgerufen werden kann.

Vorbereitungsarbeiten

Excel kann bei der Makroaufzeichnung zwischen absoluten und relativen Zellbezügen unterscheiden:

- Normalerweise gilt der absolute Modus. Wenn Sie den Zellzeiger während der Aufzeichnung von B2 nach D4 bewegen, resultiert daraus das Kommando *Range(„D4").Select*.

- Im relativen Modus würde das Kommando dagegen folgendermaßen aussehen: *ActiveCell. Offset(2,2).Range(„A1").Select*. Mit *ActiveCell.Offset(2,2)* wird also die Zelle zwei Zeilen unterhalb und zwei Spalten neben der gerade aktiven Zelle angesprochen. *Range(„A1")* bezieht sich auf diese neue Adresse.

Unterschiede zwischen diesen beiden Varianten ergeben sich erst bei der Ausführung der Makros. Im ersten Fall wird immer die Zelle D4 bearbeitet, ganz egal, wo sich der Zellzeiger vorher befindet. Im zweiten Fall wird die zu bearbeitende Zelle relativ zur aktuellen Zelle ausgewählt.

Zur Umschaltung zwischen relativer und absoluter Aufzeichnung verwenden Sie den Befehl Relative Verweise verwenden in der Registerkarte Entwicklertools. Wenn der Befehl als gedrückter Button angezeigt wird, gilt die relative Aufzeichnung, sonst die absolute. Der Modus kann auch während der Aufzeichnung umgeschaltet werden. Für das Makro dieses Abschnitts sind relative Bezüge erforderlich.

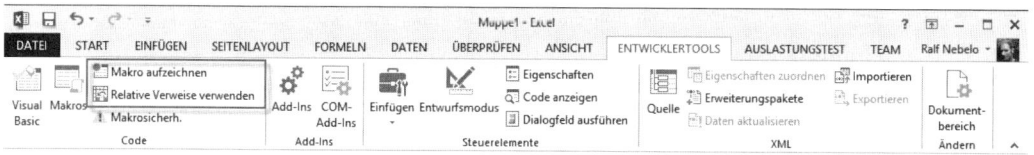

BILD 1.6 Zwei Befehle ermöglichen die absolute und relative Makroaufzeichnung.

Makroaufzeichnung

Bevor Sie mit der Aufzeichnung des Makros beginnen, bereiten Sie die Tabelle vor: Geben Sie in einer Zelle irgendeinen Text ein, und bewegen Sie den Zellzeiger anschließend in die Zelle unmittelbar darunter.

Starten Sie die Aufzeichnung mit ENTWICKLERTOOLS | MAKRO AUFZEICHNEN, und geben Sie dabei als Makronamen *CopyFromCellAbove*, als Shortcut (das ist die Tastaturabkürzung) Strg+K und als Zielort „Persönliche Makroarbeitsmappe" an. Anschließend stellen Sie den Aufzeichnungsmodus auf RELATIVE VERWEISE VERWENDEN, falls dies nicht bereits der Fall ist. Das ist bei diesem Makro erforderlich, weil es an jeder beliebigen Stelle in der Tabelle funktionieren soll (und immer die – relativ zum Zellzeiger – darüber liegende Zelle kopieren soll).

Während die Aufzeichnung läuft, drücken Sie Shift+↑, um die aktuelle und die darüber liegende Zelle zu markieren. Anschließend wechseln Sie auf die Befehlsregisterkarte START, öffnen das nicht beschriftete FÜLLBEREICH-Menü im rechten Teil der Registerkarte und wählen UNTEN, um den Inhalt der ersten Zelle in die darunterliegende zu kopieren. Mit → schließlich bewegen Sie den Zellzeiger in die nächste Zelle nach rechts, wo die nächste Eingabe erfolgen kann. Beenden Sie die Aufzeichnung mit ENTWICKLERTOOLS | AUFZEICHNUNG BEENDEN.

In der Persönlichen Arbeitsmappe sollte sich jetzt folgendes Visual-Basic-Makro befinden:

```
' Beispiel 01\shortcut.xlsm
Sub CopyFromCellAbove()
   ActiveCell.Offset(-1, 0).Range("A1:A2").Select
   ActiveCell.Activate
   Selection.FillDown
   ActiveCell.Offset(0, 1).Range("A1").Select
End Sub
```

Wenn Sie das Makro nun ausprobieren, werden Sie feststellen, dass es zwar prinzipiell funktioniert, dass sich der Zellzeiger anschließend aber nicht wie bei der Aufzeichnung rechts von der Startzelle befindet, sondern eine Zeile weiter oben. Hier gibt es also einen kleinen Widerspruch zwischen den aufgezeichneten Kommandos und dem resultierenden Code (d. h., die automatische Makroaufzeichnung hat nicht ganz perfekt funktioniert). Sie können das Problem beseitigen, indem Sie den ersten *Offset*-Wert in der letzten Zeile des Makros folgendermaßen ändern:

```
   ActiveCell.Offset(1, 1).Range("A1").Select
```

 Anmerkung

Wenn Sie bei der Aufzeichnung vergessen, das Tastenkürzel Strg+K anzugeben, können Sie einem vorhandenen Makro auch nachträglich ein Kürzel zuweisen. Dazu führen Sie in Excel (nicht in der Entwicklungsumgebung) ENTWICKLERTOOLS | MAKROS aus, wählen das Makro aus und stellen das Kürzel mit OPTIONEN ein. ∎

■ 1.5 Beispiel: einfache Literaturdatenbank

Das folgende Beispiel ist eine schon ziemlich konkrete (wenn auch noch immer sehr einfache) Anwendung. Es befindet sich auf der Buch-CD unter dem Dateinamen *Books.xlsm*.

Die Arbeitsmappe (oder „das Programm") ermöglicht die Verwaltung von Büchern, beispielsweise für eine kleine Bibliothek. Die Liste der Bücher kann beliebig erweitert, nach Autoren oder Titeln sortiert, nach verschiedenen Kriterien selektiert (z. B. nur Computerbücher), nach Begriffen durchsucht werden etc. Die Bedienung der Anwendung ist durch einige Buttons vereinfacht, sodass zum Suchen eines Buchs oder zur Erweiterung der Datenbank kaum Excel-spezifische Kenntnisse erforderlich sind.

▸ Schritt 1: Datenbank einrichten, Fenstergestaltung

Die Erstellung dieser Anwendung beginnt damit, dass Sie die Daten einiger Bücher eingeben und die Tabelle in etwa nach dem Vorbild von Bild 1.7 gestalten. Das hat vorläufig noch nichts mit Makroprogrammierung zu tun, es handelt sich lediglich um den ganz normalen Aufbau einer neuen Excel-Tabelle. Die Buttons und Filterpfeile sollten Sie vorläufig ignorieren.

(Wenn Sie möchten, können Sie genauso gut eine Adressdatenbank, eine Schülerkartei oder was auch immer anlegen. Sie müssen sich durchaus nicht exakt an die Vorlage halten! Lernen werden Sie umso mehr, je kreativer und eigenständiger Sie vorgehen.)

Einige Hinweise zur Formatierung der Tabelle: Alle Zellen der Tabelle wurden vertikal nach oben ausgerichtet (Start | Zahl | Zellen formatieren | Ausrichtung). Bei den Zellen der Titelspalte wurde außerdem das Attribut Zeilenumbruch aktiviert, sodass längere Titel automatisch über mehrere Zeilen verteilt werden. Bei den beiden obersten Zeilen wurde die Zeilenhöhe deutlich vergrößert. Die gesamte zweite Zeile wurde mit der Hintergrundfarbe Hellgrau formatiert (Start | Zahl | Zellen formatieren | Ausfüllen).

In Zelle C2 (Inhalt: Kategorie-Überschrift) wurde ein Kommentar gespeichert. (Kommentare werden mit Überprüfen | Neuer Kommentar eingegeben. Seit Excel 7 werden Kommentare automatisch angezeigt, sobald die Maus über eine Zelle mit einem Kommentar bewegt wird.) Der Kommentar in Zelle C2 wird dazu verwendet, den Kategorie-Code zu erklären: B ... Belletristik, C ... Computerliteratur etc. Zellen, zu denen ein Kommentar gespeichert ist, werden in der rechten oberen Ecke mit einem roten Punkt markiert. Falls dieser Punkt bei Ihnen nicht erscheint, wählen Sie Datei | Optionen | Erweitert | Anzeige, und aktivieren Sie die Option Nur Indikatoren, und Kommentare nur beim Daraufzeigen.

Einige Tipps zur Gestaltung des Fensters: Das Fenster wurde so fixiert, dass im oberen Fensterbereich die Überschrift der Datenbank (zwei ziemlich hohe Zeilen) dauerhaft zu sehen ist (Zelle A3 markieren, Ansicht | Fenster fixieren | Fenster fixieren wählen). Mit Seitenlayout | blattoptionen wurde die Anzeige der Gitternetzlinien abgeschaltet.

Dass es sich bei der Tabelle um eine Datenbank handelt, brauchen Sie Excel nicht mitzuteilen. (Damit Excel die Datenbank erkennt, müssen Sie lediglich den Zellzeiger irgendwo in die Datenbank bewegen. Als „Datenbank" gilt in Excel einfach jeder zusammenhängende Zellbereich.)

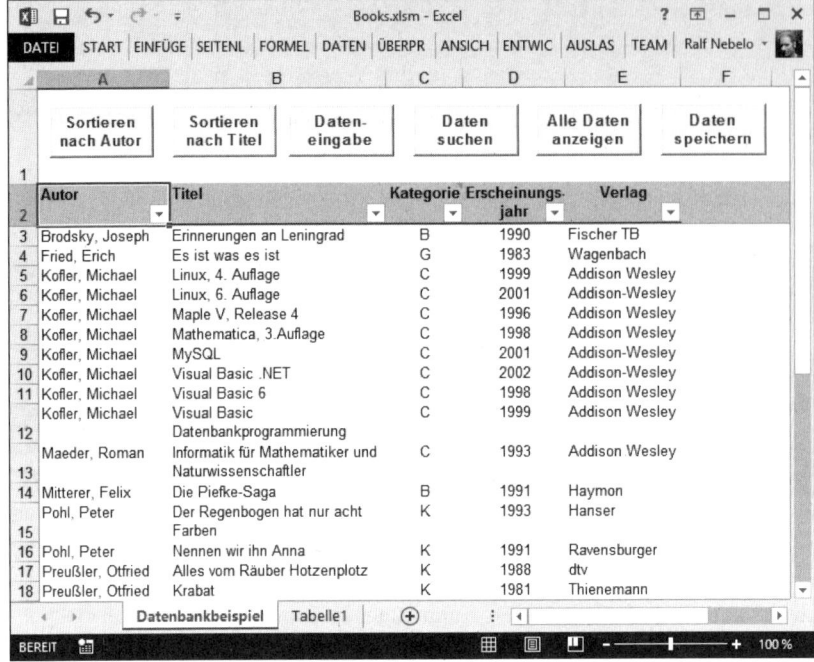

BILD 1.7 Eine einfache Datenbankanwendung

Sie können daher sofort die Datenbankkommandos ausprobieren, etwa zum Sortieren der Tabelle nach einem beliebigen Kriterium (Autor, Titel, Erscheinungsjahr etc.). Führen Sie einfach DATEN | SORTIEREN aus.

Tipp

Das Datenbankkommando zum Aufruf einer Eingabemaske (früher: DATEN | MASKE) steht in Excel 2013 standardmäßig nicht mehr zur Verfügung. Sie können es allerdings der Symbolleiste für den Schnellzugriff hinzufügen, indem Sie diese mit der rechten Maustaste anklicken, den Befehl PASSEN SIE DIE SYMBOLLEISTE FÜR DEN SCHNELLZUGRIFF AN wählen, das Listenfeld BEFEHLE AUSWÄHLEN auf „Alle Befehle" einstellen und dann den Befehl „Maske..." per HINZUFÜGEN-Schaltfläche in die Symbolleiste integrieren. Tipp im Tipp: Um mehr Platz für weitere Symbole zu schaffen, können Sie die Symbolleiste für den Schnellzugriff per Kontextmenübefehl unter dem Menüband anzeigen lassen. ∎

▶ Schritt 2: Die Datenbank mit Filtern ausstatten

Mit dem Kommando DATEN | FILTERN werden die kleinen Filterpfeile in den Überschriftenzellen der Tabelle angezeigt. Wenn Sie diese Pfeile mit der Maus anklicken, können Sie Filterkriterien auswählen, z. B. einen bestimmten Verlag, ein Erscheinungsjahr etc. In der Datenbank werden dann nur noch jene Daten angezeigt, die dieses Kriterium erfüllen.

Zur Kennzeichnung, dass nicht alle Daten sichtbar sind, zeigt Excel jetzt ein Filtersymbol auf der Schaltfläche an. Es können mehrere Filterkriterien kombiniert werden (beispielsweise alle Bücher des Verlags *X* aus dem Jahr *Y*). Sie können sogar eigene Kriterien aufstellen, etwa um alle Bücher anzuzeigen, die zwischen 1980 und 1990 erschienen sind (TEXTFILTER | BENUTZERDEFINIERTER FILTER).

▶ Schritt 3: Buttons und Makros

Als erfahrener Excel-Anwender haben Sie vermutlich keine Probleme, die Datenbank im aktuellen Zustand zu bedienen. Sie können die Daten nach beliebigen Kriterien sortieren, Daten eingeben und verändern etc. Wenn Sie aber möchten, dass auch ein vollkommener Excel-Laie mit dieser Datenbank umgehen kann, müssen Sie die Bedienung noch ein wenig vereinfachen. Im vorliegenden Beispiel wurden dazu einige Buttons in die Tabelle eingefügt, mit denen die wichtigsten Funktionen ohne langes Suchen im Menüband ausgeführt werden können.

Zum Einfügen von Buttons aktivieren Sie die Registerkarte ENTWICKLERTOOLS. Anschließend klicken Sie auf EINFÜGEN, wählen das Befehlsschaltflächensymbol unter „ActiveX-Steuerelemente" und fügen den Button mit der Maus in das Tabellenblatt ein. (Dabei wird automatisch der Entwurfsmodus aktiviert, der eine weitere Bearbeitung des Buttons ermöglicht.)

Nun folgt die Formatierung des Buttons: Per Kontextmenükommando BEFEHLSSCHALTFLÄCHE-OBJEKT | BEARBEITEN können Sie die Beschriftung ändern. Strg+Return beginnt eine neue Zeile, Esc schließt die Eingabe ab.

Alle anderen Eigenschaften werden mit einem eigenen Fenster (siehe Bild 1.8) eingestellt, das ebenfalls per Kontextmenü oder mit dem EIGENSCHAFTEN-Befehl im Menüband aufgerufen wird. In diesem Eigenschaftenfenster sollten Sie die folgenden Einstellungen vornehmen:

- *Name:* Geben Sie dem Steuerelement einen aussagekräftigen Namen, etwa *btnSort* für den Button zum Sortieren.

- *Font:* Vergrößern Sie die Schriftart auf 10 Punkt, und wählen Sie das Attribut fett.

- *ForeColor:* Wenn Sie bunte Buttons mögen, stellen Sie eine andere Textfarbe ein.

- *TakeFocusOnClick:* Stellen Sie diese Eigenschaft auf *False*, damit der VBA-Code später korrekt verarbeitet wird (siehe auch Abschnitt 7.5).

 Tipp

Sie können etwas Zeit sparen, wenn Sie diese Formatierungsschritte nur für den ersten Button durchführen. Anschließend kopieren Sie den Button mehrmals, indem Sie ihn mit der Maus bei gedrückter Strg-Taste verschieben. Wenn Sie zusätzlich Shift drücken, bleibt außerdem die horizontale Position gleich, sodass die Steuerelemente zueinander ausgerichtet erscheinen. Anschließend müssen Sie nur noch die Beschriftung und den Steuerelementnamen einstellen.

■

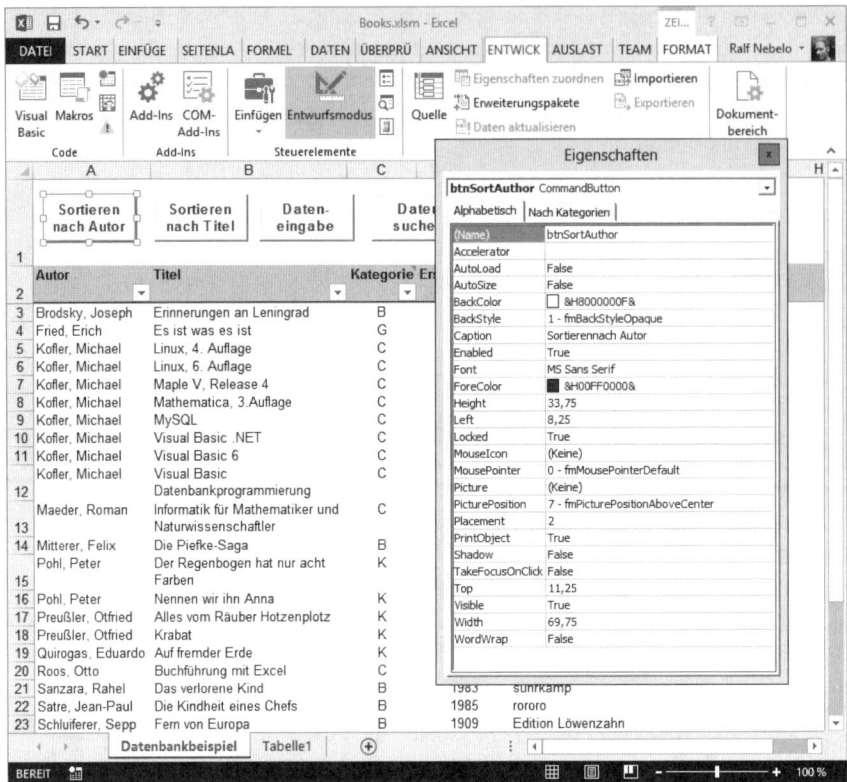

BILD 1.8 Links das Tabellenfenster, rechts das Eigenschaftenfenster mit den Einstellungen des ausgewählten Buttons

Jetzt müssen Sie die Buttons noch mit Programmcode verbinden. Ein Doppelklick auf den Button fügt im Modul *Tabelle1* eine Schablone für die Ereignisprozedur ein, die beim Anklicken des Buttons später automatisch ausgeführt wird. Der Name der Prozedur setzt sich aus dem Steuerelementnamen (etwa *btnSortAuthor*) und dem Ereignis (meist *Click*) zusammen:

```
' Beispiel 01\books.xlsm, Modul Tabelle1
Private Sub btnSortAuthor_Click()

End Sub
```

Zur Aufzeichnung des Programmcodes gehen Sie wie in den vorangegangenen Beispielen vor. Die resultierenden Anweisungen übertragen Sie anschließend mit KOPIEREN und EINFÜGEN vom Aufzeichnungsmodul in die Codeschablone. Falls Sie zuletzt das Beispiel des vorherigen Abschnitts abgearbeitet haben, ist noch der Modus „Relative Verweise verwenden" aktiv. Sie sollten diesen Modus bei Beginn der Aufzeichnung wieder deaktivieren.

Nun zum Inhalt der Makros: Für die beiden SortierMakros klicken Sie zuerst die Zelle A2 an, führen anschließend DATEN | SORTIEREN aus und geben im Dialog das gewünschte Sortierkriterium (Autoren oder Titel) an. Bevor Sie das Makro ALLE DATEN ANZEIGEN aufzeichnen

können, müssen Sie irgendein Filterkriterium auswählen (z. B. alle Bücher anzeigen, die
1993 erschienen sind). Das Kommando DATEN | LÖSCHEN steht nämlich nur zur Verfügung,
wenn mindestens ein Filterkriterium aktiv ist. Für das SPEICHERN-Makro führen Sie einfach
das Kommando DATEI | SPEICHERN aus. Die Makros DATENEINGABE und DATEN SUCHEN müssen
Sie im Modul über die Tastatur eingeben (Code siehe unten). Die Makros sollten schließlich
folgendermaßen aussehen:

```
' Beispiel 01\books.xlsm, „Tabelle1"
' Sortieren nach Autorennamen
Private Sub btnSortAuthor_Click()
  Range("A2").Select
  Selection.Sort Key1:=Range("A3"), Order1:= _
    xlAscending, Header:=xlGuess, OrderCustom:=1, _
    MatchCase:=False, Orientation:=xlTopToBottom
End Sub
' Sortieren nach Titeln
Private Sub btnSortTitle_Click()
  Range("A2").Select
  Selection.Sort Key1:=Range("B3"), Order1:= _
    xlAscending, Header:=xlGuess, OrderCustom:=1, _
    MatchCase:=False, Orientation:=xlTopToBottom
End Sub
' Datenbankmaske anzeigen, „Neu"-Button anklicken
Private Sub btnInput_Click()
  Range("A2").Select
  SendKeys "%n"
  ActiveSheet.ShowDataForm
End Sub
' Dialog zum Suchen anzeigen
Private Sub btnFind_Click()
  SendKeys "^f"
End Sub
' alle Datensätze anzeigen
Private Sub btnShowAll_Click()
  On Error Resume Next
  ActiveSheet.ShowAllData
End Sub
' Speichern
Private Sub btnSave_Click()
  ActiveWorkbook.Save
End Sub
```

 Tipp

Zum Ausprobieren der Buttons müssen Sie den Entwurfsmodus für die Steuerelemente über den Befehl in der Registerkarte ENTWICKLERTOOLS deaktivieren.   ∎

Anmerkungen für Fortgeschrittene

Das Anklicken der Zelle A2 beim Aufzeichnen der Makros (es könnte auch eine beliebige andere Zelle des Datenbankbereichs sein) ist notwendig, weil die Datenbankkommandos nur funktionieren, wenn der Zellzeiger sich im Datenbankbereich befindet. Da die Buttons später auch dann angeklickt werden können, wenn der Zellzeiger an anderer Stelle steht, muss er am Beginn des Makros explizit in den Datenbankbereich gestellt werden.

In das Makro *btnInput_Click* muss nach der Makroaufzeichnung das *SendKeys*-Kommando eingefügt werden. Es simuliert die Tastatureingabe Alt+N, durch die im Dialog der Datenbankmaske der Button Neu ausgewählt wird. Damit wird verhindert, dass der Anwender irrtümlich einen bereits bestehenden Eintrag überschreibt. (Wegen der nicht ganz einleuchtenden Bedienung der Datenbankmaske passiert das beim ersten Mal fast zwangsläufig.)

Die Anordnung der Kommandos *SendKeys* und *ShowDataForm* erscheint zugegebenermaßen unlogisch. Eigentlich sollte man meinen, dass zuerst der Dialog geöffnet und erst anschließend die Tastatureingabe simuliert werden muss. Das Kommando *SendKeys* bewirkt aber lediglich, dass die Tastenkombination Alt+N in einen Tastaturpuffer eingetragen und von dort (irgendwann) vom Windows-System weiterverarbeitet wird. Würde *SendKeys* unter *ShowDataForm* im Makro stehen, würde Excel mit der Ausführung von *SendKeys* warten, bis die Eingaben in der Datenbankmaske ausgeführt sind – und dann ist es natürlich zu spät.

Die Methode *ShowDataForm* setzt voraus, dass die Datenbank im Zellbereich A1:B2 anfängt. Die aktuelle Position des Zellzeigers ist egal. Wenn die Datenbank an einer anderen Position anfängt, müssen Sie den gesamten Zellbereich mit dem Namen *datenbank* benennen (Formeln | Namen definieren). Weitere Informationen gibt es auf der folgenden Internetseite *[Link 2]*:

> http://support.microsoft.com/kb/110462/de

Das Makro *btnFind_Click* verwendet ebenfalls *SendKeys* zum Aufruf des Suchen-Dialogs. Es wäre zwar auch möglich, den Dialog mit *Dialogs(xlDialogFormulaFind).Show* anzuzeigen, es ist aber nicht möglich, tatsächlich Daten zu finden. (Die Suche beschränkt sich aus unerklärlichen Gründen auf die gerade aktuelle Zelle.) Dieses Problem besteht übrigens schon seit Excel 5!

Im Makro *btnShowAll_Click* wird Ihnen vielleicht die Anweisung *On Error Resume Next* auffallen. Diese Anweisung bewirkt, dass das Makro auch dann ohne Fehlermeldung in der nächsten Zeile fortgesetzt wird, wenn ein Fehler auftritt. In dem Makro kann es sehr leicht zu einem Fehler kommen: nämlich immer dann, wenn der Anwender den Button Alle Daten anzeigen anklickt, obwohl in dem Moment gar kein Filterkriterium aktiv ist.

1.6 Beispiel: Formular zur Berechnung der Verzinsung von Spareinlagen

Das nächste Beispiel dieses Kapitels beweist, dass die Gestaltung vorgefertigter Anwendungen nicht zwangsläufig mit Programmieren verbunden ist. In der in Bild 1.9 dargestellten Tabelle können Sie im gelb unterlegten Bereich vier Parameter eingeben: die jährliche Verzinsung der Spareinlagen, die monatlichen Spareinlagen, den ersten Einzahlungstag und die Laufzeit des Sparvertrags. Die Tabelle ist so dimensioniert, dass die Laufzeit maximal sechs Jahre betragen kann.

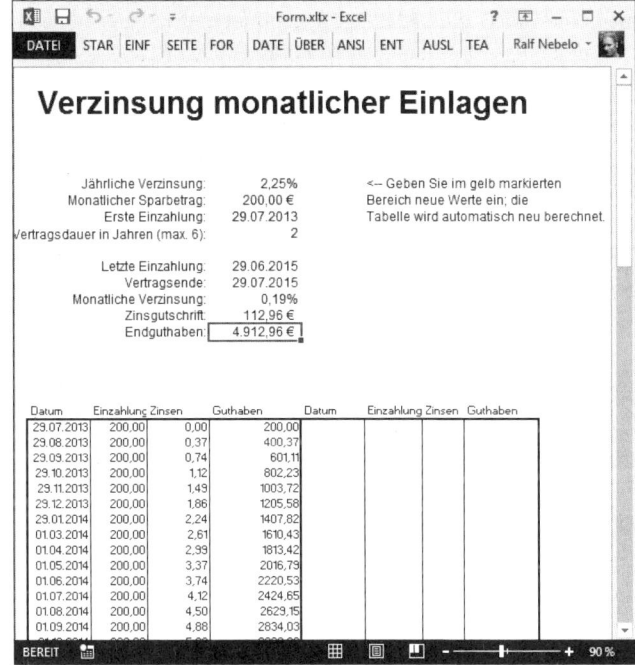

BILD 1.9
Verzinsung monatlicher
Spareinlagen

Aus den Eingaben berechnet Excel selbstständig den Termin der letzten Einzahlung, das Vertragsende, die monatliche Verzinsung, die im Verlauf der Vertragszeit erreichte Zinsgutschrift sowie das Gesamtguthaben nach Ende der Laufzeit. Außerdem generiert Excel eine Tabelle mit den monatlichen Zinsgutschriften und Guthaben, sodass leicht festgestellt werden kann, wie groß das Guthaben zu einem beliebigen Zeitpunkt innerhalb der Laufzeit ist.

Die Tabelle eignet sich beispielsweise als Grundlage (und Werbemittel) in einem Bankinstitut, das die Kunden von der Sinnfälligkeit eines Sparvertrags überzeugen möchte. Das Erstellen einer Tabelle nach den Vorstellungen des Kunden erfolgt in Sekunden. Die Tabelle kann anschließend in einer ansprechenden Form ausgedruckt werden.

Verweis

Das Beispiel kommt zwar ohne Makroprogrammierung aus, basiert dafür aber auf ziemlich komplexen *WENN*-Formeln. Wenn Ihnen der Umgang mit *WENN*-Formeln Probleme bereitet, finden Sie in Abschnitt 9.1 dazu Informationen.

Das Formelmodell

Das Formular sieht einen vierzelligen Eingabebereich vor, in dem sich zur einfacheren Orientierung bereits voreingestellte Werte befinden:

- E5 (jährlicher Zinssatz): 2.5 Prozent
- E6 (Sparbetrag): 100 €
- E7 (erster Einzahlungstermin): *=HEUTE()*
- E8 (Laufzeit): 1 Jahr

Daraus werden drei Ergebnisse berechnet: das Datum der letzten Einzahlung (*n* Jahre minus 1 Monat nach der ersten Einzahlung), das Ende der Laufzeit (1 Monat später) und der monatliche Zinssatz.

Die Datumsberechnungen demonstrieren den Umgang mit der Funktion *DATUM*, mit der ein gültiges Datum aus der Angabe *(Jahr; Monat; Tag)* erstellt wird. Die *DATUM*-Funktion ist dabei unglaublich flexibel: *DATUM(2010;13;1)* führt zum 1.1.2011, *DATUM(2011; 2; 31)* zum 3.3.2011, *DATUM(2011; -3; -3)* zum 28.8.2010. Es kann also wirklich beinahe bedenkenlos gerechnet werden; ungültige Monats- und Tagesangaben werden automatisch in sinnvolle Daten umgerechnet.

Bei der Berechnung des monatlichen Zinssatzes wird angenommen, dass die Verzinsung wirklich monatlich erfolgt. Daher darf der Zinssatz nicht einfach durch 12 dividiert werden, weil der daraus resultierende Jahreszinssatz dann wegen des resultierenden Zinseszins zu hoch ausfallen würde.

- E10 (letzte Einzahlung): *=DATUM(JAHR(E7)+E8;MONAT(E7)-1;TAG(E7))*
- E11 (Vertragsende): *=DATUM(JAHR(E7)+E8;MONAT(E7);TAG(E7))*
- E12 (monatlicher Zinssatz): *=(1+E5)^(1/12)-1*

Die eigentlichen Ergebnisse des Formulars – die im Verlauf der Vertragsdauer gutgeschriebenen Zinsen und das Endguthaben – resultieren aus der Monatstabelle im unteren Bereich des Formulars (B17:I53). Die Zinsgutschrift ergibt sich aus der Summe aller monatlichen Zinsen, das Endguthaben aus dem maximalen Betrag, der in den beiden Guthabenspalten gefunden werden kann. (Da die Länge der Tabelle von der Laufzeit des Vertrags abhängt, existiert keine genau definierte Zelle, in der das Ergebnis steht.)

- E13 (gesamte Zinsgutschrift): *=SUMME(D17:D53;H17:H53)*
- E14 (Gesamtguthaben): *=MAX(E17:E53;I17:I53)*

Nun zur Monatstabelle, deren Aufbau die meisten Formelprobleme verursacht. Die Tabelle ist aus Platzgründen zweispaltig konzipiert. Dadurch kann das gesamte Formular bis zu einer Laufzeit von sechs Jahren auf einer einzigen Seite ausgedruckt werden.

Die erste Zeile der Tabelle ist trivial und verweist einfach auf die entsprechenden Zellen des Eingabebereichs. In der Zinsspalte steht starr der Wert 0, weil am ersten Einzahlungstag noch keine Zinsen angefallen sind.

- B17 (Datum): *=E7*
- C17 (Einzahlung): *=E6*
- D17 (Zinsen): 0
- E17 (Guthaben): *=C17*

Ab der zweiten Zeile beginnen die allgemeingültigen Formeln, die nach einer einmaligen Eingabe durch Ausfüllen bzw. Kopieren auf die gesamte Tabelle verteilt werden. Wesentlich beim Formelapparat ist, dass sich zwar in allen Zellen der Tabelle Formeln befinden, aber nur in einer durch die Laufzeit vorgegebenen Anzahl von Zellen Ergebnisse angezeigt werden sollen. In den verbleibenden Zellen müssen die Formeln erkennen, dass die Vertragslaufzeit überschritten ist, und daher als Ergebnis eine leere Zeichenkette „" liefern.

In der Datumsspalte wird getestet, ob die Zelle oberhalb ein Datum enthält (also nicht leer ist) und ob dieses Datum kleiner als das Datum des Vertragsendes ist. Wenn das der Fall ist, wird das neue Datum durch die Vergrößerung des Monats um 1 berechnet. In der Einzahlungsspalte wird getestet, ob sich in der Datumsspalte des *Vormonats* ein Datum befindet. Wenn das der Fall ist, wird der monatliche Einzahlungsbetrag angezeigt, sonst „". Der Vormonatstest ist deswegen notwendig, weil in der letzten Zeile der Tabelle (Vertragsende) keine Einzahlung mehr erfolgt, wohl aber ein letztes Mal Zinsen gutgeschrieben werden.

Auch in der Zinsspalte erfolgt der Datumstest. Die Formel liefert als Ergebnis das Vormonats-guthaben multipliziert mit dem monatlichen Zinssatz oder „". In der Guthabenspalte werden zum Guthaben des Vormonats die Zinsen und die Einzahlung des aktuellen Monats addiert.

- B18 (Datum): *=WENN(UND(B17<>"";B17<$E$11);*
  DATUM(JAHR(B17);MONAT(B17)+1;TAG(B17)); „")
- C18 (Einzahlung): *=WENN(B19<>"";C17;"")*
- D18 (Zinsen): *=WENN(B18<>"";E17*$E$12;"")*
- E18 (Guthaben): *=WENN(B18<>"";SUMME(F17;C18:D18);"")*

Beachten Sie bei der Eingabe der Formeln, dass einige Zellbezüge ($E$11, $E$12) absolut sind, sonst gibt es beim Kopieren bzw. Ausfüllen der Zellen Probleme.

Die für eine Zeile eingegebenen Formeln können nun durch Ausfüllen nach unten kopiert werden. Markieren Sie dazu die vier Zellen B18:E18, und ziehen Sie das kleine Ausfüllkäst-chen (rechte untere Ecke des Zellbereichs) bis zur Zelle E53 nach unten.

Excels Ausfüllfunktion ist nicht in der Lage, die Formeln selbstständig so zu adaptieren, dass die Tabelle in der zweiten Spalte fortgesetzt wird. Sie können sich aber leicht behelfen, indem Sie die Formeln der ersten Spalte zwei Zeilen weiter ausfüllen (bis E55) und anschließend den Zellbereich B54:E55 nach F17 verschieben (Zellen markieren und am Rand der Markierung mit der Maus verschieben). Anschließend können Sie die zweite Spalte ebenso wie die erste Spalte der Tabelle mit Formeln ausfüllen.

Anmerkung

Die Datumsformel (B18) ist in einer Beziehung nicht optimal: Wenn als Startdatum der 31.1.08 angegeben wird, dann ergibt sich als nächstes Datum der 2.3.08 (es gibt ja keinen 31.2.08). In der Folge verrutschen alle Einzahldaten um drei Tage, das Enddatum stimmt nicht mit E11 überein etc. Dieses Problem kann vermieden werden, wenn eine weitere Spalte mit durchlaufenden Nummern für die Einzahlungen eingeführt wird (1 für die erste Einzahlung, 2 für die zweite etc.). Damit kann das Einzahldatum in der Form

DATUM(JAHR(E7); MONAT(E7)+Laufnummer-1; TAG(E7))

berechnet werden.

Tabellenlayout, Zellschutz, Druckoptionen

Mit dem Aufbau des Formelmodells ist die mühsamste Arbeit erledigt. Sie müssen jetzt die Tabelle noch so formatieren, dass sie äußerlich ansprechend aussieht (kleine Schrift (8 Punkt) für die Monatstabelle, Rahmenlinien, Zahlen- und Datumsformate, Ausrichtung, Hintergrundfarbe für den Eingabebereich etc.). Über Datei | Optionen | Erweitert können Sie die Anzeige der Rasterlinien, der Zeilen- und Spaltenköpfe, der horizontalen Bildlaufleiste und der Blattregister deaktivieren.

Testen Sie mit Ansicht | Seitenlayout, ob das Formular auf einer Druckseite Platz hat und sie gut füllt. Gegebenenfalls können Sie die Breite und Höhe einzelner Zeilen oder Spalten anpassen, um eine bessere Nutzung der Seite zu erzielen. Über Seitenlayout | Seite einrichten können Sie Kopf- und Fußzeilen verändern (am besten stellen Sie „keine" ein) und im Dialogregister Seitenränder eine horizontale und vertikale Zentrierung des Ausdrucks einstellen.

Als Nächstes sollten Sie die Tabelle vor irrtümlichen Veränderungen durch den Anwender schützen. Markieren Sie dazu zuerst den Eingabebereich, und deaktivieren Sie für diese Zellen die Option „gesperrt" (Kontextmenü Zellen formatieren | Schutz). Anschließend schützen Sie die gesamte Tabelle (mit Ausnahme der soeben formatierten Zellen) durch Überprüfen | Blatt schützen. Auf die Angabe eines Kennworts sollten Sie dabei verzichten.

Validitätskontrolle

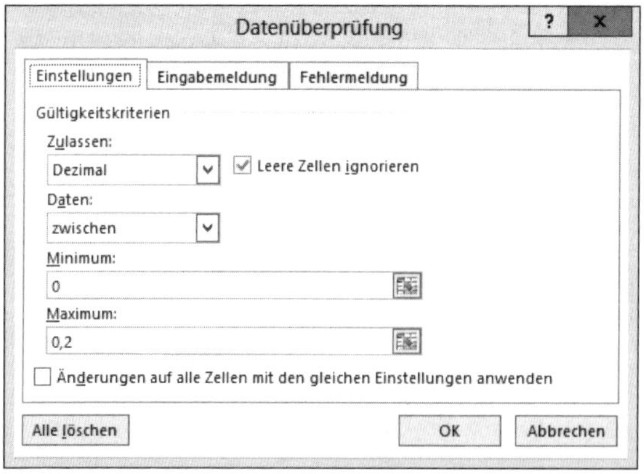

BILD 1.10
Formulierung der Gültigkeitsregeln für die Verzinsung

Die vier Eingabezellen des Tabellenblatts sind gegen fehlerhafte Eingaben abgesichert. Dazu wurden mit DATEN | DATENÜBERPRÜFUNG das gewünschte Datenformat, Gültigkeitsregeln, ein kurzer Infotext und eine Text für die Fehlermeldung (im Fall einer ungültigen Eingabe) formuliert. Die Möglichkeit, Validitätsregeln zu formulieren, besteht seit Excel 97.

Mustervorlagen

Die Tabelle hat jetzt einen Zustand, in dem der Anwender sie mühelos verwenden kann: Er muss lediglich die vier Daten des Eingabebereichs verändern und kann das Ergebnis sofort ausdrucken. Damit die Tabelle in diesem Zustand bleibt und nicht unbeabsichtigt verändert wird, speichern Sie sie mit DATEI | SPEICHERN UNTER als Mustervorlage (der Dateityp heißt „Excel-Vorlage (*.xltx)"). Der Speicherort hängt von der konkreten Excel-Version ab. Wenn Sie Excel 2007 oder 2010 verwenden, sollten Sie dieses Verzeichnis wählen:

C:\Users\[Benutzername]\AppData\Roaming\Microsoft\Templates

Anwender von Excel 2013 speichern die Vorlagendatei im Unterordner *Templates\1031* des Office-Installationsordners. Der exakte Pfad könnte beispielsweise so lauten:

C:\Program Files (x86)\Microsoft Office\Templates\1031

Mustervorlagen sind Excel-Dateien, die als Vorlagen für neue Tabellen dienen. Der Benutzer lädt die Mustervorlage, ändert darin einige Informationen und speichert die Tabelle anschließend unter einem neuen Namen ab. Excel sorgt automatisch dafür, dass der Benutzer beim Speichern einen eigenen Dateinamen angeben muss und die Mustervorlage nicht durch eigene Veränderungen überschreiben kann. Damit Mustervorlagen von Excel als solche erkannt werden, müssen sie in einem eigenen Format (Dateikennung *.xltx) und an einem bestimmten Ort (siehe oben) gespeichert werden.

Sie stehen dann automatisch im DATEI-NEU-Dialog für die Gestaltung neuer Arbeitsmappen zur Wahl. Leider gilt das nur für die Excel-Versionen 2007 und 2010. In Excel 2013 muss man die Verwendung lokaler Mustervorlagen zunächst erzwingen. Und zwar durch ein Einstellungsänderung, die im Abschnitt „Mustervorlagen in Excel 2013" des Kapitels 5.9.3 beschrieben wird.

Hinweis

Um die Besonderheiten von Mustervorlagen richtig ausprobieren zu können, müssen Sie die Beispieldatei *form.xltx* in das oben genannte Verzeichnis kopieren. Außerdem müssen Sie zum Öffnen das Kommando DATEI | NEU verwenden, nicht aber DATEI | ÖFFNEN! (Damit würden Sie die Mustervorlage als solche öffnen, etwa um Veränderungen an der Vorlage durchzuführen.) ∎

Verweis

Weitere Beispiele für Mustervorlagen und „intelligente" Formulare finden Sie in Kapitel 9. Dieses Kapitel ist zur Gänze der Programmierung und Anwendung solcher Tabellen gewidmet. Beispielsweise kann durch Programmcode erreicht werden, dass die Vorlage beim Laden automatisch initialisiert wird, dass Buttons zum Ausdruck bereitgestellt werden etc. ∎

■ 1.7 Beispiel: benutzerdefinierte Funktionen

Das vorangegangene Beispiel hat gezeigt, wie eine Tabelle durch den Einsatz ziemlich komplizierter Formeln „intelligent" gestaltet werden kann. Die Verwendung von Formeln wie im vorherigen Beispiel stößt allerdings bald an Grenzen – die Formeln werden zu lang und praktisch nicht mehr handhabbar. Dieses Problem können Sie vermeiden, indem Sie selbst neue Funktionen definieren. Eigene Funktionen können aber auch Aufgaben erfüllen, die durch Tabellenformeln unlösbar wären – etwa die Umwandlung einer Zahl in einen Text, wie sie bei der automatisierten Ausstellung von Schecks (die Zahl 12,34 beispielsweise wird hier zum Text „eins zwei Komma drei vier") erforderlich ist.

Die Definition eigener Funktionen setzt bereits ein etwas tiefer gehendes Wissen über die Programmierung in VBA voraus. Die Makroaufzeichnung ist für diesen Zweck leider nicht brauchbar, weil es sich ja um eine Rechenfunktion und nicht um eine Kommandoabfolge handelt. Die folgenden Beispiele sind allerdings ganz einfach gehalten und sollten eigentlich auch ohne Programmierkenntnisse verständlich sein.

Die erste Funktion berechnet den Flächeninhalt eines Kreises. Bevor Sie die neue Funktion in einer Tabelle verwenden können, müssen Sie den Code in ein Modul eingeben. Dazu wechseln Sie mit Alt+F11 in die Entwicklungsumgebung und führen EINFÜGEN | MODUL aus.

```
' Beispiel 01\function.xlsm
Function CircleArea(radius As Double) As Double
  CircleArea = radius ^ 2 * Application.Pi
End Function
```

Function leitet ähnlich wie *Sub* aus den vorangegangenen Beispielen eine Prozedur ein. Der Unterschied zu einer *Sub*-Prozedur besteht darin, dass eine *Function*-Prozedur einen Wert zurückgibt. Aus diesem Grund wird dem Funktionsnamen *CircleArea* in der zweiten Zeile ein Berechnungsausdruck zugewiesen. *radius* ist ein Parameter der Funktion. Wenn Sie im Tabellenblatt die Formel *=CircleArea(5)* eingeben, dann führt Excel die Funktion aus und setzt dabei automatisch den Wert 5 in den Parameter *radius* ein. Mit *Application.Pi* greifen Sie auf die Zahl 3,1415927 zurück.

Nun zur zweiten Funktion, die schon ein bisschen sinnvoller ist: Sie berechnet das Produkt aus Preis und Anzahl. Dabei wird automatisch ein Rabatt von fünf Prozent berücksichtigt, wenn die Stückzahl mindestens zehn beträgt. Zur Erkennung dieses Sonderfalls wird eine *If*-Abfrage eingesetzt.

```
Public Function Discount(unitprice, pieces)
  If pieces >= 10 Then
    Discount = pieces * unitprice * 0.95
  Else
    Discount = pieces * unitprice
  End If
End Function
```

Verweis

Normalerweise werden benutzerdefinierte Funktionen natürlich für anspruchsvollere Aufgaben eingesetzt. Details zur Programmierung benutzerdefinierter
Funktionen finden Sie in Abschnitt 5.7.

1.8 Beispiel: Analyse komplexer Tabellen

Als Excel-Anwender sind Sie immer wieder mit komplexen Tabellen konfrontiert, die Sie
nicht selbst (oder vor sehr langer Zeit) erstellt haben. Im Regelfall ist es schwierig, sich in
solchen Tabellen zu orientieren. Es ist nicht klar, welche Zellen aus Eingaben resultieren,
welche Zellen sich aus Formeln ergeben etc. Die Befehlsgruppe FORMELÜBERWACHUNG in
der Befehlsregisterkarte FORMELN ist bei der Analyse eines komplexen Formelmodells zwar
äußerst hilfreich, ist für eine erste Orientierung aber auch nicht optimal geeignet. Eben
diese Aufgabe übernimmt das hier vorgestellte Makro: Es analysiert alle Zellen des aktiven
Arbeitsblatts. Zeichenketten werden blau, Formeln rot formatiert. (Natürlich wären auch
weitere Untersuchungen des Inhalts oder andere Formatierungen möglich.)

Das Beispiel zeichnet sich unter anderem dadurch aus, dass es nicht mit der Makroaufzeichnung erstellt werden kann – es gibt ja keine vergleichbaren eingebauten Funktionen
in Excel. Die Programmierung eines Makros in dieser Art erfordert daher schon ein relativ
ausführliches Wissen über die Objektbibliothek von Excel und insbesondere über den Umgang mit Zellen (siehe Abschnitt 5.1).

Der Programmcode beginnt mit einem Test, ob es sich beim aktiven Blatt überhaupt um ein
Tabellenblatt handelt (es könnte ja auch ein Diagramm sein). *TypeName* liefert als Ergebnis
den Namen des Objekttyps, also beispielsweise *Worksheet* oder *Chart*. Wenn ein Tabellenblatt
vorliegt, werden aus Geschwindigkeitsgründen vorübergehend die automatische Neuberechnung und Bildschirmaktualisierung abgeschaltet. Anschließend werden alle benutzten Zellen
der Reihe nach analysiert:

Mit *HasFormula* kann ganz einfach festgestellt werden, ob es sich um eine Formel handelt.
Mit *TypeName(c.Value)="String"* werden Zeichenketten erkannt. (Mit vergleichbaren Abfragen
könnten Sie auch Daten oder Währungswerte – etwa 25,50 Euro – feststellen.) Zur Formatierung wird die *Color*-Eigenschaft des *Font*-Objekts der gerade bearbeiteten Zelle verändert.

```
' Beispiel 01\analyse.xlsm
Sub AnalyseWorksheet()
  Dim c As Range   'cell
  If TypeName(ActiveSheet) <> "Worksheet" Then Exit Sub
  Application.Calculation = xlCalculationManual
  Application.ScreenUpdating = False
  For Each c In ActiveSheet.UsedRange
```

```
      If c.HasFormula Then
        c.Font.Color = RGB(192, 0, 0)
      ElseIf TypeName(c.Value) = "String" Then
        c.Font.Color = RGB(0, 0, 192)
      Else
        c.Font.Color = RGB(0, 0, 0)
      End If
    Next
    Application.Calculation = xlCalculationAutomatic
    Application.ScreenUpdating = True
  End Sub
```

■ 1.9 Beispiel: Vokabeltrainer

Beim letzten Beispiel dieses Kapitels ist der spielerische Aspekt ein wenig stärker ausgeprägt. Das Programm hilft beim Lernen von Vokabeln. Ausgangspunkt ist die in Bild 1.11 dargestellte Tabelle mit Vokabeln in zwei Sprachen (hier Schwedisch und Deutsch). Die Spalten C, D, E und F geben an, ob das Wort in die eine oder in die andere Richtung (also Schwedisch → Deutsch oder Deutsch → Schwedisch) schon einmal erkannt bzw. erraten worden ist bzw. wie oft es danach abgefragt wurde.

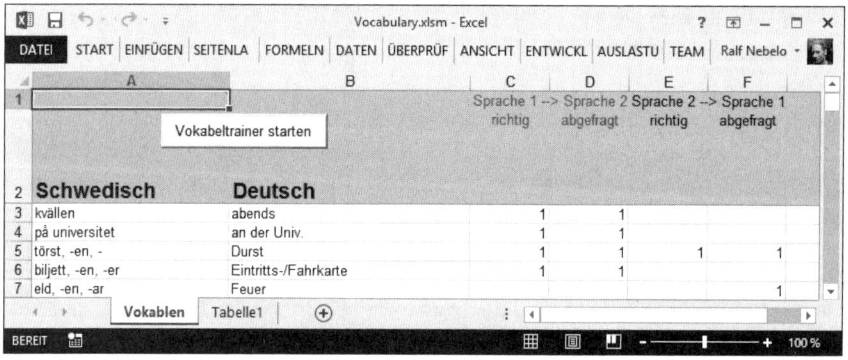

BILD 1.11 Die Vokabelliste mit Abfrage- und Lernergebnissen (Spalte C bis F)

Wenn Sie den Trainer starten, erscheint der Dialog aus Bild 1.12. Aus der Vokabelliste wird zufällig ein Wort ausgewählt, wobei Vokabeln bevorzugt werden, die noch nie korrekt erraten wurden. Die Vokabelabfrage erfolgt (ebenfalls zufällig) in beide Richtungen. Wenn Sie das Wort schon kennen, drücken Sie OK, sonst Später nochmals fragen.

Mit Eintrag korrigieren und Trainer beenden verlassen Sie den Dialog. Im ersten Fall wird der Eingabecursor in die Zeile der Vokabeltabelle gesetzt, aus der das zuletzt abgefragte Wort stammt. Das ermöglicht eine einfache Korrektur von Vokabeln.

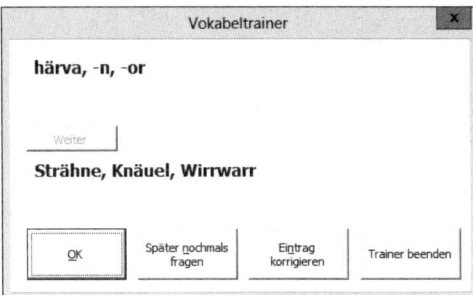

BILD 1.12
Der Dialog des Vokabeltrainers

Dialogaufbau

Anmerkung

Fast der gesamte Programmcode dieses Beispiels ist mit dem Dialog aus Bild 1.13 verbunden. Die größte Hürde besteht denn auch darin, diesen Dialog zu „bauen". Wenn Sie noch nie mit einem Dialogeditor gearbeitet haben, sollten Sie vielleicht zuerst einen Blick in Kapitel 7 werfen, um die folgenden, relativ knappen Ausführungen nachvollziehen zu können. ∎

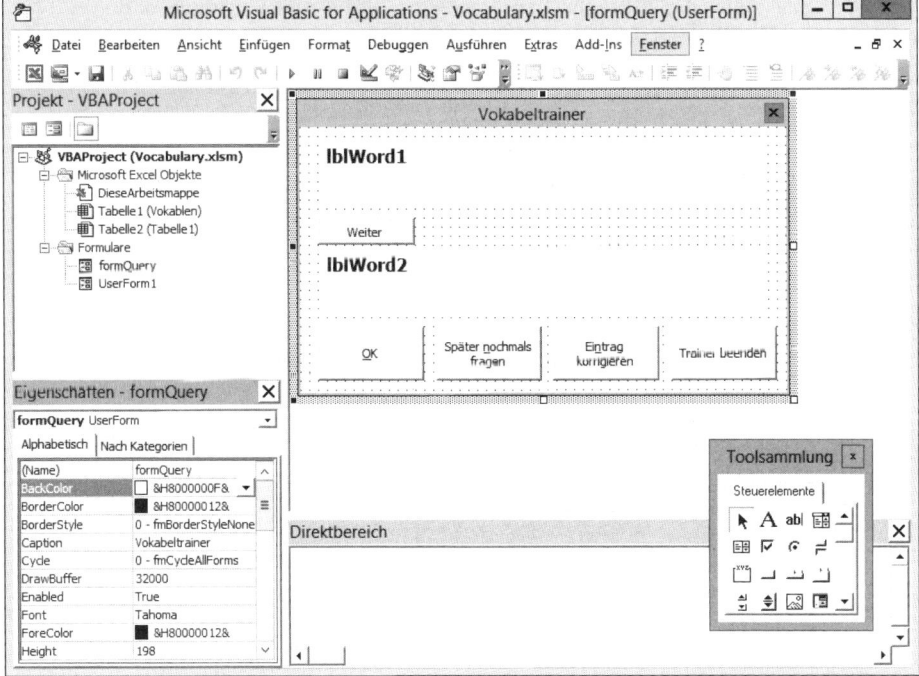

BILD 1.13 Dialogentwurf

Die Arbeit beginnt in der VBA-Entwicklungsumgebung (also Alt+F11). Dort erzeugen Sie mit EINFÜGEN | USERFORM einen neuen Dialog. Mit ANSICHT | EIGENSCHAFTENFENSTER öffnen Sie das Eigenschaftenfenster, dessen Inhalt sich immer auf das gerade ausgewählte Objekt im Dialog bezieht. Den internen Namen des Dialogs sowie seine Beschriftung stellen Sie über die Eigenschaften *Name* und *Caption* ein. Im Beispiel wird *formQuery* als Objektname und *Vokabeltrainer* als Überschrift verwendet.

Jetzt fügen Sie wie in Bild 1.13 erkennbar zwei Beschriftungsfelder (Label) und fünf Buttons in den Dialog ein. Dazu wählen Sie zuerst das betreffende Steuerelement in der Werkzeugsammlung aus (ANSICHT | WERKZEUGSAMMLUNG) und zeichnen dann mit der Maus den Rahmen des Steuerelements im Dialog. Das Beschriftungsfeld ist in der Werkzeugsammlung durch den Großbuchstaben A gekennzeichnet.

Bei allen sieben Steuerelementen müssen Sie wie schon zuvor für den Dialog die *Name*- und *Caption*-Eigenschaften einstellen. Im Beispielprogramm gelten die folgenden Einstellungen:

Name	Caption	Verwendungszweck
lblWord1	lblWord1	Anzeige der ersten Vokabel
lblWord2	lblWord2	Anzeige der zweiten Vokabel
btnNext	Weiter	zweite Vokabel anzeigen
btnOK	OK	Wort erkannt, weiter mit nächstem Wort
btnAgain	Später nochmals ...	Wort nicht erkannt, weiter
btnEdit	Eintrag korrigieren	Dialog verlassen, Wort in Tabelle ändern
btnEnd	Trainer beenden	Dialog verlassen

Einige weitere Einstellungen sind für die korrekte Funktion des Programms zwar nicht unbedingt erforderlich, erleichtern aber die Bedienung: Bei den beiden Beschriftungsfeldern können Sie im Eigenschaftenfenster bei der Eigenschaft *Font* eine größere Schrift einstellen. Bei den Buttons können Sie bei der Eigenschaft *Accelerator* einen Buchstaben angeben – dann können Sie den Button später mit Alt+Buchstabe bequem auswählen. Und schließlich können Sie für den Trainer-beenden-Button die Eigenschaft *Cancel* auf *True* stellen – damit gilt dieser Button als Abbruch-Button und kann jederzeit mit Esc ausgewählt werden.

Programmcode zum Dialog

Hinweis

Auch der Programmcode dieses Beispiels ist schon ein wenig fortgeschritten. Wenn Sie noch gar keine Programmiererfahrung haben, sollten Sie vielleicht zuerst einen Blick in Kapitel 4 werfen, in dem elementare Grundbegriffe (Variablen, Schleifen etc.) behandelt werden.

Die Vorbereitungsarbeiten sind jetzt abgeschlossen. Jetzt geht es noch darum, den Dialog mit Prozeduren zu erweitern, die bei der Anzeige des Dialogs bzw. beim Anklicken der diversen Buttons ausgeführt werden. Zur Kommunikation zwischen diesen Prozeduren müssen einige Informationen in Variablen gespeichert werden, die am Beginn des Code-Moduls zum *queryForm*-Dialog definiert werden. (Das Zeichen & dient übrigens zur Identifizierung von *Long*-Variablen für die Speicherung ganzer Zahlen.)

```
' Beispiel 01\vocabulary.xlsm
Option Explicit
Dim firstline&          'erste Zeile mit Vokabeln
Dim lastline&           'letzte Zeile mit Vokabeln
Dim linenr&             'aktuelle Zeile in der Vokabeltabelle
Dim querymodus&         'Fragemodus (0: Sprache 1 --> Sprache 2,
                        '            1: Sprache 2 --> Sprache 1)
Dim startcell As Range  'Zelle, bei der die Vokabelliste beginnt
Const maxTries = 20     'Suche nach noch unbekannten Vokabeln
```

Die Prozedur *UserForm_Initialize* wird automatisch ausgeführt, sobald der Dialog angezeigt wird. Solange Sie sich in der Entwicklungsumgebung befinden, können Sie dazu einfach F5 drücken.

In der Prozedur wird der Inhalt der beiden Beschriftungsfelder gelöscht. Außerdem werden die Variablen *startcell, firstline* und *lastline* initialisiert. *startcell* bezeichnet die erste Tabellenzelle der Vokabelliste und wird im Rest des Programms als Startpunkt für die Adressierung der weiteren Zellen der Vokabelliste verwendet. *firstline* und *lastline* geben die erste und die letzte Zeilennummer des Vokabelbereichs an.

Bei der Berechnung von *lastline* wird *CurrentRegion* verwendet, um den gesamten Tabellenbereich (inklusive Überschrift) der Vokabelliste zu ermitteln. *Rows* zerlegt diesen Bereich in Zeilen, *Count* ermittelt deren Anzahl. (Diese Eigenschaften werden in Abschnitt 5.1 ausführlich beschrieben.)

```
Private Sub UserForm_Initialize()
  lblWord1 = ""  'Inhalt der beiden Beschriftungsfelder löschen
  lblWord2 = ""
  Set startcell = Worksheets(1).Range("a3")
  firstline = startcell.Row
  lastline = startcell.CurrentRegion.Rows.Count
  Randomize      'Zufallszahlengenerator neu initialisieren
  ShowNewWord    'erstes Wort anzeigen
End Sub
```

Die Prozedur *ShowNewWord* hat die Aufgabe, ein (möglichst noch ungelerntes) Wort aus der Tabelle zu lesen und im ersten Beschriftungsfeld anzuzeigen. Der Suchalgorithmus ist ziemlich trivial: Mit der Zufallszahlenfunktion *Rnd*, die Zahlen zwischen 0 und 1 liefert, wird eine Zeile (*linenr*) und eine Abfragerichtung (*querymodus*) erzeugt. Mit der Methode *Offset(zeile, spalte)* wird dann je nach *querymodus* die Spalte C oder E der Vokabeltabelle überprüft (siehe Bild 1.11). Wenn die entsprechende Zelle leer ist bzw. den Wert 0 enthält, gilt das Wort noch als ungelernt, und die Schleife wird vorzeitig verlassen.

Falls auch nach *maxTries* Versuchen kein ungelerntes Wort entdeckt wird, wird eben ein schon bekanntes Wort abgefragt. Für die Vorgehensweise spielt das ohnedies keine Rolle das Wort wird abermals via *Offset* aus der Tabelle gelesen und im ersten Beschriftungsfeld angezeigt. Der Inhalt des zweiten Beschriftungsfelds, in dem noch die Vokabel der vorigen Abfrage steht, wird gelöscht. Die folgenden drei Anweisungen aktivieren den Button WEITER und deaktivieren die Buttons OK und NOCHMALS. Außerdem wird der Eingabefokus in den WEITER-Button versetzt, sodass dieser Button bequem mit RETURN ausgewählt werden kann.

```
' ein Wort zufällig auswählen und anzeigen
Sub ShowNewWord()
  Dim i&
  ' versucht, ein noch unbekanntes Wort zu finden
  For i = 1 To maxTries
    linenr = Int(Rnd * (lastline - firstline + 1))
    querymodus = Int(Rnd * 2)
    If Val(startcell.Offset(linenr, 2 + querymodus * 2)) = 0 Then
      Exit For
    End If
  Next
  lblWord1 = startcell.Offset(linenr, querymodus)
  lblWord2 = ""
  btnNext.Enabled = True
  btnOK.Enabled = False
  btnAgain.Enabled = False
  btnNext.SetFocus
End Sub
```

Der Anwender sieht jetzt den Dialog mit nur einem Wort und versucht, das andere zu erraten. Schließlich klickt er den Button WEITER an. In der Prozedur *btnNext_Click* wird die Vokabel in der jeweils anderen Sprache im zweiten Beschriftungsfeld *lblWord2* angezeigt. Der Button WEITER wird deaktiviert, dafür werden OK und NOCHMALS aktiviert.

```
' das passende Wort in der anderen Sprache anzeigen
Private Sub btnNext_Click()
  lblWord2 = startcell.Offset(linenr, 1 - querymodus)
  btnNext.Enabled = False
  btnOK.Enabled = True
  btnAgain.Enabled = True
  btnOK.SetFocus
End Sub
```

 Tipp

Der Prozedurname *btnNext_Click* ergibt sich aus dem Namen des Objekts (hier also *btnNext*) und dem Namen des Ereignisses (*Click*). Zur Codeeingabe führen Sie im Dialogfenster einfach einen Doppelklick für das betreffende Steuerelement aus. Damit werden die Zeilen *Private Sub name* und *End Sub* automatisch in den Programmcode eingefügt.

Wenn der Anwender das Wort erkannt hat, drückt er auf OK. In *btnOK_Click* wird daraufhin in der Spalte C oder E (abhängig von *querymodus*) gespeichert, wie oft das Wort bereits richtig erraten wurde. Weiter wird in Spalte D oder F gespeichert, wie oft bereits gefragt wurde. Der Aufruf von *ShowNewWord* löst die Anzeige des nächsten Worts aus.

```
' Vokabel ist bekannt
Private Sub btnOK_Click()
  ' Spalte C/E (richtig)
  startcell.Offset(linenr, 2 + querymodus * 2) = _
    Val(startcell.Offset(linenr, 2 + querymodus * 2) + 1)
  ' Spalte D/F (abgefragt)
  startcell.Offset(linenr, 3 + querymodus * 2) = _
    Val(startcell.Offset(linenr, 3 + querymodus * 2) + 1)
  ShowNewWord
End Sub
```

btnAgain_Click funktioniert wie *btnOK_Click*. Der einzige Unterschied besteht darin, dass nur die Spalten D und F verändert werden, nicht aber die Spalten C und E.

```
' Vokabel ist noch unbekannt
Private Sub btnAgain_Click()
  startcell.Offset(linenr, 3 + querymodus * 2) = _
    Val(startcell.Offset(linenr, 3 + querymodus * 2) + 1)
  ShowNewWord
End Sub
```

Die beiden Prozeduren *btnEdit_Click* und *btnEnd_Click* beenden beide den Dialog. Dazu wird die Anweisung *Unload Me* verwendet. Im ersten Fall wird der Zellzeiger anschließend zum zuletzt angezeigten Wort bewegt, damit dieses korrigiert werden kann. Im zweiten Fall wird eine Dialogbox gefragt, ob die geänderte Vokabelliste gespeichert werden soll.

```
' Vokabel soll korrigiert werden
Private Sub btnEdit_Click()
  Worksheets(1).Activate
  startcell.Offset(linenr).Activate
  Unload Me
End Sub
' Dialog beenden, Tabelle speichern
Private Sub btnEnd_Click()
  Dim result&
  Unload Me
  result = MsgBox("Soll die Vokabelliste gespeichert werden?", _
    vbYesNo)
  If result = vbYes Then ActiveWorkbook.Save
End Sub
```

Sonstiger Code

Damit der Dialog aus der Vokabeltabelle bequem gestartet werden kann, wird dort ein Button (*btnStartTrainer*) eingefügt. In der Ereignisprozedur wird der Dialog mit *Show* angezeigt. Dadurch kommt es automatisch zum Aufruf von *UserForm_Initialize*, und der weitere Programmablauf erfolgt wie oben beschrieben.

```
' Beispiel 01\Vocabulary.xls, Tabelle 1
Private Sub btnStartTrainer_Click()
  formQuery.Show
End Sub
```

Verbesserungsmöglichkeiten

Natürlich gäbe es zahllose Möglichkeiten, dieses Programm zu verbessern: durch einen komfortablen Eingabedialog für neue Vokabeln, durch einen Optionsdialog zur Steuerung des Abfragemodus (z. B. Abfragen nur in eine Richtung), durch einen raffinierteren Algorithmus zur Auswahl der abzufragenden Vokabeln, durch die Ergänzung der Vokabeltabelle um eine zusätzliche Lautschriftspalte etc. Der Fantasie sind diesbezüglich keinerlei Grenzen gesetzt!

■ 1.10 Weitere Beispiele zum Ausprobieren

Dieser Abschnitt gibt eine kurze Beschreibung der interessantesten Beispiele dieses Buchs. Die Abbildungen sollen dazu einladen, die Beispiele einfach einmal zu laden und anzusehen. Gleichzeitig soll der Abschnitt vermitteln, wie weit die Möglichkeiten der VBA-Programmierung reichen.

Hinweis

Ein Teil der Beispieldateien kann nicht direkt von der Buch-CD verwendet werden. Installieren Sie die Beispieldateien zuerst wie im Anhang beschrieben in ein Verzeichnis Ihrer Festplatte! Wenn die Programme in etwa dem entsprechen, was Sie selbst mit Excel vorhaben, können Sie in den angegebenen Abschnitten die Details nachlesen.

Kalender und Feiertage

In vielen Excel-Anwendungen tritt das Problem auf, dass Feiertage korrekt berücksichtigt werden sollen. *05\Holidays.xlsm* zeigt, wie Feiertage berechnet werden. Ganz nebenbei fällt noch ein kleines Programm ab, das einen Kalender für ein beliebiges Jahr erzeugt.

BILD 1.14 Ein mit Excel erstellter Kalender

Eigene Dialoge gestalten

Excel bietet die Möglichkeit, selbst Dialoge zu gestalten, anzuzeigen und per Programmcode auszuwerten. Eine große Anzahl solcher Dialoge finden Sie in der Datei *07\Userform.xlsm*. Die Dialoge können per Mausklick aufgerufen werden.

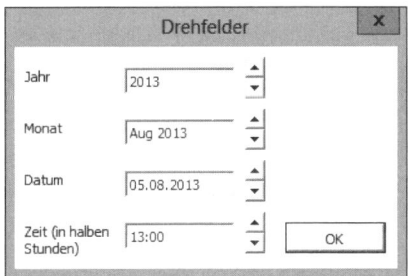

BILD 1.15
Ein UserForm-Dialog

„Intelligentes" Rechnungsformular für eine Versandgesellschaft

Das Schreiben von Rechnungen kann durch sogenannte „intelligente" Formulare in einem hohen Maß erleichtert werden. Die Mustervorlage *09\Speedy.xltm* gibt dafür ein einfaches Beispiel.

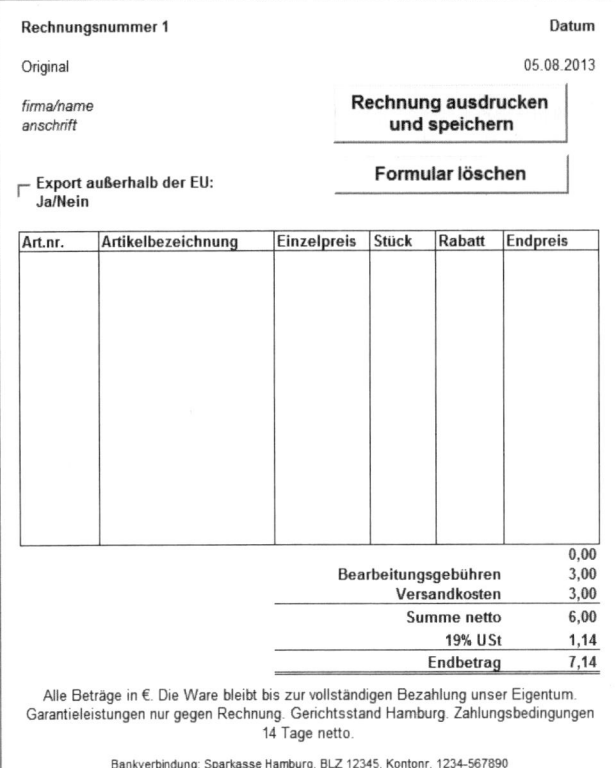

BILD 1.16
Ein intelligentes Formular

Automatische Datenprotokollierung mit Diagrammen

Die umfassenden Möglichkeiten zur Gestaltung von Diagrammen in Excel werden oft dazu verwendet, um große Datenmengen in grafischer Form zu protokollieren. Dieser Prozess lädt natürlich zur Automatisierung ein. In *10\Chart.xlsm* wird gezeigt, wie (ausgehend von simulierten Testdaten) automatisch Tages- und Monatsprotokolle erstellt werden können.

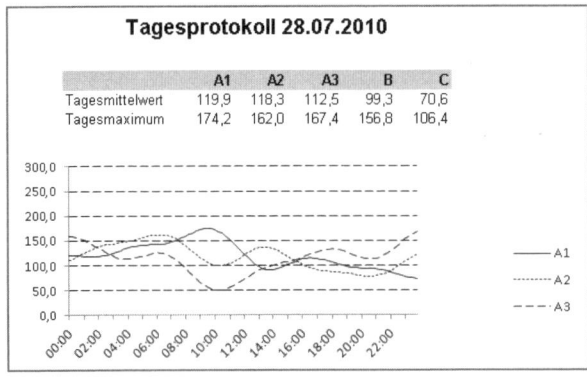

BILD 1.17
Ein automatisch erzeugtes Diagramm

Abrechnung eines Car-Sharing-Vereins

Als Mitglied eines Car-Sharing-Vereins besitzen Sie kein eigenes Auto, sondern leihen es sich aus, wenn Sie es benötigen. Das Beispiel *11\DB_Share.xlsm* zeigt, wie ein „intelligentes" Formular (nämlich *09\Share.xltm*) zu einer einfachen Datenbankanwendung ausgebaut werden kann. Mit DB_Share verwalten Sie den Fuhrpark, die Teilnehmeradressen und drucken die Abrechnungen für einzelne Fahrten aus.

Zeittarif				
Stundentarif	*von*	*bis*		
	Uhrzeit	11:15	23:30	
ergibt				
Stunden Tarif I		9		11,70
Stunden Tarif II		4		2,80
Stunden Tarif III		0		0,00
und/oder				
Tagestarif	*von*	*bis*		
	Datum			
abzüglich Wochenbonus	---			

plus
Kilometertarif

gefahrene Kilometer	220		44,00

abzüglich

ausgelegte Treibstoffkosten		0,00

Drucken und Speichern	**Neue Rechnung**	**Endsumme**	**58,50**
		16 % USt	8,07
		Nettobetrag	50,43
		alle Beträge in €	

BILD 1.18
Das Formular ist mit einer kleinen Datenbankanwendung verbunden.

Auswertung von Fragebögen

Die Auswertung von Fragebögen ist eine mühsame Angelegenheit – es sei denn, man lässt sich von Excel helfen. Im Verzeichnis *12\survey* finden Sie sowohl ein Beispiel für einen in Excel realisierten Fragebogen als auch Makros für deren automatische Auswertung.

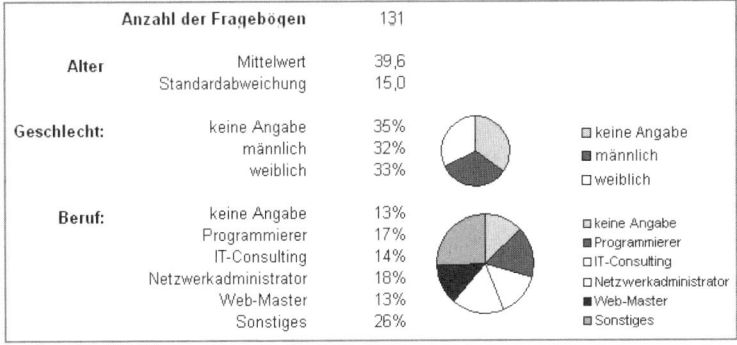

BILD 1.19 Auswertung von Fragebögen

Datenanalyse mit Excel (Pivot-Tabellen)

Excel ist ein hervorragendes Werkzeug zur Analyse von Daten – egal, ob diese sich in einer Excel-Datei oder in einer externen Datenbank befinden. *13\Pivot.xlsm* gibt eine Menge Beispiele für Pivot-Tabellen und deren Programmierung.

Kat. ▼	Daten ▼	Qual. ▼ I	II	Gesamtergebnis
a	Anzahl - Artikel	4	2	6
	Mittelwert - Preis	38,75	27,50	35,00
b	Anzahl - Artikel	4	2	6
	Mittelwert - Preis	83,75	60,00	75,83
c	Anzahl - Artikel	6	4	10
	Mittelwert - Preis	132,50	87,50	114,50
Gesamt: Anzahl - Artikel		14	8	22
Gesamt: Mittelwert - Preis		91,79	65,63	82,27

BILD 1.20
Eine einfache Pivot-Tabelle

ActiveX-Automation

Das Beispiel *15\ActiveX-Access.xlsm* zeigt, wie Access – ferngesteuert via ActiveX-Automation – einen Bericht mit der Produktaufstellung der *Northwind*-Datenbank ausdruckt. Voraussetzung ist allerdings, dass Sie Access besitzen.

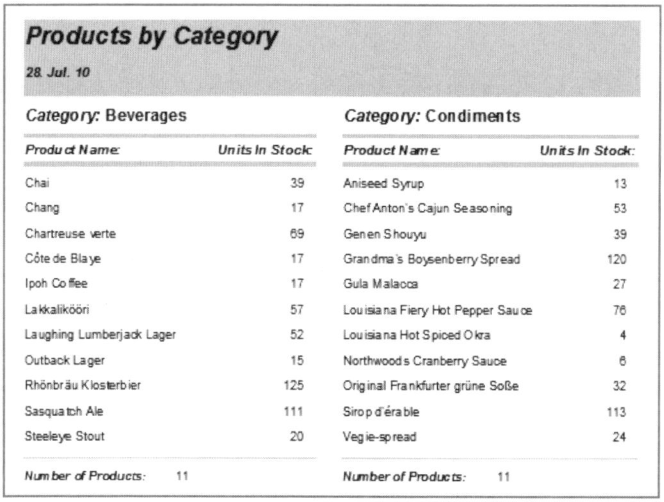

Products by Category

28. Jul. 10

Category: Beverages		Category: Condiments	
Product Name:	Units In Stock:	Product Name:	Units In Stock:
Chai	39	Aniseed Syrup	13
Chang	17	Chef Anton's Cajun Seasoning	53
Chartreuse verte	69	Genen Shouyu	39
Côte de Blaye	17	Grandma's Boysenberry Spread	120
Ipoh Coffee	17	Gula Malacca	27
Lakkalikööri	57	Louisiana Fiery Hot Pepper Sauce	76
Laughing Lumberjack Lager	52	Louisiana Hot Spiced Okra	4
Outback Lager	15	Northwoods Cranberry Sauce	6
Rhönbräu Klosterbier	125	Original Frankfurter grüne Soße	32
Sasquatch Ale	111	Sirop d'érable	113
Steeleye Stout	20	Vegie-spread	24
Number of Products: 11		Number of Products: 11	

BILD 1.21
Mit Excel externe
Programme steuern

Nicht nur Excel kann via ActiveX-Automation fremde Programme steuern – auch der umgekehrte Weg ist möglich. Das Visual-Basic-Programm *15\Vb6\Chart\ExcelChart.exe* nutzt die Diagrammfunktionen von Excel, um eigene Daten in einem Excel-Diagramm anzuzeigen.

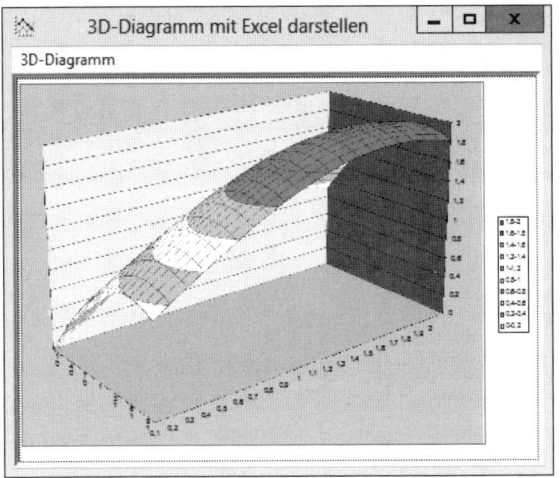

BILD 1.22
Excel via ActiveX-Automation
steuern

2 Neuerungen in Excel 2007 bis 2013

Das augenfälligste Merkmal von Excel 2007 war eine radikal neue Benutzeroberfläche. Da sich die Anwender inzwischen wohl mehrheitlich an die *Multifunktionsleiste* gewöhnt haben, hat Microsoft sie auch in die Nachfolgeversionen 2010 und 2013 übernommen. Der neue Name „Menüband" signalisiert allerdings schon diverse Änderungen. Die wichtigste: Der Anwender kann das Befehlsarsenal des Menübands verändern, was vorher nur Entwicklern möglich war. Darüber hinaus hat Microsoft das Menüband aufgeräumt und alle Funktionen, die nicht der Bearbeitung von Dokumentinhalten dienen, in die sogenannte *Backstage-Ansicht* ausgelagert.

Ein weiteres Highlight von Excel 2007 war eine mächtig aufgebohrte *Diagramm-Engine*, die erstmals 3D- und Rendering-Effekte in „TV-Qualität" zu bieten hatte. Zudem erschienen mit den *SmartArt*-Diagrammen und den *Zelldiagrammen der Bedingten Formatierung* zwei völlig neue Diagrammtypen am Excel-Horizont. Mit den *Sparklines-Diagrammen* kam in Excel 2010 ein weiterer Diagrammtyp hinzu, der die Visualisierung von Trends auf buchstäblich engstem Raum – innerhalb einer Zelle nämlich! – erlaubt. Excel 2013 macht die Vielfalt der Diagrammfunktionen nun mit nützlichen Dialogfunktionen wie *Schnellanalyse* oder *Empfohlene Diagramme* überschaubarer und leichter beherrschbar.

Aber auch unter der Oberfläche hat sich seit der Ablösung der Excel-Version 2003 – der letzten, die man wegen ihrer altbekannten Menüs und Symbolleisten noch als „Microsoft-kompatibel" bezeichnen konnte – einiges getan. So bescherte Excel 2007 den Anwendern u. a. ein neues, *XML-basiertes Dateiformat* und Arbeitsblätter mit drastisch erhöhter Kapazität.

Seit der Version 2010 gibt es Excel auch in einer *64-Bit-Version*. Die kann zwar den vollen Arbeitsspeicher eines Windows-Rechners nutzen (was noch größere Arbeitsblätter erlaubt), verweigert einer großen Zahl von vorhandenen VBA-Lösungen aber die Zusammenarbeit.

Mit den *Apps für Office* schließlich stellt Excel 2013 ein radikal neues und besonders anwendungsfreundliches Erweiterungsmodell vor, das integrierte Webanwendungen an die Stelle von klassischen VBA-Makros und Add-ins setzen will.

■ 2.1 Die Benutzeroberfläche RibbonX

Die „RibbonX" oder auch „Fluent" genannte Oberflächenarchitektur der Excel-Versionen ab 2007 präsentiert die vielen Programmfunktionen des Kalkulationsprogramms deutlich übersichtlicher und in aufgabenorientierter Form, was insbesondere Einsteigern zugutekommt. Umsteiger von älteren Excel-Versionen müssen dagegen mit einer wesentlich längeren Eingewöhnungszeit rechnen, weil sie zuerst einmal vieles vergessen müssen, was sie über die bisherige Excel-Bedienung wussten. Die Mühe lohnt allerdings, weil es sich mit RibbonX tatsächlich effektiver arbeiten lässt.

Das Menüband

Die RibbonX-Oberfläche schickt Menüs und Symbolleisten in den Ruhestand. An deren Stelle tritt nun das sogenannte *Menüband*, das einen Satz von aufgabenorientierten *Befehlsregisterkarten* enthält. Aufgabenorientiert bedeutet, dass jede Registerkarte nur die Befehle bereitstellt, die für die Erledigung einer bestimmten Aufgabe nützlich sind. So verfügt Excel unter anderem über Registerkarten für die Gestaltung von Arbeitsblättern (SEITENLAYOUT) oder den Umgang mit Rechenfunktionen (FORMELN).

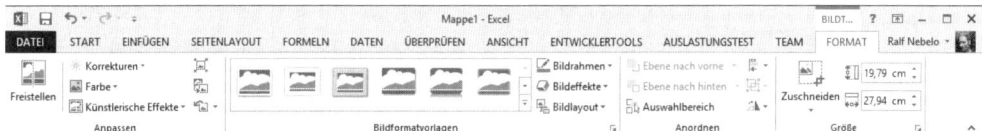

BILD 2.1 Neben neun ständig sichtbaren Registerkarten enthält das Menüband auch solche, die nur bei Bedarf (kontextabhängig) angezeigt werden.

Neben einem festen Inventar an Registerkarten zeigt das Menüband auch kontextbezogene Exemplare an. Die erscheinen ganz automatisch, wenn der Anwender bestimmte Objekte – ein Diagramm oder eine Grafik etwa – bearbeitet.

Die Befehle auf den Registerkarten bilden thematisch geordnete *Befehlsgruppen* und stehen zumeist in Form von unterschiedlich großen Schaltflächen oder Listenfeldern zur Verfügung. Das erfordert zwar deutlich mehr Platz als eine schlanke Menüzeile, bringt aber wesentlich mehr Übersicht und spürbar verkürzte Mauswege mit sich, da es nur eine „Klickebene" gibt, in der stets alle Befehle sichtbar sind. Das bislang übliche „Abtauchen" in tief verschachtelte Menüstrukturen entfällt also.

Sollte sich das Platzangebot auf dem Bildschirm durch eine Änderung der Bildschirmauflösung oder durch das Verkleinern des Programmfensters verringern, zeigt Excel dennoch weiterhin alle Befehle der jeweiligen Registerkarte an. Das gelingt dem Programm durch intelligente „Sparmaßnahmen", die von einer schrittweisen Reduzierung der Schaltflächengrößen über das Weglassen von Beschriftungen bis hin zum Zusammenfassen von Befehlen zu Listenfeldern reichen. Bis zur Programmversion 2007 war dieses Feature nur Excel-eigenen Registerkarten vorbehalten. Seit Excel 2010 können nun auch benutzerdefinierte Registerkarten, die ihr „virtuelles Leben" Programmcode oder dem neuen Oberflächeneditor verdanken, an der *Automatischen Skalierung* teilnehmen.

Seit Excel 2010 ist es ebenso möglich, Registerkarten programmgesteuert zu aktivieren. Makros oder Add-ins können also jederzeit auf ihre eigene Registerkarte „umschalten", um dem Anwender die eigenen Funktionen bedarfsgerecht zu präsentieren.

Kataloge und Livevorschau

Neben Schaltflächen, Listenfeldern und anderen Steuerelementen (*RibbonX-Controls*) findet man in den Registerkarten des Menübands auch sogenannte *Kataloge*. Damit kann der Anwender viel Zeit bei der Bewältigung von Auswahl- und Formatierungsaufgaben sparen, weil er sich nicht mehr im Versuch-und-Irrtum-Prinzip mit Dialogfeldern herumschlagen muss, um ein bestimmtes Resultat zu erzielen. Stattdessen zeigt ihm das Katalog-Control ein Vorschaubild der zu erwartenden Ergebnisse an, sodass er sich nur noch das gewünschte aussuchen muss.

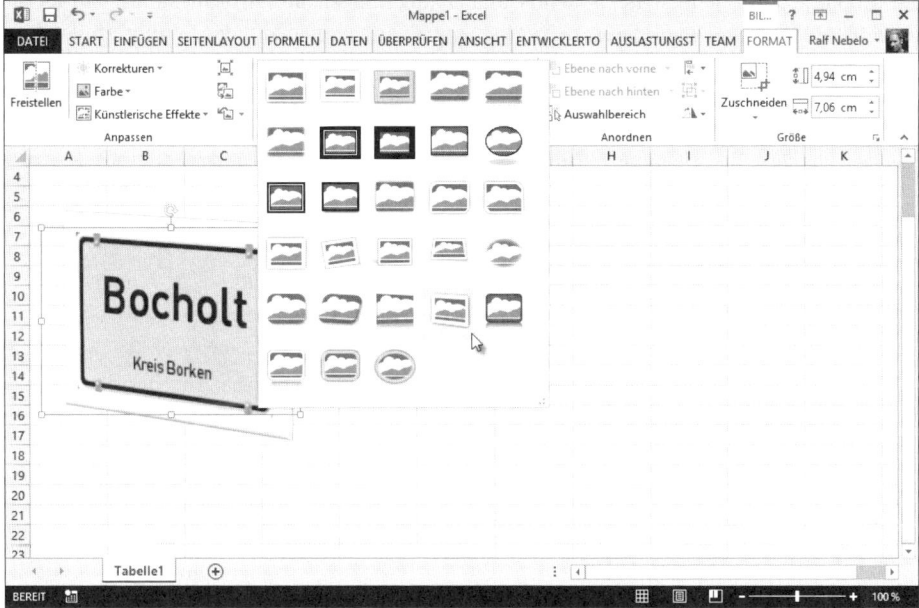

BILD 2.2 Kataloge zeigen per Vorschaubild und zudem „live" im Dokument an, wie sich ein Befehl auswirken wird.

Weil die angezeigte Miniaturvorschau unter Umständen nicht ausreicht für eine Beurteilung, überträgt Excel die Einstellungen, die dem aktuell gewählten Katalogelement entsprechen, dynamisch auf das Arbeitsblatt. Mit dieser *Livevorschau* kann man die Auswirkungen einer möglichen Formatierungsänderung also schon vorab und im Kontext des Dokuments bewerten.

Neue und alte Symbolleisten

Die *Minisymbolleiste* hilft ebenfalls bei der Vermeidung unnötiger Dialogfeldeingaben und Mauswege. Klickt man einen Zellwert mit der rechten Maustaste an, so erscheint darüber ein halbtransparentes Tool, das einem die wichtigsten Formatierungswerkzeuge zur Verfügung stellt. Damit kann man dann „schnell mal eben" Schriftart und -größe verändern, Text- und Hintergrundfarben ändern, Zahlenformate einstellen und dergleichen mehr.

BILD 2.3
Die Minisymbolleiste fasst die wichtigsten Formatierungs-
optionen an einem Ort zusammen.

Trotz ihres Namens ist die Minisymbolleiste keine Symbolleiste im herkömmlichen Sinn, ihr Befehlsvorrat lässt sich also nicht den Wünschen des Anwenders entsprechend verändern. Das funktioniert nur bei der *Symbolleiste für den Schnellzugriff*, die oberhalb des Menübands zu finden ist und in die man mithilfe des neuen Oberflächeneditors (DATEI | OPTIONEN | SYMBOLLEISTE FÜR DEN SCHNELLZUGRIFF) jeden verfügbaren Excel-Befehl und auch jedes Makro integrieren kann.

Die „klassischen" Symbolleisten (und Menüs) sind ausnahmslos aus Excel 2007 und seinen Nachfolgern entfernt worden und lassen sich auch nicht wieder zum Vorschein bringen. Das einzige bedienungstechnische Zugeständnis an alte Excel-Hasen ist die Tatsache, dass die meisten Tastenkürzel weiterhin funktionieren. Das gilt allerdings im vollen Umfang nur für Funktionstasten sowie Kombinationen mit der Strg-Taste. Die menüorientierten Tastenkürzel, bei denen zuerst die Alt-Taste gedrückt werden muss, sind zum größten Teil unwirksam.

 Tipp

Auch wenn Menüs und Symbolleisten aus Excel entfernt wurden, so kann man sie doch mit etwas Handarbeit und XML-Code nachbilden. Wie das im Detail funktio-niert, wird ausführlich im Abschnitt 8.2.5 beschrieben. Wer sich die Arbeit sparen möchte, verwendet einfach unser Add-in KlassikMenü.xlam, das im Unterordner 8 der Beispieldateien zu finden ist.   ■

Die Backstage-Ansicht

Die seinerzeit völlig neu gestaltete Oberfläche von Excel 2007 wies mindestens einen größeren Konstruktionsfehler auf: das *Office-Menü*. Viele Anwender vermuteten hinter dem „bunten Blümchen" links oben nur ein Schmuckelement und wären von sich aus kaum auf die Idee gekommen, darauf zu klicken. Und wer es dennoch getan hat, dem bot sich ein funktionaler Gemischtwarenladen, in dem man relativ wahllos alles hineingepackt zu haben schien, was bei der Bestückung des Menübands (das damals noch „Multifunktionsleiste" hieß) übrig geblieben war.

Mit Excel 2010 trat dann die *Backstage-Ansicht* an die Stelle des Office-Menüs. Sie integriert sich optisch geschickt über den farbig markierten Registerreiter DATEI in das Menüband. Nach einem Klick auf den Registerreiter öffnet sich ein sehr spezieller Oberflächenbereich. Darin finden sich links einzelne Kommandos wie NEU, SPEICHERN oder SCHLIESSEN, die beim Anklicken jeweils einen sogenannten *Tab* auf der rechten Seite zum Vorschein bringen. Tabs sind im Grunde auch nur Registerkarten, die aber im Unterschied zu ihren Menüband-Kollegen die gesamte Fläche des Excel-Fensters einnehmen können.

Inhaltlich präsentiert sich die Backstage-Ansicht wesentlich aufgeräumter als das Office-Menü. Es enthält ganz konsequent nur solche Befehle, die das Dokument als Ganzes betref-

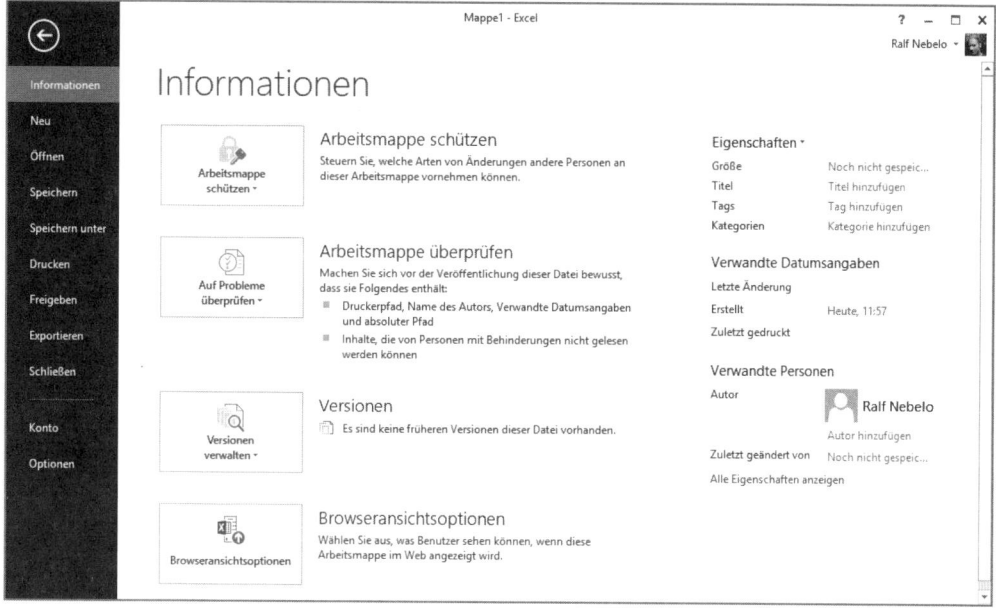

BILD 2.4 Die mit Excel 2010 eingeführte Backstage-Ansicht enthält ausschließlich Kommandos, die das Dokument als Ganzes betreffen.

fen oder darüber hinausgehen, während sich sämtliche Funktionen für die Bearbeitung von Dokumentinhalten im Menüband konzentrieren.

Diese konsequente Aufgabenteilung sollten auch Entwickler beachten, wenn sie eigene Makrolösungen in die Backstage-Ansicht integrieren. Anwender können den Inhalt der Backstage-Ansicht *nicht* verändern.

2.2 Neue Programmfunktionen

Neue Diagramm-Engine

Seit der Version 2007 verwendet Excel eine seinerzeit völlig neu konstruierte Diagramm-Engine, die auch in den übrigen Office-Anwendungen wie Word oder PowerPoint zum Einsatz kommt. Damit lassen sich nüchterne Zahlen in informative Grafiken überführen. Das wichtigste Merkmal der neuen Diagrammfunktion ist eine deutlich verbesserte Ausgabequalität. Das zeigt sich insbesondere bei den dreidimensionalen Diagrammtypen.

Über die kontextsensitiven Befehlsregister ENTWURF, LAYOUT und FORMAT lassen sich aber auch einfache Kreis- und Säulendiagramme beispielsweise mit echten 3D-Effekten, sauber gerenderten Schattenverläufen, Transparenzeffekten oder geglätteten Kanten ausstatten. Bei Bedarf ist sogar ein Griff in die Trickkiste erlaubt, wo „glühende Farben" und andere TV-verdächtige Spezialeffekte auf ihren Einsatz warten.

SmartArt-Diagramme

Die *Schematischen Darstellungen* von Excel 2003 gibt es nicht mehr. Stattdessen kann der Anwender nun *SmartArt*-Diagramme verwenden, um Prozesse, Abläufe oder Beziehungen grafisch darzustellen. Im Gegensatz zum erwähnten Vorgänger stehen jetzt wesentlich mehr und wesentlich aufwendiger gestaltete Diagrammtypen zur Auswahl, die sich sehr unkompliziert beschriften, konfigurieren und über das kontextsensitive Befehlsregister ENTWURF nachbearbeiten lassen.

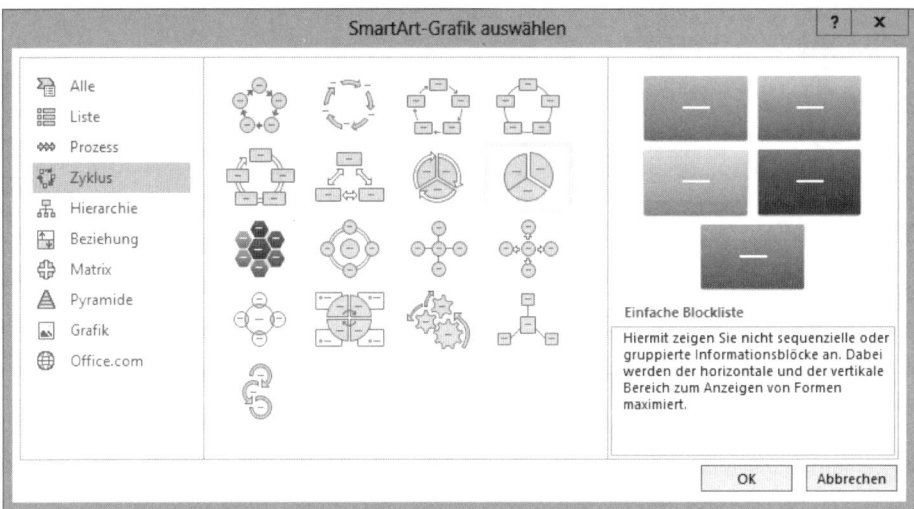

BILD 2.5 SmartArt-Diagramme eignen sich insbesondere für die Visualisierung von Prozessen und Hierarchien.

Da die SmartArt-Ergebnisse professionellen Standards entsprechen, können sich viele Excel-Eigner die Anschaffung von separaten Diagramm-Tools wie Visio beispielsweise sparen. Seit der Excel-Version 2010 lassen sich die „smarten Diagramme" programmatisch erstellen oder verändern.

Zelldiagramme der Bedingten Formatierung

Mit der stark erweiterten *Bedingten Formatierung* kann man nicht nur wertabhängige Formatierungen durchführen, die grafische Darstellung von Zahlen unmittelbar im Arbeitsblatt ist ebenfalls machbar. Der Trick besteht darin, die Zellen einer markierten Zahlenreihe mit halbtransparenten, farbigen Balken zu hinterlegen. Dabei entspricht die Länge jedes einzelnen Balkens dem prozentualen Wert der zugehörigen Zelle im Vergleich zum größten Wert innerhalb der Markierung. Dadurch kann man Trends, Muster oder abweichende Einzelwerte auch ohne Erstellung eines Diagramms sofort erkennen.

Anstelle solcher *Datenbalken* kann man auch *Farbskalen* oder *Symbolsätze* verwenden. Im letzteren Fall verdeutlicht Excel die relativen Zellwertigkeiten nicht mit Balken, sondern mit vorangestellten Pfeilsymbolen oder Ampellichtern beispielsweise. Das erlaubt zwar nur wenige Abstufungen (maximal fünf), lässt den Anwender aber Entwicklungen besonders schnell erkennen.

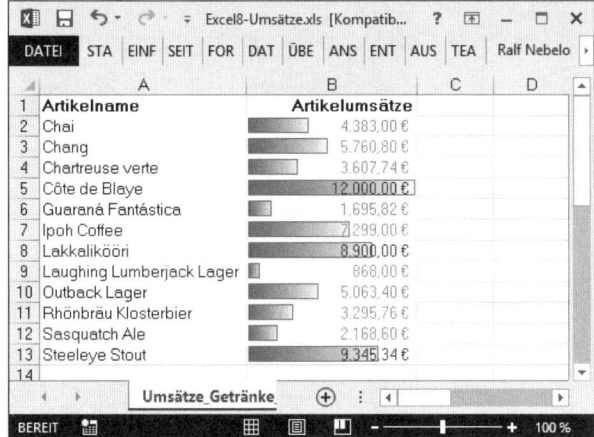

BILD 2.6
Datenbalken-Diagramme veranschaulichen den relativen Wert
einer Zahl direkt in der Tabelle.

Sparklines-Diagramme

Sparklines sind Linien- oder Balkendiagramme, die aber im Unterschied zu den „ausge-
wachsenen" Excel-Diagrammen vollständig in eine einzige Zelle passen. Dadurch lassen
sich die Minidiagramme in unmittelbarer Nähe zu ihren Quelldaten platzieren, was sie zum
optimalen Mittel für die Visualisierung von Trends macht – von Wirtschaftszyklen etwa,
Ausgabenentwicklungen oder saisonalen Auf- und Abschwüngen.

Aufgrund der geringen Größe sind die Gestaltungsmöglichkeiten von Sparklines-Diagrammen
natürlich etwas eingeschränkt. Der Anwender hat die Wahl zwischen den drei Typen „Linie",
„Säule" und „Gewinn/Verlust". Alle Diagrammtypen bieten die Möglichkeit, Maximal- und
Minimalwerte sowie negative Zahlen farbig hervorzuheben. Dabei lässt sich die Lage des

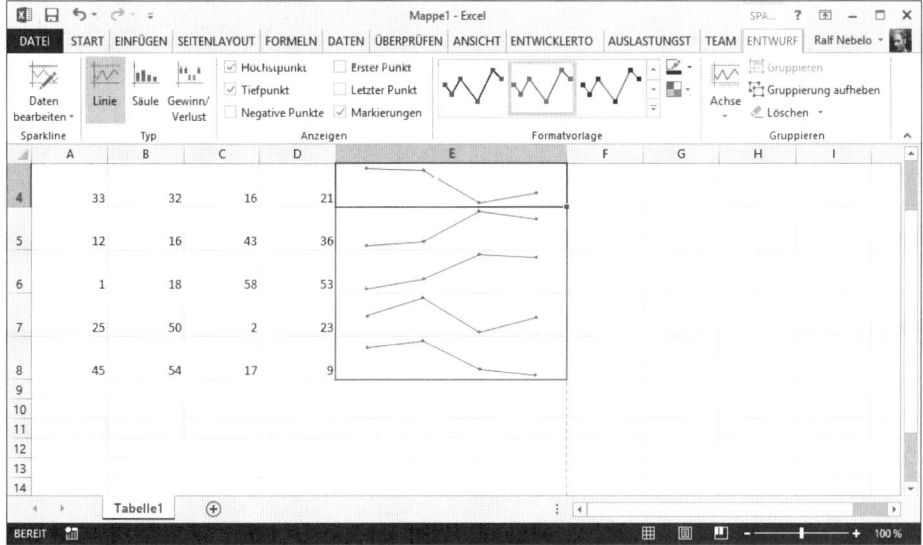

BILD 2.7 Sparklines-Diagramme eignen sich ideal für die datennahe Visualisierung von Trends.

Nullpunkts durch eine horizontale Achse kennzeichnen. Beim Diagrammtyp *Linie* besteht darüber hinaus die exklusive Möglichkeit, farbige Markierungen für alle Datenpunkte sichtbar zu machen.

Größere Arbeitsblätter und Dokumente

Seit Excel 2007 beträgt die Maximalgröße für Arbeitsblätter eine Million Zeilen und 16.000 Spalten (gegenüber 65.536 Zeilen und 256 Spalten in Excel 2003). Die Größe einer Arbeitsmappe darf zwei GByte betragen. In der 64-Bit-Version von Excel, die mit der Versionsnummer 2010 eingeführt wurde, ist die Größe einer Arbeitsmappe sogar nur noch durch den vorhandenen Arbeitsspeicher begrenzt.

Fragt sich jedoch, wem derart „unendliche Speicherwelten" nützen. Klar ist: Wer in einem Excel-Dokument ähnlich viele Zahlen und Daten bunkert, wie sie für die HD-Wiedergabe eines abendfüllenden Spielfilms nötig sind, macht irgendwas ganz furchtbar verkehrt (und sollte vielleicht dringend über die Anschaffung einer richtigen Datenbank-Software nachdenken).

Das Dateiformat Open XML

Seit der Version 2007 werden Arbeitsmappen und andere Excel-Dokumente standardmäßig nicht mehr binär gespeichert, sondern in einem Klartextformat, das auf der Auszeichnungssprache XML (steht für „Extensible Markup Language") beruht. Dieses *Open XML* genannte Format unterscheidet sich aber grundlegend von dem XML-Format, das schon in Excel 2003 zur Auswahl stand.

Für den Anwender zeigt sich die Existenz des neuen Dateiformats eigentlich nur in den neuen Dateiendungen, die sich um ein angehängtes „X" von den bisherigen unterscheiden. So werden nun Arbeitsmappen beispielsweise nicht mehr in XLS-Dateien gespeichert, sondern in XLSX-Dateien. Vorlagen sichert man anstatt in XLT- nun in XLTX-Dateien.

Das gilt allerdings nur, solange Arbeitsmappen und Vorlagen *keine* VBA-Makros enthalten. Ist das der Fall, tritt ein „M" an die Stelle des angehängten „X". Für Arbeitsmappen mit Makros lautet die korrekte Dateiendung dann XLSM, für Vorlagen mit Makros XLTM. Excel-Add-ins enthalten ja grundsätzlich Makros, weshalb es hier nur eine Dateiendung gibt, die XLAM lautet.

Beim Speichern von Excel-Dokumenten stehen die alten Dateiendungen aus Kompatibilitätsgründen weiterhin zur Wahl. Dann erfolgt die Speicherung allerdings im alten Binärformat und unter Verzicht auf Dokumentelemente, die mit Excel 2007 oder danach erst eingeführt wurden. So lassen sich SmartArt- oder Sparklines-Diagramme beispielsweise nur im Open-XML-Format konservieren.

 Hinweis

Open-XML-Dateien sind keine Dateien im eigentlichen Sinn, sondern „getarnte" ZIP-Archive. Wer sich den (aus vielen XML-Dateien bestehenden) Inhalt eines solchen Archivs anschauen möchte, kann die Endung „.zip" an den Dateinamen anhängen (via *Umbenennen*-Befehl) und das Archiv dann per Doppelklick im Windows-Explorer öffnen. ∎

■ 2.3 Apps für Office

Wer die Oberfläche von Excel 2013 mit früheren Versionen vergleicht, dürfte ziemlich schnell über den neuen Befehl APPS FÜR OFFICE im Menüband EINFÜGEN stolpern.

Dahinter verbirgt sich ein neues Erweiterungskonzept, das ähnlich radikal ist wie der mit Excel 2007 vollzogene Wechsel von der Befehlsleistenoberfläche zum Menüband. Die Idee dahinter: Klassische VBA-Makros und Add-ins sollen langfristig abgelöst und durch trendige „Apps" ersetzt werden.

Diese Minianwendungen klinken sich direkt in die Benutzeroberflächen von Excel, Word und diversen anderen Office-2013-Anwendungen (und deren Web-App-Versionen) ein. Sie erscheinen wahlweise im Aufgabenbereich („Task Pane"), also am rechten Rand des Programmfensters, oder als abgegrenzter Bereich innerhalb des Dokuments. Von dort aus verfolgt die typische Office-App alles, was der User gerade eintippt oder markiert, und beschafft ihm dazu passende Infos, Übersetzungen, Karten oder Grafiken aus der vielzitierten Cloud oder dem Internet.

Das klingt erst mal nicht sonderlich spannend, da VBA-Makros und vor allem Add-ins, die mit den *Visual Studio Tools for Office* (siehe Abschnitt 15.8) programmiert wurden, so etwas auch können. Den Office-Apps fällt die Webrecherche allerdings ungleich leichter, da sie selbst hundertprozentige Webanwendungen sind, die mit einschlägigen Standardtechnologien wie HTML, XML oder JavaScript realisiert werden.

Vor allem aber muss man sich Office-Apps nicht erst umständlich beschaffen und anschließend installieren. Man findet sie stets in einem Online-Shop namens „Office Store", den man im Unterschied zu den klassischen Vertriebskanälen direkt aus Word & Co heraus erreichen kann – Mausklick respektive Finger-Touch genügt. Der Office Store bündelt das weltweite (!) App-Angebot und macht es transparent. Hat man die passende App darin gefunden, bringt man diese mit ein paar weiteren Mausklicks an den Start.

Wie einfach die Beschaffung einer Office-App ist und was man damit anstellen kann, davon sollte sich jeder Excel-Anwender selbst überzeugen. Als nützliches und noch dazu kostenloses Anschauungsobjekt empfehlen wir „Bing Maps", eine Office-App, die Städte- und Ländernamen innerhalb eines Arbeitsblatts erkennt und dazu passende Karten liefert. Zwecks Einrichtung der App ...

- ... wechseln Sie in das EINFÜGEN-Register und wählen dort den Befehl APPS FÜR OFFICE. Sollte „Bing Maps" nicht bereits im *Apps-für-Office*-Dialog angezeigt werden, klicken Sie auf WEITERE APPS IM OFFICE STORE SUCHEN am unteren Rand des Dialogfelds.

- Geben Sie „Bing Maps" in das Suchfeld ein, und drücken Sie die Eingabetaste. Erscheint die App schließlich in den Store-Ergebnissen, klicken Sie darauf.

- Wenn die Detailseite der App erscheint, klicken Sie auf HINZUFÜGEN.

Sofern Sie bereits mit Ihrem Microsoft-Konto angemeldet waren, wird die App nun umgehend geladen und eingerichtet. Zum Testen tippen Sie die folgenden Inhalte in vier untereinander liegende Zellen des Arbeitsblatts (die erste Zelle muss stets eine Überschrift enthalten):

```
Städte
Hamburg
Köln
München
```

Anschließend markieren Sie die Zellen und klicken auf das PLOT LOCATIONS-Symbol in Bing Maps. Die angezeigte Karte können Sie nach Belieben vergrößern, verkleinern, verschieben oder darin zoomen. Nicht schlecht, oder?

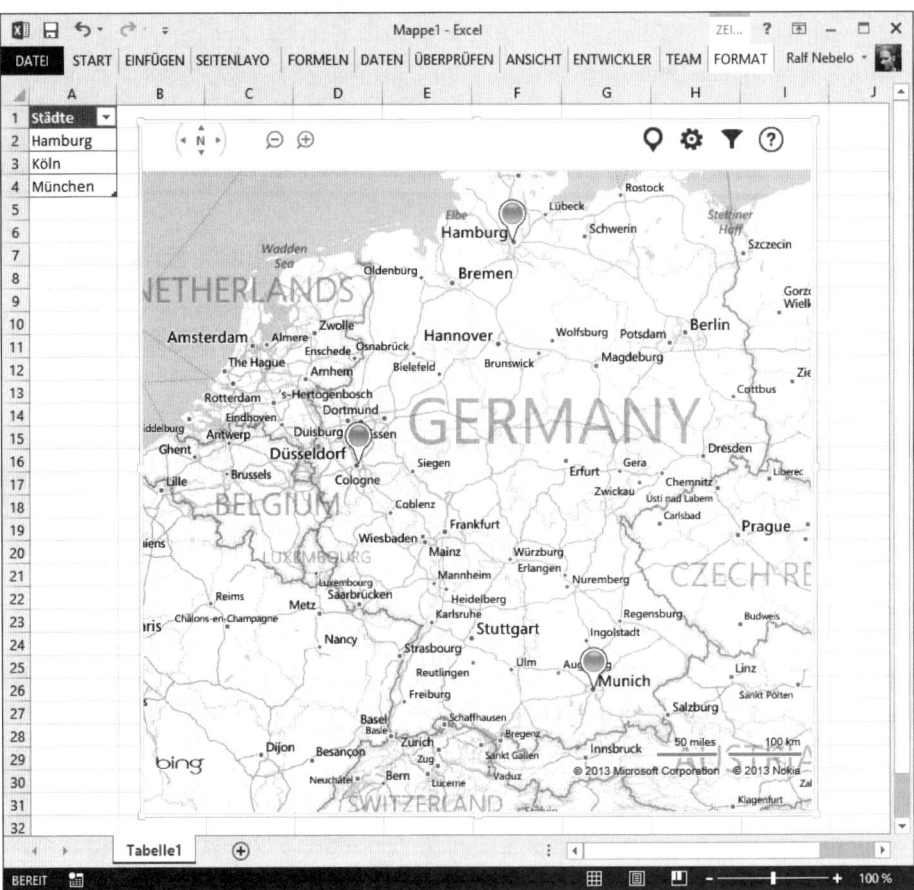

BILD 2.8 Die Office-App „Bing Maps" erkennt Inhalte von Arbeitsblättern und liefert dem Anwender passende Karten dazu.

■ 2.4 Neues in Sachen Programmierung

Angesichts des mit Excel 2007 völlig neu gestalteten Erscheinungsbilds könnte man meinen, Microsoft hätte das Kalkulationsprogramm von Grund auf neu programmiert. Was aber nicht stimmt. Tatsächlich basieren auch Excel 2007 und seine Nachfolger noch auf dem *Component Object Model* oder kurz: COM. Das bedeutet grob verkürzt nichts anderes, als dass man auch die neuesten Excel-Versionen immer noch über COM-fähige Entwicklungs-Tools programmieren kann. Und da steht das „eingebaute" und somit kostenlose VBA immer noch leistungsmäßig in der ersten Reihe – was die meisten Office-Entwickler wohl freuen dürfte.

Es gibt aber zunehmend mehr (und zumeist anspruchsvollere) Programmieraufgaben, die sich mit VBA entweder gar nicht oder nur noch teilweise lösen lassen. Für einen Teil dieser Fälle benötigt man nur einen Texteditor und ein paar grundlegende XML- respektive JavaScript-Kenntnisse – was das Kapitel 15.9 zum brandneuen und sehr interessanten Thema *Office-Apps* belegt. Andere Problemfälle verlangen nach einem ebenso mächtigen wie leider auch teuren Entwicklungswerkzeug, das sich *Visual Studio Tools for Office* (siehe Abschnitt 15.8) nennt.

2.4.1 Kompatibilitätskrücke Add-ins-Register

Das Festhalten an der Programmierschnittstelle COM bedeutet auch, dass zahllose Excel-Lösungen, die für frühere Versionen des Kalkulationsprogramms entwickelt wurden und in Gestalt von „Makrohaltigen" Arbeitsmappen sowie VBA- und COM-Add-ins vorliegen, weiterhin funktionieren. Das gilt sogar für Lösungen, die sich über Menüerweiterungen oder eigene Symbolleisten in die Oberfläche früherer Excel-Versionen eingeklinkt hatten – obwohl es diese Oberfläche gar nicht mehr gibt! Wie ist das möglich?

Antwort: Weil die Excel-Versionen ab 2007 zwar weiterhin die *CommandBars*-Objekte (siehe Abschnitt 8.1.3) unterstützen, entsprechende Programmieranweisungen aber nicht mehr in *echte* Menüs und Symbolleisten umsetzen, sondern in Nachbildungen, die zu hundert Prozent aus den Elementen der neuen RibbonX-Oberfläche bestehen. Und diese „simulierten" Befehlsleisten – so der Oberbegriff von Menü- und Symbolleisten – werden auch nicht mehr an den ursprünglich vorgesehenen Bildschirmpositionen angezeigt, sondern in einer einzigen Befehlsregisterkarte namens ADD-INS. Die bildet somit eine Art Kompatibilitätskrücke, welche die Bedienbarkeit älterer Excel-Lösungen grundsätzlich sicherstellt.

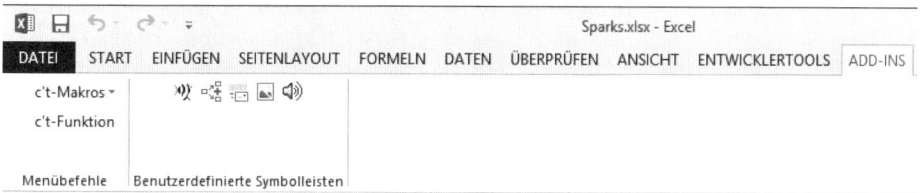

BILD 2.9 Menüs und Symbolleisten zeigt Excel seit der Version 2007 nur noch im Add-ins-Register an.

Dass es sich beim ADD-INS-Register in der Tat nur um einen Behelf handelt, zeigt sich an deutlichen Einschränkungen in Sachen Handling. So lassen sich die hier angezeigten Befehls-leisten-Attrappen beispielsweise nicht mehr verschieben, andocken oder manuell anpassen, und zugeordnete Tastenkürzel für den schnellen Aufruf von selbst gebauten Menükommandos funktionieren auch nicht mehr. Angesichts des radikal erneuerten Oberflächenkonzepts erscheint das ADD-INS-Konstrukt aber dennoch als guter Kompromiss zwischen Fortschritt und Kompatibilität mit vorhandenen Excel-Lösungen.

2.4.2 Zu- und Abgänge im Objektmodell

Viele neue Excel-Features spiegeln sich auch im Objektmodell des Kalkulationsprogramms wider. Und zwar in Form von neuen oder erweiterten Objekten, die sich mit VBA nutzen lassen.

Bei den Neuzugängen ist unter anderem das *Databar*-Objekt erwähnenswert, das die Program-mierung der oben vorgestellten Zelldiagramme der Bedingten Formatierung ermöglicht (siehe Abschnitt 10.5). Die Darstellungstalente der erweiterten Diagramm-Engine lassen sich unter anderem über die neuen Chart-Methoden *ChartStyle* und *ApplyLayout* (siehe Abschnitt 10.2.2) wecken. Auch SmartArt-Diagramme kann man jetzt per VBA-Code erzeugen und verändern – die *AddSmartArt*-Methode der *Shapes*-Auflistung und das Objekt *SmartArt* machen's mög-lich (siehe Abschnitt 10.7.1). Die *SparklineGroups*-Auflistung von *Range*-Objekten und das *SparklineGroup*-Objekt erlauben es, Sparklines-Diagramme programmgesteuert zu erschaffen (siehe Abschnitt 10.6.1).

Den Erweiterungen der Objektbibliothek stehen aber auch einige „ausgeblendete", das heißt nicht mehr unterstützte Objekte, Methoden und Eigenschaften gegenüber. Zu den promi-nentesten und schmerzlichsten Abgängen gehört nach wie vor das *FileSearch*-Objekt, das noch in Excel 2003 die vergleichsweise simple Programmierung einer Dateisuchfunktion ermöglichte und in zahlreichen VBA-Lösungen zum Einsatz kam. Viele davon lassen sich nun wieder flottmachen, indem man sie auf eine selbst gebaute und dennoch weitgehend „syntaxkompatible" Ersatzklasse namens *SearchFile* (siehe Abschnitt 4.5.5) umstellt.

Die folgende Internetseite *[Link 3]* liefert Ihnen eine vollständige Auflistung aller Objekt-modelländerungen in Excel 2007:

   http://msdn2.microsoft.com/en-us/library/bb149067.aspx

Für Excel 2010 finden Sie die gleichen Informationen hier *[Link 4]*:

   http://msdn.microsoft.com/en-us/library/ee836187.aspx

Für Excel 2013 können wir Ihnen keinen vergleichbaren Link liefern, da es zum Zeitpunkt der Manuskriptabgabe für dieses Buch (August 2013) noch keine offizielle Dokumentation der Objektmodelländerungen gab. Die relativ wenigen und mit Ausnahme der *Apps für Office* (siehe Abschnitt 15.9) auch eher nebensächlichen Neuerungen für Entwickler sind auf folgender Seite dokumentiert *[Link 47]*:

   http://msdn.microsoft.com/library/Office/ff837594.aspx

2.4.3 Anpassen der Benutzeroberfläche

Dank der *CommandBars*-Objekte lassen sich – wie schon erwähnt – auch in Excel 2013 noch
Menüs und Symbolleisten anlegen, die dann jedoch ausschließlich in der Befehlsregisterkarte
ADD-INS erscheinen. Wer aber in die Zukunft denkt, sollte sich von *CommandBars* und dem
ADD-INS-Register verabschieden und die Funktionen seiner Lösung lieber gleich in die neuen
Elemente der Excel-Oberfläche integrieren. Bei diesem Vorhaben kommt man mit VBA allein
aber nicht mehr zurecht.

Das liegt daran, dass diese Elemente – Menüband, Symbolleiste für den Schnellzugriff und
Backstage-Ansicht – nicht mehr im Objektmodell von Excel abgebildet werden. Folglich hat
man aus VBA heraus auch (fast) keine Möglichkeit, das Aussehen dieser Oberflächenelemente
zu verändern. Das lässt sich jetzt nur noch über XML-Code erledigen, der in die Dokumentdatei
der Excel-Lösung eingebettet ist und ausschließlich beim Öffnen ausgeführt wird.

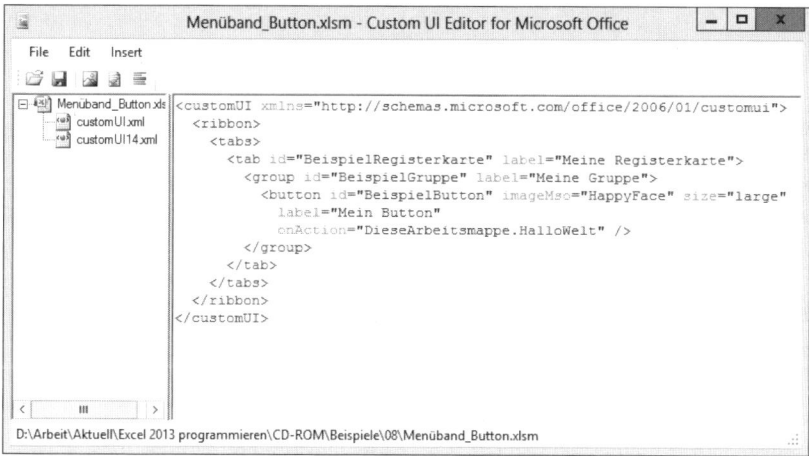

BILD 2.10 XML-Code bestimmt jetzt das Design von Oberflächenanpassungen; für die Funktion sind
VBA-Makros zuständig.

Die XML-Anweisungen bestimmen aber nur das „Design" der gewünschten Oberflächenan-
passung, indem sie dem Menüband beispielsweise eine neue Befehlsregisterkarte hinzufügen
und darin eine neue Schaltfläche anlegen. Für die Funktion – also das, was beim Anklicken
dieser Schaltfläche geschieht – ist nicht mehr der XML-Code, sondern eine sogenannte
CallBack-Routine zuständig. Und dabei handelt es sich um eine spezielle Form von VBA-Makro.
Die Einzelheiten über das (gar nicht so schwierige) Anpassen von Menüband, Symbolleiste
für den Schnellzugriff und Backstage-Ansicht sind ausführlich in den Abschnitten 8.2, 8.3
und 8.5 beschrieben.

Das „duale Konzept" der Oberflächenprogrammierung – XML-Code für das Design, CallBack-
Makros für die Funktion – gilt übrigens jetzt auch für die zahlreichen *Kontextmenüs*, die ja
immer schon einen wesentlichen Bestandteil der Benutzeroberfläche bildeten. Diesbezügliche
Details finden Sie im Abschnitt 8.4.

2.4.4 Die Grenzen von VBA

Neben der großen Zahl von Aufgaben, die sich mit VBA immer schon bewältigen ließen, erlaubt Excels bordeigene Programmiersprache nun also die programmierte Nutzung vieler neuer Funktionen, die mit den Excel-Versionen seit 2007 Einzug gehalten haben. Darüber hinaus kann man mit VBA den Funktionscode für eine individuelle Anpassung *aller* Oberflächenelemente (Menüband, Symbolleiste für den Schnellzugriff, Backstage-Ansicht und Kontextmenüs) schreiben. Trotz dieses ansehnlichen Leistungsspektrums aber gibt es Aufgaben, denen VBA nicht mehr gewachsen ist.

Individuelle Aufgabenbereiche und Smart Tags

Dazu gehört etwa das Anlegen von individuell gestalteten *Aufgabenbereichen*, die im Microsoft-Jargon – je nachdem, ob sie anwendungsweit oder nur auf Dokumentebene verfügbar sind – als „Custom Task Panes" oder „Action Panes" bezeichnet werden. Die Entwicklung von maßgeschneiderten *Smart Tags* – jenen Minimenüs, die dem Anwender zu bestimmten Dokumentinhalten passende Aktionen zur Verfügung stellen – gelingt ebenfalls nicht mit Bordmitteln.

Wer sich nicht mehr mit diesen (und diversen anderen) Beschränkungen von VBA abfinden will (oder kann), hat derzeit nur eine ernsthafte Alternative, und die heißt *Visual Studio Tools for Office* oder kurz VSTO. Was es damit auf sich hat, wird ausführlich in Abschnitt 15.8 beschrieben.

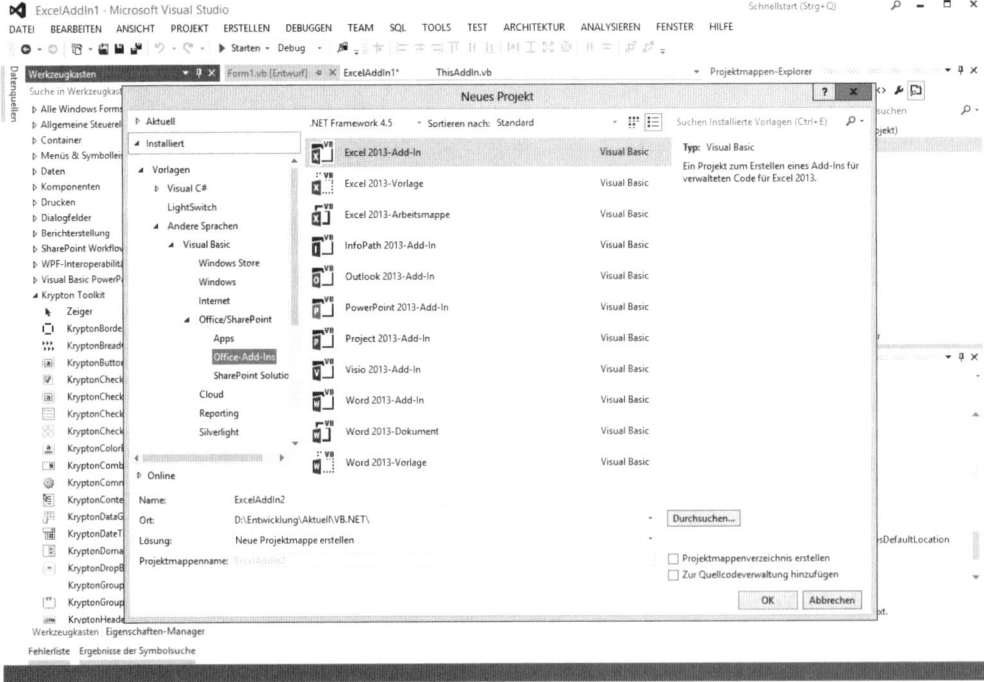

BILD 2.11 Die in Visual Studio integrierten Visual Studio Tools for Office sind eine professionelle, aber auch teure Alternative zu VBA.

64-Bit-Programmierung

Seit der Version 2010 wird Microsofts Kalkulationsprogramm sowohl in einer 32- als auch einer 64-Bit-Version angeboten. Letztere bietet nicht nur den eingangs erwähnten Vorteil, den gesamten Arbeitsspeicher eines 64-Bit-Windows-Systems nutzen zu können, sie soll auch Sicherheitslücken im Zusammenhang mit Pufferüberlaufen schließen und damit die Angriffsfläche für Viren und Würmer verringern können.

Den genannten Vorteilen stehen allerdings diverse Nachteile gegenüber, die die Lauffähigkeit vorhandener Excel-Erweiterungen betreffen. Welche das sind, und wie Sie diese überwinden, erfahren Sie in Abschnitt 15.7.

Apps für Office

Die in Abschnitt 2.3 beschriebenen Apps für Office entziehen sich ebenfalls dem Einfluss von VBA. Wer sie entwickeln will, benötigt zwar nur einen besseren Texteditor, sollte aber grundlegende Erfahrungen in der Programmierung von Webanwendungen – denn darum handelt es sich im Grunde – mitbringen.

Kapitel 15.9 liefert Ihnen alle Infos, die Sie für den Einstieg in die Programmierung von Office-Apps benötigen.

■ 2.5 Probleme und Inkompatibilitäten

Vorsicht

Auch in Excel 2013 kann es beim Bearbeiten beziehungsweise Testen von VBA-Code zu Abstürzen kommen. Speichern Sie Ihre Arbeit daher regelmäßig! Beachten Sie auch, dass Excel nicht immer vollständig abstürzt. Manchmal kommt zwar die obligatorische Systemfehlermeldung, Excel bleibt aber im Speicher und blockiert weiter alle zuletzt geöffneten Dateien (ohne dass aber eine Möglichkeit besteht, diese noch zu speichern). Damit Sie wieder richtig weiterarbeiten können, müssen Sie Excel ganz beenden. Dazu verwenden Sie den Task-Manager von Windows, den Sie mit Strg+Alt+Entf zum Vorschein bringen. Es erscheint eine Task-Liste, aus der Sie Excel auswählen und gewaltsam beenden können. ■

Allgemeine Probleme

- VBA kennt noch immer keine Optimierungen bei der Auswertung von Bedingungen: Eine Abfrage in der Form *If x>=0 And Sqr(x)<3* führt bei negativen Zahlen in *x* zu einem Fehler. (Dieses Problem besteht in Visual Basic schon seit der ersten Version, d. h., wir haben die Hoffnung auf Besserung in diesem Punkt aufgegeben.)

- Bei allen Excel-Versionen gibt es Probleme mit dem Operator *Is* zum Objektvergleich. Dieser Operator sollte feststellen, ob zwei Variablen auf dasselbe Objekt verweisen. Leider funktioniert das nicht immer.

Probleme mit MS-Forms-Dialogen und -Steuerelementen

Excel und die meisten VBA-Kommandos sind blockiert, solange sich der Eingabecursor in einem MS-Forms-Steuerelement befindet, das in das Arbeitsblatt eingefügt wurde. Nur bei Buttons kann die Blockade durch *TakeFocusOnClick=False* verhindert werden. (Die Default-Einstellung lautet allerdings *True* und ist der Grund, weswegen es mit Buttons in Arbeitsblättern oft Probleme gibt. Die auftretenden Fehlermeldungen sind ohne jede Aussagekraft.)

Wenn im Arbeitsblatt auch andere Steuerelemente verwendet werden, muss der Eingabecursor per Programmcode (etwa durch *Worksheets(n).[A1].Activate*) in eine Zelle gesetzt werden, um damit sicherzustellen, dass er nicht auf ein Steuerelement gerichtet ist.

Generell bereitet die Verwendung von Steuerelementen in Arbeitsblättern Probleme und löst mitunter nicht nachvollziehbare Fehler und zum Teil sogar Excel-Abstürze aus. Betroffen von diesen Problemen ist insbesondere die Beispieldatei *07\Userform.xlsm*, aus der bei einer zurückliegenden Neuauflage dieses Buchs einige Beispiele entfernt werden mussten; diese Beispiele funktionierten unter Excel 2000 noch problemlos, verursachten unter späteren Excel-Versionen aber Abstürze.

Inkompatibilitäten gegenüber Excel 2003

Der Wechsel von Excel 2003 auf Excel 2007 bis 2013 bringt zwar grundlegende Änderungen bei der Bedienung des Kalkulationsprogramms mit sich, aber nur wenige Unterschiede in Sachen VBA. Und so konnten wir die meisten Beispieldateien ohne Probleme aus der 2003er Auflage dieses Buchs übernehmen – nach der notwendigen Konvertierung in die neuen Open-XLM-Dateiformate und einigen inhaltlichen Aktualisierungen, versteht sich.

Bei der Beispieldatei *Chart.xlsm* aus Kapitel 10 funktionierte das allerdings nicht so einfach. Die weigerte sich beharrlich, Diagramme für Tagesprotokolle zu erzeugen. Da der Code, der unter Excel 2003 problemlos funktioniert, nicht einmal eine Fehlermeldung produzierte, blieb die Ursache der Verweigerungshaltung längere Zeit im Dunkeln. Dann kam uns die Idee, die Tagesdaten aus der externen Protokollarbeitsmappe zunächst in die Beispieldatei zu kopieren, um sie dann erst zur Grundlage der neuen Diagramme zu machen – und siehe da: es funktionierte! Aus irgendeinem Grund sträuben sich die jüngeren Excel-Versionen, VBA-generierte Diagramme mit externen Daten zu verknüpfen. Ein offensichtlicher Bug, der hoffentlich bald behoben wird.

Auch das Web-Services-Beispiel aus Kapitel 15 bereitete uns Probleme. Es entlockte dem Server trotz korrekter Programmierung mitunter keine Ergebnisse und brachte Excel in seltenen Fällen sogar zum Absturz. Microsoft betrachtet das verwendete Web Services Toolkit zwar als ein „not supported product", sollte aber dennoch bald eine auf aktuelle Excel-Versionen zugeschnittene Version auf den Markt bringen, bei der das Problem hoffentlich nicht mehr auftaucht. Wer Web Services für die Realisierung einer Excel-Lösung benötigt, sollte einstweilen die *Visual Studio Tools for Office* (siehe Abschnitt 15.8) zur Programmierung einsetzen.

TEIL II

Grundlagen

3 Entwicklungsumgebung

Dieses Kapitel beschreibt detailliert die Bedienung der VBA-Entwicklungsumgebung. Diese Entwicklungsumgebung, auch Visual-Basic-Editor genannt, steht seit Excel 97 zur Verfügung und wurde seither nur mehr in wenigen Details verändert. Sie erscheint in einem getrennten Fenster mit eigenen Menüs, Symbolleisten etc. Die Entwicklungsumgebung ermöglicht die Eingabe von Programmcode und die Definition neuer Formulare, hilft bei der Fehlersuche, enthält eine Objektreferenz (Objektkatalog) mit Querverweisen zur Hilfe, einen Direktbereich zum Test einzelner Anweisungen etc.

■ 3.1 Komponenten von VBA-Programmen

Ein VBA-Programm ist immer Teil einer Excel-Arbeitsmappe – es ist also unmöglich, Excel-Programme außerhalb einer normalen Excel-Datei zu speichern, zu editieren oder auszuführen. Wenn hier von den Komponenten eines VBA-Programms die Rede ist, sind also die VBA-Komponenten einer Excel-Datei gemeint, die in der VBA-Entwicklungsumgebung – auch „VBA-Editor" genannt – angezeigt werden.

Anmerkung

Es gibt zwei Sonderfälle zur Speicherung von VBA-Code: Zum einen können Sie den Code eines Moduls oder Dialogs als ASCII-Datei exportieren – Sie können diese Dateien aber nicht ausführen. Zum anderen können Sie eine Excel-Datei als Add-in speichern – dann steht der darin enthaltene VBA-Code allen Dokumenten zur Verfügung, und die Tabellenblätter werden unsichtbar. Obwohl ein Add-in rein optisch wenig mit einer Excel-Arbeitsmappe gemeinsam hat und eine ganz andere Aufgabe erfüllen soll (siehe Abschnitt 15.1), handelt es sich nichtsdestoweniger nur um einen Sonderfall einer normalen Excel-Datei. ■

Eine Excel-Anwendung kann folgende VBA-Komponenten umfassen:

- Normalen Programmcode (Module): Programmcode mit der Definition von Variablen, Prozeduren und Funktionen wird in sogenannten Modulen gespeichert. Ein Modul ist also eine Gruppe eigens programmierter Prozeduren (Unterprogramme), die in Excel genutzt werden können. In der Entwicklungsumgebung wird ein Modul in einem Textfenster für den Code angezeigt.

- Programmcode zur Definition von neuen Objektklassen (Klassenmodule): Rein optisch sieht ein Klassenmodul wie ein normales Modul aus – es handelt sich also ebenfalls um ein Textfenster mit Programmcode. Der Unterschied besteht darin, dass Klassenmodule zur Definition neuer Objekte dienen. Eine Einführung in die Programmierung von Klassenmodulen gibt Abschnitt 4.5.3.

- Programmcode mit Ereignisprozeduren zu Excel-Objekten: Jedes Excel-Blatt (Tabelle, Diagramm) sowie die gesamte Excel-Arbeitsmappe kennt Ereignisse – etwa den Wechsel von einem Blatt zum anderen, das Speichern oder Drucken der Arbeitsmappe etc. Wenn ein solches vordefiniertes Ereignis eintritt, kann automatisch eine sogenannte Ereignisprozedur ausgelöst werden. Der Programmcode für diese Ereignisprozeduren befindet sich in eigenen Modulen, die jeweils dem entsprechenden Excel-Objekt zugeordnet sind. Detaillierte Informationen zu Ereignisprozeduren gibt Abschnitt 4.4.1.

- Dialoge (*UserForm*): Dialoge bestehen seit Excel 97 aus zwei zusammengehörigen Teilen: dem eigentlichen Dialog mit seinen Steuerelementen und dem Programmcode mit den Ereignisprozeduren zu den Steuerelementen. (Diese Ereignisprozeduren sind zur Verwaltung des Dialogs erforderlich.) Der Entwurf und die Verwaltung von Dialogen sind Thema von Kapitel 7.

- Verweise: Solange Sie nur die Excel-Standardobjekte verwenden, brauchen Sie sich um Verweise nicht zu kümmern. Sobald Sie aber Objekte verwenden möchten, die in externen Objektbibliotheken definiert sind (etwa in der ADO-Bibliothek zur Datenbankprogrammierung), müssen Sie diese mit EXTRAS | VERWEISE aktivieren. Die Verweise auf die genutzten Objektbibliotheken werden in der Excel-Datei gespeichert.

Die ersten vier Punkte dieser Aufzählung haben eine Gemeinsamkeit: Der VBA-Code wird in immer gleich aussehenden Codefenstern angezeigt. Die Werkzeuge zur Codeeingabe und zur Fehlersuche sind also in jedem Fall dieselben.

■ 3.2 Komponenten der Entwicklungsumgebung

Primäre Aufgabe der Entwicklungsumgebung ist es, die Eingabe von Programmcode und die Definition von Formularen zu ermöglichen. Seit Excel 97 ist die VBA-Entwicklungsumgebung nicht mehr in Excel integriert, sondern verhält sich beinahe wie ein eigenständiges Programm. Die Entwicklungsumgebung wird in Excel durch ENTWICKLERTOOLS | VISUAL BASIC aufgerufen und erscheint dann in einem eigenen Fenster.

Hinweis

Falls Sie die standardmäßig ausgeblendete Befehlsregisterkarte ENTWICKLERTOOLS noch nicht sichtbar gemacht haben, holen Sie das wie folgt nach: Öffnen Sie die Registerkarte DATEI, und wählen Sie OPTIONEN. Klicken Sie links im Dialogfeld auf MENÜBAND ANPASSEN, schalten Sie im rechten Listenfeld das Kontrollkästchen vor ENTWICKLERTOOLS ein, und schließen Sie das Dialogfeld mit OK.

Alternativ können Sie die Entwicklungsumgebung auch mit der Tastenkombination Alt+F11 aktivieren.

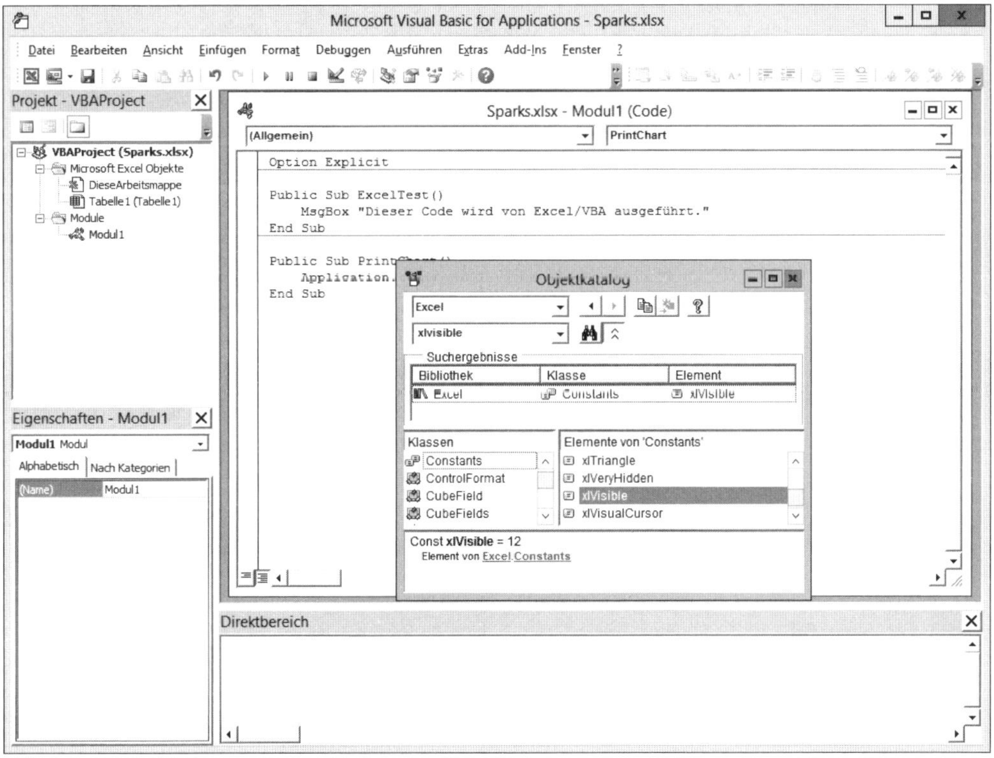

BILD 3.1 Die VBA-Entwicklungsumgebung

Statt mit ENTWICKLERTOOLS | VISUAL BASIC bzw. mit Alt+F11 kann der Wechsel von Excel in die Entwicklungsumgebung auch durch ein Symbol in der *Symbolleiste für den Schnellzugriff* erfolgen: Führen Sie in Excel DATEI | OPTIONEN | SYMBOLLEISTE FÜR DEN SCHNELLZUGRIFF aus, stellen Sie das linke Listenfeld auf „Alle Befehle" ein, markieren Sie in der Liste darunter den Befehl „Visual Basic", und klicken Sie auf HINZUFÜGEN. Schließen Sie das Dialogfeld mit OK. Künftig reicht ein einfacher Mausklick aus, um in das Fenster der Entwicklungsumgebung zu springen.

Zu beinahe allen Komponenten der Entwicklungsumgebung sind Kontextmenüs definiert, die mit der rechten Maustaste aufgerufen werden und eine effiziente Ausführung der wichtigsten Kommandos ermöglichen. Probieren Sie es aus!

Hinweis

Der Wechsel zwischen Excel und der Entwicklungsumgebung funktioniert nur, wenn in der gerade aktiven Komponente kein Dialog geöffnet ist. In Excel darf keine Zelle bzw. kein Objekt bearbeitet werden. Ansonsten wird der Blattwechsel ohne Fehlermeldung verweigert. ∎

Verweis

Nicht alle Schritte zur Programmentwicklung werden tatsächlich in der VBA-Entwicklungsumgebung durchgeführt. Beispielsweise wird die Makroaufzeichnung direkt in Excel gesteuert. Aus diesem Grund, und um thematisch zusammengehörige Themen gemeinsam zu behandeln, finden Sie weitere Informationen zur Entwicklungsumgebung in anderen Kapiteln:

- Objektkatalog, Bibliotheksverweise: Abschnitt 4.3
- Hilfsmittel zur Fehlersuche: Abschnitt 6.1
- Dialogeditor: Abschnitt 7.3 ∎

Projektfenster

Das Projektfenster (ANSICHT | PROJEKT-EXPLORER oder Strg+R) dient zur Orientierung in Excel-Programmen. Zu jeder geladenen Excel-Datei wird im Projektfenster eine Gruppe mit allen dazugehörigen Modulen und Dialogen angezeigt. Durch einen Doppelklick auf den jeweiligen Eintrag werden die Komponenten in einem Fenster angezeigt und können bearbeitet werden.

Die einzelnen Komponenten eines Projekts können wahlweise alphabetisch geordnet oder wie in Bild 3.1 thematisch gruppiert werden. Die Umschaltung erfolgt durch das dritte Symbol im Projektfenster (mit der irreführenden Bezeichnung ORDNER WECHSELN).

Tipp

Wenn Sie mehrere Excel-Dateien gleichzeitig bearbeiten, können Sie einzelne Dateien („Projekte") im Projektfenster zusammenklappen (Klick auf das Symbol + oder –). Alle Fenster dieses Projekts werden damit ausgeblendet. Das kann die Orientierung in der Entwicklungsumgebung erheblich erleichtern. ∎

Tipp

In der Default-Einstellung werden das Projektfenster und die meisten anderen Komponenten nicht als frei verschiebbare Fenster angezeigt, sondern sind am Randbereich der Entwicklungsumgebung fixiert. Das ist nur dann praktisch, wenn Sie mit einem großen Monitor arbeiten. Andernfalls wird der zur Verfügung stehende Platz schlecht genutzt. Um die Komponenten der Entwicklungsumgebung frei platzieren zu können, führen Sie EXTRAS | OPTIONEN | VERANKERN aus und deaktivieren sämtliche Optionen dieses Dialogblatts.

Eigenschaftenfenster

Im Eigenschaftenfenster (ANSICHT | EIGENSCHAFTENFENSTER oder F4) können diverse Merkmale des gerade aktuellen Objekts eingestellt werden. Als „Objekte" gelten Module ebenso wie Dialoge und die darin enthaltenen Steuerelemente. Die größte Rolle spielt das Eigenschaftenfenster beim Entwurf neuer Dialoge: Jedes Element eines solchen Dialogs kennt Dutzende von Eigenschaften. Bei normalen Codemodulen kann dagegen nur der Name des Moduls eingestellt werden. Dieser Name darf keine Leerzeichen enthalten. Bei Objektmodulen weicht der VBA-Name im Regelfall vom Excel-Blattnamen ab.

Wie im Projektfenster können auch im Eigenschaftenfenster die Einträge alphabetisch oder nach Gruppen geordnet werden. Die Umschaltung erfolgt hier allerdings mit Blattregistern und ist nur dann sinnvoll, wenn Objekte sehr viele Eigenschaften unterstützen.

Falls Sie Steuerelemente direkt in Tabellenblätter einbetten, können Sie das Eigenschaftenfenster auch in Excel benutzen. Der Aufruf in Excel erfolgt allerdings nicht mit F4, sondern über den Kontextmenüeintrag EIGENSCHAFTEN bzw. über den EIGENSCHAFTEN-Befehl der Symbolleiste ENTWICKLERTOOLS.

Objektkatalog

Die Programmierung in Excel basiert auf mehreren Objektbibliotheken, deren wichtigste die *Excel*-Bibliothek ist. Jede Bibliothek ist mit zahlreichen Objekten ausgestattet, die Objekte wiederum mit vielen Eigenschaften, Methoden und Ereignissen. Die einzige Chance, in dieser Fülle von Schlüsselwörtern den Überblick zu bewahren, bietet der Objektkatalog, der mit ANSICHT | OBJEKTKATALOG bzw. F2 angezeigt wird.

 Tipp

Wenn sich der Cursor gerade über einem Schlüsselwort im Codefenster befindet, wird danach mit Shift+F2 automatisch im Objektkatalog gesucht.

Der Objektkatalog bietet in vielen Situationen auch den schnellsten Weg zur Hilfe.

Im Objektkatalog werden sowohl die Objekte aller aktivierten Bibliotheken als auch (in fetter Schrift) alle in Modulen selbst definierten Funktionen und Prozeduren angezeigt. Im Listenfeld links oben können Sie die Anzeige auf Objekte einer bestimmten Bibliothek einschränken. Das ist besonders praktisch, wenn die Suche nach einer Zeichenkette sehr viele Ergebnisse liefert. Eine Suche führen Sie durch, indem Sie im zweiten Listenfeld eine Zeichenkette eingeben und Return drücken.

Normalerweise werden im Katalog nur „offiziell" unterstützte Schlüsselwörter angezeigt. Daneben gibt es eine Menge verborgener Schlüsselwörter, die entweder intern verwendet werden oder aus Gründen der Kompatibilität zu früheren Versionen aufgenommen wurden. Mit dem Kontextmenükommando Verborgene Elemente anzeigen können Sie auch diese Schlüsselwörter in grauer Schrift anzeigen.

Tipp

Normalerweise sind alle Schlüsselwörter alphabetisch geordnet. Durch das Kontextmenükommando Elemente gruppieren erreichen Sie, dass die Einträge stattdessen in Gruppen geordnet werden, d. h. zuerst alle Eigenschaften, dann die Methoden und schließlich die Ereignisse. Im Regelfall ist diese Form der Anzeige übersichtlicher.

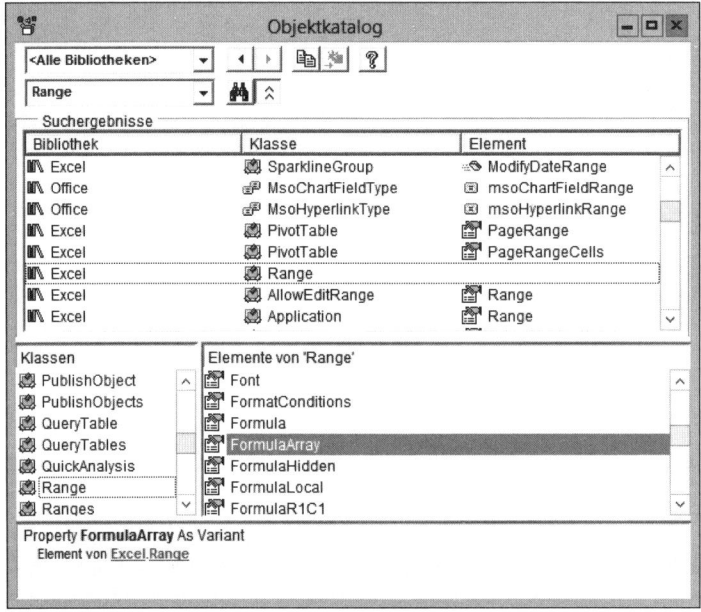

BILD 3.2
Der Objektkatalog

Editoroptionen

Durch Extras | Optionen wird ein vierblättriger Dialog für diverse Einstellungen der Entwicklungsumgebung angezeigt. Die meisten Einstellungen sind leicht verständlich; zu den anderen einige Anmerkungen:

- Automatische Syntaxüberprüfung (Blatt Editor): Wenn diese Option aktiviert ist, wird nach der Eingabe einer fehlerhaften Zeile eine Fehlermeldung angezeigt. Während der ersten VBA-Gehversuche ist das vielleicht ganz nützlich, nach ein paar Tagen werden die ständigen Fehlermeldungen aber lästig. Wenn Sie die Option deaktivieren, werden fehlerhafte Zeilen immer noch in roter Farbe angezeigt, was vollkommen ausreichend ist.

- VARIABLENDEKLARATION ERFORDERLICH: Wenn diese Option aktiviert ist, wird in jedes neue Modul die Zeile *Option Explicit* eingefügt. Das bedeutet, dass Sie nur Variablen verwenden können, die Sie mit *Dim* deklariert haben. Diese Option vermeidet Programmfehler aufgrund von Tippfehlern und führt zu einem korrekten Code. Unbedingt aktivieren!

- ELEMENTE AUTOMATISCH AUFLISTEN, AUTOMATISCHE QUICKINFO, AUTOMATISCHE DATENTIPPS: Diese drei Optionen geben an, ob im Codefenster automatisch Informationen über die erlaubten Methoden und Eigenschaften, den aktuellen Inhalt von Variablen und über die erlaubten Parameter eingeblendet werden. Lassen Sie die Optionen in der Default-Einstellung (also aktiviert) – die Informationen sind ausgesprochen nützlich.

- STANDARDMÄSSIG GANZES MODUL ANZEIGEN: Diese Option bewirkt, dass im Codefenster nicht nur eine einzelne Prozedur, sondern alle Prozeduren des gesamten Moduls angezeigt werden.

- Blatt EDITORFORMAT: Hier können Sie den gewünschten Zeichensatz sowie die Farben für verschiedene Syntaxelemente einstellen.

Allgemeine Optionen

- AUSBLENDEN DES PROJEKTS SCHLIESST FENSTER (Blatt ALLGEMEIN): Wenn diese Option aktiviert ist, werden alle Fenster eines Projekts geschlossen, sobald das Projekt im Projektfenster zusammengeklappt wird (Klick auf Minussymbol). Beim Aufklappen erscheinen die Fenster wieder. Die Option dient dazu, auch bei mehreren Projekten gleichzeitig eine gewisse Ordnung in der Entwicklungsumgebung zu halten.

- BEARBEITEN UND FORTFAHREN: Bei manchen Änderungen im Code – etwa bei der Deklaration neuer Variablen – müssen alle aktuellen Variableninhalte gelöscht werden. Wenn die Option BENACHRICHTIGEN VOR ZUSTANDSÄNDERUNG aktiviert ist, werden Sie vor der Durchführung solcher Änderungen gewarnt.

- BEI JEDEM FEHLER UNTERBRECHEN: Diese Option hebt die Wirkung von Fehlerbehandlungsroutinen auf. Trotz *On-Error*-Anweisungen wird das Programm unterbrochen. Die Option ist manchmal zur Fehlersuche sehr praktisch (siehe auch Kapitel 6).

- IN KLASSENMODUL | BEI NICHT VERARBEITETEN FEHLERN UNTERBRECHEN: Die beiden Optionen führen nur dann zu unterschiedlichen Resultaten, wenn Sie Klassenmodule entwickeln. Wenn in einem Klassenmodul ein Fehler auftritt, wird das Programm im ersten Fall im Klassenmodul und im zweiten Fall dort unterbrochen, wo die Methode oder Eigenschaft der Klasse aufgerufen wurde, die den Fehler verursacht hat (siehe auch Abschnitt 4.5).

- KOMPILIEREN: VBA-Programme werden automatisch zu einem Pseudocode kompiliert, der effizienter ausgeführt werden kann als der zugrunde liegende ASCII-Code. (Es handelt sich aber nicht um einen Maschinencode, wie er von C-Compilern erzeugt wird.) Die beiden KOMPILIEREN-Optionen steuern, wann kompiliert wird. Die Default-Einstellung (beide Optionen aktiviert) bedeutet, dass sofort mit der Programmausführung begonnen wird und nur jene Prozeduren kompiliert werden, die gerade benötigt werden. Der Vorteil: ein rascher Programmstart. Der Nachteil: Manche offensichtlichen Fehler werden erst spät gemeldet. Bei größeren Projekten ist es zumeist sinnvoll, die Optionen zu deaktivieren, weil dann mögliche Syntaxfehler im Code sofort gemeldet werden (und nicht irgendwann später, wenn die Prozedur erstmalig benötigt wird).

- Blatt VERANKERN: Wie bereits oben in einem Tipp erwähnt, gelten in der Defaultkonfiguration die meisten Komponenten der Entwicklungsumgebung als sogenannte verankerte Fenster. Diese Fenster kleben gewissermaßen an einem Ende der Entwicklungsumgebung. Wenn Sie mit einem ausgesprochen kleinen Monitor arbeiten, können Sie alle Kontrollkästchen dieses Dialogblatts deaktivieren. Anschließend lassen sich alle Fenster ohne Einschränkungen verschieben und überlappend anordnen.

Projekteigenschaften

Mit EXTRAS | EIGENSCHAFTEN VON VBAPROJECT wird ein Dialog zur Einstellung der Eigenschaften des gerade aktuellen Projekts angezeigt. Im Blatt ALLGEMEIN können Sie eine Kurzbeschreibung des Projekts und den Dateinamen einer dazugehörigen Hilfedatei angeben. Im Blatt SCHUTZ können Sie den VBA-Teil einer Excel-Datei ausblenden und durch ein Passwort absichern.

 Vorsicht

Welchen Stellenwert Microsoft dem Passwortschutz in Excel gibt, hat man beim Versionswechsel von Excel 7 auf Excel 97 gesehen. In Excel 7 ausgeblendete und per Passwort abgesicherte Module waren in Excel 97 ohne Weiteres jedermann zugänglich! Der Passwortschutz der Excel-Version 2003 war zwar deutlich besser, ließ sich aber ebenfalls knacken beziehungsweise umgehen. Trotz weiterer Verbesserungen gilt das leider auch noch für Excel 2013. Es gibt diverse kommerzielle Tools, die den vermeintlichen Schutz in wenigen Sekunden aushebeln. ∎

Bedingte Kompilierung

Manchmal kommt es vor, dass Sie parallel zu einem Programm eine zweite Version verwalten möchten (etwa eine Demoversion mit eingeschränkten Merkmalen oder eine Debug-Version mit zusätzlichen Sicherheitsabfragen). Dazu können Sie in EXTRAS | EIGENSCHAFTEN VON VBAPROJECT | ALLGEMEIN im Textfeld ARGUMENTE FÜR BEDINGTE KOMPILIERUNG eine Konstante definieren, beispielsweise *demo=1*. Im Programmcode können Sie den Inhalt der Konstanten dann mit *#If*-Anweisungen auswerten.

Je nach Ergebnis der *#If*-Abfrage wird entweder der eine oder der andere Zweig ausgeführt. Im Unterschied zu normalen *If*-Abfragen erfolgt die Unterscheidung zwischen den beiden Varianten allerdings schon bei der Kompilierung. Das Kompilat enthält nur eine Variante und keine *#If*-Abfragen, es ergibt sich also kein Geschwindigkeitsnachteil. Die folgenden Zeilen zeigen, wie Programmcode mit *#If*-Anweisungen aussehen kann:

```
Sub Command1_Click()
  #If demo Then
    MsgBox "In der Demoversion kann nichts gespeichert werden"
  #Else
    ' ... Programmcode zum Speichern
  #End If
End Sub
```

◼ 3.3 Codeeingabe in Modulen

In jedem Codefenster kann VBA-Code eingegeben werden. Wie bereits erwähnt, gibt es zahlreiche Objekte, die mit Code ausgestattet werden: die Excel-Datei als Ganzes (Modul *Diese Arbeitsmappe* im Projektfenster), jedes Tabellenblatt (*Tabelle1*, *Tabelle2* etc.), Dialoge, normale Module und Klassenmodule.

Während die Objekte *Diese Arbeitsmappe* und *TabelleXY* durch Excel vorgegeben sind, müssen Dialoge und Module durch EINFÜGEN | USERFORM, EINFÜGEN | MODUL und EINFÜGEN | KLASSEN-MODUL in der Entwicklungsumgebung erst erzeugt werden. (Bei der Makroaufzeichnung wird automatisch ein Modul erzeugt.)

Anschließend sollten Sie dem Dialog bzw. Modul einen aussagekräftigen Namen geben. Dazu müssen Sie das Eigenschaftenfenster (F4) verwenden. Leerzeichen und die meisten Sonderzeichen sind bei der Namensgebung verboten.

Während der Name bei normalen Modulen hauptsächlich die Orientierung in großen Projekten erleichtert, ist der Name von Dialogen und Klassenmodulen auch für die Codeausführung wichtig. Nachträgliche Änderungen führen dann zu zusätzlichem Aufwand und sollten möglichst vermieden werden.

Erste Experimente

Für erste VBA-Experimente öffnen Sie in Excel eine neue Arbeitsmappe, wechseln mit Alt+F11 in die Entwicklungsumgebung und fügen dort mit EINFÜGEN | MODUL ein neues Modul ein. Ein extrem kurzes VBA-Makro, das Sie zu Testzwecken eingeben können, sieht folgendermaßen aus:

```
Sub beispiel()
  Debug.Print "Mein erstes Programm!"
End Sub
```

Mit der Methode *Print*, die auf das Objekt *Debug* angewendet wird, gibt dieses Programm den Text „Mein erstes Programm" im Direktbereich aus. Sie können dieses Programm einfach mit F5 starten (dazu muss sich der Eingabecursor innerhalb der Prozedur befinden). Das Ergebnis wird im Direktbereich angezeigt. Da dieses Fenster normalerweise unsichtbar ist, muss es über ANSICHT | DIREKTFENSTER oder mit Strg+G aktiviert werden.

Wenn Sie das Programm eingeben, werden Sie feststellen, dass Excel einige Programmteile – nämlich die Schlüsselwörter *Sub*, *Debug*, *Print*, *End* und *Sub* – farbig hervorhebt. Das erhöht nicht nur die Übersichtlichkeit, es deutet auch darauf hin, dass die Programmzeilen syntaktisch korrekt sind.

Falls Excel bei der Eingabe einer Programmzeile einen Fehler erkennt, meldet es sich mit einer Fehlermeldung. Sie können diese Meldung vorläufig ignorieren; die gesamte Zeile wird dann rot dargestellt. Das Makro kann aber erst ausgeführt werden, wenn alle Syntaxfehler beseitigt sind.

Automatische Vervollständigung von Schlüsselwörtern und Variablennamen

Die Codeeingabe wird durch sogenannte *IntelliSense*-Funktionen erleichtert. So werden während der Eingabe automatisch kleine Listenfelder angezeigt, die alle derzeit gültigen Vervollständigungen der Eingabe anzeigen. Bei der Eingabe von Funktionen bzw. Methoden wird deren Parameterliste angezeigt etc.

IntelliSense hat einige neue Tastenkürzel mit sich gebracht: Wenn gerade kein Listenfeld angezeigt wird, können Sie mit Strg+Leertaste das gerade eingegebene Schlüsselwort (oder den Variablennamen) vervollständigen. Wenn es dabei mehrere Möglichkeiten gibt, erscheint automatisch das Listenfeld.

Wenn das Listenfeld bereits angezeigt wird, können Sie mit den Cursortasten den gewünschten Eintrag auswählen. Tab (nicht Return!) vollendet die Auswahl. Mit Esc entkommen Sie dem Listenfeld und können die manuelle Eingabe fortsetzen (beispielsweise zur Eingabe eines noch nicht definierten Variablennamens).

Definition neuer Prozeduren

Wenn Sie eine neue Prozedur schreiben möchten, bestehen dazu mehrere Möglichkeiten. Bei allgemeinen Prozeduren (Unterprogrammen, Funktionen) können Sie mit EINFÜGEN | PROZEDUR eine Schablone für eine neue Prozedur per Mausklick erstellen. (Die Bedeutung der Schlüsselwörter *Sub, Function, Property, Public, Private* werden in Abschnitt 4.2 genau beschrieben.)

Wenn Sie ein wenig Übung und Erfahrung mit Visual Basic haben, werden Sie die Definition einer neuen Prozedur noch schneller erledigen, indem Sie die Anweisungen *Function Name* oder *Sub Name* im Codefenster eingeben. Visual Basic vervollständigt die Prozedurdefinition automatisch durch *End Function* oder *End Sub*.

Cursorbewegung im Programmcodefenster

Der Textcursor kann innerhalb eines Unterprogramms bzw. einer Funktion wie gewohnt mit den Cursortasten bewegt werden. Bild ↑ und Bild ↓ bewegen den Textcursor seitenweise durch eine Prozedur. Wenn der Cursor bereits am Anfang bzw. am Ende des Unterprogramms steht, wird die vorangegangene bzw. die nächste Prozedur angezeigt. (Die Reihenfolge der Prozeduren orientiert sich an der Reihenfolge, in der die Prozeduren definiert wurden.)

Strg+↑ und Strg+Bild ↑ bzw. Strg+↓ und Strg+Bild ↓ zeigen unabhängig von der aktuellen Position des Textcursors in jedem Fall das vorige bzw. nächste Unterprogramm an. F6 wechselt den aktiven Ausschnitt, wenn das Fenster geteilt ist.

Shift+F2 bewegt den Cursor zum Code der Prozedur, auf dessen Namen der Cursor gerade steht (Kommando ANSICHT | DEFINITION). Wenn die betroffene Prozedur in einer anderen Datei des Projekts definiert ist, wechselt Visual Basic automatisch in das betreffende Codefenster. Strg+Shift+F2 springt zurück zur vorherigen Position. Visual Basic verwaltet dazu einen mehrstufigen Puffer für die Rücksprungpositionen.

Zum raschen Springen zu einem anderen Programmteil können Sie schließlich auch den Objektkatalog verwenden, in dem (unter anderem) sämtliche von Ihnen programmierte Prozeduren verzeichnet sind – siehe den folgenden Abschnitt.

Blöcke ein- und ausrücken

Damit der Programmcode leichter zu lesen ist, werden Blöcke innerhalb von Verzweigungen und Schleifen normalerweise eingerückt (wie in allen Programmlistings dieses Buchs). Die Einrückungen erfolgen nicht automatisch, sondern müssen durch die Eingabe von Leer- oder Tabulatorzeichen vorgenommen werden. Wenn Sie später die Struktur des Programms ändern (z. B. durch eine zusätzliche Sicherheitsabfrage), müssen Sie oft zahlreiche Zeilen ein- oder ausrücken. Anstatt das für jede Zeile manuell zu erledigen, können Sie sich von Visual Basic helfen lassen: Markieren Sie den gesamten Zeilenblock mit der Maus, und geben Sie dann Tab bzw. Shift+Tab ein. Visual Basic rückt den gesamten Block um eine Tabulatorposition ein oder aus.

Die Tabulatorweite kann im Optionsfenster (EXTRAS | OPTIONEN | EDITOR) beliebig eingestellt werden – sogar auf ein einziges Zeichen. Die Default-Einstellung lautet vier Zeichen, in diesem Buch wurden aber nur zwei Zeichen verwendet, was zu einem weniger stark auseinandergezogenen Programmcode führt. (Visual Basic arbeitet übrigens nicht mit echten Tabulatoren. Die Tabulatorweite gibt nur an, wie viele Leerzeichen durch Tab eingefügt werden.)

Variablendeklaration

In leeren Modulen steht in der ersten Zeile zumeist die Anweisung *Option Explicit*. Die Anweisung bewirkt, dass alle Variablen vor ihrer Verwendung deklariert werden müssen. Wenn die Anweisung nicht automatisch erscheint, sollten Sie in EXTRAS | OPTIONEN | EDITOR den Eintrag VARIABLENDEKLARATION ERFORDERLICH aktivieren. Excel fügt die Anweisung dann in neuen Modulen automatisch ein. (In bereits geöffneten Modulen müssen Sie die beiden Schlüsselwörter selbst eintippen.)

Kommentare

Ein Hochkomma „'" (Shift+#) leitet Kommentare ein. Kommentare sind sowohl am Zeilenanfang als auch im Anschluss an eine Anweisung erlaubt. Das Kommentarzeichen kann unter anderem dazu verwendet werden, fehlerhafte Zeilen vorläufig in Kommentare zu verwandeln. Kommentare werden üblicherwelse grün angezeigt.

Tipp

Während des Tests eines Programms ist es oft praktisch, einige Zeilen Code vorübergehend durch vorangestellte Kommentarzeichen zu deaktivieren. Die Entwicklungsumgebung sieht zum Auskommentieren mehrerer Zeilen bzw. zum Widerrufen dieses Kommandos zwar zwei Symbole in der BEARBEITEN-Symbolleiste, aber keine Menükommandos vor. Diesen Mangel können Sie mit ANSICHT | SYMBOLLEISTEN | ANPASSEN leicht beheben.

Mehrzeilige Anweisungen

Sehr lange Anweisungen können auf mehrere Zeilen verteilt werden. Dazu müssen an einer beliebigen Stelle (aber nicht *in* einem Schlüsselwort) ein Leerzeichen und anschließend der Unterstrich „ " eingegeben werden. Beispiel:

```
Selection.Sort Key1:=Range("A3"), Order1:= xlAscending, _
   Header:=xlGuess, OrderCustom:=1, MatchCase:=False, _
   Orientation:=xlTopToBottom
```

Hinweis

Variablen können so deklariert werden, dass sie nur in einer Prozedur, im ganzen Modul oder im gesamten Programm (global) verwendet werden können. Details zum Gültigkeitsbereich von Variablen finden Sie in Abschnitt 4.2.2.

Wenn Sie mehrzeilige Anweisungen mit Kommentaren versehen, dürfen Sie das erst in der letzten Zeile der Anweisung tun. Die folgende Anweisung ist syntaktisch falsch:

```
Selection.Sort Key1:=Range("A3"), _      'nicht erlaubt!
    Order1:= xlAscending, _              'nicht erlaubt!
    Header:=xlGuess                      'dieser Kommentar ist o.k.
```

Änderungen rückgängig machen

Wenn Sie versehentlich einen markierten Bereich löschen oder eine Änderung am Programmcode rückgängig machen möchten, können Sie den bisherigen Zustand des Programms mit dem Kommando BEARBEITEN | RÜCKGÄNGIG bzw. mit Alt+Backspace wiederherstellen. Mit BEARBEITEN | WIEDERHERSTELLEN bzw. mit Strg+Z können Sie auch das RÜCKGÄNGIG-Kommando wieder rückgängig machen. Diese Undo- und Redo-Funktion arbeitet mehrstufig, d. h., Sie können mehrere Änderungen zurücknehmen.

Automatisch speichern

Excel läuft zwar in aller Regel stabil, aber ein Absturz ist nie ganz ausgeschlossen. Aus diesem Grund sollten Sie Ihre Arbeitsmappe möglichst oft speichern! Bei Excel 2000 können Sie die Add-in-Erweiterung AUTOMATISCH SPEICHERN aktivieren, die Ihre Arbeitsmappe in regelmäßigen Abständen speichert. Dazu führen Sie in Excel (nicht in der Entwicklungsumgebung) EXTRAS | ADD-IN-MANAGER aus und aktivieren die Option AUTOMATISCHES SPEICHERN. Es erscheint nun alle zehn Minuten eine Rückfrage, ob Sie noch ungesicherte Dateien speichern möchten. Ab Excel 2002 ist eine vergleichbare Funktion direkt in Excel integriert (also nicht mehr als Add-in). Das Speicherintervall kann nun unter DATEI | OPTIONEN | SPEICHERN eingestellt werden.

■ 3.4 Makros ausführen

Es wurde oben bereits erwähnt, dass Sie das Makro, in dessen Codebereich sich der Cursor gerade befindet, sehr bequem durch F5 aufrufen können. Diese Art des Makrostarts ist allerdings nur in der Entwicklungsumgebung möglich, wo Sie ein Makro alternativ auch mit dem Menübefehl EXTRAS | MAKRO starten können. In Excel selbst steht Ihnen für den gleichen Zweck das Kommando ENTWICKLERTOOLS | MAKROS zur Verfügung. Mit beiden Befehlen können Sie alle parameterlosen Makros starten, die in irgendeiner der zurzeit geladenen Dateien definiert sind.

Daneben bestehen auch elegantere Möglichkeiten zum Makrostart:

- Im Dialog ENTWICKLERTOOLS | MAKROS können Sie über den Button OPTIONEN jedem Makro eine Tastaturabkürzung der Art Strg+Anfangsbuchstabe zuweisen. Aus unerfindlichen Gründen steht der OPTIONEN-Button nur im MAKRO-Dialog von Excel, nicht aber im MAKROS-Dialog der Entwicklungsumgebung zur Verfügung.

- Makros können mit dafür vorgesehenen Ereignisroutinen verbunden werden. Sie werden dann beim Auftreten bestimmter Ereignisse (etwa dem Verstreichen einer vorgegebenen Zeit, dem Aktivieren eines Tabellenblatts etc.) automatisch aufgerufen. Ereignisse sind Thema von Abschnitt 4.4.

- Sie können ein neues Makrostartsymbol in die Symbolleiste für den Schnellzugriff einfügen. Dazu klicken Sie mit der rechten Maustaste auf die Symbolleiste und wählen den Befehl PASSEN SIE DIE SYMBOLLEISTE FÜR DEN SCHNELLZUGRIFF AN. Stellen Sie das Listenfeld BEFEHLE AUSWÄHLEN auf „Makros" ein, markieren Sie das gewünschte Makro in der Liste darunter, und klicken Sie auf HINZUFÜGEN.

- Sie können eigene Menüs und Symbolleisten anlegen und Makrostartbefehle darin verankern. Allerdings werden diese Befehle nur noch in der Befehlsregisterkarte ADD-INS angezeigt, weil es in Excel seit der Version 2007 ja offiziell keine Menüs und Symbolleisten mehr gibt. Im Unterschied zu der Symbolleiste für den Schnellzugriff gelingt die Integration von Makrostartbefehlen in selbst erstellte Menüs und Symbolleisten aber nur noch mit den Mitteln der Programmierung. Welche das sind, ist Gegenstand des Abschnitts 8.1.

- Und schließlich können Sie in jede andere Registerkarte des Menübands ebenfalls Buttons zum Aufruf von Makros einfügen. Für diese weitestgehende Form der Integration in die Excel-Oberfläche ist unter anderem das manuelle Anlegen beziehungsweise Anpassen einer XML-Datei notwendig, die Sie anschließend der Excel-Datei (die jetzt ein „getarnter" ZIP-Container ist) hinzufügen müssen. Die Einzelheiten des Verfahrens, das sich komplizierter anhört als es ist, werden in Abschnitt 8.2 beschrieben.

Die gerade aufgezählten Methoden gelten für BefehlsMakros, die mit dem Schlüsselwort *Sub* eingeleitet werden. FunktionsMakros (Schlüsselwort *Function*) sind dagegen nicht zum direkten Aufruf geeignet. Sie können innerhalb anderer Makros sowie als Rechenfunktionen in der Formel einer Tabellenzelle eingesetzt werden.

Makros unterbrechen

Alle Makros können jederzeit mit Strg+Pause gestoppt werden. Wenn Sie im daraufhin erscheinenden Dialog MAKROFEHLER den Button TESTEN auswählen, können Sie den Code bearbeiten. Sie können sich dort einzelne Variablen ansehen und das Makro anschließend mit F5 fortsetzen.

Der Direktbereich (Testfenster)

Das Fenster des Direktbereichs stellt eine Hilfe zum Testen neuer Prozeduren und zur Fehlersuche dar. (In früheren Versionen wurde der Direktbereich als Testfenster bezeichnet.) Die Anweisung *Debug.Print* führt eine Ausgabe im Direktbereich durch. Der Direktbereich wird über ANSICHT | DIREKTFENSTER oder mit Strg+G aktiviert.

Das Direktfenster enthält die letzten 200 mit *Debug.Print* durchgeführten Ausgaben. Im Direktbereich können Sie Anweisungen angeben, die mit Return sofort (direkt) ausgeführt werden. Der Direktbereich eignet sich besonders zum Austesten von Variablen oder Eigenschaften – etwa durch Anweisungen wie *?varname* (gibt den Wert der Variablen *varname* aus) oder *?Application.ActiveSheet.Name* (gibt den Namen des gerade aktiven Tabellenblatts aus). Das Fragezeichen gilt dabei als Abkürzung für die *Print*-Methode. Fließkommazahlen werden im Testfenster generell mit maximal acht Nachkommastellen angezeigt, auch wenn 16 Nachkommastellen existieren.

Im Direktbereich sind auch Wertzuweisungen an Variablen oder Eigenschaften sowie der Start von Makros durch die Angabe des Namens möglich. Sie dürfen im Direktbereich ohne vorherige Deklaration neue Variablen einführen (auch dann, wenn im Programmcode *Option Explicit* gilt).

Verweis

Das Überwachungsfenster ermöglicht die stetige Anzeige des Inhalts diverser Eigenschaften oder Variablen. Der Umgang mit diesem Fenster wird ausführlich in Kapitel 6 beschrieben, in dem es um die Fehlersuche (Debugging) geht. Dort wird auch das Fenster zur Anzeige aller gerade aktiven Prozeduren beschrieben. ■

■ 3.5 Makroaufzeichnung

Prinzipiell bestehen zwei Möglichkeiten zur Erstellung eines Makros: Entweder Sie geben das Makro über die Tastatur ein, oder Sie verwenden das Kommando ENTWICKLERTOOLS | MAKRO AUFZEICHNEN. In der Realität kommt die Mischform dieser beiden Varianten am häufigsten vor: Sie verwenden zuerst die Makroaufzeichnung, um das Grundgerüst des Makros zu erstellen, und verändern anschließend via Tastatur die Details des Makros nach Ihren Vorstellungen.

Der große Vorteil der Makroaufzeichnung besteht darin, dass Sie sich die endlose Suche nach den gerade erforderlichen Schlüsselwörtern ersparen. Selbst wenn das aufgezeichnete Makro nur in Grundzügen dem entspricht, was Sie eigentlich erreichen möchten, sind doch zumindest die angegebenen Objekte, Eigenschaften und Methoden brauchbar.

Nachteile der Makroaufzeichnung bestehen unter anderem darin, dass Excel oft einen unnötig umständlichen Code aufzeichnet; bei der Aufzeichnung von Dialogeingaben werden etwa *alle* Einstellmöglichkeiten in den Code aufgenommen (auch wenn nur eine einzige Einstellung verändert wurde).

Aufzeichnung starten und beenden

Die Makroaufzeichnung beginnt normalerweise in einem Tabellenblatt mit dem oben erwähnten Kommando. Anschließend müssen Sie den Namen des aufzuzeichnenden Makros und die gewünschte Arbeitsmappe angeben, in der das Makro aufgezeichnet werden soll (üblicherweise „Diese Arbeitsmappe").

Die Makroaufzeichnung wird durch ENTWICKLERTOOLS | AUFZEICHNUNG BEENDEN oder durch das Anklicken des entsprechenden Symbols (ein kleines Quadrat in der Statusleiste von Excel) beendet.

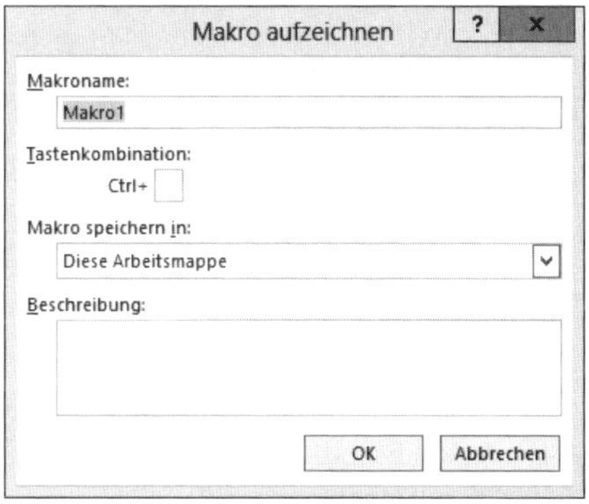

BILD 3.3
Start der Makroaufzeichnung

Excel erzeugt bei der Makroaufzeichnung meistens ein neues Modul. Sie können den Code des Makros aber ohne Weiteres nach der Aufzeichnung über die Zwischenablage in ein anderes Modul kopieren und das nun leere Modul wieder löschen.

Die persönliche Makroarbeitsmappe

Makros, die speziell zur gerade aktiven Excel-Datei gehören, sollten immer in „Diese Arbeitsmappe" aufgezeichnet werden. Makros, die permanent zur Verfügung stehen sollen (unabhängig davon, welche Excel-Datei gerade geladen ist), sollten dagegen in „Persönliche Makroarbeitsmappe" gespeichert werden. Diese Arbeitsmappe wird unter dem Namen *Personal.xlsb* im Benutzerverzeichnis

  C:\Users\[Benutzername]\AppData\Roaming\Microsoft\Excel\Xlstart

gespeichert und bei jedem Start von Excel automatisch geladen. Damit stehen die darin gespeicherten Makros jederzeit zur Verfügung.

Häufig ist das Fenster der persönlichen Makroarbeitsmappe in Excel ausgeblendet, damit die Arbeitsmappe keinen Platz am Bildschirm wegnimmt. Gleichzeitig stellt dieses Verfahren einen Schutz gegen ungewollte Veränderungen dar. Die Arbeitsmappe kann über ANSICHT | EINBLENDEN sichtbar gemacht werden.

Absolute und relative Makroaufzeichnung

Zellbezüge können während der Makroaufzeichnung wahlweise relativ zur Startposition oder mit absoluten Adressen aufgezeichnet werden. Welche der beiden Varianten günstiger ist, hängt von der Anwendung Ihres Makros ab. Zur Umschaltung zwischen den beiden Modi müssen Sie den Befehl RELATIVE VERWEISE VERWENDEN in der Registerkarte ENTWICKLERTOOLS verwenden.

Es ist erlaubt, diese Einstellung während der Makroaufzeichnung beliebig oft zu verändern. Die falsche Einstellung dieses Menüeintrags ist aber eine häufige Ursache dafür, dass zuvor aufgezeichnete Makros nicht richtig funktionieren!

■ 3.6 Tastenkürzel

Der Abschnitt gibt einen Überblick über die wichtigsten Tastenkürzel, die während der Programmentwicklung benötigt werden. Nicht mit aufgenommen wurden Tastenkürzel, die generell unter Windows gelten (etwa Strg+C zum Kopieren in die Zwischenablage). Die Tastenkürzel wurden nach Bereichen geordnet, in denen sie am häufigsten benötigt werden.

Wechsel des aktuellen Fensters	
Alt+F11	wechselt zwischen Excel und der Entwicklungsumgebung
Strg+Tab	wechselt zwischen allen Visual-Basic-Fenstern
Alt+F6	wechselt zwischen den beiden zuletzt aktiven Fenstern
Strg+G	ins Direktfenster (Debugfenster) wechseln
Strg+R	ins Projektfenster wechseln
F2	in den Objektkatalog wechseln
F4	ins Eigenschaftenfenster wechseln
F7	ins Codefenster wechseln

Eigenschaftenfenster	
Shift+Tab	springt ins Objektlistenfeld
Strg+Shift+X	springt zur Eigenschaft mit dem Anfangsbuchstaben X

Programmausführung	
F5	Programm starten
Strg+Pause	Programm unterbrechen
F8	ein einzelnes Kommando ausführen (single step)
Shift+F8	Kommando/Prozeduraufruf ausführen (procedure step)
Strg+F8	Prozedur bis zur Cursorposition ausführen
Strg+Shift+F8	aktuelle Prozedur bis zum Ende ausführen
F9	Haltepunkt setzen
Strg+F9	Ort des nächsten Kommandos bestimmen

Codefenster	
Tab	markierten Zeilenblock einrücken
Shift+Tab	markierten Zeilenblock ausrücken
Strg+Y	Zeile löschen
Alt+Backspace	Änderung widerrufen (Undo)
Strg+Z	Widerruf rückgängig machen (Redo)

Codefenster	
Strg+↑ / ↓	Cursor zur vorigen/nächsten Prozedur
Shift+F2	zur Prozedurdefinition bzw. zur Variablendeklaration
Strg+Shift+F2	zurück zur letzten Cursorposition (Undo zu Shift+F2)
F6	Codeausschnitt wechseln (bei zweigeteiltem Fenster)
Strg+F	Suchen
F3	Weitersuchen
Strg+H	Suchen und Ersetzen
Strg+Leertaste	Schlüsselwort/Variablennamen vervollständigen
Tab	Auswahl im IntelliSense-Listenfeld durchführen
Esc	IntelliSense-Listenfeld verlassen

4 VBA-Konzepte

Dieses Kapitel beschreibt die Sprachkonzepte von VBA und liefert den theoretischen Hintergrund für die Programmierung in VBA. Die behandelten Themen umfassen unter anderem den Umgang mit Variablen, die prozedurale Programmierung (Schleifen, Verzweigungen) die Objekt- und Ereignisverwaltung sowie die Programmierung von Klassen. Es liegt in der Natur der Sache, dass dieses Kapitel eher etwas „trocken" ausfällt. Das vermittelte Wissen ist aber unabdingbar für die Entwicklung eigener Makros.

■ 4.1 Variablen und Felder

 Tipp

Die meisten Beispielprogramme dieses Kapitels befinden sich in der Datei
04\VBA-Concepts.xls.
■

4.1.1 Variablenverwaltung

Variablen sind Platzhalter für Zahlen, Textzeichen oder andere Daten. Variablen werden dazu verwendet, Daten während des Programmablaufs vorübergehend zu speichern und mit ihnen Berechnungen durchzuführen. Das folgende Beispielprogramm zeigt eine triviale Anwendung von Variablen:

```
' Beispieldatei 04\VBA-Concepts.xlsm, Modul Variables
Option Explicit
Sub macro1()
  Dim length, width, area
  length = 3
  width = 4
  area = length * width
  Debug.Print area
End Sub
```

In den Variablen *length* und *width* werden Länge und Breite eines Rechtecks gespeichert. Daraus wird der Flächeninhalt berechnet und in *area* gespeichert. Das Ergebnis der Berechnung wird mit *Debug.Print* im Direktbereich ausgegeben und kann dort mit Strg+G angesehen werden.

Die Anweisungen *Sub macro1()* und *End Sub* sind erforderlich, weil VBA nur Programmcode in Prozeduren ausführen kann. Mehr Details zum Thema Prozeduren finden Sie in Abschnitt 4.2. Für die Variablenverwaltung sind hingegen die Zeilen *Option Explicit* und *Dim length, width, area* relevant.

Variablendefinition

Sofern am Beginn des Moduls die Anweisung *Option Explicit* angegeben wird, müssen alle Variablen vor ihrer Verwendung mit dem Kommando *Dim* definiert werden. Das sieht auf den ersten Blick lästig aus, ist in Wirklichkeit aber ein wichtiger und wirksamer Schutz vor den Folgen möglicher Tippfehler. Excel weigert sich jetzt nämlich, eine Prozedur auszuführen, bevor es nicht alle darin vorkommenden Variablennamen kennt.

Hinweis

Wenn Sie in EXTRAS | OPTIONEN | EDITOR die Option VARIABLENDEKLARATION ERFORDERLICH aktivieren, fügt Excel in jedes neue Modul automatisch die Anweisung *Option Explicit* ein.

Variablen können so deklariert werden, dass sie nur in einer Prozedur, im ganzen Modul oder in der gesamten Arbeitsmappe verwendet werden können. Auf den Gültigkeitsbereich von Variablen und auf das Schlüsselwort *Static* wird in Abschnitt 4.2.2 näher eingegangen.

Variablennamen

Variablennamen müssen mit einem Buchstaben beginnen, dürfen maximal 255 Zeichen lang sein und keine Leerzeichen, Punkte und einige weitere Sonderzeichen enthalten. Deutsche Sonderzeichen (ä, ö, ü, ß) sind hingegen erlaubt. Zwischen Groß- und Kleinschreibung wird nicht unterschieden. Variablennamen dürfen nicht mit den in VBA vordefinierten Schlüsselwörtern übereinstimmen. Beispiele für vordefinierte Schlüsselwörter sind etwa *Sub, Function, End, For, To, Next, Dim* oder *As*.

Hinweis

Objekt-, Methoden- und Eigenschaftsnamen gelten in der Regel *nicht* als Schlüsselwörter, können also auch als Variablennamen verwendet werden. VBA hat damit normalerweise keine Probleme und erkennt aus dem Zusammenhang, ob Sie die Variable oder die gleichnamige Eigenschaft oder Methode meinen. (Bei Eigenschaften oder Methoden, bei denen die Objektangabe sonst optional ist, muss im Fall von gleichnamigen Variablen eine Objektangabe erfolgen – siehe Abschnitt 4.3 zum Thema Objekte.) Gleichnamige Variablennamen stiften allerdings beim Lesen oder Analysieren von Makros oft Verwirrung und sollten aus diesem Grund eher vermieden werden.

Variablentypen (Datentypen)

Im obigen Beispiel wurden die drei Variablen zwar mit *Dim* als Variablen definiert, es wurde aber kein Variablentyp angegeben. Das ist in VBA zulässig – das Programm wählt dann automatisch einen geeigneten Variablentyp aus. Dennoch ist es sinnvoll, wenn Sie die in VBA vorgesehenen Variablentypen kennen und Variablen mit der Angabe des gewünschten Variablentyps definieren. Auf diese Weise erhöhen Sie die Verarbeitungsgeschwindigkeit, reduzieren den Speicherverbrauch und vermindern die Fehlergefahr.

VBA-Variablentypen		
	Byte	ganze Zahlen zwischen 0 und 255; 1 Byte Speicherbedarf
	Boolean	Wahrheitswerte (*True*, *False*); 2 Byte
%	Integer	ganze Zahlen zwischen −32768 und +32767; 2 Byte
&	Long	ganze Zahlen zwischen −2147483648 und +2147483647; 4 Byte
@	Currency	Festkommazahlen mit 15 Stellen vor und vier Stellen nach dem Komma; 8 Byte
	Decimal	hierbei handelt es sich nicht um einen eigenständigen Datentyp, sondern um einen Untertyp von *Variant*; die Genauigkeit beträgt 28 Stellen; die Anzahl der Stellen hinter dem Komma hängt von der Größe der Zahl ab – bei einer zehnstelligen Zahl bleiben noch 18 Stellen hinter dem Komma; der zulässige Zahlenbereich beträgt $\pm 10^{28}$; 12 Byte
#	Double	Fließkommazahlen mit 16 Stellen Genauigkeit; 8 Byte
!	Single	Fließkommazahlen mit acht Stellen Genauigkeit; 4 Byte
	Date	für Datum und Uhrzeit; der Datumsbereich ist eingeschränkt auf den Bereich zwischen dem 1.1.100 und dem 31.12.9999, die Uhrzeit auf den Bereich zwischen 00:00 und 23:59:59; 8 Byte
$	String	Zeichenketten; die Zeichenanzahl ist nur durch das RAM beschränkt (2147483647 Zeichen); 10 Byte plus 2 Byte pro Zeichen
	Object	Objekte; die Variable speichert einen Verweis auf ein Objekt; 4 Byte
	Variant	Defaultvariablentyp, nimmt je nach Bedarf einen der obigen Variablentypen an (mit automatischer Konvertierung); der Speicherbedarf beträgt mindestens 16 Byte, bei Zeichenketten sogar 22 Byte plus 2 Byte pro Zeichen

Neben den hier aufgezählten Datentypen dürfen Variablen in allen in Excel definierten Objekttypen (beispielsweise als *Chart*, *Worksheet* etc.) definiert werden. In diesem Fall wird die Variable als Objektvariable bezeichnet. Der Umgang mit Objekten wird in Abschnitt 4.3 noch näher beschrieben.

Bei der Definition von Variablen mit *Dim* kann der Variablentyp entweder durch die Angabe des in Spalte 1 der obigen Tabelle angegebenen Kennungszeichens unmittelbar hinter dem Variablennamen oder durch die Angabe von *As datentyp* bestimmt werden.

Vorsicht

Es ist syntaktisch erlaubt, mehrere Variablen zwischen *Dim* und *As* zu stellen. Allerdings bekommt nur die letzte Variable den gewünschten Variablentyp, alle anderen Variablen gelten als *Variant*-Variablen!

```
Dim a, b, c As Integer   'nur c ist eine Integerzahl,
                         'a und b haben den Datentyp
                         'Variant!
```

Mit den Schlüsselwörtern *DefBool, DefCur, DefDbl, DefDate, DefInt, DefLng, DefObj, DefSng, DefStr* und *DefVar* kann der Defaultdatentyp für Variablen mit bestimmten Anfangsbuchstaben anders voreingestellt werden. Die Kommandos müssen am Beginn eines Moduls (vor dem Beginn der ersten Prozedur) angegeben werden und gelten für das gesamte Modul. Die Wirkungsweise ist am einfachsten anhand eines Beispiels zu verstehen:

```
DefSng a-f
DefLng g, h
```

Alle Variablen, die mit „a" bis „f" bzw. mit „g" oder „h" anfangen, weisen jetzt den Defaultdatentyp *Single* bzw. *Long* auf. Der Defaultdatentyp gilt nur für jene Variablen, bei denen im *Dim*-Befehl nicht explizit ein anderer Datentyp angegeben wurde!

Der Datentyp Variant

Variant ist ein universeller Datentyp. Er gilt gleichzeitig als Voreinstellung für alle Variablen, deren Typ nicht explizit angegeben ist. *Variant*-Variablen passen sich automatisch an die gespeicherten Daten an, können also ganze Zahlen, Fließkommazahlen, Texte, Daten, Excel-Objekte etc. enthalten. Allerdings ist der interne Verwaltungsaufwand für *Variant*-Variablen am höchsten.

Variant-Variablen können im Gegensatz zu anderen Variablen auch Fehlernummern sowie zwei Sonderwerte beinhalten: *Empty* (zeigt an, dass die Variable leer ist; *Empty* ist nicht identisch mit 0 oder einer leeren Zeichenkette) und *Null* (zeigt an, dass die Variable überhaupt nicht belegt ist). Der in einer *Variant*-Variablen gerade aktuelle Datentyp kann über die Funktionen *VarType, IsObject, IsError, IsEmpty* und *IsNull* festgestellt werden. Die Funktionen *IsNumeric* und *IsDate* stellen fest, ob der Inhalt der Variablen in eine Zahl oder in einen Datumswert verwandelt werden kann.

 Achtung

Der Vergleich *x = Null* ist zwar syntaktisch korrekt, wird aber falsch verarbeitet. Selbst wenn *x* tatsächlich *Null* ist, liefert der Vergleich *Null* anstatt *True* als Ergebnis! Verwenden Sie daher unbedingt *IsNull(x)*!

Rechnen mit ganzen Zahlen

Das Rechnen mit ganzen Zahlen bereitet VBA gewisse Schwierigkeiten. So liefert das folgende Beispiel einen „Überlauffehler". Ein Überlauffehler tritt normalerweise dann auf, wenn der zulässige Zahlenbereich überschritten wird. Die Multiplikation der beiden Zahlen liefert den Wert 65280, der eigentlich mühelos in einer *Long*-Variablen gespeichert werden kann (siehe oben).

```
Sub macro_overflow()
  Dim l As Long
  l = 255 * 256    'hier tritt ein Überlauffehler auf
End Sub
```

Das Problem des Beispiels liegt darin, dass Excel die Zahlen 255 und 256 intern jeweils als *Integer*-Zahlen interpretiert und daher auch die Multiplikationsroutine für *Integer*-Zahlen verwendet. Das Ergebnis überschreitet den Zahlenbereich für *Integer*-Zahlen und führt daher schon vor der Zuweisung an l zur Fehlermeldung. Abhilfe liefert das Kennungszeichen „&", das einer der beiden Zahlen nachgestellt werden muss. Daran erkennt Excel, dass es die Multiplikationsroutine für *Long*-Zahlen verwenden soll:

```
Sub macro_no_overflow()
  Dim l As Long
  l = 255& * 256   'jetzt klappt es
End Sub
```

Zuweisungen zwischen unterschiedlichen Datentypen

VBA nimmt Typenkonvertierungen normalerweise automatisch vor. Je nach Format der Zielvariablen kann es dabei zu Datenverlusten kommen. Wenn Sie etwa eine *Variant*-Variable mit dem Wert 3.6 einer *Integer*-Variablen zuweisen, dann wird dort der Wert 4 gespeichert. *Date*-Werte werden bei Zuweisungen in Fließkommazahlen umgewandelt, deren Nachkommateil die Uhrzeit und deren ganzzahliger Teil das Datum angibt.

Definitionen eigener Datentypen

Aus den in VBA vordefinierten Datentypen können Sie auch eigene Datentypen zusammensetzen. Solche Datentypen (die in anderen Programmiersprachen als Strukturen, Records oder ähnlich bezeichnet werden) können zur übersichtlichen Verwaltung zusammengehöriger Daten verwendet werden.

Die Definition eines neuen Datentyps wird durch das Kommando Type eingeleitet und endet mit End Type. Innerhalb des Datentyps dürfen beliebig viele einzelne Variablen in der Form *name As vartyp* (jeweils in einer eigenen Zeile) angegeben werden. Bei Zeichenketten können dem Schlüsselwort *String* ein „*" und eine Zahl nachgestellt werden. In diesem Fall wird die Länge der Zeichenkette auf eine vorgegebene Maximalzahl von Zeichen beschränkt.

Im Beispiel unten wird der neue Datentyp *article* definiert, in dem ein Artikelname und ein Preis gespeichert werden können. In realen Anwendungen würden Sie vermutlich einige weitere Elemente wie Artikelnummer, Lieferant etc. vorsehen. Das anschließende Makro zeigt die Verwendung des Datentyps: Auf einzelne Elemente wird durch die nachgestellte Angabe des Elementnamens zugegriffen.

```
' Beispieldatei 04\VBA-Concepts.xlsm, Modul Type_Article
Option Explicit
Type article
  artname As String
  price As Currency
End Type
Sub macro()
  Dim a As article, b As article
  a.artname = "Schraube"
  a.price = 3.5
  b = a
  Debug.Print b.price
End Sub
```

Datentypen gelten normalerweise nur innerhalb des Moduls, in dem sie definiert sind. Sie können aber *Type* das Schlüsselwort *Public* voranstellen – dann gilt der Datentyp für alle Module der Arbeitsmappe. Die möglichen Gültigkeitsbereiche von Variablen werden in Abschnitt 4.2.2 noch behandelt. Innerhalb von eigenen Datentypen sind auch Felder erlaubt. Felder werden im folgenden Abschnitt behandelt.

Konstanten

Wenn Sie Symbole verwenden, die während des gesamten Programmablaufs ihren Wert nicht verändern, sollten Sie diese Symbole mit *Const* als Konstanten definieren. Dabei können Sie wie bei normalen Variablen einen Variablentyp angeben.

```
Const maxsize = 3
Const Pi2 As Double = 1.570796327   'Pi/2
```

In VBA sind zahllose Konstanten bereits vordefiniert. Neben den Wahrheitswerten *True* und *False* und den *Variant*-Werten *Null* und *Empty* handelt es sich um diverse Werte, die zur Einstellung von Eigenschaften oder zur Auswertung von Methoden verwendet werden können. Diese Konstanten beginnen mit den Buchstaben *vb* (für Visual-Basic-Konstante) oder *xl* (für Excel-Konstante). *Pi* ist nur als Methode von *Application* definiert, muss also in der Form *Application.Pi* ausgeschrieben werden.

4.1.2 Felder

Felder sind Listen von Variablen gleichen Namens, die über eine oder mehrere Indexnummern angesprochen werden. Felder werden immer dann eingesetzt, wenn mehrere ähnliche Informationen (z. B. Namenslisten, die Zahlenwerte einer Matrix etc.) bearbeitet werden sollen.

Felder dimensionieren

Vor der Verwendung von Feldern müssen diese definiert werden. Dazu dient abermals der Befehl *Dim*, wobei hinter dem Feldnamen der größte erlaubte Index in Klammern angegeben wird. Der Datentyp des Felds wird wie bei Variablen mit dem Kennungszeichen oder mit dem Schlüsselwort *As* angegeben.

Hinweis

Sie sollten sich bei großen Feldern unbedingt überlegen, welcher Datentyp erforderlich ist. Wenn Sie keinen Datentyp angeben, wählt VBA automatisch *Variant*-Variablen, die mit Abstand den meisten Speicherplatz beanspruchen. Bei einem Feld mit 1000 Elementen spielt es schon eine Rolle, ob ein einzelnes Element 2 oder 16 Byte beansprucht!

```
Dim a(10) As Integer
```

Der Zugriff auf das Feld erfolgt dann immer mit der Angabe des Index. Das Beispiel unten demonstriert gleichzeitig, dass zwei Anweisungen in eine Zeile geschrieben werden dürfen, wenn sie durch einen Doppelpunkt voneinander getrennt werden.

```
a(4) = 10: a(5) = a(4)/2
```

Der Index darf im Bereich zwischen 0 und dem angegebenen Maximalindex liegen (es sei denn, Sie verwenden *Option Base 1*, siehe unten). Mit *Dim a(10)* wird daher ein Feld mit elf Elementen erzeugt. Wenn Sie möchten, können Sie Felder dimensionieren, deren erlaubte Indexwerte in einem beliebigen Bereich liegen – etwa zwischen −5 und +7:

```
Dim a(-5 To 7) As Integer
```

Visual Basic erlaubt auch die Dimensionierung mehrdimensionaler Felder, etwa in der Form:

```
Dim a(10, 20) As Integer
```

Es liegt jetzt ein Feld mit elf mal 21 Elementen (also zwei Dimensionen) vor. Auch bei mehrdimensionalen Feldern dürfen die Indizes als Bereiche angegeben werden.

Mit der Anweisung *Option Base 1* am Beginn eines Moduls erreichen Sie, dass der Index 0 nicht zulässig ist. Alle Felder werden dadurch ein wenig kleiner. *Option Base* hat keinen Einfluss auf die Indizes von Auflistungen, die durch Excel vorgegeben sind. (In den meisten Fällen lautet der kleinste zulässige Index dort 1.)

Dynamische Felder

Visual Basic unterstützt auch Felder, deren Größe während des Programmablaufs verändert wird. Solche Felder müssen zuerst ohne die Angabe von Indizes als Feld dimensioniert werden, also beispielsweise:

```
Dim a() As Integer
```

Wenn Sie das Feld zum ersten Mal in einer bestimmten Größe benötigen, verwenden Sie den Befehl *ReDim* und legen gleichzeitig den größten erlaubten Index fest. Beispiel:

```
ReDim a(10)
```

Die Größe des Felds kann später dann mit weiteren *ReDim*-Befehlen verändert werden. Nur wenn Sie das zusätzliche Schlüsselwort *Preserve* verwenden, bleibt der bisherige Inhalt des Felds erhalten. Ohne *Preserve* würde das Feld vor der Größenänderung gelöscht:

```
ReDim Preserve a(20)
```

Felder dürfen beliebig groß und in beliebig vielen Dimensionen definiert werden. Die einzige Einschränkung stellt der zur Verfügung stehende Speicherplatz dar.

Felder löschen

Die Anweisung *Erase* löscht den Inhalt der Elemente von statischen Feldern (d. h., Zahlenwerte werden auf 0 zurückgesetzt, Zeichenketten auf „ ", *Variant*-Variablen auf *Empty*). Bei dynamischen Feldern wird durch *Erase* das ganze Feld gelöscht und der belegte Speicher freigegeben. Das Feld muss vor einer weiteren Verwendung mit *ReDim* neu dimensioniert werden.

Indexgrenzen ermitteln

Die Funktionen *LBound* und *UBound* ermitteln den kleinsten und größten Index eines Felds. Bei mehrdimensionalen Feldern muss im optionalen zweiten Parameter die Dimension angegeben werden, deren Indexgrenze bestimmt werden soll. Ein Beispiel zur Anwendung der beiden Funktionen finden Sie in Abschnitt 4.2.1, wo unter anderem die Übergabe von Feldern an Prozeduren behandelt wird.

Datenfelder

Als ob normale Felder nicht ausreichen würden, hat Microsoft in VBA auch den Begriff des „Datenfelds" geprägt. Datenfelder werden intern in einer einzelnen *Variant*-Variablen gespeichert, obwohl sie sich nach außen hin ähnlich wie ein Feld verhalten. Manche Operationen sind nur mit normalen Feldern möglich, andere nur mit Datenfeldern, wieder andere mit beiden Feldtypen. Umwandlungsfunktionen zwischen den beiden Feldtypen fehlen.

Datenfelder werden mit dem Kommando *Array* erzeugt, in dem die einzelnen Feldelemente aufgezählt werden. Der *Array*-Ausdruck wird dann der *Variant*-Variablen zugewiesen. Das erste Element hat je nach der Einstellung von *Option Base* den Index 0 oder 1.

In der Praxis haben Datenfelder gegenüber normalen Feldern den Vorteil, dass sie sich bequemer initialisieren lassen. Bei normalen Feldern müssen Sie jedes Element einzeln zuweisen, also: *a(0)=1: a(1)=7: a(2)=3* etc. Bei Datenfeldern geht das einfacher: *a=Array(1, 7, 3)*. Das Schlüsselwort *Array* kann leider nicht für Zuweisungen an normale Felder verwendet werden.

```
Dim x
x = Array(10, 11, 12)
Debug.Print x(1)            'liefert 11
```

Im obigen Beispiel stellt *x* eigentlich ein *Variant*-Feld dar. Im Unterschied zu einem normalen Feld, das mit *Dim x(2)* deklariert wird, kann *x* ohne die Angabe eines leeren Klammerpaars als Feld an eine Prozedur übergeben werden.

Datenfelder können (im Gegensatz zu normalen Feldern) auch als Parameter für manche Excel-Methoden verwendet werden. In den beiden folgenden Beispielen werden die als Datenfeld angegebenen Blätter der Arbeitsmappe ausgewählt bzw. die vier nebeneinanderliegenden Zellen von „Tabelle1" mit Inhalten gefüllt.

```
Sheets(Array("Tabelle1", "Tabelle2", "Tabelle3")).Select
Sheets("Tabelle1").[a1:d1] = Array("abc", "def", 1, 4)
```

Hinweis

Es ist nicht immer ganz offensichtlich, wann ein Datenfeld unterstützt wird und wann nicht. Wenn Sie im vorherigen Beispiel *[a1:d1]* durch *[a1:a4]* ersetzen, also vier untereinanderliegende Zellen ändern möchten, funktioniert die Zuweisung nicht mehr! Die korrekte Anweisung würde jetzt so lauten:

```
Sheets("Tabelle1").[a1:a4] = _
    Array(Array("abc"), Array("def"), Array(1), Array(4))
```

Es ist also ein zweidimensionales (verschachteltes) Datenfeld erforderlich. Da ist es schon einfacher, die Zellen gleich einzeln zu belegen.   ■

Verweis

Wie die obigen Beispiele bereits angedeutet haben, eignen sich Datenfelder unter anderem dazu, Zellbereiche mittlerer Größe zwischen Tabellenblättern und Programmcode effizient zu übertragen. (Das geht um ein Vielfaches schneller als der Zugriff auf jede einzelne Zelle!) Mehr Informationen dazu finden Sie in Abschnitt 5.10.3.   ■

4.1.3 Syntaxzusammenfassung

Variablentypen (Datentypen)		
$	*String*	Zeichenketten
%	*Integer*	ganze Zahlen (−32768 bis +32767)
&	*Long*	ganze Zahlen (−2^31 bis +2^31)
!	*Single*	Fließkommazahlen mit acht Stellen
#	*Double*	Fließkommazahlen mit 16 Stellen
@	*Currency*	Ganzkommazahlen (15 Vor-, vier Nachkommastellen)
	Date	Datums- und Zeitwerte
	Boolean	wahr oder falsch (Wahrheitswerte)
	Object	Verweis auf Objekte
	Variant	beliebige Daten

Deklaration von Variablen und Konstanten
Option Explicit
Dim var1, var2%, var3 As typ
Const konst1, konst2#, konst3 As typ

Vordefinierte Konstanten		
True	*Empty*	*vbXy*
False	*Null*	*xlXy*

Umgang mit Variant-Variablen	
IsNumeric(variable)	Test, ob Konvertierung in Zahl möglich
IsDate(variable)	Test, ob Konvertierung in Datum oder Uhrzeit möglich
IsObject(variable)	Test, ob Verweis auf Objekt
IsError(variable)	Test, ob Fehlerwert
IsEmpty(variable)	Test, ob leer
IsNull(variable)	Test, ob nicht initialisiert
VarType(variable)	numerischer Wert, der den Datentyp angibt
TypeName(variable)	Zeichenkette, die Daten-/Objekttyp beschreibt

Eigene Datentypen

Type neuertyp	
element1 As typ	
element2 As typ	
...	
End Type	

Felder

Option Base 1	kleinster zulässiger Index ist 1 (statt Default 0)
Dim feld1(5), feld2(10,10)	ein- und zweidimensionales Feld
Dim feld3(-3 bis 3)	Feld mit negativen Indizes
Dim feld4()	vorläufig leeres Feld
Redim feld4(10)	dynamische Neudimensionierung
Redim Preserve feld4(20)	wie oben, aber ohne Daten zu löschen
Erase feld()	löscht das Feld
LBound(feld())	ermittelt den kleinsten erlaubten Index
UBound(feld())	ermittelt den größten erlaubten Index
L/UBound(feld(), n)	wie oben, aber für die *n*-te Dimension

Datenfelder

Dim x	normale Variant-Variable
x = Array(x1, x2, ...)	Zuweisung

◼ 4.2 Prozedurale Programmierung

Prozedurale Programmiersprachen zeichnen sich dadurch aus, dass der Programmcode in kleine, voneinander getrennte Programmteile geschrieben wird. Diese Programmteile (Prozeduren) können sich gegenseitig aufrufen und Parameter übergeben. Viele populäre Programmiersprachen – etwa Pascal, C und modernere Basic-Dialekte – zählen zu den prozeduralen Programmiersprachen (im Gegensatz etwa zu den Sprachen LISP oder Prolog).

Dieser Abschnitt beschreibt die für eine prozedurale Sprache charakteristischen Kommandos zur Steuerung des Programmablaufs und zur Unterteilung des Programms in Funktionen und Prozeduren.

4.2.1 Prozeduren und Parameter

Aus den vorangegangenen Beispielen sind die beiden generellen Syntaxvarianten für Prozeduren bereits deutlich geworden: *Sub name() ... End Sub* definiert ein *Unterprogramm* (= Makro, = BefehlsMakro). Prozeduren dieser Art können zwar bestimmte Aktionen durchführen (beispielsweise die aktuelle Arbeitsmappe speichern), aber keine Ergebnisse zurückgeben. Aus diesem Grund gibt es einen zweiten Prozedurtyp, die *Funktion* (= FunktionsMakro, = benutzerdefinierte Funktion). Funktionen werden mit *Function name()* eingeleitet und mit *End Function* beendet. Vor dem Verlassen der Funktion, also spätestens in der letzten Zeile, muss der Rückgabewert der Funktion durch eine Zuweisung an *name* angegeben werden.

Beachten Sie bitte, dass Prozeduren sich gegenseitig aufrufen dürfen. Wenn Sie ein neues Kommando programmieren möchten, darf die dem Kommando unmittelbar zugewiesene Prozedur durchaus andere Unterprogramme oder Funktionen aufrufen. Prozeduren dienen nicht zuletzt dazu, umfangreiche Programmierprobleme in kleine, überschaubare Module zu zerlegen.

Am leichtesten ist das Konzept von Unterprogrammen und Funktionen anhand eines Beispiels zu verstehen. Das Unterprogramm *macro* ruft zweimal die Funktion *func* auf. In *func* wird getestet, ob der erste Parameter größer als der zweite Parameter ist. Wenn das der Fall ist, berechnet die Funktion die Differenz der beiden Parameter und gibt diesen Wert zurück. Andernfalls wird das Ergebnis der Funktion aus dem Produkt der beiden Werte gebildet. Nach der Ausführung von *macro* werden im Direktbereich die beiden Werte 12 (3*4) und 1 (7−6) angezeigt.

```
' Beispieldatei 04\VBA-Concepts.xlsm, Modul Procedures
Sub macro()
  Dim result1 As Double, result2 As Double
  result1 = func(3, 4)
  result2 = func(7, 6)
  Debug.Print result1, result2
End Sub
Function func(a As Double, b As Double) As Double
  If a > b Then func = a - b: Exit Function
  func = a * b
End Function
```

Die Funktion *func* kann übrigens auch in Tabellen verwendet werden: Geben Sie in A1 und B1 beliebige Werte und in C1 die Formel *=func(A1;B1)* ein – Sie werden feststellen, dass die soeben definierte Funktion anstandslos ausgeführt wird! (Beachten Sie, dass in Tabellenformeln Parameter durch einen Strichpunkt getrennt werden, während in VBA ein Komma verwendet wird.) Im Funktionsassistenten wird die Funktion in der Kategorie BENUTZERDEFINIERT angeführt (allerdings ohne Hilfefunktion).

Praktische Beispiele zur Definition benutzerdefinierter Funktionen finden Sie in Abschnitt 5.7.

Tipp

Über den Objektkatalog (F2) und den Kontextmenübefehl EIGENSCHAFTEN können Sie einer benutzerdefinierten Funktion eine andere Kategorie zuweisen und eine kurze Beschreibung angeben, die dann im Funktionsassistenten angezeigt wird. ∎

Prozedurnamen

Für Prozedurnamen gelten dieselben Regeln wie für Variablennamen: Der Name muss mit einem Buchstaben beginnen, darf maximal 255 Zeichen lang sein und sollte außer dem Unterstrich „_" keine Sonderzeichen enthalten. Er darf nicht mit dem Namen eines vordefinierten Schlüsselworts übereinstimmen (siehe VBA-Hilfe zum Suchbegriff „Schlüsselwörter"). Namen von Objekten, Eigenschaften und Methoden zählen in der Regel *nicht* zu diesen Schlüsselwörtern und können daher auch als Prozedurnamen verwendet werden. Es ist somit erlaubt, einer Prozedur den Namen *Add* zu geben, obwohl für zahlreiche Objekte die gleichnamige Methode *Add* existiert. VBA erkennt aus der Objektangabe, ob es sich um die *Add*-Methode oder um Ihre *Add*-Prozedur handelt.

Es ist nicht erlaubt, zwei Prozeduren innerhalb eines Moduls denselben Namen zu geben. Gleichnamige Prozeduren in unterschiedlichen Modulen sind hingegen erlaubt, allerdings muss dann beim Aufruf der Name des Moduls vorangestellt werden. Siehe auch Abschnitt 4.2.2.

Prozeduren vorzeitig verlassen

Das obige Beispiel *func* enthält die Schlüsselwörter *Exit Function*. Damit wird die Funktion vorzeitig – d. h. vor dem Erreichen von *End Function* – verlassen. *Exit Function* kann an jeder beliebigen Stelle in der Funktion stehen. Allerdings sollte der Rückgabewert der Funktion durch die Zuweisung an den Funktionsnamen vorher bestimmt werden (sonst gibt die Funktion je nach Datentyp 0, „", *False* oder *Empty* zurück). Unterprogramme können jederzeit durch *Exit Sub* beendet werden. Sie kennen keinen Rückgabewert, auf den Rücksicht genommen werden muss.

Der Datentyp des Rückgabewerts von Funktionen

Funktionen unterscheiden sich von Unterprogrammen durch den Rückgabewert. Der Datentyp des Rückgabewerts sollte wie bei einer Variablendefinition angegeben werden. Im Beispiel oben wurde darauf verzichtet, *func* gibt das Ergebnis daher im Defaultdatentyp *Variant* zurück. Die zwei Zeilen unten demonstrieren die beiden Varianten, mit denen die Funktion *func* für den Datentyp *Double* definiert werden kann.

```
Function func(a, b) As Double
Function func#(a, b)
```

Die Parameterliste

Was für die Definition des Datentyps von Variablen und Funktionen gilt, hat natürlich auch für die Parameter eines Unterprogramms bzw. einer Funktion Gültigkeit: Aus Gründen der

Effizienz und der Zuverlässigkeit sollten für alle Parameter einer Prozedur Datentypen angegeben werden. Wenn die beiden Parameter der Funktion *func* als *Double*-Parameter deklariert werden, dann sehen die beiden Definitionsvarianten folgendermaßen aus:

```
Function func(a As Double, b As Double) As Double
Function func#(a#, b#)
```

Aus dem Beispiel geht hervor, dass die Verwendung der Kennungszeichen zu deutlich kürzeren und übersichtlicheren Funktionsdefinitionen führt.

Wert- und Rückgabeparameter

Normalerweise gelten die Parameter in VBA-Prozeduren als Rückgabeparameter. Das bedeutet, dass ihr Inhalt in der Prozedur verändert werden kann und sich diese Änderung auch auf die Variable der aufrufenden Prozedur auswirkt. Am schnellsten werden Sie dieses Prinzip anhand eines Beispiels verstehen:

```
Sub array_macro1()
  Dim a%, b%
  a = 4: b = 6
  array_macro2 a, b
  Debug.Print a, b
End Sub
Sub array_macro2(x%, y%)
  x = x * 2
  y = y / 2
End Sub
```

Nach der Ausführung von *array_macro1* stehen im Direktbereich die Werte 8 und 3. *array_macro2* hat also die beiden Variablen *a* und *b* aus *array_macro1* nachhaltig verändert. Die Parameter *x* und *y* in *array_macro2* heißen Rückgabeparameter, weil sich eine Veränderung auf den Ursprung der Daten auswirkt. (In höheren Programmiersprachen wird diese Art der Datenübergabe als Referenz- oder Zeigerübergabe bezeichnet, weil nicht die eigentlichen Daten übergeben werden, sondern ein Verweis auf die Daten an die Prozedur.) Eine Wertrückgabe ist natürlich nur dann möglich, wenn beim Aufruf der Prozedur tatsächlich eine Variable angegeben wird. Beim Makroaufruf *array_macro2 1,2* kann keine Rückgabe erfolgen (1 und 2 sind Konstanten), ebenso wenig bei zusammengesetzten Ausdrücken, etwa *array_macro2 a+1,b/c*.

Wenn Sie generell vermeiden möchten, dass die Prozedur die übergebenen Variablen verändern kann, müssen Sie in der Parameterliste der Prozedurdefinition das Schlüsselwort *ByVal* angeben. Der jeweilige Parameter gilt dann als Wertparameter und tritt innerhalb der Prozedur wie eine eigenständige Variable auf. Eine Veränderung des Parameters in der Prozedur hat keinen Einfluss auf Variablen außerhalb der Prozedur.

```
Sub array_macro2(ByVal x%, ByVal y%)
```

Übergabe von Feldern

An Prozeduren können nicht nur einzelne Werte, sondern auch Felder übergeben werden. Dazu muss der Parameter in der Parameterliste als Feld gekennzeichnet sein (Klammernpaar () anhängen). Felder gelten immer als Rückgabeparameter, das Schlüsselwort *ByVal* ist nicht erlaubt.

Der Variablentyp des Felds, das beim Aufruf der Prozedur angegeben wird, muss mit dem Variablentyp des Prozedurparameters übereinstimmen. Es ist daher nicht erlaubt, ein *Integer*-Feld an eine Prozedur zu übergeben, deren Parameter als *Variant*-Feld definiert ist. (Das ist ein Unterschied zu normalen Parametern: Sie können ohne Weiteres eine *Integer*-Zahl an eine Prozedur übergeben, die einen *Variant*-Wert erwartet – bei der Übergabe erfolgt eine automatische Konvertierung.)

Das Beispiel unten zeigt eine Schleife, in der alle Elemente des Felds im Direktbereich ausgegeben werden. Bei mehrdimensionalen Feldern werden in dieser Schleife zuerst die vorderen Indizes variiert (d. h. Reihenfolge *f(0,0)*, *f(1,0)*, ...; *f(0,1)*, *f(1,1)*, ...; etc.). Dieses Verhalten ist allerdings nicht dokumentiert, es ist daher nicht auszuschließen, dass es sich in künftigen VBA-Versionen ändert! Die *For*-Schleife wird in Abschnitt 4.2.4 noch näher erklärt.

```
Sub array_macro3(arr() As Variant)
  Dim var As Variant
  For Each var In arr()
    Debug.Print var
  Next var
End Sub
```

Innerhalb der Prozedur können Sie mit den Funktionen *LBound* und *UBound* die zulässigen Indexbereiche innerhalb der einzelnen Dimensionen des Felds ermitteln. Eine Funktion, welche die Anzahl der Dimensionen des übergebenen Felds bestimmt, fehlt allerdings. Sie können die Anzahl der Dimensionen aber relativ leicht ermitteln, wenn Sie eine einfache Fehlerbehandlungsroutine einrichten.

Im Beispiel unten werden drei Felder dimensioniert, das erste leer, das zweite mit drei Dimensionen und das dritte mit zwei Dimensionen. *array_macro4* ruft die Prozedur *arraytest* für jedes dieser Felder auf und übergibt als Parameter die einzelnen Felder. In *arraytest* wird zuerst eine Schleife durchlaufen, die gezielt einen Fehler verursacht, sobald *UBound* für eine gar nicht vorhandene Dimension ausgeführt wird. (Das ist die einzige Möglichkeit, die Anzahl der Dimensionen eines Felds festzustellen!)

Dieser Fehler wird im Programmteil *arraytest_error* abgefangen, die Prozedur wird bei *arraytest_continue* fortgesetzt. In der nachfolgenden Schleife wird für jede Dimension der Indexbereich angegeben.

 Tipp

Informationen zur *For*-Schleife finden Sie in Abschnitt 4.2.4. Die Mechanismen der Fehlerbehandlung werden in Kapitel 6 beschrieben.

```
' Beispieldatei 04\VBA-Concepts.xlsm, Modul Procedures
Sub array_macro4()
  Dim array1() As Variant
  Dim array2(4, 5, 6) As Variant
  Dim array3(-2 To 2, 1 To 4) As Variant
  array2(1, 2, 3) = 4
  arraytest array1()
  arraytest array2()
  arraytest array3()
End Sub
Sub arraytest(arr() As Variant)
  Dim i&, dimensions%
  On Error GoTo arraytest_error
  For i = 1 To 10: dimensions = UBound(arr, i): Next i
arraytest_continue:
  dimensions = i - 1
  Debug.Print dimensions, " Dimensionen"
  For i = 1 To dimensions
    Debug.Print "Dimension "; i; ": "; LBound(arr, i);
    Debug.Print " Bis "; UBound(arr, i)
  Next i
  Exit Sub
arraytest_error:
  ' dieser Programmteil wird aufgerufen, sobald in der Schleife auf
  ' eine nicht vorhandene arrdimension zugegriffen wird
  Resume arraytest_continue
End Sub
```

array_macro4 führt zu folgender Ausgabe im Direktbereich:

```
 0  Dimensionen
 3  Dimensionen
Dimension  1 :  0  bis  4
Dimension  2 :  0  bis  5
Dimension  3 :  0  bis  6
 2  Dimensionen
Dimension  1 : -2  bis  2
Dimension  2 :  1  bis  4
```

Übergabe von Matrizen

An Prozeduren dürfen auch Excel-Matrizen übergeben werden. Matrizen sind zusammengehörige Zellbereiche in Excel-Tabellen. Excel kennt einige Tabellenfunktionen wie *RGP* (englisch *LINEST*), die als Ergebnis nicht einen einzelnen Wert, sondern eine Matrix mit mehreren Werten zurückgeben. Siehe auch Abschnitt 5.7, wo die Verwendung der Funktion *RGP* und die Programmierung eigener Matrixfunktionen beschrieben wird.

Excel wandelt Matrizen automatisch in ein- oder zweidimensionale Felder um. Dennoch müssen Matrixparameter in der Form normaler *Variant*-Variablen in der Parameterliste angegeben werden und nicht etwa (was logischer wäre) als Feldparameter. (Intern werden Matrizen nicht wie normale Felder behandelt, sondern als Datenfelder (Arrays) betrachtet.) Innerhalb der Prozedur kann dann auf die einzelnen Elemente der Matrix wie bei einem Feld zugegriffen werden (*matrix(n)* bei ein-, *matrix(n,m)* bei zweidimensionalen Matrizen).

Das folgende Beispiel zeigt eine Funktion, welche die Anzahl der Matrizenelemente zurückgibt. Innerhalb der Tabelle können Sie diese Funktion als *=matrix_func(D17:D19)* aufrufen, sofern D17:D19 als Matrix formatiert ist (Zellbereich markieren, Formel eingeben und mit Shift+Strg+Return abschließen). Die Funktion liefert dann das Ergebnis 3. *=matrix_func(RGP(...))* liefert die Anzahl der Ergebniszellen, welche die Funktion *RGP* ermittelt.

```
Function matrix_func(matrix As Variant) As Variant
  Dim x As Variant
  For Each x In matrix
    matrix_func = matrix_func + 1
  Next x
End Function
```

Optionale Parameter

Normalerweise müssen beim Aufruf einer Prozedur alle Parameter angegeben werden, die in der Prozedurdefinition angeführt sind. Durch das Schlüsselwort Optional entfällt der Zwang zur Parameterangabe. Innerhalb der Funktion müssen Sie jetzt allerdings mit *IsMissing* testen, ob beim Prozeduraufruf überhaupt ein Parameter angegeben wurde.

Sobald ein Parameter als *Optional* gekennzeichnet wird, müssen auch alle weiteren Parameter in dieser Form gekennzeichnet werden. (Es ist also erforderlich, zuerst alle nichtoptionalen Parameter und anschließend alle optionalen Parameter in der Parameterliste anzugeben.)

Die folgende Prozedur erhöht den Inhalt des Parameters *x* wahlweise um eins oder um *y*, sofern ein zweiter Parameter angegeben wurde.

```
Sub increment(x As Variant, Optional y As Variant)
  If IsMissing(y) Then
    x = x + 1
  Else
    x = x + y
  End If
End Sub
```

Hinweis

Seit Excel 97 können optionale Parameter jeden Datentyp aufweisen. (Vorher war nur der Typ *Variant* erlaubt.) Allerdings funktioniert *IsMissing* nur für *Variant*-Parameter! Wenn Sie einen anderen Variablentyp verwenden, enthält der Parameter einfach 0 bzw. eine leere Zeichenkette, wenn nichts übergeben wurde.

Variable Parameteranzahl

Optionale Parameter haben den Nachteil, dass ihre Anzahl vorgegeben ist. Wenn Sie eine Prozedur formulieren möchten, an die beliebig viele Parameter übergeben werden können, müssen Sie das Schlüsselwort *ParamArray* verwenden und ein *Variant*-Feld angeben. An die Prozedur können dann beliebig viele Parameter übergeben werden, die in einer *For-Each*-Schleife ausgewertet werden können. *ParamArray* verträgt sich nicht mit *Optional* – Sie müssen sich entweder für optionale Parameter oder für eine variable Parameteranzahl entscheiden. Beachten Sie außerdem, dass alle Parameter von *ParamArray* Wertparameter sind. Eine Veränderung der ursprünglichen Variablen ist daher nicht möglich!

Das Beispiel unten zeigt die Funktion *sum*, welche die Summe aller übergebenen Parameter bildet. Die *For*-Schleife wird in Abschnitt 4.2.4 noch näher behandelt. Sie können auf die einzelnen Parameter auch über *x(0)*, *x(1)*, *x(2)* zugreifen – das Problem dabei ist, dass VBA keine Möglichkeit vorsieht, die Anzahl der übergebenen Parameter festzustellen (siehe oben).

```
Function sum(ParamArray x() As Variant) As Variant
  Dim var As Variant
  For Each var In x()
    sum = sum + var
  Next var
End Function
```

Der Aufruf von Prozeduren

Beim Aufruf von Prozeduren muss prinzipiell zwischen Unterprogrammen und Funktionen unterschieden werden. Bei Unterprogrammen werden einfach der Name der Prozedur und anschließend die Liste der Parameter aufgeführt. Bei Funktionen müssen die Parameter in Klammern gestellt werden, außerdem muss der Rückgabewert in irgendeiner Form weiterverarbeitet werden (etwa in einer Variablenzuweisung oder als Parameter einer anderen Funktion):

```
macro1                         'Unterprogramm ohne Parameter
macro2 para1, para2            'Unterprogramm mit zwei Parametern
Call macro2(para1, para2)      'Unterprogramm mit zwei Parametern
result = func1()               'Funktion ohne Parameter
result = func2(para1, para2)   'Funktion mit zwei Parametern
```

Wenn Sie eine Prozedur aufrufen möchten, deren Name in einer Zeichenkettenvariable angegeben ist, können Sie die Methode *Application.Run* verwenden:

```
result = Application.Run("func2", para1, para2)
```

Benannte Parameter

Bei Prozeduren mit sehr vielen optionalen Parametern führt die oben beschriebene Form der Parameterübergabe oft zu sehr unübersichtlichen Anweisungen. Sollen z. B. der erste, zweite und achte Parameter angegeben werden, sieht der Aufruf folgendermaßen aus:

```
macro para1, para2, , , , , , para8
```

Es ist jetzt nur noch durch mühsames Zählen zu ergründen, welche Bedeutung der Parameter *para8* eigentlich besitzt. Aus diesem Grund gibt es eine alternative Form der Parameterübergabe, bei der nur jene Parameter angegeben werden müssen, die wirklich erforderlich sind. Damit VBA erkennt, welche Bedeutung die Parameter haben, muss jeweils auch der Parametername angegeben werden.

Das Konzept ist anhand eines Beispiels leicht zu verstehen. Nehmen Sie an, Sie hätten für eine Datenbankanwendung folgendes Unterprogramm erstellt:

```
Sub insertRecord(name, address, Optional telNr, _
        Optional birthdate, Optional email)
```

Sie müssen beim Aufruf dieser Prozedur also mindestens Name und Adresse angeben. Wenn Sie außerdem noch das Geburtsdatum angeben, sehen die beiden Aufrufvarianten – zuerst herkömmlich, dann mit benannten Parametern – folgendermaßen aus:

```
insertRecord "Huber M.", "Langg. 7, 12345 Wiesbach", , _
   #03/24/1965#
insertRecord name:="Huber M.", _
   address:="Langg. 7, 12345 Wiesbach", birthdate:=#03/24/1965#
```

Obwohl es nirgendwo dokumentiert ist, besteht auch die Möglichkeit, beide Formen der Parameterübergabe zu kombinieren: Sie können die ersten *n* Parameter unbenannt und alle weiteren Parameter benannt angeben. Daraus ergibt sich eine dritte Variante zum Aufruf von *DatensatzEinfügen*, die kürzer und übersichtlicher als die beiden anderen Varianten ist:

```
insertRecord"Huber M.", "Langg. 7, 12345 Wiesbach", _
   birthdate:=#03/24/1965#
```

Wenn Sie mit benannten Parametern arbeiten, spielt die Reihenfolge der Parameter keine Rolle. Es ist aber in jedem Fall erforderlich, dass Sie alle nichtoptionalen Parameter angeben. Das Konzept der benannten Parameter gilt selbstverständlich auch für alle VBA-Methoden und Funktionen. Die automatische Makroaufzeichnung nutzt das Konzept der benannten Parameter intensiv, was dann zu Anweisungen wie der folgenden führen kann:

```
ActiveChart.ChartWizard Source:=Range("A1:A4"), Gallery:=xlColumn, _
   Format:=6, PlotBy:=xlColumns, CategoryLabels:=0, _
   SeriesLabels:=0, HasLegend:=1
```

Rekursion

Ein Unterprogramm oder eine Funktion wird als „rekursiv" bezeichnet, wenn sie sich selbst aufruft. Durch rekursive Unterprogramme oder Funktionen können insbesondere Programmierprobleme bei der Bearbeitung komplexer Datenstrukturen sehr elegant und einfach gelöst werden. Das bekannteste und einfachste Beispiel für rekursive Funktionen ist die Berechnung der Fakultätsfunktion. Die Fakultät ganzer Zahlen ist definiert als das Produkt aller Zahlen zwischen 1 und der angegebenen Zahl. Die Fakultät von 5 beträgt somit 1*2*3*4*5=120.

```
' Beispieldatei 04\VBA-Concepts.xlsm, Modul procedures
Public Sub testrecur()
  Debug.Print recur(3)
End Sub
' rekursive Prozedur zur Berechnung der Fakultät von x
Function recur(x As Double) As Double
  If x <= 1 Then
    recur = 1
  Else
    recur = x * recur(x - 1)
  End If
End Function
```

Der Programmablauf sieht für die Berechnung der Fakultät von 3 folgendermaßen aus: Die Funktion *recur* wird aufgerufen, x hat den Wert drei. In der *If*-Bedingung wird daher der *Else*-Block abgearbeitet. Dort wird *recur* neuerlich mit $x=2$ aufgerufen. Abermals wird der *Else*-Block ausgeführt, jetzt mit $x=1$. Diesmal ist die *If*-Bedingung erfüllt, der dritte Aufruf gibt den Wert 1 zurück. Die Programmausführung befindet sich jetzt in der zweiten Ebene, in der $x=2$ ist. Das Ergebnis wird mit dem Rückgabewert 1 multipliziert (ergibt 2) und an die erste Aufrufebene zurückgegeben, wo $x=3$ gilt. Dort wird der Rückgabewert 2 mit $x=3$ multipliziert und an die *Print*-Methode in *testrecur* zurückgegeben, wo die Berechnung gestartet wurde.

Im Verlauf dieser Berechnung gab es also zugleich (!) drei verschiedene Variablen x mit unterschiedlichen Werten! Mit jedem neuen Aufruf der Funktion wird eine neue („lokale") Variable x definiert. (Siehe auch den folgenden Abschnitt zum Gültigkeitsbereich von Variablen.)

Wenn Sie bei der Berechnung der Fakultätsfunktion zum ersten Mal mit rekursiven Funktionen gearbeitet haben, werden Sie vermutlich Schwierigkeiten haben, sich den Programmablauf vorzustellen. Fügen Sie als erste und als letzte Zeile in die Fakultätsfunktion

```
MsgBox "x=" & x & " recur=" & recur
```

ein: Sie können dann den Ablauf der Berechnung besser verfolgen. *MsgBox* zeigt den Text, der aus den Zeichenketten „x=" und „recur=" und den dazugehörigen Variablenwerten besteht, in einem kleinen Dialogfenster an, das Sie mit OK bestätigen müssen.

 Tipp

Sie können auch die Möglichkeiten von Visual Basic zur Fehlersuche nutzen, um die Berechnung besser nachzuvollziehen (siehe Kapitel 6).

4.2.2 Gültigkeitsbereich von Variablen und Prozeduren

Alle Variablen und Prozeduren können nur in einem bestimmten Gültigkeitsbereich verwendet werden. Der „Gültigkeitsbereich" bezeichnet jenen Bereich im Programmcode bzw. in Excel, in dem eine Variable gelesen und verändert bzw. eine Prozedur aufgerufen werden kann. VBA kennt je nach Betrachtungsweise drei oder vier Gültigkeitsebenen:

- innerhalb einer Prozedur (lokale Variablen)
- innerhalb eines Moduls (Modulvariablen)
- innerhalb einer Arbeitsmappe (globale Variablen)
- innerhalb Excels (also für mehrere Excel-Dateien)

Für Variablen kommen alle vier Ebenen in Frage, für Prozeduren nur die letzten drei.

Variablen und Konstanten

Variablen, die am Beginn eines Moduls (noch außerhalb einer Prozedur) mit *Dim* definiert werden, können im gesamten Modul, also in allen darin definierten Prozeduren, verwendet werden. Modulvariablen ermöglichen somit die Verwendung gemeinsamer Daten in mehreren Prozeduren und erleichtern einen effizienten Datenaustausch.

Im Gegensatz dazu stehen Variablen, die innerhalb einer Prozedur definiert werden: Diese „lokalen" Variablen können ausschließlich im Code der Prozedur verwendet werden.

Dieses Konzept erlaubt es, in verschiedenen Prozeduren gleichnamige Variablen zu verwenden, die einander nicht beeinflussen. Wenn zwei gleichnamige Variablen sowohl auf Modul- als auch auf Prozedurebene definiert werden, gilt innerhalb der Prozedur die Prozedurvariable, außerhalb (d. h. in allen anderen Prozeduren) die gleichnamige Modulvariable.

Öffentliche (= globale) Variablen

Statt des Schlüsselworts *Dim* kann auf Modulebene (außerhalb von Prozeduren) *Public* verwendet werden. *Public* hat dieselbe Syntax wie *Dim* (siehe Abschnitt 4.1.1).

Die so definierten Variablen können dann in *allen* Modulen der Arbeitsmappe verwendet werden. Wenn es in mehreren Modulen gleichnamige öffentliche Variablen gibt, sollte der Zugriff in der Form *modulname.variablenname* erfolgen, um Verwechslungen zu vermeiden.

Wenn Sie auf eine öffentliche Variable der einen Arbeitsmappe auch in einer zweiten Arbeitsmappe zugreifen möchten, müssen Sie in der zweiten Arbeitsmappe einen Verweis auf die erste Arbeitsmappe einrichten (Kommando EXTRAS | VERWEISE; siehe auch Abschnitt 4.3 zum Thema Objektbibliotheken und Verweise).

Wenn am Beginn des Moduls die Anweisung *Option Private Module* angegeben wird, kann auf die Variablen nur innerhalb der Arbeitsmappe zugegriffen werden. Ohne die Anweisung (also standardgemäß) können globale Variablen auch von anderen Arbeitsmappen verwendet werden.

Modulvariablen

Alle Variablen, die außerhalb einer Prozedur mit *Private* oder *Dim* definiert sind, gelten als Modulvariablen. *Private* unterscheidet sich hier in seiner Wirkung nicht von *Dim*, ist aber möglicherweise übersichtlicher (weil der Gültigkeitsbereich der Variablen so zweifelsfrei feststeht).

Lokale Variablen

Lokale Variablen werden durch *Dim* definiert. Das Kommando muss dazu innerhalb einer Prozedur verwendet werden. (*Private* und *Public* können innerhalb einer Prozedur nicht verwendet werden.)

Statische Variablen

Lokale Variablen werden normalerweise nach dem Ende der Prozedur wieder gelöscht, der von ihnen beanspruchte Speicher wird also wieder freigegeben. Wenn Sie möchten, dass eine Variable zu einem späteren Zeitpunkt jenen Inhalt aufweist, den sie beim letzten Aufruf der Prozedur hatte, müssen Sie die Variable als „statisch" definieren. Dazu verwenden Sie statt *Dim* das Schlüsselwort *Static*. Wenn Sie das Schlüsselwort *Static* in der Prozedurdefinition vor *Sub* oder *Function* angeben, gelten *alle* Variablen der Prozedur als statisch.

Prozedurparameter

Parameter von Prozeduren wirken innerhalb der Prozedur wie lokale (durch *Dim* definierte) Variablen. Beim rekursiven Aufruf von Prozeduren wirken *ByVal*-Parameter wie statische Variablen, d. h., ihr alter Wert steht nach dem rekursiven Rücksprung wieder zur Verfügung.

Zusammengesetzte Variablennamen

Wenn Sie auf gleichnamige Variablen außerhalb der gerade aktuellen Modul- oder Prozedurebene zugreifen möchten, müssen Sie den Namen des Moduls und gegebenenfalls auch den Namen der Arbeitsmappe voranstellen, also etwa:

```
modulname.variablenname
[MAPPE.XLSM].modulname.variablenname
```

Lebensdauer von Variablen

Normalerweise werden die Inhalte von Variablen nur so lange gespeichert, wie Code im gültigen Kontextbereich ausgeführt wird. Beispielsweise verliert eine lokale Variable in einer Prozedur ihre Gültigkeit (und ihren Inhalt), sobald die Ausführung des Prozedurcodes beendet wird. Die einzige Ausnahme von dieser Regel sind statische Variablen (Schlüsselwort *Static*), die auch nach dem Verlassen einer Prozedur gespeichert werden, bis die Datei geschlossen wird.

Globale Variablen, die in Modulen definiert sind, haben dieselbe Lebensdauer wie statische Variablen – ihr Wert bleibt also erhalten, bis die Datei geschlossen wird.

Unabhängig vom Typ werden die Inhalte aller Variablen auch dann gelöscht, wenn der Programmcode geändert (und daher neu kompiliert) wird.

Hinweis

Die Inhalte von Variablen – ganz egal, ob lokal, global oder statisch – werden auf keinen Fall in der Excel-Datei der Arbeitsmappe gespeichert. Wenn Sie das erreichen möchten, müssen Sie den Variableninhalt vor dem Speichern in Zellen eines Tabellenblatts kopieren und beim Öffnen der Datei von dort wieder auslesen.

Zur automatischen Ausführung des dazu erforderlichen Codes können Sie Ereignisprozeduren verwenden (siehe Abschnitt 4.4.1). ∎

Konstanten

Für Konstanten gilt im Wesentlichen dasselbe wie für Variablen. Konstanten, die in allen Modulen einer Arbeitsmappe gelten sollen, muss das Schlüsselwort *Public* vorangestellt werden.

Prozeduren

Prozeduren gelten generell als öffentlich, d. h., sie können in allen Modulen derselben Arbeitsmappe verwendet werden. Soll eine Prozedur auch in anderen Arbeitsmappen verwendet werden, muss in jener Arbeitsmappe ein Verweis auf die Arbeitsmappe eingerichtet werden, in der die Funktion definiert ist (mit dem Kommando EXTRAS | VERWEISE; siehe auch Abschnitt 4.3.2 zum Thema Objektbibliotheken und Verweise).

Wenn innerhalb einer Arbeitsmappe gleichnamige Prozeduren existieren, muss der Modulname vorangestellt werden. Bei gleichnamigen Prozeduren in unterschiedlichen Arbeitsmappen muss zur eindeutigen Identifizierung auch der Dateiname der Arbeitsmappe angegeben werden.

```
modulname.Makro              'in der aktuellen Arbeitsmappe
[MAPPE.XLSM].Makro           'in anderer Arbeitsmappe
[MAPPE.XLSM].modulname.Makro 'in anderer Arbeitsmappe
```

Falls Sie die Verwendung einer Prozedur außerhalb des Moduls, in dem sie definiert ist, ausschließen möchten, müssen Sie *Private* vor dem Schlüsselwort *Sub* oder *Function* angeben. Das empfiehlt sich für all jene Prozeduren, die nur für den internen Gebrauch innerhalb eines Moduls konzipiert sind. Die Deklaration als „privat" schließt nicht nur eine irrtümliche und oft fehlerhafte Verwendung aus, sondern bewirkt auch eine bessere Übersichtlichkeit in den Listen zur Auswahl von Makros (EXTRAS | MAKROS) und im Funktionsassistenten.

Wenn Sie die Anweisung *Option Private Module* am Beginn des Moduls verwenden, werden *alle* Prozeduren des Moduls von einer Verwendung außerhalb des Arbeitsblatts ausgeschlossen. Die Option ist missverständlich formuliert: Die Prozeduren können nämlich weiterhin in anderen Modulen derselben Arbeitsmappe verwendet werden. Die Option ist damit weniger restriktiv als das Schlüsselwort *Private*.

Ebenso wie *Private* können Sie Prozeduren auch das Schlüsselwort *Public* voranstellen. Dieses Schlüsselwort bleibt aber ohne Wirkung, da Prozeduren ja ohnedies automatisch als „öffentlich" gelten. Der Programmcode wird dadurch allerdings etwas klarer.

Anmerkung

Wenn Sie Prozeduren als *Private* deklarieren, hat das unter anderem den Vorteil, dass diese Prozeduren in den Dialogen „Makro ausführen" und „Makro zuweisen" nicht aufgeführt werden. Das erhöht die Übersichtlichkeit dieser Dialoge ganz erheblich (vor allem bei umfangreichen Projekten oder wenn mehrere Arbeitsmappen gleichzeitig geladen sind). ∎

Add-ins

Excel-Programme, die zu Add-ins kompiliert wurden (siehe Abschnitt 15.1), unterscheiden sich in einem Punkt von normalen Arbeitsmappen: Den Prozedurnamen muss kein Dateiname vorangestellt werden, auch dann nicht, wenn die Prozeduren außerhalb des Add-ins verwendet werden.

Zugriff auf Variablen und Prozeduren aus anderen Arbeitsmappen

Damit Sie innerhalb einer Arbeitsmappe auf Variablen bzw. Prozeduren anderer Arbeitsmappen zugreifen können, müssen zwei Voraussetzungen erfüllt sein: Erstens müssen Variablen in der anderen Arbeitsmappe als *Public* deklariert und Prozeduren dürfen nicht als *Private* definiert sein. Zweitens muss über EXTRAS | VERWEISE ein Verweis auf jene Arbeitsmappe eingerichtet werden, deren Variablen bzw. Prozeduren verwendet werden sollen. Falls in den Arbeitsmappen gleichnamige Variablen/Prozeduren definiert sind, muss dem Variablennamen auch der Modul- und/oder Dateiname vorangestellt werden (siehe oben).

Interna der Variablenverwaltung

Excel speichert in einer unsichtbaren Tabelle alle Variablen- und Prozedurnamen, die während der Programmentwicklung auftreten. Erfahrungsgemäß ändern sich Variablennamen während der Programmierung häufig, manche Testprozeduren werden wieder gelöscht etc. Daher besteht diese interne Namenstabelle nach einiger Zeit zum größten Teil aus Datenmüll und bläht Excel-Dateien unnötig auf. Die einzige Methode, diese unsichtbare Tabelle zu löschen, besteht darin, alle Module als Textdateien zu speichern, dann alle Module zu löschen und schließlich aus den Textdateien wieder neue Module anzulegen. Diese umständliche Vorgehensweise ist eigentlich nur sinnvoll, wenn Sie eine Anwendung in Form eines Add-ins weitergeben möchten.

Zusammenfassung der Schlüsselwörter

Dim var	definiert lokale Prozedur- oder Modulvariablen
Private var	hat bei der Variablendeklaration die gleiche Wirkung wie *Dim*
Public var	definiert globale Variablen (nur auf Modulebene möglich); der Gültigkeitsbereich richtet sich nach der Einstellung durch *Option Private Module*
Static var	definiert lokale statische Variablen (nur auf Prozedurebene möglich)

Sub/Function	definiert öffentliche Prozeduren; Gültigkeitsbereich je nach *Option Private Module*
Private Sub/Function	definiert lokale Prozeduren, nur innerhalb des Moduls verwendbar
Public Sub/Function	wie normales *Sub/Function*, d. h. ebenfalls öffentlich
Static Sub/Function	definiert alle *Variablen* der Prozedur als statisch
Option Private Module	schränkt den Gültigkeitsbereich öffentlicher Variablen und Prozeduren auf die aktuelle Arbeitsmappe ein; ohne die Option können die Variablen/Prozeduren auch in anderen Arbeitsmappen verwendet werden, sofern dort Verweise eingerichtet werden

4.2.3 Verzweigungen (Abfragen)

Verzweigungen mit If – Then – Else

Mit *If*-Abfragen können Programmteile wahlweise – je nach dem Eintreffen einer Bedingung – ausgeführt werden. Der Programmcode „verzweigt" sich also auf mehrere Äste, von denen in einem Durchlauf immer nur einer ausgeführt werden kann.

Das folgende Beispiel demonstriert das Schema einer *If*-Abfrage: *InputBox* (Details siehe Abschnitt 7.1.2) fordert Sie zur Eingabe einer Zahl auf. Die Eingabe wird anschließend ausgewertet: In der ersten *If*-Abfrage wird überprüft, ob Sie womöglich gar keine Zahl, sondern Text eingegeben haben. Wenn das der Fall ist, erscheint die Meldung „Das ist keine Zahl". Andernfalls wird mit *ElseIf* weiter differenziert, ob die Zahl größer oder kleiner- gleich 10 ist.

```
' Beispieldatei 04\VBA-Concepts.xlsm, Modul LoopsAndConditions
Sub macro_if()
  Dim number As Variant
  number = InputBox("Geben Sie eine Zahl ein!")
  If Not IsNumeric(number) Then
    MsgBox "Das ist keine Zahl"
  ElseIf number > 10 Then
    MsgBox "Die Zahl ist größer 10"
  Else
    MsgBox "Die Zahl ist kleiner oder gleich 10"
  End If
End Sub
```

Das Beispiel veranschaulicht fast alles, was zu *If*-Abfragen erklärenswert ist: Die generelle Syntax wird durch *If bedingung Then* eingeleitet und durch *End If* abgeschlossen. Dazwischen kann ein einfacher Codeteil (eine oder mehrere Zeilen) stehen, der nur dann ausgeführt wird, wenn die Bedingung erfüllt ist. Zusätzlich kann nach *Else* ein zweiter Codeteil stehen, der dann zur Geltung kommt, wenn alle vorher ausgeführten Bedingungen nicht erfüllt waren. Und schließlich können vor *Else* beliebig viele *ElseIf-bedingung-Then*-Blöcke eingeschoben werden, um zwischen verschiedenen Einzelfällen zu unterscheiden.

Jeder Block nach *Then* oder *Else* darf selbst wiederum prozedurale Strukturen (also weitere Verzweigungen oder Schleifen) enthalten. Neben der mehrzeiligen *If*-Syntax existiert auch eine einzeilige Syntax. Diese ist aber nur für einfache Abfragen geeignet:

```
If nr > 10 Then MsgBox "..."
If nr < 5 Then nr = nr * 2 Else MsgBox "..."
```

Formulierung und Auswertung logischer Bedingungen

In *If*-Verzweigungen und in Schleifen (siehe den folgenden Abschnitt) müssen Sie immer wieder logische Bedingungen formulieren. Dazu stehen Ihnen die Vergleichsoperatoren =, <>, <, >, <= und >= zur Verfügung, mit denen Sie feststellen, ob zwei Ausdrücke gleich/ungleich sind bzw. ob einer der beiden Ausdrücke kleiner, kleiner-gleich, größer oder größer-gleich ist. Für den Vergleich von Zeichenketten steht außerdem noch der Operator *Like* zur Verfügung, mit dem Sie Zeichenkettenmuster („M*r" für „Mayr", „Meier" oder „Mayer") erkennen.

Das Ergebnis eines Vergleichs ist der sogenannte Wahrheitswert. Im binären System eines Computers kommen nur zwei Werte in Frage: *True* oder *False*. Für die beiden Schlüsselwörter *True* und *False* verwendet VBA intern die Werte -1 und 0. In logischen Bedingungen gilt jeder Wert ungleich 0 als *True*, d. h., bei der Anweisung *If 3 Then* gilt die *If*-Bedingung ebenfalls als erfüllt.

Neben Bedingungen können auch diverse Funktionen einen Wahrheitswert als Ergebnis liefern: etwa die *IsXy*-Funktionen, die feststellen, ob ein Ausdruck einem bestimmten Datentyp entspricht (*IsNumeric*, *IsDate* etc.).

In VBA können Sie mehrere Vergleiche (Teilbedingungen) miteinander verknüpfen. Auch in diesem Fall ergibt sich als Gesamtergebnis ein Wahrheitswert. Das erste Beispiel unten testet, ob *a* kleiner 5 oder größer 10 ist, das zweite Beispiel, ob *a* zwischen diesen beiden Werten liegt. Im dritten Beispiel wird ausgeschlossen, dass die Variant-Variable *a* den Wert *Null* enthält oder noch nicht belegt ist.

```
If a < 5 Or a > 10 Then ...
'
If a > 5 And a < 10 Then ...
'
If Not (IsEmpty(a) Or IsNull(a)) Then ...
```

Als Verknüpfungsoperatoren kommen *And*, *Or* sowie seltener *Xor*, *Imp* und *Eqv* infrage. Durch *Not* kann der Wahrheitswert „umgedreht" werden (entspricht dem negativen Vorzeichen bei Zahlen).

 Achtung

VBA kennt keine Optimierungen bei der Auswertung von Bedingungen: Eine Abfrage in der Form *If x>=0 And Sqr(x)<3* führt bei negativen Zahlen in *x* zu einem Fehler. (In vielen Programmiersprachen wird der zweite Teil der Abfrage gar nicht mehr ausgewertet, wenn der erste Teil ohnedies schon falsch und somit das Ergebnis der zusammengesetzten *And*-Bedingung klar ist.)

Verweis

Abschnitt 4.6 gibt eine Übersicht über die in VBA definierten Operatoren. Informationen zum Umgang mit Zeichenketten (inklusive des Vergleichs zweier Zeichenketten) finden Sie in Abschnitt 5.4.

Verzweigungen mit Select Case

Alternativ zur *If*-Abfrage kennt VBA eine zweite Verzweigungsstruktur, die mit den Schlüsselwörtern Select Case eingeleitet wird. Diese Variante kann bei der Formulierung von Verzweigungen mit vielen Fällen übersichtlicher sein. Auch diese Verzweigungsstruktur ist am leichtesten anhand eines Beispiels zu verstehen, das abermals den Wertebereich einer eingegebenen Zahl feststellt. Beachten Sie, dass diesmal auf die Überprüfung verzichtet wird, ob es sich bei der Eingabe überhaupt um eine Zahl handelt. Wenn Sie ein „x" eingeben, wird sich VBA mit einem Fehler melden (weil es den Text „x" nicht mit einer Zahl vergleichen kann).

```
Sub macro_select()
  Dim number As Double
  number = InputBox("Geben Sie eine Zahl ein!")
  Select Case number
  Case 1, 2, 3
    MsgBox "1, 2 oder 3"
  Case 4 To 10
    MsgBox "Zwischen 4 und 10"
  Case Is > 10
    MsgBox "Größer 10"
  Case Else
    MsgBox "Kleiner 1"
  End Select
End Sub
```

Die Syntax von *Select Case* ist an diesem Beispiel gut erkennbar. Im Anschluss an *Select Case* muss der zu analysierende Ausdruck angegeben werden. Dieser gilt für die gesamte Verzweigungskonstruktion (was gegenüber *If*-Verzweigungen eine Einschränkung darstellt). In den nachfolgenden *Case*-Zweigen müssen Bedingungen formuliert werden, die der Ausdruck erfüllt. Dazu können Sie einzelne Werte aufzählen, Bereiche mit dem Schlüsselwort *To* angeben oder mit *Is*-Bedingungen ähnlich wie in *If*-Verzweigungen formulieren. *Is* stellt dabei eine Referenz auf den anfangs angegebenen Ausdruck dar.

4.2.4 Schleifen

Schleifen dienen dazu, Programmteile mehrfach hintereinander auszuführen. VBA kennt dazu drei Kommandogruppen: *For-Next*, *Do-Loop* und *While-Wend*.

Schleifen mit For – Next

Die einfachste Schleifenform wird mit den Kommandos *For* und *Next* gebildet. Dabei wird einer Variablen zu Beginn der Schleifen ein Startwert zugewiesen. Dieser Wert wird mit jedem Schleifendurchlauf erhöht, bis schließlich der Endwert erreicht ist. Das folgende Beispiel zeigt die einfachste Variante einer *For*-Schleife. Die Variable *i* durchläuft dabei die Werte von 1 bis 5.

```
Sub macro_loop1()
  Dim i As Integer
  For i = 1 To 5
    Debug.Print i
  Next i
End Sub
```

Durch das optionale Schlüsselwort *Step* kann jener Wert angegeben werden, der mit jedem Durchlauf zur Schleifenvariablen addiert wird (der Defaultwert ohne *Step* ist 1). Im Beispiel unten wird die Schleife von −0.3 bis +0.3 mit der Schrittweite 0.1 durchlaufen. Für die Schleifenvariable *i* wird dazu der Datentyp *Double* angegeben.

```
Sub macro_loop2()
  Dim i As Double
  For i = -0.3 To 0.3 Step 0.1
    Debug.Print i
  Next i
End Sub
```

Das Ergebnis dieser Schleife ist allerdings nicht restlos überzeugend. Im Direktbereich werden folgende Zahlenwerte ausgegeben:

```
-0,3
-0,2
-0,1
 2,77555756156289E-17
 0,1
 0,2
```

Durch die ständige Addition von 0.1 tritt ein Rundungsfehler auf. Dieser Rundungsfehler führt nicht nur zur optisch wenig ansprechenden Anzeige von $2.8*10^{-17}$, sondern vor allem dazu, dass der Endwert 0.3 nicht erreicht wird. (Am Ende der Schleife hat *i* den Wert 0,30000000000000006. Dieser Wert ist minimal größer als 0.3 und führt dazu, dass die Schleife vorzeitig abgebrochen wird.)

Das Problem lässt sich beheben, indem die Schleife etwas vorsichtiger formuliert wird:

```
For i = -0.3 To 0.300000001 Step 0.1
```

 Anmerkung

Rundungsfehler im Umgang mit Fließkommazahlen gehören zu den charakteristischen Eigenschaften *aller* Programmiersprachen. Sie stellen also keine besondere Schwäche von VBA dar (auch wenn es Programmiersprachen gibt, denen der obige Fehler nicht passiert). Sie sollten sich als Programmierer dieses Problems immer bewusst sein. ∎

For-Schleifen sind abweisend. Das bedeutet, dass bereits vor dem ersten Schleifendurchgang überprüft wird, ob die Schleifenbedingungen sinnvoll sind. Eine Schleife, die mit *For i=5 To 1* beginnt, wird daher kein einziges Mal durchlaufen (es sei denn, es wird mit *Step* ein negativer Schrittwert bestimmt).

Am Ende einer *For*-Schleife weist die Schleifenvariable jenen Wert auf, der die Schleifenbedingung zum ersten Mal nicht erfüllt. Nach der Schleife *For i=1 To 10* beinhaltet *i* daher den Wert 11.

For-Schleifen können vorzeitig mit *Exit For* beendet werden. Im folgenden Beispiel werden die Werte 1, 2, 3, 4 und 5 ausgegeben. Bei *i=6* ist die *If*-Bedingung erfüllt, was zum vorzeitigen Ausstieg aus der Schleife führt.

```
For i = 1 To 10
  If i > 5 Then Exit For
  Debug.Print i
Next i
```

Schleifen mit For Each – Next

In VBA existiert eine Sonderform der *For*-Schleife, die speziell zur Abarbeitung von Feldern bzw. von *Auflistungen* geeignet ist. (Auflistungen werden Sie in Abschnitt 4.3 noch kennenlernen. Damit können Sie auf eine Gruppe zusammengehöriger Objekte – etwa auf alle Blätter einer Arbeitsmappe oder auf alle Symbole einer Symbolleiste – zugreifen.) Das Beispiel unten gibt die Namen aller Tabellenblätter der aktuellen Arbeitsmappe aus:

```
Sub macro_loop3()
  Dim w As Worksheet
  For Each w In ThisWorkbook.Worksheets
    Debug.Print w.Name
  Next w
End Sub
```

Die Syntax unterscheidet sich ein wenig von der normaler *For*-Schleifen: Die Variable wird nach *For Each* angegeben, die Auflistung nach dem Schlüsselwort *In*. Während der Abarbeitung der Schleife kann über die Laufvariable direkt auf die Auflistungselemente zugegriffen werden.

Bei der Anwendung von *For-Each*-Schleifen sollten Sie nicht von einer bestimmten Reihenfolge der Elemente ausgehen. Es ist nicht dokumentiert, in welcher Abfolge die Elemente der Schleifenvariablen zugewiesen werden. Sie können aber bei den meisten Auflistungen statt einer *For-Each*-Schleife auch eine herkömmliche Schleife verwenden und auf die einzelnen Elemente wie bei Feldern über Indizes zugreifen. Den Schleifenendwert liefert in der Regel die *Count*-Eigenschaft der Auflistung:

```
Sub macro_loop4()
   Dim i As Integer
   For i = 1 To ThisWorkbook.Worksheets.Count
      Debug.Print ThisWorkbook.Worksheets(i).Name
   Next i
End Sub
```

Schleifen mit Do – Loop

For-Schleifen sind in einer Beziehung unflexibel: Es steht von Anfang an fest, wie oft die Schleife durchlaufen wird. Die Schlüsselwörter *Do* und *Loop* helfen bei der Formulierung von allgemeingültigen Schleifen. In der einfachsten Form bilden diese beiden Kommandos eine Endlosschleife:

```
Sub macro_loop5()
   Do
      Debug.Print "und so weiter"
   Loop
End Sub
```

Wenn Sie die obige Prozedur starten, können Sie die Ausführung der Schleife nur noch mit der Tastenkombination Strg+Pause stoppen. Endlosschleifen sind in der Praxis selten sinnvoll. Daher bestehen zwei Möglichkeiten, die obige Schleife zu beenden: Durch das schon aus der *For*-Schleife bekannte Kommando *Exit*, dem hier das Schlüsselwort *Do* (nicht etwa *Loop*) folgen muss, oder durch die Angabe einer Bedingung am Anfang oder am Ende der Schleife. Bedingungen können wahlweise durch die Schlüsselwörter *While* oder *Until* angegeben werden. Im ersten Fall wird die Schleife so lange ausgeführt, wie die angegebene Bedingung erfüllt ist. Im zweiten Fall verhält es sich gerade umgekehrt: Die Schleife wird ausgeführt, bis die Bedingung wahr wird (oder anders formuliert: solange die Bedingung *nicht* erfüllt ist).

Obwohl es auf den ersten Blick so aussieht, als wäre es egal, ob man die Bedingung oben oder unten angibt, ist das nicht der Fall: Wenn Sie die Bedingung nach *While* angeben, kann es passieren, dass die Schleife überhaupt nie durchlaufen wird. Wenn die Bedingung dagegen bei *Loop* formuliert wird, muss der Inhalt der Schleife mindestens einmal ausgeführt werden.

Im Beispiel unten wird die Variable *i* mit jedem Schleifendurchlauf um eins erhöht, bis die Schleife beim Erreichen des Werts 11 abgebrochen wird.

```
Sub macro_loop6()
  Dim i As Integer
  i = 1
  Do
    Debug.Print i
    i = i + 1
  Loop Until i > 10
End Sub
```

Schleifen mit While – Wend

Schleifen mit *While ... Wend* bieten inhaltlich nichts Neues im Vergleich zu den soeben behandelten Schleifen mit *Do ... Loop*. Der einzige Unterschied besteht darin, dass keine Möglichkeit besteht, die Schleife vorzeitig mit *Exit* abzubrechen.

```
While i < 10
  i = i + 1: Debug.Print i

Wend
Do While i < 10    'dieselbe Schleife mit Do - Loop
  i = i + 1: Debug.Print i
Loop
```

4.2.5 Syntaxzusammenfassung

Eckige Klammern kennzeichnen optionale Kommandos, die angegeben werden dürfen, aber nicht angegeben werden müssen.

Prozedurdefinition	
Sub Makro([parameterliste])	
...	
[Exit Sub]	Unterprogramm vorzeitig verlassen
...	
End Sub	
Function func([parameterliste]) *[As datentyp]*	
...	
[func = ...: Exit Function]	Funktion vorzeitig verlassen
...	
func = ...	
End Function	

Definition der Parameterliste

para1, para2, para3	drei Parameter im Defaultdatentyp *Variant*
para As datentyp	Parameter im angegebenen Datentyp
para() [As datentyp]	Feld
ByVal para [As datentyp]	Wertparameter
Optional para [As datentyp]	optionaler Parameter
ParamArray para()	Liste mit variabler Anzahl von Parametern

Auswertung der Parameter im Prozedurcode

wahr_falsch = IsMissing(para)	Test, ob optionaler Parameter übergeben wurde
For Each x In para()	Schleife für alle Parameter einer Argumentliste
...	
Next x	

Prozeduraufruf

Makro x1, x2, x3	herkömmliche Angabe aller Parameter (Unterprogramm)
ergebnis = funktion(x1, x2, x3)	herkömmliche Angabe aller Parameter (Funktion)
Makro para1:=x1, para3:=x3	benannte Parameter (Unterprogramm)
ergebnis = funktion(para1:=x1)	benannte Parameter (Funktion)
Application.Run „Makro", para1	Prozedur aufrufen (Prozedurname als Zeichenkette)
ergebnis = Application.Run(...)	Funktion aufrufen (Funktionsname als Zeichenkette)

Definition von Variablen auf Modulebene

Dim var	Modulvariable
Private var	Modulvariable (gleiche Wirkung wie *Dim*)
Public var	öffentliche Variable (alle Module)
Option Private Module	öffentliche Variablen nur innerhalb der Arbeitsmappe verwendbar (auch bei Verweis)

Definition von Variablen auf Prozedurebene

Dim var	lokale Variable, nur in Prozedur verwendbar
Static var	wie oben, behält aber Wert andauernd
Static Sub/Function name()	alle Variablen der Prozedur sind statisch

Definition von Prozeduren	
Sub/Function name()	öffentlich, für alle Arbeitsblätter
Private Sub/Function name()	nur im aktuellen Modul verwendbar
Option Private Module	öffentliche Prozeduren nur innerhalb der Arbeitsmappe verwendbar (auch bei Verweis)

Verzweigungen mit If – Then	
If bedingung Then kommando	einzeilige Variante
If bedingung Then k1 Else k2	einzeilige Variante mit *Else*
If bedingung1 Then	mehrzeilige Variante
kommandos	
ElseIf bedingung2 Then	optional, beliebig oft
kommandos	
Else	optional
kommandos	
End If	

Verzweigungen mit Select – Case	
Select Case ausdruck	
Case möglichkeit1	beliebig viele Fälle
kommandos	
Case Else	optional
kommandos	
End Select	

Möglichkeiten in Select – Case	
wert	Finzelwert
wert1, wert2, wert3	Aufzählung
wert1 To wert2	Wertebereich
Is operator vergleichswert	Vergleichsbedingung mit =, < oder >

Schleifen mit While – Wend	
While bedingung	
kommandos	
Wend	

Schleifen mit Do – Loop

Do [While bedingung oder *Until bedingung]*	Variante 1
kommandos	
[If bedingung Then Exit Do]	
kommandos	
Loop	
Do	Variante 2
kommandos	
[If bedingung Then Exit Do]	
kommandos	
Loop [While bedingung oder *Until bedingung]*	

Schleifen mit For – Next

For var=start To ende [Step schritt]

kommandos

[If bedingung Then Exit For]

kommandos

Next var

Schleifen mit For Each – Next

For Each var In Auflistung oder *feld()*

kommandos

[If bedingung Then Exit For]

kommandos

Next var

■ 4.3 Objekte

4.3.1 Der Umgang mit Objekten, Methoden und Eigenschaften

Objekte

Als Objekte werden in VBA Elemente von Excel bezeichnet. Die folgende Liste zählt einige häufig vorkommende Objekte auf:

Application (Anwendung, also Excel als Ganzes), *PageSetup* (Seitengestaltung für den Ausdruck), *Workbook* (Arbeitsmappe), *Window* (Fenster), *Worksheet* (Tabellenblatt), *Range* (Bereich von Zellen in einer Tabelle), *Chart* (Diagramm), *ChartArea* (Hintergrund eines Diagramms), *Axis* (Koordinatenachse eines Diagramms), *Line* (Linie zur optischen Gestaltung von Tabellen, Dialogen etc.), *Oval* (Kreis oder Ellipse) etc.

Insgesamt sind in Excel mehrere Hundert Objekte definiert (dazu kommen noch Objekte anderer Bibliotheken – doch dazu später mehr). Diese Objekte sind hierarchisch organisiert. An oberster Stelle steht das *Application*-Objekt. Über Eigenschaften dieses Objekts kann auf die geladenen Arbeitsmappen (*Workbooks*) zugegriffen werden, über deren Eigenschaften wiederum auf die Blätter (*Chart* und *Worksheet*) der Arbeitsmappe etc. Die Referenz der wichtigsten Excel-Objekte, die Sie auf der Buch-CD finden, veranschaulicht deren Hierarchie.

Der Zugriff auf die Objekte von Excel ist erst dann sinnvoll, wenn der Programmierer deren spezifische Daten lesen und verändern sowie neue Objekte hinzufügen und löschen kann. Um das zu ermöglichen, stehen zu allen Objekten zahllose Eigenschaften und Methoden zur Verfügung.

Eigenschaften

Eigenschaften bestimmen die Merkmale eines Objekts, also etwa die Hintergrundfarbe eines Diagramms, die Ausrichtung einer Tabellenzelle, die zahlreichen Optionen von Excel oder die Parameter einer Seite (z. B. Kopf- und Fußzeilen). Für den Programmierer sehen Eigenschaften wie vordefinierte Variablen aus. Der einzige formale Unterschied besteht darin, dass fast ausnahmslos vor der Eigenschaft das Objekt angegeben werden muss, auf das sich die Eigenschaft bezieht (z. B. *Application.DisplayFullScreen*). Die meisten Eigenschaften können sowohl gelesen als auch verändert werden.

```
' gibt an, ob sich Excel im Modus „ganzer Bildschirm"
' befindet (True) oder nicht (False)
Debug.Print Application.DisplayFullScreen
' aktiviert den Modus „ganzer Bildschirm"
Application.DisplayFullScreen = True
' verändert den Modus
Application.DisplayFullScreen = Not Application.DisplayFullScreen
```

Ein weiterer Unterschied zwischen Variablen und Eigenschaften besteht darin, dass die Veränderung einer Eigenschaft in vielen Fällen sofort sichtbar wird. Wenn Sie wie im obigen Beispiel die Eigenschaft *DisplayFullScreen* verändern, hat das die gleiche Wirkung wie die

Ausführung des Menübandkommandos ANSICHT | GANZER BILDSCHIRM. Excel reagiert also unmittelbar auf die Veränderung von Eigenschaften.

Methoden

Während Eigenschaften am ehesten mit Variablen vergleichbar sind, entsprechen Methoden eher Prozeduren. Mit Methoden führen Sie Anweisungen aus, speichern also beispielsweise die aktuelle Arbeitsmappe unter einem neuen Namen, löschen ein Diagramm, erstellen eine neue Symbolleiste etc. Methoden ermöglichen auch den Zugriff auf andere Objekte: Beispielsweise geben *Sheets(n)* oder *Sheets("blattname")* ein bestimmtes Blatt der Arbeitsmappe zurück.

Es existieren zwei Typen von Methoden: solche, die einem Unterprogramm entsprechen und keinen Rückgabewert aufweisen (*Select*, *Activate*, *Delete* etc.), und solche, die einer Funktion entsprechen und ein konkretes Ergebnis zurückgeben. Viele Methoden können sowohl mit als auch ohne Rückgabewert verwendet werden, etwa die *Add*-Methode.

Auflistungen und Auflistungsobjekte

Eine besondere Rolle spielen die sogenannten Auflistungen, die mit Plural-s enden (*Sheets*, *Windows* etc.). Über diese Objekte kann auf eine Gruppe gleichartiger Subobjekte zugegriffen werden (Subobjekt meint dabei ein hierarchisch untergeordnetes Objekt, etwa *Window* zu *Application*). Auflistungen können auch als Ausgangspunkt für Schleifen mit *For Each* verwendet werden.

Wenn Auflistungen ohne Parameterangabe verwendet werden, verweisen sie auf zumeist gleichnamige Auflistungsobjekte. Ein Auflistungsobjekt meint also die Gesamtheit mehrerer gleichartiger Objekte. Für diese Objekte existieren – unabhängig von ihrem Inhalt – einige übereinstimmende Eigenschaften und Methoden: *Count* gibt die Anzahl der vorhandenen Objekte an. Durch *Add* und *Delete* können die meisten Auflistungen erweitert bzw. verkleinert werden.

Wird die Auflistung dagegen mit einem Parameter verwendet, dann verweist sie auf das Element mit dem angegebenen Namen (*Sheets("name")*) oder auf das *n*-te Element (*Sheets(n)*), in jedem Fall also auf ein einzelnes Objekt. Der Index des ersten Elements lautet immer 1 (nicht 0). Diese Parameterangabe erfolgt eigentlich in einer Kurzschreibweise. Die vollständige Syntax würde lauten: *Sheets.Item("name")*.

Default-Objekte

Generell muss zu jeder Eigenschaft und Methode das Objekt angegeben werden, auf das sich die Eigenschaft/Methode bezieht. Das ist nicht zuletzt deswegen erforderlich, weil es viele Eigenschaften/Methoden gibt, die (zum Teil sogar mit unterschiedlicher Syntax) verschiedene Objekte bearbeiten können. (Mit *Add* können Sie je nach Ausgangsobjekt ein neues Diagramm, einen neuen Menüeintrag, eine neue Arbeitsmappe etc. erstellen.)

Es gibt allerdings einige Eigenschaften und Methoden, zu denen Default-Objekte definiert sind. Wenn diese Eigenschaften/Methoden ohne die Angabe eines Objekts verwendet werden, beziehen sie sich automatisch auf das Default-Objekt. Die Eigenschaft *ActiveSheet* bezieht sich etwa automatisch auf das Default-Objekt *Application*. Die Eigenschaft kann sich auch auf ein Fenster oder auf eine Arbeitsmappe beziehen – dann muss dieses Objekt aber angegeben werden.

Hinweis

Application gilt zwar in allen normalen Modulen als Default-Objekt, nicht jedoch in Klassenmodulen! Dort gilt das durch das Modul beschriebene Objekt als Default-Objekt. In den Klassenmodulen „DieseArbeitsmappe", „Tabelle1" etc. gelten daher *Workbook* bzw. *Worksheets(...)* als Default-Objekte.
∎

Default-Eigenschaften

Bei manchen Objekten existieren Default-Eigenschaften. Das bedeutet, dass Sie diese Eigenschaft lesen bzw. verändern können, ohne sie im Code zu nennen. Aus diesem Grund sind die beiden folgenden Anweisungen gleichwertig:

```
Debug.Print Application
Debug.Print Application.Value
```

Im obigen Beispiel ist *Value* also die Default-Eigenschaft von *Application*. (*Value* liefert in diesem Fall eine Zeichenkette mit dem Inhalt „*Microsoft Excel*".) Default-Eigenschaften haben zwei Nachteile: Erstens machen sie den Code unübersichtlich, und zweitens sind sie nicht dokumentiert.

Unterscheidung zwischen Objekten, Eigenschaften und Methoden

Für die Unterscheidung zwischen Methoden und Eigenschaften gilt im Allgemeinen die Faustregel: „Schlüsselwort mit Parameter gleich Methode, Schlüsselwort ohne Parameter gleich Eigenschaft." Auflistungsobjekte wie *Sheets* stellen dazu eine Ausnahme dar, sie können sowohl mit als auch ohne Parameter verwendet werden.

Es ist nicht immer möglich, nach inhaltlichen Aspekten zwischen Methoden und Eigenschaften zu unterscheiden: Viele Aktionen, die in VBA durch Methoden ausgelöst werden, könnten ebenso gut durch anders formulierte Eigenschaften gesteuert werden (und umgekehrt). Letztendlich ist es eine Entscheidung von Microsoft, was als Methode und was als Eigenschaft gilt.

Zur Unterscheidung zwischen Objekten im Gegensatz zu Methoden und Eigenschaften kann folgende Regel aufgestellt werden: „Objekte kommen in Anweisungen des Programmcodes fast nie direkt vor." Auch wenn es oft so aussieht, als würden Objekte direkt genannt, handelt es sich immer um gleichnamige Methoden oder Eigenschaften. Zu dieser Regel gibt es eine wesentliche Ausnahme: Bei der Deklaration von Objektvariablen werden Objekte (genau genommen Objektklassen) direkt genannt.

Beispiel 1

Die folgende Anweisung fügt der aktuellen Arbeitsmappe ein leeres Diagrammblatt hinzu. Das Beispiel demonstriert gleich mehrere Aspekte im Umgang mit Objekten: das Zusammenspiel von Objekten, Methoden und Eigenschaften, die Verwendung benannter Parameter, den Einsatz vordefinierter Konstanten etc.

```
Application.ActiveWorkbook.Sheets.Add Type:=xlChart
```

Application gibt das Basisobjekt an (das Anwendungsprogramm Excel). *ActiveWorkbook* ist eine Eigenschaft des Objekts *Application* und verweist auf ein *Workbook*-Objekt. *Sheets* ist eine Methode (auch wenn sie wie eine Eigenschaft aussieht), die auf ein *Sheets*-Objekt verweist. *Add* ist wiederum eine Methode von *Sheets* und ermöglicht das Hinzufügen neuer Arbeitsblätter. *Add* kennt vier benannte Parameter, die alle vier optional sind. Wenn kein Parameter angegeben wird, erzeugt die Methode ein neues Tabellenblatt, das vor dem gerade aktiven Blatt eingefügt wird. Durch die vier Parameter können die Einfügeposition, der Typ des Blatts (Diagramm, Tabelle, Modul, Makrovorlage etc.) und die Anzahl der einzufügenden Blätter bestimmt werden. Im Beispiel oben wurde nur der Typ spezifiziert, und zwar mit der vordefinierten Konstante *xlChart*.

Die Eigenschaft *ActiveSheet* und die Methode *Sheets* beziehen sich automatisch auf die aktive Arbeitsmappe von Excel (die aktive Arbeitsmappe gilt als Default-Objekt). Aus diesem Grund ist es in der obigen Anweisung erlaubt, auf die Objektangabe *Application.ActiveWorkbook* zu verzichten. In den drei folgenden Anweisungen wird diese Eingabeerleichterung wahrgenommen.

Der Name des neuen Blatts kann mit *Add* nicht eingestellt werden. Das neue Blatt ist nach der *Add*-Methode das aktive Blatt. Der Name kann daher problemlos in einer weiteren Anweisung durch die Veränderung der *Name*-Eigenschaft eingestellt werden.

```
Sheets.Add Type:=xlChart
ActiveSheet.Name = "Mein Diagramm"
```

Statt der beiden obigen Zeilen reicht auch eine einzige, etwas längere Zeile aus:

```
Sheets.Add(Type:=xlChart).Name = "Mein Diagramm"
```

Die Methode *Add* wird jetzt nicht mehr wie ein Unterprogramm ohne Rückgabewert eingesetzt, sondern wie eine Funktion. Aus diesem Grund ist der Parameter jetzt eingeklammert. Das Ergebnis der Methode (nämlich ein Verweis auf das neue *Chart*-Objekt) wird über die Eigenschaft *Name* gleich weiterverarbeitet.

Beispiel 2

Manche Methoden sind mit einer Unmenge von Parametern ausgestattet. Ein in dieser Hinsicht bemerkenswertes Beispiel ist die Methode *ChartWizard* mit nicht weniger als elf Parametern (alle optional). Diese Methode ist sowohl zur Erstellung neuer als auch zur raschen Veränderung vorhandener Diagramme geeignet. (Siehe auch Kapitel 10, das sich speziell mit Diagrammen beschäftigt.)

Wenn Sie mit so komplexen Methoden wie *ChartWizard* arbeiten, können Sie sich eine Menge Zeit und Mühe sparen, wenn Sie zuerst die Makroaufzeichnung verwenden. Damit gelangen Sie auf Anhieb zu einem lauffähigen Code, den Sie dann sukzessive verändern können, bis er Ihren Anforderungen entspricht.

Im Beispiel unten wird im aktiven Tabellenblatt ein neues Diagrammobjekt erzeugt. Die vier Zahlenwerte geben Position und Größe des Diagramms innerhalb der Tabelle an und resultieren aus der Auswahl eines Rahmens während der Makroaufzeichnung. (Die Positionsangaben erfolgen in der Einheit „Punkt", wobei ein Punkt mit 0.35 mm definiert ist.) Die Methode *Add* wird hier als Funktion (und nicht wie oben als Kommando) eingesetzt: Die Parameter sind eingeklammert. Das Ergebnis der Methode wird durch *Select* gleich weiterbearbeitet und zum aktiven Diagramm gemacht. Auf dieses Objekt (das aktive Diagramm) bezieht sich im Folgenden die Methode *ChartWizard*.

```
' Beispieldatei 04\VBA-Concepts.xlsm, Modul CreateChart
Sub CreateChart()
  Sheets("Tab1").Activate
  ActiveSheet.ChartObjects.Add(184.5, 110.25, 187.5, 69.75).Select
  ActiveChart.ChartWizard Source:=Range("B3:B7"), _
    Gallery:=xlColumn, Format:=6, PlotBy:=xlColumns, _
    CategoryLabels:=0, SeriesLabels:=0, _
    HasLegend:=1
End Sub
```

Zugriff auf „aktive" Objekte

Excel kennt eine Menge „aktiver" Objekte. Damit sind markierte oder ausgewählte Teile von Excel gemeint – das aktive Fenster, das darin ausgewählte Blatt, die dort markierten Zellen etc. Der Zugriff auf diese Objekte erfolgt durch diverse *ActiveXy*- oder *SelectXy*-Eigenschaften. Die meisten dieser Eigenschaften sind für das *Application*-Objekt definiert, das nicht extra angegeben werden muss (*Application* gilt also als Default-Objekt). Ein Teil der Eigenschaften kann aber auch explizit auf ein anderes Objekt angewendet werden. Beispielsweise liefert *ActiveSheet* automatisch das aktuelle Blatt der aktiven Arbeitsmappe. *ActiveSheet* kann aber auch die Bezeichnung einer anderen Arbeitsmappe oder ein *Window*-Objekt vorangestellt werden – dann liefert die Eigenschaft einen Verweis auf das jeweils aktive Blatt der jeweiligen Arbeitsmappe bzw. des Fensters.

Besondere Erwähnung verdient die Eigenschaft *ThisWorkbook*: Diese Eigenschaft verweist auf die Arbeitsmappe, in der sich der VBA-Code befindet, der gerade ausgeführt wird. Diese Arbeitsmappe muss nicht automatisch mit *ActiveWorkbook* übereinstimmen – es kann ja mit dem Code aus einer Arbeitsmappe ein Tabellenblatt einer anderen Arbeitsmappe bearbeitet werden.

In Modulen zu Tabellenblättern und Dialogen sowie in Klassenmodulen kann das Schlüsselwort *Me* verwendet werden, um auf das zugeordnete Objekt zu verweisen. In einem Tabellenblattmodul verweist *Me* daher auf ein *Worksheet*-Objekt, in einem Dialogmodul auf ein *UserForm*-Objekt etc.

Eigenschaften zum Zugriff auf aktive Objekte	
ActiveCell	aktive Zelle in einem Tabellenblatt
ActiveChart	aktives Diagramm in Tabellenblatt/Fenster/Arbeitsmappe/Excel
ActiveMenuBar	aktive (zurzeit sichtbare) Menüleiste (in Excel 2013 obsolet)
ActivePane	aktiver Ausschnitt eines Fensters
ActivePrinter	eingestellter Drucker in Excel

Eigenschaften zum Zugriff auf aktive Objekte	
ActiveSheet	aktives Blatt in Fenster/Arbeitsmappe/Excel
ActiveWorkbook	aktive Arbeitsmappe in Excel
SelectedSheets	ausgewählte Blätter eines Fensters
Selection	ausgewählte Objekte in Blatt/Fenster/Arbeitsmappe/Excel; die Eigenschaft kann je nach Auswahl auf die unterschiedlichsten Objekte verweisen; am häufigsten wird *Selection* zum Zugriff auf die ausgewählten Zellen eines Tabellenblatts verwendet
ThisWorkbook	Arbeitsmappe, deren Code gerade ausgeführt wird
Me	zum Modul gehöriges Objekt (z. B. *Worksheet*, *UserForm*)

Eigenschaften/Methoden aufrufen, deren Name als Zeichenkette bekannt ist

Mit der VBA-Methode *CallByName* können Sie Methoden und Eigenschaften aufrufen, deren Name aus einer Zeichenkette entnommen wird. Das bietet in seltenen Fällen zusätzliche Flexibilität beim Programmieren, weil der Name erst zur Laufzeit bestimmt werden kann. Wenn mehr als ein Parameter übergeben werden muss, kann dazu ein *Variant*-Feld eingesetzt werden. *CallByName* kann nicht für gewöhnliche Prozeduren verwendet werden. (Zu deren Aufruf können Sie die Methode *Application.Run* verwenden.)

Die folgenden Zeilen zeigen den Code einer selbst definierten Klasse *class1*. (Detaillierte Informationen zur Deklaration eigener Klassen folgen in Abschnitt 4.5.)

```
' Klassenmodul class1
Public Function testmethod(x As Variant) As Variant
  testmethod = 2 * x
End Function
```

Der Aufruf der Methode *testmethod* kann nun durch *obj.testmethod(...)* oder durch *CallByName* erfolgen:

```
' Modul modul1
Sub testCallByName()
  Dim result As Variant
  Dim obj As New class1
  result = CallByName(obj, "testmethod", VbMethod, 3)
  MsgBox result
End Sub
```

4.3.2 Der Objektkatalog (Verweise)

Eine unverzichtbare Arbeitshilfe im Umgang mit Objekten, Methoden und Eigenschaften stellt der Objektkatalog dar. Dabei handelt es sich um einen Dialog, der mit ANSICHT | OBJEKTKATALOG oder bequemer mit F2 aufgerufen wird. Die Bedienung des Dialogs wurde bereits in Abschnitt 3.2 beschrieben.

In diesem Katalog sind (fast) alle zurzeit verfügbaren Objekte, Methoden und Eigenschaften inklusive der selbst definierten Prozeduren enthalten. Die Einträge im Objektkatalog sind nach sogenannten Bibliotheken geordnet. Die beiden wichtigsten Bibliotheken lauten „VBA" und „Excel".

Die VBA-Bibliothek enthält alle Anweisungen und Funktionen, die zur Programmiersprache VBA gehören, die aber nicht spezielle Excel-Merkmale betreffen. Unter anderem finden Sie in der VBA-Bibliothek Kommandos zur Bearbeitung von Zeichenketten, zur Verwaltung von Dateien, zur Bearbeitung von Datums- und Zeitwerten etc.

Die Excel-Bibliothek umfasst eine vollständige Referenz aller definierten Excel-Objekte, der zugeordneten Eigenschaften und Methoden und der vordefinierten Konstanten.

Der Objektkatalog stellt gleichzeitig eine wichtige Schnittstelle zur Hilfe dar: Nach dem Auswählen eines Schlüsselworts kann mit dem „?"-Button der Hilfetext zu diesem Schlüsselwort aufgerufen werden.

Ebenfalls im Objektkatalog enthalten sind Bibliotheken der gerade geladenen Arbeitsmappen und Add-ins. Mit der Bibliothek einer Arbeitsmappe ist ganz einfach das Verzeichnis aller Module und der darin enthaltenen Prozeduren gemeint. (In Arbeitsmappen definierte Konstanten werden nicht angezeigt.)

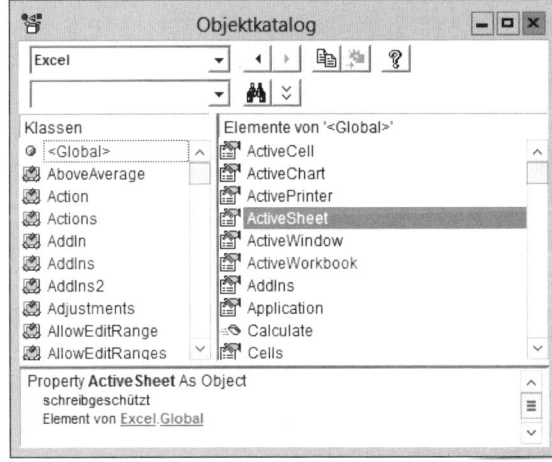

BILD 4.1
Der Objektkatalog

Wichtige Objektbibliotheken von Excel 2013

Mit Excel 2013 werden unter anderem folgende Objektbibliotheken mitgeliefert:

StdOle2.tlb	Alias „OLE Automation", Basisfunktionen für ActiveX-Automation (Windows-Systemverzeichnis)
Vbe7.dll	Alias „Visual Basic For Applications", VBA-Objektbibliothek (Verzeichnis *C:\Program Files\Common Files\Microsoft Shared\VBA\VBA7*)
Excel.exe	Alias „Microsoft Excel 15.0 Object Library", Excel-Objektbibliothek (Verzeichnis *C:\Program Files\Microsoft Office\Office 15*)

Mso.dll	Alias „Microsoft Office 15.0 Object Library", Bibliothek mit gemeinsamen Objekten aller Office-Komponenten (Verzeichnis *C:\Program Files\Common Files\Microsoft Shared\Office15*)
Fm20.dll	Alias „Microsoft Forms 2.0 Object Library", Bibliothek zur Gestaltung von Formularen (Windows-Systemverzeichnis)
Scrrun.dll	Alias „Microsoft Scripting Runtime", Runtime-Bibliothek mit den FSO-Objekten zum komfortablen Zugriff auf Dateien (Windows-Systemverzeichnis)
Msado28.tlb	Alias „Microsoft ActiveX Data Objects 2.8 Library", ADO-Bibliothek zur Datenbankprogrammierung (Verzeichnis *C:\Program Files\Common Files\System\Ado*)

Normalerweise sind die ersten vier der oben aufgezählten Bibliotheken aktiv. Die MS-Forms-Bibliothek wird automatisch aktiviert, sobald Sie der Excel-Datei einen Dialog hinzufügen. Die Msado28-Bibliothek muss manuell mit EXTRAS | VERWEISE aktiviert werden, wenn Sie im VBA-Code Datenbankfunktionen verwenden möchten.

Verweis

Die VBA- und Excel-Bibliotheken sind so umfangreich, dass deren Beschreibung auf das gesamte hier vorliegende Buch verteilt wurde. Darüber hinaus werden die meisten Objekte der Scripting-Bibliothek in Abschnitt 5.6 beschrieben, die der MS-Forms-Bibliothek in Kapitel 7, die der Office-Bibliothek in Kapitel 8 und die der ADO-Bibliothek in Kapitel 12.3.

Weitere Bibliotheken

Der Vorrat programmierbarer Objekte kann auch durch Bibliotheken erweitert werden, die nichts mit Excel zu tun haben. Auf diese Weise können fremde Programme – etwa Word oder Access – von Excel aus gesteuert werden. Mehr Informationen zu diesem Steuerungsmechanismus finden Sie in Kapitel 15, Stichwort „ActiveX-Automation".

Verweise auf Objektbibliotheken einrichten

Damit die in externen Objektbibliotheken definierten Funktionen, Objekte, Methoden und Eigenschaften beim Programmieren verwendet werden können, muss mit EXTRAS | VERWEISE ein Verweis darauf eingerichtet werden.

Falls der Name der benötigten Objektbibliothek im VERWEISE-Dialog noch nicht angezeigt wird, können Sie die Datei über den Button DURCHSUCHEN auswählen und hinzufügen. Automatisch angezeigt werden nur die registrierten Dateien. Als aktiv gelten jene Bibliotheken, die mit einem Auswahlhäkchen gekennzeichnet sind. Das bloße Anzeigen der Bibliothek im VERWEISE-Dialog ist also nicht ausreichend.

Die Informationen darüber, welche Verweise aktiv sind, werden für jede Arbeitsmappe getrennt gespeichert. Auch wenn in einer Arbeitsmappe eine Objektbibliothek aktiviert ist, gilt diese Bibliothek in einer anderen Arbeitsmappe weiterhin als inaktiv, bis sie auch dort aktiviert wird.

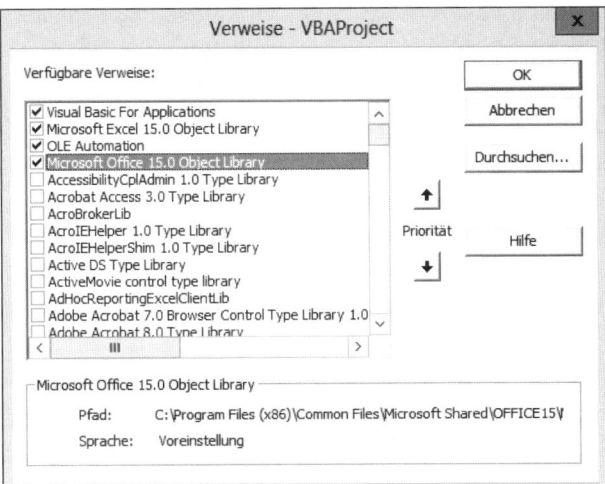

BILD 4.2
Der Dialog Verweise

Verweise auf nicht mehr benötigte Dateien können einfach durch die Deaktivierung des Aus-
wahlkästchens gelöscht werden. Die Verweise auf die Excel-, Office- und VBA-Bibliotheken
werden immer benötigt und können daher nicht deaktiviert werden.

Verweise auf andere Arbeitsmappen

So wie Sie Verweise auf Objektbibliotheken einrichten können, können Sie auch Verweise
auf andere Arbeitsmappen einrichten. Dazu werden im Verweise-Dialog die Dateinamen aller
gerade aktiven Objektbibliotheken angezeigt. (Der Name der gerade aktiven Arbeitsmappe
ist nicht enthalten. Begründung: Die Arbeitsmappe benötigt keinen Verweis auf sich selbst.)

Das Einrichten eines Verweises auf eine andere Arbeitsmappe hat den Vorteil, dass Sie deren öffentliche Prozeduren und Variablen auch in der gerade aktiven Arbeitsmappe nutzen
können. (Öffentliche Variablen müssen mit *Public* deklariert werden. Prozeduren gelten
automatisch als öffentlich, sofern nicht das Schlüsselwort *Private* verwendet wird.)

Die Verweise zählen zu den Daten der gerade aktiven Arbeitsmappe und werden zusammen
mit ihr gespeichert. Wenn die Arbeitsmappe später wieder geladen wird, ist Excel aufgrund
der Verweise in der Lage, auch die dazugehörigen anderen Arbeitsmappen und Bibliotheken
zu aktivieren.

4.3.3 Übersichtlicher Objektzugriff durch das Schlüsselwort With

Die in den vorherigen Abschnitten angeführten Beispiele haben bereits gezeigt, dass sich oft
endlose Verschachtelungen von Eigenschaften und Methoden ergeben, von denen jeweils die
eine das Objekt für die nächste Eigenschaft/Methode liefert. Bis Sie zu dem Objekt gelangen,
das Sie eigentlich ansprechen möchten, ist die Zeile voll.

Durch die Schlüsselwortkombination *With ... End With* können Sie ein bestimmtes Objekt
vorübergehend festhalten und anschließend diverse Eigenschaften einstellen oder Methoden
ausführen, ohne jedes Mal den gesamten Objektverweis neu einzugeben.

Ein Beispiel macht die Wirkungsweise sofort sichtbar. In der ersten Variante werden die einzelnen Anweisungen so lang, dass sie auf je zwei Zeilen verteilt werden müssen. In der zweiten Variante wird das Objekt (nämlich das erste Symbol der Symbolleiste NEUE SYMBOLLEISTE) durch *With* fixiert. Achten Sie darauf, dass innerhalb von *With* und *End With* alle Anweisungen, die sich auf das fixierte Objekt beziehen, mit einem Punkt beginnen müssen.

```
' herkömmlich
CommandBars("Neue Symbolleiste").Controls("Datei").Controls(1). _
  Caption = "Beenden"
CommandBars("Neue Symbolleiste").Controls("Datei").Controls(1). _
  OnAction = "Menu_Quit"
' mit dem Schlüsselwort With
With CommandBars("Neue Symbolleiste").Controls("Datei").Controls(1)
  .Caption = "Beenden"
  .OnAction = "Menu_Quit"
End With
```

With darf auch verschachtelt verwendet werden. Im Beispiel unten wird durch das erste *With* die Symbolleiste und durch das zweite *With* zuerst das erste und dann das zweite Symbol innerhalb der Symbolleiste festgehalten.

```
With Toolbars("Neue Symbolleiste")
  With .ToolbarButtons(1)
    .PasteFace
    .OnAction = "Button1_Click"
  End With
  With .ToolbarButtons(2)
    .PasteFace
    .OnAction = "Button2_Click"
  End With
End With
```

Innerhalb von *With*-Konstrukten sind auch „normale" VBA-Anweisungen erlaubt, die sich nicht auf das aktuelle Objekt beziehen (und daher ohne „." beginnen). Im Beispiel unten werden in alle Symbole der Symbolleiste neue Bilder aus der Zwischenablage kopiert. Außerdem werden den Symbolen die Makros *Buttoni_Click* zugewiesen, wobei für *i* der aktuelle Inhalt der Schleifenvariablen eingesetzt wird.

```
Dim i As Integer
With Toolbars("Neue Symbolleiste")
  For i=1 To .Count
    With ToolbarButtons(i)
      .PasteFace
      .OnAction = "Button" & i & "_Click"
    End With
  Next i
End With
```

Alternativ zu *With* ist übrigens auch eine Vorgehensweise mit Objektvariablen (siehe nächsten Abschnitt) möglich. Dadurch kann ebenfalls eine umständliche Referenzierung von Objekten vermieden werden.

4.3.4 Objektvariablen

Normalerweise werden in Variablen Zahlen oder Zeichenketten gespeichert. Variablen können aber auch auf Objekte verweisen. Die Zuweisung von Objektvariablen erfolgt nicht durch den Zuweisungsoperator „=", sondern durch *Set*.

Das folgende Beispiel demonstriert den Umgang mit Objektvariablen: In *objvar1* wird die Variable *f* vom Objekttyp *Window* definiert. In dieser Variablen wird ein Verweis auf das aktive Fenster gespeichert, anschließend wird das Unterprogramm *objvar2* aufgerufen. Dort wird der Fenstertitel der Objektvariablen *x* verändert. Das Beispiel beweist, dass Objektvariablen auch als Parameter an Unterprogramme und Funktionen übergeben werden können.

```
' Beispieldatei 04\VBA-Concepts.xlsm, Modul Objects
Sub objvar1()
  Dim w As Window
  Set w = Application.ActiveWindow
  objvar2 w
End Sub
Sub objvar2(w As Window)
  w.Caption = "neuer Fenstertitel"
End Sub
```

Manche Objekte können auch mit *Dim x As New Object* deklariert werden. Dabei wird das entsprechende Objekt gleich erzeugt. Diese Syntax ist normalerweise nur bei Objektklassen möglich, die entweder durch externe Bibliotheken (ActiveX-Server) zur Verfügung gestellt werden oder durch Excel-Klassenmodule definiert sind (siehe Abschnitt 4.5).

Objektvariablen werden vor allem zur übersichtlicheren Gestaltung des Programmcodes eingesetzt. Wenn Sie auf ein Objekt zugreifen möchten, müssen Sie nicht jedes Mal eine oft endlose Kette von Methoden und Eigenschaften angeben, sondern können über eine Objektvariable darauf verweisen (siehe Beispiel unten). Diese Vorgehensweise ist flexibler als die Verwendung von *With* (siehe vorangegangenen Abschnitt), weil parallel mehrere Objektvariablen verwendet werden können. Die Möglichkeit der Übergabe von Objektvariablen lässt eine noch bessere Modularisierung des Programmcodes zu.

```
' herkömmlich
CommandBars("Neue Symbolleiste").Controls(1).CopyFace
CommandBars("Neue Symbolleiste"). _
  Controls(1).OnAction = "Button1_Click"
' mit Objektvariablen
```

```
Dim cbc As CommandBarControl
Set cbc = CommandBars("Neue Symbolleiste").Controls(1)
cbc.CopyFace
cbc.OnAction = "Button1_Click"
```

Objektvariablen unterscheiden sich von normalen Variablen dadurch, dass nur ein Verweis auf das Objekt und nicht eine Kopie gespeichert wird. Die Objektvariable zeigt also auf ein Objekt, dessen Verwaltung aber weiterhin Excel obliegt. Es existiert für den Programmierer keine Möglichkeit, wirklich *neue* Objekte zu erzeugen (außer mit den dafür vorgesehenen Methoden wie *Add*).

Mehrere Objektvariablen können auf das gleiche Objekt zeigen. Eine Veränderung der Eigenschaften über die eine Objektvariable wirkt sich dann auch auf alle anderen Objektvariablen aus.

Der Verweis auf Objekte kann durch *Set var = Nothing* gelöscht werden. (Das Objekt selbst wird durch diese Anweisung nicht beeinflusst oder gar gelöscht!)

Objektvariablen können mit *Dim*, *Private* oder *Public* in einem bestimmten Objekttyp definiert werden und sind dann explizit auf diesen Objekttyp eingeschränkt (beispielsweise *Dim w As Window*). Weniger restriktiv ist die Definition als allgemeine Objektvariable (*Dim o As Object*) – denn dann kann *o* zwar Verweise auf Objekte, aber keine normalen Variableninhalte (Werte, Zeichenketten) aufnehmen. Es ist aber auch eine allgemeine Deklaration als *Variant*-Variable ausreichend (*Dim v*). Die Variable nimmt dann automatisch den geeigneten Typ an. VBA reagiert auf Zuweisungen mit falschen Typen zum Teil allergisch (nämlich mit Absturz). Daher kann es sinnvoll sein, statt der Definition mit einem konkreten Objekttyp eine allgemeine Definition als *Object*- oder *Variant*-Variable anzugeben.

Objektvariablen treten implizit auch in *For-Each*-Schleifen (Abschnitt 4.2.4) auf. Die beiden folgenden Schleifen sind gleichwertig und geben jeweils die Namen aller Blätter der aktiven Arbeitsmappe aus:

```
Sub objvar3()
  Dim s As Object, i As Long
  For Each s In Sheets
    Debug.Print s.Name
  Next s
  For i = 1 To Sheets.Count
    Set s = Sheets(i)
    Debug.Print s.Name
  Next i
End Sub
```

Hinweis

Es gibt in der Excel-Bibliothek kein *Sheet*-Objekt. Die Auflistung *Sheets* kann gleichermaßen auf Objekte des Typs *WorkSheet* und *Chart* verweisen. Daher muss *s* im Beispiel oben allgemein gültig als *Object* definiert werden.

Mit dem Operator *Is* können zwei Objektvariablen verglichen werden. Das Ergebnis lautet *True*, wenn beide Variablen auf dasselbe Objekt verweisen. (Beachten Sie aber, dass *Is* leider nicht immer korrekt funktioniert! Wenn Sie beispielsweise *Set a=ActiveWindow* und *Set b=ActiveWindow* ausführen, liefert *a Is b* das Ergebnis *False!*)

Über die Funktion *TypeName* können Sie den Typ einer Objektvariablen ermitteln. *TypeName* liefert als Ergebnis eine Zeichenkette, etwa „*Window*" oder „*Workbook*".

```
Sub objtest()
  Dim a As Object, b As Object
  Set a = Sheets(1)
  Set b = Sheets(1)
  If a Is b Then Debug.Print "a und b verweisen auf dasselbe Objekt"
  Debug.Print TypeName(a), TypeName(b) 'liefert jeweils "Worksheet"
  Debug.Print a.Name, b.Name          'liefert jeweils den Blattnamen
End Sub
```

4.3.5 Syntaxzusammenfassung

Methoden und Eigenschaften	
ergebnis = objekt.eigenschaft	Eigenschaft lesen
objekt.eigenschaft = ...	Eigenschaft verändern
objekt.methode para1, para2	Methode ohne Rückgabewert
erg = objekt.methode(para1, para2)	Methode mit Rückgabewert
obj.methode(para1, para2).methode	sofortige Weiterverarbeitung durch weitere Methode

Zugriff auf aktive Objekte	
ActiveCell	aktive Zelle in einem Tabellenblatt
ActiveChart	aktives Diagramm
ActiveMenuBar	aktive (sichtbare) Menüleiste (in Excel 2013 obsolet)
ActivePane	aktiver Ausschnitt eines Fensters
ActivePrinter	eingestellter Drucker
ActiveSheet	aktives Blatt in Fenster/Arbeitsmappe/Excel
ActiveWorkbook	aktive Arbeitsmappe
SelectedSheets	ausgewählte Blätter eines Fensters
Selection	ausgewählte Objekte in Blatt/Fenster/Arbeitsmappe
ThisWorkbook	Arbeitsmappe, deren Code gerade ausgeführt wird

Auflistungen und Auflistungsobjekte	
Objects	das Plural-s verweist auf eine Auflistung; z. B. *Axes*, *Sheets*, *Windows*
Objects(n)	verweist auf das *n*-te Objekt
Objects(„name")	verweist auf das benannte Objekt
Objects.Count	gibt die Anzahl der Objekte an
Objects.Add obj	fügt der Auflistung ein neues Objekt hinzu
obj.Delete	löscht das Objekt aus der Auflistung

Objektzugriff durch With	
With objekt	fixiert das Objekt
.Eigenschaft = ...	der einleitende Punkt verweist auf das fixierte Objekt
.Methode para1, para2	
End With	

Objektvariablen	
Dim var As objekttyp	Platzhalter für Objekte
Dim var As New objekttyp	Objekt gleich erzeugen
Set var = objekt	*var* verweist auf das angegebene Objekt
Set var = Nothing	löscht den Verweis (nicht das Objekt)
name = TypeName(var)	ermittelt den Objektnamen

■ 4.4 Ereignisse

VBA ist eine ereignisorientierte Programmiersprache. Mit ereignisorientiert ist gemeint, dass Makros als Reaktion auf bestimmte Ereignisse automatisch von Excel gestartet werden. Wenn Sie ein Symbol anklicken, einen Menüeintrag auswählen etc., führt Excel selbstständig die zugeordnete Prozedur aus. „Ereignisse" werden also vom Anwender durch eine Eingabe über Maus oder Tastatur ausgelöst. (In herkömmlichen Programmiersprachen müssten Sie – beispielsweise in einer Endlosschleife – ständig auf das Eintreffen eines Ereignisses warten, dieses Ereignis auswerten und im Anschluss daran die dafür vorgesehene Prozedur aufrufen. Diese Arbeit nimmt Ihnen Excel mit dem Konzept von Ereignissen ab.)

Folgende Ereignisse können zum Aufruf von selbst erstellten Prozeduren führen:

- Die Auswahl des Makros über EXTRAS | MAKROS.

- Die Auswahl eines eigenen Menüeintrags oder Symbols, dem ein Makro zugewiesen ist (siehe Kapitel 8).

- Das Anklicken von Steuerelementen (unabhängig davon, ob sich diese in einem Dialog oder direkt auf einem Tabellenblatt befinden).
- Die Neuberechnung eines Tabellenblatts (wenn darin benutzerdefinierte Funktionen verwendet werden).
- Das Öffnen, Speichern und Schließen einer Arbeitsmappe, das Aktivieren und Deaktivieren eines Tabellenblatts, das Verstreichen einer bestimmten Zeit, das Drücken einer Taste, der Doppelklick auf ein Tabellenblatt etc.

Verweis

Das Drücken von Strg+Pause führt üblicherweise zu einer Unterbrechung des Programms. Dieses Ereignis wird in VBA nicht im Rahmen von Ereignisprozeduren verarbeitet, sondern als Fehler betrachtet. Abschnitt 6.3 beschreibt, wie auf Programmunterbrechungen reagiert werden kann.

Automatisches Laden von Excel-Dateien

Alle Dateien, die sich im Verzeichnis Xlstart befinden, werden beim Start von Excel automatisch geladen. In Verbindung mit einer *Auto_Open*- oder *Workbook_Open*-Ereignisprozedur kann dies dazu genutzt werden, automatisch beim Programmstart von Excel diverse Einstellungen durchzuführen. Eine besondere Rolle innerhalb der Xlstart-Dateien spielt die „persönliche" Arbeitsmappe *Personal.xlsb*. Diese Datei ist zur Speicherung von ständig verfügbaren Makros vorgesehen. Weitere Informationen über den genauen Ort des Xlstart-Verzeichnisses sowie zur individuellen Konfiguration von Excel durch darin gespeicherte Dateien finden Sie in Abschnitt 5.9.

4.4.1 Ereignisprozeduren

Ereignisse in Excel 97 bis 2013

Seit Excel 97 sind für die meisten Objekte explizit Ereignisse definiert, die im Objektkatalog auch als solche angezeigt werden und durch einen gelben Blitz gekennzeichnet sind. Der Name von Ereignisprozeduren ist starr vorgegeben und setzt sich aus dem Objektnamen, einem Unterstrich („_") und dem Ereignisnamen zusammen – etwa *Worksheet_Activate*. Wenn eine entsprechend benannte Prozedur existiert, wird sie von Excel automatisch ausgeführt. (Damit entfällt die Anmeldung durch *OnEventXy*-Eigenschaften, wie dies bei Excel 5/7 erforderlich war.)

Am einfachsten ist dieses Konzept anhand eines Beispiels zu erklären. Öffnen Sie eine neue Arbeitsmappe, wechseln Sie in die Entwicklungsumgebung, und öffnen Sie dort das Modul „DieseArbeitsmappe".

Um eine Prozedur immer dann auszuführen, wenn die Excel-Datei geladen wird, wählen Sie zuerst im ersten Listenfeld das Objekt *Workbook* und dann im zweiten Listenfeld das Ereignis *Open* aus. Die Entwicklungsumgebung erzeugt daraufhin automatisch eine Codeschablone bestehend aus den *Sub*- und *End-Sub*-Anweisungen. Sie brauchen jetzt nur noch den gewünschten Code einzugeben.

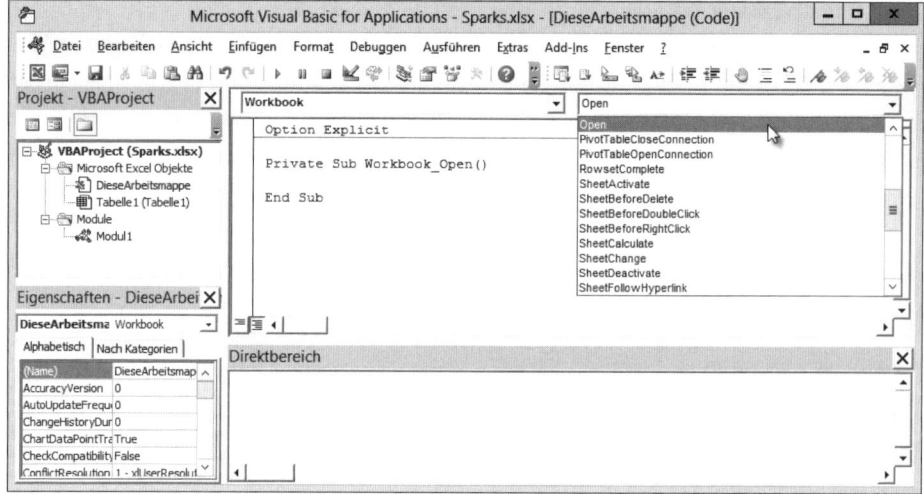

BILD 4.3 Auswahl der Worksheet-Ereignisprozeduren im Codefenster

Das hier angegebene Beispiel verkleinert alle anderen zurzeit in Excel sichtbaren Fenster anderer Arbeitsmappen in Icons.

```
' Beispieldatei 04\VBA-Concepts.xlsm, Modul DieseArbeitsmappe
Private Sub Workbook_Open()
  Dim w As Window
  MsgBox "Die Ereignisprozedur Workbook_Open wird ausgeführt."
  For Each w In Application.Windows
    If w.Parent.Name <> ActiveWorkbook.Name And w.Visible Then
      w.WindowState = xlMinimized
    End If
  Next
End Sub
```

Die Verarbeitung von Ereignissen von Blättern und der Arbeitsmappe ist besonders einfach, weil in der Entwicklungsumgebung für diese Objekte ein eigenes Klassenmodul mit Codeschablonen für die Ereignisprozeduren vorgesehen ist. Auch andere Objekte können Ereignisse auslösen – deren Empfang ist aber etwas umständlicher; er wird in Abschnitt 4.4.4 behandelt.

Achtung

In normalen Modulen gilt *Application* als Default-Objekt, alle davon abgeleiteten Methoden und Eigenschaften können daher ohne explizite Nennung von *Application* verwendet werden. In Modulen zu Excel-Objekten („DieseArbeitsmappe", Tabellen- und Diagrammblätter etc.) gilt dagegen das Objekt als Default-Objekt, auf dem die Klasse basiert – also etwa *Workbook* beim Modul *DieseArbeitsmappe* bzw. *Worksheet(...)* bei einem Modul für ein Tabellenblatt. Aus diesem Grund müssen Sie in Klassenmodulen *Application* explizit angeben, wenn Sie dessen Eigenschaften oder Methoden verwenden möchten!

Ereignisse in Excel 5/7

Bei den Excel-Versionen 5 und 7 sah das Ereigniskonzept noch ganz anders aus: Damit Ereignisse ausgelöst werden, mussten Sie vorher *OnEventXy*-Eigenschaften oder -Methoden diverser Objekte den Namen einer Prozedur zuweisen. Diese Prozedur wurde in der Folge automatisch aufgerufen, wenn das betreffende Ereignis auftrat. Dazu gleich ein Beispiel: Die Anweisung unten führt dazu, dass bei jeder Aktivierung des ersten Tabellenblatts die Prozedur *MacroXy* aufgerufen wird.

```
Worksheets(1).OnSheetActivate = "MacroXy"
```

Der automatische Aufruf der Prozedur wird durch die Zuweisung einer leeren Zeichenkette „" an die jeweilige Eigenschaft wieder gestoppt.

```
Worksheets(1).OnSheetActivate = ""
```

Die eigentliche Ereignisprozedur kann in irgendeinem Modul stehen:

```
Public Sub MacroXy()
  MsgBox "Ereignisprozedur Excel 5/7"
End Sub
```

Hinweis

Beginnend mit Excel 97 wurden zwar die meisten *OnEventXy*-Methoden und -Eigenschaften durch neue Ereignisse ersetzt, vier Schlüsselwörter sind aber unverändert erhalten geblieben: *OnKey*, *OnRepeat*, *OnTime* und *OnUndo*. Die vier Methoden werden zusammen mit wichtigen Excel-Ereignissen im nächsten Abschnitt beschrieben. ∎

Achtung

Aus Kompatibilitätsgründen können alle *OnEventXy*-Prozeduren weiter verwendet werden. Beachten Sie aber, dass seit Excel 97 alle *OnEventXy*-Einstellungen mit in der Excel-Datei gespeichert werden und beim nächsten Laden wieder zur Verfügung stehen. An sich ist das keine schlechte Idee. Das Problem besteht aber darin, dass dieses Verhalten inkompatibel zu Excel 5/7 ist. Viele Excel 5/7-Programme verlassen sich darauf, dass sämtliche *OnEventXy*-Eigenschaften beim Laden einer Datei leer sind. Das ist nicht mehr der Fall! ∎

Autoprozeduren in Excel 5/7

Konzeptionell noch älter als Ereignisprozeduren sind sogenannte Autoprozeduren (oder AutoMakros): Wenn in einem beliebigen Modul einer Excel-Datei eine Prozedur mit dem Namen „Auto_Open" existiert, wird diese Prozedur automatisch beim Öffnen der Datei ausgeführt. Analog dazu ist auch eine „Auto_Close"-Prozedur vorgesehen, die unmittelbar vor dem Schließen der Datei ausgeführt wird (d. h. spätestens vor dem Programmende von Excel).

Hinweis

Seit Excel 97 stehen auch die Autoprozeduren nur noch aus Kompatibilitäts-
gründen zur Verfügung. Die „richtige" Vorgehensweise besteht jetzt darin, statt
Auto_Open oder *Auto_Close* die Ereignisse *Open* bzw. *BeforeClose* des *Workbook*-
Objekts zu verwenden (Excel-Objekt „DieseArbeitsmappe" im Projektfenster). ∎

Anmerkung

Autoprozeduren werden nicht ausgeführt, wenn das Laden oder Schließen einer
Excel-Datei durch VBA-Code ausgelöst wird (also durch die *Workbook*-Methoden
Open oder *Close*). Um die Prozeduren dennoch auszuführen, müssen Sie die
Methode *RunAutoMacros* für die betreffende Arbeitsmappe ausführen. ∎

Autoprozeduren in Excel-4-Makros

Auch in der alten Makrosprache gab es die Möglichkeit, AutoMakros einzurichten: Beim Laden einer Arbeitsmappe führt Excel – auch noch in der aktuellen Version – alle Makros aus,
deren Name mit *Auto_Öffnen* beginnt, also beispielsweise *Auto_Öffnen1*, *Auto_Öffnen_Test* etc.
Entsprechend werden beim Schließen bzw. beim Aktivieren oder Deaktivieren der Datei alle
Makros ausgeführt, deren Namen mit *Auto_Schließen*, *Auto_Aktivieren* oder *Auto_Deaktivieren*
beginnen. (Beachten Sie, dass die AutoMakros bei der deutschen Excel-Version deutsche
Namen aufweisen müssen.)

4.4.2 Ereignisprozeduren deaktivieren

Der einzige wesentliche Nachteil des Ereigniskonzepts ab Excel 97 besteht darin, dass das
Aktivieren und Deaktivieren von Ereignissen per Programmcode schwierig ist. Wenn Sie
beispielsweise den Aufruf einer bestimmten Ereignisprozedur vorübergehend deaktivieren
möchten, müssen Sie sich mit dem folgenden Code behelfen:

```
' im Klassenmodul eines Tabellenblatts
Public activateEvents
Private Sub Worksheet_Activate()
  If activateEvents <> True Then Exit Sub
  MsgBox "Worksheet_Activate " & Me.Name
End Sub
```

Durch die Variable *activateEvents* kann also gesteuert werden, ob Ereignisse verarbeitet werden
sollen (*True*) oder nicht. Beachten Sie, dass Sie zur Veränderung von *activateEvents* den internen Namen des Tabellenblatts voranstellen müssen, also etwa *Tabelle1.activateEvents=True*.
(Dieser Name muss nicht mit dem im Blattregister angezeigten Namen übereinstimmen! Es
gilt der Name, der im Projektfenster angezeigt und über das Eigenschaftenfenster verändert
werden kann.)

Wenn Sie alle Ereignisprozeduren vorübergehend deaktivieren möchten (und nicht nur eine einzelne Prozedur wie im Beispiel oben), können Sie die Eigenschaft *EnableEvents* für das *Application*-Objekt auf *False* setzen. Das kann beispielsweise in Prozeduren sinnvoll sein, deren VBA-Codeanweisungen normalerweise Ereignisse hervorrufen würden.

4.4.3 Überblick über wichtige Excel-Ereignisse

Im Objektmodell von Excel sind über 50 Ereignisse definiert. Manche Ereignisse sind sogar gleich mehrfach definiert. Beispielsweise kennt das *Worksheet*-Objekt ein *Activate*-Ereignis, das *Workbook*-Objekt und das *Application*-Objekt jeweils ein *SheetActivate*-Ereignis. Diese Doppelgleisigkeit ist beabsichtigt. Wenn Sie beispielsweise das Aktivieren eines *jeden* Blatts einer Arbeitsmappe durch eine Ereignisprozedur feststellen möchten, müssen Sie nicht jedes *Worksheet*-Objekt mit einer *Activate*-Prozedur ausstatten – es reicht eine *Workbook_SheetActivate*-Prozedur, die fortan bei jedem Blattwechsel aufgerufen wird. Der Prozedur wird als Parameter ein Verweis auf das jeweilige Blatt übergeben. Wenn Sie stattdessen eine Ereignisprozedur für *SheetActivate* des *Application*-Objekts einrichten (siehe den nächsten Abschnitt), wird diese Prozedur sogar für jedes Blatt *jeder* Arbeitsmappe aufgerufen.

Die folgende Beschreibung beschränkt sich auf die wichtigsten Ereignisse der Objekte *Workbook* und *Worksheet*, die in der Entwicklungsumgebung besonders einfach zu implementieren sind. Außerdem werden die vier weiterhin unterstützten *OnEventXy*-Ereignisse gemäß dem alten Ereigniskonzept behandelt. Die Syntaxzusammenfassung am Ende dieses Abschnitts zählt alle Ereignisse für einige wichtige Excel-Objekte auf.

Datei öffnen/schließen (Ereignisse Open/BeforeClose)

Nach dem Laden einer Excel-Datei wird die Prozedur *Workbook_Open* ausgeführt, sofern diese existiert. Analog wird vor dem Schließen einer Arbeitsmappe (d. h. auch beim Programmende von Excel) *Workbook_Close* ausgeführt, wenn diese Prozedur im Modul *DieseArbeitsmappe* Code enthält. Die beiden Prozeduren stellen eine Alternative zu den etwas weiter oben beschriebenen AutoMakros *Auto_Open* und *Auto_Close* dar.

Datei speichern/drucken (Ereignisse BeforeSave/BeforePrint)

Bevor eine Datei gespeichert wird, führt Excel die Ereignisprozedur *Workbook_BeforeSave* aus. Das ermöglicht es, unmittelbar vor dem Speichern diverse Informationen in der Arbeitsmappe zu aktualisieren, etwa den Inhalt einer Variablen in ein Tabellenblatt zu kopieren. An die Prozedur werden zwei Parameter übergeben: *SaveAsUI* zeigt an, ob der Dialog SPEICHERN UNTER angezeigt wird. *Cancel* ermöglicht es, den Speichervorgang abzubrechen (etwa um dem Anwender die Möglichkeit zu geben, noch vorhandene Fehler in der Arbeitsmappe zu korrigieren).

Ganz ähnlich funktioniert die Ereignisprozedur *Workbook_BeforePrint*, die immer dann aufgerufen wird, wenn ein Teil einer Arbeitsmappe ausgedruckt wird. (Überraschenderweise gibt es keine eigenen Ereignisse für den Ausdruck eines speziellen Arbeitsblatts oder Diagramms. An die *BeforePrint*-Prozedur werden auch keinerlei Informationen übergeben, welche Daten ausgedruckt werden sollen.)

Blattwechsel (Ereignisse Activate/Deactivate)

Ein Blattwechsel findet statt, wenn ein Anwender innerhalb einer Arbeitsmappe ein anderes Blatt aktiviert. Mögliche Reaktionen in der Ereignisprozedur können eine Validitätskontrolle für Eingaben oder eine Adaption der im ADD-INS-Befehlsregister angezeigten Menü- bzw. Symbolleistenelemente an das neu angezeigte Blatt sein.

Für jedes einzelne Blatt kann ein *Activate*- und ein *Deactivate*-Ereignis festgestellt werden. Außerdem kann auf der Ebene der Arbeitsmappe (*Workbook*-Objekt) das *Sheet[De]Activate* festgestellt werden, wenn Sie nicht für jedes Blatt eine eigene Ereignisprozedur schreiben möchten.

Falls Sie Ereignisprozeduren sowohl für einzelne Blätter als auch für die ganze Arbeitsmappe schreiben, sieht die Reihenfolge der Prozeduraufrufe bei einem Wechsel von Tabelle1 zu Tabelle2 folgendermaßen aus:

Ereignisprozedur	Objekt
Worksheet_Deactivate	Tabellenblatt 1
Workbook_SheetDeactivate	Arbeitsmappe, Verweis auf Tabellenblatt 1 als Parameter
Worksheet_Activate	Tabellenblatt 2
Workbook_SheetActivate	Arbeitsmappe, Verweis auf Tabellenblatt 2 als Parameter

Über das Anlegen einer neuen Arbeitsmappe werden Sie ebenfalls informiert, und zwar durch die *Workbook_NewSheet*-Ereignisprozedur. Ein analoges Ereignis, das vor dem Löschen eines Blatts ausgelöst wird, fehlt überraschenderweise.

Wechsel der aktiven Arbeitsmappe (Ereignisse Activate/Deactivate)

Die Ereignisse *Activate* und *Deactivate* sind auch für die Arbeitsmappe definiert. Sie treten dann auf, wenn nicht ein Blatt innerhalb einer Arbeitsmappe, sondern in das Fenster einer anderen Arbeitsmappe gewechselt wird. Ansonsten ist die Funktionsweise wie oben.

Mausereignisse (Ereignisse BeforeDoubleClick/BeforeRightClick)

Der etwas merkwürdige Name der beiden Ereignisse bedeutet nicht, dass die Ereignisse in hellseherischer Voraussicht bereits ausgelöst werden, bevor Sie sich zum Mausklick überhaupt entschlossen haben – so weit sind selbst modernste Microsoft-Produkte noch nicht. Das *Before* bezieht sich vielmehr darauf, dass die Ereignisprozedur (für Blätter oder Diagramme) ausgeführt wird, bevor Excel auf den Mausklick reagiert.

Als Parameter wird (bei Tabellenblättern) ein *Range*-Objekt übergeben, das auf die angeklickte Zelle verweist. Durch eine Veränderung des *Cancel*-Parameters kann eine mögliche Reaktion Excels auf den Doppelklick verhindert werden. Vor der Verarbeitung eines Klicks mit der rechten Maustaste können unter Umständen noch die Einträge eines Kontextmenüs verändert werden. Für das *Workbook*-Objekt lauten die Ereignisnamen *SheetBeforeDoubleClick* bzw. *SheetBeforeRightClick*.

Veränderung einer Zelle (Ereignis Change)

Das *Change*-Ereignis für Tabellenblätter bzw. das *SheetCalculate*-Ereignis für die Arbeitsmappe tritt ein, *nachdem* eine Zelle in einem Tabellenblatt durch eine Eingabe verändert oder gelöscht wurde. Als Parameter wird ein *Range*-Objekt des veränderten Bereichs übergeben. Als Ereignis gilt nur die Veränderung des Inhalts über die Eingabezeile bzw. direkt in der Zelle, nicht aber eine Formateinstellung. Wenn Zellbereiche über die Zwischenablage verschoben werden, treten zwei *Change*-Ereignisse auf.

Veränderung der Markierung (Ereignis SelectionChange)

Das *SelectionChange*-Ereignis tritt auf, wenn der Anwender die Auswahl der markierten Zellen verändert. Als Parameter wird der neu markierte Zellbereich übergeben.

Neuberechnung des Tabellenblatts (Ereignis Calculate)

Das *Calculate*-Ereignis für Tabellenblätter bzw. das *SheetCalculate*-Ereignis für die Arbeitsmappe tritt ein, *nachdem* ein Tabellenblatt neu berechnet wurde (auch wenn nur eine einzige Zelle von der Neuberechnung betroffen ist). Sie könnte beispielsweise dazu verwendet werden, um von Tabellendaten abhängige Variablen zu aktualisieren.

Fensterereignisse (Ereignisse WindowActivate, -Deactivate, -Resize)

Überraschenderweise kennt das *Window*-Objekt keine Ereignisse. Stattdessen werden Fensterereignisse an das zugehörige *Workbook*-Objekt weitergegeben. In den Ereignisprozeduren dieser Objekte kann ein Fensterwechsel oder die Veränderung der Fenstergröße festgestellt werden.

Mausklick (OnAction-Eigenschaft)

OnAction war in Excel 5/7 vermutlich die am häufigsten benutzte Eigenschaft zur Zuweisung von Ereignisprozeduren an diverse Objekte (Steuerelemente, Menükommandos, Bildfelder etc.). Seit Excel 97 wird die Eigenschaft offiziell nur noch für das *Shape*-Objekt sowie für diverse *CommandBar*-Objekte unterstützt. Für alle anderen Objekte gibt es als Ersatz „echte" Ereignisse. Aus Kompatibilitätsgründen steht *OnAction* aber auch bei diesen Objekten weiter zur Verfügung.

Tastaturereignisse (OnKey-Methode)

Über die Methode *OnKey* kann eine Prozedur definiert werden, die beim Drücken einer bestimmten Taste aufgerufen wird. Die Methode kann nur für das *Application*-Objekt eingestellt werden, weswegen eine differenzierte Reaktion auf eine Taste je nachdem, welche Arbeitsmappe bzw. welches Blatt gerade aktiv ist, nur mit erhöhtem Aufwand möglich ist (nämlich durch die Auswertung der Eigenschaften *ActiveWorkbook* oder *ActiveSheet*).

OnKey ist keine Eigenschaft, sondern eine Methode. Diese Unterscheidung ist notwendig, weil an eine Eigenschaft kein zusätzlicher Parameter (zur Angabe der Taste) übergeben werden kann. Aus diesem Grund sieht die Aktivierung von *OnKey*-Ereignisprozeduren ein wenig anders aus als bei anderen Ereignissen:

```
Application.OnKey "{F4}", "Makro"   '<F4> ruft die Prozedur Makro auf
Application.OnKey "{F4}", ""        'automatischen Aufruf stoppen
```

Die Syntax zur Angabe der Tasten können Sie der Hilfe entnehmen. Das obige Beispiel führt dazu, dass mit jeder Eingabe von F4 die Prozedur *Makro* aufgerufen wird. Beachten Sie bitte, dass durch die Definition einer Prozedur für eine bestimmte Tastenkombination die automatische Reaktion Excels auf diese Tastenkombination deaktiviert wird! Normalerweise bewirkt F4 die Wiederholung des letzten Kommandos – stattdessen wird jetzt *Makro* aufgerufen.

Die Neubelegung der Tasten gilt übrigens nicht in allen Bereichen Excels. Während der Eingabe einer Formel sowie in Dialogen gelten weiterhin die üblichen Tastaturkonventionen. So kann F4 in der Eingabeleiste weiterhin zum Umschalten zwischen absoluter und relativer Adressierung verwendet werden.

Ein weiteres Beispiel zu *OnKey* finden Sie in Abschnitt 5.2.2, wo für die Tastaturkombinationen Shift+Strg+Bild ↑ sowie Shift+Strg+Bild ↓ Makros für den Sprung zum ersten bzw. zum letzten Blatt einer Arbeitsmappe definiert werden.

Rückgängig und Wiederholen (Methoden OnUndo, OnRepeat)

Durch die beiden Methoden OnUndo und OnRepeat können Prozeduren angegeben werden, die Excel ausführt, wenn der Anwender die Befehle RÜCKGÄNGIG oder WIEDERHERSTELLEN in der Symbolleiste für den Schnellzugriff ausführt. Die beiden Methoden sind nur für das Objekt *Application* definiert. Die Verwendung der Methoden ist in Makros sinnvoll, die der Anwender zur Durchführung verschiedener Aktionen ausführen kann.

An die beiden Methoden werden zwei Parameter übergeben: Der erste gibt den in der Symbolleiste angezeigten Text an und sollte die Form „Rückgängig: Xy" bzw. „Wiederherstellen: Xy" aufweisen. Der zweite Parameter gibt die Prozedur an, die bei der Auswahl dieser Menükommandos ausgeführt werden soll.

```
Application.OnRepeat "Wiederholung: Daten analysieren", "MakroXy"
```

Die durch die beiden Methoden eingestellten Menütexte und Prozeduren gelten nur bis zur Ausführung des nächsten Kommandos (unabhängig davon, ob es sich dabei um ein normales Excel-Kommando oder um ein weiteres Makro handelt). Es ist daher nicht notwendig, die Einträge später wieder durch die Zuweisung von leeren Zeichenketten zu löschen.

Die Methoden müssen in der letzten Prozedur einer Prozedurkette ausgeführt werden. Bei einer Ausführung in einer *Sub*-Prozedur werden die Einstellungen von *OnUndo* bzw. *OnRepeat* beim Rücksprung in die aufrufende Prozedur wieder gelöscht!

Wenn in einem Makro die beiden Methoden *nicht* verwendet werden, zeigt Excel über den beiden dafür vorgesehenen Befehlen die Einträge RÜCKGÄNGIG: NICHT MÖGLICH sowie WIEDERHERSTELLEN: MAKRONAME an und führt gegebenenfalls das gerade ausgeführte Makro noch einmal aus.

Zeitereignisse (Methode OnTime)

Auch das Zeitereignis ist nur für das *Application*-Objekt definiert. Durch die Ausführung der *OnTime*-Methode können Sie eine Prozedur zu einem bestimmten Zeitpunkt starten – etwa um 12 Uhr mittags oder in zehn Minuten. An die Methode werden mindestens zwei Parameter übergeben: der Zeitpunkt, zu dem die Prozedur gestartet werden soll, und der Name der Prozedur. Die folgende Anweisung startet das Makro 30 Sekunden nach der Ausführung der Anweisung.

```
Application.OnTime Now + TimeValue("0:00:30"), "Makro"
```

Über *OnTime* dürfen mehrere Prozeduren für verschiedene Zeitpunkte vorgemerkt werden. VBA kümmert sich automatisch um die Verwaltung der Liste der auszuführenden Prozeduren. Es ist sogar erlaubt, mehrere Prozeduren für eine bestimmte Zeit vorzumerken.

Die Ausführung der vorgemerkten Prozeduren kann sich verzögern, wenn Excel gerade mit anderen Dingen beschäftigt ist. Beispielsweise ist der Aufruf einer Prozedur nicht möglich, solange ein Dialog aktiv ist, ein Makro ausgeführt wird, Excel auf MS-Query wartet, in Excel gerade OLE-Daten bearbeitet werden etc.

Die *OnTime*-Methode kennt zwei weitere, optionale Parameter: Im dritten Parameter kann der späteste Zeitpunkt angegeben werden, zu dem die Prozedur gestartet wird. Verstreicht dieser Zeitpunkt, ohne dass Excel die Möglichkeit hat, die Prozedur aufzurufen, wird auf einen Aufruf ganz verzichtet.

Durch die Angabe von *False* im vierten Parameter kann eine terminierte Prozedur wieder gelöscht werden. Dazu muss sowohl die anvisierte Zeit als auch der Name der Prozedur angegeben werden. Wenn VBA in der Liste der vorgemerkten Prozeduren die zu löschende Prozedur für den angegebenen Zeitpunkt nicht findet, kommt es zu einem Fehler.

```
Application.OnTime #8:30#, "Makro"          'Makro für 8:30 anmelden
Application.OnTime #8:30#, "Makro", , False 'Makro wieder abmelden
```

Wenn Sie einen periodischen Aufruf einer Prozedur erreichen möchten, müssen Sie mit *OnTime* innerhalb der Prozedur einen weiteren (Selbst-)Aufruf anmelden. Die folgende Prozedur ändert, wenn sie einmal gestartet ist, alle zehn Sekunden den Text der Statuszeile und zeigt dort die aktuelle Uhrzeit an.

```
Sub statuszeile()
  Application.OnTime Now + Timevalue("0:00:10"), "statuszeile"
  Application.Statusbar - Now
End Sub
```

Es ist übrigens nicht ganz einfach, diese Prozedur wieder zu stoppen. Sie können entweder den Namen der Prozedur verändern (dann kommt es zum Zeitpunkt des nächsten Aufrufs zur Fehlermeldung: „Kann Makro *statuszeile* nicht finden.") oder die *OnTime*-Anweisung durch „'" in einen Kommentar umwandeln (dann endet der Spuk nach dem nächsten Aufruf der Prozedur). Wenn Sie möchten, dass in der Statuszeile wieder die normalen Infotexte von Excel angezeigt werden, müssen Sie im Direktbereich die folgende Anweisung ausführen:

```
Application.Statusbar = False
```

 Tipp

Weitere Informationen zum Umgang mit der Statuszeile finden Sie in Abschnitt 5.10.2.

4.4.4 Ereignisse beliebiger Objekte empfangen

Für Tabellenblätter und für die Arbeitsmappe sind im Projektfenster der Entwicklungsumgebung bereits Module mit Codeschablonen für die Ereignisprozeduren vorgesehen. Die Programmierung derartiger Ereignisprozeduren ist daher sehr einfach und intuitiv.

Es gibt aber unzählige andere Objekte, die Ereignisse auslösen können (auch Objekte aus externen Bibliotheken, die mit EXTRAS | VERWEISE aktiviert werden). Besonders reich mit Ereignissen ausgestattet sind die Excel-Objekte *Application* (31 Ereignisse) und *Chart* (11). Im Gegensatz zu Visual Basic, wo derartige Objekte mit Ereignissen überall deklariert werden können, ist dies in Excel nur in Klassenmodulen möglich. Aus diesem Grund ist das Empfangen von Ereignissen leider ziemlich umständlich.

Der erste Schritt besteht darin, dass Sie ein Klassenmodul anlegen (ein gewöhnliches Modul reicht nicht aus) und darin eine öffentliche Variable der Objektklasse definieren, deren Ereignisse Sie empfangen möchten. Dabei verwenden Sie das Schlüsselwort *WithEvents*. In den Listenfeldern des Modulfensters können Sie daraufhin alle für dieses Objekt bekannten Ereignisse auswählen und so die gewünschten Ereignisprozeduren einfügen.

```
' Klassenmodul ereignisklasse
Public WithEvents x As objname
Private Sub x_Ereignisname(parameterliste)
   ' ... die Ereignisprozedur
End Sub
```

Verweis

Klassenmodule stellen eigentlich einen Vorgriff auf den Abschnitt 4.5 dar, der sich mit der Programmierung neuer Klassen beschäftigt. ∎

Damit nun tatsächlich Ereignisse empfangen werden, muss zuerst ein Objekt der neuen Klasse und darin wiederum ein Objekt der Klasse mit den Ereignissen erstellt werden:

```
' in einem beliebigen Modul
Dim obj As New ereignisklasse 'obj ist ein Objekt der
                              ',ereignisklasse"
Sub startevents()
  Set obj.x = [New] objname    'x ist ein Objekt der Klasse „objname"
End Sub
```

Nachdem *startevents* ausgeführt wurde, wird die Ereignisprozedur im Klassenmodul so lange ausgeführt, bis *obj.x* oder überhaupt *obj* gelöscht wird (also *Set obj = Nothing*).

Beispiel

Ein konkretes Beispiel macht die Vorgehensweise deutlicher: Das *NewWorkbook*-Ereignis des Excel-*Application*-Objekts soll dazu benutzt werden, um in die Zelle A1 des ersten Tabellenblatts jeder neu erzeugten Arbeitsmappe einen Text einzutragen. (In der Praxis könnte eine vergleichbare Prozedur dazu verwendet werden, um für jede neue Arbeitsmappe diverse Initialisierungsarbeiten durchzuführen.)

Der Code besteht aus zwei Teilen: Die Ereignisprozedur wird im Klassenmodul *ClassAppEvents* definiert. An die Prozedur *app_NewWorkbook* wird automatisch ein Verweis auf das neue *Workbook*-Objekt übergeben.

```
' Datei 04\VBA-Concepts.xlsm, Klassenmodul ClassAppEvents
Public WithEvents app As Application
Private Sub app_NewWorkbook(ByVal wb As Excel.Workbook)
  wb.Worksheets(1).[A1] = "dieser Text wurde von einer " & _
                          "Application-Ereignisprozedur eingefügt"
End Sub
```

Der zweite Teil des Testprogramms befindet sich im Modul *TestAppEvents*. In *InitializeApplicationEvents* wird der Variablen *app* des *ClassAppEvents*-Objekts ein Verweis auf das *Application*-Objekt zugewiesen. Wenn Sie nach der Ausführung dieser Prozedur eine neue Arbeitsmappe einfügen (DATEI | NEU), wird *app_NewWorkbook* zum ersten Mal ausgeführt. *StopApplicationEvents* beendet die automatische Veränderung neuer Arbeitsmappen wieder.

```
' Datei 04\VBA-Concepts.xlsm, Modul TestAppEvents
Option Explicit
Dim appObject As New ClassAppEvents
' startet die Ereignisprozeduren
Sub InitializeApplicationEvents()
  Set appObject.app = Application
End Sub
' beendet die Ereignisprozeduren wieder
Sub StopApplicationEvents()
  Set appObject.app = Nothing
End Sub
```

4.4.5 Ereignisprozeduren per Programmcode erzeugen

Dieses Beispiel zeigt, wie in eine Arbeitsmappe ein neues Tabellenblatt eingefügt und für dieses Blatt anschließend eine *Worksheet_Activate*-Ereignisprozedur erzeugt wird. Das Programm setzt auf der VBE-Bibliothek auf, mit der eine programmierte Steuerung der VBA-Entwicklungsumgebung möglich ist. Der Code ist explizit für fortgeschrittene Programmierer gedacht und setzt voraus, dass Sie einige Routine im Umgang mit Objekten haben.

 Verweis

Seit Excel 2000 können Sie neue Klassen mit eigenen Ereignissen programmieren (siehe Abschnitt 4.5). Das hier beschriebene Einfügen von Ereignisprozeduren in Excel-Dateien hat damit nichts zu tun.

Die VBE-Bibliothek

Um die VBE-Bibliothek nutzen zu können, müssen Sie Ihrem VBA-Projekt über Extras | Verweise einen Verweis auf „Microsoft Visual Basic for Applications Extensibility 5.3" hinzufügen. Auf eine detaillierte Beschreibung dieser Bibliothek wird in diesem Buch verzichtet. Zum Verständnis des Beispiels ist es aber erforderlich, dass Sie zumindest die wichtigsten Objekte kennen:

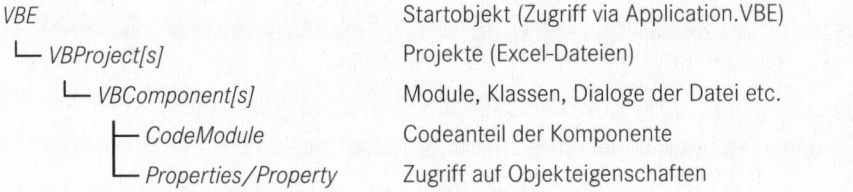

```
VBE                              Startobjekt (Zugriff via Application.VBE)
  └─ VBProject[s]                Projekte (Excel-Dateien)
      └─ VBComponent[s]          Module, Klassen, Dialoge der Datei etc.
          ├─ CodeModule          Codeanteil der Komponente
          └─ Properties/Property Zugriff auf Objekteigenschaften
```

Die für dieses Beispiel interessanten Methoden *CreateEventProc* und *InsertLine* sind beide dem *CodeModule*-Objekt zugeordnet. Das Problem besteht nun darin, bis zu diesem Objekt vorzudringen: Die *Name*-Eigenschaft eines Excel-*Workbook*-Objekts ist nämlich nicht mit der *Name*-Eigenschaft des *VBComponent*-Objekts identisch. Vielmehr gibt es zwei Namen: einen, der in Excel im Blattregister angezeigt wird, und den anderen, der in der VBA-Entwicklungsumgebung verwendet wird und über das Eigenschaftenfenster verändert werden kann. Hier hilft die *Properties*-Auflistung weiter:

```
Dim vbc As VBComponent
Set vbc = ...
Debug.Print vbc.Name                      'liefert den VBA-Namen
Debug.Print vbc.Properties("Name").Value  'liefert den Excel-Namen
```

Über die *Properties*-Auflistung kann also auf diverse Objekteigenschaften zugegriffen werden, die nicht von der VBE-Bibliothek, sondern vom zugrunde liegenden Objekt stammen (in diesem Fall von einem *Workbook*-Objekt der Excel-Bibliothek).

 Hinweis

Code, der die VBE-Bibliothek nutzt, kann unter Excel 2013 nur ausgeführt werden, wenn die Option Entwicklertools | Makrosicherh. | Zugriff auf das VBA-Projektobjektmodell vertrauen eingeschaltet ist. Diese Sicherheitseinstellung gibt es, weil die VBE-Bibliothek schon in einigen Fällen von Virenprogrammierern missbraucht worden ist.

Beispiel

Der Programmcode beginnt mit einem Test, ob ein Tabellenblatt mit dem Namen „neues Tabellenblatt" schon existiert. Dieser Test ist ein wenig ungewöhnlich formuliert: Es wird einfach versucht, die *Name*-Eigenschaft dieses *Workbook*-Objekts zu lesen. Wenn dabei kein Fehler auftritt, existiert das Tabellenblatt schon. Es wird eine Warnung angezeigt und die

Prozedur verlassen. (*On Error* lernen Sie in Kapitel 6 kennen. Eine alternative Vorgehensweise bestünde darin, in einer Schleife für alle existierenden *Workbook*-Objekte zu testen, ob deren Name mit der Konstanten *newname* identisch ist.)

```
' Datei 04\VBA-Concepts.xlsm, Modul TestVBE
Sub AddWorksheetWithEvents()
  Const newname$ = "neues Tabellenblatt"
  Dim ws As Worksheet
  Dim vbc As VBComponent
  Dim wsname$, linenr, dummy
  ' testen, ob Tabellenblatt schon existiert
  On Error Resume Next
  dummy = ThisWorkbook.Worksheets(newname).Name
  If Err = 0 Then
    MsgBox "Das Tabellenblatt " & newname & " existiert schon. " & _
           "Bitte löschen Sie das Tabellenblatt und führen Sie " & _
           "die Prozedur nochmals aus."
    Exit Sub
  End If
  Err = 0
  On Error GoTo 0
```

Wenn das Tabellenblatt noch nicht existiert, wird es jetzt mit *Worksheets.Add* erzeugt. Anschließend wird dem Blatt der Name „neues Tabellenblatt" gegeben. In der folgenden Schleife werden alle *VBComponent*-Objekte der Datei durchlaufen, um jenes Modul zu finden, dessen *Properties(„Name")*-Eigenschaft „neues Tabellenblatt" lautet. Der VBA-interne Name dieses Objekts wird in der Variablen *wsname* zwischengespeichert. *ThisWorkbook.VBProject* ist dabei eine Kurzschreibweise für *Application.VBE.VBProjects(ThisWorkbook.Name)*.

```
  ' Tabellenblatt erzeugen, den Namen „neues Tabellenblatt" zuweisen
  Set ws = ThisWorkbook.Worksheets.Add
  ws.Name = newname
  ' VBE-internen Namen für dieses Tabellenblatt ermitteln
  For Each vbc In ThisWorkbook.VBProject.VBComponents
    If vbc.Properties("Name").Value = newname Then
      wsname = vbc.Name
      Exit For
    End If
  Next
```

Nachdem nun der Zugriff auf den Code des Tabellenblatts möglich ist, gestaltet sich das Einfügen der Ereignisprozedur vollkommen unproblematisch: Zuerst wird die Prozedur mit *CreateEventProc* erzeugt. Diese Methode liefert die Zeilennummer der *Sub*-Anweisung zurück. Eine Zeile weiter unten wird dann mit der Methode *InsertLines* die Anweisung *MsgBox „Ereignisprozedur"* eingefügt.

```
' Prozedur hinzufügen
With ThisWorkbook.VBProject.VBComponents(wsname).CodeModule
  linenr = .CreateEventProc("Activate", "Worksheet")
  .InsertLines linenr + 1, "  MsgBox ""Ereignisprozedur"""
End With
End Sub
```

Wenn Sie nach der Ausführung dieses Makros in Excel wechseln, dort zuerst ein beliebiges Blatt und dann das neue Tabellenblatt anklicken, wird die Meldung „Ereignisprozedur" angezeigt – es hat also funktioniert.

4.4.6 Syntaxzusammenfassung

Ereignisempfang für beliebige Objekte	
Public WithEvents x As objname	im Klassenmodul *eventclass*
Private Sub x_eventname(param)	
'... die Ereignisprozedur	
End Sub	
Dim obj As New eventclass	in einem beliebigen Modul
Sub startevents	
Set obj.x = [New] objname	ab jetzt können Ereignisse empfangen werden
End Sub	

Autoprozeduren/AutoMakros	
Sub Auto_Open() ... End Sub	wird beim Öffnen der Datei gestartet
Sub Auto_Close() ... End Sub	wird beim Schließen der Datei gestartet
Sub Auto_Add() ... End Sub	wird gestartet, wenn ein Add-in in die Liste des Add-in-Managers eingetragen wird (Kapitel 15)
Sub Auto_Remove() ... End Sub	wird beim Entfernen aus der Add-in-Liste gestartet

Application-Ereignisse	
NewWorkbook	eine neue Arbeitsmappe wurde eingefügt
SheetActivate	Blattwechsel
SheetBeforeDoubleClick	Doppelklick
SheetBeforeRightClick	Klick mit rechter Maustaste
SheetCalculate	Tabellenblatt wurde neu berechnet
SheetChange	Zellen des Tabellenblatts wurden verändert (Inhalt)
SheetDeactivate	Blattwechsel

Application-**Ereignisse**

SheetSelectionChange	Markierungswechsel
WindowActivate	Fensterwechsel
WindowDeactivate	Fensterwechsel
WindowResize	neue Fenstergröße
WorkbookActivate	Wechsel der aktiven Arbeitsmappe
WorkbookAddinInstall	eine Arbeitsmappe wurde als Add-in installiert
WorkbookAddinUninstall	eine Arbeitsmappe wurde als Add-in deinstalliert
WorkbookBeforeClose	eine Arbeitsmappe soll geschlossen werden
WorkbookBeforePrint	eine Arbeitsmappe soll ausgedruckt werden
WorkbookBeforeSave	eine Arbeitsmappe soll gespeichert werden
WorkbookDeactivate	Wechsel der aktiven Arbeitsmappe
WorkbookNewSheet	in die Arbeitsmappe wurde ein neues Blatt eingefügt
WorkbookOpen	die Arbeitsmappe wurde gerade geöffnet

Workbook-**Ereignisse**

Activate	die Arbeitsmappe wurde aktiviert (Fensterwechsel)
AddinUninstall	die Arbeitsmappe wurde als Add-in installiert
BeforeClose	die Arbeitsmappe soll geschlossen werden
BeforePrint	die Arbeitsmappe soll ausgedruckt werden
BeforeSave	die Arbeitsmappe soll gespeichert werden
Deactivate	die Arbeitsmappe wurde aktiviert (Fensterwechsel)
NewSheet	ein neues Blatt wurde eingefügt
Open	die Arbeitsmappe wurde gerade geöffnet
SheetActivate	Blattwechsel
SheetBeforeDoubleClick	Doppelklick in einem Blatt
SheetBeforeRightClick	Klick mit der rechten Maustaste in einem Blatt
SheetCalculate	der Inhalt eines Blatts wurde neu berechnet
SheetChange	Eingabe oder Veränderung einer Zelle
SheetDeactivate	Blattwechsel
SheetSelectionChange	Veränderung der Markierung
WindowActivate	Fensterwechsel
WindowDeactivate	Fensterwechsel
WindowResize	Änderung der Fenstergröße

Worksheet-Ereignisse

Activate	Blattwechsel
BeforeDoubleClick	Doppelklick
BeforeRightClick	Klick mit rechter Maustaste
Calculate	Inhalt des Blatts wurde neu berechnet
Change	Eingabe bzw. Veränderung einer Zelle
Deactivate	Blattwechsel
SelectionChange	Veränderung der Markierung

Chart-Ereignisse

Activate	Blattwechsel (oder Diagrammwechsel)
BeforeDoubleClick	Doppelklick
BeforeRightClick	Klick mit rechter Maustaste
Calculate	Diagramm wurde auf der Basis veränderter Daten neu gezeichnet
Deactivate	Blattwechsel (oder Diagrammwechsel)
DragOver	Zellbereich wird über Diagramm bewegt (aber noch nicht losgelassen)
DragPlot	Zellbereich wurde losgelassen
MouseDown	Maustaste wurde gedrückt
MouseMove	Maus wird bewegt
MouseUp	Maustaste wurde losgelassen
Resize	Diagrammgröße wurde verändert
Select	Diagramm wurde ausgewählt (markiert)
SeriesChange	Veränderung der ausgewählten Datenreihe

Ereignisse in Excel 5/7

OnAction „Makro"	ruft die Prozedur *Makro* beim Anklicken des Objekts auf
OnKey „taste", „Makro"	nach dem Drücken der Taste
OnUndo „menütext", „Makro"	bei EINGABE | RÜCKGÄNGIG
OnRepeat „menütext", „Makro"	bei EINGABE | WIEDERHOLUNG
OnTime zeit, „Makro"	zur angegebenen Zeit
OnTime zeit, „Makro", endzeit	wie oben, aber spätestens zur Endzeit
OnTime zeit, „Makro", , False	vorgemerktes Makro löschen

Konvertierung Excel 5/7	→ Excel 97, 2000 etc.
OnAction	*Click, Change* etc.
OnCalculate	*Calculate, SheetCalculate*
OnData	*Change, SheetChange*
OnDoubleClick	*DoubleClick, BeforeDoubleClick, SheetBeforeDoubleClick*
OnEntry	*Change, SheetChange*
OnSheetActivate	*Activate, SheetActivate*
OnSheetDeactivate	*Deactivate, SheetDeactivate*
OnWindow	*Activate, WindowActivate*

■ 4.5 Programmierung eigener Klassen

Bis jetzt wurden verschiedene Möglichkeiten beschrieben, wie die Objekte von Excel oder die aus externen Bibliotheken genutzt werden können. Die dazu eingesetzten Mechanismen sind seit Excel 5 mehr oder weniger unverändert.

Seit Excel 97 besteht auch die Möglichkeit, eigene Klassen zu programmieren. (Klassen sind gleichsam die Schablonen für neue Objekte.) Excel 2000 wurde in dieser Hinsicht nochmals erweitert – eigene Klassen können jetzt auch abgeleitet (*Implements*) bzw. mit eigenen Ereignissen ausgestattet werden.

Der Schlüssel zu eigenen Klassen sind sogenannte Klassenmodule, die in der VBA-Entwicklungsumgebung eine Kategorie für sich bilden (neben normalen Modulen und den Modulen zu Excel-Objekten). Rein optisch sehen Klassenmodule wie normale Module aus, d. h., es ist nur ein Codefenster zu sehen. Der Unterschied besteht darin, dass die im Klassenmodul definierten Prozeduren nur als Eigenschaften und Methoden der neuen Klasse verwendet werden können. (Der Name des Klassenmoduls gilt gleichzeitig als Klassenname, die korrekte Einstellung im Eigenschaftenfenster ist daher ungleich wichtiger als bei normalen Modulen.)

Hinweis

Die Programmierung eigener Klassen kann bei sehr umfangreichen Projekten dabei helfen, einen klareren (objektorientierten) Code zu erzielen. Sie stellt zudem eine Möglichkeit dar, als Add-in verpackte Klassenbibliotheken weiterzugeben. Unabhängig von der Anwendung ist die Klassenprogrammierung aber eine ziemlich fortgeschrittene Form der Excel-Programmierung. Dieser Abschnitt gibt einen ersten Überblick, setzt aber voraus, dass Sie mit den Grundlagen und Konzepten objektorientierter Programmierung bereits vertraut sind.

■

Wozu Klassenmodule?

Nehmen Sie an, Sie wollten Excel um ein Paket mit Statistikfunktionen erweitern: Eine Möglichkeit bestünde darin, einfach eine Sammlung von Funktionen anzubieten, welche die erforderlichen Algorithmen enthält. Das war bereits in allen bisherigen Excel-Versionen möglich. Diese Vorgehensweise macht es allerdings unmöglich, nach einem objektorientierten Ansatz vorzugehen, der etwa auch die Verwaltung der statistischen Daten einbezieht.

Dank Klassenmodulen können Sie die neuen Objektklassen *XYPoints* und *XYPoint* definieren. *XYPoint* dient zur Speicherung eines zweidimensionalen Datenpunkts. *XYPoints* verwaltet eine ganze Gruppe solcher Objekte und ermöglicht dank diverser Methoden bzw. Eigenschaften die Ermittlung statistischer Kenngrößen.

Die Verwendung dieser beiden Klassen für den Anwender Ihres Statistikpakets könnte etwa so aussehen:

```
' Beispiel 04\VBA-Concepts.xlsm, Modul XYTest
Sub TestXYStatistics()
  Dim xypts As New XYPoints
  xypts.Add 3, 4
  xypts.Add 7, 2
  xypts.Add 6, 5
  MsgBox xypts.Count & " Punkte sind gespeichert." & _
    "Der Mittelwert der X-Komponenten beträgt " & _
    xypts.XMean
  Set xypts = Nothing
End Sub
```

Der Anwender erzeugt also ein neues Objekt des Typs *XYPoints* und fügt diesem Objekt mit der Methode *Add* drei Datenpunkte hinzu. Anschließend wird mit den Eigenschaften *Count* und *XMean* die Anzahl der gespeicherten Punkte und deren X-Mittelwert ermittelt.

Hinweis

Wie bereits erwähnt, gibt es für Klassenmodule noch eine weitere Anwendung: Sie können darin Ereignisse externer Objekte empfangen. Der Mechanismus setzt voraus, dass Sie vorher eine Objektvariable mit dem Schlüsselwort *WithEvents* deklarieren. Ein Beispiel finden Sie in Abschnitt 4.4.4.   ∎

Klasse versus Objekt

Der vermutlich schwierigste Punkt im Verständnis von Klassenmodulen besteht im Unterschied zwischen Klasse und Objekt. Eine Klasse enthält die Regeln (Methoden, Eigenschaften) sowie Variablen zur Speicherung von Daten. Ein Objekt ist eine Instanz dieser Klasse. Die Klasse ist gleichsam die Schablone für Objekte. Natürlich können mehrere Objekte derselben Klasse verwendet werden, deren Inhalte dann voneinander unabhängig sind (obwohl die Methoden/Eigenschaften denselben Code verwenden).

```
Dim a As New XYPoints
Dim b As New XYPoints
```

Im Beispiel oben wären *a* und *b* zwei Objektvariablen, die auf zwei Objekte der Klasse *XYPoints* verweisen. Die beiden Objekte werden wegen des *New*-Schlüsselworts gleich erzeugt. Ein wenig anders sieht das folgende Beispiel aus:

```
Dim a As New XYPoints
Dim b As XYPoints
Set b = a
```

Hier gibt es nur ein Objekt, aber zwei Variablen, die darauf verweisen. Jede Änderung in *a* wirkt sich also auch in *b* aus.

4.5.1 Eigene Methoden, Eigenschaften und Ereignisse

Zur Definition einer neuen Klasse führen Sie in der Entwicklungsumgebung EINFÜGEN | KLASSENMODUL aus. Mit F4 öffnen Sie nun das Eigenschaftenfenster und geben der neuen Klasse einen Namen. Anschließend können Sie diese Klasse mit Eigenschaftsprozeduren, Methoden und Ereignissen ausstatten.

Klassen mit Methoden ausstatten

Die Definition einer Methode für eine Objektklasse ist denkbar einfach: Jede Prozedur, die als *Public* deklariert ist, gilt als Methode. (Prozeduren, die als *Private* deklariert sind, können nur innerhalb des Klassenmoduls verwendet werden – genauso wie bei herkömmlichen Modulen.)

Einen Unterschied zwischen öffentlichen Prozeduren in einem Modul und einer Methode in einem Klassenmodul werden Sie erst beim Aufruf bemerken: Während bei normalen Modulen der Aufruf einfach durch den Prozedurnamen erfolgt, muss bei Methoden eine Objektvariable vorangestellt werden:

```
Dim a As New XYPoints
Debug.Print a.Count
```

Klasse mit Eigenschaften ausstatten

Eigenschaftsprozeduren stellen eine syntaktische Variante zu normalen Prozeduren dar. Dabei handelt es sich um Prozeduren, die sich in ihrer Anwendung (beim Aufruf) formal wie Eigenschaften verhalten. Mit Eigenschaftsprozeduren können Sie quasi Eigenschaften eines Moduls definieren und verwalten.

Achtung

Um etwaige Missverständnisse gleich zu klären: Sie können mit Eigenschaftsprozeduren weder den definierten Excel-Objekten neue Eigenschaften geben noch
schon vorhandene Eigenschaften ändern. Die neu definierten Eigenschaften beziehen sich ausschließlich auf ein Klassenmodul. (Theoretisch sind Eigenschaftsprozeduren auch in normalen Modulen erlaubt, dort ergeben sie aber keinen Sinn.)
Eigenschaftsprozeduren dürfen außerdem nicht mit Ereignisprozeduren verwech-
selt werden, die im nächsten Abschnitt beschrieben werden. ∎

Der wesentliche Unterschied zwischen normalen Prozeduren und Eigenschaftsprozeduren
besteht darin, dass gleich zwei gleichnamige (!) Prozeduren geschrieben werden müssen.
Eine davon wird mit *Property Get* eingeleitet und zum Lesen einer Eigenschaft verwendet, die
andere wird mit *Property Let* eingeleitet und verwendet, um einer Eigenschaft einen neuen
Inhalt zuzuweisen.

```
' im Klassenmodul
Private mydata
Property Get MyProperty()            'Eigenschaft lesen
  MyProperty = mydata
End Property
Property Let MyProperty(newdata)     'Eigenschaft verändern
  mydata = newdata
End Property
```

Das obige Beispiel zeigt auch gleich, wie Sie in Klassenmodulen Daten speichern: durch
die Deklaration lokaler Variablen. Der Zugriff auf diese Daten sollte ausschließlich durch
Eigenschaften oder Methoden erfolgen. (Global deklarierte Variablen verhalten sich ähnlich
wie Eigenschaften, lassen allerdings keine Sicherheitsmechanismen zu.)

Wenn eine Eigenschaft mit Objekten zurechtkommen soll, muss statt *Property Let* die verwandte Eigenschaftsprozedur *Property Set* definiert werden. Zum Lesen der Eigenschaft wird
weiterhin *Property Get* verwendet, allerdings muss auch darin der Code verändert werden
(Zuweisung des Rückgabewerts mit *Set*).

```
' im Klassenmodul
Dim mydata As ObjectXY
Property Get MyProperty() As ObjectXY            'Eigenschaft lesen
  Set MyProperty = mydata
End Property
Property Set MyProperty(newdata As ObjectXY) 'verändern
  Set mydata = newdata
End Property
```

Klasse mit Ereignissen ausstatten

Ereignisse werden ähnlich wie Variablen im Deklarationsteil der Klasse mit Event definiert. Dabei müssen auch die Parameter des Ereignisses angegeben werden.

```
' im Klassenmodul
Public Event MyEvent(ByVal para As Integer)
```

Für die Deklaration der Ereignisprozedur bestehen einige Einschränkungen: Die Ereignisprozedur darf keine Funktion sein (kein Rückgabewert). Wenn Sie Informationen aus der Ereignisprozedur an die aufrufende Klasse zurückgeben möchten, können Sie einzelne Parameter mit *ByRef* als Rückgabeparameter deklarieren. Die Parameterliste darf zudem weder optionale Parameter noch eine Parameterliste enthalten.

Anschließend können Sie diese Prozedur überall im Code der Klasse mit dem Kommando *RaiseEvent* auslösen.

```
' ebenfalls im Klassenmodul
Public Sub MyMethode(x, y)
  If x<y Then RaiseEvent MyEvent(57)
  ...
End Sub
```

Wenn der Anwender der Klasse im zugehörigen Code eine *MyEvent*-Ereignisprozedur vorsieht (siehe unten), wird diese durch das *RaiseEvent*-Kommando aufgerufen, andernfalls passiert einfach nichts. (Der Empfang von Ereignissen ist in Excel leider nur in Klassenmodulen möglich – siehe Abschnitt 4.4.4.)

Das Schlüsselwort Me

Innerhalb des Codes von Klassenmodulen können Sie mit *Me* auf das aktuelle Objekt zugreifen. Bei selbst programmierten Klassenmodulen ist das selten notwendig. Ausgesprochen praktisch ist das Schlüsselwort dagegen bei den vorgegebenen Klassenmodulen für Tabellenblätter etc. Beispielsweise können Sie in der Ereignisprozedur *Worksheet_Activate*, die jedes Mal aufgerufen wird, wenn das betreffende Tabellenblatt aktiviert wird, über *Me* auf das *Worksheet*-Objekt dieses Blatts zugreifen.

Initialize- und Terminate-Prozedur

In Klassenmodulen können die Prozeduren *Class_Initialize* und *Class_Terminate* definiert werden. Diese Prozeduren werden automatisch ausgeführt, wenn ein Objekt der Klasse erzeugt bzw. bevor es wieder gelöscht wird. Die Prozeduren können zur Durchführung von Initialisierungs- oder Aufräumarbeiten verwendet werden.

Klassenhierarchien mit Implements

Oft möchten Sie eine ganze Gruppe zusammengehöriger Klassen definieren – beispielsweise eine übergeordnete Klasse *document* und davon abgeleitete Klassen *book* und *magazine*. VBA kennt leider keine richtige Vererbung, die eine derartige Aufgabe einfach machen würde.

Stattdessen unterstützt VBA den sogenannten Polymorphismus-Mechanismus mit dem neuen Schlüsselwort *Implements*. Dadurch wird die Verwendung übergeordneter Klassen zwar syntaktisch möglich, der resultierende Code wird aber derartig unübersichtlich, dass für den Programmierer kaum Vorteile erkennbar sind. (Eigentlich sollte Vererbung ja Zeit sparen und Redundanz vermeiden!) Die Anwendung von *Implements* ist in Abschnitt 4.4.4 in einem Beispiel dargestellt.

Instancing-Eigenschaft

Im Eigenschaftenfenster wird bei Klassen zusätzlich zum Namen eine weitere Eigenschaft angezeigt: *Instancing*. Die Default-Einstellung lautet *Private*. Das bedeutet, dass die Klasse nur innerhalb der aktiven Excel-Datei verwendet werden kann, nicht aber von einer anderen Excel-Datei (auch dann nicht, wenn ein Verweis eingerichtet wurde).

Wenn Sie *Instancing* auf *PublicNonCreatable* setzen, wird die Klasse öffentlich. Sobald ein Verweis auf die Datei eingerichtet wird, ist die Klasse im Objektkatalog sichtbar. Allerdings ist auch das nicht ausreichend, um ein Objekt dieser Klasse zu erzeugen! Mit anderen Worten: Selbst wenn Sie die Klasse als *PublicNonCreatable* deklarieren und in einer anderen Excel-Datei einen Verweis einrichten, sind die folgenden Anweisungen nicht zulässig:

```
' Versuch, in Projekt B eine Objekt zu erzeugen, das in
' der Excel-Datei A deklariert ist
Dim x As New myClass                      'nicht erlaubt
Set x = New myClass                       'nicht erlaubt
Set x = CreateObject("myProject.myClass") 'nicht erlaubt
```

Wahrscheinlich fragen Sie sich jetzt (wie anfänglich auch der Autor), wie Sie Objekte aus Projekt *A* in einem anderen Excel-Projekt *B* überhaupt verwenden können. Die Lösung ist einfach: Sie deklarieren eine öffentliche Funktion, die als Ergebnis das gewünschte Objekt zurückliefert.

```
' in Projekt A, wo myClass definiert ist
Public Function newMyClass() As myClass
  Set newMyClass = New myClass
End Function
```

In Projekt *B* kann nun diese neue Funktion *newMyClass* eingesetzt werden:

```
' in Projekt B, wo myClass verwendet werden soll
Dim x As myClass
Set x = newMyClass()
```

4.5.2 Collection-Objekt

Das Collection-Objekt eignet sich zwar besonders gut zur Klassenprogrammierung, es kann aber auch in normalen Modulen verwendet werden und stellt oft eine komfortable Alternative zu Feldern dar. Es ermöglicht die Definition eigener Auflistungen. Sie können also denselben Mechanismus verwenden, der in der Excel-Bibliothek so oft für Auflistungen von Objekten verwendet wird (*Workbooks*, *Windows* etc.).

Der Umgang mit dem *Collection*-Objekt ist ausgesprochen einfach. Sie müssen mit *Dim New* ein neues Objekt des *Collection*-Typs erzeugen. Anschließend können Sie mit der *Add*-Methode Variablen, Felder, Objektverweise, ja selbst weitere *Collection*-Objekte in die Auflistung einfügen. Im Gegensatz zu Feldern können die Elemente einer *Collection* also unterschiedliche Typen aufweisen.

Als zweiten Parameter müssen Sie eine Zeichenkette angeben, die als Schlüssel zum Objektzugriff verwendet wird. Diese Zeichenkette muss eindeutig sein, darf also nicht mit einer schon vorhandenen Zeichenkette übereinstimmen. Bei den Schlüsseln wird wie bei Variablennamen nicht zwischen Groß- und Kleinschreibung unterschieden.

```
Dim c As New Collection
c.Add eintrag, "schlüssel"
```

Der Zugriff auf Objekte erfolgt wie bei allen Auflistungen: durch die Angabe eines Indexwerts (zwischen 1 und *c.Count*) oder durch die Angabe der Zeichenkette, die bei *Add* als Schlüssel verwendet wurde. Über die Eigenschaft *Count* können Sie feststellen, wie viele Elemente die Auflistung enthält. Mit *Remove* können Sie einzelne Objekte wieder entfernen.

```
Dim c As New Collection
c.Add "eine Zeichenkette", "abc"
c.Add 123123, "def"
Debug.Print c.Count          'liefert 2
Debug.Print c.Item(1)        'liefert "eine Zeichenkette"
Debug.Print c(1)             'wie oben (Item ist Defaultmethode)
Debug.Print c("def")         'liefert 123123
```

Im obigen Beispiel sind „abc" und „def" also die Schlüssel, mit denen auf die Elemente zugegriffen werden kann. Wenn Sie eine bereits verwendete Zeichenkette als Schlüssel für ein neues Element verwenden, kommt es zum Fehler 457 („Dieser Schlüssel ist bereits einem Element dieser Auflistung zugeordnet.").

Erwartungsgemäß können die Elemente einer Collection in einer *For-Each*-Schleife angesprochen werden. *element* hat dann den Typ des jeweiligen Elements. Falls Sie in einer *Collection* Daten unterschiedlichen Typs speichern, müssen Sie den Typ mit *TypeName* feststellen und eine entsprechende Fallunterscheidung vorsehen.

```
Dim element As Object
For Each element In c
  ...
Next
```

Hinweis

Das *Dictionary*-Objekt stellt eine leistungsfähigere Alternative zum *Collection*-Objekt dar. Es ermöglicht eine nachträgliche Veränderung vorhandener Einträge und stellt einige zusätzliche Methoden zur Verfügung. (Beachten Sie aber, dass selbst bei gleichnamigen Methoden von *Collection* und *Dictionary* zum Teil eine unterschiedliche Reihenfolge der Parameter gilt. Sie können vorhandenen Code also nicht unverändert von *Collection* auf *Dictionary* umstellen.)

Das *Dictionary*-Objekt ist allerdings nicht in der VBA-Bibliothek definiert, sondern in der *Scripting*-Bibliothek. Damit Sie *Dictionary* verwenden können, müssen Sie mit EXTRAS | VERWEISE die Bibliothek *Microsoft Scripting Runtime* aktivieren. ∎

4.5.3 Beispiel für ein Klassenmodul

Das Beispiel besteht aus den beiden Klassenmodulen *XYPoint* und *XYPoints* der eingangs bereits erwähnten Statistik-Bibliothek. Die Klasse *XYPoint* beweist, dass eine Klasse auch ohne viel Codeaufwand definiert werden kann: Die beiden globalen Variablen *x* und *y* stellen die einzigen Datenelemente der Klasse dar (also einen zweidimensionalen Punkt). Der Zugriff erfolgt direkt (ohne den Umweg über Eigenschaftsprozeduren), also durch *objektname.x* bzw. *objektname.y*.

```
' Beispiel 04\VBA-Concepts.xlsm, Klasse XYPoint
Public x As Double, y As Double
```

Interessanteren Code enthält die Auflistungsklasse *XYPoints*, die sowohl zur Verwaltung mehrerer *XYPoint*-Objekte als auch zu deren statistischen Auswertung dient. Die Verwaltung der Daten erfolgt durch die lokale Variable *points*, die auf ein *Collection*-Objekt verweist, das für jedes neue *XYPoints*-Objekt automatisch erzeugt wird.

Die Methode *Add* ermöglicht es, der Auflistung einen neuen Punkt hinzuzufügen. Dazu wird ein *XYPoint*-Objekt erzeugt, und *x* und *y* werden darin gespeichert. Anschließend wird dieses Objekt der Collection *points* hinzugefügt. Die Methode liefert das neue *XYPoint*-Objekt als Ergebnis zurück.

Denkbar einfach ist die Realisierung der *Count*-Eigenschaft: Es muss lediglich die gleichnamige Eigenschaft des *Collection*-Objekts *points* zurückgegeben werden. Die Eigenschaftsprozedur ist nur für den Lesezugriff definiert. Eine Veränderung der *Count*-Eigenschaft gäbe ja keinen Sinn.

In der Eigenschaftsprozedur *XMean* (ebenfalls nur für den Lesezugriff) wird der Mittelwert aller *x*-Werte aller gespeicherten *XYPoint*-Objekte berechnet und zurückgegeben.

```
' Beispiel 04\VBA-Concepts.xlsm, Klasse XYPoints
Private points As New Collection
Public Function Add(x As Double, y As Double) As XYPoint
  Dim xyp As New XYPoint
```

```
  xyp.x = x
  xyp.y = y
  points.Add xyp
  Set Add = xyp
End Function
Property Get Count() As Integer
  Count = points.Count
End Property
Property Get XMean() As Double
  Dim p As XYPoint, xm As Double
  If points.Count = 0 Then XMean = 0: Exit Property
  For Each p In points
    xm = xm + p.x
  Next
  xm = xm / points.Count
  XMean = xm
End Property
```

4.5.4 Beispiel für abgeleitete Klassen (Implements)

Ziel dieses Beispiels ist es, zuerst eine übergeordnete Klasse *Document* und dann zwei davon abgeleitete Klassen *Book* und *Magazine* zu definieren. Da das Beispiel relativ umfangreich ist, wurde es in einer eigenen Beispieldatei (*Implements.xlsm*) untergebracht. Um den Beispielcode auszuprobieren, starten Sie in der Entwicklungsumgebung die Prozedur *Test_Classes* im Modul *TestClasses*. Als Ergebnis werden im Testfenster vier Zeilen ausgegeben:

```
Titel: Linux
Erscheinungsjahr: 01.03.1999
Titel: Linux Magazine 1/2000
Erscheinungsjahr: 01.01.2000
```

Anwendung der Objektklassen

Bevor der Code dieser Klassen erläutert wird, kurz zur Anwendung dieser Klassen. In den folgenden Zeilen werden zwei Objekte des Typs *Book* und *Magazine* initialisiert. Wirklich interessant ist dabei eigentlich nur der Aufruf von *Print_Info*. An diese Prozedur, deren einziger Parameter als *Document* deklariert ist, wird einmal ein *Book*- und beim zweiten Mal ein *Magazine*-Objekt übergeben. Das ist nur deswegen syntaktisch möglich, weil sowohl *Book* als auch *Magazine* auf der übergeordneten Klasse *Document* basieren.

```
' Beispieldatei 04\Implements.xlsm, Modul TestClasses
Dim mybook As Book
Dim mymagazine As Magazine
Private Sub Test_Classes()  ' führen Sie diese Prozedur mit F5 aus!
```

```
    Init_Data
    Show_Data
  End Sub
  Private Sub Init_Data()
    Set mybook = New Book
    mybook.Title = "Linux"
    mybook.PublishingYear = #3/1/1999#
    mybook.Author = "Kofler, Michael"
    Set mymagazine = New Magazine
    mymagazine.Title = "Linux Magazine 1/2000"
    mymagazine.PublishingYear = #1/1/2000#
    mymagazine.Articles = "Gimp 1.2;KDE 2.0"
  End Sub
  Private Sub Show_Data()
    Print_Info mybook
    Print_Info mymagazine
  End Sub
  Private Sub Print_Info(x As Document)
    Debug.Print "Titel: " & x.Title
    Debug.Print "Erscheinungsjahr: " & x.PublishingYear
  End Sub
```

Die übergeordnete Document-Klasse

Das Klassenmodul *Document* weist keine Besonderheiten auf. Darin werden die beiden Eigenschaften *PublishingYear* und *Title* sowie die Methode *ShowInfo* definiert.

```
' Beispieldatei 04\Implements.xlsm, Klassenmodul Document
' zwei Eigenschaften: Title, PublishingYear
' eine Methode: ShowInfo
Private docYear As Date
Private docTitle As String
Public Property Get PublishingYear() As Date
  PublishingYear = docYear
End Property
Public Property Let PublishingYear(ByVal datum As Date)
  docYear = datum
End Property
Public Property Get Title() As String
  Title = docTitle
End Property
Public Property Let Title(ByVal titel As String)
  docTitle = titel
End Property
Public Sub ShowInfo()
  MsgBox "Titel: " & docTitle & ", Erscheinungsjahr: " & docYear
End Sub
```

Die abgeleitete Klasse Book

Mit der Zeile *Implements Book* wird die Klasse *Book* von *Document* abgeleitet. Das bedeutet, dass sämtliche Methoden und Eigenschaften von *Document* in *Book* in gleicher Weise definiert werden müssen.

Damit dabei auf schon vorhandenen Code aus *Document* zurückgegriffen werden kann, sind allerdings einige Klimmzüge erforderlich. Erstens muss innerhalb der *Book*-Klasse ein Objekt vom Typ *Document* erzeugt werden. Dazu werden die Ereignisprozeduren *Class_Initialize* und *_Terminate* verwendet.

```
' Beispieldatei 04\Implements.xlsm, Klassenmodul Book
' drei Eigenschaften: Title (von Document)
'                     PublishingYear (von Document)
'                     Author (neu)
' eine Methode:       ShowInfo (von Document)
Implements Document
Private mydoc As Document
Private bookAuthor As String
Private Sub Class_Initialize()
  Set mydoc = New Document
End Sub
Private Sub Class_Terminate()
  Set mydoc = Nothing
End Sub
```

Zweitens müssen Sie Prozeduren für alle Ereignisse und Methoden von *Document* neu implementieren. Dabei können Sie aber auf die Ereignisse und Methoden des *mydoc*-Objekts zurückgreifen. Beachten Sie, dass sich die Namen der Prozeduren aus dem übergeordneten Klassennamen (also *Document*) und dem Eigenschafts- oder Methodennamen zusammensetzen.

```
' Code für die Eigenschaften aus Document
' (greift auf Document-Eigenschaften zurück)
Private Property Get Document_PublishingYear() As Date
  Document_PublishingYear = mydoc.PublishingYear
End Property
Private Property Let Document_PublishingYear(ByVal datum As Date)
  mydoc.PublishingYear = datum
End Property
Private Property Get Document_Title() As String
  Document_Title = mydoc.Title
End Property
Private Property Let Document_Title(ByVal titel As String)
  mydoc.Title = titel
End Property
Private Sub Document_ShowInfo()
  mydoc.ShowInfo
End Sub
```

Drittens (es ist kaum zu glauben!) müssen Sie nun die *Document*-Eigenschaften auch für das *Book*-Objekt verfügbar machen. (Der zweite Schritt hatte nur die Aufgabe, den *Document*-Code intern weiter nutzen zu können. Daher wurden die Prozeduren als *Private* deklariert.)

```
' Code, um die Document-Eigenschaften auch für Book-Objekte
' verfügbar zu machen
Public Property Get Title() As String
  Title = Document_Title
End Property
Public Property Let Title(ByVal titel As String)
  Document_Title = titel
End Property
Public Property Get PublishingYear() As Date
  PublishingYear = Document_PublishingYear
End Property
Public Property Let PublishingYear(ByVal datum As Date)
  Document_PublishingYear = datum
End Property
Public Sub ShowInfo()
  Document_ShowInfo
End Sub
```

Das bedeutet also: Für jede Eigenschaft, die Sie aus einer übergeordneten Klasse unverändert weiterhin nutzen möchten, benötigen Sie vier (!) Prozeduren, für jede Methode immer noch zwei.

Zu guter Letzt soll die Klasse *Book* noch um eine zusätzliche Eigenschaft *Author* erweitert werden.

```
' Code für die zusätzlichen Eigenschaften
' (spezifisch für das Book-Objekt)
Property Get Author() As String
  Author = bookAuthor
End Property
Property Let Author(autor As String)
  bookAuthor = autor
End Property
```

Die abgeleitete Klasse Magazine

Auch *Magazine* ist von *Document* abgeleitet, und auch diese Klasse wurde um eine zusätzliche Eigenschaft erweitert, die diesmal *Articles* heißt. Im Gegensatz zu *Book* wurden die Eigenschaften *Title* und *PublishingYear* aber neu implementiert, um einen zweiten Weg bei der Programmierung abgeleiteter Klassen zu zeigen. Im Vergleich zum Klassenmodul *Book* entfällt daher die Verwaltung des *mydoc*-Objekts.

```vba
' Beispieldatei 04\Implements.xlsm, Klassenmodul Book
' drei Eigenschaften:
'  Title          (Definition wie in Document, aber neu implementiert)
'  PublishingYear (Def. wie in Document, aber neu implementiert)
'  Articles       (neu)
' eine Methode:
'  ShowInfo       (Def. wie in Document, aber neu implementiert)
Option Explicit
Implements Document
Private magazineYear As Date
Private magazineTitle As String
Private magazineArticles As String
' Code für die Eigenschaften/Methoden aus Document
' (neu implementiert für diese Klasse)
Private Property Get Document_PublishingYear() As Date
  Document_PublishingYear = magazineYear
End Property
Private Property Let Document_PublishingYear(ByVal datum As Date)
  magazineYear = datum
End Property
Private Property Get Document_Title() As String
  Document_Title = magazineTitle
End Property
Private Property Let Document_Title(ByVal titel As String)
  magazineTitle = titel
End Property
Private Sub Document_ShowInfo()
  MsgBox "Titel: " & magazineTitle & _
         ", Erscheinungsjahr: " & magazineYear & _
         ", Artikel: " & magazineArticles
End Sub
' Code, um die Document-Eigenschaften auch für
' Magazine-Objekte verfügbar zu machen
Public Property Get Title() As String
  Title = Document_Title
End Property
Public Property Let Title(ByVal titel As String)
  Document_Title = titel
End Property
Public Property Get PublishingYear() As Date
  PublishingYear = Document_PublishingYear
End Property
Public Property Let PublishingYear(ByVal datum As Date)
  Document_PublishingYear = datum
End Property
Public Sub ShowInfo()
  Document_ShowInfo
End Sub
```

```
' Code für die zusätzlichen Eigenschaften
' (spezifisch für das Magazine-Objekt)
Property Get Articles() As String
  Articles = magazineArticles
End Property
Property Let Articles(inhalt As String)
  magazineArticles = inhalt
End Property
```

Alles in allem ist die Programmierung abgeleiteter Klassen also sehr mühsam. Wirklich interessant ist dieser Mechanismus wohl nur für professionelle Programmierer, die eine neue Klassenbibliothek für Excel (in Form eines Add-ins) erzeugen möchten.

4.5.5 Eine Klasse als FileSearch-Ersatz

Wer geglaubt hat, dass jede neue Office-Version immer nur ein Plus an nützlichen und programmierbaren Funktionen mit sich bringt, sah sich spätestens beim Erscheinen der Version 2007 getäuscht. In deren Objektmodell fehlte plötzlich das *FileSearch*-Objekt, das in zahlreichen VBA-Lösungen für die Suche nach Dateien zum Einsatz kam. Es soll sich nicht mehr mit den Suchfunktionen neuerer Windows-Versionen vertragen haben und wurde

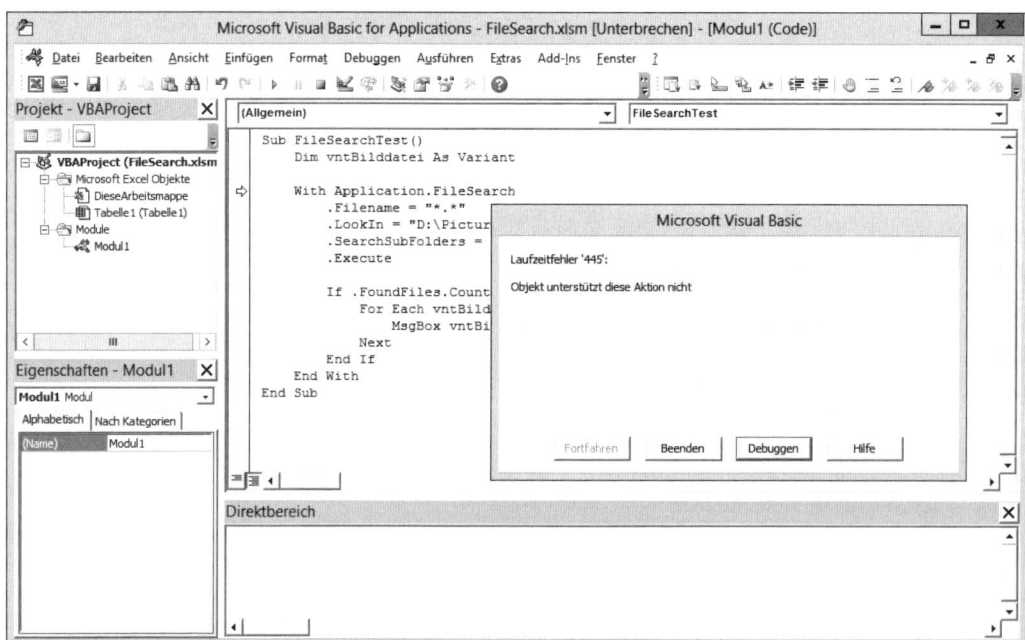

BILD 4.4 Diese Fehlermeldung dürfte vielen Anwendern bekannt sein. Sie erscheint ab Office 2007 beim vergeblichen Aufruf des FileSearch-Objekts.

deshalb ersatzlos aus dem Objektmodell entfernt oder „ausgeblendet", wie der offizielle Terminus lautet. In der Folge funktionierten die erwähnten VBA-Lösungen natürlich nicht mehr unter Office 2007 (und späteren Versionen), was manchem Entwickler Kopfschmerzen und sicher auch die eine oder andere Überstunde beschert haben dürfte.

Hinweis

Den Code dieses Abschnitts finden Sie in den Dateien *SearchFile.xlsm* und *Search-File.cls* im Unterordner 4 der Beispieldateien. ∎

SearchFile statt FileSearch

Da in Office 2013 auch kein *FileSearch*-Ersatz zu finden ist, ist nun also Selbsthilfe angesagt. Als optimale Lösung empfiehlt sich die Programmierung einer eigenen Suchklasse, die identische Eigenschaften und Methoden besitzt und damit nahezu „syntaxkompatibel" mit dem Original ist. Das erleichtert die Integration in bestehenden Code, weil man nur wenige Zeilen ändern muss. Außerdem lässt sich das zugehörige Klassenmodul schnell und einfach in jedes VBA-Projekt importieren.

Dummerweise verfügte das *FileSearch*-Objekt über zu viele Funktionen, als dass man es im Rahmen dieses Buchs vollständig „nachbauen" könnte. Die Ersatzklasse namens *SearchFile*, die wir Ihnen im Folgenden vorstellen möchten, beschränkt sich daher auf die wichtigsten Eigenschaften und Methoden. Die ermöglichen immerhin die Suche nach beliebigen (und beliebig vielen) Dateitypen über ganze Laufwerke und Ordnerzweige hinweg. Was fehlt, ist insbesondere die Möglichkeit, nach bestimmten Inhalten zu fahnden. Vielleicht finden Sie ja eine Lösung für dieses Problem, die Sie uns zusenden möchten!

Nachbau der Eigenschaften LookIn und SearchSubFolders

Genau wie das Original erhält auch unsere *SearchFile*-Klasse eine Eigenschaft namens *LookIn*, mit der das aufrufende Makro den Startordner für die Dateisuche festlegen kann (auf das Auslesen der Eigenschaft soll hier verzichtet werden). Die passende *Property-Let*-Prozedur ist schnell gebaut und speichert den zugewiesenen Wert in der klasseninternen Variablen *my_strStartordner*:

```
' Beispiel 04\searchfile.xlsm
Private my_strStartordner As String

Property Let LookIn(strStartOrdner As String)
    my_strStartordner = strStartOrdner
End Property
```

Über die Eigenschaft *SearchSubFolders* kann das Makro bestimmen, ob sich die Suche auf den in *LookIn* angegebenen Ordner beschränken oder auch dessen Unterordner einbeziehen soll. Im ersten Fall übergibt es der Eigenschaftsprozedur den logischen Wert *False*, im zweiten Fall *True*. Die Variable *my_blnUnterOrdnerDurchsuchen* speichert den übergebenen Wert:

```
Private my_blnUnterOrdnerDurchsuchen As Boolean

Property Let SearchSubFolders(blnUnterOrdnerDurchsuchen As Boolean)
    my_blnUnterOrdnerDurchsuchen = blnUnterOrdnerDurchsuchen
End Property
```

Nachbau der Auflistungsobjekte FileTypes und FoundFiles

Das *FileSearch*-Original verfügte über das Auflistungsobjekt *FileTypes*. Dem konnte das aufrufende Makro per *Add*-Methode beliebig viele Dateitypen, die gesucht werden sollten, hinzufügen. Für die Nachbildung dieses Objekts bedarf es nur einer öffentlichen Variablen vom Typ *Collection* (siehe Abschnitt 4.5.2), die wie folgt am Anfang des Klassenmoduls zu deklarieren ist:

```
Public FileTypes As New Collection
```

Der programmiertechnische Umgang mit dieser selbst gebauten *FileTypes*-Auflistung gestaltet sich fast so wie beim Original. Dort erfolgte die Festlegung der Dateitypen über Office-eigene Konstanten wie *msoFileTypeWordDocuments* für Word-Dokumente, *msoFileTypeExcelWork-books* für Excel-Arbeitsmappen oder *msoFileTypePowerPointPresentations* für PowerPoint-Präsentationsdateien. Diese Konstanten sind freundlicherweise mit dem *FileSearch*-Objekt verschwunden. Man könnte sie natürlich ersetzen, es wäre allerdings wesentlich praktischer, wenn man die zu suchenden Dateitypen über die übliche Angabe einer Dateimatrix wie „*.xlsx" bestimmen könnte. Und genau das ist bei unserer *FileTypes*-Auflistung der Fall, sodass sich der Aufruf der *SearchFile*-Ersatzklasse in diesem Punkt vom Original unterscheidet.

Für die Rückgabe der gefundenen Dateien verwendete das *FileSearch*-Objekt ein weiteres (schreibgeschütztes) Auflistungsobjekt mit Namen *FoundFiles*. Auch dieses Objekt lässt sich extrem einfach durch die Deklaration einer gleichnamigen öffentlichen Klassenvariablen vom Typ *Collection* „emulieren":

```
Public FoundFiles As New Collection
```

Nachbau der NewSearch-Methode

Hatte man erst einmal ein Objekt für die originale *FileSearch*-Klasse erstellt, konnte man es für beliebig viele Suchläufe nutzen, wobei sich die gefundenen Dateien in der *FoundFiles*-Auflistung ansammelten. Auch die Einstellungen der diversen Objekteigenschaften blieben – sofern nicht ausdrücklich geändert – über die verschiedenen Suchläufe hinweg erhalten. Wollte man dann eine weitere Suche mit leerer *FoundFiles*-Auflistung und „werksseitig" voreingestellten Eigenschaftswerten durchführen, konnte man das Objekt mithilfe der *NewSearch*-Methode „resetten".

Unsere Ersatzklasse verfügt natürlich ebenfalls über so eine *NewSearch*-Methode, die wir in Form einer *Sub*-Routine realisieren. Die löscht die Inhalte der *FoundFiles*- und *FileTypes*-Auflistungen, indem sie die zugehörigen *Collection*-Variablen neu deklariert. Den Variablen zur Speicherung der Eigenschaftswerte weist die Routine ihre jeweilige Grundeinstellung zu: eine leere Zeichenkette (*my_strStartordner*) beziehungsweise den Wert *False* (*my_blnUnterOrdnerDurchsuchen*).

```
Public Sub NewSearch()
    Dim FileTypes As New Collection
    Dim FoundFiles As New Collection

    my_strStartordner = ""
    my_blnUnterOrdnerDurchsuchen = False
End Sub
```

Nachbau der Execute-Methode

Die *Execute*-Methode des *FileSearch*-Originals startete den Suchlauf und retournierte an dessen Ende die Anzahl der gefundenen Dateien an das aufrufende Makro. Das ist bei der *Execute*-Methode unseres *SearchFile*-Objekts, die wir durch folgende *Function*-Routine realisieren, grundsätzlich nicht anders:

```
Public Function Execute() As Long
    Dim intI As Integer
    Dim strExtensions As String

    For intI = 1 To FileTypes.Count
        strExtensions = strExtensions & ";" & FileTypes.Item(intI)
    Next
    If Left(strExtensions, 1) = ";" Then
        strExtensions = Mid(strExtensions, 2, _
            Len(strExtensions) - 1)
    End If

    Call HolDateien(my_strStartordner, strExtensions)

    Execute = FoundFiles.Count
End Function
```

Anstatt die Dateisuche jedoch selbst durchzuführen, delegiert unsere *Execute*-Methode die Arbeit an eine Prozedur namens *HolDateien* (siehe unten). Der übergibt sie beim Aufruf den in *my_strStartordner* gespeicherten Startordner für die Suche sowie die Zeichenkette *strExtensions*. Letztere hat sie zuvor per *For-Next*-Schleife aus allen Dateimatrizen der *FileTypes*-Auflistung zusammengesetzt, wobei jeweils ein Semikolon als Trennzeichen zum Einsatz kam.

Die Prozedur HolDateien

Für den unvermeidlichen Umgang mit dem Dateisystem greift die Prozedur *HolDateien* auf die Dienste der *File System Objects* (siehe Abschnitt 5.6.1) zurück, da diese wesentlich leistungsfähiger sind als einschlägige VBA-Funktionen wie *Dir* & Co. Die Einbindung der nützlichen Helfer erfolgt im Rahmen der ActiveX-Automation (siehe Abschnitt 15.6) über eine *CreateObject*-Anweisung. Die erstellt das Objekt *objFSO*, das als eine Art Fernsteuerung für alle Bestandteile der *File System Objects* fungiert.

```
Dim objFSO As Object
Set objFSO = CreateObject("Scripting.FileSystemObject")
```

Einer dieser Bestandteile ist das *GetFolder*-Objekt. Es erlaubt den programmierten Zugriff auf jeden beliebigen Ordner des Dateisystems. Das Objekt verfügt unter anderem über eine sehr nützliche Auflistung namens *Files*, die sämtliche Dateien des jeweiligen Ordners umfasst.

Die *For-Each-Next*-Schleife der *HolDateien*-Prozedur nutzt diese Auflistung, um sich der Reihe nach einen Verweis (*objDatei*) auf jede einzelne Datei des aktuell zu durchsuchenden Ordners (*strOrdner*) zu holen. Anschließend überprüft sie die Zeichenkette *strExtensions*, die die Datei-matrizen aus der *FileTypes*-Auflistung enthält. Findet sie darin die globale Matrix „*.*" (die auf jeden Dateityp zutrifft), fügt sie der *FoundFiles*-Auflistung grundsätzlich jede Datei des Ordners hinzu. Enthält *strExtensions* dagegen spezielle Matrizen wie „*.xlsx" oder „*.docx", nimmt die Schleife nur solche Dateien in *FoundFiles* auf, deren Dateinamenserweiterungen (von *objFSO.GetExtensionName* ermittelt) in der Zeichenkette enthalten sind.

```
For Each objDatei In objFSO.GetFolder(strOrdner).Files
    If strExtensions = "" Or strExtensions = "*.*" Then
        FoundFiles.Add objDatei.Path
    Else
        strDateiExtension = "." & _
            objFSO.GetExtensionName(objDatei.Name)
        If InStr(LCase(strExtensions), LCase(strDateiExtension)) _
            > 0 Then
            FoundFiles.Add objDatei.Path
        End If
    End If
Next
```

Zum Abschluss überprüft *HolDateien* die Variable *my_blnUnterOrdnerDurchsuchen*, die ihren Wert ja über die *SearchSubFolders*-Eigenschaft der *SearchFile*-Klasse erhält. Ist deren Wert *True*, ruft sich *HolDateien* rekursiv selbst auf, und zwar für jeden Unterordner des aktuellen Ordners. Das tut sie auch für die Unterordner der Unterordner und arbeitet sich auf diese Art durch nahezu beliebig tief verschachtelte Ordnerstrukturen oder ganze Laufwerke. Für die Bereitstellung der Unterordnerpfade ist die *SubFolders*-Auflistung des *GetFolder*-Objekts verantwortlich.

```
If my_blnUnterOrdnerDurchsuchen = True Then
    For Each objUnterOrdner In _
        objFSO.GetFolder(strOrdner).SubFolders
        Call HolDateien(objUnterOrdner.Path, strExtensions)
    Next
End If
```

Hat die *HolDateien*-Prozedur dann schließlich ihre Sucharbeit erledigt, obliegt es der *Execute*-Routine nur noch, die in *FoundFiles.Count* enthaltene Anzahl der gefundenen Dateien an das aufrufende Makro zurückzumelden.

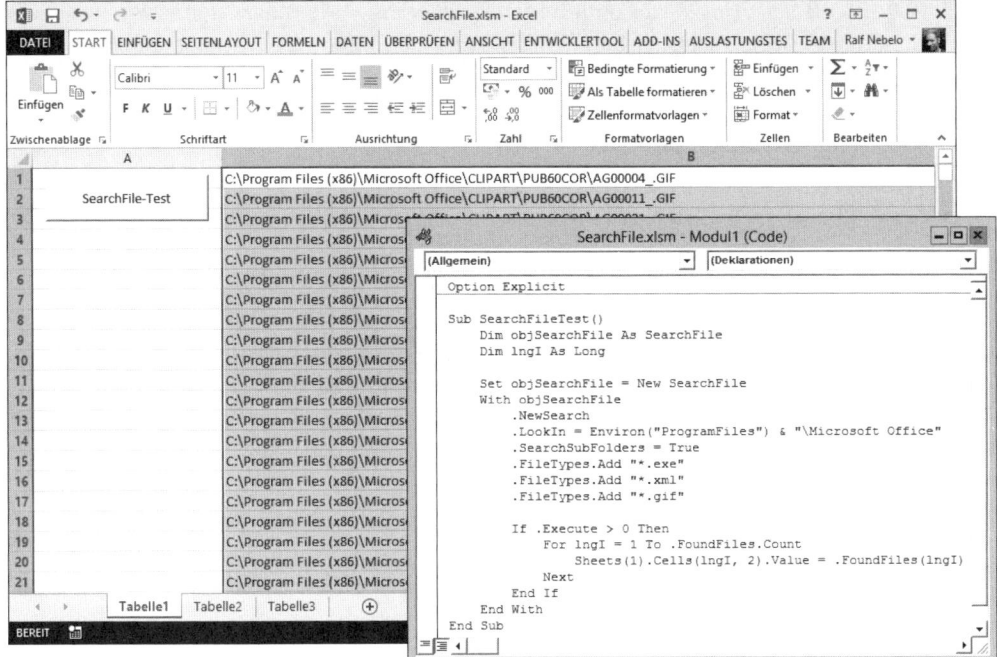

BILD 4.5 Die Beispieldatei *SearchFile.xlsm* demonstriert den praktischen Einsatz der selbst gebauten SearchFile-Klasse.

Die SearchFile-Klasse im Einsatz

Um die *SearchFile*-Klasse aus eigenen Makros heraus nutzen zu können, muss man zunächst das Klassenmodul *SearchFile.cls* mit dem Menübefehl DATEI | DATEI IMPORTIEREN des Visual-Basic-Editors in das jeweilige VBA-Projekt integrieren.

Anschließend deklariert man innerhalb des Makros eine Objektvariable vom Typ *SearchFile* und weist dieser via *Set*-Anweisung eine neue Instanz der Klasse zu:

```
Dim objSearchFile As SearchFile
Set objSearchFile = New SearchFile
```

Nun kann man über das *objSearchFile*-Objekt auf alle Eigenschaften und Methoden der *SearchFile*-Klasse zugreifen. Hat man bereits einen oder mehrere Suchläufe durchgeführt und möchte man das Objekt für eine weitere Suche auf seine Grundeinstellungen (und eine leere *FoundFiles*-Liste) zurücksetzen, empfiehlt es sich, zunächst die *NewSearch*-Methode aufzurufen:

```
objSearchFile.NewSearch
```

Über die *LookIn*-Eigenschaft lässt sich der Startordner der Suche bestimmen:

```
objSearchFile.LookIn = "D:\Dokumente"
```

Soll sich die Suche auch auf sämtliche Unterordner des Startordners erstrecken, weist man der *SearchSubFolders*-Eigenschaft den Wert *True* zu (ansonsten lässt man die Eigenschaft einfach weg oder setzt sie auf *False*):

```
objSearchFile.SearchSubFolders = True
```

Damit das *SearchFile*-Objekt weiß, welche Dateitypen es suchen soll, fügt man seiner *FileTypes*-Auflistung per *Add*-Methode die passenden Dateimatrizen hinzu. Das folgende Beispiel veranlasst die Suche nach allen Word-, Excel- und PowerPoint-Dokumenten:

```
With objSearchFile
    .FileTypes.Add "*.xlsx"
    .FileTypes.Add "*.docx"
    .FileTypes.Add "*.pptx"
End With
```

Die *Execute*-Methode startet den Suchvorgang und gibt nach dessen Ende die Anzahl der gefundenen Dateien zurück. Das Makro sollte diesen Funktionswert auswerten, um angemessen auf einen Erfolg oder Misserfolg der Rasterfahndung reagieren zu können. Das folgende Beispiel prüft per *If*-Abfrage, ob das *SearchFile*-Objekt mehr als 0 Dateien (also mindestens eine) gefunden hat. Trifft das zu, durchläuft die anschließende *For-Next*-Schleife alle Dateinamen der *FoundFiles*-Auflistung und schreibt diese in die erste Spalte des ersten Arbeitsblatts:

```
If objSearchFile.Execute > 0 Then
    For lngI = 1 To .FoundFiles.Count
        Sheets(1).Cells(lngI, 1).Value = _
            objSearchFile.FoundFiles(lngI)
    Next
End If
```

4.5.6 Syntaxzusammenfassung

Schlüsselwort *Me*	
Me	verweist auf die aktuelle Instanz des Objekts

Ereignisse innerhalb der Klasse	
Class_Initialize	Objekt der Klasse wird erzeugt
Class_Terminate	Objekt der Klasse wird gelöscht

Methoden programmieren	
Public Sub/Function mymethod(para)	Methode ohne/mit Rückgabewert
[mymethod = ...]	Rückgabewert (bei Funktionen)
End Sub/Function	

Eigenschaftsprozeduren für Daten programmieren (Zahlen/Zeichenketten)

Property Get myproperty()	Eigenschaft lesen
myproperty = ...	
End Property	
Property Let myproperty(data)	Eigenschaft verändern
... = data	
End Property	

Eigenschaftsprozeduren für Objekte programmieren

Property Get myproperty() As Object	Eigenschaft lesen
Set myproperty = ...	
End Property	
Property Set myproperty(obj As Object)	Eigenschaft verändern
Set ... = obj	
End Property	

Ereignisse deklarieren und auslösen

Public Event myevent(paraliste)	Deklaration im Klassenmodul
RaiseEvent myevent	Ereignis auslösen

Verwendung von Objektklassen (Code außerhalb des Klassenmoduls)

Dim x As New classname	Objekt *x* der Klasse *classname* erzeugen
x.variable	auf globale Variable dieses Objekts zugreifen
x.property	Eigenschaft dieses Objekts verwenden
x.method	Methode dieses Objekts verwenden
Set x = Nothing	Objekt löschen

Collection-Objekt

Dim c As New Collection	c enthält eine neue Auflistung
c.Count	liefert die Zahl der Elemente
c.Add data, „index"	Element hinzufügen
c(n) oder *c(„index")* oder	verschiedene Syntaxvarianten zum Zugriff
c!index oder *c![index]*	auf ein Element
c.Remove(n) oder *(„index")*	Element löschen
Set c = Nothing	Auflistung löschen

■ 4.6 Operatoren in VBA

Zu den Operatoren von VBA gehören Zeichen wie + – * / = > < sowie Schlüsselwörter wie *And, Or, Not* etc. Operatoren müssen normalerweise nicht lang erklärt werden. Dieser Abschnitt gibt eine knappe Übersicht darüber, welche Operatoren existieren, und weist auf einige Besonderheiten hin.

Arithmetische Operatoren werden zur Durchführung von Berechnungen verwendet. Während + – * und / (für Grundrechenarten) keiner weiteren Erklärung bedürfen, sind \ und *Mod* schon interessanter: \ führt eine ganzzahlige Division durch. Die beiden Argumente werden vorher zu ganzen Zahlen gerundet, wenn das nicht der Fall war. 5\2 liefert daher ebenso wie 5.5\1.5 das Ergebnis 2. Mod führt ebenfalls eine ganzzahlige Division nach dem Schema von \ durch, liefert als Ergebnis aber den Rest der Division. *21 Mod 5* liefert daher den Rest 1.

Zur Verkettung von Zeichenketten stehen zwei Operatoren zur Auswahl: + kann nur mit Zeichenketten umgehen und verbindet etwa „ab"+„cd" zu „abcd". & kommt auch mit Zahlen zurecht und wandelt diese in Zeichenketten um. „12" & 3 liefert „123".

Vergleichsoperatoren

Zum Vergleich von zwei Werten oder Zeichenketten dient der Operator =, also etwa *If a = 3 Then ...* Daneben gibt es zwei Spezialoperatoren, *Is* und *Like*:

- *Is* dient dem Vergleich zweier Objektvariablen (*obj1 Is obj2*) und sollte *True* liefern, wenn beide Variablen auf dasselbe Objekt verweisen. Leider funktioniert dieser Operator nur manchmal. Lediglich Vergleiche mit dem Schlüsselwort *Nothing* liefern immer korrekte Ergebnisse (also *If x Is Nothing Then ...*).

  ```
  Dim a As Object, b As Object
  Set a = ActiveWindow
  Set b = ActiveWindow
  If a Is b Then ...       'funktioniert nicht!
  ```

- *Like* ermöglicht die Mustererkennung in Zeichenketten. Im Suchmuster (rechts von *Like*) dürfen die Jokerzeichen „?" (ein beliebiges Zeichen) und „*" (beliebig viele Zeichen) verwendet werden. *Like* unterscheidet zwischen Groß- und Kleinbuchstaben! Ein Beispiel: „Mayr" Like „M*r" liefert *True*.

 Verweis

Wenn Sie viel mit Zeichenketten zu tun haben, ist oft die Anweisung *Option Compare Text* am Beginn des Moduls hilfreich. Damit werden bei normalen Vergleichen Groß- und Kleinbuchstaben als gleichwertig behandelt. Auch Sonderzeichen wie ä, ö, ü und ß werden korrekt eingeordnet. Die Option gilt sowohl für den Operator = als auch für *Like*. Siehe Abschnitt 5.4.2.   ■

Logische Operatoren

Logische Operatoren ermöglichen die Verknüpfung mehrerer Bedingungen. *a Or b* liefert *True*, wenn zumindest eine der beiden Teilbedingungen *a* oder *b True* ist. *And* ist restriktiver und verlangt, dass beide Teilbedingungen gleichzeitig *True* sind. *Xor* entspricht dem sprachlichen „Entweder-oder": Es muss entweder *a* oder *b True* sein, andernfalls liefert *Xor* das Ergebnis *False*. Seltener benötigt werden *Imp* und *Eqv*: *Imp* liefert immer *True*, es sei denn *a=True* und *b=False*. *Eqv* liefert dann *True*, wenn *a* und *b* übereinstimmen.

Achtung

VBA kennt offensichtlich keine Optimierungen bei der Auswertung von Bedingungen: Eine Abfrage in der Form *If x>=0 And Sqr(x)<3* führt bei negativen Zahlen in *x* zu einem Fehler. (In vielen Programmiersprachen wird der zweite Teil der Abfrage gar nicht mehr ausgewertet, wenn der erste Teil ohnedies schon falsch und somit das Ergebnis der zusammengesetzten *And*-Bedingung klar ist.) ∎

Manche VBA- bzw. Excel-Eigenschaften enthalten Bit-codierte Statusinformationen. Ein typisches Beispiel ist die *Attributes*-Eigenschaft des *File*-Objekts aus der *Scripting*-Bibliothek (siehe auch Abschnitt 5.6). Mögliche Attribute sind in den *FileAttribute*-Konstanten definiert:

Name	Wert
Normal	0
ReadOnly	1
Hidden	2
System	4
...	...

Die Werte dieser Konstanten entsprechen also Zweierpotenzen (2^0, 2^1, 2^2, 2^3 etc.), d. h. bei einer binären Darstellung jeweils einem Bit (0001, 0010, 0100, 1000). Bei einer versteckten, schreibgeschützten Systemdatei hätte *Attributes* daher den Wert 7 (also 1+2+4).

Die Operatoren *And* und *Or* eignen sich hervorragend zur Bearbeitung solcher Konstanten. Wenn Sie beispielsweise mehrere Attribute gleichzeitig setzen möchten (also etwa *ReadOnly* und *System*), müssen Sie die Konstanten mit *Or* verknüpfen. (Alternativ können Sie auch einfach den Operator + verwenden.)

```
myfile.Attributes = ReadOnly Or System
```

Wenn Sie testen möchten, ob ein bestimmtes Attribut gesetzt ist, verwenden Sie *And*:

```
If (myfile.Attributes And System) <> 0 Then 'es ist eine Systemdatei
```

Hierarchie der Operatoren

Die Operatoren sind untereinander nicht gleichberechtigt. Bei der Anweisung $a+b*c$ wird beispielsweise zuerst $b*c$ und dann die Summation mit a durchgeführt. An oberster Stelle in der Hierarchie der Operatoren stehen die arithmetischen Operatoren für Zahlen bzw. die Verknüpfungsoperatoren für Zeichenketten. Ihnen folgen die Vergleichs- und schließlich die logischen Operatoren. Die beiden Zuweisungsoperatoren spielen bei der Auswertung von Ausdrücken keine Rolle. Eine vollständige Rangliste aller Operatoren finden Sie in der Hilfe zum Suchthema „Operatorvorrang".

Syntaxzusammenfassung

Arithmetische Operatoren	
–	negatives Vorzeichen
+ – * /	Grundrechenarten
^	Potenz (3^2 ergibt 9)
\	ganzzahlige Division
Mod	Modulo-Operator (Rest einer ganzzahligen Division)

Operatoren zur Verknüpfung von Zeichenketten	
+	nur für Zeichenketten
&	Zahlen werden automatisch in Zeichenketten umgewandelt

Vergleichsoperatoren	
=	gleich
<>	ungleich
< <=	kleiner bzw. kleiner-gleich
> >=	größer bzw. größer-gleich
Is	Verweis auf dasselbe Objekt; Vorsicht, funktioniert nicht!
Like	Mustervergleich für Zeichenketten

Logische Operatoren	
And	logisches Und
Or	logisches Oder
Xor	exklusives Oder (entweder a oder b, aber nicht beide)
Imp	Implikation (wenn a wahr ist, dann muss auch b wahr sein)
Aqv	Äquivalenz (a und b müssen übereinstimmen)
Not	logische Negation

Zuweisungsoperatoren	
=	Zuweisung an Variablen und Eigenschaften
:=	Zuweisung an benannte Parameter beim Prozeduraufruf

■ 4.7 Virenschutz

VBA ist nicht nur ein leistungsfähiges Werkzeug für die Entwicklung von nützlichen Excel-Lösungen, es bietet leider auch alle Voraussetzungen, um einen Virus zu programmieren:

- Die Möglichkeit, Programmcode automatisch auszuführen (*Auto_Open* oder *Auto_Close*, zahllose Ereignisprozeduren).
- Die Möglichkeit, andere Excel-Dateien zu verändern (wichtig für die „Fortpflanzung" von Viren).
- Die Möglichkeit, neuen Programmcode einzufügen oder vorhandenen Code zu verändern. (Die mit Excel 97 eingeführte VBE-Objektbibliothek bietet ungeahnte neue Möglichkeiten für Virenprogrammierer. Ob das wirklich im Sinne des Erfinders ist?)
- Die Möglichkeit, auf vielfältigste Art und Weise Schaden am Rechner anzurichten. (So lassen sich dank DLL-Unterstützung fast alle Betriebssystemfunktionen aufrufen. Dank ActiveX-Automation kann jede am Rechner installierte Objektbibliothek genutzt werden. Beispielsweise können Sie unter Windows mit wenigen Zeilen VBA-Code Einstellungen im gesamten Sicherheitssystem verändern, wenn der Code von einem Benutzer mit *Administrator*-Rechten ausgeführt wird!)

Auf die Details einzugehen, ist an dieser Stelle sicherlich nicht sinnvoll. Entscheidend ist, dass Sie sich bewusst sind, dass *jede* Excel-Datei einen Virus beinhalten kann, auch wenn die Datei aussieht wie eine ganz harmlose Tabelle! Selbstredend gilt das auch für Mustervorlagen und für Add-ins (das sind ja ebenfalls VBA-Programme).

4.7.1 Vorhandene Schutzmaßnahmen nutzen

Automatische Makroausführung verhindern

Der Befehl ENTWICKLERTOOLS | MAKROSICHERH. bringt das Dialogfeld „Trust Center" zum Vorschein, wo Sie zwischen vier verschiedenen Sicherheitsstufen wählen können:

- *Alle Makros ohne Benachrichtigung deaktivieren*: Es werden sämtliche Makros in einem Dokument deaktiviert, unabhängig davon, ob diese vertrauenswürdig sind oder nicht. Es erscheint keinerlei Hinweis, der den Anwender auf die Existenz von Makros hinweist.
- *Alle Makros mit Benachrichtigung deaktivieren*: In dieser Standardeinstellung werden ebenfalls sämtliche Makros beim Öffnen eines Dokuments abgeschaltet. Unterhalb des Menübands erscheint aber ein Hinweis auf die Makros sowie eine Schaltfläche, mit der Sie die Makros bei Bedarf wieder aktivieren können.
- *Alle Makros außer digital signierten Makros deaktivieren*: Diese Option führt nur Makros aus, die signiert sind und aus einer vertrauenswürdigen Quelle stammen. Signieren bezeichnet einen Vorgang, bei dem ein VBA-Projekt mit einer Prüfsumme versehen und zusammen mit dem Projekt auch der Urheber gespeichert wird. Eine nachträgliche Veränderung des Projekts ist nicht mehr möglich. Vertrauenswürdige Quellen sind Entwickler oder Firmen, von denen Sie bereits ein Add-in installiert und dabei angegeben haben, dieser Quelle in Zukunft ohne weitere Rückfragen zu vertrauen.

▪ *Alle Makros aktivieren*: Sämtliche Makros werden ohne Warnung ausgeführt. Gerade für VBA-Programmierer ist das die bequemste Einstellung – aber eben auch die gefährlichste!

Ab Excel 2007 lautet die Default-Einstellung ALLE MAKROS MIT BENACHRICHTIGUNG DEAKTIVIEREN. Beachten Sie, dass bei früheren Excel-Versionen mehrfach Fälle bekannt wurden, wie der Makroschutz von Viren überwunden werden konnte. Microsoft hat dann zwar meist rasch ein Sicherheits-Update nachgereicht, aber die Fälle beweisen, dass ein blindes Vertrauen in die Schutzeinstellungen leider nicht angebracht ist.

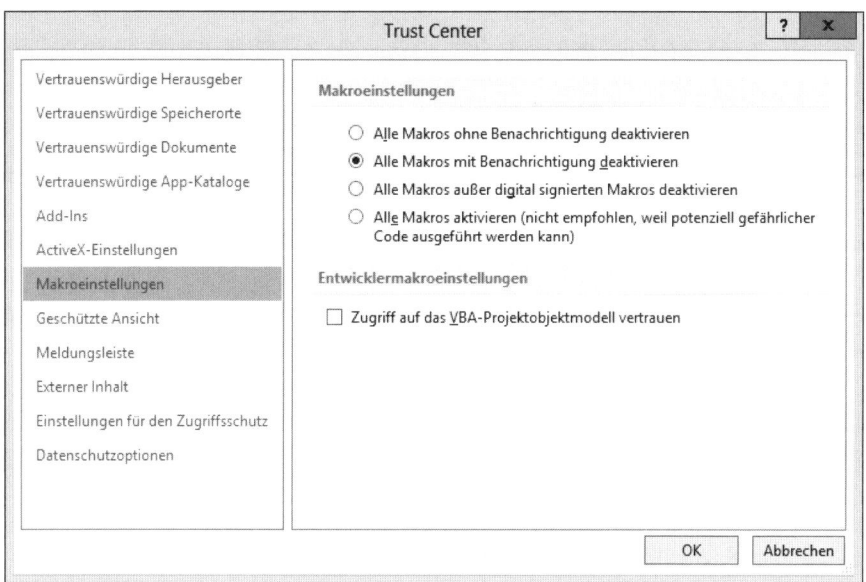

BILD 4.6 Die vier Makrosicherheitsstufen im Trust-Center-Dialog

 Anmerkung

Wenn Sie Excel-Dateien weitergeben, die VBA-Code enthalten, sollten Sie darauf immer explizit hinweisen. Andernfalls vermutet der Anwender vielleicht, dass es sich um Viren handeln könnte, und deaktiviert die Codeausführung.

Viren in Add-ins und Vorlagen

Vorlagen sind quasi Schablonen, auf deren Basis neue Excel-Dateien erstellt werden (Details siehe Kapitel 9). Für sie gelten die gleichen Virenschutzeinstellungen wie für andere Excel-Dokumente. Das heißt, dass Makros, die in Vorlagen gespeichert sind, standardmäßig abgeschaltet sind, vom Anwender aber jederzeit aktiviert werden können. Durch das Verschieben der Vorlagendateien an einen vertrauenswürdigen Speicherort (den man im gleichnamigen Blatt des Trust-Center-Dialogs festlegen kann) besteht auch hier die Möglichkeit, eigene Makros von sämtlichen Überprüfungen und Blockaden auszunehmen.

Add-ins stellen eine Möglichkeit dar, die Benutzeroberfläche von Excel zu erweitern. Excel kennt zwei Add-in-Typen: Anwendungs-Add-ins (*.xlam, mit VBA programmiert) und COM-Add-ins (*.dll, können nur mit Visual Basic oder Visual Studio Tools for Office erstellt werden). Details und Hintergrundinformationen zu Add-ins gibt Kapitel 15.

An dieser Stelle ist nur wichtig, dass beide Add-in-Typen ebenso Viren enthalten können. Für diese Dateien gilt allerdings ein anderer Schutzmechanismus. Im Blatt ADD-INS des Trust-Center-Dialogs lassen sich Add-ins generell deaktivieren oder nur solche freischalten, die von einem vertrauenswürdigen Herausgeber signiert wurden. Aber Vorsicht: In der Voreinstellung vertraut Excel sämtlichen Add-ins!

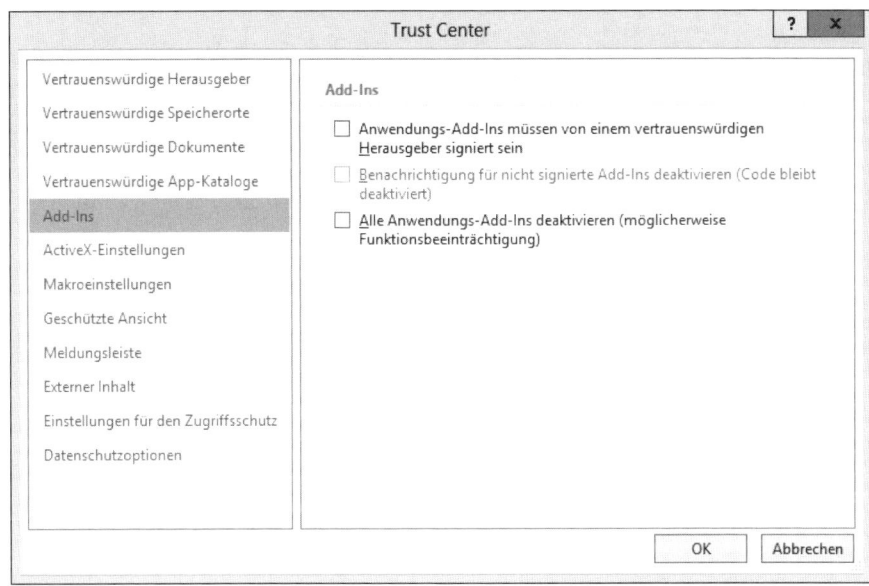

BILD 4.7 Add-ins werden in der Default-Einstellung als sicher betrachtet.

Da Add-ins ein integraler Bestandteil von Excel sind, ist es schwierig, diese Einstellung zu verändern: Wenn Sie die Ausführung von Add-ins im Trust-Center-Dialog generell verbieten, werden Sie auf viele Excel-Funktionen verzichten müssen und stattdessen mit zahlreichen Fehlermeldungen zu kämpfen haben.

Erlauben Sie nur die Ausführung signierter Add-ins, können Sie zwar immerhin die mitgelieferten Microsoft-Add-ins nutzen. Sie sperren aber immer noch zahllose und nicht weniger nützliche Erweiterungen von kleineren Herstellern aus, die sich keine teure Zertifizierung ihrer Vertrauenswürdigkeit leisten können (siehe Abschnitt 4.7.3). Außerdem behindern Sie den Einsatz von selbst entwickelten Add-ins, die im Gegensatz zu „Makrohaltigen" Dokumenten eine universelle Nutzung Ihrer Makros erlauben.

Aus diesem Grund bleibt die Voreinstellung in Sachen Add-ins-Sicherheit zumeist bestehen, womit Add-ins sozusagen ein offenes Tor für alle Virenprogrammierer darstellen! (Add-ins sind aus Sicht eines Virenprogrammierers zwar unhandlicher als normale Excel-Dateien, weil sie nur dann eine Gefahr darstellen, wenn sie korrekt installiert werden. Diese Hürde ist aber durchaus überwindbar.)

Zugriff auf das VBA-Projektobjektmodell

Neu ab Excel 2007 ist die Option ZUGRIFF AUF DAS VBA-PROJEKTOBJEKTMODELL VERTRAUEN im Blatt MAKROEINSTELLUNGEN des Trust-Center-Dialogs. Diese Option gibt an, ob die VBE-Bibliothek verwendet werden darf, mit der programmierte Zugriffe auf die Entwicklungsumgebung und sämtlichen VBA-Code möglich sind. Für Virenprogrammierer ist das besonders attraktiv, es gibt aber auch durchaus nützliche Anwendungen für diese Bibliothek (siehe Abschnitt 4.4.5).

4.7.2 Viren selbst entdecken

Virensuche in aktuellen Excel-Dateien

Wenn Ihnen eine Excel-Datei verdächtig vorkommt, öffnen Sie die Datei bei aktiviertem Virenschutz, also ohne VBA-Code auszuführen. Anschließend sollten Sie einen Blick auf folgenden Code werfen:

- Autoprozeduren. (Verwenden Sie das Kommando BEARBEITEN | SUCHEN und erweitern Sie den Suchbereich auf das gesamte Projekt.)

- Alle Ereignisprozeduren. (Potenziell gefährlicher Code kann auch in Ereignisprozeduren versteckt sein, die beispielsweise beim Speichern der Datei, beim Blattwechsel etc. aufgerufen werden.)

- Testen Sie mit EXTRAS | VERWEISE, ob die VBE-Bibliothek („Microsoft Visual Basic for Applications Extensibility") aktiviert ist. Diese Bibliothek ist der Schlüssel zur Manipulation des Programmcodes anderer Excel-Dateien. Wenn diese Bibliothek aktiviert ist, muss es dafür schon plausible Gründe geben, die vom Entwickler der Excel-Datei dokumentiert sein sollten.

Virensuche in Excel-4-Dateien

Auch die frühere Makrosprache von Excel (bis Version 4) kannte verschiedene AutoMakros, die aus Kompatibilitätsgründen bis zur aktuellen Version automatisch ausgeführt werden. Diese AutoMakros werden über *Name*-Objekte gestartet, deren Namen mit „Auto_Open" beginnen. *Name*-Objekte können auch Verweise auf externe Dateien enthalten (z. B. auf Add-in-Dateien). Außerdem kann die *Visible*-Eigenschaft von *Name*-Objekten auf *False* gestellt werden. Wenn Sie Virenverdacht schöpfen und keine *Auto_Open*-Prozedur finden, sollten Sie also (für alle Tabellenblätter sowie für das *Workbook*-Objekt) einen Blick auf alle *Name*-Objekte werfen. Im Direktbereich sehen die beiden Anweisungen folgendermaßen aus.

```
For Each s In Worksheets: For Each n In s.Names: _
    ?n.Name: Next: Next
For Each n In ActiveWorkbook.Names: ?n.Name: Next
```

4.7.3 Vertrauenswürdige Makros ohne Einschränkungen ausführen

Vertrauenswürdige Speicherorte

Die Sicherheitsmechanismen von Excel richten sich nicht nur gegen potenzielle Makroviren, sie verhindern auch die Ausführung von legitimen und nützlichen VBA-Lösungen. Weil das aber kaum im Sinne von Entwicklern und Anwendern sein kann, hat Microsoft in Excel 2007 das Konzept der „vertrauenswürdigen Speicherorte" eingeführt. Dabei handelt es sich um beliebige Festplatten- oder Netzwerkordner, die Sie selbst bestimmen können. Die Makros aller darin gespeicherten Excel-Dokumente und Add-ins führt Excel ohne Behinderungen aus, während Dokumente und Add-ins in anderen Ordnern zuverlässig durch die voreingestellte Makrosicherheitsstufe geblockt werden.

Zum Festlegen eines vertrauenswürdigen Speicherorts öffnen Sie den Trust-Center-Dialog, aktivieren das Registerblatt Vertrauenswürdige Speicherorte und klicken auf die Schaltfläche Neuen Speicherort hinzufügen. Die Durchsuchen-Schaltfläche des nachfolgenden Dialogs erlaubt Ihnen dann die Auswahl des Verzeichnisses, in dem die vertrauenswürdige Dokument- oder Add-in-Datei zu finden ist.

Vertrauenswürdige Dokumente

Als sinnvolle Ergänzung hat Excel 2010 das Konzept der „vertrauenswürdigen Dokumente" eingeführt. Damit kann ein Dokument unabhängig von seinem Speicherort als unbedenklich eingestuft werden. Das geschieht automatisch, sobald Sie die Schaltfläche Inhalt aktivieren anklicken, die beim ersten Öffnen des jeweiligen Dokuments im Rahmen einer Sicherheitswarnung erscheint.

Über das Registerblatt Vertrauenswürdige Dokumente des Trust-Center-Dialogs können Sie die Gültigkeit vertrauenswürdiger Dokumente pauschal deaktivieren beziehungsweise die Vertrauenswürdigkeit auch auf Netzwerke ausdehnen.

Digitales Zertifikat für VBA-Projekte

Wenn Sie die Blockade *eigener* Makroprojekte verhindern mochten, können Sie diesen eine digitale „Unbedenklichkeitsbescheinigung" ausstellen. Dazu starten Sie das im Office-Lieferumfang enthaltene Tool *Digitales Zertifikat für VBA-Projekte* und stellen sich mit dessen Hilfe ein Zertifikat für Ihren eigenen Namen aus.

Danach markieren Sie die (geöffnete) Projektdatei im Projekt-Fenster des Visual-Basic-Editors und wählen Extras | Digitale Signatur. Ein Klick auf die Wählen-Schaltfläche des Dialogs erlaubt Ihnen die Zuweisung des zuvor erstellten Zertifikats.

Wechseln Sie zurück nach Excel, öffnen Sie den Trust-Center-Dialog, und ändern Sie im Registerblatt Makroeinstellungen die Sicherheitsstufe auf Alle Makros ausser digital signierten Makros deaktivieren.

Dann speichern Sie die Projektdatei und starten Excel neu. Markieren Sie das Kontrollkästchen Makros aus dieser Quelle immer vertrauen, und wählen Sie Makros aktivieren. Beim nächsten Programmstart stehen Ihnen alle Makros der Projektdatei uneingeschränkt zur Verfügung.

Hinweis

Wenn Sie ein VBA-Projekt mithilfe des Tools *Digitales Zertifikat für VBA-Projekte* signieren, so gilt das nur für Ihren eigenen Rechner. Möchten Sie die Projektdatei weitergeben, müssen Sie Ihren Code durch ein offizielles Zertifikat als vertrauenswürdig ausweisen. Das erhalten Sie ausschließlich bei anerkannten Zertifizierungsstellen wie beispielsweise VeriSign (*www.verisign.com [Link 6]*). Der Erwerb eines solchen zeitlich begrenzten Zertifikats lohnt sich aber nur für kommerzielle Entwickler, da er mit hohen Kosten und einem nicht unerheblichen Verwaltungsaufwand verbunden ist.

5 Programmiertechniken

Dieses Kapitel gibt Antworten auf alltägliche Programmierfragen: Wie erfolgt der Zugriff auf Tabellen, Bereiche oder Zellen? Wie werden Berechnungen mit Datum und Uhrzeit durchgeführt? Wie werden Zeichenketten bearbeitet? Wie werden neue Tabellenfunktionen definiert?

■ 5.1 Zellen und Zellbereiche

Der Zugriff auf einzelne Zellen oder ganze Zellbereiche von verschiedenen Tabellenblättern ist ein wenig verwirrend, weil Excel zwischen zahlreichen, inhaltlich ähnlichen Objekten bzw. Begriffen unterscheidet. In vielen Fällen existieren sogar mehrere mögliche Vorgehensweisen.

Abschnitt 5.1.1 beschreibt alle wichtigen Objekte, Methoden und Eigenschaften, die den Zugriff auf Zellbereiche ermöglichen. Anschließend stellt Abschnitt 5.1.2 konkrete Techniken zur Anwendung dieser Schlüsselwörter vor, etwa zur einzelnen Bearbeitung aller Zellen eines Bereichs, zur Durchführung von Mehrfachmarkierungen, zum Export in PDF- oder XPS-Dateien etc. Abschnitt 5.3 geht schließlich auf die Möglichkeiten des Datentransfers über die Zwischenablage ein.

5.1.1 Objekte, Methoden, Eigenschaften

Die **aktive Zelle** (*ActiveCell*) ist jene Zelle eines Tabellenblatts, in der sich der Zellzeiger befindet. An dieser Stelle sind Eingaben mit der Tastatur möglich. (Per Programmcode können auch Veränderungen in nicht aktiven Zellen vorgenommen werden.) Ein **Bereich** (*Range*) ist eine Gruppe von Zellen. Eine **Auswahl** (*Selection*) gibt den gerade markierten (ausgewählten) Bereich an. Eine Auswahl ist nur in einem aktiven Tabellenblatt möglich.

Zu diesen drei Begriffen ein Beispiel: Wenn Sie in aktiven Tabellen mehrere Zellen markieren, gelten diese Zellen als Auswahl. Eine Zelle dieser Auswahl ist die aktive Zelle. Die Auswahl stellt *einen* von unendlich vielen möglichen Bereichen dar.

Das Range-Objekt (Bereich von Zellen)

Range: Das Schlüsselwort kann sowohl das *Range*-Objekt als auch die gleichnamige Methode (siehe unten) meinen. Das *Range*-Objekt ist das zentrale Objekt dieses Abschnitts. Ein Bereich kann sowohl aus einer einzelnen Zelle als auch aus einer Gruppe von Zellen bestehen. Auch ganze Zeilen oder Spalten sind als Bereiche erlaubt. Obwohl Excel generell auch mit 3D-Bereichen arbeiten kann (*=SUMME(Tabelle1:Tabelle2!A1:B2)* bildet die Summe über acht Felder), ist das *Range*-Objekt in der gegenwärtigen Version auf Zellbereiche in *einem* Tabellenblatt eingeschränkt.

VBA kennt kein eigenes Objekt für eine einzelne Zelle. Zellen gelten als Sonderfall eines Bereichs (mit *Range.Count*=1). Zahlreiche Eigenschaften von Bereichen können nur für den Sonderfall eines Ein-Zellen-Bereichs verwendet werden, beispielsweise *Formula* (liefert bzw. verändert die Formel einer Zelle).

Die Bearbeitung von Bereichen kann entweder direkt oder über den Umweg einer Markierung erfolgen. In der ersten Variante werden die Eigenschaften und Methoden eines Bereichs unmittelbar im Anschluss an die *Range*-Methode ausgeführt, etwa *Range(„A1:B2").Count*. In der zweiten Variante wird ein Bereich zuerst durch die Methoden *Select* oder *Activate* zum „aktuellen Bereich" gemacht. Anschließend wird über *ActiveCell* oder *Selection* auf den Bereich zugegriffen, etwa *Selection.Count*.

Statt der etwas langatmigen Schreibweise *Range(„A1:B2")* zur Auswahl des Zellbereichs A1:B2 ist die Kurzschreibweise *[A1:B2]* erlaubt. Sowohl in *Range* als auch bei der Kurzschreibweise ist darüber hinaus die Angabe eines benannten Zellbereichs möglich. Sie können also mit *[gewinn]* auf die Zelle C20 zugreifen, wenn Sie dieser Zelle vorher mit FORMELN | NAMEN DEFINIEREN den Namen „gewinn" zugewiesen haben.

Wenn die Zellen eines Bereichs einzeln bearbeitet werden sollen, kann über *Cells* auf jede einzelne Zelle des Bereichs zugegriffen werden. (*Cells* liefert wiederum *Range*-Objekte!)

Probleme bereiten oft Zellbereiche, die aus mehreren rechteckigen Regionen zusammengesetzt sind (manuelle Markierung mit der Maus bei gedrückter Strg-Taste): Die meisten Eigenschaften bzw. Methoden, die sich auf ein *Range*-Objekt beziehen, berücksichtigen nur Zellen des ersten rechteckigen Teilbereichs! Zur Abarbeitung aller Teilbereiche steht die Methode *Areas* zur Verfügung, die weiter unten noch im Detail beschrieben wird.

In vielen Fällen kann statt *Range* auch *Evaluate* verwendet werden. *Evaluate* wertet die übergebene Zeichenkette aus und liefert als Ergebnis das zugeordnete Objekt zurück. *Range(„A1")* entspricht *Evaluate(„A1")* und das entspricht wiederum der Kurzschreibweise *[A1]*. Alle drei Varianten liefern ein *Range*-Objekt als Ergebnis zurück. Bei *Range* und *Evaluate* ist es außerdem erlaubt, den Bereich durch eine Stringvariable auszudrücken – das ist in der Kurzschreibweise nicht möglich.

Evaluate hat übrigens nicht exakt die gleiche Funktion wie *Range*, auch wenn es auf den ersten Blick so aussieht: Während *Range* ausschließlich für Zellbereiche geeignet ist, kommt *Evaluate* auch mit anderen benannten Objekten (z. B. Zeichnungselementen) zurecht. Für fast alle Anwendungen von *Evaluate* existiert die Kurzschreibweise mit den eckigen Klammern.

Zugriff auf bereits ausgewählte Bereiche

- *ActiveCell*: Die Eigenschaft zeigt auf die aktive Zelle der Anwendung bzw. eines Fensters (also auf jene Zelle, in welcher der Zellzeiger steht). *ActiveCell* kann nur gelesen, aber nicht verändert werden. Wenn Sie den Zellzeiger in eine andere Zelle bewegen möchten, müssen Sie die Methoden *Activate*, *Select* oder *Offset* verwenden.

- *ActiveCell* liefert *Nothing*, wenn im aktiven Fenster (für das *Application*-Objekt) bzw. im angegebenen Fenster gerade kein Tabellenblatt angezeigt wird. *ActiveCell* kann nicht für ein bestimmtes Tabellenblatt verwendet werden. (Die Eigenschaft ist nur für das *Application*- und das *Window*-Objekt definiert.) Wenn Sie die aktive Zelle eines zurzeit nicht aktiven Tabellenblatts ermitteln möchten, müssen Sie dieses Tabellenblatt zuerst mit *Worksheets(...).Activate* zum aktiven Blatt des jeweiligen Fensters machen.

- *Selection*: Die Eigenschaft ist wie *ActiveCell* nur auf *Application*- bzw. *Window*-Ebene definiert. Sie verweist auf das im aktuellen Fenster gerade ausgewählte Objekt. Dabei kann es sich um eine einzelne Zelle, um den markierten Zellbereich, aber auch um ein Diagramm, einen Button etc. handeln. (Den Objekttyp können Sie durch *Typename(Selection)* feststellen.) Die Eigenschaft kann nur gelesen, aber nicht direkt verändert werden. Das ausgewählte Objekt kann vielmehr durch die Methoden *Select* oder *Activate* eingestellt werden.

- *RangeSelection*: Diese Eigenschaft stellt eine Variante zu *Selection* dar. Sie liefert selbst dann den ausgewählten Zellbereich, wenn gerade ein anderes Objekt (Diagramm, Button etc.) aktiv ist.

- *UsedRange*: Die Eigenschaft liefert jenen Bereich eines Tabellenblatts, dessen Zellen mit Inhalten belegt sind. Im Gegensatz zu *Selection* steht die Eigenschaft auch für Tabellenblätter zur Verfügung (nicht nur für Fenster).

Auswahl von Bereichen

- *Range*: Die *Range*-Methode liefert ein *Range*-Objekt als Ergebnis. Ein *Range* stellt eine Gruppe von Tabellenzellen dar (im einfachsten Fall nur eine einzige Zelle). Beispiele: *Range(„A1")*, *Range(„A1:B3")*, *Range(„Tabelle2!B7")*.

  Range bezieht sich normalerweise auf das aktive Tabellenblatt. Wenn *Range* auf ein anderes *Range*-Objekt angewendet wird, gelten die Zellbezüge relativ zur linken oberen Ecke des Bereichs. Beispiel: *Range(„B3:D4").Select: Selection.Range(„B1")* liefert einen Verweis auf die Zelle C3. (B1 meint in diesem Beispiel also: „Spalte plus eins, gleiche Zeile" und bezieht sich auf den Startpunkt B3.)

  Im Programmcode ist die Angabe von Zellbezügen in der Schreibweise „A1" oft umständlich. Daher darf innerhalb von *Range* auch *Cells(zeile,spalte)* verwendet werden. *Range(Cells(1,1), Cells(4,2))* entspricht *Range(„A1:B4")*. Der Vorteil der Schreibweise mit *Cells* liegt darin, dass *Cells* numerische Parameter erwartet und daher sehr bequem in Schleifen eingesetzt werden kann.

> **Hinweis**
>
> *Cells* bezieht sich automatisch auf das aktive Tabellenblatt. Wenn auf Zellen einer anderen Tabelle zugegriffen werden soll, lautet die korrekte Schreibweise nicht *Worksheets(n).Range(Cells(...), Cells(...))*, sondern
> *Range(Worksheets(n).Cells(...), Worksheets(n).Cells(...))*!

Beachten Sie, dass mit *Range(Cells(...), Cells(...))* nur einfache rechteckige Bereiche definiert werden können. Bereiche mit komplexer Form müssen mit *Union* aus mehreren rechteckigen Bereichen zusammengesetzt werden. Für einzelne Zellen ist die Schreibweise *Range(Cells(z,s))* nicht erlaubt – in diesem Fall kann aber ohnedies auf *Range* verzichtet werden, weil *Cells* dann direkt eine einzelne Zelle liefert.

- *Offset*: Die Methode liefert einen Bereich, der versetzt zu dem als Objekt angegebenen Bereich liegt: *[A1].Offset(3,1)* liefert also einen Verweis auf die Zelle B4. Die Methode verändert (im Gegensatz zu *Select* und *Activate*) den aktiven Bereich nicht. Mit der Anweisung *ActiveCell.Offset(0,1).Select* bewegen Sie den Zellzeiger um eine Zelle nach rechts.

 Vorsicht

Sowohl *Offset* als auch *Cell* erwarten die Parameter in der Reihenfolge *(zeile, spalte)*. Das widerspricht sowohl der üblichen Nomenklatur von Zellen (etwa B5, wo zuerst die Spalte B und dann die Zeile 5 angegeben wird) als auch den mathematischen Gepflogenheiten (wo in der Regel zuerst die x-, dann die y-Koordinate angegeben wird). ∎

- *Select* und *Activate*: Die erste Methode wählt das angegebene Objekt aus, die zweite Methode aktiviert es. Beide Methoden werden ohne Parameter verwendet und liefern kein unmittelbares Ergebnis. Sie verändern lediglich Eigenschaften wie *ActiveCell*, *Selection* etc.

Laut Hilfe ist *Activate* für einzelne Zellen und *Select* für Zellbereiche vorgesehen. Tatsächlich sind die beiden Methoden aber meist gleichwertig. Unabhängig davon, ob Sie den Bereich *Range(„A1:B3")* durch *Activate* oder durch *Select* auswählen, wird A1 zur aktiven Zelle und A1:B3 zum ausgewählten Bereich.

Mit beiden Methoden können nur Zellen oder Zellbereiche im aktiven Blatt ausgewählt werden. *Range(„Tabelle2!A1").Activate* führt zu einem Fehler, wenn zurzeit *Tabelle1* das aktive Tabellenblatt ist!

Einen Unterschied zwischen *Activate* und *Select* kann man feststellen, wenn man versucht, eine Zelle innerhalb eines Zellbereichs auszuwählen. Durch das folgende Beispiel wird zuerst B2:C3 markiert und aus diesem Zellblock die dritte Zelle aktiviert.

```
[b2:c3].Select
Selection.Cells(3).Activate   'Selection --> B2:C3, ActiveCell --> B3
```

Im zweiten Beispiel wird zuerst derselbe Zellbereich markiert, dann aber die dritte Zelle mit *Select* ausgewählt. Durch die zweite *Select*-Methode wird aber die erste Markierung aufgelöst. Daher ist nun *B3* sowohl der markierte Bereich als auch die aktive Zelle.

```
[b2:c3].Select
Selection.Cells(3).Select   'Selection --> B3, ActiveCell --> B3
```

- *GoTo*: Die Methode wählt einen Bereich aus, ist in ihrer Wirkung also mit *Select* vergleichbar. Die Syntax weicht allerdings stark von *Select* ab – der auszuwählende Bereich wird nicht als Objekt (durch *Range*) angegeben, sondern in einem Parameter: *GoTo Worksheets(n).Range(„C10")*. Der Zellbereich darf auch in einem anderen Tabellenblatt liegen (dieses Tabellenblatt wird dann automatisch aktiviert). Durch den optionalen

Bildlaufparameter kann zudem erreicht werden, dass die Bildlaufleisten so eingestellt werden, dass der gerade ausgewählte Bereich auch tatsächlich sichtbar ist. Automatisch ist das nicht immer der Fall.

Zugriff auf Zellen und Zellbereiche

- *Cells*: Mit der Methode *Cells* kann auf eine einzelne Zelle des Tabellenblatts oder eines rechteckigen Bereichs zugegriffen werden. Dabei ist sowohl eine zweidimensionale Angabe in der Form *Cells(zeile, spalte)* möglich als auch die Angabe einer durchlaufenden Nummer: *Cells(n)*. Bei der zweiten Variante werden die Zellen zeilenweise durchnummeriert. Wenn als Objekt ein ganzes Tabellenblatt verwendet wird, entspricht 1 der Zelle A1, 2 der Zelle B1, 16.384 der Zelle XFD1, 16.385 der Zelle A2 etc. (Die maximale Spaltenanzahl in Excel 2013 beträgt 16.384. Frühere Excel-Versionen waren auf 256 Spalten beschränkt!)

  Die zeilenweise Nummerierung gilt auch für eigene Bereiche: *Range(„A1:C2").Cells(4)* meint daher A2. Die durch *Cells* angegebene Zelle darf auch außerhalb des Bereichs liegen, etwa *Range(„A1:C3").Cells(10)* für A4 oder *Range(„C3:D4").Cells(4,5)* jeweils für G6. (G ist die fünfte Spalte, wenn die Nummerierung mit C beginnt. 6 ist die vierte Zeile, wenn die Nummerierung bei der Startzeile 3 beginnt.)

Tipp

Sie können die Adressierung von Zellen einfach im Direktfenster der Entwicklungsumgebung ausprobieren. Dabei verwenden Sie die Eigenschaft *Address*, welche die resultierende Adresse eines Zellbereichs angibt:

```
?Range("a1:c2").Cells(4).Address
$A$2
```

■

Hinweis

Bei zusammengesetzten Bereichen kann über *Cells* nur der erste rechteckige Teilbereich bearbeitet werden. Damit alle rechteckigen Bereiche bearbeitet werden können, muss die Methode *Areas* eingesetzt werden.

■

- *Areas*: Die Methode ist ähnlich wie *Cells*, sie liefert aber zusammengehörige (rechteckige) Zellbereiche als Ergebnis. Die Anwendung von *Areas* ist zur Verarbeitung von Bereichen notwendig, die aus mehreren rechteckigen Teilbereichen zusammengesetzt sind (etwa nach einer Mehrfachauswahl mit Strg).
- *Row, Column*: Die Eigenschaften liefern die Zeilen- bzw. Spaltennummer einer Zelle (bzw. die Nummer der ersten Zeile/Spalte eines Bereichs).
- *Columns, Rows*: Die beiden Methoden erlauben einen bequemen Zugriff auf die vom Bereich beanspruchten Spalten bzw. Zeilen. Die Anzahl der Spalten bzw. Zeilen eines Bereichs kann mit *bereich.Columns.Count* bzw. mit *bereich.Rows.Count* ermittelt werden.
- *EntireColumn, EntireRow*: Die beiden Eigenschaften liefern jene Spalten bzw. Zeilen als Ergebnis, in denen sich der angegebene Bereich befindet. Zeilen und Spalten sind keine eigenen Objekte, sondern werden als normale Zellbereiche behandelt.

- *Offset, Resize*: *Offset* liefert zum angegebenen Bereich einen um einige Zeilen oder Spalten versetzten Bereich. Beispielsweise liefert *[A1].Offset(3,1)* die Zelle B4 als Ergebnis. Mit *Resize* kann die Größe eines Bereichs verändert werden. Als Parameter wird die gewünschte Anzahl von Zeilen und Spalten übergeben. *[A1].Resize(2,3)* gibt A1:C2 als Ergebnis aus.

- *Union* und *Intersect*: Die beiden Methoden bilden aus mehreren Bereichen einen zusammengesetzten Bereich (Vereinigung) bzw. ermitteln jenen Bereich, der in allen angegebenen Bereichen vorkommt (Schnittmenge). Für erfahrene Programmierer: *Union* entspricht dem logischen Oder, *Intersect* dem logischen Und. *Intersect* eignet sich beispielsweise dazu, aus einem Bereich alle Zellen auszuwählen, die in einer bestimmten Zeile oder Spalte liegen. Mit *Union* können Sie aus mehreren rechteckigen Bereichen einen zusammengesetzten Bereich bilden.

- *SpecialCells, RowDifferences, ColumnDifferences, CurrentRegion, CurrentArray, [Direct]Precedents, [Direct]Dependents*: Über die aufgezählten Methoden bzw. Eigenschaften können besondere Zellen eines Bereichs angesprochen werden: etwa alle leeren Zellen, alle sichtbaren Zellen, alle zusammengehörigen Zellen etc. Die Schlüsselwörter ermöglichen den Zugriff auf all jene Bereiche, die mit START | SUCHEN UND AUSWÄHLEN | GEHE ZU | INHALTE markiert werden können.

Achtung

Die Methoden *SpecialCells* und *CurrentRegion* funktionieren nicht, wenn sie bei der Ausführung selbst definierter Tabellenfunktionen auftreten. Anstatt die Methoden einzusetzen, müssen Sie deren Funktionen durch Schleifen nachbilden, was bei der Programmierung mühsam und in der Ausführung langsam ist. Siehe dazu die selbst definierte Tabellenfunktion *Holiday*, die in Abschnitt 5.5.4 beschrieben ist. ∎

Adresse eines Zellbereichs ermitteln

Address: Die Methode liefert die Adresse eines Bereichs als Zeichenkette. Wenn der Zellbereich A1:B4 markiert ist, liefert *Selection.Address* die Zeichenkette „$A$1:$B$4". Über diverse Parameter kann die Umwandlung in eine Zeichenkette gesteuert werden (absolute/relative Adressierung, A1- oder R1C1-Schreibweise, lokale/externe Referenzierung etc.). *AddressLocal* funktioniert wie *Address*, liefert Adressen aber in der Schreibweise der jeweiligen Landessprache (d. h. Z1S1 statt R1C1). Beachten Sie, dass *Address* im Englischen anders als im Deutschen mit doppeltem d geschrieben wird.

Hinweis

Bei der R1C1-Notation erfolgt die Adressierung von Zellen durch Zeilen- und Spaltennummern (*row* und *column*). Im deutschen Sprachraum wird das zu Z1S1 (*Zeile* und *Spalte*). Bei der A1-Notation wird die Spalte durch einen Buchstaben, die Zeile durch eine Zahl ausgedrückt.

Die Benutzeroberfläche von Excel benutzt üblicherweise die A1-Notation, kann aber mit DATEI | OPTIONEN | FORMELN auf die Z1S1-Notation umgestellt werden (bzw. auf die R1C1-Notation bei einer englischen Excel-Version). ∎

Wenn Sie eine Adresse – egal ob in A1- oder R1C1-Notation – einmal besitzen, können Sie die Adresse mit der *Application*-Methode *ConvertFormula* weiterverarbeiten: *ConvertFormula* ermöglicht unter anderem eine Konvertierung zwischen A1- und R1C1-Notation, zwischen absoluter und relativer Adressierung etc.

Benannte Zellbereiche

Names: Diese Methode des gerade aktiven Tabellenblatts ermöglicht den Zugriff auf benannte Zellbereiche. Mit *Add* kann ein neuer Name definiert bzw. ein vorhandener Name umdefiniert werden. Wesentlich ist, dass der Zellbereich absolut und mit einem vorangestellten „=“-Zeichen angegeben wird, etwa: *Names.Add „bereichname“, „=d5“*. Benannte Zellbereiche können in der Folge über *Range* oder in der Kurzschreibweise *[bereichname]* verwendet werden. *Names(„bereichname“).Delete* löscht die Definition eines Namens wieder. Mit der Methode *GoTo* können Sie den Zellzeiger rasch in eine benannte Zelle bzw. einen benannten Bereich setzen.

Tipp

Zahlreiche kurze Codebeispiele zum Umgang mit benannten Zellbereichen finden Sie in der Beispieldatei *05\Names.xlsm*.

■

Name-Objekte können übrigens nicht nur zur Benennung von Zellbereichen eingesetzt werden, sondern auch für andere Aufgaben. Das Zusatzprogramm MS-Query speichert beispielsweise seine Abfrageparameter in einer ganzen Palette von *Name*-Objekten. Dabei wird die *Visible*-Eigenschaft der Objekte auf *False* gesetzt, sodass diese Objekte nicht im Dialog FORMELN | NAMENS-MANAGER erscheinen. Der Inhalt der Parameter kann der *Value*-Eigenschaft entnommen werden.

Achtung

Microsoft war sich wohl nicht ganz im Klaren darüber, ob die Definition eines neuen benannten Bereichs der Arbeitsmappe oder einem speziellen Tabellenblatt zugeordnet werden sollte: Auf der einen Seite sollte es möglich sein, in jedem Tabellenblatt dieselben Namen zu verwenden, ohne dass sich diese Namen gegenseitig stören. Andererseits ist es aber auch wünschenswert, wenn ein nur einmal vergebener Name global in allen Tabellenblättern zur Verfügung steht.

Das Ergebnis sieht so aus: Wird ein Name erstmalig definiert, gilt die Definition für die gesamte Arbeitsmappe. Wird derselbe Name ein weiteres Mal in einem anderen Tabellenblatt definiert, gilt diese Definition lokal für dieses Tabellenblatt; die alte Definition gilt weiter für alle anderen Tabellenblätter. Die Folge: Es ist bisweilen nur extrem schwer nachzuvollziehen, ob eine Namensdefinition via *ActiveWorkbook.Names(...)* oder via *ActiveSheet.Names(...)* angesprochen werden muss. Entscheiden Sie sich im Zweifelsfall für die erste Variante: Dort enthält die *Names*-Auflistung alle lokalen Definitionen (des gerade aktuellen Tabellenblatts) sowie alle globalen Definitionen, die nicht durch das aktuelle Tabellenblatt überlagert sind.

■

Notizen/Kommentare

Zu jeder Zelle kann eine Notiz gespeichert werden. Der Zugriff erfolgt über die Methode *NoteText*. Da mit Excel-Methoden nur Zeichenketten mit maximal 255 Zeichen übergeben werden können, weist diese Methode zwei Parameter auf, mit denen die Start- und Endposition innerhalb der Notiz angegeben werden kann. Diese Parameter ermöglichen es, auch Notizen, die länger als 255 Zeichen sind, auszulesen bzw. zu verändern.

Seit Excel 97 heißen Notizen auch Kommentare. Sie werden jetzt über das *Comment*-Objekt verwaltet. (*NoteText* kann aber weiter verwendet werden.) Mit der Methode *AddComment* können neue Kommentare definiert werden. *ClearComment* löscht vorhandene Kommentare. Die Auflistung *Comments* für das *WorkSheet*-Objekt hilft beim Aufspüren aller Kommentare in einem Tabellenblatt.

Zellbereiche einfügen/löschen

Zum Löschen von Zellen stehen gleich fünf Methoden zur Verfügung: *ClearContents* löscht nur die Inhalte von Zellen, belässt aber deren Formatierung. *ClearFormats* funktioniert gerade umgekehrt und löscht nur die Formatierung. *ClearNotes* löscht die Notizen zu den Zellen. *Clear* löscht die Formatierung und die Inhalte. Eine ganz andere Wirkung hat *Delete*: Dadurch werden die Zellen aus der Tabelle entfernt; die Zellen rechts davon bzw. darunter rücken entsprechend nach (entspricht dem Kommando START | LÖSCHEN).

Zum Einfügen neuer Zellen in die Tabelle steht die Methode *Insert* zur Verfügung. Ähnlich wie bei *Delete* kann durch einen optionalen Parameter angegeben werden, ob dabei Zellen nach rechts oder nach unten verschoben werden sollen. (Wenn auf die Angabe des Parameters verzichtet wird, versucht Excel, die sinnvollere Variante zu erraten.)

Inhalt und Format von Zellen

Die folgenden Absätze beschreiben die wichtigsten Eigenschaften des *Range*-Objekts zur Einstellung von Inhalt und Format von Zellen. Die meisten der im Folgenden aufgezählten Eigenschaften werden üblicherweise auf einzellige Bereiche angewendet. Das Lesen der Eigenschaften bei mehrzelligen Bereichen führt zu unterschiedlichen Resultaten (Fehler, Einstellung der ersten Zelle des Bereichs etc.). Einheitlicher ist die Reaktion bei der Veränderung von Eigenschaften für mehrzellige Bereiche – damit werden die Einstellungen *aller* betroffenen Zellen verändert.

- *Value*: Die Eigenschaft enthält den Wert der Zelle (bei Formeln das Ergebnis). Leere Zellen können mit *IsEmpty(obj.Value)* festgestellt werden. Durch die Zuweisung an die *Value*-Eigenschaft kann der Inhalt von Zellen verändert werden. Formeln werden als Zeichenketten angegeben, die mit einem Gleichheitszeichen beginnen: *obj.Value= „=A4"*. Die *Value*-Eigenschaft gilt als Default-Eigenschaft. Das bedeutet, dass auch die Kurzschreibweise *obj="=A4"* zulässig ist. *Value2* unterscheidet sich insofern von *Value*, als Daten und Währungswerte nicht in den Formaten *Date* bzw. *Currency* angesprochen werden, sondern als Fließkommazahlen. Das vereinfacht in manchen Fällen die Weiterverarbeitung.

- *Text*: Die Eigenschaft enthält den Inhalt der Zelle als Zeichenkette. Gegenüber *Value* zeichnet sich *Text* durch zwei wesentliche Unterschiede aus: Bei Werten liefert *Text* eine entsprechend formatierte Zeichenkette (während *Value* direkt den Wert, also eine Zahl oder ein Datum liefert); außerdem kann *Text* nur gelesen (aber nicht verändert) werden. Zuweisungen an die Zelle müssen über *Value* erfolgen.

- *Characters*: Über die Methode kann auf einzelne Zeichen einer Textkonstanten in einer Zelle zugegriffen werden (beispielsweise um die Schriftart einzelner Zeichen einzustellen).

- *FormulaLocal* und *FormulaR1C1Local*: Die Eigenschaften liefern die Formel der Zelle in der A1- oder in der Z1S1-Schreibweise (siehe unten). Bei leeren Zellen wird eine leere Zeichenkette, bei Formeln mit Konstanten der Wert der Konstante zurückgegeben. Wenn A5 die Formel *=SUMME(A1:A4)* enthält, gibt *[A1].FormulaLocal* die Zeichenkette *=SUMME(A1:A4)* zurück. *[A1].FormulaR1C1Local* liefert *=SUMME(Z(−4)S:Z(−1)S)*.

- *Formula, FormulaR1C1*: Die beiden verwandten Eigenschaften liefern die ins Englische übersetzte Formel in der A1- oder in der R1C1-Schreibweise. *[A1].Formula* gibt also die Zeichenkette *=SUM(A1:A4)* zurück. *[A1].FormulaR1C1* liefert *=SUM(R[−4]C:R[−1]C)*.

- *Formula* liefert bzw. erwartet die Formel in internationaler (englischer) Schreibweise! Die Formel wird wohl auch intern so gespeichert und nur von der Excel-Oberfläche an die landessprachlichen Besonderheiten angepasst. Eine Formel, die im deutschen Excel im Tabellenblatt als *=Euroconvert(1,2; „DEM"; „EUR"; WAHR)* angezeigt wird, entspricht daher der *Formula*-Zeichenkette *„=Euroconvert(1.2, „DEM", „EUR", TRUE)"* (Dezimalpunkt, Komma statt Strichpunkt zur Trennung der Parameter, *True* statt *WAHR* etc.).

- Beachten Sie, dass sich mit Excel 7 durch die VBA-Umstellung von Deutsch auf Englisch die Wirkung der *Formula*-Eigenschaften verändert hat. In Excel 5 (VBA deutsch) gab *Formula* deutsche Funktionsnamen zurück, seit Excel 7 muss zu diesem Zweck *FormulaLocal* verwendet werden.

- *HasFormula*: Die Eigenschaft gibt an, ob sich in der Zelle eine Formel befindet (*True*) oder nicht (*False*).

- *Font*: Die Eigenschaft verweist auf das *Font*-Objekt, das seinerseits über eine Menge Eigenschaften die Schriftart der Zelle bestimmt: *Name* (des Zeichensatzes), *Size, Bold, Italic* etc.

- *Orientation, HorizontalAlignment, VerticalAlignment, WrapText*: Die Eigenschaften bestimmen die Textrichtung (horizontal oder vertikal), die Ausrichtung (links/zentriert/ rechts/ bündig bzw. oben/Mitte/unten) und den Zeilenumbruch (wahr/falsch).

  Seit Excel 97 besteht die Möglichkeit, durch *Orientation* einen beliebigen Winkel im Bereich −90 bis 90 Grad anzugeben, der die Textrichtung angibt. 0 Grad entspricht normalem horizontalem Text, der Drehwinkel wird von dieser Position aus gegen den Uhrzeigersinn gerechnet (wie in der Mathematik üblich). Bei 45 Grad verläuft der Text diagonal nach oben, bei −45 Grad diagonal nach unten.

- Mit *IndentLevel* kann bestimmt werden, wie weit der Inhalt einer Zelle nach rechts eingerückt werden soll. (Der zulässige Wertebereich geht von 0 bis 15.)

- *ColumnWidth, RowHeight*: Die Eigenschaften bestimmen die Breite der ganzen Spalte bzw. die Höhe der ganzen Zeile.

- *Borders*: Die Methode verweist auf bis zu sechs *Border*-Objekte (links/rechts/oben/unten sowie diagonal auf und ab), deren Eigenschaften das Aussehen des Rahmens steuern: *LineStyle, Weight, Color*.

- *BorderAround*: Die Methode ermöglicht eine rasche Einstellung des Gesamtrahmens.

Zahlenformatierung (NumberFormat, NumberFormatLocal und Style)

NumberFormat gibt als Zeichenkette das Zahlenformat der Zelle an. *NumberFormatLocal* erfüllt dieselbe Aufgabe, allerdings wird die Zeichenkette in der landestypischen Schreibweise formatiert. *Style* verweist schließlich auf eine Formatvorlage (*Style*-Objekt).

Zum besseren Verständnis der Situation ist es sinnvoll, mit Formatvorlagen zu beginnen. Wie bereits das Einführungsbeispiel in Abschnitt 1.3 gezeigt hat, können mit einer Formatvorlage zahllose Formatierungseigenschaften einer Zelle bestimmt werden – der Zeichensatz, die Textausrichtung, Farben etc. Die meisten Formatierungen sind leicht zu verstehen, weswegen sich dieser Abschnitt auf die Zahlenformate beschränkt.

Formatvorlagen werden von VBA aus als *Style*-Objekte angesprochen. Jede Excel-Datei (*Workbook*-Objekt) kann über *Styles* auf die in der Datei verfügbaren Formatvorlagen zurückgreifen. Einige Vorlagen sind vordefiniert (*BuiltIn=True*) und stehen daher immer zur Verfügung. Die folgende Schleife liefert eine Tabelle aller derartigen Vorlagen. Bei der Tabelle gilt *NumberFormatLocal* unter der Voraussetzung, dass die deutsche Excel-Version verwendet wird und in der Systemeinstellung € als Währungssymbol eingestellt wurde.

```
Dim s As Style
For Each s In ThisWorkbook.Styles
  If s.BuiltIn = True Then
    Debug.Print s.Name, s.NameLocal, s.NumberFormat, _
      s.NumberFormatLocal
  End If
Next
```

Vordefinierte Formatvorlagen		
Name	NameLocal	NumberFormat/NumberFormatLocal
Comma	Dezimal	_(* #,##0.00_);_(* (#,##0.00);_(* "-"??_);_(@_) _-* #.##0,00 €_-;-* #.##0,00 €_-;_-* "-"?? €_-;_-@_-
Comma [0]	Dezimal [0]	_(* #,##0_);_(* (#,##0);_(* "-"_);_(@_) _-* #.##0 €_-;-* #.##0 €_-;_-* "-" €_-;_-@_-
Currency	Währung	_($* #,##0.00_);_($* (#,##0.00);_($* "-"??_);_(@_) _-* #.##0,00 €_-;-* #.##0,00 €_-;_-* "-"?? €_-;_-@_-
Currency [0]	Währung [0]	_($* #,##0_);_($* (#,##0);_($* "-"_);_(@_) _-* #.##0 €_-;-* #.##0 €_-;_-* "-" €_-;_-@_-
Normal	Standard	General Standard
Percent	Prozent	0% 0%

Der Unterschied zwischen *Comma* und *Comma [0]* bzw. zwischen *Currency* und *Currency [0]* besteht darin, dass bei der jeweils ersten Variante zwei Nachkommastellen angezeigt werden, bei der zweiten Variante dagegen keine Stellen nach dem Komma.

Sämtliche Zellen, die nicht explizit anders formatiert sind, sind automatisch mit der Formatvorlage *Styles(„normal")* formatiert. Es ist nicht möglich, der *Style*-Eigenschaft einer Zelle *Nothing* zuzuweisen! Jede Zelle muss also mit irgendeiner Formatvorlage formatiert sein.

Wenn Sie eine Zelle direkt formatieren, hat diese Formatierung Vorrang gegenüber den Einstellungen der Formatvorlage. Die Vorlage bleibt aber weiterhin für alle nicht direkt veränderten Formate gültig.

Durch die Buttons „Buchhaltungszahlenformat", „Prozentformat" und „1.000er-Trennzeichen" im Menüband START wird die Formatvorlage der betreffenden Zelle auf *Currency*, *Percent* oder *Comma* umgestellt.

Hinweis

Wenn Sie das Euro-Add-in („Eurowährungstool") verwenden, wird dadurch eine weitere Formatvorlage definiert. Als *Name* und *NameLocal* wird jeweils *Euro* verwendet. Die *NumberFormat[Local]*-Zeichenketten sehen beide so aus:

```
_-* #.##0,00 [$€-1]_-;-* #.##0,00 [$€-1]_-;_-* "-"?? [$€-1]_-
```

Nun zur Eigenschaft *NumberFormat*, die sowohl für Formatvorlagen (*Style*-Objekt) als auch zur direkten Zellformatierung (*Range*-Objekt) vorgesehen ist. Bei einer unformatierten Zelle enthält *NumberFormat* die Zeichenkette „*General*", die von der Formatvorlage *Normal* stammt. „*General*" ist allerdings eine Ausnahme – im Regelfall wird *NumberFormat* durch eine haarsträubende Zeichenkette eingestellt.

Kurz einige Informationen zum Aufbau dieser Zeichenkette: Sie besteht normalerweise aus vier Teilen, die durch einen Strichpunkt getrennt sind:

```
positiv;negativ;null;Zeichenketten
```

Der erste Teil bezieht sich auf positive Zahlen, der zweite auf negative Zahlen, der dritte auf den Wert 0 und der vierte Teil schließlich auf Zeichenketten. Wenn Sie nur den ersten Teil angeben, werden alle Zahlen diesem Format entsprechend formatiert; Zeichenketten werden standardmäßig angezeigt (linksbündig, ohne Einrückungen).

Die folgende Liste beschreibt die Bedeutung der wichtigsten Zeichen in *NumberFormat*:

;	trennt die vier Teile der Zeichenkette
#	Platzhalter für eine Ziffer bzw. für alle signifikanten Stellen
0	Platzhalter für eine Ziffer; wenn die Stelle nicht signifikant ist, wird stattdessen 0 angezeigt (z. B. wird 123,00 oder 0,12 durch *#0,00* erreicht)
?	Platzhalter für eine Ziffer; wenn die Stelle nicht signifikant ist, wird stattdessen ein Leerzeichen angezeigt
.	Dezimalpunkt (wird gemäß der Landeseinstellung dargestellt, in Deutschland also durch ein Komma; in *NumberFormat* muss allerdings ein Punkt angegeben werden)
,	Tausendertrennung

%	Platzhalter für eine Zahl in Prozentschreibweise (aus 0,1 wird 10 %)
_x	lässt einen Freiraum in der Größe des nachfolgenden Zeichens x; dieses Zeichen wird selbst nicht angezeigt; _(bedeutet also, dass ein Leerraum in der Größe einer Klammer freigelassen wird
_	wird oft eingesetzt, damit Zahlen bündig angezeigt werden, und zwar unabhängig davon, ob sie positiv oder negativ (eingeklammert) sind bzw. ob sie mit oder ohne Währungsangabe angezeigt werden
„x"	zeigt die Zeichenkette zwischen den Apostrophen an
*x	füllt den verbleibenden Raum mit dem Zeichen x; *x kann in jedem Teil der *NumberFormat*-Zeichenkette nur einmal verwendet werden
*-#	bedeutet, dass vor der Zahl so viele Minuszeichen eingefügt werden, dass die Zelle vollständig gefüllt ist, also etwa „——— 123"
„DM"* #	bedeutet, dass linksbündig DM angezeigt wird, rechtsbündig die Zahl und dazwischen die erforderliche Anzahl von Leerzeichen
$	Platzhalter für das/die in der Systemeinstellung definierten Währungszeichen (z. B. DM oder €); $ ist leider undokumentiert
@	Platzhalter für eine Zeichenkette (für den vierten Teil von *NumberFormat*)

 Tipp

Neben den hier beschriebenen Zeichen gibt es noch zahlreiche weitere zur Formatierung von Datum, Zeit, Bruchzahlen, Exponentialzahlen etc. Weitere Informationen zu diesen Zeichen finden Sie in der Excel-Hilfe zum Thema „Formatieren von Zahlen". (Falls Sie die VBA-Hilfe geöffnet haben, müssen Sie diese schließen und dann in Excel die Excel-Hilfe aufrufen. Nur dadurch erreichen Sie, dass überhaupt die richtige Hilfedatei geöffnet wird! Die Hilfe zu *NumberFormat* ist ohne Wert.)

In den meisten Fällen besteht der einfachste Weg zu einer korrekten *NumberFormat*-Zeichenkette darin, dass Sie mit START | ZAHL | ZELLEN FORMATIEREN ein Format einstellen und sich die resultierende Zeichenkette im Direktfenster mit *Debug.Print ActiveCell.NumberFormat* ansehen. ∎

Als letzte Eigenschaft bleibt nun noch *NumberFormatLocal* zu erklären. Diese Eigenschaft ist so gut wie gar nicht dokumentiert. Bereits die oben abgedruckte Tabelle der vordefinierten Formatvorlagen zeigt, dass es sich offensichtlich nicht einfach um eine 1:1-Übersetzung der Codes in das Landesformat handelt. So ändert sich beispielsweise die Position des Währungssymbols. Beim Format *Currency* werden positive Zahlen laut *NumberFormat* mit _($* #,##0.00_) (d. h. mit dem Währungssymbol vor der Zahl) formatiert, laut *NumberFormatLocal* aber mit _-* #.##0,00 €_- (also Währungssymbol am Ende). Tatsächlich kommt – zumindest bei der deutschen Excel-Version – *NumberFormatLocal* zum Einsatz. *NumberFormatLocal* hat also offensichtlich Vorrang gegenüber *NumberFormat*.

Aus diesem Grund kann es beim Versuch, *NumberFormat* per Programmcode zu ändern, zu kuriosen Effekten kommen. Nehmen Sie an, Sie hätten die Zahl 1234 als Währung formatiert (*1.234,00 €*). Wenn Sie nun die Anweisung

```
ActiveCell.NumberFormat = _
  Replace(ActiveCell.NumberFormat, "$", """ATS""")
```

durchführen, um das Währungssymbol aus der Systemeinstellung durch die Zeichenkette „ATS" zu ersetzen, wird aus *1.234,00 €* plötzlich *ATS 1.234,00* – d. h., die Währung wird jetzt vor dem Betrag statt dahinter angezeigt. Damit Sie das gewünschte Ergebnis erzielen, müssen Sie vielmehr die folgende Anweisung ausführen:

```
ActiveCell.NumberFormatLocal = _
  Replace(ActiveCell.NumberFormatLocal, "€", """ATS""")
```

Nun ist die direkte Bearbeitung von *NumberFormatLocal* aber auch keine optimale Lösung, weil Ihr Programmcode damit im Allgemeinen landesspezifisch wird, was auf einer anderssprachigen Excel-Version zu unerwarteten (aber selten korrekten) Ergebnissen führt.

Noch ein Beispiel: Sie stellen *NumberFormatLocal="T.M.JJJJ"* ein (liefert z. B. 1.12.2010). Wenn Sie nun *NumberFormat* auslesen, erhalten Sie „d/m/yyyy", was in etwa eine 1:1-Entsprechung ist – wenn auch mit Schrägstrichen statt mit Punkten.

Stellen Sie hingegen *NumberFormatLocal="TT.MM.JJJJ"* ein (liefert 01.12.2010), gilt anschließend *NumberFormat="m/d/yy"*! Die Reihenfolge von Monat und Tag hat sich geändert! (Das liegt vermutlich daran, dass Excel „TT.MM.JJJJ" als vordefiniertes deutsches Format kennt und eine Tabelle mit dessen internationaler Entsprechung hat. „T.M.JJJJ" ist in dieser Tabelle aber nicht enthalten, daher erfolgt die Umwandlung für *NumberFormat* nach einem anderen Mechanismus. Alles in allem bleiben bei *NumberFormatLocal* viele Fragen offen, die nur Microsoft beantworten könnte, dies in der Excel-Hilfe aber versäumt.)

Suchen und Ersetzen

Mit der Methode *rng.Find „zeichenkette"* können Sie einen Text in einem Zellbereich suchen. Die Methode liefert ein *Range*-Objekt mit der ersten Zelle zurück, die den Suchtext enthält. Wenn *Find* nichts findet, liefert die Methode *Nothing* als Ergebnis.

Um innerhalb eines Zellbereichs eine Zeichenkette durch eine andere zu ersetzen, verwenden Sie *rng.Replace „abc", „efg"*. Die Methode liefert immer *True* als Ergebnis, unabhängig davon, ob bzw. wie oft die erste durch die zweite Zeichenkette ersetzt wurde.

 Verweis

Ausführliche Informationen zu zahlreichen optionalen Parametern der *Find*-Methode sowie ein Beispiel für deren Anwendung finden Sie in Abschnitt 11.3.1. Dieselben Parameter können auch bei *Replace* angewendet werden.

Beachten Sie, dass Sie sich bei beiden Methoden nicht auf Default-Einstellungen verlassen dürfen! Bei allen nicht angegebenen Parametern gelten die zuletzt verwendeten Einstellungen. Wenn das Suchergebnis bzw. das Ersetzen unabhängig von bisherigen Einstellungen funktionieren soll, müssen Sie immer alle Parameter angeben!

Erweiterte Suchfunktionen ab Excel 2002

In Excel 2000 konnten Sie zwar nach Inhalten, aber nicht nach Formaten suchen. Diese Möglichkeit bieten die Methoden *Find* und *Replace* erst ab Version 2002. Dazu muss die gewünschte Formatierung zuerst durch ein oder zwei *CellFormat*-Objekte eingestellt werden. Der Zugriff auf diese Objekte erfolgt durch die Eigenschaften *Find*- bzw. *ReplaceFormat* des *Application*-Objekts. Anschließend werden beim Aufruf der *Find*- bzw. *Replace*-Methode die Parameter *SearchFormat := True* und *ReplaceFormat := True* angegeben, damit die Format-angaben berücksichtigt werden.

Das folgende Beispiel zeigt, wie alle fett formatierten Zellen des ersten Tabellenblatts kursiv formatiert werden. Beachten Sie insbesondere, dass sowohl auf *Find*- als auch auf *ReplaceFormat* zuerst die Methode *Clear* angewendet wird, um frühere Einstellungen zu löschen.

```
Application.FindFormat.Clear
Application.FindFormat.Font.FontStyle = "Fett"
Application.ReplaceFormat.Clear
Application.ReplaceFormat.Font.FontStyle = "Kursiv"
Worksheets(1).Cells.Replace "", "", _
   SearchFormat:=True, ReplaceFormat:=True
```

Zellbereiche in eine PDF-Datei exportieren

Alle Objekte, die einen Zellbereich repräsentieren, verfügen seit Excel 2010 über eine neue Methode namens *ExportAsFixedFormat*, mit der man den Inhalt beliebiger Zellbereiche in eine PDF- beziehungsweise XPS-Datei exportieren kann. Das gibt Ihnen die Möglichkeit, Teile eines Excel-Dokuments im Originallayout weiterzugeben. Dazu muss der Empfänger weder über Excel noch über Windows verfügen. Zum Öffnen der Ausgabedatei benötigt er nur ein kleines Viewer-Programm (wie den Adobe Reader beispielsweise), das mittlerweile für jedes Betriebssystem verfügbar ist.

Die *ExportAsFixedFormat*-Methode verfügt über folgende Parameter, von denen nur die ersten beiden erforderlich sind:

Type	Legt den Typ der Ausgabedatei fest. Kann *xlTypePDF* (PDF-Datei) oder *xlTypeXPS* (XPS-Datei) lauten.
Filename	Name der Ausgabedatei. Wenn Sie keinen vollständigen Pfad angeben, wird die Datei im aktuellen Ordner gespeichert.
Quality	Legt die Ausgabequalität fest. Kann auf *xlQualityStandard* (normal) oder *xlQualityMinimum* (niedrig) festgelegt werden.

Das folgende Beispiel kopiert den Teil des Arbeitsblatts, den der Anwender aktuell markiert hat, in der bestmöglichen Qualität in eine PDF-Datei namens *D:\Auswahl.pdf*. Dazu greift es auf die *ExportAsFixedFormat*-Methode des *Selection*-Objekts zurück:

```
Selection.ExportAsFixedFormat Type:=xlTypePDF, _
   Filename:="D:\Auswahl.pdf", Quality:=xlQualityStandard
```

In Excel 2007 ist die *ExportAsFixedFormat*-Methode nur verfügbar, wenn dort das Add-in „Microsoft Save as PDF or XPS" installiert ist.

Hinweis

Ein vollständiges Beispiel für den Einsatz der *ExportAsFixedFormat*-Methode finden Sie in der Datei *PDFExport.xlsm* im Unterordner 5 der Beispieldateien. Es demonstriert die Ausgabe einer kompletten Arbeitsmappe, eines Arbeitsblatts und der aktuellen Auswahl in eine PDF-Datei.

∎

A1- versus Z1S1-Schreibweise

Generell werden Zellbezüge in der A1-Schreibweise angegeben. *Range(„Z1S1")* bzw. *Range(„R1C1")* sind nicht erlaubt. Im Programmcode ist es oft praktischer, Zellbezüge mit *Cells* herzustellen. Diese Methode erwartet numerische Parameter zur Angabe von Zeilen- und Spaltennummern und entspricht damit der Z1S1-Syntax.

Einen Sonderfall stellen Formeln in Tabellenblättern dar. Über die Eigenschaft *Formula* kann die Formel einer Zelle in der A1-Schreibweise gelesen bzw. verändert werden, über *FormulaR1C1* in der R1C1-Schreibweise und über *FormulaR1C1Local* in der Z1S1-Schreibweise.

Die Eigenschaft *Application.ReferenceStyle* bestimmt, wie in Excel Zellbezüge angezeigt werden. Die Eigenschaft kann die beiden Werte *xlA1* oder *xlR1C1* aufweisen. Das Format, in dem Zellbezüge angezeigt werden sollen, kann auch über DATEI | OPTIONEN | FORMELN eingestellt werden.

5.1.2 Anwendungsbeispiele

Aktive Zelle bestimmen bzw. versetzen

```
Range("B1").Select              'aktiviert B1
[B1].Select                     'aktiviert ebenfalls B1
Cells(1,2).Select               'aktiviert ebenfalls B1
ActiveCell.Range("A2").Select   'aktiviert die Zelle eine Zeile
                                'unterhalb
ActiveCell.Offset(1,0).Select   'aktiviert die Zelle eine Zeile
                                'unterhalb
```

Tipp

Alle längeren Beispiele dieses Abschnitts befinden sich in der Beispieldatei *05\Cells.xlsm*.

∎

Bereiche auswählen und bearbeiten

Die Makroaufzeichnung führt in der Regel zu einem Code, der in etwa wie das Beispiel unten aussieht.

```
Range("D11:F14").Select
With Selection.Font
  .Name = "Courier New"
  .Bold = True
End With
```

Das bei der Makroaufzeichnung vorherrschende Schema – zuerst einen Zellbereich auswählen, dann diverse Einstellungen durchführen – ist nicht zwingend. Das folgende Codebeispiel erfüllt dieselbe Aufgabe, ohne die aktuelle Position des Zellzeigers bzw. den aktuell markierten Bereich zu verändern:

```
With Range("D11:F14").Font
  .Name = "Courier New"
  .Bold = True
End With
```

Die Verwendung von *With* führt in vielen Fällen zu einem übersichtlicheren und effizienteren Code, ist aber ebenfalls nicht zwingend, wie das letzte Beispiel beweist:

```
Range("D11:F14").Font.Name = "Courier New"
Range("D11:F14").Font.Bold = True
```

Die Angabe von Zellbezügen in der Form A1 ist allerdings zum einen unübersichtlich und zum anderen extrem unflexibel bei Veränderungen in der Tabellenstruktur. Sobald Sie in die Tabelle eine Zeile oder eine Spalte einfügen, müssen Sie den Code des gesamten Makros verändern!

Aus diesem Grund sollten Sie mit FORMELN | NAMEN DEFINIEREN für häufig benötigte Zellbereiche Namen festlegen. Anschließend können Sie diese Namen im Code verwenden: *Range(„Name")*. (Die Makroaufzeichnung ist leider nicht in der Lage, automatisch vordefinierte Namen zu verwenden. Sie müssen den erzeugten Code also anschließend selbst anpassen.)

Zellbereiche kopieren und verschieben

Verweis

Das Kopieren, Ausschneiden und Einfügen von Zellbereichen erfolgt im Regelfall über die *Range*-Methoden *Copy*, *Cut* und *Paste*. Diese werden zusammen mit anderen Kommandos zum Datentransfer über die Zwischenablage in Abschnitt 5.3 beschrieben.

Auswahl von komplexeren Bereichen

In der Praxis kommt es häufig vor, dass Sie zusammengehörige Zellbereiche markieren möchten, deren Größe variabel ist. Über die Tastatur markieren Sie solche Bereiche oft mit Ende, Shift+Cursortaste. Im VBA-Code können Sie mit der Methode *End(xlXy)* eine einzelne Zelle am Ende eines Blocks ermitteln. Über *Range* können Sie dann auf einen entsprechenden Bereich zwischen zwei Eckzellen zugreifen. (Die Makroaufzeichnung benutzt diese Methode leider nicht und produziert stattdessen starre Zellbezüge. Das so erzeugte Makro kann sich daher nicht an eine veränderte Tabellenstruktur anpassen und muss gegebenenfalls manuell angepasst werden.)

Manchmal helfen auch die Eigenschaften *CurrentRegion* oder *CurrentArray* bzw. die Methode *SpecialCells* weiter. In selbst definierten Tabellenfunktionen bereiten diese Funktionen aber oft Schwierigkeiten. Gegebenenfalls müssen Sie den in Frage kommenden Bereich Zelle für Zelle abarbeiten, um die Position der Start- und der Endzelle zu finden.

Die Beispielprozedur *SelectRow* markiert – ausgehend von der aktuellen Position des Zellzeigers – alle zusammengehörigen Zellen einer Zeile. Dabei ist nicht die gesamte Zeile einer Tabelle gemeint, sondern nur eine Gruppe von belegten (nicht leeren) Zellen. Die Prozedur demonstriert lediglich das Schema einer solchen Markierung. Die beiden Zellen *cell1* und *cell2* könnten aber einfacher durch *End*-Anweisungen ermittelt werden.

Kurz zur Funktion der Prozedur: Ausgangspunkt ist die aktive Zelle *startcell*. Wenn diese leer ist, wird die Prozedur sofort verlassen. Andernfalls wird in einer *For*-Schleife die letzte Zelle links von der aktuellen Zelle gesucht, die nicht leer ist. Mit *Set* wird in *cell1* ein Verweis auf diese Zelle gespeichert. Die *If*-Abfrage am Ende der Schleife berücksichtigt den Sonderfall, dass die Zeile bis zur ersten Spalte mit Werten gefüllt ist – in diesem Fall wird die Schleife beendet, ohne in *cell1* einen Verweis zu speichern.

```
' Beispieldatei 05\Cells.xlsm
' markiert einen zusammengehörigen Zellbereich innerhalb einer Zeile
Sub SelectRow()
  Dim startCell As Range, cell1 As Range, cell2 As Range
  Dim rowNr&, colNr&
  Set startCell = ActiveCell
  rowNr = startCell.Row: colNr = startCell.Column
  If IsEmpty(startCell) Then Exit Sub
  ' linkes Zeilenende suchen, Endzelle in cell1 speichern
  For colNr = startCell.Column To 1 Step -1
    If IsEmpty(Cells(rowNr, colNr).Value) Then
      Set cell1 = Cells(rowNr, colNr + 1)
      Exit For
    End If
  Next colNr
  If cell1 Is Nothing Then Set cell1 = Cells(rowNr, 1)
  ' rechtes Zeilenende suchen, Endzelle in cell2 speichern
  For colNr = startCell.Column To 256
    If IsEmpty(Cells(rowNr, colNr).Value) Then
      Set cell2 = Cells(rowNr, colNr - 1)
      Exit For
    End If
```

```
    Next colNr
    If cell2 Is Nothing Then Set cell2 = Cells(rowNr, 256)
    ' den Bereich zwischen zelle1 und zelle2 markieren
    Range(cell1, cell2).Select
End Sub
```

Analog zur ersten Schleife wird in der zweiten Schleife die letzte nicht leere Zelle rechts gesucht und in *cell2* gespeichert. Anschließend wird der Bereich zwischen *cell1* und *cell2* ausgewählt (markiert).

Bereiche zusammensetzen (Vereinigung und Schnittmenge)

Die Methode *Union* wird eingesetzt, um mehrere Bereiche zu einem größeren Bereich zusammenzusetzen. Der entstehende Bereich muss nicht zusammenhängend sein. Die Bearbeitung solcher Bereiche erfordert allerdings den Einsatz des *Areas*-Objekts (siehe unten).

Im ersten Beispiel wird *Union* verwendet, um eine bereits bestehende Auswahl um die Zelle A4 zu erweitern (entspricht Anklicken von A4 bei gedrückter Strg-Taste).

```
Union(Selection, Range("A4")).Select
```

Im zweiten Beispiel wird zuerst der Bereich A1:D4 ausgewählt. Anschließend wird mit *Intersect* daraus jener Bereich ausgewählt, der sich in der Spalte A befindet. Die neue Markierung umfasst daher den Bereich A1:A4.

```
Range("A1:D4").Select
Intersect(Selection, Range("A:A")).Select
```

 Vorsicht

Wenn Sie zwei einander überlappende *Range*-Objekte mit *Union* vereinigen, sind die gemeinsamen Zellen im vereinten Objekt mehrfach enthalten. Der Effekt ist derselbe, als ob Sie mit Strg mehrere überlappende Zellbereiche mit der Maus markieren. ∎

Alle Zellen eines rechteckigen Bereichs bearbeiten

Über die Methode *Cells* kann auf die Zellen eines rechteckigen Bereichs zugegriffen werden. Das Beispiel unten zeigt ein konkretes Anwendungsbeispiel: Das Makro *IncreaseFontSize* stellt für alle Zellen der aktuellen Auswahl eine um 2 Punkt größere Schriftart ein. Das Makro hat damit eine ähnliche Funktion wie der Befehl START | SCHRIFTGRAD VERGRÖSSERN. Der wesentliche Unterschied besteht darin, dass das Makro jede Zelle individuell bearbeitet, während das Anklicken des Befehls dazu führt, dass die Zeichensatzgröße aller markierten Zellen durch die Zeichensatzgröße der ersten markierten Zelle bestimmt wird.

Die Abfrage *If Selection Is Nothing* ist erforderlich, damit das Makro keine Fehlermeldung liefert, wenn es irrtümlich in einem Diagrammblatt gestartet wird. (Dort gibt es keine Zellen, deren Schriftart verändert werden kann.)

```
Sub IncreaseFontSize()
  Dim cell As Range
  If Selection Is Nothing Then Exit Sub
  For Each cell In Selection.Cells
    cell.Font.Size = cell.Font.Size + 2
  Next cell
End Sub
```

Die Schleife hätte übrigens auch anders (weniger elegant) formuliert werden können:

```
Dim i As Integer
If Selection Is Nothing Then Exit Sub
For i = 1 To Selection.Cells.Count
  Selection.Cells(i).Font.Size = _
    Selection.Cells(i).Font.Size + 2
Next Cell
```

Alle Zellen eines zusammengesetzten Bereichs bearbeiten

Das obige Beispiel hat einen Mangel: Es kommt mit zusammengesetzten Zellbereichen nicht zurecht. Solche Zellbereiche entstehen, wenn Sie mehrere Zellbereiche bei gedrückter Strg-Taste markieren oder wenn Sie Zellbereiche mit *Union* oder *Intersect* bilden. Das obige Makro ändert in diesem Fall nur die Zellen des ersten Rechtecks. Damit wirklich alle Zellen geändert werden, muss auf die einzelnen Bereiche über die Methode *Areas* zugegriffen werden:

```
' Beispieldatei 05\Cells.xlsm
Sub IncreaseFontSize()
  Dim rng As Range, ar As Range
  If Selection Is Nothing Then Exit Sub
  For Each ar In Selection.Areas
    For Each rng In ar
      rng.Font.Size = rng.Font.Size + 2
    Next rng
  Next ar
End Sub
```

Vorsicht

Wenn ein Anwender zuerst D3:D10 markiert und dann B6:F6 mit Strg (siehe Bild 5.1), ist die Zelle D6 in beiden Zellbereichen enthalten, somit also doppelt markiert! Mit der obigen Prozedur *IncreaseFontSize* würde der Zeichensatz von D6 daher nicht wie bei allen anderen Zellen um 2 Punkt, sondern um 4 Punkt vergrößert werden.

Es kann Anwendungen geben, bei denen eine mehrfache Bearbeitung derselben Zelle ausgeschlossen werden muss. In solchen Fällen muss eine Liste aller bereits bearbeiteten Zellen verwaltet werden. Die folgende adaptierte Version von *IncreaseFontSize* demonstriert eine mögliche Vorgehensweise.

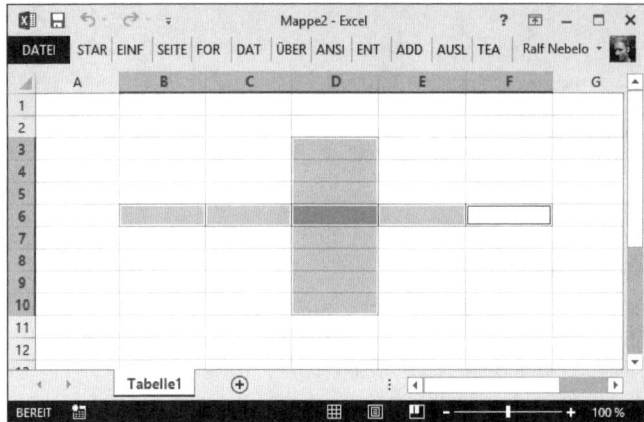

BILD 5.1
Die Zelle D6 ist zweifach
markiert.

```
' in cellsDone wird eine Adressliste aller bereits
' bearbeiteten Zellen verwaltet, um eine evt.
' Mehrfachbearbeitung einzelner Zellen zu
' vermeiden
Sub IncreaseFontSize()
  Dim rng As Range, ar As Range
  Dim cellsDone$, thisCell$
  If Selection Is Nothing Then Exit Sub
  For Each ar In Selection.Areas
    For Each rng In ar
      thisCell = "[" + rng.Address + "]"
      If InStr(cellsDone, thisCell) = 0 Then
        rng.Font.Size = rng.Font.Size + 2
        cellsDone = cellsDone + thisCell + " "
      End If
    Next rng
  Next ar
End Sub
```

Schriftart einstellen

Die Einstellung der Schriftart der gesamten Zelle kann einfach durch die Veränderung der Eigenschaften des *Font*-Objekts erfolgen.

```
With Selection.Font
  .Name = "Courier New"
  .Bold = True
  .Size = 10
  .Strikethrough = False
  ' etc.
End With
```

Etwas komplizierter wird es, wenn Sie nicht die Schriftart der gesamten Zelle, sondern nur einzelne Buchstaben verändern möchten. Das ist generell nur dann möglich, wenn die Zelle eine Textkonstante (keine Zahl, keine Formel) enthält. Der Zugriff auf die einzelnen Zeichen erfolgt über die Methode *Characters*. Das Makrobeispiel unten formatiert die Zeichen einer Zelle mit zunehmend größerer Schrift, d. h. den ersten Buchstaben mit 10 Punkt, den zweiten mit 11 Punkt etc.

```
Sub SpecialFont()
  Dim i&
  If IsEmpty(ActiveCell.Value) Or ActiveCell.HasFormula Then _
    Exit Sub
  If IsNumeric(ActiveCell.Value) Then Exit Sub
  For i = 1 To ActiveCell.Characters.Count
    ActiveCell.Characters(i, 1).Font.Size = 9 + i
  Next i
End Sub
```

Das letzte Beispiel ist stärker praxisbezogen. Es stellt den Schriftstil der ausgewählten Zellen zwischen den Schriftstilen normal, fett, kursiv und fett-kursiv um. Dabei wird mit jedem Aufruf in den jeweils nächsten Darstellungsmodus umgeschaltet. Das Makro könnte damit die beiden vorhandenen Excel-Befehle START | FETT und START | KURSIV ersetzen.

```
'wechselt zwischen normal, fett, kursiv und fett-kursiv
Sub ItalicBold()
  Dim bld As Variant, ital As Variant
  If Selection Is Nothing Then Exit Sub
  bld = Selection.Font.Bold: ital = Selection.Font.Italic
  If Not bld And Not ital Then
    bld = True
  ElseIf bld And Not ital Then
    ital - True: bld = False
  ElseIf Not bld And ital Then
    bld = True
  Else
    bld = False: ital = False
  End If
  Selection.Font.Bold = bld: Selection.Font.Italic = ital
End Sub
```

Rahmen

Excel verwaltet für jede Zelle sechs *Border*-Objekte, die den linken, rechten, oberen und unteren Rand der Zelle sowie diagonale Linien innerhalb der Zelle beschreiben. Auf die einzelnen Rahmenobjekte können Sie über *zelle.Borders(n)* zugreifen, wobei Sie für *n* die folgenden Konstanten einsetzen können:

xlEdgeTop	oben
xlEdgeBottom	unten
xlEdgeLeft	links
xlEdgeRight	rechts
xlDiagonalDown	diagonal von links oben nach rechts unten
xlDiagonalUp	diagonal von links unten nach rechts oben
xlInsideHorizontal	horizontale Linien innerhalb einer Gruppe von Zellen
xlInsideVertical	vertikale Linien innerhalb einer Gruppe von Zellen

xlInsideHorizontal und *xlInsideVertical* können zum Zeichnen von Linien bei Bereichen verwendet werden, die sich über mehrere Zellen erstrecken. Sie bewirken eine Veränderung der betroffenen *Top/Bottom/Left/Right*-Rahmen. Intern werden pro Zelle aber nur sechs Rahmenlinien verwaltet (entsprechend den ersten sechs Konstanten der obigen Tabelle).

Hinweis

Aus unerfindlichen Gründen erfasst die Schleife *For Each b In rng.Borders* nicht immer alle Rahmen einer Zelle bzw. eines Zellbereichs. Verwenden Sie stattdessen:

```
For Each i In Array(xlEdgeTop, xlEdgeBottom, _
    xlEdgeLeft, xlEdgeRight, xlDiagonalDown, xlDiagonalUp)
```

Dabei muss *i* als *Variant*-Variable deklariert werden. ∎

Die wichtigsten Eigenschaften des *Border*-Objekts sind *LineStyle* (etwa *xlLineStyleNone*, *xlContinuous* und *xlDouble*), *Weight* (*xlHairline*, *xlThin*, *xlMedium*, *xlThick*) und *Color*.

Achtung

Wenn in Excel eine Rahmenlinie zwischen zwei übereinanderliegenden Zellen sichtbar ist, gibt es drei Möglichkeiten: Es handelt sich um den unteren Rahmen der oberen Zelle oder um den oberen Rahmen der unteren Zelle oder um beides gleichzeitig. Wenn Sie im interaktiven Betrieb START | ZAHL | ZELLEN FORMATIEREN | RAHMEN verwenden, berücksichtigt Excel beim Löschen von Rahmen automatisch auch die anliegenden Zellen. Bei der Veränderung von Rahmen per VBA-Code müssen Sie sich darum selbst kümmern. Das folgende Beispiel zeigt die korrekte Vorgehensweise. ∎

Das folgende Makro löscht *alle* Rahmen der zuvor ausgewählten Zellen, und zwar auch dann, wenn die Rahmen eigentlich zu einer benachbarten Zelle gehören:

```
' Beispieldatei 05\Cells.xlsm
Sub RemoveAllBorders()
  Dim calcModus&, updateModus&, i
```

```
   Dim rng As Range, ar As Range
   Dim brd As Border
   If Selection Is Nothing Then Exit Sub
   ' Geschwindigkeitsoptimierung
   calcModus = Application.Calculation
   updateModus = Application.ScreenUpdating
   Application.Calculation = xlManual
   Application.ScreenUpdating = False
   For Each ar In Selection.Areas    'für jeden separaten Zellbereich
     For Each rng In ar             'für jede Zelle
       ' alle Rahmen der aktuellen Zelle löschen
       For Each i In Array(xlEdgeTop, xlEdgeBottom, xlEdgeLeft, _
         xlEdgeRight, xlDiagonalDown, xlDiagonalUp)
         rng.Borders(i).LineStyle = xlLineStyleNone
       Next i
       ' rechten Rahmen der links angrenzenden Zelle löschen
       If rng.Column > 1 Then
         rng.Offset(0, -1).Borders(xlRight).LineStyle = _
           xlLineStyleNone
       End If
       ' linken Rahmen der rechts angrenzenden Zelle löschen
       If rng.Column < 256 Then
           rng.Offset(0, 1).Borders(xlLeft).LineStyle = _
             xlLineStyleNone
       End If
       ' unteren Rahmen der Zelle oberhalb löschen
       If rng.Row > 1 Then
         rng.Offset(-1, 0).Borders(xlBottom).LineStyle = _
           xlLineStyleNone
       End If
       ' oberen Rahmen der Zelle unterhalb löschen
       If rng.Row < 65536 Then
           rng.Offset(1, 0).Borders(xlTop).LineStyle = xlLineStyleNone
       End If
     Next rng
   Next ar
   ' Geschwindigkeitsoptimierung Ende
   Application.Calculation = calcModus
   Application.ScreenUpdating = updateModus
End Sub
```

Geschwindigkeitsoptimierung

Die Ausführung von Prozeduren, die umfangreiche Änderungen im Tabellenblatt durchführen, kann relativ langsam vonstatten gehen. Zwei mögliche Gründe sind der Zeitaufwand für das beständige Aktualisieren des Bildschirminhalts und die Neuberechnung der Tabelle nach jeder Änderung. Sie können die Geschwindigkeit Ihrer Makros stark erhöhen, wenn Sie während der Ausführung sowohl die Bildschirmaktualisierung als auch die Neuberechnung deaktivieren. Dazu müssen Sie die *Application*-Eigenschaften *ScreenUpdating* und *Calculation* am Anfang und am Ende der Prozedur entsprechend einstellen.

Die Prozedur *RemoveAllBorders* (siehe Beispiel oben) speichert zu Beginn die aktuellen Werte der beiden Eigenschaften und stellt sie anschließend auf *False* bzw. *xlManual*. Am Ende der Prozedur werden die ursprünglichen Einstellungen wiederhergestellt.

Zielwertsuche, Solver-Add-in

Mit dem Kommando DATEN | WAS-WÄRE-WENN-ANALYSE | ZIELWERTSUCHE können Sie versuchen, den Wert einer Zelle so zu ermitteln, dass eine andere Zelle einen vorgegebenen Zielwert erreicht. Per Programmcode können Sie dazu die *Goalseek*-Methode anwenden. Beispielsweise verändert die folgende Anweisung den Inhalt von A2 so, dass in A1 der Zielwert 0.6 möglichst exakt erreicht wird. (Das kann natürlich nur dann funktionieren, wenn A1 eine Formel enthält, deren Ergebnis in irgendeiner Form von A2 abhängig ist.) *Goalseek* liefert als Ergebnis *True* oder *False*, je nachdem, ob die Zielwertsuche gelungen ist oder nicht.

```
Range("A1").GoalSeek Goal:=0.6, ChangingCell:=Range("A2")
```

Die Zielwertsuche hat den Nachteil, dass nur eine einzige abhängige Zelle variiert wird. Für kompliziertere Fälle gibt es das Solver-Add-in (Kommando DATEN | SOLVER), das mit mehreren abhängigen Zellen zurechtkommt und darüber hinaus auch noch Nebenbedingungen berücksichtigen kann. Dieses Add-in muss gegebenenfalls zuerst mit DATEI | OPTIONEN | ADD-INS | GEHE ZU aktiviert werden.

Auch das Solver-Add-in kann per VBA-Code gesteuert werden, allerdings ist das deutlich komplizierter als bei der *Goalseek*-Methode. Das Hauptproblem besteht darin, dass die via VBA zugänglichen Funktionen des Add-ins nicht dokumentiert sind. Daher führt der einzige Weg zu funktionierendem Code meist über die Makroaufzeichnung, mit der auch das folgende Beispiel entwickelt wurde. Damit wird versucht, für die Zellen A7 und A8 Werte zu finden, sodass A6 einen möglichst großen Wert (ein lokales Maximum, *MaxMinVal:=1*) erreicht.

Die grundsätzliche Vorgehensweise ist leicht zu verstehen: *SolverOptions* stellt die Optionen des Solvers ein. *SolverOk* gibt an, auf welche Zellen der Solver angewendet werden soll und was das Ziel der Optimierung ist (Parameter *MaxMinVal*). *SolverSolve* führt schließlich die Optimierung durch. Nach Abschluss der Optimierung erscheint ein Dialog, der dank *SendKeys* durch Return bestätigt wird und daher sofort wieder verschwindet.

```
SolverOptions MaxTime:=100, Iterations:=100, Precision:=0.000001, _
    AssumeLinear:=False, StepThru:=False, Estimates:=1, _
    Derivatives:=1, SearchOption:=1, IntTolerance:=5, _
    Scaling:=False, Convergence:=0.0001, AssumeNonNeg:=False
SolverOk SetCell:="$A$6", MaxMinVal:=1, ByChange:="$A$7:$A$8"
SendKeys "~" 'entspricht Return
SolverSolve
```

Hinweis

Sie müssen in der VBA-Entwicklungsumgebung mit Extras | Verweise einen Link auf das Solver-Add-in einrichten, bevor Sie die Solver-Funktionen nutzen können. Beachten Sie auch, dass Anwendungen, die von Add-ins abhängig sind, in der Vergangenheit immer wieder Probleme bei Excel-Versionswechseln verursacht haben. Weitere Informationen zur VBA-Programmierung des Solvers finden Sie hier *[Link 5]*:

> *http://support.microsoft.com/kb/843304/de* ∎

5.1.3 Syntaxzusammenfassung

Zugriff auf ausgewählte Bereiche	
ActiveCell	aktive Zelle (Position des Zellzeigers)
Selection	markierter Bereich oder markiertes Objekt im Fenster
RangeSelection	markierter Bereich (auch dann, wenn zusätzlich ein anderes Objekt ausgewählt wurde)
UsedRange	genutzter Bereich in Tabellenblatt

Auswahl von Bereichen	
Range(„A3")	eine Zelle
Range(„A3:B5")	Zellbereich
Range(„A3:B5,C7")	nicht zusammenhängender Zellbereich
Range(„name")	Zugriff auf einen benannten Bereich
Evaluate(„name")	Zugriff auf einen benannten Bereich, zweite Variante
[A3] oder *[A3:B5]* oder *[name]*	Kurzschreibweise für *Range* bzw. *Evaluate*
Range(range1, range2)	Bereich zwischen zwei Zellen; *range1* und *range2* können auch durch *Cells* angegeben werden
range.Offset(z, sp)	liefert einen um *z* Zeilen und *sp* Spalten versetzten Bereich
range.Resize(z, sp)	verändert die Bereichsgröße auf *z* Zeilen und *sp* Spalten
range.Select	wählt den angegebenen Bereich aus
range.Activate	wie oben
GoTo range	wählt den angegebenen Bereich aus
GoTo range, True	wie oben, zeigt Bereich aber auch an
Union(range1, range2,..)	Vereinigung der angeführten Bereiche
Intersect(range1, range2,..)	Schnittmenge der angeführten Bereiche

Zugriff auf spezielle Zellen	
range.Cells	Auflistungsobjekt aller Zellen
range.Cells(n)	*n*-te Zelle (1=A1, 2=B1, 257=A2 etc.)
range.Cells(z, sp)	Zelle der *z*-ten Zeile und *sp*-ten Spalte
range.Areas	Auflistungsobjekt aller rechteckigen Bereiche
range.Areas(n)	*n*-ter rechteckiger Bereich
range.EntireColumn	Spalten, in denen sich der Bereich befindet
range.EntireRow	wie oben für Zeilen
range.Columns(n)	Zugriff auf einzelne Spalten
range.Rows(n)	Zugriff auf einzelne Zeilen
range.SpecialCells(typ)	Zugriff auf leere, sichtbare, untergeordnete etc. Zellen
range.End(xlXy)	Zugriff auf letzte Zelle in einer Richtung
range.CurrentRegion	Zugriff auf zusammengehörigen Zellbereich
range.[Direct]Precedents	Zugriff auf Vorgängerzellen (Ausgangsdaten)
range.[Direct]Dependents	Zugriff auf Nachfolgerzellen (Formeln)
range.ListHeaderRows	ermittelt die Anzahl der Überschriftenzeilen eines Bereichs

Benannte Zellbereiche, Adressen von Bereichen	
Names.Add „test", „=d5"	definiert den Namen „test" mit dem Bezug auf die Zelle D5
[test].Select	wählt den Zellbereich „test" aus
Names("test").RefersTo	liefert Bereichsbezeichnung (z. B. „=Tabelle1!$F$4:$G$6")
Names("test").RefersToR1C1	wie oben, aber in R1C1-Schreibweise
Names("test").RefersToR1C1Local	wie oben, aber in Z1S1-Schreibweise
Names("test").Delete	löscht den Namen „test"
range.Address(..)	liefert Zeichenkette mit Bereichsadresse
range.AddressLocal(..)	wie oben, aber Z1S1- statt R1C1-Schreibweise

Daten in Zellbereichen einfügen/löschen	
range.ClearContents	Zellinhalte löschen
range.ClearFormats	Formatierung der Zellen löschen
range.Clear	Inhalte und Formate löschen
range.ClearNotes	Notizen löschen
range.Delete [xlToLeft oder xlUp]	Zellen löschen
range.Insert [xlToRight oder xlDown]	Zellen einfügen

Inhalt und Format einzelner Zellen	
range.Value	Wert der Zelle
range.Text	formatierte Zeichenkette mit Inhalt der Zelle (read-only)
range.Characters(start, anzahl)	einzelne Zeichen eines Texts
range.Formula	Formel der Zelle in A1-Schreibweise, englische Funktionsnamen
range.FormulaR1C1	Formel in R1C1-Schreibweise, englische Funktionsnamen
range.FormulaLocal	Formel der Zelle in A1-Schreibweise, deutsche Funktionsnamen
range.FormulaR1C1Local	Formel in Z1S1-Schreibweise, deutsche Funktionsnamen
range.HasFormula	gibt an, ob Zelle Formel enthält oder nicht
range.NoteText(text, start, end)	liest oder verändert bis zu 255 Zeichen der Notiz zur Zelle
range.Font	Verweis auf Schriftartobjekt
range.VerticalAlignment	vertikale Ausrichtung (links/rechts/zentriert/bündig)
range.HorizontalAlignment	horizontale Ausrichtung (oben/unten/mittig)
range.Orientation	Textrichtung (horizontal/vertikal)
range.WrapText	Zeilenumbruch
range.ColumnWidth	Breite der ganzen Spalte
range.RowHeight	Höhe der ganzen Zeile
range.NumberFormat	Zeichenkette mit Zahlenformat
range.Style	Zeichenkette mit Formatvorlagenname
range.BorderAround art, stärke	stellt den Gesamtrahmen ein
range.Borders	Verweis auf Rahmenobjekt
range.Row	Zeilennummer der Zelle
range.Column	Spaltennummer der Zelle

■ 5.2 Arbeitsmappen, Fenster und Arbeitsblätter

Dieser Abschnitt behandelt den Umgang mit Arbeitsmappen, Fenstern und Arbeitsblättern. Alle drei Begriffe werden durch Objekte repräsentiert, wobei zusätzlich zwischen Typen von Arbeitsblättern (Tabelle, Diagramm, Dialog) unterschieden wird. Abschnitt 5.2.1 beschreibt alle wichtigen Methoden und Eigenschaften zur Bearbeitung dieser Objekte, Abschnitt 5.2.2 gibt einige Beispiele für deren Anwendung.

5.2.1 Objekte, Methoden und Eigenschaften

Application-Objekt

Application stellt das Basisobjekt innerhalb von Excel dar. *Application* meint nicht eine spezielle Excel-Datei, sondern das Programm Excel als Ganzes. Eigenschaften und Methoden von *Application* beeinflussen daher zumeist Einstellungen, die für alle geladenen Dateien gelten (allgemeine Optionen etc.). In diesem Abschnitt ist das Objekt *Application* insofern von großer Bedeutung, als es der Ausgangspunkt praktisch aller Methoden und Eigenschaften zur Verwaltung von Arbeitsmappen, Fenstern und Blättern ist. *Application* gilt dabei häufig als Default-Objekt: Wenn Methoden wie *Worksheets* ohne Objektangabe eingesetzt werden, dann gilt automatisch *Application* als gültiges Objekt.

Arbeitsmappen

Arbeitsmappen (*Workbook*-Objekte) sind ein Synonym zu Excel-Dateien. Sie umfassen zumeist mehrere Blätter und können in einem oder mehreren Fenstern angezeigt werden. Es besteht auch die Möglichkeit, dass die Fenster einer Arbeitsmappe ausgeblendet sind. Solche Arbeitsmappen sind zwar nicht sichtbar, ihre Daten sind aber präsent, und darin definierte Prozeduren können jederzeit ausgeführt werden. Für den Zugriff auf die geladenen Arbeitsmappen existieren drei Methoden/Eigenschaften, die alle ein *Workbook*-Objekt als Ergebnis liefern.

- *Workbooks*: Diese Methode ermöglicht den Zugriff auf alle geladenen Arbeitsmappen. Auf einzelne Mappen kann durch die Angabe eines numerischen Index (1 bis *Count*) oder durch die Angabe des Dateinamens zugegriffen werden. Falls noch keine Arbeitsmappe geladen wurde, liefert *Count* den Wert 0.

- *ActiveWorkbook*: Die Eigenschaft verweist auf die gerade aktive Arbeitsmappe. Als „aktiv" gilt jene Arbeitsmappe, die sich im obersten Fenster befindet und Einnahmen entgegennehmen kann.

- *ThisWorkbook*: Die Eigenschaft verweist auf jene Arbeitsmappe, in der sich der gerade ausgeführte Code befindet. Diese Arbeitsmappe muss nicht zwangsläufig mit *ActiveWorkbook* übereinstimmen – mit einer Prozedur aus Arbeitsmappe A können Sie ja auch ein Blatt aus Arbeitsmappe B bearbeiten. Die Eigenschaft muss insbesondere dann verwendet werden, wenn sich der Code in einer ausgeblendeten Arbeitsmappe befindet, weil in diesem Fall immer eine andere Arbeitsmappe als „aktiv" gilt.

Methoden zur Bearbeitung von Arbeitsmappen

- *Activate*: Die Methode verwandelt die angegebene Arbeitsmappe in die aktive Arbeitsmappe. Beachten Sie, dass die bei anderen Objekten gleichwertige Methode *Select* für Arbeitsmappen nicht verwendet werden darf!

- *Add*: Die Methode muss auf *Workbooks* angewendet werden und erstellt eine neue leere Arbeitsmappe. Optional kann dabei ein Blatttyp (etwa *xlChart*) angegeben werden – dann enthält die neue Arbeitsmappe nur ein Blatt.

- *Close*: Die Methode schließt die als Objekt angegebene Arbeitsmappe. Falls sich darin noch nicht gespeicherte Daten befinden, erscheint automatisch eine Sicherheitsabfrage. (Diese Sicherheitsabfrage kann durch *Application.DisplayAlerts=False* unterbunden werden.)

- *Open*: Die Methode muss auf *Workbooks* angewendet werden. Sie lädt die durch ihren Dateinamen angegebene Arbeitsmappe. Eine Menge optionaler Parameter steuert die diversen Ladevarianten (Umwandlung von einem anderen Datenformat, Kennwort, Schreibschutz etc.).

- *Save*: Speichert die angegebene Arbeitsmappe (oder die aktive Arbeitsmappe, falls *Application* als Objekt angegeben wird) unter ihrem bisherigen Namen. Falls die Datei noch keinen Namen hat, erscheint automatisch der Dateiauswahldialog.

- *SaveAs*: Wie oben, allerdings muss hier ein gültiger Dateiname angegeben werden. Falls der Dateiname schon existiert, erscheint eine Sicherheitsabfrage, ob die Datei überschrieben werden soll. *SaveAs* darf nicht auf das *Application*-Objekt angewendet werden, dafür aber auf einzelne Tabellen- oder Diagrammblätter.

- *SaveCopyAs*: Wie oben, allerdings ändert sich der Dateiname der Arbeitsmappe nicht. Nur für *Workbook*-Objekte.

- *GetOpenFilename*: Die Methode zeigt den Dialog zur Dateiauswahl an. Wenn ein gültiger Dateiname ausgewählt wird, gibt die Methode diesen zurück, andernfalls den Wahrheitswert *False*. Die ausgewählte Datei wird aber in keinem Fall geöffnet. Die Methode muss auf das *Application*-Objekt angewendet werden.

- *GetSaveAsFilename*: Wie oben, es darf aber auch eine noch nicht existierende Datei angegeben werden.

Wichtige Eigenschaften von Arbeitsmappen

- *Name, Path, FullName*: Die drei Eigenschaften geben den Dateinamen ohne Pfad, nur den Pfad und schließlich den gesamten Dateinamen mit Pfad an. *Path* enthält eine leere Zeichenkette, wenn die Mappe noch nie gespeichert wurde und daher noch keinen Dateinamen hat.

- *Saved*: Gibt an, ob die Datei seit dem letzten Speichern unverändert geblieben ist (*True*) oder gespeichert werden muss (*False*).

Fenster

Fenster werden zur Darstellung von Arbeitsmappen eingesetzt, wobei die Möglichkeit besteht, mehrere Fenster für dieselbe Arbeitsmappe zu öffnen. Auch ausgeblendete oder zu Icons verkleinerte Fenster gelten aus der Sicht Excels als „normale" Fenster, die sich nur durch die Eigenschaften *Visible* und *WindowState* von sichtbaren Fenstern unterscheiden. Die Verwaltung von Fenstern erfolgt ähnlich wie jene der Arbeitsmappen.

- *Windows*: Die Methode ermöglicht den Zugriff auf einzelne Fenster, die durch eine Indexnummer oder durch ihren Namen angegeben werden. Beachten Sie, dass die Methode auch in Icons verkleinerte oder unsichtbare Fenster liefert. Wenn als Objekt *Application* angegeben wird, liefert *Windows* ein Auflistungsobjekt *aller* Fenster. Die Methode kann aber auch auf ein *Workbook*-Objekt angewendet werden und liefert dann nur die Fenster dieser Arbeitsmappe.

- *ActiveWindow*: Die Eigenschaft des *Application*-Objekts verweist auf das aktive Fenster.

Methoden zur Bearbeitung von Fenstern

- *Activate*: Die Methode aktiviert das als Objekt angegebene Fenster. Beachten Sie, dass die oft gleichwertige Methode *Select* für Fenster nicht verwendet werden darf!

- *ActivatePrevious, ActivateNext*: Aktiviert das in der Fensterliste letzte bzw. nächstfolgende Fenster und reiht das als Objekt angegebene Fenster an letzter Stelle in die Fensterliste ein.

- *Close*: Die Methode schließt das angegebene Fenster. Falls es sich dabei um das letzte Fenster einer Arbeitsmappe handelt und diese noch nicht gespeicherte Daten enthält, erscheint automatisch eine Sicherheitsabfrage, ob gespeichert werden soll.

- *NewWindow*: Die Methode (angewendet auf ein vorhandenes Fenster oder auf ein *Workbook*-Objekt) erzeugt ein neues Fenster. Das Fenster enthält eine Kopie des angegebenen Fensters bzw. des aktiven Fensters der Arbeitsmappe. Beachten Sie, dass die Methode *Add* zwar für fast alle anderen Objekte definiert ist, nicht aber für Fenster!

Wichtige Fenstereigenschaften

- *WindowState*: Bestimmt das Aussehen des Fensters. Mögliche Werte: *xlMaximized, xlMinimized* (Icon) und *xlNormal*.

- *Visible*: Gibt an, ob das Fenster sichtbar (*True*) ist oder nicht (*False*). Unsichtbare Fenster werden im üblichen Excel-Sprachgebrauch als „ausgeblendet" bezeichnet (Kommando Ansicht | Fenster ausblenden).

- *Caption*: Gibt den Fenstertitel an.

- *DisplayGridlines, DisplayHeadings*: Bestimmen, ob im Fenster Gitternetzlinien sowie Zeilen- und Spaltenköpfe angezeigt werden sollen.

- *Zoom*: Bestimmt den Zoomfaktor (10 bis 400 Prozent).

- *ScrollColumn, ScrollRow*: Bestimmt die Spalten- und Zeilennummer in der linken oberen Ecke des Fensters.

- *Split, FreezePanes*: Geben an, ob das Fenster geteilt und ob die Teilung fixiert ist.

- *SplitRow, SplitColumn*: Bestimmen die Position der Fensterteilungslinien.

- *Width, Height, Left, Top*: Geben Größe und Position des Fensters in Punkt (0.35 mm) an.

- *UsableWidth, UsableHeight*: Geben die nutzbare Innengröße des Fensters (ohne Fensterrand, Titelzeile, Bildlaufzeilen etc.) an.

Fensterausschnitte

Geteilte Fenster können bis zu vier Ausschnitte aufweisen. Fensterausschnitte werden über eigene *Pane*-Objekte verwaltet. Der Zugriff auf diese Objekte erfolgt entweder über die *Window*-Eigenschaft *ActivePane* oder über die *Window*-Methode *Panes.ActivePane*. Die Auflistung *Panes* kann auch bei ungeteilten Fenstern eingesetzt werden, allerdings existiert dann nur ein einziger Ausschnitt.

Der gerade aktive Ausschnitt kann mit *Activate* verändert werden. Die beiden wichtigsten Eigenschaften eines *Pane*-Objekts lauten *Line-* und *SplitColumn*, die analog zu Fenstern definiert sind (siehe oben).

Arbeitsblätter

Der Zugriff auf Blätter erfolgt durch Auflistungen bzw. über einige *ActiveXy*-Eigenschaften. Excel kennt drei Typen von Arbeitsblättern: Tabellenblätter (auch zur Speicherung von Excel-4-Makros), Diagramme und Dialoge im Format von Excel 5/7.

Hinweis

Genau genommen gibt es noch einen vierten Blatttyp, der seit Excel 97 aber nicht mehr offiziell unterstützt wird: Modulblätter (Objekttyp *Module*). Module wurden in Excel 5/7 wie Tabellenblätter angezeigt, können seit Excel 97 aber nur noch in der VBA-Entwicklungsumgebung bearbeitet werden. Beachten Sie jedoch, dass in einer Schleife *For Each s In Sheets* auch alle Module durchlaufen werden, obwohl es diesen Objekttyp ja gar nicht mehr geben sollte.

- *Sheets*: Ermöglicht den Zugriff auf alle Blätter einer Arbeitsmappe bzw. auf die Blätter der gerade aktiven Arbeitsmappe, wenn das *Application*-Objekt angegeben wird. Die Methode liefert das Ergebnis je nach Blatttyp als *Worksheet-*, *Chart-* oder *DialogSheet*-Objekt.

Achtung

Es gibt keinen allgemeinen Objekttyp für Blätter (also kein *Sheet*-Objekt). Wenn *x* wie im folgenden Beispiel als *Worksheet* definiert wird (statt als allgemeine Objektvariable), kommt es zu einer Fehlermeldung, wenn der Variablen ein anderer Blatttyp zugewiesen wird. Abhilfe: Definieren Sie *ws* allgemein als *Object*, und stellen Sie den Objekttyp der Variablen mit *Typename* fest.

```
' Achtung, dieses Beispiel produziert einen Fehler, wenn
' die Arbeitsmappe außer Tabellenblättern andere
' Blätter enthält!
Dim ws As Worksheet
For Each ws In ActiveWorkbook.Sheets
  Debug.Print ws.Name
Next ws
```

- *Worksheets, Charts, DialogSheets, Excel4MacroSheets, Excel4IntlMacroSheets*: Wie *Sheets*, allerdings liefern die sechs Methoden nur Blätter des jeweiligen Typs.

- *SelectedSheets*: Ermöglicht den Zugriff auf alle ausgewählten Blätter eines Fensters. Diese Methode ist zur Bearbeitung von Blattgruppen nützlich, also nachdem mehrere Blätter gleichzeitig ausgewählt wurden.

- *ActiveSheet, ActiveChart*: Die beiden Eigenschaften verweisen auf das gerade aktive Blatt des jeweiligen Typs. (Bei der ersten Eigenschaft kommen wiederum alle drei Blatttypen in Frage.)

Methoden zur Bearbeitung von Blättern

- *Select, Activate*: Die beiden Methoden aktivieren das angegebene Blatt. Solange nur ein einzelnes Blatt bearbeitet wird, sind die beiden Methoden gleichwertig. Bei *Select* kann aber noch in einem optionalen Parameter *False* angegeben werden: Das ausgewählte Blatt ersetzt dann nicht das bisher aktive Blatt, vielmehr kommt es zu einer Mehrfachauswahl. Auf diese Weise können Gruppen von Blättern bearbeitet werden.

- *Add*: Fügt ein neues leeres Blatt ein. Durch vier optionale Parameter können Position, Anzahl und Typ der neuen Blätter angegeben werden. Ohne diese optionalen Parameter fügt VBA ein leeres Tabellenblatt vor dem gerade aktiven Tabellenblatt ein. Das neue Blatt wird gleichzeitig zum aktiven Blatt. Der Name des Tabellenblatts kann über die Eigenschaft *Name* eingestellt werden.

- *Copy*: Kopiert das als Objekt angegebene Blatt in eine neue, ansonsten leere Arbeitsmappe. Wenn in *Copy* in einem optionalen Parameter ein Blatt angegeben wird, dann wird das neue Blatt vor diesem Blatt eingefügt. Damit kann das neue Blatt auch innerhalb der Arbeitsmappe vervielfältigt werden. Mit dem Blatt werden auch alle darin enthaltenen Objekte sowie der zum Blatt gehörende Programmcode kopiert.

- *Delete*: Löscht das als Objekt angegebene Blatt. Dabei kommt es zu einer Sicherheitsabfrage, in welcher der Anwender bestätigen muss, dass das Blatt endgültig gelöscht wird. Diese Abfrage kann in einigen Excel-Versionen nicht verhindert werden! Im folgenden Abschnitt wird aber gezeigt, wie die Abfrage ohne Zutun des Anwenders durch *SendKeys* sofort bestätigt werden kann.

Die wichtigsten Blatteigenschaften

- *Name*: Bestimmt den Namen des Blatts.

- *Visible*: Gibt an, ob ein Blatt ein- oder ausgeblendet ist. Unsichtbare Blätter können nicht mit *Select* aktiviert werden.

PDF-Export von Arbeitsmappen und Arbeitsblättern

Alle Objekte, die die Arbeitsmappe oder ein Arbeitsblatt repräsentieren, verfügen seit Excel 2010 über eine Methode namens *ExportAsFixedFormat*, die den Export in eine PDF-beziehungsweise XPS-Datei erlaubt. Damit können Sie ein Excel-Dokument komplett oder in Teilen weitergeben, ohne dass der Empfänger über Excel oder Windows verfügen muss. Zum Öffnen der Ausgabedatei benötigt er nur ein kleines Viewer-Programm (wie den Adobe Reader beispielsweise), das mittlerweile für jedes Betriebssystem verfügbar ist.

Die *ExportAsFixedFormat*-Methode verfügt über folgende Parameter, von denen nur die ersten beiden erforderlich sind:

Type	Legt den Typ der Ausgabedatei fest. Kann *xlTypePDF* (PDF-Datei) oder *xlTypeXPS* (XPS-Datei) lauten.
Filename	Name der Ausgabedatei. Wenn Sie keinen vollständigen Pfad angeben, wird die Datei im aktuellen Ordner gespeichert.
Quality	Legt die Ausgabequalität fest. Kann auf *xlQualityStandard* (normal) oder *xlQualityMinimum* (niedrig) festgelegt werden.
IncludeDocProperties	Wenn dieser Wert auf **True** festgelegt ist, werden die Dokument-eigenschaften eingeschlossen, bei **False** werden sie weggelassen.
IgnorePrintAreas	Wenn dieser Wert auf **True** festgelegt ist, werden alle Druckbereiche beim Export ignoriert. Bei **False** werden die festgelegten Druckbe-reiche verwendet.
From	Die Seitenzahl, bei der der Export beginnen soll. Fehlt das Argument, beginnt der Export am Anfang.
To	Die Seitenzahl der letzten Seite, die exportiert werden soll. Fehlt dieses Argument, wird bis zur letzten Seite exportiert.
OpenAfterPublish	Wenn dieser Wert auf **True** festgelegt ist, wird die Datei nach dem Export im Viewer angezeigt. Bei **False** wird die Datei exportiert, jedoch nicht angezeigt.

Das folgende Beispiel kopiert die gesamte aktuelle Arbeitsmappe in der bestmöglichen Qualität in eine PDF-Datei namens *D:\Mappe1.pdf.* Dazu greift es auf die *ExportAsFixedFormat*-Methode des *ActiveWorkbook*-Objekts zurück:

```
ActiveWorkbook.ExportAsFixedFormat Type:=xlTypePDF, _
    Filename:="D:\Mappe1.pdf", Quality:=xlQualityStandard
```

Den PDF-Export des aktuellen Arbeitsblatts in die Datei *D:\Blatt1.pdf* demonstriert das folgende Beispiel:

```
ActiveSheet.ExportAsFixedFormat Type:=xlTypePDF, _
    Filename:="D:\Blatt1.pdf", Quality:=xlQualityStandard
```

In Excel 2007 ist die *ExportAsFixedFormat*-Methode nur verfügbar, wenn dort das Add-in „Microsoft Save as PDF or XPS" installiert ist.

Hinweis

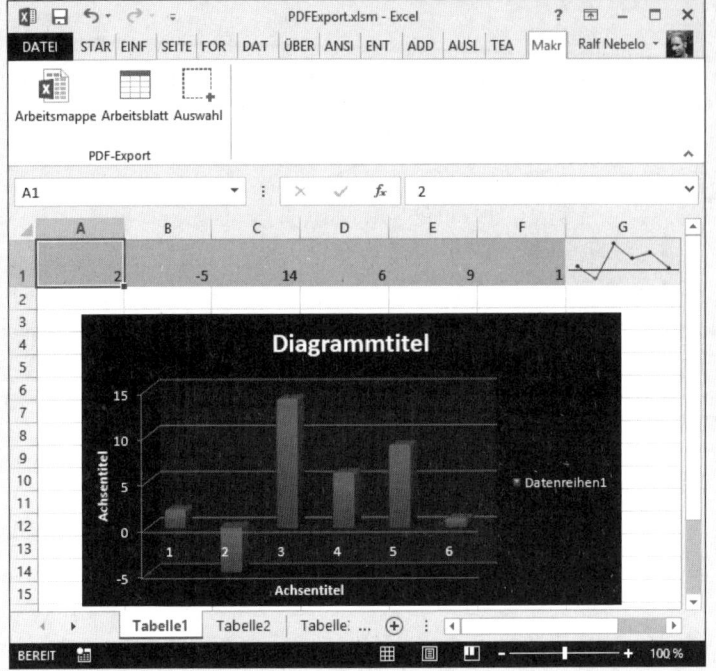

Ein vollständiges Beispiel für den Einsatz der *ExportAsFixedFormat*-Methode finden Sie in der Datei *PDFExport.xlsm* im Unterordner 5 der Beispieldateien. Es demonstriert die Ausgabe einer kompletten Arbeitsmappe, eines Arbeitsblatts und der aktuellen Auswahl in eine PDF-Datei.

5.2.2 Anwendungsbeispiele

Dateinamen auswählen und Arbeitsmappe laden

Zur Auswahl eines Dateinamens stellt VBA zwei Methoden zur Verfügung, nämlich *GetOpenFilename* und *GetSaveAsFilename*. Diese Methoden führen jeweils zur Anzeige eines Dialogs für die Dateiauswahl und geben anschließend den Dateinamen oder *False* zurück. Der einzige Unterschied zwischen den beiden Methoden besteht darin, dass bei *GetSaveAsFilename* auch der Dateiname einer noch gar nicht existierenden Datei angegeben werden darf.

Das folgende Codebeispiel fordert den Anwender zur Auswahl einer Excel-Datei auf, die anschließend geladen wird. Der Parameter von *GetOpenFilename* gibt den Dateifilter an; im Dialog werden nur Dateinamen angezeigt, die dem Muster *.xls? entsprechen. Weitere Details zum Umgang mit *GetOpenFilename* bzw. *GetSaveAsFilename* finden Sie in Abschnitt 5.6.5.

```
' Beispieldatei 05\Sheets.xlsm
Sub LoadExcelFile()
  Dim result As Variant
  result = Application.GetOpenFilename("Excel-Dateien,*.xls?", 1)
  If result = False Then Exit Sub
  Workbooks.Open result
End Sub
```

Fenster in Icons verwandeln

Wenn Sie vor lauter Fenstern den Überblick verloren haben, kann es von Vorteil sein, alle Fenster quasi auf Knopfdruck in Icons zu verkleinern. Die einzige Besonderheit im folgenden Codebeispiel ist die Abfrage *If f.Visible*. Mit ihr wird verhindert, dass auch ausgeblendete Fenster verkleinert werden (was zu einem Fehler führt).

```
' Beispieldatei 05\Sheets.xlsm
Sub ShowWindowsAsIcons()
  Dim win As Window
  For Each win In Windows
    If win.Visible Then win.WindowState = xlMinimized
  Next win
End Sub
```

Fenster an der aktuellen Position des Zellzeigers teilen

Das folgende Codebeispiel teilt das Fenster an der aktuellen Position des Zellzeigers. Falls die Fensterteilung bisher fixiert war, wird sie auch nach der neuen Teilung wieder fixiert. *win* wird als Abkürzung zum Zugriff auf das aktive Fenster benutzt. Der Ort, an dem das Fenster geteilt wird, resultiert aus der Zeilen- und Spaltendifferenz zwischen der aktiven Zelle und der in der linken oberen Fensterecke sichtbaren Zelle (deren Position aus den Fenstereigenschaften *Row*- und *ScrollColumn* ermittelt wird).

```
' Beispieldatei 05\Sheets.xlsm
Sub SplitWindow()
  Dim freezeMode As Boolean, win As Window
  If TypeName(ActiveSheet) <> "Worksheet" Then Exit Sub
  Set win = ActiveWindow
  freezeMode = win.FreezePanes
  win.FreezePanes = False    'sonst kann die Teilung nicht verändert
                             'werden
  If win.Split Then win.Split = False: Exit Sub  'Teilung aufheben
  win.SplitRow = ActiveCell.Row - win.ScrollRow
  win.SplitColumn = ActiveCell.Column - win.ScrollColumn
  win.FreezePanes = freezeMode    'Fixierung wiederherstellen
End Sub
```

Durch die *TypeName*-Abfrage wird erreicht, dass das Makro sofort abgebrochen wird, wenn momentan kein Tabellenblatt aktiv ist. (Das Teilen eines Fensters ist nur bei Tabellenblättern möglich.)

Gitternetzlinien und Zellköpfe ein- und ausschalten

Zwei Fenstereigenschaften werden in der praktischen Arbeit mit Tabellen besonders oft umgeschaltet: die Anzeige der Gitternetzlinien und die Anzeige der Zeilen- und Spaltenköpfe. Das Codebeispiel unten testet den aktuellen Zustand der beiden Einstellungen und schaltet in den jeweils nächsten von vier möglichen Modi um: beide Fensterelemente sichtbar, nur Gitternetzlinien, nur Zellköpfe, weder noch.

```
' Beispieldatei 05\Sheets.xlsm
Sub ToggleHeadingsGrids()
  Dim gridMode&, headingsMode&
  On Error Resume Next
  headingsMode = ActiveWindow.DisplayHeadings
  gridMode = ActiveWindow.DisplayGridlines
  If headingsMode And Not gridMode Then
    headingsMode = False
  ElseIf Not headingsMode And Not gridMode Then
    gridMode = True
  ElseIf Not headingsMode And gridMode Then
    headingsMode = True
  Else
    gridMode = False
  End If
  ActiveWindow.DisplayHeadings = headingsMode
  ActiveWindow.DisplayGridlines = gridMode
End Sub
```

Hinweis

Durch *On Error Resume Next* wird erreicht, dass das Makro auch dann ohne Fehlermeldung ausgeführt wird, wenn gar kein Tabellenblatt aktiv ist (und das Makro daher keinen Sinn ergibt). ∎

Blatt löschen

Eigentlich ist zum Löschen eines Blatts nur die Ausführung der *Delete*-Methode erforderlich. Das Problem dabei besteht in der Sicherheitsabfrage, die Excel vor dem Löschen anzeigt. Je nach Anwendung kann es für den Anwender aber überaus irritierend sein, wenn er plötzlich mit einer Sicherheitsabfrage zu einem Blatt konfrontiert wird, das gar nicht er selbst (sondern das Programm) erzeugt hat. Aus diesem Grund kann über die Eigenschaft *DisplayAlerts* die Anzeige von Warnungen während der Makroausführung deaktiviert werden.

```
Sub DeleteActiveSheet()
  Application.DisplayAlerts = False
  ActiveSheet.Delete
  Application.DisplayAlerts = True
End Sub
```

Abschließend noch ein Hinweis: Die Prozedur ist nicht in der Lage, das eigene Modul zu löschen. Wenn Sie die Prozedur im Modul mit F5 starten, dann passiert gar nichts. VBA ist mit einem Sicherheitsmechanismus ausgestattet, der verhindert, dass ein Blatt mit gerade ausgeführtem Code gelöscht wird.

Zum ersten bzw. letzten Blatt der Blattliste wechseln

Mit den Tastenkombinationen Strg+Bild ↑ bzw. Strg+Bild ↓ kann das nächste bzw. vorherige Arbeitsblatt ausgewählt werden. Es existieren aber keine Tastaturkombinationen, um zum ersten oder letzten Tabellenblatt zu springen. Die folgenden vier Prozeduren, die Sie in Ihre persönliche Arbeitsmappe *Personal.xlsb* kopieren können (siehe auch Abschnitt 5.9), sehen für diesen Zweck die Tastaturkombination Strg+Shift+Bild ↑ bzw. Strg+Shift+ Bild ↓ vor.

In der Prozedur *Workbook_Open*, die beim Laden der Datei automatisch ausgeführt wird, werden die Ereignisprozeduren für die erwähnten Tastenkombinationen angemeldet (siehe auch Abschnitt 4.4 zum Thema Auto- und Ereignisprozeduren). *Workbook_BeforeClose* deaktiviert die beiden Makros beim Schließen der Datei wieder. *GotoFirstSheet* und *GotoLastSheet* sind komplizierter, als es auf den ersten Blick notwendig erscheint. Die Anweisungen

```
Sheets(1).Select              'erstes Blatt auswählen
Sheets(Sheets.Count).Select   'letztes Blatt auswählen
```

wären für die meisten Fälle ebenfalls ausreichend. Sie haben aber den Nachteil, dass sie zu einem Fehler führen, falls das erste bzw. das letzte Blatt unsichtbar (ausgeblendet) ist. Außerdem muss getestet werden, dass es sich beim zu aktivierenden Blatt nicht um ein Modul handelt, das in der *Sheets*-Auflistung zwar vorkommt, aber seit Excel 97 nicht mehr als reguläres Blatt gilt.

```
' Beispiel 05\Sheets.xlsm, „Diese Arbeitsmappe"
Private Sub Workbook_Open()
  Application.OnKey "+^{PGUP}", "GotoFirstSheet"
  Application.OnKey "+^{PGDN}", "GotoLastSheet"
End Sub
'wird automatisch beim Schließen der Datei ausgeführt
Private Sub Workbook_BeforeClose(Cancel As Boolean)
  Application.OnKey "+^{PGUP}", ""
  Application.OnKey "+^{PGDN}", ""
End Sub
' Beispiel 05\Sheets.xlsm, „Modul1"
Sub GotoFirstSheet()' aktiviert das erste Blatt
  Dim i&
```

```
   For i = 1 To Sheets.Count
     If Sheets(i).Visible And TypeName(Sheets(i)) <> "Module" Then
       Sheets(i).Select
       Exit Sub
     End If
   Next i
End Sub
Sub GotoLastSheet()    'aktiviert das letzte Blatt
  Dim i&
  For i = Sheets.Count To 1 Step -1
    If Sheets(i).Visible And TypeName(Sheets(i)) <> "Module" Then
      Sheets(i).Select
      Exit Sub
    End If
  Next i
End Sub
```

5.2.3 Syntaxzusammenfassung

Alle angegebenen Methoden und Eigenschaften können sich auf das *Application*-Objekt beziehen, einige auch auf *Workbook*- oder *Window*-Objekte.

Zugriff auf Arbeitsmappen, Fenster und Blätter	
Workbooks	Zugriff auf alle Arbeitsmappen
Windows	Zugriff auf alle Fenster
Sheets	Zugriff auf alle Blätter einer Mappe
SelectedSheets	Zugriff auf Blattgruppe (bei Mehrfachauswahl)
Worksheets	Zugriff nur auf Tabellenblätter
Charts	Zugriff nur auf Diagrammblätter
DialogSheets	Zugriff nur auf Dialogblätter
Modules	Zugriff nur auf Modulblätter
Excel4MacroSheets	Zugriff nur auf Excel-4-Makroblätter
Excel4IntlMacroSheets	Zugriff auf internationale Makroblätter
ActiveWorkbook	zurzeit aktive Arbeitsmappe
ThisWorkbook	Arbeitsmappe, in der sich der Code befindet
ActiveWindow	aktives Fenster
ActiveSheet	aktives Blatt von Fenster/Mappe/Anwendung
ActiveChart	aktives Diagramm von Fenster/Mappe/Anwendung

Umgang mit Arbeitsmappen

workbk.Activate	bestimmt die aktive Arbeitsmappe
Workbooks.Add	erstellt eine neue leere Arbeitsmappe
workbk.Close	schließt die Arbeitsmappe
workbk.Open „datname"	lädt die angegebene Datei
workbk.Save	speichert die Arbeitsmappe
workbk.SaveAs „datname"	wie oben, aber unter dem angegebenen Namen
workbk.SaveCopyAs „dn"	wie oben, ohne Namen der Arbeitsmappe zu ändern
workbk.Name	enthält den Dateinamen ohne Pfad
workbk.Path	nur Pfad
workbk.FullName	Pfad plus Dateiname
workbk.Saved	gibt an, ob Arbeitsmappe gespeichert ist
Application.GetOpenFilename	vorhandenen Dateinamen auswählen
Application.GetSaveAsFilename	neuen Dateinamen auswählen

Umgang mit Fenstern

win.Activate	aktiviert das angegebene Fenster
win.ActivatePrevious	aktiviert das zuletzt aktive Fenster
win.ActivateNext	aktiviert das nächste Fenster der Fensterliste
win.Close	schließt das angegebene Fenster
win.NewWindow	erzeugt ein neues Fenster
win.WindowState	*xlMaximized/xlMinimized/xlNormal*
win.Visible	ein-/ausgeblendet (*True/False*)
win.Caption	gibt den Fenstertitel an
win.DisplayGridlines	Gitter anzeigen (*True/False*)
win.DisplayHeadings	Zeilen- und Spaltenköpfe anzeigen (*True/False*)
win.Zoom	Zoomfaktor (10–400)
win.ScrollColumn	sichtbare Spaltennummer am linken Rand
win.ScrollRow	sichtbare Zeilennummer am oberen Rand
win.Split	gibt an, ob Fenster geteilt ist (*True/False*)
win.FreezePanes	gibt an, ob Fensterteilung fixiert ist
win.SplitRow	bestimmt Zeilenanzahl im oberen Fensterteil
win.SplitColumn	bestimmt Spaltenanzahl im linken Fensterteil
win.Width/Height	Außenmaße in Punkt (0.35 mm)
win.UsableWidth/UsableHeight	Innenmaße in Punkt
win.Left, win.Top	Position in Punkt

Umgang mit Fensterausschnitten	
win.Panes	Zugriff auf alle Ausschnitte des Fensters
win.ActivePane	Zugriff auf den aktiven Ausschnitt des Fensters
pane.Activate	bestimmt den aktiven Ausschnitt
pane.SplitColumn	Zeilennummer am oberen Rand
pane.SplitRow	Spaltennummer am linken Rand

Umgang mit Arbeitsblättern	
sheet.Activate	wählt ein Blatt aus
sheet.Select False	Mehrfachauswahl
workbk.Add	fügt ein leeres Tabellenblatt hinzu
workbk.Add before:= , typ:=	wie oben, plus Positions- und Blatttyp
sheet.Copy	kopiert das Blatt in eine neue Mappe
sheet1.Copy sheet2	kopiert Blatt1 und fügt es vor Blatt2 ein
sheet.Delete	löscht das Blatt (mit Sicherheitsabfrage)
sheet.Name	Name des Blatts
sheet.Visible	ein- oder ausgeblendet

■ 5.3 Datentransfer über die Zwischenablage

5.3.1 Zellbereiche kopieren, ausschneiden und einfügen

Wenn Sie einen Zellbereich an eine andere Stelle versetzen oder kopieren möchten, bedienen Sie sich am besten der Zwischenablage – wie beim manuellen Betrieb von Excel. Zum Datentransfer von und zur Zwischenablage sind folgende Methoden vorgesehen:

- *Copy*: Kopiert den als Objekt angegebenen Zellbereich in die Zwischenablage. Wenn die Methode mit einem optionalen Bereichsparameter verwendet wird, dann werden die Daten nicht in die Zwischenablage, sondern direkt in den angegebenen Bereich kopiert.
- *Cut*: Funktioniert wie *Copy*, allerdings werden die Ausgangsdaten gelöscht. Wenn im optionalen Parameter „Zielbereich" ein Zellbereich angegeben wird, dann werden die Zellen dorthin verschoben. Aus diesem Grund existiert keine eigene Methode zum Verschieben von Zellen.
- *Paste*: Fügt Daten aus der Zwischenablage ein. Als Objekt muss ein Tabellenblatt angegeben werden. Wenn der Zielbereich nicht in einem optionalen Parameter angegeben wird, gilt die aktuelle Auswahl im Tabellenblatt als Zielbereich.
- *PasteSpecial*: Ermöglicht wie das Kommando START | EINFÜGEN | INHALTE EINFÜGEN komplexere Bearbeitungsschritte, etwa das Einfügen von Werten (statt von Formeln) oder die

Durchführung von Rechenoperationen. Die Methode kennt zahlreiche optionale Parameter, die in der Hilfe beschrieben sind. Insbesondere können Sie mithilfe dieser Parameter die Zellen, die durch das Einfügen überschrieben wurden, nach rechts oder nach unten verschieben.

Zwei Eigenschaften des Objekts *Application* geben Zusatzinformationen über den aktuellen Inhalt der Zwischenablage und den aktuellen Kopier- bzw. Ausschneidemodus:

▪ *CutCopyMode*: Die Eigenschaft gibt an, ob sich Excel gerade im Kopier- oder Ausschneidemodus befindet. Mögliche Werte sind *False*, *xlCut* und *xlCopy*. Durch die Zuweisung von *False* kann ein begonnener Kopier- oder Ausschneidevorgang abgebrochen werden. Damit verschwindet auch der Laufrahmen rund um die kopierten bzw. ausgeschnittenen Daten.

▪ *ClipboardFormats*: Diese Aufzähleigenschaft gibt an, welche Formate die in der Zwischenablage befindlichen Daten aufweisen. Die Eigenschaft ist als Feld organisiert, weil die Zwischenablage gleichzeitig Daten in mehreren Formaten enthalten kann. Mögliche Formate sind *xlClipboardFormatText* oder *xlClipboardFormatBitmap* (siehe Hilfe).

Hinweis

Seit der Office-Version 2000 verwalten Excel, Word etc. nicht mehr nur eine Zwischenablage (nämlich diejenige von Windows), sondern gleich zwölf. Mit anderen Worten: Die letzten zwölf ausgeschnittenen oder kopierten Daten werden zwischengespeichert und können bei Bedarf wieder eingefügt werden. Dazu müssen Sie die Office-Zwischenablage nur über START | ZWISCHENABLAGE einblenden.

Für VBA-Programmierer ist dieses Merkmal allerdings nicht zugänglich – die in diesem Abschnitt beschriebenen Kommandos gelten immer nur für die zuletzt in die Zwischenablage eingefügten Daten (die dem Inhalt der Windows-Zwischenablage entsprechen). Die bis zu elf übrigen Daten in der Office-Zwischenablage können per Code nicht angesprochen werden.   ▪

Zellbereich in ein anderes Blatt kopieren

Die folgenden Anweisungen kopieren die Daten der aktuellen Region, in der sich der Zellzeiger gerade befindet, von Tabelle1 in Tabelle2. Dabei wird durch *SpecialCells(xlVisible)* erreicht, dass nur die sichtbaren Daten kopiert werden. Diese Einschränkung ist beispielsweise bei Datenbankanwendungen sinnvoll, wenn nur die gefilterten Daten übertragen werden sollen. Wenn Sie einfach nur die markierten Daten übertragen möchten, reicht die Anweisung *Selection.Copy*.

Beachten Sie beim Aufruf von *Paste*, dass als Objekt zwar das aktive Blatt angegeben wird, die Daten aber beginnend bei Zelle A1 in die Tabelle2 kopiert werden.

```
' sichtbare Daten in die Zwischenablage kopieren
Selection.CurrentRegion.SpecialCells(xlVisible).Copy
' Daten beginnend bei A1 in Tabelle 2 einfügen
ActiveSheet.Paste Range("Tabelle2!A1")
' Kopiermodus (blinkender Rahmen) auflösen
Application.CutCopyMode = False
```

In einigen Fällen weigert sich Excel allerdings, die blattübergreifende Kopieraktion durchzuführen. Dann sollte man den Zielbereich nicht – wie im Beispiel zuvor – über die Angabe
seiner linken oberen Zelle, sondern durch eine *Range*-Angabe definieren, die den kompletten Zielbereich beschreibt. Ergänzend dazu bedarf es einer zweiten *Range*-Angabe, die den
Quellbereich definiert. Beide Bereiche müssen allerdings größenmäßig übereinstimmen, wie
es das folgende Beispiel zeigt:

```
' Verweise auf Quell- und Zieltabelle einrichten
Dim ablatt as Worksheet
Dim bblatt as Worksheet
Set ablatt = Sheets("Tabelle1")
Set bblatt = Sheets("Tabelle2")
' Daten des Quellbereichs von Tabelle1 in Zwischenablage kopieren
ablatt.Range(ablatt.Cells(5,1), ablatt.Cells(6,3)).Copy
' Kopierte Daten in Zielbereich von Tabelle2 einfügen
ActiveSheet.Paste Destination:=Range(bblatt.Cells(3, 4),
   bblatt.Cells(4, 6))
```

Daten einfügen und verknüpfen

Je nach Datenherkunft besteht beim Einfügen von Daten aus der Zwischenablage die Möglichkeit, eine Verknüpfung zu dem Programm herzustellen, aus dem die Daten stammen. Die
Daten werden dann bei jeder Veränderung im Ursprungsprogramm auch in Excel aktualisiert.

Am häufigsten werden Datenverknüpfungen innerhalb von Excel benötigt – nämlich dann,
wenn Daten aus einer Datei auch in einer anderen Datei benötigt werden. Im manuellen
Betrieb von Excel kopieren Sie dazu die Daten in der einen Datei und fügen sie dann mit
Start | Einfügen | Inhalte einfügen | Verknüpfen in die andere Datei ein.

Im Programmcode verwenden Sie für diese Aktion allerdings nicht die Methode *PasteSpecial*,
sondern die bereits im vorigen Beispiel eingesetzte Methode *Paste*. Allerdings müssen Sie
jetzt den optionalen Parameter *Link:=True* angeben. Außerdem muss der Zielbereich jetzt
mit der aktiven Auswahl übereinstimmen. Im obigen Beispiel muss daher vor dem Einfügen
Tabelle2 aktiviert und der Zellzeiger nach A1 gestellt werden.

```
' sichtbare Daten in die Zwischenablage kopieren
Selection.CurrentRegion.SpecialCells(xlVisible).Copy
' Daten beginnend bei A1 in Tabelle 2 einfügen und verknüpfen
Worksheets("Tabelle2").Select
Range("A1").Select
ActiveSheet.Paste Link:=True
Worksheets("Tabelle1").Select
' Kopiermodus (blinkender Rahmen) auflösen
Application.CutCopyMode = False
```

5.3.2 Zugriff auf die Zwischenablage mit dem DataObject

Die Microsoft-Forms-Bibliothek stellt ein *DataObject* zur Verfügung, das dazu verwendet werden kann, Text in die Zwischenablage zu schreiben bzw. von dort zu lesen. (Falls Ihre Excel-Anwendung keine benutzerdefinierten Dialoge enthält, müssen Sie die Microsoft-Forms-Bibliothek („Microsoft Forms 2.0 Object Library") mit EXTRAS | VERWEISE im Visual-Basic-Editor explizit aktivieren.)

Das *DataObject* ist an sich ein selbstständiges, von der Zwischenablage unabhängiges Objekt, das im Programmcode folgendermaßen deklariert werden kann:

```
Dim dataobj As New DataObject
```

In der Folge können Sie den Inhalt der Zwischenablage mit der Methode *GetFromClipboard* in dieses Objekt kopieren. Umgekehrt können Sie *PutInClipboard* verwenden, um den Inhalt von *dataobj* in die Zwischenablage zu übertragen. Um eine Zeichenkette aus der Zwischenablage zu lesen, sind also die beiden folgenden Kommandos erforderlich:

```
Dim cliptext$
dataobj.GetFromClipboard
cliptext = dataobj.GetText()
```

Der umgekehrte Weg, also das Kopieren eines Texts in die Zwischenablage, sieht folgendermaßen aus:

```
dataobj.SetText "abc"
dataobj.PutInClipboard
```

Wenn Sie den Inhalt der Zwischenablage löschen möchten, führen Sie die beiden folgenden Kommandos aus:

```
dataobj.Clear
dataobj.PutInClipboard
```

 Verweis

Als Beispiel für die Programmierung einer ActiveX-Bibliothek, die von Excel aus benutzt werden kann, wird in Abschnitt 15.6.3 ein Programm vorgestellt, welches das *Clipboard*-Objekt der Programmiersprache Visual Basic auch unter Excel verwendbar macht.

■

5.3.3 Syntaxzusammenfassung

Zellbereiche kopieren/ausschneiden/einfügen	
range.Copy	Bereich in die Zwischenablage kopieren
range1.Copy range2	Daten aus *range1* in *range2* kopieren
range.Cut	wie Kopieren, *range* wird aber gelöscht
range1.Cut range2	Daten aus *range1* in *range2* versetzen
wsheet.Paste	fügt Daten in das Tabellenblatt ein
wsheet.Paste Link:=True	wie oben, aber mit bleibender Verknüpfung
wsheet.Paste range	fügt Daten im angegebenen Bereich ein
wsheet.PasteSpecial format	fügt Daten in bestimmtem Format ein
Application.CutCopyMode	gibt den aktuellen Modus an
Application.ClipboardFormats(n)	enthält Informationen über Daten in der Zwischenablage

Microsoft-Forms.DataObject – Methoden	
Clear	Inhalt des Objekts löschen
GetFromClipboard	Inhalt des Objekts aus der Zwischenablage lesen
PutInClipboard	Inhalt des Objekts in die Zwischenablage übertragen
GetFormat	ermittelt Datenformate (wie *ClipboardFormats*)
GetText	Text im Objekt speichern
SetText	Text aus dem Objekt lesen

■ 5.4 Umgang mit Zahlen und Zeichenketten

5.4.1 Numerische Funktionen, Zufallszahlen

Generell tritt bei numerischen Funktionen das Problem auf, dass diese zum Teil doppelt definiert sind – zum einen in der Programmiersprache VBA und zum anderen als Tabellenfunktionen in Excel. Aus diesem Grund kommt es auch vor, dass es zur Lösung einer Aufgabe mehrere Funktionen gibt, die zwar ähnlich aussehen, zumeist aber nicht ganz gleich funktionieren.

Der inhaltliche Schwerpunkt dieses Abschnitts liegt bei den zahllosen Funktionen zum Runden – nicht zuletzt deswegen, weil es sehr viele ähnliche Funktionen gibt, die das Runden zu einer verwirrenden Angelegenheit machen.

Verwendung von Excel-Tabellenfunktionen

Sie können in VBA alle Excel-Tabellenfunktionen verwenden. Manche Funktionen – etwa trigonometrische Funktionen – sind sowohl in Excel als auch in VBA definiert und können ohne weitere Schlüsselwörter verwendet werden, etwa *Sin(0.7)*. Tabellenfunktionen, die in VBA keine Entsprechung finden, muss *Application.WorksheetFunction* vorangestellt werden, beispielsweise *Application.WorksheetFunction.Sum(...)* zur Verwendung der *SUMME*-Funktion.

Es müssen die englischen Funktionsnamen verwendet werden (siehe Objektkatalog zum *WorksheetFunction*-Objekt). Wenn Sie nicht wissen, wie der englische Name einer deutschen Funktion lautet, finden Sie u. a. hier *[Link 7]* eine PDF-Datei mit weiterführenden Informationen:

> *http://buero.armbrust-krinn.de/wp-content/uploads/2010/03/Excel_funktionen-deutschenglisch.pdf*

Zahlen runden

In Excel bzw. in VBA gibt es zahllose Funktionen, die angeblich „runden". An die kaufmännische Gepflogenheit, wonach ab einem Nachkommaanteil von 0.5 aufgerundet wird, hält sich allerdings keine einzige dieser Funktionen. Die Funktionen *CInt*, *CLng* und *Application.WorksheetFunction.Round* nähern sich dieser Regel noch am weitesten an.

- *CInt* und *CLng* runden bei einem Nachkommaanteil größer 0.5 auf und bei einem Anteil kleiner 0.5 ab. Eigentümlich ist das Verhalten allerdings bei einem Nachkommaanteil von genau 0.5. Dort runden die Funktionen zur nächsten geraden (!) Zahl: 1.5 wird ebenso wie 2.5 zu 2 gerundet. (Begründung: Damit wird erreicht, dass die Summe einer Reihe zufälliger Zahlen nach dem Runden möglichst nahe der Summe der ungerundeten Zahlen bleibt.)

- *CInt* und *CLng* unterscheiden sich von allen anderen hier genannten Funktionen in zwei weiteren Punkten: Erstens darf als Parameter auch eine Zeichenkette angegeben werden, und zweitens liefern die Funktionen eine Fehlermeldung, wenn der Bereich der Variablentypen *Integer* (±32767) bzw. *Long* (±2^31) über- bzw. unterschritten wird.

- Die Tabellenfunktion *Application.WorksheetFunction.Round* kommt dem kaufmännischen Runden auch ziemlich nahe, allerdings rundet sie negative Zahlen bei einem Nachkommaanteil von 0.5 ab statt auf. Außerdem verlangt die Funktion einen zweiten Parameter, der die gewünschte Anzahl der Stellen angibt. *Round(1.5, 0)* liefert 2. *Round(−1.5, 0)* liefert -2. *Round(1.57, 1)* liefert 1.6. *Round(157, −1)* liefert 160.

- *Int* rundet Fließkommazahlen generell ab: 1.9 wird zu 1, –1.9 wird zu –2. Die Tabellenfunktion *Application.WorksheetFunction.RoundDown* funktioniert ganz ähnlich, allerdings muss wie bei *Round* in einem zweiten Parameter die gewünschte Anzahl der Nachkommastellen angegeben werden. *RoundDown(1.98, 1)* liefert 1.9. Analog dazu rundet *Application.WorksheetFunction.RoundUp* für die gewünschte Anzahl von Nachkommastellen auf.

- *Fix* schneidet einfach die Nachkommastellen ab: 1.9 wird wiederum zu 1, –1.9 wird aber zu –1.

- *Application.WorksheetFunction.Even* und *.Odd* runden zur betragsmäßig größeren geraden bzw. ungeraden Zahl auf. *Even(0.1)* liefert 2, *Even(-0.1)* liefert -2. *Application.WorksheetFunction.Ceiling* und *.Floor* runden zu einem Vielfachen des zweiten Parameters auf. *Ceiling(1.55, 0.3)* liefert 1.8. Beide Funktionen sind nur für positive Argumente definiert.

Nachkommaanteil, Modulo

Die Anweisung *x-Fix(x)* liefert den Nachkommaanteil einer Zahl, wobei das Vorzeichen von *x* übernommen wird. Gegebenenfalls können Sie das Vorzeichen ja mit *Abs* eliminieren.

Mit dem Modulo-Operator kann der Rest zu einem Vielfachen ermittelt werden. *x Mod 60* liefert die Anzahl der Minuten, die nicht in einer vollen Stunde Platz haben (Ergebnis 10 bei *x=70*, Ergebnis 50 bei *x=230*). Der Modulo-Operator funktioniert allerdings nur für ganze Zahlen.

Eine Modulo-Funktion für Fließkommazahlen können Sie mithilfe von *Ceiling* leicht selbst definieren. *Modf(2.1, 0.5)* liefert 0.1, *Modf(0.123, 0.1)* liefert 0.023. Die so definierte Funktion kann übrigens auch in Tabellen verwendet werden.

```
Funktion Modf(a, b)
  Modf = Abs(a) - _
    Application.WorksheetFunction.Ceiling(Abs(a), Abs(b))
End Funktion
```

Vorzeichen, Absolutwert

Abs liefert den Absolutwert (Betrag) einer Zahl – aus negativen Zahlen werden also positive. *Sgn* (diese Abkürzung steht für Signum) liefert –1 für negative Zahlen, +1 für positive Zahlen und 0 für 0.

Trigonometrische und logarithmische Funktionen

VBA kennt alle grundlegenden trigonometrischen Funktionen, nämlich *Sin*, *Cos*, *Tan*, *Atn*, *Log*, *Exp* und *Sqr*. In der VBA-Hilfe zum Thema „Abgeleitete mathematische Funktionen" finden Sie Informationen darüber, wie Sie aus diesen grundlegenden Funktionen andere (etwa *Sinh* oder *ArcCos*) bilden können.

Zufallszahlen

Rnd liefert eine 16-stellige Zufallszahl zwischen 0 (inklusive) und 1 (exklusive). Damit Sie Zufallszahlen in einem bestimmten Zahlenbereich erhalten, müssen Sie mit *Rnd* weiterrechnen. Dazu zwei Beispiele:

```
a + Rnd * (b-a)          'liefert zufällige Kommazahlen zwischen
                         'a (inklusive) und b (exklusive)
Int(a + Rnd * (b-a+1))   'liefert ganze Zufallszahlen zwischen
                         'a (inklusive) und b (inklusive)
```

Wenn Sie vermeiden möchten, dass VBA nach jedem Start von Excel die gleiche Abfolge von Zufallszahlen generiert, dann müssen Sie in Ihrem Programm *Randomize* ausführen.

Spezialfunktionen

Neben den in Excel und VBA definierten Funktionen (die hier keineswegs vollzählig beschrieben wurden) sind in den mitgelieferten (aber standardmäßig nicht aktivierten) Add-ins „Analyse-Funktionen" und „Analyse-Funktionen VBA" zahlreiche weitere Funktionen definiert.

5.4.2 Zeichenketten

Zeichenketten werden immer dann benötigt, wenn Informationen im Textformat bearbeitet werden müssen. Zeichenketten müssen in VBA zwischen Anführungszeichen eingeschlossen werden, also „*abc*". Damit Zeichenketten in Variablen gespeichert werden können, müssen diese im Typ *Variant* oder *String* definiert werden. Die Länge von Zeichenketten ist nur durch den verfügbaren Speicherplatz beschränkt.

Hinweis

Manche Funktionen und Eigenschaften, die im Regelfall eine Zeichenkette liefern, können in besonderen Situationen den *Variant*-Spezialwert *Null* liefern. Die Weiterverarbeitung dieses Werts mit Zeichenkettenfunktionen kann zu Fehlern führen. Solche Fehler können Sie durch einen vorsorglichen Test mit der Funktion *IsNull* vermeiden. ∎

Anmerkung

Zeichenketten werden intern im Unicode-Format gespeichert, d. h. mit zwei Byte pro Zeichen. Das Unicode-Format ist ein weltweit einheitliches Zeichenkettenformat, das ausreichend ist, um auch die vielen Zeichen asiatischer Sprachen zu speichern. Wenn Sie Office in Ländern mit westlichen Sprachen verwenden, werden Sie vom Unicode-Format gar nichts bemerken – alle Zeichenkettenfunktionen funktionieren so, wie Sie es von früher gewohnt waren, als Zeichenketten noch im ANSI-Format mit nur einem Byte pro Zeichen gespeichert wurden. ∎

Funktionen zur Bearbeitung von Zeichenketten

Die drei wichtigsten Funktionen lauten *Left*, *Right* und *Mid*. *Left* ermittelt die ersten *n* Zeichen einer Zeichenkette, *Right* die letzten *n* Zeichen. Mit *Mid* kann ein beliebiger Teil der Zeichenkette gelesen und verändert werden. Einige Beispiele: *Left(„abcde",2)* liefert „*ab*", *Right(„abcde",3)* liefert „*cde*". *Mid(„abcde",3,2)* liest ab dem dritten Zeichen zwei Zeichen, liefert also „*cd*". Wenn *Mid* ohne optionalen dritten Parameter verwendet wird, liefert die Funktion alle Zeichen ab der durch den zweiten Parameter angegebenen Position. *Mid(„abcde",4)* ergibt daher „*de*".

Mid kann auch als Anweisung verwendet werden und ändert damit jenen Teil der Zeichenkette, der sonst gelesen wird. Auch dazu ein Beispiel, das im Direktbereich ausgeführt werden kann:

```
s="abcde"          'Variable s mit "abcde" belegen
Mid(s, 3, 1)="x"   'das dritte Zeichen in s verändern
?s                 'Ergebnis "abxde"
```

Eine weitere, häufig benötigte Funktion lautet *Len*. Sie ermittelt die Anzahl der Zeichen einer Zeichenkette. *Len(„abcde")* liefert daher 5.

Die drei Funktionen *UCase*, *LCase* und *Trim* vereinfachen die Auswertung von Benutzereingaben: *UCase* wandelt alle Buchstaben einer Zeichenkette in Großbuchstaben um, *LCase* liefert lauter Kleinbuchstaben. *LCase(„aAäÄ")* liefert also „*aaää*". *Trim* eliminiert Leerzeichen am Beginn und am Ende von Zeichenketten.

Zum Suchen von Zeichenketten ist die Funktion *InStr* vorgesehen. Die Funktion gibt die Position der zweiten Zeichenkette innerhalb der ersten Zeichenkette zurück. Wenn die Suche erfolglos bleibt, gibt *InStr* den Wert 0 zurück. *InStr(„abcde",„cd")* liefert daher 3. Durch einen optionalen Parameter am Anfang von *InStr* kann angegeben werden, mit welchem Zeichen die Suche begonnen wird. Die folgende Schleife kann im Direktbereich ausprobiert werden; sie gibt alle Positionen an, an denen sich „ab" in der Zeichenkette „abcdeababcd" befindet (1, 6, 8).

```
p=0
Do: p=InStr(p+1,"abcdeababcd","ab"): ?p: Loop Until p=0
```

Wenn im optionalen vierten Parameter von *InStr* der Wert 1 angegeben wird, ignoriert Excel bei der Suche mögliche Unterschiede in der Groß- und Kleinschreibung.

String erzeugt eine Zeichenkette, die sich aus n Wiederholungen eines gegebenen Zeichens ergibt. *String(4,"a")* liefert also „aaaa". *Space* ist speziell für Leerzeichen geeignet: *Space(2)* liefert „ " (also eine Zeichenkette mit zwei Leerzeichen).

Zeichenkettenfunktionen ab Excel 2000

Die VBA-Version 6, die mit Excel 2000 eingeführt wurde, brachte einige neue Zeichenkettenfunktionen:

▪ *Split* zerlegt eine Zeichenkette in ein eindimensionales Datenfeld. Dabei können ein oder mehrere beliebige Trennzeichen angegeben werden (default „ ", also ein Leerzeichen).

```
a = "abc efg"
b = Split(a)                  'liefert b(0)="abc", b(1)="efg"
```

 Tipp

Als Trennzeichen ist auch *vbCrLf* erlaubt. Damit wird eine mehrzeilige Zeichenkette (etwa eine Textdatei) in einzelne Zeilen zerlegt. ▪

▪ Die Umkehrfunktion zu *Split* lautet *Join* und setzt die einzelnen Zeichenketten wieder zusammen.

```
c = Join(b)                   'liefert c="abc efg"
```

▪ Eine Hilfe bei der Verarbeitung des Datenfelds bietet *Filter*: Die Funktion erwartet im ersten Parameter ein eindimensionales Feld mit Zeichenketten und im zweiten Parameter eine Suchzeichenkette. Das Ergebnis ist ein neues Feld mit allen Zeichenketten, in denen die Suchzeichenkette gefunden wurde. Die zulässigen Indizes des Ergebnisfelds können mit *UBound* und *LBound* ermittelt werden.

```
x = Array("abc", "ebg", "hij")
y = Filter(x, "b")            'liefert y(0)="abc", y(1)="ebg"
```

▪ *StrReverse* dreht eine Zeichenkette einfach um (das erste Zeichen wird zum letzten).

- *InstrRev* funktioniert wie *Instr*, durchsucht die Zeichenkette aber von hinten.

```
x = StrReverse("abcde")            'liefert "edcba"
n = InstrRev("abcababc","ab")      'liefert 6
```

- *Replace* ersetzt in einer Zeichenkette einen Suchausdruck durch einen anderen Ausdruck. Komplexe Suchmuster wie in Perl oder in Unix-Kommandos gibt es zwar nicht, aber für einfache Anwendungen reicht *Replace* aus. Im folgenden Beispiel werden Kommas durch Punkte ersetzt.

```
x = Replace("12,3 17,5 18,3", ",", ".")    'liefert "12.3 17.5 18.3"
```

Der Verkettungsoperator &

Mehrere Zeichenketten können mit dem Operator „+" zusammengesetzt werden. „*ab*"+"*cde*" liefert die nun schon vertraute Beispielzeichenkette „abcde". Erheblich flexibler als „+" ist dagegen der Operator „&". Er wandelt automatisch numerische Werte in Zeichenketten um. „*ab*" & *1/3* ergibt damit „*ab 0,3333333*".

Vergleich von Zeichenketten

Zeichenketten können wie Zahlen mit den Operatoren =, < und > und den resultierenden Kombinationen verglichen werden (siehe auch die Operatorübersicht in Abschnitt 4.6). Beim Vergleich von Zeichenketten sind allerdings einige Besonderheiten zu beachten:

VBA vergleicht generell binär, d. h., beim Vergleich werden nur die Codes der Buchstaben berücksichtigt. Aus diesem Grund werden Großbuchstaben immer „kleiner" als Kleinbuchstaben gewertet. Es gilt also etwa „*Z*"<"*a*". Außerdem gelten deutsche Sonderzeichen „größer" als alle anderen Buchstaben. Es gilt also „*ä*">"*b*".

Statt der Operatoren können Sie auch die Funktion *StrComp* einsetzen. Diese Funktion liefert –1, wenn die erste Zeichenkette „kleiner" als die zweite ist, 0, wenn beide Zeichenketten gleichwertig sind, und 1, wenn die erste Zeichenkette „größer" als die zweite ist. *StrComp(„a", "b")* liefert daher –1.

Ein Beispiel für die Anwendung des Zeichenkettenvergleichs, nämlich eine Prozedur, welche die Dateinamen des aktuellen Verzeichnisses ermittelt und sortiert, finden Sie in Abschnitt 5.6 zum Thema „Umgang mit Dateien".

Berücksichtigung landessprachlicher Besonderheiten

Durch die Anweisung *Option Compare Text*, die zu Beginn eines Moduls angegeben werden muss und für das gesamte Modul gilt, können Sie einen anderen Vergleichsmodus aktivieren. Dieser Modus berücksichtigt die Besonderheiten der unter Windows eingestellten Landessprache. Insbesondere gelten jetzt Klein- und Großbuchstaben als gleichwertig. Die Zeichen „äÄöÖßüÜ" werden jetzt zwischen „A" und „B", zwischen „O" und „P", zwischen „S" und „T" bzw. zwischen „U" und „V" eingeordnet.

Option Compare Text gilt nicht nur für die Vergleichsoperatoren, sondern auch für den Operator *Like* (siehe unten) und die Funktion *InStr*. Bei der Funktion *StrComp* kann unabhängig von der gewählten Vergleichsoption durch einen optionalen dritten Parameter der gewünschte Vergleichsmodus angegeben werden (0: binär, 1: landesspezifisch).

Das Eurosymbol €

Seit Excel 2000 kann das Eurosymbol mit Alt-E problemlos eingegeben und auf den meisten Druckern auch ausgedruckt werden. Bei früheren Office-Versionen stand das Eurosymbol dagegen nur zur Verfügung, wenn ein entsprechendes Update installiert war.

Intern wird das Zeichen sowohl durch den Unicode 8364 (hexadezimal 20AC) als auch durch den ANSI-Code 128 repräsentiert. (Damit ist es selbst in ANSI-Dateien möglich, ein Eurosymbol zu speichern.) Aus diesem Grund liefern die Standardfunktion *Asc* (gibt den ANSI-Code einer Zeichenkette an) und die Variante *AscW* (für den Unicode) zwei unterschiedliche Werte.

```
euro="€"
?Asc(euro), AscW(euro)
 128         8364
```

Mustervergleich

Der Operator *Like* ermöglicht einen Mustervergleich. Dabei gelten „?" und „*" als sogenannte Jokerzeichen, die für genau ein unbekanntes Zeichen bzw. für beliebig viele (auch 0!) unbekannte Zeichen stehen. „*Huber" Like „ *u*r"* liefert beispielsweise *True*.

Zeichenkettenvergleich im Direktbereich

Sie können die Prinzipien des Zeichenkettenvergleichs übrigens auch im Direktbereich ausprobieren. Wenn Sie etwa *?"a"<"b"* eingeben, antwortet VBA mit *True*.

Im Direktbereich gilt generell *Option Compare Binary*, es sei denn, eine Prozedur aus einem Modul mit *Option Comparison Text* wurde unterbrochen. Diesen Zustand erreichen Sie am einfachsten, wenn Sie in einem Modul die folgenden vier Zeilen eingeben und *vgl* anschließend starten:

```
Option Compare Text
Sub vgl()
  Stop
End Sub
```

Zeichenketten ein- und ausgeben

In VBA existieren im Gegensatz zu vielen herkömmlichen Programmiersprachen keine einfachen Kommandos in der Art von *Print* oder *Input*, mit denen eine Zeichenkette am Bildschirm ausgegeben werden kann. *Debug.Print* ermöglicht Ausgaben im Direktbereich, diese Ausgaben bleiben aber unsichtbar, solange das Fenster des Direktbereichs nicht geöffnet wird.

Wenn Sie dem Anwender eines Excel-Programms etwas mitteilen möchten, setzen Sie am besten das Kommando *MsgBox* ein. VBA zeigt dann ein Dialogfenster mit dem angegebenen Text und einem OK-Button an. *MsgBox* kann auch als Funktion für einfache Auswahlentscheidungen (JA/NEIN oder OK/ABBRECHEN) verwendet werden. Die beiden folgenden Programmzeilen zeigen die zwei Anwendungsvarianten. Die Parameter und Rückgabewerte von *MsgBox* sind ausführlich in der VBA-Hilfe beschrieben.

```
MsgBox "kurze Nachricht"
ergebnis = MsgBox("Soll die Datei gespeichert werden?", vbYesNo)
```

Die Funktion *InputBox* funktioniert ähnlich wie *MsgBox*, ermöglicht aber die Eingabe einer Zeichenkette. Der Dialog ist mit den Buttons OK und ABBRECHEN ausgestattet. Falls der Anwender den Dialog mit ABBRECHEN beendet, liefert die Funktion eine leere Zeichenkette.

```
ergebnis = InputBox("Geben Sie bitte eine Zahl ein!")
```

 Verweis

Neben *MsgBox* und *InputBox* existiert noch die Excel-spezifische Variante *Application.InputBox*, die auch die Eingabe von Formeln und Zellbezügen ermöglicht. Mehr zum Thema Dialoge finden Sie in Kapitel 7.

5.4.3 Umwandlungsfunktionen

Dieser Abschnitt fasst zahlreiche Funktionen zusammen, mit denen Zeichenketten in Zahlen (und umgekehrt) verwandelt werden können. Berücksichtigt werden auch sogenannte Informationsfunktionen, mit denen der Datentyp einer Variablen oder einer Eigenschaft festgestellt werden kann. Umwandlungsfunktionen für Datums- und Zeitwerte finden Sie im nächsten Abschnitt 5.5, der dem Thema „Datum und Uhrzeit" gewidmet ist.

Zeichenketten in Zahlen verwandeln

Die einfachste Möglichkeit zur Konvertierung von Zeichenketten in das numerische Format bieten die Funktionen *CInt*, *CLng*, *CSng*, *CDbl* und *CCur*. Diese Funktionen nehmen als Argument sowohl Zeichenketten als auch Zahlen in einem beliebigen *Variant*-Format entgegen und liefern als Ergebnis eine Zahl im jeweiligen Variablentyp. *CSng* liefert also einfach genaue Fließkommazahlen (Datentyp *Single*). Bei *CInt* und *CLng* wird gerundet (siehe Beginn dieses Abschnitts).

Bei allen fünf Funktionen kommt es zu Fehlermeldungen, wenn der Zahlenbereich des jeweiligen Variablentyps überschritten wird oder wenn das Argument überhaupt keine gültige Zahl bezeichnet (z. B. *CInt(„abc")*). Die Funktionen erwarten (bei einer deutschen Ländereinstellung für Windows) ein Komma zur Trennung von Vor- und Nachkommaanteil. Punkte werden als Tausendertrennzeichen interpretiert und bei der Umwandlung einfach ignoriert.

Die Funktionen verarbeiten auch Datums- und Zeitwerte. *CDbl(#12/31/2003#)* liefert 37986. Details zum Umgang mit Datum und Zeit folgen in Abschnitt 5.5.

Die Funktion *Val* weicht in ihrer Funktion relativ stark von den oben genannten Funktionen ab: Der wichtigste Unterschied besteht darin, dass Vor- und Nachkommaanteil mit einem Punkt voneinander getrennt werden müssen. Die Funktion liefert das Ergebnis automatisch im geeigneten Datentyp, verhält sich also wie eine *Variant*-Variable. *Val* ist weitgehend unempfindlich bei der Interpretation der Zeichenkette. *Val(„abc")* liefert einfach 0. *Val(„1.2abc")* liefert 1.2. *Val(„1,2")* liefert 1 (weil das Komma wie jedes andere Textzeichen behandelt wird). An *Val* dürfen keine Zahlen oder Datums- und Zeitwerte übergeben werden.

Asc ermittelt den ANSI-Code des ersten Zeichens. Dieser Code regelt die interne Repräsentation von Buchstaben unter Windows. *Asc("A")* liefert 65, weil Windows den Buchstaben „A" durch den Code 65 darstellt. *AscW* liefert den entsprechenden Unicode-Wert zurück.

Zahlen in Zeichenketten verwandeln

- *CStr* nimmt als Argument einen beliebigen numerischen Wert, ein Datum oder eine Uhrzeit entgegen und liefert davon eine Zeichenkette. Die Funktion verwendet (bei deutscher Ländereinstellung) ein Komma als Trennzeichen zwischen Vor- und Nachkommaanteil. *CStr(1/3)* liefert „0,333333".

- Die Funktion *Str* passt inhaltlich insofern zur *Val*-Funktion, als sie in den resultierenden Zeichenketten einen Punkt als Trennzeichen zwischen Vor- und Nachkommaanteil einfügt. *Str(1/3)* liefert „.333333". Die Funktion kommt nicht mit Datumswerten zurecht. *Str* eignet sich besonders zur Weiterverarbeitung von Zeichenketten, die aus Textdateien gelesen werden.

- *Chr* stellt die Umkehrfunktion zu *Asc* dar. *Chr(65)* ergibt „A". Die Funktion kann beispielsweise dazu eingesetzt werden, um mit *Chr(34)* das Zeichen „" darzustellen.

Formatfunktionen

Sehr viel flexibler als *Str* ist die Funktion *Format*: Hier wird zur Umwandlung eine Formatzeichenkette verwendet. Zwei Beispiele zeigen das Anwendungsspektrum der Funktion: *Format(1/3, „Scientific")* liefert 3,33E-01, *Format(1234.5678, „#,##0.##")* liefert 1.234,57. Dabei gilt # als Platzhalter für eine optionale Ziffer, 0 als Platzhalter für Ziffern oder 0, . als Platzhalter für ein Komma und , als Platzhalter für das Tausendertrennzeichen.

Verweis

Die schier endlose Liste von vordefinierten Formaten und Platzhalterzeichen (auch für Daten und Zeiten) zur Definition eigener Formate ist in der Hilfe zu *Format* dokumentiert. (Klicken Sie die Verweise Siehe auch und Beispiel an!)

Neu seit Excel 2000 sind die Funktionen *FormatNumber*, *-Currency* und *-Percent* zur Formatierung von Zahlen sowie *FormatDateTime* zur Formatierung von Datums- und Zeitangaben (siehe den nächsten Abschnitt). Diese Funktionen sind zwar weniger vielseitig als *Format*, aber zumeist einfacher zu bedienen. Die Steuerung erfolgt durch einige optionale Parameter, von denen der erste normalerweise die Nachkommastellen angibt. Die Grundeinstellungen werden wie bei *Format* der Systemeinstellung entnommen (etwa das Währungssymbol). Einige Beispiele:

```
?FormatPercent(0.123456)        'liefert 12,35%
?FormatPercent(0.123456, 1)     'liefert 12,3%
?FormatCurrency(12345678)       'liefert 12.345.678,00 DM oder €
?FormatNumber(123456.789012)    'liefert 123.456,79
?FormatNumber(123456.789012, 4) 'liefert 123.456,7890
```

Datentyp feststellen

Mit den in Abschnitt 4.1 (Thema Variablentypen) schon erwähnten *IsXy*-Funktionen können Sie feststellen, ob ein noch unbekannter Ausdruck (zumeist ein *Variant*-Ergebnis) einen bestimmten Datentyp aufweist bzw. ob er in diesen Typ konvertiert werden kann. Die wichtigsten Funktionen lauten *IsNumeric*, *IsDate*, *IsEmpty* und *IsNull*. Beachten Sie bitte, dass *IsNumeric* und *IsDate* nicht feststellen, ob das Argument eine Zahl oder ein Datumswert ist, sondern ob das Argument in diesen Typ konvertiert werden kann. *IsNumeric(1)* liefert *True*, ebenso *IsNumeric(„1")*! Dagegen führt *IsNumeric(„ab")* zum Ergebnis *False*.

Ein direkter Test, ob eine Variant-Variable eine Zeichenkette enthält, ist nur über *VarType* möglich. Diese Funktion liefert für jeden Datentyp eine spezifische Kennzahl. Für Zeichenketten lautet diese Kennzahl 8.

5.4.4 Syntaxzusammenfassung

Bei allen Funktionen, denen das Schlüsselwort *WorksheetFunction* vorangestellt wird, handelt es sich um Tabellenfunktionen von Excel. Alle anderen Funktionen gehören zum unmittelbaren Sprachumfang von VBA. Die Parameter *v*, *f*, *n* und *s* stehen für *Variant*-Werte, Fließkommazahlen, ganze Zahlen und Zeichenketten (*String*).

Runden	
CInt(v)	rundet bei 0.5
CLng(v)	rundet bei 0.5
Int(f)	rundet immer ab
Fix(f)	schneidet die Nachkommastellen ab
WorksheetFunction.Round(f, n)	rundet bei 0.5 auf die Stellenanzahl *n*
WorksheetFunction.RoundDown(f, n)	rundet immer ab (*n* Nachkommastellen)
WorksheetFunction.RoundUp(f, n)	rundet immer auf (*n* Nachkommastellen)
WorksheetFunction.Even(f)	rundet zur betragsmäßig größeren geraden Zahl
WorksheetFunction.Odd(f)	rundet zur betragsmäßig größeren ungeraden Zahl
WorksheetFunction.Ceiling(f1, f2)	rundet zum Vielfachen von *f2* auf
WorksheetFunction.Floor(f1, f2)	rundet zum Vielfachen von *f2* ab

Sonstige numerische Funktionen	
Abs(f)	entfernt das Vorzeichen
Sgn(f)	liefert je nach Vorzeichen −1, 0, 1
Sqr(f)	Quadratwurzel
Sin(f), Cos(f), Tan(f)	trigonometrische Funktionen
Atn(f)	Umkehrfunktion zu Tan

Sonstige numerische Funktionen

Log(f), Exp(f)	logarithmische Funktionen
Rnd	liefert Zufallszahl zwischen 0 und 1
Randomize	initialisiert den Zufallszahlengenerator

Zeichenketten

Left(s, n)	liefert die ersten *n* Zeichen
Right(s, n)	liefert die letzten *n* Zeichen
Mid(s, n)	liefert alle ab dem *n*-ten Zeichen
Mid(s, n1, n2)	liefert *n2* Zeichen ab dem *n1*-ten Zeichen
Mid(s1, n1, n2) = s2	setzt *s2* in *s1* ein
Len(s)	ermittelt die Länge der Zeichenkette
InStr(s1, s2)	sucht *s2* in *s1*; Ergebnis: Position oder 0
InStr(n, s1, s2)	wie oben, Suche beginnt mit *n*-ten Zeichen
InStr(n, s1, s2, 1)	wie oben, Groß- und Kleinschreibung egal
InStrRev(s1, s2 [,n])	wie *InStr*, aber Suche von hinten nach vorne
Split(s, „x")	zerlegt *s* an den Stellen des Zeichens „*x*"; liefert Array
Join(array, „x")	setzt ein Array von Zeichenketten wieder zusammen (mit „*x*" an den Anfügestellen)
Filter(array, „x")	liefert Array mit allen Zeichenketten, die „*x*" enthalten
Replace(s, „x", „y")	ersetzt in *s* alle „*x*" durch „*y*"
UCase(s)	wandelt alle Klein- in Großbuchstaben um
LCase(s)	wandelt alle Groß- in Kleinbuchstaben um
Trim(s)	eliminiert Leerzeichen am Anfang und Ende
String(n, „x")	liefert eine Zeichenkette aus *n* mal „*x*"
Space(n)	liefert *n* Leerzeichen
Option Comparison Text	dann gilt „*a*"=„*A*" und „*A*"<„*Ä*"<„*B*"
StrComp(s1, s2)	−1 wenn *s1*<*s2*, 0 wenn *s1*=*s2*, sonst +1
StrComp(s1, s2, 0)	wie oben, aber immer binärer Vergleich
StrComp(s1, s2, 1)	wie oben, aber landesspezif. Vergleich
MsgBox „text"	zeigt den Text in einem Dialog an
MsgBox(„text", buttons)	wie oben; ermöglicht Auswahlentscheidung
InputBox(„text")	ermöglicht die Eingabe einer Zeichenkette

Umwandlungsfunktionen

CInt(v)	liefert eine ganze Zahl
CLng(v)	wie oben, aber größerer Zahlenbereich
CSng(v)	einfache Fließkommazahl
CDbl(v)	doppelte Fließkommazahl
CCur(v)	Zahl im Währungsformat
CBool(v)	Wahrheitswert (*True/False*)
CDate(v)	Datum/Uhrzeit
CStr(v)	Zeichenkette
Val(s)	liefert den Wert der Zeichenkette
Str(v)	wandelt Zahl in Zeichenkette um
Format(v, s)	liefert Zeichenkette, wobei die Formatanweisungen in *s* berücksichtigt werden
FormatNumber(v, n)	formatiert *x* als Betrag mit *n* Nachkommastellen
FormatCurrency(v, n)	formatiert *x* als Geldbetrag mit *n* Nachkommastellen
FormatPercent(v, n)	formatiert *x* als Prozentwert mit *n* Nachkommastellen
Asc(s)	liefert den ANSI-Code des ersten Zeichens
AscW(s)	liefert den Unicode des ersten Zeichens
Chr(n)	liefert das Zeichen zum Code (0–255)

Datentyp feststellen

IsNumeric(variable)	Test, ob Konvertierung in Zahl möglich
IsDate(variable)	Test, ob Konvertierung in Datum oder Uhrzeit möglich
IsArray(variable)	Test, ob nicht Variable, sondern Feld
IsError(variable)	Test, ob Fehlerwert
IsMissing(variable)	Test, ob optionaler Parameter nicht angegeben
IsEmpty(variable)	Test, ob leer
IsNull(variable)	Test, ob nicht initialisiert
IsObject(variable)	Test, ob Verweis auf Objekt
VarType(variable)	numerischer Wert, der den Datentyp angibt
TypeName(variable)	Zeichenkette, die Daten-/Objekttyp beschreibt

5.5 Rechnen mit Datum und Uhrzeit

Der Umgang mit Datum und Uhrzeit war schon immer eine Angelegenheit, die einfacher aussieht, als sie in Wirklichkeit ist. Microsoft hat durch eine Unzahl von Funktionen wenig dazu beigetragen, das Ganze übersichtlicher zu machen.

Excel und das Jahr 2000

So viel gleich vorweg: Excel hat natürlich – wie wir inzwischen alle aus eigener Erfahrung wissen – kein Problem damit, Daten über das Jahr 2000 hinweg korrekt darzustellen. Eine mögliche Problemquelle ist aber die automatische Zuordnung des Jahrhunderts, wenn Jahreszahlen zweistellig eingegeben werden. Dabei wird üblicherweise eine Fenstertechnik angewandt, d. h., zweistellige Eingaben werden automatisch dem Zeitraum zwischen 1930 und 2029 zugeordnet. Dieser Bereich ist allerdings keine Naturkonstante, sondern kann sich in Zukunft (je nach Betriebssystem- und Office-Version) evtl. ändern. Bei Windows kann das Fenster sogar vom Benutzer eingestellt werden (über SYSTEMSTEUERUNG/REGION), was einem noch größeren Chaos Tür und Tor öffnet. Sie sind daher gut beraten, sich nicht darauf zu verlassen.

Generell sollten Sie in Ihrem Programmcode sämtliche Jahreszahlen ausnahmslos vierstellig angeben. (Seit Excel 2000 werden Datumsangaben der Form #12/31/1999# im VBA-Code zum Glück automatisch vierstellig dargestellt. In früheren Excel-Versionen war das aus unerfindlichen Gründen nicht möglich.) Wenn Sie in Dialogen die Eingabe zweistelliger Zahlen zulassen (bequem ist es ja …), sollten Sie diese Eingabe sofort in die vierstellige Darstellung umwandeln, damit der Anwender noch während der Eingabe der weiteren Dialogfelder eine Rückmeldung erhält, wie die Jahreszahl intern interpretiert wird.

Tipp

Daten in Tabellenblättern werden in den meisten Fällen mit nur zwei Jahreszahlen dargestellt. Der Grund dafür besteht darin, dass zur Formatierung sehr häufig das durch die Systemeinstellung vorgegebene „kurze Datumsformat" zum Einsatz kommt, das nur zwei Stellen vorsieht. Sie können diese Vorgabe global in den Regionsoptionen der Systemeinstellung verändern, indem Sie *yyyy* statt nur *yy* verwenden (Bild 5.2). Die neue Einstellung gilt dann in allen Programmen, die dieses Format verwenden (übrigens auch für die VBA-Funktionen *Format* und *FormatDateTime*).

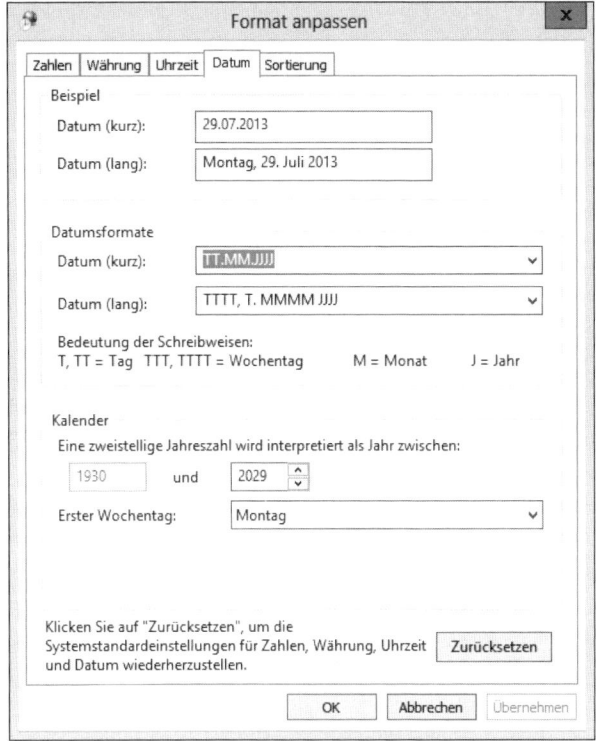

BILD 5.2
Vierstellige Jahreszahlen als
globale Default-Einstellung

Daten und Zeiten im Programmcode angeben

In VBA-Prozeduren werden Daten und Zeiten zwischen zwei „#"-Zeichen eingeschlossen, also beispielsweise *#12/31/2008#* oder *#17:30#* oder auch zusammen *#12/31/ 2008 17:30#*. Excel macht aus *#17:30#* leider *#5:30:00 PM#*, akzeptiert *#17:30#* aber immerhin als gültige Eingabe. *#31.12.2007#* ist dagegen nicht zulässig und führt zu einer Fehlermeldung. Daten müssen also im amerikanischen Format (Monat/Tag/Jahr) angegeben werden.

Die amerikanische Schreibweise für Daten/Zeiten ist nur direkt im VBA-Code erforderlich. Bei der Konvertierung von oder zu Zeichenketten beachtet VBA die unter Windows geltende Landeseinstellung. Mit dem amerikanischen Format sind damit nur Sie im Programmcode konfrontiert, nicht aber der Anwender Ihres VBA-Programms. *MsgBox „Datum: " &* *#12/31/2008#* zeigt aus diesem Grund bei deutscher Landeseinstellung wunschgemäß die Zeichenkette *„Datum: 31.12.2008"* an. Ebenso wird die Zeichenkette *„31.12.2008"* von den meisten Funktionen korrekt verarbeitet.

Wenn Sie die deutsche Schreibweise auch im Programmcode verwenden möchten, können Sie Daten und Zeiten als Zeichenketten in der *CDate*-Funktion angeben, etwa *CDate(„31.12.2008")* statt *#12/31/2008#* oder *CDate(„17:30")* statt *#5:30:00 PM#*. Diese Zeitangaben werden entsprechend der unter Windows gültigen Landeseinstellung korrekt konvertiert. Diese Form der Zeitangabe hat allerdings zwei Nachteile: Erstens wird der Code (minimal) langsamer ausgeführt, und zweitens ist der Code nicht portabel (weil die *CDate*-Konvertierung bei einer anderen Landeseinstellung – etwa in England oder in den Vereinigten Staaten – versagt).

Eine weitere Alternative zur Angabe von Daten und Zeiten bieten die Funktionen *DateSerial (jahr, monat, tag)* und *TimeSerial(stunde, minute, sekunde)*. Besonders übersichtlich sieht das zwar auch nicht aus, es ist aber zumindest eindeutig und unabhängig von irgendwelchen Ländereinstellungen.

Interne Darstellung von Daten und Zeiten

Datum und Uhrzeit werden VBA-intern durch Fließkommazahlen dargestellt. Die Zahl 1 entspricht dem 31.12.1899, 2 dem 1.1.1900 etc. Uhrzeiten werden im Nachkommaanteil gespeichert: 2.25 entspricht dem 1.1.1900 6:00, 34335.75 entspricht dem 1.1.1994 18:00 etc.

 Anmerkung

In Tabellen werden Fließkommazahlen nur dann als Datum oder als Uhrzeit angezeigt, wenn für die jeweilige Zelle ein Datums- oder Zeitformat eingestellt wird. Bei der Tastatureingabe eines Datums oder einer Uhrzeit wählt Excel automatisch ein geeignetes Format. Wenn Sie dagegen Rechenoperationen mit Datum und Uhrzeit durchführen, müssen Sie sich um die Formatierung der Ergebniszellen selbst kümmern. ∎

Aus der Sicht Excels sind Daten und Zeiten also ganz gewöhnliche Zahlen, mit denen ohne vorherige Umwandlung gerechnet werden kann. Sie können also mühelos die Differenz zweier Daten oder zweier Zeiten berechnen oder zu einem Datum eine bestimmte Anzahl von Tagen addieren.

In Excel-Tabellen reicht der gültige Datumsbereich nur vom 1.1.1900 bis zum 31.12.2078. In VBA-Prozeduren, wo der Variablentyp *Date* verwendet wird, sind Daten zwischen dem 1.1.100 und dem 31.12.9999 erlaubt. Daten vor dem 1.1.1900 werden dabei durch negative Zahlen dargestellt.

Aus Kompatibilitätsgründen zur Macintosh-Version von Excel besteht über Datei | Optionen | Erweitert die Möglichkeit, auf den Stichtag 1.1.1904 umzustellen. Die Zahl 0 entspricht dann dem 1.1.1904. Der geänderte Stichtag gilt sowohl in Tabellen als auch in VBA-Prozeduren.

·Fehler

Daten zwischen dem 1.1.1900 und dem 28.2.1900 werden zwischen VBA und Excel-Tabellen falsch konvertiert. Wenn Sie die Anweisung *Worksheets(1).[A1]=#1/1/1900#* ausführen, steht in der Zelle A1 anschließend der 2.1.1900! Wenn Sie direkt (also über die Tastatur) den 1.1.1900 in die Zelle A1 eintragen und anschließend im Direktbereich mit der VBA-Anweisung *?Worksheets(1).[A1]* lesen, lautet das Ergebnis 31.12.1899.

Die Fehlerursache ist leicht festzustellen: In Excel-Tabellen ist der Schalttag 29.2.1900 erlaubt, in VBA dagegen nicht. (VBA hat Recht!) Im Jahr 2000, das ebenfalls kritisch ist, arbeiten beide Datumsfunktionen korrekt und akzeptieren den 29.2.2000 als gültiges Datum.

Fazit: Innerhalb von Excel-Tabellen gibt es mit Daten vor dem 1.3.1900 Schwierigkeiten. Da der zulässige Datumsbereich dort ohnedies erst mit dem 1.1.1900 beginnt, ist das ganze Problem auf zwei Monate beschränkt. Die VBA-Datumsfunktion scheint ausnahmslos zu funktionieren (auf jeden Fall ist es nicht gelungen, einen Fehler zu finden).

Für die Leser, die es interessiert, noch rasch das Hintergrundwissen: Nach dem bei uns gültigen gregorianischen Kalender hat jedes durch vier teilbare Jahr einen Schalttag, also etwa 1988, 1992 und 1996. Durch 100 teilbare Jahre sind von dieser Regel ausgenommen, weswegen 1700, 1800 und 1900 keinen Schalttag haben. Durch 400 teilbare Jahre sind wiederum von der Ausnahmeregel ausgenommen, sodass in den Jahren 1600 und 2000 doch ein Schalttag auftritt.

Überblick über diesen Abschnitt

Bei den zahlreichen Funktionen herrscht leider eine babylonische Sprachverwirrung: Es gibt Funktionen, die *nur* in Tabellen verwendet werden können, andere, die *nur* in VBA-Prozeduren zur Verfügung stehen, wieder andere, die doppelt definiert sind und daher sowohl in Tabellen als auch im VBA-Code verwendet werden können, solche, die im VBA-Code nur durch das Voranstellen von *Application.WorksheetFunction* benutzt werden dürfen, etc.

Damit Sie den Überblick nicht vollkommen verlieren, ist die folgende Beschreibung in Abschnitte gegliedert. In Abschnitt 5.5.1 werden jene Funktionen beschrieben, die im VBA-Code verwendet werden dürfen. Abschnitt 5.5.2 beschreibt Tabellenfunktionen; bei gleichnamigen Funktionen wird nur auf den ersten Abschnitt verwiesen. Abschnitt 5.5.3 zeigt Anwendungstechniken in Tabellen sowie im VBA-Code auf. Abschnitt 5.5.4 geht speziell auf das Problem der Feiertage ein, die von Land zu Land unterschiedlich sind und daher von Excel nicht selbstständig ermittelt werden können. Abschnitt 5.5.5 liefert dann die gewohnte Syntaxzusammenfassung.

5.5.1 VBA-Funktionen

Die im Folgenden beschriebenen Funktionen können nur im VBA-Code, nicht aber in Tabellen verwendet werden. Es existieren aber zu allen Funktionen weitgehend gleichwertige Tabellenfunktionen (allerdings mit deutschen Funktionsnamen).

- *Date* liefert das aktuelle Datum, *Time* liefert die aktuelle Uhrzeit. Die beiden Schlüsselwörter (und nur diese, nicht aber die im Folgenden beschriebenen Schlüsselwörter *Now, Timer* etc.) dürfen auch in Zuweisungen verwendet werden und verändern dann das Systemdatum bzw. die Uhrzeit des Rechners. Dabei dürfen sowohl Zeichenketten als auch *Date*-Werte zugewiesen werden, etwa: *Time= #8:30#; Date=#12/31/97#*. Die Funktion *Now* liefert das aktuelle Datum und die Zeit. *Timer* liefert die Anzahl der Sekunden seit Mitternacht.

  Beachten Sie bitte, dass die drei Eigenschaften *Date, Time* und *Now* nur einmal pro Sekunde aktualisiert werden. *Timer* hat eine etwas feinere Zeitauflösung und ändert sich unter Windows 9x 17 Mal pro Sekunden, unter aktuellen Windows-Versionen sogar 100 Mal.

- *DateValue* und *TimeValue* nehmen als Argument eine Zeichenkette in der unter Windows eingestellten Sprache entgegen und liefern das Ergebnis im *Date*-Format von Excel. *DateValue("31.Dezember 2008")* liefert daher den 31.12.2008.

- *DateSerial* und *TimeSerial* nehmen jeweils drei Argumente entgegen, entweder *Jahr, Monat, Tag* oder *Stunde, Minute, Sekunde*. Das Ergebnis ist wiederum ein *Date*-Wert. *DateSerial(2008,12,31)* liefert somit den 31.12.2008. Die Funktionen sind bei der Auswertung der Parameter ungeheuer flexibel. So liefert *DateSerial(2008,13,1)* den 1.1.2009,

DateSerial(2008,2,31) den 2.3.2008, *DateSerial(2009,0,-1)* den 29.11.2008. Entsprechend liefert *TimeSerial(4,-5,0)* 3:55 (also fünf Minuten vor 4:00). Gerade bei der Durchführung von Berechnungen (etwa das aktuelle Datum plus einen Monat) ist diese Flexibilität sehr wertvoll.

- *Hour*, *Minute* und *Second* ermitteln die Bestandteile der Uhrzeit. *Minute(#6:45:33#)* liefert 45. Die Uhrzeit darf sowohl als *Date*-Wert als auch in Form einer Zeichenkette angegeben werden.

- *Year*, *Month* und *Day* sind die äquivalenten Funktionen für Jahr, Monat (1–12) und Tag (1–31) eines Datums. *Month(„1.April 2008")* liefert 4.

- *WeekDay* funktioniert wie *Day* und liefert den Wochentag (1–7 für Sonntag bis Samstag). Sie können stattdessen auch die Tabellenfunktion *Application.WorksheetFunction.WeekDay* verwenden. Diese Funktion unterscheidet sich von der gleichnamigen VBA-Funktion durch einen zweiten optionalen Parameter für den Modus *m*. Für *m*=2 liefert die Funktion die Werte 1 bis 7 für Montag bis Sonntag, für *m*=3 die Werte 0 bis 6. (Siehe auch die Hilfe zu *Wochentag*. Tabellenfunktionen müssen zwar auf Englisch im VBA-Code verwendet werden, sind in der Hilfe aber nur unter den deutschen Namen verzeichnet.)

Speziell zum Rechnen in Jahren mit 360 Tagen, die in manchen Branchen üblich sind, eignet sich *Application.WorksheetFunction.Days360*. Die Tabellenfunktion ermittelt die Anzahl von Tagen zwischen zwei Daten auf Basis von zwölf Monaten zu je 30 Tagen. Wenn als optionaler dritter Parameter *False* angegeben wird, rechnet die Funktion nach der europäischen Methode, andernfalls (Default-Einstellung) nach der amerikanischen. Details zur Wirkungsweise der Funktion können Sie der Hilfe zu *Tage360* entnehmen. Ein Beispiel, bei dem die Funktion ein anderes Ergebnis als bei einer direkten Subtraktion der Daten ergibt, lautet *Days360(#4/30/1999#, #5/31/1999#, False)*: Der Funktionsaufruf liefert 30, obwohl 31 Tage zwischen den beiden Monatsenden liegen.

Zur Umwandlung von Zeichenketten und Zahlen in *Date*-Werte bzw. umgekehrt stehen die im vorangegangenen Abschnitt schon beschriebenen Funktionen *CDate*, *CStr*, *CSng* und *CDbl* zur Verfügung. *CDate* entspricht im Wesentlichen einer Kombination aus *DateValue* und *TimeValue* (weil Datum und Zeit gleichzeitig berücksichtigt werden). Zwei Beispiele: *CDate(34418.4)* liefert den 25.3.1994 um 09:36, *CDbl(#31/12/1995 11:30#)* liefert 35064.479.

Rechnen mit Daten

Die in Visual Basic schon länger zur Verfügung stehenden Funktionen *DateAdd*, *DateDiff* und *DatePart* haben mit der VBA-Version 6 auch ihren Weg in die Excel-eigene Programmiersprache gefunden. *DateAdd* eignet sich dazu, zu einem Datum oder zu einer Uhrzeit ein oder mehrere Zeitintervalle zu addieren. Das Intervall wird in Form einer Zeichenkette angegeben: „yyyy" zum Addieren von Jahren, „q" für Quartale, „m" für Monate, „ww" für Wochen, „y", „w" oder „d" für Tage, „h" für Stunden, „n" für Minuten und „s" für Sekunden. Der zweite Parameter gibt an, wie oft das Intervall addiert werden soll. (Mit negativen Zahlen können Sie auch rückwärts rechnen. Es sind allerdings nur ganze Intervalle möglich, halbe oder Viertelstunden müssen Sie in Minuten rechnen.) Der dritte Parameter enthält die Ausgangszeit:

```
DateAdd("yyyy", 1, Now)    'Datum und Zeit in einem Jahr
DateAdd("h", -2, Now)      'Datum und Zeit vor zwei Stunden
```

Wenn sich durch die Addition ungültige Daten ergeben (etwa der 31.4.), ermittelt Visual Basic den ersten gültigen Tag vorher (30.4.). Beachten Sie, dass sich *DateSerial* hier anders verhält und aus *DateSerial(1998,4,31)* den 1.5.1998 macht!

Mit *DateDiff* können Sie auf einfache Weise ermitteln, wie viele Zeitintervalle sich zwischen zwei Daten oder Zeiten befinden. Das Intervall wird wie bei *DateAdd* durch eine Zeichenkette angegeben. Die Hilfe beschreibt im Detail, wie die Funktion rechnet. (Im Regelfall wird einfach auf das jeweilige Intervall rückgerechnet. Die Zeitdifferenz vom 31.1. zum 1.2. gilt deswegen als ganzer Monat, während die viel längere Zeitdifferenz vom 1.1. zum 31.1. keinen Monat ergibt.)

```
DateDiff("m", Now, "1.1.2011")  'Anzahl der Monate bis/vom 1.1.2011
```

DatePart ermittelt die Anzahl der Perioden für einen bestimmten Zeitpunkt: Bei Jahren wird vom Jahr 0 aus gerechnet, bei Quartalen, Monaten, Wochen, Kalenderwochen („*ww*") und Tagen („*y*") vom 1.1. des Jahres, bei Monatstagen („*d*") vom ersten Tag des Monats, bei Wochentagen („*w*") vom ersten Tag der Woche (ohne optionale Parameter ist das der Sonntag) und bei Stunden von 0:00, bei Minuten und Sekunden von der letzten vollen Stunde oder Minute. *DatePart* erfüllt also in den meisten Fällen dieselbe Aufgabe wie die schon erwähnten Funktionen *Year*, *Month*, *Day*, *Weekday* etc.

```
DatePart("m", Now)        'Anzahl der Monate seit dem 1.1.
DatePart("y", Now)        'Anzahl der Tage seit dem 1.1.
DatePart("d", Now)        'Anzahl der Monatstage
DatePart("w", Now)        'Anzahl der Wochentage
```

Zeichenketten für Datum und Zeit ermitteln

Recht praktisch sind auch *MonthName* und *WeekdayName*, die Zeichenketten gemäß der Landeseinstellung am lokalen Rechner zurückgeben. Beispielsweise liefert *MonthName(2)* die Zeichenkette „*Februar*" und *WeekdayName(1)* das Resultat „*Montag*".

Bei *FormatDateTime* gibt der optionale Parameter das gewünschte Format an (*vbGeneralDate*, *vbLongDate*, *vbShortDate*, *vbLongTime*, *vbShortTime*):

```
For i=0 To 4: ?FormatDateTime(Now, i): Next
  22.07.2010 10:07:26
  Donnerstag, 22. Juli 2010
  22.07.2010
  10:07:26
  10:07
```

Tipp

Im obigen Beispiel sind die Jahreszahlen auch bei *vbShortDate* vierstellig. Das ist nicht immer so, sondern hängt von der Systemeinstellung ab.

5.5.2 Tabellenfunktionen

Die im Folgenden beschriebenen Tabellenfunktionen können – von den schon erwähnten Ausnahmen *Days360* und *WeekDay* abgesehen – nur in Tabellen verwendet werden. Sie entsprechen diversen oben beschriebenen VBA-Funktionen, weisen aber fallweise abweichende Namen auf.

- *HEUTE* und *JETZT* entsprechen den VBA-Funktionen *Date* und *Now* und ermitteln das aktuelle Datum bzw. eine Kombination aus Datum und Uhrzeit.

- *DATUM* und *ZEIT* entsprechen *DateSerial* und *TimeSerial* und setzen aus den drei Werten Jahr/Monat/Tag bzw. Stunde/Minute/Sekunde ein Datum bzw. eine Uhrzeit zusammen.

- *DATWERT* und *ZEITWERT* entsprechen *DateValue* und *TimeValue*. Sie wandeln Zeichenketten (etwa „*3.April*") in Daten bzw. Uhrzeiten um. Wenn kein Jahr angegeben wird, verwendet Excel automatisch das aktuelle Jahr. (Diese Besonderheit gilt nur für die Tabellen-, nicht aber für die VBA-Funktionen.)

- *JAHR, MONAT, TAG, STUNDE, MINUTE* und *SEKUNDE* entsprechen den VBA-Funktionen *Year, Month* etc. Die ebenfalls schon oben beschriebenen Tabellenfunktionen *WOCHENTAG* (in VBA *WeekDay*) und *TAGE360* (also *Days360*) dürfen auch im VBA-Code verwendet werden, wenn *Application.WorksheetFunction* vorangestellt wird.

Hinweis

Die Funktionen *HEUTE, JETZT, DATUM, DATWERT, ZEIT* und *ZEITWERT* liefern als Ergebnis Zahlenwerte. Aus diesen Werten wird erst durch die Formatierung der Zelle im Datums- oder Zeitformat ein Datum bzw. eine Uhrzeit. ∎

Allen Funktionen dürfen sowohl numerische Datumswerte (z. B. 34393.72917) als auch Zeichenketten („28. Feb 2010 17:30") übergeben werden. (In Tabellen gilt generell die Landeseinstellung, Sie müssen sich also nicht wie im Programmcode mit dem amerikanischen Datumsformat ärgern.) *DATWERT* und *ZEITWERT* berücksichtigen jeweils nur die für sie relevanten Informationen. Wenn Datum und Zeit aus einer Zeichenkette gelesen werden sollen, ist die Formel *DATWERT(z)+ZEITWERT(z)* erforderlich.

Tipp

Die Eingabe von Daten in Zellen darf auch in der Form 1-2-00 oder noch kürzer 1-2 erfolgen, wenn der 1.2.2000 gemeint ist und das aktuelle Jahr 2000 lautet. Diese Eingabeformen haben den Vorteil, dass sie ausschließlich mit der Zehnertastatur und ohne Shift durchgeführt werden können. ∎

5.5.3 Anwendungs- und Programmiertechniken

Dieser Abschnitt beschreibt die Anwendung der soeben vorgestellten Funktionen sowohl in Tabellen als auch im VBA-Code. Fallweise werden nur Tabellenformeln angegeben oder auch die gleichwertigen Anweisungen in der VBA-Syntax. Die Tabellenfunktionen zu den hier beschriebenen Techniken finden Sie in der Beispieldatei *05\DateTime.xlsm*.

Generell kann mit Daten und Zeiten ganz „normal" gerechnet werden, d. h., die Daten können verglichen, addiert und subtrahiert werden. Beachten Sie, dass Excel für Zellen mit Funktionen, die ein Datum als Ergebnis liefern, automatisch ein Datumsformat einstellt. Das ist in der Regel praktisch, kann aber auch irritieren; etwa dann, wenn statt des Ergebnisses 31 (eine Zeitdifferenz) das Datum 31.1.1900 angezeigt wird. In solchen Fällen müssen Sie das Format der Zelle verändern.

Eine Woche zu einem Datum addieren

```
=d+7
```

Einen Monat zu einem Datum addieren

```
=DATUM(JAHR(d);MONAT(d)+1;TAG(d))          'Tabellenformel
DateSerial(Year(d), Month(d)+1, Day(d))    'VBA
```

Die obige Formel bildet beispielsweise aus dem 23.3.2010 den 23.4.2010. Abweichungen von dieser einfachen Regel entstehen, wenn ungültige Daten auftreten. Aus dem 31.1.2012 wird der 2.3.2012 (weil es den 31.2.2012 trotz des Schaltjahrs nicht gibt).

Ein Jahr zu einem Datum addieren

```
=DATUM(JAHR(d)+1; MONAT(d); TAG(d))
DateSerial(Year(d)+1, Month(d), Day(d))
```

Anzahl der Tage des aktuellen Monats

```
=DATUM(JAHR(d);MONAT(d)+1;1)-DATUM(JAHR(d);MONAT(d);1)
DateSerial(Year(d),Month(d)+1,1) - DateSerial(Year(d),Month(d),1)
```

Anzahl der Tage des aktuellen Jahrs

```
=DATUM(JAHR(d)+1;1;1)-DATUM(JAHR(d);1;1)
DateSerial(Year(d)+1,1,1) - DateSerial(Year(d),1,1)
```

Anzahl der Tage des laufenden Jahrs bis zu einem gegebenen Datum

```
=1+d-DATUM(JAHR(d);1;1)
1 + d - DateSerial(Year(d),1,1)
```

Datum des Monatsletzten ermitteln

```
=DATUM(JAHR(d); MONAT(d); 0)              'Tabellenformel
DateSerial(Year(d),Month(d)+1,0)          'VBA
```

Zeitdifferenz in Jahren (Altersberechnung)

Die Formel *Year(d2)–Year(d1)* bzw. *JAHR(d2)–JAHR(d1)* ist unzureichend (beziehungsweise wenig schmeichelhaft), wenn das Alter von Personen berechnet werden soll. So liefert *Year("1.1.2010")–Year("1.7.1961")* das Ergebnis 49, obwohl die Person am 1.1.2010 erst 48 Jahre alt war.

Die Lösung für dieses Problem ist etwas umständlich, einfacher geht es aber anscheinend nicht: Es wird die Jahresdifferenz um 1 korrigiert, wenn das aktuelle Datum *d2* kleiner ist als das Geburtsdatum *d1*, wobei in *d1* aber das Jahr *d2* eingesetzt wird. Um nochmals auf das obige Beispiel zurückzukommen: Die unmittelbare Jahresdifferenz beträgt 49, da aber der 1.1.2010 „kleiner" als der 1.7.2010 ist, wird dieser Wert um 1 reduziert.

```
=JAHR(d2)-JAHR(d1)-WENN(d2<DATUM(JAHR(d2);MONAT(d1);TAG(d1));1;0)
```

Die Formulierung in VBA ist etwas umständlicher, dafür aber besser lesbar:

```
diff = Year(d2) - Year(d1)
If d2 < DateSerial(Year(d2), Month(d1), Day(d1)) Then
  diff = diff - 1
End If
```

Zeitdifferenz in Monaten

Das gleiche Problem tritt auch beim Rechnen mit Monaten auf. Wenn die Zeitdifferenz zwischen dem 25.1.2011 und dem 3.3.2011 als zwei Monate gelten soll, können Sie die erste (einfachere) Formel anwenden. Wenn die Zeitdifferenz erst ab dem 25.3.2011 zwei Monate betragen soll, müssen Sie die zweite Formel anwenden (fließende Datumsgrenzen).

```
=(JAHR(d2)-JAHR(d1))*12 + MONAT(d2)-MONAT(d1)      'Monatsgrenze 1.
=(JAHR(d2)-JAHR(d1))*12 + MONAT(d2)-MONAT(d1) -
  WENN(d2<DATUM(JAHR(d2);MONAT(d2);TAG(d1));1;0) 'fließende Monatsgr.
```

Datum des nächsten Montags

Manchmal tritt das Problem auf, dass Sie ein beliebiges Datum haben und daraus das Datum des nächsten Montags (oder eines beliebigen anderen Wochentags) benötigen. Die VBA-Formel zur Berechnung des nächsten Montags sieht folgendermaßen aus:

```
d = d + (9 - WeekDay(d)) Mod 7
```

Dazu ein Beispiel: Angenommen, *d* ist ein Mittwoch: Dann liefert *WeekDay* den Wert 4. *(9 - 4) Mod 7* liefert 5, es werden zum aktuellen Datum also fünf Tage hinzugezählt. Wenn *d* bereits ein Montag war, ändert sich das Datum nicht. Wenn Sie die Formel so ändern möchten, dass der nächste Dienstag, Mittwoch etc. berechnet werden soll, ersetzen Sie einfach die Zahl 9 durch 10, 11 etc.

Rechnen mit Zeiten

Beim Rechnen mit Zeiten müssen Sie überlegen, ob Sie es mit einer reinen Zeit zwischen 00:00 und 23:59 (also einem Zahlenwert zwischen 0 und 1) zu tun haben oder mit einem Zeitwert, der auch das Datum einschließt. Im Zeitformat von Excel werden beide Zeiten gleich angezeigt, obwohl es sich im ersten Fall um die Zeit am 1.1.1900 handelt, im zweiten Fall dagegen um die Zeit an einem beliebigen anderen Datum.

Dieser Unterschied wirkt sich beispielsweise dann aus, wenn Sie die Anzahl der Minuten seit Mitternacht berechnen möchten. Wenn Sie hierfür den Zeitwert einfach mit 24*60 multiplizieren, erhalten Sie im ersten Fall das richtige Ergebnis, im zweiten Fall aber die Minuten seit dem 1.1.1900! Die richtige Formel lautet daher *=(z-GANZZAHL(z)) *24*60* bzw. in VBA *(z-Fix(z))*24*60*.

Zellenformate für Zeiten größer 24 Stunden/60 Minuten/60 Sekunden

Problematisch ist der Vorkommaanteil von Zeiten auch dann, wenn das Ergebnis einer Berechnung in Stunden/Minuten/Sekunden ausgedrückt werden soll und dabei Ergebnisse mit mehr als 24 Stunden/60 Minuten/60 Sekunden erlaubt sind. So werden 30 Stunden intern durch 1.25 repräsentiert und im üblichen Zeitformat als 6:00 dargestellt. In solchen Fällen müssen Sie eigene Zeitformate verwenden, in denen die Formatzeichen für Stunden/ Minuten/Sekunden in eckige Klammern gesetzt werden. Die eckigen Klammern lösen die sonst gültigen Zeitgrenzen (24 h, 60 m, 60 s) auf. Sinnvolle Formatketten sind *[h]:mm:ss*, *[m]:ss* und *[s]*. Eckige Klammern für Tage und Monate sind nicht erlaubt.

Zeitdifferenzen über Mitternacht

Die unmittelbare Berechnung der Differenz zweier reiner Zeiten über Mitternacht – etwa von 20:30 bis 6:40 – liefert einen negativen Wert. Dem kann mit einer Addition um 1 (entspricht 24 Stunden) abgeholfen werden:

```
=WENN(z2<z1;1+z2-z1;z2-z1)
```

Wenn in *z1* und *z2* dagegen auch das Datum gespeichert ist (etwa 30.3.2010 20:30 bis 31.3.2010 6:40), dann reicht die einfache Berechnung der Differenz aus. Die obige Formel bereitet aber auch in diesem Fall keine Schwierigkeiten, weil jetzt ohnedies *z2>z1* gilt.

5.5.4 Feiertage

Ein Thema für sich sind Feiertage. Neben all den anderen Problemen im Umgang mit Daten kommt hier noch die Schwierigkeit hinzu, dass sich die Daten mancher Feiertage jedes Jahr ändern! Für viele Planungsaufgaben ist es aber erforderlich, dass Feiertage auf eine einfache Weise berücksichtigt werden können. Die Beispieldatei *05\Holidays.xlsm* enthält die gleichnamige Funktion *Holiday(datum)*, die testet, ob es sich beim angegebenen Tag um einen Feiertag handelt, und gegebenenfalls dessen Namen zurückgibt. Wenn es kein Feiertag war, liefert *Holiday* eine leere Zeichenkette.

Vorweg einige Grundlagen: Es gibt Feiertage, die jedes Jahr das gleiche Datum haben (z. B. die Weihnachtsfeiertage), und Feiertage, die sich von Jahr zu Jahr ändern (Ostern, Fronleichnam etc.). Die zweite Gruppe von Feiertagen orientiert sich an Ostern. Beispielsweise ist der Pfingstmontag immer 50 Tage nach dem Ostersonntag. Wenn es also gelingt, den Ostersonntag für ein beliebiges Jahr auszurechnen, dann sollte auch die Berechnung der restlichen Feiertage möglich sein.

Die Frage, wie Ostern allgemeingültig berechnet werden kann, hat die Mathematiker schon lange beschäftigt. Die folgende Funktion berechnet das Datum von Ostern für ein beliebiges Jahr nach einem Algorithmus von Gauß. Angeblich liefert dieser Algorithmus bis 2078 korrekte Daten (wir haben es nicht überprüft; für die nächsten Jahre stimmt es aber auf jeden Fall).

```
' Beispieldatei 05\Holidays.xlsm
Function EasterDate(calcYear&) As Date
   Dim zr1&, zr2&, zr3&, zr4&, zr5&, zr6&, zr7&
   zr1 = calcYear Mod 19 + 1
   zr2 = Fix(calcYear / 100) + 1
   zr3 = Fix(3 * zr2 / 4) - 12
   zr4 = Fix((8 * zr2 + 5) / 25) - 5
   zr5 = Fix(5 * calcYear / 4) - zr3 - 10
   zr6 = (11 * zr1 + 20 + zr4 - zr3) Mod 30
   If (zr6 = 25 And zr1 > 11) Or zr6 = 24 Then zr6 = zr6 + 1
   zr7 = 44 - zr6
   If zr7 < 21 Then zr7 = zr7 + 30
   zr7 = zr7 + 7
   zr7 = zr7 - (zr5 + zr7) Mod 7
   If zr7 <= 31 Then
      EasterDate = CDate(CStr(zr7) & ". 3. " & CStr(calcYear))
   Else
      EasterDate = DateValue(CStr(zr7 - 31) & ". 4. " & _
         CStr(calcYear))
   End If
End Function
```

Die zweite Hilfsfunktion lautet *HolidayTable(jahr)*. Diese Funktion erstellt eine Liste aller Feiertage für das angegebene Jahr und speichert deren Daten und Namen in den beiden Feldern *holidayDate* und *holidayName*. Diese Felder stehen in der Folge für die *Holiday*-Funktion zur Verfügung und müssen nur dann neu berechnet werden, wenn sich das Jahr ändert.

Die Berechnung der Feiertagstabellen basiert auf dem Tabellenblatt „holidays". Diese Tabelle enthält eine Liste aller Feiertage, wobei entweder deren Datum absolut oder relativ zu Ostern angegeben werden muss. Die Feiertagstabelle kann problemlos geändert werden, um die Feiertagsberechnung an die Besonderheiten verschiedener Länder oder an geänderte gesetzliche Bestimmungen anzupassen.

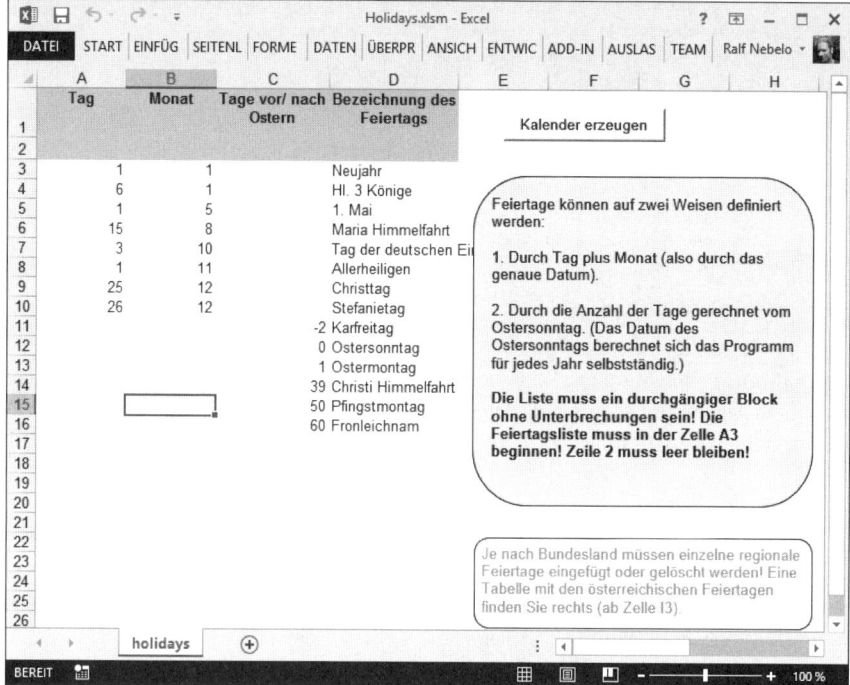

BILD 5.3 Die Berechnungsgrundlage für die Feiertagsfunktion

Der Großteil des Codes der Funktion *HolidayTable* ist dafür zuständig, den in der Zelle A3 beginnenden Feiertagsblock auszulesen. Da die Eigenschaften *CurrentRegion* oder *SpecialCells* versagen, wenn *HolidayTable* via *Holiday* während der Berechnung in einem Tabellenblatt ausgeführt wird, muss die Größe des Blocks in einer *For-Next*-Schleife ermittelt werden. Ansonsten zeigt das Beispiel gut, wie der Programmcode durch den Einsatz von Objektvariablen (*holidaysRng* für den Zellbereich mit den Feiertagsinformationen, *rowRng* für eine Zeile dieses Bereichs etc.) übersichtlich gehalten werden kann.

```
Dim lastcalcYear              'Jahr, für das die Feiertagstabelle
                              'zuletzt berechnet wurde
Dim holidayDate() As Date     'Liste aller Feiertagsdaten und -namen
Dim holidayName() As String   'für lastcalcYear
Private Sub HolidayTable(calcYear&)
  Dim easter As Date, i As Long
  Dim holidaysRng As Range, rowRng As Range
  Dim upperleft As Range, lowerright As Range
  Dim ws As Worksheet
  If Not IsNumeric(calcYear) Then Exit Sub
  If calcYear < 1900 Or calcYear > 2078 Then Exit Sub
  If lastcalcYear = calcYear Then Exit Sub 'Tabelle ist schon
  easter = EasterDate(calcYear)             ' berechnet
  ' das Tabellenblatt muss „holidays" heißen!
```

```
  Set ws = ThisWorkbook.Sheets("holidays")
  ' die Liste mit den Feiertagen beginnt in A3
  Set upperleft = ws.[A3]
  ' aber wo endet sie?
  ' Set lowerright = ws.[A3].SpecialCells(xlLastCell)
  ' SpecialCells funktioniert nicht, wenn HolidayTable
  ' ausgeführt wird, um Holiday(...) als Tabellenformel auszuwerten
  ' also machen wir's etwas umständlicher:
  For i = 1 To 300  'so viele holidaysRng gibt es sicher nicht
    If ws.[D3].Offset(i, 0).Text = "" Then
      Set lowerright = ws.[D3].Offset(i - 1, 0)
      Exit For
    End If
  Next
  Set holidaysRng = ws.Range(upperleft, lowerright)
  ' Schleife über alle Zeilen des Feiertagblocks
  ReDim holidayDate(holidaysRng.Rows.Count - 1)
  ReDim holidayName(holidaysRng.Rows.Count - 1)
  i = 0
  For Each rowRng In holidaysRng.Rows
    If rowRng.Cells(3).Text <> "" Then
      'Feiertag relativ zu Ostern
      holidayDate(i) = CDate(CDbl(easter) + rowRng.Cells(3))
    Else
      'Feiertag mit absolutem Datum
      holidayDate(i) = DateSerial( _
         calcYear, rowRng.Cells(2), rowRng.Cells(1))
    End If
    holidayName(i) = rowRng.Cells(4)
    i = i + 1
  Next rowRng
  ' calcYear speichern, damit die Tabelle nur bei einer
  ' Jahresänderung neu ermittelt werden muss
  lastcalcYear = calcYear
End Sub
```

Wenn die Felder *holidaysDate* und *holidaysName* einmal vorliegen, ist die Ermittlung eines Feiertags ein Kinderspiel. In einer Schleife werden einfach alle Daten des *holidaysDate*-Felds mit dem übergebenen Datum verglichen. Wenn eine Übereinstimmung gefunden wird, liefert die Funktion den Namen des entsprechenden Feiertags zurück. Beachten Sie die Konstruktion *CDate(Int(dat))*: Dadurch wird die eventuell übergebene Uhrzeit aus dem Datum entfernt; der Nachkommaanteil wird gelöscht. Anschließend wird die resultierende ganze Zahl wieder in ein Datum umgewandelt.

```
Function Holiday(ByVal dat As Date)
  Dim i%
  If Year(dat) <> lastcalcYear Then HolidayTable Year(dat)
```

```
    dat = CDate(Int(dat))  'Uhrzeit eliminieren
    For i = 0 To UBound(holidayDate())
      If dat = holidayDate(i) Then
        Holiday = holidayName(i): Exit Function
      End If
    Next
    ' es ist kein Feiertag
    Holiday = ""
End Function
```

Jahreskalender erzeugen

Die Funktion *Holiday* kann sowohl als benutzerdefinierte Tabellenfunktion als auch in anderen VBA-Prozeduren eingesetzt werden. Die Prozedur *CreateCalendar* zeigt, wie in die gerade aktive Arbeitsmappe ein neues Tabellenblatt eingefügt und darin ein Jahreskalender eingetragen wird. Ein beträchtlicher Anteil des Codes ist nur für die Formatierung des Kalenders zuständig. Die Prozedur setzt intensiv *With* ein, um den Zugriff auf einzelne Zellen effizienter und übersichtlicher zu gestalten. Durch *Application.ScreenUpdating = False* wird erreicht, dass der Bildschirm erst am Ende der Prozedur aktualisiert wird. Dadurch geht die Erzeugung des Kalenders rascher vor sich. Wenn Ihnen Aufbau oder Gestaltung des Kalenders nicht zusagen, können Sie das Schema der Prozedur als Ausgangspunkt für eigene Kalenderprozeduren verwenden.

```
' fügt in die aktuelle Arbeitsmappe einen Jahreskalender ein
Sub CreateCalendar()
  Dim i&, calcYear&, calcMonth&, calcDay&
  Dim holid As String, d As Date
  Dim ws As Worksheet
  Dim start As Range
  calcYear = InputBox("Für welches Jahr soll der Kalender " & _
    " erzeugt werden?", "Kalender erzeugen", Year(Now))
  Application.ScreenUpdating = False
  If calcYear = "" Or Not IsNumeric(calcYear) Then Exit Sub
  ' neues Blatt in der aktuellen Arbeitsmappe erzeugen
  Set ws = Worksheets.Add()
  ws.Name = "Kalender " & calcYear
  ActiveWindow.DisplayGridlines = False
  Set start = ws.[A3]
  With start
    .Formula = calcYear
    .Font.Bold = True
    .Font.Size = 18
    .HorizontalAlignment = xlLeft
  End With
  ' Januar bis Dezember eintragen
  With start.Offset(1, 0)
```

```
   For i = 1 To 12
     d = DateSerial(calcYear, i, 1)
     .Offset(0, i - 1).Formula = Format(d, "mmmm")
   Next
End With
' Januar bis Dezember formatieren
With Range(start.Offset(1, 0), start.Offset(1, 11))
  .Font.Bold = True
  .Font.Size = 14
  .Interior.Pattern = xlSolid
  .Interior.PatternColor = RGB(196, 196, 196)
  .HorizontalAlignment = xlLeft
  .Borders(xlTop).Weight = xlThin
  .Borders(xlBottom).Weight = xlThin
  .Interior.ColorIndex = 15
  .Interior.Pattern = xlSolid
  .Interior.PatternColorIndex = 15
  .ColumnWidth = 15
End With
' Datum eintragen
For calcMonth = 1 To 12
  For calcDay = 1 To Day(DateSerial(calcYear, calcMonth + 1, 0))
    With start.Offset(calcDay + 1, calcMonth - 1)
      d = DateSerial(calcYear, calcMonth, calcDay)
      holid = Holiday(d)
      If holid = "" Then
        .Value = calcDay
      Else
        .Value = holid
      End If
      'Samstag, Sonntag und Feiertage fett
      If holid <> "" Or WeekDay(d) = 1 Or WeekDay(d) = 7 Then
        .Font.Bold = True
      End If
      'außerdem Samstage und Sonntage grau
      If WeekDay(d) = 1 Or WeekDay(d) = 7 Then
        .Interior.ColorIndex = 15
        .Interior.Pattern = xlSolid
        .Interior.PatternColorIndex = 15
      End If
    End With
  Next
Next
' Datumsbereich formatieren
With Range(start.Offset(2, 0), start.Offset(32, 11))
  .HorizontalAlignment = xlLeft
End With
End Sub
```

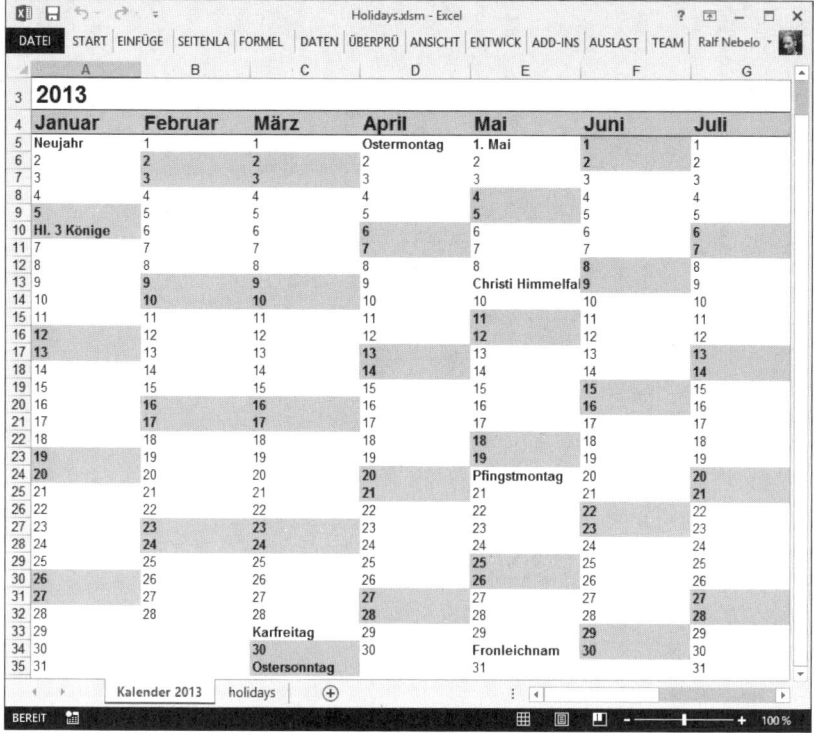

BILD 5.4 Der Kalender für das erste Halbjahr 2013

5.5.5 Syntaxzusammenfassung

In den folgenden Zeilen steht *dz* für einen *Date*-Wert, *z* für eine Zeichenkette.

VBA-Funktionen	
Date	liefert das aktuelle Datum
Date = dz	verändert das Systemdatum
Time	liefert die aktuelle Zeit
Time = dz	verändert die Systemzeit
Now	liefert Datum und Zeit
Timer	liefert die Sekunden seit 00:00
DateValue(z)	wandelt die Zeichenkette in ein Datum um
DateSerial(jahr, mon, tag)	setzt die drei Werte zu einem Datum zusammen
Year(dz)	liefert Jahreszahl
Month(dz)	liefert Monat (1–12)
Day(dz)	liefert Tag (1–31)
WeekDay(dz)	liefert Wochentag (1–7 für So–Sa)

VBA-Funktionen

WorksheetFunction.WeekDay(dz, 2)	liefert Wochentag (1–7 für Mo–So)
WorksheetFunction.WeekDay(dz, 3)	liefert Wochentag (0–6 für Mo–So)
WorksheetFunction.Days360(dz1, dz2)	Tagesdifferenz in einem 360-Tage-Jahr
WorksheetFunction.Days360(dz1, dz2, False)	wie oben, europäischer Modus
TimeValue(z)	wandelt Zeichenkette in Zeit um
TimeSerial(st, min, sek)	setzt die drei Werte zu einer Zeit zusammen
Hour(dz)	liefert Stunde (0–23)
Minute(dz)	liefert Minute (0–59)
Second(dz)	liefert Sekunde (0–59)
CDate(v)	Umwandlung ins *Date*-Format
CStr(dz)	Umwandlung in Zeichenkette
CSng(dz)	Umwandlung in einfach genaue Fließkommazahl
CDbl(dz)	Umwandlung in doppelt genaue Fließkommazahl
WeekdayName(n)	liefert Zeichenkette mit Wochentagsname (1 entspricht Montag, 7 Sonntag)
MonthName(n)	liefert Zeichenkette mit Monatsnamen
FormatDateTime(d, type)	liefert Zeichenkette mit Datum oder Zeit (*type=vbGeneralDate / vbLongDate / vbShortDate / vbLongTime / vbShortTime*)

Tabellenfunktionen (für die deutsche Excel-Version)

HEUTE()	aktuelles Datum
JETZT()	aktuelle Zeit
DATUM(jahr, mon, tag)	setzt die drei Werte zu einem Datum zusammen
DATWERT(z)	wandelt Zeichenkette in ein Datum um
JAHR(dz)	liefert Jahreszahl
MONAT(dz)	liefert Monat (1–12)
TAG(dz)	liefert Tag (1–31)
WOCHENTAG(dz)	liefert Wochentag (1–7 für So–Mo)
WOCHENTAG(dz, 2)	liefert Wochentag (1–7 für Mo–So)
WOCHENTAG(dz, 3)	liefert Wochentag (0–6 für Mo–So)
TAGE360(dz1, dz2)	Tagesdifferenz in einem 360-Tage-Jahr
TAGE360(dz1, dz2, Falsch)	wie oben, europäischer Modus
ZEIT(st, min, sek)	setzt die drei Werte zu einer Zeit zusammen
ZEITWERT(z)	wandelt Zeichenkette in eine Zeit um
STUNDE(dz)	liefert Stunde (0–23)
MINUTE(dz)	liefert Minute (0–59)
SEKUNDE(dz)	liefert Sekunde (0–59)

▪ 5.6 Umgang mit Dateien, Textimport/-export

Dieser Abschnitt beschreibt Kommandos und Techniken für den Umgang mit Dateien. Die Notwendigkeit, selbst Dateien zu lesen oder zu schreiben, ergibt sich in der Praxis zumeist dann, wenn Sie Daten mit externen Programmen austauschen möchten.

Die bei der Excel-Programmierung eingesetzten Kommandos, Methoden und Eigenschaften zur Manipulation von Dateien stammen aus drei unterschiedlichen Bibliotheken, was manche Doppelgleisigkeit erklärt:

- Die *Microsoft Scripting Library* ermöglicht mit den *File System Objects* (FSO) einen objektorientierten Zugang auf Dateien, Verzeichnisse und Textdateien (Abschnitt 5.6.1 bis 5.6.3). Diese Bibliothek steht Office-Programmierern erst seit Version 2000 zur Verfügung. (Wer auch mit der Programmiersprache Visual Basic oder dem Windows Scripting Host arbeitet, kennt diese Bibliothek freilich schon länger.)

- Schon seit Excel 5 sind die in der VBA-Bibliothek integrierten Kommandos verfügbar, mit denen nicht nur Text-, sondern auch Binärdateien bearbeitet werden können (Abschnitt 5.6.4).

- Schließlich gibt es noch eine Reihe von Methoden und Eigenschaften, die Excel-spezifisch sind und daher zur Excel-Bibliothek zählen (Abschnitt 5.6.5). Dazu gehört auch die Funktion zum Import von Textdateien (Abschnitt 5.6.6).

Zum Abschluss wird in Abschnitt 5.6.7 eine Prozedur vorgestellt, mit der Sie einen Tabellenbereich im Listenformat von Mathematica speichern können. Dabei werden nützliche Programmiertechniken vermittelt, die Sie zur Programmierung eigener Exportfilter einsetzen können.

5.6.1 File System Objects – Überblick

Nachdem sich bei den Kommandos für den Umgang mit Verzeichnissen und Dateien lange Zeit nichts geändert hat, stehen seit Office 2000 die *File System Objects* (kurz FSO) zur Verfügung. Der wesentliche Vorteil dieser Objektklassen besteht darin, dass sie einen modernen, übersichtlichen und objektorientierten Zugang zu den meisten Funktionen bieten, die zur Analyse des Dateisystems und zum Lesen und Schreiben von Dateien erforderlich sind. Im Gegensatz zu den herkömmlichen Kommandos können zudem Textdateien im Unicode-Format gelesen und geschrieben werden.

Auch die Nachteile seien nicht verschwiegen: Zum einen sind die FSO-Objekte nicht integraler Bestandteil von VBA, sondern befinden sich in der *Scripting-Runtime*-Bibliothek. Sie müssen also einen Verweis auf diese Bibliothek einrichten. Zum anderen ist die Bibliothek unvollständig. Insbesondere fehlen Funktionen zum Lesen und Schreiben von Binär- und Random-Access-Dateien. Die Folge: In manchen Programmen ist eine unschöne und fehleranfällige Doppelgleisigkeit zwischen herkömmlichen Kommandos und FSO-Methoden unvermeidbar.

Hinweis

In diesem Abschnitt stehen die *File System Objects* im Vordergrund. Die herkömmlichen Kommandos werden nur so weit ausführlich beschrieben, als sie Funktionen anbieten, die in den neuen Objekten fehlen. (Die Syntaxzusammenfassung am Ende des Abschnitts ist aber vollständig.)

FSO-Bibliothek verwenden

Wenn Sie die FSO-Bibliothek in Ihrem Programm verwenden möchten, müssen Sie zuerst mit EXTRAS | VERWEISE die *Microsoft-Scripting-Runtime*-Bibliothek aktivieren. An der Spitze der Bibliothek steht das *FileSystemObject*. Dieses Objekt ist der Ausgangspunkt für diverse Methoden, mit denen *Drive[s]-, File[s]-, Folder[s]-* und *TextStream*-Objekte erzeugt werden können. Aus diesem Grund ist es meistens sinnvoll, eine *FileSystemObject*-Variable global mit *Dim As New* zu definieren. Wann immer FSO-Funktionen benötigt werden, steht diese Variable zur Verfügung.

```
Public fso As New FileSystemObject
```

Ausgehend von *fso* können Sie nun neue Objekte erzeugen. Die beiden folgenden Kommandos erzeugen beispielsweise ein *Folder*-Objekt, das auf das existierende Wurzelverzeichnis in C: verweist.

```
Dim f As Folder
Set f = fso.GetFolder("c:\")
```

Jetzt können Sie mit *f.Files* auf alle Dateien in diesem Verzeichnis zugreifen, mit *f.SubFolders* auf Verzeichnisse etc. Über Eigenschaften wie *Attributes, Name, Path* und *Size* etc. können Sie diverse Merkmale der so angesprochenen Dateien und Verzeichnisse ermitteln.

Hinweis

Im Gegensatz zu den meisten anderen Auflistungen ist bei *Drives*, *Files* und *Folders* der Zugriff auf einzelne Elemente durch *Files(n)* nicht möglich! Als Index kann nur der Name des jeweiligen Objekts verwendet werden. Da dieser im Regelfall nicht im Voraus bekannt ist, *müssen* Sie mit *For-Each*-Schleifen arbeiten.

Methoden zum Erzeugen oder Verändern neuer Verzeichnisse und Dateien sind direkt dem *FileSystemObject* untergeordnet, beispielsweise *CopyFile, CreateFolder, DeleteFile* etc.

FileSystemObject – Objekthierarchie

FileSystemObject	Spitze der Objekthierarchie
└ *Drives*	Auflistung der Laufwerke und Partitionen
└ *Drive*	verweist auf einzelnes Laufwerk

Drive – Objekthierarchie

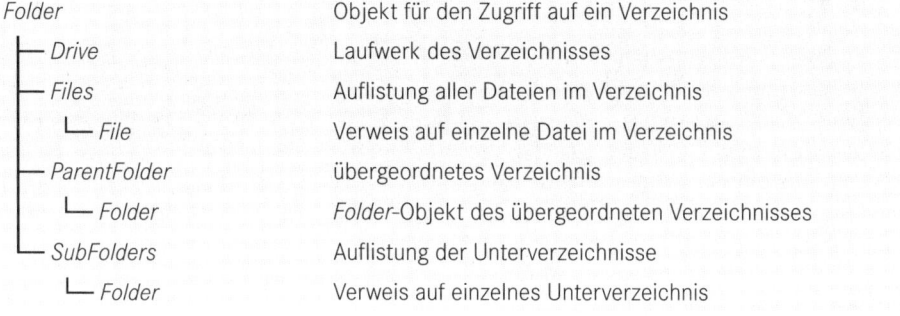

Drive	Objekt für den Zugriff auf ein Laufwerk
└ *RootFolder*	Wurzelverzeichnis des Laufwerks
└ *Folder*	*Folder*-Objekt des Wurzelverzeichnisses

Folder – Objekthierarchie

Folder	Objekt für den Zugriff auf ein Verzeichnis
├ *Drive*	Laufwerk des Verzeichnisses
├ *Files*	Auflistung aller Dateien im Verzeichnis
└ *File*	Verweis auf einzelne Datei im Verzeichnis
├ *ParentFolder*	übergeordnetes Verzeichnis
└ *Folder*	*Folder*-Objekt des übergeordneten Verzeichnisses
└ *SubFolders*	Auflistung der Unterverzeichnisse
└ *Folder*	Verweis auf einzelnes Unterverzeichnis

File – Objekthierarchie

File	*File*-Objekt
└ *ParentFolder*	übergeordnetes Verzeichnis
└ *Folder*	*Folder*-Objekt des übergeordneten Verzeichnisses

5.6.2 Laufwerke, Verzeichnisse und Dateien

Eigenschaften von Laufwerken (Drive-Objekt)

Eine Liste aller verfügbaren Laufwerke kann leicht über die Auflistung *fso.Drives* ermittelt werden. Die Eigenschaften der dazugehörigen *Drive*-Objekte geben Aufschluss über die Merkmale des Laufwerks: *VolumeName* (Name), *ShareName* (Name, unter dem das Laufwerk in einem Netzwerk angesprochen wird), *TotalSize* und *FreeSpace* (gesamte und freie Kapazität), *FileSystem* (der Dateisystemtyp als Zeichenkette, etwa „*FAT*", „*NTFS*" oder „*CDFS*") und *DriveType* (*Fixed*, *Remote*, *Removeable* etc.).

Hinweis

Die *Drives*-Auflistung enthält nur lokale Laufwerke (bzw. mit Laufwerksbuchstaben eingebundene Netzwerklaufwerke). Eventuell zugängliche Netzwerkverzeichnisse werden dagegen nicht erfasst!

◾

Das Beispielprogramm zeigt die wichtigsten Informationen zu allen verfügbaren Laufwerken an. Wenn sich in A: keine Diskette befindet, wird dieses Laufwerk dank *On Error* übersprungen.

```
' Beispieldatei 05\Files.xlsm, Modul1
Public fso As New FileSystemObject
' Beispieldatei Files.xlsm, Tabellenblatt „drives"
' Liste aller Laufwerke + verfügbaren Speicher anzeigen
Private Sub btnShowDrives_Click()
  Dim dr As Drive
  Dim rng As Range
  Dim i&
  Set rng = Me.[a1]
  rng.CurrentRegion.Clear
  On Error Resume Next
  i = 1
  For Each dr In fso.Drives
    rng.Cells(i, 1) = dr
    rng.Cells(i, 2) = _
      FormatNumber(dr.AvailableSpace / 1024 ^ 2, 1) & " MB frei"
    rng.Cells(i, 3) = " [" & dr.VolumeName & ", " & _
        dr.FileSystem & "] "
    i = i + 1
  Next
End Sub
```

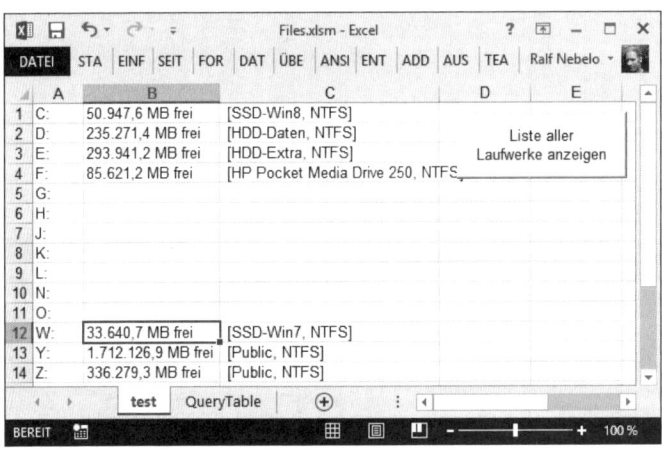

BILD 5.5
Informationen über alle
verfügbaren Laufwerke

Das aktuelle Verzeichnis

Auch wenn Sie in den FSO-Objekten vergeblich nach einer *CurrentDir*-Eigenschaft suchen, wird diese Programminformation beispielsweise bei der Methode *GetFolder* berücksichtigt. So liefert *fso.GetFolder(„."*).Path den Pfad des aktuellen Verzeichnisses (etwa *C:\Dokumente*).

Zur Veränderung des aktuellen Laufwerks und Verzeichnisses müssen Sie allerdings weiterhin auf einige herkömmliche Kommandos zurückgreifen: *ChDrive* wechselt das aktuelle Laufwerk, *ChDir* wechselt das aktuelle Verzeichnis, und *CurDir* ermittelt das aktuelle Verzeichnis (samt Laufwerk).

Achtung

Zum Wechsel des aktuellen Verzeichnisses reicht *ChDir* normalerweise nicht aus
– es muss auch das Laufwerk gewechselt werden. Daher lautet die übliche Kommandoabfolge:

```
pfad = "d:\backup"
ChDrive pfad
ChDir pfad
```

Wenn *pfad* allerdings auf ein Netzwerkverzeichnis zeigt (\\server\share\), gibt
es Probleme. *ChDrive* kommt mit Netzwerkverzeichnissen nicht zurecht und löst
einen Fehler aus. (Der kann mit *On Error Resume Next* leicht übergangen werden.)
ChDir verändert zwar das aktuelle Verzeichnis, aber nur dann, wenn das Netzwerkverzeichnis als aktuelles Laufwerk gilt (etwa beim Start eines kompilierten
Visual-Basic-Programms, das auf einem Netzwerk-Server liegt). Wenn das nicht
der Fall ist, gibt es unter Visual Basic keine Möglichkeit, ein Netzwerkverzeichnis
zum aktuellen Verzeichnis zu machen! ■

 Verweis

Neben dem aktuellen Verzeichnis gibt es eine ganze Reihe Excel-spezifischer Verzeichnisse, deren Pfad über diverse Eigenschaften des Excel-*Application*-Objekts
ermittelt werden kann – siehe Abschnitt 5.6.5. ■

Temporäres Verzeichnis

Manchmal kommt es vor, dass Sie in Ihren Programmen eine temporäre Datei erzeugen
möchten (das ist eine Datei, die Sie nur vorübergehend benötigen und danach wieder löschen).
Unter Windows existiert dazu ein eigenes Verzeichnis, das für solche temporären Dateien
vorgesehen ist; normalerweise handelt es sich um das Unterverzeichnis Temp im Ordner

C:\Users\[Benutzername]\AppData\Local.

Das dazugehörige *Folder*-Objekt können Sie mit *fso.GetSpecialFolder(TemporaryFolder)* leicht
erzeugen. (Visual Basic kennt zwei weitere besondere Verzeichnisse: das Windows-Verzeichnis
und das Windows-Systemverzeichnis. Der Zugriff darauf erfolgt ebenfalls mit *GetSpecialFolder*.
Als Parameter verwenden Sie *WindowsFolder* bzw. *SystemFolder*.)

 Tipp

Den Ort des temporären Verzeichnisses können Sie übrigens auch ohne FSO-
Objekte leicht feststellen: Der Pfad zu diesem Verzeichnis befindet sich in der
Systemvariablen *TEMP*. Auf diese Variable können Sie über die VBA-Funktion
Environ(„temp") zugreifen (z. B. *C:\Users\Ralf\AppData\Local\Temp*). Ebenso
bequem können Sie mit *Environ(„windir")* das Windows-Verzeichnis ermitteln
(z. B. *C:\Windows*). ■

Tipp

Wenn Sie nicht nur den Namen des temporären Verzeichnisses brauchen, sondern auch einen Vorschlag für einen gültigen (noch nicht verwendeten) Dateinamen darin, verwenden Sie einfach *fso.GetTempName()*. Diese Methode liefert allerdings nur den Namen, das dazugehörige Verzeichnis müssen Sie immer noch durch *GetSpecialFolder* ermitteln.

Eigenschaften von Verzeichnissen (Folder-Objekt)

- Im FSO-Objektmodell erfolgt der Zugriff auf Verzeichnisse über das *Folder*-Objekt. Soweit dieses nicht schon von einem anderen FSO-Objekt ableitbar ist, kann es leicht mit *GetFolder* erzeugt werden. (Diese Methode kommt auch mit Netzwerkverzeichnissen problemlos zurecht.)

```
Dim f As Folder
Set f = fso.GetFolder("c:\windows\system32")
```

- Jetzt kann auf eine Menge Eigenschaften zugegriffen werden: *Name* enthält den Namen des Verzeichnisses (im Beispiel oben also „*system32*"), die Default-Eigenschaft *Path* den kompletten Pfad inklusive Laufwerksangabe. Falls zur Kommunikation mit alten DOS- bzw. Windows-3.1-Programmen Namen gemäß der 8+3-Zeichen-Konvention erforderlich sind, können diese mit *ShortName* bzw. *ShortPath* ermittelt werden.

- *DateCreated*, *-LastAccessed* und *-LastModified* geben Informationen darüber, wann das Verzeichnis erzeugt und wann es zuletzt genutzt bzw. verändert wurde. *Attributes* enthält eine Binärkombination mehrerer Attribute (beispielsweise *Compressed*, *Hidden*, *ReadOnly*). *Type* liefert eine Zeichenkette mit der Beschreibung des Verzeichnistyps. Bei einem deutschsprachigen Betriebssystem lautet diese einfach „*Dateiordner*". (Die *Type*-Eigenschaft ist bei *File*-Objekten sinnvoller, wo bei bekannten Dateikennungen der Dateityp angegeben wird.)

- *Drive* verweist auf ein Laufwerkobjekt. (Bei Netzwerkverzeichnissen liefert *f.Drive* übrigens erwartungsgemäß die Server- und Share-Bezeichnung in der üblichen Syntax \\server\share.)

- Mit *IsRootFolder* kann festgestellt werden, ob es sich bei dem Verzeichnis um ein Wurzelverzeichnis handelt (etwa bei C:\). Nur wenn das nicht der Fall ist, kann mit *ParentFolder* das übergeordnete Verzeichnis ermittelt werden (wiederum ein *Folder*-Objekt). *SubFolders* verweist auf eine *Folders*-Auflistung mit allen untergeordneten Verzeichnissen (sofern es welche gibt; andernfalls ist *SubFolders.Count=0*). Die Verzeichnisnamen in *Folders*-Auflistungen sind nicht sortiert!

- *Files* verweist auf alle Dateien innerhalb des Verzeichnisses. Im Gegensatz zum herkömmlichen *Dir*-Kommando werden damit weder Unterverzeichnisse noch die Pseudodateien „*.*" und „*..*" erfasst.

- *Size* ermittelt den Platzbedarf des Verzeichnisses und berücksichtigt dabei rekursiv alle Unterverzeichnisse. Aus diesem Grund kann die Ermittlung dieser Eigenschaft einige Zeit dauern. Greifen Sie nicht unnötig auf diese Eigenschaft zu!

Hinweis

Der resultierende Wert enthält die Summe der Byteanzahl aller Dateien. Tatsächlich ist der Platzbedarf auf der Festplatte meist größer, weil Dateien immer sektorenweise gespeichert werden. (Eine 3 Byte lange Datei beansprucht daher je nach Dateisystem ein oder mehrere kByte Festplattenkapazität.) Der tatsächliche Platzbedarf kann allerdings auch kleiner sein, nämlich dann, wenn die Dateien (etwa in einem NT-Dateisystem) komprimiert sind. Betrachten Sie das Ergebnis von *Size* also mit einer gewissen Vorsicht! ∎

Tipp

Die meisten Eigenschaften sind read-only, können also nur gelesen, aber nicht verändert werden. Die einzigen Ausnahmen sind *Attributes* und *Name*. ∎

Eigenschaften von Dateien (File-Objekt)

Wie bereits erwähnt, kann über die Auflistung *Files* des *Folder*-Objekts auf alle Dateien eines Verzeichnisses zugegriffen werden. Wie bei der *Folders*-Auflistung sind die Dateien nicht sortiert! Im Gegensatz zur dafür früher eingesetzten Funktion *Dir* besteht keine Möglichkeit, nur Dateien eines bestimmten Typs (z. B. *.txt) oder mit bestimmten Attributen zu suchen – das müssen Sie innerhalb der Schleife selbst testen.

Files.Count liefert die Anzahl der Dateien, die aber nur in einer *For-Each*-Schleife abgearbeitet werden können. Die so angesprochenen *File*-Objekte weisen zum Großteil dieselben Eigenschaften wie *Folder*-Objekte auf:

> *[Short]Name, [Short]Path, Drive, ParentFolder, Attributes, DateXy, Size, Type*

Der einzige erwähnenswerte Unterschied betrifft *Type*: Diese Eigenschaft enthält eine von der Dateikennung abhängige Zeichenkette mit der Beschreibung der Datei, etwa „*Microsoft Word-Dokument*" für eine *.docx-Datei, wenn ein deutschsprachiges Word ab Version 2007 installiert ist. Es handelt sich also um dieselbe Zeichenkette, die auch im Explorer in der Typ-Spalte angezeigt wird.

Datelen und Verzeichnisse erzeugen, verschieben, kopieren und löschen

Mit *fse.CreateFolder* erzeugen Sie ein neues Verzeichnis. Die Methode erwartet eine Zeichenkette mit dem vollständigen Pfad des Verzeichnisses als Parameter. Bei Dateien ist die FSO-Bibliothek dagegen weniger flexibel – Sie können zurzeit nur Textdateien erzeugen (nicht aber Binärdateien): Die Methode *CreateTextStream* wird im Detail im übernächsten Abschnitt beschrieben.

Die Methoden *Copy*, *Move* und *Delete* können gleichermaßen auf *Folder*- und *File*-Objekte angewandt werden. Alternativ können Sie auch *fso.CopyFile/-Folder, fso.DeleteFile/-Folder* sowie *fso.MoveFile/-Folder* benutzen. In diesem Fall müssen Sie den vollständigen Verzeichnis- bzw. Dateinamen als Zeichenkette angeben.

Bei den *Copy*-Operationen können Sie durch einen optionalen Parameter *Overwrite* angeben, ob vorhandene Dateien und Verzeichnisse überschrieben werden sollen. Vorsicht, die Default-

Einstellung ist *True*, d. h., existierende Dateien und Verzeichnisse werden ohne Rückfrage überschrieben! Wenn Sie *False* angeben, kommt es zur Fehlermeldung 58 ('File already exists'), die Sie mit *On Error* abfangen können.

Die *Move*-Methoden können gleichermaßen dazu verwendet werden, um den Namen einer Datei bzw. eines Verzeichnisses zu verändern oder das Objekt an einen anderen Ort (auch in ein anderes Laufwerk) zu verschieben. Die Operation wird nur durchgeführt, wenn die Zieldatei bzw. das Zielverzeichnis nicht existiert. (Dieses Sicherheitsmerkmal kann nicht durch optionale Parameter beeinflusst werden.)

Für *Delete*-Operationen existiert wiederum ein optionaler Parameter *Force*, der angibt, ob sich *Delete* über das Read-Only-Attribut hinwegsetzen soll. Die Default-Einstellung lautet *False*, d. h., Read-Only-Dateien oder -Verzeichnisse werden nicht verändert; stattdessen tritt der Fehler 70 ('Permission denied') auf. Vorsicht ist bei Verzeichnissen angebracht: Soweit die Zugriffsrechte in Ordnung sind, werden diese ohne weitere Rückfragen samt Inhalt gelöscht.

Verzeichnisbaum rekursiv abarbeiten

Oft möchten Sie nicht nur alle Dateien innerhalb eines Verzeichnisses bearbeiten (durchsuchen, kopieren etc.), sondern auch alle Dateien in Unterverzeichnissen. Im Regelfall ist es dazu sinnvoll, ein rekursives Unterprogramm zu formulieren, das zuerst alle Dateien im aktuellen Verzeichnis bearbeitet und sich dann selbst mit den Pfaden aller Unterverzeichnisse aufruft.

```
Sub processFile(fld As Folder)
  Dim subfld As Folder, fil As File
  For Each fil In fld.Files
    ' Dateien bearbeiten
  Next
  For Each subfld In fld.SubFolders
    processFile subfld  ' rekursiver Aufruf für alle Unterverz.
  Next
End Sub
```

 Tipp

Mithilfe dieses rekursiven Verfahrens können Sie sich unter anderem einen funktionalen Ersatz für das seit Excel 2007 nicht mehr unterstützte *FileSearch*-Objekt programmieren. Wie Sie dazu vorgehen könnten, zeigen wir Ihnen ausführlich im Abschnitt 4.5.5. ∎

Hilfsfunktionen

Über das *fso*-Objekt können diverse Methoden aufgerufen werden, die bei der Analyse bzw. Synthese von Dateinamen hilfreich sind. Alle hier beschriebenen Methoden erwarten Zeichenketten als Parameter und liefern eine Zeichenkette als Ergebnis (also keine *File*- oder *Folder*-Objekte).

BuildPath(pfad, name)	bildet aus Pfad und Name einen vollständigen Dateinamen
GetAbsolutePath(name)	liefert den vollständigen Dateinamen, wenn nur ein Name relativ zum aktuellen Verzeichnis gegeben ist
GetBaseName(name)	liefert den einfachen Dateinamen (ohne Verzeichnis/Laufwerk)
GetDriveName(name)	liefert das Laufwerk
GetFileName(name)	wie *GetBaseName*
GetParentFolderName(name)	liefert das Verzeichnis (inklusive Laufwerk, aber ohne den Dateinamen)

Mit den drei folgenden Funktionen können Sie testen, ob ein bestimmtes Laufwerk, ein Verzeichnis oder eine Datei bereits existiert:

DriveExists(name)	testet, ob das Laufwerk existiert (*True/False*)
FileExists(name)	testet, ob Datei existiert
FolderExists(name)	testet, ob Verzeichnis existiert

5.6.3 Textdateien (TextStream)

Das *TextStream*-Objekt hilft beim Lesen und Schreiben von Textdateien, wahlweise in ANSI- oder Unicode. Die folgende Liste fasst die Methoden zusammen, mit denen *TextStream*-Objekte erzeugt werden können:

```
Dim ts As TextStream
Set ts = fso.CreateTextFile(name$ [, overwrite, unicode])
Set ts = fso.OpenTextFile(name$ [, modus, unicode])
Set ts = folder.CreateTextFile(name$ [, overwrite, unicode])
Set ts = file.OpenAsTextStream([modus, unicode])
```

Kurz die Bedeutung der optionalen Parameter: *overwrite* (Default-Wert *True*) bestimmt, ob eine eventuell schon vorhandene Datei gleichen Namens überschrieben wird.

modus gibt an, ob die Datei zum Lesen (*ForReading*, Default-Einstellung), zum Schreiben (*ForWriting*) oder zum Erweitern (*ForAppending*) geöffnet wird. Bei *ForWriting* wird eine eventuell schon vorhandene Datei gelöscht; bei *ForAppending* bleibt die Datei dagegen erhalten, Schreibvorgänge beginnen am Ende der Datei und erweitern diese.

Recht merkwürdig ist schließlich die Auswahl des Textformats (ANSI oder Unicode). Bei den beiden *Create*-Methoden erfolgt sie durch einen *Boolean*-Wert: *False* für ANSI (Default-Einstellung) oder *True* für Unicode. Bei den *Open*-Methoden kann der Parameter dagegen drei Werte annehmen: *TristateFalse* für ANSI (Default-Einstellung), *TristateTrue* für Unicode oder *TristateDefault* (Code je nach Betriebssystem-Default-Einstellung).

Der Zugriff auf die Datei erfolgt über die Eigenschaften und Methoden des *TextStream*-Objekts: Zum Lesen von Dateien dienen *Read*, *ReadLine* und *ReadAll*. Damit wird eine bestimmte Anzahl von Zeichen, eine Zeile oder der gesamte Text gelesen und als Zeichenkette zurückgegeben. Mit *Skip* bzw. *SkipLine* können Sie einzelne Zeichen oder eine ganze Zeile überspringen. Mit *AtEndOfLine* und *AtEndOfStream* können Sie feststellen, ob Sie das Ende einer Zeile bzw. das Ende der Datei erreicht haben. *Line* und *Column* geben die aktuelle Zeilen- und Spaltennummer an.

Zum Schreiben von Text dienen primär *Write* und *WriteLine*. Der einzige Unterschied der beiden Methoden besteht darin, dass durch *WriteLine* automatisch ein Zeilenende durchgeführt wird. *WriteBlankLines* erzeugt eine Anzahl von Leerzeilen.

Die Dateioperation sollte schließlich durch *Close* abgeschlossen werden. (Beim Programmende bzw. sobald das *TextStream*-Objekt aufhört zu existieren, erfolgt das automatisch. Im Regelfall ist es aber vorzuziehen, diesen Zeitpunkt explizit vorzugeben. Das macht auch den Programmcode besser nachvollziehbar.)

Beispiel

CreateTextFile erzeugt eine temporäre Textdatei. *ReadTextFile* liest diese Datei zeilenweise ein und zeigt sie mit *MsgBox* an. *DeleteTextFile* löscht die Datei wieder.

```
' Beispieldatei 05\Files.xlsm, Modul1
Option Explicit
Public fso As New FileSystemObject
Dim filname$
' Textdatei erzeugen
Private Sub CreateTextFile()
  Dim i&, tstream As TextStream
  With fso
    filname = .BuildPath(.GetSpecialFolder(TemporaryFolder), _
        .GetTempName)
    Set tstream = .CreateTextFile(filname)
  End With
  With tstream
    .Write "eine Zeichenkette; "
    .WriteLine "noch eine Zeichenkette mit Zeilenende"
    .WriteBlankLines 3    '3 leere Zeilen
    For i = 1 To 5
      .WriteLine i
    Next
    .WriteLine "Ende der Datei"
    .Close
  End With
  MsgBox "Temporäre Datei " & filname
End Sub
' Textdatei lesen
Private Sub ReadTextFile()
  Dim tstream As TextStream
  Dim txt$
```

```
  If filname = "" Then Exit Sub
  Set tstream = fso.OpenTextFile(filname)
  With tstream
    While Not .AtEndOfStream
      txt = txt + .ReadLine() + vbCrLf
    Wend
  End With
  MsgBox "Inhalt der Datei:" & vbCrLf & txt
End Sub
' Programmende, temporäre Datei löschen
Private Sub DeleteTextFile()
  If filname = "" Then Exit Sub
  fso.DeleteFile filname
End Sub
```

5.6.4 Binärdateien (Open)

Das *TextStream*-Objekt zum Bearbeiten von Textdateien funktioniert zwar gut, es kommt aber durchaus vor, dass Sie in Ihrem Programm auch Binärdateien verwenden möchten. Die aktuelle Version der Scripting-Bibliothek bietet dazu leider keine Funktionen. Aus diesem Grund gibt dieser Abschnitt einen Überblick über die herkömmlichen Visual-Basic-Kommandos, die diesen Zweck erfüllen, wobei der Vollständigkeit halber auch die Kommandos zum Umgang mit Textdateien beschrieben werden.

Datenkanal öffnen

Herkömmliche Dateizugriffe erfolgen nicht über Objekte, sondern über sogenannte Datenkanäle. Ein Datenkanal ist eine durch eine Nummer gekennzeichnete Verbindung zu einer Datei. Diese Nummer wird zumeist als Datei- oder Kanalnummer bezeichnet (engl. *file handle*). Zuerst wird mit dem Befehl *Open* der Zugang zu einer Datei geschaffen, anschließend können über diesen Kanal Daten geschrieben und gelesen werden. Das Arbeiten mit Datenkanälen wird durch zahlreiche Befehle und Funktionen unterstützt:

Kommandos zur Bearbeitung von Dateien mittels einer Kanalnummer	
Open	Datei öffnen
Close	Datei schließen
Reset	alle geöffneten Dateien schließen
FreeFile	ermittelt die nächste freie Datenkanalnummer
Print, *Write*	Daten im Textmodus schreiben
Input, *Line Input*	Daten im Textmodus lesen
Put	Daten im Binär- oder Random-Access-Modus schreiben
Get	Daten im Binär- oder Random-Access-Modus lesen

Kommandos zur Bearbeitung von Dateien mittels einer Kanalnummer	
LOF	ermittelt die Dateilänge (length of file)
EOF	gibt an, ob das Dateiende erreicht ist (end of file)
Loc	Location – gibt die aktuelle Position des Dateizeigers an
Seek	ändert oder liest die aktuelle Position des Dateizeigers

Bei der Ausführung von *Open* muss neben dem Dateinamen und der Kanalnummer auch der Zweck des Zugriffs angegeben werden. *Input*, *Output* und *Append* beziehen sich auf Textdateien und implizieren bereits die Art des Zugriffs (*Input*: nur lesen; *Output*: nur schreiben; *Append*: beides). *Binary* ist für den Zugriff auf binäre Daten vorgesehen und ermöglicht sowohl das Lesen als auch das Schreiben von Daten. Optional kann bei *Binary* die Zugriffsart ausschließlich auf Lesen oder Schreiben eingeschränkt werden. Die sieben folgenden Zeilen zeigen die in der Praxis sinnvollen Varianten des *Open*-Kommandos.

```
Open "datname" For Input  As #1          '(1)
Open "datname" For Output As #1          '(2)
Open "datname" For Append As #1          '(3)
Open "datname" For Binary As #1          '(4)
Open "datname" For Binary Access Read As #1   '(5)
Open "datname" For Binary Access Write As #1  '(6)
Open "datname" For Random ...            '(7)
```

Beispiel (1) öffnet eine Textdatei, aus der Daten gelesen werden. Eine unbeabsichtigte Veränderung der Datei ist ausgeschlossen. (2) öffnet eine Datei zum Schreiben. Falls die Datei schon existiert, wird sie gelöscht! (3) öffnet die Datei zum Lesen und Schreiben. Eine eventuell schon existierende Datei wird nicht geschlossen. Schreib- und Leseoperationen werden standardgemäß am Ende der Datei durchgeführt (im Gegensatz zu allen anderen Varianten, bei denen die Daten vom Beginn der Datei gelesen bzw. dort verändert werden). Siehe auch *DPos* etwas weiter unten.

(4) bis (6) öffnen jeweils eine Binärdatei. Bei (4) ist sowohl das Lesen als auch das Schreiben von Daten erlaubt, bei (5) nur das Lesen, bei (6) nur das Schreiben. Eine schon vorhandene Datei wird in keinem Fall gelöscht. (7) öffnet eine Random-Access-Datei (Details siehe unten).

Wenn mehrere Dateien gleichzeitig geöffnet werden sollen, muss bei jeder Datei eine andere Kanalnummer angegeben werden. Der zulässige Zahlenbereich reicht von 1 bis 511. Die Funktion *FreeFile* ermittelt eine noch nicht benutzte Kanalnummer.

Nach dem Lesen bzw. Schreiben der Datei muss diese wieder geschlossen werden. Erst durch das Schließen werden Schreiboperationen endgültig durchgeführt. Die Datei kann jetzt wieder von anderen Programmen genutzt werden. Es ist sinnvoll, Dateien möglichst rasch wieder zu schließen, wenn sie nicht länger gebraucht werden. Das dafür vorgesehene Kommando lautet *Close*, wobei die Kanalnummer angegeben werden muss. *Reset* schließt alle noch offenen Dateien.

Nun zu den Kommandos, die ausgeführt werden können, sobald eine gültige Kanalnummer vorliegt: *LOF* (length of file) ermittelt die Größe der Datei. Die Funktion *Loc* (location) ermittelt die aktuelle Schreib- bzw. Leseposition der Datei. Diese Position gibt an, welches Byte der

Datei als Nächstes gelesen bzw. verändert wird. (Der kleinstmögliche Wert lautet 1, nicht 0!) *Loc* kann auch in Zuweisungen verwendet werden und bestimmt dann die neue Position. Alternativ dazu kann die aktuelle Position in der Datei durch *Seek* verändert werden. *EOF* (end of file) stellt fest, ob bereits das Ende der Datei erreicht ist (*Loc* und *LOF* also übereinstimmen).

Textdateien

Textdateien werden manchmal auch sequenzielle Dateien genannt, weil der Zugriff auf die Daten der Reihe nach, also sequenziell erfolgt. In den folgenden Zeilen wird die temporäre Datei *beispiel.txt* erzeugt. Im *Open*-Befehl wird dabei die Kanalnummer 1 verwendet. Alle weiteren Zugriffe auf diese Datei erfolgen unter Angabe der Kanalnummer. Um Daten als ANSI-Texte zu speichern, wird der *Print #*-Befehl verwendet (*Print* mit einer Kanalnummer gilt als Befehl und nicht als Methode). Nach der Ausgabe von zwei Textzeilen wird die Datei mit *Close* geschlossen.

```
Open Environ("temp") + "\beispiel.txt" For Output As #1
Print #1, "Text"
Print #1, "noch mehr Text"
Close #1
```

Wenn Sie die Textdatei lesen möchten, müssen Sie abermals mit *Open* auf die Datei zugreifen – diesmal allerdings im *Input*-Modus, um eine Veränderung der Daten auszuschließen. In einer *While-Wend*-Schleife wird die Datei mit *Line Input* zeilenweise ausgelesen, bis das Dateiende erreicht ist (wird mit der Funktion *EOF* getestet).

```
Dim zeile As String
Open Environ("temp") + "\beispiel.txt" For Input As #1
While Not EOF(1)
   Line Input #1, zeile
   Print zeile
Wend
Close #1
```

Neben dem Befehl *Line Input* können Textdaten auch mit *Input* gelesen werden. *Input* liest allerdings nur bis zum jeweils nächsten Komma, d. h., Zeilen, in denen Kommas stehen, werden in mehrere Teile zerlegt. Der *Input*-Befehl ist daher insbesondere zum direkten Einlesen von Zahlen in numerische Variablen geeignet.

Hinweis

Obwohl Visual Basic bereits seit Version 4 intern Unicode verwendet, werden die herkömmlichen Dateioperationen im ANSI-Format (mit einem Byte pro Zeichen) durchgeführt. Die Konvertierung zwischen Uni- und ANSI-Code erfolgt automatisch; Unicode-Zeichen, zu denen es keine ANSI-Codes gibt, verursachen dabei naturgemäß Schwierigkeiten. Zum Lesen/Schreiben von Unicode-Dateien sollten Sie daher das *TextStream*-Objekt verwenden. ∎

Binärdateien

Im obigen Beispiel wurden Zahlen und Texte im Textformat gespeichert. Es besteht aber auch die Möglichkeit, Zahlen im internen Format von Visual Basic zu speichern. Dieses Format ist insbesondere für Fließkommazahlen erheblich effizienter. Außerdem kann bei diesem Format jedes einzelne Byte einer Datei gelesen, geschrieben und verändert werden. Das ist insbesondere zur Bearbeitung von Dateien fremder Programme von größter Wichtigkeit.

Der Aufbau des folgenden Beispielprogramms ist dem des obigen Programms sehr ähnlich. In *CreateBinaryFile* wird die Binärdatei angelegt, in *LoadBinaryFile* wird sie gelesen. In der Binärdatei werden die Quadratwurzeln von den Zahlen zwischen 1 und 100 als *Double*-Werte gespeichert. In *LoadBinaryFile* werden aus dieser Datei drei Werte gelesen (die Quadratwurzeln von 15, 16 und 17).

```
' Beispieldatei 05\Files.xlsm, Modul2
' Beispiele für die herkömmlichen Kommandos zum Bearbeiten von Dateien
' temporäre Binärdatei test.bin erzeugen
Private Sub CreateBinaryFile()
  Dim sq As Double, i
  Open Environ("temp") + "\test.bin" For Binary As #1
  For i = 1 To 100
    sq = Sqr(i)
    Put #1, , sq
  Next i
  Close #1
End Sub
' Datei öffnen, drei Werte im Direktfenster anzeigen
Private Sub LoadBinaryFile()
  Dim dbl As Double, i
  Open Environ("temp") + "\test.bin" For Binary As #1
  Seek #1, 8 * 14 + 1
  For i = 1 To 3
    Get #1, , dbl
    Debug.Print dbl
  Next i
  Close
End Sub
' Datei löschen
Private Sub DeleteBinaryFille()
  Kill Environ("temp") + "\test.bin"
End Sub
```

Zum Laden und Speichern von Daten im Binärformat werden die Befehle *Get* und *Put* verwendet. *Put* speichert eine Zahl oder eine Zeichenkette. Dabei muss als erster Parameter der Datenkanal angegeben werden, als dritter Parameter die zu speichernde Variable. Der zweite Parameter ist optional und gibt die Position in der Datei an, an der die Daten gespeichert werden sollen. Falls auf den zweiten Parameter verzichtet wird, beginnt Visual Basic am Ort des letzten Zugriffs – mit mehreren *Put*-Befehlen werden die Daten also der Reihe nach in die Datei geschrieben. Am Ende von *CreateBinaryFile* hat die Datei *Test.bin* eine Länge von 800 Byte (100 Zahlenwerte zu acht Byte, die für eine *Double*-Zahl notwendig sind).

Ähnlich wie *Put* funktioniert auch *Get*. In *LoadBinaryFile* wird die Leseposition innerhalb der Datei mit *Seek* auf das 113. Byte gestellt. Damit werden die ersten 14 Zahlenwerte zu je acht Byte übersprungen. In der Folge werden drei *Double*-Werte aus der Datei in die Variable *wert* gelesen und am Bildschirm ausgegeben.

Variant-Variablen in Binärdateien

Bei *Boolean*- (zwei Byte), *Byte*-, *Int*-, *Long*-, *Single*-, *Double*- und *Currency*-Variablen ist die Anzahl der Bytes, die durch *Put* geschrieben bzw. durch *Get* gelesen werden, durch den Datentyp eindeutig vorgegeben. Nicht so bei Variant-Variablen: Dort hängt der Speicherbedarf vom Typ der gerade gespeicherten Daten ab. Daher werden durch *Put* zuerst zwei Byte mit der Typinformation geschrieben; anschließend folgen die eigentlichen Daten, deren Byteanzahl dann vom Format abhängig ist.

Fazit: Vermeiden Sie nach Möglichkeit Variant-Variablen, wenn Sie *Get* und *Put* einsetzen wollen. Zum bereits bekannten Overhead bei der internen Speicherverwaltung vergrößert sich nun auch noch die Datei um zwei Byte für jede Variant-Variable. (Wenn Sie hauptsächlich Integer-Zahlen speichern, sind zwei Byte eine Menge: je nach Datentyp eine Vergrößerung um 50 oder 100 Prozent!)

Zeichenketten in Binärdateien

Bei Zeichenketten tritt das Problem auf, dass *Put* nur deren Inhalt, nicht aber die Länge speichert. *Get* kann daher nicht wissen, wo die zu lesende Zeichenkette endet. *Get* liest aus diesem Grund genauso viele Bytes, wie sich momentan Zeichen in der Variablen befinden. Das ist aber natürlich keine Lösung des Problems.

Die richtige Vorgehensweise zum binären Speichern von Zeichenketten mit variabler Länge besteht darin, dass Sie zuerst die Länge der Zeichenkette (als *Long*-Variable) und erst dann den Inhalt der Zeichenkette speichern.

```
Dim strlen&, mystr$
mystr = "123"
strlen = Len(mystr)
Put #1, ,strlen
Put #1, ,mystr
```

Beim Laden ermitteln Sie zuerst die Länge der Zeichenkette und initialisieren dann die Zeichenkette, bevor Sie *Get* ausführen:

```
Get #1, , strlen
mystr = Space(strlen)
Get #1, , mystr
```

Wenn Zeichenketten in Feldern oder in selbst definierten Datentypen auftreten, kümmern sich *Get* und *Put* übrigens selbstständig um die Verwaltungsinformationen. *Put* speichert die Länge der Zeichenketten, *Get* berücksichtigt diese Information, ohne dass die Zeichenketten vorher manuell initialisiert werden. Es geht also doch (siehe den nächsten Abschnitt)!

Benutzerdefinierte Datentypen und Felder in Binärdateien

Sie können *Get* und *Put* auch zum effizienten Speichern von selbst definierten Datentypen bzw. von Feldern verwenden. Gerade bei Feldern ist dadurch eine ziemliche Steigerung der Programmgeschwindigkeit möglich (gegenüber dem bisher erforderlichen Speichern aller einzelnen Elemente).

5.6.5 Excel-spezifische Methoden und Eigenschaften

Excel-Verzeichnisse

Das Excel-Objektmodell bietet eine ganze Reihe von Eigenschaften zum Zugriff auf diverse Verzeichnisse. Die folgende Liste gibt jeweils ein Beispiel, das mit Excel 2013 unter Windows 8 ermittelt wurde.

- *ActiveWorkbook.Path* ermittelt den Pfad der aktuellen Excel-Datei, *ActiveWorkbook.Name* deren Dateinamen.

- *Application.Path* ermittelt den Pfad zur Excel-Programmdatei:

  C:\Program Files\Microsoft Office\Office15

- *Application.DefaultFilePath* ermittelt den Pfad zu jenem Verzeichnis Excels, das nach dem Programmstart als gültiges Verzeichnis gilt:

  C:\Users\[Benutzername]\Dokumente

- *Application.LibraryPath* liefert den Pfad des Makroverzeichnisses von Excel:

  C:\Program Files\Microsoft Office\Office15\Library

- *Application.TemplatesPath* liefert den Pfad zum persönlichen Vorlagenverzeichnis. Die Eigenschaft liefert aus unerfindlichen Gründen den Pfad mit einem abschließenden \-Zeichen zurück – im Gegensatz zu den meisten anderen hier erwähnten *Path*-Eigenschaften:

  C:\Users\[Benutzername]\AppData\Roaming\Microsoft\Templates

- *Application.StartupPath* liefert das persönliche Xlstart-Verzeichnis:

  C:\Users\[Benutzername]\AppData\Roaming\Microsoft\Excel\XLStart

- *Application.AltStartupPath* liefert den Pfad zu einem zusätzlichen Autostart-Verzeichnis (kann mit DATEI | OPTIONEN eingestellt werden).

- *Application.UserLibraryPath* liefert den Pfad zum persönlichen Verzeichnis mit Add-in-Dateien (ebenfalls mit einem abschließenden \-Zeichen):

  C:\Users\[Benutzername]\AppData\Roaming\Microsoft\AddIns

Vorsicht

Die Bedeutung von *TemplatesPath* und *StartupPath* hat sich ab Excel 2000 gegenüber der Vorgängerversion geändert! In Excel 97 lieferten die beiden Eigenschaften den Pfad zu den globalen Vorlagen- bzw. Xlstart-Verzeichnissen. Seit Excel 2000 verweisen die Eigenschaften dagegen auf die persönlichen Verzeichnisse.

Leider gibt es keine Eigenschaften, um das globale Xlstart-Verzeichnis zu ermitteln, das gleichzeitig als globales Vorlagenverzeichnis gilt. Die folgenden Anweisungen haben den Nachteil, dass sie landesspezifisch sind (und in dieser Form nur für die deutsche Excel-Version funktionieren):

```
globalxlstart = Replace(LCase _
    (Application.LibraryPath), "Makro", "xlstart")
```

■

Tipp

Einen Überblick über die Bedeutung der Excel-Konfigurationsdateien finden Sie in Abschnitt 5.9.3.

■

Dateiauswahldialog (GetOpenFilename, GetSaveAsFilename)

Die beiden Methoden *GetOpenFilename* und *GetSaveAsFilename* des *Application*-Objekts zeigen jeweils einen Dialog zur Auswahl eines bereits vorhandenen bzw. eines neuen Dateinamens an. *GetOpenFilename* lässt dabei nur die Auswahl einer vorhandenen Datei zu, während *GetSaveAsFilename* auch die Angabe eines neuen Dateinamens ermöglicht. In einem optionalen Parameter kann eine Liste mit möglichen Dateifiltern (etwa *.xls?) als Zeichenkette angegeben werden. Die Filterliste enthält paarweise und durch Kommas getrennt die Beschreibung der Datei und den dazu passenden Filter. Im folgenden Beispiel, das im Direktbereich ausgeführt werden kann, enthält die Filterliste je einen Eintrag für Text- und für Excel-Dateien. Der zweite Parameter bestimmt, welcher dieser Filter beim Start des Dialogs aktiv ist.

```
?Application.GetOpenFilename( _
   "Textdateien (*.txt), *.txt,Excel-Dateien (*.xls?), *.xls?", 2)
```

Bei *GetSaveAsFilename* kann vor den beiden Filterparametern ein Defaultdateiname eingestellt werden:

```
?Application.GetSaveAsFilename("name.xls", _
   "Textdateien (*.txt), *.txt,Excel-Dateien (*.xls?), *.xls?", 2)
```

Verweis

GetOpen- bzw. *GetSaveAsFilename* ermitteln nur einen Dateinamen. Es wird damit aber noch keine Excel-Datei geöffnet bzw. gespeichert. Dazu gibt es eigene Methoden, die bereits in Abschnitt 5.2 zum Thema Arbeitsmappen vorgestellt wurden. ■

Datei- und Verzeichnisauswahldialog (FileDialog)

Seit Excel 2002 gibt es eine zweite Möglichkeit, den Dateiauswahldialog anzuzeigen. Die *Office*-Bibliothek, die normalerweise bei allen VBA-Projekten aktiv ist, enthält dazu das Objekt *FileDialog*. Der Hauptvorteil besteht darin, dass das Objekt für alle Office-Programme (mit Ausnahme von Outlook) zur Verfügung steht. Damit gibt es einen einheitlichen Weg zur Darstellung des Dateiauswahldialogs, egal ob Sie ein VBA-Projekt unter Word, Excel oder PowerPoint entwickeln. Außerdem können Sie das *FileDialog*-Objekt auch zur Auswahl eines Verzeichnisses verwenden, was mit den *Get...Filename*-Methoden nicht möglich ist.

Die folgenden Zeilen zeigen die Anwendung des Objekts. Es muss zuerst mithilfe der *Application.FileDialog* erzeugt werden. Dabei wird an die Eigenschaft *FileDialog* eine *msoFileDialog*-Konstante übergeben, die angibt, welcher Dialogtyp (z. B. Speichern unter) gewünscht wird. Nun können diverse Eigenschaften des Objekts voreingestellt werden. *Show* zeigt den Dialog an. Der Rückgabewert *True* bedeutet, dass die Auswahl mit OK abgeschlossen wurde. Aus der Auflistung *SelectedItems* können nun der oder die ausgewählten Datei- oder Verzeichnisnamen gelesen werden.

```
Dim fd As FileDialog
' FileDialog-Objekt zur Verzeichnisauswahl erzeugen
Set fd = Application.FileDialog(msoFileDialogFolderPicker)
' mit Show anzeigen; True, wenn OK gedrückt wurde
If fd.Show() = True Then
  MsgBox "Ausgewähltes Verzeichnis: " + fd.SelectedItems(1)
End If
```

5.6.6 Textdateien importieren und exportieren

Häufig kommt es vor, dass die in Excel zu verarbeitenden Dateien noch nicht als Excel-Tabelle vorliegen, sondern von irgendeinem anderen Programm als ASCII-Text gespeichert wurden. Der Import solcher Daten bereitet zumeist Schwierigkeiten, weil jedes Programm andere Vorstellungen davon hat, wie es den Dezimalpunkt kennzeichnet (Punkt oder Komma), wie es Daten und Zeiten darstellt, wie einzelne Einträge der Tabelle voneinander getrennt sind (Leerzeichen, Tabulator, Komma oder ein anderes Zeichen) und/oder wie Zeichenketten gekennzeichnet sind (z. B. durch Hochkommas).

Verweis

Wenn sich die externen Daten nicht in einer Textdatei befinden, sondern in einer Datenbank, sollten Sie einen Blick in Kapitel 12 werfen. Dieses Kapitel beschreibt unter anderem die ADO-Bibliothek, mit der Sie eine Verbindung zu Datenbank-dateien bzw. Datenbank-Servern herstellen können, um so den Import oder Export von Daten zu automatisieren.

∎

Textkonvertierungsassistent zum interaktiven Import

Eine Hilfestellung beim Einlesen solcher Dateien bietet der Textkonvertierungsassistent. Dieser Assistent erscheint automatisch, sobald Sie bei DATEI | ÖFFNEN eine Textdatei auswählen. In drei Schritten stellen Sie zuerst ein, wie die Spalten der Textdatei voneinander getrennt sind und in welchem Format die Daten je Spalte vorliegen.

Anmerkung

In Excel 2000 sind sowohl der Assistent als auch die dazugehörige Methode *OpenText* entscheidend verbessert worden. Der Assistent kommt seitdem auch mit Zahlen zurecht, in denen ein Punkt als Dezimalkennung verwendet wird.

∎

Im Folgenden werden zwei dreizeilige Dateien importiert. *german.txt* enthält Zahlen mit der im deutschen Sprachraum üblichen Formatierung (Punkt als Tausendertrennung, Komma als Dezimalpunkt). In der Textspalte sind die Zeichenketten nicht als solche gekennzeichnet. Die Trennung der Spalten erfolgt durch Leerzeichen.

```
123.456,23  Text ohne Anführungszeichen
 23.456,23  Text
 -3.456,23  Text
```

Die Datei *scientific.txt* ist computerfreundlicher gestaltet. Die Spaltentrennung erfolgt dies-mal durch Tabulatorzeichen, die Zahlen enthalten einen Punkt als Dezimalpunkt und keine Tausendertrennung.

```
12.3   12/31/1999   17:30   "Text"
.33    1/2/2000     11:20   "Text mit Anführungszeichen"
-1e3   1/3/2000     0:13    "Text"
```

Der Import beider Dateien mit dem Textassistenten gelingt problemlos. Bei *german.txt* muss im ersten Schritt der Datentyp „feste Breite" angegeben werden. (Die Spaltentrennung orientiert sich damit an der Zeichenposition.) Im zweiten Schritt müssen die Positionen angegeben werden, an denen die Spalten beginnen (Bild 5.6).

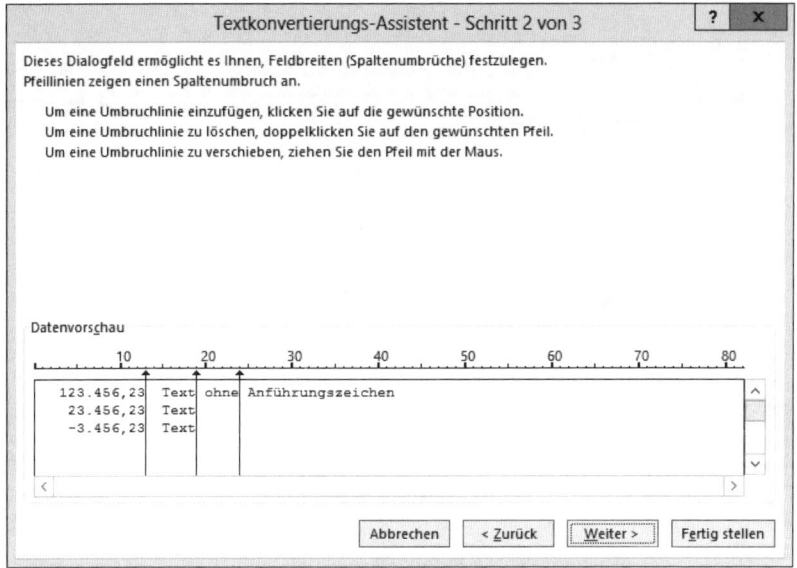

BILD 5.6 Angabe des Spaltenumbruchs im Textassistenten beim Import von *german.txt*

Bei *scientific.txt* erkennt der Assistent selbstständig, dass die Spalten durch Tabulatorzeichen getrennt sind. Interessant wird es im dritten Schritt, wo zum einen das Dezimaltrennzeichen eingestellt (Excel verwendet bei deutscher Ländereinstellung automatisch ein Komma, hier ist aber ein Punkt angebracht) und zum anderen das Datumsformat für die zweite Spalte auf MTJ (Monat/Tag/Jahr) umgestellt werden muss (Bild 5.7). Das Ergebnis überzeugt aber: Beide Dateien wurden korrekt importiert (Bild 5.8).

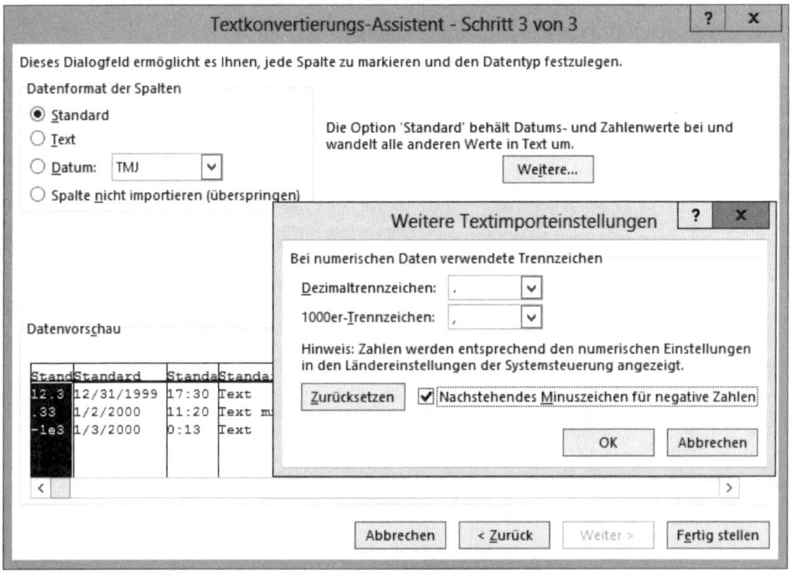

BILD 5.7 Einstellung des Dezimaltrennzeichens beim Import von *scientific.txt*

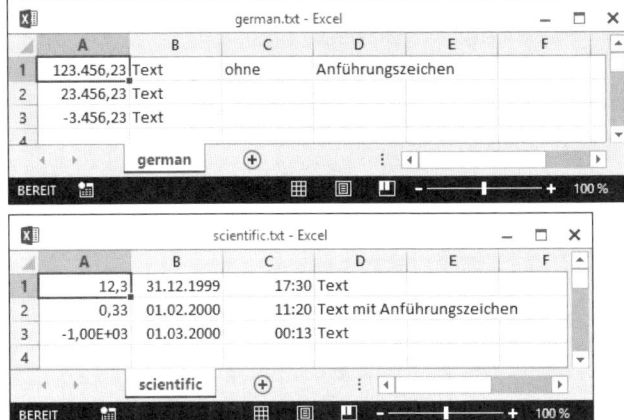

BILD 5.8
Das Ergebnis des Imports

Textimport, Variante 2

Die bisherigen Ausführungen bezogen sich darauf, dass Sie den Textimport mit DATEI | ÖFFNEN durchführen. Interessanterweise bietet das Kommando DATEN | AUS TEXT eine zweite Importvariante. Dabei erscheint derselbe Assistent wie bei der ersten Variante, sodass man auf den ersten Blick den Eindruck hat, es würde sich intern um dasselbe Kommando handeln, das an zwei Stellen im Menü zugänglich ist. Dieser Eindruck täuscht:

- Variante 2 importiert die Daten nicht in eine neue Datei, sondern an eine beliebige Stelle in ein Tabellenblatt.

- Variante 2 merkt sich die Importparameter (durch ein internes *QueryTable*-Objekt), und ohne Umstände ist man daher in der Lage, den Textimport zu einem späteren Zeitpunkt zu wiederholen (Kommando DATEN | ALLE AKTUALISIEREN). Das ist vor allem dann attraktiv, wenn sich der Inhalt der Textdatei regelmäßig ändert und die Datei immer wieder neu importiert werden muss.

Diese zweite Importvariante ist also für manche Anwendungsfälle attraktiver als die erste. Die Bedienung ist (mit Ausnahme des anderen Orts des Menükommandos) gleich, die Programmierung ist allerdings anders.

Die Methode OpenText (Textimport, Variante 1)

Die Methode OpenText zum Objekt *Workbooks* ist das Gegenstück zum Textkonvertierungsassistenten. Die Einstellung der zahlreichen optionalen Parameter ist allerdings keine triviale Angelegenheit. Daher empfiehlt es sich zumeist, als erste Annäherung die Makroaufzeichnung einzusetzen.

 Vorsicht

Durch die Makroaufzeichnung werden nur jene Einstellungen als Code festgehalten, die von der gerade gültigen Default-Einstellung abweichen. Wenn die Prozedur später auf einem anderen Rechner ausgeführt wird, auf dem möglicherweise eine andere Default-Einstellung gilt, kann das zu Problemen führen. Um sicherzustellen, dass der Code portabel ist, müssen Sie ihn in den meisten Fällen ergänzen.

Die Makroaufzeichnung hat während des Imports von *german.txt* den folgenden Code aufgezeichnet.

```
Workbooks.OpenText Filename:="I:\Code\XL-2000\german.txt", _
    Origin:= xlWindows, StartRow:=1, DataType:=xlFixedWidth, _
    FieldInfo:=Array(Array(0, 1), Array(15, 1))
```

Für *scientific.txt* sieht das Kommando so aus:

```
Workbooks.OpenText Filename:="I:\Code\XL-2000\scientific.txt", _
    Origin:= xlWindows, StartRow:=1, DataType:=xlDelimited, _
    TextQualifier:= xlDoubleQuote, ConsecutiveDelimiter:=False, _
    Tab:=True, Semicolon:=False, Comma:=False, Space:=False, _
    Other:=False, DecimalSeparator:=".", ThousandsSeparator :=" ", _
    FieldInfo:=Array(Array(1, 1), Array(2, 3), Array(3, 1), Array(4, 1))
```

Damit diese kryptischen Zeilen verständlich werden, sind einige Worte zu den zahlreichen Parametern angebracht:

Filename	erwartet eine Zeichenkette mit dem Dateinamen.
Origin	gibt den Zeichensatz (Zeilentrennung etc.) des Texts an. In Frage kommen *xlMacintosh, xlWindows* oder *xlMSDOS*.
StartRow	gibt die erste Zeile an, die beim Import berücksichtigt werden soll. Die Default-Einstellung ist 1. Wenn Sie eine oder mehrere Beschriftungszeilen überspringen möchten, geben Sie einfach einen entsprechend höheren Wert an.
DataType	gibt an, wie die Daten organisiert sind. *xlDelimited* bedeutet, dass die Spalten durch ein eindeutiges Trennzeichen (z. B. durch ein Tabulatorzeichen) getrennt sind. *xlFixedWidth* bedeutet, dass die Spalten an bestimmten Positionen beginnen (und anfallender Leerraum durch Leerzeichen gefüllt ist).
Tab	gibt an, ob die Spalten durch Tabulatorzeichen getrennt sind (*True/False*, nur bei *DataType:=xlDelimited*).
Semicolon	wie oben, aber Spaltentrennung durch Strichpunkt.
Comma	wie oben, aber Spaltentrennung durch Komma.
Space	wie oben, aber Spaltentrennung durch Leerzeichen.
Other	wie oben, aber Spaltentrennung durch das in *OtherChar* angegebene Zeichen.
OtherChar	gibt das Spaltentrennzeichen explizit an (nur bei *DataType:= xlDelimited* und *Other:=True*).

ConsecutiveDelimiter	gibt an, ob mehrere aufeinanderfolgende Spaltentrennzeichen als Einheit betrachtet werden sollen. Das ist zumeist nur sinnvoll, wenn das Spaltentrennzeichen ein Leerzeichen ist. Die Default-Einstellung lautet *False*.
TextQualifier	gibt an, wie Zeichenketten markiert sind: durch doppelte Anführungszeichen (*xlTextQualifierDoubleQuote*), durch einfache Anführungszeichen (*xlTextQualifierSingleQuote*) oder gar nicht (*xlTextQualifierNone*).
DecimalSeparator	gibt das Dezimaltrennzeichen an (z. B. „. "). Vorsicht: Wenn kein Zeichen angegeben wird, gilt die Systemeinstellung!
ThousandsSeparator	gibt das Zeichen für die Tausendertrennung an (z. B. „, ").
FieldInfo	erwartet als Argument ein verschachteltes Datenfeld (*Array*). Jede Spalte wird mit *Array(n, opt)* spezifiziert. *n* gibt entweder die Spaltennummer (*DataType:=xlDelimited*) oder die Spaltenposition an (*DataType:=xlFixedWidth*). *opt* bezeichnet den Datentyp der Spalte. In Frage kommen: *xlGeneralFormat (1)*: Standard *xlTextFormat (2)*: Text *xlSkipColumn (9)*: Spalte überspringen *xlMDYFormat (3)*, *xlDMYFormat (4)* etc.: Datumsformate

Wenn *OpenText* ohne Fehler ausgeführt wird, ist das Ergebnis eine neue Excel-Datei, deren Name mit dem Dateinamen übereinstimmt. Wenn Sie die Daten stattdessen in ein Tabellenblatt einer vorhandenen Datei übertragen möchten, greifen Sie nach *OpenText* auf *ActiveWorkbook* zu und kopieren dessen einziges Tabellenblatt (oder auch nur einige Zellen) in die gewünschte Datei. Anschließend können Sie *ActiveWorkbook* (also die neue Excel-Datei mit den Importergebnissen) wieder schließen.

Beachten Sie, dass sich durch *Worksheets.Copy* die aktive Excel-Datei ändert. *ActiveWorkbook* verweist jetzt auf die Zieldatei! Um die Importdatei zu schließen, müssen Sie eine Objektvariable verwenden.

```
' Beispieldatei 05\Files.xlsm, Modul3
' Import / Export
Sub ImportScientific()
  Dim fname$
  Dim newworkb As Workbook
  fname = ThisWorkbook.Path + "\scientific.txt"
  Workbooks.OpenText Filename:=fname, ...
  Set newworkb = ActiveWorkbook
  newworkb.Worksheets(1).Copy after:=ThisWorkbook.Worksheets(1)
  newworkb.Close False
End Sub
```

Tipp

Wenn auch die zahlreichen Einstellmöglichkeiten von *OpenText* nicht ausreichen, um eine Textdatei korrekt zu importieren, müssen Sie selbst eine Importprozedur programmieren. Im Wesentlichen müssen Sie die Textdatei öffnen, zeilenweise in eine Zeichenkettenvariable einlesen und dort analysieren. Das ist zwar mit einigem Aufwand verbunden, aber nicht wirklich kompliziert. ∎

Das Objekt QueryTable (Textimport, Variante 2)

Das *QueryTable*-Objekt wird intern von Excel sehr vielseitig eingesetzt, um die Importparameter externer Daten zu beschreiben. Als externe Daten kommen nicht nur Textdateien, sondern auch Datenbanken und Webseiten in Frage.

Verweis

An dieser Stelle wird nur der Textimport behandelt. Mehr Hintergrundinformationen sowie eine detaillierte Beschreibung des Datenbankimports finden Sie in Abschnitt 12.2. Einige Besonderheiten des HTML-Imports werden in Abschnitt 15.2 beschrieben. ∎

Wenn Sie den Import zum ersten Mal durchführen, müssen Sie dem Tabellenblatt mit *Add* ein neues *QueryTable*-Objekt hinzufügen. Für dieses Objekt stellen Sie nun eine ganze Reihe von Eigenschaften ein. Ein Großteil der Eigenschaften entspricht den oben beschriebenen Parametern von *OpenText*. Erwähnenswert ist die Eigenschaft *Name*: Sie bestimmt nämlich nicht nur den Namen des *QueryTable*-Objekts; beim Import der Daten wird außerdem ein benannter Bereich definiert, der den Importbereich umfasst und denselben Namen aufweist. Dieser benannte Bereich ist für die interne Verwaltung des *QueryTable*-Objekts unbedingt erforderlich und ermöglicht die spätere Aktualisierung der Daten.

Nachdem die zahlreichen *QueryTable*-Eigenschaften eingestellt sind, führen Sie den eigentlichen Import mit der Methode *Refresh* durch. Der folgende Code wurde ursprünglich mit der Makroaufzeichnung erstellt und dann manuell optimiert und etwas übersichtlicher formatiert. Zusätzlich wurde eine Schleife eingefügt, um alle bereits im Tabellenblatt vorhandenen *QueryTables* zu löschen, bevor ein neues derartiges Objekt erzeugt wird.

```
'Beispiel 05\Files.xlsm, Modul4
Sub ImportNewText()
  Dim qt As QueryTable, ws As Worksheet
  Dim fname$
  fname = ThisWorkbook.Path + "\scientific.txt"
  Set ws = Worksheets("QueryTable")
  ws.Activate
  ' vorhandene QueryTables löschen
  For Each qt In ws.QueryTables
    qt.Delete
  Next
```

```
    ws.Cells.ClearContents
    ws.Range("A1").Select
    ' neue QueryTable erzeugen
    Set qt = ws.QueryTables.Add("Text;" + fname, [A1])
    With qt
      .Name = "scientific"
      .FieldNames = True
      .RowNumbers = False
      .FillAdjacentFormulas = False
      .PreserveFormatting = True
      .RefreshOnFileOpen = False
      .RefreshStyle = xlInsertDeleteCells
      .SavePassword = False
      .SaveData = True
      .AdjustColumnWidth = True
      .RefreshPeriod = 0
      .TextFilePromptOnRefresh = False
      .TextFilePlatform = xlWindows
      .TextFileStartRow = 1
      .TextFileParseType = xlDelimited
      .TextFileTextQualifier = xlTextQualifierDoubleQuote
      .TextFileConsecutiveDelimiter = False
      .TextFileTabDelimiter = True
      .TextFileSemicolonDelimiter = False
      .TextFileCommaDelimiter = False
      .TextFileSpaceDelimiter = False
      .TextFileColumnDataTypes = Array(1, 3, 1, 1)
      .TextFileDecimalSeparator = "."
      .TextFileThousandsSeparator = ","
      .Refresh BackgroundQuery:=False 'hier wird der Import ausgelöst
    End With
  End Sub
```

Um den Import zu einem späteren Zeitpunkt zu wiederholen, brauchen Sie für das vorhandene *QueryTable*-Objekt nur noch *Refresh* auszuführen. Die Eigenschaft *TextFilePromptOnRefresh* steuert, ob dabei nochmals der Dateiauswahldialog angezeigt werden soll.

```
Sub RefreshImport()
  Dim ws As Worksheet
  Set ws = Worksheets("QueryTable")
  ws.Activate
  If ws.QueryTables.Count = 0 Then Exit Sub
  With ws.QueryTables(1)
    .TextFilePromptOnRefresh = False
    .Refresh
  End With
End Sub
```

Textdateien exportieren

In der langen Liste der Dateiformate des Dialogs SPEICHERN UNTER befinden sich zwei Textformate, die sich zum Export eines Tabellenblatts in eine Textdatei eignen: „Text (Tabs getrennt)" und „CSV (Trennzeichen getrennt)". Die beiden Formate unterscheiden sich im Wesentlichen nur dadurch, dass im ersten zwischen den Zellen Tabulatorzeichen eingefügt werden, im zweiten Semikola. In beiden Fällen kann immer nur ein Tabellenblatt gespeichert werden (nicht die ganze Datei).

 Tipp

Es gibt übrigens noch eine ganze Reihe weiterer Formate, um die Datei bzw. das Tabellenblatt beispielsweise als HTML-Dokument, als Unicode-Datei oder als Datenbank (dBase-Format) zu speichern. ∎

Wenn Sie den Export per VBA-Code durchführen möchten, steht Ihnen dazu die Methode *SaveAs* zur Verfügung, die sowohl auf ein *Workbook*- als auch auf ein *Worksheet*-Objekt angewendet werden kann.

```
ActiveWorkbook.ActiveSheet.SaveAs _
   Filename:="I:\Code\XL-2000\Files.csv", FileFormat:=xlCSV
```

Ein unangenehmer Nebeneffekt von *SaveAs* besteht darin, dass sich damit der aktive Name der aktuellen Datei ändert. Beispielsweise wird aus *Files.xlsm* nun *Files.csv*. Wenn Sie in der Folge die gesamte Datei nochmals als Excel-Datei speichern möchten, müssen Sie abermals SPEICHERN UNTER (bzw. *SaveAs*) verwenden und angeben, dass Sie nun wieder im Excel-Standardformat speichern möchten.

Die folgende Prozedur speichert zuerst das gerade aktuelle Tabellenblatt im CSV-Format. Anschließend wird die gesamte Datei (also das *Workbook*) unter ihrem ursprünglichen Namen und Dateityp gespeichert. Durch *DisplayAlerts=False* wird vermieden, dass dabei eine Sicherheitsabfrage erscheint, ob die existierende Datei überschrieben werden darf.

```
' Beispiel 05\Files.xlsm, Module3
Sub ExportActiveWorksheet()
  Dim oldname$, oldpath$, oldformat As XlFileFormat
  With ActiveWorkbook
    oldname = .Name
    oldpath = .Path
    oldformat = .FileFormat
    .ActiveSheet.SaveAs _
      Filename:="I:\Code\XL-2000\Files.csv", FileFormat:=xlCSV
    Application.DisplayAlerts = False  'Keine Sicherheitsabfragen
    .SaveAs Filename:=oldpath + "\" + oldname, FileFormat:=oldformat
    Application.DisplayAlerts = True
  End With
End Sub
```

Die eingebauten Exportmechanismen sind also weit weniger flexibel als *OpenText*. Sie können weder die Details der Formatierung steuern, noch besteht die Möglichkeit, nur einen markierten Textbereich zu speichern. Wenn Sie also höhere Anforderungen stellen, müssen Sie selbst Hand anlegen, wie das folgende Beispiel demonstriert.

5.6.7 Textexport für Mathematica-Listen

Die Prozedur *SaveRangeAsMmaFile* speichert einen zuvor markierten Zellbereich in einer Textdatei. Die Prozedur verwendet dabei das Listenformat von Mathematica – die Textdatei kann also anschließend von Mathematica gelesen werden. (Mathematica ist ein Programm zur Bearbeitung mathematischer Daten und Formeln. Es kann beispielsweise dazu eingesetzt werden, aus Excel stammende Daten grafisch darzustellen. Insbesondere zur dreidimensionalen Visualisierung von Daten stellt Mathematica viel flexiblere und effizientere Kommandos als Excel zur Verfügung.)

Die Prozedur demonstriert allgemeingültige Verfahren, wie sie bei ähnlichen Aufgaben immer wieder auftreten: die Auswahl eines Dateinamens, das Erstellen einer Sicherheitskopie, falls die ausgewählte Datei schon existiert, das Schreiben einer Textdatei, das Auslesen eines dreidimensionalen Zellbereichs (über mehrere Blätter) etc.

Spezifisch auf Mathematica ausgerichtet sind lediglich die Formatierungszeichen in der Textdatei: In Mathematica müssen zusammengehörige Daten (z. B. einer Zeile) durch geschwungene Klammern gruppiert werden. Ein zweidimensionales Feld mit 2*2 Elementen sieht in Mathematica folgendermaßen aus: *{{a,b},{c,d}}*.

Wenn Sie Excel-Daten an ein anderes Programm weitergeben möchten, müssen Sie nur jene Teile der Prozedur ändern, die diese Klammern ausgeben. Je nach Programm sind stattdessen andere Formatierungszeichen erforderlich, etwa Tabulatoren (wird mit *Chr(9)* erzeugt), Line-Feed („Wagenrücklauf", *Chr(10)*) und/oder Carriage Return („Papiervorschub", *Chr(13)*).

Das Makro testen

Um die Prozedur zu testen, laden Sie *05\Mma.xlsm*, wählen mit Shift die Blätter „Tabelle1" und „Tabelle2" aus und markieren darin die Zellen B4:D6. (Damit ist nun ein dreidimensionaler Zellbereich markiert, der die Zellen B4:D6 in beiden Blättern umfasst.) Anschließend führen Sie mit EXTRAS | MAKROS oder durch Anklicken des Symbols in der MATHEMATICA-Symbolleiste (im ADD-INS-Register) die Prozedur *SaveRangeAsMmaFile* aus. Sie werden nach dem Dateinamen gefragt, unter dem der markierte Bereich gespeichert werden soll. Geben Sie beispielsweise *Test.dat* an. Die auf diese Weise erzeugte Textdatei kann nun in Mathematica mit dem Kommando *Get* eingelesen werden:

```
list1 = Get["C:\\Eigene Dateien\\Test.dat"]
```

Dateiauswahl mit SelectFilename

Die Prozedur *SaveRangeAsMmaFile* beginnt mit einem Test, ob überhaupt ein Bereich von mehreren Zellen in der Tabelle ausgewählt ist. Die Prozedur kommt nicht mit Bereichen zurecht, die aus mehreren Teilbereichen zusammengesetzt sind – dieser Fall wird durch die dritte *If*-Abfrage ausgeschlossen.

Wenn eine brauchbare Auswahl vorliegt, wird in der Funktion *SelectFilename* die Methode *GetSaveAsFilename* ausgeführt. Es erscheint ein Dialog zur Auswahl eines Dateinamens. Falls der Name einer bereits existierenden Datei ausgewählt wurde, zeigt das Programm mit *MsgBox* eine Sicherheitsabfrage an. Darin muss der Anwender das Überschreiben der Datei mit JA bestätigen. Die Dateiauswahl ist in einer Schleife platziert, damit der Anwender die Gelegenheit hat, gegebenenfalls einen neuen Dateinamen auszuwählen. Die Schleife wird so lange durchlaufen, bis der Anwender einen gültigen Dateinamen auswählt oder die Auswahl abbricht.

In den folgenden Programmzeilen wird nochmals getestet, ob die angegebene Datei schon existiert. Wenn das der Fall ist, bekommt diese Datei einen neuen Namen mit der Kennung *.bak. Eine eventuell schon vorhandene Sicherheitskopie wird vorher gelöscht.

```vb
' Beispiel 05\mma.xlsm, Modul1
' Dateinamen auswählen, Backup-Datei erstellen
Function SelectFilename(filenam$) As String
  Dim pos&, result&
  Dim file As Variant, backupfile$
  Do   'Schleife, bis gültiger Dateiname oder Abbruch
    file = Application.GetSaveAsFilename(filenam, , , _
      "Als Mathematica-Liste speichern")
    If file = False Then file = ""
    If file = "" Then Exit Function
    result = vbYes
    If Dir(file) <> "" Then   'Achtung, Datei existiert schon
      result = MsgBox( _
        "Die Datei " & file & " existiert schon! Überschreiben?", _
        vbYesNoCancel)
      If result = vbCancel Then Exit Function
    End If
  Loop Until result = vbYes
  ' falls Datei schon existiert: Sicherheitskopie erstellen
  If Dir(file) <> "" Then      'die Datei existiert schon
    backupfile = file + ".bak"
    'evt. schon vorhandene Backup-Datei löschen
    If Dir(backupfile) <> "" Then Kill backupfile
    'vorhandene Datei umbenennen
    Name file As backupfile
  End If
  SelectFilename = CStr(file)
End Function
```

Daten speichern in SaveRangeAsMmaFile

Die Funktion *SelectFilename* gibt als Ergebnis den Dateinamen an die Prozedur *SaveRangeAs-MmaFile* zurück. Dort wird der Name in der statischen Variablen *filename* gespeichert. Bei einem abermaligen Aufruf der Prozedur wird dieser Name dann bereits als Voreinstellung im Dialog zur Dateiauswahl angezeigt.

Open richtet einen Datenkanal zur ausgewählten Datei ein. (Es werden also die herkömmlichen Dateibearbeitungskommandos eingesetzt, nicht die *File System Objects*.) Beachten Sie dabei den Einsatz der Funktion *FreeFile* zur Ermittlung einer neuen, noch unbenutzten Kanalnummer! Diese Vorgehensweise ist insbesondere dann empfehlenswert, wenn die Prozedur von anderen Stellen in einem Excel-Programm aufgerufen werden kann. Wenn Sie einfach #1 als Kanalnummer angeben, riskieren Sie einen Fehler bei der Ausführung der Prozedur. Dieser Fehler tritt auf, wenn die Kanalnummer #1 bereits an einer anderen Stelle im Programm in Verwendung ist.

```
Public Sub SaveRangeAsMmaFile()
  Dim sh As Worksheet, shList As Object    'Tabellenblätter (sheets)
  Dim sh1 As Worksheet, sh2 As Worksheet
  Dim shCount&
  Dim rw&, rw1&, rw2&                       'Zeilen (rows)
  Dim cl&, cl1&, cl2&                       'Spalten (columns)
  Dim dataitem As Variant, filechannel&     'sonstige Variablen
  Static filenam$, file$
  If Selection Is Nothing Then _
    MsgBox "Markieren Sie einen Zellbereich!": Exit Sub
  If Selection.Cells.Count = 1 Then _
    MsgBox "Markieren Sie einen Zellbereich!":  Exit Sub
  If Selection.Areas.Count > 1 Then _
    MsgBox "Nur einfache Zellbereiche": Exit Sub
  ' Dateiname auswählen
  file = SelectFilename(filenam)
  If file = "" Then Exit Sub Else filenam = file
  filechannel = FreeFile()
  Open file For Output As #filechannel
```

Blattgruppe bearbeiten

Die Prozedur speichert einen normalen Zellbereich in der Form *{{a,b...},{c,d...}...}*, also in zwei Klammerebenen. Die Prozedur kommt aber auch mit einem dreidimensionalen Zellbereich zurecht, der sich über mehrere Blätter erstreckt. Dreidimensionale Zellbereiche werden markiert, indem zuerst der Zellbereich in *einem* Blatt ausgewählt und anschließend mit Strg oder Shift weitere Tabellenblätter angeklickt werden. Das Programm speichert dreidimensionale Zellbereiche in der Form *{{{a1,b1}, {c1,d1}}, {{a2,b2}, {c2,d2}}}*, also in drei Klammerebenen.

Im Programm kann über *ActiveSheet.SelectedSheets.Count* festgestellt werden, wie viele Blätter zurzeit ausgewählt sind. In der Prozedur wird die Variable *shList* als Verweis auf die Blattgruppe verwendet, um etwas Tipparbeit zu sparen und das Programm übersichtlicher zu gestalten. In *sh1* und *sh2* werden Verweise auf das erste und letzte Blatt gespeichert.

Beachten Sie, dass die Variablen *shList, sh1, sh2* nicht durch einfache Variablenzuweisungen belegt werden können. Der Variableninhalt ist ein Verweis auf ein Objekt, der nur mit *Set* zugewiesen werden kann.

```
' Initialisierung
Set shList = ActiveWindow.SelectedSheets
shCount = shList.Count
Set sh1 = shList(1)
Set sh2 = shList(shList.Count)
rw1 = Selection.Row
rw2 = rw1 + Selection.Rows.Count - 1
cl1 = Selection.Column
cl2 = cl1 + Selection.Columns.Count - 1
```

Daten im Textformat speichern

Die Initialisierung von *rw1, rw2, cl1* und *cl2* ist leicht nachvollziehbar. Über *Row* bzw. *Column* wird die erste Zeile bzw. Spalte des ausgewählten Zellbereichs ermittelt. *Rows.Count* bzw. *Columns.Count* ergibt die Anzahl der markierten Zeilen und Spalten.

Es beginnen nun drei ineinander verschachtelte Schleifen, in denen der dreidimensionale Zellbereich Element für Element ausgelesen und mit *Print #* in der Textdatei gespeichert wird. Falls nur ein zweidimensionaler Zellbereich (in einem Tabellenblatt) markiert wurde, enthält *shCount* den Wert 1. Die *Print*-Kommandos für die äußerste Klammerebene werden dann nicht ausgeführt. Die äußerste Schleife wählt das gerade aktive Blatt aus. Der Zusatzparameter *False* ist notwendig, damit die Mehrfachauswahl von Tabellenblättern (bei 3D-Zellbereichen) nicht aufgehoben wird.

Im Anschluss an jedes Element wird entweder ein Komma (zur Trennung von zwei Elementen) oder eine geschwungene Klammer (als Abschluss der Elemente einer Zeile) ausgegeben. Beachten Sie bei der *Print*-Methode die abschließenden Strichpunkte. Diese bewirken, dass *Print* nicht nach jeder Ausgabe eine neue Zeile beginnt. Die sich daraus ergebende Datei wird dadurch erheblich übersichtlicher.

```
If shCount > 1 Then Print #filechannel, "{"
For Each sh In shList              'Schleife für alle Blätter
  Print #filechannel, "{";
  For rw = rw1 To rw2             'Schleife für alle Zeilen
    Print #filechannel, "{";
    For cl = cl1 To cl2           'Schleife für alle Spalten
      dataitem = sh.Cells(rw, cl)
      If IsNumeric(dataitem) Then  'Zahl oder Zeichenkette ?
        Print #filechannel, Scientific(Str(dataitem));
      Else
        Print #filechannel, Chr(34); dataitem; Chr(34);
      End If
```

```
           If cl = cl2 Then
              Print #filechannel, "}";
           Else
              Print #filechannel, ", ";
           End If
        Next cl
        If rw = rw2 Then
           Print #filechannel, "}"
        Else
           Print #filechannel, ","
        End If
     Next rw
     ' Komma oder } zwischen den Listenelementen
     If shCount > 1 Then
        If sh.Name = sh2.Name Then
           Print #filechannel, "}"
        Else
           Print #filechannel, ","
        End If
     End If
  Next sh
  Close #filechannel
End Sub
```

Formatierung der Zahlen

Bei jedem Element wird getestet, ob es sich um einen Text oder um eine Zahl handelt. Im ersten Fall wird der Text bei der Ausgabe in Hochkommas gestellt. Die Hochkommas werden dabei mit *Chr(34)* erzeugt. („hat den ANSI-Code 34. *Chr* liefert als Ergebnis das Zeichen, dessen Code angegeben wird.)

Zahlen werden mit *Str* in Zeichenketten umgewandelt. Diese Umwandlungsfunktion hat den Vorteil, dass sie einen Dezimalpunkt (kein Komma) erzeugt, wie es praktisch alle internationalen Programme vorschreiben.

Die von *Str* produzierte Zeichenkette muss allerdings noch mit der Hilfsfunktion *Scientific* nachbearbeitet werden, weil Mathematica die Schreibweise *1.2E-03* nicht kennt. Derartige Zahlen werden in die Form *1.2*10^-03* umgewandelt.

```
Function Scientific(s As String) As String
  Scientific = Replace(s, "E", "*10^")
End Function
```

5.6.8 Syntaxzusammenfassung

File System Objects

FileSystemObject – Eigenschaft	
Drives	verweist auf Auflistung aller Laufwerke

FileSystemObject – Methoden	
BuildPath(pfad, name)	bildet vollständigen Dateinamen
CopyFile/-Folder	Datei oder Verzeichnis kopieren
DeleteFile/-Folder	Datei oder Verzeichnis löschen
DriveExists(name)	testet, ob Laufwerk existiert
FileExists(name)	testet, ob Datei existiert
FolderExists(name)	testet, ob Verzeichnis existiert
GetAbsolutePath(relname)	bildet vollständigen Dateinamen (aus relativer Angabe)
GetBaseName(name)	liefert einfachen Namen (ohne Verzeichnis/Laufwerk)
GetDrive	liefert *Drive*-Objekt
GetDriveName(name)	liefert Laufwerksnamen
GetFile	liefert *File*-Objekt
GetFileName(name)	wie *GetBaseName*
GetFolder	liefert *Folder*-Objekt
GetParentFolderName(name)	liefert Verzeichnisnamen (mit Laufwerk)
GetSpecialFolder	liefert *Folder*-Objekt für Windows-(System-)Verzeichnis
GetTempName	liefert Namen für eine temporäre Datei (ohne Verzeichnis!)
MoveFile / -Folder	Datei/Verzeichnis verschieben/umbenennen
OpenTextFile	öffnet eine Textdatei

Drive – Eigenschaften	
AvailableSpace	freie Speicherkapazität
DriveType	Laufwerkstyp (*Remote*, *CDRom* etc.)
FileSystem	Dateisystem („*NTFS*", „*FAT*" etc.)
FreeSpace	wie *AvailableSpave*
IsReady	bereit (bei A: Diskette eingelegt)
Path	Zeichenkette des Pfads ohne \ (z. B. „*C:*")
RootFolder	Verweis auf *Folder*-Objekt
ShareName	Laufwerksname im Netzwerk
TotalSize	Gesamtkapazität
VolumeName	Laufwerksname

File/Folder – gemeinsame Eigenschaften

Attributes	Attribute (schreibgeschützt, komprimiert etc.)
DateCreated	Datum und Zeit der Erzeugung
DateLastAccessed	Datum und Zeit des letzten Zugriffs
DateLastModified	Datum und Zeit der letzten Änderung
Drive	Verweis auf Laufwerk (*Drive*-Objekt)
Files	Auflistung aller enthaltenen Dateien (nur *Folder*)
IsRootFolder	*True*, wenn Wurzelverzeichnis (nur *Folder*)
Name	Name (ohne Verzeichnis/Laufwerk)
ParentFolder	Verweis auf übergeordnetes Verzeichnis (*Folder*-Objekt)
Path	Zeichenkette mit vollständigem Namen (inkl. Verz./Laufw.)
ShortName	Name in 8+3-Konvention (DOS/Windows 3.1)
ShortPath	Pfad in 8+3-Konvention (DOS/Windows 3.1)
Size	Dateigröße bzw. Summe der enthaltenen Dateien
SubFolders	Auflistung aller Unterverzeichnisse (nur *Folder*)
Type	Bezeichnung des Dateityps

File/Folder – gemeinsame Methoden

Copy	Datei/Verzeichnis kopieren
CreateTextFile	Textdatei erzeugen (nur *Folder*)
Delete	Datei/Verzeichnis löschen
Move	Datei/Verzeichnis umbenennen bzw. verschieben
OpenAsStream	als Textdatei öffnen (nur *File*)

TextStream – Eigenschaften

AtEndOfLine	Zeilenende erreicht?
AtEndOfStream	Dateiende erreicht?
Column	aktuelle Position innerhalb der Zeile
Line	aktuelle Zeilennummer

TextStream – Methoden

Close	Datei schließen
Read	*n* Zeichen lesen
ReadAll	die gesamte Datei in eine Zeichenkette lesen
ReadLine	die nächste Zeile lesen
Skip	*n* Zeichen überspringen
SkipLine	Zeile überspringen

TextStream – Methoden	
Write	Zeichenkette schreiben (ohne Zeilenumbruchzeichen)
WriteLine	eine Zeile schreiben (mit Zeilenumbruchzeichen)
WriteBlankLines	*n* leere Zeilen schreiben

Excel-spezifische Methoden und Eigenschaften

Laufwerke und Verzeichnisse	
ActiveWorkbook.Path	Pfad der aktiven Arbeitsmappe
ActiveWorkbook.Name	Dateiname der aktiven Arbeitsmappe
Application.Path	Pfad zu Excel.exe
Application.DefaultFilePath	Pfad zum Arbeitsverzeichnis
Application.LibraryPath	Pfad zum globalen Makroverzeichnis
Application.UserLibraryPath	Pfad zum persönlichen Add-in-Verzeichnis
Application.StartupPath	Pfad zum persönlichen Xlstart-Verzeichnis
Application.TemplatesPath	Pfad zum persönlichen Vorlagenverzeichnis
Application.AltStartupPath	Pfad zum zusätzlichen Autostartverzeichnis

Dateiauswahl	
Application.GetOpenFilename	Dateiauswahl (Datei öffnen, nur existierende Dateien)
Application.GetOpenFilename	Dateiauswahl (Datei speichern, mit Sicherheitsabfrage)

Import/Export	
Workbooks.OpenText	Textdatei importieren, Variante 1
Worksheets(...).QueryTables.Add	Textdatei importieren, Variante 2
Worksheets(...).SaveAs	Tabellenblatt in diversen Formaten speichern

VBA-Kommandos

In den Syntaxboxen steht *n* für Dateinamen (etwa „*test.dat*") und *k* für Kanalnummern.

Datei- und Verzeichnisverwaltung	
CurDir	liefert das aktuelle Verzeichnis
Environ(„Temp")	liefert das Verzeichnis für temporäre Dateien
ChDir n	ändert das aktuelle Verzeichnis
ChDrive drv	ändert das aktuelle Laufwerk
MkDir n	legt ein neues Verzeichnis an
RmDir n	löscht ein leeres Verzeichnis

Datei- und Verzeichnisverwaltung

Name n1 As n2	gibt *n1* den neuen Namen *n2*
FileCopy n1, n2	kopiert *n1* nach *n2*
Kill n	löscht die angegebene(n) Datei(en)
Dir(n [,attribute])	liefert die erste Datei, die dem Suchmuster entspricht
Dir	liefert die nächste Datei oder eine leere Zeichenkette
FileLen(n)	liefert die Länge von *n* in Byte
FileDateTime(n)	liefert Datum und Zeit der letzten Änderung
GetAttr(n)	liefert die Attribute (read-only etc.) von *n*
SetAttr n, attr	verändert die Attribute von *n*

Datenkanal öffnen

f = FreeFile	ermittelt freie Datenkanalnummer
	Datenkanal öffnen, um eine
Open d For Input As #f	… Textdatei zu lesen
Open d For Output As #f	… Textdatei zu schreiben
Open d For Append As #f	… Textdatei zu lesen und zu schreiben
Open d For Binary As #f	… Binärdatei zu lesen und zu schreiben
Open d For Binary Access Read As #f	… Binärdatei nur zu lesen
Open d For Binary Access Write As #f	… Binärdatei nur zu schreiben
Open d For Random As #f Len=l	… Random-Access-Datei zu lesen und zu schreiben

Dateien via Datenkanal bearbeiten

Close #f	Datenkanal schließen
Reset	alle offenen Datenkanäle schließen
EOF(n)	Dateiende erreicht?
LOF(n)	Dateigröße ermitteln
Loc(n)	aktuelle Position des Dateizeigers ermitteln
Seek #f, position	Dateizeiger verändern
Print #f, var1, var2	Zeile im Textformat schreiben
Write #f, var1, var2	wie oben, aber mit Formatzeichen „ und ,
Input #f, var1, var2	einzelne Variablen lesen
Line Input #f, var	ganze Zeile lesen
var = Input(n, #f)	*n* Zeichen lesen
var = InputB(n, #l)	*n* Byte lesen
Put #f, , var	Variable/Feld etc. binär speichern
Get #f, , var	Variable binär lesen

■ 5.7 Benutzerdefinierte Tabellenfunktionen

5.7.1 Grundlagen

Excel stellt eine sehr große Anzahl vordefinierter Tabellenfunktionen zur Verfügung, deren bekannteste wohl *SUMME* ist. Für komplexere Anwendungen spielt die Funktion *WENN* eine große Rolle. Damit lassen sich in Tabellenformeln Fallunterscheidungen durchführen. Bei komplexeren Aufgabenstellungen werden *WENN*-Formeln aber rasch so unübersichtlich, dass ihre Anwendung praktisch unmöglich (oder doch extrem fehleranfällig wird). Es existieren auch Situationen, in denen die Formelsyntax ganz einfach überfordert ist.

Für solche Situationen bietet Excel die Möglichkeit, eigene Funktionen in VBA zu definieren. Diese Funktionen werden dann als benutzerdefinierte Tabellenfunktionen bezeichnet. Ein wesentlicher Vorteil von benutzerdefinierten Funktionen besteht darin, dass die Funktion nur ein einziges Mal zentral in einem VBA-Modul definiert werden muss. Eine Änderung der benutzerdefinierten Funktion ist daher problemlos möglich. (Im Gegensatz dazu müssen Tabellenformeln in alle Zellen kopiert werden. Bei nachträglichen Änderungen müssen alle betroffenen Zellen geändert werden!)

Die Programmierung von benutzerdefinierten Funktionen ist oft sehr viel einfacher als die Erstellung „echter" Excel-Programme. In den meisten Fällen benötigen Sie keine Objekte, Methoden und Eigenschaften, oft sind einfache *If-Then*-Abfragen ausreichend.

 Hinweis

Die Berechnung einer benutzerdefinierten Tabellenfunktion ist in jedem Fall ungleich langsamer als die Verwendung einer in Excel vordefinierten Funktion. Bevor
Sie also damit beginnen, eine neue Tabellenfunktion zu programmieren, sehen Sie
zuerst in der Hilfe nach, ob es nicht ohnedies eine vordefinierte Funktion gibt, die
Ihren Anforderungen entspricht! ■

Definition eigener Funktionen

Sie haben es wohl schon vermutet – eine benutzerdefinierte Tabellenfunktion wird einfach durch eine ganz normale VBA-Funktion definiert. (Der Funktionsdefinition darf nicht *Private* vorangestellt sein – das würde den Gültigkeitsbereich auf das aktuelle Modul einschränken!) Dazu gleich ein Beispiel: Die Funktion *Rabatt* berechnet aus Einzelpreis und Stückanzahl den Endpreis. Ab einer Anzahl von zehn wird ein Rabatt von 5 Prozent gewährt.

Die Funktion kann in der Tabelle wie eine vordefinierte Tabellenfunktion eingesetzt werden. Es sind sowohl eine unmittelbare Zahlenangabe als auch die Angabe von Zellverweisen erlaubt.

```
=Discount(8; 12)          'liefert 91.2
=Discount(A1; B1)
' Beispieldatei 05\Function.xlsm
Function Discount(unitprice As Double, pieces As Double) As Double
  If pieces >= 10 Then
    Discount = pieces * unitprice * 0.95
  Else
    Discount = pieces * unitprice
  End If
End Function
```

 Achtung

Mitunter sieht sich Excel nicht veranlasst, bei einer Veränderung von VBA-Code für Tabellenfunktionen die davon betroffenen Zellen automatisch neu zu berechnen. Die explizite Aufforderung zur Neuberechnung durch F9 funktioniert meistens, aber leider nicht immer. (Dieses Problem verfolgt Excel schon seit Version 5.) In besonders hartnäckigen Fällen hilft es zumeist, eine neue Zeile oder Spalte oberhalb bzw. links von den betroffenen Zellen in die Tabelle einzufügen und anschließend wieder zu entfernen. ∎

Kurzbeschreibung der Funktionen für den Funktionsassistenten

Im Dialog FORMELN | FUNKTION EINFÜGEN wird zu allen Funktionen eine kurze Beschreibung angezeigt. Für benutzerdefinierte Funktionen können Sie diese Beschreibung eingeben, wenn Sie im Objektkatalog die Funktion markieren und mit der rechten Maustaste das Kommando EIGENSCHAFTEN auswählen. Der daraufhin erscheinende Dialog ELEMENTOPTIONEN macht zwar einen etwas unfertigen Eindruck, erfüllt aber seine Aufgabe.

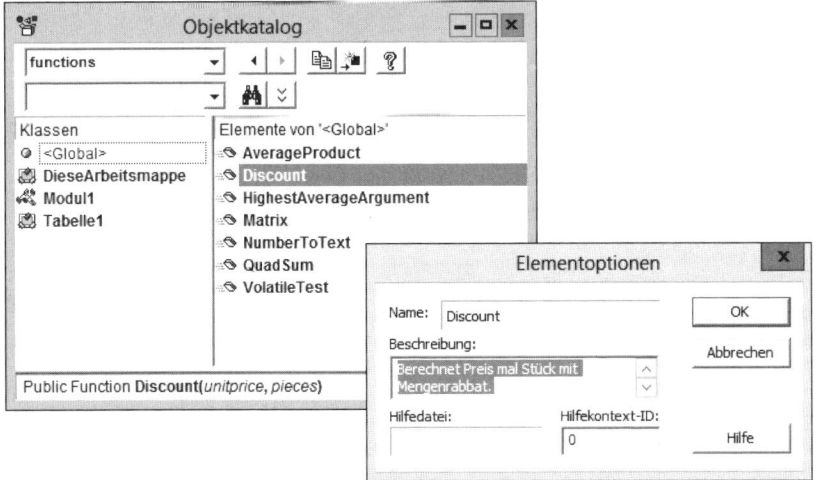

BILD 5.9 Kurzbeschreibung der Rabattfunktion

Funktionskategorien

In Excel 5/7 konnten selbst definierte Tabellenfunktionen unterschiedlichen Kategorien zugeordnet werden, etwa „Finanzmathematik", „Datum und Zeit" etc. Seit Excel 97 bietet der Dialog ELEMENTOPTIONEN diese Möglichkeit nicht mehr, alle selbst definierten Funktionen fallen in die Kategorie „benutzerdefiniert" des Dialogs FUNKTION EINFÜGEN. Wenn Sie eigene Funktionen dennoch einer anderen Kategorie zuordnen möchten, müssen Sie im Direktfenster eine Anweisung wie im folgenden Beispiel ausführen:

```
Application.MacroOptions Macro:="Discount", Category:=1
```

Die Funktion wird damit bleibend der Gruppe „Finanzmathematik" zugeordnet (d. h., die Einstellung wird zusammen mit der Excel-Datei gespeichert). Die folgende Liste gibt die wichtigsten Kategorienummern an:

Category	Kategoriename
1	Finanzmathematik
2	Datum und Zeit
3	Math. & Trigonom.
4	Statistik
5	Matrix
6	Datenbank
7	Text
8	Logik
9	Information
14	Benutzerdefiniert (Default)

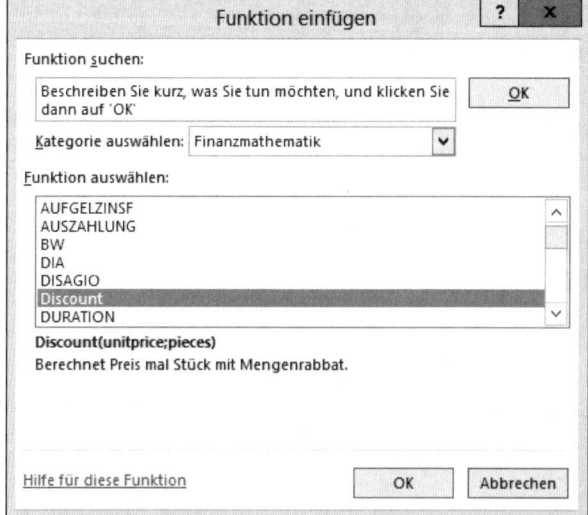

BILD 5.10
Die benutzerdefinierte Funktion Discount ist der Kategorie „Finanzmathematik" zugeordnet.

Benutzerdefinierte Funktionen in anderen Arbeitsmappen verwenden

Die Funktion *Discount* darf nur in den Tabellen jener Arbeitsmappe verwendet werden, in deren Modul sie definiert ist. Wenn Sie *Discount* auch in anderen Arbeitsmappen verwenden möchten, müssen Sie den Dateinamen jener Arbeitsmappe angeben, in der die Funktion definiert ist – also: *=Function.xls!Discount(8,12)*. Alternativ dazu können Sie in der aktuellen Arbeitsmappe mit EXTRAS | VERWEISE einen Verweis auf *Function.xlsm* einrichten – dann ist eine Verwendung auch ohne den vorangestellten Dateinamen möglich.

Hinweis

Beachten Sie bitte, dass Excel zwischen der Verwendung benutzerdefinierter Funktionen in Tabellen und im VBA-Code unterscheidet. Wenn Sie *Discount* im VBA-Code einer anderen Arbeitsmappe verwenden möchten, dann müssen Sie auf jeden Fall einen Verweis einrichten! Das Voranstellen des Dateinamens ist im VBA-Code nicht möglich. ∎

Benutzerdefinierte Funktionen in Add-ins

Sie können eine Arbeitsmappe mit den Definitionen mehrerer eigener Funktionen in ein Add-in kompilieren. Die Funktionen stehen dann in allen Arbeitsmappen zur Verfügung, sobald dieses Add-in aktiviert ist. Im Gegensatz zur Definition der Funktionen in normalen Arbeitsmappen ist weder ein Voranstellen des Dateinamens beim Funktionsaufruf noch das Einrichten eines Verweises erforderlich. Ausführlichere Informationen zur Erstellung eigener Add-ins finden Sie in Kapitel 15.

Zellbereiche als Parameter

Wenn eine benutzerdefinierte Funktion mit einem Zellbezug (etwa *=Discount(A1,B1)*) aufgerufen wird, dann wird an die Funktion ein *Range*-Objekt übergeben. Im Fall einer einzelnen Zelle ist die weitere Auswertung des Parameters problemlos: Die *Value*-Eigenschaft des *Range*-Objekts gilt als Default-Eigenschaft, weswegen ohne weitere Komplikationen auf den Inhalt der Zelle zugegriffen werden kann. Problematischer wird es, wenn als Parameter ein (womöglich aus Teilbereichen zusammengesetzter) Zellbereich übergeben wird – etwa A1:A3.

Eine besondere Komplikation stellt der Umstand dar, dass „A1:A3;C1:C3" in Excel üblicherweise einen Zellbereich meint, der aus den Teilbereichen A1:A3 und C1:C3 zusammengesetzt ist. Bei „A1:A3;C1:C3" kann es sich aber genauso gut auch um *zwei* Argumente (für eine Funktion mit zwei Parametern) handeln! Wenn Zellbereiche unmittelbar in dieser Form angegeben werden, interpretiert Excel die Zeichen tatsächlich als zwei Argumente. Wenn dagegen aus Gründen der Eindeutigkeit der gesamte Zellbereich geklammert (also „(A1:A3;C1:C3)") oder wenn der Zellbereich in einem Namen gespeichert wird, dann betrachtet Excel das Argument als zu *einem* Parameter gehörig.

Aus diesem Grund ist die Programmierung von Funktionen, die mit beliebig zusammengesetzten Zellbereichen zurechtkommen sollen, ein wenig umständlich: Die Funktion *QuadSum* quadriert die Werte aller angegebenen Zellen. Dabei wird der Parameter der Funktion als *ParamArray* definiert, sodass beliebig viele Parameter übergeben werden dürfen. Für jeden dieser Parameter werden alle Zellen der Teilbereiche quadriert und in *result* summiert.

Dank der Abfrage *TypeName(var)="Range"* kommt *QuadSum* auch mit numerischen Parametern zurecht. *QuadSum(1; 2; 3)* liefert also 14.

```
'Beispiel 05\Function.xlsm, „Modul1"
'liefert die Summe der Quadrate aller angegebenen Zellen
Function QuadSum(ParamArray x() As Variant) As Double
  Dim var As Variant, result As Double
  Dim a As Range, c As Range
  For Each var In x()
    If TypeName(var) = "Range" Then
      For Each a In var.Areas   'alle Teilbereiche
        For Each c In a.Cells   'alle Zellen je Teilbereich
          result = result + c ^ 2
        Next c
      Next a
    Else
      result = result + var ^ 2
    End If
  Next var
  QuadSum = result
End Function
```

Fehlerabsicherung

Wenn Sie eine Funktion programmieren möchten, die *nicht* für Zellbereiche, sondern ausschließlich für Einzelwerte konzipiert ist, sollten Sie eine falsche Parameterübergabe durch Sicherheitsabfragen ausschließen. Die so abgesicherte *Discount*-Funktion sieht dann folgendermaßen aus:

```
Function Discount(unitprice As Variant, pieces As Variant) _
As Variant
  On Error Resume Next
  If TypeName(unitprice) = "Range" Then
    If unitprice.Count > 1 Then
      Discount = CVErr(xlErrValue): Exit Function
    End If
  End If
  If TypeName(pieces) = "Range" Then
    If pieces.Count > 1 Then
      Discount = CVErr(xlErrValue): Exit Function
    End If
  End If
  If pieces >= 10 Then
    Discount = pieces * unitprice * 0.95
  Else
    Discount = pieces * unitprice
  End If
```

```
   If Err Then Discount = CVErr(xlErrValue)
End Function
```

Mit *CVErr(xlErrValue)* wird ein „#WERT!"-Fehler als Ergebnis zurückgegeben. (Beachten Sie, dass der Rückgabedatentyp der Funktion *Discount* dazu als *Variant* deklariert werden muss, nicht als *Double*!) Mögliche Konstanten für *CVErr* finden Sie im Objektkatalog in der Konstantengruppe *xlCVError*. Mehr Informationen zum Thema Fehlerabsicherung finden Sie in Kapitel 6.

Matrixfunktionen

Excel kennt sogenannte Matrixfunktionen. Da diese Funktionen im alltäglichen Betrieb von Excel eher selten vorkommen, finden Sie hier zuerst ein Beispiel zur Anwendung bereits vorhandener Matrixfunktionen. Die Funktion *RGP* berechnet die Parameter *a* und *b* für die Formel y=a_1*x_1+a_2*x_2+... Dabei stehen x_i und y für die als Ausgangsdaten gegebenen Zahlenreihen. Die Ergebnisparameter werden so berechnet, dass die Beziehung zwischen x und y möglichst exakt widergespiegelt wird. (Ausführliche Informationen über *RGP* finden Sie in der Hilfe.)

Die Funktion *RGP* ist hier deshalb interessant, weil sie als Ergebnis eine Matrix von Werten liefert (nämlich in dieser Reihenfolge ..., a3, a2, a1, b). Da in einer Zelle nur ein Ergebnis dargestellt werden kann, müssen Matrixfunktionen auf mehrere Zellen verteilt werden. Außerdem müssen Matrixformeln als solche gekennzeichnet werden. Excel sieht hierfür eine recht umständliche Eingabeform vor:

Sie müssen zuerst alle Zellen, in denen die Ergebnisse der Matrixfunktion angezeigt werden sollen, mit der Maus oder mit Shift und den Cursortasten als Bereich markieren. Anschließend drücken Sie F2, um in der gerade aktiven Zelle des Bereichs (es ist egal, in welcher Zelle des Bereichs) die Funktion einzugeben. Die Eingabe muss schließlich mit Strg+Shift+Return abgeschlossen werden. Dadurch wird die Formel in alle Zellen des Bereichs kopiert. Der gesamte Bereich gilt jetzt als Matrix.

Sie können übrigens eine normale Formel auch nachträglich in eine Matrixformel umwandeln: Bewegen Sie den Zellzeiger in die Zelle, welche die Formel enthält, markieren Sie davon ausgehend die restlichen Zellen, drücken Sie F2, und bestätigen Sie die unveränderte Formel mit Strg+Shift+Return. Es ist nicht möglich, einzelne Zellen einer Matrix zu verändern. Sie können Änderungen nur mit Strg+Shift+Return durchführen – dann gelten sie wiederum für alle Zellen der Matrix. Ebenso ist es unmöglich, einzelne Zellen zu löschen – Sie können nur die gesamte Matrix löschen.

Matrixfunktionen selbst programmieren

Die Programmierung von Matrixfunktionen ist (rein formal betrachtet) einfacher als die Eingabe einer Matrixformel in eine Tabelle. Der einzige Unterschied zu normalen Funktionen besteht darin, dass Sie als Ergebnis nicht einen einzelnen Wert, sondern ein Feld zurückgeben müssen. Das folgende Beispiel zeigt eine Matrixfunktion, die keine Parameter entgegennimmt und als Ergebnis eine 2*2-Matrix mit den Werten 1, 2, 3 und 4 zurückgibt. Die Funktion demonstriert also lediglich die Syntax einer Matrixfunktion, ohne eine sinnvolle Aufgabe zu erfüllen.

```
Function Matrix() As Variant
  Dim x(1, 1) As Double
  x(0, 0) = 1: x(0, 1) = 2
  x(1, 0) = 3: x(1, 1) = 4
  Matrix = x()
End Function
```

Die Volatile-Methode

Eine benutzerdefinierte Funktion kann durch die Anweisung *Application.Volatile* als „grundsätzlich neu berechnend" gekennzeichnet werden. Dadurch wird die Funktion jedes Mal neu berechnet, wenn irgendeine Zelle des Tabellenblatts neu berechnet wird. (Normalerweise werden Funktionen nur dann neu berechnet, wenn sich deren Vorgängerzellen verändern. Das ist im Regelfall ausreichend und natürlich deutlich effizienter.)

```
Public Function VolatileTest() As Double
  Application.Volatile True
  VolatileTest = Rnd
End Function
```

Wenn Sie in einer Zelle die Formel *=VolatileTest()* eingeben, ändert sich der angezeigte Wert jedes Mal, wenn irgendeine Zelle der Tabelle verändert oder neu berechnet wird.

Besonderheiten und Probleme

Grundsätzlich gelten für den Code für benutzerdefinierte Funktionen dieselben Regeln wie für alle anderen Prozeduren. Allerdings gibt es einige Ausnahmen:

- Es ist nicht möglich, durch benutzerdefinierte Funktionen, die innerhalb eines Tabellenblatts verwendet werden, Zellbereiche in der Tabelle direkt zu verändern. (Sie können also beispielsweise keine Funktion schreiben, welche die Farbe der Zelle je nach ihrem Inhalt rot oder grün einstellt. Diese Aufgabe können Sie aber auf anderem Weg erreichen – nämlich durch das in Abschnitt 9.1.1 beschriebene *FormatCondition*-Objekt.)

  Damit nicht genug: Selbst wenn Sie Zellbereiche gar nicht verändern möchten, versagen manche Excel-Methoden bzw. -Eigenschaften, etwa *SpecialCells* oder *CurrentRegion*, beim Zugriff auf zusammengehörige Zellbereiche.

  Beachten Sie, dass bei einem Test einer derartigen Funktion im Direktbereich alles wunschgemäß klappt. (Die Veränderung von Zellbereichen durch VBA-Code ist ja durchaus zulässig!) Erst wenn Sie die Funktion in einem Tabellenblatt verwenden, treten die Fehler auf. Diese Einschränkungen sind nirgendwo dokumentiert, weswegen schwer zu sagen ist, wie viele Methoden oder Eigenschaften davon betroffen sind.

- Wenn in einer benutzerdefinierten Funktion ein Fehler auftritt (etwa eine Division durch 0), wird in der Ergebniszelle die Fehlermeldung *#WERT!* angezeigt. Es gibt aber keine VBA-Fehlermeldung. Gleiches gilt auch, wenn schon bei der Parameterübergabe ein Fehler auftritt (etwa ein falscher Datentyp). Dieses Verhalten erschwert die Fehlersuche in benutzerdefinierten Funktionen erheblich. Abhilfe: Versuchen Sie, die Funktion mit vergleichbaren Parametern vom Direktfenster aus zu starten.

- Seit Excel 5 gibt es immer wieder Probleme mit der automatischen Neuberechnung von Zellen. Frühere Excel-Versionen berechneten bisweilen nach der Veränderung der Tabellenstruktur nicht alle Zellen neu, d. h., es waren alte (und somit falsche) Ergebnisse zu sehen. Manche dieser Probleme traten nur bei benutzerdefinierten Funktionen auf, andere sogar dann, wenn ausschließlich eingebaute Funktionen verwendet wurden.

Seit Excel 2000 sind keine Probleme mehr mit den Rechenfunktionen bekannt geworden. Es gibt ein offensichtliches Problem, das aber zum Glück nur während der Entwicklung von Code auftritt: Nach der Veränderung des VBA-Codes von benutzerdefinierten Funktionen werden die davon betroffenen Zellen nicht automatisch neu berechnet. Die Neuberechnung muss explizit durch F9 veranlasst werden.

5.7.2 Beispiele

In diesem Abschnitt finden Sie einige weitere benutzerdefinierte Funktionen. Eine noch komplexere Funktion wurde bereits einige Seiten weiter oben vorgestellt (Abschnitt 5.5.4): *Holiday(datum)* testet, ob der angegebene Tag ein Feiertag ist, und gibt gegebenenfalls den Namen des Feiertags zurück.

NumberToText

Das folgende Beispiel ist vor allem für Anwendungen im Bankbereich (etwa zum Ausfüllen von Schecks) geeignet. Die Funktion *NumberToText* ermittelt aus einer gegebenen Zahl eine Zeichenkette, in der jede Ziffer als Text angegeben wird. Für 12.34 liefert die Funktion „— Eins Zwei Komma Drei Vier —". Die Funktion funktioniert für den Zahlenbereich +/−9999999999,99. Es werden maximal zwei Nachkommastellen berücksichtigt. Zahlen zwischen −0.005 bis 0.005 werden durch „— Null —" dargestellt.

Die Funktion testet zuerst, ob der übergebene Parameter *x* eine zur Umwandlung geeignete Zahl enthält. Wenn das der Fall ist, wird die Zahl mit *Format* in eine Zeichenkette umgewandelt. Damit diese Zeichenkette anschließend leichter weiterverarbeitet werden kann, werden zu Beginn der Zeichenkette mit *Space* so viele Leerzeichen eingefügt, dass die Zeichenkette immer gleich lang ist. Falls die Zeichenkette mit „00" endet, werden die drei letzten Zeichen der Zeichenkette bei der Umwandlung in den Zifferntext nicht berücksichtigt.

```
'Beispiel 05\function.xlsm
Function NumberToText(x As Variant) As String
  Dim i&, result$, character$, lastchar&
  Dim digit$(9)
  digit(0) = "Null": digit(1) = "Eins": digit(2) = "Zwei"
  digit(3) = "Drei": digit(4) = "Vier": digit(5) = "Fünf"
  digit(6) = "Sechs": digit(7) = "Sieben": digit(8) = "Acht"
  digit(9) = "Neun"
  If IsEmpty(x) Then NumberToText "": Exit Function
  If x >= 10000000000# Or x <= -10000000000# Then
    NumberToText = "Zahl zu groß oder klein"
    Exit Function
  End If
```

```
   If x < 0 Then result = "Minus ": x = -x
   x = Format$(x, "0.00")
   x = Space(13 - Len(x)) + x
   If Right(x, 3) = ",00" Then lastchar = 10 Else lastchar = 13
   For i = 1 To lastchar
     character = Mid(x, i, 1)
     If character >= "0" And character <= "9" Then
       result = result + digit(Val(character)) + " "
     ElseIf character = "," Then
       result = result + "Komma "
     End If
   Next i
   NumberToText = "---- " + Trim(result) + " ----"
End Function
```

AverageProduct

Die meisten Probleme bei der Programmierung neuer Funktionen – etwa für Statistik-anwendungen – bereiten deren Parameter. Mal sollen zwei Zellbereiche übergeben werden, die exakt gleich groß sein müssen, dann soll die Anzahl der Zellbereiche wieder variabel sein etc. Bei den zwei folgenden Beispielen richtet sich das Augenmerk daher auf die Auswertung der Parameterliste.

AverageProduct erwartet zwei Zellbereiche als Parameter. Die Zellbereiche dürfen nicht aus Teilbereichen zusammengesetzt sein (Kontrolle mit *Area.Count*) und müssen die gleiche An-zahl Zellen umfassen (Kontrolle mit *Cells.Count*). Wenn das der Fall ist, wird die erste Zelle des ersten Bereichs mit der ersten Zelle des zweiten Bereichs multipliziert. Das Produkt wird mit dem der zweiten, der dritten, der vierten etc. Zelle summiert und schließlich durch die Anzahl der Zellen dividiert. Ein korrekter Aufruf der Funktion sieht folgendermaßen aus: *=AverageProduct(F19:F22; G19:G22)*

```
Public Function AverageProduct(p As Range, q As Range) As Variant
   Dim i&, result As Double
   If p.Areas.Count > 1 Or q.Areas.Count > 1 Then
     AverageProduct = CVErr(xlErrRef): Exit Function
   End If
   If p.Cells.Count <> q.Cells.Count Then
     AverageProduct = CVErr(xlErrRef): Exit Function
   End If
   For i = 1 To p.Cells.Count
     result = result + p.Cells(i) * q.Cells(i)
   Next
   AverageProduct = result / p.Cells.Count
End Function
```

HighestAverageArgument

Die Funktion *HighestAverageArgument* erwartet eine beliebige Anzahl von Zellbereichen, die unterschiedlich groß sein dürfen. Für jeden Zellbereich wird dessen Durchschnitt berechnet. Als Ergebnis wird die Nummer des Zellbereichs geliefert, dessen Durchschnittswert am höchsten ist. (Bei zwei oder mehreren Bereichen mit dem gleichen Durchschnitt liefert die Funktion die Nummer des ersten Bereichs.) Ein möglicher Aufruf der Funktion sieht folgendermaßen aus:

=HighestAverageArgument(F25:F27; G25:G26; H25:H28)

Wegen der Verwendung von *ParamArray* ist es nicht möglich, *p* als *Range* zu deklarieren. Die korrekte Übergabe von Zellbereichen wird daher im Programmcode durch den *TypeName*-Test sichergestellt. Wie im Beispiel oben werden zusammengesetzte Zellbereiche zurückgewiesen. Ebenso ist die Funktion dagegen abgesichert, dass ein Zellbereich nur Texte (keine Zahlen) enthält und die Berechnung des Durchschnitts mit der Funktion *Average* zu einem Fehler führt (Test mit *IsNumeric* für das Ergebnis von *Average*).

```
Public Function HighestAverageArgument(ParamArray p() As Variant) _
    As Variant
  Dim nrOfRanges&, i&, maxnr&
  Dim averg() As Double, tmp As Double
  nrOfRanges = UBound(p())     'UBound liefert 2, wenn 3 Parameter
  ReDim averg(nrOfRanges)      'übergeben werden
  ' Durchschnittswerte für alle Zellbereiche errechnen
  ' und in Feld speichern
  For i = 0 To nrOfRanges
    If TypeName(p(i)) <> "Range" Then
      HighestAverageArgument = CVErr(xlErrValue): Exit Function
    End If
    If p(i).Areas.Count > 1 Then
      HighestAverageArgument = CVErr(xlErrRef): Exit Function
    End If
    averg(i) = WorksheetFunction.Average(p(i))
    If Not IsNumeric(averg(i)) Then
      HighestAverageArgument = CVErr(xlErrValue): Exit Function
    End If
  Next
  ' größten Wert suchen
  For i = 0 To nrOfRanges
    If averg(i) > tmp Then
      tmp = averg(i)
      maxnr = i
    End If
  Next
  ' Ergebnis zurückgeben; plus 1, damit 1 für ersten Bereich
  ' (und nicht 0)
  HighestAverageArgument = maxnr + 1
End Function
```

■ 5.8 Schutzmechanismen

Bei der Gestaltung von Excel-Tabellen bzw. -Anwendungen kommt es immer wieder vor, dass Sie Teile davon vor unbeabsichtigten Veränderungen (oder vor neugierigen Augen) schützen möchten. Dieser Abschnitt fasst die wichtigsten Methoden und Eigenschaften zusammen, die Excel zu diesem Zweck anbietet.

Beachten Sie aber immer, dass die meisten hier vorgestellten Schutzmechanismen nur einen Schutz gegen „normale" Excel-Anwender darstellen. Einen Schutz, den Sie wieder auflösen können, kann auch von einem anderen Excel-Profi geknackt werden. Einigermaßen sicher sind Schutzfunktionen, die durch Kennwörter abgesichert sind (und selbst die lassen sich knacken). Wirklich perfekt sind in dieser Hinsicht nur COM-Add-ins, die als Binär-DLL weitergegeben werden und u. a. mit Microsofts Visual Studio Tools entwickelt werden können (siehe Abschnitt 15.8).

Das altgediente Visual Basic 6 ermöglicht ebenfalls die Entwicklung von COM-Add-ins. Obwohl ursprünglich für Windows XP „erfunden", lässt sich Visual Basic 6 durchaus noch unter neueren Windows-Versionen wie 7 oder 8 zum Laufen bringen. Dazu muss nach dem Setup, das „als Administrator" erfolgen sollte, lediglich das Service-Pack 6 für Visual Basic *[Link 24]* installiert werden.

5.8.1 Bewegungsradius einschränken

Blätter, Zeilen und Spalten ausblenden

Die einfachste Form, Daten vor dem Zugriff des Anwenders zu verbergen, besteht darin, diese Daten unsichtbar zu machen. Im Programmcode muss dazu lediglich die *Hidden*-Eigenschaft (bei Zeilen oder Spalten) bzw. die *Visible*-Eigenschaft (bei Blättern) verändert werden. Mögliche Einstellungen für beide Eigenschaften sind *True* oder *False*; *Visible* kann außerdem auf den Wert *xlVeryHidden* gesetzt werden – dann erscheint das Blatt in der Liste zum Einblenden nicht mehr und kann nur noch per Programmcode sichtbar gemacht werden.

Den sichtbaren Bereich von Tabellenblättern verkleinern

Eine Excel-2013-Tabelle kann 16.384 Spalten breit und mehr als eine Million Zeilen hoch sein. Es ist kaum anzunehmen, dass Sie diese theoretische Tabellengröße jemals tatsächlich ausnützen werden. In der Regel benötigen Sie nur einen relativ kleinen Zellbereich und können die darüber hinausgehenden Zeilen und Spalten ausblenden (unsichtbar machen). Dadurch vermeiden Sie, dass sich der Anwender im leeren Bereich der Tabelle verirrt, dort absichtlich oder unabsichtlich Eingaben vornimmt etc.

Wenn der Zellbereich starr vorgegeben ist, können Sie das Ausblenden der Zeilen und Spalten interaktiv vornehmen: Sie markieren die betreffenden Zeilen/Spalten und führen das Kontextmenükommando AUSBLENDEN aus.

Wenn sich die Größe des benutzten Zellbereichs dagegen dynamisch ändern kann, müssen Sie das Ein- und Ausblenden per Programmcode vornehmen. Dazu setzen Sie einfach die *Hidden*-Eigenschaft von Zeilen oder Spalten auf *False* (zum Einblenden) oder *True* (zum

Verbergen). Durch die folgenden Zeilen werden die Zeilen 1 bis 10 ein-, alle weiteren Zeilen ausgeblendet. Wenn Sie statt *Rows* und *EntireRow* die Eigenschaften *Column* und *EntireColumn* verwenden, funktioniert dasselbe auch für Spalten. Durch die *Protect*-Methode stellen Sie sicher, dass der Anwender die Zeilen/Spalten nicht wieder einblendet.

```
Dim ws As Worksheet, i&
Set ws = Sheets(1)
i = 10
ws.Unprotect
ws.Rows("1:" & i).EntireRow.Hidden = False
ws.Rows(i + 1 & ":16384").EntireRow.Hidden = True
ws.Protect
```

Scrollbereich einschränken

Eine weitere Möglichkeit, den Anwender auf einen bestimmten Zellbereich einzuschränken, bietet die Eigenschaft *ScrollArea*: Damit können Sie den Zellbereich eingrenzen, in dem sich der Anwender bewegen kann (mit Cursortasten oder der Maus). Das restliche Tabellenblatt bleibt dabei sichtbar.

```
ws.ScrollArea = "A1:E10"    'Zellzeiger kann nur in A1:E10 bewegt
                            'werden
ws.ScrollArea = ""          'uneingeschränkte Bewegung
```

Hinweis

Die *ScrollArea*-Einstellung wird nicht mit der Excel-Datei gespeichert. Wenn Sie also sicherstellen möchten, dass der Bereich nach dem Neuladen einer Datei sofort wieder eingeschränkt wird, müssen Sie die *ScrollArea*-Zuweisung in *Workbook_Open()* ausführen. ∎

5.8.2 Zellen, Tabellenblätter und Arbeitsmappen schützen

Excel sieht einen stufenweisen Schutz von Zellen, Tabellenblättern und ganzen Arbeitsmappen vor. Der Schutz von Zellen erfolgt in zwei Schritten: Der erste Schritt besteht darin, die betreffenden Zellen mit den Attributen „gesperrt" und „Formel ausblenden" zu formatieren (START | ZAHL | ZELLEN FORMATIEREN | SCHUTZ). Standardgemäß gelten alle Excel-Zellen als „gesperrt", das Attribut „Formel ausblenden" ist hingegen nicht aktiv.

Im Programmcode erfolgt das Sperren von Zellen durch eine Veränderung der *Locked*-Eigenschaft. *Locked* kann nicht nur auf *Range*-Objekte, sondern auch auf Zeichnungsobjekte, Steuerelemente (also Buttons, Textfelder etc.), Diagramme und OLE-Objekte angewendet werden, um diese Objekte vor Veränderungen zu schützen. Zum Ausblenden von Formeln muss *FormulaHidden* auf *True* gesetzt werden.

Im zweiten Schritt wird das Kommando ÜBERPRÜFEN | BLATT SCHÜTZEN ausgeführt. Erst jetzt wird der Schutz von Zellen aktiv. Das bedeutet, dass Sie jene Zellen, die trotz des Blattschutzes vom Anwender der Tabelle verändert werden dürfen, vorher explizit als „nicht gesperrt" formatieren müssen. Wenn Sie den Aufbau der Tabelle (also das Zusammenspiel der Formeln) geheimhalten möchten, sollten Sie außerdem vor der Ausführung des Schutzkommandos alle Zellen der Tabelle mit dem Attribut „Formeln ausblenden" formatieren.

Per VBA-Code wird der Blattschutz mit den Methoden *Protect* bzw. *Unprotect* aktiviert bzw. deaktiviert. Die Methoden können auf Objekte des Typs *WorkSheet*, *Chart* und *DialogSheet* angewendet werden. An *Protect* können fünf optionale Parameter übergeben werden, die den Grad der Schutzfunktion bestimmen. Kurz zur Bedeutung der benannten Parameter:

- *password* enthält eine Zeichenkette, die auch bei *Unprotect* wieder angegeben werden muss, um den Schutz aufzuheben. Wenn der Parameter nicht angegeben wird, erfolgt der Schutz ohne Kennwort und kann daher problemlos wieder aufgehoben werden.
- *drawingObject* gibt an, ob Zeichnungsobjekte (inbegriffen sind auch Steuerelemente und OLE-Objekte) vor Veränderungen geschützt werden (Default-Einstellung *True*).
- *contents* gibt an, ob der Inhalt des Blatts geschützt wird. Gemeint sind damit bei Tabellenblättern die Zellen, bei Modulen der Code, bei Dialogen und Diagrammen deren Aufbau und Formatierung (Default-Einstellung *True*).
- *scenarios* gibt an, ob Szenarios vor Veränderungen geschützt werden sollen (Default-Einstellung *True*).
- *userInterfaceOnly* bestimmt, ob nur die Oberfläche einer Anwendung (d. h. Formatierung, Größe und Platzierung von Objekten etc.) geschützt werden soll, nicht aber der Programmcode (Default-Einstellung *False*). Die drei Eigenschaften *EnableAutoFilter*, *EnableOutlining* und *EnablePivotTable* bestimmen den Grad des Schutzes. Trotz einiger Experimente ist die Anwendung dieser drei Eigenschaften allerdings nicht recht klar geworden.

Der aktuelle Zustand des Blattschutzes kann den Eigenschaften ProtectContents, *ProtectScenarios* und *ProtectDrawingObjects* entnommen werden. Diese Eigenschaften können nur gelesen werden. Eine Veränderung erfolgt ausschließlich mit der *Protect*-Methode.

Arbeitsmappe schützen

Mit ÜBERPRÜFEN | ARBEITSMAPPE SCHÜTZEN können Sie die Reihenfolge der Blätter in der Arbeitsmappe und/oder die Anordnung der Fenster schützen. Durch den zweiten Punkt können Sie eine starre Einteilung des verfügbaren Raums am Bildschirm festlegen. Auch wenn das für manche Anwendungen verlockend aussieht, sollten Sie darauf besser verzichten. Die optimale Raumeinteilung hängt nämlich von Faktoren ab, die Sie nicht immer vorhersehen können – etwa von der Bildschirmauflösung, vom Systemzeichensatz etc.

Der Arbeitsmappenschutz ist vom Schutz einzelner Blätter unabhängig. Auch wenn der Arbeitsmappenschutz aktiv ist, können Sie die Zellen der Blätter dieser Arbeitsmappe verändern, sofern diese nicht zusätzlich durch den Blattschutz gesichert sind.

Im Programmcode erfolgt der Schutz einer Arbeitsmappe abermals durch die Methode *Protect*. Wenn die Methode auf *WorkSheet*-Objekte angewendet wird, kennt sie drei benannte Parameter:

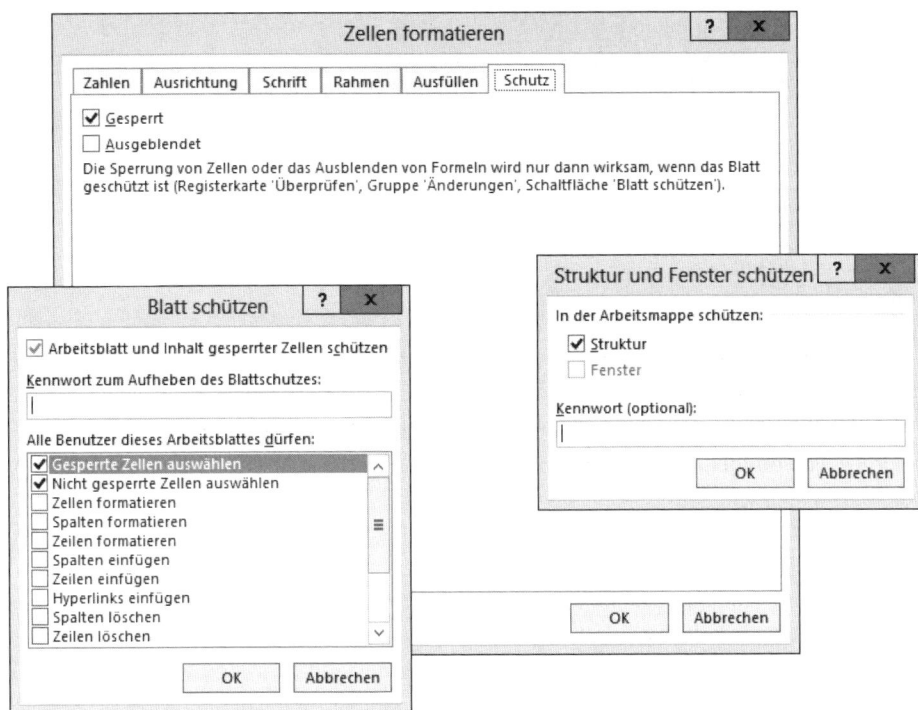

BILD 5.11 Die drei Schutzebenen (Zellen, Blätter, Arbeitsmappen)

password gibt das Kennwort zum späteren Auflösen des Schutzes an (siehe oben). *structure* gibt an, ob die Reihenfolge der Blätter geschützt werden soll (Default-Einstellung *False*). *windows* gibt an, ob die Anordnung der Fenster geschützt werden soll (Default-Einstellung *False*).

Hinweis

Da die Default-Einstellung der benannten Parameter jeweils *False* ist, bleibt ein *Protect*-Aufruf ohne Parameter wirkungslos. Es muss zumindest einer der Parameter *structure* oder *windows* auf *True* gesetzt werden. ∎

Der aktuelle Zustand der Schutzfunktion kann den beiden Eigenschaften *ProtectStructure* und *ProtectWindows* entnommen werden. Diese Eigenschaften können nur gelesen werden. Eine Veränderung kann nur über die *Protect*-Methode erfolgen.

Neue Schutzmechanismen in Excel 2002

In Excel 2002 wurde der Blattschutzmechanismus insofern verbessert, als nicht länger die Devise „Alles oder nichts" gilt. Es kann nun beispielsweise erlaubt werden, dass geschützte Zellen vom Anwender formatiert werden dürfen (aber weiterhin vor inhaltlichen Änderungen geschützt bleiben, siehe Bild 5.12).

BILD 5.12
Schutzoptionen, die mit Excel 2002 hinzugekommen sind

Aus Entwicklersicht wurde in Excel 2002 die *Protect*-Methode für das *Worksheet*-Objekt um eine Reihe von Parametern erweitert, mit denen die in Bild 5.12 dargestellten Optionen gesteuert werden können.

Welche Schutzoptionen momentan gelten, kann mit *Worksheet.Protection* ermittelt werden. Diese Eigenschaft verweist auf das gleichnamige *Protection*-Objekt, dessen Eigenschaften *AllowFormattingCells*, *AllowSorting* etc. Auskunft über die Schutzoptionen geben. Beachten Sie, dass diese Eigenschaften nicht veränderlich sind; Änderungen können nur mit der *Protect*-Methode durchgeführt werden.

Zellbereiche durch ein spezifisches Passwort schützen

Eine weitere Neuerung seit Excel 2002 besteht darin, dass Sie mehrere Zellbereiche einer Excel-Tabelle mit unterschiedlichen Passwörtern ausstatten können. Wenn mehrere Personen Zugriff auf eine Excel-Datei haben, dann kann jeder nur die Bereiche der Tabelle verändern, für die er das Passwort kennt. Interaktiv können derartige Zellbereiche mit ÜBERPRÜFEN | BENUTZER DÜRFEN BEREICHE BEARBEITEN eingerichtet werden. Der Passwortschutz gilt nur, wenn das gesamte Tabellenblatt geschützt ist (ÜBERPRÜFEN | BLATT SCHÜTZEN).

Aus Entwicklersicht wird jeder so geschützte Zellbereich durch ein *AllowEditRange*-Objekt verwaltet. Eine Liste aller derartigen Objekte liefert die Auflistung *ws.Protection.AllowEditRanges*. Die folgenden Zeilen zeigen, wie ein neuer, geschützter Bereich eingerichtet werden kann.

```
ActiveSheet.Protection.AllowEditRanges.Add Title:="Bereich1", _
    Range:=Range("A8:A10"), Password:="xxxx"
```

Beim *AllowEditRange*-Objekt verweist *Range* auf den geschützten Zellbereich. *Title* gibt den Namen des Objekts an. Das Passwort kann zwar nicht unmittelbar ausgelesen, aber durch die Methode *ChangePassword* verändert werden.

Bestimmten Benutzern den Zugriff ohne Passwort erlauben

So gut die Idee des individuellen Passwortschutzes für einzelne Zellbereiche ist – Passwörter gibt es schon viel zu viele, und keinem ist geholfen, wenn noch mehr Klebezettel mit Passwörtern weithin sichtbar den Monitorrand verzieren. Deswegen bietet Excel die Möglichkeit, durch ein Passwort geschützte Zellbereiche explizit für bestimmte Benutzer des Computers freizugeben. (Diese Benutzer dürfen den Zellbereich dann ohne Passworteingabe verändern.)

Dazu verweist die Eigenschaft *Users* des *AllowEditRange*-Objekts auf ein *UserAccessList*-Objekt. Diese Auflistung führt wiederum zu *UserAccess*-Objekten, welche die Namen der Benutzer enthalten, die den Zellbereich auch ohne Passwort bearbeiten dürfen. Die folgende Zeile zeigt, wie der Benutzer *Administrator* der *UserAccessList* hinzugefügt wird. (Intern wird im neuen *UserAccess*-Objekt in der *Name*-Eigenschaft nicht nur der Benutzername, sondern auch der Rechnername gespeichert, also z. B. „*saturn\Administrator*", wenn der lokale Rechnername *saturn* lautet.)

```
ActiveSheet.Protection.AllowEditRanges("Bereich1").Users.Add _
    "Administrator", True
```

Hinweis

Die Makroaufzeichnung ist leider nicht in der Lage, eine manuelle Veränderung der *UserAccessList* eines Zellbereichs in VBA-Code zu übersetzen. ■

5.8.3 Schutzmechanismen für den gemeinsamen Zugriff

Seit Excel 97 gibt es die Möglichkeit, eine Excel-Datei für den gemeinsamen Zugriff in einem besonderen Format zu speichern. Dadurch können alle Veränderungen, die von verschiedenen Anwendern durchgeführt werden, in einem Änderungsprotokoll verwaltet werden. Um diesen Modus zu aktivieren, führen Sie ÜBERPRÜFEN | ARBEITSMAPPE FREIGEBEN aus und aktivieren die Option BEARBEITUNG VON MEHREREN NUTZERN. Die Datei wird daraufhin neu gespeichert. (Logischer wäre es gewesen, diese Option im Dialog des Befehls SPEICHERN UNTER vorzusehen.)

Die Excel-Datei gilt jetzt als „freigegeben". Im EXTRAS-Protokoll können nun diverse Einstellungen über die Art der Protokollierung durchgeführt bzw. Änderungen durch mehrere Anwender zusammengeführt werden. Wenn Sie die Freigabe wieder deaktivieren möchten, führen Sie erneut ÜBERPRÜFEN | ARBEITSMAPPE FREIGEBEN aus und deaktivieren die Option BEARBEITUNG VON MEHREREN NUTZERN.

Wenn Sie verhindern möchten, dass einer der Anwender die Freigabe verändert, führen Sie ÜBERPRÜFEN | FREIGEGEBENE MAPPE SCHÜTZEN aus und aktivieren die Option FREIGABE MIT ÄNDERUNGSPROTOKOLL. Das ist die oberste Ebene der Schutzmechanismen in Excel-Arbeitsmappen. Solange der Freigabeschutz aktiv ist, können die darunterliegenden Schutzmechanismen nicht verändert werden. Der Freigabeschutz ist also ein Hilfsmittel für den Administrator einer Excel-Datei. Per Programmcode kann diese Form des Schutzes mit der Methode *ProtectSharing* durchgeführt und mit *UnprotectSharing* wieder aufgehoben werden.

Anmerkung

Solange eine Datei freigegeben ist, können VBA-Module weder angesehen noch verändert werden. (Die Makros können aber weiterhin ausgeführt werden.) Die meisten Freigabefunktionen der Freigabe inklusive dem Protokollieren und Zusammenführen von Änderungen können über diverse *Workbook*-Eigenschaften und -Methoden gesteuert werden. ∎

5.8.4 Programmcode und Symbolleiste schützen

Ebenso unübersichtlich wie die Schutzmechanismen in Excel sind auch die im VBA-Editor. Wenn Sie verhindern möchten, dass andere Anwender Ihren Code ansehen oder verändern, führen Sie EXTRAS | EIGENSCHAFTEN VON VBAPROJECT | SCHUTZ aus, aktivieren die Option PROJEKT FÜR DIE ANZEIGE SPERREN und geben zweimal dasselbe Kennwort ein. Wenn Sie die Datei später neu laden, können die Module erst nach der Eingabe dieses Kennworts angezeigt werden.

Wenn Sie im Schutzdialog die Option SPERREN nicht aktivieren, besteht die einzige Auswirkung des Kennworts darin, dass Sie ein Kennwort benötigen, um den EIGENSCHAFTEN-Dialog neuerlich anzuzeigen. Der VBA-Code kann trotz des Kennworts sowohl angezeigt als auch geändert werden. Damit der Schutzmechanismus wirkt, muss die Option also in jedem Fall aktiviert werden! Eine Deaktivierung ist nur erforderlich, wenn Sie den Schutz aufheben und das Kennwort entfernen möchten.

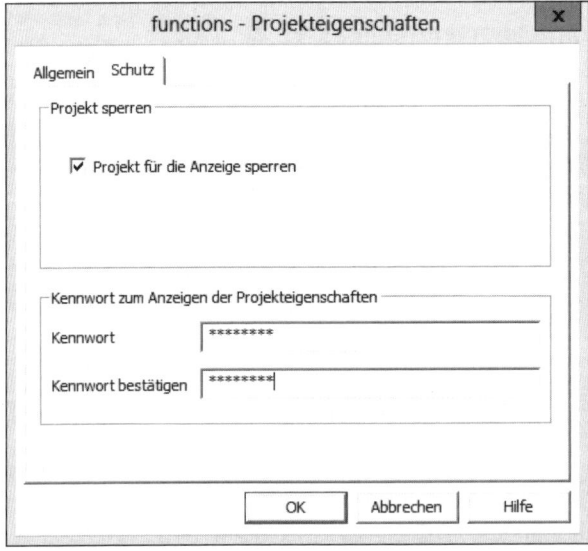

BILD 5.13
Schutz des VBA-Codes vor neugierigen Augen und vor Veränderungen

Vorsicht

Welchen Stellenwert Microsoft dem Passwortschutz in Excel gibt, hat man beim Versionswechsel von Excel 7 auf Excel 97 gesehen. In Excel 7 ausgeblendete und per Passwort abgesicherte Module waren in Excel 97 ohne Weiteres jedermann zugänglich! Wenn Sie also Excel-Arbeitsmappen an andere Anwender weitergegeben oder verkauft haben, ist Ihr Code jetzt jedem interessierten Programmierer zugänglich.

Der Passwortschutz seit Excel 2000 ist zwar etwas besser, wurde aber ebenfalls bereits geknackt. Es gibt kommerzielle Tools, mit denen „vergessene" Passwörter gefunden oder durch bekannte Passwörter ersetzt werden können (siehe *http://soft4you.com/mso/vba.htm [Link 8]*). Fazit: Verlassen Sie sich lieber nicht auf den hier vorgestellten Schutzmechanismus. Wirklich sicher ist Ihr Code nur in COM-Add-ins (siehe Kapitel 15). ∎

Symbolleisten schützen

Um Symbolleisten bzw. eigene Menüs vor Veränderungen zu schützen, kann die *Protection*-Eigenschaft des *CommandBar*-Objekts eingestellt werden. Als mögliche Einstellungen kommen gleich acht Werte in Frage, mit denen sowohl der Inhalt, die Position als auch die Sichtbarkeit des Objekts vor Veränderungen geschützt werden können (*msoBarNoProtection, msoBarNoCustomize, msoBarNoResize, msoBarNoMove, msoBarNoChangeVisible, msoBarNoChangeDock, msoBarNoVerticalDock* oder *msoBarNoHorizontalDock*). Diese Schutzfunktionen sind allerdings seit Excel 2007 obsolet, da sich eigene Menüs und Symbolleisten (die nur noch im ADD-INS-Register angezeigt werden) ohnehin nicht mehr vom Anwender verändern lassen.

5.8.5 Syntaxzusammenfassung

Schutzfunktionen	
rc.Hidden = True/False	Zeilen/Spalten aus- oder einblenden
ws.ScrollArea = „a1:e10"	Bewegungsradius einschränken
ws.Visible = True/False/xlVeryHidden	Blätter ein- oder ausblenden bzw. verstecken
obj.Locked = True/False	Objekt schützen (nur in Kombination mit *Protect*)
rng.FormulaHidden = True/False	Formeln verbergen
ws.Protect ...	Blatt schützen (außer Objekte mit *Locked=False*)
ws.Unprotect	Blattschutz aufheben
ws.Protection	Blattschutzoptionen
ws.Protection.AllowEditRanges.Add ...	Passwortschutz für Zellbereiche
ws.Protection.AllowEditRanges(n).Users	Benutzer, die Zugriff ohne Passwort haben
wb.Protect ...	Aufbau der Arbeitsmappe schützen
wb.Unprotect	Schutz aufheben
cb.Protection = ...	Symbolleiste schützen

■ 5.9 Konfigurationsdateien, individuelle Konfiguration

Zur individuellen Konfiguration von Excel gibt es zahlreiche Ansatzpunkte:

- die Gestaltung eigener Symbolleisten (im Register ADD-INS),
- die Veränderung und Erweiterung des Menüsystems (im Register ADD-INS),
- die Veränderung von generellen Optionen,
- die Verwendung von Mustervorlagen und
- die Erweiterung von Excel durch Makros in der persönlichen Makroarbeitsvorlage und/ oder in eigenen Add-ins.

Dieser Abschnitt beschreibt, wie Sie solche Konfigurationseinstellungen durchführen und bleibend speichern können.

5.9.1 Optionen

Das Aussehen und Verhalten von Excel werden durch zahllose Optionen beeinflusst. Einen Großteil dieser Optionen können Sie über das Menükommando DATEI | OPTIONEN einstellen, einige weitere über diverse andere Kommandos. Dieser Abschnitt geht kurz auf einige wichtige Optionen ein (sowohl zur manuellen Veränderung als auch zur Veränderung per Programmcode). Beachten Sie bitte, dass Optionen trotz der zentralen Einstellung via DATEI | OPTIONEN unterschiedliche Geltungsbereiche haben (Excel als Ganzes, eine Arbeitsmappe, ein Fenster) und in unterschiedlichen Dateien gespeichert werden! (Details zu den Konfigurationsdateien folgen im nächsten Abschnitt.)

Einstellungsmöglichkeiten durch das Kommando Optionen

Über das Menükommando DATEI | OPTIONEN kommen Sie zu einem Dialog mit insgesamt zehn Dialogblättern, in denen Sie unzählige Excel-Optionen einstellen können. Die Bedeutung der meisten Einstellmöglichkeiten ist offensichtlich oder kann unmittelbar der Hilfe entnommen werden, sodass hier keine längeren Ausführungen notwendig sind.

Sonstige Einstellmöglichkeiten

Der Dialog zur Einstellung der **Druckoptionen** verbirgt sich hinter dem Menübandkommando SEITENLAYOUT | SEITE EINRICHTEN. Die Einstellung gilt normalerweise nur für das aktive Tabellenblatt. (Es können aber mehrere Tabellenblätter markiert und dann gemeinsam bearbeitet werden.)

Über TOOLS | ALLGEMEINE OPTIONEN im Speichern-unter-Dialog können Sie diverse **Speicheroptionen** (Kennwort, Schreibschutz, Sicherungsdatei) einstellen. Das Kommando TOOLS | WEBOPTIONEN führt zu einem weiteren Dialog mit einem ganzen Bündel von Optionen, welche die Konvertierung des Dokuments ins HTML-Format steuern.

Anmerkung

Die Datei- und Druckoptionen gelten nur für die aktive Datei. Es ist anders als bei Word nicht ohne Weiteres möglich, Excel so einzustellen, dass es beim Speichern immer eine Sicherungskopie verwendet, beim Drucken generell links einen 4 cm breiten Rand frei lässt etc. Eine mögliche Lösung dieses Problems stellen Mustervorlagen dar (Kapitel 9).

Sämtliche **Fensteroptionen** – einschließlich der Einstellung des Zoomfaktors – befinden sich in der Befehlsregisterkarte Ansicht. Fensteroptionen gelten nur für das gerade aktuelle Fenster (und nicht für die ganze Arbeitsmappe oder generell für Excel).

Optionen zur Anzeige von **Symbolleisten** stehen ab Excel 2007 nicht mehr zur Verfügung. Sie können nur noch über Datei | Optionen | Anpassen die Symbolleiste für den Schnellzugriff konfigurieren.

Einige **Virenschutzoptionen** sind im Trust-Center-Dialog, den Sie mit Entwicklertools | Makrosicherh. anzeigen, versteckt.

Hinweis

Falls Sie die standardmäßig ausgeblendete Registerkarte Entwicklertools noch nicht sichtbar gemacht haben, holen Sie das wie folgt nach: Öffnen Sie die Registerkarte Datei, und wählen Sie Optionen. Klicken Sie links im Dialogfeld auf Menüband anpassen, schalten Sie im rechten Listenfeld das Kontrollkästchen vor Entwicklertools ein, und schließen Sie das Dialogfeld mit OK.

Wo diese Einstellungen gespeichert werden, ist zum Glück nicht dokumentiert (auf jeden Fall nicht an den hier beschriebenen Orten). Eine Veränderung dieser Optionen per VBA-Code ist nicht vorgesehen. (Es werden sich aber zweifellos findige Programmierer finden, die auch das mit dem Aufruf einiger API-Funktionen bewerkstelligen.)

5.9.2 Optionseinstellungen per Programmcode

Die Einstellung der meisten Excel-Optionen erfolgt über zahllose Eigenschaften des Objekts *Application*. Optionen, die nicht Excel als Ganzes betreffen, sondern nur eine Datei, ein Fenster, ein Diagramm etc., können über die Eigenschaften des jeweiligen Objekts (*Worksheet, Window* etc.) verändert werden, wobei die Zuordnung nicht in jedem Fall logisch ist.

Die Einstellungen für das Seitenformat, Kopf- und Fußzeilen etc. erfolgen über das *PageSetup*-Objekt, das für jedes Blattobjekt (*WorkSheet, Chart* etc.) eingestellt und auch über das *Window*-Objekt angesprochen werden kann. Es ist nicht möglich, per Programmcode das Seitenformat mehrerer Blätter auf einmal zu verändern. (Führen Sie eine Schleife über alle betroffenen Blätter aus, und ändern Sie *PageSetup* für jedes einzelne Objekt.)

Der aktive Drucker wird dagegen über die *ActivePrinter*-Eigenschaft des *Application*-Objekts eingestellt. Es gibt allerdings keine Möglichkeit, per VBA-Code eine Liste der zur Verfügung stehenden Drucker zu ermitteln.

Die folgenden Tabellen geben einen Überblick über die wichtigsten Eigenschaften und Methoden.

Application-Objekt (allgemeine Optionen)	
ActivePrinter	Einstellung des momentan gültigen Druckers
AddIns(...)	Zugriff auf Add-ins
AutoRecover.Enabled	gibt an, ob Excel automatisch Sicherheitskopien erstellen soll
AutoRecover.Path	gibt das Verzeichnis für die Sicherheitskopien an
Calculation	Neuberechnung von Tabellen automatisch/manuell
CommandBars(...)	Zugriff auf Menü- und Symbolleisten (siehe Kapitel 8)
DisplayAlerts	Warnungen anzeigen
DisplayFormulaBar	Bearbeitungsleiste ein/aus (*True/False*)
DisplayFullScreen	Modus ganzer Bildschirm ein/aus
DisplayNoteIndicators	rote Markierungspunkte in Zellen mit Notizen anzeigen
DisplayStatusBar	Statuszeile
ErrorCheckingOptions	Optionen der Fehlerüberprüfung
MoveAfterReturn	Cursor springt mit Return in nächste Zelle einer Tabelle
MoveAfterReturnDirection	Richtung der Cursorbewegung durch Return
OnEvent ...	diverse Ereignisprozeduren (siehe Abschnitt 4.4)
PromptForSummaryInformation	Dialog zur Eingabe von Informationen beim Speichern
ScreenUpdating	Bildschirmaktualisierung während Makroausführung
SheetsInNewWorkbook	Anzahl der leeren Tabellenblätter in neuen Dateien
SmartTagRecognizers.Recognize	Aktivierung der Smart-Tag-Funktion
SmartTagRecognizers(n).Enabled	Aktivierung einzelner Smart-Tag-Module
Speech.SpeakCellOnEnter	automatische Sprachausgabe des Zelleninhalts (nur bei der englischen Excel-Version)
StandardFont	Name des Defaultzeichensatzes in Tabellen
StandardFontsize	Größe des Defaultzeichensatzes in Tabellen

Workbook-Objekt (dateispezifische Optionen)	
ChangeFileAccess	Zugriffsrechte ändern
Colors	Zugriff auf die Farbpalette (56 Farben) der Datei
CreateBackup	beim Speichern Backup-Datei erzeugen
DisplayDrawingObjects	Zeichnungsobjekte anzeigen
EnableAutoRecover	automatische Sicherheitskopien für die Datei ein-/ausschalten
Protect	Schutz vor Änderungen ein-/ausschalten

Workbook-Objekt (dateispezifische Optionen)

SmartTagOptions.DisplaySmartTags	Smart Tags anzeigen
SmartTagOptions.EmbedSmartTags	Smart Tags zusammen mit der Datei speichern
Styles(...)	Zugriff auf Formatvorlagen
Visible	Datei sichtbar/unsichtbar (ausgeblendet)

Worksheet-Objekt (tabellenblattspezifische Optionen)

DisplayAutomaticPageBreaks	Seitengrenzen in den Tabellenblättern anzeigen
EnableAutoFilter	lässt die Anzeige von Autofiltern zu
EnableOutlining	lässt die Anzeige von Gliederungen (Gruppierungen) zu
EnablePivotTable	lässt das Erstellen von Pivot-Tabellen zu
FilterMode	Autofilter an/aus
PageSetup	Zugriff auf Seiten- und Druckereinstellungen
Protection	Blattschutzoptionen
SetBackgroundPicture	Hintergrundbild einstellen
Visible	Arbeitsblatt sichtbar/unsichtbar

Window-Objekt (fensterspezifische Optionen)

DisplayFormulas	Formeln statt Ergebnisse anzeigen
DisplayGridlines	Gitterlinien anzeigen
DisplayHeadings	Zeilen- und Spaltenköpfe anzeigen
DisplayHorizontalScrollBar	horizontale Bildlaufleiste anzeigen
DisplayOutline	Gliederung (Gruppierung) anzeigen
DisplayZeros	0-Werte anzeigen (oder leere Zelle anzeigen)
DisplayVerticalScrollBar	vertikale Bildlaufleiste anzeigen
DisplayWorkbookTabs	Blattregister anzeigen
FreezePanes	geteiltes Fenster fixiert/nicht fixiert
GridlineColor	Farbe der Gitternetzlinien einstellen (RGB-Wert)
GridlineColorIndex	Farbe der Gitternetzlinien aus Farbpalette (0 bis 55)
PageSetup	Zugriff auf Seiten- und Druckereinstellungen
Split	Fenster geteilt/nicht geteilt
SplitColumn	Spalte, in der das Fenster geteilt ist
SplitRow	Zeile, in der das Fenster geteilt ist
TabRatio	Verhältnis Blattregister/horizontale Bildlaufleiste
Zoom	Zoomfaktor

PageSetup-Objekt (Seitenlayout, wird für jedes Blatt gesondert eingestellt)	
BlackAndWhite	Ausdruck in Schwarz-Weiß
BottomMargin	unterer Rand in Punkt (0.35 mm)
CenterFooter	Fußzeile, mittlerer Teil
CenterHeader	Kopfzeile, mittlerer Teil
CenterHorizontally	Ausdruck horizontal zentrieren
CenterVertically	Ausdruck vertikal zentrieren
FirstPageNumber	Anfangszahl für Seitennummerierung
FooterMargin	Platz für Fußzeile
HeaderMargin	Platz für Kopfzeile
LeftFooter	Fußzeile, linker Teil
LeftHeader	Kopfzeile, linker Teil
LeftMargin	linker Rand in Punkt (0.35 mm)
Orientation	Druck im Hoch- oder Querformat
PaperSize	Papiergröße
PrintArea	zu druckender Tabellenbereich
PrintTitleColumns	Spaltenbeschriftung (wird auf jedem Blatt gedruckt)
PrintTitleRows	Zeilenbeschriftung (wird auf jedem Blatt gedruckt)
RightFooter	Fußzeile, rechter Teil
RightHeader	Kopfzeile, rechter Teil
RightMargin	rechter Rand in Punkt (0.35 mm)
TopMargin	oberer Rand in Punkt (0.35 mm)

DefaultWebOptions (Excel global)/WebOptions (dateispezifisch)	
AllowPNG	Bilder im PNG-Format codieren
DownloadComponents	evtl. fehlende Webkomponenten übertragen
Encoding	gewünschter Zeichensatz
LocationOfComponents	Ort, an dem Webkomponenten gespeichert sind
OrganizeInFolder	Bilder etc. in eigenem Verzeichnis speichern
RelyOnCSS	*Cascading Style Sheets* verwenden
RelyOnVML	*Vector Markup Language* verwenden

5.9.3 Konfigurationsdateien

Grundlagen

Die meisten aktuellen Betriebssysteme sind automatisch so konfiguriert, dass für jeden Benutzer (also für jeden Login oder für jeden Account, um die englischen Begriffe zu verwenden) ein persönliches Verzeichnis vorgesehen ist. Der Ort dieses Verzeichnisses hängt sowohl von der Betriebssystemversion als auch von der individuellen Konfiguration ab.

Wenn Sie beispielsweise noch unter Windows XP arbeiten und Ihr Benutzername „Ralf" lautet, heißt das persönliche Verzeichnis *C:\Dokumente und Einstellungen\Ralf*. Die Windows-Versionen seit Vista verwenden eine andere Ordnerstruktur. Hier würde der Pfad *C:\Users\Ralf* lauten. (Der im Windows-Explorer angezeigte Ordnername *C:\Benutzer* ist nur ein Alias für deutsche Benutzer. Der tatsächliche Name lautet *C:\Users*.)

Das Installationsverzeichnis von Office 2013 unterscheidet sich ebenfalls von Windows-Version zu Windows-Version. Unter XP lautet der Standardpfad

> *C:\Programme\Microsoft Office\Office15,*

seit Vista dagegen

> *C:\Program Files\Microsoft Office\Office15.*

(Auch hier ist der im Windows-Explorer angezeigte Ordnername *C:\Programme* nur ein lokalisierter Alias für den tatsächlichen Ordnernamen *C:\Program Files*.) Sollten Sie eine 64-Bit-Version von Windows besitzen, aber darauf „nur" eine 32-Bit-Version von Office 2013 installiert haben, finden Sie diese im Ordner

> *C:\Program Files (x86)\Microsoft Office\Office15.*

Natürlich hat es einen Grund, warum diese Windows-Grundlagen hier so ausführlich beschrieben werden: Die benutzerspezifischen Konfigurationsdateien von Excel werden in Unterverzeichnissen des persönlichen Verzeichnisses gespeichert. Von nun an wird es in diesem Buch mit „[BenutzerVerzeichnis]" abgekürzt.

Einige weitere Konfigurationsdateien werden relativ zum Installationsverzeichnis von Office gespeichert. Dieses Verzeichnis wird im Folgenden als „[OfficeVerzeichnis]" abgekürzt.

Überblick über die Excel-Konfigurationsdateien

Excel verstreut Informationen über die aktuelle Konfiguration und die Einstellung von Optionen über die ganze Festplatte. Die Fülle der Konfigurationsdateien wird von Version zu Version unübersichtlicher.

- Einige individuelle Einstellungen werden in der Windows-Registrierdatenbank gespeichert.
- Informationen über individuelle Anpassungen des Menübands und dessen Registerkarten befinden sich in separaten XLM-Dateien, die Teil der Arbeitsmappen- beziehungsweise Add-in-Dateien sind. (Ab Excel 2007 sind Arbeitsmappendateien nur noch ZIP-Container, die eine Fülle von XLM- und diversen anderen Dateien enthalten.)
- Die persönliche Makroarbeitsmappe wird unter *[BenutzerVerzeichnis]\AppData\Roaming\Microsoft\Excel\Xlstart\Personal.xlsb* gespeichert.
- Global verfügbare Makros können in beliebigen Dateien im Ordner *[OfficeVerzeichnis]\Xlstart* gespeichert werden.
- Diagrammvorlagen werden als Dateien mit der Endung .crtx im Ordner *[BenutzerVerzeichnis]\AppData\Roaming\Microsoft\Templates\Charts* gespeichert.
- Globale Add-in-Dateien werden in *[OfficeVerzeichnis]\Macros* gespeichert.
- Persönliche Add-in-Dateien befinden sich dagegen in *[BenutzerVerzeichnis]\AppData\Roaming\Microsoft\AddIns*.

■ Sicherheitskopien aller geöffneten Dateien werden ab Excel 2002 per Default in *[Benutzer-Verzeichnis]\AppData\Roaming\Microsoft\Excel* gespeichert. Dieser Pfad kann verändert werden (Eigenschaft *Application.AutoRecover.Path*).

■ Alle verbleibenden Einstellungen sind dateispezifisch und werden in der eigentlichen Excel-Datei gespeichert.

Hinweis

Dateinamen und Pfade von Konfigurationsdateien ändern sich mit jeder Version – nicht zuletzt, um Konflikte durch die gleichzeitige Verwendung mehrerer Office-Versionen zu vermeiden. Wenn Sie portable Excel-Anwendungen programmieren möchten, dürfen Sie sich also nicht darauf verlassen, dass sich die Konfigurationsdateien an einem bestimmten Ort befinden. ■

Tipp

Einen Überblick über Excel-Eigenschaften zum Zugriff auf die meisten der oben genannten Verzeichnisse finden Sie in Abschnitt 5.6.5. ■

Einstellungen in der Registrierdatenbank

Die Registrierdatenbank von Windows enthält im Schlüssel *HKEY_LOCAL_MACHINE\ Software\Microsoft\Office\15.0\Excel\InstallRoot* einen Eintrag, der das Office-Installationsverzeichnis auf der Festplatte angibt (also das Verzeichnis, das in diesem Buch generell als [OfficeVerzeichnis] abgekürzt wird).

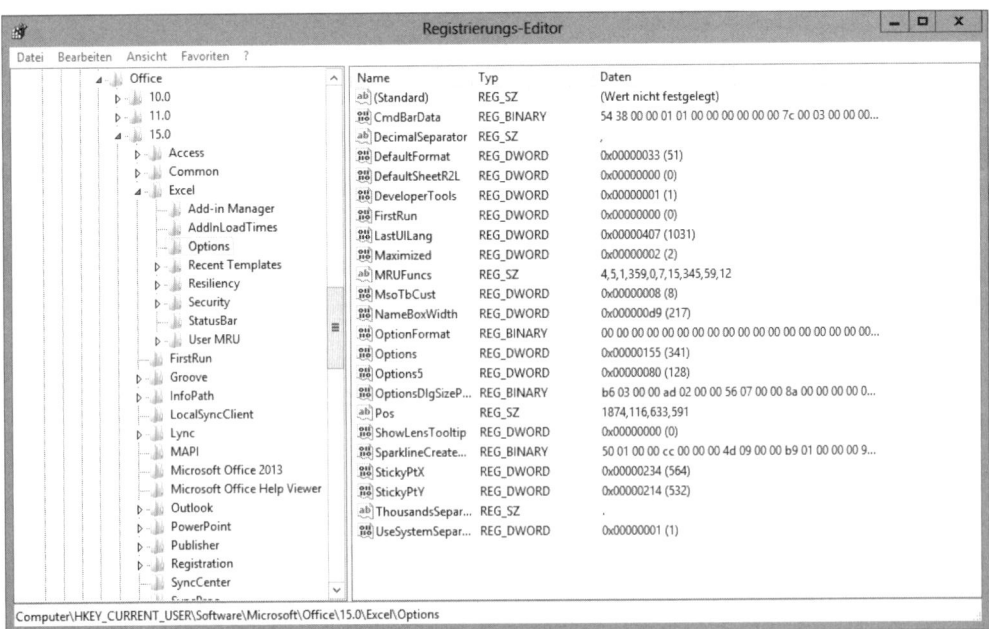

BILD 5.14 Excel-2013-Einstellungen im Registrierungs-Editor von Windows 8

Darüber hinaus werden diverse individuelle Einstellungen in der Registrierdatenbank gespeichert, und zwar unter *HKEY_CURRENT_USER\Software\Microsoft\Office\15.0\Excel\Options*.

Die Einstellungen können mit dem Programm *RegEdit.exe* bzw. *RegEdt32.exe* bearbeitet werden. (Das ist allerdings nur anzuraten, wenn Sie wissen, was Sie tun. Durch Veränderungen in der Registrierdatenbank können Sie Office ebenso wie Windows so weit aus dem Konzept bringen, dass nur noch eine Neuinstallation hilft! Sie finden den Registrierungs-Editor im Windows-Systemverzeichnis.)

Makrovorlagen in den Xlstart-Verzeichnissen

Seit Excel 2000 heißt die „persönliche Makroarbeitsmappe" zu Recht so, da jeder Anwender tatsächlich seine eigene Version bekommt. (Bei früheren Excel-Versionen mussten sich alle Excel-Anwender eines Rechners diese Arbeitsmappe teilen.) Aus diesem Grund gibt es jetzt aber nicht mehr ein, sondern gleich zwei Xlstart-Verzeichnisse:

- *[BenutzerVerzeichnis]\AppData\Roaming\Microsoft\Excel\Xlstart*   persönlich
- *[OfficeVerzeichnis]\Xlstart*   global

Beim Start lädt Excel zuerst alle **.xls?*-Dateien aus dem persönlichen Xlstart-Verzeichnis, dann alle **.xls?*-Dateien aus dem globalen Xlstart-Verzeichnis. Die persönliche Makroarbeitsmappe mit dem Namen *Personal.xlsb* wird dabei in keiner Weise bevorzugt. So weit sich das durch Tests abklären lässt, lädt Excel einfach alle Dateien in alphabetischer Reihenfolge (aber auf jeden Fall zuerst die persönlichen, dann die globalen Dateien). Die Reihenfolge ist nicht dokumentiert – verlassen Sie sich also nicht darauf.

Genau genommen gibt es neben den beiden gerade beschriebenen Xlstart-Verzeichnissen noch ein drittes Verzeichnis, dessen **.xls?*-Dateien automatisch beim Start von Excel geladen werden. Der Ort dieses Verzeichnisses ist nicht vorgegeben, sondern kann durch Datei | Optionen | Erweitert | Allgemein | Beim Start alle Dateien öffnen in eingestellt werden. Dieser Ordner ist vor allem dann von Interesse, wenn globale Makrodateien in einem Netzwerk verwendet werden sollen: Dann kann hier ein Netzwerkverzeichnis angegeben werden. Die Information über das zusätzliche Startverzeichnis wird in der Registrierdatenbank gespeichert.

In der Praxis werden die Xlstart-Verzeichnisse vor allem dazu verwendet, um VBA-Code, der immer zur Verfügung stehen soll, automatisch zu laden. Natürlich kann dabei auch VBA-Code automatisch ausgeführt werden, beispielsweise durch eine *Workbook_Open*-Ereignisprozedur (siehe Abschnitt 4.4).

Arbeitsmappen aus den Xlstart-Verzeichnissen werden üblicherweise im Zustand „ausgeblendet" gespeichert, sodass sie am Bildschirm nicht sichtbar sind und nur in der VBA-Entwicklungsumgebung erscheinen. Ausgeblendete Dateien können mit Ansicht | Fenster einblenden sichtbar gemacht werden.

Eine besondere Stellung innerhalb der persönlichen Xlstart-Dateien nimmt die persönliche Makroarbeitsmappe *Personal.xlsb* ein. In dieser Arbeitsmappe werden automatisch alle neu aufgezeichneten Makros gespeichert, wenn bei den Optionen der Makroaufzeichnung der Listeneintrag „Persönliche Makroarbeitsmappe" gewählt wird. Solange Sie keine selbst geschriebenen Makros verwenden, existiert die Datei überhaupt nicht.

Vorsicht

Seit der Version 2007 deaktiviert Excel im Normalfall sämtlichen VBA-Code beim Laden von Dateien (mit der Option zur Reaktivierung). Das gilt standardmäßig allerdings nicht für Dateien, die aus den Xlstart-Verzeichnissen stammen, da diese von Haus aus als „vertrauenswürdige Speicherorte" (siehe Abschnitt 4.7) definiert sind.

An sich ist die Einstellung natürlich sinnvoll – es wäre wirklich ärgerlich, wenn Excel bei jedem Start fragen würde, ob es die Makros aus *Personal.xlsb* bzw. aus anderen Xlstart-Verzeichnissen ausführen darf. Andererseits öffnet sich damit für Virenprogrammierer eine mögliche Lücke im Sicherheitskonzept von Excel.

Wenn Ihnen Sicherheit vor Bequemlichkeit geht, können Sie den Befehl ENTWICKLERTOOLS | MAKROSICHERH. | VERTRAUENSWÜRDIGE SPEICHERORTE wählen und die Xlstart-Verzeichnisse aus der Liste der vertrauenswürdigen Speicherorte entfernen.

Tipp

Wenn Sie Excel starten möchten, ohne dass dabei irgendwelche Dateien automatisch geladen werden, können Sie die Kommandozeilenoption /s verwenden. Führen Sie also den Windows-Befehl START | AUSFÜHREN aus, und geben Sie dort Excel /s ein.

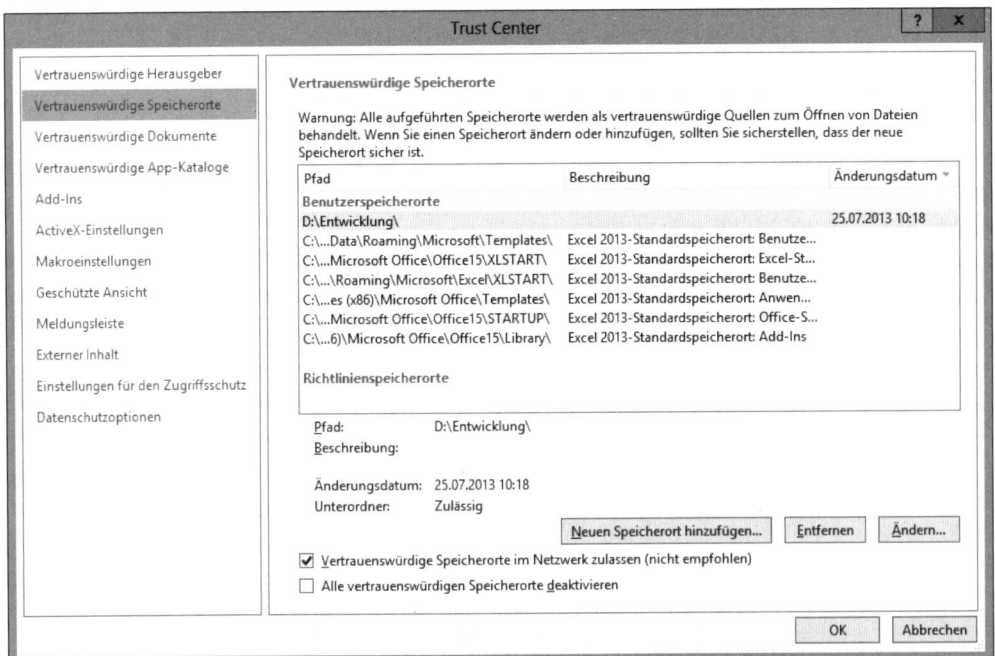

BILD 5.15 Dateien aus den *Xlstart*-Verzeichnissen gelten als „sicher".

Mustervorlagen in Excel 2007/2010

Mustervorlagen sind Excel-Dateien mit der Dateikennung *.xltx (ohne Makros) bzw. *.xltm (mit Makros), die als Muster für neue Tabellen, Diagramme oder Arbeitsmappen dienen. Sie sind im Prinzip normale Excel-Dateien, bei denen bei SPEICHERN UNTER der Dateityp „Excel-Vorlage" angegeben wurde.

Damit die Mustervorlagen im Dialog DATEI | NEU der Excel-Versionen 2007 und 2010 zur Auswahl erscheinen, müssen sie in einem der drei folgenden Verzeichnisse gespeichert werden:

- *[BenutzerVerzeichnis]\AppData\Roaming\Microsoft\Templates*   persönlich
- *[OfficeVerzeichnis]\Xlstart*   global
- Zusätzlicher Startordner je nach Einstellung

Wenn eines der beiden Xlstart-Verzeichnisse oder der zusätzliche Startordner Dateien mit den Namen *Mappe.xltx*, *Tabelle.xltx* und *Diagram.xltx* enthält, gelten diese Dateien als automatische Mustervorlagen und werden (ohne Rückfrage) als Muster beim Erzeugen neuer Arbeitsmappen nach dem Excel-Start bzw. beim Einfügen neuer Tabellen- oder Diagrammblätter in schon bestehende Tabellenblätter verwendet.

Tabelle.xltx und *Diagram.xltx* dürfen nur genau ein Tabellen- bzw. Diagrammblatt enthalten. *Mappe.xltx* kann eine beliebige Kombination von Blättern enthalten. Die Anzahl der in *Mappe.xltx* vorhandenen Tabellenblätter hat Vorrang gegenüber der Einstellung der Anzahl der leeren Tabellenblätter in DATEI | OPTIONEN | ALLGEMEIN.

Mappe.xltx und *Tabelle.xltx* können dazu verwendet werden, eine Menge von Optionen voreinzustellen, die sonst bei jedem Blatt neu in mühseliger Kleinarbeit eingestellt werden müssten: Druckformatvorlagen, Einstellungen für das Seitenlayout inklusive Kopf- und Fußzeile, Fensteroptionen (Gitterlinien, Zoom-Faktor, die Form der Zeilen- und Spaltenköpfe) etc.

Verweis

Mustervorlagen und ihre weitergehenden Möglichkeiten werden in Kapitel 9 noch ausführlicher behandelt. So wird dort die Unterstützung der Eingabe von Formularen durch VBA-Code („intelligente Formulare") erklärt. ∎

Mustervorlagen in Excel 2013

Excel 2013 stellt dem Anwender von Haus aus nur noch Online-Vorlagen für die Gestaltung neuer Arbeitsmappen bereit. Lokale Mustervorlagen gehören zwar nach wie vor zum Lieferumfang, sie stehen jedoch erst nach einer Einstellungsänderung zur Wahl.

Für diese Einstellungsänderung wählen Sie DATEI | OPTIONEN | SPEICHERN und tragen den Speicherordner der mitgelieferten Vorlagendateien (*[OfficeVerzeichnis]\Templates\1031*) in das Textfeld STANDARDSPEICHERORT FÜR PERSÖNLICHE VORLAGEN ein.

Ab sofort zeigt das Dialogfeld DATEI | NEU eine zusätzliche Befehlszeile mit den Einträgen EMPFOHLEN und PERSÖNLICH, über die Sie zwischen Online-Vorlagen und lokalen Mustervorlagen umschalten können.

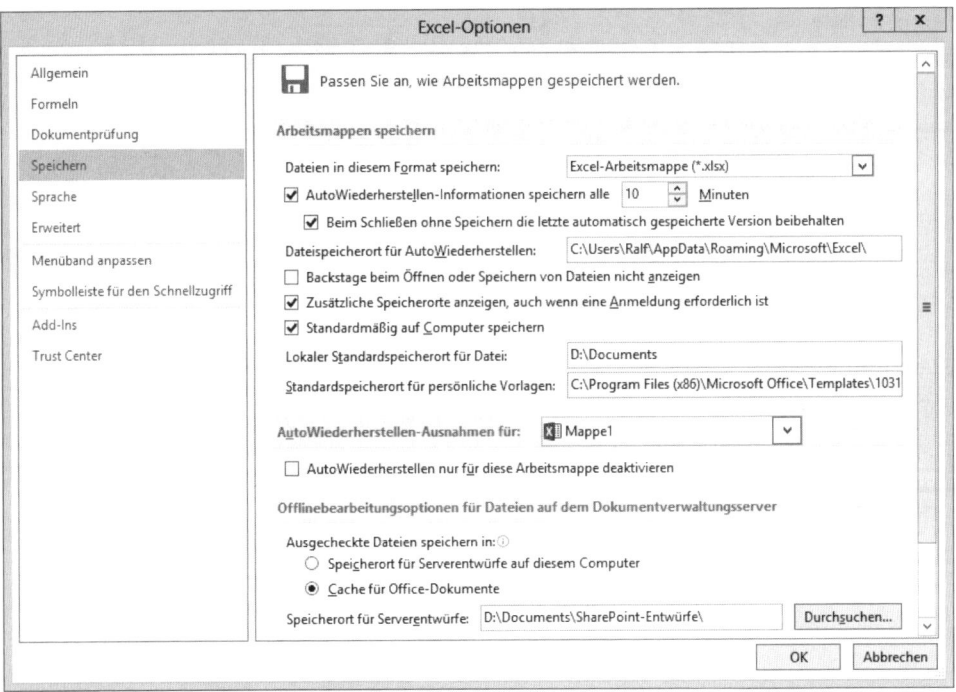

BILD 5.16 In Excel 2013 stehen Mustervorlagen erst zur Wahl, wenn man deren Speicherordner in den Excel-Optionen bekannt macht.

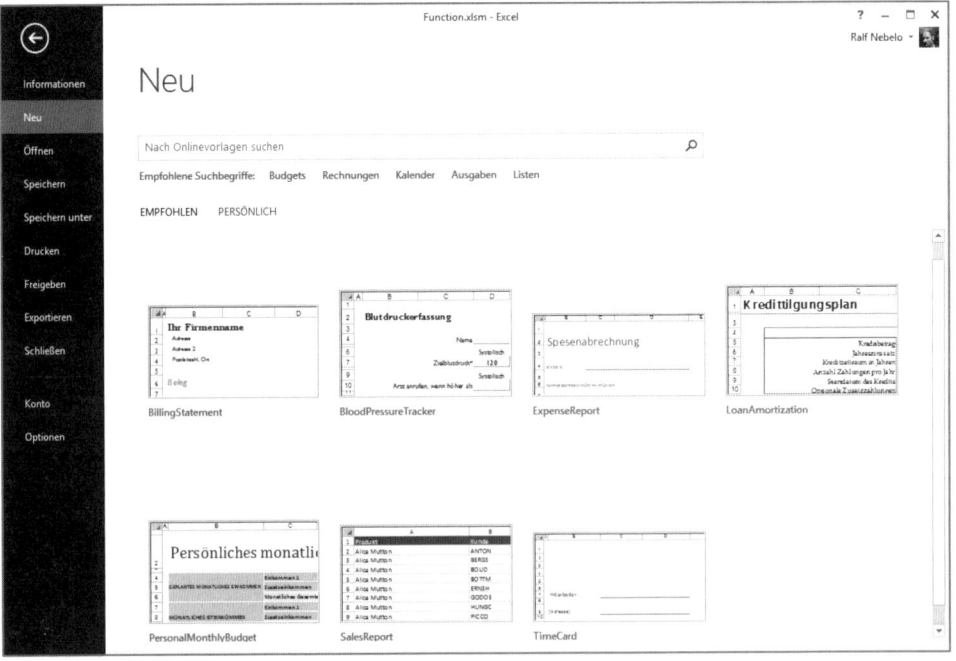

BILD 5.17 Auswahl der installierten Beispielvorlagen von Excel 2013

Diagrammvorlagen

Prinzipiell können auch Diagramme als Mustervorlagen gespeichert werden. Für Diagramme sieht Excel allerdings eine praktischere Variante vor: benutzerdefinierte Formate (ehemals Autoformate). Diese Diagrammvorlagen werden als Dateien mit der Endung .crtx im Ordner *[BenutzerVerzeichnis]\AppData\Roaming\Microsoft\Templates\Charts* gespeichert. Die so definierten Diagrammtypen können über das Kommando DIAGRAMMTYP ÄNDERN | VORLAGEN des Diagrammkontextmenüs verwendet werden.

Um eigene Diagrammvorlagen zu speichern, gestalten Sie zuerst das Diagramm nach Ihren Vorstellungen. Anschließend wählen Sie ENTWURF | ALS VORLAGE SPEICHERN.

Speicherung von Konfigurationsdaten in den eigentlichen Excel-Dateien

Ein Großteil aller Konfigurationsdaten wird (unabhängig von eventuell benutzten Vorlagen) unmittelbar in jeder Excel-Datei gespeichert, etwa Informationen über die Anordnung der Fenster dieser Datei, über Fensteroptionen (Gitterlinien, Zoomfaktor, die Form der Zeilen- und Spaltenköpfe etc.), über Formatvorlagen, über die Seiteneinstellung (Druckparameter) etc.

Der Ort für die Speicherung dieser Daten ist gleichzeitig praktisch und unpraktisch: praktisch, weil dadurch die meisten Excel-Optionen individuell für jede Datei (zum Teil sogar individuell für jedes einzelne Blatt bzw. Fenster) eingestellt werden können; und unpraktisch, weil oft dieselben Einstellungen (etwa bezüglich Kopf- und Fußzeile) immer wieder neu durchgeführt werden müssen. Das ist lästig und wird gerne vergessen. Sie können diesen Formatierungsaufwand zwar durch die Anwendung von automatischen Mustervorlagen minimieren, nachträgliche Änderungen sind damit aber nicht möglich. (Veränderungen an Mustervorlagen betreffen nur neue, nicht aber schon bestehende Excel-Dateien.)

Add-in-Dateien

Wie Sie in Kapitel 15 im Detail nachlesen können, kennt Excel zwei Typen von Add-ins. **Herkömmliche Add-ins** (auch Anwendungs-Add-ins genannt) sind im Prinzip normale Excel-Dateien, die aber als Dateien mit der Kennung *.xlam gespeichert werden. **COM Add-ins** sind dagegen Dateien, die nur kompilierten Code enthalten und die Kennung *.dll aufweisen. COM-Add-ins können in aktuellen Windows-Versionen nur noch mit Visual Studio Tools for Office (siehe Abschnitt 15.8) erstellt werden.

Damit herkömmliche Add-in-Dateien als solche erkannt und im Add-in-Manager aktiviert werden können (DATEI | OPTIONEN | ADD-INS | GEHE ZU), müssen sie in eines der beiden folgenden Verzeichnisse installiert werden:

- *[BenutzerVerzeichnis]\AppData\Roaming\Microsoft\AddIns*   persönlich
- *[OfficeVerzeichnis]\Macros*   global

Bei COM-Add-ins ist der Installationsort egal – sie können an jeder beliebigen Stelle auf der Festplatte gespeichert werden. Entscheidend ist hier, dass das COM-Add-in korrekt in der Registrierdatenbank registriert wird. Diese Aufgabe übernimmt normalerweise ein eigenes Installationsprogramm.

■ 5.10 Tipps und Tricks

Dieser Abschnitt fasst nützliche Tipps und Tricks zusammen, die den anderen Abschnitten dieses Kapitels nicht zuzuordnen sind, aber dennoch einen so elementaren Charakter haben, dass sie inhaltlich in dieses Kapitel gehören. Sie finden die meisten Beispielprogramme in der Datei *05\miscellaneous.xlsm*.

5.10.1 Geschwindigkeitsoptimierung

Prozeduren, die umfangreiche Änderungen im Tabellenblatt durchführen, können sehr langsam werden. Zwei mögliche Gründe sind der Zeitaufwand für das beständige Aktualisieren des Bildschirminhalts und die Neuberechnung der Tabelle nach jeder Änderung. Sie können die Geschwindigkeit Ihrer Makros stark erhöhen, wenn Sie während der Ausführung sowohl die Bildschirmaktualisierung als auch die Neuberechnung deaktivieren. Dazu müssen Sie die *Application*-Eigenschaften *ScreenUpdating* und *Calculation* am Anfang und am Ende der Prozedur entsprechend einstellen.

```
Sub HighSpeed()
  Dim calcMode As XlCalculation, updateMode As Boolean
  '
  ' Geschwindigkeitsoptimierung Anfang
  calcMode = Application.Calculation
  updateMode = Application.ScreenUpdating
  Application.Calculation = xlManual
  Application.ScreenUpdating = False
  '
  ' hier folgt der eigentliche Code des Makros
  '
  ' Geschwindigkeitsoptimierung Ende
  Application.Calculation = calcMode
  Application.ScreenUpdating = updateMode
  Application.Calculate     'alles neu berechnen (falls notwendig)
End Sub
```

Die Prozedur *HighSpeed* speichert zu Beginn die aktuellen Werte der beiden Eigenschaften und stellt sie anschließend auf *False* bzw. *xlManual*. Am Ende der Prozedur werden die ursprünglichen Einstellungen wiederhergestellt.

Falls im Verlauf der Prozedur die Notwendigkeit besteht, die Tabelle oder auch nur einen Bereich davon neu zu berechnen, können Sie dies mit der Methode *Calculate* veranlassen.

Anmerkung

Falls Sie in der Prozedur das Kommando *Exit Sub* verwenden, dürfen Sie nicht vergessen, *Calculation* vorher in den bisherigen Zustand zurückzusetzen. Weniger kritisch ist die Eigenschaft *ScreenUpdating*, die von VBA am Ende des ausgeführten Makros automatisch wieder auf *True* gestellt wird. Insofern ist die Zuweisung mit *True* nur dann erforderlich, wenn Sie den Bildschirminhalt schon während des Makroablaufs aktualisieren möchten.

∎

5.10.2 Zeitaufwändige Berechnungen

Infotext in der Statuszeile

Während länger dauernder Berechnungen sollten Sie den Anwender durch einen Text in der Statuszeile über den Stand der Berechnung informieren. Diese Maßnahme gibt dem Anwender eine Rückmeldung und zeigt an, dass der Rechner noch nicht abgestürzt ist. Die Statuszeile sollte zumindest Auskunft darüber geben, was der Rechner gerade tut. Noch besser ist es, wenn Sie außerdem in einem Prozentwert angeben können, wie weit die Berechnung bereits fortgeschritten ist – das ist allerdings nicht immer möglich.

Der Text der Statuszeile wird mit *Application.StatusBar* eingestellt. Sobald Sie der Eigenschaft *False* zuweisen, kümmert sich Excel wieder um die Anzeige von Texten in der Statuszeile (beispielsweise während der Menüauswahl).

Die Eigenschaft *DisplayStatusBar* bestimmt, ob die Statusleiste angezeigt wird oder nicht. Wenn das gerade nicht der Fall ist, können Sie die Statuszeile vorübergehend anzeigen und am Ende der Prozedur wieder verschwinden lassen.

 Anmerkung

Leider besteht in Excel nach wie vor keine Möglichkeit, den Zustand einer länger andauernden Berechnung durch einen Fortschrittsbalken (mit den kleinen blauen Quadraten, englisch *progress bar*) anzuzeigen. Excel verwendet dieses Gestaltungsobjekt zwar selbst häufig – etwa beim Laden und Speichern von Dateien –, es fehlen aber VBA-Methoden zur Steuerung der Statusleiste.

∎

Das folgende Beispiel zeigt, wie eine längere Berechnung in einer Weise durchgeführt werden kann, die für den Anwender des Programms erträglich ist. Die Prozedur beginnt damit, dass der aktuelle Zustand der Statuszeile (sichtbar oder nicht) in *status* gespeichert wird. Anschließend wird die Statuszeile aktiviert, falls sie das nicht ohnedies schon war.

In der *For*-Schleife für die Berechnung sind zwei *If*-Abfragen eingebaut. Die erste Abfrage testet, ob die Schleifenvariable ein Vielfaches von 50 beträgt. Diese Abfrage hat nur den Zweck, den nachfolgenden, relativ aufwendigen Zeitvergleich nicht allzu oft auszuführen. Die zweite Abfrage testet, ob seit der letzten Aktualisierung der Statuszeile mehr als eine Sekunde vergangen ist. Wenn das der Fall ist, wird die Anzeige in der Statuszeile aktualisiert und die Variable *nextUpdateTime* um eine Sekunde erhöht. Die Rechenzeit der Prozedur steigt durch den Verwaltungs-Overhead für die Statuszeile etwa um 5 Prozent an.

Der eigentliche Rechenteil der Prozedur hat nur Beispielcharakter und führt keine wirklich sinnvolle Berechnung durch. Am Ende der Prozedur wird der Text in der Statuszeile durch die Zuweisung von *False* wieder gelöscht. Damit wird die Kontrolle über den Statuszeilentext an Excel zurückgegeben. Außerdem wird die Statuszeile deaktiviert, falls sie am Beginn der Prozedur unsichtbar war.

Reale Berechnungen halten sich oft nicht an das hier skizzierte Schema einer einfachen Schleife. Wenn Sie eine umfangreiche Prozedur auf Hintergrundberechnung umstellen möchten, können Sie die beiden *If*-Abfragen in eine eigene Prozedur auslagern. *nextUpdateTime* müssen Sie dann als Modulvariable außerhalb der Prozedur definieren. Die Auslagerung hat den Vorteil, dass Sie die Abfragen durch einen einfachen Prozeduraufruf von mehreren Stellen der Hauptprozedur aus vornehmen können.

```
'Beispiel 05\miscellaneous.xlsm, Modul1
Sub slowcode()
  Const loopEnd = 1000000
  Dim statusMode&, nextUpdateTime As Date
  Dim i&, x#, result&
  Application.EnableCancelKey = xlErrorHandler
  On Error GoTo slow_error
  nextUpdateTime = Now
  statusMode = Application.DisplayStatusBar 'Zustand Statusleiste
  Application.DisplayStatusBar = True       'Statusleiste anzeigen
  For i = 1 To loopEnd                      'Berechnungsschleife
    If i Mod 50 = 0 Then                    'nur jedes 50. Mal testen
      If Now > nextUpdateTime Then          'Statuszeile aktualisieren
        nextUpdateTime = Now + TimeSerial(0, 0, 1)
        Application.StatusBar = "Berechnung zu " & _
          CInt(i / loopEnd * 100) & " Prozent ausgeführt"
      End If
    End If
    x = Sin(i) * Cos(i) ^ 3 * Sqr(i)        'Rechenzeit verbrauchen
    x = Sin(i) * Cos(i) ^ 3 * Sqr(i)
    x = Sin(i) * Cos(i) ^ 3 * Sqr(i)
    x = Sin(i) * Cos(i) ^ 3 * Sqr(i)
  Next i
  Application.StatusBar = False             'Steuerung an Excel zurück
  Application.DisplayStatusBar = statusMode 'Statuszeile wie früher
  Exit Sub
slow_error:
  If Err = 18 Then
    result = MsgBox("Soll das Programm fortgesetzt werden?", _
      vbYesNo)
    If result = vbYes Then Resume Next
  End If
```

```
   ' sonst Prozedur abbrechen
   Application.StatusBar = False            'Steuerung an Excel zurück
   Application.DisplayStatusBar = statusMode 'Statuszeile wie früher
   If Err = 18 Then Exit Sub
   Error Err                                'Fehlermeldung
End Sub
```

Programmunterbrechungen

Das obige Beispiel beginnt und endet mit einigen Zeilen, die für einen ordnungsgemäßen Abschluss des Programms sorgen, wenn ein Fehler auftritt oder der Anwender Strg+Pause drückt. Eine wichtige Rolle spielt dabei die Eigenschaft *EnableCancelKey*, die das Verhalten von Excel beim Drücken von Strg+Pause steuert. Wenn *EnableCancelKey* auf *xlErrorHandler* gesetzt wird, tritt als Reaktion auf Strg+Pause ein Fehler mit der Nummer 18 auf, der in einer Fehlerbehandlungsroutine aufgefangen werden kann. Details zum Thema Fehlerbehandlung und Programmunterbrechungen finden Sie in den Abschnitten 6.2 und 6.3.

Warnungen

Excel zeigt während der Ausführung von Makros dieselben Warnungen an wie im normalen Betrieb. Das kann lästig sein. Eine unterbrechungsfreie Ausführung von Makros kann erreicht werden, indem die *Application*-Eigenschaft *DisplayAlerts* auf *False* gesetzt wird.

Eingaben blockieren

Über die Zuweisung von *False* an die Eigenschaft *Application.Interactive* kann Excel gegenüber allen Eingaben (Tastatur und Maus) blockiert werden. Im Regelfall ist das nicht erforderlich, weil Excel während der Makroausführung ohnedies keine Eingaben entgegennimmt.

 Achtung

Die Eigenschaft *Interactive* muss am Ende der Prozedur unbedingt wieder auf *True* gesetzt werden, auch dann, wenn die Prozedur vorzeitig durch *Exit Sub* abgebrochen wird! Die Prozedur muss gegen eventuelle Fehler abgesichert sein (siehe Kapitel 6), sodass auch im Fehlerfall sichergestellt ist, dass die Eigenschaft zurückgesetzt wird. Es gibt keine Möglichkeit, die Eigenschaft außerhalb des VBA-Codes zurückzusetzen. Excel wird durch diese Eigenschaft nicht nur blockiert, das Programm kann nicht einmal mehr beendet werden! Eventuell noch nicht gespeicherte Daten sind verloren.

Informationen über den Zustand Excels ermitteln

Mit *Application.CalculationState* können Sie feststellen, ob Excel gerade dabei ist, das Tabellenblatt neu zu berechnen. Die Eigenschaft kann drei Zustände einnehmen: *xlDone* (fertig), *xlCalculating* (die Neuberechnung findet gerade statt) oder *xlPending* (eine Neuberechnung ist erforderlich, hat aber noch nicht begonnen).

Application.Ready gibt an, ob Excel bereit ist, Eingaben entgegenzunehmen, oder ob es aus irgendeinem Grund gerade blockiert ist (z. B. weil ein Dialog geöffnet ist).

Hintergrundberechnungen (DoEvents)

Unter Windows 3.1 trat bei umfangreichen Berechnungen das Problem auf, dass dadurch nicht nur Excel, sondern auch alle anderen laufenden Programme blockiert wurden. Abhilfe bot die regelmäßige Ausführung von *DoEvents* im VBA-Programmcode.

Seit Windows 95 ist die Ausführung von *DoEvents* nicht mehr erforderlich: Die parallele Ausführung verschiedener Programme ist nun auch ohne *DoEvents* gewährleistet. Seit Excel 2000 hat *DoEvents* aber eine andere Bedeutung: In seltenen Fällen kann damit erreicht werden, dass Excel weiterhin bedienbar bleibt, während VBA-Code ausgeführt wird.

Die Beispieldatei *05\DoEvents.xlsm* zeigt dafür ein Beispiel: Mit einem Button können Sie eine Endlosschleife starten, mit einem zweiten wieder stoppen. Die Besonderheit besteht darin, dass der zweite Button während der Schleife überhaupt verwendet werden kann (normalerweise wäre er blockiert) und dass auch Excel bedienbar bleibt. Das Beispiel zeigt aber auch die Grenzen der Technik: Wenn Sie in einer beliebigen Zelle eine Eingabe durchführen, endet die Schleife abrupt (wenn auch ohne Fehlermeldung).

```
' Beispiel 05\DoEvents.xlsm
Dim stopsignal As Boolean
Private Sub CommandButton1_Click()
  Do
    [a1] = Rnd
    DoEvents
    If stopsignal Then Exit Do
  Loop
  stopsignal = False
End Sub
Private Sub CommandButton2_Click()
  stopsignal = True
End Sub
```

5.10.3 Effizienter Umgang mit Tabellen

In vielen Fällen besteht die Hauptaufgabe von Excel-Anwendungen darin, riesige Tabellenblätter zu bearbeiten (Werte lesen oder schreiben, ändern, analysieren etc.). Dieser Abschnitt fasst diverse Programmiertechniken zusammen, mit denen der Umgang mit Tabellenblättern effizienter gestaltet werden kann.

Effizientes Bearbeiten von Zellbereichen

Wenn Sie eine große Anzahl von Zellen per VBA-Code bearbeiten müssen, besteht die einfachste (aber leider auch langsamste) Methode darin, jede Zelle einzeln anzusprechen. Daran ändern auch *ScreenUpdating = False* und *Calculation = xlManual* nicht mehr viel. Die folgenden Zeilen zeigen, wie 10000 Zellen mit Zahlen gefüllt werden.

```
' Beispieldatei 05\miscellaneous.xlsm, Module1
' die einfachste und gleichzeitig langsamste Variante: ca. 10 Sekunden
Sub SlowFill()
  Dim i#, j#, k#, r As Range
  Set r = Worksheets(1).[a1]
  Sheets(1).Activate
  r.CurrentRegion.Clear
  Application.ScreenUpdating = False
  Application.Calculation = xlManual
  For i = 0 To 199      ' Zeilen
    For j = 0 To 199    ' Spalten
      k = i * 200 + j
      r.Offset(i, j) = k
    Next
  Next
  Application.Calculation = xlAutomatic
  Application.ScreenUpdating = True: Beep
End Sub
```

Wenn Sie schneller vorgehen möchten, haben Sie vier Möglichkeiten:

- Sie verwenden vordefinierte Excel-Methoden, arbeiten also mit Methoden wie *AutoFill* (automatisches Ausfüllen), *PasteSpecial* (Inhalte einfügen und dabei Operationen wie Subtraktion, Multiplikation etc. ausführen), *Copy* (Zellbereiche kopieren) etc. Natürlich sind diese Methoden nicht für jeden Zweck geeignet – aber wenn sie geeignet sind, dann sind sie *sehr* schnell im Vergleich zur herkömmlichen Programmierung.

- Sie arbeiten mit Feldern: Der Zugriff auf Feldelemente erfolgt viel schneller als der Zugriff auf Zellen. Felder können fertig ausgerechnet und dann als Ganzes in einen Zellbereich kopiert werden.

- Sie arbeiten mit Datenfeldern: Datenfelder haben gegenüber normalen Feldern zwar viele Nachteile, aber auch einen entscheidenden Vorteil: Sie können ganze Zellbereiche auf einmal in ein Datenfeld übertragen. (Bei normalen Feldern ist ein Datentransport nur in die umgekehrte Richtung möglich.)

- Sie arbeiten mit der Zwischenablage: Über die Zwischenablage ist ein effizienter Datentransport in beide Richtungen möglich, also aus dem Tabellenblatt und wieder dort hinein (siehe Abschnitt 5.3).

Arbeiten mit normalen Feldern

Es ist kaum bekannt, dass die Inhalte von ein- und zweidimensionalen Feldern einfach per Zuweisung in einen Zellbereich kopiert werden können. Am einfachsten wird das anhand eines Beispiels verständlich:

```
Dim y(3) As Variant                '4 Elemente
y(i) = ...
Worksheets(1).Range("a1:d1") = y   'verändert A1:D1
'
Dim x(9, 4) As Variant             '10*5 Elemente
x(i,j)= ...
Worksheets(1).Range("a1:e10") = x  'verändert die Zellen A1:E10
```

Beim Umgang mit Feldern müssen einige Details beachtet werden:

- Der Zielbereich muss exakt angegeben werden; wenn er kleiner ist als das Feld, werden entsprechend weniger Elemente übertragen; wenn er dagegen zu groß ist, werden die überzähligen Zellen mit dem Fehlerwert *#NV* gefüllt.

- Eindimensionale Felder können nur einem horizontalen Zellblock zugewiesen werden, nicht einem vertikalen.

- Bei zweidimensionalen Feldern gibt der erste Index die Zeile, der zweite Index die Spalte an (also *feld(zeile,spalte)*). Das entspricht zwar dem von *Offset* gewohnten Format, intuitiv würde man aber vielleicht dennoch die umgekehrte Reihenfolge erwarten (also *feld(x,y)*).

- Die Datenübertragung ist nur in der Richtung Feld → Tabelle möglich. Das Einlesen von Zellen in ein Feld ist nicht möglich (bzw. nur mit Datenfeldern – siehe etwas weiter unten).

Der Code zum Ausfüllen von 10000 Zellen mithilfe eines Datenfelds ist nicht wesentlich komplizierter als das direkte Eintragen der Zellen, dafür aber um ein Vielfaches schneller:

```
Sub FastFill() ' schnelle Variante, kleiner 1 Sekunde
  Dim i#, j#, k#
  Dim r As Range, r1 As Range, r2 As Range
  Dim cells(199, 199)
  Worksheets(1).Activate
  Worksheets(1).[a1].CurrentRegion.Clear
  Application.ScreenUpdating = False
  Application.Calculation = xlManual
  For i = 0 To 199       ' Zeilen
    For j = 0 To 199     ' Spalten
      k = i * 200 + j
      cells(i, j) = k
    Next
  Next
  ' Zielbereich ermitteln
  Set r1 = Worksheets(1).[a1]
  Set r2 = r1.Offset(199, 199)
  Set r = Worksheets(1).Range(r1, r2)
  r = cells
  Application.Calculation = xlAutomatic
  Application.ScreenUpdating = True
End Sub
```

Arbeiten mit Datenfeldern

Datenfelder sind eine recht merkwürdige Erfindung. Sie bieten eigentlich nichts, was sich nicht auch mit gewöhnlichen Feldern machen ließe, verwenden dabei intern aber eine andere Organisation. Ihr Vorteil: Datenfelder können zusammen mit einigen Excel-Methoden verwendet werden, bei denen normale Felder – aus welchen Gründen auch immer – nicht zulässig sind. Das meiste, was oben für normale Felder besprochen wurde, gilt auch für Datenfelder. Neu ist, dass jetzt auch ein Datentransport aus einem Zellbereich in ein Datenfeld möglich ist.

```
Dim x As Variant
x = Worksheets(1).[a1:b4]      '8 Elemente lesen
...                            'bearbeiten
Worksheets(1).[c1:d4] = x      '8 Zellen verändern
```

Auf die einzelnen Elemente kann nun in der Form *x(1,1)* bis *x(4,2)* (für B4) zugegriffen werden. Gegenüber normalen Feldern bestehen folgende Unterschiede:

- Der Zugriff auf das erste Feld beginnt mit dem Index 1. (Bei Feldern ist es normalerweise 0. Nur wenn Sie *Option Base 1* verwenden, gilt auch bei Feldern der Index 1 als kleinster erlaubter Wert.)

- Die Größe von Datenfeldern kann nicht im Voraus durch *Dim* eingestellt werden. Die Anzahl der Elemente ergibt sich erst beim Kopieren von Zellen aus dem Tabellenblatt. Daher eignen sich Datenfelder vor allem dann, wenn bereits vorhandene Zellen verändert oder analysiert werden müssen. Echte Felder sind dagegen praktischer, wenn nur Daten in das Tabellenblatt geschrieben werden sollen.

5.10.4 Zusammenspiel mit Excel-4-Makros

Es besteht keine Möglichkeit, frühere Excel-4-Makros quasi auf Knopfdruck in VBA-Makros zu konvertieren. Sie können Excel-4-Makros aber problemlos weiterverwenden. In VBA-Modulen formulierte Funktionen bzw. Prozeduren können in Tabellenblättern bzw. in Makrovorlagen direkt durch Namensnennung aufgerufen werden (*=Makro1()*). Umgekehrt können Excel-4-Makros in VBA-Programmteilen mit der Methode *Run* weiterverwendet werden:

```
Run "Makroname1"
Run "Makroname2", parameter1, parameter2
```

Makrofunktionen im VBA-Code aufrufen

Auch einzelne Makrokommandos können direkt in VBA ausgeführt werden. Dazu wird das gesamte Kommando ohne das vorangestellte „="-Zeichen als Zeichenkette an die Methode *ExecuteExcel4Macro* übergeben. Beachten Sie, dass Sie dabei den deutschen Kommandonamen angeben müssen! (In Excel 7 wurde zwar VBA auf Englisch umgestellt, Excel-4-Makros müssen aber nach wie vor auf Deutsch angegeben werden!)

```
ExecuteExcel4Macro "BILDSCHIRMANZEIGE(,FALSCH,,,,,)"
```

Hinweis

Zur Wiederholung hier nochmals der Hinweis, wie Excel-Tabellenfunktionen im VBA-Code genutzt werden: mit den englischen Funktionsnamen und mit vorange-stelltem *WorksheetFunction* (einer Eigenschaft des *Application*-Objekts):

WorksheetFunction.Sum(Range("A1:A3"))

5.10.5 Excel-Version feststellen

Wenn Sie per VBA-Code feststellen möchten, von welcher Excel-Version die Prozedur ausge-führt wird, werten Sie *Application.Version* aus (es handelt sich um eine Zeichenkette!). Die Hauptversionsnummer ermitteln Sie am einfachsten mit *Val(..)*. Für die vergangenen fünf Versionen gilt folgende Zuordnung:

Excel-Version	Inhalt von Version
Excel 2000	„9.0"
Excel 2002	„10.0"
Excel 2003	„11.0"
Excel 2007	„12.0"
Excel 2010	„14.0"
Excel 2013	„15.0"

Wie Sie zweifellos bemerkt haben, fehlt da die Version 13. Ist es nicht schön zu sehen, dass selbst Weltkonzerne wie Microsoft abergläubisch sind?

5.10.6 Hilfe zur Selbsthilfe

Dieses Kapitel hat einige besonders wichtige und elementare Techniken der Excel-Program-mierung behandelt. Es gäbe aber genug weitere Themen, um dieses Kapitel beinahe beliebig auszudehnen. Einige wurden in andere Kapitel verlagert – beispielsweise die Programmie-rung von Diagrammen (Kapitel 10) oder die Datenbankprogrammierung (Kapitel 11 bis 13). Andere Themen kommen in diesem Buch aus Platzgründen tatsächlich zu kurz.

Natürlich wäre es Ihnen als Leser lieber, wenn das Buch gerade um jene 20 Seiten umfang-reicher wäre, die notwendig sind, um das eine – gerade für Sie wichtige – Detailproblem zu beschreiben. Aber da bei jedem Excel-Anwender die Prioritäten anders gesetzt sind, würde das Buch beim Versuch, größere Vollständigkeit zu erzielen, wohl doppelt so umfangreich werden, entsprechend teurer sein, später erscheinen etc. Der Anspruch, eine lesbare Einfüh-rung zu bieten, ginge verloren. Kurz und gut: Es wird Ihnen nicht erspart bleiben, manchmal selbst zu experimentieren!

Nutzen Sie die Online-Hilfe!

Ein Blick in die Online-Hilfe von Excel und der VBA-Entwicklungsumgebung kann nie schaden. Leider wurde die Hilfe mit Office 2007 wieder einmal vollkommen umgekrempelt. So hat sich unter anderem das Darstellungsformat geändert, das nun im .NET-Stil (angeblich) für eine verbesserte Übersichtlichkeit sorgen soll. Zudem können Sie nun zusätzlich zu den lokal installierten Hilfedateien auch sämtliche Inhalte von Office Online durchsuchen, was zwar auf ein stets aktuelles Informationsangebot hoffen lässt, aber auch eine sehr schnelle Internetverbindung erfordert.

Darüber hinaus bringt die neue Hilfe auch Nachteile mit sich. Größtes Manko ist ein deutlicher Verlust an „Intelligenz" und Kontextsensitivität. Das Markieren eines Schlüsselworts im Code und der anschließende Druck auf F1 führen in vielen Fällen nicht mehr zu Ergebnissen. Die erhält man oft erst, nachdem man das Schlüsselwort von Hand in das Suchfeld der Hilfe eingetippt hat.

Tipp

Den schnellsten Weg zum Ziel bietet oft der Objektkatalog. Markieren Sie dort ein Schlüsselwort, und drücken Sie F1. Das klappt in der Regel. ∎

Insgesamt ist die Suche nach Detailinformationen umso leichter, je besser Sie Excel bzw. VBA bereits kennen. Aus diesem Grund kann es durchaus sinnvoll sein, einmal die Objektreferenz auf der Buch-CD zu überfliegen. Diese Referenz vermittelt einen guten Überblick darüber, welche Objekte bei der Excel-Programmierung üblicherweise eingesetzt werden. Auch wenn Sie sich nicht alles merken können, bleibt vielleicht gerade so viel im Gedächtnis hängen, dass Sie das Schlüsselwort im Objektkatalog wiedererkennen.

Falls Sie über ein Abonnement der MSDN-Library verfügen, steht Ihnen zusätzlich zur normalen Hilfe eine riesige Sammlung von Dokumentationen mit exzellenten Suchmöglichkeiten zur Verfügung. Unter anderem haben Sie Zugriff auf die Knowledge Base, eine Sammlung von Problemlösungen, die offensichtlich bei der Beantwortung vieler Kundenanfragen entstanden ist.

Tipp

Die Informationen der MSDN-Library sind auch im Internet zugänglich *[Link 9]*. Allerdings sind dort die Suchmöglichkeiten weniger komfortabel:

http://msdn.microsoft.com ∎

Experimentieren Sie im Direktbereich!

Oft bleibt nur die Möglichkeit, unbekannte Eigenschaften oder Methoden einfach selbst auszuprobieren. Am leichtesten kann dies im Direktbereich erfolgen. Ein großer Monitor ist dabei hilfreich – dann haben Sie nämlich genug Platz, um die Excel- und VBA-Fenster neben- oder übereinander zu platzieren.

Sie können innerhalb des Direktbereichs beinahe alle Sprachstrukturen von VBA verwenden – selbst Schleifen! Die einzige Bedingung besteht darin, dass die gesamte Anweisung in eine Zeile passt (bzw. in mehrere Zeilen, wenn diese durch „_" verbunden sind). Sie dürfen beliebig viele neue Variablen (direkt ohne *Dim*) verwenden.

Sehr wertvoll bei der Analyse von unbekannten Daten oder Eigenschaften sind die Funktionen *VarType* und *TypeName*. *VarType* liefert einen numerischen Wert, der den Datentyp eines *Variant*-Werts bzw. einer Variablen angibt. Eine Liste der möglichen Zahlenwerte finden Sie in der Hilfe. *TypeName* liefert den Namen eines Objekttyps, beispielsweise *Worksheet*, *Window* oder *Nothing*. Damit haben Sie wieder ein Schlüsselwort zum Suchen in der Hilfe.

Nutzen Sie die Makroaufzeichnung zur Suche nach Schlüsselwörtern!

Wenn es darum geht, Prozeduren zu programmieren, die Bedienungsabläufe vereinfachen oder automatisieren sollen, dann bietet die Makroaufzeichnung oft den schnellsten Weg zu einem lauffähigen Makro. Auch wenn der so produzierte Code nur selten unverändert belassen werden kann, enthält er doch zumeist die richtigen Schlüsselwörter.

5.10.7 Syntaxzusammenfassung

Alle Eigenschaften und Methoden beziehen sich – wenn nichts anderes angegeben wird – auf das Objekt *Application*.

Hintergrundberechnungen, Optionen für die Programmausführung	
Interactive = True/False	Eingaben zulassen oder nicht
EnableCancelKey = xlDisabled	keine Reaktion auf Strg+Pause
.. = xlErrorHandler	Fehler 18 bei Strg+Pause
DisplayAlerts = True/False	Warnmeldungen während der Makroausführung
DisplayStatusBar = True/False	Statusleiste anzeigen
StatusBar = „infotext"/False	Text in der Statuszeile einstellen

Geschwindigkeitsoptimierung	
ScreenUpdating = True/False	Bildschirmaktualisierung ein/aus
Calculation = xlAutomatic/xlManual	automatische/manuelle Berechnung
objekt.Calculate	Bereich/Blatt/ganze Anwendung neu berechnen

Excel-4-Makros und Tabellenfunktionen	
Run „Makroname" [,para1, para2 ...]	Excel-4-Makro ausführen
ExecuteExcel4Macro „KOMMANDO(...)"	Excel-4-Makrokommando ausführen (deutsch)
WorksheetFunction.Function()	Tabellenfunktion ausführen (englisch)

Excel-Versionsnummer	
Application.Version	Zeichenkette mit der Excel-Versionsnummer

6 Fehlersuche und Fehlerabsicherung

Wo programmiert wird, da passieren Fehler! Diese Regel hat sich im Verlauf der letzten Jahrzehnte als unumstößlich herausgestellt. Selbst in jahrelang ausgereiften Programmen werden immer noch Fehler entdeckt. (Ganz zu schweigen von Programmen wie Excel oder Word, wo das Implementieren immer neuer Funktionen offensichtlich höhere Priorität hat als die Fehlersuche.) Ziel dieses Kapitels ist es aber nicht, über die Qualität vorhandener Software zu schimpfen, sondern Ihnen zu zeigen, wie Sie es besser machen können. Vielleicht kommt dann sogar Verständnis dafür auf, dass auch bei Microsoft Fehler passieren.

Das Kapitel gliedert sich in zwei Abschnitte: Der erste beschreibt die Möglichkeiten zur Analyse fehlerhafter Programme. Die englische Bezeichnung für diese Tätigkeit lautet „Debugging". VBA bietet zu diesem Zweck eine ausgezeichnete Arbeitsumgebung, die unter anderem die Schritt-für-Schritt-Ausführung von Programmen, bedingte Haltepunkte und die Überwachung von Variablen ermöglicht. Der zweite Abschnitt dieses Kapitels zeigt, wie Sie Ihr Programm gegen ein unkontrolliertes Verhalten absichern, wenn doch ein Fehler auftreten sollte (z. B. wenn der Anwender Ihr Programm falsch bedient).

■ 6.1 Hilfsmittel zur Fehlersuche (Debugging)

6.1.1 Syntaxkontrolle

Fehler, die bereits vor dem Programmstart gemeldet werden

VBA weigert sich, irgendeine Prozedur zu starten, solange es im Code noch formale Fehler feststellen kann. VBA erkennt dabei falsch oder gar nicht deklarierte Variablen (siehe unten), die fehlerhafte Verwendung von Schlüsselwörtern als Variablen- oder Prozedurnamen, den Versuch, eine gar nicht existente Prozedur aufzurufen, doppelt definierte Prozeduren, die irrtümliche Verwendung von „;" statt „," etc. Die meisten dieser Fehler sind einfach zu erkennen und mit wenig Aufwand zu beseitigen.

Tipp

Manche Fehler – etwa Tippfehler bei Methoden und Eigenschaften – können erst beim Kompilieren festgestellt werden (und unter Umständen sogar erst bei der Ausführung des Codes). In der Default-Einstellung werden allerdings nur die Programmteile kompiliert, die tatsächlich benötigt werden. Daher kann es vorkommen, dass formale Fehler erst nach einiger Zeit, d. h., wenn die jeweilige Prozedur zum ersten Mal benötigt wird, entdeckt werden.

Meistens ist es angenehmer, vor dem Programmstart *alle* formalen Fehler aufzuspüren. Dazu können Sie entweder das gesamte Projekt mit DEBUGGEN | KOMPILIEREN in Pseudocode umwandeln oder die beiden Kompiliereinstellungen in EXTRAS | OPTIONEN deaktivieren.

Fehler bei der Variablendeklaration

Wenn am Beginn Ihres Moduls die Anweisung *Option Explicit* steht, dann muss jede Variable vor ihrer Verwendung mit *Dim, Private* oder *Public* deklariert werden. Das sieht zwar nach zusätzlicher Arbeit aus, ist aber ein wichtiger und effizienter Mechanismus zur Vermeidung von Tippfehlern. Gerade bei den ungemein langatmigen Schlüsselwörtern (etwa der Methode *ToolbarButtons*) sind Tippfehler quasi schon vorprogrammiert. *Ohne* die Option *Explicit* interpretiert VBA ein falsch geschriebenes Schlüsselwort in der Regel wie eine nicht deklarierte Variant-Variable. Es kann ohne Weiteres vorkommen, dass ein solches Programm trotz des offensichtlichen inhaltlichen Fehlers syntaktisch gesehen korrekt ist! Das Programm wird also anstandslos gestartet, womöglich tritt nicht einmal während der Ausführung ein Problem auf – wenn man davon absieht, dass die Prozedur den beabsichtigten Zweck nicht erfüllt.

Verwenden Sie daher immer die Option *Explicit*! Wenn Sie über EXTRAS | OPTIONEN | EDITOR die Option VARIABLENDEKLARATION ERFORDERLICH anklicken, dann fügt VBA bei allen neuen Modulen die Anweisung *Option Explicit* automatisch ein. (Die Option hat keinen Einfluss auf schon vorhandene Module.)

Wenn Sie in Ihren Prozeduren den Typ der Parameter exakt angeben (das sollten Sie!), dann muss dieser Typ mit dem Typ der beim Aufruf übergebenen Variablen exakt übereinstimmen; andernfalls kommt es zu einer Fehlermeldung.

6.1.2 Reaktion auf Fehler

In EXTRAS | OPTIONEN | ALLGEMEIN können Sie zwischen drei Optionen wählen, wie Visual Basic auf Fehler beim Ausführen von Code reagieren soll. Die Option BEI JEDEM FEHLER bedeutet, dass jeder Fehler selbst dann zu einer Programmunterbrechung führt, wenn dieser Fehler durch *On Error* abgefangen würde. (Informationen zur Programmierung von Fehlerbehandlungsroutinen finden Sie im nächsten Abschnitt.) Die Option ist insofern sehr praktisch, als durch On-Error-Routinen oft Fehler verborgen bleiben, an die Sie bei der Programmentwicklung gar nicht gedacht hatten. Die Option BEI JEDEM FEHLER deaktiviert also alle *On-Error*-Anweisungen.

Bei den beiden anderen Optionen (IN KLASSENMODUL, BEI NICHT VERARBEITETEN FEHLERN) führt ein Fehler nur dann zur Programmunterbrechung, wenn es keine Fehlerbehandlungsroutine gibt. Einen Unterschied zwischen den beiden Optionen gibt es nur, wenn Sie Klassenmodule testen.

Tipp

Während die Programmausführung unterbrochen ist, werden in den Codefenstern automatisch die Inhalte von Variablen angezeigt, sobald Sie die Maus über den Variablennamen bewegen.

Hinweis

Während die Programmausführung in der Entwicklungsumgebung unterbrochen ist, sind diverse Kommandos und Funktionen in Excel gesperrt. Das kann irritierend sein, weil in Excel die Ursache der Blockierung nicht sichtbar ist. Wenn Sie die fehlerhafte Prozedur nicht fortsetzen möchten, führen Sie in der Entwicklungsumgebung AUSFÜHREN | ZURÜCKSETZEN aus!

Der Direktbereich (Testfenster)

Ein wichtiges Hilfsmittel zur Fehlersuche ist das Fenster des Direktbereichs. Während der Programmausführung gelangen Sie in dieses Fenster, wenn Sie das Programm mit Strg+Pause unterbrechen und TESTEN anklicken, wenn Sie nach dem Auftreten eines Fehlers den Button TESTEN anklicken oder im Programmcode die Anweisung *Stop* einfügen. (Außerdem öffnet VBA den Direktbereich, wenn es bei der Ausführung eines Programms auf einen Haltepunkt stößt – siehe einige Absätze weiter unten.)

Sie können den Direktbereich aber auch vor dem Start einer Prozedur mit ANSICHT | DIREKTFENSTER (bzw. Strg+G) öffnen und die Prozedur anschließend durch eine Anweisung im Direktbereich ausführen. Bei Unterprogrammen ohne Parameter reicht dazu einfach die Eingabe des Namens und Return. Falls Parameter vorgesehen sind, müssen Sie hierfür sinnvolle Werte angeben. Bei Funktionen müssen Sie darauf achten, dass die Parameter in Klammern stehen und der Rückgabewert der Funktion ausgewertet wird. Am leichtesten erfolgt diese Auswertung durch ein vorangestelltes „?" (die Abkürzung für *Print*): VBA gibt dann das Ergebnis der Funktion in der nächsten Zeile des Direktbereichs aus.

Prozedurliste (Aufrufeliste)

Mit Strg+L bzw. dem Menükommando ANSICHT | AUFRUFELISTE können Sie ein Dialogfenster anzeigen, das alle Vorläuferprozeduren aufzählt, die zum Aufruf der gerade aktuellen Prozedur geführt haben. Die Liste ist verkehrt sortiert: Ganz oben steht die aktuelle Prozedur, in der Zeile darunter jene Prozedur, aus der die aktuelle Prozedur aufgerufen wurde, etc. Bei rekursiven (sich selbst aufrufenden) Prozeduren kann es vorkommen, dass derselbe Prozedurname unzählige Male in der Liste der Prozeduraufrufe steht. Der AUFRUFE-Dialog gibt also Rückschluss, wie es zum Aufruf der aktuellen Prozedur gekommen ist. Durch einen Doppelklick auf eine der Prozeduren verändern Sie den aktuellen Gültigkeitsbereich (Kontext) für Variablen im Direktfenster.

In Bild 6.1 sehen Sie die Liste der Prozeduraufrufe, die sich aus dem Start von *testrecur* im Modul *Procedures* der aus Kapitel 4 stammenden Beispieldatei *04\VBA-Concepts.xlsm* ergeben hat. Nachdem *recur* das erste Mal durch *testrecur* ausgeführt wurde, haben sich die beiden weiteren *recur*-Einträge in der Liste durch den rekursiven Aufruf ergeben.

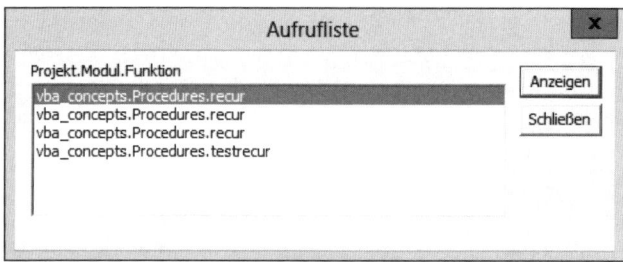

BILD 6.1
Die Aufrufliste

```
' Datei 04\VBA-Concepts.xlsm, Modul Procedures
Public Sub testrecur()
  Debug.Print recur(3)
End Sub
' rekursive Prozedur zur Berechnung der Fakultät von x
Function recur(x As Double) As Double
  If x <= 1 Then
    recur = 1
    Stop     'hier wird die Ausführung unterbrochen
  Else
    recur = x * recur(x - 1)
  End If
End Function
```

Programmänderungen im laufenden Programm

Sie können manche Änderungen auch im laufenden Programm vornehmen und das Programm anschließend fortsetzen. Das ist zum Beseitigen von Fehlern natürlich ausgesprochen praktisch. Eine Fortsetzung ist allerdings nicht möglich, wenn sich die Struktur des Programms ändert, also etwa die Deklaration der Parameter einer gerade aktiven Prozedur. Falls Sie die Option BENACHRICHTIGEN VOR ZUSTANDSÄNDERUNG in EXTRAS | OPTIONEN | ALLGEMEIN aktiviert haben, warnt die Entwicklungsumgebung vor solchen Änderungen.

Programm fortsetzen

Unterbrochene Programme können mit F5 oder F8 (Einzelschritt) fortgesetzt werden. Das gilt auch für Programme, in denen ein Fehler aufgetreten ist. Eine Fortsetzung ist allerdings nur dann sinnvoll, wenn die Ursache des Fehlers behoben werden konnte (was nur selten möglich ist). Ein Beispiel: In einem Programm tritt bei der Anweisung *a=b/c* eine Division durch 0 auf. Sie können im Direktbereich *c=1* ausführen und das Programm mit F5 fortsetzen.

Kontrollausgaben durch das Programm

In vielen Fällen ist es zweckmäßig, vom Programm aus Kontrollausgaben durchzuführen, ohne die Programmausführung zu stoppen. Dazu gibt es zwei Möglichkeiten:

- Sie verwenden den Befehl *MsgBox*, mit dem Sie einen beliebigen (kurzen) Text in einem kleinen Fenster anzeigen können. Sobald Sie den OK-Button dieses Fensters drücken, wird das Programm fortgesetzt.

- Sie verwenden die *Print*-Methode für das *Debug*-Objekt, um Texte, Zahlen oder Variableninhalte im Fenster Direktbereich auszugeben.

6.1.3 Kontrollierte Programmausführung

Mit F8 bzw. mit dem Menükommando Debuggen | Einzelschritt können Sie das Programm Zeile für Zeile (bzw. Schritt für Schritt, falls sich in einer Zeile mehrere Anweisungen befinden) ausführen. Visual Basic führt also die jeweils nächste Anweisung aus und unterbricht das Programm danach selbstständig wieder. Mit dem Kommando können Sie den Programmverlauf (beispielsweise in verschachtelten Schleifen, Verzweigungen oder Ereignisprozeduren) genau verfolgen. Sie können jederzeit den Inhalt verschiedener Variablen überprüfen und so einzelne Berechnungsschritte nachvollziehen. F8 kann sowohl zum Start einer neuen Prozedur im Einzelschrittmodus als auch zur Fortsetzung eines unterbrochenen Programms verwendet werden.

Zum Einzelschrittkommando gibt es einige Varianten:

- Debuggen | Prozedurschritt bzw. Shift+F8 führt normalerweise ebenfalls nur eine einzige Anweisung aus. Wenn in dieser Anweisung allerdings ein Unterprogramm oder eine Funktion aufgerufen wird, dann wird diese Prozedur als Ganzes sofort ausgeführt.

- Debuggen | Prozedur abschliessen bzw. Strg+Shift+F8 führt alle Anweisungen bis zum Ende der aktuellen Prozedur aus. Wenn dabei andere Prozeduren aufgerufen werden, werden auch diese vollständig ausgeführt.

- Debuggen | Ausführen bis Cursorposition bzw. Strg+F8 funktioniert ähnlich, allerdings wird die Ausführung bereits in der Zeile der aktuellen Prozedur wieder gestoppt, in der sich gerade der Cursor befindet. Das Kommando erspart in vielen Fällen das Setzen eines Haltepunkts.

Anweisungen überspringen oder wiederholen

Das Programm wird normalerweise Anweisung für Anweisung ausgeführt. Wenn die Programmausführung (durch einen Haltepunkt, bei der Ausführung im Einzelschritt-Modus etc.) unterbrochen ist, können Sie mit dem Kommando Debuggen | Nächste Anweisung festlegen bzw. mit Strg+F9 die Zeile bestimmen, an der das Programm mit F5 oder F8 fortgesetzt werden soll. Es ist nicht möglich, eine Zeile, die sich außerhalb der aktuellen Prozedur befindet, auf diese Weise zu markieren. Das Kommando Nächste Anweisung festlegen eignet sich insbesondere dazu, einige schon ausgeführte Programmzeilen nochmals auszuführen oder einen Programmteil zu überspringen.

Programmunterbrechung durch Haltepunkte

Bevor Sie das Programm starten bzw. solange die Programmausführung unterbrochen ist, können Sie mit F9 bzw. mit dem Menükommando DEBUGGEN | HALTEPUNKT EIN/AUS einzelne Programmzeilen als Haltepunkt (Breakpoint) markieren. Haltepunkte werden im Programmcode durch eine eigene Farbe (in der Standardeinstellung: durch einen roten Hintergrund) gekennzeichnet. Visual Basic unterbricht die Ausführung automatisch bei jeder auf diese Weise markierten Zeile (und zwar *bevor* diese Zeile ausgeführt wird).

Haltepunkte eignen sich hervorragend dazu, kritische Programmteile zu überprüfen. Setzen Sie einfach einen Haltepunkt in der ersten Zeile einer Prozedur, in der Sie einen Fehler vermuten. Sobald diese Prozedur im Programmverlauf erreicht wird, unterbricht Visual Basic die Programmausführung. Sie können jetzt einzelne Variablen im Testfenster überprüfen oder das Programm im Einzelschrittmodus fortsetzen.

Programmunterbrechung durch Überwachungsausdrücke (Watch-Expressions)

Eine ausgefeiltere Möglichkeit zur Definition von Haltepunkten stellen Überwachungsausdrücke dar. Dabei handelt es sich zumeist um einfache Variablen oder Eigenschaften, deren Zustand überwacht werden soll. (Erlaubt sind aber auch einfache zusammengesetzte Ausdrücke.) Die Eingabe der Überwachungsausdrücke erfolgt am einfachsten in Codefenstern, indem Sie über der jeweiligen Variablen mit der rechten Maustaste den Kontextmenüeintrag ÜBERWACHUNG HINZUFÜGEN auswählen. Es erscheint dann der in Bild 6.2 dargestellte Dialog.

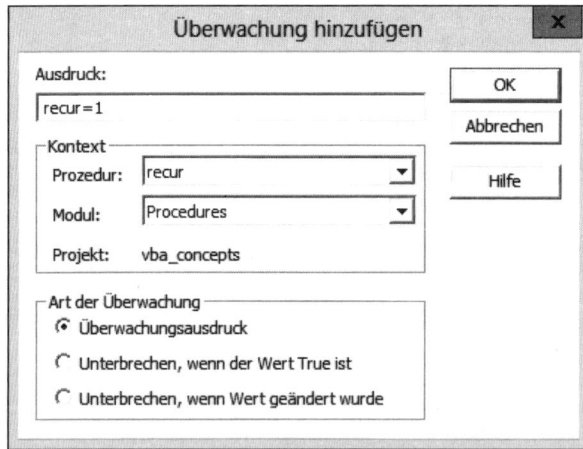

BILD 6.2
Überwachungsausdruck
definieren

Sie können zwischen drei Formen der Überwachung auswählen: Die einfachste Variante lautet ÜBERWACHUNGSAUSDRUCK, d. h., Visual Basic zeigt den aktuellen Wert bei einer Programmunterbrechung im Testfenster an. Bei den beiden anderen Varianten kommt es zu einer Programmunterbrechung, wenn der gesamte Ausdruck den Wahrheitswert *True* annimmt oder sich nur ändert. Sie können Überwachungsausdrücke also dazu verwenden, um ein Programm automatisch zu unterbrechen, sobald eine Variable größer als 100 wird.

Im ÜBERWACHUNG-HINZUFÜGEN-Dialog können Sie auch angeben, aus welchem Kontext die Variable gelesen werden soll (d. h. welches Modul, welche Prozedur; diese Frage ist wichtig, weil es gleichnamige lokale Variablen in verschiedenen Kontexten geben kann). Alle definierten Überwachungsausdrücke werden im Überwachungsfenster angezeigt.

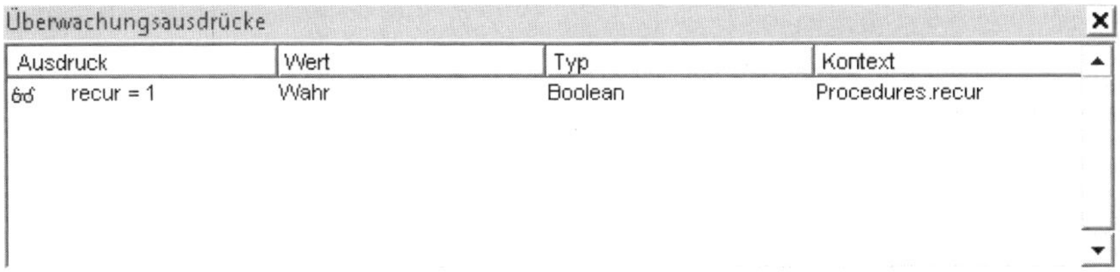

Überwachungsausdrücke				✕
Ausdruck	Wert	Typ	Kontext	▲
6ő recur = 1	Wahr	Boolean	Procedures.recur	
				▼

BILD 6.3 Das Überwachungsfenster

Der ÜBERWACHUNGS-Dialog ist besonders attraktiv, wenn Sie die Eigenschaften von Objekten ansehen möchten. Bild 6.4 zeigt einige Eigenschaften des *Application*-Objekts. Beachten Sie, dass Sie sich in diesem Fenster gleichsam durch die gesamte Objekthierarchie bewegen können: Die Eigenschaft *ActiveWindow* führt auf ein *Window*-Objekt, dessen Eigenschaft *ActiveCell* auf ein *Range*-Objekt etc.

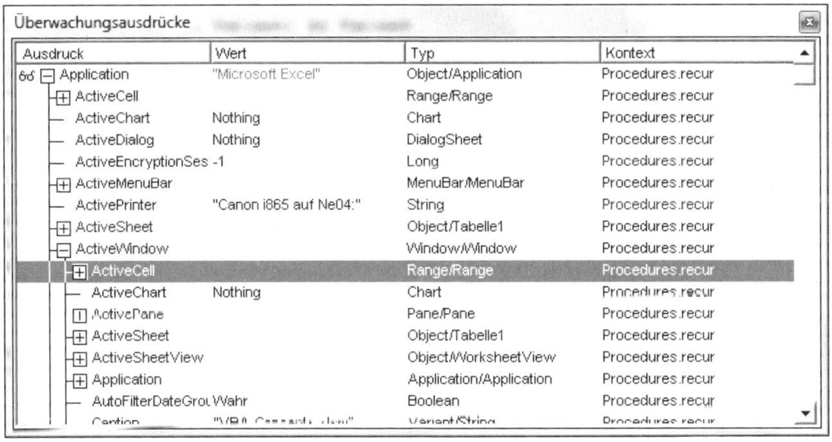

Überwachungsausdrücke				
Ausdruck	Wert	Typ	Kontext	▲
6ő ⊟ Application	"Microsoft Excel"	Object/Application	Procedures.recur	
⊞ ActiveCell		Range/Range	Procedures.recur	
— ActiveChart	Nothing	Chart	Procedures.recur	
— ActiveDialog	Nothing	DialogSheet	Procedures.recur	
— ActiveEncryptionSes	-1	Long	Procedures.recur	
⊞ ActiveMenuBar		MenuBar/MenuBar	Procedures.recur	
— ActivePrinter	"Canon i865 auf Ne04:"	String	Procedures.recur	
⊞ ActiveSheet		Object/Tabelle1	Procedures.recur	
⊟ ActiveWindow		Window/Window	Procedures.recur	
⊞ ActiveCell		Range/Range	Procedures.recur	
— ActiveChart	Nothing	Chart	Procedures.recur	
⊞ ActivePane		Pane/Pane	Procedures.recur	
⊞ ActiveSheet		Object/Tabelle1	Procedures.recur	
⊞ ActiveSheetView		Object/WorksheetView	Procedures.recur	
⊞ Application		Application/Application	Procedures.recur	
— AutoFilterDateGrou	Wahr	Boolean	Procedures.recur	
Caption	"VBA Command-line"	Variant/String	Procedures.recur	▼

BILD 6.4 Das Application-Objekt im Überwachungsfenster

■ 6.2 Fehlertolerantes Verhalten von Programmen

Normalerweise kommt es beim Auftreten eines Fehlers zu einer Unterbrechung. VBA zeigt eine Dialogbox an, über die Sie die Programmausführung endgültig beenden oder den Code im Testfenster analysieren können; eine Fortsetzung des Programms ist aber so gut wie nie möglich. Während der Programmentwicklung sind Unterbrechungen wegen Fehlern unvermeidlich. Ein Anwender, der ein von Ihnen entwickeltes Excel-Programm verwendet, sollte dagegen nie mit der Dialogbox „Makrofehler" konfrontiert werden!

Da es auch in einem „ordentlich" entwickelten Programm nicht auszuschließen ist, dass es unter bestimmten Umständen zu Fehlern kommt (krasse Fehlbedienung, Speichermangel, Festplatte voll etc.), besteht die Möglichkeit, mit dem Kommando *On Error* eine kontrollierte Fortsetzung des Programms auch im Fehlerfall zu erreichen.

Das Kommando On Error

Das Kommando *On Error* bestimmt, wie sich das Programm beim Auftreten eines Fehlers verhalten soll. Es bestehen drei Varianten zur Anwendung dieses Kommandos:

```
On Error Resume Next      '(1) nächste Anweisung ausführen
On Error GoTo label       '(2) Fehlerbehandlungsroutine aufrufen
On Error GoTo 0           '(3) normal: Makrofehler-Dialog
```

▸ Variante (1): On Error Resume Next

Variante 1 stellt entschieden die bequemste Methode dar, die Anzeige von Fehlermeldungen zu unterdrücken: Das Programm wird kompromisslos mit der nächsten Anweisung fortgesetzt. Da die Anweisungen eines Programms in der Regel aufeinander aufbauen, ist die Wahrscheinlichkeit groß, dass es zu weiteren Fehlern kommt. Diesen wird aber in der gleichen Weise begegnet, sodass die Prozedur über kurz oder lang fertig abgearbeitet wird. Dass die Prozedur dabei vermutlich die ihr zugedachte Aufgabe nicht erfüllen wird, liegt auf der Hand.

Im Regelfall stellt Variante 1 keine vernünftige Form der Reaktion auf Fehler dar. Es kann aber auch Ausnahmen geben. Betrachten Sie etwa die Prozedur *test_resume_next*. Diese Prozedur ändert im gerade aktiven Fenster die Anzeige der Zeilen- und Spaltenköpfe.

Natürlich ist die Ausführung dieser Prozedur nur sinnvoll, wenn gerade ein Tabellenblatt angezeigt wird. Ist dagegen ein anderes Blatt aktiv, kommt es zu einem Fehler (weil beispielsweise ein Diagrammblatt – also das Objekt *Chart* – die Eigenschaft *DisplayHeadings* nicht kennt). Anstatt sich lang Gedanken darüber zu machen, wie getestet werden kann, ob das aktive Blatt überhaupt ein Tabellenblatt ist, wird einfach die Anweisung *On Error Resume Next* in die Prozedur eingefügt: erledigt!

```
Sub test_resume_next()
  On Error Resume Next
  ActiveWindow.DisplayHeadings = _
    Not ActiveWindow.DisplayHeadings
End Sub
```

Innerhalb der Prozedur kann durch die Auswertung von *Err* das Auftreten eines Fehlers festgestellt werden. Diese Funktion enthält die Nummer des zuletzt aufgetretenen Fehlers (auch dann, wenn dieser Fehler aufgrund von *On Error Resume Next* gar nicht zu einer Fehlermeldung führt). Durch die Anweisung *On Error* wird *Err* auf 0 gestellt.

▶ Variante 2: On Error GoTo sprungmarke

Variante 2 ermöglicht die Programmierung „echter" Fehlerbehandlungsroutinen. VBA verzweigt beim Auftreten eines Fehlers in den durch *sprungmarke* angegebenen Teil der Prozedur. Dort kann eine Reaktion auf den Fehler erfolgen (z. B. Anzeige einer Fehlermeldung, Speicherung von ungesicherten Daten etc.). Anschließend kann die Prozedur verlassen oder mit *Resume* fortgesetzt werden.

Zum Verständnis der Kommandos ist zuerst der Begriff einer Sprungmarke zu klären: Eine Sprungmarke ist eine Programmzeile, die nur aus einem Namen und einem nachfolgenden Doppelpunkt besteht. Innerhalb von Prozeduren kann mit dem Kommando *GoTo* zu einer Marke gesprungen werden, d. h., die Ausführung des Programms wird in der Zeile nach der Marke fortgesetzt. Sprünge mit *GoTo* können das Verständnis der Funktion einer Prozedur verschleiern und entsprechen nicht den Regeln der strukturierten Programmierung. Das Kommando *GoTo* sollte daher überhaupt nicht verwendet werden. (Es besteht auch keine Notwendigkeit. Alle Beispiele dieses Buchs kommen ohne *GoTo* aus.)

Zurück zur Fehlerbehandlung, bei der Sprungmarken und Sprünge nicht nur erlaubt, sondern sogar unumgänglich sind: VBA springt also nach dem Auftreten eines Fehlers zu jenem Ort, der durch die Sprungmarke angegeben wird. Die Sprungmarke muss innerhalb der aktuellen Prozedur liegen. Normalerweise wird die Fehlerbehandlungsroutine an das Ende der Prozedur gesetzt. Um zu vermeiden, dass die Fehlerbehandlungsroutine im Verlauf der normalen Ausführung der Prozedur erreicht wird, steht unmittelbar vor der Sprungmarke üblicherweise *Exit Sub* oder *Exit Function*.

Innerhalb der Fehlerbehandlungsroutine können Sie mit *Err()* die Nummer des aufgetretenen Fehlers feststellen und dementsprechend darauf reagieren. Eine Liste aller in VBA vorgesehenen Fehlernummern finden Sie in der Hilfe unter dem Thema „Auffangbare Fehler". Zur Reaktion auf den Fehler ist es durchaus möglich, andere Prozeduren aufzurufen (beispielsweise zum Speichern von Daten).

Beachten Sie aber, dass sowohl innerhalb der Fehlerbehandlungsroutine als auch in den von ihr aufgerufenen Prozeduren weitere Fehler auftreten können. Variante 2 von *On Error* gilt nur für *einen* Fehler! Der nächste Fehler bewirkt wieder das normale Verhalten (also die Anzeige des Dialogs „Makrofehler"). Sie können das vermeiden, indem Sie innerhalb der Fehlerbehandlungsroutine abermals *On Error xxx* ausführen.

Das Kommando Resume

Die fehlerhafte Prozedur kann aus der Fehlerbehandlungsroutine mit *Resume* fortgesetzt oder mit *Exit Sub/Function* beendet werden. Wenn das Ende der Fehlerbehandlungsroutine ohne *Resume* erreicht wird, gilt die Prozedur als beendet und der Fehler als behoben. Es existieren drei Varianten des *Resume*-Kommandos:

```
Resume              'führt die fehlerhafte Anweisung neuerlich aus
Resume Next         'setzt die Proz. mit der nächsten Anweisung fort
Resume label        'setzt die Prozedur bei der Sprungmarke fort
```

In allen drei Fällen wird das Programm in der Prozedur fortgesetzt, in der auch die Fehlerbehandlungsroutine steht. Es ist nicht möglich, mit *Resume* in eine andere Prozedur zu springen. Damit auch beim Auftreten eines weiteren Fehlers ein kontrolliertes Verhalten möglich ist, sollte spätestens vor *Resume* eine neue (oder auch dieselbe) Fehlerbehandlungsroutine eingerichtet werden. (Beachten Sie aber, dass Sie eine Endlosschleife durch die unablässige Wiederholung eines fehlerhaften Programmteils vermeiden!)

Beispiel zu Variante (2)

Eine Prozedur mit einer Fehlerbehandlungsroutine kann nach dem Schema der Prozedur *test_resume* aufgebaut werden: Im Normalfall, d. h., wenn kein Fehler auftritt, wird die Prozedur bis zur Anweisung *Exit Sub* durchlaufen. Tritt ein Fehler auf, wird das Programm in der Zeile nach *test_resume_error* fortgesetzt. Falls die Behandlung des Fehlers gelingt, wird die Prozedur bei *test_resume_cont* fortgesetzt, andernfalls wird sie abgebrochen. Falls ein zweiter Fehler auftritt, wird zu *test_resume_another_error* verzweigt. Dort wird nicht mehr versucht, die Prozedur fortzusetzen. Je nach Anwendung kann hier eine Meldung ausgegeben werden, können Daten gespeichert werden etc.

Verlassen Sie sich in Ihrer Fehlerbehandlungsroutine nicht darauf, dass es gelingt, den Fehler tatsächlich zu beheben. Berücksichtigen Sie auch die Möglichkeit, dass in der Fehlerbehandlungsroutine selbst ein Fehler auftritt! Vermeiden Sie unbedingt eine daraus resultierende Endlosschleife (ein Fehler führt zum Aufruf der Fehlerbehandlungsroutine, von dort wird die Prozedur fortgesetzt, der Fehler tritt abermals auf, neuer Aufruf der Fehlerbehandlungsroutine etc.)!

Aus der Sicht des Anwenders ist vor allem eines wichtig: Ganz egal, wann und wo ein Fehler auftritt, es dürfen keine Daten verloren gehen.

```
Sub test_resume()
  On Error GoTo test_resume_error
  ...
test_resume_cont:          'hier wird Proz. nach Fehler fortgesetzt
  ...
  Exit Sub                 'Ende der Prozedur
test_resume_error:         'hier beginnt Fehlerbehandlungsroutine
  If Err()=... Then
    On Error GoTo test_resume_another_error
```

```
   ...                     'Reaktion auf einen erkannten Fehler
   Resume test_resume_cont 'Prozedur fortsetzen
  End If
test_resume_another_error: 'unbekannter Fehler oder noch ein Fehler
   ...                     'Fehlermeldung, evtl. Daten sichern
End Sub
```

Variante (3): On Error GoTo 0

Die dritte Variante von *On Error* dient nur dazu, eine zuvor eingerichtete Fehlerbehandlungs-routine zu deaktivieren. Nach *On Error GoTo 0* gilt wieder das „normale" Verhalten von VBA, also die Anzeige des Makrofehler-Dialogs.

Fehlerbehandlung in verschachtelten Prozeduren

Angenommen, durch das Anklicken eines Symbols wird das Unterprogramm A aufgerufen, A ruft B auf und B ruft C auf. Wenn nun in C ein Fehler auftritt, wird die zu C gehörige Fehlerbehandlungsroutine aufgerufen. Existiert in C keine Fehlerbehandlungsroutine, dann erfolgt ein Rücksprung in B, existiert auch dort keine, wird das Programm mit der Fehlerbe-handlungsroutine von A fortgesetzt. Nur wenn auch in A keine Fehlerbehandlungsroutine vorgesehen ist, erscheint der bekannte Makrofehler-Dialog.

Visual Basic durchsucht also die sich gegenseitig aufrufenden Unterprogramme bzw. Funk-tionen in umgekehrter Reihenfolge nach einer geeigneten Fehlerbehandlungsroutine. Nur wenn auch in der ursächlichen Ereignisprozedur keine geeignete Fehlerbehandlungsroutine gefunden wird, meldet sich Visual Basic mit einer Fehlermeldung und bricht das Programm ab.

Die beiden Befehle *Resume* und *Resume Next* gelten immer nur für die Prozedur, in der sie eingesetzt werden. Wenn ein Fehler in der Prozedur C auftritt, dieser Fehler aber erst in der Fehlerbehandlungsroutine von Prozedur A berücksichtigt wird, dann wird das Programm an der durch *Resume* angegebenen Stelle in A fortgesetzt. Es ist nicht möglich, mit *Resume* aus der aktuellen Prozedur (beispielsweise zur fehlerhaften Anweisung in C) zu springen.

Die Funktionen Err, Error() und CVErr und das Kommando Error

Err liefert eine Identifizierungsnummer des aufgetretenen Fehlers. Die möglichen Fehlernum-mern sind in der Hilfe angegeben. *Error()* liefert den Fehlertext des zuletzt aufgetretenen Fehlers. *Error(n)* liefert den Fehlertext zur Fehlernummer *n*.

Mit dem Kommando *Error* kann ein Fehler simuliert werden. Das ist beispielsweise zum Test der Fehlerbehandlungsroutine sinnvoll. Die Anweisung *Error n* führt zur Anzeige des Dialogs „Makrofehler" und kann daher auch am Ende einer Fehlerbehandlungsroutine sinnvoll sein, wenn es nicht gelungen ist, den Fehler zu beseitigen.

Mit der Funktion *CVErr* kann ein Fehlerwert für eine *Variant*-Variable erzeugt werden. Die Funktion kann beispielsweise dazu eingesetzt werden, bei einer benutzerdefinierten Tabel-lenfunktion statt eines Ergebnisses einen Fehlerwert zurückzugeben:

```
result = CVErr(xlErrValue)
```

Eine Liste der für diesen Zweck vordefinierten Fehlerkonstanten finden Sie in der Hilfe zum Thema „Zellfehlerwerte". Ein Beispiel für die Anwendung von *CVErr* finden Sie in Abschnitt 5.7 (in der zweiten Variante der benutzerdefinierten *Discount*-Funktion).

Anwendungsbeispiel

Das folgende Beispiel wurde bereits in Abschnitt 4.2 vorgestellt, wo es darum ging, die Anzahl der Dimensionen eines Felds zu bestimmen, das als Parameter an die Prozedur übergeben wurde. Da es hierfür keine geeignete Funktion gibt, wird in der ersten *For*-Schleife mit *UBound* die obere Indexgrenze bis zur zehnten Dimension ermittelt. Da nicht anzunehmen ist, dass das Feld wirklich so viele Dimensionen hat, wird es über kurz oder lang zu einem Fehler kommen. Der Fehler ist hier also schon im Voraus geplant! In der Fehlerbehandlungsroutine wird aus dem aktuellen Wert von *i*, der in *UBound* zum Fehler führte, die Anzahl der Dimensionen berechnet.

```
' Beispieldatei 04\VBA-Concepts.xlsm, Modul Procedures
Sub arraytest(arr())
  Dim i, dimensions
  On Error GoTo arraytest_error
  For i = 1 To 10: dimensions = UBound(arr, i): Next i
arraytest_continue:
  dimensions = i - 1
  Debug.Print dimensions, " Dimensionen"
  For i = 1 To dimensions
    Debug.Print "Dimension "; i; ": "; LBound(arr, i); _
      " Bis "; UBound(arr, i)
  Next i
  Exit Sub
arraytest_error:
  ' dieser Programmteil wird aufgerufen, sobald in der Schleife auf
  ' eine nicht vorhandene arrdimension zugegriffen wird
  Resume arraytest_continue
End Sub
```

◼ 6.3 Reaktion auf Programmunterbrechungen

VBA-Programme können üblicherweise mit Strg+Pause unterbrochen werden. Während der Testphase ist das recht angenehm, in fertigen Anwendungen hingegen sind solche Programmunterbrechungen zumeist unerwünscht. Wenn Sie vermeiden möchten, dass der Anwender Ihr Programm einfach mit Strg+Pause stoppen kann, bestehen zwei Möglichkeiten:

- Durch *Application.EnableCancelKey = xlDisabled* erreichen Sie, dass auf das Drücken von Strg+Pause überhaupt keine Reaktion erfolgt. Der Vorteil dieser Maßnahme besteht darin, dass dazu nur eine einzige Anweisung (in der *Auto_Open*-Prozedur) erforderlich ist.

- Wenn Sie *EnableCancelKey* dagegen die Konstante *xlErrorHandler* zuweisen, dann tritt jedes Mal, wenn der Anwender Strg+Pause drückt, ein Fehler mit der Fehlernummer 18 auf. Sie können diesen „Fehler" ganz normal wie andere Fehler in einer Fehlerbehandlungsroutine abfangen. Der Nachteil ist offensichtlich: Es muss jede Prozedur mit einer Fehlerbehandlungsroutine ausgestattet werden. Eine andere Variante besteht darin, Unterbrechungen nur in solchen Programmteilen zuzulassen, in denen sehr zeitaufwendige Berechnungen durchgeführt werden.

Die „normale" Reaktion auf Unterbrechungen, also das Anzeigen einer Fehlermeldung, können Sie durch die Zuweisung *EnableCancelKey=xlInterrupt* wiederherstellen.

Beispiel

```
' Beispieldatei 05\miscellaneous.xlsm, Module1
Sub slowcode()
  Application.EnableCancelKey = xlErrorHandler
  On Error GoTo slow_error
  '
  ' ... die eigentliche Prozedur
  '
  Exit Sub
slow_error:
  If Err = 18 Then
    ergebnis = _
      MsgBox("Soll das Programm fortgesetzt werden?", vbYesNo)
    If ergebnis = vbYes Then Resume Next
  End If
  ' sonst Prozedur abbrechen
  '
  ' .. Aufräumarbeiten
End Sub
```

Der obige Codeausschnitt aus der Beispieldatei *05\miscellaneous.xlsm* zeigt, wie eine ordnungsgemäße Reaktion auf Strg+Pause erreicht werden kann. Den vollständigen Programmcode, der außerdem die Steuerung der Statuszeile und die Durchführung von Hintergrundberechnungen demonstriert, finden Sie in Abschnitt 5.10.

■ 6.4 Syntaxzusammenfassung

Fehlersuche	
Debug.Print ...	Ausgabe im Testfenster
MsgBox ...	Ausgabe im Meldungsdialog
Stop	Programm unterbrechen

Reaktion auf Programmfehler	
On Error Resume Next	nächste Anweisung ausführen
On Error GoTo label	Fehlerbehandlungsroutine aufrufen
On Error GoTo 0	normale Reaktion: Makrofehler-Dialog

Kommandos und Funktionen in der Fehlerbehandlungsroutine	
Resume	führt fehlerhafte Anweisung neuerlich aus
Resume Next	setzt Prozedur mit nächster Anweisung fort
Resume label	setzt Prozedur bei der Sprungmarke fort
Err	ermittelt die aktuelle Fehlernummer
Error(n)	ermittelt den Text zur Fehlernummer
Error n	simuliert einen Fehler
CVErr(n)	verwandelt n in einen Fehlerwert (zur Rückgabe)

Reaktion auf Programmunterbrechungen	
Application. _	bestimmt die Reaktion auf Strg+Pause
EnableCancelKey = ...	erlaubte Werte: *xlInterrupt*, *xlDisabled*, *xlErrorHandler*

7 Dialoge

Dialoge sind eigenständige Fenster, in denen Sie diverse Eingaben durchführen können. Excel kennt zahllose vordefinierte Dialoge, etwa zur Dateiauswahl oder zur Einstellung von Optionen. Daneben können Sie mit einer Palette von Steuerelementen selbst (benutzerdefinierte) Dialoge zusammenstellen oder Tabellenblätter wie Dialoge gestalten.

■ 7.1 Vordefinierte Dialoge

7.1.1 Excel-Standarddialoge

Excel ist mit einer ungeheuren Zahl von vordefinierten Dialogen ausgestattet. Diese Dialoge werden zur alltäglichen Bedienung von Excel benötigt, etwa zur Auswahl eines Dateinamens, zur Eingabe eines Suchtextes, zur Einstellung von Optionen etc. Die Dialoge erscheinen automatisch, sobald Sie das entsprechende Menü- oder Tastaturkommando ausführen.

In einem VBA-Programm können Sie diese Dialoge über die *Application*-Methode *Dialogs* auswählen und mit *Show* anzeigen und ausführen. Durch das unten angegebene Kommando erscheint der Dialog zur Anordnung der Fenster. Sie können nun den gewünschten Zustand der Fenster (überlappend, unterteilt etc.) angeben. Sobald Sie OK drücken, werden die Fenster tatsächlich in dieser Weise positioniert – Sie müssen sich als Programmierer also nicht um die Auswertung des Dialogs kümmern.

```
Application.Dialogs(xlDialogArrangeAll).Show
```

Die Ausführung der *Show*-Methode ist nur dann möglich, wenn gerade ein geeignetes Blatt aktiv bzw. ein geeignetes Objekt ausgewählt ist. So ist es beispielsweise nicht möglich, den Dialog zur Einstellung der Umrahmung einiger Zellen (*xlDialogBorder*) anzuzeigen, während ein Diagrammblatt aktiv ist.

Die Methode *Show* kann sowohl als Kommando als auch als Funktion verwendet werden. Im zweiten Fall gibt sie *True* zurück, wenn der Dialog ordnungsgemäß mit OK beendet wurde, oder *False*, wenn der Dialog mit ABBRECHEN, Esc oder über das Fensterschließfeld abgebrochen wurde.

```
ergebnis = Application.Dialogs(xlDialogArrangeAll).Show
```

Vordefinierte Standarddialoge können nicht verändert werden. Wenn Sie einen Dialog benötigen, der einem vorhandenen Dialog ähnlich ist, müssen Sie den Dialog vollkommen neu definieren. Eigene Dialoge werden ab Abschnitt 7.2 behandelt.

Übergabe von Parametern an einen Dialog

Eine Liste aller *xlDialog*-Konstanten finden Sie im Objektkatalog (Bibliothek: Excel, Objekt: *xlBuiltinDialog*). An die Methode *Show* können bis zu 30 Parameter übergeben werden, mit denen Voreinstellungen im Dialog gewählt werden. Eine sehr knappe Beschreibung der Parameter finden Sie in der Hilfe unter „Liste der integrierten Dialogfeldargumente". Aber auch damit bleibt die Übergabe von Parametern ein mühsames und unübersichtliches Unterfangen. Das wird an einem Beispiel deutlich: Der Dialog zum Öffnen einer Excel-Datei (*xlDialogOpen*) ist in der Hilfe folgendermaßen beschrieben:

> *xlDialogOpen*   *file_text, update_links, read_only, format, prot_pwd, write_res_pwd, ignore_rorec, file_origin, custom_delimit, add_logical, editable, file_access, notify_logical, converter*

Dass es sich hierbei um einen Dialog zum Öffnen einer Datei (und nicht zum Öffnen eines Fensters, einer Arbeitsmappe etc.) handelt, können Sie mit etwas gutem Willen noch erraten. Schwieriger wird es bei der Bedeutung der Parameter – oder können Sie auf Anhieb sagen, welche Werte *add_logical* erwartet und welche Wirkung sich daraus ergibt?

Nun zur Übergabe der Parameter: *Show* verwendet wie alle anderen VBA-Methoden den Mechanismus der benannten Parameter. Da *Show* aber für sehr viele unterschiedliche Dialoge herhalten muss, sind die Parameternamen recht simpel ausgefallen: *Arg1, Arg2, Arg3* etc. Wenn Sie beim Öffnen einer Datei das Optionsfeld SCHREIBGESCHÜTZT aktivieren möchten, sieht die entsprechende Anweisung folgendermaßen aus:

```
ergebnis = Application.Dialogs(xlDialogOpen).Show(Arg3:=True)
```

Sie müssen also abzählen, welche Nummer der von Ihnen benötigte Parameter hat. Dass der resultierende Programmcode unübersichtlich wird, erkennen Sie am obigen Beispiel von selbst.

Tastatureingaben in Dialogen simulieren

Show zeigt zwar den Dialog an, die Eingabe von Parametern bleibt aber weiter dem Anwender Ihres Programms überlassen. Manchmal kann es sinnvoll sein, auch eine Tastatureingabe zu simulieren. Dazu steht Ihnen die *Application*-Methode *SendKeys* zur Verfügung. Wesentlich bei der Anwendung dieser Methode ist der Umstand, dass sie *vor* der Anzeige des Dialogs ausgeführt werden muss, was eigentlich unlogisch erscheint. Begründung: Windows speichert die simulierte Tastenfolge in einem Tastaturpuffer und führt die Tastatureingabe erst dann aus, wenn es dazu Gelegenheit findet – etwa nach der Anzeige eines Dialogs.

Das folgende Beispiel zeigt nochmals den Dialog zur Anordnung der Fenster an, wählt darin aber mit Alt+O gleich die Option „Horizontal" aus. Der Anwender braucht den Dialog jetzt nur noch durch Return zu bestätigen.

```
SendKeys "%o"
Application.Dialogs(xlDialogArrangeAll).Show
```

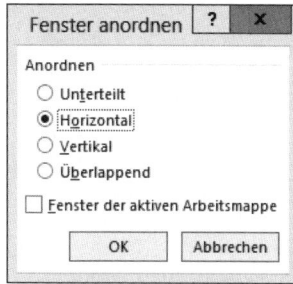

BILD 7.1
Dialog zur Anordnung der Fenster

Die Syntax der Zeichenkette, in der die simulierte Tastatureingabe in *SendKeys* angegeben
wird, ist ausführlich in der Hilfe zu dieser Methode beschrieben. Prinzipiell ist es mit *SendKeys*
auch möglich, die Eingabe im Dialog gleich durch OK (also durch die Simulation von Return)
abzuschließen. Auf diese Weise können Sie diverse Excel-Kommandos über den Umweg eines
Dialogs direkt ausführen. Wenn die Eigenschaft *ScreenUpdating* auf *False* gestellt ist, sieht
der Anwender Ihres Programms den Dialog nicht einmal. Dennoch ist diese Vorgehensweise
nicht zu empfehlen, und zwar aus drei Gründen:

- Durch die Ausführung geeigneter Methoden kann dasselbe Ergebnis zumeist einfacher
  und in jedem Fall deutlich schneller erreicht werden. (Allerdings ist es nicht immer ganz
  einfach, die geeignete Methode zu finden – dieses Problem ist Ihnen inzwischen ja schon
  bekannt. Im Fall der Fensteranordnung heißt die passende Methode *Arrange* und wird auf
  die *Windows*-Auflistung angewendet.)

- Die erforderlichen Tastatureingaben sind natürlich auch von der Sprachversion von Excel
  abhängig, d. h., Ihr Code ist nicht international einsetzbar.

- Wenn Microsoft in einer zukünftigen Version von Excel den Aufbau einzelner Dialoge
  verändert, wird Ihr Programm höchstwahrscheinlich nicht mehr laufen. (Die Simulation
  der Tastatureingaben basiert ja darauf, dass einzelne Elemente des Dialogs mit Alt+Taste
  ausgewählt werden können.)

Dialoge zur Dateiauswahl

Sie können den Excel-internen Dialog zur Dateiauswahl über *Dialogs* mit den Konstanten
xlDialogOpen oder *xlDialogSaveAs* ausführen – dann wird die Operation (das Laden bzw. das
Speichern) sofort ausgeführt.

Sie können stattdessen aber auch die beiden Methoden *GetOpenFilename* und *GetSaveAs-
Filename* verwenden. Damit werden ebenfalls die Dateiauswahldialoge angezeigt, allerdings
wird lediglich der ausgewählte Dateiname zurückgegeben (ohne eine Datei zu laden oder zu
speichern). Sie sind mit diesen Methoden also flexibler, was die weitere Reaktion anbelangt.

```
filename = Application.GetSaveAsFilename
```

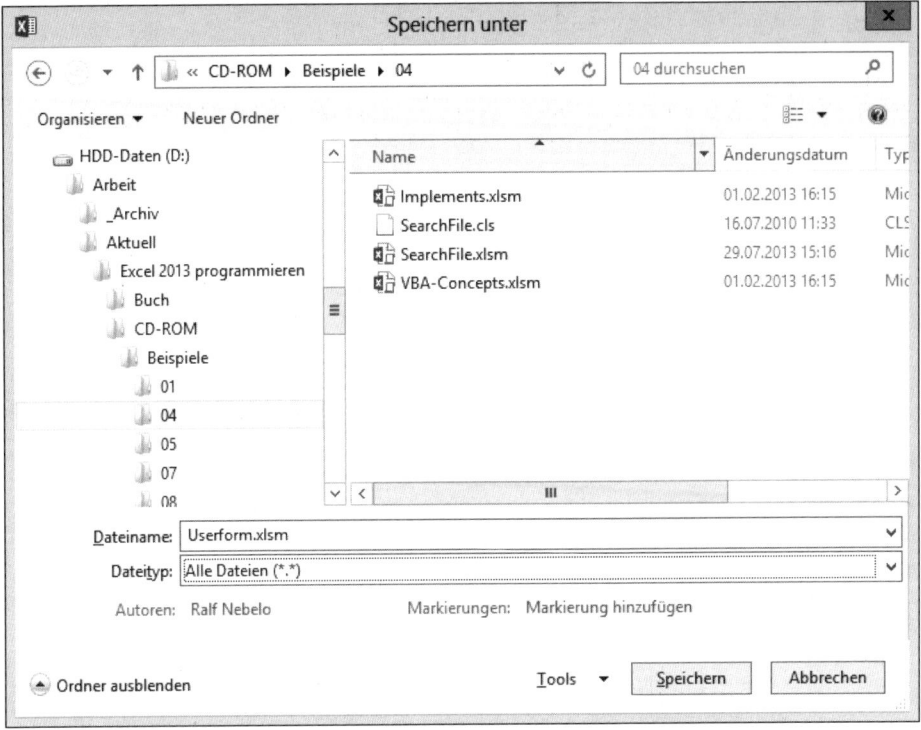

BILD 7.2 Dialog Speichern unter (*GetSaveAsFilename*)

Die Datenbankmaske

Der Dialog zur Auswahl, Veränderung und Neueingabe von Datensätzen wird nicht mit *Dialogs(...).Show*, sondern mit *ShowDataForm* aufgerufen. Der Umgang mit der Datenbankmaske wird in Abschnitt 11.3.1 beschrieben.

Es besteht keine Möglichkeit, die vorhandene Datenbankmaske zu verändern. Wenn Sie eine eigene Datenbankmaske erstellen möchten, müssen Sie deren sämtliche Elemente selbst programmieren. Das ist allerdings mit beträchtlichem Aufwand verbunden.

Warnungen abschalten

Manche Dialoge können unverhofft bei der Ausführung von Methoden auftreten. Dabei handelt es sich in der Regel um Warnungen, die auf die Konsequenzen einer Operation (etwa Datenverlust) aufmerksam machen. Beispielsweise erscheint bei der Anweisung *Sheets(...). Delete* zum Löschen eines Blatts der Arbeitsmappe eine Sicherheitsabfrage, ob Sie das Blatt wirklich (unwiderruflich) löschen möchten.

Während diese Warnungen im normalen Betrieb von Excel meist ganz praktisch sind, stören sie im Programm, weil sie dessen Ausführung unterbrechen und den Anwender des Programms mit einer unverständlichen Warnung konfrontieren. Um dieses Problem zu umgehen, können Sie durch die Einstellung der *Application*-Eigenschaft *DisplayAlerts* erreichen, dass überhaupt keine Warnungen angezeigt werden.

7.1.2 Die Funktionen MsgBox und InputBox

Die beiden Funktionen *MsgBox* und *InputBox* wurden im Zusammenhang mit Zeichenketten schon einmal kurz beschrieben (Abschnitt 5.4.2). *MsgBox* zeigt einen Text in einem kleinen Fenster an, der mit OK bestätigt werden muss. Durch die geeignete Einstellung des zweiten Parameters können auch mehrere Buttons – etwa JA, NEIN, ABBRECHEN – angezeigt und deren Auswahl ausgewertet werden. *InputBox* ermöglicht die Eingabe einer einfachen Zeichenkette, die als Ergebnis der Funktion zurückgegeben wird.

```
ergebnis = Inputbox("Geben Sie bitte Ihren Namen ein:")
ergebnis = MsgBox("Wollen Sie die Datei wirklich löschen?", _
   vbYesNo + vbQuestion)
If ergebnis = vbYes Then ...
```

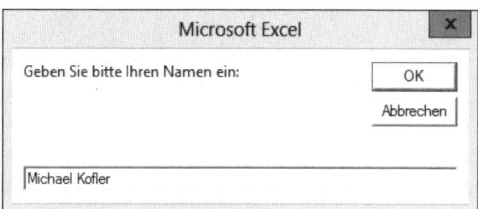

BILD 7.3
VBA-Eingabedialog

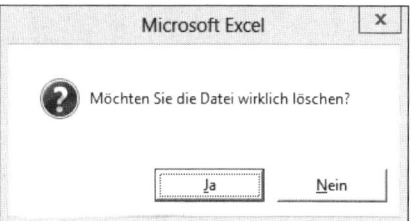

BILD 7.4
Meldungsdialog

7.1.3 DIe Methode Application.InputBox

Während die oben gerade beschriebene Funktion *InputBox* von der VBA-Bibliothek zur Verfügung gestellt wird (und damit in gleicher Form auch in Word, Access etc. verwendet werden kann), bietet die Excel-Bibliothek eine zweite, gleichnamige Variante, die als Methode des *Application*-Objekts realisiert ist. Gegenüber *InputBox* von VBA eignet sich *Application. InputBox* auch zur Eingabe von Formeln und Zellbereichen. Außerdem kann die Position, an der das Eingabefenster erscheint, im Voraus bestimmt werden.

Entscheidend für die Anwendung von *Application.InputBox* ist der letzte Parameter, mit dem der Typ der Eingabe angegeben werden kann, sofern keine Texteingabe durchgeführt werden soll. Die wichtigsten Werte für diesen Parameter sind 0 (Formel), 1 (Zahl), 8 (Zellbereich) oder 64 (Matrix von Zellen).

Wenn in *Application.InputBox* als Typ 1 (Zahl) angegeben wird, darf der Anwender auch Formeln in der Form „=2+3" eingeben. Die Formel wird automatisch ausgewertet, *InputBox* liefert als Ergebnis den Wert 5. Bei *Type:=8* kann der Anwender einen Zellbereich mit der Maus markieren. Dabei kann er sogar ein anderes Fenster, ein anderes Blatt etc. auswählen – lauter Dinge, die in normalen Windows-Dialogen nicht möglich sind.

Beim Aufruf der Funktion können Sie den ersten Parameter normal, den achten Parameter dagegen benannt angeben:

```
Dim b As Range
Set b = Application.InputBox("Geben Sie einen Zellbereich an!", _
   Type:=8)
```

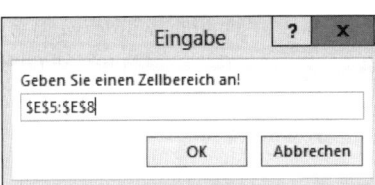

BILD 7.5
Excel-Eingabedialog

Application.InputBox liefert als Ergebnis die getroffene Auswahl in dem durch den *Type*-Parameter definierten Format. Falls der Anwender die Eingabe mit ABBRECHEN beendet, liefert die Methode den Wahrheitswert *False*. Dieser Umstand macht die Auswertung der Eingabe für *Type:=8* nicht gerade einfach: Da das Ergebnis normalerweise ein *Range*-Objekt ist, muss die Zuweisung des Ergebnisses durch *Set* erfolgen. Dabei kommt es aber zu einem Fehler, wenn *InputBox* statt eines *Range*-Objekts nur den Wert *False* zurückgibt. Daher sieht ein ordnungsgemäßer Code so aus:

```
Dim b As Range
On Error Resume Next
Set b = Application.InputBox("Geben Sie einen Zellbereich an!", _
   Type:=8)
If Err <> 0 Then   ' da ist ein Fehler aufgetreten
   MsgBox "Das war wohl kein Zellbereich!?"
End If
```

Bei Typ 64 (Matrix) gibt *Application.InputBox* ein *Variant*-Feld mit den Werten des angegebenen Zellbereichs (z. B. ein 3*2-Feld für den Zellbereich A1:B3) zurück.

 Verweis

Ein schon recht fortgeschrittenes Beispiel für die Anwendung von *Application.InputBox* finden Sie gegen Ende von Abschnitt 11.6 unter dem Titel „Bereits vorhandene Rechnung nochmals bearbeiten". Dort wird das Kommando dazu verwendet, eine Zeile einer Tabelle auszuwählen. Der Anwender kann mit der Maus eine Zelle anklicken, und das Programm entnimmt der von *Application.InputBox* zurückgegebenen Formel die Zeilennummer. ∎

Positionierung von Dialogen

Dialoge, die nicht über ein Kontextmenü, sondern über Tastatur oder das Menüband aufgerufen werden, erscheinen in der Regel gerade dort, wo man sie am allerwenigsten brauchen kann. Wenn Sie das Kommando ANSICHT | ALLE ANORDNEN ausführen und sich mit der Maus in der rechten oberen Ecke des Bildschirms aufhalten, kann es ohne Weiteres passieren, dass der Dialog in der linken unteren Ecke des Bildschirms erscheint. Besonders irritierend ist es dann, wenn Sie mit einer hochauflösenden Grafikkarte arbeiten und einen weiten Weg mit der Maus zurücklegen müssen, um die Eingabe durchzuführen.

Wenn Sie das Fenster des Dialogs verschieben, merkt sich Excel zwar die neue Position – diese kann aber zu einem späteren Zeitpunkt genauso ungeeignet sein wie die vorherige Position. Außerdem wird offensichtlich nicht für jeden Dialog gesondert die letzte Position gespeichert, sondern für alle Dialoge gemeinsam.

In vielen Fällen wäre es am vernünftigsten, wenn der Dialog dort erscheinen würde, wo sich die Maus gerade befindet. (Genau das ist bei allen Dialogen der Fall, die aus Kontextmenüs aufgerufen werden.) Für den Programmierer besteht aber in der aktuellen Version bei vordefinierten Dialogen keine Möglichkeit, auf die Erscheinungsposition Einfluss zu nehmen. Eine Ausnahme stellt *Application.InputBox* dar, wo durch den vierten und fünften Parameter (*Left* und *Top*) die gewünschte Position angegeben werden kann. Mit etwas Programmieraufwand können Sie die Parameter dazu nutzen, dass der Dialog nicht über den gerade markierten Zellen erscheint. (Deren Position am Bildschirm können Sie über die *Range*-Eigenschaften *Left* und *Top* ermitteln.)

■ 7.2 Selbst definierte Dialoge

Überblick

Selbst definierte Dialoge haben den Sinn, die Bedienung einer eigenen Excel-Anwendung möglichst einfach und übersichtlich zu gestalten. Dialoge können zur Eingabe mehrerer Parameter einer Berechnung, zur Einstellung diverser Optionen, zur Auswahl von Listenelementen, zur Auswahl von Programmkomponenten etc. verwendet werden. Am anschaulichsten demonstrieren die vordefinierten Dialoge von Excel das riesige Anwendungsspektrum von Dialogen.

Das Thema „selbst definierte Dialoge" ist ziemlich weitläufig, weswegen es in mehrere Abschnitte unterteilt wurde. Dieser Abschnitt gibt eine Einführung in den Umgang mit eigenen Dialogen. Er stellt anhand eines einfachen Beispiels die wesentlichen Prinzipien für die Definition und Verwaltung von Dialogen vor.

Die folgenden Abschnitte gehen dann in einer ausführlicheren Form auf einzelne Themen ein: Abschnitt 7.3 beschreibt den Umgang mit dem Dialogeditor. Abschnitt 7.4 gibt einen Überblick über die Steuerelemente, die in Dialogen verwendet werden können. Abschnitt 7.5 zeigt, dass einzelne Dialogelemente auch direkt in Tabellen (also ohne einen Dialog) eingesetzt werden können und welche Vor- und Nachteile sich dadurch ergeben. In Abschnitt 7.6 werden Programmiertechniken zur Verwaltung von Dialogen vorgestellt, beispielsweise der Umgang mit Dialogen, deren Aufbau sich dynamisch verändert.

In allen Abschnitten finden Sie zahlreiche Beispiele zur Anwendung von Dialogen. Diese Beispiele befinden sich in der Datei *07\Userform.xlsm*. Weitere und vor allem realitätsnähere Beispiele zur Anwendung von Dialogen finden Sie dann in den folgenden Kapiteln, wo Dialoge im Rahmen „echter" Anwendungsbeispiele eingesetzt werden.

7.2.1 Veränderungen gegenüber Excel 5/7

Benutzerdefinierte Dialoge wurden mit Excel 97 vollkommen neu konzipiert. Ihre Entwicklung findet nicht mehr wie früher in einem Excel-Dialogblatt statt, sondern in einem *UserForm*-Objekt der VBA-Entwicklungsumgebung. Das *UserForm*-Objekt ist eines der vielen Objekte der sogenannten MS-Forms-Bibliothek (vollständiger Name: „Microsoft Forms 2.0 Object Library"). Diese Bibliothek enthält auch für jedes Steuerelement ein eigenes Objekt. Die Besonderheit der MS-Forms-Bibliothek besteht darin, dass sie nicht nur in Excel, sondern auch in anderen Office-Komponenten (etwa in Word), im Internet Explorer und in Visual Basic verwendet werden kann.

Excel 2013 unterstützt die alten Excel 5/7-Dialoge nicht mehr. Das heißt, dass diese im Gegensatz zu Excel 2003 beispielsweise weder angezeigt noch bearbeitet werden können. Aus diesem Grund wurden sämtliche Dialogbeispiele in diesem Buch auf die MS-Forms-Bibliothek umgestellt, und auch dieses Kapitel behandelt ausschließlich die *UserForm*-Dialoge. Abgesehen von der nun fehlenden Unterstützung gibt es dafür auch andere Gründe:

- MS-Forms-Dialoge ermöglichen eine exaktere Verwaltung der Steuerelemente eines Dialogs (mehr Eigenschaften, mehr Ereignisse).

- Es ist möglich, mehrere Blätter in einem Dialog unterzubringen (wie im Excel-Dialog DATEI | OPTIONEN).

- Neben den mit Office mitgelieferten Steuerelementen können auch externe ActiveX-Steuerelemente verwendet werden. Solche Steuerelemente können den Funktionsumfang des Dialogs für spezielle Anwendungen erweitern. Mit Visual Basic 6 (also nicht mit VBA, sondern mit der eigenständigen Programmiersprache VB!) können Sie sogar selbst neue ActiveX-Steuerelemente programmieren, die dann in Excel verwendbar sind.

  Obwohl ursprünglich für Windows XP „erfunden", lässt sich Visual Basic 6 durchaus noch unter neueren Windows-Versionen wie 7 oder 8 zum Laufen bringen. Dazu muss nach dem Setup, das „als Administrator" erfolgen sollte, lediglich das Service-Pack 6 für Visual Basic *[Link 24]* installiert werden.

Natürlich gibt es im Vergleich zu Excel 5/7 auch Nachteile:

- MS-Forms-Dialoge können nicht mit Zeichenelementen, Textfeldern oder anderen Office-Objekten dekoriert werden. Es gibt in dieser Beziehung weniger optische Gestaltungsmöglichkeiten als bei Dialogen aus Excel 5/7.

- Die Verwendung von MS-Forms-Steuerelementen führt häufig zu Problemen, wenn der Tastaturfokus im Steuerelement bleibt. Bei Buttons kann das durch *TakeFocusOnClick=False* vermieden werden, bei anderen Steuerelementen muss der Fokus im Programmcode dezidiert in eine bestimmte Zelle gesetzt werden, bevor weitere Anweisungen ausgeführt werden können.

Tipps zum Umsteigen

Falls Sie schon Erfahrungen mit Dialogen in Excel 5/7 gemacht haben, finden Sie hier einige Tipps zum Umsteigen. (Eine automatische Konvertierung vorhandener Excel-5/7-Dialoge in MS-Forms-Dialoge ist nicht möglich. Im Gegenteil: Excel 2013 entfernt diese rigoros aus den betreffenden Arbeitsmappen!)

- Steuerelementen in Excel-5/7-Dialogen konnte eine beliebige Prozedur zugewiesen werden. Bei MS-Forms ist die Ereignisprozedur dagegen durch die Zusammensetzung aus Elementname und Ereignisname unveränderlich vorgegeben.

- Ereignisprozeduren zu Dialogen werden automatisch einem eigenen Dialogmodul zugeordnet. Sie können nicht mehr in irgendeinem beliebigen Modul eingegeben werden. (Das klingt wie eine Einschränkung, trägt aber in Wirklichkeit sehr dazu bei, große Projekte übersichtlicher zu machen.)

- Die Buttonoption SCHLIESSEN gibt es nicht mehr (auch keine äquivalente Eigenschaft). Wenn Sie in Reaktion auf einen Buttonklick den Dialog beenden möchten, müssen Sie in der Ereignisprozedur die Methode *Unload Me* oder *Hide* aufrufen. (*Unload* entfernt den Dialog mit all seinen Variablen aus dem Speicher, während *Hide* ihn nur verbirgt. Auf den ersten Blick erscheint das Resultat identisch; allerdings bleiben Einstellungen im Dialog bei *Hide* erhalten und stehen bei einem späteren abermaligen *Show* wieder zur Verfügung. Bei *Unload* wird dagegen der nicht initialisierte Dialog neu angezeigt. Dafür wird weniger RAM blockiert.)

- Dialoge gelten als Objekte. Der Aufruf erfolgt daher mit *dialogname.Show* statt wie bisher durch *Dialogs("dialogname").Show*. Auch der Zugriff auf die Steuerelemente hat sich vereinfacht – *dialogname.steuerelementname* ohne eckige Klammern. In den Ereignisprozeduren des Dialogs ist sogar die Kurzschreibweise *steuerelementname* erlaubt, weil das Dialogmodul ein Klassenmodul ist und darin der Dialog als Default-Objekt gilt. Damit ist die ständige Nennung von *ActiveDialog* überflüssig geworden.

- Die Methode *Show* zum Aufruf von Dialogen liefert kein Ergebnis mehr. Im Regelfall wollen Sie aber wissen, ob der Dialog nun mit OK oder ABBRUCH beendet wurde. Dazu definieren Sie im Dialogmodul eine Variable als *Public*. Dieser Variablen weisen Sie in den *Button*-Ereignisprozeduren Werte zu (z. B. 0, wenn der Dialog mit ABBRUCH beendet wird, –1, wenn er mit OK beendet wird). Die Variable kann anschließend im VBA-Code ausgewertet werden.

- Die MS-Forms-Bibliothek ist nicht automatisch aktiviert. Beim Einfügen des ersten *UserForm*-Dialogs erscheint automatisch eine diesbezügliche Rückfrage. Sie können die Bibliothek „Microsoft Forms 2.0 Object Library" aber auch direkt mit EXTRAS | VERWEISE aktivieren.

- Die Bedienung des MS-Forms-Dialogeditors macht den Eindruck, als wäre sie immer noch nicht ausgereift. Die Reaktion auf Doppelklicks ist selten die erwartete, die ständig erscheinende und wieder verschwindende Werkzeugsammlung ist irritierend, die breite Umrandung der ausgewählten Steuerelemente stört bei der exakten Positionierung etc.

7.2.2 Einführungsbeispiel

Zum Entwurf eines neuen Dialogs wechseln Sie mit Alt+F11 in die Entwicklungsumgebung und fügen dort mit EINFÜGEN | USERFORM einen leeren Dialog ein. Sobald das Dialogfenster aktiv ist, ist auch das Fenster „Werkzeugsammlung" mit den verfügbaren Steuerelementen sichtbar. Aus diesem Fenster können Sie nun einzelne Steuerelemente auswählen und mit der Maus in den Dialog einfügen. Für den Dialog in Bild 7.6 wurden zwei Buttons („Befehlsschaltfläche"), ein Labelfeld („Beschriftungsfeld") und ein Textfeld eingefügt.

Steuerelemente sind also die Bestandteile eines Dialogs. Sie dienen zur Beschriftung des Dialogs und nehmen Eingaben entgegen. Als Eingabeformen kommen beispielsweise das einfache Anklicken mit der Maus (etwa bei einem Button), die Eingabe eines Textes (im Textfeld) oder das Verschieben eines Elements (in der Bildlaufleiste) oder die Auswahl aus einer Liste (Listenfeld) infrage. Synonym zu dem Begriff Steuerelement werden auch Dialogelement oder der englische Begriff Control verwendet.

Die Texte in den Steuerelementen können direkt im Dialog verändert werden. Dazu klicken Sie die Steuerelemente zweimal langsam an (aber nicht so schnell, dass die Aktion als Doppelklick gewertet wird). Der erste Klick aktiviert das Steuerelement, der zweite Klick bringt den Eingabecursor zum Vorschein.

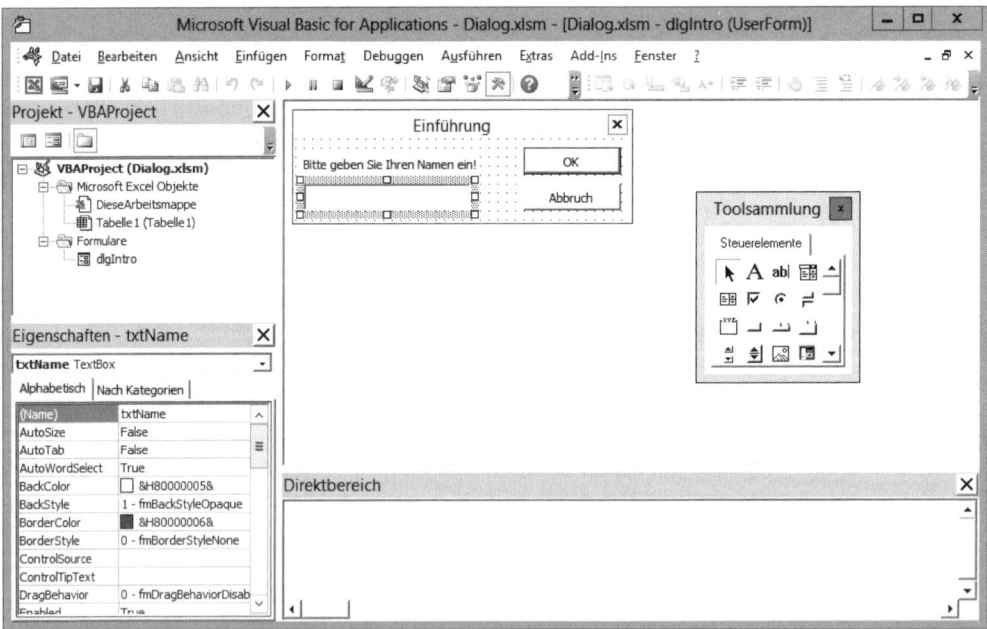

BILD 7.6 Der Entwurf des ersten Dialogs

Steuerelemente benennen

Den Steuerelementen werden beim Einfügen automatisch Namen zugewiesen (etwa „CommandButton1", „CommandButton2" etc.). Da diese Namen auch in den Ereignisprozeduren und im restlichen Programmcode verwendet werden, ist es sinnvoll, hier aussagekräftigere Namen zu wählen. Dazu öffnen Sie mit F4 das Eigenschaftenfenster und verändern die Zeichenkette im Feld „Name". Eine oft gewählte Vorgehensweise bei der Benennung besteht darin, die ersten drei Buchstaben zur Kennzeichnung des Steuerelementtyps zu verwenden – etwa *btn* für Buttons, *txt* für Textfelder etc. Die weiteren Buchstaben beschreiben den Zweck des Steuerelements. Daraus ergeben sich dann Namen wie *txtName* oder *btnOK*.

Auch der Dialog als Ganzes hat einen Namen, der verändert werden kann, wenn der Dialog (und nicht ein spezielles Steuerelement) ausgewählt ist. Wieder empfiehlt sich ein aussagekräftiger Name. Für den Beispieldialog wurde *dlgIntro* gewählt. Der Dialogtitel ist vom internen Namen unabhängig und wird über die *Caption*-Eigenschaft eingestellt.

Tipp

Sobald Sie mit der Entwicklung des Programmcodes beginnen, sollten Sie die Namen der Steuerelemente nicht mehr verändern. Wenn Sie es doch tun, müssen Sie die Namen auch im gesamten Programmcode (durch Suchen und Ersetzen) austauschen. ■

Dialog testen

Sie können den Dialog sofort nach dem Einfügen der ersten Steuerelemente ausprobieren: Drücken Sie einfach F5. Der Dialog erscheint daraufhin als eigenständiges Fenster. (Gleichzeitig wird auch Excel aktiviert.) Der Dialog ist zwar an sich funktionsfähig, d. h., Sie können Text in das Textfeld eingeben, die Buttons anklicken etc. Allerdings erfolgt auf das Anklicken der Buttons noch keine Reaktion, weil die entsprechenden Ereignisprozeduren noch fehlen. Zum Schließen klicken Sie mit der Maus einfach auf das Schließen-Feld in der rechten oberen Ecke des Fensters.

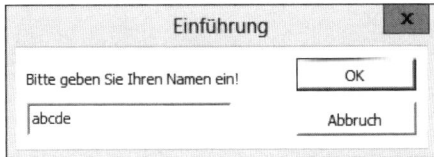

BILD 7.7
Ein erster Test

Sie können den Dialog selbstverständlich auch per Programmcode starten: Dazu wenden Sie die *Show*-Methode auf das neue Dialogobjekt an, das Sie durch den Dialogentwurf erstellt haben. Als Objektnamen müssen Sie den Dialognamen angeben.

```
dlgIntro.Show
```

Eigenschaften von Steuerelementen

Steuerelemente sind mit unzähligen Eigenschaften ausgestattet, die über das Eigenschaftenfenster eingestellt werden. Neben den elementaren Eigenschaften *Name* (der interne Name des Objekts) und *Caption* (die Beschriftung) können mit den Eigenschaften das Aussehen und die Funktion des Steuerelements beeinflusst werden.

OK- und Abbrechen-Buttons

Beinahe jeder Dialog ist mit den Buttons OK und ABBRECHEN ausgestattet. Damit sich der Dialog so verhält, wie Sie es von anderen Dialogen gewöhnt sind, sollten Sie beim OK-Button die Eigenschaft *Default* und beim ABBRECHEN-Button die Eigenschaft *Cancel* auf *True* setzen. Damit erreichen Sie, dass die Buttons nicht nur mit der Maus, sondern auch durch Return bzw. durch Esc ausgewählt werden können.

Ereignisprozeduren

Damit der Dialog wirklich verwendet werden kann, sind zumindest noch zwei Ereignisprozeduren erforderlich: Beim Anklicken beider Buttons muss der Dialog mit *Hide* unsichtbar gemacht werden. Außerdem muss in einer globalen Variablen gespeichert werden, wie der Dialog beendet wurde (mit OK oder mit ABBRECHEN). In den meisten richtigen Anwendungen erfolgt in den Ereignisprozeduren auch eine Validitätskontrolle, ob die Eingaben zulässig sind.

Am bequemsten gelangen Sie mit einem Doppelklick auf das Steuerelement in das Modulfenster zur Eingabe einer Ereignisprozedur. Dabei wird gleich eine Codeschablone für das wichtigste Ereignis dieses Steuerelements eingefügt. Wenn Sie eine Prozedur für ein anderes Ereignis schreiben möchten, wählen Sie einfach im rechten Listenfeld des Codefensters ein anderes Ereignis aus und löschen anschließend die leere Schablone des Standardereignisses.

Die global deklarierte Variable *result* hat den Zweck, dass nach dem Aufruf des Dialogs festgestellt werden kann, mit welchem Button der Dialog beendet wurde. Der Zugriff auf die Variable erfolgt in der Form *dlgIntro.result* (im Allgemeinen also durch *dialogname.variablenname*). Global deklarierte Variablen stellen einen ebenso einfachen wie praktischen Weg dar, um Daten zwischen einem Dialog und der Prozedur auszutauschen, die den Dialog aufruft.

```
' Datei 07\Userform.xlsm, UserForm „dlgIntro"
Public result As Boolean
Private Sub btnOK_Click()
  result = True
  Hide
End Sub
Private Sub btnCancel_Click()
  result = False
  Hide
End Sub
```

Hinweis

Wenn Sie den Dialog mit *Unload Me* statt mit *Hide* schließen, wird damit nicht nur der Dialog aus dem Speicher entfernt, es gehen auch alle im dazugehörigen Modul definierten Variablen (in diesem Beispiel also *result*) verloren. ∎

Dialog aufrufen und auswerten

Der Aufruf des Dialogs kann in jeder beliebigen Prozedur erfolgen. In der Datei *07\Userform.xlsm* handelt es sich dabei um eine Ereignisprozedur, die einem Button in Tabellenblatt 1 zugeordnet ist. (Informationen zur Verwendung von Steuerelementen direkt in Tabellenblättern – also nicht in Dialogen – finden Sie in Abschnitt 7.5.) Der Aufruf erfolgt durch *Show*. Die Programmausführung in *btnIntro_Click* wird dadurch so lange unterbrochen, bis der Dialog abgeschlossen wird.

Anschließend wird mit *dlgIntro.result* getestet, ob der Dialog mit ABBRECHEN oder OK beendet wurde. Im zweiten Fall wird mit *dlgIntro.txtName* auf die Zeichenkette im Textfeld zugegriffen. (Dabei handelt es sich um eine Kurzschreibweise für *dlgIntro.txtName.Text*. Sie haben es vermutlich schon erraten, *Text* ist die Default-Eigenschaft für Textfelder und muss deswegen nicht angegeben werden.)

```
' Datei 07\Userform.xlsm, Klassenmodul Tabelle1
Private Sub btnIntro_Click()
  dlgIntro.Show
  If dlgIntro.result = False Then
    MsgBox "Abbruch"
  Else
    MsgBox "Eingabe: " & dlgIntro.txtName
  End If
End Sub
```

Hinweis

Seit Excel 2000 besteht die Möglichkeit, bei *Show* als optionalen Parameter *vbModeless* anzugeben. Damit erreichen Sie, dass der Dialog nicht „modal" angezeigt wird. Der Anwender kann dann in Excel weiterarbeiten, ohne den Dialog vorher verlassen zu müssen. Eine mögliche Anwendung wäre etwa ein Dialog zur Anzeige eines Hilfetexts. *Show vbModeless* sollte allerdings nicht bei Dialogen mit dem *RefEdit*-Steuerelement (Formelfeld) eingesetzt werden – das kann zu massiven Problemen führen!

∎

■ 7.3 Der Dialogeditor

Eine erste Einführung in den Umgang mit dem Dialogeditor – der ein integraler Bestandteil der VBA-Entwicklungsumgebung ist – hat der vorangegangene Abschnitt ja schon gegeben. In diesem Abschnitt finden Sie weitere Informationen zum effizienten Entwurf von Formularen.

Eigenschaften einstellen

Die meiste Zeit im Dialogeditor geht bei der Einstellung der zahllosen Eigenschaften verloren. Sie können etwas Zeit sparen, wenn Sie mehrere Steuerelemente gemeinsam bearbeiten: Markieren Sie die Steuerelemente durch Mausklick mit Shift oder Strg, oder zeichnen Sie einen Rahmen um alle Steuerelemente. Anschließend können Sie im Eigenschaftenfenster alle Eigenschaften einstellen, die in allen markierten Steuerelementen gemeinsam vorkommen.

Größe und Position der Steuerelemente verändern

Steuerelemente können direkt mit der Maus angeklickt und an eine neue Position verschoben werden. Bei der Positionierung wird das im Dialog angezeigte Raster berücksichtigt. Die Rastergröße kann mit EXTRAS | OPTIONEN | ALLGEMEIN eingestellt werden. (Dort kann das Raster auch ganz abgeschaltet werden.)

Der Dialogeditor bietet eine ganze Menge Kommandos an, mit denen mehrere Steuerelemente aneinander angeglichen werden. Diese Kommandos werden über das FORMAT-Menü aufgerufen. (Die wichtigsten stehen auch über das Kontextmenü zur Verfügung.) Sie können damit unter anderem mehrere Steuerelemente an einer Kante ausrichten, eine gleiche Breite oder Höhe geben etc.

Steuerelemente kopieren

Wenn Sie mehrere gleichartige Steuerelemente benötigen, können Sie zuerst ein Steuerelement einfügen, dessen Eigenschaften einstellen und es anschließend bei gedrückter Strg-Taste mit der Maus verschieben. Das Steuerelement wird dabei an die neue Position kopiert und bekommt automatisch einen neuen Namen; alle anderen Eigenschaften werden beibehalten. (Es ist in *UserForm*-Dialogen im Gegensatz zu Dialogen in Visual Basic nicht möglich, mehreren Steuerelementen den gleichen Namen zu geben und diese dann als Steuerelementfeld zu verwalten.)

Zugriffstaste festlegen

In den meisten Excel-Dialogen können Sie den Eingabefokus mit Alt+Buchstabe in ein bestimmtes Steuerelement lenken. In eigenen Dialogen müssen Sie dazu den entsprechenden Buchstaben in der Accelerator-Eigenschaft des Steuerelements angeben. Der Buchstabe wird im dazugehörigen Beschriftungstext (soweit vorhanden) automatisch unterstrichen.

Aktivierreihenfolge einstellen

Die Aktivierreihenfolge gibt die interne Reihenfolge der Steuerelemente an. Der Anwender kann mit Tab den Eingabefokus in das jeweils nächste Steuerelement bewegen, mit Shift+Tab in das vorangegangene Steuerelement. Die Aktivierreihenfolge sollte so eingestellt werden, dass die einzelnen Steuerelemente der Reihe nach in einer (räumlich wie inhaltlich) logischen Reihenfolge durchlaufen werden können. An erster Stelle der Aktivierreihenfolge sollte also das erste Eingabefeld stehen, an letzter Stelle die Buttons zur Beendigung des Dialogs.

Die Aktivierreihenfolge richtet sich nach der Reihenfolge, in der die Steuerelemente in den Dialog eingefügt wurden. Sie kann aber auch später geändert werden, indem die Eigenschaft *TabIndex* verändert wird. Diese Eigenschaft hat für das erste Steuerelement in der Aktivierreihenfolge den Wert 0, für das nächste 1 etc. Bequemer als durch die direkte Veränderung können Sie die Aktivierreihenfolge durch einen eigenen Dialog einstellen, der mit ANSICHT | AKTIVIERREIHENFOLGE aufgerufen wird. In diesem Dialog können Sie ein zuerst markiertes Steuerelement in der Reihenfolge nach oben oder nach unten verschieben.

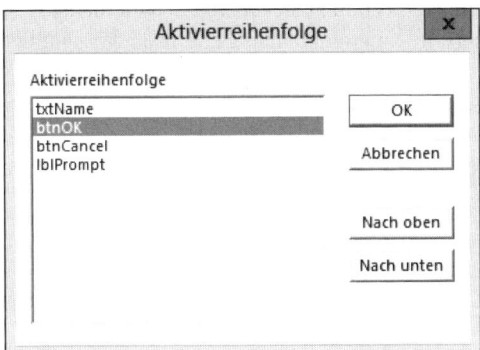

BILD 7.8
Einstellung der Aktivierreihenfolge

Falls Sie einzelne Steuerelemente von der Aktivierreihenfolge ausnehmen möchten, setzen Sie einfach deren *TabStop*-Eigenschaft auf *False*.

Der Eingabefokus kann übrigens nicht nur vom Anwender durch Tab bzw. durch das Anklicken einzelner Elemente verändert werden, sondern auch im Programmcode durch die Methode *SetFocus*:

```
dialogname.steuerelementname.SetFocus
```

Optische Gestaltung von Dialogen

Sie haben mehrere Möglichkeiten zur optischen Gestaltung von Dialogen:

- Sie können die Farben der Steuerelemente verändern (*BackColor*, *ForeColor*).
- Sie können mehrere Steuerelemente gruppieren, indem Sie ein *Image*-Feld („Anzeige") unterlegen und dieses durch eine andere Farbe oder einen Rahmen hervorheben.
- Sie können in die meisten Steuerelemente eine Bitmap-Datei laden. (Bedenken Sie aber den damit verbundenen Speicherverbrauch!) Wenn sich mehrere Steuerelemente überlappen, können Sie durch FORMAT | REIHENFOLGE einzelne Steuerelemente in den Vorder- oder Hintergrund bewegen.

Im Gegensatz zu Excel 5/7 ist es nicht mehr möglich, die zahlreichen Zeichenelemente von Excel zur Dekorierung von Dialogen zu verwenden.

Zusätzliche Steuerelemente (ActiveX-Steuerelemente)

Im Werkzeugfenster werden 15 MS-Forms-Steuerelemente angezeigt. Falls Sie neben Office auch andere Programme installiert haben (was ziemlich wahrscheinlich ist), stehen Ihnen eine ganze Menge weiterer Steuerelemente zur Auswahl. In MS-Forms-Dialogen können nämlich alle ActiveX-Steuerelemente verwendet werden, die auf Ihrem Rechner installiert sind.

Eine Liste der zur Verfügung stehenden Steuerelemente erhalten Sie mit dem Kommando ZUSÄTZLICHE STEUERELEMENTE, das Sie nach einem Rechtsklick auf das Werkzeugfenster aufrufen können.

Zur Auswahl eines Steuerelements müssen Sie das Kontrollkästchen vor dem Steuerelementnamen einschalten. Das gewählte Control wird dann wie die MS-Forms-Steuerelemente in der Werkzeugsammlung angezeigt. Gleichzeitig wird die entsprechende Objektbibliothek aktiviert, sodass Sie das Steuerelement wie die MS-Forms-Elemente durch Methoden und Eigenschaften steuern können. Falls es zu dem ActiveX-Steuerelement Einträge in der Hilfe gibt (was selten der Fall ist), können diese über den Objektkatalog aufgerufen werden.

Falls Sie sehr viele Zusatzsteuerelemente verwenden, können Sie das Werkzeugfenster in mehrere Seiten gliedern. Die erforderlichen Kommandos finden Sie im Kontextmenü, das beim Anklicken der Blattregister im Werkzeugfenster erscheint.

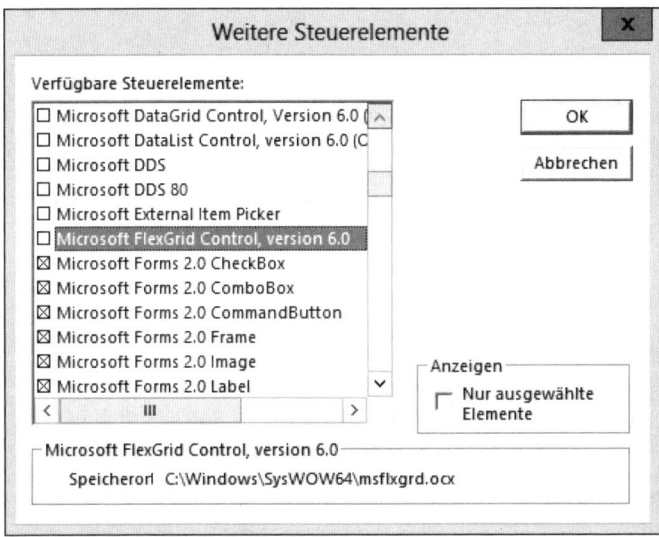

BILD 7.9
Die Liste der Steuerelemente, die am Rechner des Autors installiert sind

---

 Tipp

Bei der Auswahl eines Steuerelements wird die entsprechende Objektbibliothek – wie erwähnt – automatisch aktiviert. Wenn Sie das Steuerelement wieder entfernen, bleibt der Bibliotheksverweis allerdings bestehen. Sie sollten den Verweis dann explizit in EXTRAS | VERWEISE wieder deaktivieren.

Hinweis

Wenn Sie Excel-Anwendungen weitergeben möchten, achten Sie darauf, dass Sie nur solche ActiveX-Steuerelemente verwenden, von denen Sie wissen, dass Sie auch am Rechner Ihrer Kunden zur Verfügung stehen.

Neue Steuerelemente erstellen

So wie Sie Steuerelemente aus dem Werkzeugfenster in das Dialogfenster verschieben können, besteht diese Möglichkeit auch in umgekehrter Richtung. Sie können sogar mehrere Steuerelemente gemeinsam (als Gruppe) in das Werkzeugfenster verschieben. Diese Steuerelemente werden im Werkzeugfenster durch ein neues Symbol dargestellt. Über das Kontextmenü können Sie dieses Symbol bearbeiten und ihm einen neuen Namen geben.

Beim Entwurf des nächsten Dialogs können Sie diesen neuen Eintrag dann wie jedes andere Steuerelement in Ihren Dialog einfügen. Sie ersparen sich auf diese Weise monotone Arbeiten wie das immer wieder gleiche Einstellen von Eigenschaften. Beispielsweise könnten Sie eine Gruppe bestehend aus einem OK- und einem ABBRECHEN-Button als neues Steuerelement definieren: Diese Gruppe benötigen Sie in beinahe jedem Dialog.

Anmerkung

In das Werkzeugfenster werden nur die Steuerelemente mit ihren Eigenschaften aufgenommen, nicht aber der Programmcode. Wenn Sie auch Programmcode speichern möchten, können Sie ganze Formulare exportieren. Beispielsweise könnten Sie ein Formulargerüst bestehend aus OK- und ABBRECHEN-Button zusammen mit dem erforderlichen Programmcode exportieren und auf diese Weise den Entwurf neuer Dialoge noch mehr beschleunigen.

Hinweis

Falls Sie Visual Basic 6 besitzen und ausreichend Programmiererfahrung haben, können Sie selbst „wirklich" neue Steuerelemente programmieren, also unabhängig von den Grenzen, die durch die MS-Forms-Bibliothek gegeben sind. Obwohl ursprünglich für Windows XP „erfunden", lässt sich Visual Basic 6 durchaus noch unter neueren Windows-Versionen wie 7 oder 8 zum Laufen bringen. Dazu muss nach dem Setup, das „als Administrator" erfolgen sollte, lediglich das Service-Pack 6 für Visual Basic *[Link 24]* installiert werden.

■ 7.4 Die MS-Forms-Steuerelemente

Die folgenden Unterabschnitte beschreiben der Reihe nach die in der MS-Forms-Bibliothek vordefinierten Steuerelemente. Die Abschnittsüberschriften halten sich dabei an die Texte, die angezeigt werden, wenn Sie die Maus längere Zeit über den Symbolen des Werkzeugfensters stehen lassen. In Klammern sind die englischen Objektnamen angegeben. Weitere Beispiele zur Verwendung der einzelnen Steuerelemente und der dazu erforderlichen Programmiertechniken finden Sie in den beiden folgenden Abschnitten.

Gemeinsame Merkmale

Die MS-Forms-Steuerelemente weisen einige gemeinsame Eigenschaften, Methoden und Ereignisse auf, die hier zur Vermeidung allzu vieler Wiederholungen vorweg beschrieben werden. Diese und einige weitere gemeinsame Merkmale finden Sie im Objektkatalog beim *Control*-Objekt der MS-Forms-Bibliothek.

Die Eigenschaften *Cancel* und *Default* kennzeichnen die Steuerelemente eines Dialogs, die mit Esc bzw. mit Return ausgewählt werden können (normalerweise der ABBRECHEN- und OK-Button). Die Eigenschaften können jeweils nur für ein Steuerelement im Dialog auf *True* gestellt werden. (Der Dialogeditor kümmert sich automatisch darum, die Eigenschaft bei allen anderen Steuerelementen auf *False* zurückzusetzen.)

Mit *ControlSource* können Sie den Inhalt eines Steuerelements mit dem Inhalt einer Zelle verbinden. Änderungen in der Tabelle spiegeln sich automatisch im Inhalt des Steuerelements wider. (Bei Listenfeldern kann mit *RowSource* die ganze Liste mit einem Zellbereich einer Tabelle synchronisiert werden.)

Die *Tag*-Eigenschaft hilft manchmal bei der Verwaltung von Steuerelementen. Es kann darin eine Zeichenkette gespeichert werden, die nicht angezeigt wird.

Die *Visible*-Eigenschaft steuert die Sichtbarkeit der Steuerelemente. Die Eigenschaft kann dazu genutzt werden, nach Bedarf einzelne Steuerelemente ein- und auszublenden.

Gemeinsame Eigenschaften	
Cancel	*True*, wenn das Steuerelement durch Esc ausgewählt werden kann
ControlTipText	gelber Infotext (Tooltip-Text)
ControlSource	stellt die Verbindung zu einer Zelle aus einem Tabellenblatt her
Default	*True*, wenn das Element durch Return ausgewählt werden kann
RowSource	stellt die Verbindung zu einem Zellbereich her (für Listenfelder)
TabIndex	Nummer, welche die Aktivierreihenfolge angibt
TabStop	*True*, wenn das Steuerelement mit Tab ausgewählt werden kann
Tag	unsichtbare Zusatzinfo, die manchmal bei der Verwaltung hilft
Visible	*True*, wenn das Steuerelement sichtbar ist

Gemeinsame Methoden	
SetFocus	richtet den Eingabefokus in ein Steuerelement

Gemeinsame Ereignisse	
Enter	das Steuerelement hat den Eingabefokus erhalten
Error	es ist ein Fehler aufgetreten
Exit	das Steuerelement hat den Eingabefokus verloren

7.4.1 Beschriftungsfeld (Label)

Das Beschriftungsfeld dient zur Beschriftung des Dialogs. Es wird normalerweise neben oder über anderen Steuerelementen platziert und gibt Hinweise zu deren Funktion bzw. zur erwarteten Eingabe. Der Text wird über die Eigenschaft *Caption* eingestellt und darf sich über mehrere Zeilen erstrecken. In diesem Fall muss *WordWrap* auf *True* gesetzt werden. Der Text kann wahlweise linksbündig, rechtsbündig oder zentriert angezeigt werden (*TextAlign*). Wenn *AutoSize* auf *True* gesetzt wird, passt sich die Größe des Labelfelds automatisch an die Länge des Texts an.

Im Gegensatz zum Excel-5/7-Labelfeld können die Schriftart und -farbe mit den Eigenschaften *Font*, *Back-* und *ForeColor* frei eingestellt werden. Weitere Gestaltungsmöglichkeiten ergeben sich aus der Umrandung (*BorderStyle*, *BorderColor*) und der Eigenschaft *SpecialEffect*, mit der 3D-Effekte wie bei Buttons erzielt werden können. Schließlich kann im Label sogar eine Bitmap angezeigt werden (*Picture*, *PicturePosition*). Sie sehen also, dass das Labelfeld mehr hält, als es verspricht.

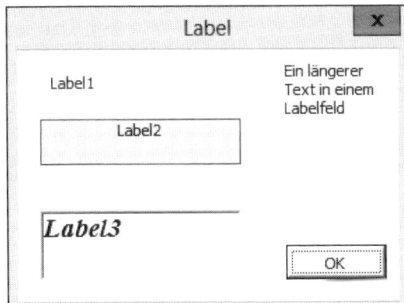

BILD 7.10
Einige Darstellungsformen des Labelfelds

Label – Eigenschaften	
AutoSize	Größe des Steuerelements passt sich an Text an
BackColor	Hintergrundfarbe
BorderColor	Randfarbe
BorderStyle	Umrandung ein/aus
Caption	der angezeigte Text
Font	Schriftart
ForeColor	Schriftfarbe

Label – Eigenschaften	
Picture	Bitmap
PicturePosition	Position, an der die Bitmap angezeigt wird
SpecialEffect	3D-Effekte
TextAlign	Textausrichtung (links, rechts, mittig)
WordWrap	Zeilenumbruch

Label – Ereignis	
Click	das Labelfeld wurde angeklickt

7.4.2 Textfeld (TextBox)

Das Textfeld ermöglicht die Eingabe von Texten. Im Gegensatz zum Bearbeitungsfeld aus Excel 5/7 ist es aber nicht zur Eingabe von Zellbezügen geeignet. Zu diesem Zweck ist in Excel das *RefEdit*-Steuerelement vorgesehen, das in Abschnitt 7.4.10 beschrieben wird.

Ein Großteil der Eigenschaften des Textfelds ist mit denen des Labelfelds identisch, sodass auf eine nochmalige Beschreibung verzichtet werden kann. Der Zugriff auf den angezeigten Text erfolgt über *Text*. Die Anzahl der Zeichen kann durch *Len(textfeld.Text)* ermittelt werden, die Anzahl der Zeilen durch die Eigenschaft *LineCount*, die aktuelle Zeile durch *CurLine*.

Mit den Eigenschaften *MultiLine* und *ScrollBars* werden eine mehrzeilige Texteingabe und gegebenenfalls die Anzeige von Bildlaufleisten zugelassen. Mit *PasswordChar* können Sie ein Textzeichen einstellen (üblicherweise ein *), das statt des eingegebenen Texts angezeigt wird. Auf diese Weise können Passwörter eingegeben werden, ohne dass Ihnen jemand über die Schulter schauen kann.

BILD 7.11
Verschiedene Formen des Textfelds

Mit *EnterFieldBehavior=0* erreichen Sie, dass beim Aktivieren des Textfelds automatisch der gesamte Inhalt markiert wird. Das ermöglicht eine bequeme Neueingabe und ist vor allem bei einzeiligen Textfeldern praktisch.

EnterKeyBehavior steuert das Verhalten bei Return. Wenn die Eigenschaft auf *True* gesetzt wird, bewirkt Return die Eingabe einer neuen Zeile. Ist die Eigenschaft dagegen auf *False* gestellt, wählt Return den mit *Default=True* markierten Button aus. Zur Eingabe einer neuen Zeile muss dann Strg+Return verwendet werden. Eine analoge Bedeutung hat *TabKeyBehavior*: Die Eigenschaft gibt an, ob im Steuerelement Tab zur Eingabe eines Tabulators verwendet werden kann oder ob Tab dem Steuerelementwechsel vorbehalten ist.

Hinweis

Wenn Sie das Textfeld für kurze Eingabetexte verwenden, erscheint an seinem linken Rand ein irritierend großer Leerraum. Dieser Leerraum wird durch die Default-Einstellung *SelectionMargin=True* bewirkt. Diese Einstellung ermöglicht eine bequeme Markierung ganzer Zeilen, ist aber nur bei Textfeldern für mehrere Zeilen sinnvoll. Wenn Sie *SelectionMargin* auf *False* stellen, verschwindet der Leerraum am linken Rand. ∎

Markierter Text, Zwischenablage

Der Zugriff auf den markierten Text erfolgt durch *SelText*. Die Eigenschaften *SelStart* und *SelLength* geben das erste Zeichen bzw. die Länge der Markierung an. Die folgenden Zeilen demonstrieren den Umgang mit diesen Eigenschaften.

```
With textfel
   .SelLength = 0                      'Markierung auflösen
   .SelStart = 0: .SelLenght = 5  'die ersten fünf Zeichen markieren
   .SelText = ""                       'den markierten Text löschen
   .SelStart = 10                      'Eingabecursor an neue Position
   .SelText = "abc"                    'dort drei Zeichen einfügen
End With
```

Mit den Methoden *Copy* und *Cut* können Sie den gerade markierten Text in die Zwischenablage kopieren bzw. ausschneiden. *Paste* ersetzt den derzeit markierten Text durch den Inhalt der Zwischenablage.

Ereignisse

Das wichtigste Ereignis lautet *Change*. Es tritt immer dann auf, wenn sich der Inhalt des Textfelds ändert (also bei jedem eingegebenen oder gelöschten Zeichen). Das Ereignis tritt bei der Eingabe von Text sehr häufig auf – achten Sie also darauf, dass die Ereignisprozedur rasch verarbeitet werden kann.

Die Ereignisse *KeyDown*, *KeyUp* und *KeyPress* erlauben eine genaue Auswertung von Tastaturereignissen:

- *KeyPress*: Dieses Ereignis tritt beim Drücken einer alphanumerischen Taste auf. An die Ereignisprozedur wird der ANSI-Code des eingegebenen Zeichens übergeben. Neben den alphanumerischen Zeichen werden auch die Tasten Return, Esc sowie Strg-Kombinationen gemeldet. *KeyPress* tritt nicht auf, wenn der Benutzer Cursor- oder Funktionstasten, Entf, Einfg etc. drückt, und ist daher für eine allgemeingültige Tastaturverwaltung nicht ausreichend.

- *KeyDown*: Dieses Ereignis tritt beim Drücken einer beliebigen Taste auf. An die Ereignisprozedur werden der interne Tastaturcode der gedrückten Taste sowie der Zustandscode der Umschalttasten übergeben. *KeyPress* tritt nicht nur beim Drücken von Cursor- oder Funktionstasten auf, sondern auch dann, wenn nur Shift oder Strg gedrückt wird!

- *KeyUp*: Dieses Ereignis ist das Gegenstück zu *KeyDown* und tritt beim Loslassen der Taste auf. An die Ereignisprozedur werden die gleichen Parameter wie bei *KeyUp* übergeben.

Wenn eine alphanumerische Taste gedrückt wird, ruft Visual Basic zuerst die *KeyDown*-Ereignisprozedur auf, dann *KeyPress* und schließlich *KeyUp*. Wenn die Taste längere Zeit gedrückt bleibt, werden die *KeyDown*- und *KeyPress*-Ereignisprozeduren mehrfach aufgerufen (Auto-Repeat). Die drei Ereignisse treten nicht auf, wenn der Benutzer

- mit Tab zwischen Steuerelementen wechselt,
- mit Esc einen Button mit *Cancel=True* auswählt oder
- mit Return einen Button mit *Default=True* auswählt.

Beim *KeyPress*-Ereignis haben Sie die Möglichkeit, den ASCII-Code zu verändern – das Textfeld erhält dann ein anderes Zeichen! Diese Möglichkeit könnten Sie beispielsweise dazu verwenden, bei der Zahleneingabe jedes Komma automatisch durch einen Dezimalpunkt zu ersetzen:

```
Private Sub TextBox1_KeyPress(ByVal KeyAscii As _
    MSForms.ReturnInteger)
    If Chr$(KeyAscii) = "," Then KeyAscii = Asc(".")
End Sub
```

Weitere Anwendungen: Sie können mit der Funktion *UCase* Kleinbuchstaben in Großbuchstaben umwandeln; Sie können auf das Drücken von Return mit einem eigenen Programmteil reagieren.

TextBox – Eigenschaften	
CurLine	aktuelle Zeilennummer
EnterFieldBehavior	*0*, wenn der gesamte Inhalt beim Aktivieren markiert wird
EnterKeyBehavior	*True*, wenn mit Return eine neue Zeile eingegeben werden kann
LineCount	Anzahl der Zeilen
MultiLine	*True*, wenn mehrere Textzeilen verwendet werden
PasswordChar	Platzhalterzeichen für den Text
ScrollBars	gibt an, ob bei langen Texten Bildlaufleisten angezeigt werden
SelectionMargin	*True*, wenn Text in Randspalten zeilenweise markiert werden kann
SelLength	Länge des markierten Texts
SetStart	Beginn des markierten Texts
SetText	markierter Text
TabKeyBehaviour	*True*, wenn mit Tab ein Tabulatorzeichen eingegeben werden kann
Text	Inhalt des Textfelds

TextBox – Methoden	
Copy	markierten Text in die Zwischenablage kopieren
Cut	markierten Text in die Zwischenablage ausschneiden
Paste	Text aus der Zwischenablage einfügen

TextBox – Ereignisse	
Change	der Inhalt des Textfelds hat sich geändert
KeyDown	eine Taste wurde gedrückt
KeyPress	Tastatureingabe
KeyUp	eine Taste wurde losgelassen

7.4.3 Listenfeld (ListBox) und Kombinationslistenfeld (ComboBox)

Die MS-Forms-Bibliothek kennt drei Typen von Listenfeldern, die sich zwar optisch ein wenig voneinander unterscheiden, dafür aber viele Gemeinsamkeiten bei der Programmierung aufweisen:

- Normales Listenfeld (*ListBox*): Die Liste wird in einem rechteckigen Bereich angezeigt, dessen Größe bereits beim Formularentwurf festgelegt wird. Wenn nicht alle Elemente gleichzeitig angezeigt werden können, erscheint automatisch eine Bildlaufleiste.

- Drop-down-Listenfeld (*ComboBox* mit *Style=fmStyleDropDownList*): Wie oben, allerdings ist die Liste ausklappbar. Im eingeklappten Zustand beansprucht das Steuerelement viel weniger Platz. Diese Form des Listenfelds wird vermutlich am häufigsten benötigt, ist aber nicht die Default-Einstellung. Vergessen Sie nicht, *Style* im Eigenschaftenfenster entsprechend einzustellen!

- Drop-down-Kombinationslistenfeld (*ComboBox* mit *Style=fmStyleDropDownCombo*): Dieser Variante verdankt die *ComboBox* ihren Namen: Das ausklappbare Listenfeld ist mit einem Textfeld kombiniert, in dem auch Texte eingegeben werden können, die nicht einem vorhandenen Listeneintrag entsprechen. Dieses Listenfeld ermöglicht also eine Erweiterung der Liste durch Benutzereingaben.

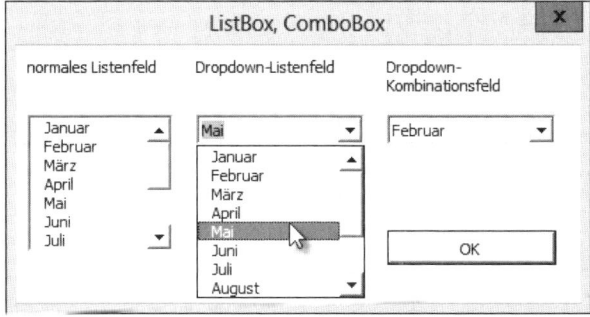

BILD 7.12
Die drei Listenfeldtypen

Bei beiden Steuerelementen kann durch *ListStyle=fmListStyleOption* eine alternative Darstellung erzielt werden: Jeder Listeneintrag wird jetzt wie ein Optionsfeld angezeigt. An der Funktion der Listenfelder ändert diese Einstellung nichts.

Tipp

Der Umgang mit Listenfeldern ist im Prinzip nicht schwierig. Das Problem ist eher, dass zuerst diverse Eigenschaften korrekt eingestellt werden müssen – die Default-Einstellungen sind meist unbrauchbar. Die folgende Liste nennt die vier häufigsten Problemkandidaten samt einer sinnvollen Einstellung. Eine detaillierte Beschreibung der Eigenschaften folgt unten.

BoundColumn	0, damit *Value* die Nummer des Listeneintrags enthält
RowSource	Quelldaten aus einer Tabelle, z. B. „Tabelle2!A1:A5"
SelectMargin	*True*, damit Eintrag ohne linken Rand angezeigt wird
Style	*fmStyleDropDownList*, damit keine Texteingabe möglich ist

Zugriff auf die Listenelemente

Die einzelnen Einträge einer Liste werden mit der Methode *AddItem* an das Steuerelement übergeben (siehe Beispielprogramm). Der Zugriff auf die Listenelemente erfolgt über die Eigenschaft *List(n)*. *ListIndex* gibt den zuletzt ausgewählten Eintrag an (oder -1, falls kein Eintrag aus der Liste gewählt wurde), *ListCount* gibt die Anzahl der Einträge der Liste an. Mit *RemoveItem* können einzelne Listeneinträge wieder entfernt werden. *Clear* löscht die gesamte Liste.

Die drei Listenfelder in Bild 7.12 werden bei der Anzeige des Dialogs folgendermaßen initialisiert:

```
Private Sub UserForm_Initialize()
  Dim i As Integer
  For i = 1 To 12
    lstNormal.AddItem MonthName(i)
    cmbDropDown.AddItem MonthName(i)
    cmbCombo.AddItem MonthName(i)
  Next i
End Sub
```

Die Nummer des aktuell ausgewählten Listenelements ist über die Eigenschaft *ListIndex* zugänglich. (Die Nummerierung beginnt wie bei allen Eigenschaften des Listenfelds mit 0.) *Value* enthält normalerweise denselben Wert wie *ListIndex* (sofern *BoundColumn* in der Default-Einstellung belassen wird, siehe unten). Die *Text*-Eigenschaft enthält den Inhalt des ausgewählten Elements.

Hinweis

Aus unerfindlichen Gründen ist im Textbereich des Kombinationslistenfelds wie im Textfeld ein Markierungsrand vorgesehen. Die Default-Einstellung von *Selection-Margin* lautet zu allem Überfluss *True* (obwohl im Textbereich dieses Steuerelements ohnedies nur eine Zeile angezeigt werden kann). Setzen Sie die Eigenschaft auf *False*, um den irritierenden Rand zu beseitigen.

Mehrfachauswahl

In normalen Listenfeldern können mehrere Einträge gleichzeitig ausgewählt werden, wenn die Eigenschaft *MultiSelect* auf *1 – fmMultiSelectMulti* oder *2 – fmMultiSelectExtended* gesetzt wird. Zur Auswertung müssen Sie in einer Schleife alle *Selected(i)*-Eigenschaften abfragen, um festzustellen, welche Listeneinträge ausgewählt wurden. (Die Mehrfachauswahl erfolgt durch gleichzeitiges Drücken der Maustaste mit Shift oder Strg.)

Mehrspaltige Listenfelder

In Listenfeldern können auch mehrere Spalten gleichzeitig angezeigt werden. Dazu muss *ColumnCount* auf einen Wert größer 1 gesetzt werden. Der Zugriff auf die einzelnen Listeneinträge erfolgt mit *List(zeile, spalte)*, wobei die Nummerierung jeweils mit 0 beginnt. Zuweisungen an *List* können auch direkt durch ein zweidimensionales Feld erfolgen, also etwa *List=feld()*. In umgekehrter Richtung ist das allerdings nicht möglich.

Falls *ColumnHead* auf *True* gesetzt ist, wird Platz für eine zusätzliche Überschriftenzeile gelassen. Ein direkter Zugriff auf deren Einträge scheint unmöglich zu sein. Die Überschriften werden aber automatisch aus einer Excel-Tabelle gelesen, wenn über *RowSource* eine Verbindung zu einem Zellbereich hergestellt wird. Im Listenfeld in Bild 7.13 gilt *RowSouce="Tabelle2!B2:D6"*. Die Überschriftenzellen aus B1:D1 liest das Listenfeld selbstständig. Mit *ControlSource* kann ein zusätzliches Tabellenfeld angegeben werden, das die Nummer der aktuellen Spalte enthält.

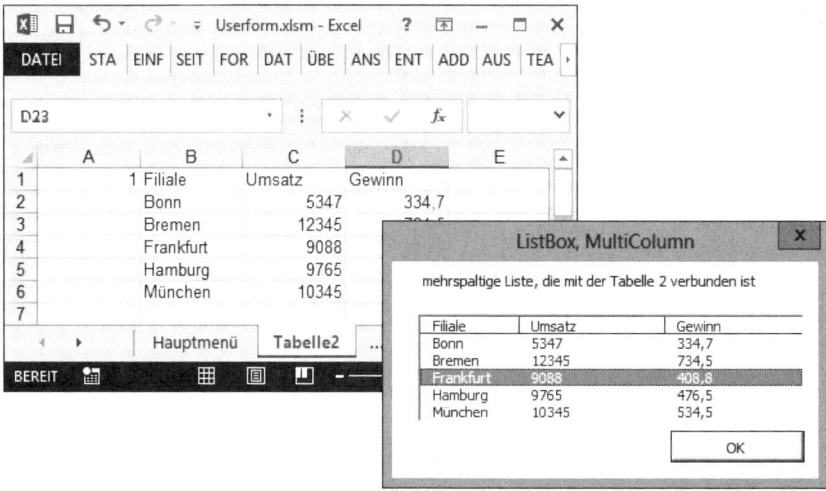

BILD 7.13 Mehrspaltiges Listenfeld, dessen Inhalt mit einer Tabelle verbunden ist

Die Breite der Spalten wird durch *ColumnWidths* gesteuert. In der Default-Einstellung -1 sind alle Spalten gleich breit (aber mindestens 95 Punkt; wenn das Listenfeld dafür zu schmal ist, wird eine horizontale Bildlaufleiste eingestellt). Durch die Einstellung „*2 cm;3 cm*" erreichen Sie, dass die erste Spalte 2 cm und die zweite Spalte 3 cm breit ist. Die Breite der dritten Spalte ergibt sich aus dem verbleibenden Platz.

Da das Listenfeld jetzt aus mehreren Spalten besteht, gibt es auch mehrere Möglichkeiten, welche Werte in den Eigenschaften *Text* und *Value* stehen sollen, wenn der Anwender eine bestimmte Zeile auswählt. Dazu kann in *TextColumn* jene Spalte bestimmt werden, deren Inhalt in der *Text*-Eigenschaft stehen soll, in *BoundColumn* jene Spalte, deren Inhalt in der *Value*-Eigenschaft stehen soll. Beachten Sie dabei, dass im Gegensatz zu allen anderen Listeneigenschaften die Nummerierung mit 1 beginnt – also 1 für die erste Spalte etc. Die Einstellung 0 bedeutet, dass nicht der Inhalt einer Spalte, sondern die Spaltennummer (also *ListIndex*) in der jeweiligen Eigenschaft stehen soll. Bei *TextColumn* ist außerdem noch die Einstellung -1 erlaubt. In diesem Fall enthält *Text* den Inhalt der ersten Spalte, deren Spaltenbreite ungleich 0 ist.

Damit im Dialog in Bild 7.13 automatisch die gesamte in Tabelle 2 verfügbare Liste berücksichtigt wird, gibt es in *btnListBoxMulti_Click* eine recht kompliziert aussehende Anweisung:

```
' Datei 07\Userform.xls, UserForm „dlgListBoxMultiColumn"
Private Sub btnListBoxMulti_Click()
  With dlgListBoxMultiColumn
    .ListBox1.RowSource = Worksheets(2).name & "!" & _
      Intersect(Worksheets(2).[b2].CurrentRegion, _
      Worksheets(2).[b2:d1000]).Address
    .Show
  End With
End Sub
```

Worksheets(2).Name liefert den Namen des zweiten Tabellenblatts (also „*Tabelle2*").

Worksheets(2).[b2].CurrentRegion liefert ein *Range*-Objekt mit allen zusammenhängenden Zellen ausgehend von B2. (In Bild 7.13 liefert *CurrentRegion* den Zellbereich A1:D6.)

Für das Listenfeld wird allerdings weder die Zelle A1 benötigt (in welcher der Index des ausgewählten Listeneintrags angezeigt wird) noch die Überschriftenzeile (die sich das Listenfeld selbst ermittelt). Daher wird der *CurrentRegion*-Bereich durch *Intersect* auf die Spalten B–D und auf die Zeilen 2–1000 beschränkt. *Intersect* bildet also jenen Zellbereich, den *CurrentRegion* und B2:D1000 gemeinsam haben.

Die ganze Anweisung liefert für die Liste in Bild 7.13 das Resultat *Tabelle2!$B$2:$D$6*.

Ereignisse

Zur Verwaltung der Listenfelder sind zwei Ereignisse von Interesse: *Click* (bei der Auswahl eines Listeneintrags) und *Change* (wenn der Text von Kombinationsfeldern durch eine Tastatureingabe verändert wird). Manchmal wird auch *DblClick* ausgewertet, um diese Form der Auswahl eines Elements gleichzeitig als Aufforderung zu interpretieren, den Dialog zu beenden.

Beim Kombinationslistenfeld wird das Ereignis *DropButtonClick* ausgelöst, bevor die Drop-down-Liste erscheint bzw. wieder verschwindet. Das kann dazu genutzt werden, die Liste erst dann dynamisch aufzubauen, wenn sie tatsächlich benötigt wird.

Beispiel

In Bild 7.14 sehen Sie einen Dialog mit einem Listenfeld, in dem die Namen aller Tabellen-blätter der aktiven Excel-Datei aufgezählt sind. Ein Doppelklick auf einen der Namen (oder die Auswahl eines Namens mit anschließendem OK) aktiviert dieses Tabellenblatt.

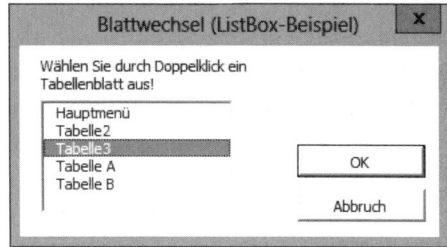

BILD 7.14
Ein Listenfeld zum Wechsel in ein anderes Tabellenblatt

Die Programmierung ist ganz einfach: In *UserForm_Initialize* wird das Listenfeld initialisiert. Dazu wird eine Schleife über alle Tabellenblätter (*Worksheets*-Auflistung) durchgeführt. Die Namen der Blätter werden mit *AddItem* in das Listenfeld übertragen.

```
' Datei 07\userform.xlsm, Userform dlgListWorksheets
' Dialog zum Tabellenblattwechsel
' Listenfeld mit den Namen aller Tabellenblätter füllen
Private Sub UserForm_Initialize()
  Dim wsh As Worksheet
  For Each wsh In Worksheets
    listboxSheets.AddItem wsh.Name
  Next
End Sub
```

In *btnOK_Click* wird getestet, ob eine gültige Auswahl eines Listenelements vorliegt (also *ListIndex>0*). Wenn das der Fall ist, wird aus der Liste des Steuerelements (Eigenschaft *List*) der ausgewählte Eintrag (Eigenschaft *ListIndex*) ermittelt. Die resultierende Zeichenkette wird zur Auswahl eines Tabellenblatts verwendet, das mit *Activate* aktiviert wird. Die Prozedur wird auch dann ausgeführt, wenn der Anwender einen Listeneintrag per Doppelklick auswählt.

```
' ausgewähltes Blatt aktivieren, Dialog schließen
Private Sub btnOK_Click()
  If listboxSheets.ListIndex >= 0 Then
    Worksheets(listboxSheets.List(listboxSheets.ListIndex)).Activate
    Unload Me
  Else
    Beep
  End If
```

```
End Sub
Private Sub listboxSheets_DblClick(ByVal Cancel As _
  MSForms.ReturnBoolean)
  btnOK_Click
End Sub
```

List- und ComboBox – Eigenschaften

BoundColumn	Spalte, deren Inhalt in *Value* angegeben wird
ColumnHead	Überschriftenzeile für mehrspaltige Listen
ColumnWidths	Breite der Spalten
ControlSource	Tabellenzelle mit Nummer des ausgewählten Elements
List(n)	Zugriff auf Listenelemente
List(zeile, spalte)	Zugriff bei mehrspaltigen Listen
ListCount	Anzahl der Listenelemente bzw. Zeilen
ListIndex	Nummer des ausgewählten Elements (beginnend mit 0)
ListStyle	Listeneinträge als Optionsfelder darstellen
MultiSelect	Mehrfachauswahl zulassen
RowSource	Tabellenbereich mit Listeninhalt (z. B. „Tabelle1!A1:B3")
Style	*fmStyleDropDownList* oder *fmStyleDropDownCombo* (nur *ComboBox*)
Text	Text des ausgewählten Elements
TextColumn	Spalte, deren Inhalt in *Text* angegeben wird
Value	Nummer oder Text des Listenelements (bei *BoundColumn>0*)

List- und ComboBox – Methoden

AddItem	Liste erweitern
Clear	Liste löschen
RemoveItem	Listeneintrag löschen

List- und ComboBox – Ereignisse

Change	Elementauswahl oder Texteingabe bei *ComboBox*
Click	Elementauswahl
DblClick	Doppelklick auf ein Listenelement
DropButtonClick	die Drop-down-Liste soll angezeigt werden (nur *ComboBox*)

7.4.4 Kontrollkästchen (CheckBox) und Optionsfelder (OptionButton)

Kontrollkästchen eignen sich zur Durchführung von Ja-/Nein-Entscheidungen. Der aktuelle Zustand wird durch ein Häkchen in einem kleinen, quadratischen Kästchen angezeigt.

Der Zustand des Optionsfelds wird durch einen Punkt in einem runden Kreis angezeigt. Neben diesem optischen Unterschied im Vergleich zum Kontrollkästchen existiert auch ein inhaltlicher: Wenn eines von mehreren Optionsfeldern aktiviert wird, dann werden automatisch alle anderen deaktiviert – es kann also immer nur eine Option (von mehreren) ausgewählt werden. Wenn in einem Dialog mehrere, voneinander unabhängige Gruppen von Optionsfeldern verwendet werden sollen, dann muss die *GroupName*-Eigenschaft der zusammengehörigen Steuerelemente jeweils mit identischen Zeichenketten belegt werden.

Der aktuelle Zustand der beiden Steuerelemente wird der *Value*-Eigenschaft entnommen. Zulässige Werte sind *True, False* und *Null*. (Die Einstellung *Null* markiert einen undefinierten Zustand. Das wäre beispielsweise bei einem Kontrollkästchen für fette Schrift sinnvoll, wenn ein Textbereich markiert ist, dessen Text nur teilweise fett ausgezeichnet ist.) Wenn die Eigenschaft *TripleState* auf *True* gesetzt wird, können alle drei Zustände per Maus eingestellt werden (sonst nur *True* oder *False*).

Hinweis

Aus unerfindlichen Gründen ist es unmöglich, die *Value*-Eigenschaft im Dialogeditor voreinzustellen. Sie müssen stattdessen entsprechende Anweisungen in *UserForm_Initialize* ausführen. ∎

```
' Datei 07\Userform.xlsm, „dlgOption"
Private Sub UserForm_Initialize()
  OptionButton1.Value = True
End Sub
Private Sub CheckBox1_Click()
  Label1.Font.Bold = CheckBox1.Value
End Sub
Private Sub CheckBox2_Click()
  Label1.Font.Italic = CheckBox2.Value
End Sub
Private Sub OptionButton1_Click()
    Label1.Font.Name = "Arial"
End Sub
Private Sub OptionButton2_Click()
    Label1.Font.Name = "Times New Roman"
End Sub
Private Sub OptionButton3_Click()
    Label1.Font.Name = "Courier New"
End Sub
```

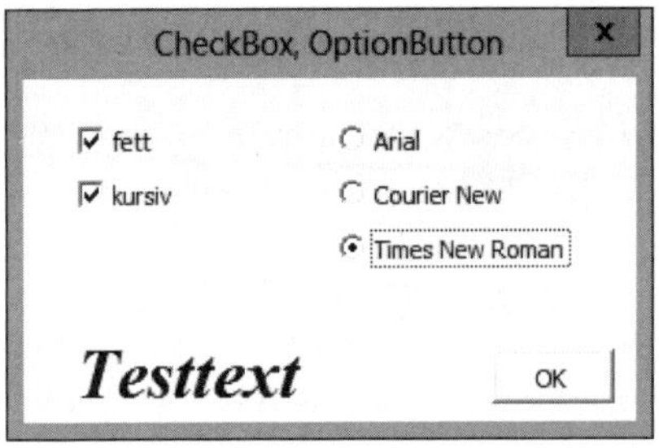

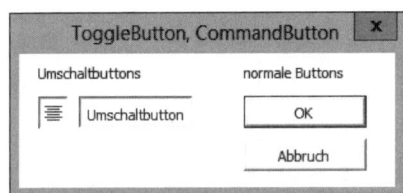

BILD 7.15
Optionsfelder und Kontrollkästchen

CheckBox, OptionButton – Eigenschaften	
Caption	Beschriftungstext
TripleState	auch „undefiniert" (*Null*) als Eingabe zulassen
Value	aktueller Zustand

CheckBox, OptionButton – Ereignis	
Click	der Zustand hat sich geändert

7.4.5 Buttons (CommandButton) und Umschaltbuttons (ToggleButton)

Der Umgang mit Buttons ist ausgesprochen einfach: Der Beschriftungstext wird durch *Caption* eingestellt. Optional kann im Button eine Grafik (Bitmap) angezeigt werden, die mithilfe der *Picture*-Eigenschaft geladen werden kann. Wenn auf den *Caption*-Text verzichtet wird, kann auf diese Weise ein rein grafischer Button erstellt werden. Dieser sollte dann aber zumindest mit *ControlTipText* (für den gelben Infotext) beschriftet werden.

Umschaltbuttons unterscheiden sich von normalen Buttons insofern, als sie im gedrückten Zustand verbleiben und erst durch ein nochmaliges Anklicken wieder zurückspringen. Der aktuelle Zustand kann *Value* entnommen werden (*True/ False/Null* wie bei Optionsfeldern).

BILD 7.16
MS-Forms-Buttons

 Tipp

Wenn Sie Buttons direkt in einem Tabellenblatt verwenden (und nicht in einem Dialog), setzen Sie unbedingt die Eigenschaft *TakeFocusOnClick* auf *False*! Andernfalls bleibt der Tastaturfokus nach einem Anklicken im Button. Dadurch werden eine Menge anderer Funktionen so lange blockiert, bis der Fokus durch einen weiteren Mausklick wieder in das Tabellenblatt zurückgesetzt wird.

CommandButton, ToggleButton – Eigenschaften	
AutoSize	Buttongröße an Inhalt (Text/Grafik) anpassen
Cancel	Auswahl durch Esc
Caption	Beschriftungstext
ControlTipText	gelber Infotext
Default	Auswahl durch Return
Picture	Grafik
PicturePosition	Position der Grafik
TakeFocusOnClick	die Einstellung *False* verhindert, dass der Button beim Anklicken den Eingabefokus erhält (wichtig in Tabellenblättern)
TripleState	auch „undefiniert" (*Null*) als Eingabe zulassen
Value	aktueller Zustand

CommandButton, ToggleButton – Ereignis	
Click	der Button wurde angeklickt

7.4.6 Rahmenfeld (Frame)

Das Gruppenfeld hat die Aufgabe, zusammengehörige Steuerelemente optisch zusammen-zufassen. Alle Steuerelemente, die sich innerhalb des Rahmenfelds befinden, gelten als eine Einheit. Beim Verschieben des Rahmenfelds werden sie ebenfalls mitverschoben.

Eine Besonderheit des Rahmenfelds besteht darin, dass ein Vergrößerungsfaktor für alle darin enthaltenen Steuerelemente angegeben werden kann. Die Steuerelemente werden entsprechend verkleinert oder vergrößert. In seltenen Fällen kann dieses Merkmal dazu genutzt werden, sehr umfangreiche Formulare in einem Dialog darzustellen.

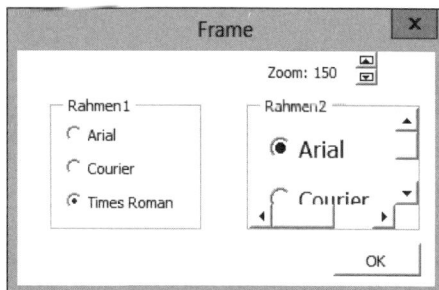

BILD 7.17
Zwei Rahmenfelder mit unterschiedlichem Zoomfaktor

Der Inhalt eines Rahmenfelds kann mit Bildlaufleisten ausgestattet werden. Zur Anzeige von Bildlaufleisten muss *ScrollBars* auf *fmScrollBarsBoth* gesetzt werden. Wenn die Bildlaufleisten automatisch verschwinden sollen, sobald der gesamte Inhalt des Rahmenfelds sichtbar ist, empfiehlt sich außerdem die Einstellung *KeepScrollBarsVisible=fmScrollBarsNone*.

Damit das Rahmenfeld „weiß", wie groß der verschiebbare Inhalt ist, müssen außerdem die Eigenschaften *ScrollWidth* und *ScrollHeight* mit Werten belegt werden. Die passenden Einstellungen müssen zumeist im Programmcode (etwa in der Ereignisprozedur *UserForm_Initialize*) ermittelt werden. Die Kommandos in *UserForm_Initialize* bewirken, dass der verschiebbare Bereich der gerade sichtbaren Innengröße des Rahmenfelds entspricht. (Bildlaufleisten werden damit erst dann erforderlich, wenn entweder der *Zoom*-Faktor vergrößert oder das Rahmenfeld verkleinert wird.) *InsideWidth* und *InsideHeight* geben den nutzbaren Innenbereich des Rahmenfelds an.

Die folgenden Zeilen zeigen den erforderlichen Initialisierungscode, damit die Bildlaufleisten korrekt angezeigt werden. Das vorübergehende Setzen des Zoomfaktors auf 110 Prozent ist notwendig, damit wirklich immer der gesamte Innenbereich angezeigt werden kann.

```
Private Sub UserForm_Initialize()
  With Frame2
    .Zoom = 110
    .ScrollWidth = .InsideWidth
    .ScrollHeight = .InsideHeight
    .Zoom = 100
  End With
End Sub
```

Über die *Controls*-Auflistung kann auf alle Steuerelemente innerhalb des Rahmens zugegriffen werden. *ActiveControl* verweist auf das aktive Steuerelement innerhalb des Rahmens. Die Methoden *AddControl* und *RemoveControl* ermöglichen ein bequemes Einfügen und Entfernen von Steuerelementen.

Frame – Eigenschaften	
ActiveControl	aktives Steuerelement innerhalb der Gruppe
Controls	Zugriff auf die enthaltenen Steuerelemente
InsideWidth/-Height	Größe des nutzbaren Innenbereichs
KeepScrollBarsVisible	Bildlaufleiste immer anzeigen
ScrollBars	gibt an, ob Bildlaufleisten verwendet werden sollen
ScrollLeft/-Top	linke obere Ecke des sichtbaren Bereichs
ScrollWidth/-Height	Größe des verschiebbaren Bereichs
Zoom	Vergrößerungsfaktor für Inhalt des Rahmens

Frame – Methoden	
AddControl	Steuerelement einfügen
RemoveControl	Steuerelement entfernen

7.4.7 Multiseiten (MultiPage), Register (TabStrip)

Die famos übersetzten Steuerelemente *MultiPage* und *TabStrip* bieten zwei Möglichkeiten an, mehrblättrige Dialoge zu bilden. Die resultierenden Dialoge sind voneinander nicht zu unterscheiden, der Aufwand bei der Gestaltung und Programmierung ist beim *TabStrip*-Feld aber ungleich größer. (Es ist kein vernünftiger Grund zu erkennen, weswegen das *TabStrip*-Feld sich überhaupt in der MS-Forms-Bibliothek befindet.) Dieser Abschnitt beschränkt sich daher auf die Beschreibung des *MultiPage*-Steuerelements.

Mehrblättrige Dialoge

Mehrblättrige Dialoge werden oft eingesetzt, um sehr viele Einstellmöglichkeiten von Optionen in einem Dialog unterzubringen (siehe Excel-Optionsdialog). Dabei ist die Gefahr groß, dass der Anwender die Orientierung verliert. Achten Sie darauf, dass Ihre Blätter inhaltlich klar unterscheidbar sind und die Beschriftung verständlich ist! Weniger kann oft mehr sein! Dialoge, die so viele Blätter haben, dass zu deren Beschriftung mehrere Zeilen erforderlich sind, stellen eine Zumutung für den Anwender dar.

Mehrblättrige Dialoge sollten jederzeit verlassen werden können (unabhängig vom gerade sichtbaren Blatt). Platzieren Sie die Buttons OK, ABBRECHEN etc. daher unbedingt außerhalb der Blätter!

Das MultiPage-Steuerelement

Der Entwurf eines mehrblättrigen Dialogs ist denkbar einfach und erfordert keine einzige Zeile Code: Sie fügen ein *MultiPage*-Steuerelement ein, aktivieren durch Mausklick eines der Blätter (oder Seiten) und fügen dort die gewünschten Steuerelemente ein. Sobald Sie das zweite Blatt anklicken, verschwindet das erste im Hintergrund und Sie können ungestört Steuerelemente in das zweite Blatt einfügen. Über das Kontextmenü können Sie mit der rechten Maustaste die Beschriftung und Reihenfolge der Blätter verändern, neue Blätter hinzufügen oder löschen.

Der Umgang mit dem *MultiPage*-Steuerelement wird Ihnen noch leichter fallen, wenn Sie von Anfang an verstehen, dass Sie es hier nicht mit einem, sondern mit mehreren Steuerelementen zu tun haben. Wenn Sie ein *MultiPage*-Steuerelement in ein Formular einfügen, werden nämlich sofort zwei *Page*-Objekte in das *MultiPage*-Steuerelement eingesetzt. Das *MultiPage*-Steuerelement ist also in erster Linie ein Container für *Page*-Objekte. Die *Page*-Objekte ihrerseits nehmen dann die Steuerelemente für die einzelnen Blätter des Dialogs auf. (Genau genommen haben Sie es nicht mit zwei, sondern sogar mit drei Objekten zu tun: *Pages* ist ein eigenständiges Auflistungsobjekt, auch wenn Sie das zumeist gar nicht bemerken.)

Hinweis

Achten Sie bei der Einstellung der Eigenschaften darauf, dass Sie das richtige Steuerelement aktiviert haben. Es ist im Dialogeditor beinahe unmöglich, das *MultiPage*-Steuerelement anzuklicken – der Editor aktiviert immer irgendein eingebettetes *Page*-Steuerelement. Wählen Sie das *MultiPage*-Steuerelement im Listenfeld des Eigenschaftenfensters aus. Eine gleichzeitige Einstellung der Eigenschaften mehrerer Blätter ist übrigens nicht möglich, ebenso wenig das Kopieren und Einfügen von Blättern über die Zwischenablage.

Zu den interessantesten Eigenschaften des *MultiPage*-Objekts zählt *TabOrientation*. Damit können Sie angeben, ob die Seitenbeschriftung (die Tabulatoren) oben, unten, an der linken oder an der rechten Seite angezeigt werden soll. Wenn Sie sehr viele Tabulatoren haben (was auf einen schwer bedienbaren und unübersichtlichen Dialog wie bei den Word-Optionen hindeutet), können Sie mit *MultiRow=True* erreichen, dass die Überschriften in mehreren Zeilen angezeigt werden.

Der Zugriff auf die *Page*-Objekte erfolgt wenig überraschend über die *Pages*-Eigenschaft. Diese Eigenschaft gilt gleichzeitig als Default-Eigenschaft, sodass Sie mit *MultiPage1(1)* auf das erste *Page*-Objekt zugreifen können. Die Nummer des gerade aktuellen *Page*-Objekts kann auch über die *Value*-Eigenschaft ermittelt bzw. geändert werden.

Wenn Sie per Programmcode neue Blätter hinzufügen bzw. vorhandene Blätter löschen möchten, können Sie sich der *Pages*-Methoden *Add* und *Remove* bedienen. In der Folge kommt es für das *MultiPage*-Objekt zu *AddControl*- bzw. *RemoveControl*-Ereignissen.

Nun zu den Eigenschaften der einzelnen Blätter (also der *Page*-Objekte): Diese weisen praktisch dieselben Ereignisse/Eigenschaften/Methoden wie das Rahmenfeld auf. Sie können also einzelne Seiten mit Bildlaufleisten ausstatten, per *Zoom* vergrößern oder verkleinern etc. Neu sind die Eigenschaften *TransitionEffect* und *TransitionPeriod*, mit denen verspielte Programmierer verschiedene Effekte für den Seitenwechsel einstellen können.

Beispiel

Das Beispielprogramm hat wieder einmal reinen Demonstrationscharakter: Zur Einstellung der Schriftart einer Zelle des Tabellenblatts wird ein zweiblättriger Dialog aufgerufen. Im ersten Blatt können die Schriftattribute (fett, kursiv), im zweiten Blatt fünf Schriftfamilien eingestellt werden. Beim Anzeigen des Dialogs werden das *Font*-Objekt der Zelle analysiert und die entsprechenden Optionen gleich richtig angezeigt. (Natürlich gibt es zur Einstellung der Schriftart einen viel vollständigeren und vor allem vorgefertigten Dialog – hier geht es nur um das Prinzip.)

Der Programmcode zum Dialog hat wenig damit zu tun, dass es sich um einen mehrseitigen Dialog handelt. Der Programmieraufwand ergibt sich eher daraus, die Eigenschaften des *Font*-Objekts richtig zu verarbeiten. Vor dem Aufruf des Dialogs muss das zu verändernde *Font*-Objekt in die öffentliche Modulvariable *fnt* geschrieben werden. In der Ereignisprozedur *UserForm_Activate*, die automatisch beim Anzeigen des Dialogs ausgeführt wird, werden die Optionsfelder und Kontrollkästchen entsprechend den Eigenschaften von *fnt* voreingestellt.

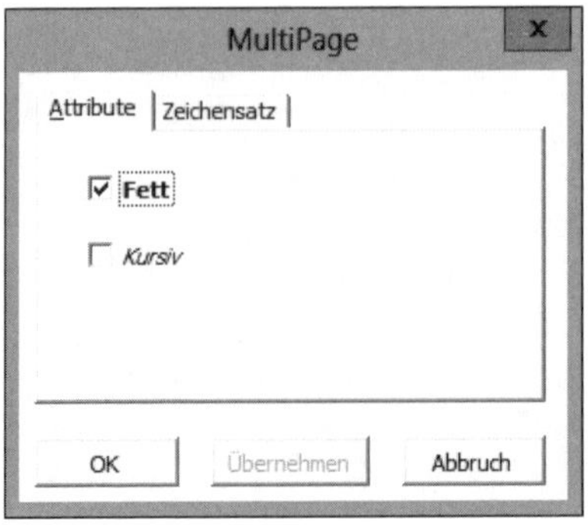

BILD 7.18
Ein einfacher MultiPage-Dialog

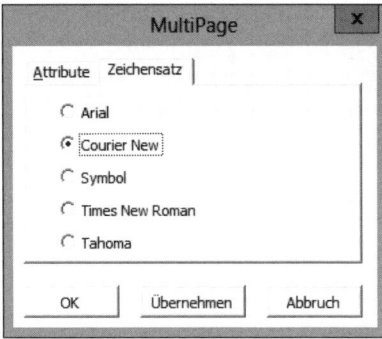

BILD 7.19
Die zweite Seite des Dialogs

```
' Datei 07\Userform.xlsm, UserForm „dlgMultiPage"
Public fnt As Font
Private Sub OptionButton1_Click()      'sobald sich was ändert,
   CommandButton2.Enabled = True       'Übernehmen-Button aktivieren
End Sub
Private Sub OptionButton2_Click()      'wie oben
Private Sub OptionButton3_Click()
Private Sub OptionButton4_Click()
Private Sub OptionButton5_Click()
Private Sub CheckBox1_Click()
Private Sub CheckBox2_Click()
```

Wenige Überraschungen bieten die drei Ereignisprozeduren für die Buttons OK, ÜBERNEHMEN und ABBRUCH. Je nach Button werden die Veränderungen ausgeführt und/oder der Dialog beendet.

```
Private Sub CommandButton1_Click()     'OK
   WriteAttributes
   Unload Me
End Sub
Private Sub CommandButton2_Click()     'Übernehmen
   WriteAttributes
   CommandButton2.Enabled = False
End Sub
Private Sub CommandButton3_Click()     'Abbruch
   Unload Me
End Sub
```

Die Prozedur *ReadAttributes* testet zuerst, ob die Eigenschaften *Bold* und *Italic* des *Font*-Objekts gesetzt sind. Je nach Ergebnis werden die beiden entsprechenden Kontrollkästchen initialisiert. Etwas origineller ist die Schleife über alle Steuerelemente in der zweiten Seite des MultiPage-Felds: Dabei wird der Umstand ausgenutzt, dass die Beschriftungstexte der Optionsfelder exakt mit den Zeichensatznamen übereinstimmen. Wenn der Name des *fnt*-Zeichensatzes mit dem Namen des Steuerelements übereinstimmt, wird die *Value*-Eigenschaft dieses Optionsfelds auf *True* gesetzt.

Außerdem wird der Button Übernehmen deaktiviert (also *Enabled=False*). Dieser Button wird erst dann aktiv, wenn im Dialog irgendwelche Veränderungen vorgenommen werden, also tatsächlich Daten zu übernehmen sind. Aus diesem Grund hat jedes der Steuerelemente in den beiden Seiten des Dialogs eine Ereignisprozedur mit *CommandButton2.Enabled = True*.

```
' Daten aus fnt-Variable lesen
Sub ReadAttributes()
  Dim c As Control
  If fnt.Bold Then CheckBox1 = True Else CheckBox1 = False
  If fnt.Italic Then CheckBox2 = True Else CheckBox2 = False
  For Each c In MultiPage1("Page2").Controls
    If fnt.Name = c.Caption Then c.Value = True
  Next
  CommandButton2.Enabled = False
End Sub
```

 Hinweis

Ursprünglich war geplant, *ReadAttributes* automatisch bei jedem Anzeigen des Dialogs in *UserForm_Activate* aufzurufen. Wegen eines Fehlers in Excel wird die *Activate*-Ereignisprozedur aber nicht zuverlässig bei jeder Anzeige des Dialogs ausgeführt. Aus diesem Grund muss *ReadAttributes* im Code zum Aufruf des Dialogs vor *Show* ausgeführt werden.

Gerade die umgekehrte Aufgabe hat *WriteAttributes*. Dort wird der aktuelle Zustand der Kontrollkästchen ausgewertet und das *Font*-Objekt entsprechend verändert.

```
' Daten in fnt-Variable schreiben
Sub WriteAttributes()
  Dim c As Control
  If CheckBox1 Then fnt.Bold = True Else fnt.Bold = False
  If CheckBox2 Then fnt.Italic = True Else fnt.Italic = False
  For Each c In MultiPage1("Page2").Controls
    If c.Value Then fnt.name = c.Caption
  Next
End Sub
```

Der Dialog wird durch die folgende Ereignisprozedur aufgerufen:

```
' Datei 07\Userform.xlsm, mainmenu
Private Sub btnMultipage_Click()
  Worksheets(3).Activate
  With dlgMultiPage
    Set .fnt = Worksheets(3).[a1].Font
```

```
      .ReadAttributes
      .Show
   End With
End Sub
```

MultiPage – Eigenschaften	
Pages	verweist auf das *Pages*-Auflistungsobjekt
Pages(n)	verweist auf ein einzelnes *Page*-Objekt
MultiRow	mehrere Zeilen mit Tabulatoren zur Blattauswahl
TabOrientation	Tabulatoren links/rechts/oben/unten

Page – Eigenschaften	
Caption	Beschriftung der Seite (Tabulatortext)
ScrollBars	gibt an, ob Bildlaufleisten verwendet werden sollen
KeepScrollBarsVisible	Bildlaufleiste immer anzeigen
ScrollWidth/-Height	Größe des verschiebbaren Bereichs
ScrollLeft/-Top	linke obere Ecke des sichtbaren Bereichs
InsideWidth/-Height	Größe des nutzbaren Innenbereichs
Zoom	Vergrößerungsfaktor für Inhalt des Blatts
TransitionEffect, -Period	Effekt beim Wechsel zu einem anderen Blatt

7.4.8 Bildlaufleiste (ScrollBar) und Drehfeld (SpinButton)

Die Bildlaufleiste eignet sich dazu, eine ganze Zahl aus einem vorgegebenen Wertebereich auszuwählen. Im Vergleich zur Excel-5/7-Bildlaufleiste wurde der zulässige Zahlenbereich auf den *Long*-Zahlenraum erweitert (also etwa $\pm2*10^9$). Die Bildlaufleiste kann sowohl in horizontaler als auch in vertikaler Ausrichtung verwendet werden, je nachdem, wie Sie den Rahmen beim Einfügen des Steuerelements zeichnen.

Beim Drehfeld handelt es sich um eine abgemagerte Variante der Bildlaufleiste: Es besteht nur aus zwei kleinen Pfeilen, die wahlweise nach oben/unten oder nach links/rechts zeigen. Das Drehfeld besitzt keine Bildlaufleiste.

Die wichtigsten Eigenschaften sind *Min* (kleinster erlaubter Wert), *Max* (größter erlaubter Wert), *SmallChange* (Veränderung beim Anklicken der Pfeile) und *Value* (aktueller Wert). Bei der Bildlaufleiste gibt es noch die zusätzliche Eigenschaft *LargeChange* für die seitenweise Bewegung des Schiebefelds. *Delay* gibt die Ereignisverzögerung in Millisekunden an und steuert so die maximale Veränderungsgeschwindigkeit.

Im nebenstehenden Dialog kann durch drei Bildlaufleisten die Hintergrundfarbe eines Bildfelds eingestellt werden. Der Code besteht aus sieben gleich lautenden Prozeduren:

```
' 07\Userform.xlsm, UserForm „dlgScrollBar"
Private Sub UserForm_Activate()
  Image1.BackColor = RGB(scrR, scrG, scrB)
End Sub
Private Sub scrR_Change() 'wie oben
Private Sub scrG_Change()
Private Sub scrB_Change()
Private Sub scrR_Scroll()
Private Sub scrG_Scroll()
Private Sub scrB_Scroll()
```

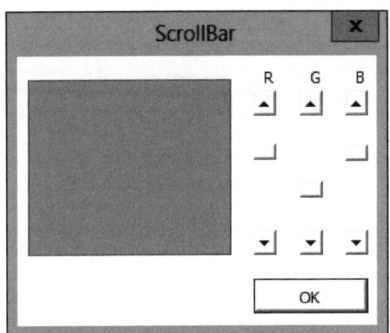

BILD 7.20
Drei Bildlaufleisten

ScrollBar, SpinButton – Eigenschaften	
Delay	Verzögerung zwischen den Ereignissen in Millisekunden
LargeChange	seitenweise Änderung (nur für *ScrollBar*)
Min/Max	zulässiger Wertebereich
Orientation	Pfeile auf/ab oder links/rechts
SmallChange	Änderung beim Anklicken der Buttons
Value	aktueller Wert

ScrollBar, SpinButton – Ereignisse	
Change	*Value* hat sich geändert
Scroll	Schiebefeld wird gerade bewegt (nur *ScrollBar*)
SpinDown	Pfeil nach unten (nach rechts) wurde gewählt (nur *SpinButton*)
SpinUp	Pfeil nach oben (nach links) wurde gewählt (nur *SpinButton*)

7.4.9 Anzeige (Image)

Das Anzeigefeld (das in diesem Buch meist Bildfeld genannt wird) ermöglicht die Anzeige von Bitmap-Dateien, die über die *Picture*-Eigenschaft geladen werden. Wenn Sie die Grafik nicht im Eigenschaftenfenster einstellen, sondern im Programmcode laden möchten, können Sie dazu *LoadPicture* verwenden:

```
Image1.Picture = LoadPicture("dateiname")
```

Eine Menge weiterer Eigenschaften steuern die resultierende Anzeige: *PictureAlignment* gibt an, wie die Bitmap positioniert werden soll, wenn sie größer als das Bildfeld ist. *PictureSizeMode* gibt an, ob die Bitmap an die Größe des Bildfelds angepasst werden soll (also je nach Bedarf verkleinert oder vergrößert). *PictureTiling* bestimmt, ob die Bitmap horizontal und vertikal wiederholt werden soll, um den ganzen zur Verfügung stehenden Raum zu nutzen (wie dies auch für die Hintergrund-Bitmap des Windows-Bildschirms möglich ist).

Bilder mit 256 Farben werden in MS-Forms-Dialogen zumeist in geringerer Qualität (d. h. mit weniger Farben) angezeigt. Das liegt vermutlich an der in Excel verwendeten Farbpalette.

Daneben gibt es einige bereits bekannte Eigenschaften: *AutoSize=True* bewirkt, dass das Bildfeld automatisch an die Größe der Bitmap angepasst wird. *Border* steuert die Umrandung des Bildfelds, *SpecialEffect* 3D-Effekte für die Umrandung. Damit kann dem Bildfeld das Aussehen eines grafischen Buttons gegeben werden. Mit dem nebenstehenden Beispieldialog (der in *07\Userform.xlsm* enthalten ist) können Sie die diversen Effekte ausprobieren.

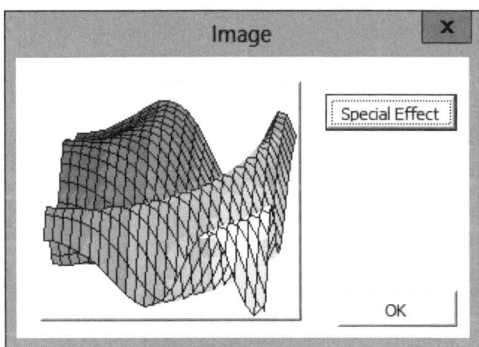

BILD 7.21
Testdialog für die SpecialEffect-Eigenschaft

Image – Eigenschaften	
AutoSize	Bildfeld passt sich an Bitmap-Größe an
Border	Umrandung
Picture	Bitmap
PictureAlignment	Ausrichtung der Bitmap
PictureSizeMode	Skalierung der Bitmap
PictureTiling	*True*, wenn Bitmap horizontal und vertikal wiederholt werden soll
SpecialEffect	3D-Effekt für Umrandung

Image – Ereignis	
Click	das Steuerelement wurde angeklickt

7.4.10 Formelfeld (RefEdit)

Das *RefEdit*-Steuerelement ermöglicht die bequeme Eingabe von Zellbezügen, also Adressen von Zellbereichen. (In Excel 5/7 übernahm diese Aufgabe das Textfeld, wenn *Type* entsprechend eingestellt wurde.) Das Formelfeld gehört nicht zur MS-Forms-Bibliothek, sondern ist ein eigenständiges ActiveX-Steuerelement.

Das Formelfeld weist im Vergleich zu allen anderen Steuerelementen zwei Besonderheiten auf: Erstens ist es möglich, einen Zellbereich in einem Tabellenblatt zu markieren und sogar das Tabellenblatt zu wechseln, während sich der Eingabecursor im Steuerelement befindet. (Bei allen anderen Steuerelementen reagiert Excel auf dieses Ansinnen nur mit einem Piepser.) Zweitens verkleinert sich der ganze Dialog auf die Größe des *RefEdit*-Steuerelements, sodass der Dialog nicht den Platz wegnimmt, den Sie zur Auswahl des Bereichs benötigen.

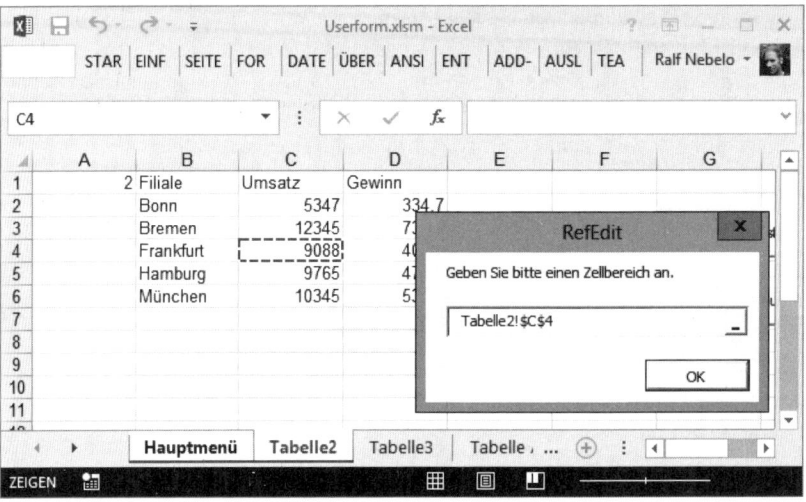

BILD 7.22 Eingabe eines Zellbezugs in einem Formelfeld

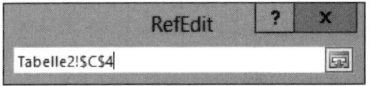

BILD 7.23
Der verkleinerte Dialog

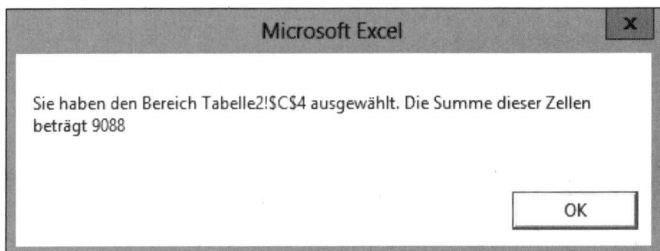

BILD 7.24
Ergebnis der Auswahl

Das Formelfeld ist mit einer Unmenge von Eigenschaften, Methoden und Ereignissen ausgestattet, von denen Sie die meisten nie benötigen werden. (Viele Eigenschaften stimmen mit denen des Textfelds überein.) Die *Value*-Eigenschaft enthält nach der Auswahl eine Zeichenkette mit dem Zellbezug, beispielsweise *„Tabelle1!$A$1"* oder *„[Mappe2]Tabelle1!$B$13"*, wenn sich das Feld in einer anderen Excel-Datei befindet.

Vorsicht

Einen besonders ausgereiften Eindruck vermittelt das Formelfeld leider nicht: Zum einen steigt die CPU-Auslastung oft (aber nicht immer) auf 100 Prozent, während ein Dialog mit einem Formelfeld angezeigt wird. Zum anderen weist das Steuerelement zwar zahlreiche Ereignisse auf, das einzig wichtige, nämlich *Change*, wird aber durchaus nicht bei jeder Änderung ausgelöst. Wenn Sie auf der Basis der Eingabe eine Validitätskontrolle oder eine Berechnung durchführen möchten, können Sie das nur in der Ereignisprozedur eines Buttons tun.
∎

Bedauerlicherweise können im Formelfeld nicht nur Zellbezüge, sondern beliebige Zeichenketten eingegeben werden. Nun fehlt aber eine Funktion, mit der Sie feststellen können, ob die Zeichenkette einem korrekten Zellbezug entspricht oder nicht. Sie müssen daher den nachfolgenden Code durch eine Fehlerbehandlungsroutine absichern.

Nach Abschluss des Beispieldialogs in Bild 7.22 zeigt ein Meldungsdialog die Formel des ausgewählten Zellbereichs und die Summe der Zahlen in diesen Zellen an. Der erforderliche Code zur Anzeige des Meldungsdialogs sieht folgendermaßen aus:

```
' Datei 07\Userform.xlsm, UserForm „dlgRefEdit"
Private Sub CommandButton1_Click()
  On Error Resume Next
  Hide
  MsgBox "Sie haben den Bereich " & RefEdit1.Value & _
    " ausgewählt. Die Summe dieser Zellen beträgt " & _
    WorksheetFunction.Sum(Range(RefEdit1.Value))
  If Err Then
    MsgBox RefEdit1.Value & " ist kein gültiger Zellbezug"
  End If
End Sub
```

RefEdit – Eigenschaften	
Value	enthält eine Zeichenkette mit dem Zellbezug

RefEdit – Ereignisse	
Change	*Value* hat sich geändert (das Ereignis tritt leider nicht immer auf)

7.4.11 Das UserForm-Objekt

Nachdem nun alle wichtigen Steuerelemente beschrieben sind, darf auch das Objekt zur Darstellung des Dialogs nicht fehlen. Alle Dialoge basieren auf dem *UserForm*-Objekt, das häufig auch als „Formular" bezeichnet wird. Dieses Objekt weist eine Menge Eigenschaften auf, die Sie bereits aus anderen Steuerelementen kennen: Wie im Rahmenfeld können über die Auflistung *Controls* alle Steuerelemente im Dialog angesprochen werden. Mit *Controls. Add* bzw. *Remove* können weitere Steuerelemente hinzugefügt bzw. entfernt werden. (Die Vorgehensweise wird in einem Beispiel in Abschnitt 7.6.3 beschrieben.) *ActiveControl* verweist auf das Steuerelement, das momentan den Eingabefokus aufweist. Mit *Zoom* kann der Skalierungsfaktor für den Innenbereich des Formulars von 10 bis 400 Prozent frei eingestellt werden.

Der Hintergrund des Formulars kann mit einer Bitmap unterlegt werden. Die Bitmap wird über die *Picture*-Eigenschaft geladen. Es stehen alle Darstellungsoptionen wie beim Bildfeld zur Verfügung.

Dialog anzeigen

Zum Anzeigen des Dialogs verwenden Sie die Methode *Show*. Normalerweise wird der Dialog modal angezeigt, d. h., dass der Dialog beendet werden muss, bevor in Excel weitergearbeitet werden kann. Seit Excel 2000 besteht aber auch die Möglichkeit, den Dialog nichtmodal zu öffnen, wenn Sie den Parameter *vbModeless* angeben.

```
dlgName.Show               'Dialog normal anzeigen
dlgName.Show vbModeless     'Dialog nichtmodal anzeigen
```

Positionierung von Dialogen

Interessanterweise gibt es einige *UserForm*-Eigenschaften und -Ereignisse, nach denen Sie im Objektkatalog vergeblich suchen werden: Beispielsweise können Sie mit der *StartupPosition* einstellen, an welcher Stelle der Dialog am Bildschirm erscheinen soll. Es gibt vier Möglichkeiten:

- 0 manuelle Positionierung durch die Eigenschaften *Left* und *Top*
- 1 zentriert im Excel-Fenster, Default-Einstellung
- 2 zentriert am Bildschirm
- 3 Windows-Default-Position (linke obere Ecke des Bildschirms)

Ganz unabhängig von *StartupPosition* können Sie den Dialog an jedem beliebigen Ort erscheinen lassen, wenn Sie die Eigenschaften *Left* und *Top* in der *UserForm_Activate*-Ereignisprozedur einstellen. Der ideale Ort – nämlich in der Nähe der aktuellen Mausposition – lässt sich ohne einen Zugriff auf Windows-API-Funktionen leider nicht feststellen.

Dialog schließen

Es gibt zwei Möglichkeiten, einen Dialog zu schließen: die Methode *Hide* und das Kommando *Unload*, dem als Parameter ein Verweis auf den Dialog – die Eigenschaft *Me* – übergeben wird. Diese scheinbare Doppelgleisigkeit stiftet oft Verwirrung. Tatsächlich bewirken die beiden Kommandos aber ganz unterschiedliche Operationen:

- *Unload Me* schließt den Dialog und entfernt ihn aus dem Speicher. Dabei gehen auch die im Dialogmodul definierten Variablen verloren. Wenn Sie den Dialog später durch *Show* wieder aufrufen, wird er neu in den Speicher geladen und erscheint wie beim ersten Mal in einem nicht initialisierten Zustand.

- *Hide* macht den aktuellen Dialog einfach unsichtbar. Rein optisch ist die Wirkung wie bei *Unload*, intern bleibt der Dialog aber im Speicher erhalten. *Show* zeigt den Dialog so, wie er zuletzt beendet wurde, wieder an. Das bedeutet, dass früher durchgeführte Texteingaben oder Optionseinstellungen beim neuerlichen Anzeigen des Dialogs weiterhin zur Verfügung stehen.

Die Entscheidung zwischen *Unload* und *Hide* hängt also vom Verwendungszweck ab. Im Regelfall ist *Unload Me* günstiger, weil damit der Dialog aus dem Speicher entfernt wird. Wenn Sie aber außerhalb des Dialogmoduls noch auf Eigenschaften oder Variablen des Dialogs zugreifen möchten oder wenn Dialogeinstellungen von einem Aufruf zum nächsten erhalten bleiben sollen, ist *Hide* die bessere Wahl.

Ereignisse

Das *UserForm*-Objekt kennt eine Menge vertrauter Ereignisse – etwa *Click*, *DblClick*, *MouseDown*, *MouseMove* und *MouseUp* zur exakten Verwaltung der Maus sowie *KeyDown*, *KeyUp* und *KeyPress* für Tastaturereignisse.

Bei der Verwaltung des Formulars sind die Ereignisse *Activate*, *Deactivate*, *Initialize* und *Terminate* hilfreich:

- *Initialize* tritt auf, wenn der Dialog in den Speicher geladen wird (vor dem ersten Anzeigen).

- *Terminate* tritt auf, wenn der Dialog wieder aus dem Speicher entfernt wird (d. h., wenn die darin enthaltenen Steuerelemente und Variablen gelöscht werden). *Terminate* wird sowohl durch *Unload Me* als auch durch das Anklicken des SCHLIESSEN-Buttons ausgelöst (also das x in der rechten oberen Ecke des Dialogs).

- *Activate* tritt (gegebenenfalls nach *Initialize*) bei jedem Anzeigen des Dialogs auf. Der Unterschied zu *Terminate* besteht darin, dass *Activate* beispielsweise auch beim nochmaligen Anzeigen eines Dialogs auftritt, der mit *Hide* geschlossen wurde. (In diesem Fall tritt *Initialize* nicht nochmals auf, weil der Dialog ja im Speicher geblieben ist und daher nicht neu initialisiert werden muss.)

- *Deactivate* tritt nur dann auf, wenn ein zweiter Dialog angezeigt wird, während der erste Dialog noch sichtbar bleibt. Wird der zweite Dialog geschlossen (und somit der erste wieder aktiv), kommt es entsprechend auch zu einem weiteren *Activate*-Ereignis.

Achtung

In Excel 97 gab es bisweilen Probleme mit dem *Activate*-Ereignis. Dieses Ereignis trat nur beim ersten Anzeigen des Dialogs auf, später aber nicht mehr (bzw. nur, wenn die Entwicklungsumgebung geöffnet war). Dieses Problem ist mittlerweile offensichtlich gelöst. Sie sollten den Umstand aber dennoch im Auge behalten, wenn Sie Anwendungen programmieren möchten, die sowohl unter Excel 97 als auch mit späteren Versionen funktionieren. ∎

Dialogende durch Schließen-Button vermeiden

Manchmal soll vermieden werden, dass der Anwender den Dialog durch den x-Button in der rechten oberen Ecke beendet. In diesem Fall tritt das Ereignis *QueryClose* auf. Der Parameter *CloseMode* gibt an, weswegen das Fenster geschlossen werden soll:

- *vbFormControlMenu* (0) Close-Button
- *vbFormCode* (1) *Unload*-Anweisung im Code
- *vbAppWindow* (2) Windows wird beendet (shutdown)
- *vbAppTaskManager* (3) Programmende durch den Task-Manger

Mit *Cancel* kann der Versuch, den Dialog zu beenden, blockiert werden.

```
' Dialog nicht durch Schließen-Button beenden
Private Sub UserForm_QueryClose(Cancel%, CloseMode%)
   If CloseMode = vbFormControlMenu Then Cancel = True
End Sub
```

UserForm – Eigenschaften	
ActiveControl	aktives Steuerelement innerhalb der Gruppe
Controls	Zugriff auf die enthaltenen Steuerelemente
InsideWidth/-Height	Größe des nutzbaren Innenbereichs
KeepScrollBarsVisible	Bildlaufleiste immer anzeigen
Picture	Bitmap
PictureAlignment	Ausrichtung der Bitmap
PictureSizeMode	Skalierung der Bitmap
PictureTiling	*True*, wenn Bitmap horizontal und vertikal wiederholt werden soll
ScrollBars	gibt an, ob Bildlaufleisten verwendet werden sollen
ScrollLeft/-Top	linke obere Ecke des sichtbaren Bereichs
ScrollWidth/-Height	Größe des verschiebbaren Bereichs
Zoom	Vergrößerungsfaktor für Inhalt des Rahmens

UserForm – Ereignisse	
Activate	der Dialog wird angezeigt bzw. wieder aktiviert (nach *Deactivate*)
Click	der Dialog (nicht ein Steuerelement) wurde angeklickt
Deactivate	der Dialog verliert den Fokus, weil ein Subdialog angezeigt wird
Initialize	der Dialog wird in den Speicher geladen (Initialisierung)
QueryClose	der Dialog soll beendet werden (Schließen-Button)
Terminate	der Dialog wird aus dem Speicher entfernt (Aufräumarbeiten)

◼ 7.5 Steuerelemente direkt in Tabellen verwenden

Die meisten im vorigen Abschnitt vorgestellten Steuerelemente können nicht nur in Dialogen, sondern auch unmittelbar in Tabellen- und Diagrammblättern verwendet werden. (Ausnahmen sind *MultiPage* und *TabStrip* für mehrblättrige Dialoge, *RefEdit* für Zellbezüge sowie das Rahmenfeld.) Steuerelemente in Tabellen ermöglichen die Gestaltung von besonders einfach zu bedienenden Tabellen. Dazu einige Anwendungsbeispiele:

- Sie können einen Button zum Speichern oder Ausdrucken der aktiven Tabelle oder für andere oft benötigte Arbeitsschritte vorsehen.
- Über ein Kontrollkästchen oder ein Optionsfeld können verschiedene Berechnungsoptionen innerhalb der Tabelle ausgewählt werden.
- Ein Drehfeld kann zur bequemen Einstellung von Berechnungsparametern verwendet werden.
- Ein Listenfeld kann dazu eingesetzt werden, eines von mehreren Berechnungsmodellen auszuwählen.
- Über eine ganze Gruppe von Buttons kann eine zentrale Steuerung eines Programms realisiert werden.

 Verweis

Listen („Datenbanken") in Tabellenblättern können mit Drop-down-Listenfeldern kombiniert werden. Diese Listenfelder werden allerdings nicht als Steuerelemente in die Tabelle eingefügt, sondern mit DATEN | FILTERN aktiviert und direkt von Excel verwaltet. Da es sich bei diesen Listenfeldern nicht um richtige Steuerelemente handelt, sondern um ein Hilfsmittel zur Strukturierung von Daten, werden Autofilter im Datenbankkapitel behandelt – siehe Abschnitt 11.3.1.   ◼

Vorteile

Der größte Vorteil von Tabellenblättern mit Steuerelementen gegenüber Dialogen besteht darin, dass Sie in Tabellenblättern viel flexibler sind. Der Anwender hat die Möglichkeit, den sichtbaren Bereich der Tabelle über die Bildlaufleisten einzustellen. Probleme, die bei der Bearbeitung eines zu großen Dialogs auf einem Minibildschirm mit 640*480 Pixeln auftreten können, treten innerhalb eines scrollbaren Tabellenblatts nicht auf.

Auch in der Anwendung gibt es mehr Flexibilität: Während ein Dialog abgeschlossen werden muss, bevor ein Weiterarbeiten in Excel möglich ist, ist ein Sprung von einem Tabellenblatt in das nächste jederzeit möglich.

Ein weiterer Pluspunkt für Tabellen besteht darin, dass alle Gestaltungs- und Rechenmerkmale von Tabellen parallel zu den Steuerelementen weiterverwendet werden können. Beispielsweise kann ein Diagramm je nach Einstellung eines Drehfelds sofort aktualisiert werden.

Nachteile

Wo es so viele Vorteile gibt, muss es auch Nachteile geben. So ist es unmöglich, Steuerelemente in Tabellen über die Tastatur zu bedienen. Insbesondere ist es nicht möglich, Steuerelementen eine Zugriffstaste zuzuordnen oder zwischen Steuerelementen mit Tab zu springen. (Dieser Nachteil ist gerade für Anwendungen, die sehr oft und sehr effizient genutzt werden sollen, nicht zu unterschätzen! Der einzige Ausweg besteht darin, dass Sie Prozeduren zur Tastaturverwaltung einrichten (Eigenschaft *OnKey*) – das ist aber mit erheblichem Programmieraufwand verbunden.)

Ein weiterer Nachteil besteht darin, dass Tabellen mit Steuerelementen zur Steuerung von Add-ins ungeeignet sind. (Add-ins sind generell unsichtbar und werden zumeist durch Dialoge gesteuert. Siehe Kapitel 15!)

Einstellungen in Steuerelementen werden beim Laden einer Excel-Datei zum Teil zurückgestellt. Wenn Sie beispielsweise in einem Listenfeld ein Element auswählen, die Datei speichern und dann wieder laden, ist anschließend nicht mehr erkennbar, welches Listenelement zuvor ausgewählt wurde. Daher eignen sich Steuerelemente in Tabellen nur mit Einschränkungen dazu, um Informationen bleibend zu speichern.

Der größte Nachteil bei der Verwendung von Steuerelementen in Tabellen besteht aber in der geringen Stabilität: Mit jeder der Excel-Versionen 97, 2000 und 2002 hatten wir (immer wieder neue) Probleme. Am schlimmsten war es in Version 2002, wo nicht nur Funktionsprobleme, sondern sehr häufig Excel-Abstürze auftraten. Diese Probleme haben uns dazu gezwungen, zwei Beispiele, die in der 2000er-Auflage dieses Buchs noch enthalten waren (und unter Excel 2000 auch problemlos funktionierten), aus dem Buch zu entfernen. Angesichts dieser Erfahrungen können wir eigentlich nur empfehlen, auf den Einsatz von Steuerelementen in Tabellen nach Möglichkeit ganz zu verzichten – trotz aller attraktiven Programmiermöglichkeiten, die sich daraus ergeben würden. Das gilt allerdings nur für die genannten Excel-Versionen. Die neueren Versionen ab 2003 scheinen in dieser Hinsicht deutlich robuster zu sein als ihre Vorgänger.

Arbeitstechniken

Das meiste, was Sie an Bedienungsregeln im Dialogeditor gelernt haben, können Sie jetzt wieder vergessen. Es ist wirklich verblüffend, in wie vielen Details sich der Umgang mit Steuerelementen in Tabellen und im Dialogeditor unterscheidet.

Hinweis

Damit Sie Steuerelemente in ein Tabellenblatt einfügen können, müssen Sie die Befehlsregisterkarte ENTWICKLERTOOLS sichtbar machen. Dazu öffnen Sie die Registerkarte DATEI und wählen OPTIONEN. Klicken Sie links im Dialogfeld auf MENÜBAND ANPASSEN, schalten Sie im rechten Listenfeld das Kontrollkästchen vor „Entwicklertools" ein, und schließen Sie das Dialogfeld mit OK.

Zum Einfügen eines Steuerelements wählen Sie ENTWICKLERTOOLS | EINFÜGEN, klicken im Abschnitt ACTIVEX-STEUERELEMENTE auf das Steuerelement Ihrer Wahl und zeichnen es in der gewünschten Größe und Position auf das Tabellenblatt. Verwenden Sie *nicht* die Steuerelemente im Abschnitt FORMULARSTEUERELEMENTE. Diese entstammen noch dem Fundus von Excel 5/7 und erfordern eine grundsätzlich andere Bedienung respektive Programmierung.

Tipp

Beim Einfügen eines Steuerelements schaltet Excel automatisch den ENTWURFS-MODUS-Button im Menüband ein. Sie können jetzt nicht nur das aktuell eingefügte, sondern sämtliche Steuerelemente des Tabellenblatts bearbeiten. Wenn Sie sich zwischenzeitlich von der korrekten Funktion eines Controls überzeugen möchten, schalten Sie den ENTWURFSMODUS-Button aus. Sämtliche Steuerelemente nehmen jetzt Maus- und Tastatureingaben entgegen. Nach einem erneuten Klick auf den Button können Sie mit der Bearbeitung der Steuerelemente fortfahren. ∎

Zur Beschriftung der Steuerelemente im Entwurfsmodus reicht kein einfacher Mausklick mehr – vielmehr müssen Sie den Kontextmenüeintrag TEXT BEARBEITEN wählen. Sie können nun den Text verändern (Strg+Return fügt eine neue Zeile ein). Die Eingabe wird nicht etwa mit Return beendet, sondern mit Esc! (Das widerspricht allen Gepflogenheiten unter Windows.)

Die übrigen Eigenschaften können über das Eigenschaftenfenster (das Sie per EIGENSCHAFTEN-Befehl sichtbar machen) eingestellt werden. Allerdings stehen dort nicht alle vom Dialogeditor bekannten Eigenschaften zur Verfügung. Zu allem Überfluss haben manche Eigenschaften sogar einen anderen Namen (etwa *LinkedControl* statt *ControlSource*, *ListFillRange* statt *RowSource* etc.).

Tipp

Oft bereitet es Mühe, die Steuerelemente ordentlich zu platzieren: Alle Buttons sollten möglichst gleich groß sein, an einer Linie ausgerichtet sein, den gleichen Abstand zueinander haben etc. Die aus dem Dialogeditor bekannten FORMAT-Kommandos stehen in Tabellenblättern leider nicht zur Verfügung. Wenn Sie mehrere Steuerelemente gleich breit oder hoch machen möchten, markieren Sie die Steuerelemente (Maus plus Shift statt wie sonst üblich mit Strg) und geben im Eigenschaftenfenster für *Width* bzw. *Height* einen Zahlenwert ein. Wenn Sie einen Button beim Kopieren nur vertikal oder nur horizontal verschieben möchten, können Sie die Maustaste zusammen mit Shift+Strg drücken. ∎

Verweis

Weitere Anwendungsbeispiele für Tabellen mit Steuerelementen finden Sie in Abschnitt 1.5 (Literaturdatenbank) sowie in Kapitel 9 (Mustervorlagen): Dort wird beispielsweise ein Kontrollkästchen eingesetzt, um zwischen Rechnungen für das In- und das Ausland zu unterscheiden (Endbetrag mit oder ohne USt) oder um einen von mehreren möglichen Leihwagentypen (mit unterschiedlichen Preiskategorien) auszuwählen. Ein weiteres Mal kommen Listenfelder schließlich in Excel-Tabellen zum Einsatz, die als Fragebogen konzipiert sind. Ein Beispiel für die Gestaltung und Auswertung eines derartigen Fragebogens finden Sie in Abschnitt 12.4.2. ∎

Steuerelement formatieren

Während die MS-Forms-spezifischen Eigenschaften über das Eigenschaftenfenster eingestellt werden, gibt es einige weitere Excel-spezifische Eigenschaften, die im Dialog Steuerelement formatieren verändert werden können. (Genau genommen handelt es sich hier um Eigenschaften des *Shape*-Objekts, das intern zur Einbettung der Steuerelemente verwendet wird – siehe unten.)

Der Dialog wird über das Kontextmenü zum Steuerelement aufgerufen. Die interessantesten Einstellmöglichkeiten bietet das Dialogblatt „Eigenschaften": Dort wird bestimmt, wie sich Größe und Position des Steuerelements verändern, wenn Spaltenbreite und Zeilenhöhe verändert werden. Außerdem kann angegeben werden, ob das Steuerelement zusammen mit der restlichen Tabelle ausgedruckt werden soll (standardmäßig ist diese Option aktiviert).

Tipp

Tabellen sind im Gegensatz zu Dialogen schlecht gegen eine (oft unbeabsichtigte) Veränderung durch den Benutzer abgesichert. Sobald Sie die Gestaltung eines Tabellenblatts abgeschlossen haben, sollten Sie das Blatt vor unbeabsichtigten Änderungen schützen. Deaktivieren Sie dazu zuerst für alle Zellen und Steuerelemente, die veränderlich bleiben sollen, den defaultmäßig aktivierten Schutz (Kontextmenüeintrag Steuerelement formatieren oder Zellen formatieren, danach Dialogblatt „Schutz"). Anschließend aktivieren Sie die Schutzfunktion für das gesamte Blatt mit Überprüfen | Blatt schützen. ∎

Eigenschaften zur Positionierung von Steuerelementen (Shape-Objekt)

Die Einbettung von Steuerelementen in Tabellenblätter erfolgt durch *Shape*-Objekte mit *Type=msoOLEControlObject* (siehe auch Abschnitt 10.8). Die Eigenschaften zur Positionierung der Steuerelemente basieren daher auf den *Shape*-Eigenschaften: Zu jedem Steuerelement werden der linke obere Eckpunkt (*Left* und *Top*) sowie Breite und Höhe (*Width* und *Height*) gespeichert. Diese Koordinaten beziehen sich auf die linke obere Ecke des Dialogs bzw. Tabellenblatts. *TopLeftCell* und *BottomRightCell* geben darüber hinaus die Zellen unter der linken oberen bzw. unter der rechten unteren Ecke des Steuerelements an.

Placement bestimmt, wie sich das Steuerelement bei einer Veränderung der Tabelle verhalten soll: Durch die Einstellung *xlMoveAndSize* wird erreicht, dass das Steuerelement bei einer Änderung der Breite oder Höhe der Tabelle entsprechend verschoben und in seiner Größe verändert wird. (Die Eigenschaften *Left*, *Top*, *Width* und *Height* werden also automatisch angepasst.) Bei der Einstellung *xlMove* bleibt die Größe konstant, der Ort ist noch immer variabel. Bei der Einstellung *xlFreeFloating* sind Größe und Position vom Aufbau der Tabelle unabhängig; *Left* und *Top* ändern sich also nicht, ganz egal, wie Sie Zeilen und Spalten verändern.

Hinweis

Alle hier aufgezählten Eigenschaften gelten nicht nur für Steuerelemente, sondern auch für alle anderen Zeichnungsobjekte (Linien, Pfeile, OLE-Objekte, eingebettete Diagramme etc.) ∎

Zugriff auf Steuerelemente via Code

Um im VBA-Code auf Steuerelemente zuzugreifen, gibt es drei Möglichkeiten. Am einfachsten ist es, wenn Sie den Namen des Steuerelements kennen: Dann können Sie beispielsweise mit *Worksheet(n).CommandButton1* auf einen Button im Tabellenblatt zugreifen.

Die beiden anderen Möglichkeiten sind dann interessant, wenn Sie in einer Schleife auf alle Steuerelemente eines Tabellenblatts zugreifen möchten. Dazu können Sie die *Shapes*-Auflistung zu Hilfe nehmen und testen, ob es sich beim *Shape*-Objekt um ein Steuerelement handelt (*sh.Type = msoOLEControlObject*). In diesem Fall können Sie auf das Steuerelement mit *sh.OLEFormat.Object.Object* zugreifen. (*OLEFormat* verweist auf ein *OLEFormat*-Objekt. *OLEFormat.Object* verweist auf ein *OLEObject*. Erst durch *OLEFormat.Object.Object* gelangen Sie zum gewünschten Steuerelement! OLE-Objekte dienen zur Einbettung beliebiger Objekte und werden in Abschnitt 15.6.4 etwas ausführlicher vorgestellt.)

```
Dim sh As Shape
For Each sh In Sheets(1).Shapes
  If sh.Type = msoOLEControlObject Then
    Debug.Print sh.Name, TypeName(sh.OLEFormat.Object.Object)
  End If
Next
```

Alternativ können Sie auch eine Schleife über alle OLE-Objekte des Tabellenblatts bilden. Wenn es sich bei dem OLE-Objekt um ein Steuerelement handelt, enthält *OLEType* den Wert *xlOLEControl*. Auf das Steuerelement selbst greifen Sie mit *Object* zu.

```
Dim oo As OLEObject
For Each oo In Sheets(1).OLEObjects
  If oo.OLEType = xlOLEControl Then
    Debug.Print oo.Name, TypeName(oo.Object)
  End If
Next
```

Kommunikation zwischen Steuerelement und Tabellenblatt

Die Kommunikation zwischen Steuerelement und Tabellenblatt wird durch ein *ControlFormat*-Objekt hergestellt, das über die gleichnamige Eigenschaft des *Shape*-Objekts angesprochen werden kann. Das *ControlFormat*-Objekt ist normalerweise transparent. Seine Eigenschaften tauchen – soweit sinnvoll – im Eigenschaftenfenster des Steuerelements auf und können auch im Programmcode wie Steuerelementeigenschaften verwendet werden (betrifft etwa *LinkedCell*, *ListFillRange* und *PrintObject*).

Besonderheiten bei Buttons

 Achtung

In der Default-Einstellung behält der Button nach dem Anklicken den Eingabefokus. In Dialogen ist das kein Problem. Solange sich aber der Eingabefokus in irgendeinem Objekt eines Tabellenblatts befindet, weigert sich Excel, alle möglichen
Operationen durchzuführen. Auch korrekter VBA-Code funktioniert aus diesem
Grund nicht mehr, Sie können weder Tabellenzellen noch die Benutzeroberfläche
verändern. ∎

Abhilfe bietet die Einstellung der Eigenschaft *TakeFocusOnClick=False*. Damit bleibt der Fokus
auch beim Klick auf den Button dort, wo er bisher war, und Sie können in der Ereignisprozedur jede Operation durchführen. Warum diese Eigenschaft nicht von vornherein auf *False*
gestellt ist, weiß nur Microsoft.

Die Eigenschaft *TakeFocusOnClick* existiert leider nur für Buttons, würde aber oft auch für
andere Steuerelemente benötigt werden. Wenn Sie beispielsweise nach dem Anklicken
eines Kontrollkästchens erreichen möchten, dass der Eingabefokus anschließend wieder
auf eine Zelle des Tabellenblatts gerichtet wird, können Sie die folgende Zeile in die *Click*-
Ereignisprozedur des Steuerelements einfügen:

```
Me.Range("C1").Activate
```

Me bezieht sich dabei auf das Tabellenblatt, in dem sich das Steuerelement befindet (weil
sich die Ereignisprozedur im Klassenmodul des Tabellenblatts befindet). C1 ist eine beliebige
Zelle. Wenn Sie den Fokus auf die Zelle richten möchten, die dem Steuerelement am nächsten
liegt, können Sie das folgende Kommando verwenden:

```
CheckBox1.TopLeftCell.Activate
```

Besonderheiten bei Listenfeldern

Der Inhalt des Listenfelds kann über die Eigenschaft *ListFillRange* eingestellt werden. Das
Ergebnis der Auswahl wird in die durch *LinkedControl* angegebene Zelle geschrieben.

Im Unterschied zum Excel-5/7-Listenfeld wird in die *ControlSource*-Zelle der ausgewählte
Listentext statt der Indexnummer übertragen. Oft wird zur weiteren Auswertung der Auswahl
aber eine Indexnummer benötigt. Abhilfe: Stellen Sie *BoundColumn* auf 0.

Aber auch jetzt gibt es noch einen Unterschied zum Excel-5/7-Listenfeld: Die *ControlSource*-
Zelle enthält Werte zwischen 0 und *ListCount-1* (statt wie bisher zwischen 1 und *ListCount*).
Sie können diesen Umstand zwar bei der weiteren Auswertung der Auswahl berücksichti-
gen, es ist jetzt aber nicht mehr möglich, zwischen dem ersten Listeneintrag (Wert 0) und
überhaupt keiner Auswahl (Wert *Null*) zu unterscheiden. Der Grund: In Excel-Tabellen wird
Null fallweise als 0 interpretiert (manchmal auch als Wert *#NV*). Eine Erklärung, warum
Excel den Wert *Null* je nach Laune unterschiedlich interpretiert, müssen wir leider schuldig
bleiben.

Die nächste Eigenheit betrifft die Initialisierung: Beim Laden einer Tabelle mit einem Listenfeld wird kein Eintrag dieses Steuerelements aktiviert. *ListIndex* hat den Wert 1. Falls dieser undefinierte Zustand nicht erwünscht ist, muss in *Worksheet_Open* (Objekt „Diese Arbeitsmappe") ein eindeutiger Zustand hergestellt werden. Durch *ListIndex=0* kann beispielsweise der erste Eintrag aktiviert werden.

Achtung

Listenfelder mit *ListStyle=fmListStylePlain* (also in der Default-Einstellung) werden manchmal fehlerhaft angezeigt, d. h., es sind nicht alle Listeneinträge sichtbar. Abhilfe schafft *ListStyle=fmListStyleOption*, wodurch die Listeneinträge wie Optionsfelder angezeigt werden. ∎

Programmcode

Die Ereignisprozeduren zu den Steuerelementen befinden sich im Modul zum jeweiligen Tabellenblatt. Wenn Sie den Befehl CODE ANZEIGEN anklicken oder das gleichnamige Kontextmenükommando auswählen, erfolgt ein Wechsel in die Entwicklungsumgebung, wo die entsprechenden Anweisungen *Sub* und *End Sub* gleich eingefügt werden.

Das Startmenü zu Userform.xlsm

Das Blatt „Hauptmenü" in *07\Userform.xlsm* dient als zentrale Steuerung für alle Dialoge der Arbeitsmappe (siehe Bild 7.25). Das Blatt enthält eigentlich nur ein paar Buttons. Sein Reiz besteht in der optischen Formatierung der Buttons und der Gestaltung des Hintergrunds, die vergessen macht, dass das Blatt in Wirklichkeit eine ganz normale Tabelle ist.

Die den Buttons zugeordneten Ereignisprozeduren sind sehr einfach, sodass hier nur eine exemplarisch abgedruckt ist:

```
' Datei 07\Userform.xlsm, Objekt „Tabelle1"
Private Sub btnFrame_Click()
  dlgFrame.Show
End Sub
```

Zur optischen Gestaltung des Tabellenblatts wurden einfach alle Zellen mit einer Hintergrundfarbe versehen. Unter die Buttons wurde ein Rechteck mit abgerundeten Ecken und einer anderen Farbe gelegt. Das Rechteck wurde als AutoForm-Objekt eingefügt (EINFÜGEN | FORMEN) und mit dem Kontextmenüeintrag IN DEN HINTERGRUND unter allen Buttons platziert. Außerdem wurden via SEITENLAYOUT | BLATTOPTIONEN die Zeilen- und Spaltenköpfe und die Gitternetzlinien unsichtbar gemacht.

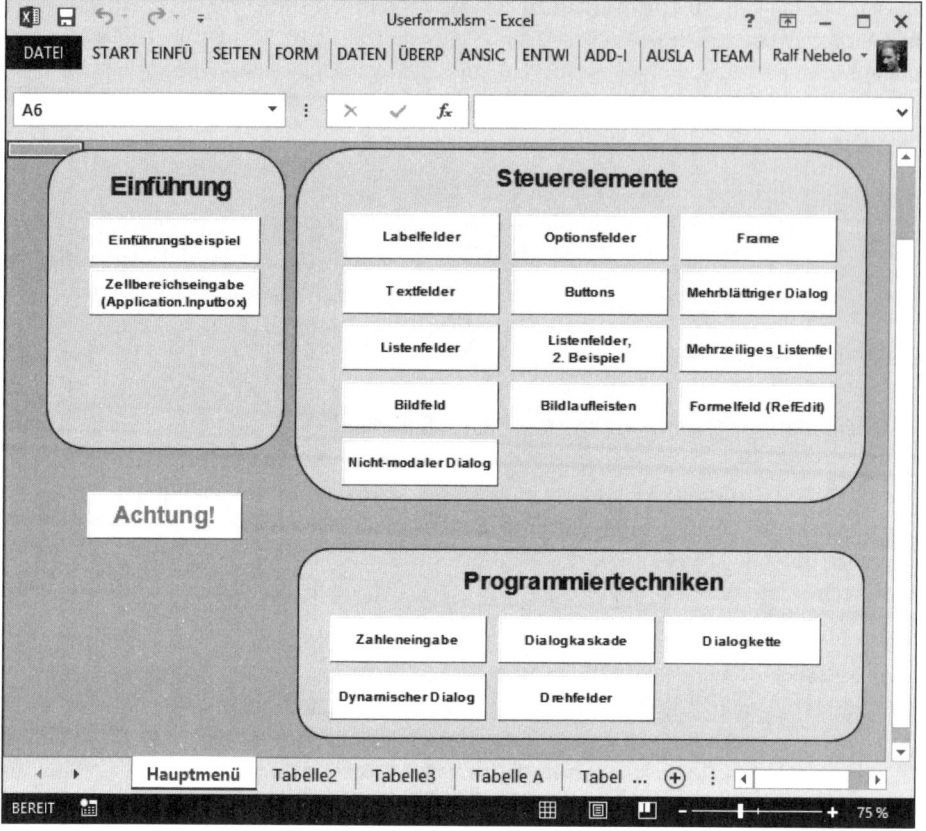

BILD 7.25 Die Buttonzentrale von *Userform.xlsm*

■ 7.6 Programmiertechniken

7.6.1 Zahleneingabe

Das „Einführungsbeispiel" im Hauptmenü von *Userform.xlsm* stellt einen Dialog zur Eingabe eines Zahlenwerts zwischen 0 und 100 vor. Der Dialog weist zwei besondere Merkmale auf:

- Gültigkeitskontrolle der Eingabe bei OK
- Gegenseitige Aktualisierung von Bearbeitungsfeld und Bildlauffeld bei Veränderungen im jeweils anderen Steuerelement

Die Übergabe des Ergebnisses erfolgt wie bei den meisten Beispielen dieses Kapitels über die Modulvariable *result*. Neu bei diesem Beispiel ist der Umstand, dass über diese Variable nun auch der Startzustand des Dialogs vor dem Aufruf eingestellt werden kann.

Um sicherzustellen, dass die erforderlichen Initialisierungsarbeiten trotz des unzuverlässigen *UserForm_Activate*-Ereignisses durchgeführt werden, wurde der Dialog mit einer neuen Methode *ShowMe* ausgestattet, die gleichzeitig die Initialisierung und die Anzeige übernimmt.

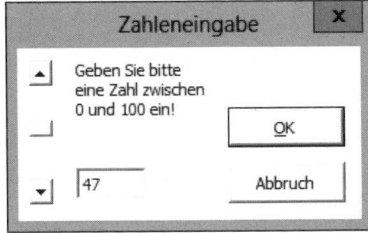

BILD 7.26
Dialog zur Eingabe eines Werts zwischen 0 und 100

```
' Datei 07\Userform.xlsm, Klassenmodul dlgNumber
Option Explicit
Public result As Variant
Public Sub ShowMe()
  Dim nmb As Variant
  nmb = result
  If nmb < 0 Or Not IsNumeric(nmb) Then nmb = 0
  If nmb > 100 Then nmb = 100
  txtNumber = nmb: scrSlider = nmb
  Show
End Sub
```

Die Synchronisierung zwischen Textfeld (*txtNumber*) und Bildlaufleiste (*scrSlider*) erfolgt durch die Ereignisprozeduren dieser beiden Steuerelemente.

```
Private Sub scrSlider_Change()
  txtNumber = scrSlider
End Sub
Private Sub scrSlider_Scroll()
  scrSlider_Change
End Sub
Private Sub txtNumber_Change()
  Dim nmb As Variant
  nmb = Val(txtNumber)
  If nmb >= 0 And nmb <= 100 And IsNumeric(txtNumber) Then
    scrSlider = nmb
  End If
End Sub
```

Wenn der Dialog mit OK abgeschlossen wird, überprüft *btnOK_Click* den Inhalt des Eingabefelds. Wenn dieser außerhalb des gültigen Wertebereichs liegt, wird der Anwender durch eine Meldung dazu aufgefordert, die Eingabe zu korrigieren. Gleichzeitig wird der Eingabefokus auf das Bearbeitungsfeld gesetzt (*SetFocus*-Methode). Wenn die Eingabe korrekt ist, wird der Dialog beendet (*Hide*-Methode).

```
Private Sub btnOK_Click()
  Dim nmb As Variant
  nmb = Val(txtNumber)
  If nmb < 0 Or nmb > 100 Or Not IsNumeric(txtNumber) Then
    MsgBox "Geben Sie bitte eine Zahl zwischen 0 und 100 ein!"
    txtNumber.SetFocus
  Else
    result = nmb
    Hide
  End If
End Sub
```

7.6.2 Dialoge gegenseitig aufrufen

Für den gegenseitigen Aufruf mehrerer Dialoge bestehen zahlreiche Anwendungsmöglichkeiten:

- Wenn dem Anwender bei der Eingabe ein Fehler unterlaufen ist, kann er über einen Meldungsdialog auf diesen Fehler hingewiesen und zur Korrektur aufgefordert werden.

- Für selten benötigte Spezialoptionen kann ein eigener Subdialog definiert werden, der über einen OPTIONEN-Button aufgerufen wird. Nach der Eingabe der Optionen erscheint wieder der ursprüngliche Dialog.

- Wenn die Eingabedaten so komplex sind, dass sie nicht in einem einzigen Dialog untergebracht werden können, kann eine ganze Dialogkette (wie bei den Assistenten) definiert werden, die der Anwender Schritt für Schritt durchläuft.

Dialogkaskaden

Die Programmierung von Dialogkaskaden bereitet wenige Schwierigkeiten. Im Wesentlichen muss einfach eine Ereignisprozedur für den jeweiligen Button programmiert werden, in der mit *Show* der jeweils nächste Dialog gestartet wird. Bereits vorhandene Dialoge werden dadurch nicht beeinträchtigt und nach Ende des jeweils letzten Dialogs automatisch wieder aktiv. (Für Visual-Basic-Profis: Die Dialoge werden modal angezeigt, d. h., die jeweils vorangegangenen Dialoge sind bis zur Beendigung des letzten Dialogs blockiert.)

In *07\Userform.xlsm* ist eine dreistufige Kaskade der Dialogblätter „Kaskade1" bis „Kaskade3" enthalten, die das Schema demonstriert (ohne wirklich eine Einstellmöglichkeit für irgendwelche Optionen zu bieten). Hier ist beispielhaft der Code zum zweiten Dialog abgedruckt; die Ereignisprozeduren für den ersten und dritten Dialog sehen ganz ähnlich aus.

```
' Datei 07\Userform.xlsm, UserForm „dlgCascade2"
Private Sub btnOK_Click()
  Unload Me
End Sub
```

```
Private Sub btnCancel_Click()
   Unload Me
End Sub
Private Sub btnOption_Click()
   dlgCascade3.Show
End Sub
```

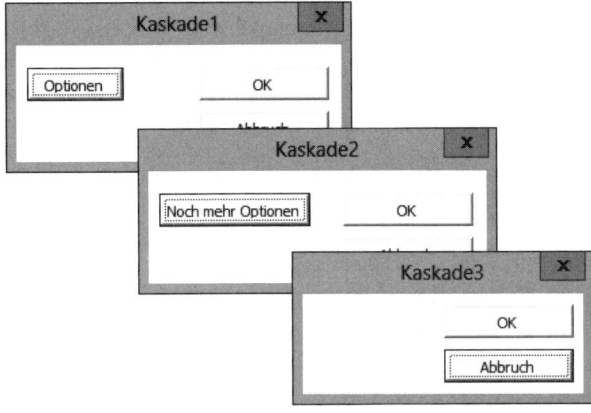

BILD 7.27
Eine dreistufige Dialogkaskade
(es können alle drei Dialoge
gleichzeitig sichtbar sein)

Dialogketten (Gestalten eigener Assistenten)

Bei Dialogketten gibt es mehrere Dialoge, von denen immer nur einer sichtbar ist (und nicht mehrere gleichzeitig). Über den WEITER- und ZURÜCK-Button kann zum nächsten bzw. zum vorherigen Button gesprungen werden, bis alle Eingaben durchgeführt sind und die Dialogkette im letzten Dialog beendet wird.

Die einzige Besonderheit des Beispiels besteht in der manuellen Positionierung der Dialoge: Wenn Dialog 1 vom Anwender an eine andere Position verschoben wird, erscheinen die Dialoge 2 und 3 ebenfalls an dieser neuen Position. Um dieses Merkmal zu ermöglichen, muss in der Entwicklungsumgebung die Eigenschaft *StartupPosition* auf manuell (0) gesetzt werden. Jetzt kann die Position der Dialoge durch die Eigenschaften *Left* und *Top* vor der Anzeige durch *Show* beeinflusst werden.

Nun zum Beispiel: Es zeigt lediglich das Prinzip einer Dialogkette, ohne wirklich eine Funktion zu erfüllen. Die Ereignisprozeduren für den zweiten Dialog sehen folgendermaßen aus:

```
' Datei 07\Userform.xlsm, UserForm „dlgChain2"
Private Sub btnNext_Click()
   dlgChain3.Left = Left
   dlgChain3.Top = Top
   Hide
   dlgChain3.Show
End Sub
```

```
Private Sub btnPrevious_Click()
  dlgChain1.Left = Left
  dlgChain1.Top = Top
  Hide
  dlgChain1.Show
End Sub
Private Sub btnCancel_Click()
  Unload Me
End Sub
```

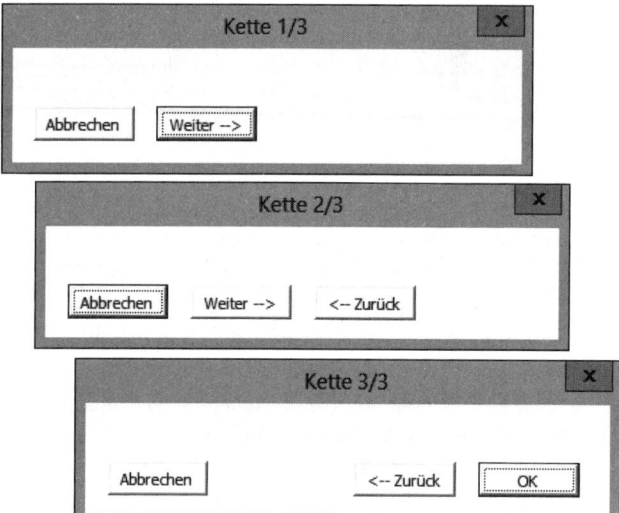

BILD 7.28
Eine dreistufige Dialogkette
(es ist immer nur ein Dialog
sichtbar)

7.6.3 Dialoge dynamisch verändern

Mit einer dynamischen Veränderung eines Dialogs ist gemeint, dass dieser sein Aussehen verändert, während er angezeigt wird. Ein Beispiel für einen vordefinierten dynamischen Dialog stellt der (Excel-)Dialog zum Suchen und Ersetzen dar. Wenn Sie START | SUCHEN UND AUSWÄHLEN | SUCHEN ausführen und anschließend den OPTIONEN-Button anklicken, wird das Dialogfeld durch einige zusätzliche Elemente erweitert.

Dynamische Dialoge werden immer dann verwendet, wenn ein Dialog für mehrere ähnliche Anwendungsfälle eingesetzt oder wenn der Anwender nicht durch eine zu große Anzahl von selten benötigten Einstellmöglichkeiten verwirrt werden soll.

Die einfachste Möglichkeit zum Erstellen dynamischer Dialoge besteht darin, schon beim Dialogentwurf alle eventuell benötigten Steuerelemente vorzusehen. Im Programmcode zum Dialog können dann einzelne Steuerelemente je nach Bedarf sichtbar bzw. unsichtbar gemacht werden. Sie können beim Dialogentwurf auch mehrere Steuerelemente übereinander platzieren, wenn Sie im Code darauf achten, dass von diesen Steuerelementen immer nur eines sichtbar ist.

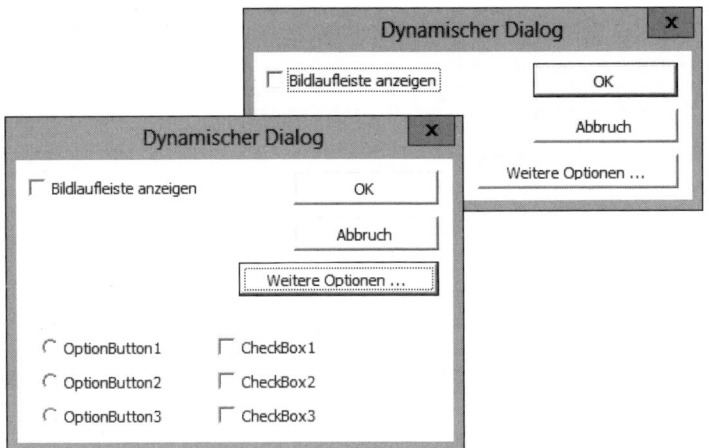

BILD 7.29
Ein dynamischer
Dialog (oben im
Anfangszustand,
unten erweitert)

Außerdem können Sie Steuerelemente außerhalb des Dialogfeldrahmens platzieren und den Dialog bei Bedarf dynamisch vergrößern (durch die Veränderung der *Height*- oder *Width*-Eigenschaft). Beachten Sie aber, dass Steuerelemente, die außerhalb des Dialogfeldrahmens liegen, dennoch aktiv sind und über die Tastatur (mit Tab) erreicht werden können! Unabhängig von der aktuellen Größe des Dialogfelds müssen bei allen Steuerelementen, die gerade nicht verwendet werden können, die *Enabled*-Eigenschaften auf *False* gestellt werden.

Der in Bild 7.29 gezeigte Dialog kann durch den Button WEITERE OPTIONEN vergrößert werden. Die Bildlaufleiste wird je nach Zustand des Kontrollkästchens angezeigt. Im Code zur Verwaltung des Dialogs muss bei der Anzeige des Dialogs ein klar definierter Zustand hergestellt werden, der von den Einstellungen beim letzten Aufruf unabhängig ist. Aus diesem Grund wird die Methode *ShowMe* definiert, die statt *Show* zum Dialogaufruf verwendet werden muss:

```
' Datei 07\Userform.xlsm, UserForm „dlgDynamic"
Public Sub ShowMe()
  OptionButton1.Enabled = False
  OptionButton2.Enabled = False
  OptionButton3.Enabled = False
  CheckBox1.Enabled = False
  CheckBox2.Enabled = False
  CheckBox3.Enabled = False
  Show
End Sub
```

Die Ereignisprozeduren zur Anzeige der Bildlaufleiste sowie zur Vergrößerung des Dialogs sind wenig spektakulär:

```
Private Sub chkSlider_Click()
  ScrollBar1.Visible = chkSlider
End Sub
```

```
Private Sub btnExpand_Click()
  Height = 170
  OptionButton1.Enabled = True
  ...
End Sub
```

7.6.4 Umgang mit Drehfeldern

Drehfelder sind für den Anwender eine ungemein praktische Sache: Durch bloßes Anklicken mit der Maus können Sie Werte, Daten, Zeiten etc. einstellen, ohne dabei einen Syntaxfehler zu riskieren. Bild 7.30 zeigt einige Anwendungsmöglichkeiten.

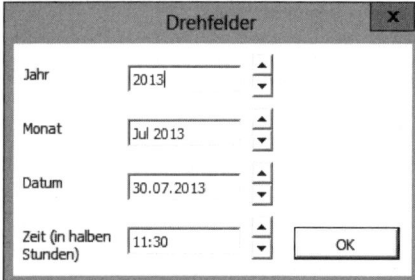

BILD 7.30
Anwendungsmöglichkeiten des Drehfelds

Die Programmierung ist dagegen nicht ganz so einfach: Das Hauptproblem besteht darin, den Wert von Drehfeldern den jeweiligen Einstellmöglichkeiten – Daten, Zeiten, Optionen – zuzuordnen. Eine wesentliche Erleichterung ist dabei der Umstand, dass der Wertebereich von Drehfeldern nicht mehr wie in Excel 7 auf den Bereich zwischen 0 und 30000 eingeschränkt ist.

Neben der bequemen Einstellung per Maus soll meist auch eine Texteingabe möglich sein: Aus diesem Grund muss darauf geachtet werden, dass die Inhalte des Text- und des Drehfelds miteinander synchronisiert sind (siehe auch das Einführungsbeispiel in Abschnitt 7.6.1).

Einstellung des Jahrs durch ein Drehfeld

Die beiden Prozeduren *spnYear_Change* und *txtYear_Change* zeigen, wie Text- und Drehfeld im Fall einer einfachen Zahleneingabe synchronisiert werden: Bei jeder Änderung des Drehfelds wird der aktuelle Wert in eine Zeichenkette umgewandelt und in das Textfeld geschrieben. Umgekehrt wird bei jeder Änderung des Textfelds versucht, diesen Wert auch dem Drehfeld zuzuweisen. Die Begrenzung nach oben bzw. nach unten erfolgt durch die Steuerungsoptionen Minimal- bzw. Maximalwert, die im Programmcode über die Eigenschaften *Min* und *Max* verfügbar sind.

```
' Datei 07\Userform.xlsm, UserForm „dlgSpin"
Private Sub spnYear_Change()
  txtYear = spnYear
End Sub
```

```
Private Sub txtYear_Change()
  Dim y As Integer
  y = Val(txtYear)
  If y >= spnYear.Min And y <= spnYear.Max Then
    spnYear = y
  End If
End Sub
```

Einstellung des Monats durch ein Drehfeld

Schon etwas komplizierter wird es, wenn nicht nur das Jahr, sondern auch der Monat eingestellt werden soll: Zur Umrechnung des Datums in den Drehfeldwert wird die Formel *n=jahr*12+monat* verwendet. Die Eigenschaften *Min* und *Max* des Drehfelds wurden auf 0 und 30000 gesetzt, sodass jedes Datum zwischen dem Januar 0000 und dem Dezember 2499 eingestellt werden kann. Beim Anklicken des Drehfelds wird das daraus resultierende Datum errechnet und mit *Format* in eine Zeichenkette umgewandelt, die anschließend im Textfeld angezeigt wird.

Im umgekehrten Fall – also bei der Eingabe eines Datums im Textfeld – wird versucht, diese Eingabe mit *CDate* in ein Datum umzuwandeln. Wenn das nicht gelingt (weil die Eingabe einen Syntaxfehler enthält), wird der momentane Inhalt des Drehfelds unverändert belassen.

```
Private Sub spnMonth_Change()
  ' n=jahr*12 + monat
  Dim y As Integer, m As Integer, dat As Date
  y = Int(spnMonth / 12)   'year
  m = spnMonth Mod 12      'month
  dat = DateSerial(y, m, 1)
  txtMonth = Format(dat, "mmm yyyy")
End Sub
Private Sub txtMonth_Change()
  Dim dat As Date
  On Error Resume Next
  dat = CDate(txtMonth)
  If Err <> 0 Then Exit Sub 'Eingabe ist kein gültiges Datum
  spnMonth - Month(dat) + Year(dat) * 12
End Sub
```

Einstellung des Datums durch ein Drehfeld

Bei durchlaufenden Daten gibt es keine Probleme mit der Umsetzung des Wertebereichs des Drehfelds – es wird einfach das interne Datumsformat von Excel verwendet. Der voreingestellte zulässige Zahlenbereich von 0 bis 109574 entspricht den Daten zwischen dem 31.12.1899 und dem 31.12.2199.

Durch den Vergleich mit *Like „*.*.??**"* wird erreicht, dass eine Konvertierung in ein Datum nur dann versucht wird, wenn die Eingabe wie ein Datum aussieht. Durch diese Maßnahme wird verhindert, dass unvollständige Eingaben zu früh (und dann mit fehlerhaften Ergebnissen) konvertiert werden.

```
Private Sub spnDate_Change()
  txtDate = Format(spnDate, "dd.mm.yyyy")
End Sub
Private Sub txtDate_Change()
  Dim dat As Date
  On Error Resume Next
  If Not txtDate Like "*.*.??*" Then Exit Sub
  dat = CDate(txtDate)
  If Err <> 0 Then Exit Sub 'Eingabe ist kein gültiges Datum
  spnDate = CLng(dat)
End Sub
```

Einstellung der Uhrzeit durch Drehfelder

So wie Daten per Drehfeld eingestellt werden können, besteht diese Möglichkeit natürlich auch für Zeiten. Im vorliegenden Beispiel kann die Zeit per Tastatur exakt eingegeben werden, per Drehfeld in Halbstundenintervallen. Der zulässige Wertebereich für *n* (in halben Stunden) beträgt 0 bis 47.

```
Private Sub spnTime_Change()
  Dim t As Date
  t = CDate(spnTime / 48)
  txtTime = Format(t, "Short Time")
End Sub
Private Sub txtTime_Change()
  Dim tim As Date
  On Error Resume Next
  tim = CDate(txtTime)
  If Err <> 0 Then Exit Sub
  spnTime = Int(CDbl(tim) * 48 + 0.5)
End Sub
```

Initialisierung

Die Ereignisprozedur *UserForm_Initialize* kümmert sich darum, dass beim ersten Start des Dialogs sinnvolle Voreinstellungen angezeigt werden.

```
' Initialisierung
Private Sub UserForm_Initialize()
  txtYear = Year(Now)
  txtYear_Change
  txtMonth = Format(Now, "mmm yyyy")
  txtMonth_Change
  txtDate = Format(Now, "General Date")
  txtDate_Change
  txtTime = Format(Int(Now * 48 + 0.5) / 48, "Short Time")
  txtTime_Change
End Sub
```

8 Die Benutzeroberfläche von Excel 2013

Wenn Sie eigene Anwendungen mit einer übersichtlichen Benutzeroberfläche ausstatten möchten, haben Sie dazu in Excel 2013 mehrere Möglichkeiten. Zum einen können Sie wie in früheren Excel-Versionen selbst definierte Menüs und Symbolleisten verwenden. Die werden jedoch nur noch aus Kompatibilitätsgründen unterstützt und mit funktionalen Einschränkungen in der Befehlsregisterkarte ADD-INS angezeigt.

Die Zukunft gehört daher der zweiten Möglichkeit, der individuellen Anpassung des **Menübands**, das in Excel 2007 noch als „Multifunktionsleiste" bezeichnet wurde. Darüber hinaus gibt es neben der **Symbolleiste für den Schnellzugriff** und den diversen **Kontextmenüs** auch einen weiteren Oberflächenbereich namens **Backstage-Ansicht**, der mit Excel 2010 eingeführt wurde und den der Entwickler ebenfalls seinem Bedarf entsprechend konfigurieren kann.

■ 8.1 Menüs und Symbolleisten

Die Registerkarten des Menübands (siehe Abschnitt 8.2) bilden den wichtigsten Teil der heutigen Excel-Oberfläche. Menü- und Symbolleisten, wie sie bis einschließlich Excel 2003 Standard waren, wurden mit Excel 2007 „abgeschafft".

Träfe diese Aussage absolut zu, wäre dieses Kapitel damit schon zu Ende. Es gibt aber immer noch eine Fülle von älteren Dokumenten (und Add-ins), deren Funktionen ausschließlich über angepasste oder neu erstellte Menü- und Symbolleisten verfügbar sind. Und die kann das heutige Excel ja nicht einfach ignorieren.

Die Registerkarte Add-Ins

Ein klassisches Dilemma: Befehlsleisten, wie der Oberbegriff von Menü- und Symbolleisten lautet, gibt es nicht mehr, Excel muss sie aber dennoch weiterhin darstellen. Weil das eigentlich nicht geht, hat Microsoft eine sehr spezielle Registerkarte namens ADD-INS erfunden.

Die stellt Menüs und Symbolleisten so dar, dass die ursprüngliche Funktionalität (mit Ausnahme von Tastenkürzeln) nahezu vollständig erhalten bleibt. Das ist jedoch keine Zauberei, sondern nichts weiter als eine gut gemachte „Simulation", die für die Darstellung der Befehlsleistenelemente ausschließlich reguläre Controls der „RibbonX" genannten Menübandarchitektur verwendet.

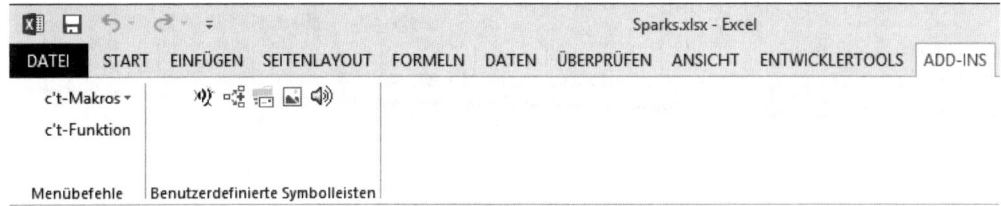

BILD 8.1 Menüs und Symbolleisten werden in Excel 2013 nur noch in der Befehlsregisterkarte ADD-INS angezeigt.

Menü- und Symbolleisten manuell erstellen und bearbeiten

Für neu entwickelte Excel-Lösungen empfiehlt sich die Verwendung von Menü- und Symbolleisten grundsätzlich nicht mehr. Hier sollte man von den neuen Möglichkeiten der Oberflächengestaltung Gebrauch machen, wie sie ausführlich in den Abschnitten 8.2 bis 8.5 beschrieben werden.

Bei der Pflege älterer Excel-Lösungen lässt sich der Umgang mit benutzerdefinierten Menü- und Symbolleisten aber mitunter kaum vermeiden. Da sich diese aber in den Excel-Versionen ab 2007 weder erstellen noch bearbeiten lassen, hat man als Entwickler ein echtes Problem. Das lässt sich einerseits lösen, indem man die Befehlsleisten mit einer älteren Excel-Version – vorzugsweise mit der Version 2003 – erstellt und bearbeitet. Der folgende Abschnitt 8.1.1 beschreibt ausführlich, wie man dabei vorgeht.

Um Probleme mit Excel 2013 zu vermeiden, sollte die ältere Excel-Version allerdings entweder auf einem separaten PC oder einer „virtuellen Maschine" (wie dem Windows-XP-Modus von Windows 7) installiert sein. Für einen reibungslosen Datenaustausch zwischen den Versionen ist es zudem erforderlich, die beteiligten Arbeitsmappen/Add-in-Dateien im Excel-97/2003-Format zu speichern. Nach Abschluss der Gestaltungsarbeiten kann dann die endgültige Konvertierung in das Dateiformat von Excel 2013 erfolgen.

Programmiertes Erstellen von Menü- und Symbolleisten

Für den zweiten Ansatz zur Lösung des Befehlsleistenproblems ist kein Ausweichen auf ältere Excel-Versionen erforderlich. Denn im Gegensatz zum manuellen Verfahren funktioniert das programmierte Erstellen und Verändern von Befehlsleisten auch in aktuellen Excel-Versionen. Die weiterhin unterstützten *CommandBar*-Objekte, deren Verwendung im Abschnitt 8.1.2 beschrieben wird, machen's möglich.

8.1.1 Manuelle Bearbeitung von Menüs und Symbolleisten

 Achtung

Dieser Abschnitt beschreibt die manuelle Bearbeitung von Menüs und Symbolleisten mit Excel 2003. Neuere Excel-Versionen ab 2007 verfügen nicht mehr über einen entsprechenden Editor, können die mit früheren Excel-Versionen erstellten Menü- und Symbolleisten aber weiterhin (im ADD-INS-Register) anzeigen. ∎

Symbolleisten platzieren, ein- und ausblenden

In Excel 2003 können Symbolleisten mit der Maus verschoben und wahlweise an einem der vier Fensterränder verankert werden. Excel merkt sich diese Einstellungen, und zwar abhängig vom aktuellen Modus. Beispielsweise werden für den Modus „ganzer Bildschirm" eigene Einstellungen gespeichert. (Excel 2013 ignoriert die gewählte Position von Symbolleisten allerdings und stellt diese stets in der Registerkarte Add-Ins dar.)

Wenn Sie mit der rechten Maustaste das Menü oder eine Symbolleiste anklicken, gelangen Sie in ein Kontextmenü, in dem Sie die wichtigsten Symbolleisten ein- und ausschalten können. Eine vollständige Liste aller Symbolleisten bietet allerdings nur der Anpassen-Dialog, den Sie über den gleichnamigen Befehl des Kontextmenüs aufrufen können.

Die Menüleiste verhält sich beinahe wie eine Symbolleiste, kann also ebenfalls verschoben werden. Es gibt allerdings zwei Ausnahmen: Erstens kann in dieselbe Zeile wie die Menüleiste keine andere Symbolleiste platziert werden, selbst wenn dazu genug Platz wäre. Und zweitens ist es nicht möglich, die Standardmenüleiste zu deaktivieren und stattdessen eine andere Menüleiste anzuzeigen.

Vorhandene Menüs und Symbolleisten ändern

Sobald der Anpassen-Dialog angezeigt wird, können Sie einzelne Einträge vorhandener Menüs bequem mit der Maustaste verschieben oder kopieren (drücken Sie zusätzlich Strg). Zum Löschen verschieben Sie die Einträge außerhalb der Symbolleiste.

BILD 8.2
Menüs und Symbolleisten anpassen

Wenn Sie neue Kommandos oder Menüs einfügen möchten, finden Sie eine komplette (wenn auch unübersichtliche) Liste im Befehle-Blatt des Anpassen-Dialogs. Alle im rechten Bereich dieses Dialogs angezeigten Kommandos können Sie direkt mit der Maus in eine Menü- oder Symbolleiste ziehen. Wenn Sie einen Befehl in ein Menü (oder Untermenü) ziehen möchten, müssen Sie dieses vorher öffnen. (Um ein effizientes Arbeiten zu ermöglichen, verhalten sich Menüs anders als im normalen Betrieb, solange der ANPASSEN-Dialog angezeigt wird: Es können keine Kommandos ausgeführt werden, die Menüs bleiben sichtbar, selbst wenn Sie wieder den ANPASSEN-Dialog anklicken etc.)

BILD 8.3
Die lange Liste vordefinierter Kommandos

Hinweis

Wie bereits erwähnt, gibt es in Excel 2003 zwei voneinander unabhängige Menüleisten, die je nachdem, ob ein Tabellenblatt oder ein Diagramm aktiv ist, angezeigt werden. Wenn Sie ein neues Menükommando einfügen möchten, das in jedem Fall verfügbar ist, müssen Sie es in *beide* Menüleisten einfügen. Dazu können Sie (während der ANPASSEN-Dialog sichtbar ist) beide Menüleisten gleichzeitig aktivieren. Falls Sie eine ganze Gruppe von Kommandos in einem eigenen Menü definieren, können Sie diese Gruppe zuerst für eine Menüleiste definieren und dann von einer Menüleiste in die andere kopieren.

Tipp

Im SYMBOLLEISTEN-Blatt des ANPASSEN-Dialogs können Sie alle vordefinierten Menü- und Symbolleisten in den Originalzustand zurücksetzen. Das ist vor allem dann praktisch, wenn Sie Einträge gelöscht haben und diese ohne langes Suchen wieder verwenden möchten.

Neue Menü- und Symbolleisten erstellen

Im SYMBOLLEISTEN-Blatt des ANPASSEN-Dialogs können Sie mit NEU eine neue Symbolleiste erzeugen. Da es seit Office 97 keine wirkliche Unterscheidung zwischen Symbol- und Menüleisten gibt (beides sind Befehlsleisten), können Sie diese Leiste gleichermaßen auch für Menüs verwenden.

Sie können nun Menükommandos und Symbole aus anderen Symbolleisten in die neue Leiste kopieren. Die Vorgehensweise ist dieselbe wie bei der Veränderung vorhandener Symbolleisten. Sie können aber auch vollkommen neue Menüs und Symbole erzeugen und diese Einträge eigenen Makros zuordnen.

- Neue Menüs: Fügen Sie den Befehl „Neues Menü" der gleichnamigen Kategorie aus dem BEFEHLE-Blatt in die Symbolleiste ein.

- Einzelne Menükommandos: Fügen Sie den Befehl „Menüelement anpassen" der Kategorie „Makros" direkt in die Symbolleiste oder in ein neues Menü ein.

- Neue Symbole: Fügen Sie den Befehl „Schaltfläche anpassen" der Kategorie „Makros" in die Symbolleiste ein.

Tipp

Wenn Sie nicht gerade mit einem sehr großen Monitor ausgestattet sind, nehmen die Symbolleisten eine Menge Platz weg, den Sie eigentlich zur Anzeige der Tabellen dringender benötigen würden. Eine mögliche Abhilfe besteht darin, dass Sie sich eine eigene Symbolleiste mit den Symbolen zusammenstellen, die Sie während Ihrer täglichen Arbeit am häufigsten benötigen. Diese neue Symbolleiste können Sie dann anstelle der anderen Symbolleisten verwenden.

Menüeinträge und Symbole bearbeiten

Die Bearbeitung von Menüeinträgen und Symbolen erfolgt am einfachsten durch das Anklicken mit der rechten Maustaste. Es erscheint ein Kontextmenü, in dem Sie den Text des Menüeintrags, das Symbol sowie diverse Optionen einstellen können. Außerdem erfolgt an dieser Stelle die Zuordnung zu einem eigenen Makro. (Dasselbe Kontextmenü erscheint übrigens auch im ANPASSEN-Dialog, wenn Sie den Button AUSWAHL ÄNDERN anklicken.)

Menüeinträge und Symbole werden intern durch dasselbe Objekt repräsentiert. Vier vollkommen unklar beschriftete Kontextmenüeinträge ermöglichen die Einstellung, wie das Objekt angezeigt wird:

- STANDARD: Die Wirkung dieser Einstellung hängt vom Ort des Objekts ab. Direkt in Symbolleisten wird das Kommando nur durch ein Symbol angezeigt. Befindet sich das Objekt dagegen in einem Menü, werden sowohl der Text als auch das Symbol angezeigt (sofern ein Symbol definiert ist).

- NUR TEXT (IMMER): Es wird nur der Text (ohne Symbol) angezeigt, ganz egal, ob das Objekt sich in einem Menü oder in einer Symbolleiste befindet.

- NUR TEXT (MENÜS): In Menüs wird nur der Text, in Symbolleisten nur das SYMBOL angezeigt.

- SCHALTFLÄCHENSYMBOL UND TEXT: Es werden sowohl der Text als auch das Symbol angezeigt.

Drei Einträge der Art TEXT/SYMBOL/BEIDES hätten sicherlich weniger Verwirrung gestiftet.

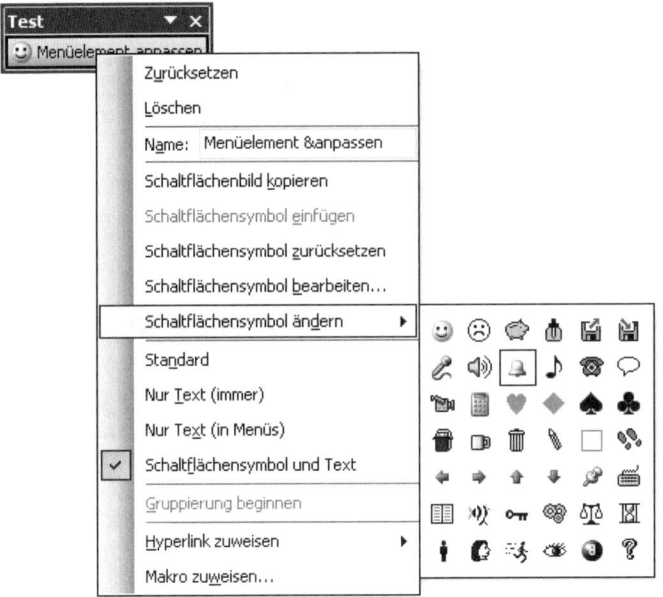

BILD 8.4
Bearbeitung von
Menüeinträgen und
Symbolen durch ein
Kontextmenü

Beschriftung

Die Beschriftung des Eintrags erfolgt durch den Kontextmenüeintrag Name, dessen weißes
Rechteck als Eingabefeld verwendet werden kann. Der Text wird bei Menüs direkt angezeigt,
bei Symbolen als gelber Infotext, wenn die Maus lange genug über dem Symbol weilt. Bei
Menüeinträgen kann durch ein vorangestelltes &-Zeichen ein Buchstabe gekennzeichnet
werden, der in Menüeinträgen unterstrichen angezeigt wird und dann durch Alt+Buchstabe
ausgewählt werden kann.

Symbol verändern

Excel 2003 stellt eine ganze Gruppe vordefinierter Symbole zur Auswahl, die eigenen Einträgen durch Schaltflächensymbol ändern bequem zugewiesen werden können (siehe
Bild 8.4). Eine weitere Möglichkeit, rasch zu einem Symbol zu kommen, besteht darin, bei
einem vorhandenen Symbol Schaltflächensymbol kopieren auszuführen und dieses Symbol
dann dem neuen Eintrag durch Schaltflächensymbol einfügen zuzuordnen. Schließlich
können Sie mit Schaltflächensymbol bearbeiten einen kleinen Editor aufrufen, mit dem
Sie das Symbol nach Belieben verändern können.

Gruppen bilden

Mehrere Symbole oder Menükommandos können zu einer Gruppe zusammengefasst werden.
Dazu aktivieren Sie die Option Gruppierung beginnen für den ersten Eintrag dieser Gruppe.
Vor bzw. über dem Eintrag wird jetzt ein Trennstrich angezeigt.

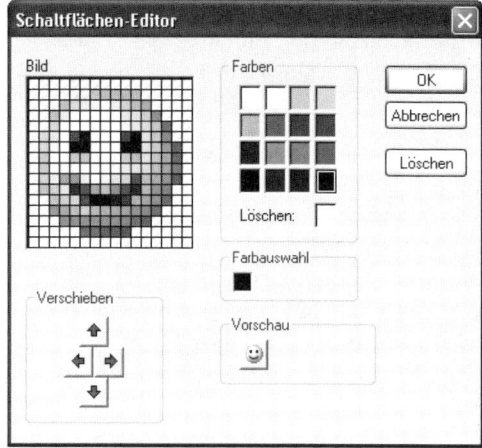

BILD 8.5
Der Symboleditor

Makro zuweisen

Sie können allen Symbolen bzw. Menüeinträgen ein Makro zuweisen. (Bei vorgegebenen Symbolen wird das Makro anstelle der Standardaktion dieses Symbols bzw. Menüs ausgeführt.) Die Zuordnung erfolgt normalerweise durch den Kontextmenüeintrag MAKRO ZUWEISEN. Noch bequemer geht es bei den Einträgen „Menüelement anpassen" und „Schaltfläche anpassen": Wenn Sie diese Kommandos das erste Mal benutzen, erscheint automatisch der Dialog zur Zuordnung an eine VBA-Prozedur.

 Achtung

Wenn Sie eine neue oder gerade geänderte Prozedur über ein Symbol aufrufen möchten, behauptet Excel manchmal, dass es die Prozedur nicht finden kann. Die Ursache ist dann meist ein Syntaxfehler im Code, der verhindert, dass der Code kompiliert werden kann. Warum Excel sich nicht über diesen Fehler beschwert, ist schleierhaft.

Abhilfe schafft auf jeden Fall ein Wechsel in die Entwicklungsumgebung. Dort führen Sie DEBUGGEN | KOMPILIEREN aus – und erhalten als Resultat die Syntaxfehlermeldung, welche die tatsächliche Ursache für die Probleme ist. ∎

Definition umfangreicher Menüs

Wenn Sie vorhaben, in einer eigenen Symbolleiste mehrere umfangreiche Menüs unterzubringen, werden Sie vor lauter Mausklicks mit beiden Maustasten bald verzweifeln. Wenn Sie etwas Zeit sparen möchten, empfiehlt sich folgende Vorgehensweise:

- Fügen Sie in die neue Symbolleiste zuerst ein „Neues Menü" (gleichnamige Kategorie) und dorthin dann den Eintrag „Menüelement anpassen" (Kategorie „Makros") ein.

- Kopieren Sie diesen Menüeintrag innerhalb des Menüs mehrfach mit Strg und der Maus. Sie müssen dazu nicht ständig auf den ANPASSEN-Dialog zurückgreifen.

- Kopieren Sie nun das gesamte Menü abermals mit Strg und der Maus. Diese Vorgehensweise funktioniert auch für Untermenüs.

Auf diese Weise gelangen Sie innerhalb einer Minute zu einem Menügerüst mit beinahe beliebig vielen Elementen. Die weiteren Schritte – also die Benennung der Einträge und eventuell der Entwurf von eigenen Symbolen – bleiben allerdings aufwendig.

Veränderungen speichern

In Excel 2003 (und früheren Versionen) werden Veränderungen an den Symbolleisten grundsätzlich in der Datei *[BenutzerVerzeichnis]\Anwendungsdaten\Microsoft\Excel\Excel.xlb* gespeichert, also für jeden Anwender in einer eigenen Datei. Die individuellen Konfigurationsdateien bringen es mit sich, dass neue Symbolleisten *nicht* automatisch mit einer Excel-Datei gespeichert werden. Wenn Sie eine Excel-Datei mit einer eigenen Symbolleiste an eine andere Person weitergeben oder nach Excel 2013 übernehmen möchten, müssen Sie die neue Symbolleiste an die Datei „anfügen". Dazu klicken Sie auf den ANFÜGEN-Button im Dialog ANSICHT | SYMBOLLEISTEN | ANPASSEN | SYMBOLLEISTEN. Im nun erscheinenden Dialog können Sie eine oder mehrere benutzerdefinierte Symbolleisten in die zurzeit aktive Excel-Datei kopieren.

Hinweis

Durch das Anfügen kopieren Sie den aktuellen Zustand der Symbolleiste in die gerade aktuelle Excel-Datei. Spätere Änderungen werden weiterhin nur in *Excel.xlb* gespeichert, wirken sich aber nicht mehr auf die aktuelle Datei aus. Um auch nachträgliche Änderungen zu speichern, müssen Sie im ANFÜGEN-Dialog die angebundene Symbolleiste zuerst löschen und dann das KOPIEREN-Kommando wiederholen.

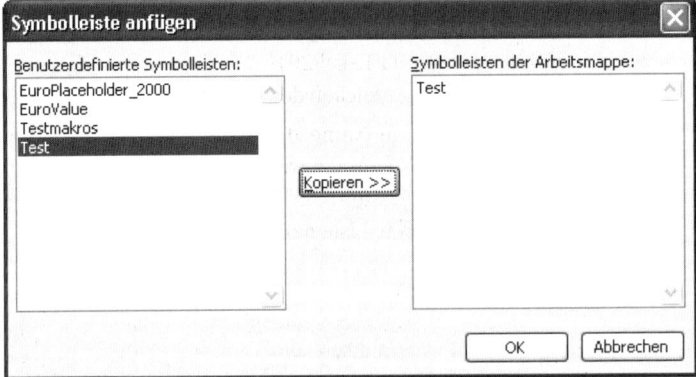

BILD 8.6
Die neue Symbolleiste Test wurde an die aktuelle Excel-Datei angebunden.

Es ist zwar möglich, eine ganze Symbolleiste anzubinden, Sie können aber nicht einzelne Veränderungen an vorgegebenen Symbolleisten oder Menüs – etwa ein zusätzliches Kommando im EXTRAS-Menü – so speichern, dass die Änderungen für andere Anwender oder in Excel 2013 gelten. Die einzige Möglichkeit, diese Änderungen doch zu erreichen, besteht in einem programmierten Zugriff auf die *CommandBar*-Objekte, die im folgenden Abschnitt beschrieben werden.

8.1.2 Programmierte Veränderung von Menüs und Symbolleisten

Wie schon erwähnt, bieten neuere Excel-Versionen ab 2007 keine Möglichkeit mehr, Befehlsleisten *manuell* anzulegen oder zu verändern. Diese Excel-Versionen unterstützen aber weiterhin die *CommandBar*-Objekte, mit denen das *programmierte* Anlegen und Verändern von Befehlsleisten (die dann im ADD-INS-Register angezeigt werden) machbar ist.

Die *CommandBar*-Objekte sind in der Office-Bibliothek definiert und bilden eine verzweigte Hierarchie. Deren Ausgangspunkt ist die *CommandBars*-Auflistung, die auf mehrere *CommandBar*-Objekte verweist.

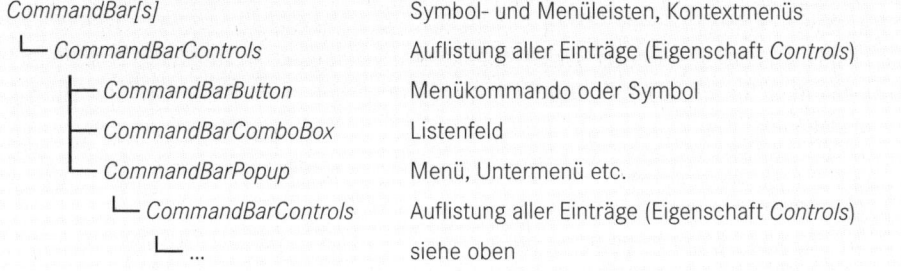

CommandBar[s]	Symbol- und Menüleisten, Kontextmenüs
└─ *CommandBarControls*	Auflistung aller Einträge (Eigenschaft *Controls*)
├─ *CommandBarButton*	Menükommando oder Symbol
├─ *CommandBarComboBox*	Listenfeld
└─ *CommandBarPopup*	Menü, Untermenü etc.
└─ *CommandBarControls*	Auflistung aller Einträge (Eigenschaft *Controls*)
└─ ...	siehe oben

Befehlsleisten (CommandBars)

Der Zugriff auf die CommandBars-Auflistung erfolgt durch die gleichnamige Eigenschaft des *Application*-Objekts. Die drei Typen der *CommandBar*-Objekte – also Symbolleisten, Menüleisten oder Kontextmenüs – sind durch die *Type*-Eigenschaft gekennzeichnet: Die entsprechenden Einstellungen lauten *msoBarTypeNormal*, *msoBarTypeMenuBar* bzw. *msoBarTypePopup*.

Die beiden Eigenschaften *msoBarTypeNormal* und *msoBarTypeMenuBar* haben jedoch keinen wesentlichen Einfluss mehr auf die Darstellung, da Excel 2013 Menü- und Symbolleisten grundsätzlich gleich, wenn auch in verschiedenen Bereichen des ADD-INS-Registers, darstellt.

Als Index von *CommandBars* wird der englische Name der Befehlsleiste verwendet. *CommandBars("Worksheet Menu Bar")* verweist also auf die frühere Menüleiste. Diese wird zwar – genauso wie alle übrigen Standardbefehlsleisten – in Excel 2013 nicht mehr angezeigt, existiert aber weiterhin als Objekt. Die folgende Liste nennt die englischen Namen der wichtigsten Befehlsleisten:

CommandBars.Name	deutscher Name
„*Worksheet Menu Bar*"	Menüleiste Arbeitsblatt
„*Chart Menu Bar*"	Menüleiste Diagramm
„*Standard*"	Symbolleiste Standard
„*Formatting*"	Symbolleiste Format
„*PivotTable*"	Symbolleiste Pivot-Tabelle
„*Chart*"	Symbolleiste Diagramm
„*External Data*"	Symbolleiste Externe Daten

CommandBars.Name	deutscher Name
„Auditing"	Symbolleiste Detektiv
„Full Screen"	Symbolleiste Ganzer Bildschirm
„Cell"	Kontextmenü zur Bearbeitung von Zellen
„Row"	Kontextmenü zur Bearbeitung von Zeilen
„Column"	Kontextmenü zur Bearbeitung von Spalten
...	

Beim Zugriff auf Objekte der diversen *CommandBar*-Auflistungen brauchen Sie nicht auf Groß- und Kleinschreibung zu achten. Auch vorkommende &-Zeichen können Sie ignorieren (die treten bei einzelnen Menüelementen auf, siehe unten). Die vollständige und sehr lange Liste aller „eingebauten" Befehlsleisten erhalten Sie mit der folgenden Prozedur:

```
' Datei Commandbar.xlsm, Modul Modul1
Sub AnalyseCommandBars()
  Dim c As CommandBar
  For Each c In CommandBars
    If c.BuiltIn Then Debug.Print c.Type, c.Name, c.NameLocal
  Next c
End Sub
```

In jedem *CommandBar*-Objekt können Buttons bzw. Symbole, Listenfelder oder Menüs enthalten sein. Menüleisten enthalten normalerweise nur *CommandBarPopup*-Objekte (also Menüs), Symbolleisten im einfachsten Fall nur *CommandBarButton*-Objekte (Buttons), Kontextmenüs Objekte beider Typen. Der Zugriff auf diese Elemente erfolgt über die Eigenschaft *Controls*, die auf ein *CommandBarControls*-Objekt verweist.

Über die Eigenschaft *Position* konnte man bis Excel 2003 den Anzeigeort der Befehlsleiste beeinflussen, die entweder frei schwebte oder an einem der vier Fensterränder verankert werden konnte. In Excel 2013 besteht diese Möglichkeit nicht mehr.

Mit der Methode *CommandBars.Add* können Sie selbst neue Befehlsleisten erzeugen. Durch die optionalen Parameter *Position* und *MenuBar* kann zwischen den drei Typen der Befehlsleisten unterschieden werden:

```
Dim cb As CommandBar
With Application.CommandBars
  Set cb = .Add(Name:="normale Symbolleiste")
  Set cb = .Add(Name:="richtige Menüleiste", MenuBar:=True)
  Set cb = .Add(Name:="Popup-Menü", Position:=msoBarPopup)
End With
```

Achtung

Wenn Sie versuchen, mit *Add* eine neue Befehlsleiste mit einem bereits benutzten Namen zu erzeugen, kommt es zu einem Fehler. Die wahrscheinlichste Ursache ist, dass Sie die Befehlsleiste früher schon erzeugt und vergessen haben, diese beim Programmende zu löschen. Sie können den Fehler entweder mit *On Error Resume Next* abfangen (und in der nachfolgenden Zeile *Err* auswerten) oder vor dem *Add*-Kommando in einer Schleife über alle Befehlsleisten testen, ob schon eine mit dem gewünschten Namen existiert. ∎

Befehlsleistenelemente (CommandBarControls)

Der Zugriff auf die Elemente von Befehlsleisten erfolgt über die *CommandBarControls*-Auflistung, die Objekte des Typs *CommandBarControl* enthält. Der Zugriff auf diese Auflistung erfolgt nicht wie sonst üblich durch eine gleichnamige Eigenschaft, sondern durch die Kurzform *Controls*. *CommandBarControl* ist ein Überobjekt, dessen Eigenschaften und Methoden davon abhängen, ob dadurch ein *CommandBarButton*-, ein *CommandBarComboBox*-, ein *CommandBarPopup*- oder ein anderes Objekt repräsentiert wird. Der Objekttyp kann durch die Eigenschaft *Type* ermittelt werden. (Obwohl im Office-Objektmodell nur die drei genannten Objekttypen vorgesehen sind, existieren in Wirklichkeit wesentlich mehr. Diese weiteren Objekttypen kommen in den eingebauten Menüs und Symbolleisten zum Einsatz, können aber nicht in eigenen Befehlsleisten verwendet werden.)

Mit *Controls.Add* können neue Symbole, Menüeinträge, Untermenüs oder Listenfelder in eine Befehlsleiste eingefügt werden. Dabei kann mit dem optionalen *Type*-Parameter der Typ des Elements angegeben oder mit *Id* ein vordefiniertes Kommando verwendet werden (weitere Informationen zu *Id* folgen im Abschnitt 8.1.3).

```
Add Id:=123              'vorgegebenes Kommando
Add Type:=msoControlButton    'Button/Symbol      (CommandBarButton)
Add Type:=msoControlEdit      'Texteingabefeld    (CommandBarComboBox)
Add Type:=msoControlDropdown  'Listenfeld         (CommandBarComboBox)
Add Type:=msoControlComboBox  'Kombinationsfeld   (CommandBarComboBox)
Add Type:=msoControlPopup     'Menü/Untermenü     (CommandBarPopup)
```

Wenn Sie mit *Add* den optionalen Parameter *Temporary:=True* verwenden, gilt das neue Befehlsleistenelement als vorübergehend. Solche Einträge müssen beim Schließen der Excel-Datei nicht explizit gelöscht werden, weil sie beim Verlassen von Excel automatisch wieder entfernt werden. Einträge ohne *Temporary:=True* werden dagegen automatisch gespeichert!

 Anmerkung

Für Visual-Basic-Profis: Das *CommandBarControl*-Objekt ist ein Beispiel für Polymorphismus, also für ein Objekt, das als gemeinsamer Nenner für davon abgeleitete Spezialobjekte dient. Polymorphismus ist eine abgemagerte Form der Vererbung von Klassen

> Da bei der Codeeingabe in der Entwicklungsumgebung nicht klar ist, welches Objekt sich tatsächlich hinter *CommandBarControl* verbirgt, funktioniert die automatische Expansion von Eigenschaften und Methoden nur für die Schlüsselwörter von *CommandBarControl*. Je nach Objekttyp (der im laufenden Programm mit *Type* oder *TypeName* festgestellt werden kann) existieren aber weitere Eigenschaften – etwa *Controls*, wenn es sich um ein *CommandBarPopup*-Steuerelement handelt. Lassen Sie sich bei der Codeeingabe also nicht vom Editor irritieren.   ∎

Symbole und Menüeinträge (CommandBarButton)

Das sicherlich am häufigsten eingesetzte Element in Menü- und Symbolleisten ist *CommandBarButton*. Je nach Einstellung der *Style*-Eigenschaft (*msoButtonIcon*, *msoButtonCaption* oder *msoButtonIconAndCaption*) wird der Button als Symbol, als Text oder durch beides dargestellt.

Caption bestimmt den angezeigten Text. Dieser Text wird bei Symbolen auch für den gelben Infotext (QuickInfo) verwendet, wenn nicht durch *TooltipText* ein anderer Text eingestellt ist. Für das Symbol gibt es keine Eigenschaft. Es kann nur durch die Methode *PasteFace* verändert werden. (Diese Methode setzt voraus, dass sich die Bitmap-Informationen eines Symbols in der Zwischenablage befinden. Diese Informationen können durch *CopyFace* von einem anderen Symbol in die Zwischenablage kopiert werden.)

Mit der *OnAction*-Eigenschaft wird der Name der Ereignisprozedur angegeben, die beim Anklicken des Elements aufgerufen wird. (Das ist nur dann erforderlich, wenn die Ereignisse nicht über *OnClick*-Ereignisprozeduren verarbeitet werden sollen.)

Wenn mehrere Menüeinträge oder Symbole zu einer Gruppe zusammengefasst werden sollen, kann durch *BeginGroup=True* ein Trennstrich oberhalb bzw. links vom Element angezeigt werden.

Text- und Listenfelder (CommandBarComboBox)

Text- und Listenfelder konnten auch in früheren Excel-Versionen nur per Programmcode erzeugt werden. Es gibt drei verschiedene Typen dieses Befehlsleistenelements, die alle durch das Objekt *CommandBarComboBox* repräsentiert werden (und sich durch unterschiedliche *Style*-Eigenschaften unterscheiden: *msoControlDropdown*, *msoControlEdit* oder *msoControlComboBox*). Eine kurze Beschreibung: *Dropdown* ist ein einfaches Listenfeld, *Edit* ist ein Texteingabefeld. Die Kombination beider Felder ergibt *Combo*, also ein Listenfeld, in dem Sie zusätzlich zu den vorgegebenen Einträgen auch neuen Text eingeben können (ganz wie beim Kombinationslistenfeld, das im vorigen Kapitel beschrieben wurde). Welchen Typ Sie verwenden möchten, geben Sie im *Type*-Parameter von *Add* an.

```
Dim cbc As CommandBarComboBox
With CommandBars("...").Controls
  Set cbc = .Add(Type:=msoControlEdit)
  Set cbc = .Add(Type:=msoControlDropdown)
  Set cbc = .Add(Type:=msoControlComboBox)
End With
```

Dem Listenfeld können mit *AddItem* neue Einträge hinzugefügt werden. *RemoveItem* entfernt einzelne Einträge, *Clear* alle Einträge. Die Eigenschaft *Text* gibt den aktuellen Inhalt des Textfelds bzw. die aktuelle Auswahl eines Listeneintrags an.

Die Ereignisprozedur wird wie bei *CommandBarButton* durch die Eigenschaft *OnAction* eingestellt. An die Ereignisprozedur wird kein Parameter übergeben, d. h., es muss dort die Eigenschaft *Text* ausgewertet werden.

Bei Symbolen zeigt Excel automatisch den *Caption*-Text als gelben Infotext an. Bei Listenfeldern wird aber aus Platzgründen oft gar kein *Caption*-Text eingestellt. In diesem Fall können Sie den Infotext auch mit *TooltipText* festlegen. (Diese Eigenschaft existiert für alle *CommandBar*-Elemente, wird aber selten verwendet. Sie hat Vorrang gegenüber eventuell ebenfalls verwendeten *Caption*-Texten.)

 Verweis

Ein Beispiel für die praktische Anwendung des Listenfelds finden Sie in Abschnitt 8.1.4. Dort wird gezeigt, wie das Feld für einen bequemen Blattwechsel in umfangreichen Excel-Dateien verwendet werden kann. ■

Menüs und Untermenüs (CommandBarPopup)

Symbole und Menüeinträge können wahlweise direkt in eine Symbolleiste eingefügt oder in Menüs gruppiert werden. Innerhalb von Menüs sind wiederum Untermenüs, darin „Unter-Untermenüs" etc. erlaubt. Das *CommandBarPopup*-Objekt dient dazu, Menüeinträge zu einer Gruppe zusammenzufassen. Der Zugriff auf die einzelnen Elemente erfolgt über die Eigenschaft *Controls*, die auf ein *CommandBarControls*-Objekt verweist. Mit *Controls.Add* werden neue Menüelemente hinzugefügt. Das Menü wird mit *Caption* beschriftet.

Objektzugriff

Angesichts der Verschachtelung von Objekten ist der Zugriff auf ein spezielles Element oft recht unübersichtlich. Die folgenden Zeilen geben einige Beispiele:

- Zugriff auf die frühere Standardmenüleiste (*CommandBar*-Objekt):

```
CommandBars("Worksheet Menu Bar")
```

- Zugriff auf das Datei-Menü dieser Menüleiste (*CommandBarPopup*-Objekt):

```
CommandBars("Worksheet Menu Bar").Controls("Datei")
```

- Zugriff auf den Eintrag Neu im Datei-Menü (*CommandBarButton*-Objekt):

```
CommandBars("Worksheet Menu Bar").Controls("Datei"). _
   Controls("Neu")
```

- Zugriff auf das Untermenü Format | Blatt (*CommandBarPopup*-Objekt):

```
CommandBars("Worksheet Menu Bar").Controls("Format"). _
   Controls("Blatt")
```

- Zugriff auf den Untermenüeintrag FORMAT | BLATT | UMBENENNEN (*CommandBarButton*):

```
CommandBars("Worksheet Menu Bar").Controls("Format"). _
  Controls("Blatt").Controls("Umbenennen")
```

Statt des direkten Zugriffs auf ein Objekt können Sie sich in manchen Fällen auch mit der Methode *FindControl* des *CommandBar*-Objekts behelfen. Die Methode sucht nach dem ersten Objekt in einer Symbolleiste, das bestimmten Kriterien genügt. Die Kriterien sind für viele Anwendungsfälle allerdings unzureichend – so kann etwa nicht nach dem Namen eines Eintrags gesucht werden. Am ehesten kann *FindControl* für selbst definierte Elemente verwendet werden, wenn diesen Elementen eindeutige *Tag*-Eigenschaften zugewiesen wurden.

8.1.3 Programmiertechniken

Im Regelfall ist es nicht sinnvoll, ganze Befehlsleisten per Programmcode zu erzeugen. Das geht viel einfacher im manuellen Betrieb, erfordert dann allerdings – wie oben beschrieben – die Hilfe einer früheren Excel-Version. Oft besteht aber die Notwendigkeit, je nach Zustand des Programms Symbolleisten oder auch nur einzelne Menüeinträge ein- oder auszublenden, deren Text zu verändern etc. Excel-Anwendungen mit einer eigenen Symbolleiste sollten sich auch darum kümmern, dass diese beim Laden der Datei automatisch angezeigt und beim Schließen der Datei wieder entfernt wird.

 Verweis

Abschnitt 8.1.5 enthält eine Menge weiterer Beispiele zum Umgang mit Menü- und Symbolleisten. Diese Beispiele orientieren sich alle an der Frage, wie die Benutzeroberfläche von eigenen VBA-Lösungen möglichst gut in die von Excel integriert werden kann.

Befehlsleisten ein- und ausblenden

Befehlsleisten können durch die Veränderung der *Visible*-Eigenschaft ein- und ausgeblendet werden. Wenn eine eigene Befehlsleiste an eine Excel-Datei angebunden ist, kann sie beim Laden der Datei durch die folgende Ereignisprozedur angezeigt werden:

```
' Datei 08\CommandBar.xlsm, Klassenmodul DieseArbeitsmappe
Private Sub Workbook_Open()
  Application.CommandBars("Neue Symbolleiste").Visible = True
End Sub
```

Beim Programmende kann die Befehlsleiste durch *Visible=False* wieder unsichtbar gemacht werden, bleibt allerdings in Excel gespeichert. Damit die Anzahl der so gespeicherten Befehlsleisten nicht unbegrenzt ansteigt, ist es sinnvoll, die Befehlsleiste explizit mit *Delete* zu löschen. Innerhalb der aktiven Excel-Datei bleibt die angebundene Symbolleiste erhalten und erscheint deswegen wieder, wenn Sie die Datei erneut laden.

```
Private Sub Workbook_BeforeClose(Cancel As Boolean)
  Application.CommandBars("Neue Symbolleiste").Visible = False
  Application.CommandBars("Neue Symbolleiste").Delete
End Sub
```

Menüeinträge per Code einfügen bzw. löschen

Die folgenden Zeilen zeigen, wie beim Laden einer Datei ein Menüeintrag in das (frühere) EXTRAS-Menü eingefügt wird. Beim Schließen der Datei wird der Eintrag wieder entfernt.

```
' Datei CommandBar, Klassenmodul „DieseArbeitsmappe"
Private Sub Workbook_Open()
  Dim cbb As CommandBarButton
  Set cbb = Application.CommandBars("Worksheet Menu Bar"). _
    Controls("Extras").Controls.Add()
  cbb.Caption = "Ein neues Kommando"
  cbb.BeginGroup = True
  cbb.OnAction = "NewCommand_OnAction"
End Sub
Private Sub Workbook_BeforeClose(Cancel As Boolean)
  Application.CommandBars("Worksheet Menu Bar"). _
    Controls("Extras").Controls("Ein neues Kommando").Delete
End Sub
```

Die Ereignisprozedur wurde nach dem üblichen Muster *objekt_ereignis* benannt. Das ist nicht zwingend erforderlich – Sie können jeden beliebigen Namen verwenden. Beachten Sie aber, dass die Ereignisprozedur sich in einem normalen Modul befinden muss (nicht im Modul „DieseArbeitsmappe", in der sich die beiden obigen Prozeduren befinden).

```
' Datei 08\CommandBar.xlsm, Modul „Modul1"
Sub NewCommand_OnAction()
  MsgBox "Reaktion auf das Anklicken des neuen Kommandos."
End Sub
```

Selbstverständlich können Sie in eigene Menüs auch eines der unzähligen Standardkommandos von Excel aufnehmen. Dazu geben Sie bei *Add* den *Id*-Wert dieses Kommandos an. Wenn Sie beispielsweise im EXTRAS-Menü ein SPEICHERN-Kommando einfügen möchten, lautet die Anweisung:

```
CommandBars("Worksheet Menu Bar"). _
  Controls("Extras").Controls.Add Id:=3    Id=3 ... Kommando speichern
```

Das Problem bei den *Id*-Werten besteht darin, dass sie offensichtlich nicht dokumentiert sind (zumindest nicht an einem uns bekannten Ort). Die folgende Prozedur erstellt daher die Textdatei *CommandBar-IdList.txt* mit immerhin fast 4000 Einträgen im Zahlenbereich zwischen 2 und 30426. Das Programm erzeugt vorübergehend eine neue Symbolleiste und fügt dort testweise jedes *CommandBarControl*-Objekt mit *Id*-Werten zwischen 0 und 32000 ein. (Viele Nummern in diesem Bereich sind ungültig und führen zu Fehlern. Wegen *On Error Resume Next* werden diese Fehler aber ignoriert.) Das Programm ließe sich natürlich noch insofern optimieren, als durch die Auswertung weiterer Eigenschaften der Typ der Einträge (Symbole/Menüeinträge, Buttons/Listenfelder etc.) festgestellt werden könnte.

 Vorsicht

Diese Prozedur, die unter Excel 2000 ausgezeichnet funktioniert, kann in späteren Excel-Versionen zu einem Absturz führen! ∎

```
' Datei 08\CommandBar.xlsm, Modul „Modul1"
Sub IdList()
  On Error Resume Next
  Dim c As CommandBar, i As Integer
  Set c = CommandBars.Add
  Open ThisWorkbook.Path + "\CommandBar-IdList.txt" For Output As #1
  For i = 0 To 32000
    c.Controls.Add Id:=i
    If c.Controls(1).Caption <> "" And _
      c.Controls(1).Caption <> "Benutzerdefiniert" Then
      Print #1, i, c.Controls(1).Caption
    End If
    c.Controls(1).Delete
  Next i
  c.Delete
  Close #1
End Sub
```

Die ersten Zeilen der Liste sehen folgendermaßen aus:

```
2          Rechtschreibung ...
3          Speichern
4          Drucken ...
18         Neu ...
19         Kopieren
21         Ausschneiden
```

Vorhandene Kontextmenüs ändern

Kontextmenüs lassen sich ausschließlich per Programmcode verändern. Das Problem besteht darin, die Bezeichnung des gesuchten Kontextmenüs zu finden – in Excel sind nämlich über 50 Kontextmenüs definiert! Die etwas weiter oben abgedruckte Prozedur *AnalyseCommandBars* kann bei der Suche helfen.

Die folgenden Zeilen zeigen, wie das Kontextmenü zur Bearbeitung von Zellen um einen Eintrag erweitert wird, der den bequemen Aufruf des Dialogs „Formatvorlage" ermöglicht:

```
' Datei 08\CommandBar.xlsm, Modul „DieseArbeitsmappe"
Private Sub Workbook_Open()
  Dim cbb As CommandBarButton
  Set cbb = Application.CommandBars("cell").Controls.Add
  cbb.Caption = "Format&vorlage"
  cbb.OnAction = "CellFormat_OnAction"
End Sub
Private Sub Workbook_BeforeClose(Cancel As Boolean)
  Application.CommandBars("cell").Controls("Formatvorlage").Delete
End Sub
Sub CellFormat_OnAction()
  Application.Dialogs(xlDialogApplyStyle).Show
End Sub
```

Eigene Kontextmenüs

Innerhalb von Tabellenblättern und Diagrammen (und nur dort) können Sie die *BeforeRight-Click*-Ereignisprozedur dazu nutzen, die automatische Anzeige von Excel-eigenen Kontext-menüs zu verhindern und stattdessen ein eigenes Kontextmenü anzuzeigen. Die erste Voraus-setzung besteht darin, dass Sie vorher ein entsprechendes Menü mit *Position=msoBarPopup* definieren:

```
' Datei 08\CommandBar.xlsm, Modul „DieseArbeitsmappe"
Private Sub Workbook_Open()
  Dim cb As CommandBar
  Set cb = Application.CommandBars.Add(Name:="NewPopup", _
    Position:=msoBarPopup)
  With cb
     .Controls.Add Id:=3  'Speichern
     .Controls.Add ...
  End With
End Sub
Private Sub Workbook_BeforeClose(Cancel As Boolean)
  Application.CommandBars("NewPopup").Delete
End Sub
```

Der Aufruf des Menüs kann prinzipiell an einer beliebigen Stelle im Code mit der Methode *ShowPopup* erfolgen. Für das vorliegende Beispiel wurde die *BeforeRightClick*-Ereignisprozedur des zweiten Tabellenblatts gewählt. Durch die Zuweisung *Cancel=True* wird erreicht, dass anschließend nicht auch noch Excel ein Kontextmenü anzeigt.

```
' Datei 08\CommandBar.xlsm, Modul „Tabelle2"
Private Sub Worksheet_BeforeRightClick(ByVal Target As Excel.Range, _
                                  Cancel As Boolean)
  Application.CommandBars("NewPopup").ShowPopup
  Cancel = True
End Sub
```

8.1.4 Blattwechsel über die Symbolleiste

Dieser Abschnitt gibt ein abschließendes Beispiel für die Anwendungsmöglichkeiten von Symbolleisten: Eine Symbolleiste soll mit einem Listenfeld ausgestattet werden, das einen bequemen Blattwechsel zulässt. Gerade bei Excel-Dateien mit sehr vielen Blättern ist die Navigation mit den Blattregistern ja ausgesprochen mühsam.

Die hier vorgestellte Symbolleiste enthält ein Listenfeld (*CommandBarComboBox*), das diese Aufgabe erleichtert. Die eigentliche Herausforderung bei der Programmierung ist die Synchronisation des Listenfelds mit der Blattliste der gerade aktiven Arbeitsmappe. Dazu müssen zwei Ereignisse des *Application*-Objekts ausgewertet werden, was ein eigenes Klassenmodul voraussetzt (siehe auch Abschnitte 4.4.4 und 4.5).

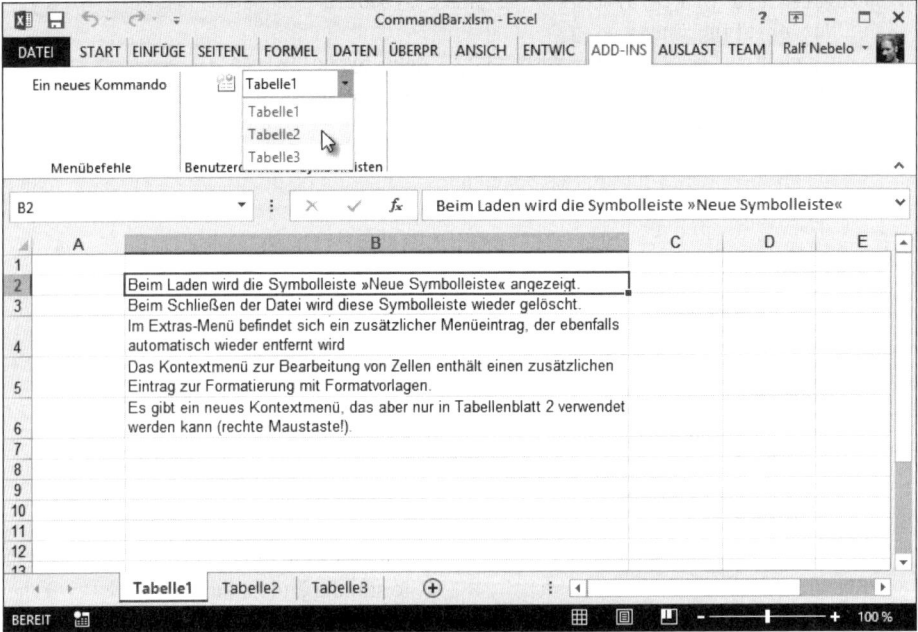

BILD 8.7 Ein Listenfeld zum Blattwechsel in einer Symbolleiste

Listenfeld erstellen

Das Listenfeld kann nur per Programmcode (nicht interaktiv) erzeugt werden. Wenn die Datei zum zweiten Mal von derselben Person geladen wird, kann es allerdings sein, dass das Listenfeld noch in der Symbolleiste existiert. Aus diesem Grund befindet sich in *Workbook_Open* eine diesbezügliche Sicherheitsabfrage.

Das Listenfeld wird aus Platzgründen nicht beschriftet (besitzt also keinen *Caption*-Text). Ersatzweise wird eine Zeichenkette an *TooltipText* zugewiesen, die als gelber Infotext angezeigt wird. Außerdem wird die *Tag*-Eigenschaft belegt, die an anderen Stellen im Code den Einsatz der Methode *FindControl* ermöglicht (siehe unten). Die Einstellung der beiden Eigenschaften *DropDownLines* und *DropDownWidth* bewirkt, dass das Listenfeld etwas größer als in der Default-Einstellung erscheint. (Das ist bei langen Listen übersichtlicher.)

```
' Datei 08\CommandBar.xlsm, Modul „DieseArbeitsmappe"
Dim appc As New AppClass  'für die Application-Ereignisse
Private Sub Workbook_Open()
  On Error Resume Next
  Dim cbc As CommandBarControl, cbcb As CommandBarComboBox
  Dim existing As Boolean
  ' testen, ob das Listenfeld in der Symbolleiste „Neue
  ' Symbolleiste" schon existiert
  For Each cbc In Application.CommandBars( _
      "Neue Symbolleiste").Controls
    If cbc.Tag = "Blattliste" Then existing = True: Exit For
  Next
  ' Listenfeld in die Symbolleiste „Neue Symbolleiste" eintragen
  If Not existing Then
    Set cbcb = Application.CommandBars("Neue Symbolleiste"). _
      Controls.Add(Type:=msoControlDropdown, Before:=2)
    cbcb.Tag = "Blattliste"
    cbcb.TooltipText = "Blattliste"
    cbcb.OnAction = "SheetCombo_OnAction"
    cbcb.DropDownWidth = 150
    cbcb.DropDownLines = 20
  End If
  ' Symbolleiste „Neue Symbolleiste" anzeigen
  Application.CommandBars("Neue Symbolleiste").Visible = True
  ' Ereignisse für Arbeitsmappenwechsel empfangen
  Set appc.app = Application
End Sub
```

Listenfeld mit Einträgen belegen

Vielleicht haben Sie in den Zeilen oben Anweisungen vermisst, mit denen die Listeneinträge mit Blattnamen belegt werden. Da sich die Blattliste ständig ändert (beim Wechsel zwischen zwei Arbeitsmappen, beim Laden neuer Dateien, beim Einfügen und Löschen von Blättern), muss das Listenfeld immer wieder neu mit Einträgen belegt werden. Der erforderliche Code befindet sich im Klassenmodul *AppClass*, das in den oben abgedruckten Zeilen initialisiert wurde (siehe die *Dim*-Zeile bzw. die letzte Zeile).

Die Ereignisprozedur *app_SheetActivate* wird immer dann aufgerufen, wenn ein Blattwechsel in irgendeiner in Excel geladenen Datei stattfindet. In der Prozedur wird das Listenfeld zuerst mit *FindControl* gesucht. Anschließend wird der aktuelle Inhalt der Liste gelöscht und durch die Namen der Blätter der aktiven Arbeitsmappe ersetzt. Schließlich wird jener Eintrag der Liste aktiviert, der dem momentan aktiven Blatt entspricht.

app_WorkbookActivate ruft einfach *app_SheetActivate* auf, um auch bei einem Wechsel der Arbeitsmappe das Listenfeld zu aktualisieren.

```
' Datei 08\CommandBar.xlsm, Klassenmodul „AppClass"
' es sollen Application-Ereignisse verarbeitet werden
Public WithEvents app As Application
Private Sub app_SheetActivate(ByVal sh As Object)
  Dim cbcb As CommandBarComboBox
  Dim sheet As Object
  Dim i As Integer
  Set cbcb = Application.CommandBars.FindControl( _
    Type:=msoControlDropdown, Tag:="Blattliste")
  cbcb.Clear
  ' sh.Parent liefert ein Workbook-Objekt
  For Each sheet In sh.Parent.Sheets
    If TypeName(sheet) <> "Module" Then
      cbcb.AddItem sheet.Name
    End If
  Next
  ' richtigen Listeneintrag aktivieren
  For i = 1 To cbcb.ListCount
    If cbcb.List(i) = sh.Name Then cbcb.ListIndex = i: Exit For
  Next
End Sub
Private Sub app_WorkbookActivate(ByVal wb As Excel.Workbook)
  app_SheetActivate wb.ActiveSheet
End Sub
```

Reaktion auf die Auswahl eines Listenfelds

Vergleichsweise einfach ist die Ereignisprozedur *SheetCombo_OnAction*, die ausgeführt wird, wenn der Anwender einen Eintrag des Listenfelds auswählt und auf diese Weise in ein anderes Blatt wechseln möchte:

```
' Datei 08\CommandBar.xlsm, Modul „Modul1"
Sub SheetCombo_OnAction()
  Dim cbcb As CommandBarComboBox
  On Error Resume Next
  Set cbcb = CommandBars.FindControl(Type:=msoControlDropdown, _
    Tag:="Blattliste")
  ActiveWorkbook.Sheets(cbcb.Text).Activate
End Sub
```

8.1.5 Excel-Anwendungen in Befehlsleisten integrieren

Dieser Abschnitt geht davon aus, dass Sie eine Excel-Anwendung so gestalten möchten, dass Sie diese samt den Bedienungselementen auf anderen Rechnern installieren können. Für die Integration der anwendungseigenen Makros und Funktionen in die Befehlsleisten von Excel gibt es zwei Möglichkeiten:

- Die Anwendung bietet Steuerungsmöglichkeiten in Form von eigenen Menüs. Im Unterschied zu früher, wo sich eigene Menüs lückenlos in das Standardmenü integrieren ließen, ist der Anwender jetzt allerdings gezwungen, in das ADD-INS-Register umzuschalten, was den Arbeitsfluss hemmt.

- Die Anwendung integriert alle Bedienelemente in einer eigenen Symbolleiste. Die bietet eine größere Vielfalt von Steuerelementen und dadurch mehr Gestaltungsmöglichkeiten als ein Menü. Die Anzeige der Symbolleiste erfordert ebenfalls ein Umschalten in das ADD-INS-Register von Excel 2013.

Bis einschließlich Excel 2003 gab es noch eine weitere, sehr weitgehende Möglichkeit der Integration. Und zwar konnte man hier sämtliche Befehlsleisten – einschließlich der Standardmenüleiste – abschalten, um diese durch eigene Menü- und Symbolleisten zu ersetzen. Das minderte die Gefahr von Fehlbedienungen, weil nur noch die relevanten Kommandos angezeigt wurden. Da die Oberfläche von Excel 2013 nicht mehr aus Befehlsleisten besteht, entfällt diese Möglichkeit der vollständigen Anpassung. (Das Menüband bietet allerdings vergleichbare Möglichkeiten der Konfiguration, die ausführlich im Abschnitt 8.2 beschrieben werden.)

Die folgenden Abschnitte beleuchten die Integrationsmöglichkeiten, die sich durch eigene Menüs und Symbolleisten ergeben. Bei allen Beispielen wird darauf geachtet, die Veränderungen transparent zu machen. Das heißt, dass die Standardbenutzeroberfläche von Excel beim Schließen der Datei bzw. beim Blattwechsel automatisch wiederhergestellt wird.

Eigene Menüs verwenden

Dieser Abschnitt zeigt, wie beim Laden einer Excel-Datei ein zusätzliches Menü in die Standardmenüleiste (also in *CommandBars("Worksheet Menu Bar")*) eingefügt wird. Die Menüleiste selbst ist zwar nicht mehr sichtbar, existiert aber weiterhin als programmierbares Objekt. Man kann ihr daher Erweiterungen hinzufügen, die Excel 2013 dann automatisch in der Befehlsregisterkarte ADD-INS anzeigt.

Das neue Menü wird automatisch ausgeblendet, wenn ein Blatt angeklickt wird, das nicht zur Anwendung gehört. Das Menü wird außerdem beim Schließen der Datei entfernt.

Wenn Sie in einem Excel-Programm ein zusätzliches Menü erstellen möchten, bestehen dazu zwei Möglichkeiten:

- Sie führen alle Erweiterungen am (unsichtbaren) Standardmenü durch zahlreiche VBA-Anweisungen durch, die neue Einträge erstellen, beschriften und Ereignisprozeduren zuordnen. Die prinzipielle Vorgehensweise ist in Abschnitt 8.1.3 beschrieben.

- Sie gestalten Ihr neues Menü von Hand, wozu Sie – wie im Abschnitt 8.1.1 beschrieben – die Hilfe einer früheren Excel-Version benötigen. Dieses Menü speichern Sie in einer angebundenen Symbolleiste (siehe ebenfalls 8.1.1). Beim Start Ihrer Makroanwendung in Excel 2013 lassen Sie diese Symbolleiste dann zunächst unsichtbar, kopieren das Menü aber in die Standardmenüleiste. Das *CommandBarControl*-Objekt sieht dafür die *Copy*-Methode vor. Durch das folgende Kommando wird das angegebene Objekt – ein einzelner Menüeintrag, aber auch ein ganzes Menü (*CommandBarPopup*) – vor der durch *position* angegebenen Stelle in die Zielbefehlsleiste kopiert.

```
quellobjekt.Copy zielbefehlsleiste, position
```

Die zweite Variante hat den Vorteil, dass der Menüentwurf interaktiv erfolgen kann und viel weniger Code erforderlich ist. Dieser Abschnitt beschränkt sich daher auf diese Variante.

> **Hinweis**
>
> In beiden Fällen müssen Sie vorher per Code testen, ob sich das neue Menü nicht bereits in der Standardmenüleiste befindet! Andernfalls kann es passieren, dass Ihr Menü doppelt erscheint. Außerdem sollten Sie darauf achten, dass das Menü beim Schließen der Datei wieder entfernt wird. ∎

Beispielprogramm

An das Beispielprogramm *08\CommandBar_Copy.xlsm* ist die Symbolleiste COMMANDBAR-COPY angebunden. In *Workbook_Open* wird das erste Menü dieser Symbolleiste mit *Copy* an die vorletzte Stelle der (unsichtbaren) Standardmenüleiste kopiert. (Zur Erinnerung: Erweiterungen der Standardmenüleiste werden seit Excel 2007 im ADD-INS-Register angezeigt.) Das Menü wird mit *Visible= True* sichtbar, die zugrunde liegende Symbolleiste dagegen mit *Visible=False* unsichtbar gemacht.

BILD 8.8 Das neue Menü wird in der Befehlsregisterkarte Add-Ins angezeigt.

```
' Datei 08\CommandBar-Copy.xlsm, Modul „DieseArbeitsmappe"
Option Explicit
' diverse Menüs erzeugen
Private Sub Workbook_Open()
  Dim standardmenubar As CommandBar
  Dim mycommandbar As CommandBar
  Dim c As CommandBarControl
  Set standardmenubar = Application.CommandBars _
    ("worksheet menu bar")
```

```
  Set mycommandbar = Application.CommandBars("CommandBar-Copy")
  mycommandbar.Visible = False
  ' Test, ob Menü schon existiert
  For Each c In standardmenubar.Controls
    If c.Caption = mycommandbar.Controls(1).Caption Then
      c.Visible = True
      Exit Sub
    End If
  Next
  ' Menü existiert noch nicht: daher kopieren
  Set c = mycommandbar.Controls(1).Copy(standardmenubar, _
    standardmenubar.Controls.Count)
  c.Visible = True
End Sub
```

Die beiden Prozeduren *Workbook_Activate* und *Workbook_Deactivate* kümmern sich darum, dass das Menü verschwindet, wenn in eine andere Datei gewechselt wird. Sobald die Arbeitsmappe wieder aktiviert wird, erscheint auch das Menü wieder.

Die Anweisung *On Error Resume Next* verhindert einen Fehler beim Schließen der Arbeitsmappe. In diesem Fall wird zuerst *Workbook_BeforeClose* ausgeführt, wo das neue Menü gelöscht wird. Anschließend wird *Workbook_Deactivate* aufgerufen, wo jetzt natürlich nicht mehr auf das Menü zurückgegriffen werden kann.

```
' Menü aktivieren/deaktivieren
Private Sub Workbook_Activate()
  Application.CommandBars("worksheet menu bar"). _
    Controls("Neues Menü").Visible = True
End Sub
Private Sub Workbook_Deactivate()
  On Error Resume Next
  Application.CommandBars("worksheet menu bar"). _
    Controls("Neues Menü").Visible = False
End Sub
```

Beim Schließen der Datei wird das Menü aus der Standardmenüleiste entfernt. Außerdem wird die Symbolleiste gelöscht, sodass sie nicht in Excel gespeichert wird.

```
Private Sub Workbook_BeforeClose(Cancel As Boolean)
  Dim standardmenubar As CommandBar
  Dim mycommandbar As CommandBar
  Dim c As CommandBarControl
  Dim result As VbMsgBoxResult
  If in_before_close Then Exit Sub
  in_before_close = True
  Set standardmenubar = Application.CommandBars _
    ("worksheet menu bar")
  Set mycommandbar = Application.CommandBars("CommandBar-Copy")
```

```
  If Not ThisWorkbook.Saved Then
    ThisWorkbook.Activate  'neu
    result = MsgBox("Soll die Datei vor dem Schließen " + _
      "gespeichert werden?", vbYesNoCancel)
    If result = vbYes Then
      ThisWorkbook.Save
      ThisWorkbook.Close  'neu
    ElseIf result = vbCancel Then
      Cancel = True
      in_before_close = False
      Exit Sub
    End If
  End If
  ' Test, ob Menü schon existiert
  For Each c In standardmenubar.Controls
    If c.Caption = mycommandbar.Controls(1).Caption Then
      c.Delete
    End If
  Next
  mycommandbar.Delete
  If result = vbNo Then ThisWorkbook.Close False
  in_before_close = False
End Sub
```

Hinweis

Das Beispielprogramm berücksichtigt nur das Standardmenü. Wenn Sie auch das Menü ändern möchten, das bei der Bearbeitung von Diagrammen erscheint, müssen Sie zusätzliche Anweisungen für *CommandBars(„Chart Menu Bar")* hinzufügen und auch dorthin das neue Menü kopieren bzw. es wieder löschen. Natürlich ist auch das frühere Diagrammmenü in Excel 2013 unsichtbar. Änderungen daran werden ebenfalls im ADD-INS-Register angezeigt!   ■

Eigene Symbolleisten ein- und ausblenden

Die Verwendung eigener Symbolleisten ist mit dem geringsten Aufwand verbunden. In der Beispieldatei *08\CommandBar_AutoVisible.xlsm* wird die Symbolleiste beim Laden sichtbar gemacht, beim Schließen wieder gelöscht. Außerdem wird die Symbolleiste automatisch ein- und ausgeblendet, je nachdem, ob gerade ein Fenster der Arbeitsmappe oder ein Fenster einer anderen Arbeitsmappe sichtbar ist.

```
' Datei 08\CommandBar_AutoVisible.xlsm, Modul „DieseArbeitsmappe"
' Symbolleiste anzeigen
Private Sub Workbook_Open()
  Application.CommandBars("Commandbar-Auto").Visible = True
End Sub
```

```
' Symbolleiste löschen
Private Sub Workbook_BeforeClose(Cancel As Boolean)
  Application.CommandBars("Commandbar-Auto").Delete
End Sub
' Symbolleiste anzeigen
Private Sub Workbook_Activate()
  Application.CommandBars("Commandbar-Auto").Visible = True
End Sub
' Symbolleiste verbergen
Private Sub Workbook_Deactivate()
  On Error Resume Next
  Application.CommandBars("Commandbar-Auto").Visible = False
End Sub
```

Verweis

In der Beispieldatei wird gleichzeitig auch die Programmierung eines Menüeintrags mit einem Auswahlhäkchen demonstriert. Diese Funktionalität wird allerdings von Excel 2013 nicht mehr unterstützt. ∎

8.1.6 Syntaxzusammenfassung

CommandBars – Methoden und Eigenschaften	
ActiveMenuBar	verweist auf *CommandBar*-Objekte mit aktiver Menüleiste
Add	neue Symbolleiste hinzufügen
FindControls	Element in Symbolleisten suchen

CommandBar – Methoden und Eigenschaften	
ActionControl	verweist auf das gerade angeklickte Symbol/Menüelement
BuiltIn	*True* bei vordefinierten Symbolleisten
Controls	Zugriff auf Symbole bzw. Menüeinträge
Delete	Symbolleiste löschen
Name	englischer Name der Symbolleiste
NameLocal	Name in der jeweiligen Landessprache (Deutsch)
Position	Ort (verankert oder als Toolbox); in Excel 2013 obsolet
Protection	Schutz vor Veränderungen durch den Anwender; in Excel 2013 obsolet
ShowPopup	als Kontextmenü anzeigen
Visible	Sichtbarkeit der Symbolleiste

CommandBarControls – Methoden und Eigenschaften	
Add	Symbol/Menüeintrag/Liste hinzufügen
Count	Anzahl der Menüelemente bzw. Symbole

CommandBarControl – Methoden und Eigenschaften	
BeginGroup	mit dem Objekt beginnt eine Gruppe
BuiltIn	*True* bei vordefinierten Elementen
Caption	Beschriftungstext
Copy	kopiert einen Eintrag aus einer anderen Symbolleiste
Delete	Eintrag löschen
Enabled	*True*, wenn das Element verwendet werden kann
Execute	führt die *OnAction*-Prozedur aus
OnAction	Name der Ereignisprozedur
TooltipText	gelber Infotext (bei *TooltipText=""* wird *Caption* verwendet)
Type	Typ (z. B. *msoControlButton, -ComboBox, -Popup*)

CommandBarButton – Methoden und Eigenschaften	
BuiltInFace	*True*, falls vordefiniertes Symbol
CopyFace	Symbol in die Zwischenablage kopieren
PasteFace	Symbol aus der Zwischenablage einfügen
Reset	Eintrag zurücksetzen (nur sinnvoll, wenn *BuiltIn=True*)

CommandBarComboBox – Methoden und Eigenschaften	
AddItem	Listenelement hinzufügen
Clear	alle Listenelemente löschen
DropDownLines	gewünschte Anzahl der Zeilen für ausklappbare Liste
DropDownWidth	gewünschte Breite der ausklappbaren Liste
List(n)	Zugriff auf Listenelemente
ListCount	Anzahl der Listenelemente
ListIndex	Indexnummer des ausgewählten Elements
RemoveItem	Listenelement löschen
SetFocus	Eingabefokus auf das Listenfeld richten
Text	eingegebener Text bzw. Text des ausgewählten Elements
Type	*msoControlEdit, -Dropdown* oder *-ComboBox*

CommandBarPopup – Methoden und Eigenschaften	
Controls	Zugriff auf Elemente (verweist auf *CommandBarControls*)

Bei den Objekten *CommandBarButton*, *CommandBarComboBox* und *CommandBarPopup* wurden nur jene Methoden und Eigenschaften aufgezählt, die nicht sowieso bereits von *CommandBarControl* zur Verfügung gestellt werden.

■ 8.2 Das Menüband

Mit seiner „RibbonX" oder auch „Fluent" genannten Oberflächenarchitektur hatte Office 2007 das Bedienkonzept für Office-Programme völlig auf den Kopf gestellt. Ein seinerzeit völlig neues Konstrukt namens Multifunktionsleiste präsentierte die Funktionen der jeweiligen Anwendung in aufgabenorientierter Form und verteilte diese über diverse Registerkarten (alias „Ribbons"). Das brachte deutlich mehr Übersicht, wovon insbesondere Neueinsteiger und Gelegenheits-User profitierten. Alte „Office-Hasen" dagegen zwang das Ribbons-Konzept zum Abschied von vertrauten Bedienmustern. Inzwischen dürfte sich aber kaum noch ein Anwender nach den tief verschachtelten Menüs und zahllosen Symbolleisten früherer Office-Versionen zurücksehnen. Oder doch?

Ribbons nach Maß

Ein großer Nachteil (oder Vorteil, je nach Sichtweise) der Office-2007-Oberfläche bestand darin, dass sie der Anwender – mit Ausnahme der Symbolleiste für den Schnellzugriff – nicht konfigurieren konnte. Microsoft begründete das Anpassungsverbot mit dem Hinweis, den Anwender vor den Folgen unbedachter Änderungen schützen zu wollen. Mit Office 2010 kehrte der Hersteller anscheinend zum Leitbild des mündigen Users zurück und spendierte diesem einen leistungsfähigen Oberflächeneditor, mit dem man die Ribbons-Oberfläche bedarfsgerecht verändern kann (siehe Abschnitt 8.2.1). Die neue Flexibilität war vermutlich auch ein Grund für die Umbenennung der Multifunktionsleiste, die nun offiziell „Menüband" heißt.

Im Unterschied zum Anwender war es dem Entwickler immer schon erlaubt, die Struktur der Ribbons grundlegend zu ändern und eigene Makros und Funktionen darin zu verankern. Dazu muss er eine im Dokument enthaltene XML-Datei bearbeiten und anderen Aufwand betreiben, der ausführlich im Abschnitt 8.2.2 beschrieben wird.

8.2.1 Manuelle Anpassung des Menübands

Mit dem Oberflächeneditor von Excel 2013 können Sie das Menüband des Kalkulationsprogramms Ihrem persönlichen Bedarf entsprechend verändern. So können Sie beispielsweise Excel-eigene Registerkarten, die Sie nicht benötigen, gezielt ausblenden oder vorhandene Befehlsgruppen daraus entfernen. Darüber hinaus können Sie selbst definierte Registerkarten und Gruppen erstellen und diesen dann beliebige Excel-Befehle oder Makroaufrufe hinzufügen.

Wenn das personalisierte Menüband schließlich Ihren Vorstellungen entspricht, können Sie es per Exportfunktion sichern oder auf eine andere Excel-Installation übertragen. Und sollten Sie unzufrieden sein mit Ihrem Anpassungsexperiment, können Sie den Originalzustand jeder einzelnen Excel-Registerkarte sowie des gesamten Menübands mit einem Mausklick wiederherstellen.

Start des Oberflächeneditors

Zum Starten des Oberflächeneditors klicken Sie mit der rechten Maustaste auf eine beliebige Registerkarte oder ein beliebiges Steuerelement innerhalb des Menübands und wählen anschließend den Befehl MENÜBAND ANPASSEN. Alternativ können Sie auch den Befehl DATEI | OPTIONEN | MENÜBAND ANPASSEN verwenden.

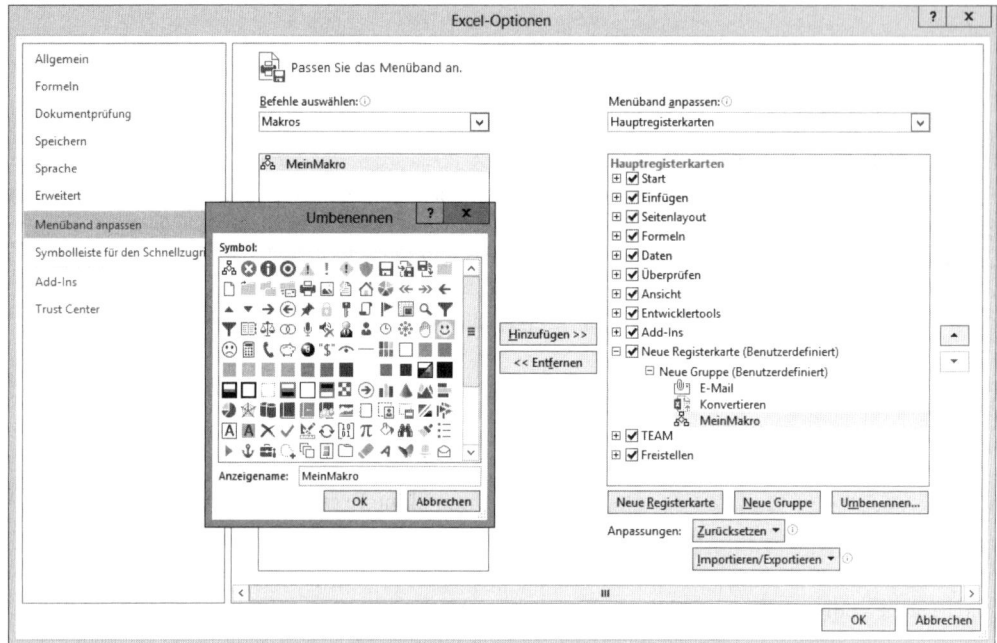

BILD 8.9 Mit dem Oberflächeneditor lässt sich das Menüband von Excel 2013 sehr leicht auf den eigenen Bedarf abstimmen.

Registerkarten aus- und einblenden

Wenn Sie eine Registerkarte des Menübands ausblenden möchten, lokalisieren Sie diese im Listenfeld HAUPTREGISTERKARTEN des Oberflächeneditors, und schalten Sie das Kontrollkästchen vor dem Namen der Registerkarte aus.

Wenn Sie eine ausgeblendete Registerkarte anzeigen lassen möchten, schalten Sie das zugehörige Kontrollkästchen entsprechend ein.

Hinweis

Die Registerkarte ENTWICKLERTOOLS ist standardmäßig ausgeblendet. Da sie wichtige Funktionen für Makroentwickler enthält, sollten Sie sie auf jeden Fall einblenden – falls Sie das nicht längst getan haben.

Neue Registerkarten anlegen und benennen

Zum Anlegen einer neuen (benutzerdefinierten) Registerkarte markieren Sie zunächst im Listenfeld HAUPTREGISTERKARTEN des Oberflächeneditors die vorhandene Registerkarte, neben der die neue Registerkarte erscheinen soll. Ein Klick auf die Schaltfläche NEUE REGISTERKARTE erstellt die Registerkarte und fügt ihr gleich auch eine Befehlsgruppe hinzu.

Die neu erstellte Registerkarte erhält standardmäßig den Namen „Neue Registerkarte", den Sie durch eine treffendere Bezeichnung ersetzen sollten. Dazu klicken Sie auf den Namen der Registerkarte, wählen die Schaltfläche UMBENENNEN und tippen den neuen Namen in das Dialogfeld ein.

Registerkarten verschieben

Falls Ihnen die Position einer Registerkarte innerhalb des Menübands nicht gefällt, können Sie diese ganz einfach ändern. Dazu markieren Sie den Namen der betreffenden Registerkarte im Listenfeld HAUPTREGISTERKARTEN des Oberflächeneditors und klicken dann auf eine der beiden Schaltflächen, die rechts neben dem Listenfeld zu sehen sind. Die obere Schaltfläche verschiebt die markierte Registerkarte nach links, die untere nach rechts.

Neue Befehlsgruppen anlegen und benennen

Wenn Sie neue Befehle oder Makros in eine Excel-eigene oder selbst erstellte Registerkarte integrieren möchten, müssen Sie der Registerkarte zunächst eine benutzerdefinierte Gruppe hinzufügen, die die Funktion eines Rahmens übernimmt. Eine Excel-eigene Gruppe können Sie weder erweitern noch Befehle daraus entfernen. (Wie weiter unten geschildert, können Sie sie jedoch ausblenden und durch eine selbst zusammengestellte Befehlsgruppe ersetzen.)

Zum Anlegen einer neuen Befehlsgruppe markieren Sie im Listenfeld HAUPTREGISTERKARTEN des Oberflächeneditors zunächst die Registerkarte, auf der Sie die neue Gruppe anlegen möchten, und klicken dann auf die Schaltfläche NEUE GRUPPE.

Die neu erstellte Befehlsgruppe erhält automatisch einen nichtssagenden Standardnamen, den Sie nach einem Klick auf die Schaltfläche UMBENENNEN in eine Bezeichnung Ihrer Wahl ändern können (und sollten). Dabei können Sie der Gruppe gleich auch ein Bildsymbol zuweisen. Das wird allerdings erst im Rahmen des sogenannten Autoscalings sichtbar, wenn das Programmfenster von Excel sehr stark verkleinert wird und den Gruppeninhalt nicht mehr anzeigen kann.

Nach einem Rechtsklick auf den Gruppennamen und der Auswahl des Befehls BEFEHLS-BEZEICHNUNGEN AUSBLENDEN zeigt Excel die noch hinzuzufügenden Befehle der Gruppe ohne Beschriftung und nur als Bildsymbol an.

Befehlsgruppen verschieben

Neu angelegte Befehlsgruppen erscheinen standardmäßig am rechten Rand der betreffenden Registerkarte. Das können Sie ändern, indem Sie die gewünschte Befehlsgruppe zunächst markieren und dann auf eine der beiden Schaltflächen klicken, die rechts neben dem Listenfeld HAUPTREGISTERKARTEN angebracht sind. Ein Klick auf die obere Schaltfläche bewegt die Befehlsgruppe nach links, ein Klick auf die untere nach rechts. Auf die gleiche Art können Sie natürlich auch alle Excel-eigenen Befehlsgruppen verschieben.

Befehlsgruppen ausblenden

Wenn Sie sie nicht brauchen, können Sie jede Excel-eigene oder benutzerdefinierte Befehlsgruppe aus ihrer jeweiligen Registerkarte entfernen. Dazu klicken Sie im Listenfeld HAUPTREGISTERKARTEN des Oberflächeneditors mit der rechten Maustaste auf den Namen der Befehlsgruppe und wählen dann den Befehl ENTFERNEN.

Alternativ können Sie die Befehlsgruppe auch terminieren, indem Sie sie markieren und dann auf die Schaltfläche ENTFERNEN klicken, die links neben dem Listenfeld HAUPTREGISTERKARTEN zu sehen ist.

Befehle hinzufügen

Zur Bestückung einer benutzerdefinierten Gruppe mit Excel-Befehlen markieren Sie diese zunächst im Listenfeld HAUPTREGISTERKARTEN des Oberflächeneditors. Anschließend stellen Sie das Kombinationsfeld BEFEHLE AUSWÄHLEN auf den Bereich der Excel-Oberfläche ein, in dem der gewünschte Befehl zu finden ist.

Zur Auswahl stehen hier unter anderem die Registerkarten des Menübands (in verschiedenen Zusammenstellungen). Befehle aus der neuen Backstage-Ansicht (siehe Abschnitt 8.5) finden Sie im Bereich „Registerkarte ‚Datei'". Falls Sie einen Befehl suchen, der in einer früheren Excel-Version vorhanden, aber im Menüband von Excel 2013 nicht mehr vertreten ist, so ist dieser mit ziemlicher Sicherheit im Bereich „Nicht im Menüband enthaltene Befehle" zu finden. Der Bereich „Alle Befehle" schließlich liefert Ihnen eine vollständige Auflistung sämtlicher Befehle in alphabetisch sortierter Form.

Haben Sie den gewünschten Befehl gefunden, markieren Sie ihn im linken Listenfeld des Oberflächeneditors und klicken auf die Schaltfläche HINZUFÜGEN >>. Verwenden Sie die Schaltfläche UMBENENNEN, wenn Sie dem Befehl eine neue Bezeichnung oder ein neues Bildsymbol zuweisen möchten.

Makros hinzufügen

Anstelle eines Excel-Befehls können Sie einer benutzerdefinierten Gruppe auch den Startbefehl für ein Makro hinzufügen. Dazu stellen Sie das Kombinationsfeld BEFEHLE AUSWÄHLEN auf „Makros" ein. Anschließend markieren Sie das gewünschte Makro im linken Listenfeld des Oberflächeneditors und klicken dann auf die Schaltfläche HINZUFÜGEN >>. Verwenden Sie die Schaltfläche UMBENENNEN, wenn Sie dem Makro eine neue Bezeichnung oder ein neues Bildsymbol zuweisen möchten.

Konfiguration des Menübands sichern und übertragen

Die individuelle Anpassung des Menübands kann mit relativ viel Arbeit verbunden sein, die man nach Möglichkeit nur einmal leisten möchte. Aus diesem Grund empfiehlt es sich, die aktuelle Konfiguration des Menübands in eine exportedUI-Datei zu sichern.

Dazu klicken Sie auf die Schaltfläche IMPORTIEREN/EXPORTIEREN des Oberflächeneditors und danach auf ALLE ANPASSUNGEN EXPORTIEREN. Im Dateidialog bestimmen Sie den Dateinamen der exportedUI-Datei, legen ihren Speicherort fest und klicken dann auf SPEICHERN.

Mit dem Kontextmenübefehl ANPASSUNGSDATEI IMPORTIEREN der Schaltfläche IMPORTIEREN/EXPORTIEREN können Sie die in der exportedUI-Datei gespeicherte Konfiguration des Menübands dann jederzeit wiederherstellen beziehungsweise auf eine andere Excel-Installation übertragen.

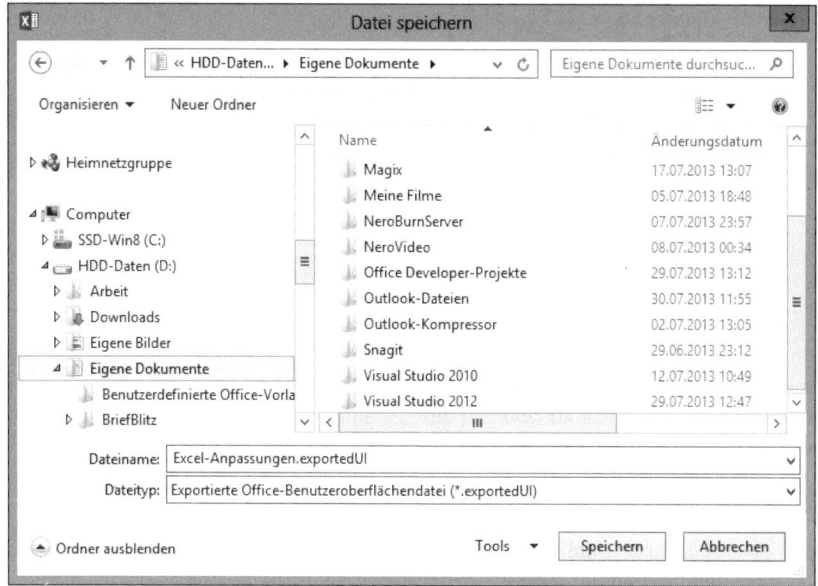

BILD 8.10 Wer die aktuelle Konfiguration des Menübands in einer exportedUI-Datei sichert, kann diese jederzeit wiederherstellen oder auf eine andere Excel-Installation übertragen.

Rücknahme von Menübandanpassungen

Wenn Sie in der Supportabteilung Ihres Unternehmens arbeiten und Excel-Anwender betreuen, dürfte es Sie freuen, dass Sie ein „kaputtkonfiguriertes" Menüband mit wenigen Mausklicks wieder in den Originalzustand versetzen können. Dazu klicken Sie auf die Schaltfläche ZURÜCKSETZEN des Oberflächeneditors und wählen dann den Kontextmenübefehl ALLE ANPASSUNGEN ZURÜCKSETZEN.

Mit einem Klick auf den Kontextmenübefehl NUR AUSGEWÄHLTE REGISTERKARTE DES MENÜBANDS ZURÜCKSETZEN ist die gezielte Rücknahme von Änderungen möglich, die an der aktuell markierten Registerkarte vorgenommen wurden.

8.2.2 Programmierte Anpassung des Menübands

Wer das Menüband von Excel 2013 programmatisch – also mit Hilfe von Code – verändern will, um eigene Makros und Funktionen darin zu verankern, muss sich im Vergleich zu früheren Excel-Versionen an ein völlig neues Programmierkonzept gewöhnen, das eine strikte Trennung von Oberflächendesign und Funktion vorsieht.

Änderungen am Oberflächendesign fallen in die exklusive Zuständigkeit einer XML-Datei. Sie trägt den Namen *customUI.xml*, ist Teil des Excel-Dokuments und enthält spezielle XML-Tags. Das sind Anweisungen, welche die Art der gewünschten Veränderungen exakt beschreiben. Zur Hitliste der Änderungen gehört das Anlegen von Registerkarten und Befehlsgruppen sowie deren Bestückung mit „RibbonX-Controls", wie die Steuerelemente der Excel-2013-Oberfläche genannt werden. Diese XML-Tags bilden den „Designcode". Der wird schon vor dem Öffnen des Dokuments abgearbeitet, sodass der User sofort eine geänderte Oberfläche vorfindet.

Der „Funktionscode" dagegen besteht aus sogenannten *CallBack-Routinen*. Dabei handelt es sich um (fast) normale VBA-Makros, die einem Element des Menübands zugeordnet sind und bestimmen, was beim Eintreffen eines bestimmten Ereignisses (Initialisierung, Mausklick etc.) geschieht.

Der Custom UI Editor

Um den Designcode schreiben zu können, benötigt man Zugriff auf die Datei *customUI.xml*, die in jedem Excel-Dokument enthalten ist. Stellt sich nur die Frage, wie man an diese Datei herankommt. Schließlich hat man es bei einem Excel-Dokument nicht mehr mit einer monolithischen Binärdatei zu tun, sondern (seit Einführung des Open-XML-Formats, siehe Abschnitt 2.2) mit einem komplexen ZIP-Archiv, das aus einer ziemlich verschachtelten Ordnerstruktur mit zahlreichen Dateien darin besteht.

Es gibt natürlich einen manuellen Weg des Zugriffs, der auf diversen Internetseiten beschrieben wird. Der enthält viele Stationen vom Auseinandernehmen der Dokumentdatei mit einem Packprogramm über das Hineinkopieren des XML-Codes bis hin zur Anpassung der .rels-Datei, in der man die Existenz der XML-Datei anmelden muss.

Diese mühsame und fehleranfällige Prozedur sollten Sie sich jedoch unbedingt sparen. Verwenden Sie stattdessen lieber den Custom UI Editor, den Sie unter der Adresse

> *http://openxmldeveloper.org/blog/b/openxmldeveloper/archive/2006/05/26/*
> *customuieditor.aspx*

[Link 10] kostenlos herunterladen können. Mit diesem Tool können Sie das Excel-Dokument dialoggeführt öffnen. Anschließend geben Sie nur noch den passenden XML-Code in den eingebauten Editor ein und klicken zum Abschluss auf den Speichern-Button.

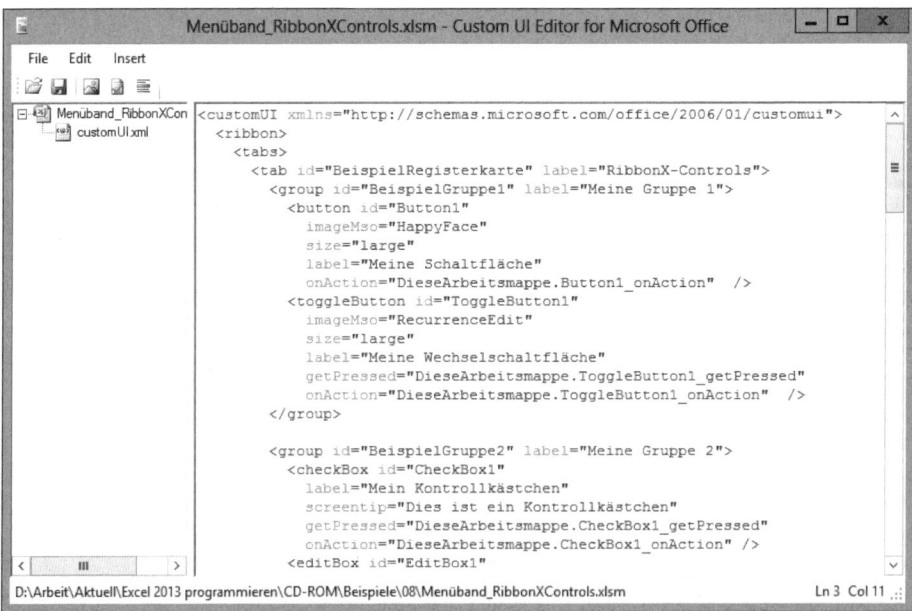

BILD 8.11 Der kostenlose Custom UI Editor ist ein unverzichtbares Werkzeug für sämtliche Anpassungen der Menübandoberfläche von Excel.

Die Datei customUI.xml

Die einfachste (sinnvolle) Form der Datei *customUI.xml* sieht wie folgt aus:

```
<!-- Beispiel 08\Menüband_Ausblenden.xlsm -->
<customUI xmlns=
  "http://schemas.microsoft.com/Office/2009/07/customui">
  <ribbon startFromScratch="true" />
</customUI>
```

Das Beispiel beginnt mit dem *customUI*-Tag, das die sogenannte Schemadefinition der XML-Datei benennt. Darin sind alle gültigen XML-Tags aufgeführt. Die Schemadefinition bestimmt somit den „Sprachumfang" der Datei *customUI.xml* und ist spezifisch für die jeweilige Excel-Version.

Das obige Beispiel verweist auf die Schemadefinition von Excel 2010/2013, die im Vergleich zu Excel 2007 zusätzliche XML-Tags (unter anderem für die Anpassung der neuen Backstage-Ansicht) enthält. Oberflächenanpassungen, die auf der Grundlage dieser Schemadefinition erfolgen, funktionieren somit ausschließlich ab Excel 2010.

Soll die Anpassung mit allen Excel-Versionen ab 2007 harmonieren, muss das *customUI*-Tag auf die frühere Schemadefinition verweisen (natürlich dürfen dann keine Excel-2010-spezifischen XML-Tags in der Datei *customUI.xml* enthalten sein). Das Beispiel würde wie folgt aussehen:

```
<customUI xmlns=
  "http://schemas.microsoft.com/Office/2006/01/customui">
  <ribbon startFromScratch="true" />
</customUI>
```

Das *ribbon*-Tag im obigen Beispiel repräsentiert das Menüband und enthält mit *start-FromScratch* ein sogenanntes XML-Attribut. Das ist eine Art Parameter für die Ausführung der XML-Anweisung. Der Wert, den man einem solchen Attribut zuweist, ist stets in Anführungszeichen einzuschließen, egal ob es sich um einen Text, eine Zahl oder – wie hier – um einen logischen Wert handelt.

Weitere XML-Regeln in Kürze:

- Im Unterschied zu VBA sind alle Schlüsselwörter „case-sensitiv", das heißt, auf eine strikte Einhaltung der Groß-/Kleinschreibung ist zu achten.
- Jedes Tag wird in spitze Klammern eingeschlossen und darf beliebig viele Zeilen beanspruchen.
- Die Tags werden hierarchisch strukturiert. Das geschieht (wie bei VBA-Code) durch das Einrücken von untergeordneten Elementen um jeweils eine Ebene nach rechts.
- Jedes „geöffnete" Tag muss auch wieder geschlossen werden. Dazu setzt man bei einzeiligen Tags einen Schrägstrich vor die schließende spitze Klammer (siehe *ribbon*-Tag). Sind dem Tag aber weitere Tags untergeordnet, lässt man den Schrägstrich weg und verwendet stattdessen ein separates Abschluss-Tag, wie es </*customUI*> darstellt.

Inhaltlich bewirkt das *startFromScratch*-Attribut Erstaunliches: Es blendet das gesamte Menüband aus und reduziert zudem den Befehlsumfang des Datei-Menüs auf wenige Befehle.

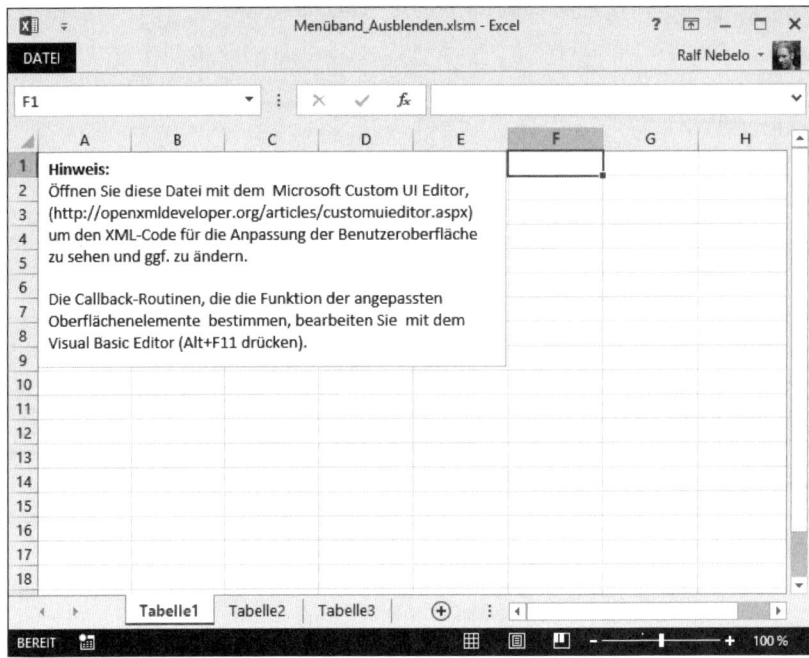

BILD 8.12 Große Leere – das startFromScratch-Attribut blendet das Menüband vollständig aus.

Registerkarten aus- und einblenden

Wer weniger radikal für mehr Übersicht sorgen will, der kann sich auf das Ausblenden einzelner Registerkarten des Menübands beschränken:

```
<!-- Beispiel 08\Menüband_RegisterkarteAusblenden.xlsm -->
<customUI xmlns=
  "http://schemas.microsoft.com/Office/2009/07/customui">
  <ribbon>
    <tabs>
      <tab idMso="TabHome" visible="false" />
    </tabs>
  </ribbon>
</customUI>
```

Das Beispiel macht das START-Register von Excel unsichtbar. Dazu verwendet es das *tab*-Tag, dessen *idMso*-Attribut die gewünschte Registerkarte identifiziert (siehe Tabelle 1 in der Syntaxzusammenfassung) und dessen *visible*-Attribut nach der Zuweisung von „false" die Ausblendung erledigt. Mit der Zuweisung von „true" lässt sich die Registerkarte dann jederzeit wieder einblenden.

Das dem *tab*-Tag übergeordnete *tabs*-Tag steht übrigens für die Gesamtheit aller Registerkarten innerhalb des Menübands.

Registerkarten, Befehlsgruppen und Schaltflächen anlegen

Das Ausblenden vorhandener Registerkarten mag ja ein netter Gag sein, in der Praxis möchte man den Anwendern seiner Office-Lösungen aber nicht *weniger*, sondern *mehr* Funktionalität zur Verfügung stellen. Und das geschieht zumeist durch das Hinzufügen neuer Registerkarten. Weil die aber ohne Befehle kaum einen Sinn machen, sollte man den Registerkarten gleich ein paar Controls aus dem neuen RibbonX-Vorrat hinzufügen. Die darf man aber nicht direkt auf der Registerkarte anordnen, sondern muss sie stets in eine Befehlsgruppe einfügen.

Das notwendige Vorgehen lässt sich am besten anhand eines einfachen Beispiels demonstrieren:

```
<!-- Beispiel 08\Menüband_Button.xlsm -->
<customUI xmlns=
  "http://schemas.microsoft.com/Office/2009/07/customui">
  <ribbon>
    <tabs>
      <tab id="BeispielRegisterkarte" label="Meine Registerkarte">
        <group id="BeispielGruppe" label="Meine Gruppe">
          <button id="BeispielButton" imageMso="HappyFace"
            size="large"
            label="Mein Button"
            onAction="DieseArbeitsmappe.HalloWelt" />
        </group>
      </tab>
    </tabs>
  </ribbon>
</customUI>
```

Das Beispiel erweitert das Menüband von Excel zunächst via *tab*-Tag um eine neue Registerkarte. Die erhält durch das *id*-Attribut einen selbst gewählten, eindeutigen Namen („BeispielRegisterkarte") und per *label*-Attribut eine Beschriftung („Meine Registerkarte"). Das Gleiche wiederholt sich innerhalb des *group*-Tags, das der neuen Registerkarte eine neue Befehlsgruppe hinzufügt.

Innerhalb des *group*-Tags erstellt das *button*-Tag eine Schaltfläche, die per *size*-Attribut maximal vergrößert wird und im *imageMso*-Attribut ein benanntes Icon („HappyFace") aus dem reichhaltigen Office-Fundus (siehe übernächsten Abschnitt) zugewiesen bekommt. Das *onAction*-Attribut schließlich definiert den Namen des CallBack-Makros, das beim Anklicken der Schaltfläche ausgeführt werden soll. Die Angabe sollte in der Form *Modulname.Makroname* erfolgen.

CallBack-Routinen schreiben

Zum Anlegen des Callback-Makros für das obige Beispiel startet man den Visual-Basic-Editor mit Alt+F11, öffnet im Projektfenster das dokumenteigene Klassenmodul *DieseArbeitsmappe* und fügt diesem die folgende Prozedur hinzu:

```
' Beispiel 08\Menüband_Button.xlsm
Sub HalloWelt(ByVal control As IRibbonControl)
  MsgBox "Hallo, User!"
End Sub
```

Wie man sieht, besteht der einzige Unterschied zwischen einem normalen Makro und einer CallBack-Routine in der Argumentliste, die im ersten Fall immer leer ist, bei einer CallBack-Routine aber eine fest vorgegebene Parameterstruktur aufweist, die auch als „Signatur" bezeichnet wird.

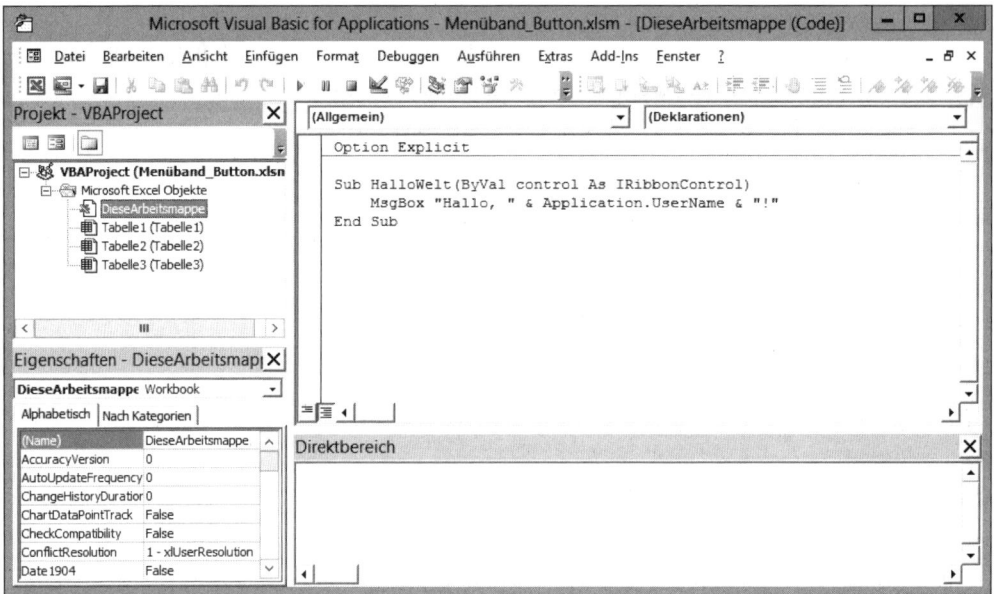

BILD 8.13 CallBack-Routinen unterscheiden sich von normalen Makros nur durch eine vorgegebene Argumentliste („Signatur").

 Achtung

Um einem Excel-Dokument überhaupt CallBack-Routinen und anderen VBA-Code hinzufügen zu können, müssen Sie beim Speichern unbedingt den Dateityp „Excel-Arbeitsmappe mit Makros (*.xlsm)" wählen.

Der Code des BeispielMakros beschränkt sich auf eine Begrüßung des Anwenders, wenn dieser auf die neue Schaltfläche im neuen Register des Menübands klickt. Es steht natürlich jedem frei, die Anweisung durch sinnvolleren VBA-Code zu ersetzen. Das schlichte Beispiel soll ja auch nur demonstrieren, wie man RibbonX-Controls über CallBack-Routinen eine (beliebige) Funktionalität zuweisen kann.

Interne Office-Icons

Mit dem *imageMso*-Attribut kann man vielen RibbonX-Controls eines der zahlreichen Symbole aus dem Icon-Fundus von Office zuweisen. Dazu muss man allerdings erst einmal wissen, welche Symbole es gibt und wie der interne Name (*imageMso*-Wert) des Symbols lautet, das man dann schließlich verwenden möchte. Es gibt aber dummerweise kein Icon-Poster in der Excel-Schachtel. Zum Ausgleich bietet Microsoft allen Interessenten die „Icons Gallery" zum kostenlosen Download an. Die Adresse *[Link 11]* lautet:

http://www.microsoft.com/downloads/details.aspx?familyid=2D3A18A2-2E75-4E43-8579-D543C19D0EED

Bei dieser Icons Gallery für Office 2010 (die auch für Office 2013 noch gültig ist) handelt es sich um ein Word-Dokument. Es stellt dem Entwickler die benötigten Infos in Form von zwei neuen Tabs („ImageMso 0" und „ImageMso 1") in der Backstage-Ansicht (Registerkarte DATEI) bereit. Die Beschriftung der Icons ist mit deren *imageMso*-Wert identisch.

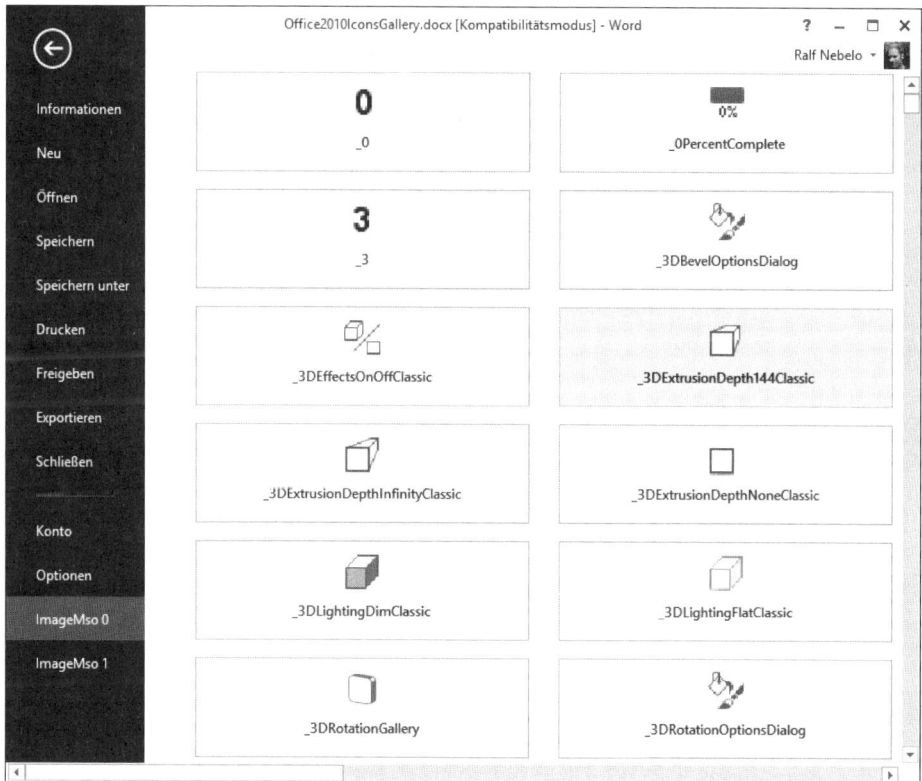

BILD 8.14 Die kostenlose Icons Gallery liefert dem Entwickler zu jedem Office-Icon den passenden imageMso-Wert.

 Tipp

Wer wissen möchte, wie die Icons-Auflistung des Word-Dokuments zustande kommt, sollte dieses einfach mal mit dem Custom UI Editor öffnen. Sehr interessant! ∎

8.2.3 RibbonX-Controls

Neben der einfachen Schaltfläche, die durch das *button*-Tag erstellt wird, gibt es eine Vielzahl weiterer Steuerelemente (alias „RibbonX-Controls"), die Sie dem Menüband von Excel und in vielen Fällen auch den übrigen Teilen der Programmoberfläche, der neuen Backstage-Ansicht beispielsweise oder den Kontextmenüs, hinzufügen können.

Hier finden Sie eine vollständige Auflistung aller XML-Tags, die Sie zur programmierten Erstellung dieser Steuerelemente benötigen, sowie der wichtigsten XML-Attribute und CallBack-Routinen.

Beschriftung (labelControl)

Beschriftungen dienen nur der Anzeige von beliebigen Texten innerhalb des Menübands; die Zuweisung einer Funktion per CallBack-Makro ist hier nicht möglich. Die Definition einer Beschriftung erfolgt über das XML-Tag *labelControl*. Dessen *id*-Attribut verleiht dem Control eine eindeutige Kennzeichnung, das *label*-Attribut legt den anzuzeigenden Text fest:

```
<!-- Beispiel 08\Menüband_RibbonXControls.xlsm -->
<labelControl id="Beschriftung1"
   label="Meine Beschriftung " />
```

Schaltfläche (button)

Die Schaltfläche ist das am häufigsten vorkommende Steuerelement der Excel-Oberfläche und wird durch das *button*-Tag definiert. Sie lässt sich nur anklicken und kann darauf mit dem Aufruf eines CallBack-Makros reagieren, das im Attribut *onAction* anzugeben ist. Über das *label*-Attribut erhält die Schaltfläche eine Beschriftung.

Die Zuweisung eines Office-Icons ist über das Attribut *imageMso* möglich. Wahlweise kann man der Schaltfläche aber auch per *image*-Attribut eine selbst definierte Grafik zuweisen, die man dem Dokument zuvor mit Hilfe des Custom UI Editors (Menübefehl INSERT | ICONS) hinzugefügt hat. Die Größe des Icons lässt sich in beiden Fällen über das Attribut *size* bestimmen. Die möglichen Werte sind „large" (großes Icon) und „normal" (kleines Icon).

Das folgende Beispiel erstellt eine Schaltfläche, deren eindeutiger Name (*id*) „Button1" lautet und die mit dem Text „Mein Button" beschriftet ist. Die Schaltfläche verwendet die in die Dokumentdatei eingebettete Grafik *Logo.ico* in maximaler Größe als Icon:

```
<!-- Beispiel 08\Menüband_RibbonXControls.xlsm -->
<button id="Button1"
   label="Mein Button"
   image="Logo.ico"
   size="large"
   onAction="DieseArbeitsmappe.Button1_onAction" />
```

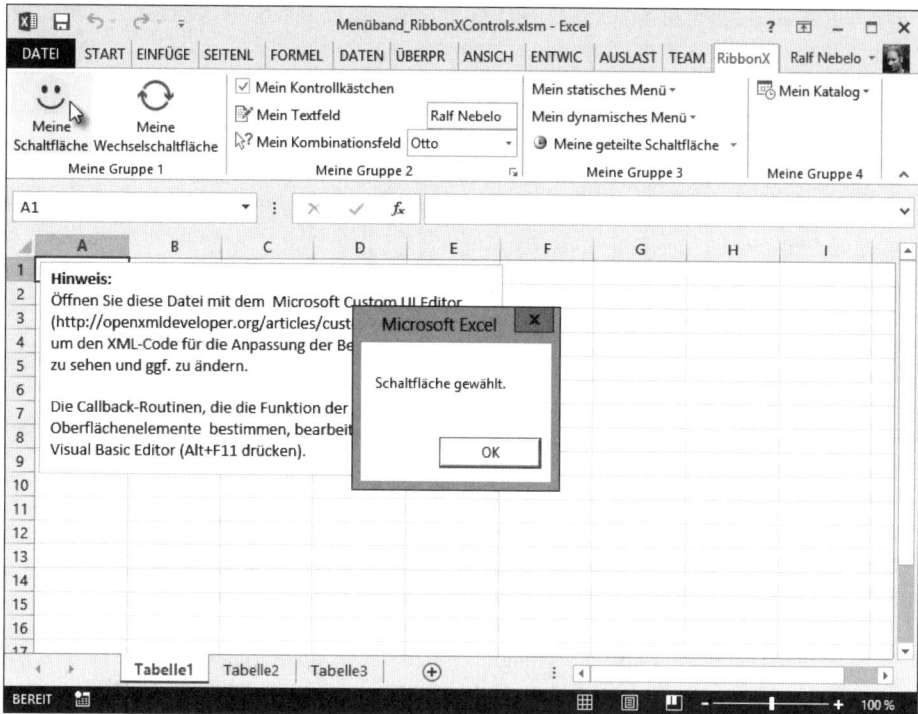

BILD 8.15 Schaltflächen wie diese sind das am häufigsten vorkommende Steuerelement im Menüband von Excel.

Das im *onAction*-Attribut angegebene CallBack-Makro könnte so aussehen:

```
' Beispiel 08\Menüband_RibbonXControls.xlsm
Sub Button1_onAction(control As IRibbonControl)
    MsgBox "Sie haben die Schaltfläche '" & control.ID & _
      "' gewählt."
End Sub
```

 Tipp

Den Namen einer CallBack-Routine kann der Entwickler im Rahmen der VBA-Vorgaben frei wählen, solange er nur eindeutig ist. Um Verwechslungen zu vermeiden, empfiehlt sich aber die Verwendung von Namen, die sich wie im letzten Beispiel aus der *ID* des Controls („Button1"), einem Unterstrich („_") und dem Namen des Attributs („onAction") zusammensetzen.

■

Wechselschaltfläche (toggleButton)

Im Unterschied zur einfachen (*button*-)Schaltfläche, die nach dem Anklicken automatisch in ihre alte Position zurückkehrt, lässt sich eine Wechselschaltfläche wechselweise ein- und wieder ausschalten. Das zuständige XML-Tag zum Anlegen einer solchen Wechselschaltfläche heißt *toggleButton* und könnte folgenden Inhalt haben:

```
<!-- Beispiel 08\Menüband_RibbonXControls.xlsm -->
<toggleButton id="ToggleButton1"
  imageMso="RecurrenceEdit"
  size="large"
  label="Meine Wechselschaltfläche "
  getPressed="DieseArbeitsmappe.ToggleButton1_getPressed"
  onAction="DieseArbeitsmappe.ToggleButton1_onAction"  />
```

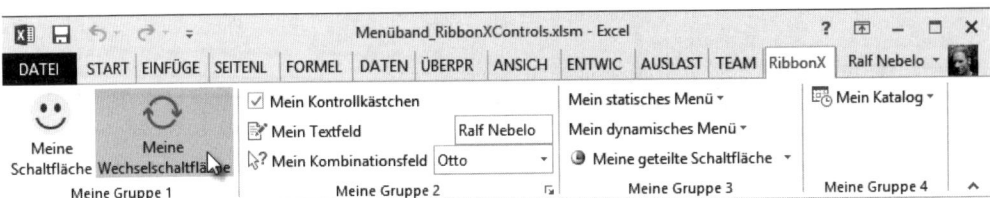

BILD 8.16 Die Wechselschaltfläche ändert ihren Status bei jedem Mausklick.

Im Gegensatz zum *button*-Control verfügt die Wechselschaltfläche über ein zusätzliches Attribut namens *getPressed*. Darin kann der Entwickler eine CallBack-Routine angeben, mit der sich der Button in einen bestimmten Anfangszustand versetzen lässt. Die CallBack-Routine enthält das Argument *returnedVal*, das den logischen Wert *True* (Button ist gedrückt) oder *False* (Button ist nicht gedrückt) an das Control zurückgibt:

```
' Beispiel 08\Menüband_RibbonXControls.xlsm
Sub ToggleButton1_getPressed(control As IRibbonControl, _
    ByRef returnedVal)
    'Buttonstatus auf gedrückt einstellen
    returnedVal = True
End Sub
```

Die CallBack-Routine für das *onAction*-Attribut hat eine andere Signatur, als es beim *button*-Control der Fall ist. Der Unterschied besteht im zusätzlichen *pressed*-Argument, das eine gezielte Reaktion auf den aktuellen Zustand der Wechselschaltfläche möglich macht:

```
' Beispiel 08\Menüband_RibbonXControls.xlsm
Sub ToggleButton1_onAction(control As IRibbonControl, _
    pressed As Boolean)
    'Wenn Button gedrückt ist, dann...
    If pressed = True Then
        '... entsprechende Meldung anzeigen
        MsgBox "Wechselschaltfläche ist gedrückt."
    'Wenn Button NICHT gedrückt ist, dann...
    Else
```

```
        '... entsprechende Meldung anzeigen
        MsgBox "Wechselschaltfläche ist nicht gedrückt."
    End If
End Sub
```

Kontrollkästchen (checkBox)

Das Kontrollkästchen ist ein enger Verwandter der Wechselschaltfläche, da sein Status ebenfalls zwischen zwei Zuständen variieren kann. Aus diesem Grund besitzt das zuständige *checkBox*-Tag auch die gleichen Attribute *getPressed* und *onAction*, die auf entsprechende CallBack-Routinen mit identischer Signatur verweisen. Ein Beispiel:

```xml
<!-- Beispiel 08\Menüband_RibbonXControls.xlsm -->
<checkBox id="CheckBox1"
  label="Mein Kontrollkästchen"
  screentip="Dies ist ein Kontrollkästchen"
  getPressed="DieseArbeitsmappe.CheckBox1_getPressed"
  onAction="DieseArbeitsmappe.CheckBox1_onAction" />
```

Die programmierte Voreinstellung des Control-Zustands und die Reaktion auf das Ein- und Ausschalten können also exakt so wie bei der Wechselschaltfläche beschrieben durchgeführt werden. Im Unterschied zu den Schaltflächen verfügt das Kontrollkästchen über keine Attribute zum Festlegen der Größe (*size*) oder zur Anzeige eines Icons (*imageMso*).

BILD 8.17 Die zwei möglichen Zustände An und Aus machen das Kontrollkästchen zum nahen Verwandten der Wechselschaltfläche.

Textfeld (editBox)

Textfelder nehmen Tastatureingaben des Anwenders entgegen und lassen sich über das *editBox*-Tag ins (virtuelle) Leben rufen. Beispielsweise so:

```xml
<!-- Beispiel 08\Menüband_RibbonXControls.xlsm -->
<editBox id="EditBox1"
  imageMso="BlogPublishDraft"
  label="Mein Textfeld "
  getText="DieseArbeitsmappe.EditBox1_getText"
  onChange="DieseArbeitsmappe.EditBox1_onChange"/>
```

Das *getText*-Attribut verweist auf eine CallBack-Routine, mit welcher man den Text vorein-
stellen kann, der beim Öffnen des Dokuments sichtbar sein soll. Das Beispiel

```
' Beispiel 08\Menüband_RibbonXControls.xlsm
Sub EditBox1_getText(control As IRibbonControl, ByRef returnedVal)
    'Anzuzeigenden Text voreinstellen
    returnedVal = Application.UserName
End Sub
```

übernimmt den Namen des aktuellen Excel-Anwenders in das Textfeld. Sobald der Anwender die Vorgabe geändert und die Eingabe mit Return abgeschlossen hat, ruft Excel die
CallBack-Routine auf, die im *onChange*-Attribut benannt ist. Damit kann der Entwickler
gezielt auf Benutzereingaben reagieren. Das folgende Beispiel zeigt den eingetippten Text
per *MsgBox*-Befehl an:

```
' Beispiel 08\Menüband_RibbonXControls.xlsm
Sub EditBox1_onChange(control As IRibbonControl, text As String)
    'Geänderten Text anzeigen
    MsgBox "Sie haben " & Chr(34) & text & Chr(34) & " eingegeben."
End Sub
```

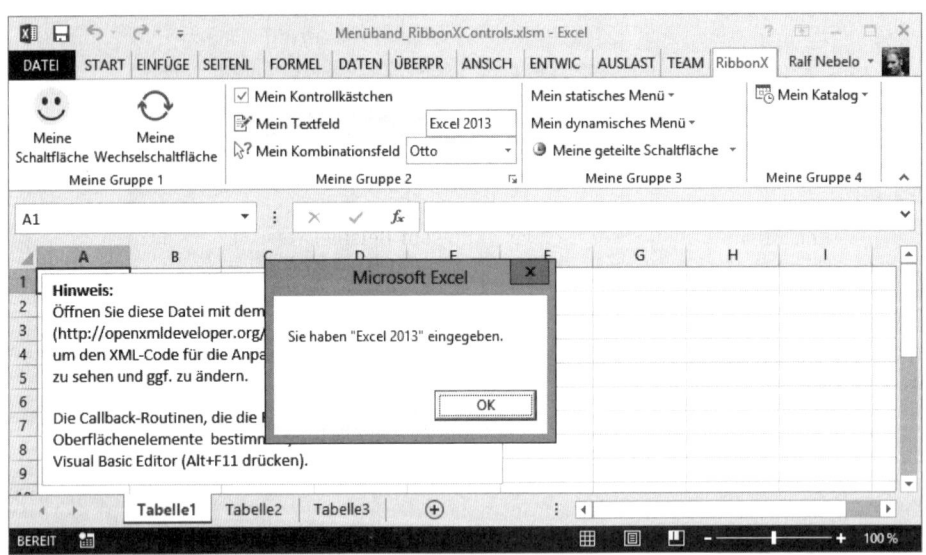

BILD 8.18 Dank des Textfelds nimmt das Menüband von Excel auch Texteingaben entgegen.

Statisches Menü (menu)

Wenn es darum geht, viele Befehle möglichst platzsparend zu präsentieren, ist ein Menü die richtige Wahl. Zum Anlegen verwenden Sie das XML-Tag *menu* und legen in dessen *label*-Attribut die sichtbare Beschriftung fest. Mit dem Attribut *itemSize* bestimmen Sie die Größe der Menüeinträge, die entweder „normal" (klein) oder „large" (groß) sein können. Sie können ein Menü mit Excel-Befehlen (*control*-Tag), Schaltflächen (*button*-Tag) oder Untermenüs füllen, die Sie ebenfalls per *menu*-Tag anlegen.

Das folgende Beispiel generiert ein Menü, das eine Schaltfläche und ein Untermenü enthält, in dem zwei weitere Schaltflächen angeordnet sind:

```
<!-- Beispiel 08\Menüband_RibbonXControls.xlsm -->
<menu id="Menu1" label="Mein statisches Menü" itemSize="normal">
  <button id="Menu1Button1"
    label="Menübefehl 1"
    imageMso="AnimationOnClick"
    onAction="DieseArbeitsmappe.Menu1_onAction" />
  <menu id="SubMenu1" label="Mein Untermenü" itemSize="normal">
    <button id="Menu1Button2"
      label="Menübefehl 2"
      imageMso="AnimationPainter"
      onAction="DieseArbeitsmappe.Menu1_onAction" />
    <button id="Menu1Button3"
      label="Menübefehl 3"
      imageMso="AnimationPreview"
      onAction="DieseArbeitsmappe.Menu1_onAction" />
  </menu>
</menu>
```

Das *onAction*-Attribut aller Schaltflächen in diesem Beispiel verweist auf die gemeinsame CallBack-Routine *Menu1_onAction* (im Klassenmodul „DieseArbeitsmappe"):

```
' Beispiel 08\Menüband_RibbonXControls.xlsm
Sub Menu1_onAction(control As IRibbonControl)
    'Meldung anzeigen
    MsgBox "Menübefehl '" & control.id & "' gewählt."
End Sub
```

Die CallBack-Routine kann über das *control*-Argument und dessen *id*-Eigenschaft exakt ermitteln, welchen Menübefehl der Anwender gewählt hat. Dadurch lässt es sich vermeiden, für jeden Menübefehl eine eigene CallBack-Routine schreiben zu müssen.

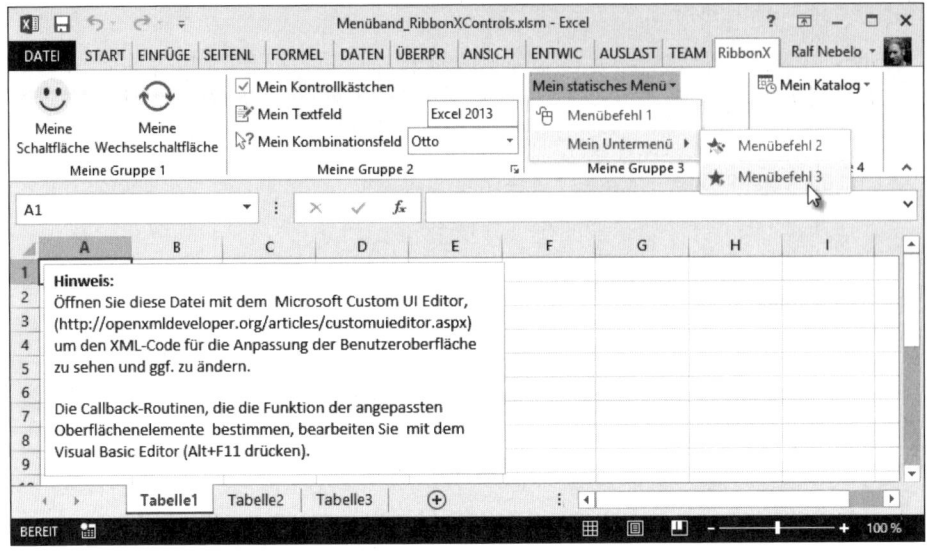

BILD 8.19 Das menu-Tag erlaubt die Definition von Menüs, die sich in beliebiger Tiefe verschachteln lassen.

Dynamisches Menü (dynamicMenu)

Ein Menü, das Sie per *menu*-Tag erstellen, bekommt seinen Inhalt über die Anpassungsdatei *customUI.xml* zugewiesen, womit es unveränderlich beziehungsweise statisch ist. Es gibt aber viele Situationen, wo es wünschenswert wäre, den Menüinhalt dynamisch festzulegen, um ihn von Fall zu Fall ändern zu können.

Genau das ist mit dem XML-Tag *dynamicMenu* möglich. Es definiert ein leeres Menü und überlässt es der im *getContent*-Attribut angegebenen CallBack-Routine, den Inhalt erst beim Öffnen des Dokuments zu definieren:

```
<!-- Beispiel 08\Menüband_RibbonXControls.xlsm -->
<dynamicMenu id="Menu2"
  label="Mein dynamisches Menü"
  getContent="DieseArbeitsmappe.Menu2_getContent" />
```

Bei dieser Art der dynamischen „Menübefüllung" entkommt man allerdings nicht dem Zwang, XML-Code schreiben zu müssen. Den muss man innerhalb der genannten CallBack-Routine in eine VBA-konforme Zeichenkette überführen und diese dann an das Argument *XMLString* übergeben. Beim Schreiben dieser Zeichenkette sollte man insbesondere darauf achten, sämtliche Anführungszeichen korrekt zu setzen. Dabei hilft die einfache Regel, Anführungszeichen innerhalb des XML-Codes zu verdoppeln. Im Unterschied zur Definition eines statischen Menüs (s. o.), muss das VBA-generierte *menu*-Tag zwingend einen Verweis auf die geltende XML-Schemadefinition enthalten:

```
' Beispiel 08\Menüband_RibbonXControls.xlsm
Sub Menu2_getContent(control As IRibbonControl, ByRef XMLString)
  XMLString = _
    "<menu xmlns=""http://schemas.microsoft.com" & _
      "/Office/2009/07/customui"">" & _
      "<button id=""Menu2Button1"" " & _
        "label=""Menübefehl 1"" " & _
        "imageMso=""BroadcastEnd"" " & _
        "onAction=""DieseArbeitsmappe.Menu2_onAction""/>" & _
      "<button id=""Menu2Button2"" " & _
        "label=""Menübefehl 2"" " & _
        "imageMso=""BuildTeam"" " & _
        "onAction=""DieseArbeitsmappe.Menu2_onAction""/>" & _
    "</menu>"
End Sub
```

Das obige Beispiel fügt dem dynamischen Menü zwei Befehle (respektive Schaltflächen) hinzu und weist beiden im *onAction*-Attribut die gemeinsame CallBack-Routine *Menu2_onAction* zu, wo eine gezielte Reaktion auf die Auswahl eines bestimmten Menübefehls erfolgen kann:

```
' Beispiel 08\Menüband_RibbonXControls.xlsm
Sub Menu2_onAction(control As IRibbonControl)
    'Meldung anzeigen
    MsgBox "Menübefehl '" & control.id & "' gewählt."
End Sub
```

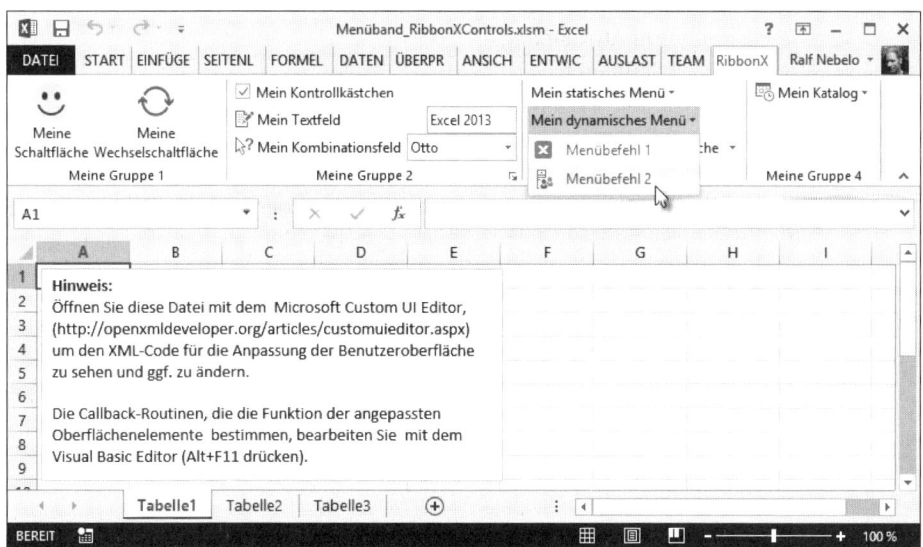

BILD 8.20 Dynamische Menüs erhalten ihren Inhalt durch eine CallBack-Routine.

Geteilte Schaltfläche (splitButton)

Die geteilte Schaltfläche ist eine Kombination aus einer einfachen Schaltfläche und einem Menü, das sich beim Klick auf das Pfeilsymbol am rechten Rand des Controls öffnet. Zum Anlegen einer geteilten Schaltfläche verwenden Sie das XML-Tag *splitButton* und definieren in dessen Inneren eine Schaltfläche (*button*-Tag) sowie ein Menü (*menu*- oder *dynamicMenu*-Tag). Die Schaltfläche gibt der geteilten Schaltfläche erst die äußere Gestalt. Das *splitButton*-Tag selbst hat keine sichtbaren Auswirkungen.

Das folgende Beispiel definiert eine geteilte Schaltfläche, deren Menüanteil zwei weitere Schaltflächen enthält:

```
<!-- Beispiel 08\Menüband_RibbonXControls.xlsm -->
<splitButton id="SplitButton1">
  <button id="SplitButton1MainButton"
    label="Meine geteilte Schaltfläche"
    imageMso="AnimationDelay"
    onAction="DieseArbeitsmappe.SplitButton1_onAction" />
  <menu id="SplitButton1Menu1" itemSize="large">
    <button id="SplitButton1MenuButton1"
      label="Menübefehl 1"
      imageMso="AppendOnly"
      onAction="DieseArbeitsmappe.SplitButton1_onAction" />
    <button id="SplitButton1MenuButton2"
      label="Menübefehl 2"
      imageMso="BarcodeInsert"
      onAction="DieseArbeitsmappe.SplitButton1_onAction" />
  </menu>
</splitButton>
```

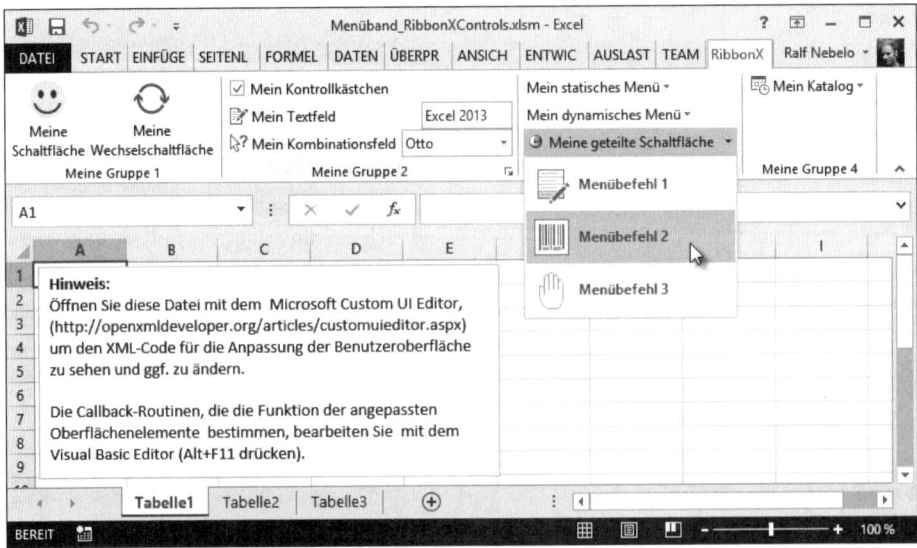

BILD 8.21 Die geteilte Schaltfläche kombiniert eine einfache Schaltfläche mit einem Menü.

Das *onAction*-Attribut der drei *button*-Elemente verweist auf eine gemeinsame CallBack-Routine namens *SplitButton1_onAction*, wo eine gezielte Reaktion auf die Auswahl eines *button*-Elements erfolgen kann:

```
' Beispiel 08\Menüband_RibbonXControls.xlsm
Sub SplitButton1_onAction(control As IRibbonControl)
    'Meldung anzeigen
    MsgBox "SplitButton-Befehl '" & control.id & "' gewählt."
End Sub
```

Menütrennlinie (menuSeparator)

Mit einer Menütrennlinie können Sie die Befehle eines Menüs optisch voneinander trennen. Zum Anlegen verwenden Sie das XML-Tag *menuSeparator* und weisen dem unkomplizierten Control per *id*-Attribut einen eindeutigen Namen zu:

```
<!-- Beispiel 08\Menüband_RibbonXControls.xlsm -->
<menu id="Menu1" label="Mein Menü">
  <button id="Menu1Button1"
    label="Menübefehl 1"
    onAction="DieseArbeitsmappe.Menu1_onAction" />
  <menuSeparator id="Menu1Separator1" />
  <button id="Menu1Button2"
    label="Menübefehl 2"
    onAction="DieseArbeitsmappe.Menu1_onAction" />
</menu>
```

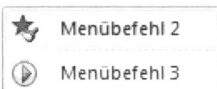

BILD 8.22
Beispiel einer Menütrennlinie

Kombinationsfeld- und Listenfeld (comboBox/dropDown)

Kombinationsfelder sind Kreuzungen zwischen Text- und Listenfeldern. Darin kann der Anwender entweder beliebige Texte eintippen oder sich auf die Auswahl eines vorgegebenen Listenelements beschränken. Zur Festlegung der Listenelemente fügen Sie dem zuständigen *comboBox*-Tag entsprechend viele *item*-Tags hinzu. Die erhalten jeweils im *id*-Attribut einen eindeutigen Namen und im *label*-Attribut den gewünschten Text des Elements zugewiesen:

```
<!-- Beispiel 08\Menüband_RibbonXControls.xlsm -->
<comboBox id="ComboBox1"
  imageMso="ContextHelp"
  label="Mein Kombinationsfeld"
  getText="DieseArbeitsmappe.ComboBox1_getText"
```

```
    onChange="DieseArbeitsmappe.ComboBox1_onChange">
    <item id="Element1" label="Peter" imageMso="_1" />
    <item id="Element2" label="Ilse" imageMso="_2" />
    <item id="Element3" label="Otto" imageMso="_3" />
</comboBox>
```

Die Festlegung des vorgewählten Listenelements lässt sich nicht im XML-Code, sondern nur mit einem CallBack-Makro erledigen, dessen Name im *getText*-Attribut angegeben ist. Nach Ausführung des Beispiels

```
' Beispiel 08\Menüband_RibbonXControls.xlsm
Sub ComboBox1_getText(control As IRibbonControl, ByRef text)
    'Anzuzeigendes Element voreinstellen
    text = "Otto"
End Sub
```

würde also das Listenelement „Otto" vorgewählt erscheinen. Das CallBack-Makro kann dem Control aber auch beliebige andere Texte zuweisen, die nicht in dessen Liste enthalten sind.

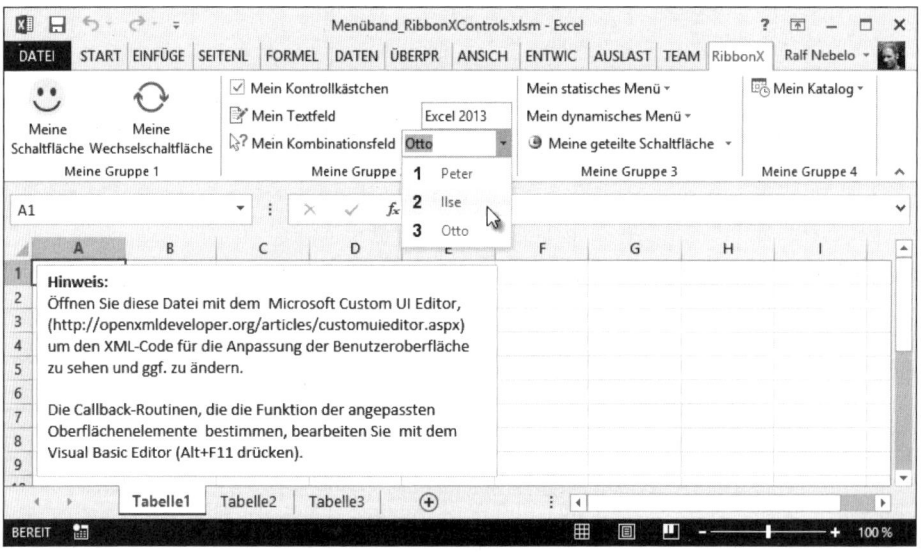

BILD 8.23 Das comboBox-Tag ist für das Anlegen von Kombinationsfeldern zuständig.

Bei Listenfeldern stehen dem Anwender nur die vorgegebenen Listenelemente zur Wahl; die Texteingabe ist nicht möglich. Ansonsten gibt es aus programmiertechnischer Sicht keine wesentlichen Unterschiede. Für das Anlegen von Listenfeldern ist das *dropDown*-Tag verantwortlich.

Beide Control-Typen verfügen über das Attribut *onChange* für die Angabe einer CallBack-Routine, mit welcher der Entwickler auf die Auswahl eines Listenelements reagieren kann:

```
' Beispiel 08\Menüband_RibbonXControls.xlsm
Sub ComboBox1_onChange(control As IRibbonControl, text As String)
    'Gewähltes Element anzeigen
    MsgBox "Sie haben " & Chr(34) & text & Chr(34) & " gewählt."
End Sub
```

Dialogfeldstarter (dialogBoxLauncher)

Der Dialogfeldstarter ist ein unscheinbares Control, das nur als kleines Pfeilsymbol in der rechten unteren Ecke einer Befehlsgruppe erscheint. Es dient – wie der Name schon sagt – im Normalfall dem Aufruf von Dialogfeldern, lässt sich aber via Programmcode für jeden anderen Zweck „missbrauchen". Allerdings verfügt das zuständige *dialogBoxLauncher*-Tag über keine eigenen Attribute. Um es dennoch nutzen zu können, muss man ihm stellvertretend ein *button*-Control hinzufügen, wie es das folgende Beispiel zeigt:

```
<!-- Beispiel 08\Menüband_RibbonXControls.xlsm -->
<dialogBoxLauncher>
  <button id="Launcher1"
    screentip="Mein Dialogfeldstarter"
    onAction="DieseArbeitsmappe.Launcher1_onAction" />
</dialogBoxLauncher>
```

Das *onAction*-Attribut des *button*-Controls verweist dann auf eine CallBack-Routine, die dem Dialogfeldstarter die gewünschte Funktionalität verleiht. Das Beispiel

```
' Beispiel 08\Menüband_RibbonXControls.xlsm
Sub Launcher1_onAction(control As IRibbonControl)
    Application.Dialogs(xlDialogAutoCorrect).Show
End Sub
```

zeigt den Excel-eigenen Autokorrektur-Dialog an.

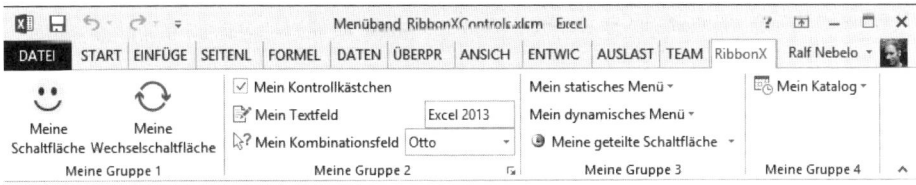

BILD 8.24 Der Dialogfeldstarter in der rechten unteren Ecke der zweiten Befehlsgruppe ist leicht zu übersehen.

Katalog (gallery)

Kataloge sind besondere Listenfelder, die sich insbesondere für die tabellarische Anzeige größerer Grafiksymbole eignen. Das zuständige *gallery*-Tag besitzt die Attribute *itemHeight* und *itemWidth*, mit denen man die Höhe und Breite der einzelnen Icons in Pixeln angeben kann. Die Attribute *columns* und *rows* definieren, in wie vielen Spalten und Zeilen die Anzeige des Kataloginhalts erfolgen soll. Das Hinzufügen von Elementen erfolgt genauso wie bei Listen- und Kombinationsfeldern durch *item*-Tags. Beispiel:

```
<!-- Beispiel 08\Menüband_RibbonXControls.xlsm -->
<gallery id="Gallery1"
  imageMso="DateAndTimeInsert"
  label="Wählen Sie einen Monat:"
  columns="3" rows="4"
  itemHeight="34" itemWidth="34"
  onAction="DieseArbeitsmappe.Gallery1_onAction" >
  <item id="Monat01" label="Januar" imageMso="FilePermissionView" />
  <item id="Monat02" label="Februar" imageMso="ProtectDocument" />
  <item id="Monat03" label="März" imageMso="SmartArtResetGraphic" />
  <item id="Monat04" label="April" imageMso="ObjectBringToFront" />
  <item id="Monat05" label="Mai" imageMso="PrintPreviewClose" />
  <item id="Monat06" label="Juni" imageMso="Delete" />
  <item id="Monat07" label="Juli" imageMso="DateAndTimeInsert" />
  <item id="Monat08" label="August" imageMso="FormatPainter" />
  <item id="Monat09" label="September" imageMso="InkEraseMode" />
  <item id="Monat10" label="Oktober" imageMso="AttachMenu" />
  <item id="Monat11" label="November"
    imageMso="FileStartWorkflow" />
  <item id="Monat12" label="Dezember" imageMso="HyperlinkInsert" />
</gallery>
```

Das *onAction*-Attribut des *gallery*-Tags verweist auf eine CallBack-Routine, die bei der Auswahl eines Katalogelements ausgeführt wird. Dieser Routine übergibt Excel aber nicht die im *label*-Attribut definierte Beschriftung des gewählten Elements, sondern nur dessen internen Namen (*id*) und Position innerhalb der *item*-Liste (*index*).

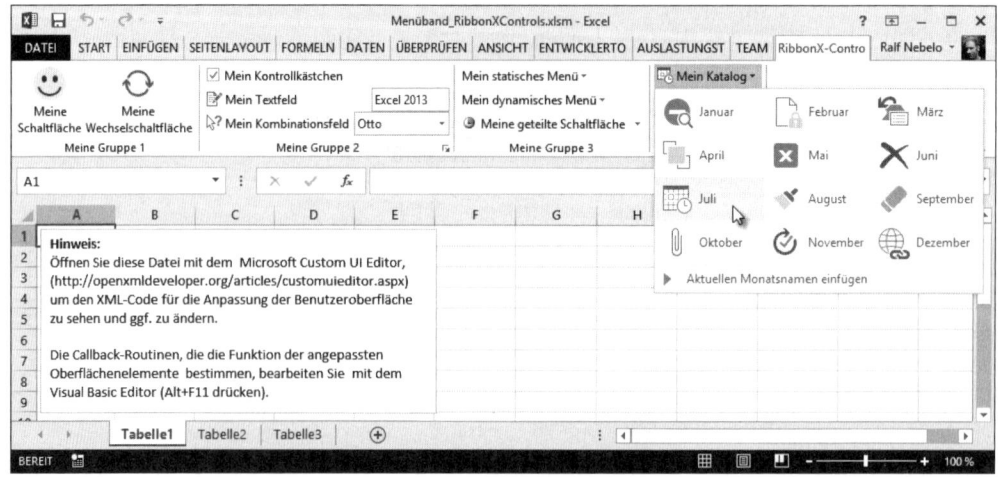

BILD 8.25 Katalog-Controls eignen sich besonders für die Anzeige von großformatigen Icons.

Die Beschriftung des angeklickten Katalogelements lässt sich darüber nur indirekt ableiten, indem man den zurückgegebenen *index*-Wert beispielsweise auf das entsprechende Element einer VBA-Funktion verweisen lässt, welche die gleichen Elemente besitzt wie die *item*-Liste des Controls. Im vorliegenden Beispiel wäre das bei der *MonthName*-Funktion der Fall, die einen Monatsnamen liefert, wenn man ihr einen Index zwischen 1 und 12 übergibt. Die CallBack-Routine zur Ermittlung des gewählten Monats könnte damit wie folgt aussehen:

```
' Beispiel 08\Menüband_RibbonXControls.xlsm
Sub Gallery1_onAction(control As IRibbonControl, id As String, _
    index As Integer)
    'Gewählten Monat anzeigen
    MsgBox "Sie haben " & MonthName(index + 1) & " gewählt."
End Sub
```

8.2.4 Erweiterte Programmiertechniken

Kataloge und andere Listen-Controls dynamisch füllen

Für den Entwickler hat die strikte Trennung von Design- und Funktionscode nicht nur Vorteile. Findet die Definition einer Liste im Designcode (also in der Datei *customUI.xml*) statt, kann der VBA-Funktionscode die Beschriftung des Listenelements, das der Anwender gewählt hat, nicht ermitteln. Das gelingt nur mit dem zuvor beschriebenen Trick einer doppelten Listendefinition, was aufwendig und fehleranfällig ist.

Um dieses Problem zu vermeiden, lassen sich Kataloge und alle übrigen Listen-Controls alternativ auch dynamisch über CallBack-Routinen mit Elementen füllen. Das folgende Beispiel zeigt anhand eines Listenfelds (*dropDown*-Control), welche Attribute dafür vorgesehen sind:

```
<!-- Beispiel 08\Menüband_ListenFüllen.xlsm -->
<dropDown id="DropDown1"
  label="Meine DropDown-Liste"
  getItemCount-"DieseArbeitsmappe.DropDown1_getItemCount"
  getItemID="DieseArbeitsmappe.DropDown1_getItemID"
  getItemLabel="DieseArbeitsmappe.DropDown1_getItemLabel"
  getSelectedItemIndex=
    "DieseArbeitsmappe.DropDown1_getSelectedItemIndex"
  onAction="DieseArbeitsmappe.DropDown1_onAction" >
</dropDown>
```

Die Listenelemente, welche die CallBack-Routinen dem Listen-Control hinzufügen, entstammen in der Regel einem global deklarierten Array. Alternativ empfiehlt sich die Verwendung einer benutzerdefinierten oder zu VBA gehörigen Funktion, bei der man über einen Index auf einzelne Elemente zugreifen kann. Soll das Listenfeld beispielsweise – so wie zuvor das Katalog-Control – die Auswahl eines Monatsnamens erlauben, empfiehlt sich ein Rückgriff auf die schon vorgestellte *MonthName*-Funktion.

Das dynamische Füllen des Listenfelds beginnt stets mit der im *getItemCount*-Attribut angegebenen CallBack-Routine. Diese legt die Anzahl der Listenelemente fest, die im Fall von *MonthName* stets zwölf beträgt:

```
' Beispiel 08\Menüband_ListenFüllen.xlsm
Sub DropDown1_getItemCount(control As IRibbonControl, ByRef count)
    'Anzahl der Elemente festlegen
    count = 12
End Sub
```

Anschließend ruft Excel entsprechend häufig die in *getItemLabel* benannte CallBack-Routine auf. Die liefert dem Office-Programm pro Aufruf die Beschriftung (*label*) des jeweils nächsten Listenelements. Der Zugriff darauf erfolgt über das *index*-Argument, dessen Wert sich bei jedem Aufruf um 1 erhöht. Da *MonthName* die Zählung seiner Elemente bei 1 beginnt, die CallBack-Routine dagegen bei 0, muss man jeweils 1 zum *index*-Wert hinzuaddieren:

```
' Beispiel 08\Menüband_ListenFüllen.xlsm
Sub DropDown1_getItemLabel(control As IRibbonControl, index As _
    Integer, ByRef label)
    'Elementlabel abrufen und in Elementliste einfügen
    label = MonthName(index + 1)
End Sub
```

Die CallBack-Routine, auf die das *getItemID*-Attribut verweist, wird ebenfalls entsprechend häufig aufgerufen. Dabei erhält jedes Listenelement einen individuellen Namen (*id*):

```
' Beispiel 08\Menüband_ListenFüllen.xlsm
Sub DropDown1_getItemID(control As IRibbonControl, index As _
    Integer, ByRef id)
    'ID des jeweiligen Elements abrufen
    id = "Element" & index
End Sub
```

Die in *getSelectedItemIndex* angegebene Routine legt das voreingestellte Listenelement über die Angabe des zutreffenden Indexes fest. Hier wird das erste Element mit dem Index 0 markiert:

```
' Beispiel 08\Menüband_ListenFüllen.xlsm
Sub DropDown1_getSelectedItemIndex(control As IRibbonControl, _
    ByRef index)
    'Erstes Element vorwählen
    index = 0
End Sub
```

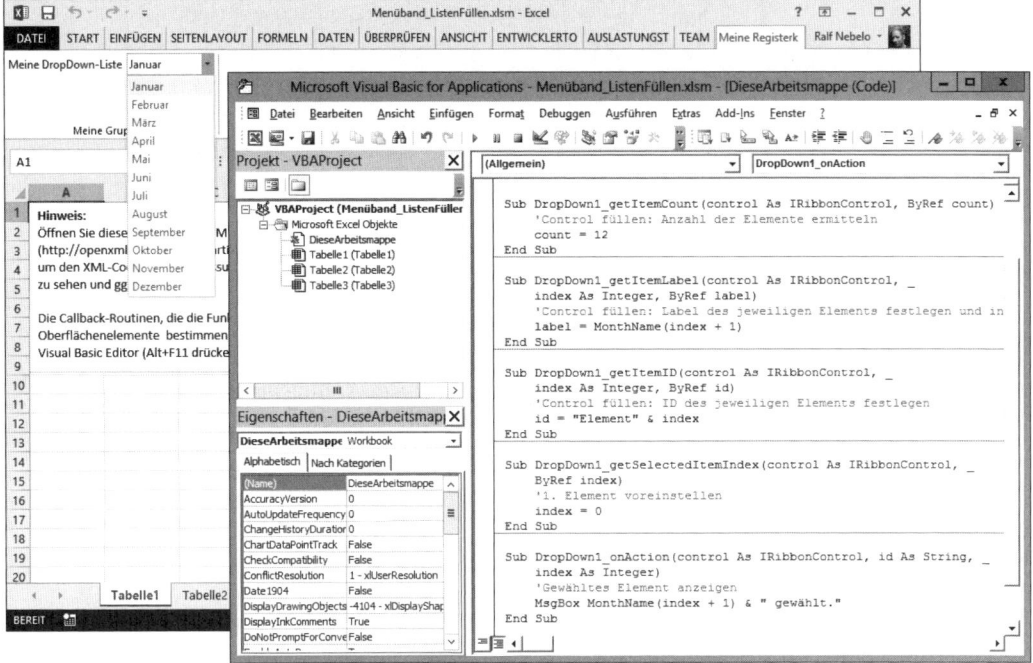

BILD 8.26 Bei der dynamischen Version sind CallBack-Routinen nicht nur für die Reaktion auf Anwenderaktionen zuständig, sondern auch für das Füllen der Listen-Controls.

Wenn der Anwender dann schließlich seine Wahl getroffen hat, tritt die im *onAction*-Attribut definierte CallBack-Routine in Aktion. Die kann nun über den von Excel gelieferten Index direkt die Beschriftung des gewählten Elements ermitteln und anzeigen:

```
' Beispiel 08\Menüband_ListenFüllen.xlsm
Sub DropDown1_onAction(control As IRibbonControl, id As String, _
    index As Integer)
    'Gewähltes Element anzeigen
    MsgBox MonthName(index + 1) & " gewählt."
End Sub
```

Menüband zurücksetzen und neu aufbauen

Auch wenn sich Listen-Controls per VBA-Code mit Elementen füllen lassen, so geschieht dies in der Regel nur ein einziges Mal: beim Öffnen des Excel-Dokuments. Lässt sich diese Beschränkung umgehen, falls man Listenfeldinhalte auch später einmal ändern möchte oder muss?

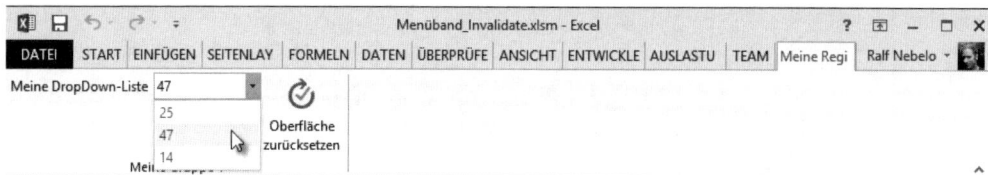

BILD 8.27 Die Beispielarbeitsmappe demonstriert das dynamische Zurücksetzen der Excel-Oberfläche. Dabei wird das dropDown-Control jedes Mal mit neuen Zufallszahlen gefüllt.

Die Antwort auf diese (rhetorische) Frage lautet: Ja! Dazu braucht man eine CallBack-Routine, welche das gesamte Menüband einschließlich aller Anpassungen „resettet" und anschließend neu aufbaut. Das beginnt mit der Anmeldung einer solchen Routine im *onLoad*-Attribut des *customUI*-Tags:

```
<!-- Beispiel 08\Menüband_Invalidate.xlsm -->
<customUI xmlns=
   "http://schemas.microsoft.com/Office/2009/07/customui"
   onLoad="DieseArbeitsmappe.RibbonInitialisieren" >
```

Im dokumenteigenen Klassenmodul *DieseArbeitsmappe* folgt dann die Deklaration einer Objektvariablen vom Typ *IRibbonUI*:

```
Dim ribMeinRibbon As IRibbonUI
```

Dieser Objektvariablen weist man in der CallBack-Funktion, die im *onLoad*-Attribut benannt wurde, einen Verweis auf das Menüband (*ribbon*) zu:

```
' Beispiel 08\Menüband_Invalidate.xlsm
Sub RibbonInitialisieren(ribbon As IRibbonUI)
    'Verweis auf Menüband zuweisen
    Set ribMeinRibbon = ribbon
End Sub
```

Die CallBack-Routine wird nun ab sofort bei jedem Öffnen des Dokuments ausgeführt. Damit ist sie der ideale Ort für alle möglichen Anweisungen, die der Unterstützung von CallBack-Routinen dienen. So könnte man hier beispielsweise die Initialisierung von globalen Arrays erledigen, die für das Füllen von Listen-Controls benötigt werden.

In der abgedruckten Form stellt die Routine nur das Objekt *ribMeinRibbon* zur Verfügung. Das verfügt über eine sehr interessante Methode namens *Invalidate*, mit der sich das Menüband jederzeit „entwerten" und sofort wieder neu aufbauen lässt:

```
ribMeinRibbon.Invalidate
```

Bei diesem Reset werden alle CallBack-Routinen, die an der Initialisierung von benutzerdefinierten Oberflächenelementen beteiligt sind, ein weiteres Mal aufgerufen, was unter anderem die „Neubefüllung" von Listenfeldern ermöglicht.

Registerkarten programmatisch aktivieren

Bei Excel 2007 hat Microsoft die programmierte Aktivierung von Registerkarten noch verhindert, weil der User nicht durch ein plötzliches Umschalten innerhalb des Menübands verwirrt werden sollte. Die kontextsensitiven Registerkarten (für die Bearbeitung von Bildern beispielsweise) drängten sich aber immer schon ungefragt in den Vordergrund, weshalb es nur logisch war, das Umschaltverbot jetzt komplett fallen zu lassen.

Ein Excel-2010/2013-Dokument (oder Add-in) kann nun also schon beim Laden auf eine eigene Registerkarte wechseln, um dem Anwender gleich die passende Kommandozentrale für die eigenen Funktionen präsentieren zu können. Die Aktivierung findet fast vollständig im VBA-Code statt. Das *customUI*-Tag der zugehörigen Anpassungsdatei *customUI.xml* sollte allerdings im *onLoad*-Attribut auf eine Callback-Routine verweisen, die automatisch beim Laden des Dokuments ausgeführt wird:

```
<!-- Beispiel 08\Menüband_RegisterkarteAktivieren(2010).xlsm -->
<customUI xmlns=
  "http://schemas.microsoft.com/Office/2009/07/customui"
  onLoad="DieseArbeitsmappe.RibbonInitialisieren" >
```

Die angegebene Callback-Routine instanziert ein Objekt vom Typ *IRibbonUI* und weist diesem die aktuelle Instanz des Menübands (*ribbon*) zu:

```
' Beispiel 08\Menüband_RegisterkarteAktivieren(2010).xlsm
Dim ribMeinRibbon As IRibbonUI
Sub RibbonInitialisieren(ribbon As IRibbonUI)
    'Verweis auf Ribbon zuweisen
    Set ribMeinRibbon = ribbon
End Sub
```

Alle nachfolgenden Makros und Callback-Routinen können dann über die Objektvariable *ribMeinRibbon* auf sämtliche Eigenschaften und Methoden des Menübands zugreifen. Beispielsweise auf die neue Methode *ActivateTab*, mit der man die gewünschte Umschaltung auf eine bestimmte benutzerdefinierte Registerkarte realisieren kann. Dazu ist die Angabe des Namens erforderlich, den die gewünschte Registerkarte bei ihrer Definition im *id*-Attribut des *tab*-Tags erhalten hat:

```
ribMeinRibbon.ActivateTab "NeueRegisterkarte"
```

Mit Hilfe der *ActivateTabMso*-Methode ist auch die Aktivierung von Office-eigenen Registerkarten möglich. Dabei muss man deren Namen (*idMso*-Wert, siehe Tabelle 1 der Syntaxzusammenfassung) angeben. Das Beispiel bringt die Registerkarte *Start* in den Vordergrund:

```
ribMeinRibbon.ActivateTabMso "TabHome"
```

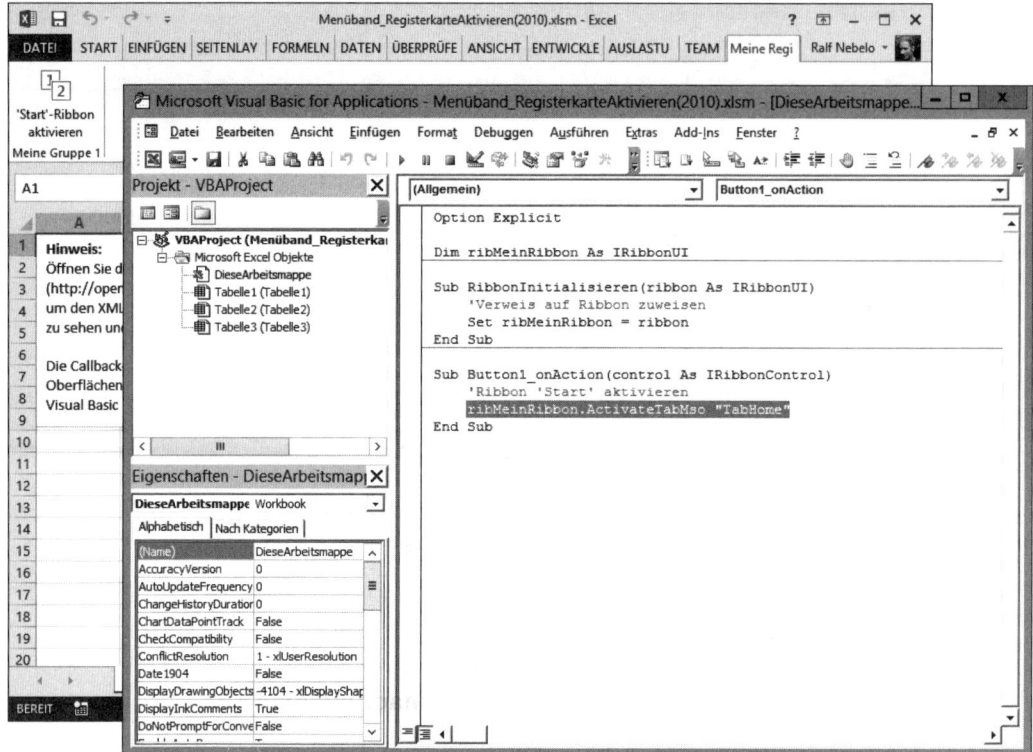

BILD 8.28 Excel 2010 ermöglichte erstmals die programmierte Aktivierung von Registerkarten.

Automatische Skalierung von Registerkarten einschalten

Im Vergleich zur früheren Kombination aus Menü und Symbolleisten benötigt das Menüband von Excel relativ viel Platz auf dem Bildschirm. Und an dem mangelt es mitunter, insbesondere bei Netbooks. Da trifft es sich gut, dass sich die integrierten Registerkarten selbständig an den verfügbaren Platz anpassen können, indem sie die Größe ihrer Controls in drei Stufen (großes Icon mit Beschriftung, kleines Icon mit Beschriftung, kleines Icon ohne Beschriftung) verändern. Dank dieser *Automatischen Skalierung* lässt sich das Programmfenster von Excel mit einem vollständig sichtbaren Menüband auf eine Breite von rund 480 Pixeln verkleinern.

Benutzerdefinierten Registerkarten war dieses Talent bislang nicht gegeben, was sich mit Excel 2010 änderte. Seitdem kann der Entwickler zwar nicht bei jedem Control, aber immerhin bei jeder Gruppe festlegen, ob deren Inhalte automatisch skaliert werden sollen oder nicht. Dafür hat das *group*-Tag ein neues Attribut namens *autoScale* erhalten, das je nach Absicht den Wert „true" (skalieren) oder „false" (nicht skalieren) erhält:

```
<!-- Beispiel 08\Menüband_AutoScale(2010).xlsm -->
<group id="BeispielGruppe1"
  label="Meine Gruppe" autoScale="true">
  …
</group>
```

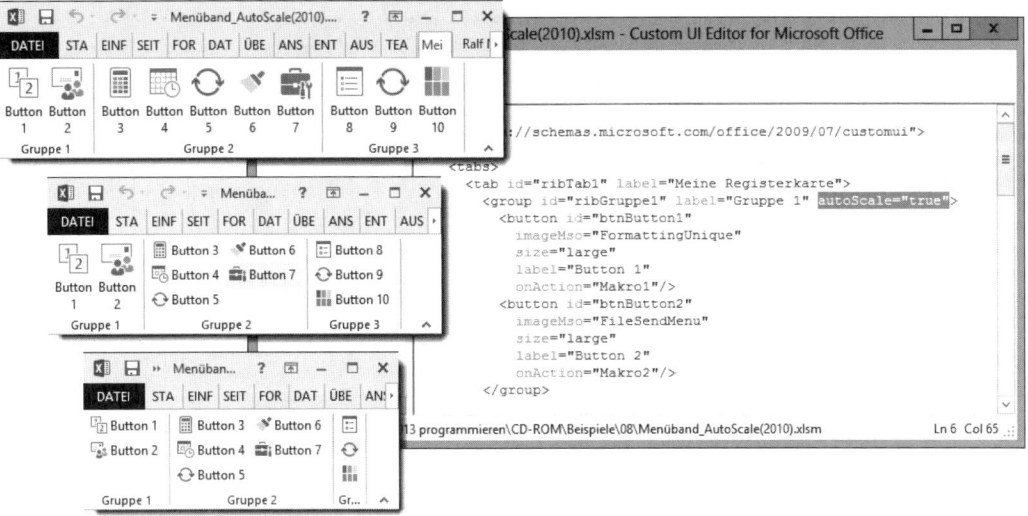

BILD 8.29 Benutzerdefinierte Registerkarten können nun ebenfalls an der automatischen Skalierung teilnehmen.

8.2.5 Klassische Menüs und Symbolleisten nachbilden

Die Anpassungsmöglichkeiten des Menübands gehen so weit, dass man es komplett durch das Menüsystem früherer Excel-Versionen (bis 2003) ersetzen könnte. Es empfiehlt sich allerdings, das Menüband zu erhalten und ihm einfach nur eine neue Registerkarte mit der alten Menüstruktur hinzuzufügen. So finden sich Um- und Einsteiger gleichermaßen in Excel-Versionen ab 2007 zurecht.

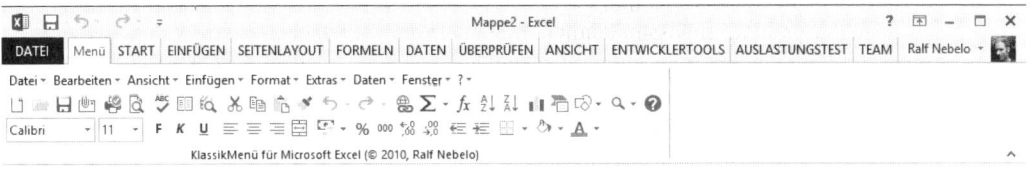

BILD 8.30 Die mit relativ wenig Aufwand mögliche Nachbildung der alten Menü- und Symbolleisten kann den Umstieg auf neuere Excel-Versionen enorm erleichtern.

Das Vorhaben ist nicht einmal besonders kompliziert. Neben der erwähnten Registerkarte (und mindestens einer obligatorischen Befehlsgruppe) braucht man noch eine Befehlsbox. Das ist ein weiterer Sammelcontainer für Befehle, dessen *boxStyle*-Attribut die exklusive Möglichkeit bietet, die gewünschten Menüs nebeneinander anzuordnen:

```
<box id="MenüBox" boxStyle="horizontal">
```

Dieser Box fügt man dann via *menu*-Tab die neun Menüüberschriften von Excel 2003 hinzu. Dabei legen die Attribute *id* und *label* jeweils wieder einen eindeutigen internen Namen sowie die sichtbare Beschriftung fest, wie es das Beispiel zum Anlegen des DATEI-Menüs zeigt:

```
<menu id="DateiMenü" label="Datei" itemSize="normal">
```

 Tipp

Wer kein altes Excel mehr zur Hand hat, kann sich in der *Interaktiven Befehlsreferenz Excel 2007* über die Zusammensetzung der Menüs informieren und sich zudem zeigen lassen, wo die darin enthaltenen Befehle nun im Menüband der neueren Excel-Versionen zu finden sind. Die Internetadresse *[Link 12]* lautet:

http://Office.microsoft.com/asstvid.aspx

Menüs mit internen Excel-Befehlen ausstatten

Die einzelnen Menübefehle und Untermenüs muss man übrigens nicht durch das Anlegen eigener Controls und die Zuweisung von CallBack-Routinen nachbauen. Das wäre natürlich möglich, würde aber auf eine komplette Neuprogrammierung des Kalkulationsprogramms hinauslaufen. Stattdessen genügt es, den angelegten *menu*-Elementen die originalen Excel-Befehle hinzuzufügen. Dazu verwendet man jeweils das *control*-Tag und weist dessen *idMso*-Attribut den internen Namen des gewünschten Excel-Befehls zu:

```
<control idMso="FileNew"/>
```

Das Beispiel stattet das bislang noch leere DATEI-Menü mit dem *FileNew*-Befehl zum Öffnen einer neuen Arbeitsmappe aus. Der Befehl verwendet automatisch die deutsche Beschriftung „Neu", die auch im Excel-2003-Menü üblich war. Es gibt aber Fälle, wo sich die aktuelle und die frühere Beschriftung unterscheiden. Dann lässt sich die gewünschte Beschriftung des Menübefehls explizit per *label*-Attribut einstellen:

```
<control idMso="FileFind" label="Dateisuche..."/>
```

Woher aber soll man wissen, welche Excel-Befehle es gibt, welchen früheren Menübefehlen diese entsprechen und wie die internen *idMso*-Namen lauten? Die Antwort auf alle Fragen liefert der Oberflächeneditor, den wir Ihnen im Abschnitt 8.2.1 vorgestellt haben. Wer das Drop-down-Feld BEFEHLE AUSWÄHLEN auf „Alle Befehle" einstellt, findet im Listenfeld darunter eine vollständige Auflistung aller verfügbaren Excel-Befehle.

Die im Oberflächeneditor angezeigten deutschen Namen entsprechen fast immer den früheren Menübezeichnungen, was die Zuordnung leicht macht. Den internen (englischsprachigen) Namen für das *idMso*-Attribut zeigt Excel an, wenn man den Mauszeiger kurze Zeit über dem gewünschten Befehl stehen lässt.

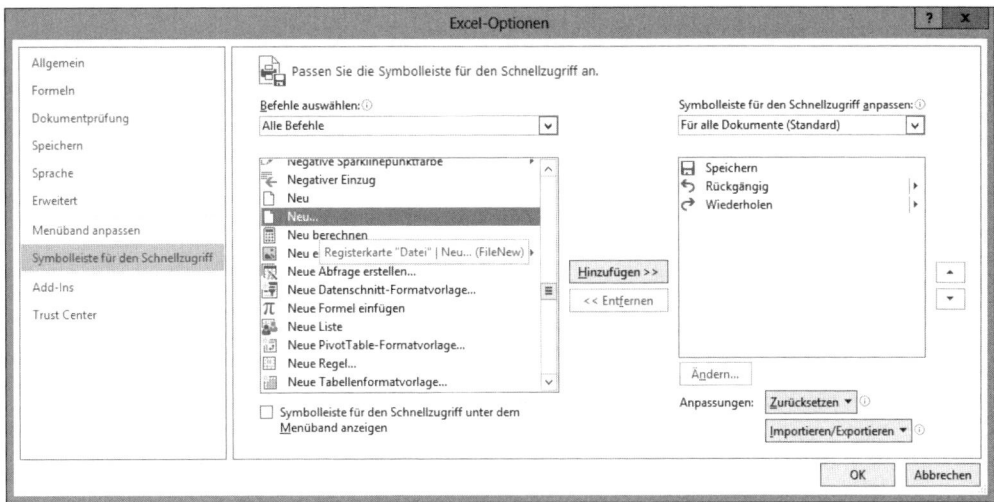

BILD 8.31 Excels Oberflächeneditor liefert eine vollständige Übersicht aller Programmbefehle und die zugehörigen idMso-Werte (hier: „FileNew") gleich dazu.

Untermenüs und Trennstriche einfügen

Vollständig bestückte Excel-Untermenüs lassen sich ebenfalls mit einer einzigen *control*-Anweisung integrieren. Das zeigt das Beispiel

```
<control idMso="FileSendMenu" label="Senden an"/>
```

das dem *Datei*-Menü das Untermenü *Senden an* hinzufügt. Trennstriche zur optischen Gliederung von Menüinhalten generiert man per *menuSeparator*-Tag, dem jeweils eine eindeutige *id* zuzuordnen ist:

```
<menuSeparator id="Trennstrich01"/>
```

Symbolleisten nachbilden

Über die Menüs hinaus kann man auch die früheren Symbolleisten wiederauferstehen lassen. Dazu legt man jeweils eine horizontal ausgerichtete Befehlsbox an und fügt ihr die entsprechenden Excel-Befehle hinzu. Der in Symbolleisten übliche Wegfall der Beschriftung lässt sich durch die Zuweisung eines Leerzeichens an das *label*-Attribut des Befehls erreichen:

```
<control idMso="FileSave" label=" "/>
```

8.2.6 Anpassungen permanent verfügbar machen

Sämtliche Anpassungen des Menübands gelten grundsätzlich nur für das einzelne Dokument, das die Änderungsvorschriften in Form der Datei *customUI.xml* enthält. Das mag für manche Zwecke erwünscht sein, im Fall der nachgerüsteten Excel-Menüs wäre es allerdings wünschenswert, wenn diese permanent und sämtlichen Dokumenten zur Verfügung stünden.

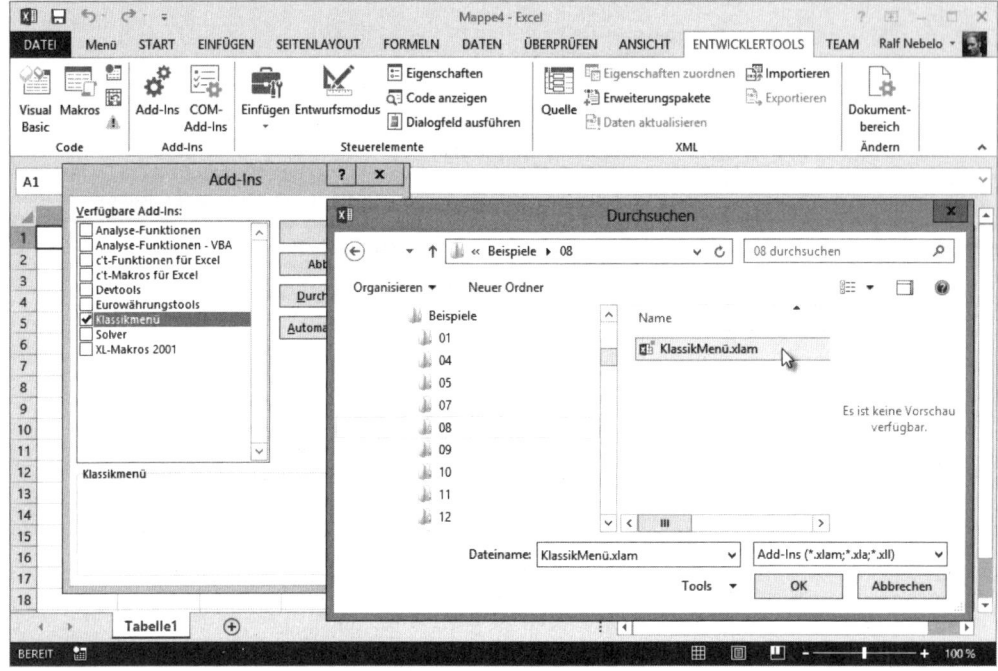

BILD 8.32 Nach dem Speichern in einer XLAM-Datei und deren Einbindung als Add-in sind Anpassungen der Excel-Oberfläche permanent verfügbar.

Und genau das lässt sich erreichen, indem man den XML-Code mithilfe des Custom UI Editors nicht in einer normalen Excel-Arbeitsmappe, sondern in einem Dokument vom Typ „Excel-Add-In (*.xlam)" speichert. Zum dauerhaften Einbinden dieses Add-ins wählt man anschließend DATEI | OPTIONEN | ADD-INS | GEHE ZU und öffnet die XLAM-Datei über das Dialogfeld der DURCHSUCHEN-Schaltfläche.

 Tipp

Die Datei *KlassikMenü.xlam* im Unterordner 8 der Beispieldateien enthält eine vollständige Nachbildung der Menüleiste von Excel 2003, die Sie – wie beschrieben – als universell verfügbares Add-in einbinden können. ∎

8.2.7 Syntaxzusammenfassung

idMso-Werte der wichtigsten Excel-Registerkarten	
TabHome	Registerkarte START
TabInsert	Registerkarte EINFÜGEN
TabPageLayoutExcel	Registerkarte SEITENLAYOUT
TabFormulas	Registerkarte FORMELN
TabData	Registerkarte DATEN
TabReview	Registerkarte ÜBERPRÜFEN
TabView	Registerkarte ANSICHT
TabDeveloper	Registerkarte ENTWICKLERTOOLS
TabAddIns	Registerkarte ADD-INS

Eine vollständige Auflistung sämtlicher *idMso*-Werte der Excel-Oberfläche können Sie unter der folgenden Internetadresse *[Link 13]* herunterladen:

http://www.microsoft.com/downloads/details.aspx?FamilyID=3f2fe784-610e-4bf1-8143-41e481993ac6

Die wichtigsten XML-Tags zur Anpassung des Menübands	
box	Anlegen einer Befehlsbox, deren Inhalt sich horizontal oder vertikal ausrichten lässt
button	Anlegen einer Schaltfläche
checkBox	Anlegen eines Kontrollkästchens
comboBox	Anlegen eines Kombinationsfelds
control	erlaubt das Einfügen eines internen Excel-Befehls
customUI	benennt die Schemadefinition der Datei *customUI.xml*
dialogBoxLauncher	Anlegen eines Dialogfeldstarter-Controls
dynamicMenu	Anlegen eines dynamischen Menüs
dropDown	Anlegen eines (einzeiligen) Listenfelds
editBox	Anlegen eines Textfelds
gallery	Anlegen eines Katalog-Controls
group	Anlegen einer Befehlsgruppe
item	Anlegen eines Listenelements
labelControl	Anlegen einer Beschriftung
menu	Anlegen eines Menüs
menuSeparator	Anlegen einer Menütrennlinie
ribbon	Verweis auf das Menüband
splitButton	Anlegen einer geteilten Schaltfläche
tab	Anlegen einer Befehlsregisterkarte
tabs	verweist auf die Gesamtheit aller Befehlsregisterkarten
toggleButton	Anlegen einer Wechselschaltfläche

Die wichtigsten XML-Attribute zur Anpassung des Menübands	
autoScale	schaltet die automatische Skalierung einer Befehlsgruppe aus oder ein
boxStyle	erlaubt die horizontale oder vertikale Ausrichtung des Inhalts einer Befehlsbox
columns	legt die Anzahl der Spalten in einem Katalog fest
getContent	Zuweisung einer CallBack-Routine zur Festlegung des Inhalts von dynamischen Menüs
getItemCount	Zuweisung einer CallBack-Routine zur Festlegung der Listenelement-anzahl
getItemID	Zuweisung einer CallBack-Routine zur Festlegung der Listenelement-IDs
getItemLabel	Zuweisung einer CallBack-Routine zur Festlegung der Listenelement-beschriftungen
getPressed	Zuweisung einer CallBack-Routine zur Festlegung des Buttonstatus
getSelectedItemIndex	Zuweisung einer CallBack-Routine zur Festlegung des vorgewählten Listenelements
getText	Zuweisung einer CallBack-Routine zur Festlegung des Control-Textes
id	legt einen eindeutigen Namen für ein selbst erstelltes RibbonX-Control fest
idMso	identifiziert ein Excel-eigenes Oberflächenelement
image	weist einem RibbonX-Control eine selbst definierte Grafik zu
imageMso	weist einem RibbonX-Control ein Office-Icon zu
insertBeforeMso	legt das Excel-Element fest, vor dem ein neues RibbonX-Element eingefügt wird
itemHeight	legt die Höhe der Katalogelemente fest
itemWidth	legt die Breite der Katalogelemente fest
itemSize	legt die Größe von Menüeinträgen fest
label	legt eine beliebige Beschriftung für selbst erstellte RibbonX-Controls fest
onAction	Zuweisung einer CallBack-Routine, die bei Auswahl des Controls ausgeführt wird
onChange	Zuweisung einer CallBack-Routine, die bei Änderung des Control-Textes ausgeführt wird
onLoad	Zuweisung einer CallBack-Routine, die beim Öffnen des Dokuments ausgeführt wird
rows	legt die Anzahl der Katalogzeilen fest
screentip	legt den ScreenTip-Text fest, der beim Überfahren des Controls mit dem Mauszeiger erscheint
size	legt die Größe eines RibbonX-Controls fest
startFromScratch	blendet das Menüband aus/ein
visible	blendet ein Oberflächenelement aus/ein

Die wichtigsten Methoden des VBA-Objekts ribbon	
ActivateTab	aktiviert eine benutzerdefinierte Registerkarte (neu in Excel 2010)
ActivateTabMso	aktiviert eine Excel-eigene Registerkarte (neu in Excel 2010)
Invalidate	führt bei laufendem Excel einen Reset des Menübands durch

■ 8.3 Die Symbolleiste für den Schnellzugriff

Die Symbolleiste für den Schnellzugriff befindet sich standardmäßig am linken oberen Rand des Excel-Programmfensters (innerhalb der Titelleiste) und war noch unter Excel 2007 das einzige Oberflächenelement, das sich vom Anwender manuell anpassen ließ. Da das Menüband seit Excel 2010 nun ebenfalls manuell konfigurierbar ist, hat die Symbolleiste für den Schnellzugriff dieses Alleinstellungsmerkmal eingebüßt und insgesamt an Bedeutung verloren.

Dennoch bleibt die Symbolleiste ein guter Ort für die manuelle oder programmierte Realisierung einer eigenen Kommandozentrale, da sie die individuell gewählten Befehle (oder Makroaufrufe) sauber vom Inhalt des Menübands trennt und zudem permanent sichtbar ist.

8.3.1 Symbolleiste für den Schnellzugriff manuell anpassen

Um die Symbolleiste für den Schnellzugriff manuell anzupassen, klicken Sie mit der rechten Maustaste darauf und wählen Sie anschließend den Befehl PASSEN SIE DIE SYMBOLLEISTE FÜR DEN SCHNELLZUGRIFF AN. Es erscheint nun ein ähnlicher Oberflächeneditor, wie Sie ihn bereits bei der manuellen Konfiguration des Menübands (Abschnitt 8.2.1) kennengelernt haben.

Befehle oder Makros hinzufügen

Wenn Sie der Symbolleiste für den Schnellzugriff einen neuen Befehl hinzufügen möchten, der für *alle* Excel-Dokumente verfügbar sein soll, setzen Sie das rechte Kombinationsfeld auf den Wert „Für alle Dokumente (Standard)". Soll der neue Befehl dagegen nur im *aktuellen* Dokument zu sehen sein, wählen Sie den zweiten Eintrag des Kombinationsfelds.

Anschließend stellen Sie das linke Kombinationsfeld BEFEHLE AUSWÄHLEN auf den Bereich der Excel-Oberfläche ein, in dem der einzufügende Befehl zu finden ist. Falls Sie das zutreffende Menübandregister nicht kennen, stellen Sie das Kombinationsfeld auf „Alle Befehle" ein. Excel zeigt dann im Listenfeld unterhalb des Kombinationsfelds eine alphabetisch sortierte Liste sämtlicher Kommandos an. Sofern Sie der Symbolleiste für den Schnellzugriff ein Makro hinzufügen möchten, stellen Sie das Kombinationsfeld auf „Makros" ein.

Markieren Sie den gewünschten Befehl oder das Makro im linken Listenfeld, und klicken Sie auf die Schaltfläche HINZUFÜGEN.

Hinweis

Damit dokumentspezifische Befehle oder Makroaufrufe dauerhaft in der Symbolleiste für den Schnellzugriff erhalten bleiben, müssen Sie das Dokument nach der Anpassung speichern.

Befehle oder Makros entfernen

Wenn Sie einen Befehl oder Makroaufruf, der für alle Dokumente verfügbar ist, aus der Symbolleiste für den Schnellzugriff entfernen wollen, setzen Sie das rechte Kombinationsfeld auf den Wert „Für alle Dokumente (Standard)". Ist der Befehl nur im aktuellen Dokument vorhanden, stellen Sie das Kombinationsfeld auf den zweiten Wert ein.

Markieren Sie den Befehl, den Sie beseitigen möchten, und klicken Sie auf die Schaltfläche ENTFERNEN.

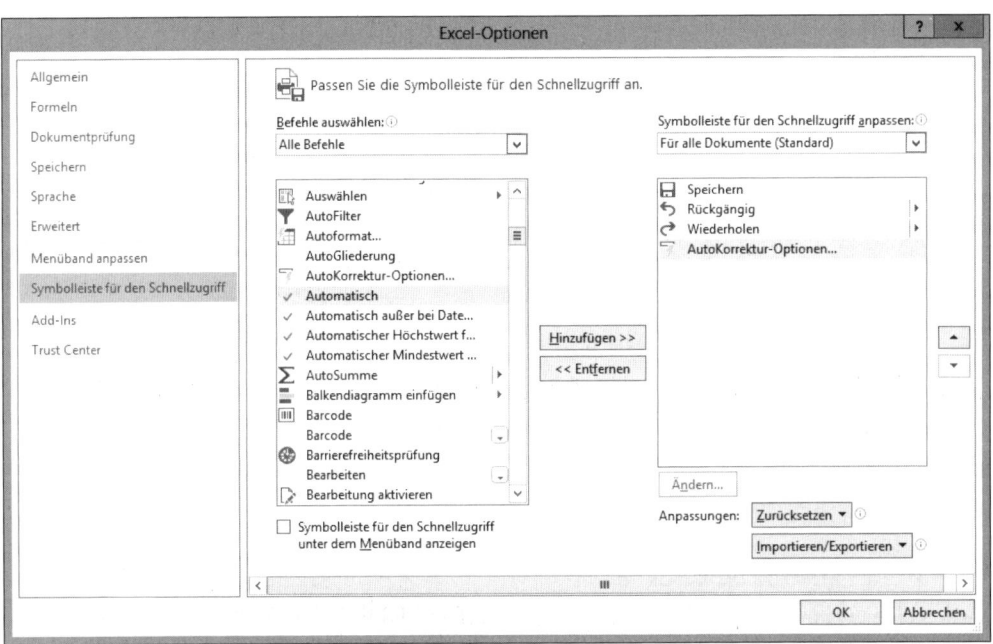

BILD 8.33 Die Symbolleiste für den Schnellzugriff lässt sich ebenfalls mit individuell gewählten Excel-Befehlen oder Makroaufrufen bestücken.

Änderungen sichern

Mit einem Klick auf die Schaltfläche IMPORTIEREN/EXPORTIEREN und der Auswahl des Befehls ALLE ANPASSUNGEN EXPORTIEREN können Sie die aktuelle Konfiguration der Symbolleiste für den Schnellzugriff in eine Datei mit der Endung .exportedUI sichern. Damit lassen sich Ihre Anpassungen jederzeit wiederherstellen oder auf eine andere Excel-Installation übertragen.

Excel speichert in der Datei allerdings auch sämtliche Anpassungen des Menübands und der Backstage-Ansicht. Beim späteren Import der Sicherungsdatei gilt dann die Devise „alles oder nichts". Eine exklusive Wiederherstellung der Symbolleiste für den Schnellzugriff ist nicht möglich.

Änderungen zurücknehmen

Um die Symbolleiste für den Schnellzugriff wieder in ihren Originalzustand zu versetzen, klicken Sie auf die Schaltfläche ZURÜCKSETZEN, und wählen Sie den Befehl NUR DIE SYMBOL-LEISTE FÜR DEN SCHNELLZUGRIFF ZURÜCKSETZEN.

Falls Sie sich für den Befehl ALLE ANPASSUNGEN ZURÜCKSETZEN entscheiden, verlieren Sie auch etwaige Anpassungen des Menübands, der Backstage-Ansicht und der Kontextmenüs.

8.3.2 Symbolleiste für den Schnellzugriff programmiert anpassen

Die programmierte Anpassung der Symbolleiste für den Schnellzugriff erfolgt genau wie beim Menüband über eine Bearbeitung der Datei *customUI.xml*, deren Funktion und Bedeutung ausführlich im Abschnitt 8.2.2 beschrieben wurde.

Aus unerfindlichen Gründen erfordert die Programmierung der Symbolleiste immer zunächst die vollständige Ausblendung des Menübands mit Hilfe des *startFromScratch*-Attributs des *ribbon*-Tags. Da die Symbolleiste ein Teil des Menübands ist, werden bei dieser rigorosen Aktion auch sämtliche Befehle, die sich aktuell in der Symbolleiste für den Schnellzugriff befinden, daraus entfernt.

Der äußere Rahmen der Datei *customUI.xml* sieht daher stets so aus:

```
<customUI xmlns=
  "http://schemas.microsoft.com/Office/2009/07/customui">
  <ribbon startFromScratch="true">
    <qat>
      ...
    </qat>
  </ribbon>
</customUI>
```

Anstelle des *tabs*-Tag, das jeder programmierten Anpassung der Menübandregisterkarten vorausgeht, bildet das *qat*-Tag den Rahmen für alle XML-Anweisungen, die sich auf die Symbolleiste für den Schnellzugriff beziehen.

Befehle für alle Dokumente hinzufügen

Möchte man der Symbolleiste für den Schnellzugriff Excel-Befehle oder benutzerdefinierte Steuerelemente hinzufügen, die für alle Dokumente verfügbar sind, kommt das *sharedControls*-Tag zu Einsatz. Es repräsentiert den Teil der Symbolleiste, der permanent sichtbar ist.

Unterhalb dieses Tags kann man die Symbolleiste dann per *control*-Tag mit Excel-eigenen Befehlen bestücken. Das Einfügen von benutzerdefinierten Steuerelementen ist natürlich ebenfalls möglich. Die Auswahl beschränkt sich allerdings auf wenige RibbonX-Controls (siehe Abschnitt 8.2.3) wie Schaltflächen oder Wechselschaltflächen.

Das folgende Beispiel fügt dem permanent sichtbaren Bereich der Symbolleiste für den Schnellzugriff den Excel-Befehl *FileNew* zum Öffnen eines Dokuments sowie eine selbst definierte Schaltfläche hinzu, die das CallBack-Makro *Button1_onAction* im Klassenmodul *DieseArbeitsmappe* startet:

```
<!-- Beispiel 08\Schnellzugriffsleiste.xlsm -->
<sharedControls>
  <control idMso="FileNew"/>
  <button id="Button1"
    label="Mein Button 1"
    imageMso="Calculator"
    onAction="DieseArbeitsmappe.Button1_onAction"/>
</sharedControls>
```

Befehle für das aktuelle Dokument hinzufügen

Sollen die der Symbolleiste hinzuzufügenden Excel-Befehle oder Makroaufrufe nur für das aktuelle Dokument verfügbar sein, kommt anstelle des *sharedControls*-Tags das *documentControls*-Tag zum Einsatz. Das restliche Vorgehen bleibt identisch.

Das Beispiel fügt dem dokumentspezifischen Bereich der Symbolleiste für den Schnellzugriff eine selbst definierte Schaltfläche hinzu, die das CallBack-Makro *Button2_onAction* im Klassenmodul *DieseArbeitsmappe* startet:

```
<!-- Beispiel 08\Schnellzugriffsleiste.xlsm -->
<documentControls>
  <button id="Button2"
    label="Mein Button 2"
    imageMso="MenuInvite"
    onAction="DieseArbeitsmappe.Button2_onAction"/>
</documentControls>
```

8.3.3 Syntaxzusammenfassung

XML-Tags für die Anpassung der Symbolleiste für den Schnellzugriff	
documentControls	verweist auf den dokumentspezifischen Bereich der Symbolleiste für den Schnellzugriff
qat	verweist auf die Symbolleiste für den Schnellzugriff
sharedControls	verweist auf den permanent sichtbaren Bereich der Symbolleiste für den Schnellzugriff

8.4 Kontextmenüs

Excel verfügt über zahlreiche Kontextmenüs, die einen wichtigen Teil der Benutzeroberfläche bilden. Angesichts dieser Tatsache ist es erstaunlich, dass es nach wie vor keine manuelle Möglichkeit der Anpassung gibt.

Entwicklern war der programmierte Zugriff auf die Kontextmenüs aber immer schon über das *CommandBars*-Objekt (siehe Abschnitt 8.1.3) möglich. Seit Erscheinen der Programmversion 2010 funktioniert das Ganze auch über die Bearbeitung der Anpassungsdatei *customUI.xml*. Die Programmierbarkeit beschränkt sich allerdings auf die Manipulation der integrierten Kontextmenüs, die Konstruktion eigener Menüs ist weiterhin nur über das *CommandBars*-Objekt machbar.

Die Liste der Möglichkeiten umfasst unter anderem das Ausblenden von integrierten Menübefehlen und deren Ersatz durch beliebige Excel-Befehle. Das Einfügen von benutzerdefinierten Steuerelementen ist natürlich ebenfalls machbar. Dafür stehen Ihnen – von einigen Ausnahmen wie Kombinations- und Textfeldern abgesehen – sämtliche RibbonX-Controls zur Verfügung. Beim Einfügen von Excel-Befehlen und Steuerelementen können Sie die Position innerhalb des Kontextmenüs frei wählen oder eigene Untermenüs dafür anlegen.

8.4.1 Kontextmenüs programmiert anpassen

Für den programmierten Zugriff auf die Kontextmenüs hat Microsoft den Sprachumfang der Datei *customUI.xml* um diverse XML-Tags erweitert. Das *customUI*-Tag muss daher zwingend auf die neue XML-Schemadefinition (siehe Abschnitt 8.2.2) von Excel 2010/2013 verweisen.

Die Anpassung der Kontextmenüs findet im Rahmen des neu geschaffenen *contextMenus*-Tags statt, das die Gesamtheit aller Kontextmenüs repräsentiert. Innerhalb dieses Tags benennt das *contextMenu*-Tag das anzupassende Kontextmenü, dessen Office-interner Name über das übliche *idMso*-Attribut anzugeben ist (Tabelle 2 der nachfolgenden Syntaxzusammenfassung nennt die *idMso*-Werte der wichtigsten Kontextmenüs).

Im Falle des Kontextmenüs beispielsweise, das beim Rechtsklick auf eine Arbeitsblattzelle zum Vorschein kommt, lautet der *idMso*-Wert „ContextMenuCell". Wollte man seinen Inhalt programmatisch verändern, müsste der äußere Rahmen der Anpassungsdatei wie folgt aussehen:

```
<customUI xmlns=
  „http://schemas.microsoft.com/Office/2009/07/customui">
  <contextMenus>
    <contextMenu idMso="ContextMenuCell">

    </contextMenu>
  </contextMenus>
</customUI>
```

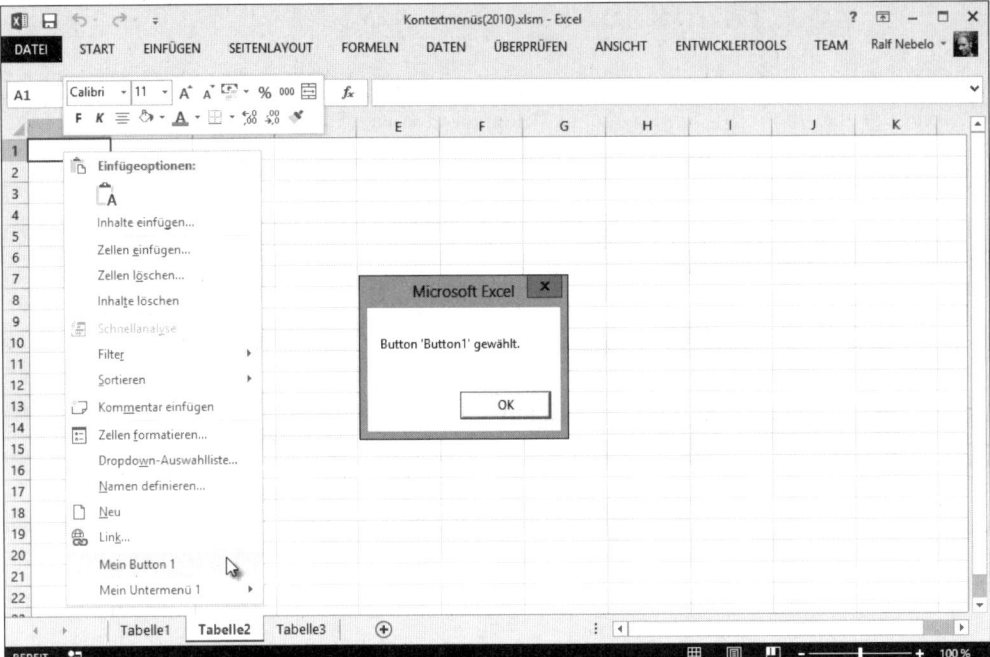

BILD 8.34 In Excel 2013 geht die Zuständigkeit für die programmierte Anpassung von Kontextmenüs nun ebenfalls auf die Datei *customUI.xml* über.

Integrierte Menübefehle ausblenden

Wenn Sie einen vorhandenen Befehl aus dem im *contextMenu*-Tag benannten Kontextmenü ausblenden möchten, verwenden Sie das *control*-Tag in Kombination mit dem *idMso*-Attribut, das den internen Namen des unliebsamen Befehls angibt. Anschließend setzen Sie das *visible*-Attribut des *control*-Tags auf „false".

Das Beispiel entfernt die integrierten Befehle KOPIEREN und AUSSCHNEIDEN aus dem Kontextmenü für Zellen:

```
<!-- Beispiel 08\Kontextmenüs(2010).xlsm -->
<control idMso="Copy" visible="false" />
<control idMso="Cut" visible="false" />
```

Excel-Befehle und benutzerdefinierte Steuerelemente einfügen

Zum Einfügen eines beliebigen Excel-Befehls in das Kontextmenü verwenden Sie ebenfalls das *control*-Tag und verweisen im *idMso*-Attribut auf den Namen des Excel-Befehls. Die Integration eines benutzerdefinierten Steuerelements gelingt über das entsprechende XML-Tag aus dem RibbonX-Fundus (siehe Abschnitt 8.2.3).

In beiden Fällen können Sie über das *insertBeforeMso*-Attribut die Einfügeposition festlegen. Es bestimmt den *idMso*-Wert des integrierten Menübefehls, vor dem Sie den neuen Befehl respektive das Steuerelement positionieren möchten.

Das Beispiel fügt dem Kontextmenü für Zellen oberhalb des vorhandenen Befehls HYPERLINK den Excel-Befehl zum Öffnen eines neuen Dokuments hinzu. Die zweite Zeile erweitert das Kontextmenü per *button*-Tag um eine neue (Makrostart-)Schaltfläche und hängt diese an das Ende des Menüs, da hier die Positionsangabe über das *insertBeforeMso*-Attribut fehlt:

```
<!-- Beispiel 08\Kontextmenüs(2010).xlsm -->
<control idMso="FileNew"
  insertBeforeMso="HyperlinkInsert"/>
<button id="Button1"
  label="Mein Button 1"
  onAction="DieseArbeitsmappe.Button1_onAction"/>
```

Untermenüs anlegen und mit Inhalt füllen

Mit dem *menu*-Tag können Sie dem Kontextmenü ein neues Untermenü hinzufügen und es mit beliebigen Excel-Befehlen oder Steuerelementen füllen.

Das Beispiel generiert ein neues Untermenü mit der Beschriftung „Mein Untermenü 1". Die im *menu*-Tag eingeschlossenen *button*-Tags fügen dem Untermenü zwei Schaltflächen zum Aufruf von CallBack-Makros hinzu:

```
<!-- Beispiel 08\Kontextmenüs(2010).xlsm -->
<menu id="Submenu1" label="Mein Untermenü 1" >
  <button id="Button2"
    label="Mein Button 2"
    onAction="DieseArbeitsmappe.Button2_onAction"/>
  <button id="Button3"
    label="Mein Button 3"
    onAction="DieseArbeitsmappe.Button3_onAction"/>
</menu>
```

8.4.2 Syntaxzusammenfassung

XML-Tags für die Anpassung von Kontextmenüs	
contextMenu	verweist auf das Kontextmenü, das man anpassen möchte
contextMenus	verweist auf die Gesamtheit aller Kontextmenüs

idMso-Werte der wichtigsten Kontextmenüs	
ContextMenuAutoFill	Kontextmenü für das automatische Ausfüllen von Zellinhalten
ContextMenuCell	Kontextmenü für die Bearbeitung von Zellen
ContextMenuCellLayout	Kontextmenü für Zelllayouts
ContextMenuChartArea	Kontextmenü für die Bearbeitung von Diagrammbereichen
ContextMenuChartLegend	Kontextmenü für die Bearbeitung von Diagrammlegenden

idMso-Werte der wichtigsten Kontextmenüs	
ContextMenuColumn	Kontextmenü für die Bearbeitung von Spalten
ContextMenuFormulaBar	Kontextmenü für die Bearbeitung von Formeln
ContextMenuOleObject	Kontextmenü für die Bearbeitung von eingebetteten Objekten
ContextMenuPicture	Kontextmenü für die Bearbeitung von Bildern
ContextMenuPivotTable	Kontextmenü für die Bearbeitung von Pivot-Tabellen
ContextMenuRow	Kontextmenü für die Bearbeitung von Zeilen
ContextMenuShape	Kontextmenü für die Bearbeitung von Zeichnungsobjekten
ContextMenuTextEdit	Kontextmenü für die Bearbeitung von Textfeldern

Tipp

Eine vollständige Auflistung sämtlicher *idMso*-Werte der Excel-Oberfläche können Sie unter der folgenden Internetadresse *[Link 13]* herunterladen:

http://www.microsoft.com/downloads/details.aspx?FamilyID=3f2fe784-610e-4bf1-8143-41e481993ac6

■ 8.5 Die Backstage-Ansicht

Im Vergleich zur Version 2007 präsentiert sich die Benutzeroberfläche neuerer Excel-Versionen aufgeräumter und mit einer klaren Aufgabenteilung: Alle Funktionen für die Bearbeitung des Dokuments finden sich in den Registerkarten des Menübands. Und sämtliche Funktionen, die das Dokument als Ganzes betreffen oder darüber hinausgehen, versammeln sich in der mit Excel 2010 eingeführten *Backstage-Ansicht*. Die ersetzt das Office-Menü von Excel 2007 und öffnet sich nach einem Klick auf den „Datei"-Reiter ganz links im Menüband.

Für die Integration eigener Makrolösungen lässt sich die Backstage-Ansicht relativ leicht erweitern. Das funktioniert allerdings nur mit den Mitteln der Programmierung; eine manuelle Anpassung wie beim Menüband (siehe Abschnitt 8.2.1) ist derzeit nicht machbar.

8.5.1 Grundlagen der Programmierung

Die Backstage-Ansicht lässt sich prinzipiell genauso „auf Maß schneidern", wie es beim Menüband, der Symbolleiste für den Schnellzugriff und den Kontextmenüs der Fall ist: Über XML-codierten „Design-Code" nämlich, der sich am einfachsten mit Hilfe des Custom UI Editors (siehe Abschnitt 8.2.2) in die Anpassungsdatei *customUI.xml* des betreffenden Excel-Dokuments (das eine Arbeitsmappe, eine Vorlage oder ein Add-in sein kann) hineinschreiben lässt.

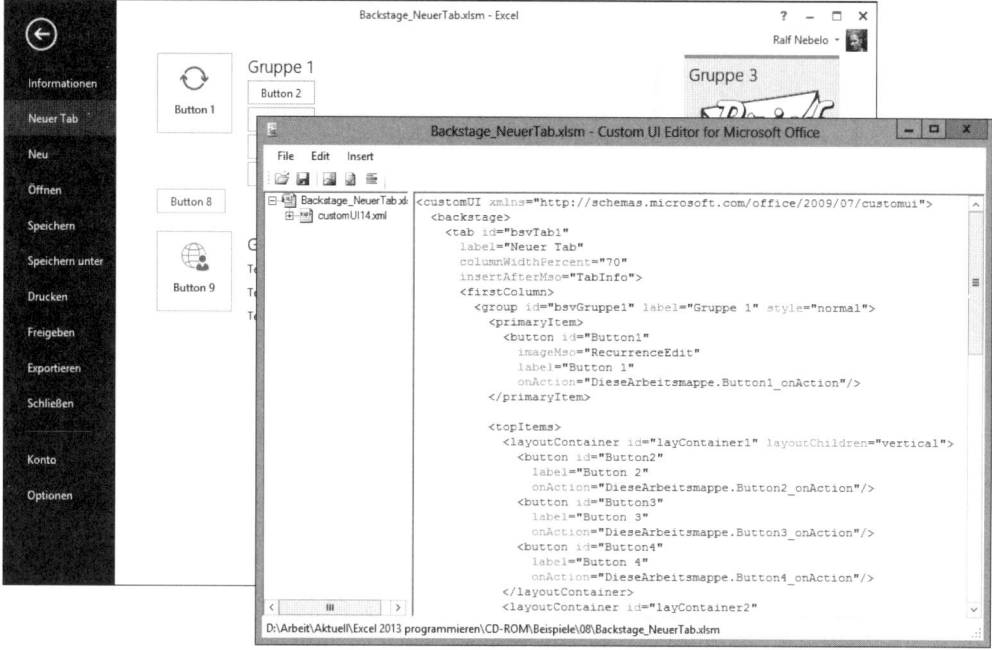

BILD 8.35 Für die programmierte Anpassung der neuen Backstage-Ansicht wurde der Sprachumfang der Datei *customUI.xml* um neue XML-Tags und -Attribute erweitert.

Da Microsoft den Sprachumfang der Anpassungsdatei für den Zugriff auf die Backstage-Ansicht um neue XML-Tags und -Attribute erweitert hat, muss besagter Design-Code nun in jedem Fall mit einem *customUI*-Tag beginnen, dessen *xmlns*-Attribut auf die erweiterte Schemadefinition von Office 2010 verweist:

```
<customUI xmlns=
  "http://schemas.microsoft.com/Office/2009/07/customui">
```

Am weiteren Vorgehen ändert sich prinzipiell nichts: Fügt man der Backstage-Ansicht per Design-Code benutzerdefinierte Steuerelemente hinzu, so haben diese zunächst noch keine Funktion. Die erhalten sie in einem zweiten Schritt durch das Schreiben von CallBack-Routinen. Die „Verkabelung" zwischen Steuerelement und CallBack-Routine erfolgt wie gehabt durch spezielle XML-Attribute wie *onAction* oder *getLabel* innerhalb der Datei *customUI.xml*.

8.5.2 Backstage-spezifische Steuerelemente

Für die Integration eigener Makrolösungen können Sie die Backstage-Ansicht mit fast allen RibbonX-Controls (siehe Abschnitt 8.2.3) bestücken. Darüber hinaus hat Microsoft ein paar neue Steuerelemente „erfunden", die ausschließlich in der Backstage-Ansicht funktionieren.

Das Hyperlink-Control

Sehr nützlich ist das neue Hyperlink-Control, das Sie mit dem XML-Tag *hyperlink* generieren. Es fügt der Backstage-Ansicht eine Schaltfläche hinzu, die beim Anklicken ein Browser-Fenster öffnet und darin eine bestimmte Internetadresse aufruft. Die Beschriftung der Schaltfläche legen Sie über das *label*-Attribut fest, im *target*-Attribut definieren Sie die gewünschte Internetadresse:

```
<hyperlink id="Hyperlink1"
  label="www.xyz.com"
  target="http://www.xyz.com" />
```

Das Image-Control

Wenn es um die Anzeige von Vorschaugrafiken und anderen Bildern geht, deren Größe die üblichen Icon-Dimensionen übersteigt, macht sich das neue Image-Control nützlich. Sie erstellen es mit dem XML-Tag *imageControl*. Es zeigt die im *image*-Attribut genannte Grafik innerhalb der Backstage-Ansicht an:

```
<imageControl id="Image1"
  image="Firmenlogo.png" />
```

 Hinweis

Damit die Anzeige der Grafik funktioniert, müssen Sie diese zuvor mit Hilfe des Custom UI Editors in die Dokumentdatei eingebettet haben. Der dafür zuständige Menübefehl heißt INSERT | ICONS. Die Anzeige von Bildern, die auf der Festplatte gespeichert sind, ist nicht möglich. ∎

8.5.3 Befehle in den FastCommand-Bereich einfügen

So wie das *ribbon*-Tag alle Anpassungen des Menübands umschließt, so bildet das neue *backstage*-Tag den Rahmen für sämtliche Anpassungen der Backstage-Ansicht:

```
<backstage>
  ...
</backstage>
```

Die wohl einfachste Form des „Backstage-Pimpens" ist das Einfügen einer einzelnen Schaltfläche in den sogenannten *FastCommand*-Bereich, der im Originalzustand nur die Befehle *Speichern, Speichern unter, Öffnen* und *Schließen* enthält. Das Beispiel

```
<!-- Beispiel 08\Backstage_FastCommand.xlsm -->
<backstage>
  <button id="Button1"
    label="Mein Button"
    insertAfterMso="FileSaveAs"
    imageMso="DateAndTimeInsert"
    onAction="DieseArbeitsmappe.Button1_onAction"
    isDefinitive="true" />
</backstage>
```

fügt dem *FastCommand*-Bereich eine neue Schaltfläche namens *Button1* hinzu. Das *button*-Tag verwendet im Wesentlichen die gleichen Attribute, wie sie auch bei einer Menüband-Schaltfläche zu finden sind: Das *label*-Attribut legt die Beschriftung „Mein Button" fest, das *insertAfterMso*-Attribut bestimmt die Position gleich unterhalb des Befehls Speichern unter, das *imageMso*-Attribut weist der Schaltfläche ein Office-Symbol zu, und das *onAction*-Attribut schließlich ernennt das Makro *Button1_onAction* im Klassenmodul *DieseArbeitsmappe* zur zuständigen Callback-Routine für das Anklicken der Schaltfläche.

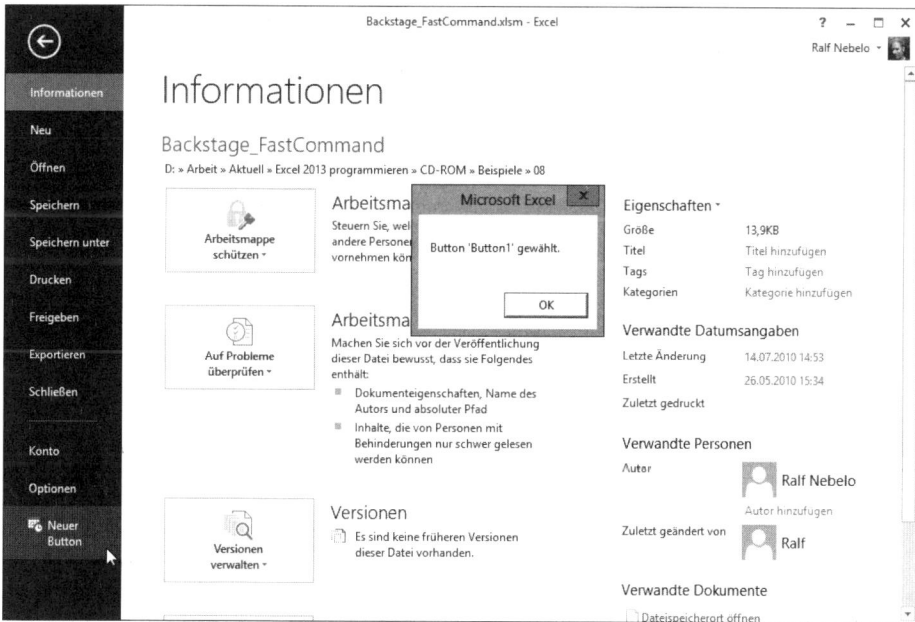

BILD 8.36 Das Einfügen eines neuen Befehls in den FastCommand-Bereich ist die einfachste Form der Backstage-Anpassung.

Neu und Backstage-spezifisch ist nur das Attribut *isDefinitive*. Sein Wert bestimmt, ob die Backstage-Ansicht nach der Auswahl des Buttons geschlossen wird („true") oder weiterhin geöffnet bleibt („false").

8.5.4 Eigene Backstage-Tabs anlegen

Unterhalb des *FastCommand*-Bereichs kann man der Backstage-Ansicht eigene „Tabs" hinzufügen. Die entsprechen funktional den Registerkarten des Menübands und werden mit demselben *tab*-Tag angelegt. Das Beispiel

```
<!-- Beispiel 08\Backstage_NeuerTab.xlsm -->
<backstage>
  <tab id="Tab1"
    label="Mein Tab"
    insertAfterMso="TabInfo"
    columnWidthPercent="70">

    …
  </tab>
</backstage>
```

fügt der Backstage-Ansicht unterhalb des vorhandenen Tabs *Informationen*, dessen interner Name (*idMso*-Wert) „TabInfo" lautet, einen neuen Tab hinzu. Der heißt schlicht „Tab1" (*id*-Wert) und ist ebenso schlicht mit „Mein Tab" (*label*-Wert) beschriftet.

Die Tabs der Backstage-Ansicht besitzen eine Anzeigefläche, die fast die gesamte Fläche des Programmfensters einnimmt und in zwei Spalten unterteilt ist. Diese beanspruchen jeweils 50 Prozent der verfügbaren Breite für sich. Mit Hilfe des Attributs *columnWidthPercent* kann der Entwickler jedoch ein abweichendes Breitenverhältnis einstellen. Die angegebene Zahl bestimmt die prozentuale Breite der ersten Spalte und legt damit gleichzeitig die resultierende Restbreite der zweiten Spalte fest.

Gruppen anlegen

Über die neuen Tags *firstColumn* und *secondColumn* lassen sich die erste und zweite Spalte eines Tabs gezielt mit Steuerelementen bestücken. Die müssen allerdings stets Teil einer Gruppe sein, die über das *group*-Tag angelegt wird. Das Beispiel fügt der ersten Spalte des neuen Tabs eine Gruppe namens „Gruppe1" hinzu:

```
<!-- Beispiel 08\Backstage_NeuerTab.xlsm -->
<firstColumn>
  <group id="Gruppe1"
    label="Meine Gruppe" style="normal">

    …
  </group>
</firstColumn>
```

Das *style*-Attribut weist der neuen Gruppe den voreingestellten Anzeigestil „normal" zu. Wer die Gruppe optisch hervorheben will, kann ihre Darstellungsweise über die alternativen Attributwerte „warning" (farbig hinterlegt) respektive „error" (farbig hinterlegt mit rotem Rand) verändern.

Eine Primärschaltfläche einfügen

Über das XML-Tag *primaryItem* kann man jede Backstage-Gruppe mit einer einzelnen Primärschaltfläche ausstatten, die prominent und groß am linken Rand der Gruppe angezeigt wird:

```
<!-- Beispiel 08\Backstage_NeuerTab.xlsm -->
<primaryItem>
  <button id="PrimaryButton1"
    imageMso="RecurrenceEdit"
    label="Mein Primär-Button"
    onAction="DieseArbeitsmappe.PrimaryButton1_onAction" />
</primaryItem>
```

Steuerelemente in den topItems-Bereich einfügen

Reicht die Primärschaltfläche nicht aus, kann man der Gruppe innerhalb des *topItems*-Tags
weitere RibbonX-Controls (es stehen fast alle zur Auswahl) hinzufügen, die rechts neben
dem *primaryItem*-Control und unter der im *group*-Tag festgelegten Gruppenüberschrift (*label*)
dargestellt werden.

Im Normalfall ordnet Office die Controls linksbündig untereinander an. Mit dem neuen XML-
Tag *layoutContainer* ist jedoch auch eine horizontale Anordnung realisierbar:

```
<!-- Beispiel 08\Backstage_NeuerTab.xlsm -->
<topItems>
  <layoutContainer id="Container1"
    layoutChildren="horizontal">
    <button id="Button1"
      label="Mein Button 1"
      onAction="DieseArbeitsmappe.Button1_onAction" />
    <button id="Button2"
      label="Mein Button 2"
      onAction="DieseArbeitsmappe.Button2_onAction" />
  </layoutContainer>
</topItems>
```

Steuerelemente in den bottomItems-Bereich einfügen

Innerhalb des *bottomItems*-Tags schließlich kann man der Backstage-Gruppe weitere Steuerelemente hinzufügen. Die werden unterhalb der *primaryItem*- und *topItems*-Controls angezeigt
und dürfen die gesamte Breite der jeweiligen Backstage-Spalte einnehmen:

```
<!-- Beispiel 08\Backstage_NeuerTab.xlsm -->
<bottomItems>
  <editBox id="EditBox1" label="Mein Textfeld:" />
</bottomItems>
```

Die zweite Tab-Spalte nutzen

Die beiden Spalten der Backstage-Ansicht sind grundsätzlich absolut gleichwertig. Jede von ihnen kann mehrere Gruppen mit allen genannten Unterelementen aufnehmen. Es besteht jedoch kein Zwang, die zweite Spalte überhaupt zu verwenden.

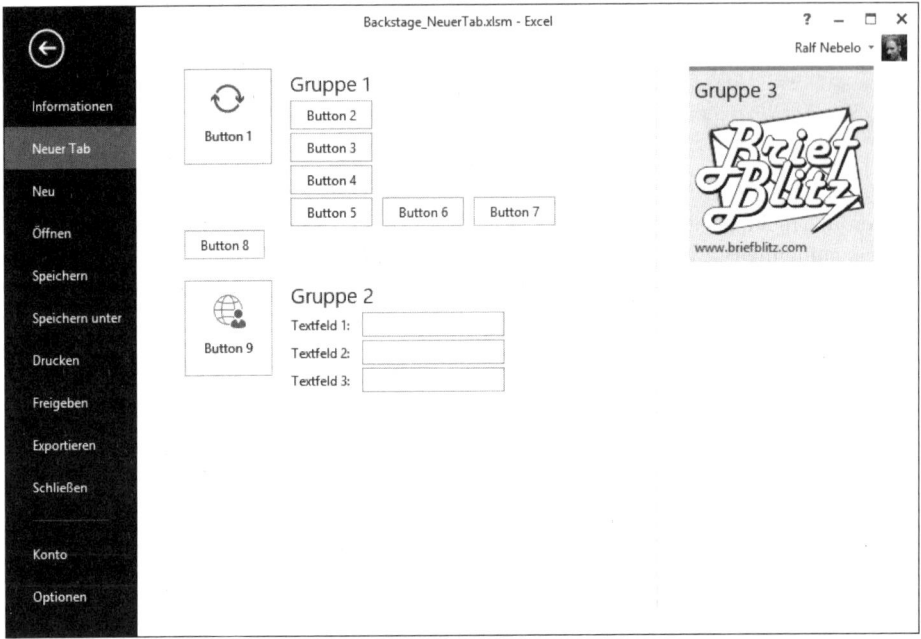

BILD 8.37 Das neue Image-Control (rechte Spalte) erlaubt eine relativ großformatige Anzeige von Grafiken in der Backstage-Ansicht.

Die Excel-eigenen Tabs nutzen die zweite Spalte häufig für die Anzeige von weiterführenden Informationen oder (Vorschau-)Bildern. Das lässt sich auch für eigene Tabs realisieren, wie es das folgende Beispiel zeigt. Es fügt der zweiten Spalte eine Gruppe mit einem Image-Control und einem Hyperlink hinzu. Beides sind neue Control-Typen, die sich ausschließlich in die Backstage-Ansicht integrieren lassen:

```
<!-- Beispiel 08\Backstage_NeuerTab.xlsm -->
<secondColumn>
  <group id="Gruppe2" label="Meine Gruppe 2">
    <topItems>
      <imageControl id="Image1"
        image="Logo.tif"/>
      <hyperlink id="Hyperlink1"
        label="www.briefblitz.com"
        target="http://www.briefblitz.com"/>
    </topItems>
  </group>
</secondColumn>
```

Die im *image*-Attribut genannte Grafik muss der Dokumentdatei mit Hilfe des CustomUI Editors hinzugefügt worden sein.

 Hinweis

Ein vollständiges Beispiel für das Anlegen eines Backstage-Tabs finden Sie in der Datei *Backstage_NeuerTab.xlsm* im Unterordner 8 der Beispieldateien. ∎

Dynamische Gruppen anlegen

Der Inhalt eines Backstage-Tabs muss nicht zwangsläufig statisch sein, mit dynamischen Gruppen kommt eine gewisse „Action" ins Spiel. Dabei ist die erste Spalte mit mehreren Buttons bestückt, bei deren Auswahl sich der Inhalt der zweiten Spalte vollautomatisch (und ohne Beteiligung von VBA-Code) verändert. Die Definition einer dynamischen Gruppe findet innerhalb des neuen *taskFormGroup*-Tags statt:

```
<!-- Beispiel 08\Backstage_NeuerTabDynamisch.xlsm -->
<firstColumn>
  <taskFormGroup id="TaskFormGroup1">
     …
  </taskFormGroup>
</firstColumn>
```

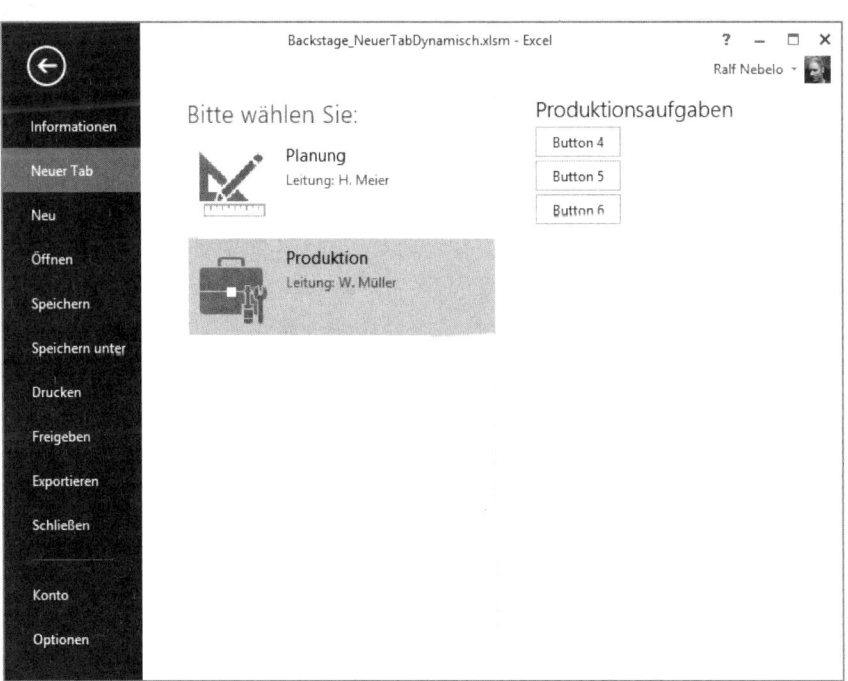

BILD 8.38 Bei dynamischen Gruppen ändert die Auswahl einer Task-Schaltfläche in der linken Spalte automatisch den Inhalt der rechten Spalte.

Über das eingebettete *category*-Tag erhält die dynamische Gruppe eine im *label*-Attribut anzugebende Beschriftung:

```
<category id="Category1"
  label="Bitte wählen Sie:">
  …
</category>
```

Innerhalb des *category*-Tags werden die gewünschten Auswahl-Buttons (zwei sollten es mindestens sein) jeweils mit Hilfe eines *task*-Tags definiert. Dessen Attribute *imageMso* und *label* bestimmen das Icon und die Beschriftung der jeweiligen Schaltfläche. Über das Attribut *description* kann diese mit einer zweiten (erklärenden) Beschriftung versehen werden:

```
<!-- Beispiel 08\Backstage_NeuerTabDynamisch.xlsm -->
<task id="Task1"
  label="Planung"
  description="Leitung: H. Meier"
  imageMso="TableDesign">
  …
</task>
```

Und innerhalb des *task*-Tags schließlich erfolgt die Definition von mindestens einer statischen Gruppe, die Office nach Auswahl des betreffenden Task-Buttons in der zweiten Spalte der Backstage-Ansicht anzeigen soll. Die Gruppe kann alle Unterelemente (*primaryItem*, *topItems* etc.) einer Backstage-Gruppe enthalten und darin jeweils mit beliebigen Controls bestückt werden:

```
<!-- Beispiel 08\Backstage_NeuerTabDynamisch.xlsm -->
<group id="Task1Gruppe1"
  label="Planungsaufgaben">
  <topItems>
    <button id="Button1"
      label="Mein Button 1"
      onAction="DieseArbeitsmappe.Button1_onAction "/>
    <button id="Button2"
      label="Mein Button 2"
      onAction="DieseArbeitsmappe.Button2_onAction "/>
  </topItems>
</group>
```

Die Auswahlmöglichkeiten einer dynamischen Gruppe können auch durch mehrere *category*-Tags strukturiert werden.

Hinweis

Ein vollständiges Beispiel für die Definition einer dynamischen Gruppe finden Sie in der Datei *Backstage_NeuerTabDynamisch.xlsm* im Unterordner 8 der Beispieldateien. ∎

8.5.5 Excel-eigene Backstage-Tabs anpassen

Als Office-Entwickler kann man nicht nur eigene Tabs in die Backstage-Ansicht integrieren, sondern auch die Excel-eigenen Tabs dem eigenen Bedarf entsprechend anpassen beziehungsweise erweitern.

Auf einen Excel-Tab verweisen und dessen Beschriftung ändern

Ein solches Vorhaben beginnt stets mit der Angabe des Excel-Tabs, den man verändern möchte. Dazu verwendet man das *tab*-Tag und benennt in dessen *idMso*-Attribut den internen Namen des gewünschten Excel-Tabs. Bei der Gelegenheit kann man gleich auch die Beschriftung des Tabs mit Hilfe des *label*-Attributs verändern.

Das folgende Beispiel verweist auf den Tab *Drucken*, dessen interner Name (*idMso*-Wert) „TabPrint" lautet, und ändert dessen ursprüngliche Beschriftung in „Drucken (erweitert)":

```
<!-- Beispiel 08\Backstage_TabErweitern1.xlsm -->
<tab idMso="TabPrint"
  label="Drucken (erweitert)">
  …
</tab>
```

Eine eigene Gruppe in einen Excel-Tab integrieren

Anschließend kann man innerhalb des *tab*-Tags die gewünschten Änderungen vornehmen. Der einfachste Fall ist der Einbau einer eigenen Gruppe. Das Beispiel

```
<!-- Beispiel 08\Backstage_TabErweitern1.xlsm -->
<firstColumn>
  <group id="Gruppe1"
    label="Meine Gruppe"
    insertAfterMso="GroupPrintSettings" >
    <primaryItem>
      …
    </primaryItem>
  </group>
</firstColumn>
```

erweitert die erste Spalte des Excel-Tabs *Drucken* um eine benutzerdefinierte Gruppe, die mit „Meine Gruppe" beschriftet ist und mit Hilfe des *insertAfterMso*-Attributs unterhalb der vorhandenen Gruppe „Einstellungen" (interner Name „GroupPrintSettings") positioniert wird.

Excel-eigene dynamische Gruppen erweitern

Einige Excel-Tabs verwenden dynamische Gruppen, die sich ebenfalls erweitern lassen. Das nächste Beispiel fügt der Excel-eigenen dynamischen Gruppe *Speichern und Senden* (interner Name: „GroupShare") im gleichnamigen Excel-Tab („TabShare") eine neue benutzerdefinierte Gruppe hinzu, die bei der Auswahl des Excel-Tasks *Per E-Mail senden* („SendUsingEmail") sichtbar wird, und zwar unterhalb der Excel-Gruppe *Einen Link senden* („GroupSendAsLink"):

```
<!-- Beispiel 08\Backstage_TabErweitern2.xlsm -->
<tab idMso="TabShare">
  <firstColumn>
    <taskFormGroup idMso="GroupShare">
      <category idMso="Share">
        <task idMso="SendUsingEmail">
          <group id="Gruppe1"
            insertAfterMso="GroupSendAsLink"
            label="Meine Gruppe ">
            <primaryItem>
              ...
            </primaryItem>
          </group>
        </task>
      </category>
    </taskFormGroup>
  </firstColumn>
</tab>
```

Hinweis

Sie finden dieses Beispiel in vollständiger Form in der Datei
Backstage_TabErweitern2.xlsm im Unterordner 8 der Beispieldateien. ∎

BILD 8.39 Die Integration eigener Befehle in Excel-eigene Tabs der Backstage-Ansicht ist eine relativ leichte Übung.

Das zweite Beispiel fügt der gleichen dynamischen Excel-Gruppe einen neuen Task-Button hinzu. Bei dessen Auswahl erscheint die benutzerdefinierte Gruppe „Gruppe1" in der zweiten Spalte der Backstage-Ansicht:

```
<!-- Beispiel 08\Backstage_TabErweitern3.xlsm -->
<category idMso="Share">
  <task id="ButtonTaskSaveToFacebook"
    insertAfterMso="SendUsingEmail"
    label="Auf Facebook übertragen"
    imageMso="HelpContactMicrosoft">
    <group id="Gruppe1"
      label="Auf Facebook übertragen">
      <topItems>
        …
      </topItems>
    </group>
  </task>
</category>
```

 Hinweis

Sie finden dieses Beispiel in vollständiger Form in der Datei *Backstage_TabErweitern3.xlsm* im Unterordner 8 der Beispieldateien. ∎

8.5.6 Syntaxzusammenfassung

XML-Tags für die Anpassung der Backstage-Ansicht	
backstage	verweist auf die Backstage-Ansicht
bottomItems	verweist auf den unteren Bereich einer Tab-Gruppe
category	verweist auf eine Kategorie innerhalb einer dynamischen Gruppe
firstColumn	verweist auf die erste Spalte eines Tabs
group	verweist auf eine Excel-eigene oder benutzerdefinierte Gruppe in einem Tab
hyperlink	erstellt eine Schaltfläche zum Öffnen einer Internetadresse
imageControl	erstellt ein Anzeigeelement für Grafiken
layoutContainer	ordnet Controls horizontal oder vertikal an
primaryItem	erstellt eine Primärschaltfläche in einer Tab-Gruppe
secondColumn	verweist auf die zweite Spalte eines Tabs
tab	verweist auf einen benutzerdefinierten oder Excel-eigenen Backstage-Tab
task	fügt der Kategorie einer dynamischen Gruppe einen Task-Button hinzu
taskFormGroup	verweist auf eine benutzerdefinierte oder Excel-eigene dynamische Tab-Gruppe
topItems	verweist auf den oberen Bereich einer Tab-Gruppe

XML-Attribute für die Anpassung der Backstage-Ansicht	
columnWidthPercent	bestimmt das Breitenverhältnis der beiden Tab-Spalten
description	bestimmt die Beschriftung eines Task-Buttons in einer dynamischen Gruppe
id	legt den Namen eines benutzerdefinierten Controls fest
image	nennt den Dateinamen einer eingebetteten Grafik
imageMso	legt den Namen eines Office-Icons fest
insertAfterMso	nennt das Excel-eigene Backstage-Element, hinter dem ein benutzerdefiniertes Element eingefügt werden soll
isDefinitive	bestimmt, ob die Backstage-Ansicht nach Auswahl des Controls geschlossen wird oder nicht
label	legt die Beschriftung eines Controls fest
layoutChildren	bestimmt die Anordnung in einem layoutContainer-Control
onAction	nennt eine CallBack-Routine, die bei der Auswahl des Controls ausgeführt wird
style	legt den Anzeigestil einer Tab-Gruppe fest
target	legt die Internetadresse eines Hyperlink-Controls fest

idMso-Werte der wichtigsten Excel-eigenen Backstage-Tabs	
TabInfo	der Tab „Informationen"
TabRecent	der Tab „Zuletzt verwendet"
TabNew	der Tab „Neu"
TabPrint	der Tab „Drucken"
TabShare	der Tab „Speichern und Senden"
TabHelp	der Tab „Hilfe"

 Tipp

Eine vollständige Auflistung sämtlicher *idMso*-Werte der Excel-Oberfläche können Sie unter der folgenden Internetadresse *[Link 13]* herunterladen:

> *http://www.microsoft.com/downloads/details.aspx?FamilyID=3f2fe784-610e-4bf1-8143-41e481993ac6*

TEIL III

Anwendung

9 Mustervorlagen und „intelligente" Formulare

„Intelligente" Formulare sind vorgefertigte Tabellenblätter, die nur noch fertig ausgefüllt werden müssen, also Formularvorlagen oder Mustervorlagen, um die Excel-Nomenklatur zu gebrauchen.

Mustervorlagen können sehr einfach aufgebaut sein und nur einen Layoutrahmen darstellen, um Abläufe, Anträge, Berichte etc. zu schematisieren. Die Vorlagen können aber auch insofern „intelligent" sein, als sie durch vorgegebene Formeln aus den Eingaben des Anwenders mehr oder weniger komplexe Ergebnisse ableiten und/oder durch diverse Makros den Ausdruck, das Speichern etc. erleichtern.

Formulare dieser Art – etwa zum Schreiben von Rechnungen oder zur Durchführung immer wieder auftretender Berechnungen – stellen in der täglichen Praxis eine enorme Arbeitserleichterung dar. Sie erlauben es auch Excel-Laien, komplexe Rechenmodelle anzuwenden und die Ergebnisse in ansprechender und standardisierter Form auszudrucken.

9.1 Grundlagen

Prinzipiell handelt es sich bei „intelligenten" Formularen um ganz normale Excel-Tabellen, in denen einige Ausgangswerte für die spätere Eingabe frei gelassen sind. Entscheidend für die Anwendung ist die einfache Bedienung – es muss also klar sein, wo Eingaben möglich sind und wo nicht und welche Bedeutung diese Eingaben haben. Um eine Fehlbedienung auszuschließen, sollten alle anderen Zellen vor irrtümlichen Veränderungen geschützt werden.

Excel-Formularvorlagen sind also „intelligenter", als es bei gedruckten Formularen der Fall ist: Der Anwender muss nichts doppelt eingeben, alle Ergebnisse, die aus bereits durchgeführten Eingaben resultieren, werden automatisch angezeigt. Eventuell wird der Anwender sofort auf Eingabefehler hingewiesen (beispielsweise wenn er statt eines Datums eine Zahl eingibt).

„Intelligente" Formulare können außer mit vorgefertigten Formeln auch mit anderen Hilfsmitteln ausgestattet sein – etwa mit einem Button, der das Formular ausdruckt und speichert, oder mit anderen Steuerelementen, welche die Auswahl verschiedener Optionen erleichtern. Auch eine automatische Verbindung zwischen Formularen und Datenbankanwendungen ist möglich.

Zur Realisierung von „intelligenten" Formularen eignen sich Mustervorlagen. Dabei handelt es sich um einen speziellen Excel-Dateityp (Kennung *.xltx oder *.xltm), der zur Speicherung von Dateien vorgesehen ist, die später als Vorlage für andere Excel-Dateien dienen.

Hinweis

Leider stellt Excel 2013 dem Anwender von Haus aus nur noch Online-Vorlagen für die Gestaltung neuer Arbeitsmappen zur Wahl. Wer lokale Mustervorlagen verwenden möchte, muss diese zunächst durch eine Einstellungsänderung, die im Abschnitt „Mustervorlagen in Excel 2013" des Kapitels 5.9.3 beschrieben wird, verfügbar machen. ∎

Ein sogenannter Vorlagenassistent ermöglicht es, Formularvorlagen ohne Programmieraufwand zu einfachen Datenbankanwendungen auszubauen. Abschnitt 9.1.2 beschreibt den Umgang mit diesem Vorlagenassistenten, weist aber auch auf dessen Grenzen hin.

Überblick

Ein einleitendes Beispiel zum Thema „intelligente" Formulare finden Sie bereits in Abschnitt 1.6. Dort wird ein Formular zur Berechnung der Verzinsung eines Sparvertrags mit monatlicher Einzahlung vorgestellt (Datei *01\form.xltx*). Das Formular ist sehr einfach gehalten und kommt ganz ohne Makros aus.

Der folgende Abschnitt 9.1.1 fasst Informationen zu einigen typischen Excel-Funktionen zusammen, die Sie zur Gestaltung eigener Formulare benötigen: Zellschutz, *WENN*-Formeln, Ausdruck von Tabellenblättern etc. Abschnitt 9.1.2 beschreibt den Umgang mit dem neuen Vorlagenassistenten und erklärt, wie damit erstellte Formulare intern verwaltet werden.

Zwei komplexere Beispiele – das Rechnungsformular der fiktiven Versandgesellschaft „Speedy" und das Abrechnungsformular eines Car-Sharing-Vereins – stehen im Mittelpunkt der Abschnitte 9.2 und 9.3. Die Beispiele zeigen das prinzipielle Schema von „intelligenten" Formularen. Denkbar wären aber auch Formulare zur bequemen Durchführung finanzmathematischer Berechnungen (Kreditrückzahlungs-, Spar- oder Versicherungsmodelle), zur Durchführung von Investitionsrechnungen, zur Abrechnung von Arbeitsstunden, zur Analyse von Messdaten, zur Auswertung von Tests, Prüfungen oder Umfragen, zur Protokollierung von Datenreihen etc. Die mit Excel mitgelieferten Mustervorlagen demonstrieren weitere Anwendungsmöglichkeiten.

Das Kapitel endet in Abschnitt 9.4 mit einigen kritischen Anmerkungen und generellen Verbesserungsvorschlägen.

9.1.1 Gestaltungselemente für „intelligente" Formulare

Mustervorlagen

Mustervorlagen sind im Prinzip normale Excel-Dateien, bei denen im Speichern-Dialog der Dateityp „Excel-Vorlage" angegeben wird. Mustervorlagen haben die Kennung *.xltx (ohne Makros) oder *.xltm (mit Makros). Zum Speichern von Mustervorlagen schlägt der Speichern-Dialog automatisch das passende Verzeichnis vor. In Excel 2007 und 2010 lautet dies:

- *[BenutzerVerzeichnis]\AppData\Roaming\Microsoft\Templates*

Excel 2013 nutzt folgenden Ordner:

- *[OfficeVerzeichnis]\Templates\1031*

Zum Laden einer leeren Mustervorlage muss das Menükommando DATEI | NEU verwendet werden. Der nun erscheinende Dialog stellt unter MEINE VORLAGEN (Excel 2007/2010) respektive PERSÖNLICH (Excel 2013) alle vorhandenen Mustervorlagen zur Auswahl. Sobald Sie versuchen, die neue Datei zu speichern, zwingt Excel Sie dazu, einen neuen Dateinamen anzugeben. Auf diese Weise wird vermieden, dass die Mustervorlage unbeabsichtigt überschrieben wird.

Tipp

Laden Sie Mustervorlagen nur dann mit DATEI | ÖFFNEN, wenn Sie die eigentliche Mustervorlage verändern möchten! Nur DATEI | NEU verhindert, dass Sie irrtümlich die Mustervorlage ändern und als Vorlagendatei speichern (statt eine normale Excel-Datei auf der Basis dieser Vorlage zu bilden). ∎

Mustervorlagen werden zumeist in zwei Varianten verwendet:

- Als leere Tabellen, in denen lediglich bestimmte Formatierungen durchgeführt wurden: Solche Mustervorlagen haben den Sinn, dem Anwender Formatierungsschritte zu ersparen, die sich ständig wiederholen: etwa die Einstellung der Druckparameter und der Fensteroptionen oder die Definition oft benötigter Formatvorlagen. Durch diese Mustervorlagen kann ein einheitliches Layout aller (in einem Büro oder Betrieb) produzierten Excel-Tabellen gefördert werden: Firmenlogo auf der ersten Seite, gleichbleibende Gestaltung der Kopf- und Fußzeilen, einheitliche Schriftarten etc.

- Als mehr oder weniger „intelligente" Formularvorlagen mit integriertem VBA-Code, wie sie Thema dieses Kapitels sind.

Zellschutz

Mit ÜBERPRÜFEN | BLATT SCHÜTZEN können Sie sämtliche Zellen eines Arbeitsblatts vor Veränderungen schützen. Auf die Angabe eines Kennworts können Sie dabei zumeist verzichten, sofern nicht zu befürchten ist, dass der Anwender der Formularvorlage diese mutwillig verändern möchte. Da es nicht sinnvoll ist, *alle* Zellen zu schützen (dann könnten ja überhaupt keine Eingaben vorgenommen werden), muss vor der Ausführung des Schutzkommandos der Zellschutz für die Eingabezellen explizit aufgehoben werden. Den dafür vorgesehenen Dialog rufen Sie über das Kontextmenü ZELLEN FORMATIEREN | SCHUTZ auf. Darin deaktivieren Sie das Optionsfeld GESPERRT.

Tipp

Weitere Informationen zu den unter Excel verfügbaren Schutzfunktionen und den dazugehörigen Eigenschaften und Methoden gibt Abschnitt 5.8. ∎

Validitätskontrolle für Eingabezellen

Mit DATEN | DATENÜBERPRÜFUNG können Sie für einzelne Zellen oder für ganze Zellbereiche Gültigkeitsregeln formulieren (siehe auch das Einführungsbeispiel in Abschnitt 1.6). Damit können Sie sowohl das Format (ganze Zahl, Datum, Text) als auch den zulässigen Werte-

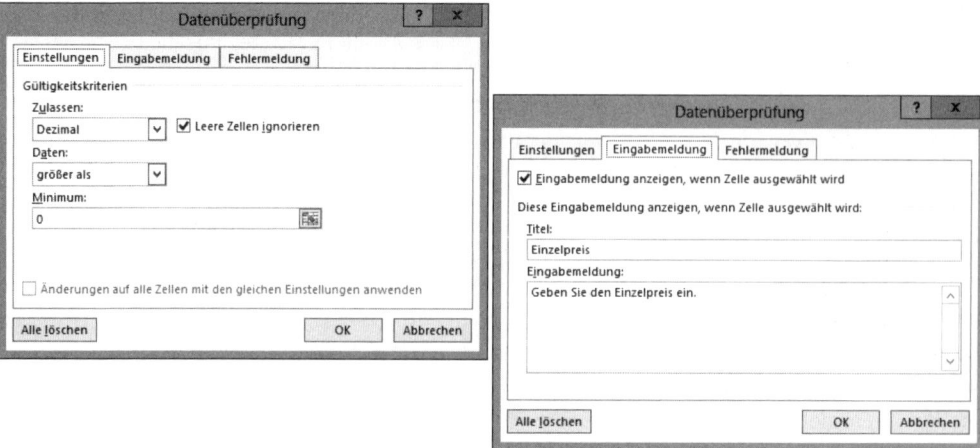

BILD 9.1 Zwei Dialogblätter der Gültigkeitskontrolle

bereich für die Eingabe beschränken. Falls Sie Texte in den Dialogseiten EINGABEMELDUNG und FEHLERMELDUNG angeben, wird automatisch ein Infotext angezeigt bzw. ein informativer Fehlertext angezeigt, wenn die Gültigkeitsregeln verletzt werden. Durch Validitätsregeln sichern Sie also nicht nur das Formular gegen falsche Eingaben ab, Sie geben dem Anwender zudem wertvolle Zusatzinformationen. Validitätsregeln können in geschützten Blättern nicht verändert werden.

Dokumentenvorschau für Mustervorlagen

Die Backstage-Ansicht, die nach DATEI | NEU erscheint, ermöglicht eine Vorschau auf die zu ladende Datei. Diese Dokumentenvorschau funktioniert allerdings nur dann, wenn Sie das Kontrollkästchen „Miniaturansicht speichern" beim Speichern der Vorlage im zuständigen Dialogfeld einschalten. Beachten Sie aber, dass dadurch sowohl die Vorlage als auch alle darauf basierenden Dateien um einige kByte größer werden.

WENN-Formeln

Damit eine Mustervorlage einigermaßen allgemeingültig verwendbar ist, muss das dahinterliegende Rechenmodell fast immer Fallunterscheidungen durchführen. Die Formeln in der Tabelle müssen erkennen, wann eine gültige Eingabe vorliegt und wann nicht. Im ersten Fall ist ein Ergebnis auszurechnen, im zweiten Fall 0 oder einfach nur eine leere Zelle anzuzeigen. Oft sind auch in Abhängigkeit von Eingabewerten unterschiedliche Formeln erforderlich (beispielsweise ein Rabatt, der erst ab einer Stückzahl von zehn wirksam wird).

Grundlage solcher Fallunterscheidungen sind *WENN*-Formeln. Der Aufbau einer *WENN*-Formel ist prinzipiell einfach:

```
=WENN(bedingung; ergebnis1; ergebnis2)
```

Excel testet bei der Berechnung der Zellen, in denen eine *WENN*-Formel steht, ob die Bedingung erfüllt ist. Wenn das der Fall ist, berechnet es die in *ergebnis1* angegebene Formel, andernfalls die Formel in *ergebnis2*.

Dazu gleich ein Beispiel: Angenommen, in Zelle A1 befindet sich ein Einzelpreis, in B1 eine Stückzahl. In C1 soll das Produkt der beiden vorherigen Zellen berechnet werden, wobei ein Rabatt von 5 Prozent ab einer Stückzahl von zehn gewährt werden soll. Dann lautet die Formel in C1:

```
=WENN(B1<10; A1*B1; A1*B1*0,95)
```

Verschachtelte WENN-Formeln

Unübersichtlich werden *WENN*-Formeln erst dann, wenn gleichzeitig mehrere Fälle berücksichtigt werden sollen oder die Bedingung für die Formel kompliziert ist.

Zuerst zur Unterscheidung mehrerer Fälle: In diesem Fall müssen mehrere *WENN*-Funktionen ineinander verschachtelt werden, d. h., das Ergebnis der ersten *WENN*-Formel ist wiederum eine *WENN*-Formel.

Auch dazu ein Beispiel: Die Ausgangssituation (Inhalt von A1 bis C1) sei wie oben, es sollen aber zusätzlich folgende Fälle berücksichtigt werden: Wenn B1 leer ist, soll als Stückzahl 1 angenommen werden. Wenn auch A1 leer ist, soll überhaupt kein Ergebnis angezeigt werden (auch nicht 0). Die resultierende Formel sieht folgendermaßen aus:

```
=WENN(A1=""; ""; WENN(B1=""; A1; WENN(B1<10; A1*B1; A1*B1*0,95)))
```

Der Inhalt der Formel ist noch immer recht gut zu verstehen: Wenn A1 leer ist, wird kein Ergebnis angezeigt (also eine leere Zeichenkette „"). Wenn B1 leer ist (in diesem Abschnitt der Formel ist bereits sichergestellt, dass A1 *nicht* leer ist), wird als Ergebnis einfach der Inhalt von A1 angezeigt – das entspricht einer Stückzahl von 1. Die dritte *WENN*-Funktion kommt erst zur Geltung, wenn sichergestellt ist, dass sowohl A1 als auch B1 nicht leer sind; die Funktion entspricht jener des ersten Beispiels.

Zusammengesetzte Bedingungen

In den vorangegangenen Beispielen waren die Bedingungen ausgesprochen einfach. Häufig müssen aber mehrere Teilbedingungen gleichzeitig oder wahlweise erfüllt sein. Zu diesem Zweck können Sie mehrere Bedingungen in einer *UND*- oder in einer *ODER*-Funktion angeben. Natürlich können auch diese Funktionen wieder verschachtelt werden. Die Syntax sieht generell so aus:

```
=UND(bedingung1; bedingung2; bedingung3; ...)
=ODER(bedingung1; bedingung2; bedingung3; ...)
```

UND liefert als Ergebnis den Wahrheitswert *WAHR*, wenn alle aufgezählten Bedingungen (es dürfen beliebig viele sein) erfüllt sind. *ODER* liefert bereits dann *WAHR*, wenn zumindest *eine* der Bedingungen erfüllt ist.

Ein Beispiel zu zusammengesetzten Bedingungen: In den Zellen A1 und B1 sollen jeweils Werte zwischen 0 und 1 stehen. Wenn das der Fall ist, berechnet die folgende Formel das Produkt, andernfalls zeigt sie einen Fehlertext an:

```
=WENN(UND(A1>=0; A1<=1; B1>=0; B1<=1); A1*B1; "falsche Ausgangswerte")
```

Tipp

Mit Shift+Strg+A können Sie nach der Eingabe des Funktionsnamens die dazugehörigen Klammern und Argumente einfügen. Diese Eingabehilfe empfiehlt sich, wenn Sie sich über die genaue Reihenfolge der Argumente unsicher sind, auf die umständliche Eingabehilfe von Excel (dem ehemaligen Funktionsassistenten) aber verzichten möchten.

 Verweis

Verschiedene fortgeschrittene Tabellenfunktionen werden unter anderem in Abschnitt 5.5 (Rechnen mit Datum und Uhrzeit) und in Abschnitt 11.4 (Datenbank-Tabellenfunktionen) beschrieben. Bei komplexeren Aufgabenstellungen können Tabellenformeln extrem unübersichtlich werden. Für solche Situationen bietet Excel die Möglichkeit, eigene Funktionen in VBA zu definieren. Details zur Erstellung benutzerdefinierter Funktionen finden Sie in Abschnitt 5.7.

Fehlertexte farbig (rot) kennzeichnen

Es besteht keine Möglichkeit, in *WENN*-Formeln das Ausgabeformat (Zahlenformat, Farbe, Ausrichtung, Rahmen etc.) einer Zelle zu beeinflussen. Über den Umweg von Zahlenformaten können Sie aber immerhin erreichen, dass Zahlen in normaler (schwarzer) Schrift und Texte in einer anderen Farbe dargestellt werden.

```
Standard;Standard;Standard;[Rot]Standard
```

Durch das obige Zahlenformat erreichen Sie beispielsweise, dass positive und negative Zahlen sowie 0 im Standardformat, Texte hingegen in roter Farbe (ansonsten ebenfalls im Standardformat) angezeigt werden. Neben Rot können in eckigen Klammern noch sieben weitere Farben angegeben werden: Schwarz, Blau, Zyan, Grün, Magenta, Weiß und Gelb.

 Verweis

Natürlich können Sie auch für jeden der vier Fälle (Zahl positiv, negativ, 0, Text) spezielle Formate definieren. Eine ganze Menge Hintergrundinformationen zu Zahlenformaten finden Sie in Abschnitt 5.1.1.

Bedingte Formate

Noch mehr Gestaltungsmöglichkeiten bieten sogenannte bedingte Formate. Damit können mehrere Bedingungen formuliert werden, die der Reihe nach überprüft werden, wenn sich der Inhalt einer Zelle ändert. Jeder Bedingung ist ein Format zugeordnet, das neben Farbe und Schriftart auch Rahmen und Muster umfassen kann. Die erste Bedingung, die erfüllt ist, bestimmt das für die Zelle gültige Format.

Mit bedingten Formaten können Sie beispielsweise erreichen, dass Zahlen bei der Überschreitung bestimmter Grenzwerte farbig hervorgehoben werden. Für die VBA-Programmierung

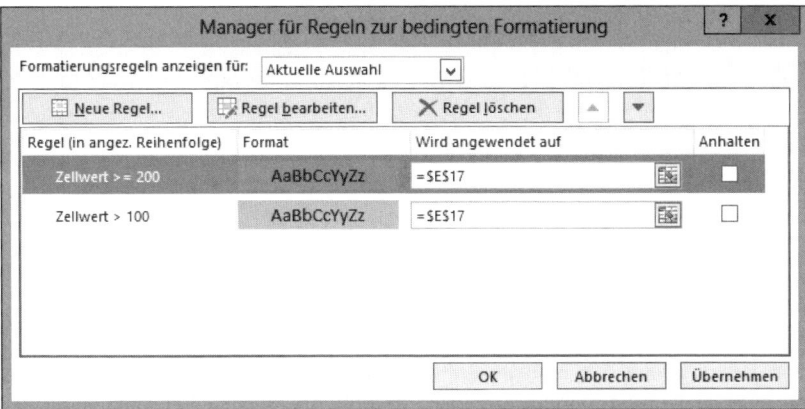

BILD 9.2 Bedingte Formate

können bedingte Formate über das Objekt *FormatCondition* (über die *Range*-Eigenschaft *FormatConditions(n)*) definiert werden.

Ausdruck des Formulars

„Intelligente" Formulare sind in der Regel so konzipiert, dass sie mühelos ausgedruckt werden können. Sie sollten bei der Gestaltung des Formulars darauf Rücksicht nehmen und den Platz so einteilen, dass eine Seite ansprechend gefüllt wird. (Natürlich sind auch mehrseitige Formularvorlagen möglich.)

- *Kopf- und Fußzeilen*
  Standardgemäß sieht Excel für Tabellenblätter die Kopfzeile *Tabellenblattname* und die Fußzeile *Seite n* vor. Für Formularvorlagen sind diese Voreinstellungen in der Regel nicht sonderlich geeignet und sollten daher mit SEITENLAYOUT | SEITE EINRICHTEN | KOPF-/FUSS-ZEILE verändert bzw. gelöscht werden.

- *Aktuelles Datum*
  Falls das Formular ein aktuelles Tagesdatum enthalten soll, können Sie dieses einfach durch die Formel *=HEUTE()* in einer beliebigen Zelle angeben. Alternativ dazu können Sie das Datum auch in die Kopf- oder Fußzeile einfügen. In diesem Fall haben Sie aber erheblich weniger Gestaltungsmöglichkeiten bei der Platzierung.

Bei beiden Varianten ist zu beachten, dass sich bei einem späteren Ausdruck eines gespeicherten Formulars das Datum ändert (weil wiederum das aktuelle Tagesdatum eingesetzt wird). Wenn das unerwünscht ist, muss mit einem Makro dafür gesorgt werden, dass das Datum vor dem Speichern fixiert wird. Dazu kann entweder die Zelle mit der *HEUTE*-Formel geändert werden (Kopieren, Inhalte einfügen „Werte"), oder in die Kopf- bzw. Fußzeile wird ein Text mit dem aktuellen Datum eingetragen.

- *Seriennummer*
  Schon schwieriger ist es, Formulare mit einer durchlaufenden Seriennummer auszustatten, wie dies beispielsweise für den Ausdruck von Rechnungen wünschenswert wäre. Eine Lösung dieses Problems ist nur über ein Makro möglich, das zum Drucken oder unmittelbar vor dem Drucken ausgeführt wird. Dieses Makro muss die Möglichkeit haben, auf die Nummer des zuletzt gedruckten Formulars zuzugreifen. Ein Beispiel wird in Abschnitt 9.2 vorgestellt.

- *Optische Gestaltung des Formulars*
  Wenn Ihnen zur optischen Gestaltung des Formulars – beispielsweise zur Realisierung eines Firmenlogos – die seit Excel 2010 stark erweiterten Grafikmöglichkeiten des Kalkulationsprogramms nicht ausreichen sollten, können Sie auch ein beliebiges Grafikprogramm einsetzen (z. B. Photoshop (Elements) oder Corel Draw). Damit erzeugte grafische Objekte können dann über EINFÜGEN | BILDER in das Arbeitsblatt integriert werden.

- *Farben*
  Problematisch für den Ausdruck sind Texte in verschiedenen Farben oder Zellen mit farbigen Hintergrundmustern. Andererseits kann gerade durch Farben die Bedienung der Formularvorlage viel benutzerfreundlicher gestaltet werden. Einen Ausweg aus diesem Dilemma kann ein zur Durchführung des Ausdrucks vorgesehenes Makro darstellen: Dieses Makro (das mühelos aufgezeichnet werden kann) beseitigt vor dem Ausdruck alle Hintergrundfarben und stellt anschließend den ursprünglichen Zustand wieder her. Falls diese Wiederherstellung aufwendig ist, können Sie einfach die ganze Tabelle in die Zwischenablage kopieren, ein neues Tabellenblatt anlegen, dort den Inhalt der Zwischenablage einfügen, die Hintergrundfarben ausschalten, ausdrucken und anschließend wieder löschen. Das Original wird in diesem Fall gar nicht angetastet. Ein Beispiel dazu finden Sie in Abschnitt 9.3.

Steuerelemente in das Formular integrieren

Auf Excel-Tabellenblättern dürfen alle Steuerelemente platziert werden, die auch zur Gestaltung von Dialogen (siehe Abschnitt 7.2) verwendet werden können: Textfelder, Buttons, Auswahl- und Optionskästchen, Listenfelder, Bildlaufleisten etc. Die in der Praxis häufigste Variante stellen sicherlich Buttons dar, die zum Start diverser Makros auf das Tabellenblatt gesetzt werden.

Der Anwendungsbereich geht aber viel weiter: Sie können Bildlaufleisten dazu einsetzen, dass der Anwender bequem einen Zahlenwert mit der Maus innerhalb eines vordefinierten Bereichs einstellen kann. Oder Sie können dem Anwender die Eingabe durch Listenfelder erleichtern, über die er aus einer vorgegebenen Auswahl von Einträgen einen Eintrag sehr bequem auswählen kann. Durch Optionskästchen kann zwischen verschiedenen Berechnungs- oder Anwendungsvarianten des Formulars gewählt werden etc.

Besonders praktisch im Zusammenhang mit Steuerelementen ist die Möglichkeit, über die Eigenschaft *PrintObject* bestimmen zu können, ob dieses Element ausgedruckt werden soll. (Die Default-Einstellung lautet *True*.) Wenn Sie die Eigenschaft auf *False* setzen, können Steuerelemente als Eingabeerleichterung verwendet werden, ohne beim Ausdruck zu stören.

Diagramme im Formular

Formularvorlagen sind auch in Kombination mit Diagrammen vorstellbar. Wenn der Datenumfang von Anfang an feststeht, kann das fertige Diagramm bereits beim Formularentwurf in das Tabellenblatt integriert werden. Es verändert dann sein Aussehen unmittelbar bei der Eingabe von Daten. Wenn Aussehen und Datenumfang dagegen flexibler gehandhabt werden sollen, muss ein Makro vorgesehen werden, das ein neues Diagramm erstellt. Die Programmierung von Diagrammen wird in Kapitel 10 behandelt.

9.1.2 Mustervorlagen mit Datenbankanbindung

Mit früheren Excel-Versionen bis einschließlich 2002 wurde ein sogenannter Vorlagen-assistent mitgeliefert, der auf einfache Art eine Verbindung zwischen einer Mustervorlage und einer Datenbankdatei herstellte. Seit Excel 2003 wird das nützliche Add-in nicht mehr mitgeliefert. Es ist aber weiterhin im Internet verfügbar, wo es zuletzt beispielsweise unter *www.herber.de/bbs/user/13107.zip [Link 14]* zum kostenlosen Download bereitstand. Falls Sie hier nicht mehr fündig werden, suchen Sie mit *www.google.de* nach dem Stichwort „Excel Vorlagen-Assistent".

Nach dem Download des Add-ins kopieren Sie die Datei *Vlassist.xla* in einen beliebigen Festplattenordner. Anschließend wählen Sie DATEI | OPTIONEN | ADD-INS | GEHE ZU | DURCH-SUCHEN. Wechseln Sie in den Festplattenordner, wo die XLA-Datei zu finden ist, markieren Sie diese, und klicken Sie auf ÖFFNEN. Schließen Sie den Dialog mit OK.

Ab sofort steht Ihnen der Vorlagenassistent von Excel 2002 unter dem Befehl ADD-INS | VORLAGEN-ASSISTENT zur Verfügung.

Bedienung des Vorlagenassistenten

Als Erstes benötigen Sie eine fertige Mustervorlage (*.xlt?-Datei). Nachdem Sie diese Vorlage als Datei geladen haben (nicht mit DATEI | NEU, sondern mit DATEI | ÖFFNEN!), aktivieren Sie den Vorlagenassistenten mit ADD-INS | VORLAGENASSISTENT.

Das Format der Datenbankdatei können Sie im zweiten Schritt des Vorlagenassistenten ein-stellen. Zu den Möglichkeiten gehören unter anderem Excel-Tabellen und Access-Dateien. Excel-Tabellen haben den Vorteil, dass sie sehr bequem in Excel bearbeitet werden können. Access-Dateien genügen professionelleren Ansprüchen und eignen sich besonders dann, wenn größere Datenmengen anfallen. Access muss übrigens nicht installiert werden, damit Sie Access-Dateien unter Excel lesen oder schreiben können! (Siehe auch das nächste Kapitel, in dem die Datenbankkapazitäten und -beschränkungen von Excel beschrieben werden.) Nach der Definition der Datenbankdatei markieren und beschriften Sie in Schritt 3 jene Eingabe- oder Ergebniszellen, die in der Datenbank gespeichert werden sollen.

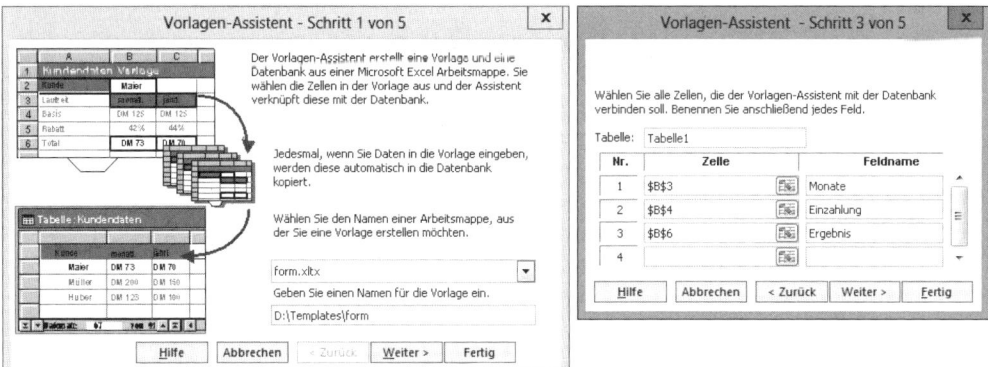

BILD 9.3 Die zwei wichtigsten Schritte des Vorlagenassistenten

In Schritt 4 haben Sie die Möglichkeit, bereits vorhandene Excel-Dateien, die dem Format der Vorlage entsprechen, in die Datenbank aufzunehmen. Das ist dann sinnvoll, wenn die Vorlage schon eine Weile in Verwendung ist und Sie erst jetzt auf die Idee gekommen sind, die Vorlage mit einer Datenbank zu verbinden. Bei neuen Vorlagen antworten Sie mit Nein.

In Schritt 5 können Sie schließlich noch in einer sogenannten Verteilerliste E-Mail-Adressen angeben. Jedes Mal, wenn eine *neue* Datei auf der Basis der Vorlage geschlossen wird, erscheint eine Frage, ob diese Datei an die Verteileradresse versandt werden soll. Das funktioniert freilich nur dann, wenn als E-Mail-Client Outlook oder eine ausreichend aktuelle Version von Outlook Express verwendet wird.

Hinweis

Wird dagegen eine schon vorhandene Datei auf Basis der Vorlage verändert, wird die geänderte Datei nicht abermals per E-Mail versandt! Die Änderungen werden aber sehr wohl in die Vorlagendatenbank eingetragen.

Verwendung der Datenbank-Mustervorlagen

Die Verwendung der Mustervorlagen erfolgt wie bei normalen Mustervorlagen: Der Anwender lädt die Vorlage, füllt die vorgesehenen Felder aus und speichert die Datei. Beim Speichern erscheint automatisch ein Dialog, in dem der Anwender gefragt wird, ob die Daten in einer Datenbankdatei gespeichert werden sollen. Wenn der Anwender diese Frage bejaht (hoffentlich), werden alle relevanten (früher im Vorlagenassistenten markierten) Zellen in eine neue Zeile bzw. einen neuen Datensatz der Datenbank eingetragen.

Leider enthält der Dialog keine Informationen darüber, warum dieses doppelte Speichern sinnvoll oder notwendig ist, ob sich damit das normale Speichern erübrigt etc. Eine etwas informativere Beschriftung dieses Dialogs und ein zugeordneter Hilfetext wären wirklich kein Luxus gewesen!

Im Prinzip wird die neue Mustervorlage also wie bisher verwendet: ausfüllen, speichern, drucken. Neu ist nur, dass die Daten einiger ausgewählter Zellen *zusätzlich* in einer speziellen Datei gespeichert werden.

Besonders attraktiv sind Mustervorlagen mit Datenbankanbindung in Netzwerken. Indem allen Anwendern dieselbe Vorlage zur Verfügung gestellt wird, kann erreicht werden, dass alle wesentlichen Daten von Formularen, die auf dieser Vorlage erstellt worden sind, automatisch in einer zentralen Datei eingetragen werden.

Die Auswertung der Datenbankdatei – egal, ob sie nun im Excel-, Access- oder irgendeinem anderen Format vorliegt – wird übrigens nicht durch den Vorlagenassistenten geregelt. Wenn Sie daraus monatliche Protokolle erstellen wollen, die Daten in eine Rechnungs- und Mahndatenbank überleiten möchten etc., müssen Sie selbst Hand anlegen und VBA-Makros schreiben. Eine Mustervorlage mit Datenbankanbindung ist insofern kein richtiges Datenbankprogramm, sondern bestenfalls der erste Schritt in diese Richtung.

Interna

Vielleicht interessiert es Sie, wie eine durch den Vorlagenassistenten erweiterte Mustervorlage intern funktioniert: Die Musterdatei wird durch zwei ausgeblendete Blätter ergänzt.

- Das Excel-4-Makro-Blatt „AutoOpen Stub Data" enthält das Makro *AutoOpen21*, das beim Laden der Datei automatisch ausgeführt wird. Dieses Makro lädt die Add-in-Datei *Vlassist.xla*. Das Add-in enthält den eigentlichen VBA-Programmcode für die Verwaltung der Datenbankdatei. (Die Trennung zwischen Mustervorlage und Code in zwei eigene Dateien hat den Vorteil, dass die aus Mustervorlagen resultierenden Excel-Dateien nicht unnötig aufgebläht werden.)

  Sie können sich den Excel-4-Makrocode ansehen, wenn Sie das Blatt vorher in der Entwicklungsumgebung sichtbar machen:

  ```
  Sheets("AutoOpen Stub Data").Visible = True
  ```

- Das Tabellenblatt mit dem Namen „TemplateInformation" kann ebenfalls in der Entwicklungsumgebung sichtbar gemacht werden:

  ```
  Sheets("TemplateInformation").Visible = True
  ```

  Es enthält Informationen darüber, welche Zellen von welchem Blatt der Mustervorlage wo gespeichert werden sollen. Um einer gewollten oder ungewollten Manipulation durch den Anwender vorzubeugen, sind alle Zeilen und Spalten ausgeblendet. Wenn Sie sich die Informationen ansehen möchten, markieren Sie alle Zellen mit Strg+A, und führen Sie anschließend START | FORMAT | AUSBLENDEN UND EINBLENDEN | ZEILEN EINBLENDEN und SPALTEN EINBLENDEN aus.

 Vorsicht

Der Programmcode in *Vlassist.xla* basiert auf den Informationen in den beiden beschriebenen Blättern und reagiert auf Veränderungen allergisch. Die Zelle A1 des *TemplateInformation*-Blatts enthält nicht ohne Grund den Text *AutoTemplateWizard-DONTMESSWITHIT*.

Leider ist der Sourcecode der Add-in-Datei *Vlassist.xla* durch ein Kennwort geschützt und kann daher nicht angezeigt werden. Es ist aber unschwer zu erraten, dass in dieser Datei eine *OnSave*-Ereignisprozedur für die Mustervorlage eingerichtet wird, sodass bei jedem Speichern einer auf der Vorlage basierenden Datei automatisch eine Prozedur von *Vlassist.xla* ausgeführt wird.

Datenbankanbindung löschen

Mit ADD-INS | VORLAGEN-ASSISTENT können Sie zwar eine Datenbankanbindung zu einer Mustervorlage herstellen, es besteht aber keine Möglichkeit, diese Verbindung wieder zu entfernen. In Schwierigkeiten kommen Sie auch, wenn Sie nachträglich den Typ der Datenbankanbindung ändern möchten (z. B. Access- statt Excel-Dateien). Die einzige Lösung scheint darin zu bestehen, das betreffende Tabellenblatt in eine neue Excel-Datei zu kopieren und dann diese als neue Vorlage zu speichern.

■ 9.2 Beispiel: das „Speedy"-Rechnungs- formular

Die Firma „Speedy" stellt den Ausgangspunkt für das erste Beispiel dieses Kapitels dar. Diese Firma hat sich auf den Versandhandel spezialisiert und hierfür klare Geschäftsbedingungen fixiert:

- Rabatt: Bestellungen ab zehn Stück je Artikel werden mit einem Rabatt von 3 Prozent belohnt; ab 20 Stück erhöht sich der Rabatt sogar auf 5 Prozent.

- Bearbeitungspauschale: Eine Bearbeitungspauschale von 3 € wird nur bei einem Bestellwert von unter 50 € (netto) verrechnet.

- Versandkosten: Bis zu einem Bestellwert von 50 € werden Versandkosten in der Höhe von 3 € verrechnet, sonst 5 €. Bei Lieferungen ins EU-Ausland erhöhen sich die Versandkosten um weitere 5 €.

- Mehrwertsteuer: Exporte außerhalb der EU unterscheiden sich noch in einem zweiten Punkt von Bestellungen innerhalb der EU: Es wird keine Mehrwertsteuer bzw. Umsatzsteuer verrechnet. (Das Exportkontrollkästchen muss auch dann ausgewählt werden, wenn ein Export innerhalb der EU durchgeführt wird und die UID-Nummer des Kunden bekannt ist. Auch in diesem Fall darf keine Mehrwertsteuer verrechnet werden.)

Bild 9.4 zeigt die wesentlichen Teile der Vorlage für das Rechnungsformular der Firma (Datei *09\Speedy.xltm*). Die grau unterlegten Bereiche werden am Bildschirm gelb angezeigt und kennzeichnen den Eingabebereich für den Anwender. Dieser muss Name und Adresse des Käufers sowie die bestellten Artikel mit Preis und Stückzahl eingeben. Falls es sich um eine Bestellung aus dem Ausland handelt, muss außerdem das Kontrollkästchen „Export Ja/Nein" aktiviert werden.

Hinweis

Damit *Speedy.xltm* als Mustervorlage verwendet werden kann, muss die Datei vorher in das Verzeichnis

[BenutzerVerzeichnis]\AppData\Roaming\Microsoft\Templates (Excel 2007 und 2010)

respektive

[OfficeVerzeichnis]\Templates\1031 (Excel 2013)

kopiert werden! *Speedy.xltm* enthält Code, durch den jede Änderung ebenfalls an diesem Ort gespeichert wird (ganz egal, von wo die Datei geladen wird). ■

Durch vordefinierte Formeln werden in der Rabattspalte automatisch 3 oder 5 Prozent eingetragen. Aus Preis, Stückzahl und Rabatt wird der Endpreis berechnet. Von den einzelnen Posten wird anschließend die Summe gebildet. Je nach Bestellwert und Exportfeld werden zu dieser Summe unterschiedliche Bearbeitungsgebühren und Versandkosten addiert, sodass sich die Endsumme (netto) ergibt. Dazu wird schließlich die USt/MwSt von 19 Prozent addiert.

Die Formeln sind recht leicht zu verstehen:

```
Rabatt:
  =WENN(F23<10;"";WENN(F23<20;0,03;0,05))
Endpreis:
  =WENN(E23=0;"";WENN(F23=0;E23;WENN(G23="";E23*F23;E23*F23*(1-G23))))
Bearbeitungsgebühren:
  =WENN(H38<100;5;0)
Versandkosten:
  =WENN(H38<50;3;5)+WENN(C20=Falsch;0;5)
Umsatzsteuer:
  =WENN(C20=Falsch;H41*0,16;0)
```

In den obigen Formeln haben die Zellbezüge folgende Bedeutung:

```
C20: Export J/N (die Zelle ist mit dem Kontrollkästchen verknüpft
     und enthält WAHR oder FALSCH)
E23: Einzelpreis.
F23: Stückzahl
G23: Rabatt
H38: Zwischensumme Endpreis
H41: Endsumme netto
```

Bedienungselemente

Das Formular ist mit einem Drehfeld ausgestattet, mit dem eingestellt werden kann, wie viele Rechnungsduplikate (0 bis 3) ausgedruckt werden sollen. Der Button FORMULAR LÖSCHEN löscht alle Eingabeelemente des Formulars und ermöglicht so die bequeme Eingabe der nächsten Rechnung.

Über den Button RECHNUNG AUSDRUCKEN UND SPEICHERN wird die Rechnung ausgedruckt und in einer Datei *R_nnnnnn.xlsx* gespeichert, wobei *nnnnnn* durch eine durchlaufende Rechnungsnummer ersetzt wird. Im Gegensatz zu typischen Mustervorlagen, bei denen sich der Anwender selbst um das Speichern kümmern muss, wurde dieser Arbeitsschritt bei Speedy automatisiert. Der Vorteil besteht darin, dass die Rechnung sehr platzsparend gespeichert werden kann.

Damit die Rechnungsdateien möglichst wenig Speicher beanspruchen, werden dorthin nur die Zahlenwerte aus *Speedy.xlsm* kopiert (aber keine Formeln, keine Steuerelemente, kein VBA-Code). Sämtliche Zellen sind gesperrt, die ganze Tabelle ist mit dem Kennwort „speedy" geschützt. Auf diese Weise soll nachträglichen Manipulationen in der Rechnung vorgebeugt werden.

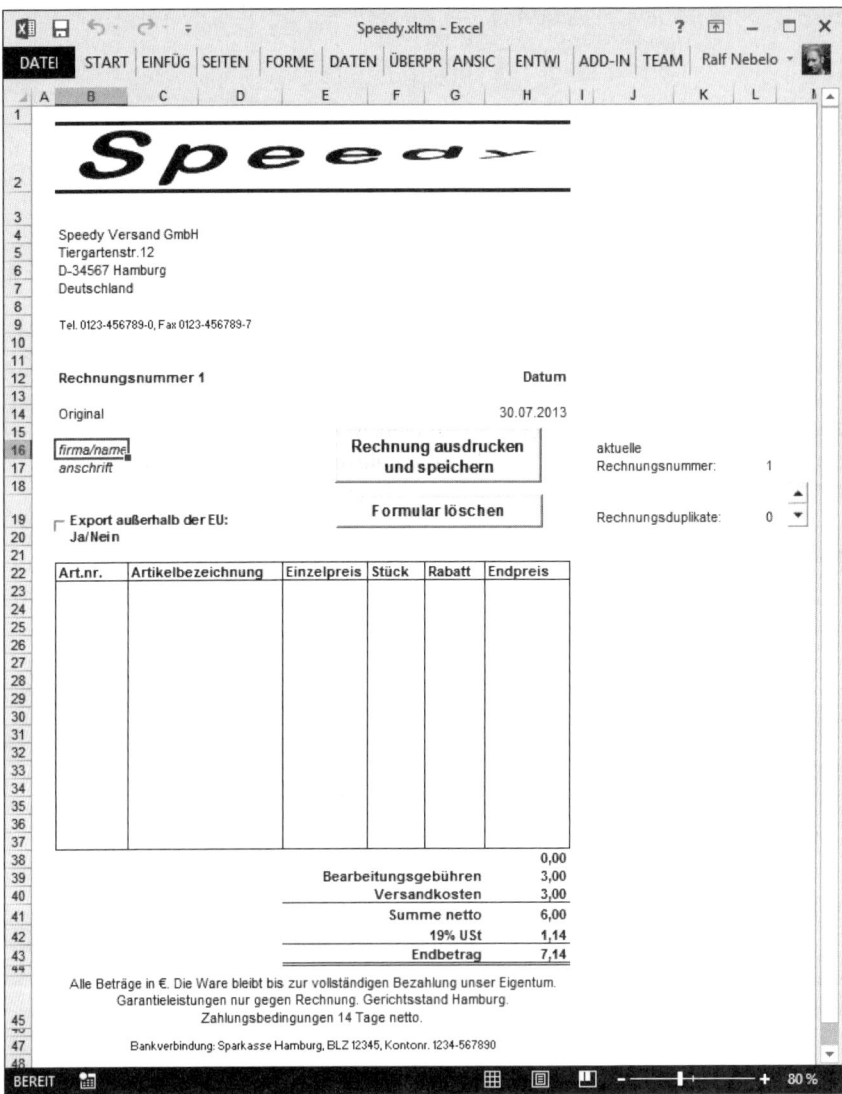

BILD 9.4 Die Vorlage für das Rechnungsformular der Firma „Speedy"

Besonderheiten bei der Formulargestaltung

Im Formular sind alle Zellen, in denen der Anwender Einnahmen vornehmen kann, gelb markiert (siehe Bild 9.4, grauer Hintergrund). Alle anderen Zellen sind gesperrt, die ganze Tabelle ist geschützt. Auf diese Weise werden Eingaben außerhalb der Eingabezellen ausgeschlossen.

Ausgedruckt wird nur der Bereich A1:I47. Die Zellen in den weiteren Spalten (Rechnungsnummer, Duplikatsanzahl) dienen nur zur internen Verwaltung. Bei den Steuerelementen innerhalb des Druckbereichs wurde die Eigenschaft *PrintObject* auf *False* gestellt. Zur Gestaltung des Rechnungskopfs wurde das Programm WordArt verwendet, das mit Word mitgeliefert wird. Kopf- und Fußzeile wurden bei der Gestaltung von *Speedy.xltm* auf „keine" gestellt.

Das Kontrollkästchen Export ist mit der Zelle C20 verbunden, in der je nach Zustand des Kontrollkästchens *WAHR* oder *FALSCH* steht. Damit dieser Wahrheitswert nicht irritiert, wurde als Textfarbe „Weiß" eingestellt. Der Inhalt von C20 ist daher unsichtbar.

In *Speedy.xltm* wurden vier Namen für einzelne Zellen bzw. für Zellbereiche definiert:

```
printrange:       A1:I47
nrOfCopies:       L19
original_copy:    B14
invoiceNr:        L17
```

Diese Namen werden in der Prozedur *btnPrintAndSave_Click* zum Verweis auf die genannten Zellen verwendet. Das hat nicht nur den Vorteil, dass das Programm übersichtlicher wird, sondern es wird auch flexibler gegenüber einer Veränderung der Tabellenstruktur: Wenn Sie beispielsweise im Formular eine Leerzeile einfügen, werden automatisch alle betroffenen Namen aktualisiert. Würde im Programm direkt auf einzelne Zellen zugegriffen (etwa mit *Range("L19")* bzw. mit der Kurzschreibweise *[L19]*), müssten diese Verweise anschließend manuell verändert werden.

Im Programmcode kommen übrigens auch solche direkten Verweise vor, und zwar immer dann, wenn die Prozeduren durch die Makroaufzeichnung erstellt wurden (etwa *Workbook_Open* oder *btnClear_Click*). Die Makroaufzeichnung ist nicht in der Lage, Bereichsnamen in den Code einzusetzen.

Der Programmcode

Beim Öffnen der Datei werden in *Workbook_Open* durch einen Aufruf von *btnClear_Click* alle Eingabezellen des Formulars gelöscht. Außerdem wird der Zellzeiger in die Zelle B16 gesetzt, wo sofort mit der Eingabe des Firmennamens begonnen werden kann. Die Prozedur *btnClear_Click* wird auch durch den Button Formular löschen aufgerufen.

```
' Speedy.xltm, Modul „DieseArbeitsmappe"
Private Sub Workbook_Open()
  Worksheets(1).Select: Worksheets(1).btnClear_Click
  Range("B16").Select
End Sub
' Speedy.xltm, Modul „Tabelle1"
Public Sub btnClear_Click()
  Worksheets(1).CheckBox1 = False
  Range("B16").Select
  ActiveCell.FormulaR1C1 = "firma/name"
  Range("B17").Select
  ActiveCell.FormulaR1C1 = "anschrift"
  Range("B18").Select
  ActiveCell.FormulaR1C1 = ""
  Range("B23:F37").Select
  Selection.ClearContents
  Range("B16").Select
End Sub
```

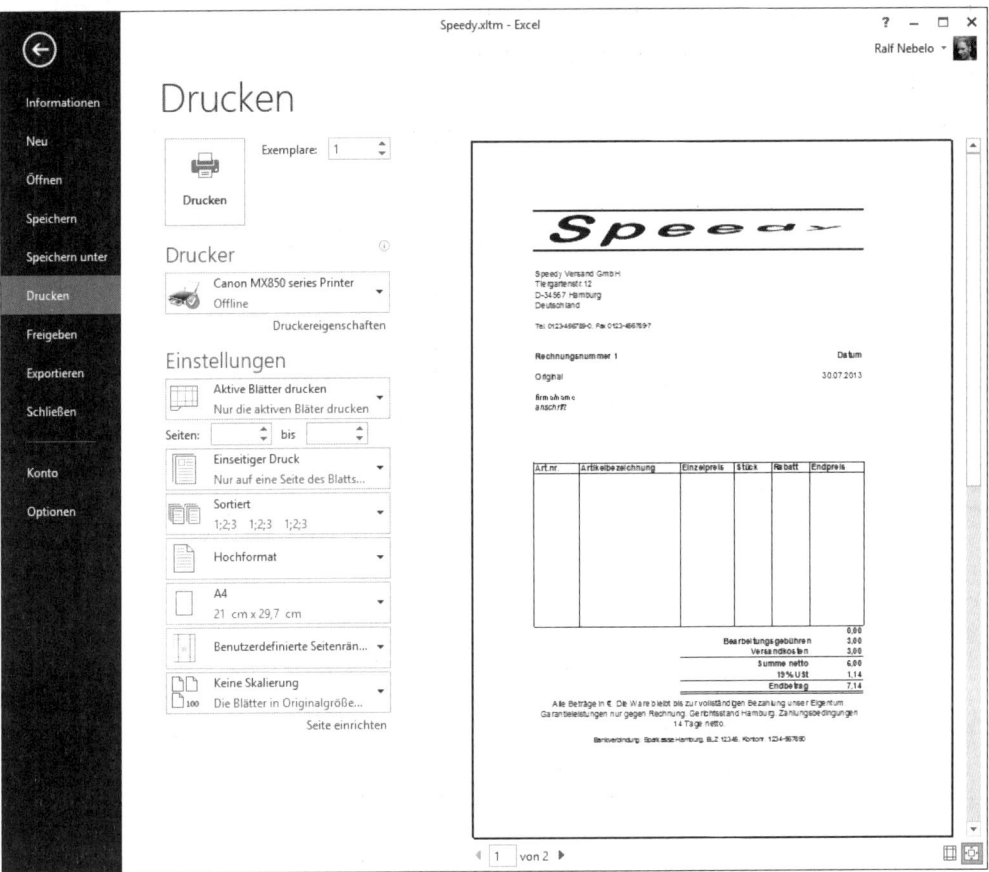

BILD 9.5 Seitenansicht einer „Speedy"-Rechnung

Beim Schließen von *Speedy.xltm* werden automatisch alle Veränderungen gespeichert. Das betrifft insbesondere die Rechnungsnummer, die sich ja mit jedem Ausdruck einer Rechnung um eins erhöht.

```
Private Sub Workbook_BeforeClose(Cancel As Boolean)
  'keine Rückfrage, ob Datei überschrieben werden darf
  Application.DisplayAlerts = False
  ThisWorkbook.SaveAs FileName:=Application.TemplatesPath + _
    "Speedy", FileFormat:=xlTemplate
  Application.DisplayAlerts = True
  ThisWorkbook.Close
End Sub
```

Hinweis

Durch *SaveAs* wird die Datei im persönlichen Vorlagenverzeichnis gespeichert. Wenn die Vorlage für mehrere Anwender gelten soll, muss sie stattdessen im globalen Vorlagenverzeichnis gespeichert werden. Leider gibt es seit Excel 2000 keine Eigenschaft mehr, die auf dieses Verzeichnis verweist. Sie können sich mit dem folgenden Code behelfen, sollten sich aber bewusst sein, dass dieser Code länderspezifisch ist und in dieser Form nur für die deutsche Excel-Version gilt:

```
Dim globalxlstart$
globalxlstart = Replace(Lcase _
  (Application.LibraryPath), "library", "xlstart")
ThisWorkbook.SaveAs filename:=globalxlstart + _
  "\Speedy", FileFormat:=xlTemplate
```

Nun aber zum wichtigsten Teil des Programmcodes, der Prozedur *btnPrintAndSave_Click*: Diese Prozedur druckt mit der Methode *PrintOut* zuerst das Rechnungsoriginal und anschließend die gewünschte Anzahl von Duplikaten aus. Original bzw. Duplikate sind mit dem Text „Original" bzw. „n. Duplikat" eindeutig gekennzeichnet.

Anschließend wird eine neue, leere Arbeitsmappe geöffnet und der Druckbereich über die Zwischenablage darin eingefügt (nur die Zahlenwerte und die dazugehörigen Formate). Die Arbeitsmappe wird unter dem Namen *R_nnnnnn.xlsx* im selben Verzeichnis wie *Speedy.xlsm* gespeichert und anschließend wieder geschlossen. Schließlich wird die aktuelle Rechnungsnummer um eins erhöht und *Speedy.xltm* gespeichert. Der Großteil des Codes ist leicht verständlich, weswegen hier nur einige Besonderheiten erwähnt werden.

Reaktion auf Fehler

Durch *On Error Resume Next* wird erreicht, dass die Prozedur auf jeden Fall bis zum Ende ausgeführt wird. Die wahrscheinlichste Fehlerursache besteht darin, dass der Anwender den Ausdruck der Rechnung abbricht. Wenn diese Unterbrechung beim Ausdruck des Originals erfolgt, wird die Prozedur umgehend verlassen; der Anwender kann die Rechnung verändern und den Ausdruck neu starten. Tritt der Fehler dagegen erst beim Ausdruck der Duplikate auf, dann nimmt die Prozedur an, dass die Rechnung in Ordnung ist und nur eine geringere Anzahl von Duplikaten benötigt wird. In diesem Fall wird zwar der Ausdruck der Duplikate abgebrochen, die Prozedur aber ansonsten zu Ende geführt.

Anzeigen in der Statuszeile

Um dem Anwender ein Feedback zu geben, was gerade geschieht, wird in der Statuszeile zuerst „Rechnung drucken" und anschließend „Rechnung R_nnnnn speichern" angezeigt. Der Zustand der Statuszeile wird am Ende der Prozedur wiederhergestellt, d. h., wenn die Statuszeile vorher unsichtbar war, wird sie am Ende der Prozedur wieder deaktiviert.

Kopie der Rechnung in eine eigene Datei

Programmtechnisch am interessantesten ist der Abschnitt, in dem der Druckbereich von *Speedy.xltm* in eine neue, leere Arbeitsmappe kopiert wird. Nach der Kopie von Werten und

Formaten durch den zweimaligen Aufruf der Methode *PasteSpecial* wird die Spaltenbreite der ersten neun Spalten korrekt eingestellt (diese Information wird beim Kopieren nicht übertragen).

Tabellenschutz

Am Beginn von *btnPrintAndSave_Click* wird der Tabellenschutz von *Speedy.xltm* mit der Methode *Unprotect* aufgehoben, damit die Zellen *[original_copy]* und *[invoiceNr]* im Programm verändert werden können. Dieser Schutz wird am Ende der Prozedur (ohne Kennwort) mit *Protect* wieder eingerichtet. In der Rechnungsdatei werden alle per Zwischenablage eingefügten Zellen zuerst gesperrt (Eigenschaft *Locked=True*), anschließend wird die ganze Tabelle mit dem Kennwort „speedy" geschützt.

```
Private Sub btnPrintAndSave_Click()
  Dim i%, result, filename$, statusbarMode
  Dim ws As Worksheet, newWb As Workbook, wsCopy As Worksheet
  On Error Resume Next
  statusbarMode = Application.DisplayStatusBar
  Application.DisplayStatusBar = True
  Application.StatusBar = "drucke Rechnung ..."
  Set ws = Worksheets(1)
  ws.Unprotect
  ' Orginal ausdrucken
  ws.[original_copy] = "Original"
  ws.[printrange].PrintOut Preview:=True
  If Err = 0 Then
    ' n Duplikate ausdrucken
    For i = 1 To ws.[nrOfCopies]
      ws.[original_copy] = i & ". Duplikat"
      Application.StatusBar = "drucke " & i & ". Duplikat ..."
      ws.[printrange].PrintOut
      If Err Then Exit For
    Next i
    ' Tabellenblatt in eine neue Arbeitsmappe kopieren und speichern
    filename = Application.DefaultFilePath & "\R_" & _
      Format(ws.[invoiceNr], "000000")
    Application.StatusBar = "speichere Rechnung " & filename & "..."
    Application.ScreenUpdating = False
    ws.[original_copy] = "Original"
    ws.[printrange].Copy
    Set newWb = Workbooks.Add
    Set wsCopy = newWb.Worksheets(1)
    ' nur Werte und Formate kopieren (aber keine Steuerelemente,
    ' nicht den SPEEDY-Schriftzug)
    wsCopy.[A1].PasteSpecial xlValues
    wsCopy.[A1].PasteSpecial xlFormats
```

```
    ' Spaltenbreite korrekt einstellen
    For i = 1 To 8
      wsCopy.Cells(1, i).ColumnWidth = ws.Cells(1, i).ColumnWidth
    Next i
    newWb.Windows(1).DisplayGridlines = False
    ' gesamte Tabelle schützen, Kennwort „speedy"
    wsCopy.[A1:H50].Locked = True
    wsCopy.Protect "speedy"
    ' Speichern unter "R_nnnnnn", wobei n die invoiceNr ist
    newWb.SaveAs filename
    newWb.Close
    If Err = 0 Then
      MsgBox "Die Rechnung wurde unter dem Dateinamen " & _
          filename & " gespeichert."
      ' invoiceNr erhöhen, Zelle Original/Duplikat löschen
      ws.[invoiceNr] = ws.[invoiceNr] + 1
      btnClear_Click
      'keine Rückfrage, ob Datei überschrieben werden darf
      Application.DisplayAlerts = False
      ThisWorkbook.SaveAs _
        filename:=Application.TemplatesPath + "Speedy", _
        FileFormat:=xlTemplate
      Application.DisplayAlerts = True
    End If
    Application.ScreenUpdating = True
  End If
  If Err <> 0 Then
    MsgBox "Es ist ein Fehler aufgetreten"
  End If
  ws.Protect
  Application.StatusBar = False
  Application.DisplayStatusBar = statusbarMode
End Sub
```

Verbesserungsvorschläge

Speedy.xltm hat mehrere Nachteile: Erstens verhindert die recht simple Verwaltung der Rechnungsnummer direkt in der Mustervorlage die Verwendung der Vorlage im Netz. (Es könnte passieren, dass zwei Anwender eine Rechnung mit derselben Rechnungsnummer ausdrucken.) Zweitens sind die Rechnungsdateien *R_nnnn.xlsx* mit rund 20 kByte unnötig groß (in Anbetracht der Menge der darin gespeicherten Daten), und drittens sind Korrekturen in einer bereits ausgedruckten Rechnung so gut wie unmöglich.

Zur ersten Einschränkung gibt es eine einfache Lösung: Die Rechnungsnummer müsste an einer zentralen Stelle in einer eigenen Datei gespeichert werden. Von dort wird die Nummer erst unmittelbar vor dem Drucken gelesen und sofort um eins vergrößert. Die Gefahr eines gleichzeitigen Zugriffs zweier Excel-Anwendungen auf die gemeinsame Rechnungsnummerndatei ist damit zwar noch immer gegeben, aber schon recht unwahrscheinlich.

Ganz professionell lässt sich das Problem nur lösen, wenn die Verwaltung der Rechnungsnummern durch ein zentrales Programm erfolgt (am besten durch eine Datenbankanwendung, die auch andere Rechnungsdaten speichert).

Der zweite Nachteil könnte so umgangen werden, dass in den Rechnungsdateien nicht einfach eine Kopie des gesamten Druckbereichs gespeichert wird, sondern nur eine Kopie der (am Bildschirm gelben) Eingabezellen und der Ergebniszellen im unteren Tabellenbereich. Es wäre auch zu überlegen, ob mehrere Rechnungen in einer Datei gespeichert werden könnten (z. B. in Form einer Art Tagesübersicht, in der alle Rechnungen eines Tages samt Tagessumme gespeichert werden).

Etwas komplizierter ist die Lösung des dritten Problems: Es müsste eine Prozedur erstellt werden, mit der die Daten einer bereits gespeicherten Rechnung wieder eingelesen, verändert und ausgedruckt werden können. Hier tritt natürlich auch ein Sicherheitsproblem auf: Soll es generell möglich sein, zwei Rechnungen mit derselben Rechnungsnummer auszudrucken? Oder muss die fehlerhafte Rechnung storniert und die korrigierte Rechnung als neue Rechnung ausgedruckt werden?

Alle Verbesserungsvorschläge weisen in die Richtung einer Datenbankanwendung. Zum Thema Datenbanken werden Sie im nächsten Kapitel noch umfangreiche Informationen erhalten – nicht zuletzt jene, dass Excel eigentlich kein Datenbankprogramm ist und nicht leichtfertig zur Datenbankprogrammierung eingesetzt werden sollte.

■ 9.3 Beispiel: Abrechnungsformular für einen Car-Sharing-Verein

Das zweite Formular (Beispieldatei *Share.xltm*) erleichtert die Abrechnung eines Car-Sharing-Vereins. (Neudeutsch heißt diese Variante der gemeinsamen Nutzung eines PKW „Autoteilen".) In diesem Verein können die Mitglieder ein Auto ausleihen. Neben der Kaution und dem monatlichen Mitgliedsbeitrag fallen für die Verwendung eines Autos (hier für einen Kombi) folgende Kosten an:

- Stundentarif I (8–20 Uhr)   1,30 €
- Stundentarif II (20–2, 6–8 Uhr)   0,70 €
- Stundentarif III (2–6 Uhr)   0,00 €
- Tagestarif (24 h)   20,00 €
- Wochenendgutschrift   7,00 €
- Kilometertarif   0,20 €

Bei den Stundentarifen zählt jede angebrochene Stunde. Der Tagestarif gilt für 24 Stunden, der Zeitpunkt des Beginns der Nutzungsdauer kann beliebig gewählt werden. Wenn das Auto über ein Wochenende ausgeliehen wird, vermindern sich die Benutzungsgebühren um die Wochenendgutschrift. Der Kilometertarif versteht sich inklusive der Treibstoffkosten. Falls unterwegs getankt wird, werden die ausgelegten Treibstoffkosten rückerstattet.

Die oben angeführten Gebühren sollten für den Verein eine Kostendeckung ermöglichen, also die Anschaffungs- und Wartungskosten, Vollkaskoversicherung und Steuern decken.

Auch wenn die Tarife auf den ersten Blick relativ hoch erscheinen, stellt das Car-Sharing-Modell für Personen, die nur verhältnismäßig selten ein Auto benötigen, eine günstigere Variante als der Kauf eines eigenen Autos dar. Zudem ist zu berücksichtigen, dass Sie keinen Abstellplatz bzw. keine Garage benötigen, sich nicht um Wartung oder Reparaturen kümmern müssen etc.

Nach diesem kurzen Werbeblock für das Car-Sharing-Modell zurück zu Excel: Die Beispieldatei *Share.xltm* enthält die in Bild 9.6 dargestellte Formularvorlage. Damit die Datei als Mustervorlage verwendet werden kann, muss sie vorher in das Vorlagenverzeichnis des Office-Pakets kopiert werden. Zum Öffnen der Datei muss DATEI | NEU verwendet werden (nicht DATEI | ÖFFNEN).

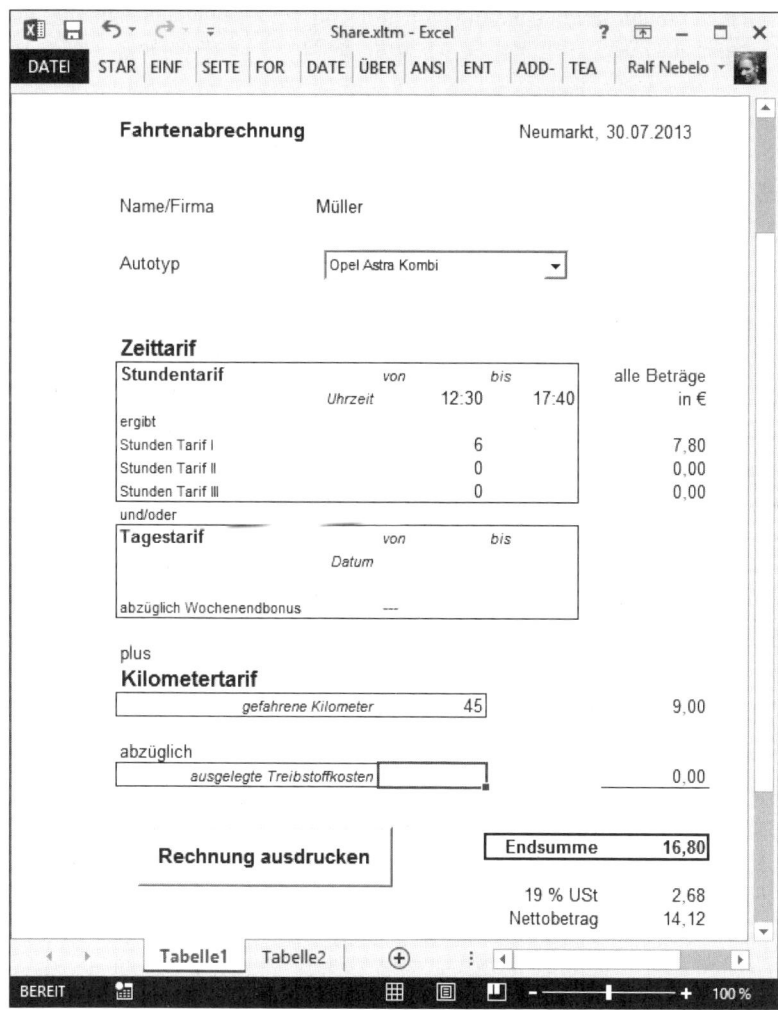

BILD 9.6 Formular zur Fahrtenabrechnung im Car-Sharing-Verein

Zur Fahrtabrechnung müssen nur verhältnismäßig wenige Eingaben durchgeführt werden: Name des Mitglieds, Autotyp (im Listenfeld), Start- und Endzeit für den Stundentarif und/ oder Start- und Enddatum für den Tagestarif, die Anzahl der gefahrenen Kilometer und schließlich eventuell ausgelegte Treibstoffkosten.

Aus diesen eher spärlichen Angaben ermittelt Excel, wie viele Stunden zu welchem der drei Stundentarife angefallen sind und ob zwischen Start- und Enddatum für den Tagestarif ein Wochenende liegt. Die daraus resultierenden Tarife werden summiert. Für Firmen, die am Car-Sharing-Modell teilnehmen, wird der USt-Anteil der Endsumme angeführt. (Alle Tarife verstehen sich inklusive Mehrwertsteuer.)

Der Button RECHNUNG AUSDRUCKEN startet den Ausdruck des Formulars. Das dadurch aktivierte Makro kopiert das Tagesdatum und fügt es als Wert wieder ein, sodass die Rechnung anschließend mit dem fixierten Datum gespeichert werden kann. Dann wird die ganze Tabelle in ein neues Arbeitsblatt kopiert. In diesem Arbeitsblatt werden die gelben Hintergrundschattierungen (graue Bereiche in Bild 9.6) entfernt. Danach wird das Blatt ausgedruckt und schließlich wieder gelöscht. Der resultierende Ausdruck sieht wie der Beispielausdruck in Bild 9.7 aus.

Im Gegensatz zum Rechnungsformular aus Abschnitt 9.2, wo auch zum Speichern der Rechnungen ein Makro vorgesehen war, muss sich der Anwender bei *Share.xltm* selbst um das Speichern kümmern. Das Ausmaß der Automatisierung ist bei diesem Beispiel also geringer als beim vorangegangenen Beispiel.

Der Aufbau der Tabelle

Die beiden Eingabezellen für den Stundentarif befinden sich in D19 und E19. Die Zellen D21 bis D23 enthalten die benutzerdefinierten Funktionen *Rate_I_Hours* bis *Rate_III_Hours* (Beschreibung des Codes folgt unten). In G21 bis G23 werden die Stundenzahlen mit den dafür vorgesehenen Tarifen aus der Tariftabelle (C45 bis C50) multipliziert.

Die beiden Eingabezellen für den Tagestarif befinden sich in D26 und E26. In G26 wird die Differenz der Tage mit dem Tagestarif multipliziert. Falls E26 leer ist, wird ein Tag berechnet.

```
=WENN(D26=0;"";WENN(E26=0;C48;(E26-D26)*C48))
```

In D28 wird mit der Funktion *TestIfWeekend* überprüft, ob zwischen Start- und Enddatum ein Wochenende liegt. Wenn das der Fall ist, wird in D28 der Text „OK", andernfalls „—" angezeigt. Die Formeln in G28 wertet D28 aus und zeigt gegebenenfalls den negativen Wert des Wochenendbonus (C49) an.

```
=WENN(D28="OK";-C49;"")
```

Der Button RECHNUNG AUSDRUCKEN wurde über das Register ENTWICKLERTOOLS in die Tabelle eingefügt, beschriftet und dem Makro *btnPrint* zugewiesen.

Über das Listenfeld „Autotyp" kann einer der drei PKWs des Vereinsfuhrparks ausgewählt werden. Die drei Autos samt der dazugehörigen Tarife sind in einer zweiten Tabelle gespeichert (je kleiner und billiger das Auto, desto niedriger sind auch die Tarife). Das Ergebnis des Listenfelds (ein Wert zwischen 0 und 2) ist mit der Zelle G14 verknüpft.

In der Zelle D14 direkt unterhalb des Listenfelds wird der Autotyp über die Indexfunktion *=INDEX(Tabelle2!A2:A4;G14+1)* angezeigt. Der Text ist normalerweise unsichtbar und wird erst beim Ausdruck sichtbar (weil das Listenfeld nicht mit ausgedruckt wird).

Im Tarifbereich C45:C50 stehen Formeln wie *=INDEX(Tabelle2!$B$2:$B$4; $G$14+1)*. Damit wird in Abhängigkeit des ausgewählten Autotyps (G14) auf die Tarifdaten in Tabelle 2 zugegriffen.

Die Tarifberechnung

Der Funktion *TestIfWeekend* werden als Funktionsargumente die Zellen D24 und E24 übergeben, die das Ausleih- und Rückgabedatum enthalten. Der Code für die Funktion beginnt mit der Deklaration der Funktion und ihrer beiden Parameter *startDate* und *endDate*. In der Funktion wird das Ergebnis mit „Nein" vordefiniert. In drei *If*-Abfragen wird überprüft, ob überhaupt in beiden Parametern Werte stehen und ob das Auto mindestens zwei Tage ausgeliehen wurde (als Bedingung für den Wochenendbonus). Wenn eine dieser Bedingungen falsch ist, wird die Funktion sofort beendet; in der Zelle D26 wird dann das Ergebnis „—" angezeigt.

Das Schlüsselwort *For* leitet eine Schleife ein, in der die Variable *varDate* alle Tage vom Start- bis zum Vortag des Enddatums durchläuft. Zum Verständnis dieser Schleife ist das Wissen über die Excel-interne Darstellung von Datum und Uhrzeit erforderlich: Die Zahl 0 entspricht dem 1.1.1900 00:00, 34335,75 entspricht dem 1.1.1994 18:00 etc.

In der Schleife wird getestet, ob der Tag in *vardate* ein Samstag ist (*WeekDay(varDate)=7*). Wenn das der Fall ist, reicht die Datumsspanne sicherlich über das Wochenende, weil die Schleife ja nur bis zum Vortag des Enddatums reicht. Das Ergebnis der Funktion wird daher mit „OK" festgelegt, die Funktion wird verlassen. Wenn die Schleife ergebnislos durchlaufen wird (weil das Auto unter der Woche ausgeliehen wurde), enthält *TestIfWeekend* am Ende der Funktion noch immer die Voreinstellung „—".

```
' Datei Share.xltm, Modul1
Function TestIfWeekend(startDate As Variant, endDate As Variant) _
As String
  Dim varDate As Date
  TestIfWeekend = "---"                  'Defaultergebnis
  If startDate = 0 Then Exit Function    'wenn Startdatum fehlt
  If endDate = 0 Then Exit Function      'wenn Enddatum fehlt
  If endDate - startDate < 2 Then Exit Function   'wenn nur 1 Tag
  ' testen, ob im Datumsintervall ein Wochenende liegt
  For varDate = startDate To endDate - 1
    If WeekDay(varDate) = 7 Then
      TestIfWeekend = "OK": Exit Function
    End If
  Next varDate
End Function
```

Die drei Funktionen *Rate_I_Hours* bis *Rate_III_Hours* sind analog zueinander aufgebaut, weswegen hier die Beschreibung einer Funktion ausreicht. Die Funktion beginnt mit einem Test, ob die beiden Parameter gültige Werte enthalten. Beachten Sie auch die Anwendung von *IsEmpty*, mit der eine leere Zelle von einer Zelle mit 0 unterschieden werden kann. Damit ist auch die Eingabe von 0:00 als Uhrzeit zulässig.

Als Nächstes werden die beiden Variablen *time1* und *time2* mit den Werten aus den Parametern *startTime* und *endTime* belegt. Dabei wird der Fall berücksichtigt, dass das Auto über Mitternacht ausgeliehen wurde (beispielsweise von 20:00 bis 1:30).

```
Function Rate_I_Hours(startTime As Variant, endTime As Variant) _
As Integer
  Dim varTime As Date, time1 As Date, time2 As Date
  Dim nrOfHours As Integer
  If IsEmpty(startTime) Or IsEmpty(endTime) Then Exit Function
  time1 = startTime
  If endTime < startTime Then   'Auto wurde über Mitternacht
                                'ausgeliehen
    time2 = 1 + endTime
  Else
    time2 = endTime
  End If
  For varTime = time1 To time2 - 1 / 1441 Step 1 / 24
    'vom Excel-Format in ganze Stunden umrechnen
    nrOfHours = Int(varTime * 24) Mod 24
    If nrOfHours >= 8 And nrOfHours < 20 Then
      Rate_I_Hours = Rate_I_Hours + 1
    End If
  Next varTime
End Function
```

Die nun folgende Schleife läuft im Stundentakt (eine Stunde entspricht im Excel-Zeitformat 1/24) von der Startzeit bis zum Zeitpunkt knapp eine Minute vor der Endzeit. (Eine Minute entspricht 1/1440; hier wurde 1/1441 verwendet, um eventuelle Rundungsfehler auszuschließen.) In der Variablen *varTime* wird die aktuelle Stundenzahl (beispielsweise 6 für die Zeit 6:30) berechnet. Dazu wird die Zeit mit 24 multipliziert (da in Excel 24 Stunden dem Wert 1 entsprechen), abgerundet und mit dem Modulo-Operator auf den Wertebereich von 0 bis 23 eingeschränkt. (Das ist für den Zeitrahmen über Mitternacht notwendig, weil in diesem Fall auch Stundenwerte größer als 24 entstehen können.)

Schließlich wird getestet, ob die aktuelle Stundenzahl sich im Zeitrahmen von Tarif 1 befindet. Wenn das der Fall ist, wird der Ergebniswert *Rate_I_Hours* um 1 erhöht. Relevant für den Tarif ist immer der Beginn einer Stunde. Die Funktionen *Rate_II_Hours* und *Rate_III_Hours* unterscheiden sich von der gerade behandelten Funktion nur in den Abfragebedingungen für den Zeitrahmen der Tarife.

Verbesserungsideen für die Tarifberechnung

Beim gewählten Berechnungsmodell stört die Trennung zwischen Stunden- und Tagestarif. Wenn das Auto für eineinhalb Tage ausgeliehen wird, ist eine Kombination beider Tarife notwendig. Die erforderliche Eingabe der Daten ist fehleranfällig. Eleganter wäre es, wenn einfach Datum und Zeit für den Ausleihzeitpunkt und die Rückgabe eingegeben werden könnten.

Die zugehörigen Funktionen müssten dann selbstständig eine optimale (kostenminimale) Kombination von Tages- und Stundentarif ermitteln. Dass das mit einigem Programmieraufwand verbunden ist, liegt auf der Hand.

Ein weiteres Manko des Berechnungsmodells ist die fehlende Berücksichtigung von Feiertagen (sofern hierfür in den Statuten des Vereins Sonderregelungen in der Art des Wochenendbonus existieren).

Der Ausdruck der Tabelle

Als letztes Makro bleibt noch *btnPrint_Click* zu beschreiben. Das Makro druckt das Car-Sharing-Formular aus, ersetzt dabei das aktuelle Datum durch einen fixen Wert und entfernt die gelbe Hintergrundmarkierung der Eingabebereiche. Dazu wird die ganze Tabelle in ein neues Tabellenblatt kopiert. Dieses Tabellenblatt wird am Ende des Makros wieder entfernt.

Der prinzipielle Code wurde zuerst per Makroaufzeichnung erstellt. Anschließend wurden verschiedene Änderungen durchgeführt, zudem wurde der Code kommentiert. Der eigentliche Ausdruck erfolgt mit *PrintOut*, wobei mit *Preview:= True* erreicht wird, dass nur eine Seitenvorschau durchgeführt wird.

Die Anweisungen am Anfang und Ende der Prozedur (*ScreenUpdating=...*) beschleunigen den Ablauf des Makros deutlich. Sie verhindern das ständige Neuzeichnen des Bildschirms während des Ablaufs des Makros. *On Error Resume Next* bewirkt, dass das Makro auch beim Auftreten eines Fehlers (beispielsweise wenn der Anwender den Ausdruck durch ABBRECHEN stoppt) bis zum Ende abgearbeitet wird.

In der vorletzten Zeile des Makros wird das aktuelle Tabellenblatt (das ja erst einige Zeilen weiter oben erzeugt wurde) wieder gelöscht. Um die Sicherheitsabfrage, ob das Blatt wirklich gelöscht werden soll, zu vermeiden, wird die Eigenschaft *DisplayAlerts* vorsorglich auf *False* gesetzt.

```
' Abrechnungsformular ausdrucken
Sub btnPrint_Click()
  Application.ScreenUpdating = False
  ' Datum kopieren und als Wert einfügen
  Range("G9").Select
  Selection.Copy
  Selection.PasteSpecial Paste:=xlValues
  Application.CutCopyMode = False
  ' ganzes Tabellenblatt kopieren
  Sheets("Tabelle1").Select
  Sheets("Tabelle1").Copy ActiveWorkbook.Sheets(1)
  With Sheets(1)
    ' im neuen Arbeitsblatt gelbe Hintergrundmarkierung löschen
    .Cells.Interior.ColorIndex = xlNone
    ' ausdrucken
    .PrintOut preview:=True
  End With
```

```
  ' neues Tabellenblatt wieder löschen
  Application.DisplayAlerts = False
  ActiveWindow.ActiveSheet.Delete
  Application.DisplayAlerts = True
  Application.ScreenUpdating = True
End Sub
```

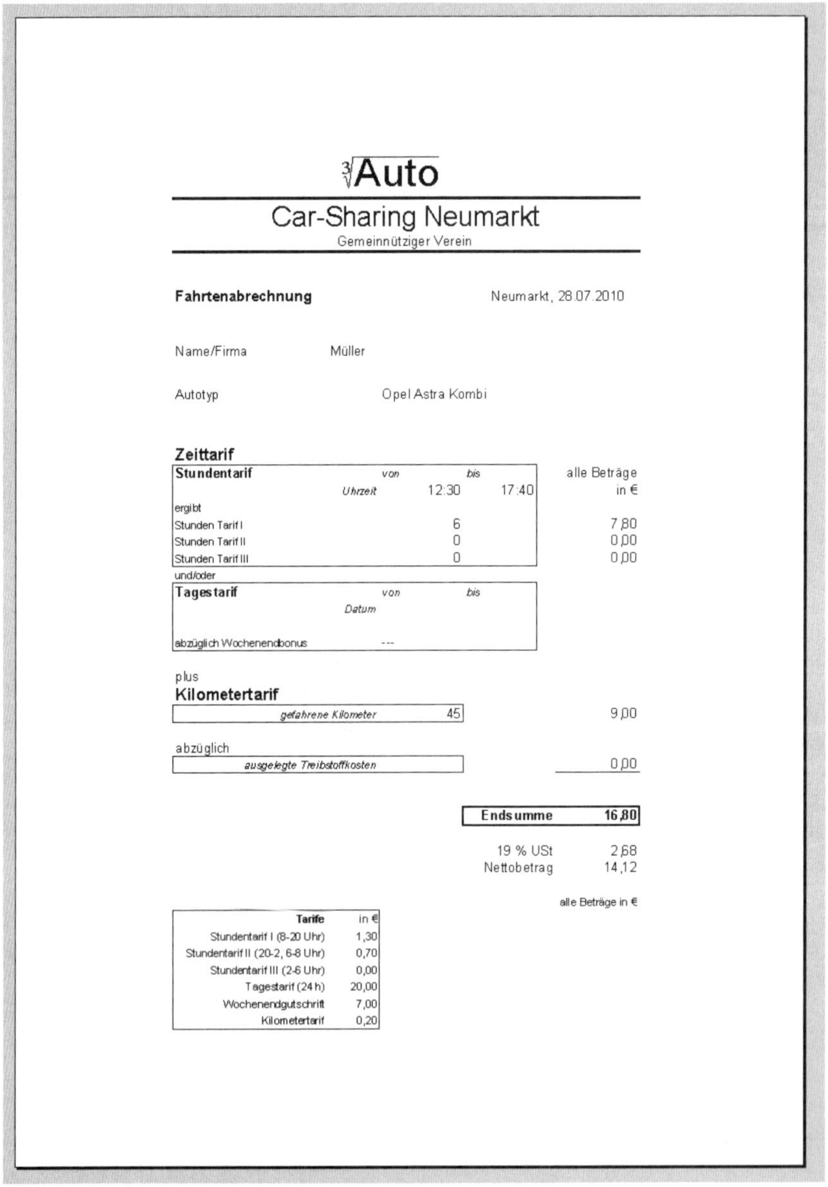

∛Auto

Car-Sharing Neumarkt

Gemeinnütziger Verein

Fahrtenabrechnung Neumarkt, 28.07.2010

Name/Firma Müller

Autotyp Opel Astra Kombi

Zeittarif

		von	bis	alle Beträge in €
Stundentarif	*Uhrzeit*	12:30	17:40	
ergibt				
Stunden Tarif I		6		7,80
Stunden Tarif II		0		0,00
Stunden Tarif III		0		0,00

und/oder

		von	bis
Tagestarif	*Datum*		
abzüglich Wochenendbonus	---		

plus

Kilometertarif

gefahrene Kilometer 45 9,00

abzüglich

ausgelegte Treibstoffkosten 0,00

Endsumme 16,80

19 % USt 2,68

Nettobetrag 14,12

alle Beträge in €

Tarife	in €
Stundentarif I (8-20 Uhr)	1,30
Stundentarif II (20-2, 6-8 Uhr)	0,70
Stundentarif III (2-6 Uhr)	0,00
Tagestarif (24 h)	20,00
Wochenendgutschrift	7,00
Kilometertarif	0,20

BILD 9.7 Beispielausdruck einer Abrechnung des Car-Sharing-Vereins

■ 9.4 Grenzen „intelligenter" Formulare

Vereinfachung der Bedienung

Der Umgang mit den beiden Beispielformularen ist zwar schon verhältnismäßig einfach, Verbesserungen wären aber dennoch möglich: etwa durch eine eigene Befehlsleiste, die auf jene Kommandos reduziert ist, die für die Bedienung des Formulars sinnvoll sind.

Die Formulare sind so gut wie gar nicht gegen falsche Eingaben abgesichert. Wenn Eingaben im falschen Format erfolgen (beispielsweise Zahlen statt Datum oder Uhrzeit, Texte statt Zahlen), liefern die Rechenmodelle unverständliche Fehlermeldungen oder sogar vollkommen falsche Ergebnisse.

Eine Absicherung gegen Fehler bei direkten Eingaben in Tabellen (und nicht in Dialogen) ist verhältnismäßig schwierig. Generell bestehen zwei Möglichkeiten: Entweder Sie lassen kritische Eingaben über Dialoge durchführen, wo eine unmittelbare Kontrolle möglich ist (und der Dialog nur dann beendet werden kann, wenn alle Eingaben sinnvoll sind), oder Sie erweitern den Code des DRUCKEN- oder SPEICHERN-Buttons mit einigen Programmzeilen, die alle Eingabezellen des Formulars auf den Sinn der darin enthaltenen Daten überprüfen.

Overhead beim Speichern

Das Car-Sharing-Formular beansprucht rund 50 kByte Speicherplatz. Die wirklich relevanten Daten lassen sich auf zehn Zellen reduzieren (Name, Datum, Autotyp, Start- und Endzeit, Start- und Enddatum, Kilometeranzahl, Treibstoffkosten, Endsumme). Alle anderen Daten sind redundant, d. h., es wäre ausreichend, diese Daten nur einmal (und nicht in jedem Formular) zu speichern! Zur Lösung dieses Overhead-Problems bieten sich mehrere Lösungswege an:

- Eine Variante besteht darin, die Mustervorlage und den Code in zwei Dateien zu trennen. Die Mustervorlage benötigt dazu lediglich eine *Workbook_Open*-Prozedur, durch welche die Codedatei geladen und durch *OnEvent*-Prozeduren mit der Mustervorlage verbunden wird. Der Nachteil: Es ist nicht zu vermeiden, dass die Datendatei ohne die Codedatei auf einen anderen Rechner weitergegeben wird. Aus der Eleganz von „intelligenten" Formularen werden dann plötzlich unverständliche Fehlermeldungen.

- Eine zweite Variante wurde in der Speedy-Beispielvorlage vorgestellt: Dort sorgt ein eigenes Speichern-Makro dafür, dass wenigstens nur das Tabellenblatt (und nicht auch der VBA-Code) gespeichert wird. Der Nachteil dieser Vorgehensweise: Wenn eine Datei, die auf der Basis einer Mustervorlage erstellt wurde, nachträglich geändert werden soll, stehen die Eingabeerleichterungen der Mustervorlage nicht mehr zur Verfügung.

- Die dritte Variante besteht darin, dass überhaupt nur jene Daten gespeichert werden, die wirklich relevant sind. Im Prinzip ist die Idee ähnlich wie bei Mustervorlagen mit Datenbankanbindung durch den Vorlagenassistenten; der Unterschied besteht darin, dass das Formular als eigene Datei nicht mehr gespeichert werden muss. Dafür muss es jetzt Kommandos geben, um früher gespeicherte Daten aus der Datenbank wieder in die Formularvorlage einzulesen und nochmals zu bearbeiten. Der Nachteil dieser Lösung: Aus der Mustervorlage wird plötzlich eine vollwertige Datenbankanwendung mit dem damit verbundenen Programmieraufwand.

Gefahr von Insellösungen

Ein Formular zum bequemen Schreiben von Rechnungen ist zwar recht praktisch, für die Praxis des Büro- oder Betriebsalltags aber unzureichend. Normalerweise müssen die Rechnungen von einer anderen Abteilung verbucht werden, die auch auf den Zahlungseingang achtet und gegebenenfalls Mahnungen verschickt; bei Bestellungen muss eine Koordinierung mit der Lagerverwaltung erfolgen etc. Es ist daher eine klare Schnittstelle zu anderen Abteilungen notwendig.

Für solche komplexen und vernetzten Anwendungen ist es zumindest erforderlich, dass die einmal eingegebenen Daten mühelos weiterverwendet werden können. Für viele Anwendungen muss diese Weiterverarbeitung sogar vollautomatisch erfolgen.

Bei Problemstellungen dieser Art ist Excel überfordert. Excel stellt zwar recht weitreichende Datenbankkommandos zur Verfügung, für vollwertige Datenbankanwendungen ist ein richtiges Datenbankprogramm aber immer noch besser geeignet.

 Verweis

Zum Thema Datenbanken finden Sie in den Kapiteln 11 bis 13 losgelöst vom Thema Formularvorlagen eine Menge Informationen. Die Car-Sharing-Mustervorlage wird in Abschnitt 11.6 zu einer Datenbankanwendung ausgebaut. ∎

10 Diagramme und Zeichnungsobjekte

Diagramme stehen im Zentrum vieler Excel-Anwendungen. Dieses Kapitel gibt einen knappen Überblick darüber, welche Diagramme Excel unterstützt, und zeigt anschließend, wie Sie Diagramme programmgesteuert erstellen und ausdrucken können. Ein längeres Beispiel zum Thema Datenprotokollierung demonstriert diverse Programmiertechniken.

Über die klassischen Arbeitsblattdiagramme hinaus behandelt das Kapitel auch alle neueren und neuesten Diagrammtypen wie Sparklines- und SmartArt-Diagramme sowie die Zelldiagramme der bedingten Formatierung. Ein weiteres Thema dieses Kapitels sind die seit Excel 97 verfügbaren Zeichnungsobjekte (*Shapes*), mit denen sowohl Diagramme als auch ganz normale Tabellenblätter dekoriert werden können.

■ 10.1 Umgang mit Diagrammen

Seien Sie unbesorgt – Sie werden an dieser Stelle nicht eine weitere Einführung in den Umgang mit Diagrammen erhalten. Das Thema ist in zahlreichen Excel-Büchern bereits erschöpfend behandelt worden (im wahrsten Sinne des Wortes). Das Ziel dieses Abschnitts besteht vielmehr darin, systematisch und ohne viel Rücksicht auf Bedienungsdetails die Gestaltungsmöglichkeiten von Diagrammen zu beschreiben, die Elemente von Diagrammen zu benennen und deren Funktion zu erklären. Diese Informationen stellen ein elementares Vorwissen für die Programmierung von Diagrammen dar, bei denen es von diversen *ChartXy*-Objekten nur so wimmelt.

10.1.1 Grundlagen

Diagrammblätter versus eingelagerte Diagramme in Tabellenblättern

In Excel können Sie Diagramme entweder in Tabellen einbetten oder in eigenen Diagrammblättern darstellen. Die erste Variante hat den Vorteil, dass das Diagramm zusammen mit den dazugehörigen Daten ausgedruckt werden kann. Dabei sind auch sehr kleine Diagramme möglich, die nur einen Bruchteil der Seite füllen.

Ein neues Diagramm anlegen

Den klassischen Diagrammassistenten gibt es seit Excel 2007 nicht mehr. In den neueren Excel-Versionen, die mit einem Menüband ausgestattet sind, führt der Weg zu einem neuen Diagramm in der Regel über das EINFÜGEN-Register, wo Sie in der Befehlsgruppe DIAGRAMME zunächst den gewünschten Diagrammtyp auswählen. Excel legt nun umgehend ein leeres Diagramm passenden Typs an und verzweigt in die kontextsensitive Befehlsregisterkarte ENTWURF. Hier legen Sie dann mit einem Klick auf DATEN AUSWÄHLEN den Tabellenbereich fest, der als Grundlage für das neue Diagramm dienen soll. Dabei darf es sich ohne Weiteres um einen aus mehreren Teilbereichen zusammengesetzten Zellbereich handeln. In den weiteren Schritten können Sie Optionen zur Gestaltung des Diagramms bestimmen. Die Registerkarte ENTWURF kann auch für bereits vorhandene Diagramme aufgerufen werden, um Details der Formatierung zu verändern.

Weiterbearbeitung von Diagrammen

Neu erstellte Diagramme entsprechen oft noch nicht Ihren Vorstellungen. Die eigentliche Arbeit des Feinlayouts findet daher erst nach dem Abschluss der zuvor beschriebenen Arbeitsschritte statt. Dazu können Sie innerhalb des Diagrammbereichs beinahe alle Diagrammelemente mit der Maus anklicken: die Legende, die Achsen, einzelne Datenreihen (die in Form von Linienzügen, Balken etc. dargestellt werden), den Hintergrund des Diagramms etc. Zu jedem dieser Diagrammelemente existiert ein Kontextmenü, das zumeist reichhaltige Einstellmöglichkeiten eröffnet.

Wenn Sie zum ersten Mal mit Diagrammen arbeiten, werden Sie oft das Problem haben, dass Sie nicht wissen, welches Element Sie anklicken müssen, um eine ganz bestimmte Veränderung zu bewirken. Hier gibt es nur zwei Alternativen: Entweder Sie quälen sich durch Excels Online-Hilfe, oder Sie probieren es einfach aus.

10.1.2 Diagrammtypen

Excel 2013 kennt über 70 Diagrammtypen (wobei sich aber viele Typen sehr ähneln). Eine vollständige Referenz erhalten Sie, wenn Sie ein Diagramm markieren und im dann erscheinenden Register ENTWURF den Befehl DIAGRAMMTYP ÄNDERN wählen. Alternativ können Sie auch in der VBA-Hilfe zum Schlüsselwort *ChartType* forschen.

Verbunddiagramme

Verbunddiagramme sind Diagramme, in denen mehrere Diagrammtypen vereint sind (beispielsweise ein Linien- und ein Säulendiagramm). Verbunddiagramme können Sie entweder mithilfe von benutzerdefinierten Diagrammen erstellen (siehe unten) oder indem Sie den Diagrammtyp einer einzelnen Datenreihe (nicht des ganzen Diagramms) verändern.

Es lassen sich nur solche Diagramme kombinieren, die auf demselben Koordinatensystem aufbauen. Insofern sind die Kombinationsmöglichkeiten relativ gering. 3D-Diagramme lassen sich überhaupt nicht kombinieren.

Pivot-Diagramme

Bei Pivot-Diagrammen handelt es sich eigentlich nicht um einen Diagrammtyp, sondern um eine Form der Datenverbindung zwischen einem Diagramm und einer Pivot-Tabelle. Die Besonderheit von Pivot-Diagrammen besteht darin, dass Kategorien zur Gliederung der Daten dynamisch eingestellt werden können (d. h. durch Listenfelder im Diagramm). Das Diagramm wird sofort entsprechend umgebildet. Für das Diagramm an sich stehen fast alle oben erwähnten Diagrammtypen zur Verfügung. Pivot-Diagramme werden im Rahmen von Pivot-Tabellen in Kapitel 13 beschrieben.

Benutzerdefinierte Diagrammtypen

Die Formatierung von Diagrammen kann auf zwei Weisen erfolgen: Sie können einen der Standardtypen auswählen, oder Sie verwenden sogenannte benutzerdefinierte Typen (ehemals Autoformate). In diesen Typen sind zahlreiche Formatierungsdetails gespeichert, sodass Sie sehr rasch zu ganz unterschiedlichen Diagrammen gelangen.

Im Gegensatz zu früheren Excel-Versionen finden sich keine benutzerdefinierten Diagrammtypen mehr im Lieferumfang des Kalkulationsprogramms. Sie können diese allerdings sehr leicht selbst erstellen, indem Sie ein Diagramm nach Ihren Vorstellungen gestalten und es anschließend über seinen Kontextmenübefehl ALS VORLAGE SPEICHERN als Vorlage abspeichern. Zur Wiederverwendung einer gespeicherten Diagrammvorlage wählen Sie den Befehl DIAGRAMMTYP ÄNDERN im Kontextmenü eines Diagramms, markieren die Kategorie VORLAGEN und doppelklicken auf die Vorlage Ihrer Wahl.

10.1.3 Diagrammelemente (Diagrammobjekte) und Formatierungsmöglichkeiten

Sowohl für das Feinlayout von Diagrammen als auch für die Programmierung von Diagrammen sollten Sie wissen, zwischen welchen Diagrammobjekten Excel unterscheidet.

- *Diagramm*: Gemeint ist eigentlich das Objekt *ChartArea*, das für den Hintergrund des gesamten Diagramms zuständig ist (also jene Fläche, die unterhalb der Zeichnungsfläche, der Legende etc. zu sehen ist). Die hier eingestellte Schriftart gilt für alle Texte des Diagramms, bei denen nicht explizit eine andere Schriftart eingestellt wird.

- *Zeichnungsfläche*: Die Zeichnungsfläche (*PlotArea*) stellt ein Rechteck um den grafischen Bereich des Diagramms dar. Die Zeichnungsfläche beinhaltet das eigentliche Diagramm, nicht aber den Titel, die Legende etc. Bei den meisten 2D-Diagrammen zählen nicht einmal die Achsen zur Zeichnungsfläche: Wenn Sie für die Zeichnungsfläche die Hintergrundfarbe Grün und für die Diagrammfläche die Hintergrundfarbe Rot angeben, wird die Achsenbeschriftung rot unterlegt.

- *Bodenfläche*, *Wände*: Diese beiden Objekte existieren nur bei 3D-Diagrammen und beschreiben das Aussehen der Bodenfläche und der beiden vertikalen Begrenzungsflächen des Diagramms. Die Zeichnungsfläche betrifft in diesem Fall nur den rechteckigen Raum außerhalb des eigentlichen Diagramms.

- *Ecken*: Auch die Ecken existieren als eigenes Objekt nur bei 3D-Diagrammen. Ecken können zwar nicht formatiert werden, Sie können das Diagramm aber an den Ecken mit der Maus „anfassen" und dreidimensional verdrehen. Das ist oft bequemer als die Einstellung von Blickrichtung und Perspektive über den Kontextmenübefehl 3D-DREHUNG.

- *Datenreihen*: Eine Datenreihe beschreibt eine zusammengehörige Dateneinheit (zumeist die Werte einer Spalte aus der zugrunde liegenden Tabelle; nur wenn Sie im DATEN-AUSWÄHLEN-Dialog auf ZEILE/SPALTE WECHSELN klicken, sind Datenreihen zeilenweise organisiert). Eine Datenreihe wird beispielsweise durch einen Linienzug dargestellt. Die Formatierungsdaten von Datenreihen betreffen die grafische Repräsentierung dieser Datenreihe – also Farbe, Markierungspunkte, Linienstil etc.

- *Datenpunkte*: Die einzelnen Werte einer Datenreihe werden durch Datenpunkte repräsentiert. Normalerweise sind die Formatierungseigenschaften aller Datenpunkte gleich und durch die Eigenschaften der Datenreihe vorgegeben. Sie können aber die Eigenschaften jedes Datenpunkts separat einstellen und so einen einzelnen Datenpunkt einer Reihe hervorheben, getrennt beschriften etc. Bei Kreisdiagrammen können Sie einzelne Segmente aus dem Diagramm hinausziehen und dadurch hervorheben – auch das betrifft eine Eigenschaft des Datenpunkts. Vorsicht: Die vertikale Position von Datenpunkten in 2D-Diagrammen kann mit der Maus verändert werden – dadurch verändert sich aber der zugrunde liegende Wert in der Datentabelle!

- *Trendlinien*: Datenreihen von 2D-Diagrammen können Trendlinien zugeordnet werden. Die Trendlinie wird zusätzlich zur normalen Repräsentierung der Daten gezeichnet. Excel kennt dabei zwei Arten von Trendlinien: Näherungskurven (fünf verschiedene Typen) und Ausgleichskurven.

- *Fehlerindikatoren*: Auch Fehlerindikatoren stellen ein Unterelement zu Datenreihen in 2D-Diagrammen dar. Sie markieren den möglichen Abweichungsbereich der Datenpunkte.

- *Koordinatenachsen*: Auch bei den Koordinatenachsen gibt es unzählige Formatierungsdetails, die mit der Skalierung (Minimum, Maximum, linear oder logarithmisch) beginnen und mit der genauen Anordnung der Achsenbeschriftung enden (z. B. jeder zehnte Datenpunkt wird beschriftet, jeder zweite durch einen Teilstrich gekennzeichnet; Teilstriche nach innen oder nach außen gerichtet etc.). Koordinatenachsen lassen sich auch mit schräger Schrift beschriften.

- Es besteht auch die Möglichkeit, ein 2D-Diagramm mit zwei unabhängigen y-Achsen auszustatten, wobei für einige Datenreihen die eine, für die restlichen Datenreihen die andere Achse gilt. Das ist dann nützlich, wenn Sie zwei inhaltlich verwandte, quantitativ aber unterschiedliche Größen in einem Diagramm darstellen möchten (z. B. eine Spannung und Strom). Voraussetzung für die Darstellung zweier y-Achsen ist die Trennung der Datenreihen in zwei Gruppen.

- *Gitternetzlinien*: Die Zeichnungsfläche bei 2D-Diagrammen bzw. die Bodenfläche und die Wände von 3D-Diagrammen können durch Gitternetzlinien überlagert werden. Die Position von Gitternetzlinien orientiert sich an den Teilstrichen der Koordinatenachsen. Das Aussehen (Farbe, Linienform) von Haupt- und Hilfsgitterlinien ist individuell einstellbar (allerdings nur bei gewöhnlichen Diagrammen, nicht bei Verbunddiagrammen).

- *Titel*: Das Diagramm kann mit mehreren Titeln (für das Diagramm, die Achsen etc.) ausgestattet werden. Position, Schriftart, Ausrichtung etc. sind wiederum frei einstellbar.

- *Legende*: Die Legende ermöglicht eine Zuordnung von den im Diagramm genutzten Farben und Mustern zu den dazugehörigen Datenreihen. Die Beschriftung der Legende wird dem ersten Element der Datenreihe entnommen. Die Legende kann an einer beliebigen Stelle im Diagramm angeordnet werden (sogar über den Daten).

Weitere Diagrammoptionen

Über den Datenquelle-auswählen-Dialog (ENTWURF | DATEN AUSWÄHLEN) sind einige weitere Diagrammoptionen zugänglich. Diese Einstellungen betreffen nur das aktuelle Diagramm und werden nach einem Klick auf die Dialogschaltfläche AUSGEBLENDETE UND LEERE ZELLEN sichtbar.

Die Option LEERE ZELLEN ANZEIGEN ALS bestimmt das Verhalten Excels, wenn es in der Datenreihe auf leere Zellen stößt. In der Voreinstellung LÜCKEN tritt im Diagramm an dieser Stelle ein Loch auf (d. h., einige Balken fehlen, eine Linie ist unterbrochen etc.). Die beiden Alternativen lauten NULL (dann geht Excel mit leeren Zellen so um, als stünde der Wert 0 darin) oder DATENPUNKTE MIT EINER LINIE VERBINDEN (dann versucht Excel, für den fehlenden Bereich selbst passende Daten einzusetzen).

Das Auswahlkästchen DATEN IN AUSGEBLENDETEN ZEILEN UND SPALTEN ANZEIGEN bestimmt, wie Excel mit ausgeblendeten Zeilen/Spalten umgehen soll: Wenn das Kästchen nicht aktiviert ist, dann werden Daten aus unsichtbaren Zeilen/Spalten nicht gezeichnet. Im Diagramm tritt an dieser Stelle ein Sprung (kein Loch) auf. Die Einstellung ist vor allem dann von Interesse, wenn die Diagrammdaten aus einer gefilterten Datenbank stammen.

Trendlinien, Datenglättung

Bei Liniendiagrammen können Sie mit dem Kontextmenübefehl DATENREIHEN FORMATIEREN | LINIENART die Option LINIE GLÄTTEN auswählen. Dadurch wird der sonst oft eckige Verlauf der Kurve ein wenig abgerundet.

Weitergehende Möglichkeiten, durch vorhandenes Datenmaterial eine Näherungs- oder Ausgleichskurve zu legen, bietet das Kommando LAYOUT | TRENDLINIE | WEITERE TRENDLINIEN-OPTIONEN. Excel kann eine Datenmenge durch verschiedene Typen von Näherungskurven annähern, unter anderem durch eine Gerade, eine Polynomkurve (maximal sechster Ordnung), eine logarithmische, exponentielle oder potenzielle Kurve. Über die Optionen im Dialog TRENDLINIE FORMATIEREN können Sie angeben, ob und wie weit die Kurve über die vorhandenen Daten hinaus gezeichnet und ob die Formel der Kurve angegeben werden soll.

Über den Dialog kann ein sechster Kurventyp angegeben werden: GLEITENDER DURCHSCHNITT. Dabei wird jeder Punkt der Kurve aus dem Durchschnitt der *n* vorangehenden Datenpunkte berechnet. Eventuelle statistische Messfehler werden dadurch geglättet. Ausgleichskurven können aber im Gegensatz zu Näherungskurven nicht über den Datenbereich hinaus gezeichnet werden.

Einige Beispiele für die Anwendung der Trendlinienfunktion zeigt Bild 10.1. Die dazugehörige Beispieldatei *10\Trend.xlsm* finden Sie auf der beiliegenden CD.

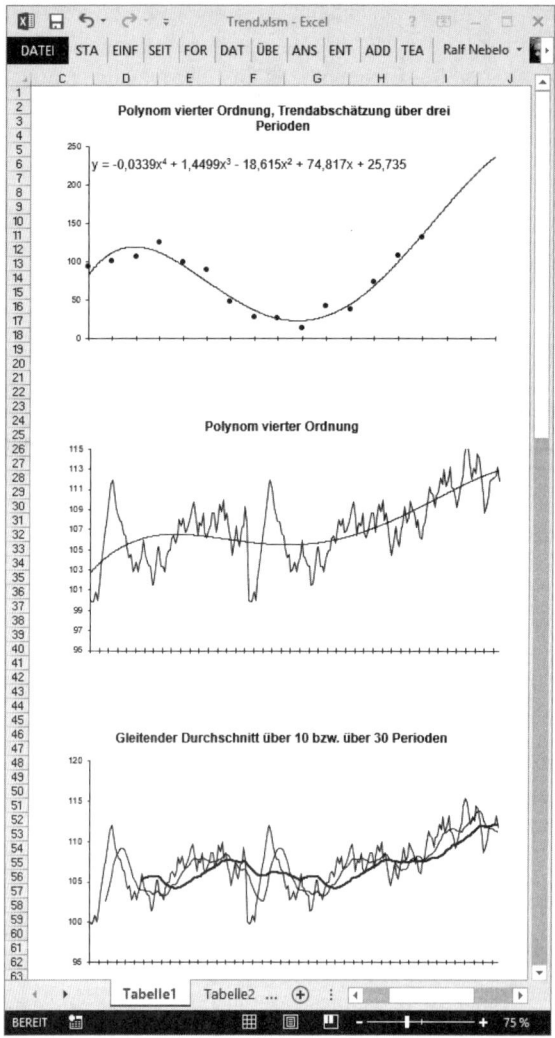

BILD 10.1
Drei Beispiele für Trendlinien

Fehlerkennzeichnung

Datenreihen in 2D-Diagrammen können mit Fehlerindikatoren versehen werden. Dabei handelt es sich um kleine Linien, die jenen Bereich angeben, in dem sich der tatsächliche Wert bei Berücksichtigung eines statistischen Messfehlers befinden kann.

10.1.4 Ausdruck

Beim Ausdruck muss wieder zwischen zwei Varianten unterschieden werden: Wenn das Diagramm in ein Tabellenblatt eingebettet ist, dann erfolgt der Ausdruck im Rahmen des Tabellenausdrucks. Das einzige Problem besteht darin, dass Excel sich mitunter wenig Gedanken über den Seitenumbruch macht und ein Diagramm im ungünstigsten Fall in bis zu vier Teile zerlegt. Es schadet also nicht, sich den Ausdruck zuerst in der Seitenansicht anzusehen. Eventuell müssen Sie den Ausdruck durch einige starre Seitenumbrüche (SEITENLAYOUT | UMBRÜCHE | SEITENUMBRUCH EINFÜGEN) manuell optimieren.

Wenn sich das Diagramm dagegen in einem Diagrammblatt befindet, oder wenn Sie ein eingebettetes, aber vorher durch Doppelklick aktiviertes Diagramm ausdrucken möchten, dann existieren im Dialog SEITEN EINRICHTEN einige Optionen speziell für den Diagrammausdruck. So können Sie beispielsweise mit der Option SCHWARZWEISS-DRUCK Farbdiagramme auch auf Schwarz-Weiß-Druckern wiedergeben. (Bei den meisten Druckern ist das allerdings auch ohne diese Option möglich.) Egal ob mit oder ohne diese Option, brauchbare Ergebnisse werden Sie mit einem Schwarz-Weiß-Drucker nur dann erzielen, wenn Sie bereits bei der Formatierung des Diagramms auf Farben verzichten. Nutzen Sie unterschiedliche Linienstärken und -formen zur Unterscheidung mehrerer Datenreihen.

Da die Defaultformate von Excel generell sehr farbenfreudig sind, ist eine entsprechende Schwarz-Weiß-Formatierung mit einem enormen Aufwand verbunden (grobe Schätzung: 100 Mausklicks für ein typisches Diagramm). Sie sollten daher, wenn diese öfter vorkommen, Schwarz-Weiß-Diagramme als benutzerdefinierte Diagrammtypen speichern.

■ 10.2 Programmierung von Diagrammen

Die ersten Versuche, Diagramme zu programmieren, stellen sich oft als sehr mühsam heraus. Der Grund: Die Orientierung in der Unmenge von *Chart*-Objekten ist nicht eben einfach, die Objektzuordnung von Eigenschaften und Methode nicht immer einsichtig.

Ein Beispiel gefällig? Die Methode *ClearContents* des *ChartArea*-Objekts löscht die Daten eines Diagramms, nicht aber seine Formatierung. Das ist insofern merkwürdig, als sich das *ChartArea*-Objekt eigentlich nicht auf das Diagramm an sich, sondern nur auf seinen Hintergrund bezieht. Logischer wäre es also gewesen, die Diagrammdaten über die *Delete*-Methode des *Chart*-Objekts zu löschen – aber siehe da, diese Methode liefert bei eingebetteten Diagrammen nur eine Fehlermeldung. Offensichtlich ist *Delete* nur zum Löschen von Diagramm*blättern* geeignet, während die beiden verwandten Methoden *ClearContents* und *ClearFormats* des *ChartArea*-Objekts für die Interna des Diagramms zuständig sind.

Im Gegensatz zum *ChartArea*-Objekt steht übrigens das *PlotArea*-Objekt („Zeichnungsfläche"): Auch dieses Objekt beschreibt den Hintergrund des Diagramms, diesmal allerdings den Bereich unmittelbar unter den Diagrammlinien, -balken etc.

Anmerkung

Auch wenn Sie am Anfang von der Vielfalt der Objekte und ihrer Eigenschaft überwältigt sind, gibt es auch positive Seiten: Sie können wirklich fast alles per Programmcode steuern. Aus Platzgründen ist es hier leider nicht möglich, diese Vielfalt zur Gänze zu beschreiben. In vielen Details werden Sie also auch nach der Lektüre dieses Kapitels auf die Hilfe angewiesen sein.   ■

Anstatt lange zu suchen: Nutzen Sie die Makroaufzeichnung!

Wenn Sie wissen möchten, auf welche Weise Sie im Programm eine bestimmte Formatierung erreichen können, verwenden Sie am besten die Makroaufzeichnung als Ratgeber (die Beispiele aus der Hilfe sind praktisch alle ohne Aussage). Je kürzer die Aufzeichnung, desto leichter tun Sie sich bei der Interpretation der Ergebnisse. Sie sollten also die Makroaufzeichnung starten, an einem bereits vorhandenen Diagramm nur ein einziges Detail verändern und die Aufzeichnung anschließend sofort wieder stoppen. Wenn Sie am Bildschirm ein Fenster mit dem Programmcode und ein weiteres mit dem Diagramm nebeneinander anordnen, können Sie während der Makroaufzeichnung sogar beobachten, wann die einzelnen Codezeilen erzeugt werden.

Der aus der Makroaufzeichnung resultierende Code funktioniert in der Regel, ist aber selten optimal. Zum Teil sind die darin enthaltenen Anweisungen unnötig umständlich, zum Teil ganz überflüssig. Eine Nachbearbeitung des Codes ist also unumgänglich.

10.2.1 Objekthierarchie

Die folgende Zusammenstellung gibt einen Überblick über die Objekthierarchie bei Diagrammen. Um die Struktur besser verständlich zu machen, wurden nur die wichtigsten Objekte aufgenommen und nur der Fall berücksichtigt, dass das Diagramm in ein Tabellenblatt eingelagert ist (kein Diagrammblatt). Eine vollständige Auflistung aller Diagrammobjekte finden Sie in der Datei *Objektreferenz.pdf* auf der Buch-CD.

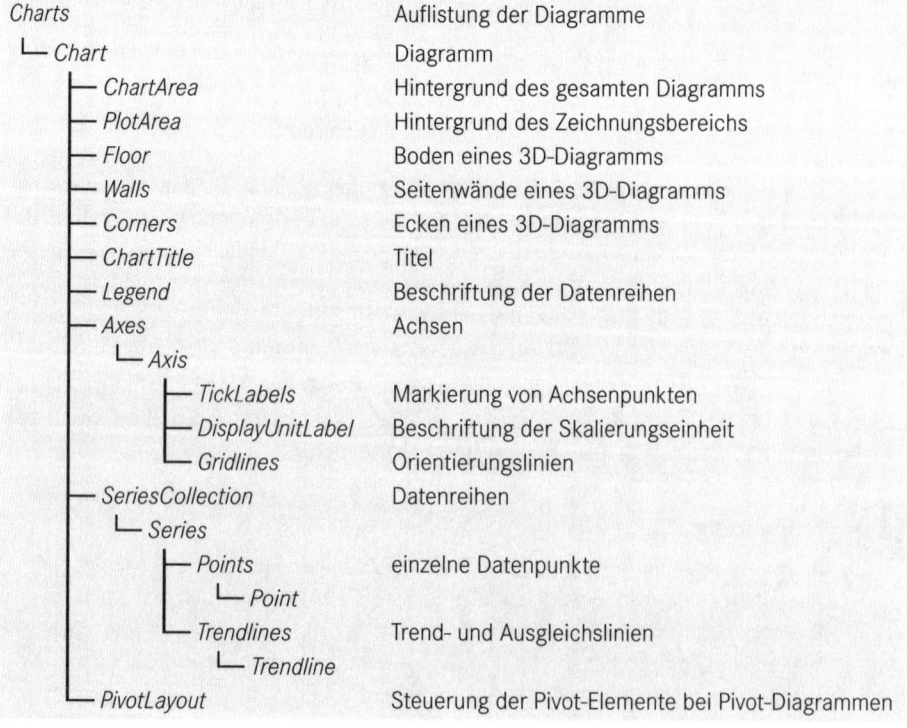

Charts	Auflistung der Diagramme
└─ *Chart*	Diagramm
├─ *ChartArea*	Hintergrund des gesamten Diagramms
├─ *PlotArea*	Hintergrund des Zeichnungsbereichs
├─ *Floor*	Boden eines 3D-Diagramms
├─ *Walls*	Seitenwände eines 3D-Diagramms
├─ *Corners*	Ecken eines 3D-Diagramms
├─ *ChartTitle*	Titel
├─ *Legend*	Beschriftung der Datenreihen
├─ *Axes*	Achsen
└─ *Axis*	
├─ *TickLabels*	Markierung von Achsenpunkten
├─ *DisplayUnitLabel*	Beschriftung der Skalierungseinheit
└─ *Gridlines*	Orientierungslinien
├─ *SeriesCollection*	Datenreihen
└─ *Series*	
├─ *Points*	einzelne Datenpunkte
└─ *Point*	
└─ *Trendlines*	Trend- und Ausgleichslinien
└─ *Trendline*	
└─ *PivotLayout*	Steuerung der Pivot-Elemente bei Pivot-Diagrammen

Kleines Glossar der Diagrammobjekte

Enorme Verwirrung stiften die zahlreichen, oft fast gleichlautenden *Chart*- und *Plot*-Objekte. Bild 10.2 gibt einen ersten Überblick.

- *Chart*: Das eigentliche Diagramm; es besteht aus einigen Datenreihen, die grafisch repräsentiert werden, dem Hintergrund, den Koordinatenachsen, der Legende, dem Titel etc. Auf *Chart*-Objekte kann entweder über die Auflistung *Charts* zugegriffen werden, wenn sich das Diagramm in einem eigenen Diagrammblatt befindet, oder über *ChartObjects(...). Chart*, wenn das Diagramm in ein Tabellenblatt eingebettet ist.

  Der Diagrammtyp wird seit Excel 97 mit der Eigenschaft *ChartType* (ehemals *Type* und *SubType*) eingestellt. Als mögliche Einstellungen sind über 70 Konstanten vordefiniert (siehe Hilfe oder Objektkatalog).

- *ChartObject*: Der äußere Rahmen („Container") eines Diagramms. Das *ChartObject*-Objekt ist nur bei Diagrammen erforderlich, die in Tabellenblätter eingebettet sind. Es steht zwischen dem Tabellenblatt und dem *Chart*-Objekt und bestimmt die Position und die Außenmaße des Diagramms innerhalb des Tabellenblatts. Über die *Worksheet*-Methode *ChartObjects* können Sie auf die Liste aller Diagrammobjekte eines Tabellenblatts zugreifen. Zum dazugehörigen Diagramm gelangen Sie dann über die *Chart*-Eigenschaft des *ChartObject*-Objekts. (Anmerkung: Neben Diagrammen können in Tabellenblättern auch eine Menge weiterer Objekte eingebettet werden, etwa Steuerelemente, Linien, Rechtecke etc. Auf die Gesamtheit all dieser Objekte – inklusive der Diagramme – können Sie über die Methode *DrawingObjects* zugreifen.)

- *ChartArea*: der Hintergrund des Diagramms. Über die Eigenschaften dieses Objekts können Sie Farbe, Rahmen etc. einstellen. Das Objekt hat aber insofern eine weit größere Bedeutung, als sich seine Methoden *Copy, Clear, ClearContents* und *ClearFormats* auf das eigentlich untergeordnete *Chart*-Objekt beziehen. (Microsoft allein weiß warum.) Bei eingebetteten Diagrammen kann die Methode *Select* nur dann verwendet werden, wenn vorher das dazugehörige *ChartObject*-Objekt mit *Activate* aktiviert wurde.

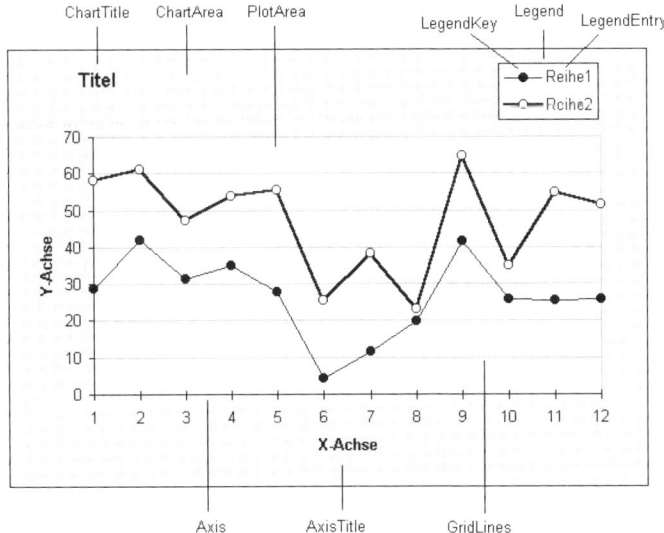

BILD 10.2
Die wichtigsten Objekte eines Diagramms

- *ChartGroup*: Das Objekt gruppiert unterschiedliche Diagrammtypen innerhalb eines Diagramms. Normalerweise hat ein Diagramm nur eine Diagrammgruppe. Das *ChartGroup*-Objekt ist dann irrelevant. Das Objekt hat nur dann eine Bedeutung, wenn in Verbunddiagrammen zwei oder mehrere Diagrammtypen vereinigt sind (z. B. ein Linien- und ein Balkendiagramm). In diesem Fall wird das Diagramm durch mehrere Gruppen mit verschiedenen Diagrammtypen (*Type*-Eigenschaft) verwaltet.

- *Charts*: Das Objekt enthält die Auflistung aller Diagramm*blätter* einer Arbeitsmappe. Die gleichnamige Methode liefert unmittelbar das *Chart*-Objekt. Es gibt also kein eigenes Diagrammblattobjekt, das vergleichbar mit einem Tabellenblatt wäre. Für das Hauptdiagramm des Blatts entfällt das zwischengelagerte *ChartObject*-Objekt.

Einige weitere Objekte beginnen zwar nicht mit „Chart", sind aber dennoch interessant:

- *PlotArea*: der „grafische" Bereich innerhalb des Diagramms. Die Zeichnungsfläche enthält die Koordinatenachsen und die eigentliche Grafik. Die Hauptaufgabe des Objekts besteht darin, die Größe und Position dieses Bereichs innerhalb der Gesamtfläche des Diagramms zu bestimmen. Andere Bereiche im Diagramm sind die Legende (*Legend*-Objekt) und der Titel (*ChartTitle*-Objekt). Bei 3D-Diagrammen werden unabhängig von der *PlotArea* auch die Objekte *Floor* und *Walls* (als Subobjekte von *Chart*) verwaltet. Die beiden Objekte sind für die optische Gestaltung der Begrenzungsflächen des 3D-Diagramms zuständig.

Anmerkung

Wenn Sie *PlotArea.Width=n: m=PlotArea.Width* ausführen, dann ist *m* anschließend deutlich größer als *n*. Der Grund: *PlotArea.Width* verändert in Wirklichkeit die schreibgeschützte Eigenschaft *InsideWidth*, also den Innenbereich von *PlotArea*. Zu diesem Innenbereich kommt ein Außenbereich hinzu, in dem die Beschriftung der Koordinatenachsen durchgeführt wird. (Die gleichen Probleme treten selbstverständlich auch für *Height/InsideHeight* auf). Für die Einstellung der Größe des Außenbereichs können Sie sich meistens mit folgendem Code behelfen:

```
delta = PlotArea.Width - PlotArea.InsideWidth
PlotArea.Width = n + delta
```

Ganz exakt ist diese Methode auch nicht, weil die Größe des Beschriftungsbereichs nicht konstant ist. Wenn beispielsweise ein Diagramm sehr stark verkleinert wird, verzichtet Excel ganz auf die Achsenbeschriftung, und der Beschriftungsbereich wird 0. ∎

- *Series, Point*: Das *Series*-Objekt verweist auf die Daten einer Datenreihe des Diagramms. Die eigentlichen Zahlenwerte können der *Values*-Eigenschaft des *Series*-Objekts entnommen bzw. über diese Eigenschaft verändert werden. *Series* ist ein Subobjekt zum *Chart*-Objekt. Formatdaten, die nicht die ganze Reihe, sondern nur einen einzelnen Datenpunkt betreffen, werden in *Point*-Objekten verwaltet. Diese stellen wiederum ein Subobjekt zu den *Series*-Objekten dar.

- *Axis, Gridlines*: Das *Axis*-Objekt ist ebenfalls ein Subobjekt zum *Chart*-Objekt. Es beschreibt die Details einer Koordinatenachse. Das *Gridlines*-Objekt stellt ein Subobjekt zum *Axis*-Objekt dar und wird über die Eigenschaften *MajorGridlines* bzw. *MinorGridlines* angesprochen.

Seit Excel 2000 besteht die Möglichkeit, für Koordinatenachsen eine Skalierungseinheit anzugeben (z. B. Millionen). Dazu muss *Axis.DisplayUnit* mit einer der vordefinierten Konstanten eingestellt werden (z. B. *xlMillions*). Das *DisplayUnitLabel*-Objekt gibt an, wie und wo diese Skalierungseinheit (also die Zeichenkette „Millionen") im Diagramm angezeigt wird. Die Eigenschaft *HasDisplayUnitLabel* gibt an, ob die Achse skaliert ist oder nicht.

Neben den vordefinierten Skalierungseinheiten (10, 100, 1000 bis 1000.000.000) können auch beliebige andere Faktoren verwendet werden. Dazu wird *DisplayUnitCustom* der gewünschte Zahlenwert zugewiesen (der auch kleiner 1 sein darf, etwa 0,001, um Tausendstel anzuzeigen).

```
ActiveChart.Axes(xlValue).DisplayUnitCustom = 0.001
ActiveChart.Axes(xlValue).DisplayUnitLabel.Text = "Tausendstel"
```

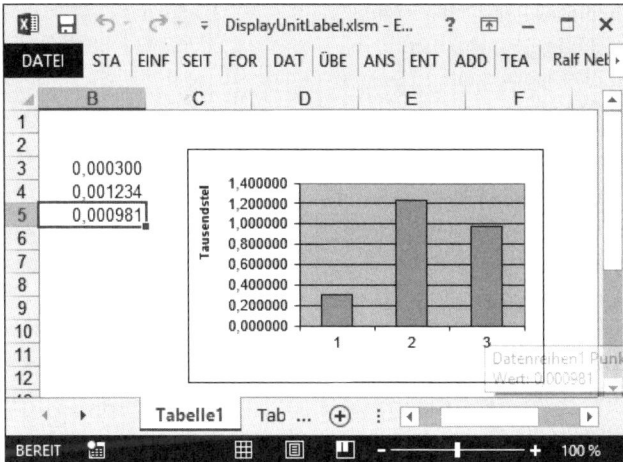

BILD 10.3
Die y-Achse verwendet
Tausendstel als Einheit.

- Trendline, ErrorBars: *Trendline* und *ErrorBars* sind Subobjekte zum *Series*-Objekt. Sie beschreiben die Details einer Trendlinie zur Datenreihe bzw. das Aussehen der Fehlerindikatoren.

Hinweis

Die Schlüsselwörter *Gridlines* und *ErrorBars* stehen im Gegensatz zu den meisten anderen Objekten im Plural, obwohl sie nicht auf Auflistungsobjekte verweisen. ■

Tipp

Wenn Sie nicht wissen, welchen Namen ein bestimmtes Objekt im Diagramm hat, können Sie das Objekt (beispielsweise eine Koordinatenachse) anklicken und im Direktfenster *?TypeName(Selection)* ausführen. Als Ergebnis erhalten Sie den Objektnamen (etwa *Axis*). ■

10.2.2 Programmiertechniken

Der Diagrammassistent

Die Methode *ChartWizard* stellt in der Regel den schnellsten Weg dar, um zu einem Diagramm zu kommen. Damit die Methode verwendet werden kann, muss zuerst ein *ChartObject*-Objekt erzeugt werden. Die Bedeutung der zahlreichen Parameter der Methode können Sie in der Hilfe nachlesen.

```
ActiveSheet.ChartObjects.Add(30, 150, 400, 185).Name = _
   "neues Diagramm"
ActiveSheet.ChartObjects("neues Diagramm").Activate
ActiveChart.ChartWizard tabblatt.[A3:D99], xlLine, 4, _
   xlColumns, 1, 1
```

Diagrammobjekte aktivieren oder auswählen

Mit den Methoden *Activate* und *Select* hat Microsoft einige Verwirrung gestiftet: Mal muss die eine Methode verwendet werden (Fenster), mal die andere (Arbeitsblätter), mal sind beide erlaubt (Zellbereiche). Bei *ChartObject*-Objekten sind nicht nur beide Methoden erlaubt, sie führen jetzt sogar zu unterschiedlichen Ergebnissen!

- *Activate* entspricht dem einfachen Anklicken des Diagramms mit der Maus. *Selection* verweist nun auf das Objekt *PlotArea* (nicht auf *Chart*!).

- *Select* hat scheinbar dieselbe Wirkung, allerdings zeigt *Selection* nun auf *ChartObject*. *Select* eignet sich also beispielsweise, wenn Sie die Position des Diagramms innerhalb eines Tabellenblatts verändern möchten.

Die Gemeinsamkeit beider Methoden besteht darin, dass *ActiveChart* nach Ihrer Ausführung in jedem Fall auf das *Chart*-Objekt des Diagramms zeigt.

Diagrammobjekte deaktivieren

Die sicherste Methode, um ein aktiviertes Diagramm zu deaktivieren, besteht darin, ein anderes Objekt zu aktivieren, also beispielsweise:

```
Sheets(n).[A1].Select
```

Diagramme löschen, kopieren und einfügen

ChartObject-Objekte können zusammen mit den darin enthaltenen Diagrammen direkt mit *Copy* kopiert und anschließend wieder in das Tabellenblatt eingefügt werden. Nach dem Einfügen verweist die *Selection*-Eigenschaft auf das neue *ChartObject*-Objekt, sodass dieses anschließend benannt werden kann. Wenn Sie ein *ChartObject*-Objekt einfach vervielfältigen möchten, können Sie statt *Copy* und *Paste* direkt die Methode *Duplicate* verwenden. Mit *Delete* können Sie ein *ChartObject*-Objekt samt der darin enthaltenen Daten löschen.

```
ActiveSheet.ChartObjects(1).Copy
ActiveSheet.Paste
Selection.Name = "Neues Diagramm"
' ...
ActiveSheet.ChartObjects("Neues Diagramm").Delete
```

Ein wenig anders sieht es aus, wenn Sie nur die Diagrammdaten löschen, kopieren oder einfügen möchten, ohne dabei auch das *ChartObject*-Objekt zu verändern. In diesem Fall ist das *ChartArea*-Objekt von zentraler Bedeutung (weil für das *Chart*-Objekt keine *Copy*-Methode definiert ist). Beim Einfügen in ein anderes Diagrammobjekt müssen Sie sich dann aber auf dessen *Chart*-Objekt beziehen.

```
ActiveSheet.ChartObjects(1).Chart.ChartArea.Copy
ActiveSheet.ChartObjects(2).Chart.Paste
```

Auch beim Löschen von Diagrammdaten müssen Sie auf das *ChartArea*-Objekt zugreifen: *Clear* löscht alle Diagrammdaten, *ClearContents* nur die Diagramminhalte (gemeint sind in erster Linie die Datenreihen), *ClearFormats* nur die Formatinformationen.

Wenn Sie ein leeres *ChartObject*-Objekt in ein Tabellenblatt einfügen möchten (also einen noch leeren Diagrammrahmen), wenden Sie hierfür die *Add*-Methode auf ChartObjects an. An die Methode werden Positions- und Größenangaben übergeben (in der Einheit 1/72 Zoll, das sind etwa 0.35 mm). Dem neuen Objekt kann sofort ein Name gegeben werden.

```
ActiveSheet.ChartObjects.Add(0,0,200,100).Name = "neues diagramm"
```

Mehrere Diagramme ausrichten

Wenn Sie in einem Tabellenblatt zwei oder mehrere Diagramme mit der Maus platzieren, werden Sie feststellen, dass es relativ schwierig ist, zwei exakt gleich große, exakt untereinanderliegende Diagramme herzustellen. Ein recht gutes Hilfsmittel dabei sind die Zeichentools der Befehlsregisterkarte FORMAT, die bei Aktivierung eines Diagramms (oder einer Grafik) sichtbar wird. Mit den darin enthaltenen Befehlen können Sie zuvor markierte Objekte (auch Diagramme) ausrichten. Eine andere Variante besteht darin, einfach auf die *Left-*, *Top-*, *Width-* und *Height*-Eigenschaften der *ChartObject*-Objekte zuzugreifen. Die folgenden Anweisungen für den Direktbereich wurden verwendet, um die fünf Diagramme des Monatsprotokolls (siehe nächsten Abschnitt) horizontal nach Position und Größe des ersten Diagramms auszurichten.

```
set wb = Worksheets("Monatsprotokoll")
For i=2 To 5: wb.ChartObjects(i).Left = _
  wb.ChartObjects(1).Left: Next i
For i=2 To 5: wb.ChartObjects(i).Width = _
  wb.ChartObjects(1).Width: Next i
```

Fertige Diagramme verwenden

Die vollständige Erstellung eines Diagramms mit allen Formatierungsdetails per Programmcode ist möglich, aber mühsam und aufwendig zu programmieren. Wenn das Aussehen des Diagramms ohnedies vorgegeben ist (und nicht von den zu verarbeitenden Daten abhängt), ist es sinnvoller, das fertige Diagramm in einem Tabellen- oder Diagrammblatt zu speichern und im Programmcode nur noch die Datenzuordnung zu ändern. Die eigentliche Formatierung des Diagramms können Sie dann direkt mit der Maus und ohne Programmieraufwand vornehmen. (Die Prozedur *MonthlyProtocol* im folgenden Abschnitt zeigt dafür ein Beispiel.)

Neue Diagrammvorlagen verwenden

Bis einschließlich Excel 2003 konnte man eigene Diagrammtypen definieren und deren Formatierungen ganz bequem mithilfe der Methode *ApplyCustomType* auf jedes vorhandene Diagramm übertragen. Das Verfahren war zwar ebenfalls geeignet, den Programmieraufwand zu reduzieren, funktionierte aber immer nur auf einem einzigen Rechner, auf dem der benutzerdefinierte Diagrammtyp gespeichert war. Eine Weitergabe per Datei war nicht möglich.

Vielleicht war das ein Grund, die benutzerdefinierten Diagrammtypen (und damit u. a. auch die *ApplyCustomType*-Methode) in Excel 2007 abzuschaffen beziehungsweise „auszublenden", wie Microsoft es vornehm nennt. Dafür steht jetzt in Form der *Diagrammvorlagen* ein weitaus flexiblerer Ersatz zur Verfügung.

Der Anwender kann nun ein Diagramm nach seinen Wünschen gestalten und seine Einstellungen und Formatierungen in Form einer CRTX-Datei als wiederverwendbare Vorlage speichern (Diagramm mit rechts anklicken, ALS VORLAGE SPEICHERN WÄHLEN). Die Vorlage steht anschließend im Diagrammtyp-Dialog (ENTWURF | DIAGRAMMTYP ÄNDERN) zur Wahl, wo sie der User mit einem Mausklick auf das aktuelle Diagramm anwenden kann. Dabei werden alle Formatierungen entsprechend der Vorlage geändert.

Damit sich das Ganze auch automatisieren lässt, hat das *Chart*-Objekt zwei neue Methoden erhalten. Die eine heißt *SaveChartTemplate* und speichert die Einstellungen eines Diagramms als Diagrammvorlage ab. Das Beispiel

```
ActiveChart.SaveChartTemplate "D:\Muster3.crtx"
```

sichert die Einstellungen des aktuell markierten Diagramms (*ActiveChart*-Objekt) in der CRTX-Datei *D:\Muster3.crtx*. Mit der zweiten neuen Methode namens *ApplyChartTemplate* könnte man diese Vorlage nun auf ein anderes Diagramm übertragen – beispielsweise auf das zweite Diagramm innerhalb des aktuellen Arbeitsblatts (*ActiveSheet.ChartObjects(2).Chart*):

```
ActiveSheet.ChartObjects(2).Chart.ApplyChartTemplate "D:\Muster3.crtx"
```

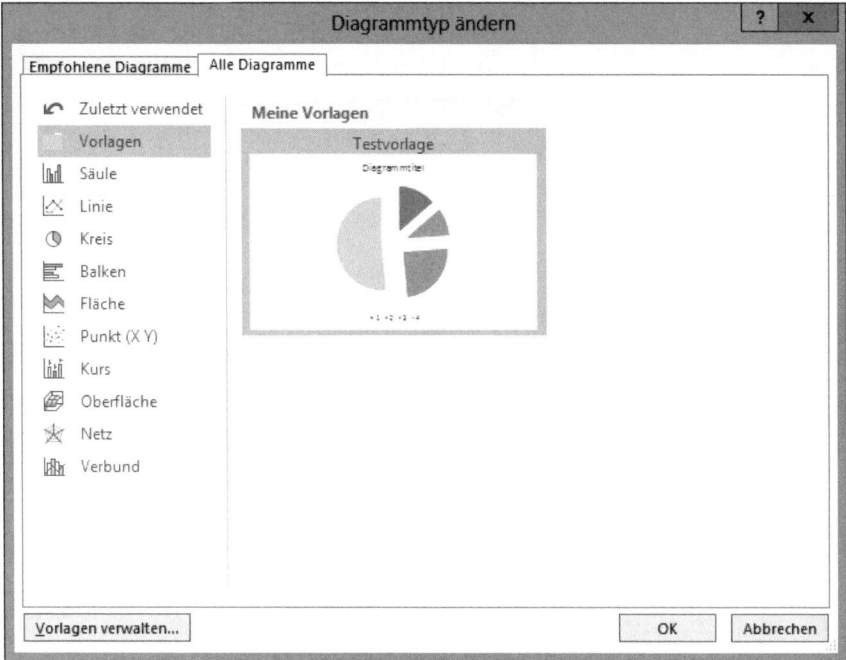

BILD 10.4 Mit den neuen Diagrammvorlagen können Sie eigene Formatierungen ganz leicht speichern und auf andere Diagramme übertragen – auch per VBA.

Neue Diagrammlayouts und -formatvorlagen verwenden

Mit zwei weiteren neuen Methoden des *Chart*-Objekts lassen sich ebenfalls blitzschnelle Diagrammformatierungen durchführen:

- Die erste Methode heißt *ApplyLayout* und weist dem Diagramm eines der zehn Diagramm-layouts zu, die im Registerblatt ENTWURF des Menübands zur Auswahl stehen. Das Layout entscheidet über die Anzahl, Positionierung und Gestaltung der Diagrammelemente. Die Festlegung des gewünschten Layouts erfolgt durch die Angabe einer Zahl zwischen 1 und 10. Das folgende Beispiel weist dem aktuellen Diagramm das Diagrammlayout 9 zu:

```
ActiveChart.ApplyLayout 9
```

- Methode Nummer zwei nennt sich *ChartStyle* und weist dem Diagramm eine der 48 „ein-gebauten" Diagrammformatvorlagen zu, die der User ebenfalls in der Befehlsregisterkarte ENTWURF auswählen kann. Die Formatvorlage verändert zwar nur die Farbgebung inner-halb der PlotArea, was aber zu sehenswerten Ergebnissen führen kann. Zur Definition der gewünschten Diagrammformatvorlage ist der Methode eine Zahl zwischen 1 und 48 zu übergeben:

```
ActiveChart.ChartStyle = 45
```

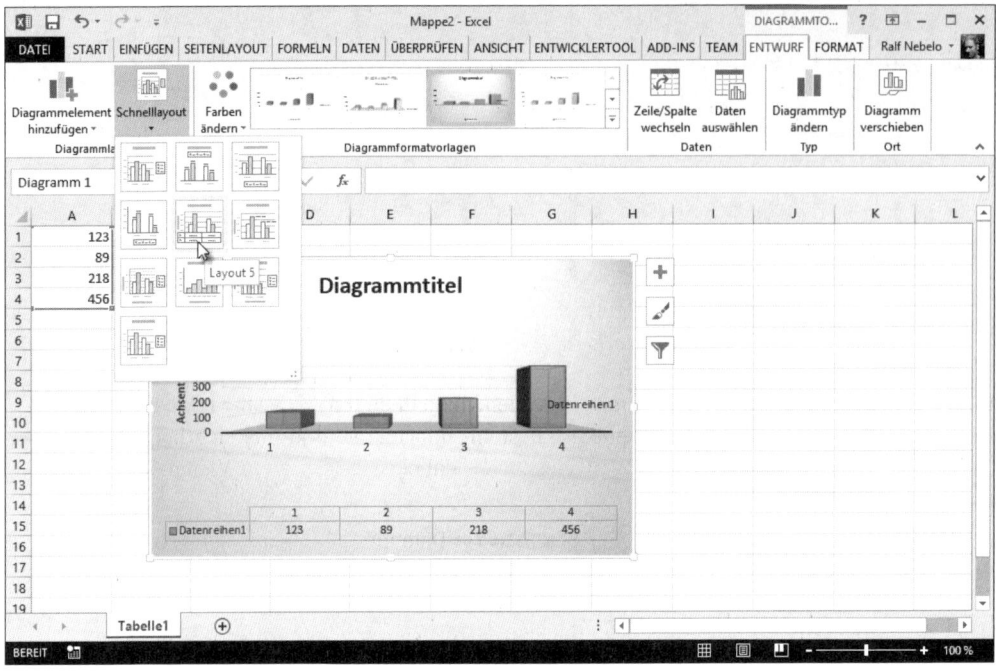

BILD 10.5 Die Zuweisung von Diagrammlayouts und Diagrammformatvorlagen kann auch per VBA erfolgen.

Diagramme drucken und exportieren

Der Ausdruck von Diagrammen erfolgt über die Methode *PrintOut*, die sowohl auf *Chart*- als auch auf *Workbook*-Objekte angewendet werden kann. Zudem können Diagramme mit *Export* in verschiedenen Formaten in eine Grafikdatei exportiert werden.

```
ActiveChart.Export "test.gif", "GIF"
```

Laut Excel-Dokumentation können im zweiten Parameter alle Grafikformate angegeben werden, für die Export-Filter installiert sind. Welche Filter es gibt, wie diese bezeichnet sind und wie das Programm feststellen kann, ob ein bestimmter Filter installiert ist, verrät die Dokumentation freilich nicht. Sichern Sie entsprechende Prozeduren also mit *On Error* ab! Experimente mit *Export* sind z. B. mit den folgenden Formatzeichenketten gelungen:

„GIF", „JPEG", „TIF", „TIFF", „PNG"

Nicht unterstützt werden dagegen ausgerechnet „BMP" und „WMF" – also die beiden Microsoft-Standardformate für Bitmaps und für einfache Vektorgrafiken. Wenn Sie Diagramme in diesen Formaten benötigen, können Sie die Methode *CopyPicture* einsetzen, die das Diagramm in die Zwischenablage kopiert. Leider endet der Export dort, d. h., Excel sieht keine Methode vor, den Inhalt der Zwischenablage in einer Datei zu speichern.

■ 10.3 Beispiel: automatische Datenprotokollierung

Die Datei *10\Chart.xlsm* demonstriert die Anwendung von Excel zur Protokollierung von Messdaten. Die Notwendigkeit einer Datenprotokollierung ergibt sich immer dann, wenn relativ große Datenmengen über einen längeren Zeitraum dokumentiert und oft auch analysiert werden sollen (müssen). Die Datenherkunft kann ganz unterschiedlich sein: von den automatisch gemessenen Schadstoffwerten technischer Anlagen (etwa einer Kläranlage oder einer Rauchgasentschwefelung) bis zu den Ergebnissen der Qualitätskontrolle einer beliebigen Produktion.

Aufgabe der Protokollierung ist es, aus dem Zahlenfriedhof, der entweder in vielen kleinen oder in einer großen Datei bzw. Datenbank besteht, informative und übersichtliche Ausdrucke zu erzeugen. Es versteht sich von selbst, dass dabei Diagramme zur Visualisierung der Daten eine große Rolle spielen.

Da auf der beiliegenden CD kein technischer Prozess zur Datenproduktion mitgeliefert werden kann, stellt die Anwendung *Chart.xlsm* das Menükommando TESTDATEN ERZEUGEN (im ADD-INS-Register) zur Verfügung. Damit werden Excel-Dateien mit simulierten Messwerten erzeugt. In der Praxis benötigen Sie ein solches Kommando natürlich nur während der Testphase des Programms. In der Regel stehen Ihnen mehr (echte) Messdaten zur Verfügung, als Ihnen lieb ist, und Sie müssen diese Daten nicht gewaltsam durch simulierte Daten vermehren.

10.3.1 Die Bedienung des Beispielprogramms

Nach dem Laden der Datei erscheint im ADD-INS-Register eine eigene Symbolleiste. Wenn Sie das Programm einfach schnell ausprobieren möchten, führen Sie der Reihe nach die Kommandos ADD-INS | PROTOKOLL | TESTDATEN ERZEUGEN, ... | TAGESPROTOKOLL und ... | MONATSPROTOKOLL aus. Die dabei erscheinenden Dialoge zur Datumseingabe bestätigen Sie unverändert mit OK.

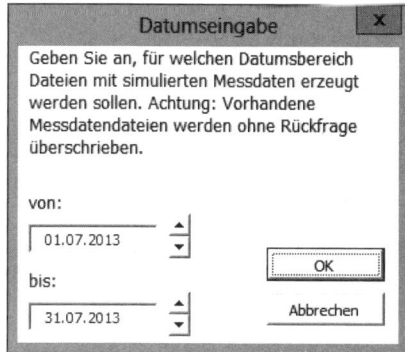

BILD 10.6
Der Dialog zur Eingabe eines Datumsbereichs

Das Programm produziert dann für jeden Tag des laufenden Monats eine Datendatei (Speicherbedarf insgesamt rund 900 kByte, Zeitaufwand ca. eine halbe Minute auf einem einigermaßen modernen Rechner). Anschließend werden das Tagesprotokoll des aktuellen Tags und das Monatsprotokoll des aktuellen Monats in der Seitenansicht präsentiert.

Testdaten

Durch das Kommando ADD-INS | PROTOKOLL | TESTDATEN ERZEUGEN werden für jeden Tag Dateien mit dem Namen *D_jjjjmmtt.xlsx* erstellt (also etwa *D_20131231.xlsx* für den 31.12.2013). Diese Dateien enthalten außer den Messdaten (je 96 Werten in den Datenreihen A1, A2, A3, B und C) auch Sechs-Stunden-Mittelwerte und -Maxima sowie Tagesmittelwerte und Tagesmaxima (siehe Bild 10.7). Die *D_jjjjmmtt.xlsx*-Dateien können Sie nach dem Test dieses Programms natürlich wieder löschen.

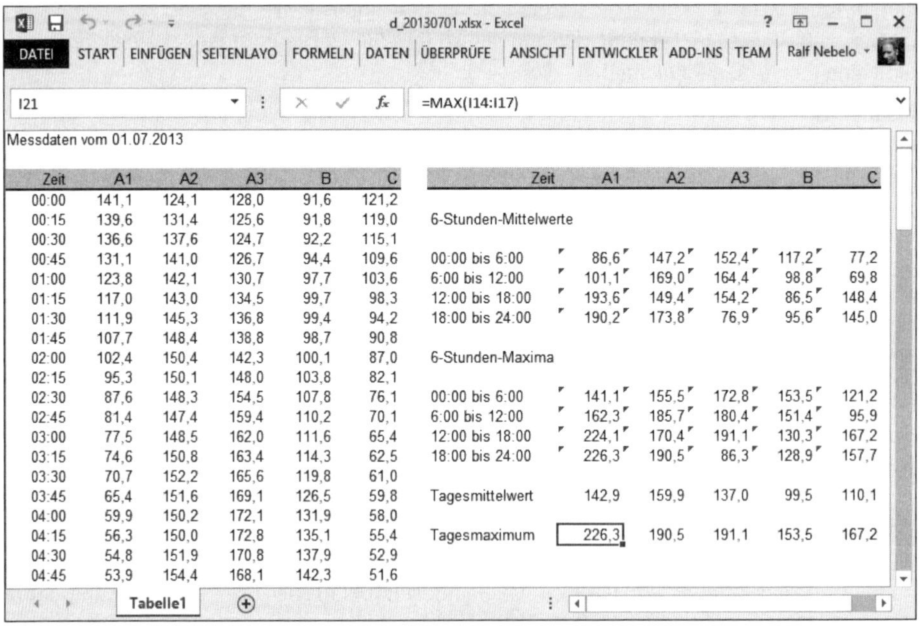

Zeit	A1	A2	A3	B	C
00:00	141,1	124,1	128,0	91,6	121,2
00:15	139,6	131,4	125,6	91,8	119,0
00:30	136,6	137,6	124,7	92,2	115,1
00:45	131,1	141,0	126,7	94,4	109,6
01:00	123,8	142,1	130,7	97,7	103,6
01:15	117,0	143,0	134,5	99,7	98,3
01:30	111,9	145,3	136,8	99,4	94,2
01:45	107,7	148,4	138,8	98,7	90,8
02:00	102,4	150,4	142,3	100,1	87,0
02:15	95,3	150,1	148,0	103,8	82,1
02:30	87,6	148,3	154,5	107,8	76,1
02:45	81,4	147,4	159,4	110,2	70,1
03:00	77,5	148,5	162,0	111,6	65,4
03:15	74,6	150,8	163,4	114,3	62,5
03:30	70,7	152,2	165,6	119,8	61,0
03:45	65,4	151,6	169,1	126,5	59,8
04:00	59,9	150,2	172,1	131,9	58,0
04:15	56,3	150,0	172,8	135,1	55,4
04:30	54,8	151,9	170,8	137,9	52,9
04:45	53,9	154,4	168,1	142,3	51,6

Zeit	A1	A2	A3	B	C
6-Stunden-Mittelwerte					
00:00 bis 6:00	86,6	147,2	152,4	117,2	77,2
6:00 bis 12:00	101,1	169,0	164,4	98,8	69,8
12:00 bis 18:00	193,6	149,4	154,2	86,5	148,4
18:00 bis 24:00	190,2	173,8	76,9	95,6	145,0
6-Stunden-Maxima					
00:00 bis 6:00	141,1	155,5	172,8	153,5	121,2
6:00 bis 12:00	162,3	185,7	180,4	151,4	95,9
12:00 bis 18:00	224,1	170,4	191,1	130,3	167,2
18:00 bis 24:00	226,3	190,5	86,3	128,9	157,7
Tagesmittelwert	142,9	159,9	137,0	99,5	110,1
Tagesmaximum	226,3	190,5	191,1	153,5	167,2

BILD 10.7 Der Aufbau der Tagesdateien für die Messdaten

Bei der Protokollierung der Daten wird angenommen, dass die Datenreihen A1, A2 und A3 inhaltlich zusammengehören. Daher werden A1 bis A3 im Tagesprotokoll in einem einzigen Diagramm dargestellt (siehe Bild 10.8). Im Monatsprotokoll war das aus Gründen der Übersichtlichkeit nicht mehr möglich, weil in den Diagrammen für jede Datenreihe sowohl der Tagesmittelwert als auch das Tagesmaximum in einem eigenen Linienzug dargestellt werden (siehe Bild 10.9).

10.3.2 Programmcode

Überblick über die Komponenten von Chart.xlsm

Die Excel-Datei *Chart.xlsm* besteht aus den folgenden Arbeitsblättern:

„Intro":	Tabellenblatt mit einigen Informationen zur Bedienung der Anwendung
„DailyReport":	Tabellenblatt, in dem das Tagesprotokoll aufgebaut wird. Die darin enthaltenen Diagramme werden für jedes neue Protokoll gelöscht und neu aufgebaut.
„MonthlyReport":	Tabellenblatt, in dem das Monatsprotokoll aufgebaut wird. Die darin enthaltenen Diagramme sind endgültig, sie werden im Programmcode nicht mehr verändert. Durch den Programmcode wird nur der Inhalt der Zellen B9:M39 verändert.
„DataTemplate":	Tabellenblatt, das als Vorlage für die Dateien mit den simulierten Testdaten dient
„temp":	Tabellenblatt für die temporäre Aufnahme von externen Tagesprotokolldaten

Der Aufbau der Tabellenblätter darf nicht verändert werden, da im Programmcode direkt auf bestimmte Zellen zugegriffen wird.

Der Programmcode verteilt sich auf folgende Module:

„DieseArbeitsmappe":	Symbolleiste beim Laden anzeigen, beim Schließen wieder entfernen
„FormDateInput":	Dialog zur Eingabe eines Datumsbereichs
„MenuEvents":	Ereignisprozeduren zu den Symbolleistenkommandos
„CreateDateFiles":	Prozeduren zur Erzeugung der Testdaten
„CreateReports":	Prozeduren zum Aufbau und Ausdruck der Tages- und Monatsprotokolle

Auf den folgenden Seiten werden die interessantesten Details des Programmcodes beschrieben. Dabei wird dieselbe Reihenfolge wie bei der Bedienung des Programms (Testdaten erzeugen, Tagesprotokoll, Monatsprotokoll) eingehalten. Der Code demonstriert nicht nur verschiedene Möglichkeiten der Diagrammprogrammierung, er zeigt auch, wie Sie Daten aus mehreren Excel-Dateien konsolidieren können, wenn die Excel-Funktion DATEN | KONSOLIDIEREN für Ihre Anwendungen zu wenig flexibel ist.

Testdaten erzeugen

Der Programmteil zur Erzeugung der Testdaten ist insofern von geringem Interesse, als er in einer praktischen Anwendung wegfällt (dort gibt es „echte" Daten). Im vorliegenden Beispiel erzeugt *GenerateDailyWorksheet* eine neue Excel-Datei auf Basis der Mustertabelle im Blatt „DataTemplate". Dieses Muster enthält nicht nur diverse Formatierungsdaten, sondern auch einige Formeln zur Berechnung von Sechs-Stunden-Mittelwerten und -maxima sowie von Tagesmittelwerten und -maxima.

Die simulierten Testdaten werden auf der Basis von sechs überlagerten Sinusschwingungen unterschiedlicher Frequenz errechnet. Die Parameter dieser Funktionen (Amplitude, Frequenz und Phasenverschiebung) werden im globalen Feld *rndmat* gespeichert. Die globale Variable *rndInit* gibt an, ob dieses Feld gültige Werte enthält. Damit wird vermieden, dass die Zufallszahlen für jeden Tag neu ermittelt werden.

Die Zufallszahlen werden in der (hier nicht abgedruckten) Prozedur *InitRandomnumbers* initialisiert. Dabei wird versucht, für die drei Datenreihen A1, A2 und A3 ähnliche Werte zu wählen. Für jeden Tag neu wird die Prozedur *DailyRandomnumbers* aufgerufen. Diese Prozedur verändert die vorhandenen Werte des *zfmat*-Felds geringfügig, damit die Daten nicht allzu regelmäßig aussehen.

```
' Datei 10\Chart.xlsm, Module CreateDataFiles
Dim rndInit As Boolean      'ist Zufallszahlenmatrix initialisiert?
Dim rndmat#(5, 18)          'Zufallszahlenmatrix
Const Pi = 3.1415927
' Arbeitsmappe mit Protokollzahlen für einen Tag erzeugen
Function GenerateDailyWorksheet(dat As Date) As Boolean
  Dim filename$             'Dateiname der neuen Arbeitsmappe
  Dim wb As Workbook        'Arbeitsmappe
  Dim ws As Worksheet       'Tabellenblatt in dieser Mappe
  Dim cell As Range         'Verweis auf erste Datenzelle im Blatt
  Dim i%, j%, k%            'Schleifenvariablen
  Dim x#, z As Date         'Zwischenspeicher, Zeit
  filename = ThisWorkbook.Path + "\d_" + _
    Format(dat, "yyyymmdd") + ".xlsx"
  Application.DisplayAlerts = False
  ' neue Arbeitsmappe erzeugen, 'Messdatenvorlage'-Blatt aus dieser
  ' Arbeitsmappe dorthin kopieren, alle anderen Blätter löschen
  Set wb = Workbooks.Add
  ThisWorkbook.Sheets("DataTemplate").Copy Before:=wb.Sheets(1)
  For i = wb.Sheets.Count To 2 Step -1
    wb.Sheets(i).Delete
  Next i
  wb.Sheets(1).Name = "Tabelle1"
  ' Zufallszahlen in das Tabellenblatt einfügen
  Set ws = wb.Worksheets(1)
  Set cell = ws.[A4]
  ws.[a1] = "Messdaten vom " & dat
  If Not rndInit Then InitRandomnumbers
  DailyRandomnumbers
  Application.Calculation = xlManual
  For i = 1 To 96                             '00:00 bis 23:45
    z = dat + CDbl(#12:15:00 AM#) * (i - 1)
    cell.Cells(i, 1) = z
    cell.Cells(i, 1).NumberFormat = "hh:mm"
    For j = 1 To 5                            'fünf Datenreihen
      x = rndmat(j, 0)
```

```
      For k = 1 To 18 Step 3
        x = x + rndmat(j, k) * (1 + Sin(rndmat(j, k + 1) * z + _
            rndmat(j, k + 2)))
      Next k
      cell.Cells(i, j + 1) = x
    Next j
  Next i
  Application.Calculation = xlAutomatic
  Application.DisplayAlerts = True
  On Error Resume Next
  ' vorhandene Datei löschen
  If Dir(filename) <> "" Then Kill filename
  wb.SaveAs filename
  wb.Close False
  If Err = 0 Then
    GenerateDailyWorksheet = True
  Else
    MsgBox "Es ist ein Fehler aufgetreten: " & Error
    GenerateDailyWorksheet = False
  End If
End Function
```

Anmerkung

Es kommt bei automatischen Messprozessen immer wieder vor, dass aufgrund eines Fehlers für einige Zeit (Stunden, eventuell auch Tage) Messdaten ausfallen. In der obigen Prozedur wurde auf das Simulieren von Fehlern verzichtet. Die Protokollierung durch *Daily-* oder *MonthlyReport* funktioniert aber auch dann, wenn Sie aus den erzeugten Dateien einige Zahlenwerte einfach löschen oder sogar ganze Tagesdateien. Vorsicht ist bei der Berechnung von Mittelwerten geboten: Fehlende Messwerte dürfen nicht als 0-Werte berücksichtigt werden! Die Excel-Tabellenfunktion *MITTELWERT* verhält sich in dieser Beziehung vorbildlich und berücksichtigt nur jene Zellen des angegebenen Bereichs, die nicht leer sind. Nur wenn *alle* Messwerte eines Mittelwertbereichs fehlen, liefert sie als Ergebnis den Fehler „Division durch 0".

Tagesprotokolle

Das Tagesprotokoll enthält drei Diagramme, in denen der exakte Verlauf der Messwerte eingetragen ist. Dabei werden die Kurven A1, A2 und A3 in einem einzigen Diagramm vereint. Damit Diagramme von mehreren Tagen problemlos miteinander verglichen werden können, ist eine einheitliche Skalierung erforderlich. Aus diesem Grund ist der Y-Bereich starr auf den Wertebereich von 0 bis 300 eingestellt. (Normalerweise ändert Excel die Skalierung automatisch und passt sie an den tatsächlich auftretenden Wertebereich an.) Mit in das Tagesprotokoll integriert wurde eine tabellarische Übersicht der Tagesmittelwerte und der Tagesmaxima der fünf Kurven.

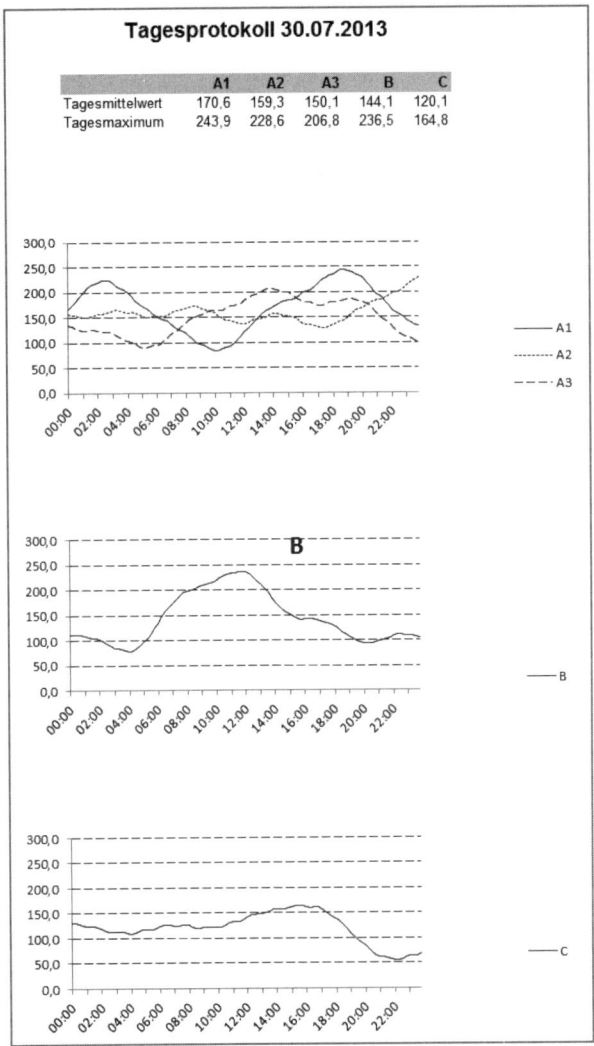

BILD 10.8
Ein Tagesprotokoll

Das Tagesprotokoll zu einem angegebenen Datum wird durch die Prozedur *DailyProtocol* erstellt. Die Diagramme werden dabei vollständig durch den Programmcode erzeugt und in das Tabellenblatt „DailyReport" eingefügt. Bereits vorhandene Diagramme dieses Tabellenblatts (vom letzten Protokoll) werden vorher gelöscht.

Die Prozedur öffnet die Datei mit den Tagesdaten und kopiert daraus die wesentlichen Daten in die Tabellenblätter „DailyReport" und „temp". Außerdem wird die Überschrift des Protokolls mit dem jeweiligen Datum ergänzt.

Zur Erzeugung der neuen Diagramme werden zuerst drei leere *ChartObject*-Rahmen im Tabellenblatt platziert. Durch *ChartWizard* wird darin ein Diagramm erzeugt, das den tatsächlichen Ansprüchen einigermaßen entspricht. Die drei *ChartWizard*-Anweisungen unterscheiden sich nur dadurch, dass den Diagrammen unterschiedliche Zellbereiche aus der nach „temp" kopierten Tagesdatentabelle zugeordnet werden.

Anschließend beginnt mit der Formatierung der Diagramme die eigentliche Feinarbeit. Die drei Diagramme können dabei in einer Schleife einheitlich bearbeitet werden. Die Prozedur endet damit, dass die Tagesdatendatei geschlossen und das Tagesprotokoll mit *PrintOut* ausgedruckt wird. (Wegen der Option *Preview:=True* erfolgt der Ausdruck nur in Form einer Seitenansicht.)

```
' Datei 10\Chart.xlsm, Module CreateReports
Sub DailyProtocol(dat As Date)
  Dim filename$                    'Dateiname der Protokolldatei
  Dim protWBook As Workbook        'Arbeitsmappe der Protokolldatei
  Dim protWSheet As Worksheet      'Tabellenblatt in dieser Mappe
  Dim protRange As Range           'erste Datenzelle in diesem Blatt
  Dim chartWSheet As Worksheet     'Tabellenblatt mit Tagesdiagrammen
  Dim tempWSheet As Worksheet      'Tabellenblatt temp
  Dim i%, chobj As ChartObject     'Schleifenvariablen

  ' On Error Resume Next
  Application.DisplayAlerts = False

  filename = ThisWorkbook.Path + "\d_" + _
    Format(dat, "yyyymmdd") + ".xlsx"
  If Dir(filename) = "" Then
    MsgBox "Die Datei " & filename & " existiert nicht. Bitte " & _
      "erzeugen Sie zuerst Testdaten!"
    Exit Sub
  End If
  Set protWBook = Workbooks.Open(filename)
  Set protWSheet = protWBook.Worksheets(1)
  Set protRange = protWSheet.[A4]
  Set chartWSheet = ThisWorkbook.Worksheets("DailyReport")
  Set tempWSheet = ThisWorkbook.Worksheets("temp")

  ' alle schon vorhandenen Diagramme dieses Blatts löschen
  For Each chobj In chartWSheet.ChartObjects
    chobj.Delete
  Next chobj

  ' Überschrift, Tagesmittelwerte und -maxima in Tabelle übertragen
  chartWSheet.[ReportLabel] = "Tagesprotokoll " & dat
  protWSheet.[I19:M19].Copy
  chartWSheet.[DailyAverage].PasteSpecial xlValues
  protWSheet.[I21:M21].Copy
  chartWSheet.[DailyMax].PasteSpecial xlValues

  ' Daten aus Protokollblatt in Tabelle temp kopieren
  protWSheet.[A3:F99].Copy
  tempWSheet.[A3].PasteSpecial xlPasteAll
```

```
' Protokolldatei schließen
protWBook.Close False

' die drei Diagramme erstellen
For i = 1 To 3
  chartWSheet.ChartObjects.Add(30, 150 + 200 * (i - 1), _
    400, 185).Name = "Tagesdaten " & i
  chartWSheet.ChartObjects("Tagesdaten " & i).Activate
  If i = 1 Then
    ActiveChart.ChartWizard tempWSheet.[A3:D99], xlLine, 4, _
      xlColumns, 1, 1
  ElseIf i = 2 Then
    ActiveChart.ChartWizard tempWSheet.[A3:A99,E3:E99], xlLine, _
      4, xlColumns, 1, 1
  ElseIf i = 3 Then
    ActiveChart.ChartWizard tempWSheet.[A3:A99,F3:F99], xlLine, _
      4, xlColumns, 1, 1
  End If
Next i

' die Diagramme formatieren
For Each chobj In chartWSheet.ChartObjects
  chobj.Border.LineStyle = xlNone              'keine Umrahmung
  With chobj.Chart
    .HasTitle = False                          'kein Titel
    .PlotArea.Border.LineStyle = xlAutomatic   'Umrandung
    .PlotArea.Interior.ColorIndex = xlNone     'innen kein Muster
    .Axes(xlCategory).TickLabelSpacing = 8
    .Axes(xlCategory).TickMarkSpacing = 4      'Beschriftung
    .Axes(xlValue).MinimumScale = 0            ' und Skalierung
    .Axes(xlValue).MaximumScale = 300          ' der X-Achse
    .Axes(xlCategory).TickLabels.Orientation = 45 '45 Grad-Text
    For i = 1 To .SeriesCollection.Count       'Datenlinien
      .SeriesCollection(i).Border.ColorIndex = 1
      .SeriesCollection(i).Border.Weight = xlThin
      .SeriesCollection(i).Border.LineStyle = xlContinuous
      .SeriesCollection(i).MarkerStyle = xlNone
    Next i
    If .SeriesCollection.Count > 2 Then            '2. und 3.
      .SeriesCollection(2).Border.LineStyle = xlDot  'Linienzug
      .SeriesCollection(3).Border.LineStyle = xlDash 'optisch
    End If                                      'unterscheiden
    ' Größe des eigentlichen Diagramms und der Legende
    .PlotArea.Left = 5
    .PlotArea.Top = 5
    .PlotArea.Width = 290
    .PlotArea.Height = 140
    .Legend.Left = 340
```

```
        .Legend.Width = 50
        .Legend.Border.LineStyle = xlNone
      End With
   Next chobj
End Sub
```

Monatsprotokolle

Die Monatsprotokolle sind etwas aufwendiger als die Tagesprotokolle gestaltet und beanspruchen insgesamt drei Seiten. Die erste Seite besteht aus einer Übersicht aller Tagesmittelwerte und -maxima sowie aus den daraus resultierenden Monatsmittelwerten und -maxima. Die beiden folgenden Seiten enthalten drei bzw. zwei Diagramme mit dem Verlauf der Mittelwerte bzw. der Maxima. Die Kurvenzüge für die Mittelwerte sind dabei geglättet (Kurvenzug anklicken, Kontextmenü DATENREIHEN FORMATIEREN | LINIENART, Option LINIE GLÄTTEN). Bild 10.9 zeigt die zweite Seite des Monatsprotokolls mit den Kurvenzügen für die Messwerte A1 bis A3.

Zur Erzeugung des Monatsprotokolls wurde eine vollkommen andere Vorgehensweise als beim Tagesprotokoll gewählt. Die Diagramme wurden (per Maus) im Tabellenblatt „MonthlyReport" angelegt und von der Prozedur *MonthlyProtocol* überhaupt nicht angerührt. *MonthlyProtocol* verändert lediglich jene Datenzellen, auf welche die fertigen Diagramme zugreifen.

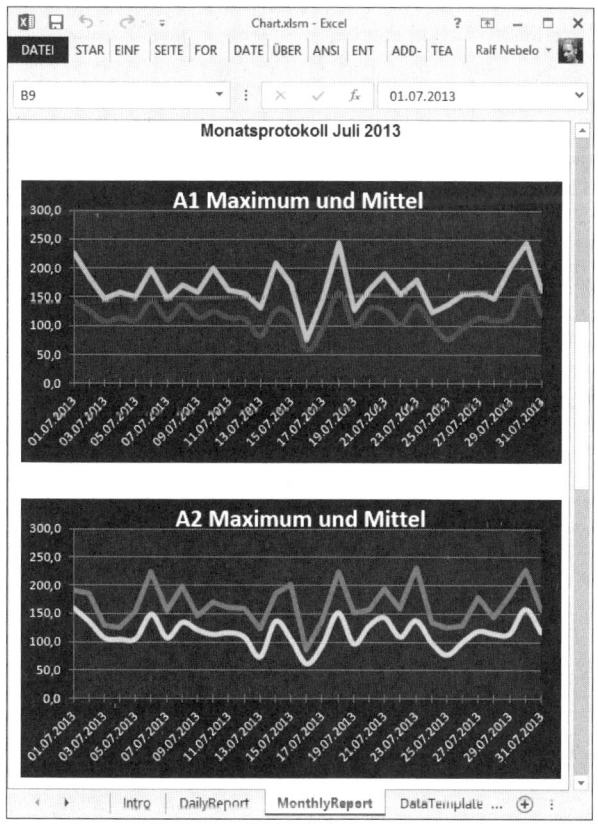

BILD 10.9
Eine Seite aus dem dreiseitigen
Monatsprotokoll

Diese Vorgehensweise hat Vor- und Nachteile: Der Vorteil besteht darin, dass der Programmieraufwand viel geringer ist. Sie können also auch mit minimaler Erfahrung bei der Diagrammprogrammierung zu guten Ergebnissen gelangen. Den Nachteil bemerken Sie dann, wenn Sie versuchen, fünf gleiche Diagramme per Mausklick zu erzeugen. Das ist beinahe ebenso mühsam wie die Programmierung! (Selbst dann, wenn Sie zuerst ein Diagramm erstellen, dieses dann kopieren und nur noch die Zellbereiche der Datenreihen verändern.) Außerdem ist diese Vorgehensweise natürlich nur dann möglich, wenn das Diagramm wie im vorliegenden Beispiel von den Daten weitgehend unabhängig ist. Wenn dagegen die Anzahl der Datenreihen, die Anzahl der Datenpunkte, der Wertebereich der Datenreihen etc. variieren, dann führt kein Weg an einem „echten" Programm vorbei.

Anmerkung

Die Diagramme gehen von 31 Tagen aus. Bei den Monaten mit weniger Tagen bleiben am rechten Diagrammrand ein bis drei Datenpunkte leer. Dadurch wird zwar der zur Verfügung stehende Raum nicht ganz optimal genutzt, dafür ergibt sich aber ein wesentlicher Vorteil: Die Skalierung der x-Achse ist unabhängig von der Anzahl der Tage pro Monat. Die Diagramme sind damit besser vergleichbar. ∎

Nun zum Programmcode, der aus den obengenannten Gründen keine einzige Zeile mit diagrammtypischen Anweisungen enthält. Die Prozedur ist eher ein Beispiel dafür, wie Daten aus bis zu 31 Dateien in einer einzigen Tabelle konsolidiert werden können. Die einzelnen Dateien werden dazu nicht geöffnet, vielmehr wird in Formeln der Art ='C:\Eigene Dateien\Test\[D_970101.XLSX]Tabelle1'!$L$19 direkt auf einzelne Zellen anderer Tabellen zugegriffen. Diese Form des Datenzugriffs geht überraschend schnell vor sich. Die Erstellung des Monatsprotokolls dauert kaum länger als jene des Tagesprotokolls.

Der komplizierteste Teil der Prozedur betrifft die Erzeugung dieser Formeln, die durch die Veränderung der *FormulaR1C1*-Eigenschaft der jeweiligen Zellen in die Tabelle eingetragen werden. Die Formeln müssen relativ mühsam als Zeichenketten erstellt werden. Das R1C1-Format ist für solche Aufgaben besser geeignet, weil so zumindest die Umwandlung von Spaltennummern in Buchstaben entfällt.

```
Sub MonthlyProtocol(dat As Date)
  Dim sdat As Date, edat As Date 'Start- und Enddatum
  Dim nrdays As Integer          'Anzahl der Tage
  Dim chartWSheet As Worksheet   'Tabellenblatt mit Monatsdiagrammen
  Dim chartRange As Range        'erste Datenzelle in diesem Blatt
  Dim z As Date, i%, j%          'Schleifenvariablen
  Dim filename As String
  sdat = DateSerial(Year(dat), Month(dat), 1)
  nrdays = DateSerial(Year(dat), Month(dat) + 1, 1) - _
        DateSerial(Year(dat), Month(dat), 1)
  edat = dat + nrdays - 1
  ThisWorkbook.Activate
  Set chartWSheet = ThisWorkbook.Worksheets("MonthlyReport")
  chartWSheet.Activate
```

```
    chartWSheet.[a1].Select
    Set chartRange = chartWSheet.[B9]
    ' Monatstabelle aufstellen
    Application.Calculation = xlManual
    chartWSheet.[B1] = "Monatsprotokoll " & Format(dat, "mmmm yyyy")
    For i = 1 To nrdays
        z = dat + i - 1
        chartRange.Cells(i, 1) = z
        filename = ThisWorkbook.Path + "\d_" + _
            Format(z, "yyyymmdd") + ".xlsx"
        If Dir(filename) = "" Then
            For j = 1 To 5
                chartRange.Cells(i, 1 + j).FormulaR1C1 = ""
                chartRange.Cells(i, 7 + j).FormulaR1C1 = ""
            Next j
        Else
            filename = "='" & ThisWorkbook.Path + _
                "\[d_" + Format(z, "yyyymmdd") & ".xlsx]Tabelle1'"
            For j = 1 To 5
                chartRange.Cells(i, 1 + j).FormulaR1C1 = _
                    filename & "!R19C" & 8 + j
                chartRange.Cells(i, 7 + j).FormulaR1C1 = _
                    filename & "!R21C" & 8 + j
            Next j
        End If
    Next i
    If nrdays < 31 Then
        For i = nrdays + 1 To 31
            For j = 1 To 12
                chartRange.Cells(i, j).ClearContents
            Next j
        Next i
    End If
    Application.Calculate
    chartWSheet.Range("B9:M39").Copy
    chartWSheet.Range("B9:M39").PasteSpecial Paste:=xlValues
    Application.CutCopyMode = False
    chartWSheet.PrintOut Preview:=True
    Application.Calculation = xlAutomatic
End Sub
```

Nachdem alle Verweise in die Tabelle eingetragen und die Tabelle auf dieser Basis neu berechnet wurde, wird der gesamte Zellbereich in die Zwischenablage kopiert. Mit *PasteSpecial* werden anschließend nur die Zahlenwerte (anstatt der Formeln) eingetragen. Dieser Vorgang spart Speicher und erhöht die weitere Verarbeitungsgeschwindigkeit. Außerdem kommt Excel nicht auf die Idee, bei der nächsten Gelegenheit zu fragen, ob es die vorhandenen Verweise aktualisieren soll.

Die Prozedur endet wie *DailyProtocol* mit dem Ausdruck der Tabelle samt den fünf darin enthaltenen Diagrammen. Bei der Layoutgestaltung der Tabelle mit SEITENLAYOUT | SEITE EINRICHTEN wurde übrigens als Kopfzeile der Tabellenname *MonthlyReport* und als Fußzeile eine Seitennummer eingestellt (weil das Protokoll ja immerhin drei Seiten lang ist).

Symbolleistenverwaltung

Die Verwaltung der im ADD-INS-Register angezeigten Symbolleiste liefert gegenüber den Beispielen der vorangegangenen Kapitel keine neuen Informationen mehr, weswegen auf den Abdruck der Ereignisprozeduren verzichtet wird. Die Symbolleiste ist als eigenes *CommandBar*-Objekt realisiert. Es wird beim Laden von *Chart.xlsm* in *Workbook_Open* sichtbar gemacht und in *Workbook_BeforeClose* wieder verborgen.

Dialogverwaltung

Der Dialog *FormDateInput* wird universell für die drei Kommandos ADD-INS | PROTOKOLL | TESTDATEN ERZEUGEN, ... | TAGESPROTOKOLL und ... | MONATSPROTOKOLL verwendet. Je nach Verwendungszweck wird der Text im Textfeld *lblInfo* geändert. Durch die Prozeduren *ProtocolMenu_GenerateNewFiles*, *_DailyProtocol* und *_MonthlyProtocol*, von denen hier nur eine abgedruckt ist, werden außerdem die Texte in den Textfeldern *txtFrom* und *txtTo* voreingestellt.

Die beiden Daten können durch Drehpfeile vergrößert bzw. verkleinert werden. Dazu werden die Drehwerte auf 0 voreingestellt. Der zulässige Wertebereich geht von –1000 bis 1000, Sie können also das Datum theoretisch um plus/minus 1000 Tage verändern. (Theoretisch deswegen, weil Sie kaum so viel Geduld aufbringen werden. Viel schneller geht es, wenn Sie das Datum einfach per Tastatur eingeben.)

```
' Datei 10\Chart.xlsm, Module MenuEvents
' Menükommando, um Monatsprotokoll zu erzeugen
Sub ChartSampleMenu_MonthlyProtocol()
  Dim dat As Date, lastmonth As Integer
  lastmonth = -1
  With FormDateInput
    .dat1 = DateSerial(Year(Now), Month(Now), 1)
    .dat2 = DateSerial(Year(Now), Month(Now), _
      DateSerial(Year(Now), Month(Now) + 1, 1) - _
      DateSerial(Year(Now), Month(Now), 1))
    .txtFrom = CStr(.dat1)
    .txtTo = CStr(.dat2)
    .spinTo = 0: .spinFrom = 0
    .lblInfo = "Geben Sie an, für welchen Datumsbereich Sie " & _
      "Monatsprotokolle erstellen und ausdrucken möchten."
    .Show
    If .result = False Then Exit Sub
    ' Testdaten erzeugen
    Application.ScreenUpdating = False
    Application.DisplayStatusBar = True
    For dat = CDate(.txtFrom) To CDate(.txtTo)
      If lastmonth <> Month(dat) Then
```

```
        Application.StatusBar = "Monatsprotokoll vom " & _
            Format(dat, "mmmm yyyy") & " erzeugen"
        MonthlyProtocol CDate(dat)
        lastmonth = Month(dat)
      End If
    Next dat
    Application.StatusBar = False
    Application.DisplayStatusBar = False
  End With
End Sub
```

Sofern die Eingabe mit OK abgeschlossen und in *btnOK_Click* kein Eingabefehler entdeckt wurde, werden in einer Schleife alle Tage des Datumsbereichs durchlaufen. Jedes Mal, wenn sich dabei der Monat ändert, wird *MonthlyProtocol* aufgerufen. Zugegebenermaßen ist dieser Algorithmus nicht übermäßig raffiniert programmiert – es ist aber sicherlich die einfachste Lösung, die für beliebige Zeitbereiche funktioniert (auch für mehr als zwölf Monate). Eine Berechnung des Monatsersten jedes neuen Monats würde vermutlich mehr Zeit beanspruchen als ein einfaches Durchlaufen aller Tage. Auf jeden Fall hätte es ein bisschen mehr Denkaufwand beim Programmieren bedeutet, und Programmierer sind bekanntermaßen nicht immer zum Denken aufgelegt ...

Die eigentlichen Dialogereignisprozeduren fallen vergleichsweise kurz und trivial aus. Beachten Sie bitte, dass das Drehfeld nicht synchronisiert wird, wenn im Textfeld ein neues Datum per Tastatur eingegeben wird. Aus diesem Grund ist es nicht möglich, ein über die Tastatur eingegebenes Datum anschließend mit dem Drehfeld zu verändern.

```
' Ereignisprozeduren zum Formular für die Datumseingabe
Option Explicit
Public result As Boolean, dat1 As Date, dat2 As Date
Private Sub btnCancel_Click()
  result = False
  Hide
End Sub
Private Sub btnOK_Click()
  If IsDate(txtFrom) And IsDate(txtTo) Then
    result = True
    Hide
  Else
    MsgBox "Ungültige Datumseingabe!"
  End If
End Sub
Private Sub spinFrom_Change()
  txtFrom = CStr(dat1 + spinFrom)
End Sub
Private Sub spinTo_Change()
  txtTo = CStr(dat2 + spinTo)
End Sub
```

■ 10.4 Syntaxzusammenfassung

Dieser Abschnitt fasst wirklich nur die allerwichtigsten Objekte, Methoden und Eigenschaften zusammen. Die Hierarchie aller Diagrammobjekte finden Sie in der Objektreferenz auf der Buch-CD. Dort sind auch alle Objekte (in alphabetischer Reihenfolge) kurz beschrieben. In den folgenden Syntaxboxen steht *wb* als Abkürzung für ein *Workbook*-Objekt, *ws* für ein *Worksheet*-Objekt, *chobj* für ein *ChartObject*-Objekt und *ch* für ein *Chart*-Objekt.

Diagrammobjekte	
ws.ChartObjects(..)	eingebettetes Diagrammobjekt auswählen
ws.ChartObjects.Add ..	neuen (leeren) Diagrammrahmen
chobj.Select	entspricht einfachem Mausklick
chobj.Activate	entspricht doppeltem Mausklick
ActiveWindow.Visible = False	deaktivieren
chobj.Chart	verweist auf Diagrammobjekt
chobj.Copy	Diagrammobjekt samt Diagramm kopieren
ws.Paste: Selection.Name = „..."	Diagrammobjekt samt Diagramm einfügen
chobj.Duplicate.Name = „..."	vorhandenes Diagrammobjekt duplizieren
chobj.Delete	Diagrammobjekt samt Diagramm löschen

Diagramme	
ActiveChart	verweist auf aktives Diagramm
wb.Charts(..).Select	wählt Diagrammblatt aus
ch.ChartArea.Copy	kopiert Diagramminhalt
ch.Paste	fügt Diagramminhalt ein
ch.ChartArea.Clear	löscht gesamtes Diagramm
ch.ChartArea.ClearContents	löscht nur die Daten
ch.ChartArea.ClearFormats	löscht nur die Formate
ch.ChartWizard ...	Diagramm mit Assistenten erzeugen
ch.ApplyChartTemplate	benutzerdef. Diagrammvorlage zuweisen
ch.ApplyLayout	Diagrammlayout zuweisen
ch.ChartStyle	Diagrammformatvorlage zuweisen
ch.CopyPicture	kopiert Diagramm als Grafik oder Bitmap in die Zwischenablage
ch.Export	speichert das Diagramm in einer Grafikdatei
ch.PrintOut	druckt das Diagramm aus
ch.ChartArea	verweist auf Gesamthintergrund
ch.PlotArea	verweist auf Hintergrund der Grafik
ch.Floor, ch.Walls	verweist auf Boden und Wände (3D-Diagramme)

Diagramme	
ch.ChartTitle	verweist auf Diagrammtitel
ch.Legend	verweist auf Legende
ch.Axes(..)	verweist auf Achsen
ch.SeriesCollection(..)	verweist auf Datenreihen

■ 10.5 Die Zelldiagramme der Bedingten Formatierung

Seit der Office-Version 2007 gibt es in Excel eine völlig neue Art von Diagrammen. Die stehen allerdings nicht als „normale" Diagrammtypen zur Wahl, sondern gehören zum Funktions-angebot der *Bedingten Formatierung* (Befehlsregisterkarte START). Damit ist die Visualisierung von Zahlen innerhalb von Arbeitsblattzellen möglich. Es gibt drei unterschiedliche Typen von Zelldiagrammen:

- Der Diagrammtyp *Datenbalken* hinterlegt die Zellen eines Arbeitsblattbereichs mit farbigen Balken. Deren Länge entspricht dem relativen Wert der jeweiligen Zelle im Vergleich zum größten Wert des Bereichs. Dadurch lassen sich Entwicklungen ebenso schnell entdecken wie „Ausreißer", also Zahlenwerte, die in positiver oder negativer Hinsicht aus dem Rahmen fallen.

- Der Diagrammtyp *Farbskalen* verwendet Farben und Farbunterschiede anstelle von Balken. Die Farben zeigen die Zugehörigkeit einer Zelle zu einem bestimmten Wertebereich. In einer Skala mit drei Farben können Sie beispielsweise angeben, dass die Zellen mit den höchsten relativen Datenwerten grün, Zellen mit mittleren Werten gelb und Zellen mit den niedrigsten Werten rot angezeigt werden. Das ist das „grobe Raster". Das feine Bewer-tungsraster wird durch Farbabstufungen realisiert, die innerhalb eines Wertebereichs die relativen Differenzen zwischen den Zellwerten kennzeichnen.

- Der Diagrammtyp *Symbolsätze* fügt in jede Zelle ein grafisches Symbol ein. Dabei kann es sich beispielsweise um einen Pfeil oder ein Ampellicht handeln. Das Symbol, das einem der 20 wählbaren Symbolsätze entstammt, ordnet den jeweiligen Zellwert einem bestimmten Wertebereich zu. Im Fall des Symbolsatzes „3 Ampeln (mit Rand)" etwa weiß man dann auf einen Blick, ob der Zellwert im oberen Drittel (grünes Licht), im Mittelfeld (gelbes Licht) oder darunter (rotes Licht) rangiert.

Das Objektmodell von Excel hat entsprechende Erweiterungen erhalten, über die eine Pro-grammierung der neuen Diagrammtypen möglich ist.

Hinweis

Den Code dieses Abschnitts finden Sie in der Datei *Zelldiagramme.xlsm* im Unter-ordner 10 der Beispieldateien.

■

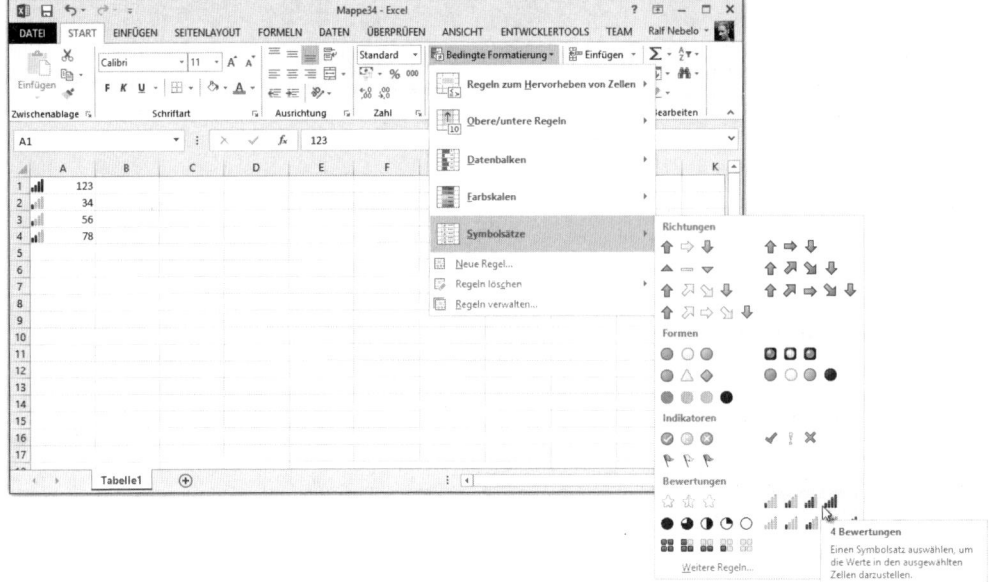

BILD 10.10 Die Zelldiagramme der bedingten Formatierung setzen für die grafische Darstellung von Zellwerten unter anderem Symbolsätze ein.

10.5.1 Programmierung von Datenbalkendiagrammen

Das programmierte Anlegen eines Datenbalkendiagramms beginnt mit dem Aufruf der *AddDatabar*-Methode. Die fügt einem beliebigen Arbeitsblattbereich (*Range*-Objekt) oder der aktuellen Auswahl (*Selection*-Objekt) eine neue bedingte Formatierung des Typs „Datenbalken" hinzu. Den Verweis darauf sollten Sie in einer Objektvariablen vom Datentyp *Databar* speichern:

```
Dim objBalkenFormat As Databar
Set objBalkenFormat = Selection.FormatConditions.AddDatabar
```

Über die Eigenschaften und Methoden der *Databar*-Variablen lassen sich nun die Details des Datenbalkendiagramms festlegen. Über die *ShowValue*-Methode beispielsweise können Sie bestimmen, ob innerhalb der markierten Zellen Zahlenwerte angezeigt werden sollen (*True*) oder nur Diagrammelemente (*False*):

```
objBalkenFormat.ShowValue = True
```

Für die Darstellung des Diagramms ist es wichtig, woher der kürzeste und der längste Balken ihre Werte beziehen. Standardmäßig sind das der kleinste und der größte Zellwert innerhalb des jeweiligen Arbeitsblattbereichs. Dieser Bezug lässt sich aber mithilfe der *Modify*-Methode der untergeordneten Objekte *MinPoint* und *MaxPoint* verändern. So könnte man den kürzesten und längsten Balken etwa die Werte 100 und 300 fest zuordnen:

```
objBalkenFormat.MinPoint.Modify xlConditionValueNumber, 100
objBalkenFormat.MaxPoint.Modify xlConditionValueNumber, 300
```

Die *PercentMax*-Eigenschaft bestimmt, wie viel Prozent der Zellbreite der Diagrammbalken maximal einnehmen darf. Im Normalfall liegt der Wert bei 100 (volle Zellbreite), lässt sich wie folgt aber beispielsweise auf die Hälfte reduzieren:

```
objBalkenFormat.PercentMax = 50
```

Über das Unterobjekt *BarColor* können Sie die Farbe der Diagrammbalken wählen, indem Sie seiner *Color*-Eigenschaft einen entsprechenden RGB-Wert (im Beispiel ein helles Grün) zuweisen:

```
objBalkenFormat.BarColor.Color = RGB(0, 200, 0)
```

Hinweis

Die Zuweisung von Farbwerten geschieht in der Regel mithilfe der VBA-Funktion *RGB*. Die besitzt drei numerische Argumente, über die Sie die gewünschten Intensitäten der Grundfarben Rot, Grün und Blau festlegen und damit beliebige Farben mischen können. Die möglichen Werte liegen zwischen 0 (Farbe fehlt ganz) und 255 (Farbe hat maximale Helligkeit). ∎

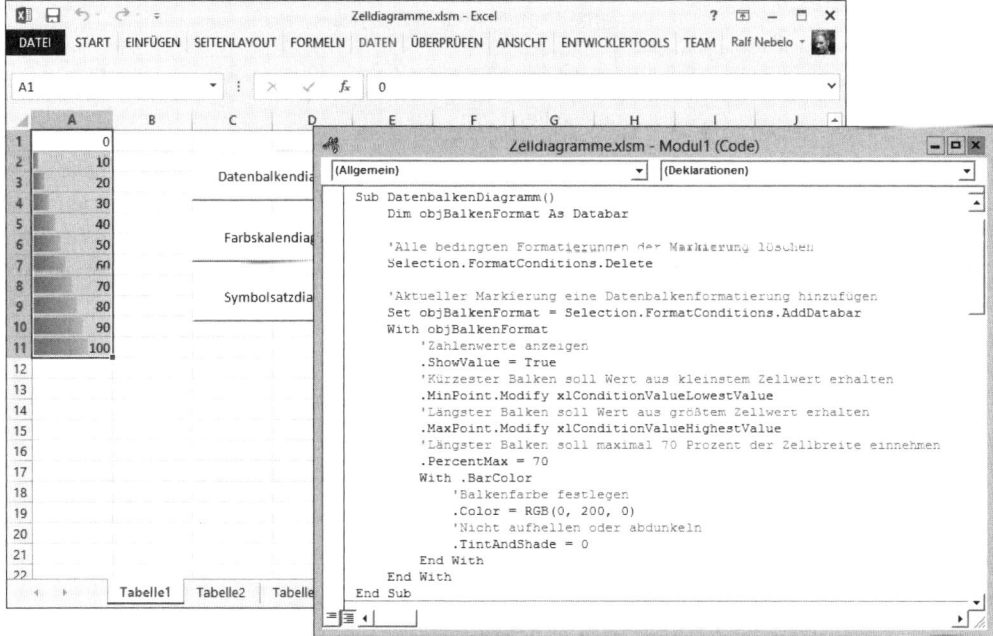

BILD 10.11 Ein Datenbalkendiagramm und das VBA-Makro, dem es seine Existenz verdankt

10.5.2 Programmierung von Farbskalendiagrammen

Beim programmierten Erstellen eines Farbbalkendiagramms kommt zunächst die *AddColor-Scale*-Methode zum Einsatz. Die fügt den in der *FormatConditions*-Auflistung gesammelten bedingten Formatierungen des Arbeitsblattbereichs eine neue Formatierung vom Typ „Farbskala" hinzu. Das numerische Argument der Methode bestimmt, wie viele Farbbereiche die Skala enthalten soll. Mögliche Werte sind 2 und 3. Den Verweis auf das neu angelegte Formatierungsobjekt nimmt eine Variable vom Datentyp *ColorScale* auf:

```
Dim objFarbskalenFormat As ColorScale
Set objFarbskalenFormat = _
Selection.FormatConditions.AddColorScale(3)
```

Über die *ColorScaleCriteria*-Auflistung und eine Indexzahl ist der Zugriff auf jeden einzelnen Farbbereich möglich, um dessen Eigenschaften zu bestimmen.

- So kann man etwa die gewünschte Startfarbe des Farbbereichs festlegen, indem man seiner *FormatColor.Color*-Eigenschaft einen passenden RGB-Wert zuweist.
- Die *Type*-Eigenschaft des *ColorScale*-Objekts legt fest, für welchen Wertebereich der Farbbereich zuständig ist.

Das Beispiel

```
With objFarbskalenFormat.ColorScaleCriteria(1)
    .Type = xlConditionValueLowestValue
    .FormatColor.Color = RGB(150, 0, 0)
End With
```

regelt, dass der erste der drei Farbbereiche (*ColorScaleCriteria(1)*) für die Darstellung der niedrigsten Werte (*xlConditionValueLowestValue*) zuständig ist und dafür Abstufungen der Farbe Rot (*RGB(150, 0, 0)*) verwendet.

Sollen die mittleren Zellwerte in die Zuständigkeit des zweiten Farbbereichs (*ColorScale-Criteria(2)*) fallen, muss man seiner *Type*-Eigenschaft den Wert *xlConditionValuePercentile* zuordnen und zusätzlich seine *Value*-Eigenschaft auf 50 setzen. Das Beispiel weist dem Farbbereich darüber hinaus ein mittleres Grün (*RGB(0, 150, 0)*) als Startfarbe zu:

```
With objFarbskalenFormat.ColorScaleCriteria(2)
    .Type = xlConditionValuePercentile
    .Value = 50
    .FormatColor.Color = RGB(0, 150, 0)
End With
```

Beim dritten Farbbereich (*ColorScaleCriteria(3)*) genügen dann wieder zwei Eigenschaftszuweisungen. Das Beispiel

```
With objFarbskalenFormat.ColorScaleCriteria(3)
    .Type = xlConditionValueHighestValue
```

```
    .FormatColor.Color = RGB(0, 0, 150)
End With
```

macht diesen für die Darstellung der höchsten Zellwerte verantwortlich (.*Type = xlCondition-ValueHighestValue*), wobei ein mittleres Blau (*RGB(0, 0, 150)*) als Startfarbe zum Einsatz kommt.

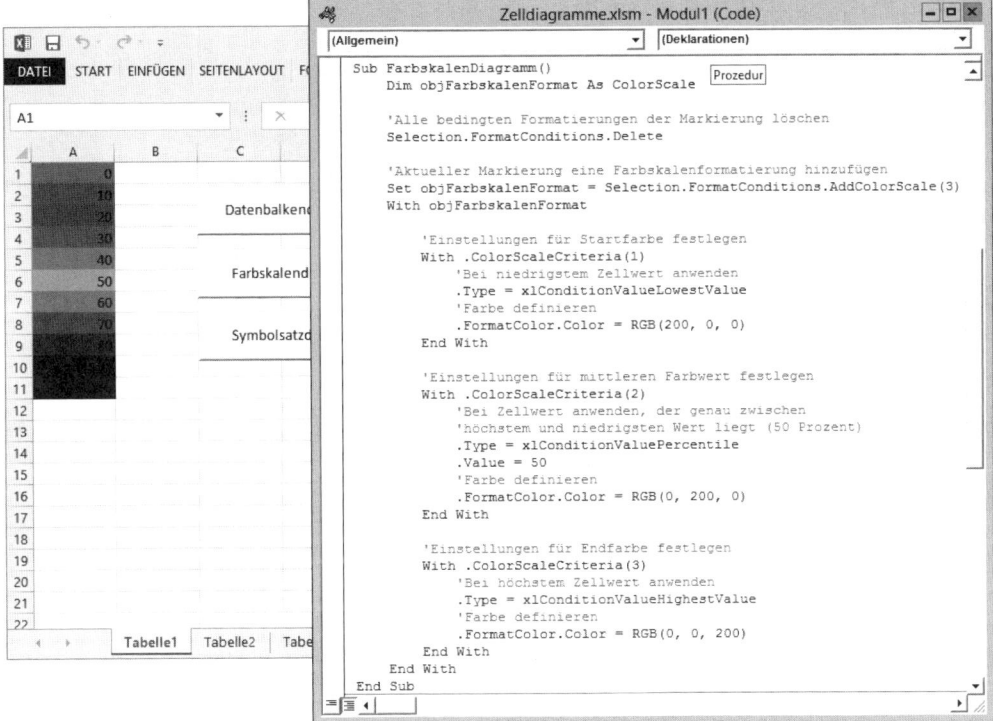

BILD 10.12 Farbskalendiagramme kennzeichnen die unterschiedlichen Zellwerte durch Farben und Farbabstufungen.

10.5.3 Programmierung von Symbolsatzdiagrammen

Die *AddIconSetCondition*-Methode fügt der Liste der bedingten Formatierungen eine neue *Symbolsatz*-Formatierung hinzu, die in einer Variablen vom Typ *IconSetCondition* gespeichert wird:

```
Dim objSymsatz As IconSetCondition
Set objSymsatz = Selection.FormatConditions.AddIconSetCondition
```

Die Objektvariable stellt Ihnen mehrere Eigenschaften zur Verfügung, über die Sie das Diagramm nach Ihren Wünschen gestalten können.

- Die *IconSet*-Eigenschaft bestimmt den Symbolsatz, der von der *IconSets*-Auflistung der Arbeitsmappe bereitgestellt wird. Da diese Auflistung standardmäßig 20 Elemente umfasst, erfolgt die Angabe des gewünschten Symbolsatzes über eine Zahl zwischen 1 und 20. Alternativ können Sie auch eine der folgenden Konstanten verwenden:

Konstante	Wert	Symbolsatz
xl3Arrows	1	3 Pfeile (farbig)
xl3ArrowsGray	2	3 Pfeile (grau)
xl3Flags	3	3 Kennzeichen
xl3Signs	6	3 Zeichen
xl3Stars	18	3 Sterne
xl3Symbols	7	3 Symbole (mit Kreis)
xl3Symbols2	8	3 Symbole (ohne Kreis)
xl3TrafficLights1	4	3 Ampeln (ohne Rand)
xl3TrafficLights2	5	3 Ampeln (mit Rand)
xl3Triangles	19	3 Dreiecke
xl4Arrows	9	4 Pfeile (farbig)
xl4ArrowsGray	10	4 Pfeile (grau)
xl4CRV	12	4 Bewertungen
xl4RedToBlack	11	Rot / Schwarz
xl4TrafficLights	13	4 Ampeln
xl5Arrows	14	5 Pfeile (farbig)
xl5ArrowsGray	15	5 Pfeile (grau)
xl5Boxes	20	5 Kästchen
xl5CRV	16	5 Bewertungen
xl5Quarters	17	5 Viertel

- Mit *ReverseOrder* legen Sie fest, ob die Zuordnung von Zellwerten und Symbolen in der normalen (*False*) oder umgekehrten Reihenfolge (*True*) erfolgen soll.
- Die Eigenschaft *ShowIconOnly* regelt, ob innerhalb der Zellen nur noch die Symbole angezeigt werden (*True*) oder Symbole *und* Zellwerte (*False*).

Das folgende Beispiel weist dem Diagramm den Symbolsatz „3 Ampeln (mit Rand)" zu, kehrt die Zuordnung von Zellwerten und Symbolen um, lässt aber beide innerhalb der Zellen anzeigen:

```
With objSymsatz
    .IconSet = ActiveWorkbook.IconSets(xl3TrafficLights2)
    .ReverseOrder = True
    .ShowIconOnly = False
End With
```

Das Diagramm stellt für jedes Symbol des gewählten Symbolsatzes ein *IconCriteria*-Element zur Verfügung. Das besitzt die folgenden drei Eigenschaften, mit denen Sie festlegen können, ab welchem Wertebereich das jeweilige Symbol zum Einsatz kommt:

- Die *Type*-Eigenschaft bestimmt, ob die Wertbestimmung absolut (*xlConditionValueNumber*), prozentual (*xlConditionValuePercent*) oder als Ergebnis einer Rechenformel (*xlCondition-ValueFormula*) erfolgen soll.

- Im Falle einer prozentualen oder absoluten Bestimmung nennt die *Value*-Eigenschaft den gewünschten Prozent- oder Absolutwert.

- Die *Operator*-Eigenschaft definiert den Vergleichsoperator, der in Bezug auf den angegebenen *Value*-Wert zum Einsatz kommt. Die Auswahl erfolgt mithilfe einer der folgenden Konstanten:

Konstante	Wert	Bedeutung
xlEqual	3	gleich
xlGreater	5	größer als
xlGreaterEqual	7	größer oder gleich
xlLess	6	kleiner als
xlLessEqual	8	kleiner oder gleich
xlNotEqual	4	ungleich

Da Excel den Wertebereich des ersten Symbols automatisch festlegt (auf die niedrigsten Zellwerte nämlich), müssen Sie nur noch für die restlichen Symbole die entsprechenden Einstellungen vornehmen. Das folgende Beispiel bestimmt, dass die Zuständigkeit des zweiten Symbols (*IconCriteria(2)*) bei einem Wert beginnt, der 33 oder mehr Prozent des höchsten Zellwerts beträgt:

```
With objSymsatz.IconCriteria(2)
    .Type = xlConditionValuePercent
    .Value = 33
    .Operator = xlGreaterEqual
End With
```

Das Beispiel für das dritte Symbol (*IconCriteria(3)*) lässt dessen Verwendung bei 67 Prozent des höchsten Zellwerts beginnen:

```
With objSymsatz.IconCriteria(3)
    .Type = xlConditionValuePercent
    .Value = 67
    .Operator = xlGreaterEqual
End With
```

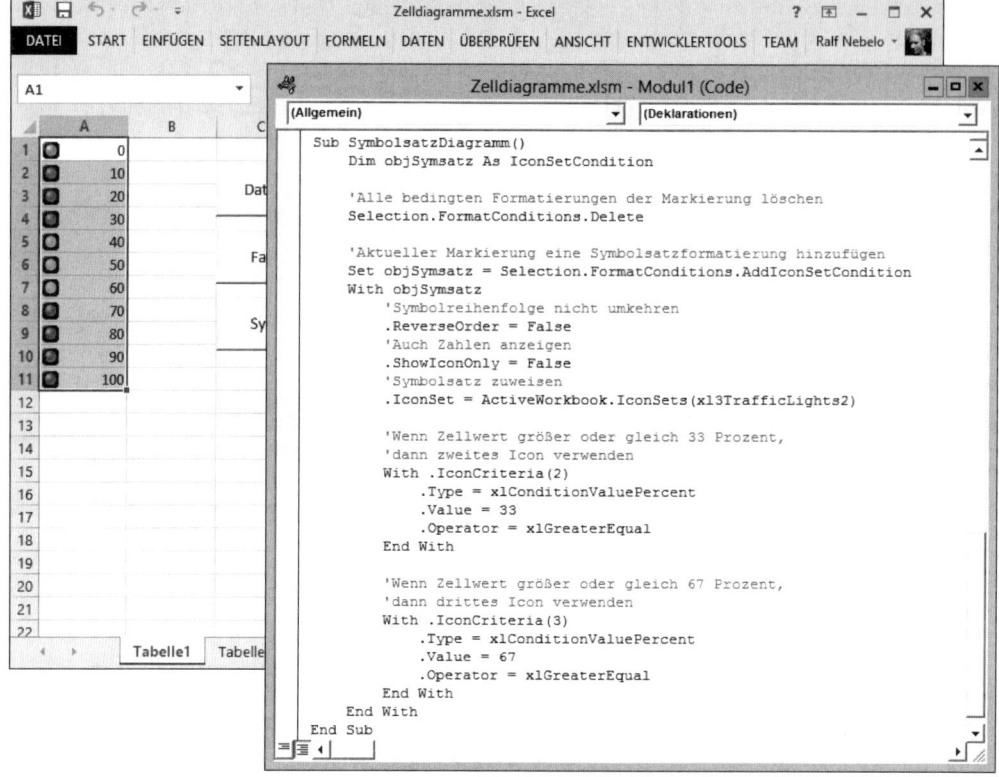

BILD 10.13 Symbolsatzdiagramme erlauben eine besonders schnelle Beurteilung von Zellwerten.

10.5.4 Syntaxzusammenfassung

VBA-Elemente für die Programmierung von Zelldiagrammen	
AddColorScale	erstellt ein Farbskalendiagramm
AddDatabar	erstellt ein Datenbalkendiagramm
AddIconSetCondition	erstellt ein Symbolsatzdiagramm
BarColor	verweist auf die Farbe eines Datenbalkendiagramms
ColorScale	erlaubt Objekterstellung für Farbskalendiagramm
ColorScaleCriteria	verweist auf die Farbbereiche eines Farbskalendiagramms
DataBar	erlaubt Objekterstellung für Datenbalkendiagramm
FormatColor	verweist auf die Farbe eines Farbbereichs in einem Farbskalendiagramm
IconCriteria	verweist auf ein Symbol in einem Symbolsatzdiagramm
IconSet	bestimmt den Symbolsatz eines Symbolsatzdiagramms
IconSetCondition	erlaubt Objekterstellung für Symbolsatzdiagramm
MaxPoint	verweist auf den höchsten Wert in einem Datenbalkendiagramm

VBA-Elemente für die Programmierung von Zelldiagrammen	
MinPoint	verweist auf den niedrigsten Wert in einem Datenbalkendiagramm
Modify	legt den höchsten oder niedrigsten Wert in einem Datenbalkendiagramm fest
Operator	bestimmt den Vergleichsoperator für ein Symbol in einem Symbolsatzdiagramm
PercentMax	bestimmt, wie viel Prozent der Zellbreite das Datenbalkendiagramm maximal einnehmen darf
ReverseOrder	legt die Reihenfolge der Symbole in einem Symbolsatzdiagramm fest
ShowIconOnly	bestimmt, ob die Zellen eines Symbolsatzdiagramms nur Symbole anzeigen sollen
ShowValue	bestimmt, ob Zahlenwerte in Datenbalkendiagrammen angezeigt werden
Type	legt fest, für welchen Wertebereich der Farbbereich eines Farbskalendiagramms zuständig ist
Value	bestimmt den Wert eines Farbbereichs in einem Farbskalendiagramm beziehungsweise den Prozent- oder Absolutwert für ein Symbol in einem Symbolsatzdiagramm

■ 10.6 Sparklines-Diagramme

Die mit Excel 2010 eingeführten Sparklines lassen sich über die Registerkarte Einfügen in das Arbeitsblatt integrieren. Bei diesen „Funkenlinien" (wie die wörtliche, aber inoffizielle Übersetzung lauten würde) handelt es sich um kleine Linien- oder Balkendiagramme, die im Unterschied zu den „richtigen" Excel-Diagrammen vollständig in eine Zelle passen. Dadurch lassen sich die Minidiagramme in unmittelbarer Nähe zu ihren Quelldaten platzieren, was sie zum optimalen Mittel für die datennahe Visualisierung von Trends macht – von Wirtschaftszyklen etwa, Ausgabenentwicklungen oder saisonalen Auf- und Abschwüngen.

Aufgrund der geringen Größe sind die Gestaltungsmöglichkeiten von Sparklines-Diagrammen natürlich deutlich eingeschränkt. Der Anwender hat die Wahl zwischen den drei Typen „Linie", „Säule" und „Gewinn/Verlust". Alle Diagrammtypen bieten die Möglichkeit, Maximal- und Minimalwerte sowie negative Zahlen farbig hervorzuheben. Dabei lässt sich die Lage des Nullpunkts durch eine horizontale Achse kennzeichnen. Beim Diagrammtyp *Linie* besteht darüber hinaus die exklusive Möglichkeit, farbige Markierungen für alle Datenpunkte sichtbar zu machen.

Hinweis

Den Code dieses Abschnitts finden Sie in der Datei *SparkLines.xlsm* im Unterordner 10 der Beispieldateien. ■

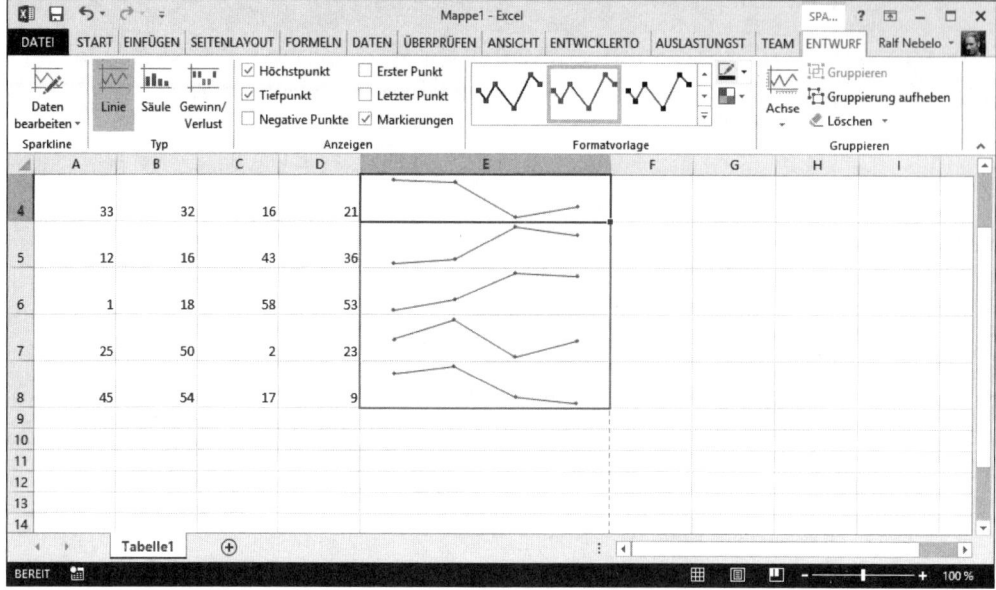

BILD 10.14 Da Sparklines-Diagramme in Zellen eingebettet sind, eignen sie sich ideal für die datennahe Visualisierung von Trends.

10.6.1 Programmierung von Sparklines-Diagrammen

Für die Programmierung von Sparklines-Diagrammen hat Microsoft das Objektmodell
von Excel erweitert. Wichtigster Neuzugang diesbezüglich ist das Objekt *SparklineGroups*.
Es enthält eine Auflistung sämtlicher Sparklines-Diagramme, die in dem übergeordneten
Range-Objekt zu finden sind. Mit dem ebenfalls neuen Objekt *SparklineGroup* erhält man
einen Verweis auf ein einzelnes Diagramm dieser Auflistung beziehungsweise auf ein neues
Sparklines-Diagramm, das man der Auflistung hinzufügen möchte.

Ein Sparklines-Diagramm anlegen

Das programmierte Anlegen eines Sparklines-Diagramms beginnt mit der Deklaration einer
Objektvariablen, die den Verweis auf das neue Diagramm aufnehmen soll:

```
' Beispiel 10\Sparklines.xlsm
Dim objSparklineDiagramm As SparklineGroup
```

Ein Aufruf der *Add*-Methode fügt der *SparklineGroups*-Auflistung des gewünschten *Range*-
Objekts (das auf eine einzelne Zelle verweisen sollte) dann ein neues Sparklines-Diagramm
hinzu, dessen Typ man über das *Type*-Argument festlegen muss. Die möglichen Konstanten
dafür lauten *xlSparkLine* (Diagrammtyp „Linie"), *xlSparkColumn* (Diagrammtyp „Säule")
und *xlSparkColumnStacked100* (Diagrammtyp „Gewinn/Verlust"). Im zweiten notwendigen
Argument *SourceData* übergibt man der *Add*-Methode den *Range*-Bereich, der die darzustel-
lenden Zahlen enthält.

Das folgende Beispiel fügt der Zelle C1 des aktuellen Arbeitsblatts ein Sparklines-Diagramm vom Typ „Linie" hinzu, das seine Daten aus dem Bereich A1 bis A10 desselben Arbeitsblatts bezieht:

```
Set objSparklineDiagramm = Range("C1").SparklineGroups.Add _
    (Type:=xlSparkLine, SourceData:="A1:A10")
```

Das Aussehen eines Sparklines-Diagramms verändern

Wenn Sie mit der voreingestellten Optik des Sparklines-Diagramms zufrieden sind, dürfen Sie Ihre Programmierarbeit hier beenden. Ansonsten haben Sie diverse Möglichkeiten, das Aussehen der Zahlengrafik zu „tunen".

So steht es Ihnen beispielsweise frei, die Liniendicke des Sparklines-Diagramms mithilfe seiner *LineWeight*-Eigenschaft zu verändern. Deren Standardwert 1 steht für eine normal dicke Linie. Das folgende Beispiel verdreifacht die Liniendicke (wovon Sie allerdings nur in einer stark vergrößerten Zelle Gebrauch machen sollten):

```
objSparklineDiagramm.LineWeight = 3
```

Wenn Sie die Linienfarbe verändern möchten, können Sie das über das Unterobjekt *SeriesColor* erledigen. Dazu weisen Sie dessen *Color*-Eigenschaft eine Farbkonstante wie *vbRed* (Rot) oder *vbGreen* (Grün) zu. Wenn Sie den Farbwert exakter bestimmen möchten, mischen Sie sich mithilfe der RGB-Funktion von VBA Ihre eigene Farbe:

```
objSparklineDiagramm.SeriesColor.Color = RGB(80, 255, 255)
```

 Hinweis

Die VBA-Funktion *RGB* besitzt drei numerische Argumente, über die Sie die gewünschten Intensitäten der Grundfarben Rot, Grün und Blau festlegen und damit beliebige Farben mischen können. Die möglichen Werte liegen zwischen 0 (Farbe fehlt ganz) und 255 (Farbe hat maximale Helligkeit). ■

Enthalten die Quelldaten sowohl positive als auch negative Zahlen, so empfiehlt sich das Sichtbarmachen der horizontalen Achse, die den Nullpunkt des Diagramms markiert. Das funktioniert wie folgt:

```
objSparklineDiagramm.Axes.Horizontal.Axis.Visible = True
```

Datenpunkte kennzeichnen

Sie können den Informationsgehalt Ihres programmierten Sparklines-Diagramms sehr leicht vergrößern, indem Sie bestimmte Datenpunkte anzeigen lassen und deren Aussehen nach Ihren Vorstellungen verändern. Den Zugriff darauf erhalten Sie über die Elemente der *Points*-Auflistung, die sämtliche Datenpunkte des Diagramms enthält.

Mit dem *Highpoint*-Element der *Points*-Auflistung können Sie den Datenpunkt, der den höchsten Zahlenwert repräsentiert, gezielt sichtbar machen. Dazu müssen Sie nur die *Visible*-Eigenschaft des Elements auf *True* setzen. Über die Eigenschaft *Color* (des gleichnamigen Unterobjekts) weisen Sie dem Datenpunkt eine individuelle Farbe zu:

```
' Beispiel 10\Sparklines.xlsm
With objSparklineDiagramm.Points.Highpoint
  .Visible = True
  .Color.Color = vbGreen
End With
```

Das *Lowpoint*-Element der *Points*-Auflistung verweist auf den Datenpunkt für den tiefsten Zahlenwert. Den können Sie ebenfalls gezielt sichtbar machen und ihm eine Farbe Ihrer Wahl zuweisen:

```
With objSparklineDiagramm.Points.Lowpoint
  .Visible = True
  .Color.Color = vbRed
End With
```

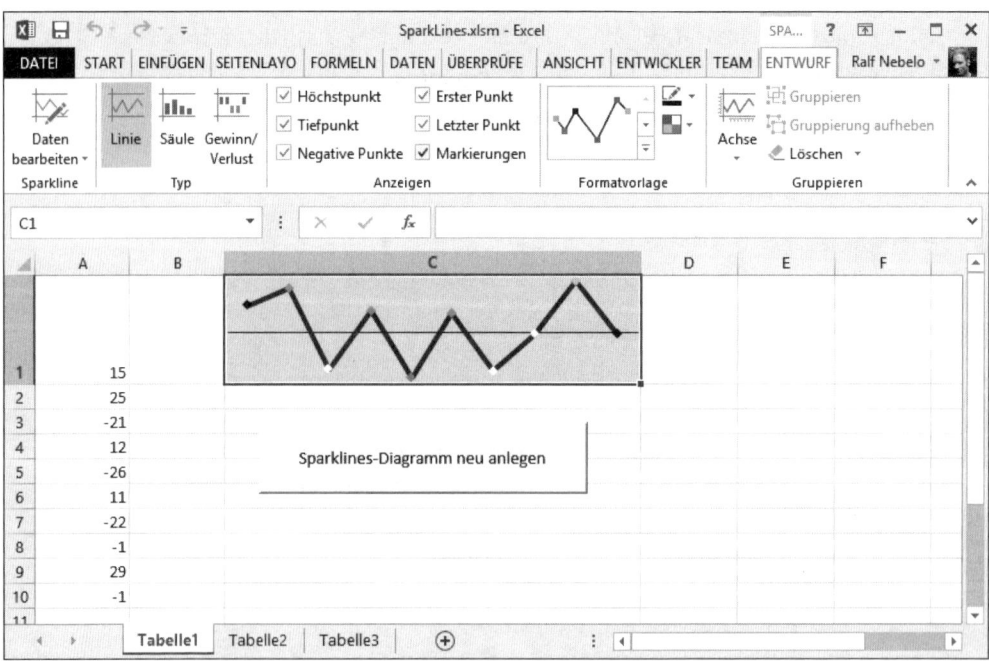

BILD 10.15 Bei der Programmierung von Sparklines-Diagrammen hat der Entwickler die gleichen Gestaltungsmöglichkeiten wie der Anwender.

Falls Sie negative Diagrammwerte besonders hervorheben möchten, können Sie die entsprechende Datenpunkte ebenfalls in einer Farbe Ihrer Wahl anzeigen lassen. Das *Negative*-Element der *Points*-Auflistung macht's möglich:

```
With objSparklineDiagramm.Points.Negative
  .Visible = True
  .Color.Color = vbWhite
End With
```

Mit den *Points*-Elementen *Firstpoint* und *Lastpoint* verschaffen Sie sich Zugang zum ersten und letzten Datenpunkt des Sparklines-Diagramms, um diese nach dem stets gleichen Programmiermuster sichtbar zu machen:

```
With objSparklineDiagramm.Points.Firstpoint
  .Visible = True
  .Color.Color = vbBlack
End With

With objSparklineDiagramm.Points.Lastpoint
  .Visible = True
  .Color.Color = vbBlack
End With
```

Und natürlich können Sie auch die Darstellung sämtlicher Datenpunkte unabhängig von ihrer Position und ihrem Zahlenwert veranlassen. Den Schlüssel dazu liefert das *Markers*-Element der *Points*-Auflistung:

```
With objSparklineDiagramm.Points.Markers
  .Visible = True
  .Color.Color = vbMagenta
End With
```

Hinweis

Das *Markers*-Element ist den übrigen *Points*-Elementen untergeordnet. Seine pauschalen Einstellungen gelten nur für solche Datenpunkte, die nicht über speziellere *Points*-Elemente verändert wurden. Falls Sie also beispielsweise die Anzeige von negativen Datenpunkten in Rot veranlasst haben, so zeigt sich ein abweichender Farbwert für das *Markers*-Element nur bei den positiven Datenpunkten.

■

10.6.2 Syntaxzusammenfassung

VBA-Elemente für die Programmierung von Sparklines-Diagrammen	
Add	fügt einer SparklineGroups-Auflistung ein neues Sparklines-Diagramm hinzu
Axes	Auflistung aller Achsen eines Sparklines-Diagramms
Color	bestimmt die Farbe der Diagrammlinie und von Datenpunkten
Firstpoint	verweist auf den ersten Datenpunkt der Points-Auflistung
Highpoint	verweist auf den Datenpunkt mit dem höchsten Wert der Points-Auflistung
Horizontal	verweist auf die horizontale Achse der Axes-Auflistung
Lastpoint	verweist auf den letzten Datenpunkt der Points-Auflistung
LineWeight	bestimmt die Liniendicke eines Sparklines-Diagramms
Lowpoint	verweist auf den Datenpunkt mit dem niedrigsten Wert der Points-Auflistung
Markers	verweist auf sämtliche Datenpunkte der Points-Auflistung
Negative	verweist auf alle Datenpunkte mit negativen Werten in der Points-Auflistung
Points	Auflistung aller Datenpunkte in einem Sparklines-Diagramm
SeriesColor	verweist auf die primäre Datenreihenfarbe eines Sparklines-Diagramms
SparklineGroup	verweist auf ein einzelnes Sparklines-Diagramm in der SparklineGroups-Auflistung
SparklineGroups	Auflistung aller Sparklines-Diagramme in einem Range-Objekt

■ 10.7 SmartArt-Diagramme

Die mit Office 2007 eingeführten *SmartArt*-Diagramme sind die Nachfolger der *Schematischen Darstellungen*. Sie sind in allen Office-Anwendungen verfügbar, sehr professionell gestaltet und eignen sich insbesondere für die grafische Darstellung von Prozessen, Abläufen oder Beziehungen.

Mit der Office-Version 2010 haben die SmartArt-Diagramme Eingang in das Objektmodell gefunden, sodass man sie per VBA erstellen oder verändern kann. Wem das vorhandene Angebot nicht reicht, der kann es per XML-Code um benutzerdefinierte SmartArt-Diagramme erweitern.

Hinweis

Den Code dieses Abschnitts finden Sie in der Datei *SmartArt.xlsm* im Unterordner 10 der Beispieldateien. ■

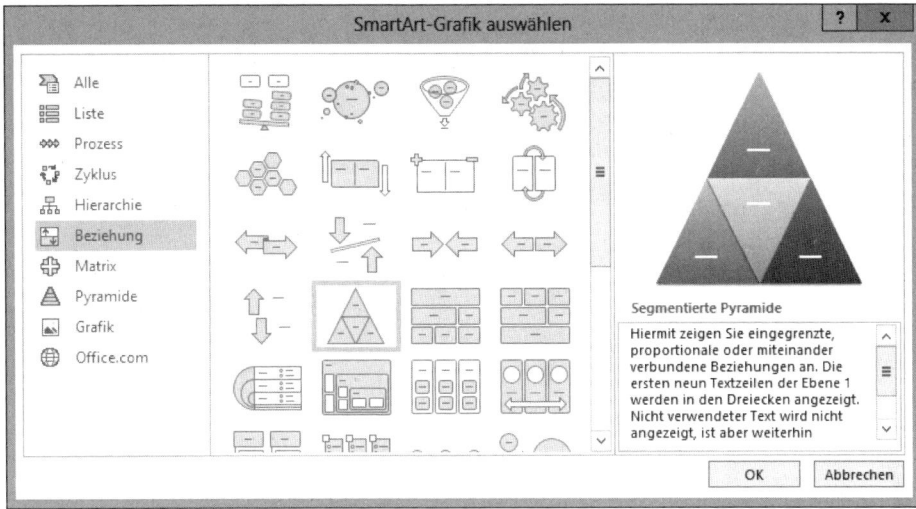

BILD 10.16 Seit Excel 2010 lassen sich SmartArt-Diagramme nicht nur manuell mit dem hier abgebildeten Dialogfeld erstellen, sondern ebenfalls per VBA-Code.

10.7.1 Programmierung von SmartArt-Diagrammen

Die nachfolgenden Ausführungen beschränken sich auf die wichtigsten Aspekte der Smart-Art-Programmierung. Eine ausführlichere Würdigung dieses komplexen Themas würde wesentlich mehr Platz erfordern, als im Rahmen dieses Buchs zur Verfügung steht. Für den Einstieg und erste Programmiervorhaben sollte das vermittelte Know-how jedoch in jedem Fall ausreichen.

Ein neues SmartArt-Diagramm anlegen

Im Unterschied zu Sparklines-Diagrammen (siehe Abschnitt 10.6) sind SmartArt-Diagramme kein Bestandteil des Arbeitsblatts, sondern der darüber liegenden Zeichnungsebene. Sie gehören damit zu den Zeichnungsobjekten respektive „Shapes" (siehe nachfolgenden Abschnitt).

Wer das weiß, findet den passenden Befehl zum Anlegen eines SmartArt-Diagramms schnell im Arsenal der *Shapes*-Auflistung. Die zuständige Methode heißt *AddSmartArt* und erwartet als erstes (erforderliches) Argument ein Objekt, das auf eines der insgesamt 134 vorhandenen SmartArt-Layouts verweist. Es bildet somit eine Art Schnittmuster für das neue Diagramm.

Zum Anlegen des Objekts definiert man eine Variable vom Typ *SmartArtLayout* und weist ihr das gewünschte Element der *SmartArtLayouts*-Auflistung zu, die sämtliche Layouts für Smart-Art-Diagramme umfasst. Da man die Elemente der Auflistung aber anfangs kaum kennen dürfte, sollte man sich zunächst einen Überblick, oder besser noch: eine bleibende Referenz verschaffen – mit einer Schleife wie der folgenden beispielsweise. Die schreibt den Namen, die Indexzahl, Kennzeichnung (ID), Kategorie und Beschreibung aller *SmartArtLayouts*-Elemente zeilenweise in Tabelle 2 der aktuellen Arbeitsmappe:

```
' Beispiel 10\SmartArt.xlsm
Dim i As Integer

For i = 1 To Application.SmartArtLayouts.Count
  Sheets(2).Cells(1 + i, 1).Value = _
    Application.SmartArtLayouts(i).Name
  Sheets(2).Cells(1 + i, 2).Value = i
  Sheets(2).Cells(1 + i, 3).Value = _
    Application.SmartArtLayouts(i).ID
  Sheets(2).Cells(1 + i, 4).Value = _
    Application.SmartArtLayouts(i).Category
  Sheets(2).Cells(1 + i, 5).Value = _
    Application.SmartArtLayouts(i).Description
Next
```

Die Namen, die die Schleife in die erste Tabellenspalte einträgt, entsprechen exakt den Bezeichnungen, die Excel bei der manuellen Layoutauswahl in der Registerkarte ENTWURF verwendet. Somit lässt sich das gewünschte Layout zielgenau über die Angabe der zugehörigen Indexzahl bestimmen. Im Fall des Layouts „Liste mit Linien" beispielsweise lautet die Indexzahl 4. Die Definition des „Schnittmuster-Objekts" für das neue SmartArt-Diagramm würde in diesem Fall so aussehen:

```
Dim objSmartArtLayout As SmartArtLayout
Set objSmartArtLayout = Application.SmartArtLayouts(4)
```

Alternativ lässt sich das gewünschte Element der *SmartArtLayouts*-Auflistung auch über die Angabe der in Spalte C gelisteten ID (die vermutlich auf die XML-Definition des gewählten Layouts verweist, siehe Abschnitt 10.7.2) bestimmen:

```
Set objSmartArtLayout = Application.SmartArtLayouts _
  ("urn:microsoft.com/Office/Officeart/2008/layout/LinedList")
```

Existiert das Objekt für die Layoutbestimmung schließlich, übergibt man es als Argument an die *AddSmartArt*-Methode der *Shapes*-Auflistung und erstellt damit ein neues SmartArt-Diagramm. Den zurückgegebenen Verweis darauf sollte man in einer Variablen vom Typ *Shape* speichern:

```
Dim objSmartArtShape As Shape
Set objSmartArtShape = _
  ActiveSheet.Shapes.AddSmartArt(objSmartArtLayout)
```

Mit den optionalen Argumenten *Left*, *Top*, *Width* und *Height* der *AddSmartArt*-Methode lassen sich Position und Größe des neuen SmartArt-Diagramms exakt in der Office-üblichen Einheit Punkt bestimmen.

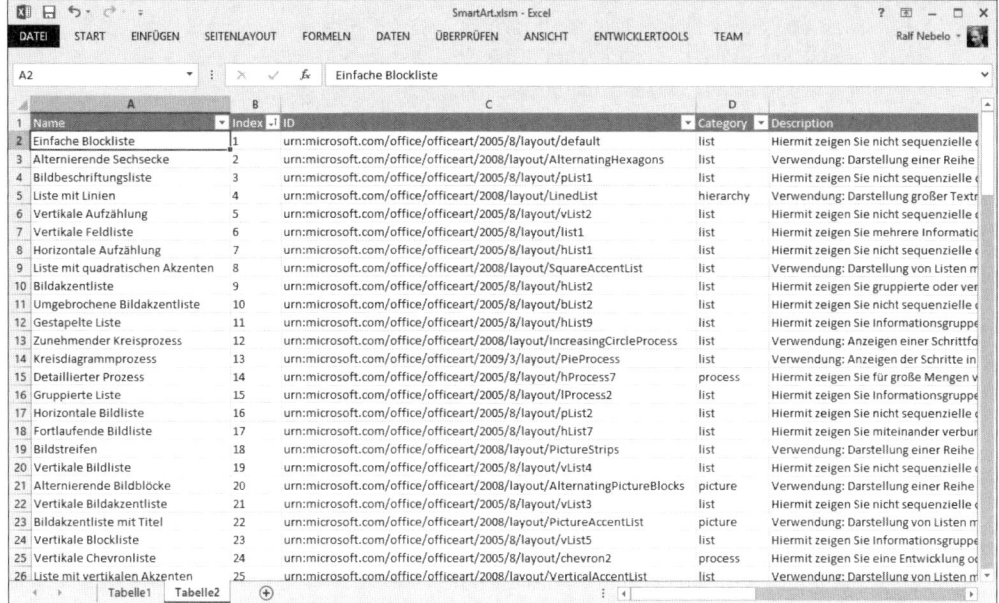

BILD 10.17 Für das (programmierte) Anlegen eines SmartArt-Diagramms mit einem bestimmten Layout ist diese Tabelle ein gutes Hilfsmittel.

Einen Verweis auf ein vorhandenes SmartArt-Diagramm beschaffen

Möchte man kein neues SmartArt-Diagramm anlegen, sondern ein vorhandenes verändern, muss man sich zunächst einen Verweis darauf beschaffen. Dazu sollte man nach Möglichkeit den Namen des jeweiligen *Shape*-Objekts kennen.

Die folgende *For-Each*-Schleife durchläuft alle Elemente der Zeichnungsebene des aktuellen Arbeitsblatts und überprüft deren *Name*-Eigenschaft. Findet sie ein *Shape*-Objekt mit dem Namen „Diagram 4", liefert sie den Verweis darauf in der Variablen *objSmartArtShape* zurück:

```
' Beispiel 10\SmartArt.xlsm
Dim objShape As Shape
Dim objSmartArtShape As Shape

For Each objShape In ActiveSheet.Shapes
  If objShape.Name = "Diagram 4" Then
    Set objSmartArtShape = objShape
    Exit For
  End If
Next
```

Ist der Name des SmartArt-Diagramms unbekannt, kann die Schleife auch die *Type*-Eigenschaft aller *Shapes*-Elemente überprüfen und damit zumindest die SmartArt-Shapes von allen anderen Shapes unterscheiden. Das folgende Beispiel liefert in *objSmartArtShape* einen Verweis auf das erste Element der Zeichnungsebene zurück, dessen *Type*-Eigenschaft den Wert der neuen Konstanten *msoSmartArt* besitzt:

```
For Each objShape In ActiveSheet.Shapes
  If objShape.Type = msoSmartArt Then
    Set objSmartArtShape = objShape
    Exit For
  End If
Next
```

Ein SmartArt-Diagramm bearbeiten

Das *objSmartArtShape*-Objekt aus den letzten Beispielen verweist auf ein neu angelegtes beziehungsweise vorhandenes *Shape*-Objekt, das eine Art Container für das darin enthaltene SmartArt-Diagramm darstellt. Einen Verweis auf das Diagramm selbst erhält man über die neue *SmartArt*-Eigenschaft des *Shape*-Objekts. Dazu weist man ihr eine Variable vom ebenfalls neuen Typ *SmartArt* zu:

```
' Beispiel 10\SmartArt.xlsm
Dim objSmartArt As SmartArt
Set objSmartArt = objSmartArtShape.SmartArt
```

Das *SmartArt*-Objekt enthält eine Auflistung namens *Nodes*, in der alle sichtbaren Elemente des Diagramms – „Knoten" genannt – enthalten sind. Deren Anzahl lässt sich über die *Count*-Eigenschaft der Auflistung ermitteln. Über die Angabe einer Indexzahl kann man auf jedes einzelne *Nodes*-Element zugreifen. Den Verweis auf den jeweiligen Knoten sollte man zur späteren Wiederverwendung in einer Variablen vom Typ *SmartArtNode* speichern.

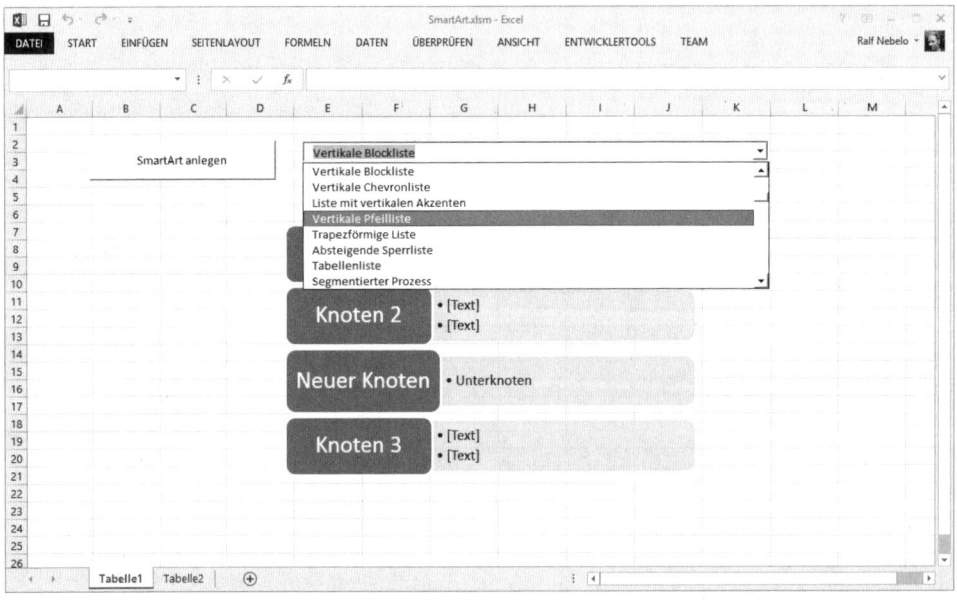

BILD 10.18 Die Beispieldatei *SmartArt.xlsm* demonstriert in animierter Form, wie sich SmartArt-Diagramme VBA-gestützt anlegen und verändern lassen.

Besitzt man erst einen Verweis auf einen Knoten, kann man ihn mithilfe seiner Eigenschaften und Methoden wunschgemäß verändern. So kann man etwa über die Eigenschaft *TextFrame2.TextRange.Text* (die genau genommen die Eigenschaft *Text* der Eigenschaft *TextRange* der Eigenschaft *TextFrame2* ist) die Beschriftung des jeweiligen Diagrammknotens ändern. Das demonstriert die folgende Schleife, die sämtliche Knoten in *objSmartArt* mit einer neuen Beschriftung respektive Nummerierung versieht:

```
Dim objSmartArtKnoten As SmartArtNode

For i = 1 To objSmartArt.Nodes.Count
  Set objSmartArtKnoten = objSmartArt.Nodes(i)
  objSmartArtKnoten.TextFrame2.TextRange.Text = "Knoten " & i
Next
```

Auf vorhandene Knoten eines SmartArt-Diagramms zugreifen

Die Knoten eines SmartArt-Diagramms besitzen über die *TextFrame2.TextRange.Text*-Eigenschaft hinaus weitere interessante Eigenschaften und Methoden. Die *Larger*-Methode beispielsweise vergrößert den Knoten und hebt ihn damit optisch hervor:

```
' Beispiel 10\SmartArt.xlsm
objSmartArtKnoten.Larger
```

Möchte man die Position eines Knotens innerhalb der *Nodes*-Auflistung verändern, kann man ihn wahlweise nach oben oder unten verschieben. Ersteres gelingt mit der *ReorderUp*-Methode …

```
objSmartArtKnoten.ReorderUp
```

… Letzteres mit *ReorderDown*:

```
objSmartArtKnoten.ReorderDown
```

Die Darstellungsebene eines Knotens lässt sich ebenfalls verändern. Die *Demote*-Methode beispielsweise stuft den Knoten eine Ebene tiefer ein, was ihn zum Unterknoten seines Vorgängers in der *Nodes*-Auflistung macht:

```
objSmartArtKnoten.Demote
```

Die *Promote*-Methode bewirkt das Gegenteil. Sie stuft den Knoten eine Ebene höher ein, sofern er nicht bereits der obersten Ebene angehört:

```
objSmartArtKnoten.Promote
```

Neue Knoten anlegen

Möchte man dem Diagramm einen neuen Knoten hinzufügen, so verwendet man die *Add*-Methode der *Nodes*-Auflistung. Den Verweis auf den neuen Knoten sollte man in einer Variablen vom Typ *SmartArtNode* speichern:

```
' Beispiel 10\SmartArt.xlsm
Dim objSmartArtNeuerKnoten As SmartArtNode
Set objSmartArtNeuerKnoten = objSmartArt.Nodes.Add
```

Der neue Knoten erscheint stets am Ende des SmartArt-Diagramms. Seine Position lässt sich nur nachträglich durch den Einsatz der schon bekannten Methoden *ReorderUp* und *ReorderDown* verändern.

Unterknoten anlegen

Die *Nodes*-Auflistung des *SmartArt*-Objekts enthält alle Knoten der obersten Diagrammebene. Jeder dieser Knoten besitzt seinerseits eine *Nodes*-Auflistung, der man ebenfalls neue Knoten hinzufügen kann:

```
' Beispiel 10\SmartArt.xlsm
Dim objSmartArtUnterknoten As SmartArtNode
Set objSmartArtUnterknoten = objSmartArtKnoten.Nodes.Add
```

Unverständlicherweise erscheint der neu angelegte „Unterknoten" aber auf der gleichen Darstellungsebene wie sein „Mutterknoten". Soll sich der neue Knoten auch optisch unterordnen, muss man ihn stets durch einen Aufruf seiner *Demote*-Methode herabstufen:

```
objSmartArtUnterknoten.Demote
```

10.7.2 Benutzerdefinierte SmartArt-Diagramme

Office 2013 stellt dem Anwender insgesamt 134 professionell und ansprechend gestaltete Layouts für SmartArt-Diagramme zur Verfügung. Sollte dieses Angebot dennoch im einen oder anderen Spezialfall unzureichend sein, lässt es sich um eigene Diagramme erweitern. Dazu bedarf es jeweils einer XML-Datei, die das Layout des benutzerdefinierten Diagramms in allen Details beschreibt. Das Anlegen dieser XML-Datei muss bislang aber vollständig „von Hand" geschehen; grafische Designer oder andere Hilfsmittel, die das Erstellen und anschließende Einbetten in das Dokument erleichtern könnten, sind uns nicht bekannt.

Da die Darstellung des komplizierten Datenmodells und der übrigen Grundlagen den Rahmen eines VBA-Buchs endgültig sprengen würde, sei an dieser Stelle auf einen gut gemachten und zudem deutschsprachigen Beitrag des Microsoft Developer Networks (MSDN) verwiesen *[Link 15]*:

http://msdn.microsoft.com/de-de/magazine/cc163470.aspx

BILD 10.19 Der MSDN-Beitrag liefert alle Grundlagen für den Entwurf von benutzerdefinierten SmartArt-Diagrammen in Office ab Version 2007.

10.7.3 Syntaxzusammenfassung

VBA-Elemente für die Programmierung von SmartArt-Diagrammen	
Add	fügt einer Nodes-Auflistung einen neuen Knoten hinzu
AddSmartArt	fügt einer Shapes-Auflistung ein neues SmartArt-Diagramm hinzu
Category	Kategorie eines SmartArt-Layouts
Demote	stuft den Diagrammknoten herab
Description	Beschreibung eines SmartArt-Layouts
ID	Kennung eines SmartArt-Layouts
Larger	vergrößert den Diagrammknoten
msoSmartArt	Konstante für die Kennzeichnung eines SmartArt-Diagramms
Name	Name eines SmartArt-Layouts
Nodes	Auflistung aller Knoten in einem SmartArt-Diagramm oder übergeordneten Knoten
Promote	stuft den Diagrammknoten herauf

VBA-Elemente für die Programmierung von SmartArt-Diagrammen	
ReorderDown	verschiebt den Diagrammknoten nach unten
ReorderUp	verschiebt den Diagrammknoten nach oben
SmartArt	verweist auf das SmartArt-Diagramm in einem Shape-Objekt
SmartArtLayout	verweist auf ein einzelnes SmartArt-Layout
SmartArtLayouts	Auflistung aller Layouts für SmartArt-Diagramme
SmartArtNode	verweist auf einen einzelnen Knoten innerhalb der Nodes-Auflistung
TextFrame2.TextRange.Text	enthält die Beschriftung eines Diagrammknotens

■ 10.8 Zeichnungsobjekte (Shapes)

Überblick

Das *Shape*-Objekt dient primär zur Darstellung von AutoFormen (Linien, Rechtecke, Pfeile, Sterne etc. – siehe EINFÜGEN | FORMEN). Es löst damit die diversen Zeichnungsobjekte aus Excel 5/7 ab. Verwirrung stiftet allerdings die große Anzahl verwandter Objekte.

Hierarchie der Shape-Objekte

Die *Shapes*-Auflistung ermöglicht den Zugriff auf alle *Shape*-Objekte eines Tabellen- oder Diagrammblatts. Zum Einfügen neuer Zeichnungsobjekte stehen eine ganze Reihe von Methoden zur Verfügung – *AddShape* für AutoFormen, *AddLine* für Linien und Pfeile etc.

ShapeRange ermöglicht die gemeinsame Bearbeitung mehrerer *Shape*-Objekte (in gleicher Weise, als wären diese Objekte mit Shift und Maus markiert).

Freihandformen (also etwa frei gezeichnete Linienzüge) stellen eine Sonderform von *Shape*-Objekten dar. In diesem Fall verweist die Eigenschaft *ShapeNodes* auf eine gleichnamige Auflistung von *ShapeNode*-Objekten. Diese Objekte enthalten unter anderem die Koordinatenpunkte der einzelnen Liniensegmente.

Ein *Shape*-Objekt wird auch zur Verwaltung einer sogenannten Gruppe verwendet (im interaktiven Betrieb: Kontextmenükommando GRUPPIEREN). In diesem Fall führt die Eigenschaft *GroupItems* zu einem *GroupShape*-Objekt, das seinerseits die Verwaltung der Gruppenelemente übernimmt. Als Gruppenelemente kommen nicht nur *Shape*-Objekte infrage, sondern auch Diagramme, OLE-Objekte etc.

Shape wird schließlich zur Verwaltung vollkommen fremder Objekte verwendet – etwa für MS-Forms-Steuerelemente (*Type=msoOLEControlObject*). In diesem Fall steht *Shape* zwischen dem Tabellen- und Diagrammblatt und dem eigentlichen Objekt. *Shape* kümmert sich dann unter anderem um die Positionierung des Steuerelements. Zur Kommunikation zwischen Blatt und Steuerelement wird das ControlFormat-Objekt verwendet, das über die gleichnamige Eigenschaft von *Shape* angesprochen wird. *ControlFormat* ist zumeist transparent, weil dessen

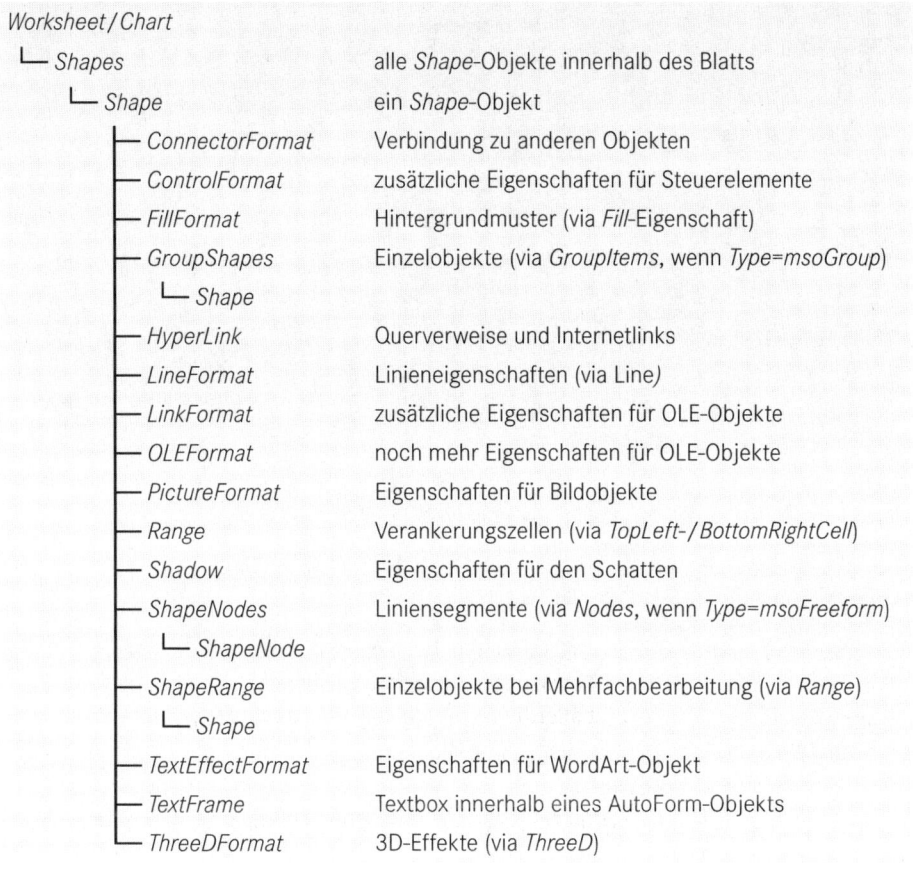

Worksheet / Chart

└─ Shapes	alle *Shape*-Objekte innerhalb des Blatts
└─ Shape	ein *Shape*-Objekt
├─ ConnectorFormat	Verbindung zu anderen Objekten
├─ ControlFormat	zusätzliche Eigenschaften für Steuerelemente
├─ FillFormat	Hintergrundmuster (via *Fill*-Eigenschaft)
├─ GroupShapes	Einzelobjekte (via *GroupItems*, wenn *Type=msoGroup*)
└─ Shape	
├─ HyperLink	Querverweise und Internetlinks
├─ LineFormat	Linieneigenschaften (via Line*)*
├─ LinkFormat	zusätzliche Eigenschaften für OLE-Objekte
├─ OLEFormat	noch mehr Eigenschaften für OLE-Objekte
├─ PictureFormat	Eigenschaften für Bildobjekte
├─ Range	Verankerungszellen (via *TopLeft-* / *BottomRightCell*)
├─ Shadow	Eigenschaften für den Schatten
├─ ShapeNodes	Liniensegmente (via *Nodes*, wenn *Type=msoFreeform*)
└─ ShapeNode	
├─ ShapeRange	Einzelobjekte bei Mehrfachbearbeitung (via *Range*)
└─ Shape	
├─ TextEffectFormat	Eigenschaften für WordArt-Objekt
├─ TextFrame	Textbox innerhalb eines AutoForm-Objekts
└─ ThreeDFormat	3D-Effekte (via *ThreeD*)

Eigenschaften im Eigenschaftenfenster des Steuerelements auftauchen und man erkennen kann, wie Steuerelementeigenschaften verwendet werden können.

Shape-Eigenschaften

Objekttyp: Die zwei wichtigsten Eigenschaften sind sicherlich *Type* und *AutoShapeType*. Wenn für *Type=msoAutoShape* eingestellt wird, dann kann mit *AutoShapeType* einer der zahllosen AutoForm-Typen angegeben werden (es gibt über 130!). Wenn durch das *Shape*-Objekt dagegen keine AutoForm repräsentiert wird, wird der Objekttyp durch die *msoShapeType*-Konstanten angegeben. Elemente wie *msoChart*, *msoComment*, *msoEmbeddedOLEObject*, *msoFreeForm*, *msoGroup*, *msoOLEControlObject* oder *msoTextBox* beweisen, dass Excel-intern jedes Objekt, das sich außerhalb einer Zelle befindet, durch *Shape*-Objekte verwaltet wird.

Positionierung: Zu jedem Objekt werden der linke obere Eckpunkt (*Left* und *Top*) sowie Breite und Höhe (*Width* und *Height*) gespeichert. Diese Koordinaten beziehen sich auf die linke obere Ecke des Dialogs bzw. Tabellenblatts. *TopLeftCell* und *BottomRightCell* geben darüber hinaus die Zellen unter der linken oberen bzw. unter der rechten unteren Ecke an. *Placement* bestimmt, wie sich das Steuerelement bei einer Veränderung der Tabelle verhalten soll (*xlMoveAndSize*, *xlMove* oder *xlFreeFloating*).

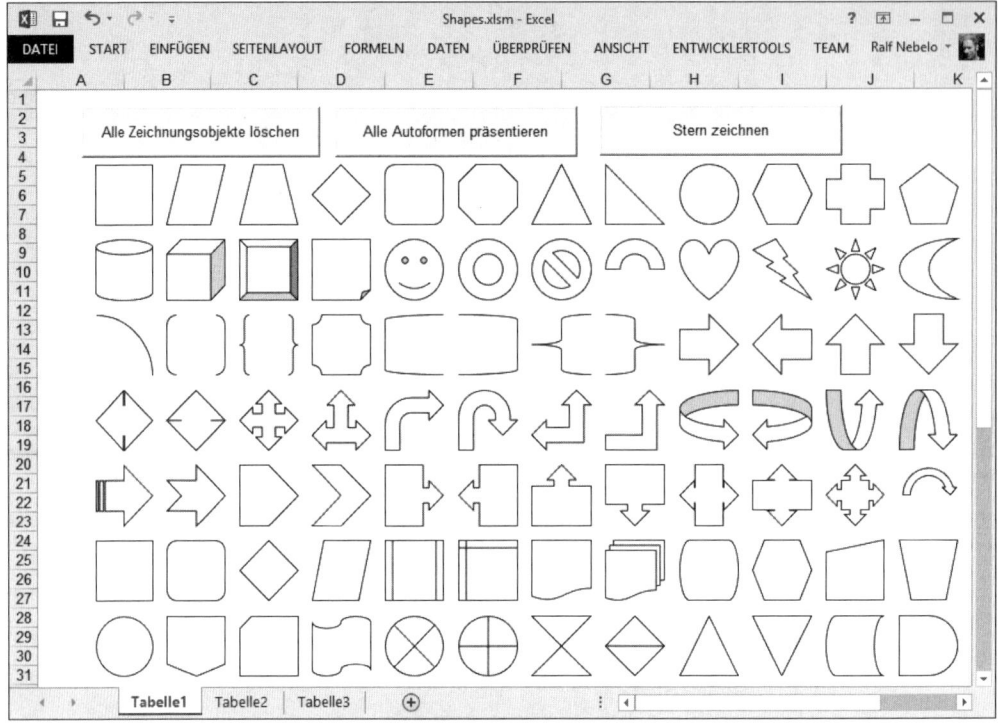

BILD 10.20 Ein Teil der vordefinierten AutoFormen

Format: Die Möglichkeiten zur optischen Gestaltung sind beinahe grenzenlos. Jede der folgenden Eigenschaften führt auf ein eigenes Objekt (dessen Name in Klammern angegeben wird, wenn er vom Eigenschaftsnamen abweicht): *Adjustments, Callout (CalloutFormat), Fill (FillFormat), Hyperlink, Line (LineFormat), PictureFormat, Shadow (ShadowFormat), TextEffect (TextEffectFormat), TextFrame* und *ThreeD (ThreeDFormat)*. Ob dieser Überfluss an Objekten nicht zu viel des Guten ist?

Sonstiges: Je nachdem, welche Objekte durch *Shape* repräsentiert werden, stehen weitere Eigenschaften zur Verfügung: *ConnectorFormat* (wenn das Objekt mit anderen Objekten verbunden ist), *ControlFormat* (bei Steuerelementen), *GroupItems* (bei Objektgruppen), *Nodes* (bei Freihandobjekten) sowie *LinkFormat* und *OLEFormat* (bei OLE-Objekten).

Hinweis

Beachten Sie, dass die *Shape*-Objekte zwar in der Excel-Bibliothek definiert sind, die zugeordneten Konstanten allerdings in der Office-Bibliothek. Nach dem Laden alter Excel 5/7-Dateien ist die Office-Bibliothek normalerweise nicht aktiviert – dies muss mit EXTRAS | VERWEISE erfolgen. ∎

Beispiel

Die Zeichnungsobjekte aus Bild 10.20 wurden mit der Schleife in *btnShowAllAutoShapes_Click* erzeugt. Kurz zur Syntax von *AddShape*: Der erste Parameter gibt den AutoForm-Typ an (1 bis 137), die vier folgenden Parameter bestimmen Ort (*Left/Top*) und Größe (*Width/Height*) des Objekts. Das Koordinatensystem beginnt in der linken oberen Ecke des Tabellenblatts.

```
' Datei 10\Shapes.xlsm, Tabelle1
Private Sub btnShowAllAutoShapes_Click()
  Dim i&
  For i = 0 To 136
    ActiveSheet.Shapes.AddShape i + 1, _
      40 + 50 * (i Mod 12), 50 + 50 * (i \ 12), 40, 40
  Next
End Sub
```

Um die Zeichnungsobjekte wieder zu löschen, dient die folgende Prozedur. Entscheidend ist dabei der *Type*-Test: Ohne ihn würden auch die Buttons aus dem Tabellenblatt gelöscht!

```
Private Sub btnDeleteShapes_Click()
  Dim s As Shape
  For Each s In ActiveSheet.Shapes
    If s.Type = msoAutoShape Or s.Type = msoLine Then s.Delete
  Next
End Sub
```

Die Prozedur *btnStar_Click* zeichnet einen Stern aus bunten Pfeilen. Beachten Sie, dass Pfeile nicht zu den AutoFormen zählen, sondern eine eigene *Shape*-Kategorie bilden. Aus diesem Grund muss *AddLine* statt *AddShape* eingesetzt werden. *ForeColor* verweist auf ein *ColorFormat*-Objekt, mit dem die Farbe des Objekts eingestellt werden kann.

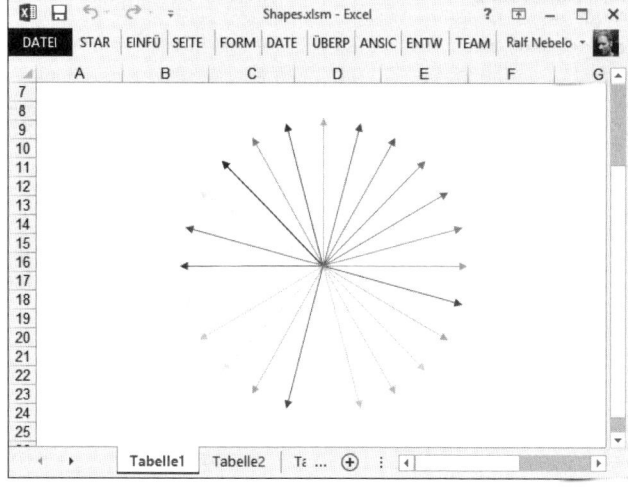

BILD 10.21
Ein Stern aus bunten Pfeilen

Hinweis

Der Programmcode lässt vermuten, dass in Excel unbeschränkt viele Farben zur Verfügung stehen. Leider ist das nicht der Fall. Vielmehr steht nur eine Palette von 56 Farben zur Verfügung (offenbar ein Relikt von frühen Excel-Versionen). Daher bewirkt die Zuweisung einer *RGB*-Farbe nur, dass die am ehesten passende Farbe aus dieser Palette ausgewählt wird.

```
Private Sub btnStar_Click()
  Dim degree#
  Dim s As Shape
  Const Pi = 3.1415927
  Randomize
  For degree = 0 To 2 * Pi Step Pi / 12
    Set s = ActiveSheet.Shapes.AddLine(200, 200, _
        200 + 100 * Sin(degree), 200 + 100 * Cos(degree))
    s.Line.EndArrowheadStyle = msoArrowheadTriangle
    s.Line.EndArrowheadLength = msoArrowheadLengthMedium
    s.Line.EndArrowheadWidth = msoArrowheadWidthMedium
    s.Line.ForeColor.RGB = RGB(Rnd * 255, Rnd * 255, Rnd * 255)
  Next
End Sub
```

11 Datenverwaltung in Excel

Dieses ist das erste von drei Kapiteln, die sich mit dem ebenso weitläufigen wie wichtigem Thema Datenbanken beschäftigen. Das Kapitel beginnt mit einem Grundlagenabschnitt, der mit der vielleicht überraschenden Feststellung endet, dass Excel *kein* Datenbankprogramm ist und nicht zur Verwaltung größerer Datenmengen eingesetzt werden sollte.

Wissend, dass Sie kleinere Datenmengen dennoch mit Excel verwalten werden (und sich an unsere Warnung erst erinnern werden, wenn eine Umstellung auf ein richtiges Datenbanksystem mit riesigem Aufwand verbunden sein wird), gibt der Rest dieses Kapitels Informationen zu den Funktionen Excels zur Verwaltung von Daten in Tabellenblättern.

Noch kurz ein Ausblick auf die beiden kommenden Kapitel: Dort geht es zum einen darum, wie Sie von Excel aus auf Daten zugreifen können, die in einem externen (richtigen) Datenbanksystem gespeichert werden. Im Mittelpunkt steht dabei die ADO-Bibliothek. Das dritte Datenbankkapitel beschäftigt sich schließlich mit Möglichkeiten zur Datenanalyse (unabhängig davon, woher die Daten nun stammen). Dabei stehen Pivot-Tabellen im Vordergrund.

■ 11.1 Grundlagen

Die Praxis zeigt, dass viele VBA-Anwendungen Excel als Datenbankprogramm nutzen (oder sollte man sagen: missbrauchen?). Dem trägt Microsoft Rechnung und erweitert die Datenbankfunktionen von Version zu Version: In Version 5 waren es die gründlich überarbeiteten Funktionen zum Erstellen von Pivot-Tabellen und das Zusatzprogramm MS Query; in Version 7 der Vorlagenassistent und die DAO-Bibliothek, die dem Programmierer erstmals vollen Zugriff auf alle Datenbankfunktionen von Access bot. Mit Version 97 wurde DAO verbessert (ODBCDirect). Excel 2000 ersetzte schließlich DAO durch die vollkommen andersartige ADO-Bibliothek. Gleichzeitig stehen die Funktionen zum Datenimport (MS Query bzw. *QueryTable*-Objekt) und die zur Datenanalyse (Pivot-Tabellen) in stark überarbeiteter Form zur Verfügung.

Dieser Abschnitt versucht, in möglichst kompakter Form Grundlagenwissen zum Thema Datenbanken zusammenzufassen. Wenn Sie Excel nur dazu verwenden möchten, um rasch eine Tabelle mit 100 Zeilen zu sortieren (auch das ist eine *Datenbank*), können Sie getrost zum nächsten Abschnitt weiterblättern. Wenn Sie aber anspruchsvollere Datenbankanwendungen planen, dann ist die Zeit, die Sie zum Lesen dieses Abschnitts aufwenden, sicherlich gut investiert.

Dieser Abschnitt will auch davor warnen, Excel bedenkenlos für Anwendungen einzusetzen, für die es nicht konzipiert ist. Die folgenden Abschnitte begründen, warum Excel als Datenbankprogramm für fortgeschrittene Anwendungen schlecht geeignet ist. Selbst wenn Sie kleinere Datenmengen weiterhin mit Excel verwalten möchten, sollten Sie zumindest die Grenzen von Excel kennen.

11.1.1 Einleitung

Was ist eine Datenbank?

Der Begriff *Datenbank* hat leider je nach Zusammenhang unterschiedliche Bedeutungen. Der kleinste gemeinsame Nenner ist vielleicht, dass eine Datenbank eine Gruppe zusammengehöriger, geordneter Daten ist.

- In Excel kann jede Tabelle oder Liste als Datenbank interpretiert werden. Excel stellt im DATEN-Register Kommandos zur Bearbeitung solcher Datenbanken zur Verfügung (SORTIEREN, GRUPPIEREN etc.).

- In Datenbanksystemen wie Access oder Oracle wird eine Datenbank in einer eigenen Datenbankdatei gespeichert. Darin befinden sich neben den in mehreren Tabellen geordneten Daten auch Abfragen und eventuell Programmcode. In derartigen Datenbanksystemen können größere Datenmengen viel sicherer und effizienter als in Excel verwaltet werden.

- Gelegentlich wird auch das Datenbanksystem selbst als Datenbank bezeichnet (und nicht die damit gespeicherten Daten). Diese sprachliche Verkürzung trägt zur weiteren Verwirrung bei.

Natürlich gibt es auch bei Datenbanksystemen große Unterschiede, die den Umfang der damit verwaltbaren Daten, die Datensicherheit, die Effizienz in Netzwerken und die Programmierung betreffen. Im Wesentlichen gibt es zwei Kategorien:

- Desktop-Systeme bzw. File-Server-Systeme: Bei diesen Systemen werden die Daten in einer im Netzwerk direkt zugänglichen Datei gespeichert. Für kleine Datenbankanwendungen ist das sehr bequem und beliebt, allerdings wird der Datenzugriff in großen Netzwerken sehr langsam. Typische Vertreter sind Access, FoxPro und Paradox.

- Client-Server-Systeme: Hier erfolgt eine Trennung zwischen dem Programm, das die Daten verwaltet (der Server), und den Programmen, die auf die Daten zugreifen (die Clients). Diese Trennung ermöglicht eine sehr viel höhere Effizienz und Sicherheit. Allerdings ist die Programmierung von Clients (also von Datenbankanwendungen) aufwendiger. Beliebte Datenbank-Server sind Oracle, Microsoft SQL Server, IBM DB/2 und MySQL. Zur Programmierung der Clients kann z. B. Visual Basic oder Delphi eingesetzt werden. Wie Sie im nächsten Kapitel sehen werden, kann auch Ihre Excel-Anwendung ein Client für einen Datenbank-Server sein.

 Verweis

Bitte beachten Sie, dass die hier zusammengefassten Informationen aus Platzgründen verkürzt sind. Wenn Sie tiefer in das Thema Datenbanken einsteigen möchten, werden Sie weitere Literatur benötigen. Geeignet sind gute Bücher zu Access, aber auch alle Bücher, die sich mit der ADO-Programmierung unter VB bzw. VBA beschäftigen. ∎

11.1.2 Kleines Datenbankglossar

Die folgenden Absätze beschreiben einige wichtige Begriffe aus der Datenbankwelt, die eine eindeutige Verständigung erleichtern. Die Begriffe sind vor allem dann für Sie von Bedeutung, wenn Sie das Zusatzprogramm MS Query zum Einlesen externer Daten oder die ADO-Bibliothek zur Datenbankprogrammierung verwenden möchten.

Datenbanken sind üblicherweise in mehreren *Tabellen* organisiert. Eine typische Tabelle enthält beispielsweise alle Kundendaten: Kundennummer, Name, Adresse, Telefonnummer etc. Jede Zeile der Tabelle wird als *Datensatz* (Record) bezeichnet. Einzelne Elemente einer Zeile heißen *Datenfelder* (Fields).

Praktisch alle zurzeit verfügbaren Datenbanken beruhen auf dem *relationalen Modell*. Dieses Modell ermöglicht es, den gesamten Datenumfang auf mehrere, durch Relationen miteinander verknüpfte Tabellen zu verteilen. Daraus ergeben sich verschiedene Vorteile bezüglich Effizienz, Datensicherheit und der Vermeidung von Redundanz. Die Grundzüge relationaler Datenbanken werden zu Beginn des nächsten Kapitels beschrieben, wenn es um externe Daten geht.

Tabellen enthalten die Daten üblicherweise ungeordnet (d. h. in der Reihenfolge, in der die Daten erstmalig gespeichert wurden). Um ein möglichst schnelles Suchen der Daten zu ermöglichen, werden zusätzlich zu den eigentlichen Daten sogenannte Indizes gespeichert. Ein **Index** oder **Schlüssel** enthält im Wesentlichen die Information, wo welche Daten innerhalb einer Tabelle zu finden sind.

Um aus einer oder mehreren Tabellen eine sortierte Liste zu bilden, die nur Daten enthält, die bestimmten Kriterien entsprechen, verwenden Sie **Abfragen**. Das Ergebnis einer Abfrage ist also eine nach verschiedenen Kriterien zusammengefasste Teilmenge der Daten. Abfragen werden erheblich schneller abgearbeitet, wenn die zugrunde liegenden Daten durch Indizes geordnet sind.

Die Formulierung von Abfragen erfolgt oft interaktiv durch das Datenbankprogramm oder in MS Query. Intern bzw. im Programmcode werden Abfragen in **SQL** formuliert. SQL steht für Structured Query Language und stellt einen Standard zur Formulierung von Abfragen dar. SQL ist also eine Programmiersprache.

Zur Programmierung von Datenbankanwendungen kann (neben anderen Möglichkeiten) VB bzw. VBA eingesetzt werden. Aus diesem Grund ist auch Excel dazu geeignet, auf externe Datenbanken zuzugreifen, egal ob diese mit Access, Oracle oder dem SQL Server verwaltet werden. Die datenbankspezifischen Funktionen werden in der ADO-Bibliothek über Objekte, Methoden und Eigenschaften zur Verfügung gestellt (ADO steht für ActiveX Data Objects).

11.1.3 Excel versus Datenbanksysteme

Unterschiede zwischen Tabellenkalkulationsprogrammen und richtigen Datenbanksystemen

Die Grundidee eines Tabellenkalkulationsprogramms wie Excel besteht darin, dass alle Daten (also die gesamte Excel-Datei) in den Arbeitsspeicher geladen werden und dort unmittelbar und verzögerungsfrei zur Verfügung stehen. Das hat den Vorteil, dass die Bearbeitung der

Daten sehr schnell vor sich geht, aber auch den Nachteil, dass die Menge der Daten limitiert ist durch den zur Verfügung stehenden Speicher.

Ein ganz anderes Konzept wird von richtigen Datenbanksystemen verfolgt: Dort bleiben die Daten generell in der Datenbankdatei. In den Arbeitsspeicher werden immer nur möglichst kleine Portionen dieser Daten geladen. Jede Veränderung der Daten wird sofort gespeichert (ohne dass dazu ein explizites Kommando DATEI SPEICHERN erforderlich ist). Der Vorteil: Sie können auf diese Weise auch Datenmengen jenseits der 100 MByte verarbeiten. Der Nachteil: Die meisten Operationen gehen langsamer vor sich als in Excel.

Dieser recht schematische Vergleich zeigt zwei wesentliche Unterschiede zwischen Tabellen-kalkulations- und Datenbankprogrammen: Erstens benötigen Tabellenkalkulationsprogramme selbst zur Verwaltung von kleinen Datenmengen sehr viel Arbeitsspeicher (RAM), während bei richtigen Datenbanksystemen die Datenmenge ungleich größer als der Arbeitsspeicher sein darf. Zweitens kann ein Tabellenkalkulationsprogramm eine Datei nur als Ganzes speichern – und das dauert bei größeren Datenmengen so lange, dass dieser Vorgang viel zu selten durchgeführt wird. Im Gegensatz dazu wird in einem Datenbanksystem jede noch so kleine Änderung sofort gespeichert. Das geht so schnell vor sich, dass Sie es normalerweise nicht einmal bemerken. Aus diesem Grund (und aus einer ganzen Menge weiterer!) sind Daten in richtigen Datenbanksystemen viel sicherer aufbewahrt als in Excel.

Merkmale von richtigen Datenbanksystemen, die in Excel fehlen

- **Excel kennt keine Indizes:** Indizes ermöglichen ein effizientes Suchen selbst in sehr großen Datenmengen, ohne die Daten vorher neu sortieren zu müssen.

- **Excel kennt keine Relationen:** Aus dem relationalen Modell ergeben sich verschiedene Vorteile bezüglich Effizienz, Datensicherheit und der Vermeidung von Redundanz.

- **Excel fehlen Schutzmechanismen gegen das Löschen oder Verändern von Daten:** Die Datensicherheit bildet neben der Zugriffsgeschwindigkeit das wichtigste Kriterium einer Datenbank. Jedes Datenbankprogramm ist mit einer Reihe von Schutzmechanismen ausgestattet, die das versehentliche Ändern oder Löschen von Daten verhindern. In Excel fehlen diese Schutzmechanismen praktisch ganz. Besonders kritisch ist in Excel der Um-stand, dass es relativ einfach ist, die Zusammengehörigkeit von Datensätzen zu zerstören. Damit ist gemeint, dass beispielsweise nach einem unvorsichtigen Einfügen oder Löschen einiger Zellen die Einträge nicht mehr zusammenpassen: Neben dem Namen von X steht dann die Adresse von Y.

- **Excel fehlt ein Berichtgenerator:** In Excel können Sie zwar beliebig große Tabellen ausdrucken, es fehlt aber ein ausreichend flexibles Kommando, diesen Ausdruck so zu formatieren, wie Sie ihn gerade benötigen. Versuchen Sie z. B. einmal, mit Excel Etiketten zu bedrucken!

- **Excel ist nicht zur Verwaltung vernetzter Daten konzipiert:** Ein elementares Kennzei-chen von Datenbankprogrammen ist ihre Netzwerkfähigkeit. Die Daten können zentral auf einem Rechner verwaltet werden, mehrere Benutzer können darauf zugreifen. Das Datenbankprogramm kümmert sich darum, dass es beim quasi gleichzeitigen Zugriff mehrerer Anwender auf gemeinsame Daten nicht zu Konflikten kommt. Excel kann zwar ebenfalls in einem Netzwerk eingesetzt werden, die Verwaltung zentraler, gemeinsamer Daten, auf die von mehreren Rechnern aus koordiniert zugegriffen werden kann, ist aber nur mit vielen Einschränkungen möglich.

Warum wird Excel dennoch oft als Datenbanksystem verwendet?

- Excel ist einfach zu bedienen. Die Einarbeitung in ein neues Datenbankprogramm kostet Zeit.
- Excel steht schon zur Verfügung. Ein anderes Programm müsste erst angeschafft werden.
- Excel stellt einfache Datenbankfunktionen zur Verfügung und ist daher für kleine Datenbankanwendungen durchaus geeignet. (Das Problem ist nur, dass die meisten kleinen Anwendungen im Laufe der Zeit immer größer werden!)
- Excel stellt auch bei der Verwendung als Datenbanksystem alle Tabellenfunktionen zur Verfügung. Richtige Datenbanksysteme können in dieser Hinsicht nicht mithalten.
- Excel stellt als Tabellenkalkulationsprogramm momentan *den* Standard im Bürosektor dar. Einen vergleichbaren Standard im Datenbanksektor gibt es nicht. Aus diesem Grund eignen sich Excel-Dateien ausgezeichnet zum Datenaustausch zwischen Mitarbeitern eines Betriebs bzw. zwischen verschiedenen Firmen.

Aus den genannten Gründen lässt sich kaum ein Excel-Anwender davon abhalten, kleinere Datenmengen mit Excel zu verwalten. Tatsächlich gibt es fast kein Programm, mit dem eine kleine Adresskartei derart einfach und „intuitiv" gebildet werden kann.

Die Konsequenz: Daten extern speichern, Datenanalyse mit Excel

Nicht jede Anwendung, bei der viele Daten anfallen, muss automatisch mit einem Datenbankprogramm realisiert werden. Excel bietet eine Menge Vorteile, die Datenbanksystemen bzw. Programmiersprachen zur Entwicklung von Datenbank-Clients fehlen.

Die optimale Lösung besteht oft darin, dass Sie das Beste aus beiden Welten kombinieren: Wenn Sie große Datenmengen haben, verwenden Sie ein richtiges Datenbanksystem zum Speichern dieser Daten! Das hindert Sie durchaus nicht daran, dennoch diverse Anwendungen zur Dateneingabe, zur Datenanalyse, zum Ausdruck von Diagrammen etc. in Excel durchzuführen bzw. entsprechende Excel-Programme zu erstellen. Excel bietet für solche Mischlösungen optimale Voraussetzungen:

- Das Zusatzprogramm MS Query ermöglicht den interaktiven Zugriff auf fast jedes Datenbanksystem.
- Die Objektbibliothek ADO ermöglicht den Datenbankzugriff auch per Programmcode. Über die Möglichkeiten von MS Query hinaus können mit der ADO-Bibliothek auch Daten verändert oder neue Datensätze gespeichert werden.

Wann sind Datenbanken direkt in Excel also dennoch sinnvoll?

Nach den vielen kritischen Bemerkungen sind Sie jetzt womöglich so weit verunsichert, dass Sie Excel überhaupt nicht mehr zur Verwaltung von Daten einsetzen möchten. Das wäre nun auch nicht angemessen. Excel ist durchaus für die Verwaltung von Daten geeignet, und zwar dann, wenn:

- die Datenmengen klein sind (Tabellen bis zu 1000 Zeilen sind einigermaßen unproblematisch),
- die Daten sehr einfach strukturiert sind (keine Notwendigkeit von Relationen, geringe Redundanz) und
- keine Notwendigkeit einer gemeinsamen Bearbeitung der Daten via Netzwerk besteht.

Es spricht also (fast) nichts dagegen, eine kleine Adressdatenbank, eine Literaturdatenbank oder ein einfaches Kassenbuch in Excel anzulegen. Nicht sinnvoll ist dagegen der Versuch, ein ganzes Buchhaltungsprogramm oder eine umfangreiche Lagerverwaltung in Excel zu verwirklichen. Und grob fahrlässig wäre es, wirklich lebenswichtige Daten – etwa im medizinischen Bereich – mit Excel zu verwalten!

■ 11.2 Datenverwaltung innerhalb von Excel

Da viele Datenverwaltungskommandos von Excel selbst fortgeschrittenen Excel-Anwendern unbekannt sind, beschreibt dieser Abschnitt solche Kommandos vorerst aus der Sicht des Anwenders. Einige knappe Informationen zur Steuerung dieser Funktionen durch VBA-Code folgen dann im nächsten Abschnitt.

Hinweis

Beachten Sie bitte, dass die hier beschriebenen Kommandos generell in *jeder* Excel-Tabelle verwendet werden können. Excel kennt keinen systematischen Unterschied zwischen einer Tabelle und einer Datenbank, sondern interpretiert jeden zusammengehörigen Zellbereich als Datenbank. ■

11.2.1 Eine Datenbank in Excel erstellen

Das Datenbankkonzept von Excel ist bestechend einfach: Jede beliebige Tabelle oder Liste kann als Datenbank interpretiert werden. Die einzige Voraussetzung besteht darin, dass Informationen des gleichen Typs in einer Spalte stehen (also alle Adressen in Spalte C, die Telefonnummern in Spalte D etc.). Daraus ergibt sich, dass zusammengehörige Informationen (also die Einheit aus Name, Anschrift, Telefonnummer) in einer Zeile stehen müssen. Diese Informationseinheit wird häufig als Datensatz bezeichnet.

In der Praxis zeichnet sich eine Datenbanktabelle meist noch dadurch aus, dass die erste Zeile Überschriften zu den Datenbankspalten enthält. Es ist günstig, wenn das Tabellenblatt unterhalb der Dateneinträge leer ist, sodass die Datenbank beliebig erweitert werden kann. Das Arbeitsmappenkonzept von Excel legt zudem nahe, Datenbanken in eigenen Tabellenblättern (und somit klar getrennt von den übrigen Daten einer Arbeitsmappe) abzulegen – das ist aber durchaus nicht Bedingung. Prinzipiell können Sie mehrere Datenbanken in einer Tabelle neben- oder untereinander anordnen. Sie können sogar einen beliebigen Zellbereich markieren und darauf einige Datenbankkommandos (etwa DATEN | SORTIEREN) anwenden.

Eine neue Datenbank anlegen

Das Erstellen einer neuen Datenbank innerhalb von Excel unterscheidet sich nicht vom Aufbau einer ganz normalen Tabelle. Sie geben einige Daten (etwa Adressen) in gewohnter Weise ein und beschriften die Spalten. Bei größeren Datenmengen ist es sinnvoll, das Fenster so zu teilen und zu fixieren, dass oben immer die Beschriftungszeile angezeigt wird.

Wenn in einzelnen Spalten fallweise sehr umfangreiche Informationen stehen, dann sollten Sie für die gesamte Spalte das Attribut „Zeilenumbruch" aktivieren: START | ZAHL | ZELLEN FORMATIEREN | AUSRICHTUNG. Excel kann dann längere Einträge bei Bedarf auf mehrere Zeilen (innerhalb einer Zelle) verteilen und vergrößert dabei automatisch die Zeilenhöhe. Das ist in der Regel übersichtlicher als eine zu große Spaltenbreite. Gleichzeitig sollten Sie die gesamte Tabelle vertikal nach oben ausrichten (dasselbe Kommando), damit alle Einträge in einer besonders hohen Zeile oben beginnen (und nicht unten).

Tipp

Bei der Formatierung von Zellen ist es generell sinnvoll, nicht einzelne Zellen, sondern immer ganze Spalten (den Spaltenkopf anklicken) oder überhaupt die gesamte Tabelle (das Eckfeld zwischen Zeilen- und Spaltenköpfen anklicken) zu formatieren. Erstens ist das aus der Sicht von Excel effizienter, und zweitens gelten diese Formate unabhängig von der Größe der Tabelle, also auch bei nachträglichen Erweiterungen.

Eine Mitarbeiterdatenbank

Als Beispieldatenbank für die folgenden Ausführungen dient die Datei *11\Staff.xlsm* zur Verwaltung von Mitarbeitern (egal ob in einem Betrieb, einem Verein, einer Schule oder wo auch immer). In den folgenden Absätzen finden Sie einige Detailinformationen zu dieser Minidatenbank.

In der ersten Spalte wird das Geschlecht (Frau/Herr) und in der zweiten Spalte die Anredeform (formell/persönlich) gespeichert. Aus dieser Information wird in der Spalte „Anrede" eine Anrede gebildet, die zwischen *„Lieber Hermann!"* und *„Sehr geehrte Frau Huber"* variiert.

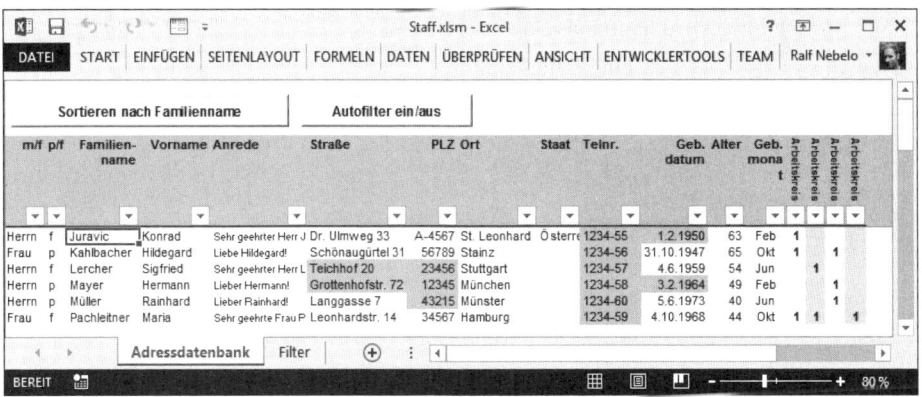

BILD 11.1 Eine Mitarbeiterdatenbank

Die Zusammenstellung dieser Anrede übernimmt die Funktion *Salutation*. Dieser Funktion werden als Parameter die Inhalte der ersten vier Spalten übergeben. Je nach Inhalt von *male_female* und von *formale_private* wird die resultierende Zeichenkette gebildet und als Funktionsergebnis zurückgegeben.

```
' Beispieldatei 11\Staff.xlsm
Public Function Salutation( _
    male_female As Variant, formal_private As Variant, _
    family_name As Variant, first_name As Variant) As String
  If Left(male_female, 4) = "Herr" Then
    If LCase(formal_private) = "f" Then
      Salutation = "Sehr geehrter Herr " & family_name & "!"
    Else
      Salutation = "Lieber " & first_name & "!"
    End If
  Else
    If LCase(formal_private) = "f" Then
      Salutation = "Sehr geehrte Frau " & family_name & "!"
    Else
      Salutation = "Liebe " & first_name & "!"
    End If
  End If
End Function
```

In der Spalte „Geburtsmonat" wird über eine Formel das Geburtsdatum aus der vorangehenden Spalte übernommen. Allerdings wird das Datum mit dem Format „MMM" formatiert, sodass Excel statt des gesamten Datums lediglich die Abkürzung für den Geburtsmonat anzeigt. Der einzige Zweck dieser Spalte besteht darin, als Filterkriterium verwendet zu werden. (Sie werden praktisch kein Datenbankprogramm finden, in dem Sie auf derart einfache Weise alle „Geburtstagskinder" eines Monats ermitteln können! Sie sollten sich die prinzipielle Vorgehensweise – also die Bildung einer eigenen Spalte, die nur als Filterkriterium dient – unbedingt einprägen. Sie ist charakteristisch für Datenbanken in Excel.)

In der Spalte „Alter" wird das aktuelle Alter des Mitarbeiters als ganze Zahl dargestellt. Dazu wird vom aktuellen Datum *JETZT()* das Geburtsdatum abgezogen. Das Ergebnis wird mit *JAHR()* in eine Jahreszahl umgewandelt. Da in Excel die Zeitrechnung mit 1900 beginnt, liefert diese Differenz für eine 25-jährige Person das Ergebnis 1925. Daher wird davon noch *JAHR(0)* abgezogen. Das Alter wird nun an jedem Tag korrekt angezeigt. (Einzig bei Schaltjahren kann es einen Tag vor oder nach dem Geburtstag vorkommen, dass ein um ein Jahr falsches Alter angezeigt wird.) Achten Sie darauf, dass Sie als Zellformatierung *Zahl* und nicht *Datum* einstellen!

```
=JAHR(JETZT() - zelle_mit_geburtsdatum) - JAHR(0)
```

Wenn Sie unabhängig vom aktuellen Datum das Alter sehen möchten, das der Mitarbeiter irgendwann in diesem Jahr erreichen wird, ist die Formel deutlich einfacher:

```
=JAHR(JETZT()) - JAHR(zelle_mit_geburtsdatum)
```

Schließlich sind noch die Spalten „Arbeitskreis A-D" zu erwähnen, in denen durch eine Eins die Zugehörigkeit zu verschiedenen Arbeitskreisen gespeichert wird. (Sie könnten die Zugehörigkeit im Prinzip ebenso gut durch ein anderes Zeichen – beispielsweise durch ein „x" – speichern. Die Zahl 1 hat aber den Vorteil, dass Sie damit am einfachsten rechnen können. Es wäre etwa möglich, eine Summenspalte zu bilden, die angibt, in wie vielen Arbeitsgruppen eine Person mitarbeitet.)

11.2.2 Daten über die Datenbankmaske eingeben, ändern und löschen

Generell können Datenbanken direkt im Tabellenblatt bearbeitet werden, d. h., es können Daten verändert, gelöscht und neu eingegeben werden. Alternativ dazu besteht aber auch die Möglichkeit, eine sogenannte Datenbankmaske anzuzeigen.

Hinweis

Da der Befehl zur Anzeige der Datenbankmaske aus unerfindlichen Gründen aus der Oberfläche von Excel entfernt wurde, müssen Sie ihn zunächst wieder sichtbar machen, indem Sie ihn der Symbolleiste für den Schnellzugriff hinzufügen. Dazu klicken Sie diese mit der rechten Maustaste an, wählen PASSEN SIE DIE SYMBOL-LEISTE FÜR DEN SCHNELLZUGRIFF AN und stellen das Listenfeld Befehle auswählen auf „Alle Befehle" ein. Anschließend markieren Sie den Befehl „Maske..." im linken Listenfeld und fügen diesen per Hinzufügen-Schaltfläche in die Symbolleiste ein. Zum Aufruf der Datenmaske wählen Sie dann künftig Symbolleiste für den SCHNELLZUGRIFF | MASKE. ∎

In dieser „Maske" – eigentlich handelt es sich dabei um einen ganz normalen Dialog – wird immer genau ein Datensatz angezeigt. Dieser Datensatz kann verändert oder gelöscht werden. Datenbankspalten, in denen berechnete Formeln (also nicht eingegebene Werte) stehen, können in der Maske nicht verändert werden (in Bild 11.1 etwa der Geburtsmonat, der aus dem Geburtsdatum ermittelt wird). Versehentliche Änderungen können über den Dialog-Button WIEDERHERSTELLEN rückgängig gemacht werden. Die RÜCKGÄNGIG-Funktion von Excel steht nach dem Ende des Datenbankdialogs allerdings nicht zur Verfügung.

Über den Button NEU kann ein neuer Datensatz eingefügt werden. Neue Datensätze werden immer an das Ende der Datenbank gestellt. Dabei werden Formatierungsmerkmale und Formeln von der letzten Zeile der Datenbank übernommen. Die Datenbank wird nicht automatisch neu sortiert.

Die vertikale Bildlaufleiste in der Datenbankmaske ermöglicht die rasche Auswahl des gewünschten Datensatzes. Die Reihenfolge der angezeigten Datensätze entspricht dabei der Reihenfolge der Datensätze in der Tabelle – wenn die Daten nach einem Kriterium geordnet auftreten sollen, müssen Sie sie vor dem Aufruf der Datenbankmaske sortieren.

Der Button KRITERIEN führt zu einer alternativen Anzeige der Datenbankmaske, in der Sie in den einzelnen Feldern Kriterien eingeben können. Mit VORHERIGEN SUCHEN oder WEITER-SUCHEN können Sie dann den jeweils nächsten Datensatz suchen (ausgehend vom gerade aktuellen Datensatz), der diese Kriterien erfüllt. Mögliche Suchkriterien sind etwa „A *" (alle

Namen, die mit „*A*" beginnen) oder „*>100*" (Zahlen, die größer als 100 sind). Die Syntax für Suchkriterien wird etwas weiter unten behandelt, wenn es um das Filtern von Daten geht.

Das Arbeiten mit der Datenbankmaske hat gegenüber der direkten Bearbeitung der Tabelle Vor- und Nachteile. Zuerst zu den Vorteilen:

- In der Datenbankmaske werden alle Daten eines Datensatzes kompakt angezeigt. Datenbanktabellen sind häufig so breit, dass Sie nur einen Ausschnitt sehen können.

- Die Bedienung der Datenbankmaske setzt (abgesehen von einem minimalen Windows-Grundwissen) keine Excel-Kenntnisse voraus. Datenbankmasken eignen sich daher besonders zur Eingabe von Daten durch Excel-Laien.

- Eine unbeabsichtigte Zerstörung von Daten ist weitgehend ausgeschlossen. Vorsicht ist nur bei der Neueingabe von Daten geboten: Der Button Neu muss angeklickt werden, *bevor* mit der Eingabe von Daten begonnen wird – sonst interpretiert Excel die Daten nicht als neuen Datensatz, sondern als Korrektur des aktuellen Datensatzes.

- Es besteht die Möglichkeit, via Datenbankmaske eine Datenbank zu bearbeiten, deren Fenster am Bildschirm gar nicht sichtbar ist.

Die vordefinierte Excel-Datenbankmaske ist zwar sehr bequem in der Anwendung, sie hat aber auch Nachteile:

- In der Tabelle eingestellte Filterkriterien (siehe unten) werden nicht berücksichtigt.

- Zahlreiche Datenbankkommandos – etwa das Neusortieren – können nur ausgeführt werden, indem die Maske verlassen wird.

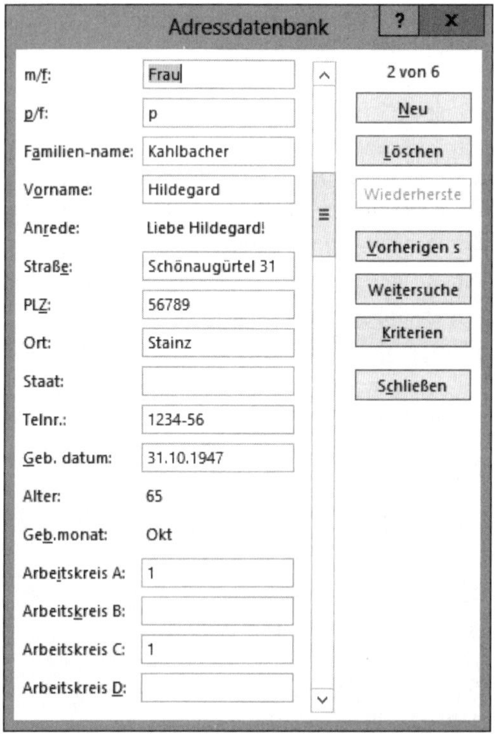

BILD 11.2
Die Excel-Datenbankmaske

- Der Aufbau der Maske ist starr vordefiniert. Die Beschriftung der Datenfelder stimmt mit der Beschriftung der Spalten der Datenbank überein, für alle Datenfelder ist gleich viel (oder gleich wenig) Platz vorgesehen. Es ist nicht möglich, die Maske so einzurichten, dass nur ausgewählte Datenfelder verändert werden können.

- Eine automatische Plausibilitätskontrolle der Eingabe (etwa ob im Geburtsdatumsfeld tatsächlich ein gültiges Datum eingegeben wurde) ist nicht möglich.

- Eine gleichzeitige Bearbeitung mehrerer Datensätze (etwa zum Löschen aller veralteten Datensätze) ist nicht möglich.

- Beim Verlassen der Datenbankmaske wird kein Wert an den VBA-Code zurückgegeben, der Aufschluss über den zuletzt dargestellten Datensatz gibt.

11.2.3 Daten sortieren, suchen, filtern

Daten sortieren

Eines der wichtigsten Datenbankkommandos lautet DATEN | SORTIEREN. Dieses Kommando führt zu dem in Bild 11.3 angezeigten Dialog. Darin können Sie beliebig viele Spalten der Datenbank angeben, nach denen die Daten der Reihe nach sortiert werden sollen. Die Angabe mehrerer Sortierkriterien (über EBENE HINZUFÜGEN) kann beispielsweise für Serienbrief-aktionen sinnvoll sein, wo ein geordneter Ausdruck zuerst nach Staaten und anschließend nach Postleitzahlen erfolgen soll.

Das Sortierkommando sortiert in der Regel den für Excel erkennbaren Datenbankbereich, in dem sich der Zellzeiger gerade befindet. Das Kommando kann aber auch explizit zum Sortieren eines vorher markierten Zellbereichs verwendet werden, unabhängig davon, ob es sich bei diesem Bereich um eine Datenbank handelt oder nicht. Aus diesem Zusammenhang heraus wird auch die Sinnhaftigkeit des Kontrollkästchens DATEN HABEN ÜBERSCHRIFTEN deutlich. Normalerweise (d. h. beim Sortieren einer Datenbank) markiert Excel automatisch die gesamte Datenbank inklusive Beschriftungszeile. Die Beschriftungszeile wird aber selbstverständlich nicht mitsortiert. Wenn dagegen nur ein vorher markierter Tabellenbereich sortiert werden muss, existiert diese Beschriftungszeile häufig nicht – dann muss das Kontrollkästchen ausgeschaltet werden.

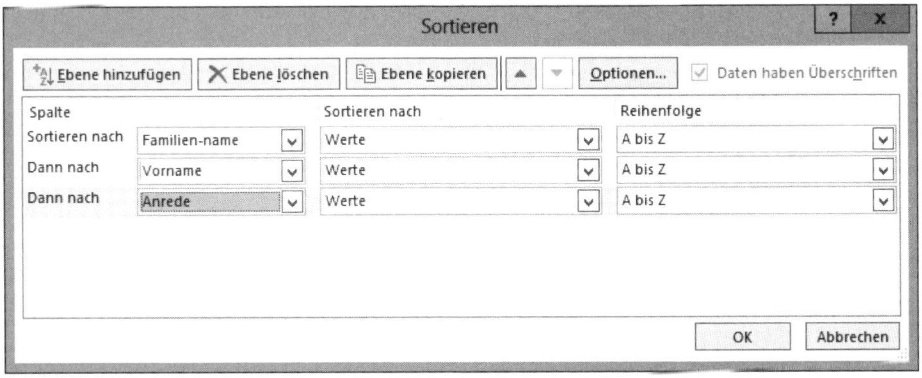

BILD 11.3 Dialog zum Sortieren von Datenbanken

Mithilfe des Listenfelds REIHENFOLGE können spezielle Sortierreihenfolgen (etwa Wochentage oder Monate) eingestellt werden. Die zur Auswahl gestellten Sortierlisten entsprechen den Listen der AutoAusfüllen-Funktion und können über DATEI | OPTIONEN | ALLGEMEIN | BENUTZER-DEFINIERTE LISTEN BEARBEITEN bearbeitet werden.

Über den Button OPTIONEN kann die Ausführung des Sortierkommandos weiter gesteuert werden: Erstens kann bestimmt werden, dass Excel zwischen Groß- und Kleinschreibung unterscheiden soll (was normalerweise nicht der Fall ist). Und zweitens können Sie statt Zeilen auch Spalten sortieren. Ein spaltenweises Sortieren kommt in der Praxis nur sehr selten vor. In Datenbankanwendungen ist eigentlich kein Fall vorstellbar, in dem diese Option sinnvoll wäre.

Das Sortierkommando kann unmittelbar nach seiner Ausführung mit dem RÜCKGÄNGIG-Button in der Symbolleiste für den Schnellzugriff widerrufen werden. Dennoch sollte es mit großer Vorsicht angewendet werden – es kann den Aufbau einer Tabelle vollkommen zerstören.

Besonders kritisch ist das Sortieren von Tabellen, deren Formeln sich auf Zellen außerhalb des Datensatzes beziehen bzw. auf deren Zellen in anderen Formeln Bezug genommen wird. Excel verändert beim Sortieren alle relativen Bezüge, die innerhalb des sortierten Bereichs auf Zellen außerhalb des Datensatzes verweisen. Je nach Aufbau der Tabelle kann das sinnvoll sein – oder auch nicht! Kontrollieren Sie nach der Ausführung des Sortierkommandos unbedingt den Inhalt der Tabelle. Wenn das Ergebnis nicht dem entspricht, was Sie erwarten, machen Sie das Sortierkommando rückgängig und verändern Sie den Aufbau der Tabelle, indem Sie relative Bezüge durch absolute ersetzen (eine recht mühsame Handarbeit) oder indem Sie Formeln durch ihre Werte ersetzen (START | KOPIEREN, START | EINFÜGEN | WERTE EINFÜGEN).

 Tipp

Wenn das Kommando DATEN | SORTIEREN ausgeführt wird, während sich der Zell-zeiger in einer Pivot-Tabelle befindet, werden die Datenfelder der Pivot-Tabelle neu sortiert. Die Position des Zellzeigers gibt dabei an, welche Daten das Sortierkriterium darstellen.

∎

Daten suchen

Das Kommando START | SUCHEN UND AUSWÄHLEN | SUCHEN ist eigentlich kein Datenbankkommando, es kann aber gerade in Datenbanken sinnvoll angewendet werden. Das Kommando führt zu dem in Bild 11.4 dargestellten Dialog. Wenn vor der Ausführung des Kommandos kein Zellbereich markiert wurde, sucht Excel den Suchbegriff in der gesamten aktiven Tabelle. Eine Einschränkung auf die aktuelle Datenbank ist nicht vorgesehen. Der Suchbegriff darf die beiden Jokerzeichen * (für eine beliebige Anzahl beliebiger Zeichen) und ? (für genau ein beliebiges Zeichen) enthalten, es sind aber keine Bedingungen (etwa „>3") erlaubt.

Nun zu den Optionen des SUCHEN-Dialogs, die nach einem Klick auf den OPTIONEN-Button zum Vorschein kommen und nicht alle ganz leicht zu verstehen sind: Über das obere SUCHEN-Feld legen Sie den Suchbereich auf die aktuelle Tabelle oder die Arbeitsmappe fest. Über das SUCHEN-Feld darunter können Sie die Daten wahlweise zeilen- oder spaltenweise suchen. Insbesondere bei sehr großen Tabellen hat diese Option einen erheblichen Einfluss auf die Suchzeit. (Das gilt ganz besonders für die Makroprogrammierung, wenn das Kommando häufig hintereinander aufgerufen wird.) Als Suchbeginn gilt jeweils die aktuelle Zelle.

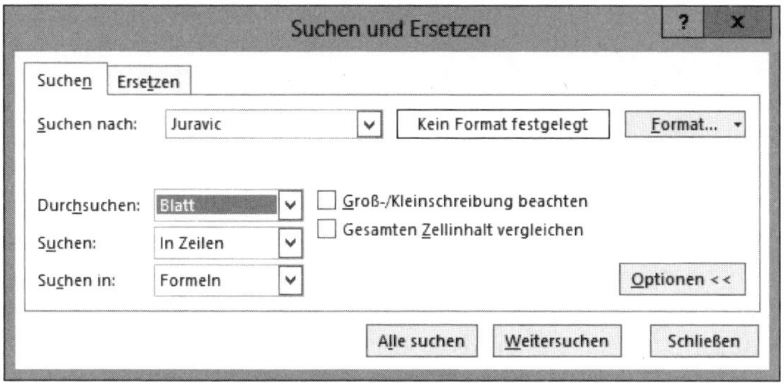

BILD 11.4
Dialog zum Suchen
von Daten

Das Auswahlfeld SUCHEN IN bestimmt den Ursprung der Daten: Die Standardeinstellung „Formeln" bedeutet, dass der Suchtext nur innerhalb einer Formel gefunden werden kann (etwa der Suchtext „3" in „=A3" oder in „=A5+3"). Die Einstellung WERTE berücksichtigt nur das aus einer Formel resultierende Ergebnis (also die in der Zelle angezeigten Daten). Mit der Einstellung KOMMENTARE können Sie Informationen in den zu den Zellen angelegten Kommentaren (früher Notizen) suchen.

Eindeutig ist die Option GROSS-/KLEINSCHREIBUNG BEACHTEN. Mit GESAMTEN ZELLINHALT VERGLEICHEN ist gemeint, dass der Suchbegriff mit dem vollständigen Inhalt der Zelle – und nicht nur mit einem Teil davon – übereinstimmen muss.

Daten filtern (Suchkriterien)

Mit dem Filtern von Daten ist gemeint, dass nur jene Datensätze einer Datenbank angezeigt werden, die bestimmten Kriterien entsprechen. Durch das Einrichten eines Filters können Sie sich von einer umfangreichen Datenbank nur jene Datensätze anzeigen lassen, die Sie gerade bearbeiten (ergänzen, löschen, kopieren etc.) möchten.

Autofilter

Die einfachste Form, einen Filter einzurichten, bietet das Kommando DATEN | FILTERN. Es führt dazu, dass in der rechten unteren Ecke der Beschriftungszellen der Datenbank kleine Listenauswahlpfeile angezeigt werden. Das Anklicken eines dieser Pfeile führt zu einer Liste, die neben allen in dieser Datenbankspalte vorkommenden Einträgen diverse Einstellmöglichkeiten bietet.

So lässt sich schnell eine auf- und absteigende oder nach Farben geordnete Sortierreihenfolge einstellen. Über die Einträge im TEXTFILTER-Menü ist eine sehr detaillierte Festlegung von Filterkriterien möglich. Damit kann man die Datenanzeige etwa auf Einträge begrenzen, die einen bestimmten Text enthalten oder nicht enthalten, die mit einem bestimmten Text beginnen oder enden etc. Nach Auswahl von BENUTZERDEFINIERTER FILTER zeigt Excel nur solche Datensätze an, die dem in einer Dialogbox gewählten Kriterium (siehe Bild 11.5) entsprechen.

Sobald ein Filter ausgewählt wurde, zeigt Excel nur noch jene Zeilen der Tabelle an, deren Datensätze den Kriterien entsprechen. Der ausgewählte Filterbutton enthält nun ein Trichtersymbol, um anzuzeigen, dass momentan nicht alle Daten sichtbar sind.

Mehrere Filter können miteinander durch ein logisches „und" kombiniert werden – beispielsweise zur Auswahl aller Datensätze der Mitarbeiterdatenbank, die sowohl in Arbeitskreis

A als auch in Arbeitskreis B aktiv sind. (Die Kombination von Filterkriterien mit logischem „Oder" (alle Mitarbeiter, die in Arbeitskreis A oder B tätig sind) ist nur mit Spezialfiltern möglich – siehe unten.)

Wenn sich die Daten *nach* der Einstellung eines Filters ändern, hat das keinen Einfluss mehr darauf, ob dieser Datensatz angezeigt wird oder nicht. Die Überprüfung, welche Zeilen sichtbar sind und welche nicht, erfolgt nur einmal, nämlich beim Einrichten des Filters.

Ein erneuter Klick auf DATEN | FILTERN stellt sämtliche Autofilter wieder zurück, führt also zur ungefilterten Anzeige aller Datensätze.

Benutzerdefinierte Filter

Durch benutzerdefinierte Filter können etwas komplexere Auswahlkriterien zusammengestellt werden. Bild 11.5 zeigt, dass ein Kriterium aus zwei Bedingungen zusammengesetzt werden kann, die wahlweise durch logisches „Und" oder „Oder" miteinander verknüpft werden können. Als einzelne Bedingungen sind sowohl Zeichenmuster mit Jokerzeichen (etwa „=M*r" für „Mayr", „Meier", „Müller") als auch Vergleiche (etwa „>=100" oder „>A") erlaubt.

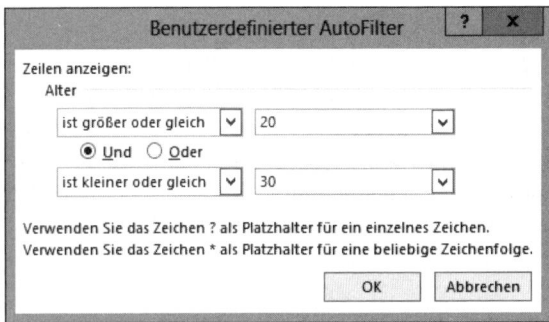

BILD 11.5
Dialog zur Einstellung eines benutzerdefinierten Autofilters

Beispiele für Autofilter

Mit Autofiltern können Sie in der Mitarbeiterdatenbank *Staff.xlsm* etwa folgende Gruppen bilden:

- Alle Mitarbeiter, die im Arbeitskreis C mitwirken
- Alle weiblichen Mitarbeiter im Arbeitskreis C
- Alle Mitarbeiter, die in München wohnen
- Alle Mitarbeiter, die außerhalb Deutschlands wohnen
- Alle Mitarbeiter, die im Februar Geburtstag haben (Geburtsmonat = Feb) und mindestens 50 Jahre alt werden: Als Filterkriterium verwenden Sie *Alter > 50* oder besser *Geburtsdatum < 1.3.1963* (wobei 1963 im Jahr 2013 gilt; 2014 müssen Sie mit 1964 vergleichen etc.).

Spezialfilter

Neben den sehr einfach zu bedienenden Autofiltern stellt Excel auch sogenannte Spezialfilter zur Verfügung. Der Aufruf des Kommandos DATEN | ERWEITERT führt zu dem in Bild 11.6 dargestellten Dialog. Die Wirkung eines Spezialfilters ist im Prinzip dieselbe wie die eines Autofilters: Es werden nur noch die den Kriterien entsprechenden Datensätze angezeigt.

BILD 11.6
Dialog zur Einstellung eines Spezialfilters

(Das Kopieren gefilterter Daten wird einige Absätze weiter unten behandelt.) Die Wirkung von Spezialfiltern kann mit DATEN | LÖSCHEN aufgehoben werden.

Das entscheidende Merkmal von Spezialfiltern besteht darin, dass die Filterkriterien in einem eigenen Zellenbereich formuliert werden müssen. Dieser Bereich besteht aus einer Überschriftenzeile und einer oder mehreren Kriterienzeilen. In der Überschriftenzeile werden die für die Suchkriterien relevanten Spaltenüberschriften eingetragen.

Die Überschriften müssen exakt mit denen der Datenbank übereinstimmen (inklusive eventuell vorhandener Leerzeichen). Die Kriterienzeilen enthalten Bedingungen für die Datenbanksplaten. Mehrere Bedingungen in einer Zeile werden mit „und" verknüpft und müssen gleichzeitig erfüllt sein. Wenn mehrere Zeilen Kriterien enthalten, werden diese Kriterien mit „oder" verknüpft.

Als Bedingungen sind wie in den Autofiltern Vergleiche in der Art „*>10*", „*<=5*" oder „*>=A*" sowie Zeichenmuster in der Art „*'=M*r*" erlaubt. Beachten Sie, dass Sie Zeichenvergleichen, die Excel als Formel interpretieren könnte, das Zeichen „'" voranstellen (Shift+#) – andernfalls zeigt Excel die Fehlermeldung *#Name* an, weil die Zeichenkette kein gültiger Zellenname ist.

Für manche Bedingungen ist es erforderlich, dass eine Spalte der Datenbank in den Suchkriterien gleich zweimal vorkommt – etwa um alle Mitarbeiter auszuwählen, für deren Alter „*>=20*" und „*<=30*" gilt.

Einige Beispiele für mögliche Filterkriterien sehen Sie in Bild 11.7. Beachten Sie bitte den Unterschied zwischen „Oder"-Verknüpfungen (im ersten Beispiel) und „Und"-Verknüpfungen (im zweiten und dritten Beispiel). Die Kriterien in Bild 11.7 wurden durch Rahmen, fette Schrift etc. ansprechend gestaltet, diese Gestaltung dient aber nur einer besseren Lesbarkeit und ist nicht zwingend erforderlich. Hingegen müssen Sie darauf achten, dass die Spaltenbeschriftung exakt mit der in der Ausgangsdatenbank übereinstimmt.

In der Beispieldatei *Staff.xlsm* wurden die Filterkriterien in einem eigenen Arbeitsblatt untergebracht. Das hat den Vorteil, dass sie unabhängig vom sichtbaren Ausschnitt der Datenbanktabelle in einem eigenen Fenster angezeigt werden können. Den Zellbereichen mit den Kriterien wurden die Namen „Filter1" bis „Filter4" zugewiesen, sodass die Eingabe des Kriteriums mit DATEN | ERWEITERT bequem durchgeführt werden kann: Sie stellen den Zellzeiger irgendwo in die Datenbank, führen das gerade erwähnte Kommando aus und geben als Kriterienbereich „Filter1" bis „Filter4" an. Dazu müssen die Filterkriterien nicht einmal am Bildschirm sichtbar sein.

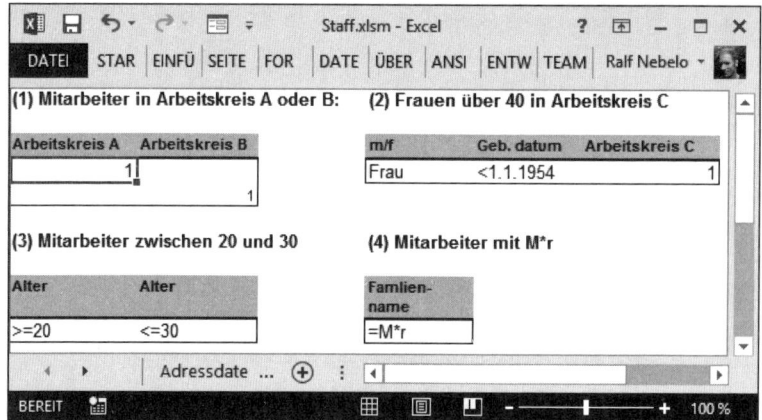

BILD 11.7 Einige Filterkriterien für die Mitarbeiterdatenbank

 Hinweis

Bei den im nächsten Abschnitt vorgestellten Datenbankfunktionen müssen ebenfalls Kriterien angegeben werden. Auch bei ihnen werden die Kriterien in einem Zellbereich formuliert; die Syntax ist gleichlautend wie bei Filterkriterien.

Löschen und Kopieren mit Spezialfiltern

Wenn Sie gefilterte Daten an eine andere Stelle in der Tabelle kopieren möchten, müssen Sie im SPEZIALFILTER-Dialog die Option AN EINE ANDERE STELLE KOPIEREN auswählen und einen Ausgabebereich in KOPIEREN NACH angeben. Der Ausgabebereich muss wie der Kriterienbereich beschriftet sein, also Spaltenüberschriften enthalten. Das erscheint zwar auf den ersten Blick als eine unnötige Zusatzarbeit, tatsächlich ermöglicht es aber, selektiv nur einige Spalten der Datenbank zu kopieren. Sehr viel lästiger ist hingegen die Einschränkung, dass sich der Ausgabebereich auf dem gerade aktiven Blatt befinden muss. Oft wäre es erstrebenswert (und übersichtlicher), die gefilterten Daten in ein anderes Blatt zu kopieren; das ist zwar möglich, der Aufruf des SPEZIALFILTER-Dialogs muss allerdings ausgeführt werden, während ein anderes Blatt aktiv ist.

In der Beispieldatei ist mit der Zelle T23 beginnend ein Ausgabebereich definiert, der nur die drei Spalten Vor- und Nachname sowie Telefonnummer enthält. Wenn Sie das Kopierkommando ausprobieren möchten, setzen Sie den Zellzeiger in die Datenbank, wählen das Kommando DATEN | ERWEITERT und aktivieren im Dialog den Kopiermodus. Dann geben Sie als Kriterienbereich „Filter1" und als Zielbereich T23:V23 an.

Ein vergleichbares Kopierkommando für Autofilter existiert leider nicht. Wenn Sie durch Autofilter ausgewählte Datensätze kopieren möchten, müssen Sie diese manuell markieren und kopieren. Dabei ist nur mit zusätzlichem Aufwand – etwa durch das Ausblenden von Spalten der Datenbank – ein selektives Kopieren einzelner Spalten möglich.

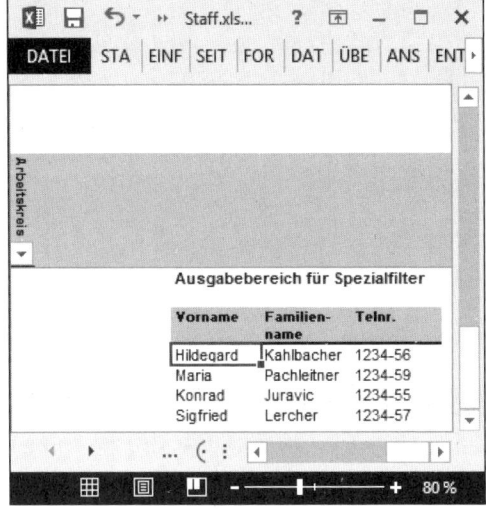

BILD 11.8
Das Ergebnis des Kopierens mit einem
Spezialfilter

■ 11.3 Datenverwaltung per VBA-Code

Wenn Sie einmal verstanden haben, wie die Datenbankfunktionen von Excel interaktiv benutzt werden, bereitet die Programmierung kaum mehr Schwierigkeiten. Entscheidend ist eigentlich nur, dass Sie sicher mit Zellen und Zellbereichen umgehen können – dieses Thema wurde unabhängig von Datenbankanwendungen bereits in Abschnitt 5.1 sehr ausführlich behandelt.

11.3.1 Programmiertechniken

Elementare Datenbankverwaltung in Excel

Die meisten Datenbankkommandos setzen voraus, dass der betreffende Zellbereich markiert wurde oder sich der Zellzeiger im Datenbankbereich befindet. Ausgehend von dieser Zelle kann im Regelfall mit *CurrentRegion* die dazugehörige Tabelle oder Liste ermittelt werden. (Voraussetzung ist, dass die Tabelle keine leeren Zeilen oder Spalten enthält – die werden als Ende der Datenbank interpretiert.)

Mit der Eigenschaft *ListHeaderRows* kann ermittelt werden, wie viele Überschriftenzeilen eine Tabelle enthält. Die Eigenschaft versucht also zu ermitteln, ob und wie viele von der übrigen Struktur abweichende Beschriftungszeilen es gibt. (Die Hilfe enthält allerdings keine Informationen darüber, wie Überschriften erkannt werden. Es ist also nicht ganz sicher, ob die Eigenschaft in jedem Fall zuverlässig funktioniert.)

Daten suchen

Mit der Methode *Find* können Sie einen Text in einem Zellbereich suchen. Die Methode liefert ein *Range*-Objekt mit der ersten Zelle zurück, die den Suchtext enthält. Wenn *Find* nichts findet, liefert die Methode *Nothing* als Ergebnis. Kurz zur Syntax von *Find*:

```
rng.Find what, after, lookIn, lookAt, searchOrder, _
   searchDirection, matchCase, matchByte
```

Find wird also auf einen Zellbereich angewandt. Der erste Parameter enthält den Suchtext. Alle weiteren Parameter sind optional. *after* gibt die Zelle an, hinter der die Suche beginnt. Wird *after* nicht angegeben, beginnt die Suche in der ersten Zelle des Zellbereichs.

lookIn gibt an, wo gesucht wird: im Zellinhalt (*xlValues*), in der Formel (*xlFormulas*) oder im Kommentar zur Zelle (*xlComments*). Bei der Suche in Formeln ist zu beachten, dass der Suchtext immer in internationaler Schreibweise anzugeben ist. Wenn Sie also die Formel *=SUMME(A1:A3)* suchen, müssen Sie Ihren Code als *Find „=SUM(A1:A3)"* formulieren.

lookAt bestimmt, ob der gesamte Zellinhalt mit dem Suchtext übereinstimmen soll oder ob es reicht, wenn der Suchtext als Teil der Zeichenkette enthalten ist. *searchOrder* bestimmt, ob der Zellbereich Zeile für Zeile oder Spalte für Spalte durchsucht wird. *searchDirection* gibt an, ob vorwärts oder rückwärts gesucht wird. *matchcase* bestimmt, ob auf korrekte Groß- und Kleinschreibung geachtet werden soll.

> **Hinweis**
>
> Beachten Sie bitte, dass Sie sich bei den optionalen Parametern nicht auf eine Default-Einstellung verlassen können! Es gelten die Einstellungen, die zuletzt verwendet wurden (egal, ob die Suche per VBA-Code oder durch Excels Suchen-Befehl ausgelöst wurde).

Wenn Sie die Suche wiederholen möchten, um die nächste passende Zelle zu finden, können Sie nochmals *Find* aufrufen und dabei die letzte Ergebniszelle im Parameter *after* angeben. Bequemer ist es aber, die Methoden *FindNext* und *FindPrevious* zu verwenden, wo Sie als einzigen Parameter *after* angeben möchten.

Solange es im Suchbereich eine Zelle gibt, die dem Suchkriterium entspricht, wird diese gefunden – auch dann, wenn sich diese Zelle *oberhalb* der durch *after* bestimmten Tabellenposition befindet. Aus diesem Grund liefern die folgenden Zeilen eine Endlosschleife, sofern es im Suchbereich eine einzige Zelle gibt, welche die Zeichenkette *„xyz"* enthält!

```
Dim obj As Object
Set obj = [a1].CurrentRegion.Find("xyz")
Do Until obj Is Nothing
   obj.Interior.Color = RGB(196, 196, 196)    'grauer Hintergrund
   Set obj = [a1].CurrentRegion.FindNext(obj) 'suche nächste Zelle
Loop
```

Wenn Sie alle Zellen genau einmal bearbeiten möchten, müssen Sie sich die Adressen der schon bearbeiteten Zellen merken. Die folgenden Zeilen geben hierfür ein Beispiel.

```
Dim obj As Object, cellsDone$
Set obj = [a1].CurrentRegion.Find("xyz")
Do Until obj Is Nothing
   If InStr(cellsDone, "[" + obj.Address + "]") Then Exit Do
   obj.Interior.Color = RGB(196, 196, 196)
   cellsDone = cellsDone + " [" + obj.Address + "]"
   Set obj = [a1].CurrentRegion.FindNext(obj)
Loop
```

Daten sortieren mit dem Sort-Objekt

Um den Inhalt von Arbeitsblättern zu sortieren, können Sie zusätzlich zur *Sort*-Methode von Range-Objekten das *Sort*-Objekt verwenden. Hier ein Beispiel:

```
With ActiveSheet.Sort
   .SortFields.Clear
   .SortFields.Add Key:=Range("C2")

   .SetRange Range("A1:Q8")
   .Header = xlYes
   .MatchCase = False
   .Orientation = xlTopToBottom
   .Apply
End With
```

Das Beispiel nutzt das *Sort*-Objekt des aktiven Arbeitsblatts (*ActiveSheet*). Es verfügt über eine *SortFields*-Auflistung, die alle aktiven Sortierkriterien enthält. Um unerwünschte Effekte durch ältere Sortierkriterien zu verhindern, empfiehlt es sich, die Auflistung immer erst per *Clear*-Methode zu leeren. Die *Add*-Methode fügt der Auflistung dann ein neues Kriterium hinzu. Der im *Key*-Argument genannte Zellbezug veranlasst das *Sort*-Objekt im konkreten Fall, die Sortierung anhand des Inhalts der dritten Tabellenspalte durchzuführen, der bei C2 beginnt.

Die *SetRange*-Methode legt die exakten Koordinaten des zu sortierenden Bereichs innerhalb des Arbeitsblatts fest. Enthält der Sortierbereich eine Beschriftungszeile (was bei Datenbanken die Regel ist), verwenden Sie die *Header*-Eigenschaft und weisen ihr den Wert *xlYes* zu. Damit wird die Beschriftungszeile von der Sortierung ausgenommen.

Die Zuweisung von *False* an die *MatchCase*-Eigenschaft bewirkt, dass sich die Groß-/Kleinschreibung von Zellinhalten nicht auf die Sortierung auswirkt. Die *Orientation*-Eigenschaft bestimmt die Sortierrichtung, die nach Zuweisung von *xlTopToBottom* von oben nach unten erfolgt. Die *Apply*-Methode startet den Sortiervorgang.

Daten filtern

Die Filterfunktionen werden über *AutoFilter* (um einen Autofilter zu aktivieren) und *Advanced-Filter* (um einen Spezialfilter zu aktivieren) gesteuert. Beim Autofilter (es kann immer maximal ein Autofilter aktiv sein) führt die Eigenschaft *Filters* auf mehrere Filterobjekte, die für jede Spalte der Datenbank die Filterkriterien beschreiben. Die Anwendung der *Filter*-Methoden bereitet wenige Probleme, häufig kann der Code mit der Makroaufzeichnung erstellt werden.

Datenbankmaske anzeigen

ShowDataForm zum Aufruf der in Excel vordefinierten Datenbankmaske funktioniert leider nicht ganz optimal: Das Kommando nimmt an, dass die Datenbank mit der Zelle A1 beginnt – unabhängig davon, wo der Zellzeiger gerade steht. Dem können Sie abhelfen, wenn Sie dem Zellbereich mit der Datenbank den Namen „database" (im deutschen Excel alternativ auch „Datenbank") zuweisen und anschließend *ShowDataForm* ausführen. Das Beispiel unten geht davon aus, dass A5 eine Zelle der Datenbank ist.

```
ActiveSheet.Range("A5").CurrentRegion.Name = "database"
ActiveSheet.ShowDataForm
```

Daten einfügen, ändern und löschen

Excel sieht keine Kommandos vor, um einer Excel-Tabelle Datensätze hinzuzufügen oder um Datensätze zu ändern oder zu löschen. Die Datenbankmaske kann nur aufgerufen werden, damit der Anwender des Programms selbstständig darin Veränderungen vornimmt. Die in der Maske vorgesehenen Aktionen können aber nicht per Makroprogramm ausgelöst werden. Veränderungen am Inhalt der Datenbank müssen daher über den herkömmlichen Weg erfolgen (siehe Abschnitt 5.1): Zellen durch die *Range*- und *Cells*-Methoden auswählen, den Inhalt der Zelle über die *Value*- oder *Formula*-Eigenschaften ändern etc.

Hinweis

Wenn Sie sich dazu entschließen, die eigentliche Datenverwaltung nicht innerhalb von Excel, sondern in einer externen Datenbank durchzuführen, stehen Ihnen dazu erheblich bessere Programmiermöglichkeiten in Form der ADO-Bibliothek zur Verfügung. Mehr dazu im nächsten Kapitel.

Verweis

Codebeispiele zur Datenverwaltung in Excel finden Sie in Abschnitt 1.5 (einführendes Datenbankbeispiel) sowie in Abschnitt 11.6. Die Methoden zum Umgang mit Tabellen und Zellbereichen, die eine elementare Voraussetzung für die Gestaltung eigener Datenbankprogramme sind, werden in den Abschnitten 5.1 und 5.2 behandelt.

11.3.2 Syntaxzusammenfassung

In den folgenden Blöcken steht *wsh* für das Tabellenblatt mit der Datenbank (*WorkSheet*-Objekt), *rng* für den Zellbereich der Datenbank (*Range*-Objekt) und „...." für die Angabe diverser Parameter, die hier nicht näher beschrieben werden (siehe die Excel-Hilfe).

Datenbankverwaltung in Excel (Sortieren, Gruppieren etc.)	
rng.Name = „database"	benennt Bereich für *ShowDataForm*
wsh.ShowDataForm	zeigt die Datenbankmaske an
rng.Sort ...	sortiert die Datenbank
rng.Find ...	nach Daten suchen
rng.FindNext	nochmals suchen
rng.FindPrevious	rückwärts suchen
rng.Replace ...	suchen und ersetzen
rng.Consolidate ...	mehrere Tabellen konsolidieren (Abschnitt 11.5)

Filter	
rng.AutoFilter ...	Autofilter aktivieren
rng.AdvancedFilter ...	Spezialfilter aktivieren
wsh.FilterMode	gibt an, ob die Tabelle gefilterte Daten enthält oder nicht
wsh.AutoFilter	verweist auf das *AutoFilter*-Objekt
wsh.AutoFilter.Filters(...)	verweist auf dessen *Filter*-Objekte (mit Filterkriterien)
wsh.AutoFilterMode	gibt an, ob Autofilter aktiv ist
wsh.AutoFilterMode = False	deaktiviert Autofilter
wsh.ShowAllData	entfernt Filterkriterien

■ 11.4 Datenbank-Tabellenfunktionen

Excel kennt eine Reihe sogenannter „Datenbankfunktionen". Dabei handelt es sich um Tabellenfunktionen, die komplexere Datenbankberechnungen ermöglichen – etwa die Berechnung des durchschnittlichen Gehalts aller Mitarbeiter, die schon länger als fünf Jahre im Betrieb arbeiten. (Voraussetzung ist natürlich, dass in der Datenbank eine Spalte mit dem Gehalt und eine zweite Spalte mit dem Eintrittsdatum in den Betrieb existieren.) Die meisten Datenbankfunktionen beginnen mit den Buchstaben *DB* und weisen drei Parameter auf: *=DBfunktion(datenbank; spalte; kriterien)*.

- Mit dem Parameter *datenbank* wird der Zellbereich der Datenbank inklusive der Überschriftzellen angegeben. Statt der unmittelbaren Bereichsangabe ist auch die Angabe eines Bereichsnamens möglich.

- *spalte* gibt an, für welche Spalte der Datenbank die Berechnung (beispielsweise eine Mittelwertbildung) durchgeführt werden soll. Die Spalte kann entweder durch die Angabe der Beschriftungszelle dieser Spalte oder durch den in Hochkommas gestellten Spaltennamen (z. B. *„Familienname")* angegeben werden.

- *kriterien* verweist auf einen Zellbereich mit Kriterien. Die Datenbankfunktion berechnet das Ergebnis nur aus jenen Datensätzen der Datenbank, welche die Kriterien erfüllen. (Gerade dieser dritte Parameter unterscheidet die Datenbankfunktionen von den gewöhnlichen Tabellenfunktionen!) Kriterien werden wie bei Spezialfiltern gebildet (d. h.: eine Überschriftenzeile plus eine oder mehrere Zeilen mit Bedingungen – siehe den vorangegangenen Abschnitt).

Rechenfunktionen

DBANZAHL	ermittelt die Anzahl der Datensätze, die den Kriterien entsprechen
DBANZAHL2	wie oben, berücksichtigt aber nur jene Datensätze, deren Datenfelder in der angegebenen Spalte nicht leer sind
DBMIN/DBMAX	ermittelt den kleinsten/größten Wert in der angegebenen Spalte
DBSUMME	summiert die Werte der angegebenen Spalte
DBPRODUKT	multipliziert die Datenfelder der Spalte
DBMITTELWERT	bildet den Mittelwert der Spalte

Statistikfunktionen

DBSTDABW	errechnet die Standardabweichung für eine Stichprobe (Division durch *n-1*)
DBSTDABWN	errechnet die Standardabweichung für eine vollständig erfasste Datenmenge (Division durch *n*)
DBVARIANZ	errechnet die Varianz für eine Stichprobe
DBVARIANZEN	errechnet die Varianz für eine vollständig erfasste Datenmenge

Sonstige

DBAUSZUG	gibt den Inhalt des Datenfelds einer Spalte zurück, das den Kriterien entspricht. Die Funktion ist nur sinnvoll, wenn die Kriterien so formuliert sind, dass ihnen genau ein Datensatz entspricht. Erfüllen mehrere Datensätze die Bedingungen der Kriterien, dann liefert die Funktion den Fehlerwert #*Zahl*.
TEILERGEBNISSE	berechnet wahlweise die Summe, den Durchschnitt, das Minimum, das Maximum etc. eines markierten Bereichs. Die Funktion passt nur inhaltlich, nicht aber formal zu den Datenbankfunktionen (andere Syntax, andere Funktionsweise). Sie wird vom Kommando DATEN | TEILERGEBNIS eingesetzt, ist ansonsten aber weitgehend sinnlos. Funktionen wie *SUMME*, *MITTELWERT* etc. können viel einfacher als *TEILERGEBNISSE* angewendet werden.

Auch wenn es in den obigen Beschreibungen nicht jedes Mal explizit wiederholt wurde: Alle Funktionen mit Ausnahme von *TEILERGEBNISSE* berücksichtigen ausschließlich jene Datensätze, die den Kriterien (dritter Parameter) entsprechen.

Hinweis

Excel kennt auch einige Tabellenfunktionen, die inhaltlich ähnlich wie Datenbankfunktionen funktionieren, dabei aber nicht den vorgesehenen Aufbau einer Datenbank voraussetzen (etwa *ZÄHLENWENN*, *SUMMEWENN* etc.). ∎

Beispiel 1: Lagerverwaltung

In Bild 11.9 sehen Sie eine einfache Artikelverwaltung, die mit einigen Datenbankfunktionen ausgewertet wurde. Die Tabelle ist in der Beispieldatei *11\DB_Functions.xlsm* gespeichert.

Die meisten Beispiele in Bild 11.9 sprechen für sich und bedürfen keiner weiteren Erklärung. Ausnahmen: Das Kriterium für die zweite Datenbankformel besteht aus der Überschrift „Preis" und einer weiteren leeren Zelle. Damit werden *alle* Datensätze berücksichtigt, denn diese Pseudobedingung ist für alle Datensätze erfüllt. Der Wert 300 im dritten Kriterium wird dem Ergebnis der zweiten Datenbankformel entnommen. Die Zelle A20 enthält also die Formel *=F16*.

	A	B	C	D	E	F	G
1	Artikelname	Kategorie	Qualität	Preis	Lagermenge	Wert	
2	Artikel 1	a	I	30	21	630	
3	Artikel 8	c	II	30	28	840	
4	Artikel 5	b	I	50	22	1100	
5	Artikel 9	c	II	40	11	440	
6	Artikel 2	a	I	150	34	5100	
7	Artikel 3	a	II	200	20	4000	
8	Artikel 4	b	I	200	24	4800	
9	Artikel 6	c	I	300	26	7800	
10	Artikel 7	c	I	200	11	2200	
11							
12	Kriterien:				Zweck	Ergebnis	Formel
13	Kategorie		Duchschnittspreis in Kategorie c:			142,5	=DBMITTELWERT(A1:F10;"Preis";A13:A14)
14	c						
15							
16	Preis		der höchste Preis:			300	=DBMAX(A1:F10;"Preis";A16:A17)
17							
18							
19	Preis		der teuerste Artikel:			Artikel 6	=DBAUSZUG(A1:F10;"Artikelname";A16:A17)
20		300					
21							
22	Qualität		Gesamtwert der Artikel 2. Qualität			5280	=DBSUMME(A1:F10;"Wert";A22:A23)
23	II						

BILD 11.9 Die Anwendung von Datenbankfunktionen

Beachten Sie, dass sämtliche Ergebnisse in *DB_Functions.xlsm* unmittelbar neu berechnet werden, sobald sich die Ausgangsdaten ändern. In Excel-Tabellen ist das zwar nichts Ungewöhnliches; es gibt aber kaum ein Datenbankprogramm, das dazu in der Lage ist.

Beispiel 2: Häufigkeitsverteilung

Bild 11.10 zeigt eine weitere Anwendung von Datenbankfunktionen: Aus den Reaktionszeiten von 69 Versuchspersonen wird eine Häufigkeitsverteilung mit einer Klassenbreite von 0.1 Sekunden ermittelt. Der Aufbau dieser Tabelle ist trotz aller Eingabehilfen von Excel recht mühsam – es müssen 17 Kriterienbereiche und ebenso viele *DBANZAHL*-Formeln eingegeben werden. Beispielsweise lautet die Formel in E3:

```
=DBANZAHL(A:B;"Reaktionszeit";G5:H6)
```

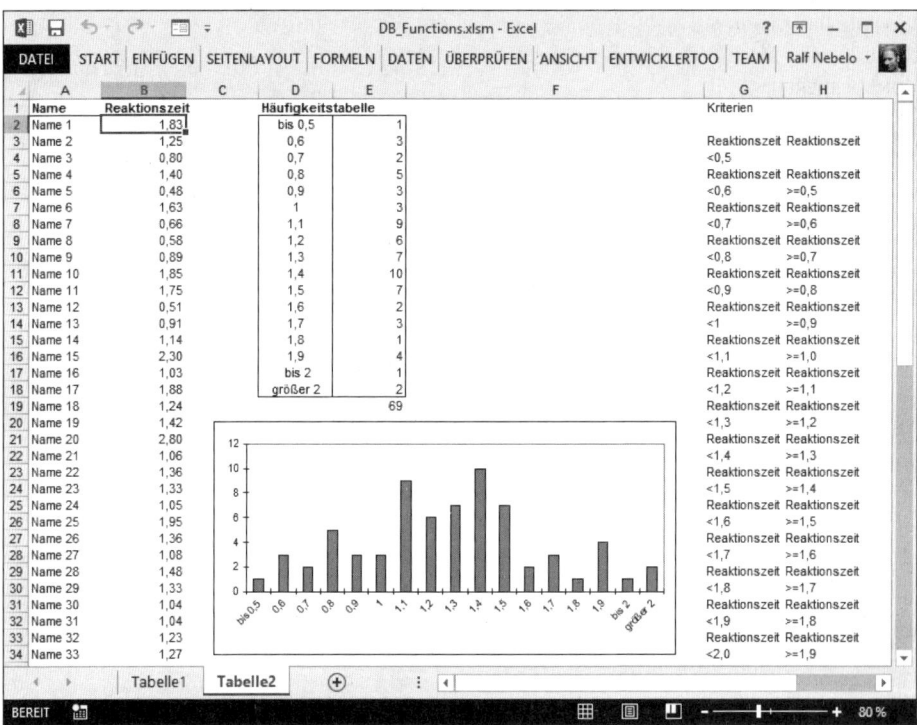

BILD 11.10 Häufigkeitsverteilung mit Datenbankfunktionen

Immerhin funktioniert das Schema unabhängig von der Anzahl der Testpersonen, weil einfach die ganzen Spalten A und B als Datenbank gelten (egal, wie viele Zeilen darin tatsächlich mit Daten gefüllt sind).

■ 11.5 Tabellen konsolidieren

11.5.1 Grundlagen

Tabellen konsolidieren heißt, dass die Daten aus mehreren Tabellen in einer einzigen zusammengefasst werden. Dieser Vorgang ist am leichtesten anhand konkreter Beispiele zu verstehen: Ihnen liegen etwa vier gleichartig gestaltete Excel-Dateien mit den Quartalsberichten irgendwelcher Verkaufszahlen vor, und Sie möchten daraus eine neue Datei mit den Jahreswerten bilden. Oder es wurden in den vergangenen Wochen mehrere Messprotokolle zusammengestellt, aus denen Sie die durchschnittlichen Messwerte ermitteln möchten. Für solche oder ähnliche Aufgabenstellungen eignet sich das Kommando DATEN | KONSOLIDIEREN.

Die Steuerung der Datenkonsolidierung erfolgt über einen Dialog, in dem mehrere Bezüge auf verschiedene Zellbereiche angegeben werden müssen. Die Zellbereiche dürfen sich im aktuellen Tabellenblatt, in anderen Tabellenblättern der aktuellen Arbeitsmappe oder in externen Excel-Dateien befinden. Bei Dateinamen sind Jokerzeichen in der Art *[Name*.xls] Blatt1!A1:C20* erlaubt – Excel liest die Daten dann aus allen Excel-Dateien, deren erste vier Buchstaben Name lauten.

Weniger flexibel ist Excel bei der Auswahl von Tabellenblättern einer Datei: Dabei sind weder Jokerzeichen noch Bereiche (in der Art *'Blatt1:Blatt5'!A1:C20*) erlaubt. Wenn Daten aus mehreren Tabellenblättern konsolidiert werden sollen, müssen alle Tabellenblätter *einzeln* aufgezählt werden, was natürlich mühsam ist.

Excel kann beim Konsolidieren eine von mehreren Rechenoperationen (Summe, Mittelwert, Varianz etc.) ausführen. Die möglichen Operationen müssen im KONSOLIDIEREN-Dialog ausgewählt werden. Die eingestellte Rechenoperation gilt für *alle* Felder der Konsolidierungsbereiche. Es ist nicht möglich, bei einigen Feldern die Summe und bei anderen den Mittelwert zu berechnen.

Optionen

Im KONSOLIDIEREN-Dialog sind drei Optionsfelder vorgesehen, die normalerweise deaktiviert sind. Ihre Wirkung kann aus den kurzen Bezeichnungen kaum erraten werden:

Durch BESCHRIFTUNG AUS OBERSTER ZEILE und ...AUS LINKER SPALTE wird ein etwas intelligenterer Konsolidierungsmodus aktiviert: Excel beachtet beim Zusammensetzen der neuen Tabelle jeweils die Beschriftungszellen am linken und am oberen Rand der Konsolidierungsbereiche. Excel ist in der Lage, Daten auch dann korrekt zusammenzufügen, wenn der Aufbau der einzelnen Konsolidierungsbereiche ein wenig voneinander abweicht. (Voraussetzung ist allerdings, dass alle Zeilen und Spalten korrekt und immer gleichlautend beschriftet sind!) Wenn die beiden Optionen deaktiviert bleiben, achtet Excel nicht auf die Beschriftung, sondern führt die Berechnungen für – bildlich gesehen – übereinanderliegende Zellen durch.

Durch die Aktivierung der Option VERKNÜPFUNGEN MIT QUELLDATEN fügt Excel in die neue Tabelle zahllose Verweise auf jede einzelne Zelle in der betroffenen Tabelle ein. Diese Verweise werden dann durch gewöhnliche Excel-Formeln miteinander verknüpft. Als letzten Schritt gliedert Excel die Tabelle so, dass nur noch die Ergebniszellen zu sehen sind. Dieser hohe Aufwand hat einen Vorteil: Die Konsolidierungstabelle wird ständig auf den aktuellen Stand gebracht, jede Änderung in den Ausgangsdaten wird sofort auch in der Ergebnistabelle berücksichtigt. Dem stehen zwei gravierende Nachteile gegenüber: Sowohl der Speicheraufwand als auch der Zeitaufwand dieser dynamischen Variante ist enorm.

Wie aus dem obigen Absatz hervorgeht, sind Konsolidierungstabellen also im Regelfall statisch (es sei denn, die Option VERKNÜPFUNGEN MIT QUELLDATEN wurde aktiviert). Bedauerlicherweise existiert auch kein Kommando, mit dem die Daten – ähnlich wie bei Pivot-Tabellen – aktualisiert werden könnten. Die einzige Möglichkeit, aktuelle Daten zu erhalten, besteht in der neuerlichen Ausführung des Konsolidierungskommandos.

 Tipp

Excel kann pro Tabellenblatt nur einmal die Einstellungen des KONSOLIDIEREN-Dialogs speichern. Aus diesem Grund sollten Sie es vermeiden, in einem Tabellenblatt mehrere Konsolidierungstabellen anzulegen – sonst müssen Sie bei jeder Aktualisierung sämtliche Bezüge neu eingeben!

Das Konsolidierungskommando ist in seiner Anwendung ziemlich unflexibel, besonders wenn es darum geht, komplexere Operationen mit mehreren Tabellen durchzuführen. Sie sollten sich daher vor einer Anwendung des Kommandos überlegen, ob es nicht sinnvoller wäre, mit gewöhnlichen Excel-Formeln zu arbeiten. Darin sind ja ebenfalls Verweise auf andere Tabellen erlaubt. Sie müssen allerdings auch berücksichtigen, dass Formeln mit Verweisen auf andere Dateien nicht besonders schnell ausgewertet werden. Bei umfangreichen Datenmengen können Sie also Schwierigkeiten mit der Rechenzeit bekommen.

Insgesamt ist das Konsolidieren von Daten eine ziemlich mühsame und fehlerträchtige Angelegenheit, die nur von erfahrenen Excel-Anwendern durchgeführt werden sollte. Eine Automatisierung dieses Vorgangs durch geeignete Makros drängt sich daher geradezu auf.

Beispiel

In Bild 11.11 sehen Sie drei Fenster: Links befinden sich zwei Tabellenblätter (von insgesamt sechs), in denen Messwerte einer über sechs Wochen durchgeführten Messung eingetragen sind. Rechts ist die Konsolidierungstabelle dargestellt, in der die Durchschnittswerte der sechs Messungen eingetragen sind. Die Beispielanwendung ist übrigens auch auf der beiliegenden CD zu finden, und zwar unter dem Dateinamen *11\Consolidate.xlsm*.

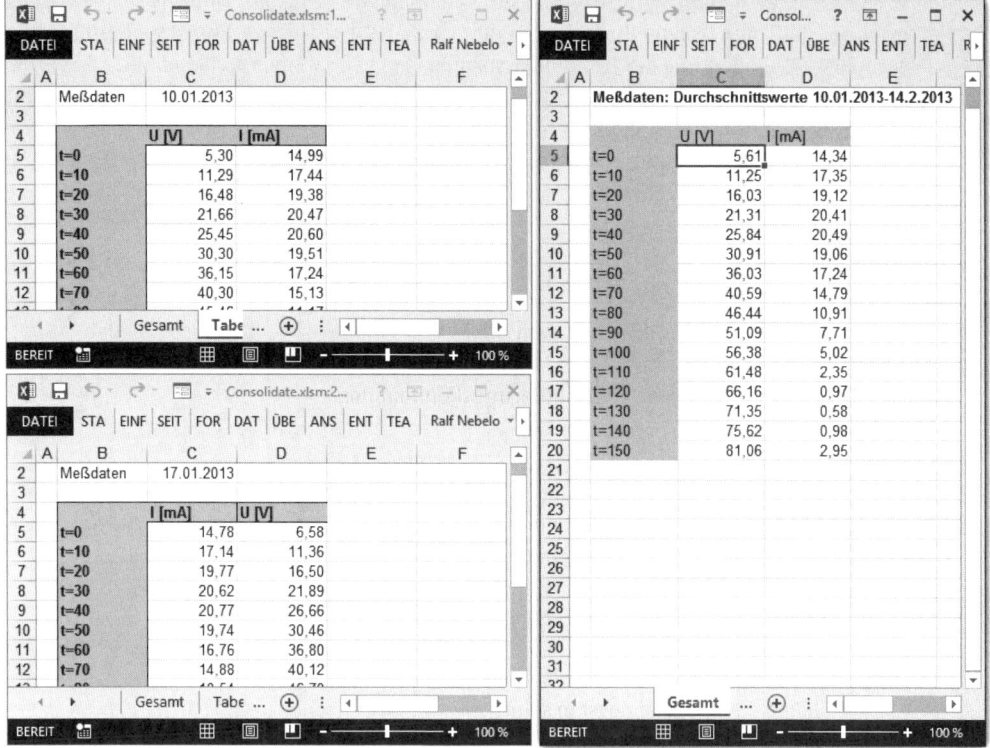

BILD 11.11 Konsolidierung von Messdaten

11.5.2 Konsolidieren per VBA-Code

Wenn Sie die Konsolidierung automatisieren möchten, verhilft die Makroaufzeichnung rasch zu korrektem Code. Für das obige Beispiel sieht das folgendermaßen aus:

```
Selection.Consolidate Sources:=Array( _
    "'I:\Code\[Consolidate.xls]Tabelle1'!R4C2:R20C4", _
    "'I:\Code\[Consolidate.xls]Tabelle2'!R4C2:R20C4", _
    "'I:\Code\[Consolidate.xls]Tabelle3'!R4C2:R20C4", _
    "'I:\Code\[Consolidate.xls]Tabelle4'!R4C2:R20C4", _
    "'I:\Code\[Consolidate.xls]Tabelle5'!R4C2:R20C4", _
    "'I:\Code\[Consolidate.xls]Tabelle6'!R4C2:R20C4"), _
    Function:=xlAverage, TopRow:=True, _
    LeftColumn:=True, CreateLinks:=False
```

Die Methode *Consolidate* wird auf ein *Range*-Objekt angewandt, das wahlweise die maximale Größe des Zielbereichs oder einfach nur eine Startzelle für die Operation angibt (im Beispiel oben [B4]). Die Bedeutung der Parameter geht aus dem Beispiel hervor. Wenn Sie den *Sources*-Parameter dynamisch einstellen möchten, können Sie statt der *Array*-Konstruktion auch ein Feld übergeben. Die folgenden Zeilen zeigen, wie der Code angepasst werden kann, sodass er unabhängig von Pfad und Dateinamen funktioniert:

```
' Datei 11\Consolidate.xlsm
Sub ConsolidateDate()
  Dim i&, arr$(1 To 6)
  For i = 1 To 6
    arr(i) = "'" & ThisWorkbook.Path & _
             "\[" & ThisWorkbook.Name & "]" & _
             "Tabelle" & i & "'!R4C2:R20C4"
  Next
  [B4].Consolidate Sources:=arr(), Function:=xlAverage, _
    TopRow:=True, LeftColumn:=True, CreateLinks:=False
End Sub
```

Verweis

Im vorigen Kapitel wurde ein Programm vorgestellt, das aus Messdaten, die in Form von Tagesdateien vorliegen, Tages- und Monatsprotokolle erstellt. Auch dabei kommt es zur Konsolidierung von Daten aus zahlreichen Excel-Tabellen in einer neuen Tabelle. Allerdings wird dort nicht das (für diese Aufgabe zu wenig flexible) Kommando DATEN | KONSOLIDIEREN verwendet, vielmehr wird das Problem durch eine verhältnismäßig einfache VBA-Prozedur gelöst (siehe Abschnitt 10.3 ab der Überschrift „Monatsprotokolle").

■ 11.6 Beispiel: Abrechnung eines Car-Sharing-Vereins

Das Car-Sharing-Beispiel hat den Charakter einer vollständigen (und nicht ganz untypischen) Excel-Anwendung. Die Anwendung *11\DB_Share.xlsm* ist aus dem Abrechnungsformular *09\Share.xlsm* des Car-Sharing-Vereins im Abschnitt 9.3 entstanden. Das Programm ermöglicht eine durch ein Formular sehr einfach gestaltete Fahrtenabrechnung. Neu im Vergleich zu *Share.xlsm* ist der Umstand, dass jetzt alle Fahrten in einer monatlichen Abrechnungstabelle eingetragen werden und die Verwaltung des Fuhrparks sowie der Teilnehmer des Car-Sharing-Vereins in die Anwendung integriert sind. Die Bedienung des Programms erfolgt über ein eigenes Menü im ADD-INS-Register.

11.6.1 Bedienung

Nach dem Laden der Datei *DB_Share.xlsm* erscheint am Bildschirm das aus Abschnitt 9.3 bekannte Formular zusammen mit einem eigenen Menü im Add-Ins-Register. An der Bedienung des Formulars hat sich wenig geändert; neu ist, dass der Name des Autobenutzers jetzt sehr bequem über ein Listenfeld ausgewählt werden kann.

Das fertig ausgefüllte Formular wird mit Add-Ins | Rechnung | Drucken und Speichern ausgedruckt und in der Monatsabrechnung gespeichert.

Die Eingabe einer weiteren Rechnung muss mit Add-Ins | Rechnung | Neue Rechnung eingeleitet werden. Dadurch bekommt die Rechnung eine neue (durchlaufende) Rechnungsnummer, alle Eingabeelemente des Formulars werden gelöscht.

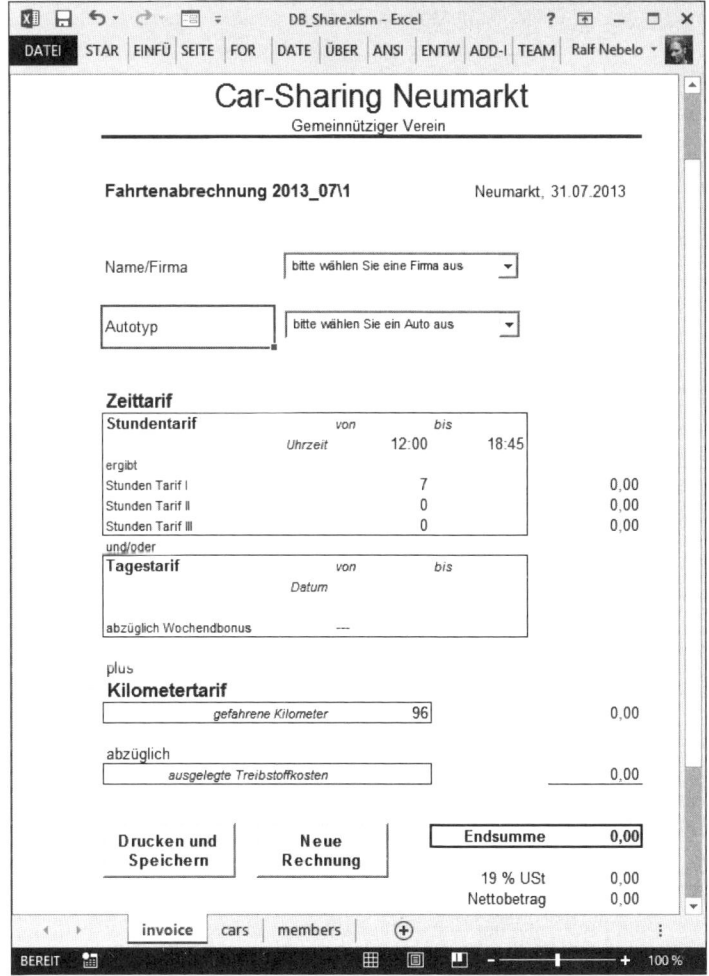

BILD 11.12
Das Startformular der Anwendung *DB_Share.xlsm*

ADD-INS | RECHNUNG | ALTE RECHNUNG DIESES MONATS KORRIGIEREN ermöglicht die Auswahl einer in diesem Monat erstellten Fahrtabrechnung. Die Daten der Abrechnung werden in das Formular übernommen und können dort verändert werden. Anschließend kann die Rechnung mit ADD-INS | RECHNUNG | DRUCKEN UND SPEICHERN ausgedruckt und gespeichert werden.

Über das Menü ANSICHT gelangen Sie in die anderen Blätter der Anwendung: ADD-INS | ANSICHT | TEILNEHMER-DATENBANK führt in die Datenbank der Vereinsmitglieder und ermöglicht dort die Eingabe neuer Mitglieder oder die Veränderung vorhandener Daten. Der Button SORTIEREN sortiert eine erweiterte Datenbank alphabetisch. Die Reihenfolge der Namen ist für das Listenfeld des Rechnungsformulars von Bedeutung.

Beachten Sie insbesondere den ersten Eintrag in dieser Datenbank: Dabei handelt es sich um den Text „ bitte wählen Sie eine Firma aus" mit einem vorangestellten Leerzeichen. Dieses Leerzeichen bewirkt, dass dieser Eintrag vor allen anderen Einträgen sortiert wird. Der Pseudoeintrag wird als erster Eintrag im Listenfeld angezeigt und ermöglicht es damit, per Programmcode einen definierten Startzustand für die Liste herzustellen bzw. diesen Zustand in einer Abfrage festzustellen. (Bei der Verwendung von MS-Forms-Listenfeldern in Tabellenblättern besteht ja – anders als in Excel-5/7-Listenfeldern – keine Möglichkeit, die Auswahl des ersten Listeneintrags von dem Zustand zu unterscheiden, wenn überhaupt kein Listeneintrag ausgewählt wurde. Beide Zustände ergeben in der durch *LinkedCell* angegebenen Zelle den Wert 0.)

ADD-INS | ANSICHT | AUTODATENBANK wechselt in ein Blatt zur Verwaltung des Fuhrparks des Vereins. In der Tabelle sind alle Autos samt ihrer Tarifdaten gespeichert.

ADD-INS | ANSICHT | MONATSABRECHNUNG zeigt die Abrechnungstabelle des aktuellen Monats an. Die Abrechnungstabellen werden in eigenen Dateien gespeichert. Der Dateiname enthält das Jahr und den Monat, also z. B. *Car_2010_12.xls* für Dezember 2010. Beim automatischen Neuerstellen einer Datei (am Monatsanfang) wird auf die Mustervorlage *Car_template.xlt* zugegriffen, die sich im selben Verzeichnis wie die Anwendungsdatei *DB_Share.xlsm* befinden muss.

In den zahlreichen Spalten der Monatstabelle werden die Rechnungsnummer, das Rechnungsdatum, Datum und Uhrzeit der letzten Änderung der Rechnung, der Name, das Auto, die Zeiten, zu denen das Auto genutzt wurde, die Anzahl der gefahrenen Kilometer etc. gespeichert. Die Abrechnungstabelle enthält alle relevanten Daten, um daraus in einem weiteren Arbeitsschritt (bzw. durch ein weiteres Excel-Programm) eine Monatsabrechnung für alle Mitglieder, eine Statistik über die Nutzung der Autos etc. aufzustellen.

Als letztes Menü bleibt noch das CAR-SHARING-Menü zu beschreiben: ADD-INS | CAR-SHARING | SPEICHERN speichert erwartungsgemäß die Datei *DB_Share.xlsm*. Dadurch werden insbesondere die Veränderungen in den Datenbanken „Autos" und „Teilnehmer" gesichert. Die Monatsabrechnung in der Datei *Car_jjjj_mm.xls* ist von *DB_Share.xlsm* vollkommen unabhängig und wird automatisch nach jeder Veränderung gesichert. Das kostet zwar etwas Zeit (vor allem, wenn die Datei umfangreicher wird), ist aber vom Standpunkt der Datensicherung die einzig vernünftige Vorgehensweise.

Der Befehl ADD-INS | CAR-SHARING | BEENDEN schließt die Dateien *DB_Share.xlsm* und *Car_jjjj_mm.xls* und entfernt das Menü aus dem ADD-INS-Register. Excel wird durch dieses Kommando nicht verlassen, d. h., BEENDEN bezieht sich nur auf die DB_Share-Anwendung.

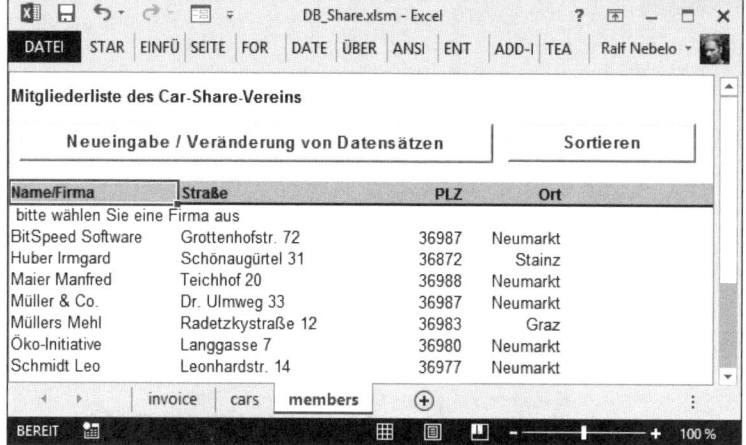

BILD 11.13 Die Verwaltung der Vereinsmitglieder

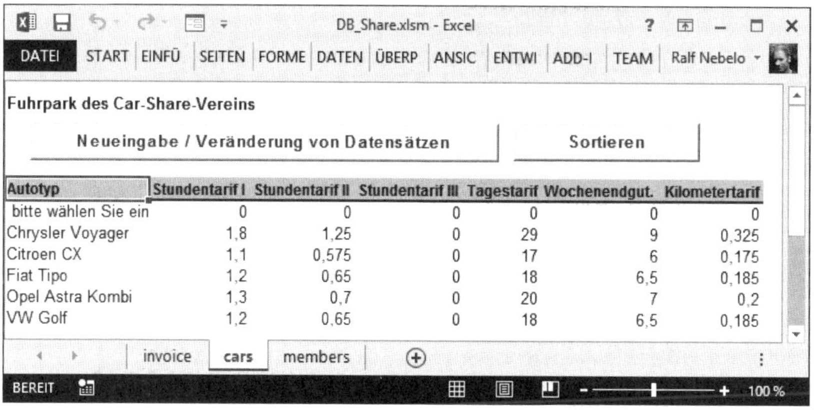

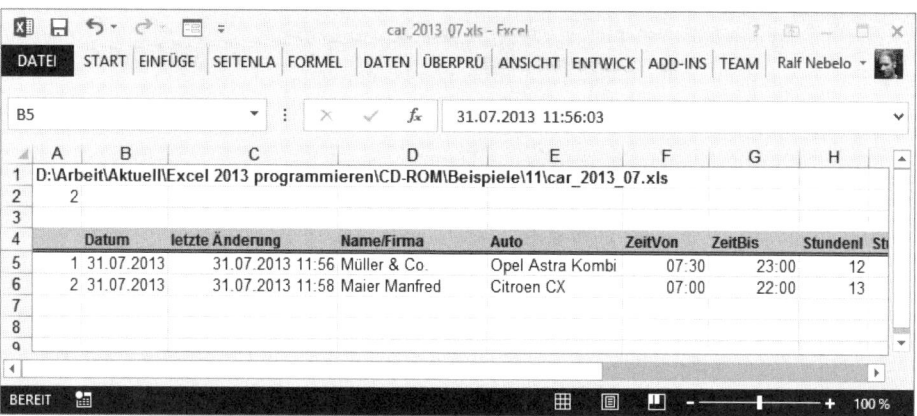

BILD 11.14 Die Verwaltung des Fuhrparks

BILD 11.15 Die Monatsabrechnung

Erweiterungsvorschläge

- Die Anwendung ist in der aktuellen Form so gut wie gar nicht gegen eine irrtümliche oder gar beabsichtigte Fehlbedienung abgesichert. Die Möglichkeit, vorhandene Rechnungen mit ADD-INS | RECHNUNG | ALTE RECHNUNG DIESES MONATS KORRIGIEREN zu verändern oder die Monatstabelle überhaupt direkt zu laden und zu ändern, kann natürlich auch missbräuchlich verwendet werden. Durch diverse Maßnahmen kann die Sicherheit der Daten verbessert werden (z. B. indem die Monatsabrechnungen durch Kennwörter geschützt oder Rechnungskorrekturen in der Abrechnung deutlich markiert werden etc.). Einen vollkommenen Schutz, den kein Excel-Profi überwinden könnte, wird es aber kaum geben.

- Die Monatstabellen könnten als Ausgangspunkt dienen, um allen Mitgliedern zum Monatsende eine Aufstellung der durchgeführten Fahrten und eine Rechnung zuzusenden (anstatt jede Fahrt einzeln zu verrechnen, was in der Praxis viel zu aufwendig ist). In der Folge könnte der Zahlungseingang überwacht, ein Mahnwesen eingerichtet werden etc.

- Es könnte ein Buchungs- und Reservierungssystem eingerichtet werden.

Obwohl es prinzipiell möglich ist, diese neuen Merkmale auf der Basis von Excel-Tabellen durchzuführen, wäre es sinnvoller und vor allem sicherer, die Datenspeicherung in einer externen Datenbankdatei vorzunehmen.

Diese Ideen zeigen den typischen Werdegang vieler Excel-Anwendungen: Aus einer einfachen Mustervorlage (dem Abrechnungsformular aus Abschnitt 9.3) wird nach und nach eine immer umfangreichere Datenbankanwendung. Das Problem dabei besteht darin, dass Excel ein Tabellenkalkulationsprogramm und kein Datenbankprogramm ist. Obwohl fast jede Erweiterung möglich ist, steigt der Programmieraufwand im Verhältnis zum Nutzen zunehmend! Bevor sich Ihre Anwendung allzu sehr in diese Richtung bewegt, erwägen Sie den Umstieg auf ein Datenbankprogramm (je früher, desto besser)!

11.6.2 Überblick über die Komponenten der Anwendung

Die Anwendung besteht aus mindestens zwei Dateien: *DB_Share.xlsm* für den Programmcode, das Rechnungsformular und die Auto- und Teilnehmerdatenbank sowie aus der Mustervorlage *Car_template.xlt* für die Monatsabrechnungen. Außerdem kommt mit jedem Monat, den das Programm verwenden wird, eine Datei *Car_jjjj_mm.xls* mit der Monatsabrechnung dazu.

DB_Share.xlsm besteht aus folgenden Blättern und Modulen:

invoice	Tabellenblatt mit Verrechnungsformular
cars	Tabellenblatt mit Datenbank für die Autos
members	Tabellenblatt mit Mitgliederdatenbank des Vereins
DieseArbeitsmappe	Klassenmodul mit Ereignisprozeduren
moduleMain	Code für die Verrechnung und Verbuchung
moduleMenu	Code zum Car-Sharing-Menü
modulefunctions	Code mit benutzerdefinierten Tabellenfunktionen (siehe Abschnitt 9.3)

Innerhalb des Rechnungsformulars (also im Tabellenblatt *invoice*) sind die meisten Ein- und Ausgabezellen benannt, sodass im Programmcode leichter darauf zugegriffen werden kann. Auf diese Weise wird vermieden, dass im Programmcode ständig auf Zellen wie [H17] zugegriffen werden muss, was sehr unübersichtlich ist. Hier die Tabelle mit den Namen und ihren Adressen:

car	C14
enddate	E26
endtime	E19
fuelcost	D35
hoursI	D21
hoursII	D22
hoursIII	D23
invoicedate	G9
invoicenr	B9
invoicetotal	G38
membername	C12
nrOfKilometers	D32
startdate	D26
starttime	D19
weekendbonus	D28

 Tipp

Wenn Sie zu Dokumentationszwecken eine Liste aller benannten Zellen benötigen, führen Sie einfach im Direktbereich die folgende Schleife aus!

```
For Each n In ThisWorkbook.Names: ?n.Name, n.RefersTo: Next
```

Sowohl im Formular- als auch in den beiden Datenbankblättern sind die Zeilen- und Spaltenköpfe sowie die Gitternetzlinien abgeschaltet, um den zur Verfügung stehenden Raum maximal zu nutzen.

11.6.3 Programmcode

Die folgenden Seiten beschreiben die interessantesten Details des Programmcodes. Die Prozeduren werden in der Reihenfolge ihres Vorkommens beschrieben, wobei auf einen nochmaligen Abdruck der benutzerdefinierten Tabellenfunktionen (siehe Abschnitt 9.3) verzichtet wurde.

Globale Variablen

Aufgrund der Verteilung des Programmcodes auf mehrere Module bestand die Notwendigkeit, einige Variablen als *Public* zu deklarieren. Auf diese Variablen kann in allen Modulen der Anwendung zugegriffen werden. Mit Ausnahme der Variablen *accountMonth*, die das aktuelle Jahr und den Monat als Zeichenkette enthält (z. B. „2010_05" für Mai 2010), betreffen alle Variablen die Monatstabelle: *monthReportWb*, *monthReport* und *accountCell* enthalten Verweise auf die Arbeitsmappe, das Tabellenblatt und die erste Zelle der Monatstabelle. Alle drei Variablen werden in *LoadMonthReport* initialisiert – siehe einige Seiten weiter unten.

Die Konstante *pagePreview* gibt an, ob Rechnungen tatsächlich ausgedruckt werden sollen oder ob stattdessen die Seitenansicht präsentiert werden soll.

```
' DB_Share.xlsm, moduleMain
Public monthReportWb As Workbook 'Arbeitsmappe mit Monatsabrechnung
Public monthReport As Worksheet  'Tabellenblatt mit Monatsabrechnung
Public accountCell As Range    'erste Zelle der Monatsabrechnung (A5)
Public accountMonth$           'Jahr und Monat, z. B. "1005"
Const pagePreview = True       'Seitenvorschau oder sofort drucken
```

Excel in Workbook_Open konfigurieren

Nach dem Laden von DB_Share wird automatisch die Prozedur *Workbook_Open* ausgeführt. Diese Prozedur macht das Rechnungsformular zum aktiven Blatt. Anschließend wird mit *LoadMonthReport* die Monatstabelle des aktuellen Monats geladen. *ClearMainSheet* entnimmt dieser Datei die aktuelle Rechnungsnummer und trägt sie in das Rechnungsformular ein. Gleichzeitig werden alle Eingabefelder des Rechnungsformulars gelöscht. Schließlich wird die zusätzliche Symbolleiste DB_Car_Sharing mit den neuen Menüeinträgen aktiviert.

```
' Datei 11\DB_Share.xlsm, Klassenmodul „DieseArbeitsmappe"
Private Sub Workbook_Open()
  Dim cb As CommandBar
  Application.ScreenUpdating = False
  ThisWorkbook.Activate
  Sheets("invoice").Select
  ThisWorkbook.Windows(1).DisplayWorkbookTabs = False
  LoadMonthReport     'Monatsabrechnungsdatei laden
  ClearMainSheet      'Eingabefelder des Formulars löschen
  With Application.CommandBars("DB_Car_Sharing")
    'eigenes Menü einschalten
    .Visible = True
  End With
  ActiveWindow.WindowState = xlMaximized
End Sub
```

Die Verwaltung des eigenen Menüs

Nachdem das anwendungsspezifische Menü in *Workbook_Open* aktiviert wurde, wird in den Blatt(de)aktivierungsprozeduren dafür gesorgt, dass dieses Menü in Zukunft beim Anklicken eines Arbeitsblatts einer anderen Excel-Datei deaktiviert, beim Anklicken eines Arbeitsblatts von DB_Share aber automatisch wieder aktiviert wird. (In *Workbook_Deactivate* bleibt das Menü auch dann sichtbar, wenn die Abrechnungstabelle angeklickt wird.)

```
' Datei 11\DB_Share.xlsm, Klassenmodul „DieseArbeitsmappe"
' Menü deaktivieren, wenn fremde Arbeitsmappe aktiviert wird
Private Sub Workbook_Deactivate()
  On Error Resume Next
  If LCase(ActiveWorkbook.Name) <> "car_" + accountMonth _
    + ".xls" Then
    Application.CommandBars("DB_Car_Sharing").Visible = False
  End If
End Sub
' sicherstellen, dass Menüleiste immer sichtbar ist
Private Sub Workbook_Activate()
  Application.CommandBars("DB_Car_Sharing").Visible = True
End Sub
Private Sub Workbook_SheetActivate(ByVal Sh As Object)
  Application.CommandBars("DB_Car_Sharing").Visible = True
End Sub
```

Excel-Datei für Monatsbericht laden

LoadMonthReport wird an verschiedenen Stellen im Programm aufgerufen, um sicherzustellen, dass die Datei mit dem Monatsbericht geladen ist. (Es kann ja passieren, dass der Anwender die Datei – unbeabsichtigt – schließt.) Die Prozedur belegt als Erstes die Variable *accountMonth* mit einer Zeichenkette der Form „2013_05" (Mai 2013) und ermittelt daraus und aus dem Pfad zu DB_Share den Dateinamen der Rechnungsdatei (etwa *C:\Eigene Dateien\ Beispiele\Car_2013_05.xls*). Anschließend werden in einer Schleife alle bereits geladenen *Workbook*-Objekte durchlaufen. Wenn die Monatsdatei gefunden wurde, müssen nur noch diverse Variablen initialisiert werden.

Wenn die Datei hingegen noch nicht geladen ist, erfolgt ein Test, ob die Datei überhaupt schon existiert (auf der Festplatte). Existiert die Datei noch nicht – etwa am Beginn eines neuen Monats –, dann beginnt jetzt die Suche nach der Musterdatei *Car_Template.xlt*. Falls diese Datei gefunden wird, öffnet das Programm diese Musterdatei, andernfalls öffnet es eine leere (unformatierte) Excel-Datei. Prinzipiell arbeitet das Programm damit auch klaglos, die Mustervorlage hat aber den Vorteil, dass die Monatstabelle beschriftet, die Spaltenbreite einigermaßen sinnvoll eingestellt und die einzelnen Spalten richtig formatiert sind (Datums- und Zeitformate).

In jedem Fall werden in die neue Datei der Dateiname in A1 und die aktuelle Rechnungsnummer 0 in die Zelle A2 eingetragen. Anschließend wird die Datei unter ihrem neuen Namen gespeichert. In den letzten Zeilen, die in jedem Fall ausgeführt werden (unabhängig davon, wie die Datei gefunden bzw. geöffnet wurde), wird das Fenster der Datei auf ein Icon reduziert.

```
'Datei 11\DB_Share.xlsm, moduleMain
'Rechnungsarbeitsmappe für den aktuellen Monat laden
Public Sub LoadMonthReport()
  Dim wb As Workbook
  Dim reportFile$, templateFile$
  Dim loaded As Boolean
  loaded = False
  accountMonth = CStr(Year(Now)) + "_" + Format(Month(Now), "00")
  reportFile = ThisWorkbook.Path + "\car_" + accountMonth + ".xls"
  'testen, ob Datei schon geladen ist
  For Each wb In Workbooks
    If UCase(wb.Name) = UCase("car_" + accountMonth + ".xls") Then
      Set monthReportWb = wb: Set monthReport = wb.Worksheets(1)
      loaded = True
      Exit For
    End If
  Next wb
  If Not loaded Then
    If Dir(reportFile) <> "" Then
      'Datei existiert schon --> laden
      Set monthReportWb = Workbooks.Open(reportFile)
      Set monthReport = monthReportWb.Worksheets(1)
    Else
      'Datei existiert noch nicht: Mustervorlage öffnen
      templateFile = ThisWorkbook.Path + "\car_template.xlt"
      If Dir(templateFile) <> "" Then
        Set monthReportWb = Workbooks.Open(templateFile)
      Else
        'sonst eben eine leere Datei
        Set monthReportWb = Workbooks.Add
      End If
      Set monthReport = monthReportWb.Worksheets(1)
      monthReport.[A1] = reportFile  'in A1 den Dateinamen speichern
      monthReport.[A2] = 0     'in A2 die Rechnungsnummer speichern
      monthReportWb.SaveAs reportFile
    End If
  End If
  Set accountCell = monthReport.Range("A5")
  monthReportWb.Windows(1).WindowState = xlMinimized
End Sub
```

Rechnungsformular initialisieren

An verschiedenen Stellen im Programm – beim Start, beim Anklicken des Buttons Neue Rechnung etc. – muss das Rechnungsformular in einen definierten Grundzustand versetzt werden. Dabei werden alle Eingabezellen gelöscht. Diese Eingabezellen wurden im Tabellenblatt „invoice" benannt, sodass ein übersichtlicher Zugriff in der Form [name] möglich ist.

Außerdem entnimmt die Prozedur der Monatstabelle die aktuelle Rechnungsnummer (die dort in der Zelle A2 steht).

In *InitializeListboxes* werden die Quelldatenbereiche (Eigenschaft *ListFillRange*) für die Listenfelder *cmbMembers* und *cmbCars* neu eingestellt. Anschließend werden die Listenfelder auf den Eintrag 0 gesetzt, sodass der jeweils erste Listeneintrag angezeigt wird (also „bitte xxx auswählen").

```
Public Sub ClearMainSheet()
  Application.ScreenUpdating = False
  ThisWorkbook.Activate
  Sheets("invoice").Select
  LoadMonthReport
  With ThisWorkbook.Sheets("invoice")
    .[invoicedate].Formula = "=Now()"
    .[startTime] = "":        .[endTime] = ""
    .[startDate] = "":        .[endDate] = ""
    .[nrOfKilometers] = "":  .[fuelcost] = ""
    .[invoicenr] = "Fahrtenabrechnung " & accountMonth & _
        "\" & monthReport.[A2] + 1
    InitializeListboxes
  End With
End Sub
' Listenfelder des Rechnungsblatts auf 0 zurücksetzen
Public Sub InitializeListboxes()
  Dim z1 As Object, z2 As Object
  With ThisWorkbook.Sheets("invoice")
    ' Listenfeld Teilnehmer
    Set z1 = [members!A4]
    Set z2 = z1.End(xlDown)
    .cmbMembers.ListFillRange = "members!" + z1.Address + ":" + _
      z2.Address
    .cmbMembers = 0
    ' Listenfeld Autos
    Set z1 = [cars!A4]
    Set z2 = z1.End(xlDown)
    .cmbCars.ListFillRange = "cars!" + z1.Address + ":" + z2.Address
    .cmbCars = 0
  End With
End Sub
```

Tastaturfokus aus Listenfeldern entfernen

Noch ein Detail ist im Zusammenhang mit den beiden Listenfeldern des Rechnungstabellenblatts erwähnenswert: Nach der Auswahl eines Autos oder eines Teilnehmers per Listenfeld befindet sich der Eingabefokus im jeweiligen Listenfeld. Das kann die Ausführung weiteren VBA-Codes blockieren. Aus diesem Grund wird durch die Ereignisprozeduren *cmbCars_Change* bzw. *cmbMembers_Change* sichergestellt, dass der Fokus sofort wieder in eine benachbarte Zelle gerichtet wird.

Durch den Test *ActiveSheet.Name = Me.Name* wird sichergestellt, dass das nur dann erfolgt, wenn das Rechnungstabellenblatt das aktive Blatt ist. (Die Prozeduren werden auch dann aufgerufen, wenn die Listenfelder per Programmcode verändert werden – und zu diesem Zeitpunkt kann ein anderes Blatt aktiv sein; der Versuch, eine Zelle zu aktivieren, würde dann zu einem Fehler führen.)

```
' Datei 11\DB_Share.xlsm, invoice
Private Sub cmbCars_Change()
  If ActiveSheet.Name = Me.Name Then
    [b14].Activate
  End If
End Sub
Private Sub cmbMembers_Change()
  ' wie oben
End Sub
```

Ereignisprozeduren zu den Datenbankbuttons (Datenmaske, Sortieren)

In den beiden Tabellenblättern „members" und „cars" gibt es jeweils zwei Buttons zur Anzeige der Datenmaske sowie zum Sortieren der Einträge. (Das Sortieren erfolgt nach dem Anzeigen der Maske übrigens auch automatisch.) Beim Verlassen des Tabellenblatts wird automatisch die oben abgedruckte Prozedur *InitializeListboxes* ausgeführt, damit alle neuen Einträge in den Listenfeldern berücksichtigt werden. Der Code ist für beide Tabellenblätter identisch:

```
' Datei 11\DB_Share.xlsm, cars
' Datenbankmaske anzeigen, anschließend sortieren und
' Listenfeld neu initialisieren
Private Sub btnEdit_Click()
  Range("A3").Select
  Range("A3").CurrentRegion.Name = "database"
  ActiveSheet.ShowDataForm
  btnSort_Click
  InitializeListboxes
End Sub
Private Sub btnSort_Click()
  Range("A3").Select
  Selection.Sort Key1:=Range("A4"), Order1:=xlAscending, _
    Header:=xlGuess, OrderCustom:=1, MatchCase:=False, _
    Orientation:=xlTopToBottom
End Sub
Private Sub Worksheet_Deactivate()
  InitializeListboxes
End Sub
```

Ereignisprozeduren für Menükommandos

moduleMenu enthält diverse kurze Prozeduren, die durch die Kommandos des Car-Sharing-Menüs aufgerufen werden. Die meisten Prozeduren sind ausgesprochen kurz; der Code sollte auf Anhieb verständlich sein, weswegen hier auf einen Abdruck verzichtet wird.

Das Rechnungsformular ausdrucken

Für den Ausdruck des Formulars ist die Prozedur *PrintAndSave* zuständig. Die Prozedur kopiert das ganze Rechnungsformular in ein neues Arbeitsblatt, stellt die gelbe Hintergrundfarbe der Eingabezellen auf Weiß um und druckt das neue Arbeitsblatt schließlich aus. Eine vergleichbare Prozedur *btnPrint_Click* ist in Abschnitt 9.3 abgedruckt und dort auch näher beschrieben.

Neu an *PrintAndSave* ist der Aufruf der Funktion *TestForValidInput*: Dort wird ein kurzer Test durchgeführt, ob die Eingaben im Rechnungsformular in Ordnung sind. Wenn das nicht der Fall ist, gibt die Funktion einen Fehlertext zurück, der in *PrintAndSave* in einem Meldungsdialog angezeigt wird.

```
Function TestForValidInput() As String
  Dim errmsg$
  With ThisWorkbook.Sheets("invoice")
    If IsError(.[invoicetotal]) Then
      errmsg = "Endsumme fehlerhaft."
    ElseIf .[invoicetotal] = 0 Then
      errmsg = "Endsumme beträgt 0."
    ElseIf .cmbMembers <= 0 Or IsNull(.cmbMembers) Then
      errmsg = "Es wurde kein Name/keine Firma angegeben."
    ElseIf .cmbCars <= 0 Or IsNull(.cmbCars) Then
      errmsg = "Es wurde kein Autotyp angegeben."
    ElseIf .[startTime] < 0 Or .[startTime] > 1 Or _
           .[endTime] < 0 Or .[endTime] > 1 Then
      errmsg = "Falsche Zeitangabe."
    ElseIf .[startDate] <> "" Xor .[endDate] <> "" Then
      errmsg = "Unvollständige Datumsangabe."
    End If
  End With
  TestForValidInput = errmsg
End Function
```

Die Daten des Rechnungsformulars in der Monatstabelle speichern

Die Prozedur *PrintAndSave* endet mit dem Aufruf von *SaveAccountData*. Diese Prozedur überträgt alle Eckdaten der Rechnung in die Monatstabelle. Die Zeile, in der die Daten eingetragen werden, ergibt sich aus der Rechnungsnummer des Formulars, die ein wenig mühsam aus einer Zeichenkette der Form „Fahrtenabrechnung 2013_05\3" extrahiert wird: *InStr* ermittelt den Ort des „\"-Zeichens, *Mid* liest alle Zeichen hinter diesem Zeichen und *Val* verwandelt die resultierende Zeichenkette in einen numerischen Wert. Nach der eigentlichen Datenübertragung wird die Rechnungsnummer in der Monatstabelle aktualisiert, und die Datei wird anschließend gespeichert.

```
Sub SaveAccountData()
  Dim x As String
  Dim accountNr%                'aktuelle Rechnungsnummer
  Dim accountWs As Worksheet    'Verweis auf Rechnungsformular
  On Error Resume Next
  Set accountWs = ThisWorkbook.Sheets("invoice")
  LoadMonthReport
  x = accountWs.[invoicenr]
  accountNr = Val(Mid(x, InStr(x, "\") + 1))
  accountCell.Cells(accountNr, 1) = accountNr
  accountCell.Cells(accountNr, 2) = accountWs.[invoicedate]
  accountCell.Cells(accountNr, 3) = Now
  accountCell.Cells(accountNr, 4) = accountWs.[membername]
  accountCell.Cells(accountNr, 5) = accountWs.[car]
  accountCell.Cells(accountNr, 6) = accountWs.[startTime]
  accountCell.Cells(accountNr, 7) = accountWs.[endTime]
  accountCell.Cells(accountNr, 8) = accountWs.[hoursI]
  accountCell.Cells(accountNr, 9) = accountWs.[hoursII]
  accountCell.Cells(accountNr, 10) = accountWs.[hoursIII]
  accountCell.Cells(accountNr, 11) = accountWs.[startDate]
  accountCell.Cells(accountNr, 12) = accountWs.[endDate]
  accountCell.Cells(accountNr, 13) = accountWs.[weekendbonus]
  accountCell.Cells(accountNr, 14) = accountWs.[nrOfKilometers]
  accountCell.Cells(accountNr, 15) = accountWs.[fuelcost]
  accountCell.Cells(accountNr, 16) = accountWs.[invoicetotal]
  If monthReport.[A2] < accountNr Then monthReport.[A2] = accountNr
  monthReportWb.Save       ' geänderte Datei sofort speichern
End Sub
```

Bereits vorhandene Rechnung nochmals bearbeiten

Die Prozedur *ChangeOldEntry* stellt im Prinzip die Umkehrfunktion zu *SaveAccountData* dar: Diesmal sollen Daten aus der Monatstabelle in das Rechnungsformular übertragen werden, damit die Rechnung dort nochmals bearbeitet werden kann (etwa um einen Eingabefehler zu korrigieren).

Die Prozedur beginnt damit, dass mit *MenuViewMonthReport_OnClick* die Monatstabelle angezeigt und der Anwender in einem *InputBox*-Dialog dazu aufgefordert wird, jene Zeile der Monatstabelle anzuklicken, welche die zu korrigierenden Daten enthält. Dazu wird bei *InputBox* als Eingabetyp 0 angegeben (eine Formel). Die resultierende Formel sieht dann etwa so aus: „=Z5S7". Mit *Mid* wird das „="-Zeichen eliminiert. Anschließend wird die Zeichenkette mit *ConvertFormula* in die A1-Schreibweise konvertiert, mit *Range* in ein *Range*-Objekt umgewandelt, dessen Zeilennummer schließlich über *Row* gelesen werden kann. Da die ersten vier Zeilen der Tabelle zur Beschriftung verwendet werden, ergibt sich die Rechnungsnummer aus einer Subtraktion von 4.

Sobald die Rechnungsnummer bekannt ist, kann die eigentliche Datenübertragung beginnen. Bei den meisten Eingabezellen stellt die Datenübertragung kein besonderes Problem dar.

Bei den beiden Listenfeldern muss durch eine Schleife der passende Listeneintrag ermittelt werden.

Ein wenig verwirrend sind vielleicht die vielen *account*-Variablen: *accountWs* zeigt auf das Rechnungsformular, *accountCell* auf die erste Datenzelle in der Monatstabelle. *accountNr* enthält die Rechnungsnummer.

```
' eine bereits vorhandene Rechnung dieses Monats in das
' Rechnungsformular eintragen
Sub ChangeOldEntry()
  Dim result As Variant, accountNr%, n%, i%
  Dim accountWs As Object     'Verweis auf Rechnungsformular
  Set accountWs = ThisWorkbook.Sheets("invoice")
  On Error Resume Next
  MenuViewMonthReport_OnClick
  result = Application.InputBox("Geben Sie bitte die " & _
    "Rechnungsnummer an! " & _
    "Sie können dazu in der Monatsliste dieses Monats blättern " & _
    "und eine Zeile anklicken.", Type:=0)
  MenuViewMain_OnClick
  If result = False Then Exit Sub
  result = Mid(result, 2)    ' „=" im Ergebnis eliminieren
  If Not IsNumeric(result) Then
    ' aus der Formel "Z5S7" die Zeilennummer extrahieren
    ' und wiederum in result speichern
    result = Range(Application.ConvertFormula(result, _
      xlR1C1, xlA1)).Row - 4
  End If
  If result < 1 Or result > Val(monthReport.[A2]) Then
    MsgBox "Ungültige Rechnungsnummer.": Exit Sub
  End If
  accountNr = result
  Application.ScreenUpdating = False
  ' Datum ändern
  accountWs.[invoicedate] = accountCell.Cells(accountNr, 2)
  ' Listenfeld Teilnehmer einstellen
  For i = 0 To accountWs.cmbMembers.ListCount - 1
    If accountCell.Cells(accountNr, 4) = _
      accountWs.cmbMembers.List(i) Then
      accountWs.cmbMembers = i
    End If
  Next i
  ' Listenfeld Autos einstellen
  For i = 0 To accountWs.cmbCars.ListCount - 1
    If accountCell.Cells(accountNr, 5) = _
      accountWs.cmbCars.List(i) Then
      accountWs.cmbCars = i
    End If
```

```
  Next i
  ' diverse Eingabefelder
  accountWs.[startTime] = accountCell.Cells(accountNr, 6)
  accountWs.[endTime] = accountCell.Cells(accountNr, 7)
  accountWs.[startDate] = accountCell.Cells(accountNr, 11)
  accountWs.[endDate] = accountCell.Cells(accountNr, 12)
  accountWs.[nrOfKilometers] = accountCell.Cells(accountNr, 14)
  accountWs.[fuelcost] = accountCell.Cells(accountNr, 15)
  accountWs.[invoicenr] = "Fahrtenabrechnung " & accountMonth & _
    "\" & accountNr
End Sub
```

12 Zugriff auf externe Daten

In diesem Kapitel geht es darum, wie Sie in Excel auf Daten zugreifen können, die in einem externen Datenbanksystem gespeichert sind. Dazu gibt es im Wesentlichen zwei Möglichkeiten: Entweder verwenden Sie den dazu vorgesehenen Assistenten, der seinerseits das Programm MS Query aufruft. (Per VBA-Code kann diese Form des Datenimports durch das *QueryTable*-Objekt gesteuert werden.) Oder Sie verwenden die ADO-Bibliothek, die mit einer Menge von Objekten sowohl das Lesen als auch das Verändern von Daten ermöglicht.

◼ 12.1 Grundkonzepte relationaler Datenbanken

Es wurde bereits erwähnt, dass Excel selbst keine Relationen kennt. Dennoch ist es für Sie als Excel-Programmierer wichtig, dass Sie das Konzept relationaler Datenbanken kennen: Sowohl das Zusatzprogramm MS Query als auch die ADO-Bibliothek ermöglichen den Zugriff auf externe Datenbanken – und die sind so gut wie immer in einem relationalen Modell gespeichert.

Relationale Datenbanken liegen dann vor, wenn die Daten in mehreren Tabellen verwaltet werden und die Tabellen aufeinander verweisen. Die wesentliche Motivation für relationale Datenbanken besteht darin, Redundanzen (Wiederholungen) zu vermeiden.

Als Ausgangspunkt für die folgenden Erklärungen dient die Beispieldatenbank *Northwind* (Datei *Nwind.mdb*), die Microsoft mit einigen Produkten mitliefert, z. B. mit dem Office-Paket, mit Visual Basic und mit dem SQL Server. Es gibt eine ganze Menge unterschiedlicher Versionen dieser Datenbank. Für dieses Buch wurde die englische Version verwendet. Die Datei befindet sich auch auf der beiliegenden CD.

 Anmerkung

Dieser Abschnitt gibt eine Art Kurzzusammenfassung über das relationale Datenbankmodell, ohne auf allzu viele Details einzugehen. Die hier vermittelten Informationen sollten ausreichen, damit Sie verstehen, wie Sie Daten aus einer relationalen Datenbank extrahieren können. Wenn Sie aber selbst Datenbanken entwerfen möchten, werden Sie weitere Literatur zu diesem Thema benötigen.

◼

Daten auf mehrere Tabellen aufteilen

Nehmen wir an, Sie hätten einen kleinen Betrieb, in dem Bestellungen noch manuell in Bestellformulare eingetragen und auf diese Weise verwaltet werden. Im Formular sind im Wesentlichen folgende Felder vorgesehen:

- Bestelldatum
- Name und Adresse des Kunden
- Name des Verkäufers
- Liste mit den bestellten Artikeln, bestehend aus Artikelname, Anzahl, Einzelpreis, Gesamtpreis
- die Bestellsumme
- eventuell besondere Lieferbedingungen wie Skonto etc.

Obwohl diese Vorgehensweise durchaus nachvollziehbar ist, weist sie einige Nachteile auf:

- Wenn ein Kunde mehrere Bestellungen durchführt, müssen sein Name und seine Adresse jedes Mal neu geschrieben werden. Bei einer Adressänderung müssen alle noch aktuellen Bestellformulare dieses Kunden gesucht und ausgebessert werden. Kundenspezifische Daten (z. B. besondere Konditionen für Stammkunden) müssen separat gespeichert werden.
- Wenn ein Artikel in mehreren Bestellungen vorkommt, müssen jedes Mal dessen Name und Preis eingetragen werden, obwohl das eine Information ist, die ohnedies zentral (z. B. in einer Preistabelle) gespeichert wird. Die Gefahr von Tippfehlern ist enorm.
- Wenn sehr viele unterschiedliche Artikel bestellt werden, reicht ein Formular nicht aus. Es müssen mehrere Formulare zusammengeheftet werden etc.

Bei einer Umstellung auf ein EDV-System könnte das Bestellformular natürlich weitgehend unverändert übernommen werden. Wegen der beschriebenen Nachteile ist das allerdings nicht sinnvoll. Vielmehr sollten die in den Bestellungen enthaltenen Daten auf mehrere Tabellen aufgeteilt werden:

Tabelle *Customers*:	Kundennummer, Name, Adresse
Tabelle *Employees*:	Mitarbeiternummer, Name etc.
Tabelle *Products*:	Artikelnummer, Name, Einzelpreis, eventuell Staffelpreise
Tabelle *Orders*:	Bestellnummer, Datum, Kundennummer, Verkäufernummer
Tabelle *Order Details*:	Bestellnummer, Artikelnummer, Anzahl

Die Definition von eigenen Tabellen für Artikel, Kunden, Mitarbeiter (Verkäufer) und Bestellungen ist vermutlich unmittelbar einsichtig. Damit werden vor allem die oben beschriebenen Redundanzprobleme vermieden.

Wirklich umdenken müssen Sie bei der Tabelle *Order Details* für die Bestellposten: Darin werden die einzelnen Posten aller Bestellungen des Betriebs gespeichert. Eine unmittelbare Integration dieser Bestellposten in die Bestelltabelle ist nicht möglich, weil die Anzahl der Posten variiert: Wenn in der Bestelltabelle zehn Posten vorgesehen wären, blieben bei den meisten Bestellungen sieben oder acht Posten leer (vergeudeter Speicherplatz). Bei anderen Bestellungen wären auch zehn Posten zu wenig, die Bestellung müsste zerlegt werden (Redundanz).

Die gewählte Lösung einer eigenen Tabelle erscheint deswegen so fremdartig, weil sie für den manuellen Betrieb gänzlich ungeeignet ist. Es wäre undenkbar, aus einer schier endlosen Liste von Bestellposten genau jene herauszusuchen, die zur Bestellung 1234 vom 5.6.1997 passen. Eine für die menschliche Arbeitsweise optimierte Lösung bestünde darin, in der Bestellung zumindest einen Verweis auf die Bestellposteneinträge zu speichern, um so die Sucharbeit zu minimieren. In einem Datenbankprogramm ist das überflüssig, weil die Daten in der Bestellpostentabelle ohnehin sehr schnell gefunden werden. (Voraussetzung ist natürlich, dass alle Zugriffe auf verknüpfte Tabellen über Indizes erfolgen. Für die Bestellpostentabelle dient die Kombination aus Bestellnummer und Artikelnummer als Primärindex.)

Relationen zwischen mehreren Tabellen

Grundsätzlich gibt es drei mögliche Relationen zwischen zwei Tabellen:

1:1   Eindeutige Beziehung zwischen zwei Tabellen: Jeder Datensatz der einen Tabelle entspricht genau einem Datensatz der anderen Tabelle. Solche Beziehungen sind selten, weil die Informationen beider Tabellen dann ebenso in einer einzigen Tabelle gespeichert werden könnten.

1:n   Ein Datensatz der ersten Tabelle kann in mehreren Datensätzen der zweiten Tabelle auftreten (z. B. ein Verkäufer in mehreren Bestellungen). Umgekehrt ist keine Mehrdeutigkeit möglich, eine Bestellung kann nur von einem Verkäufer durchgeführt werden (zumindest in diesem Beispiel). Gelegentlich wird auch von einer *n:1*-Beziehung gesprochen, die aber mit einer *1:n*-Beziehung identisch ist (lediglich die Blickrichtung ist anders).

n:m   Ein Datensatz der einen Tabelle kann in mehreren Datensätzen der anderen Tabelle vorkommen und umgekehrt (z. B. mehrere verschiedene Artikel in einer Bestellung, ein Artikel in mehreren verschiedenen Bestellungen, Bücher und ihre Autoren).

In einer Datenbank werden die *1:n*-Relationen zwischen Tabellen über Schlüsselfelder (ID-Nummern) hergestellt. Alle Verkäufer besitzen in der Verkäufertabelle eine eindeutige Verkäufernummer. (Diese Nummer wird üblicherweise als Primärschlüssel bezeichnet.) In der Bestellung wird auf den Verkäufer über eben diese Verkäufernummer verwiesen. Das Feld in der Bestelltabelle wird Fremdschlüssel genannt, weil es auf den Schlüssel einer fremden Tabelle verweist.

Für *n:m*-Relationen ist eine eigene, zusätzliche Tabelle erforderlich, über welche die *n:m*-Relation auf zwei *1:n*-Relationen zurückgeführt wird. Im vorliegenden Beispiel existiert zwischen den Bestellungen und den Artikeln eine *n:m*-Beziehung. Als Zusatztabelle dient die Bestellpostentabelle. Der Primärschlüssel dieser Tabelle ist aus Bestell- und Artikelnummer zusammengesetzt (diese Kombination ist eindeutig, in einer bestimmten Bestellung kann ein Artikel nicht zweimal vorkommen). Bild 12.1 verdeutlicht die Relationen zwischen den Tabellen.

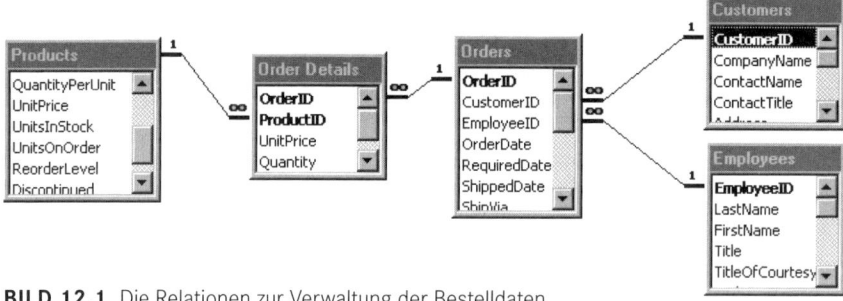

BILD 12.1 Die Relationen zur Verwaltung der Bestelldaten

 Anmerkung

Sehr oft wird beim Entwurf einer Datenbank versucht, Felder zweier Tabellen, die später durch eine Relation verknüpft werden sollen, gleich zu benennen. Das fördert die Übersichtlichkeit, ist aber keineswegs Bedingung.

Es gibt verschiedene Typen von Relationen, die sich in ihrer Wirkung und Anwendung grundlegend voneinander unterscheiden (Inner Join, Outer Join, mit und ohne referenzielle Integrität). Es würde aber den Rahmen dieses Buchs sprengen, diese Typen ausführlich zu beschreiben. ∎

Zuordnung der Daten aus unterschiedlichen Tabellen

Bild 12.2 zeigt anhand eines Beispiels, wie die Daten einer Bestellung zusammengehören: Am 8.7.1996 wurde die Bestellung 10251 durchgeführt. Der Kunde wird in der *Orders*-Tabelle mit der ID *VICTE* gespeichert. Die *Customer*-Tabelle verrät, dass es sich dabei um die Firma *Victuailles en stock* handelt.

Welche Produkte (und wie viele davon) hat diese Firma nun bestellt? Dazu müssen Sie in der Tabelle *OrderDetails* nach den Bestellposten mit der Bestellnummer 10251 suchen. Dort finden sich drei Posten, sechs Stück vom Produkt 22, 15 Stück vom Produkt 57 und 20 Stück vom Produkt 65. Und um welche Produkte handelt es sich dabei? Diese Information enthält die Tabelle *Products*: Produkt 22 ist etwa *Gustaf's Knäckebröd*.

Es mag sein, dass Ihnen die Verteilung der Daten auf mehrere Tabellen sehr umständlich vorkommt. Tatsächlich ergeben sich daraus aber enorme Vorteile:

- Am offensichtlichsten ist der Vorteil, der sich aus der Platzersparnis ergibt: In einer realen Anwendung wäre die Tabelle *Order Details* die bei weitem größte Tabelle, die bei einem mittelgroßen Betrieb bald einige 100000 Einträge enthalten würde. Pro Zeile müssen aber nur vier numerische Informationen gespeichert werden: Bestellnummer, Produktnummer, Anzahl und Preis. Ohne das relationale Modell müssten Sie für jede Bestellung Produktnamen, Verkäufernamen, Kundennamen etc. speichern. Der Speicherverbrauch würde sich sofort vervielfachen, ohne dass sich daraus irgendein inhaltlicher Vorteil ergäbe. Ein Großteil der Daten wäre einfach redundant.

- Durch das Relationenmodell werden Fehler vermieden: Wenn der Produktname für jeden Bestellposten ausgeschrieben werden müsste, wäre es nur eine Frage der Zeit, bis sich Tippfehler einschleichen würden.

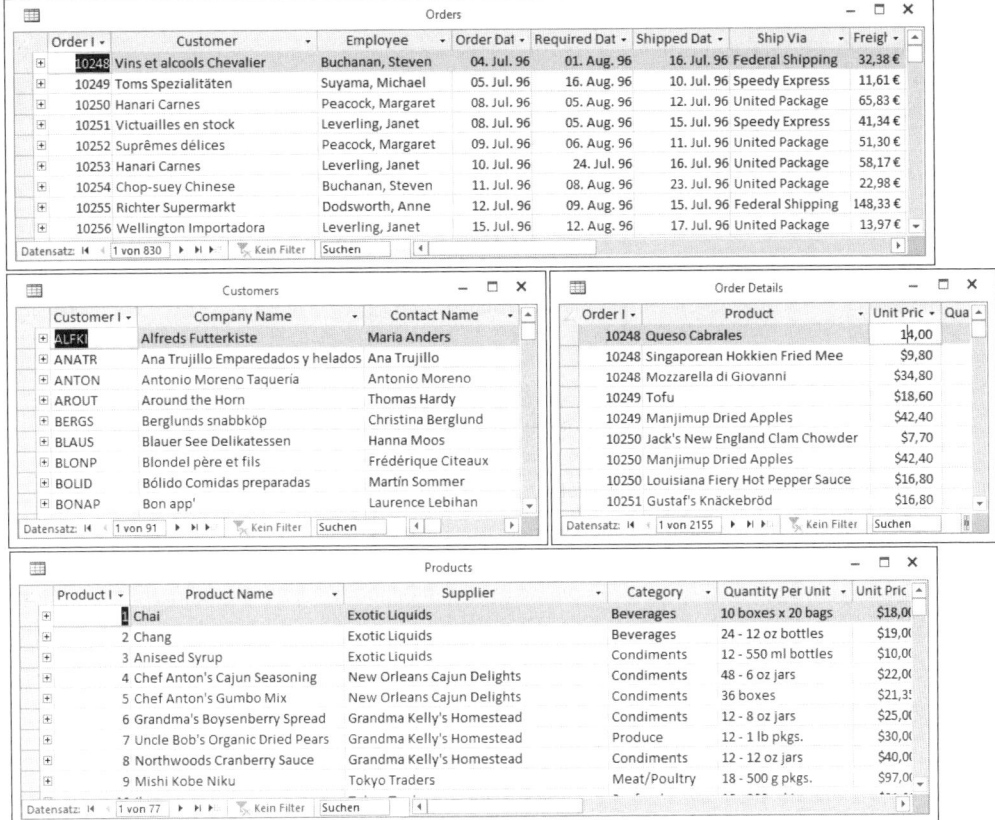

BILD 12.2 Die Daten einer Bestellung sind auf vier Tabellen verteilt.

- Das Relationenmodell ermöglicht eine zentrale Veränderung von Daten: Wenn sich die Adresse eines Kunden ändert, muss lediglich der betreffende Eintrag in der *Customers*-Tabelle geändert werden. Ohne die relationale Verknüpfung der Daten müssten Sie ein globales Suchen und Ersetzen durchführen, was erfahrungsgemäß sehr fehleranfällig ist. (Sie kennen dieses Problem sicher auch aus eigener Erfahrung. Sie teilen einer Firma Ihre neue Adresse mit – und dennoch werden manche Zusendungen weiterhin falsch adressiert. Der Grund: Ihre Adresse wird von der Firma mehrfach gespeichert. *Eine* Abteilung hat Ihre Mitteilung von der Adressänderung erhalten, zwei weitere Abteilungen verwenden aber weiterhin die alte Adresse.)

Daten abfragen

Um die oben beschriebene Zuordnung der Informationen aus den unterschiedlichen Tabellen müssen Sie sich nur dann kümmern, wenn Sie Abfragen mit SQL-Kommandos bilden. (SQL steht für *Structured Query Language* und ist eine Art Programmiersprache zur Manipulation von Datenbanken.) Sehr oft können Sie statt der mühsamen Formulierung von SQL-Code aber viel komfortablere Werkzeuge einsetzen – etwa das im nächsten Abschnitt vorgestellte Programm MS Query. Auch das Datenbankprogramm Access besitzt einen sogenannten Abfragegenerator, mit dem Sie Abfragen sehr bequem definieren können.

Die Northwind-Datenbank

Die fiktive Firma *Northwind* liefert Lebensmittelspezialitäten aus aller Welt an Kunden aus aller Welt. Bild 12.1 hat nur einen Teil der Tabellen der *Northwind*-Datenbank gezeigt. Das vollständige Datenbankschema ist um einiges komplexer und in Bild 12.3 zu sehen. Kurz einige Informationen zum Aufbau der Datenbank:

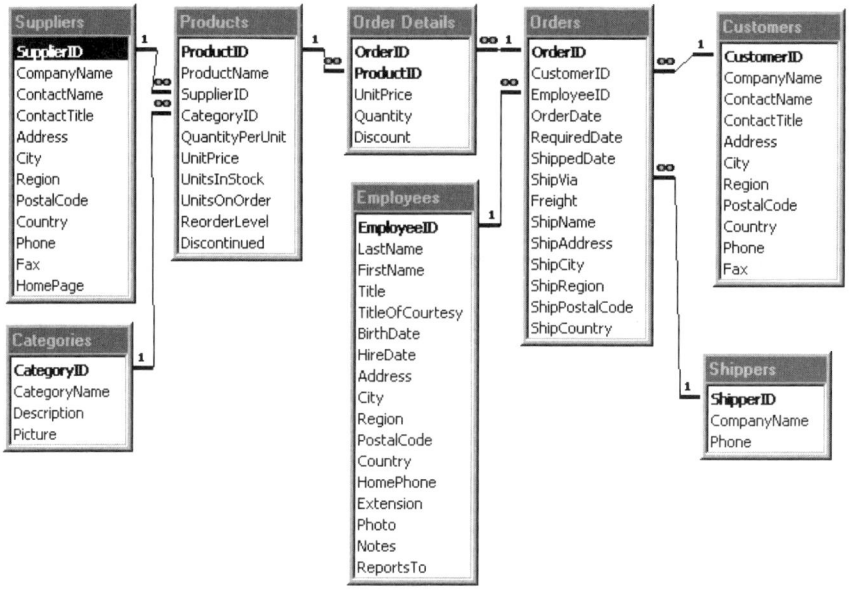

BILD 12.3 Tabellen und Relationen der Northwind-Beispieldatenbank

In *Products* werden die Stammdaten der Artikel gespeichert. Kategorie- und Lieferantendaten sind in zwei eigene Tabellen ausgelagert, um Redundanzen zu vermeiden. Die Tabelle *Orders* enthält Daten zu jeder Bestellung. Dabei wird in drei *1:n*-Relationen auf die *Customers*-Tabelle, die *Shippers*-Tabelle und die *Employees*-Tabelle verwiesen. Damit in einer Bestellung beliebig viele Artikel angeführt werden können, wird die *n:m*-Verbindung zwischen *Orders* und *Products* über die Zwischentabelle *Order Details* hergestellt.

Die Datenbank enthält etwa 80 Artikel in acht Kategorien von 30 Lieferanten. Es sind 800 Bestellungen von 90 Kunden gespeichert. Es gibt drei Versandfirmen, das Personal besteht aus neun Personen.

Die Tabelle *order details* enthält unter anderem das Datenfeld *unitprice*. Dieses Datenfeld scheint den Regeln zum Aufbau einer relationalen Datenbank zu widersprechen, weil es redundant ist (der Einzelpreis kann über die Artikelnummer aus der verknüpften Tabelle *products* entnommen werden). Eine mögliche Begründung, warum der Einzelpreis dennoch bei jeder Bestellung nochmals gespeichert wird, ist ein einfacherer Umgang mit Preisänderungen: Wenn der Preis eines Produkts geändert wird, wirkt sich diese Änderung auf bereits verbuchte Aufträge in *order details* nicht mehr aus.

■ 12.2 Import externer Daten

Dieser Abschnitt beschäftigt sich mit dem Excel-Befehl DATEN | EXTERNE DATEN ABRUFEN und dem dazugehörigen *QueryTable*-Objekt zur Durchführung von Datenbankabfragen.

Verweis

Das *QueryTable*-Objekt kann auch zum Import von Textdateien oder HTML-Dokumenten eingesetzt werden. Diese Anwendungsformen werden in den Abschnitten 5.6.6 und 15.2 beschrieben. ■

12.2.1 Daten aus Datenbanken importieren (MS Query)

Manchmal kommt es vor, dass Sie Ihre Daten mit einem richtigen Datenbankprogramm verwalten, aber mit Excel weiterverarbeiten oder analysieren möchten. In diesem Fall besteht der erste Schritt darin, die Daten in ein Excel-Tabellenblatt zu importieren. Dazu führen Sie das Kommando DATEN | EXTERNE DATEN ABRUFEN | AUS ANDEREN QUELLEN | AUS MICROSOFT QUERY aus. Es erscheint ein Assistent, der Ihnen bei diesem Import hilft.

Anmerkung

Genau genommen handelt es sich hier nicht um einen der vielen herkömmlichen Excel-Dialoge oder -Assistenten, sondern um ein eigenständiges Programm mit dem Namen MS Query (*Msqry32.exe*). Es ist ein Zusatzprogramm zum Office-Paket, das üblicherweise im Office-Programmverzeichnis zu finden ist. Das Programm hat sich leider nie durch besondere Benutzerfreundlichkeit ausgezeichnet, und im Vergleich zu den anderen Office-Komponenten wirkt die Oberfläche des Programms mehr denn je veraltet. ■

Datenquelle auswählen

Die Definition einer neuen Abfrage beginnt damit, dass Sie eine sogenannte Datenquelle auswählen. (Mit einer Abfrage sind alle Parameter gemeint, anhand derer MS Query aus der Datenbank eine geordnete und nach verschiedenen Kriterien gefilterte Liste erzeugt.)

Es gibt drei Möglichkeiten, eine Datenquelle auszuwählen:

1. Der Regelfall besteht darin, dass Sie einfach eine Datenbank angeben. Das kann wiederum auf zweierlei Weise erfolgen:

   In einfachen Fällen – z. B. wenn es sich bei Ihrer Datenbank um eine Access-Datei handelt – wählen Sie einfach diesen Datenbanktyp durch einen Doppelklick aus. Anschließend erscheint ein Dialog, in dem Sie den Namen der Datenbankdatei auswählen können.

Wenn die Datenbank dagegen von einem Datenbank-Server verwaltet wird, müssen Sie eine neue Datenquelle definieren. Dazu wählen Sie den ersten Eintrag des Listenfelds NEUE DATENQUELLE aus. Ein Doppelklick führt zu einer Reihe weiterer Dialoge, in denen Sie den Namen der Datenquelle, den Treiber zur Datenbank (z. B. SQL-Server) und die Verbindungsinformationen (Name des Servers, Name der Datenbank, eventuell Passwort) angeben. Als Ergebnis erhalten Sie eine neue ODBC-Datenquelle, die im Dialog DATEN-QUELLE AUSWÄHLEN angeführt wird. Der Vorteil dieser umständlichen Vorgehensweise besteht darin, dass die Verbindungsdaten als ODBC-Datenquelle gespeichert werden und bei späteren Abfragen bequem wiederverwendet werden können.

2. Falls Sie mit MS Query früher bereits eine Abfrage erstellt und diese in einer *.dqy-Datei gespeichert haben, können Sie diese Abfragedatei als Ausgangspunkt für eine neue Abfrage verwenden.

3. Als dritte Option werden sogenannte OLAP-Cubes angeboten. Diese Variante ist nur in Kombination mit Pivot-Tabellen von Interesse und wird daher im nächsten Kapitel behandelt (allerdings auch dort nicht eingehend).

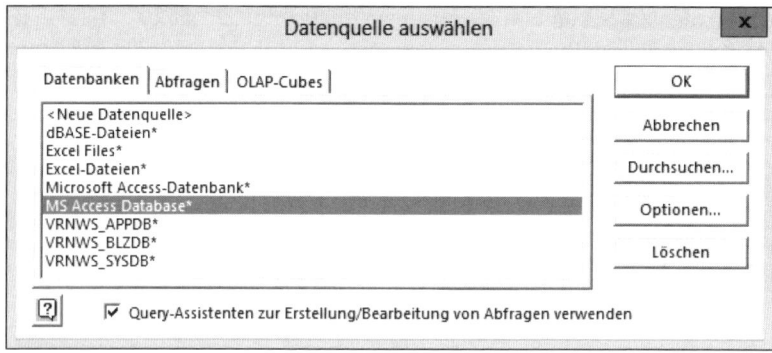

BILD 12.4 Auswahl einer Datenquelle

Einführungsbeispiel: Artikelliste

Nach der erfolgreichen Auswahl einer Datenbankdatei oder Datenquelle besteht der nächste Schritt darin, jene Tabellen bzw. Tabellenfelder auszuwählen, aus denen Sie Daten lesen möchten. Im Dialog werden dabei sowohl Tabellen als auch vordefinierte Abfragen (Access) oder sogenannte *views* (Datenbank-Server) angezeigt. Da das anfänglich eher verwirrend ist, können Sie über den OPTIONEN-Button die Auswahl auf Tabellen einschränken.

Als erstes Beispiel für die Anwendung von MS Query soll eine Liste aller *Northwind*-Artikel (bestehend aus Produktnummer, -name und -preis) in Excel importiert werden. Dazu wurden in Bild 12.5 die drei Felder *ProductID*, *ProductName* und *UnitPrice* der Tabelle *Products* ausgewählt.

Die beiden folgenden Dialoge ermöglichen es, die Daten zu filtern (z. B. mit *UnitPrice<10*, um nur billige Produkte auszuwählen) und zu sortieren (z. B. nach dem Produktnamen). Auf diese Möglichkeiten wurde hier vorerst verzichtet.

Im Abschlussdialog (Bild 12.6) haben Sie nun zwei Möglichkeiten: Sie können die ausgewählten Daten an Excel zurückgeben, oder Sie können die Daten in MS Query ansehen und dort die Abfrage weiterbearbeiten.

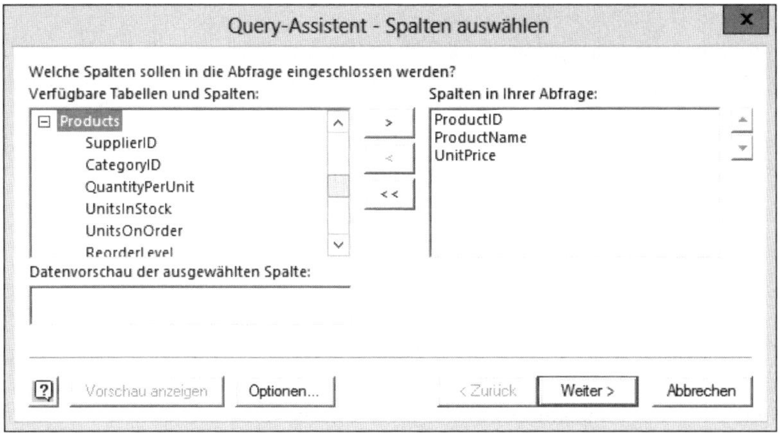

BILD 12.5 Auswahl der Tabellenfelder

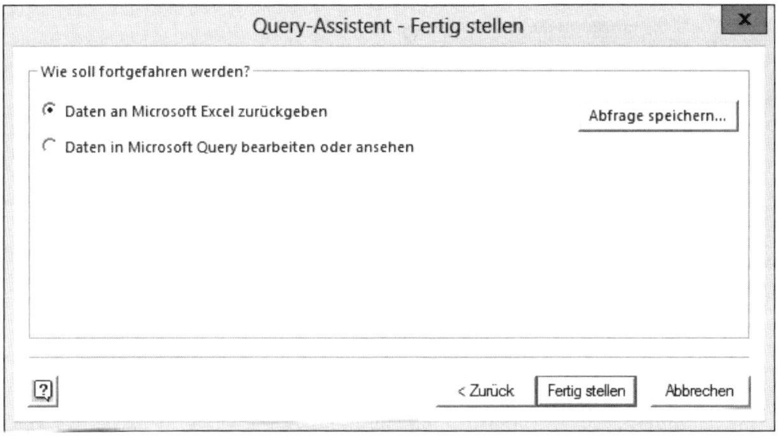

BILD 12.6 Abschlussdialog des MS-Query-Assistenten

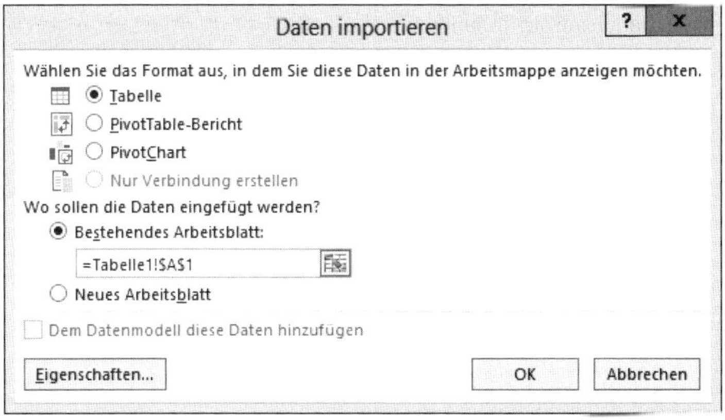

BILD 12.7
Daten in Excel
einfügen

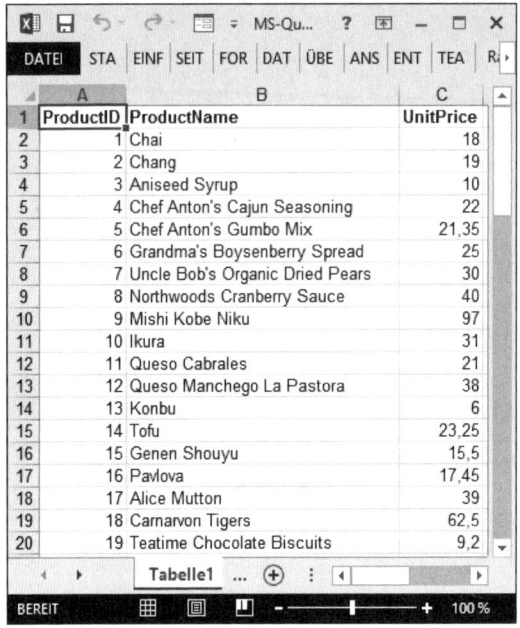

BILD 12.8
Die in die Tabelle importierten Daten

Die erste Option ist dann sinnvoll, wenn Ihre Abfrage (wie im vorliegenden Beispiel) so trivial ist, dass eine weitere Verfeinerung nicht notwendig ist. Es erscheint ein weiterer Dialog, in dem Sie angeben können, wo und wie die Daten in Excel eingefügt werden sollen. Im Regelfall müssen Sie hier nur die Startzelle angeben und OK drücken. (Die zahlreichen Optionen werden etwas weiter unten beschrieben.)

Daten aktualisieren, Abfrage verändern

Die in Excel eingefügten Daten sind eine Kopie aus der Datenbank. Wenn die Datenbank verändert wird, muss die importierte Tabelle in Excel aktualisiert werden. Zu diesem Zweck merkt sich Excel die Abfrageparameter. Um die Daten zu aktualisieren, stellen Sie den Zellzeiger in den Datenbereich und führen DATEN | ALLE AKTUALISIEREN aus.

 Vorsicht

Eine Aktualisierung der Daten gelingt nur, wenn die Datenquelle am selben Ort wie bisher besteht. Wenn die Datenbankdatei aber beispielsweise in ein anderes Verzeichnis verschoben wurde, zeigt Excel beim Aktualisierungsversuch nur eine Fehlermeldung an. Im anschließend erscheinenden Login-Dialog kann der neue Ort der Datenbankdatei angegeben werden.

Besonders ärgerlich ist der Umstand, dass die Dateinamen von Datenbankdateien absolut gespeichert werden (also mit vollständiger Laufwerks- und Verzeichnisangabe). Wenn Sie also ein Verzeichnis mit Ihrer Excel-Anwendung samt der dazugehörigen Access-Datenbank umbenennen, findet Excel die Datenbankdatei schon nicht mehr. Dieses Problem, das auch schon in den früheren Excel-Versionen bestand, lässt sich zum Glück durch ein paar Zeilen Programmcode lösen (siehe Abschnitt 12.2.2). ∎

Vielleicht haben Sie aber auch entdeckt, dass die importierten Daten nicht ganz Ihren Anforderungen entsprechen. In diesem Fall können Sie mit dem Kommando Daten | Verbindungen | Eigenschaften | Definition | Abfrage bearbeiten den Query-Assistenten nochmals aufrufen. Die bisher getroffenen Einstellungen gelten dabei als Default-Einstellung.

Beispiel: Liste aller Bestellungen

Als zweites Beispiel soll eine Liste aller *Northwind*-Bestellungen erstellt werden, wobei die Liste aus der Bestellnummer, dem Bestelldatum, dem Namen des Verkäufers und dem Namen des Kunden besteht. Der Entwurf der Abfrage beginnt wieder mit der Auswahl der Datenbank. Anschließend müssen Sie die Tabellenfelder auswählen. Statt sich jetzt lange mit dem umständlichen Assistenten aufzuhalten, wählen Sie einfach nur die *Orders*-Tabelle aus und überspringen die weiteren Dialoge. Im letzten Schritt des Assistenten entscheiden Sie sich für die Option Daten in Microsoft Query bearbeiten oder ansehen, um die Abfrage dort etwas komfortabler zu gestalten.

In Bild 12.9 sehen Sie die Benutzeroberfläche von MS Query, wenn diese nicht durch den Assistenten verborgen ist. Der Vorteil gegenüber dem Assistenten besteht darin, dass Sie die aus der Abfrage resultierenden Daten tatsächlich sehen.

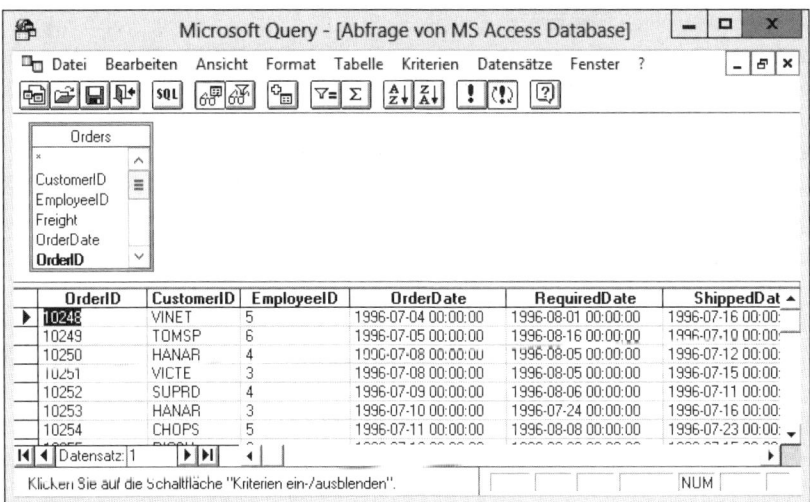

BILD 12.9 Das Programm MS Query mit der Orders-Tabelle

Vorerst entsprechen diese Daten allerdings noch nicht den Anforderungen dieses Beispiels: Einerseits werden statt der Kunden- und Verkäufernamen nur ID-Nummern bzw. Buchstabencodes angezeigt, andererseits enthält die Tabelle eine Menge Informationen, die gar nicht von Interesse sind.

Um Spalten zu entfernen, die Sie nicht benötigen, klicken Sie diese einfach in der Kopfzeile an und drücken danach auf Entf. Auf diese Weise können Sie alle Spalten außer *OrderID* und *OrderDate* entfernen. (Mit Shift können Sie mehrere Spalten auf einmal markieren.)

Die Kunden- und Verkäufernamen sind in der *Orders*-Tabelle nicht verfügbar. Mit Tabelle | Tabellen hinzufügen können Sie aber problemlos die Tabellen *Customers* und *Employees* in die Abfrage integrieren. MS Query erkennt die Verbindungen zwischen den Tabellen selbstständig und symbolisiert sie durch Verbindungslinien. Aus den Tabellen *Customers* und *Employees* können Sie nun per Drag&Drop die Felder *CompanyName* und *LastName* in den Tabellenbereich verschieben. Um die Tabelle schließlich noch nach dem Bestelldatum zu sortieren, klicken Sie zuerst die *OrderDate*-Spalte und dann den SORTIEREN-Button an. Das Ergebnis ist in Bild 12.10 zu sehen.

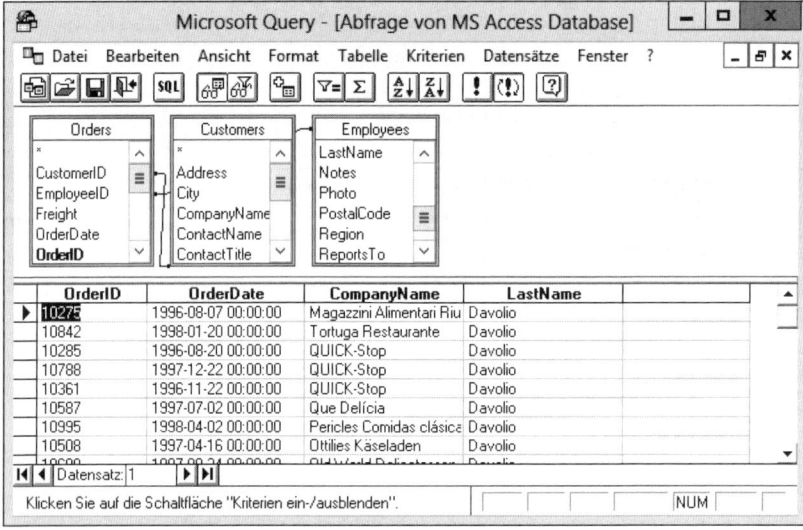

BILD 12.10 Eine Liste aller Northwind-Bestellungen

Wenn Sie die Spalten anders beschriften möchten (z. B. *Verkäufer* statt *LastName*), gelangen Sie in den entsprechenden Dialog durch einen Doppelklick auf den Spaltenkopf. Die Beschriftung gilt dann auch für die resultierende Excel-Tabelle.

Wenn Sie die Tabelle auf solche Bestellungen einschränken möchten, die vom Verkäufer *King* durchgeführt wurden, führen Sie das Kommando KRITERIEN | KRITERIEN HINZUFÜGEN aus. Im KRITERIEN-Dialog geben Sie an, dass der Verkäufername gleich *King* sein soll. (Theoretisch wäre es möglich, dass es mehrere Verkäufer mit dem Nachnamen *King* gibt. Um diese mögliche Doppeldeutigkeit zu vermeiden, können Sie als Kriterium auch *EmployeeID=7* verwenden.)

BILD 12.11
Filterkriterium für die Bestellungen

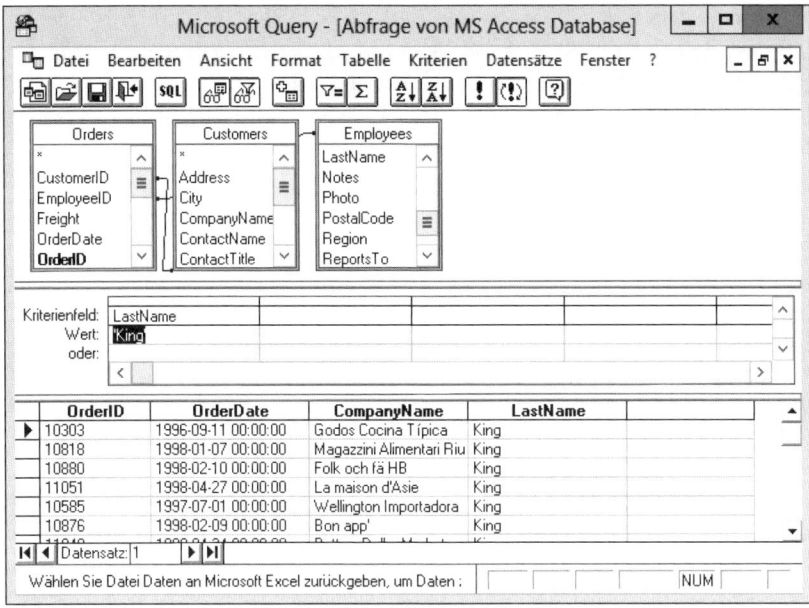

BILD 12.12 Eine Liste mit den Bestellungen des Verkäufers King

Tabellen und Relationen

Wenn eine Datenbankabfrage mehrere Tabellen betrifft, muss eine Verbindung (Relation) zwischen diesen Tabellen hergestellt werden. MS Query ist leider nur dann in der Lage, Relationen zwischen Tabellen selbstständig zu erkennen, wenn die Tabellen über gleichnamige Datenfelder miteinander verknüpft sind. Wenn das nicht der Fall ist, müssen Sie die Verknüpfung über TABELLE | VERNÜPFUNGEN selbst herstellen. Das setzt allerdings gute Kenntnisse über den Aufbau der Datenbank voraus.

 Hinweis

Es gibt verschiedene Möglichkeiten, eine Relation zwischen den Datenfeldern zweier Tabellen zu definieren. Durch einen Doppelklick auf die Verbindungslinie zwischen den Tabellen bzw. über das Kommando TABELLE | VERKNÜPFUNGEN können Sie zwischen drei verschiedenen Relationstypen und zwischen mehreren Verbindungsoperatoren wählen. Eine Veränderung der Standardeinstellung (Verknüpfungstyp 1, Operator „=") ist nur in ganz seltenen Fällen erforderlich und setzt ein tiefer gehendes Verständnis für relationale Datenbanken voraus. In diesem Buch sind nur Relationen der Standardeinstellung berücksichtigt. ∎

Beispiel: Umsatz je Verkäufer

Ziel dieses Beispiels ist es, den von jedem Verkäufer erzielten Umsatz zu berechnen. Dazu muss für jeden Bestellposten (*Order Details*) das Produkt aus *Quantity* und *Unit Price* ermittelt werden. Diese Produkte müssen für jeden Verkäufer summiert werden.

Das zugrunde liegende Datenmaterial erfordert drei Tabellen: *Order Details* für die eigentlichen Umsatzzahlen, *Orders*, damit die einzelnen Bestellposten den verschiedenen Verkäufern zugeordnet werden können, und schließlich *Employees* für die Namen der Verkäufer. In MS-Query fügen Sie zwei Spalten in die Ergebnistabelle ein: *Lastname* für den Verkäufernamen und *Quantity* für die Bestellanzahl jedes einzelnen Postens.

Ein Doppelklick auf das *Quantity*-Feld öffnet den Dialog SPALTE BEARBEITEN. Dort geben Sie als Datenfeld die Formel *Quantity*UnitPrice* ein – Sie sind also nicht einfach an der Bestellmenge, sondern an dem Produkt mit dem Preis des jeweiligen Artikels interessiert. Aus diesem Grund sollte auch die Spaltenüberschrift zu *Sales* oder *Umsatz* geändert werden, je nachdem, ob Sie eine englische oder deutsche Beschriftung vorziehen. Zu guter Letzt geben Sie an, dass das Ergebnis summiert werden soll. MS Query erkennt aus dem Kontext (d. h., weil die Abfrage nur noch eine weitere Spalte mit den Verkäufernamen enthält), dass sich die Summe auf die einzelnen Verkäufer bezieht. Nachdem Sie die *Sales*-Spalte noch absteigend sortiert haben, sieht das Ergebnis aus wie in Bild 12.14. *Peacock* ist also der erfolgreichste Verkäufer.

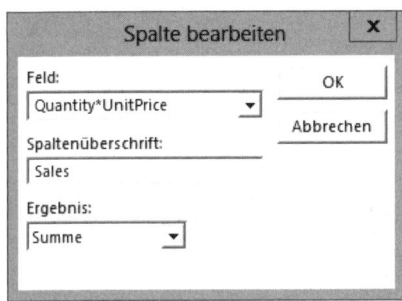

BILD 12.13
MS Query kann für jede Spalte Berechnungen ausführen.

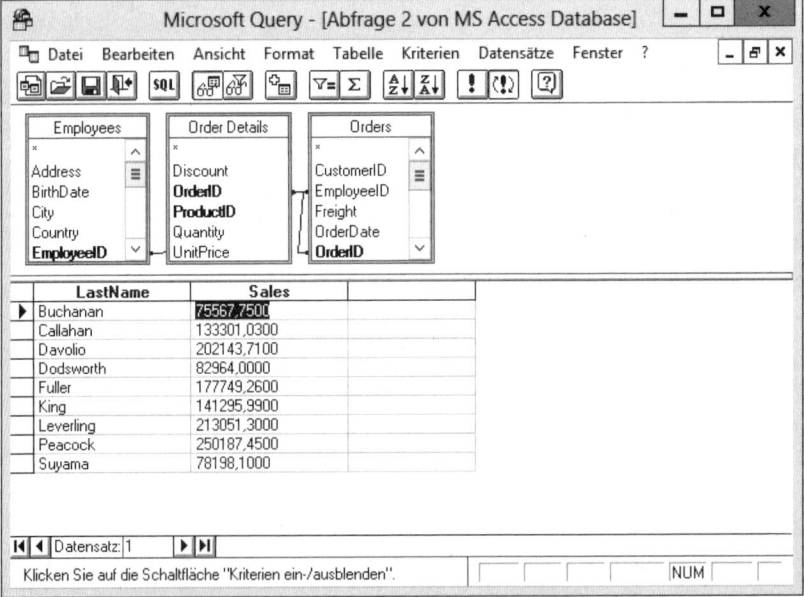

BILD 12.14 Eine Liste mit dem Gesamtumsatz pro Verkäufer

Neben der hier vorgestellten Summenformel kennt MS Query vier weitere Rechenfunktionen (Minimum, Maximum, Mittelwert, Anzahl). Grundsätzlich können diese Rechenfunktionen nur dann zur Anwendung kommen, wenn die Liste mehrere – mit Ausnahme des Datenfelds der aktuellen Spalte – vollkommen gleichlautende Datensätze enthält. In diesem Fall werden diese Datensätze in einem einzigen Datensatz vereint, wobei die Rechenfunktion angewendet wird. Es ist in MS Query allerdings nicht möglich, Datensätze zu gruppieren und zu summieren, die nur ein gemeinsames Feld haben, sich aber in anderen Datenfeldern unterscheiden. Solche fortgeschrittenen Analysemethoden stehen erst nach Import der gesamten Liste nach Excel in Form von Pivot-Tabellen zur Verfügung.

Sortier- und Filterkriterien

Über das Sortiersymbol (A←Z) können Sie die Datenbank nach der gerade aktuellen Spalte bzw. nach den markierten Spalten sortieren. Das Kommando DATENSÄTZE | SORTIEREN ermöglicht ähnlich wie in Excel das Sortieren nach mehreren Kriterien. Die Kriterien werden allerdings – im Vergleich zum entsprechenden Dialog in Excel – recht unübersichtlich in einer Liste angeordnet. Dabei wird zuerst nach dem ersten Eintrag dieser Liste sortiert, dann nach dem zweiten etc.

Zur Einstellung der Filterkriterien ist es sinnvoll, den dritten in MS Query vorgesehenen Fensterbereich mit ANSICHT | KRITERIEN zu aktivieren; es wird dann zwischen dem Tabellen- und dem Listenbereich eine Liste mit den Kriterien eingeblendet. Für die Kriterien gilt generell eine ähnliche Regelung wie in Excel für die sogenannten Spezialfilter: In der Tabelle nebeneinander formulierte Bedingungen müssen gleichzeitig erfüllt sein (logisches „Und"), untereinander formulierte Bedingungen wahlweise (logisches „Oder").

Das Einfügen eines neuen Filterkriteriums erfolgt über KRITERIEN | KRITERIEN HINZUFÜGEN oder durch einen Doppelklick auf einen noch leeren Spaltenkopf in der Kriterientabelle. Im nun erscheinenden Dialog müssen das Datenfeld, der Operator („ist gleich", „ist größer" etc.) und ein Vergleichswert bzw. ein Vergleichstext angegeben werden. Als Datenfeld ist wiederum auch eine Verknüpfung von mehreren Datenfeldern erlaubt (z. B. *anzahl*preis*). Über den Button WERTE können Vergleichswerte ausgewählt werden Beachten Sie, dass dabei eine Mehrfachauswahl möglich ist! Bei der Angabe mehrerer Filterkriterien ist immer darauf zu achten, ob die Kriterien mit „und" oder mit „oder" verknüpft werden sollen.

Eine unmittelbare Veränderung der Einträge der Kriterientabelle ist sowohl über die Tastatur als auch – bequemer in einem durch Doppelklick aufrufbaren Dialog möglich. Die Kriterien können in ihrer Gesamtheit mit KRITERIEN | ALLE KRITERIEN ENTFERNEN gelöscht werden. Daneben können Sie aber auch einzelne Spalten der Kriterientabelle mit der Maus markieren und löschen.

SQL-Code ansehen

SQL (*Structured Query Language*) ist eine weitgehend standardisierte Sprache zur Formulierung von Datenbankkommandos. MS Query verwendet intern SQL, um die von Ihnen via Maus und Tastatur definierten Abfragen auszudrücken und abzuarbeiten.

Wenn Sie sich ansehen möchten, wie die von Ihnen erstellte Abfrage in SQL aussieht, können Sie den SQL-Code mit ANSICHT | SQL ansehen. (Für Datenbankprofis ist das übrigens eine Methode, mit der zuverlässiger und schneller als über die Hilfe bzw. die Dokumentation festgestellt werden kann, wie MS Query wirklich funktioniert.)

Der SQL-Code darf verändert werden – MS Query baut dann auf Basis dieses Codes auch am Bildschirm die Abfrage neu auf. Die Veränderung des SQL-Codes setzt allerdings einiges Fachwissen voraus. MS Query kennt übrigens nur einen relativ eingeschränkten Teil des Sprachumfangs von SQL. Es ist daher nicht ohne Weiteres möglich, eine Abfrage zuerst in Access zu bilden und anschließend den SQL-Code von dort nach MS Query zu kopieren.

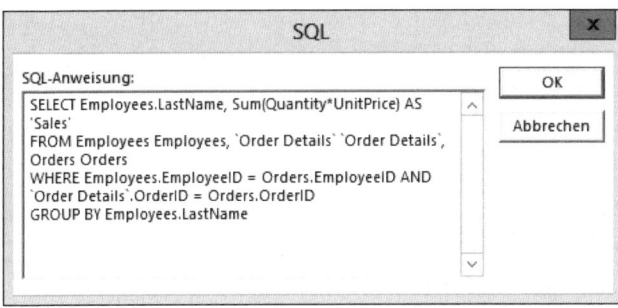

BILD 12.15
SQL-Code zur Abfrage
aus Bild 12.14

Etwas übersichtlicher formatiert sieht der in Bild 12.15 dargestellte SQL-Code so aus:

```
SELECT  Employees.LastName,
        Sum(Quantity*UnitPrice) AS 'Sales'
FROM    Employees Employees,
        `Order Details` `Order Details`,
        .Orders Orders
WHERE   `Order Details`.OrderID = Orders.OrderID AND
        Employees.EmployeeID = Orders.EmployeeID
GROUP BY Employees.LastName
ORDER BY Sum(Quantity*UnitPrice) DESC
```

   Tipp

Einen SQL-Schnelleinstieg vermittelt Abschnitt 12.3.5.

Abfragen nur auf Aufforderung ausführen

MS Query führt jede Veränderung der Abfrage – sei es eine neue Sortierordnung oder ein neues Filterkriterium – sofort aus. Das ist zwar zum Experimentieren mit kleinen Datenbanken ganz praktisch, führt aber bei größeren Datenbeständen zu unerträglichen Wartezeiten. Daher besteht die Möglichkeit, die automatische Abfrage durch DATENSÄTZE | AUTOABFRAGE zu deaktivieren. Excel aktualisiert die Datensatzliste im unteren Fensterbereich jetzt nicht mehr selbstständig, sondern nur noch auf Aufforderung durch das Kommando DATENSÄTZE | JETZT ABFRAGEN.

Optionen beim Einfügen externer Daten

Unmittelbar bevor die aus einer neuen Abfrage resultierenden Daten in Excel importiert werden, erscheint der Dialog DATEN IMPORTIEREN. Über dessen Button EIGENSCHAFTEN können Sie eine Menge Optionen auswählen. So haben Sie etwa Zugriff auf die Datenformatierungsoptionen. Damit steuern Sie, ob Spaltenbeschriftungen und Zeilennummern mit eingefügt werden sollen, ob Excel versuchen soll, die Tabelle automatisch zu formatieren, und wie sich Excel verhalten soll, wenn sich die Menge der Daten bei einer Aktualisierung ändert.

Ein Klick auf den VERBINDUNGSEIGENSCHAFTEN-Button des Dialogs bringt ein zweites Dialogfeld zum Vorschein. Es enthält u. a. Aktualisierungsoptionen. Damit geben Sie an, ob die Daten beim Laden der Excel-Datei automatisch aktualisiert werden sollen. Das kostet natürlich Zeit und ist nur bei Daten sinnvoll, die sich häufig ändern.

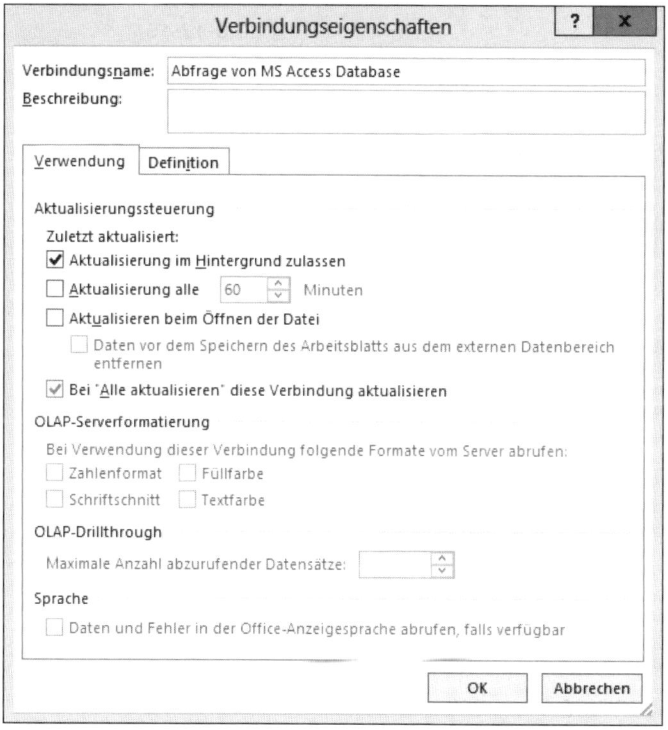

BILD 12.16
Eigenschaften externer
Datenbereiche

Abfragen laden und speichern

Wenn MS Query von Excel aus verwendet wird, werden die Eckdaten der Abfrage mit zu Excel übertragen und dort in der Tabelle gespeichert. Daneben besteht in MS Query die Möglichkeit, über DATEI | SPEICHERN die Abfragedaten zu speichern. Dabei werden nur die Parameter der Abfrage – etwa Tabellen, Datenfelder, Sortier- und Filterkriterien – gespeichert, nicht aber die Liste der Datensätze. Diese muss beim Laden der Abfrage neu generiert werden. Aus diesem Grund sind Abfragedateien mit der Kennung *.dqy sehr klein.

12.2.2 Das QueryTable-Objekt

MS-Query-Interna

Intern legt Excel für jede importierte Tabelle ein *Name*-Objekt und ein *QueryTable*-Objekt an. Das *Name*-Objekt definiert einen Namen für den betroffenen Zellbereich. Am einfachsten können Sie eine Liste aller definierten *Name*-Objekte im Direktbereich mit der folgenden Anweisung ermitteln:

```
For Each n In Names: ?n.Name & "   " & n.Value: Next
```

Für die Datei *12\MS-Query.xlsm* mit den drei Beispielen des vorangegangenen Abschnitts liefert die Schleife das folgende Resultat.

```
Tabelle1!sample1   =Tabelle1!$A$1:$C$78
Tabelle2!sample2   =Tabelle2!$A$1:$D$73
Tabelle3!sample3   =Tabelle3!$A$1:$B$10
```

Das zugeordnete *QueryTable*-Objekt speichert in zahlreichen Eigenschaften die Einstellungen des oben abgebildeten Optionsdialogs. Die wichtigsten Eigenschaften sind *Connection* mit Pfadinformationen zur Datenbankdatei, *CommandText* mit dem SQL-Code der Abfrage und *Destination* mit der Zelle, an der die Daten eingefügt werden sollen. (*Destination* verweist also auf ein *Range*-Objekt. *CommandText* ersetzt die Eigenschaft *Sql*, die nur mehr aus Kompatibilitätsgründen zur Verfügung steht.) Abermals können Sie sich die Details im Direktfenster ansehen:

```
For Each ws In Worksheets: For Each q in ws.QueryTables: _
  ?q.Name, q.CommandText, q.Connection, q.Destination.Address: _
Next: Next
```

Für die Abfrage aus dem ersten Tabellenblatt lauten die Resultate (in einer ansprechenden Formatierung):

```
Name = "sample1"
Sql  = "SELECT Products.ProductID, Products.ProductName,
         Products.UnitPrice
       FROM `I:\Code\XL-2010\NWIND`.Products Products"
Connection = "ODBC;DBQ=I:\Code\XL-2010\NWIND.MDB;
       DefaultDir=I:\Code\XL-2010;
       Driver={Microsoft Access Driver (*.mdb)};DriverId=25;
       FIL=MS Access;MaxBufferSize=2048;MaxScanRows=8;
       PageTimeout=5;SafeTransactions=0;Threads=3;
       UID=admin;UserCommitSync=Yes;"
Destination.Address = "$A$1"
```

Das QueryTable-Objekt

Aufgabe des *QueryTable*-Objekts ist es also, alle Informationen zu speichern, die zum Import der Daten erforderlich sind. In diesem Buch ist *QueryTable* zum ersten Mal in Abschnitt 5.6.6 zum Thema *Textimport* vorgestellt worden. *QueryTable* ist also nicht nur für den Import aus Datenbanken verantwortlich, sondern für die verschiedensten Datenquellen. Neben Datenbanken und Textdateien kommen auch Webseiten infrage (Abschnitt 15.2).

Über den Typ der Datenquelle gibt die Eigenschaft *QueryType* Auskunft. Wenn der Import, wie im vorigen Abschnitt beschrieben, mit MS Query durchgeführt worden ist, enthält diese Eigenschaft immer den Wert *xlODBCQuery (1)*. Ein Beispiel für die korrekte Einstellung von *Connection* und *CommandText* für diesen Fall gibt das obige Beispiel. Dabei wird aber auch klar, dass es nicht ganz einfach ist, diese Zeichenketten manuell zu erstellen (nicht zuletzt deswegen, weil die Dokumentation zum Aufbau der Zeichenketten dürftig ist; brauchbare Informationen finden Sie nur in der ODBC-Dokumentation bzw. bei der Beschreibung vergleichbarer Eigenschaften von DAO-Objekten).

Wenn Sie *QueryTable*-Objekte per Programmcode verändern möchten, wird die übliche Vorgehensweise also so aussehen, dass Sie zuerst mit MS Query eine Abfrage erstellen und diese Zeichenkette dann als Ausgangsbasis für Ihren Programmcode verwenden.

Eine ähnliche Vorgehensweise wurde auch gewählt, um das größte Manko von *QueryTable*-Objekten zu umgehen. Wenn Sie die Beispieldatei *MS-Query.xlsm* auf Ihrem Rechner öffnen, kann Excel die Daten normalerweise nicht aktualisieren, weil es die Datenbankdatei nicht findet (es sei denn, Sie installieren die Datenbankdatei *Nwind.mdb* in dasselbe Verzeichnis wie am Rechner des Autors, also in *I:\Code\Xl-2010*).

Zur Abhilfe dieses Problems werden in der Prozedur *Workbook_Open* die *Connection*- und *CommandText*-Eigenschaften an den jeweils gültigen Pfad angepasst. Eine Aktualisierung der Daten ist jetzt möglich, sofern sich *MS-Query.xlsm* im gleichen Verzeichnis wie die Datenbank *Nwind.mdb* befindet.

Mit den beiden *For*-Schleifen wird sichergestellt, dass alle *QueryTable*-Objekte aller Tabellen durchlaufen werden. Der weitere Programmcode hat eigentlich wenig mit Datenbankprogrammierung zu tun, sondern demonstriert vielmehr den Einsatz von Zeichenkettenfunktionen: In *ExtractDir* wird aus der *Connection*-Zeichenkette die Einstellung des Defaultverzeichnisses ermittelt. (Es handelt sich dabei um den Pfad zur Datenbankdatei.) In der Folge wird dieser Pfad mit *Replace* durch den Pfad zur Excel-Datei ersetzt.

```
' Datei 12\MS-Query.xlsm, DieseArbeitsmappe
Private Sub Workbook_Open()
  Dim oldDir$, newDir$
  Dim ws As Worksheet
  Dim qt As QueryTable
  newDir = ThisWorkbook.Path
  If Right(newDir, 1) = "\" Then _
    newDir = Left(newDir, Len(newDir) - 1)
  For Each ws In Worksheets
    For Each qt In ws.QueryTables
      If qt.QueryType = xlODBCQuery Then
        ' bisherigen Pfad aus Connection-Zeichenkette ermitteln
```

```
            oldDir = ExtractDir(qt.Connection)
            ' falls erfolgreich: alten Pfad durch neuen Pfad ersetzen
            If oldDir <> "" Then
              qt.Connection = Replace(qt.Connection, oldDir, newDir, _
                Compare:=vbTextCompare)
              qt.CommandText = Replace(qt.CommandText, oldDir, newDir, _
                Compare:=vbTextCompare)
            End If
        End If
      Next
    Next
End Sub
' extrahiert aus der Zeichenkette "abc;DefaultDir=xyz;abc"
' den Pfad xyz
Public Function ExtractDir$(connStr$)
  Dim pos1&, pos2&
  pos1 = InStr(1, connStr, "DefaultDir", vbTextCompare)
  If pos1 = 0 Then Exit Function
  pos1 = pos1 + Len("DefaultDir=")
  pos2 = InStr(pos1, connStr, ";", vbTextCompare)
  If pos2 = 0 Then pos2 = Len(connStr)
  ExtractDir = Mid(connStr, pos1, pos2 - pos1)
  ' \-Zeichen am Ende eliminieren
  If Right(ExtractDir, 1) = "\" Then
    ExtractDir = Left(ExtractDir, Len(ExtractDir) - 1)
  End If
End Function
```

Vorsicht

Beachten Sie bitte, dass sich der obige Programmcode darauf verlässt, dass der Pfad zur Datenbankdatei im Attribut *DefaultDir* der *Connection*-Eigenschaft gespeichert ist. Das war bei allen Experimenten mit MS Query beim Zugriff auf Access-Datenbanken der Fall. Der genaue Aufbau der *Connection*-Zeichenkette ist aber nicht dokumentiert. Es ist daher nicht sicher, ob diese Vorgehensweise unter allen Umständen bzw. mit anderen Datenbanksystemen oder in künftigen Versionen von Excel ebenfalls funktioniert. ∎

Hinweis

Eine ähnliche Funktion wie *QueryTable* erfüllt das Objekt *PivotCache* für Pivot-Tabellen. Auch darin werden – ganz ähnlich wie bei *QueryTable* – die Parameter für die Datenbasis der Pivot-Tabelle gespeichert. Im Unterschied zu *QueryTable* kann *PivotCache* aber zusätzlich noch eine Kopie der Daten speichern (ohne dass diese Daten unmittelbar sichtbar sind). Auf diese Weise wird vermieden, dass bei jeder Veränderung der Struktur der Pivot-Tabelle die Daten neu von der Datenbank eingelesen werden müssen. ∎

Syntaxzusammenfassung

QueryTable-Objekt	
ws.QueryTables(n)	Zugriff auf die *QueryTable*-Objekte einer Tabelle
ws.QueryTables.Add	neues Objekt erstellen
qt.BackgroundQuery	Aktualisierung im Hintergrund (*True/False*)
qt.Connection	Zeichenkette(nfeld) mit Informationen zum Datenursprung
qt.Destination	Zellbereich (*Range*), in dem die Daten angezeigt werden
qt.QueryType	Typ der Datenquelle (z. B. *xlODBCQuery*)
qt.CommandText	SQL-Kommando für die Abfrage
qt.Refresh	Daten aktualisieren (Methode)

12.2.3 Excel-Daten exportieren

Export in eine Datenbank

Eigentlich geht es in diesem Kapitel ja um den Import von Daten – aber gelegentlich tritt auch der umgekehrte Fall auf: Es sollen Excel-Tabellen in ein Datenbankformat exportiert werden. Dazu bestehen in Excel 2013 von Haus aus keine Möglichkeiten mehr, da die bislang mitgelieferten Dateiexportfilter „dBase III" und „dBase IV" fehlen. Eine direkte Konvertierung in das hauseigene Access-Format ist auch nicht mehr machbar, da das früher zu diesem Zweck mitgelieferte Add-in ACCESSLINKS nun ebenfalls durch Abwesenheit glänzt.

Glücklicherweise können Sie den Export einer Excel-Tabelle zu Access aber auch aus der umgekehrten Richtung angehen: Dazu speichern und schließen Sie die Datei in Excel. Anschließend starten Sie Access und führen dort EXTERNE DATEN | EXCEL aus. Im Dateiauswahlformular wählen Sie die Excel-Datei aus und gelangen so zum Import-Assistenten – siehe Bild 12.17. (Auch eine Menge anderer Datenbanksysteme sehen den Import von Excel-Tabellen vor.)

Export als Textdatei, Word-Serienbriefe

Möglichkeiten zum Export von Excel-Tabellen in Textdateien sind in Abschnitt 5.6.6 beschrieben. Sie können Excel-Dateien unter anderem auch als Grundlage für Word-Serienbriefe verwenden.

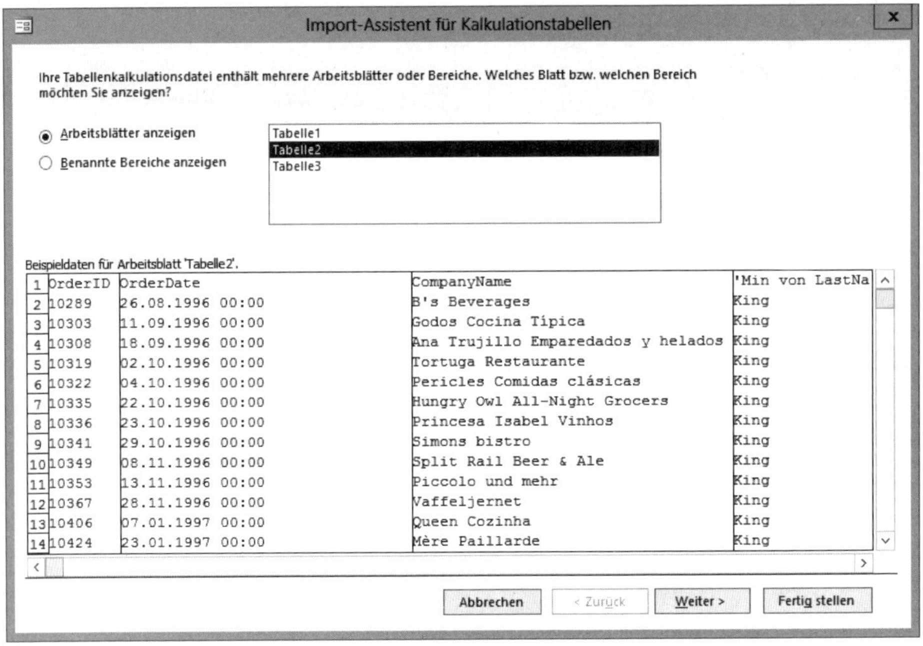

| Import-Assistent für Kalkulationstabellen | x |

Ihre Tabellenkalkulationsdatei enthält mehrere Arbeitsblätter oder Bereiche. Welches Blatt bzw. welchen Bereich möchten Sie anzeigen?

⦿ Arbeitsblätter anzeigen

○ Benannte Bereiche anzeigen

Tabelle1
Tabelle2
Tabelle3

Beispieldaten für Arbeitsblatt 'Tabelle2'.

1	OrderID	OrderDate	CompanyName	'Min von LastNa
2	10289	26.08.1996 00:00	B's Beverages	King
3	10303	11.09.1996 00:00	Godos Cocina Tipica	King
4	10308	18.09.1996 00:00	Ana Trujillo Emparedados y helados	King
5	10319	02.10.1996 00:00	Tortuga Restaurante	King
6	10322	04.10.1996 00:00	Pericles Comidas clásicas	King
7	10335	22.10.1996 00:00	Hungry Owl All-Night Grocers	King
8	10336	23.10.1996 00:00	Princesa Isabel Vinhos	King
9	10341	29.10.1996 00:00	Simons bistro	King
10	10349	08.11.1996 00:00	Split Rail Beer & Ale	King
11	10353	13.11.1996 00:00	Piccolo und mehr	King
12	10367	28.11.1996 00:00	Vaffeljernet	King
13	10406	07.01.1997 00:00	Queen Cozinha	King
14	10424	23.01.1997 00:00	Mère Paillarde	King

| Abbrechen | < Zurück | Weiter > | Fertig stellen |

BILD 12.17 Der Access-Import-Assistent beim Import einer Excel-Tabelle

■ 12.3 Datenbankzugriff mit der ADO-Bibliothek

Anmerkung

Als Autoren stehen wir bei diesem Abschnitt vor einem Dilemma: 1999 hat Michael Kofler ein 600-seitiges Buch über ADO aus der Sicht von Visual Basic 6 geschrieben. Große Teile der dort vermittelten ADO-Grundlageninformationen treffen auf die VBA-Programmierung unter Excel 2013 weiterhin zu. Natürlich würden wir dieses Wissen gerne auch hier vermitteln – aber eine derartig ausführliche Beschreibung ist leider ausgeschlossen. Daher können wir nur betonen, dass die folgende Beschreibung inhaltlich stark verkürzt ist, dass also viele Funktionen gar nicht beschrieben werden, dass von den vielen Optionen, die ADO oft bietet, immer nur die wichtigste erwähnt wird etc. Für einfache Aufgaben und die ersten Schritte sollten die Informationen aber reichen. Wenn Sie sich intensiver mit ADO beschäftigen, lohnt vermutlich die Anschaffung spezieller ADO-Literatur. ■

12.3.1 Einführung

Was ist ADO?

ADO steht für *ActiveX Data Objects* und bezeichnet eine Bibliothek zur Datenbankprogrammierung. ADO ist der Nachfolger der DAO-Bibliothek (die aber weiterhin zur Verfügung steht, siehe unten). Mit ADO können Sie:

- eine Verbindung zu beinahe jeder Datenbank unter Windows herstellen (Voraussetzung ist, dass es zu dieser Datenbank einen ODBC- oder, noch besser, einen OLE-DB-Treiber gibt),
- Daten abfragen und in Ihrem Programm auswerten,
- Daten neu einfügen, verändern und löschen (so Sie die entsprechenden Zugriffsrechte haben).

Hinweis

Damit Sie die ADO-Funktionen in Ihrem Excel-Programm nutzen können, müssen Sie mit EXTRAS | VERWEISE im Visual-Basic-Editor die ADO-Bibliothek aktivieren. Der vollständige Name der Bibliothek lautet *Microsoft ActiveX Data Objects 2.1 Library*. Im Objektkatalog lautet das Kürzel für die Bibliothek *ADODB*. Achten Sie darauf, dass Sie nicht versehentlich eine der zahlreichen verwandten Bibliotheken auswählen.

∎

ADO-Versionen

Obwohl die ADO-Bibliothek mittlerweile in der Version 6.1 vorliegt, gehört die erwähnte Version 2.1 immer noch zum Lieferumfang von Excel 2013 und sollte nach Möglichkeit auch für eigene Projekte ausgewählt werden. Der Grund ist eine maximale Kompatibilität mit früheren Office-Versionen und Excel-Lösungen, wo ADO 2.1 über viele Jahre der Standard war.

Grundsätzlich gilt, dass Sie in Ihren VBA-Programmen selbstverständlich auch eine neuere Version von ADO verwenden können, wenn diese auf Ihrem Rechner installiert ist. Dazu wählen Sie mit EXTRAS | VERWEISE einfach eine aktuellere Version der Bibliothek aus. Der Vorteil besteht darin, dass die neueren Versionen weniger Fehler und dafür einige Zusatzfunktionen enthalten (z. B. um XML-Daten mit dem SQL Server zu verarbeiten). Der Nachteil besteht allerdings darin, dass Ihr Excel-Programm auf einem anderen Rechner nur dann funktioniert, wenn dort auch die entsprechende ADO-Version installiert ist.

ADO versus DAO

Mit Excel 2013 wird neben der ADO-Bibiothek auch die viel ältere DAO-Bibliothek mitgeliefert, die ebenfalls zur Datenbankprogrammierung geeignet ist. DAO wird aber nur noch aus Kompatibilitätsgründen ausgeliefert und sollte bei *neuen* Projekten nicht mehr zum Einsatz kommen.

Es spricht aber nichts dagegen, *vorhandenen* DAO-Code so zu belassen, wie er ist. DAO mag alt(modisch) sein, funktioniert dafür aber zuverlässig, besonders in Kombination mit Access-Datenbanken.

Es ist prinzipiell möglich, sowohl DAO als auch ADO in ein und demselben Programm zu nutzen (etwa während der Umstellungsphase). Es gibt dann allerdings mehrere gleichnamige Objekte – etwa das DAO- und das ADO-*Recordset*-Objekt. Zur eindeutigen Identifizierung müssen Sie bei der Deklaration von Variablen jetzt auch den Bibliotheksnamen der Bibliothek voranstellen (also *DAO.Recordset* oder *ADODB.Recordset*).

 Hinweis

Die ADO-Bibliothek unterstützt viele, aber nicht alle Funktionen von DAO. Wenn Sie in Ihrem Programm neue Access-Datenbanken oder Tabellen anlegen möchten, Indizes oder Benutzerrechte verwalten müssen etc., müssen Sie zusätzlich zu ADO die ADOX-Bibliothek („Microsoft ADO Ext. 6.0 for DDL and Security") einsetzen. ∎

Einführungsbeispiel

Wie alle Beispiele dieses Abschnitts greift auch die folgende Prozedur auf die Datenbank *Nwind.mdb* zu. (Der Aufbau der Datenbank ist im vorigen Kapitel beschrieben. Die Datenbankdatei befindet sich auf der beiliegenden CD.)

In den ersten beiden Zeilen der Prozedur *intro* werden zwei neue Objekte erzeugt, ein *Connection*- und ein *Recordset*-Objekt. Aufgabe von *conn* ist es, die Verbindung zur Datenbank herzustellen. Zu diesem Zweck muss die Methode *Open* ausgeführt werden. Dabei wird eine Zeichenkette übergeben, welche die Parameter der Verbindung enthält. Die *Connection*-Zeichenkette kann bisweilen ziemlich umfangreich und unübersichtlich werden, im einfachsten Fall reichen für den Zugriff auf eine Access-Datenbank aber zwei Parameter:

```
Provider=microsoft.jet.oledb.4.0;Data Source=C:\verz\name.mdb
```

Provider bezeichnet den Treiber, der für den Zugriff verwendet werden soll. Es gibt für jedes Datenbanksystem (Access, SQL Server, Oracle etc.) eigene Treiber. *Data Source* gibt den Ort an, an dem sich die Datenbankdatei befindet. *intro* setzt voraus, dass sich *Nwind.mdb* im selben Verzeichnis befindet wie die Excel-Datei.

Wenn der Verbindungsaufbau gelingt, kann im nächsten Schritt eine Abfrage durchgeführt werden. Dazu benötigen Sie zwei Dinge: ein *Recordset*-Objekt (das eigentlich zur Auswertung der Abfrageergebnisse dient) und eine Zeichenkette mit dem SQL-Kommando der Abfrage. Ohne ein Minimum an SQL-Kenntnissen ist die ADO-Programmierung also nicht vorstellbar. Im vorliegenden Beispiel lautet die Abfrage:

```
SELECT LastName, FirstName  FROM employees
ORDER BY LastName, FirstName
```

Es wird also eine alphabetisch geordnete Liste aller Mitarbeiter des Unternehmens *Northwind* erstellt. (Die Namen aller Mitarbeiter sind in der Tabelle *employees* gespeichert.) Zur Durchführung der Abfrage dient abermals die Methode *Open*.

Die folgende Schleife liest alle gefundenen Datensätze aus dem *Recordset*-Objekt aus. Dabei ist es wichtig zu verstehen, dass das *Recordset*-Objekt zwar den Zugriff auf alle gefundenen Datensätze ermöglicht, dass aber immer nur ein Datensatz (sozusagen eine Zeile) aktiv ist

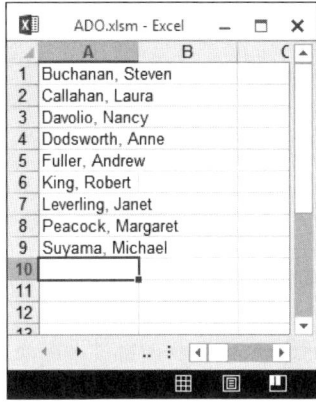

BILD 12.18
Das Ergebnis des Einführungsbeispiels

und gelesen werden kann. Um den nächsten Datensatz auszuwählen, muss die Methode *MoveNext* ausgeführt werden. Wenn sich dabei herausstellt, dass es keinen Datensatz mehr gibt, nimmt die Eigenschaft *EOF* den Wert *True* an.

Jetzt bleibt nur noch zu erklären, wie die einzelnen Felder des aktiven Datensatzes gelesen werden: ganz einfach, indem der *rec*-Variable ein Ausrufungszeichen und dann der Name des Felds hintangestellt wird. Durch die Schleife werden also die Zellen A1, A2, A3 etc. der Reihe nach mit den *employees*-Namen gefüllt (Bild 12.18).

```
' Datei 12\ADO.xlsm, Modul1
Sub intro()
  Dim conn As New Connection, rec As New Recordset
  Dim ws As Worksheet
  Dim sql$, i&
  Set ws = ThisWorkbook.Worksheets("intro")
  conn.Open "Provider=microsoft.jet.oledb.4.0;" + _
    "Data Source=" + ThisWorkbook.Path + "\nwind.mdb"
  sql = "SELECT LastName, FirstName " & _
    "FROM employees ORDER BY LastName, FirstName"
  rec.Open sql, conn
  While Not rec.EOF
    i = i + 1
    ws.[A1].Cells(i) = rec!LastName + ", " + rec!FirstName
    rec.MoveNext
  Wend
  rec.Close: conn.Close
End Sub
```

Es gehört zum „guten Ton" der ADO-Datenbankprogrammierung, dass nicht mehr benötigte ADO-Objekte sofort mit *Close* geschlossen werden. Bei *intro* wäre das zwar nicht unbedingt notwendig, weil die Variablen *conn* und *rec* ohnedies nur existieren, solange die Prozedur ausgeführt wird. Gewöhnen Sie sich dennoch die konsequente Ausführung von *Close* an – Sie ermöglichen damit eine effizientere Datenbanknutzung und ersparen sich Ärger durch eventuelle Zugriffskonflikte.

ADO-Objekthierarchie

Connection	stellt die Verbindung zur Datenbank her
├ *Command*	Abfragedetails (SQL-Kommando etc.)
└ *Parameter[s]*	variable Parameter der Abfrage
├ *Error[s]*	Fehlermeldungen zur letzten Datenbankoperation
└ *Recordset*	Datensatzliste (Tabellen, Abfrageergebnisse etc.)
└ *Field[s]*	einzelne Felder des Datensatzes

Auch wenn die obige Hierarchie einen logischen Zusammenhang zwischen den Objekten darstellt, ist diese Hierarchie keine Voraussetzung für die Erzeugung neuer Objekte. Bild 12.19
wird dieser sehr flachen Objekthierarchie besser gerecht. Sie können beispielsweise ein
neues *Recordset*-Objekt erzeugen, ohne vorher explizit eine Verbindung zur Datenbank
herzustellen.

```
Dim rec As New Recordset
rec.Open "SELECT * FROM tabelle ...", "Provider=..."
```

Sie müssen die Datenquelle natürlich weiterhin angeben, und intern wird dennoch ein
Connection-Objekt erzeugt. In vielen Fällen führt diese Bequemlichkeit also zu schlecht
wartbarem Code und zu unnötig vielen Verbindungen zur Datenbank. Es gibt aber auch Ausnahmen – etwa beim Erzeugen eines *Recordsets* aus einer Datei statt aus einer Datenbank –,
wo wirklich keine *Connection* erforderlich ist.

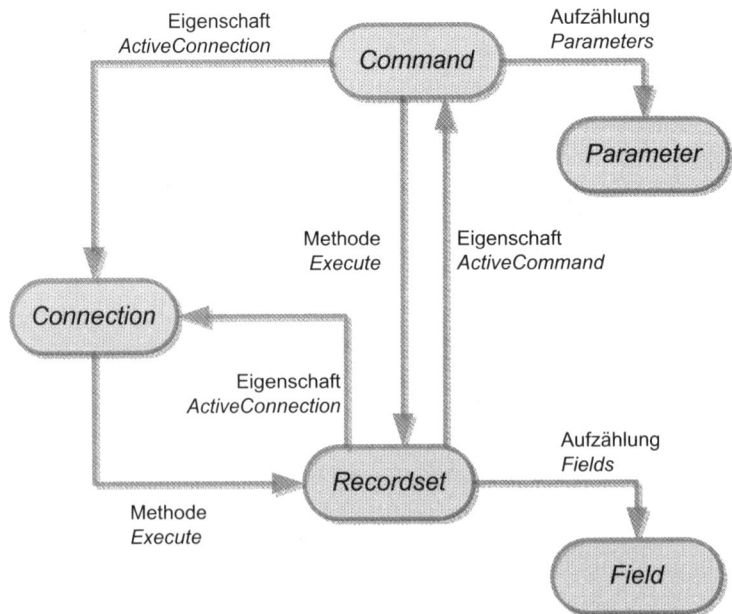

BILD 12.19 Verbindung zwischen den Objekten

Tipp

Die Indizes aller ADO-Auflistungen reichen von 0 bis *Count*-1 (im Gegensatz zu Excel-Auflistungen, die zumeist von 1 bis *Count* reichen). ∎

Zusätzliche (dynamische) Eigenschaften

Die Objekte *Connection*, *Command*, *Field*, *Parameter* und *Recordset* verweisen jeweils auf das Auflistungsobjekt *Properties*, das aus Gründen der Übersichtlichkeit nicht in die obige Hierarchie aufgenommen wurde. Über *Properties* können zusätzliche (dynamische) Eigenschaften angesprochen werden. Der Zugriff auf einzelne Eigenschaften erfolgt über das *Property*-Objekt. Welche dynamischen Eigenschaften existieren, hängt vom verwendeten Treiber ab. Bei einfachen Anwendungen ist es nicht erforderlich, dass Sie sich mit diesen Eigenschaften beschäftigen müssen.

12.3.2 Verbindungsaufbau (Connection)

Im Prinzip ist es einfach, eine Verbindung zu einer Datenbank herzustellen: Sie erzeugen ein neues Connection-Objekt und führen dann *Open* aus, wobei Sie eine Zeichenkette mit den Verbindungsinformationen übergeben. Diese Zeichenkette hat den Aufbau „*parameter1=wert1;parameter 2=wert2;...*". Sowohl die Parameternamen als auch deren Einstellungen dürfen Leerzeichen enthalten.

```
Dim conn As New Connection
conn.Open "Provider=..."
```

Hinweis

Sie können *Open* auch beim ersten Mal ohne zusätzliche Parameter ausführen, wenn Sie die Verbindungsinformationen vorher in der *ConnectionString*-Eigenschaft speichern. Diese Eigenschaft enthält nach *Open* eine bei weitem umfangreichere Zeichenkette, die außer *Provider* und *Data Source* noch eine Menge anderer Informationen enthält. (Dabei handelt es sich um die Default-Einstellungen zusätzlicher Parameter.) Einzelne Teile der Zeichenkette können Sie bequem mit *conn.Properties(„xy")* auslesen, wobei *xy* ein Parameter der Zeichenkette ist (z. B. „*DataSource*"). ∎

ADO limitiert den Verbindungsaufbau auf die in *ConnectionTimeout* genannte Zeitspanne (Default: 15 Sekunden). Klappt es innerhalb dieser Zeit nicht, wird ein Fehler ausgelöst. Beim Verbindungsaufbau zu stark belasteten Datenbank-Servern ist es sinnvoll, dieses Zeitlimit vor der *Open*-Methode etwas höher anzusetzen.

Die Eigenschaft *Mode* gibt an, welche Datenbankoperationen erlaubt sind (z. B. ReadOnly-Zugriff) und ob andere Anwender gleichzeitig auf die Datenbank zugreifen dürfen.

Die Default-Einstellung bei Jet-Datenbanken lautet *adModeShareDenyNone*. Im Gegensatz zu den Informationen in der ADO-Dokumentation bedeutet das, dass andere Anwender die Datenbank ebenfalls öffnen, lesen und verändern dürfen. Wenn Sie die Datenbank in einem anderen Modus öffnen möchten, müssen Sie die *Mode*-Eigenschaft vor der *Open*-Methode anders einstellen. Die zwei wichtigsten Einstellungen sind *adModeShareExclusive* (schließt jeden weiteren Zugriff aus) und *adModeRead* (Read-Only-Zugriff).

ConnectionString für Access-Datenbanken

Das eigentliche Problem beim Aufbau einer Datenbankverbindung besteht darin, die *ConnectionString*-Zeichenkette korrekt zu erstellen. Der Aufbau der Zeichenkette hängt stark vom Datenbanksystem ab. Bei Access-Datenbanken lauten die wichtigsten Parameter folgendermaßen:

Access-Datenbanken	
Provider	*Microsoft.Jet.OLEDB.4.0*
Data Source	<Dateiname der Datenbankdatei>
User ID	<Benutzername> (optional)
Password	<Passwort> (optional)

Wenn Sie ohnedies nur vorhaben, mit Access-Datenbanken zu arbeiten, können Sie den Rest dieses Abschnitts überspringen. Die folgenden Informationen sind nur dann relevant, wenn Sie eine Verbindung zu einem anderen Datenbanksystem herstellen möchten. (Die Beispiele dieses Buchs beziehen sich ausnahmslos auf Access-Datenbanken.)

ConnectionString für SQL Server oder MSDE (OLEDB)

Wenn Ihre Daten vom SQL Server oder von der MSDE (Microsoft Data Engine) verwaltet werden, müssen Sie mehr Angaben machen:

SQL Server/MSDE	
Provider	*SQLOLEDB* oder *SQLOLEDB.1*
Data Source	<Netzwerkname des Rechners, auf dem der SQL Server läuft>
Initial Catalog	<Name der Datenbank am SQL Server>
Integrated Security	*SSPI* (wenn Sie zur Authentifizierung Windows verwenden)
User ID	<Benutzername> (nur wenn keine Windows-Authentifizierung)
Password	<Passwort> (nur wenn keine Windows-Authentifizierung)
Prompt	*Prompt* oder *Complete* (wenn Login-Dialog angezeigt werden soll)

Noch eine Anmerkung zum optionalen *Prompt*-Parameter. Wenn Sie hier die Einstellung *Prompt* verwenden, erscheint vor jedem Versuch, eine Verbindung aufzubauen, ein Login-Dialog, in dem Sie Name und Passwort eingeben können. Die Einstellung *Complete* bedeutet, dass der Dialog nur erscheint, wenn der Verbindungsaufbau nicht klappt. Wenn Sie *Prompt* gar nicht angeben, tritt einfach ein Fehler auf, wenn der Verbindungsaufbau scheitert.

Abschließend noch ein Beispiel zur Herstellung einer Verbindung zur Beispieldatenbank *pubs*, wobei der SQL Server am Rechner *mars* läuft und Sie sich auf die Authentifizierung von Windows verlassen:

```
Dim conn As New Connection
conn.Open "Provider=SQLOLEDB;Data Source=mars;" & _
   "Initial Catalog=pubs;Integrated Security=SSPI"
```

Mit der folgenden Anweisung überlassen Sie den Login dem Anwender:

```
conn.Open "Provider=SQLOLEDB;Data Source=mars;" & _
   "Initial Catalog=pubs;Prompt=Complete"
```

Connection-String für ODBC-Datenquellen

Nicht alle Datenbanken besitzen bereits neue, ADO-kompatible OLE-DB-Treiber. (OLE-DB ist das interne Fundament, auf dem ADO fußt.) In solchen Fällen kann ein ODBC-Treiber verwendet werden. (ODBC ist die Vorgängertechnologie zu OLE DB: alt, aber bewährt und für fast jedes Datenbanksystem verfügbar.) Die Kommunikation zwischen Ihrem Programm und der Datenbank erfolgt dann über drei Ecken: Datenbank → ODBC → OLE DB → ADO. Die Schlüsselwörter für die *ConnectionString*-Zeichenkette sind abermals anders:

ODBC	
Provider	*MSDASQL*
DNS	<Name einer ODBC-Datenquelle>
Driver	<Name des ODBC-Treibers> (z. B. SQL Server)
Server	<Netzwerkname des Rechners, auf dem der Datenbank-Server läuft>
Database	<Name der Datenbank am SQL Server>
Trusted Connection	*yes* (wenn Sie zur Authentifizierung Windows NT verwenden)
UID	<Benutzername> (nur wenn keine NT-Authentifizierung)
PWD	<Passwort> (nur wenn keine NT-Authentifizierung)

Um nochmals eine Verbindung zum SQL Server herzustellen, diesmal aber über dessen ODBC-Treiber, kann folgendes Muster verwendet werden:

```
conn.Open "Provider=MSDASQL.1;Driver=SQL Server;" & _
   "Server=mars;Database=pubs"
```

Falls eine ODBC-Datenquelle definiert wurde (mit den ODBC-Tools der Systemverwaltung), kann deren Name einfach mit *DNS*=... angegeben werden. Alle weiteren Angaben entfallen dann.

Connection-String aus *.udl-Datei lesen

Eine vierte Variante besteht darin, die Verbindungsparameter in einer sogenannten DataLink-Datei mit der Kennung *.udl zu speichern. Eine derartige Datei können Sie im Explorer erzeugen: DATEI | NEU | MICROSOFT DATENLINK. Es erscheint ein Dialog, in dem Sie alle Einstellungen vornehmen können.

DataLink-Datei	
File Name	<Dateiname der *.udl-Datei>
Prompt	wie beim SQL Server

```
conn.Open "File Name=C:\verz\name.udl"
```

12.3.3 Datensatzlisten (Recordset)

Das *Recordset*-Objekt dient zur Verwaltung von Datensätzen, die aus einer Datenbankabfrage resultieren. Im Vergleich zu den anderen ADO-Objekten stehen dazu sehr viele Eigenschaften und Methoden zur Verfügung. Der Grund für die Komplexität liegt im großen Anwendungsbereich von *Recordset*-Objekten. Die folgende Liste zählt die wichtigsten Funktionen des Objekts auf:

- Sie können alle Datensätze der Reihe nach lesen.
- Sie können Datensätze ändern, neu einfügen und löschen.
- Sie können sich durch die Datensatzliste bewegen (also zum ersten, letzten, nächsten oder vorherigen Datensatz springen oder einen bestimmten Datensatz suchen).
- Sie können innerhalb der Datensatzliste suchen und die lokale Sortierordnung ändern.
- Sie können die Datensatzliste in einer lokalen Datei (unabhängig von der Datenbank) speichern und später wieder von dort laden.

Mit diversen Eigenschaften muss vor dem Erzeugen eines *Recordset*-Objekts sein Verwendungszweck angegeben werden. Dabei gilt eine einfache Regel: Je weniger Ansprüche Sie an das *Recordset*-Objekt stellen, desto weniger Methoden und Eigenschaften dürfen Sie verwenden, aber desto effizienter können die verbleibenden Operationen ausgeführt werden.

```
rec.Open sql, conn [,cursortype [,locktype]]
```

Hinweis

Wenn Sie eine Datensatzliste einfach mit *rec.Open sql, conn* erstellen, wird das *Recordset*-Objekt automatisch im Hinblick auf eine möglichst effiziente Verwaltung optimiert. Das bedeutet aber, dass Sie keine Daten verändern können (read-only) und dass Sie sich nur mit *MoveNext* durch die Datensatzliste bewegen dürfen (forward-only), dass Sie die Daten nicht lokal sortieren und die Eigenschaft *Bookmark* nicht verwenden können etc. Wenn Sie anspruchsvollere Operationen durchführen möchten, müssen Sie dies in den optionalen Parametern der *Open*-Methode bekannt geben (siehe Überschrift *Recordset-Typen*). ∎

SQL-Kurzschreibweisen

Voraussetzung für das Öffnen eines *Recordset*-Objekts ist im Regelfall, dass Sie die Datenbankabfrage als SQL-Kommando übergeben. Aus diesem Grund gibt Abschnitt 12.3.5 einen Überblick über die wichtigsten SQL-Kommandos. In manchen Fällen können Sie sich allerdings die Formulierung eines SQL-Kommandos ersparen:

- Wenn Sie auf alle Felder einer Tabelle zugreifen möchten, reicht es, im ersten Parameter von *Open* einfach den Namen der Tabelle anzugeben. Intern wird das als *SELECT * FROM tabelle* interpretiert.

- Wenn Ihnen Access zur Verfügung steht, können Sie dort Abfragen definieren. Beim Zugriff auf Access-Datenbanken können Sie dann bei *Open* einfach den Namen der Abfrage (so wie den Namen einer Tabelle) angeben.

- Wenn Sie mit einem Datenbank-Server arbeiten (etwa mit Oracle), können Sie zwar keine Abfragen vordefinieren, wohl aber sogenannte Sichten (*views*). Auch der Name einer Sicht reicht für *Open* aus – die interne Interpretation ist abermals *SELECT * FROM view*.

Recordset-Typen

Drei Eigenschaften *CursorLocation*, *CursorType* und *LockType* bestimmen den Typ des *Recordsets*. Diese Eigenschaften müssen im Voraus eingestellt bzw. als optionale Parameter an *Open* übergeben werden. Sobald das Objekt einmal geöffnet ist, ist keine Änderung mehr möglich.

Am einfachsten zu verstehen ist sicherlich *LockType*. Diese Eigenschaft gibt an, ob Daten verändert werden können und wie eventuelle Konflikte erkannt werden (wenn zwei oder mehr Benutzer gleichzeitig denselben Datensatz verändern möchten).

LockType-Einstellungen	
adLockReadOnly	Daten dürfen gelesen, aber nicht verändert werden (Default!)
adLockPessimistic	pessimistische Konfliktkontrolle
adLockOptimistic	optimistische Konfliktkontrolle (effizienter!)
adLockBatchOptimistic	mehrere Datensätze können gleichzeitig verändert werden

Es fehlt hier der Platz, um auf die Feinheiten zwischen optimistischem und pessimistischem Locking einzugehen. In den meisten Fällen ist *adLockOptimistic* die bessere Wahl. Wenn es wirklich zu einem Konflikt kommt, tritt der Fehler erst beim Versuch auf, die Daten tatsächlich zu speichern (im Regelfall bei der Ausführung der *Update*-Methode). Sie müssen diesen Punkt im Programm also absichern. *adLockBatchOptimistic* ermöglicht sogenannte Stapelaktualisierungen, bei denen mehrere Datensätze gleichzeitig verändert werden. Das ist effizient, aber auch kompliziert und in Excel-Anwendungen selten erforderlich, weswegen die Details hier übergangen werden.

CursorType gibt an, wie die Verwaltung der Datensatzliste intern (d. h. vom Datenbanksystem und von ADO) erfolgen soll. Die Einstellung hat Einfluss darauf, wie flexibel Sie sich in der Datensatzliste bewegen können.

CursorType-Einstellungen	
adOpenForwardOnly	minimaler Verwaltungsaufwand (d. h. sehr effizient), aber geringe Anzahl von unterstützten Funktionen (Default!)
adOpenDynamic	relativ geringer Verwaltungsaufwand, aber bessere Navigationsmöglichkeiten
adOpenKeyset	größerer Verwaltungsaufwand, alle Funktionen
adOpenStatic	noch größerer Verwaltungsaufwand; vergleichsweise langsam beim Zugriff auf die ersten Datensätze, schnell bei weiteren Zugriffen

adOpenForwardOnly eignet sich dann, wenn Sie einfach der Reihe nach alle Datensätze einmal lesen (und eventuell auch verändern möchten). Es ist nicht möglich, einen bereits bearbeiteten Datensatz nochmals zu aktivieren, jede Art der lokalen Bearbeitung (Suchen, Sortieren, Filtern) ist ausgeschlossen.

Die Unterschiede der drei anderen Typen können hier nicht beschrieben werden, ohne vertieft auf die Datenbankgrundlagen einzugehen. Es geht vor allem darum, zu welchem Zeitpunkt wie viele Daten von der Datenbank in das *Recordset* übertragen werden und ob spätere Änderungen der Daten durch andere Benutzer im *Recordset* sichtbar werden oder nicht. Im Zweifelsfall ist *adOpenKeyset* oft ein guter Kompromiss zwischen Effizienz und Vielseitigkeit.

CursorLocation bestimmt schließlich, wo die Verwaltung der Datensatzliste erfolgen soll: direkt bei der Datenbank (*adUseServer*) oder durch die ADO-Bibliothek (*adUseClient*). Besonders bei Netzwerksystemen ist das ein großer Unterschied: Im einen Fall ist der Rechner mit dem Datenbank-Server stärker belastet, im anderen Fall der Rechner, auf dem Ihr Excel-Programm läuft.

Wenn Sie sehr große Datenmengen bearbeiten müssen (Datensatzlisten mit deutlich über 1000 Datensätzen), ist *adUseServer* oft die bessere Wahl: Diese Einstellung vermeidet, dass unnötig viele Datensätze übertragen werden müssen. Allerdings steht bei *adUseServer* eine ganze Menge von ADO-Merkmalen nicht zur Verfügung.

Bei *adUseClient* werden sofort beim Öffnen des *Recordsets* alle Daten übertragen. Das kann bei großen Datensatzlisten einige Zeit kosten, in der das Programm blockiert ist. Außerdem müssen die Daten im lokalen RAM gehalten werden. Die Vorteile: Wenn die Daten einmal hier sind, bestehen sehr vielseitige und effiziente Formen der Weiterverarbeitung.

Auch hier eine Empfehlung, ohne alle Hintergründe beleuchten zu können: Wenn Sie mehr möchten, als sich einfach nur mit *MoveNext* durch die Datensatzliste zu bewegen, ist *adUseClient* meist die bessere Wahl. ADO ist im Hinblick auf diese Zugriffsmethode besser optimiert.

CursorLocation-Einstellungen	
adUseServer	Datenverwaltung direkt bei der Datenbank (Default)
adUseClient	Datenverwaltung durch die ADO-Bibliothek

Die Sache wird insofern noch komplizierter, als nicht jede Kombination dieser drei Eigenschaften zulässig ist. Beispielsweise ist bei *CursorLocation=adUseClient* einzig *CursorType=adOpenStatic* möglich. (Wenn Sie ein *Recordset* in einer unzulässigen Kombination anfordern, erhalten Sie automatisch ein *Recordset* mit anderen Einstellungen. Es tritt keine Fehlermeldung auf.) Welche Kombinationen zulässig sind, hängt wiederum vom Datenbanktreiber ab. Bei Access-Datenbanken sind also andere Kombinationen zulässig als bei einer Datenbank, die durch Oracle verwaltet wird.

Wenn Sie testen möchten, welche Operationen mit dem gerade ausgewählten *Recordset*-Typ möglich sind, können Sie die Methode *Supports* einsetzen. Mit *Supports(adBookmark)* können Sie beispielsweise testen, ob *Bookmarks* unterstützt werden (*True* oder *False*).

Datenfelder

Jeder Datensatz eines *Recordsets* besteht aus einem oder mehreren Feldern. (In einer Tabellensicht entsprechen Datenfelder gleichsam den Spaltennamen.) Wie bereits im Einführungsbeispiel demonstriert, erfolgt der Zugriff auf Felder in der Schreibweise *rec!feld*. Wenn der Feldname Sonder- oder Leerzeichen enthält, muss der Name in eckige Klammern gesetzt werden, z. B. *rec![article-nr]*.

rec!name ist eine Kurzschreibweise für *rec.Fields(„name").Value*. Intern werden die Datenfelder also in einer Fields-Auflistung verwaltet. *Fields(n)* oder *Fields(„name")* verweist wenig überraschend auf Field-Objekte. Jedes dieser Objekte gibt Auskunft über den Feldnamen (*Name*), den Datentyp (*Type*), seine Größe (*DefinedSize* und *ActualSize*) etc. *Value* enthält den Wert des Felds für den gerade aktuellen Datensatz.

Das folgende Beispiel liefert Feldinformationen zu allen Datenfeldern der *employee*-Tabelle. Das Ergebnis ist in Bild 12.20 zu sehen.

```
' Datei 12\ADO.xlsm, Modul1
Sub rec_fields()
  Dim conn As New Connection
  Dim rec As New Recordset, f As Field
  Dim ws As Worksheet, i&
  Set ws = ThisWorkbook.Worksheets("fields")
  conn.Open "Provider=microsoft.jet.oledb.4.0;" + _
    "Data Source=" + ThisWorkbook.Path + "\nwind.mdb;"
  rec.Open "employees", conn
  For Each f In rec.Fields
    i = i + 1
    ws.[a1].Cells(i) = f.Name
    ws.[b1].Cells(i) = f.Type
    ws.[c1].Cells(i) = TypeName(f.Value)
  Next
  rec.Close: conn.Close
End Sub
```

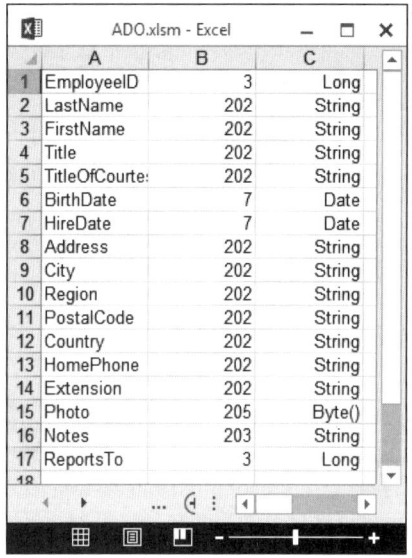

BILD 12.20
Die Datenfelder der employee-Tabelle

 Tipp

Beachten Sie bitte, dass die meisten Datenbanken in einem Feld *NULL* speichern können. Das bedeutet, dass keine Daten zur Verfügung stehen. Das kann zu Problemen führen, wenn Sie das Feld einer Variablen eines bestimmten Typs zuweisen möchten – etwa *x$ = rec!comment*. Sie müssen mit *IsNull(rec!comment)* testen, ob das Feld überhaupt Daten enthält!

Navigation in Datensätzen

Die Navigation in Datensatzlisten erfolgt primär mithilfe von fünf Methoden:

MoveNext	den nächsten Datensatz aktivieren
MovePrevious	den vorigen Datensatz aktivieren
MoveFirst	den ersten Datensatz aktivieren
MoveLast	den letzten Datensatz aktivieren
Move n	um *n* Datensätze nach vorne bzw. zurück (bei negativem *n*)

Beachten Sie, dass Sie nicht davon ausgehen dürfen, dass die Datensätze irgendeine bestimmte Reihenfolge einhalten – es sei denn, die Datensatzliste basiert auf einer SQL-Abfrage mit *ORDER-BY*-Klausel.

Der Zeiger auf den aktuellen Datensatz darf mit *MoveNext* bzw. *MovePrevious* um eine Position über den ersten bzw. letzten Datensatz hinausbewegt werden. In diesem Fall hat die Eigenschaft EOF (*end of file*) bzw. BOF (*bottom of file*) den Wert *True*, es liegt kein gültiger Datensatz vor.

Move ermöglicht es, den Zeiger auf den aktuellen Datensatz nicht nur um eine, sondern auch um mehrere Positionen zu bewegen. Optional kann in einem zweiten Parameter angegeben werden, dass *n* sich auf den ersten oder den letzten Datensatz bezieht.

 Vorsicht

Um es nochmals zu betonen: *EOF* bzw. *BOF* zeigen *nicht* den letzten gültigen Datensatz an! Wenn eine dieser Eigenschaften *True* ist, dann ist der Bereich der gültigen Datensätze bereits überschritten worden. Es liegt jetzt ein ungültiger Datensatz vor, der nicht weiter bearbeitet werden darf. ∎

Positionsinformationen

Die Eigenschaft *AbsolutePosition* gibt an, welcher der Datensätze gerade aktiv ist (der erste, der zweite etc.). *AbsolutePosition* kann auch die Werte *adPosUnknown (-1)*, *adPosBOF (-2)* oder *-EOF (-3)* enthalten. Die Zuweisung eines Werts an *AbsolutePosition* stellt eine weitere Möglichkeit dar, den gerade aktiven Datensatz auszuwählen. Die Gesamtzahl der Datensätze können Sie der Eigenschaft *RecordCount* entnehmen.

Gelegentlich besteht der Wunsch, zum gerade aktuellen Datensatz zu einem späteren Zeitpunkt zurückzukehren. Dazu speichern Sie den Inhalt der Bookmark-Eigenschaft in einer *Variant*-Variablen. (Diese Variable dient also gleichsam als Lesezeichen.) Zur Rückkehr weisen Sie den gespeicherten Wert wieder der *Bookmark*-Eigenschaft zu.

Datensätze suchen und lokal sortieren

Mit der Methode *Find* können Sie ausgehend vom aktuellen Datensatz den nächsten Datensatz finden, der einem bestimmten Kriterium entspricht. Alle Parameter außer dem ersten sind optional. Wenn kein geeigneter Datensatz zu finden ist, zeigt das *Recordset*-Objekt auf einen ungültigen Datensatz (*EOF=True* bei der Vorwärtssuche, *BOF=True* bei der Rückwärtssuche).

```
rec.Find kriterium, offset, richtung
```

Als Suchkriterium geben Sie eine Zeichenkette mit dem Spaltennamen und der Vergleichsoperation an, etwa *„Einzelpreis > 10"*. Bei Textvergleichen mit dem Operator *Like* kann _ als Joker für ein Textzeichen verwendet werden, * für mehrere Textzeichen, also etwa: *„Name Like 'M*'"*. * darf nur am Ende oder sowohl am Anfang als auch am Ende des Suchmusters verwendet werden. Kompliziertere Ausdrücke wie *Like 'a*b'* sind nicht erlaubt.

offset gibt an, bei welchem Datensatz die Suche begonnen wird. In der Default-Einstellung wird mit dem aktuellen Datensatz begonnen. Führen Sie vor *Find* die Methode *MoveFirst* aus, um beginnend mit dem ersten Datensatz zu suchen!

Erfüllt der aktuelle Datensatz das Suchkriterium, wird er wieder zurückgegeben. Um nun den nächsten passenden Datensatz zu finden, müssen Sie entweder *MoveNext* oder *Find* mit *offset:=1* ausführen! Mit *richtung* können Sie die Suchrichtung angeben (*adSearchForward / -Backward*).

Vorhandenen Datensatz verändern

Damit Datensätze überhaupt verändert, gelöscht oder neu eingefügt werden können, muss das *Recordset*-Objekt mit einer geeigneten *LockType*-Einstellung geöffnet werden.

Um einen vorhandenen Datensatz zu verändern, brauchen Sie nur eines der Felder zu verändern (also *rec!feldname = neuerwert*). Im Gegensatz zur DAO-Bibliothek gibt es keine *Edit*-Methode mehr, um einen Veränderungsvorgang einzuleiten.

Die Veränderungen werden gespeichert, sobald explizit die Methode *Update* ausgeführt wird. Zu einer automatischen Speicherung kommt es aber auch dann, wenn ein anderer Datensatz aktiviert wird (etwa mit einer *Move*-Methode).

Noch nicht gespeicherte Veränderungen können durch *CancelUpdate* widerrufen werden. In diesem Fall nehmen alle Felder des aktuellen Datensatzes wieder ihre ursprünglichen Werte an. (Diese Werte können Sie auch ohne *CancelUpdate* ermitteln, indem Sie die *Field*-Eigenschaft *OriginalValue* auswerten – also etwa durch *rec!feldname.OrignalValue*.)

Datensatz hinzufügen

Wenn Sie einen neuen Datensatz erzeugen möchten, führen Sie *AddNew* aus. (Auch dadurch werden eventuell noch ungesicherte Änderungen gespeichert.) Damit wird ein neuer, leerer Datensatz zum aktiven Datensatz. Dabei werden Datensatzfelder, die automatisch von der Datenbank verwaltet werden (oftmals ID-Felder, in die eine fortlaufende Nummer eingetragen wird), automatisch initialisiert. Alle weiteren Operationen erfolgen wie bei einer Datensatzveränderung: Sie müssen die Eigenschaften einstellen und die Änderungen durch *Update* speichern.

Datensatz löschen

Noch einfacher ist es, einen Datensatz zu löschen: Führen Sie einfach die Methode *Delete* aus.

Mögliche Fehlerursachen

Bei allen drei Operationen besteht eine verhältnismäßig große Chance, dass ein Fehler ausgelöst wird. Die wahrscheinlichsten Gründe sind:

- Ein veränderter oder neuer Datensatz kann nicht gespeichert werden, weil einzelne Datenfelder unzulässige Werte haben. Je nach Definition der Tabelle dürfen einzelne Felder nicht leer sein bzw. nicht *Null* oder „ " enthalten.

- Ein veränderter Datensatz kann nicht gespeichert werden, weil ein zweiter Anwender denselben Datensatz bearbeitet oder womöglich schon verändert hat.

- Ein Datensatz kann nicht gelöscht oder verändert werden, weil dadurch die Bedingungen der referenziellen Integrität verletzt werden. (Das heißt, dass die Beziehung zu einem Datensatz einer anderen Tabelle zerstört würde. In solchen Fällen müssen zuerst alle abhängigen Datensätze der anderen Tabellen gelöscht werden.)

- Der Datensatz kann nicht verändert werden, weil Sie dazu unzureichende Rechte haben. (Manchmal sind Datenbanken so weit abgesichert, dass außer dem Administrator niemand Tabellen direkt verändern darf. Veränderungen müssen dann mit den dafür vorgesehenen Prozeduren durchgeführt werden.)

Beachten Sie, dass diese Fehler auch an allen Stellen in Ihrem Programm ausgelöst werden können, an denen sich der aktuelle Datensatz ändern kann. Es ist also eine sehr gründliche Fehlerabsicherung erforderlich.

12.3.4 SQL-Kommandos (Command)

Das *Command*-Objekt dient dazu, SQL-Kommandos auszuführen. Wahrscheinlich fragen Sie sich jetzt, wo eigentlich der Unterschied zu *Recordset* besteht, bei dem ja ebenfalls ein SQL-Kommando ausgeführt wird. Das *Command*-Objekt muss dann eingesetzt werden, wenn eine Abfrage (Access) bzw. eine SQL-Prozedur (diverse Datenbank-Server) mit Parametern ausgeführt werden soll.

Auch ein mit *Command* ausgeführtes Kommando kann als Ergebnis eine Datensatzliste liefern – das muss aber nicht sein! Sie können beispielsweise auch ein *DELETE*-Kommando ausführen, das einen bestimmten Datensatz löscht. In diesem Fall erhalten Sie kein unmittelbares Ergebnis (höchstens eine Fehlermeldung, wenn das Löschen nicht möglich ist).

Auf die vielen Besonderheiten des *Command*-Objekts kann hier nicht eingegangen werden – seien es nun asynchrone Abfragen, der Umgang mit den verschiedensten Parametertypen, die vielfältigen Syntaxvarianten zur Ausführung von Kommandos etc. Stattdessen demonstriert das folgende Beispiel eine mögliche Anwendung. Dazu wird in *command_parameters* eine neue Abfrage mit einem Parameter erstellt:

```
SELECT companyname FROM customers WHERE country = ?
```

Die Abfrage liefert also eine Liste aller Kunden eines bestimmten Landes. Bevor die Abfrage ausgeführt werden kann, muss über die *Parameters*-Auflistung des *Command*-Objekts ein Ländername angegeben werden – z. B. „*germany*". Zur Ausführung des Kommandos wird abermals *Open* für das *Recordset*-Objekt verwendet. Dabei wird als erster Parameter aber nicht ein SQL-Kommando übergeben, sondern das *Command*-Objekt.

Das Beispiel demonstriert gleichzeitig den Einsatz der Methode *CopyFromRecordset*. Diese Methode ist für das Excel-*Range*-Objekt definiert und ermöglicht es, den gesamten Inhalt eines *Recordsets* äußerst effizient in eine Tabelle zu übertragen. Dabei wird mit der Zelle begonnen, die als Objekt von *CopyFromRecordset* angegeben wird. (Die bei den anderen Beispielen stattdessen eingesetzte *While-Wend*-Schleife hatte nur didaktische Gründe. Sie sollte zeigen, wie Datensätze ausgelesen werden.)

```
Sub command_parameters()
  Dim conn As New Connection
  Dim rec As New Recordset
  Dim comm As New Command
  Dim ws As Worksheet
  Dim countryname$
  Set ws = ThisWorkbook.Worksheets("command")
  conn.Open "Provider=microsoft.jet.oledb.4.0;" + _
    "Data Source=" + ThisWorkbook.Path + "\nwind.mdb;"
```

```
      Set comm.ActiveConnection = conn
      comm.CommandText = _
        "SELECT companyname FROM customers WHERE country = ?"
      countryname = InputBox("Geben Sie bitte einen englischen " & _
        "Ländernamen an (z. B. 'germany').")
      comm.Parameters(0) = countryname
      rec.Open comm
      ws.[a1].CopyFromRecordset rec
      rec.Close: conn.Close
    End Sub
```

12.3.5 SQL-Grundlagen

In den bisherigen Beispielen ist immer wieder ein bisschen SQL-Code vorgekommen – aber immer von der einfachsten Sorte. Auch wenn dieser Abschnitt nur die ersten fünf Prozent der hohen SQL-Kunst zeigen kann, so soll er doch vermitteln, dass SQL eine ziemlich mächtige Sprache ist. Vielleicht bekommen Sie ja Appetit auf mehr!

Hinweis

SQL-Kommandos werden in diesem Buch in Großbuchstaben geschrieben, damit sie auf den ersten Blick von Visual-Basic-Schlüsselwörtern unterschieden werden können. Grundsätzlich können Sie die Groß- und Kleinschreibung der SQL-Kommandos aber beliebig wählen. Alle Beispiele beziehen sich wieder auf die *Northwind*-Datenbank.

SQL-Abfragen

SELECT wählt Felder aus den anschließend mit *FROM* genannten Tabellen aus. Die Feldnamen werden durch Kommas voneinander getrennt. Falls die Namen der Felder Leer- oder Sonderzeichen enthalten, müssen sie in eckige Klammern gestellt werden. Wenn in mehreren Tabellen dieselben Feldnamen verwendet werden, muss der Tabellenname dem Feldnamen vorangestellt werden, z. B. *tabelle.name*. Das Zeichen * gilt für alle Felder der Tabelle.

FROM gibt die Tabellen an, aus denen die zuvor bei *SELECT* genannten Felder entnommen werden sollen.

INNER JOIN verknüpft zwei Tabellen über ein gemeinsames Feld (z. B. eine ID-Nummer). *INNER JOIN* ist von zentraler Bedeutung in relationalen Datenbanken, wenn Daten aus mehreren Tabellen zusammengefügt werden sollen.

WHERE gibt die Bedingungen an, welche die Felder erfüllen müssen. Wenn *WHERE* nicht verwendet wird, enthält das resultierende Recordset alle Datensätze der Tabelle.

GROUP BY feld fasst alle Ergebniszeilen zusammen, bei denen das angegebene Datenfeld denselben Wert hat. Auf die anderen Felder der Abfrage müssen dann sogenannte Aggregatsfunktionen angewandt werden, etwa *SUM(feld)*, um die Summe zu berechnen.

ORDER BY gibt an, nach welchen Feldern die aus den bisherigen Anweisungen resultierende Liste geordnet werden soll. Durch die nachgestellten Kommandos *ASC* oder *DESC* kann eine auf- oder absteigende Sortierreihenfolge bestimmt werden (Default aufsteigend).

> **Hinweis**
>
> Wenn Sie bei der Erstellung von SQL-Abfragen Schwierigkeiten haben, versuchen Sie einfach, die Abfrage mit MS Query oder mit Access zu formulieren. Beide Programme ermöglichen eine recht komfortable, interaktive Erstellung von Abfragen; und beide Programme verraten Ihnen anschließend den dazugehörigen SQL-Code! Falls Sie Datenbanken im Access-Format bearbeiten, können Sie Abfragen direkt in der Datenbank speichern. Im VBA-Code können Sie solche vordefinierten Abfragen unmittelbar verwenden, ohne sich um den dahinterliegenden SQL-Code zu kümmern.

SQL-Anweisungen sind in den folgenden Beispielen nur aus Platz- und Übersichtsgründen mehrzeilig gedruckt. Im Programm muss die SQL-Anweisung in einer Zeichenkette stehen.

SELECT-Beispiel 1

Das folgende Kommando erstellt eine Liste aller Produkte, die mehr als 50 Währungseinheiten kosten.

```
SELECT ProductName, UnitPrice
FROM Products
WHERE UnitPrice > 50
ORDER BY ProductName
```

Die resultierende Liste ist nach den Produktnamen sortiert:

Product Name	Unit Price
Carnarvon Tigers	62,50
Côte de Blaye	263,50
Manjimup Dried Apples	53,00
Mishi Kobe Niku	97,00
...	

SELECT-Beispiel 2

Das zweite Beispiel ist eine Variante zum ersten. Der einzige Unterschied besteht darin, dass zusätzlich zum Produktnamen auch dessen Kategorie angezeigt wird. Das ist freilich leichter gesagt als getan: Da die Kategorienamen in einer anderen Tabelle definiert sind, muss mit *INNER JOIN* eine Verknüpfung zwischen den beiden Tabellen hergestellt werden. Beachten Sie dabei, dass das Feld *CategoryID* in beiden Tabellen, *Categories* und *Products*, vorkommt. Aus diesem Grund muss den Feldern bei *INNER JOIN* jeweils der Tabellenname vorangestellt werden.

```
SELECT ProductName, CategoryName, UnitPrice
FROM Categories
INNER JOIN Products ON Categories.CategoryID = Products.CategoryID
WHERE UnitPrice>50
ORDER BY ProductName
```

Und das ist die resultierende Liste:

Product Name	Category Name	Unit Price
Carnarvon Tigers	Seafood	62,50
Côte de Blaye	Beverages	263,50
Manjimup Dried Apples	Produce	53,00
Mishi Kobe Niku	Meat/Poultry	97,00
...		

SELECT-Beispiel 3

In *SELECT*-Abfragen können auch sogenannte Aggregatsfunktionen eingesetzt werden. Das folgende Beispiel ermittelt die Anzahl der Produkte und deren Durchschnittspreis. Das Schlüsselwort *AS* wird verwendet, um die Ergebnisfelder zu benennen.

```
SELECT COUNT(*) AS nrOfProducts, AVG(unitprice) AS avgPrice
FROM products
```

nrOfProducts	avgPrice
77	28,87

SELECT-Beispiel 4

Das letzte Beispiel beweist, dass Access auch rechnen kann. Die Abfrage liefert eine Liste mit dem Gesamtwert aller Bestellungen. Dazu wird für jede Zeile der Tabelle *Order Details* das Produkt aus Einzelpreis, Anzahl und Rabatt berechnet. Die resultierende Liste wird in Gruppen mit jeweils derselben Bestellnummer zusammengefasst. Für jede Gruppe wird die Summe des Bestellwerts der Einzelposten berechnet.

```
SELECT OrderID, SUM(UnitPrice * Quantity * (1-Discount)) AS Sales
FROM [Order Details]
GROUP BY OrderID
```

Order ID	Sales
10248	440
10249	1863,4
10250	1552,59998965263
10251	654,059999750555
...	

Daten ändern

Die bisherigen Abfragebeispiele hatten die Aufgabe, eine nach verschiedenen Kriterien geordnete Liste zu erstellen, d. h., Daten zu lesen. Sie können in SQL aber auch Daten verändern, und zwar in vielen Fällen erheblich effizienter als durch eine satzweise Verarbeitung im Programmcode. Das gilt ganz besonders für Netzwerkanwendungen: Die über das Netz zu übertragende Datenmenge für ein SQL-Kommando ist vernachlässigbar. Wenn Sie dagegen jeden Datensatz zuerst über das Netz lesen und anschließend verändert wieder schreiben müssen, geht allein für die Datenübertragung eine Menge Zeit verloren. In Access werden solche Kommandos als Aktionsabfragen bezeichnet.

- *DELETE* löscht die mit *WHERE* selektierten Datensätze.
- *UPDATE* aktualisiert einzelne mit *SET* genannte Datenfelder, sofern die unter *WHERE* genannten Bedingungen zutreffen. (Damit können Sie beispielsweise alle Preise um 10 Prozent erhöhen.)
- *INSERT INTO* fügt Datensätze in eine schon vorhandene Tabelle ein.
- *SELECT INTO* erstellt eine neue Tabelle.

12.3.6 Syntaxzusammenfassung

Connection – Eigenschaften und Methoden	
ConnectionString	Zeichenkette mit den Verbindungsdaten (*Data Source*, *Provider* ...)
ConnectionTimoout	maximale Zeitspanne für Verbindungsaufbau (in Sekunden)
CursorLocation	*Recordset*s mit client- oder serverseitigem Cursor erzeugen
Mode	Zugriffsrechte (read only, write, sharing etc.)
Close	Verbindung beenden
Execute	Datenbankabfrage bzw. -kommando ausführen
Open	Verbindung herstellen

Recordset – Eigenschaften	
ActiveConnection	Verweis auf *Connection*-Objekt
BOF	der ungültige Datensatz vor dem ersten Datensatz ist aktiv
Bookmark	Identifikation des aktuellen Datensatzes
CursorLocation	client- oder serverseitiger Cursor
CursorType	Cursortyp (z. B. *adOpenForwardOnly*, *adOpenStatic*)
EditMode	Bearbeitungszustand (z. B. *adEditNone*, *adEditAdd*)
EOF	der ungültige Datensatz hinter dem letzten Datensatz ist aktiv
Fields	Verweis auf die Auflistung der Datensatzfelder
Filter	gibt an, welche Datensätze sichtbar sind
LockType	Locking-Mechanismus (z. B. *adReadOnly*, *adLockOptimistic*)
RecordCount	Anzahl aller Datensätze des Objekts
Sort	enthält den Spaltennamen (Text) für die lokale Sortierung (Client)
State	Zustand des gesamten *Recordset*-Objekts (z. B. *adStateOpen*)
!Name	Kurzschreibweise für *Fields(„name")*

Recordset – Methoden	
CancelUpdate	Änderungen im aktuellen Datensatz widerrufen (nicht speichern)
Close	*Recordset* schließen
Find	Datensatz suchen, der einem bestimmten Kriterium entspricht
GetRows	Inhalt des gesamten *Recordset*s in zweidim. Feld kopieren
Move n	Datensatz-Cursor um *n* Positionen verändern
MoveFirst	ersten Datensatz aktivieren
MoveLast	letzten Datensatz aktivieren
MoveNext	nächsten Datensatz aktivieren
MovePrevious	vorherigen Datensatz aktivieren
Open	*Recordset* öffnen (Abfrage ausführen, aus Datei laden etc.)
Save	*Recordset* in einer Datei speichern
Supports	testen, ob das *Recordset* bestimmte Funktionen unterstützt
Update	Änderungen im aktuellen Datensatz speichern
rng.CopyFromRecordset	*Recordset* in Excel-Tabelle kopieren (*rng* ist ein *Range*-Objekt)

Field – Eigenschaften

ActualSize	tatsächlicher Speicherverbrauch in Byte
Attributes	besondere Merkmale (z. B. *adFldUpdatable*)
DefinedSize	maximale Größe (für Zeichenketten variabler Länge)
Name	Name des Datenfelds
NumericScale	Anzahl der Nachkommastellen (bei Festkomma-Dezimalzahlen)
OriginalValue	ursprünglicher Wert (nur bei Stapelaktualisierung)
Precision	Anzahl der Stellen (bei Festkomma-Dezimalzahlen)
Type	Datentyp
Value	Wert

Command – Eigenschaften und Methoden

ActiveConnection	verweist auf das zugeordnete *Connection*-Objekt
CommandText	Code des Kommandos/der Abfrage (normalerweise SQL)
CommandTimeout	maximale Zeitspanne für Abfrage (in Sekunden)
CommandType	Kommandotyp (z. B. *adCmdText*, *adCmdTable*)
Parameters	verweist auf *Parameter*-Objekte
State	Zustand einer asynchronen Abfrage (z. B. *adStateExecuting*, *-Closed*)
!Name	Kurzschreibweise für *Parameters("name")*
Execute	Kommando/Abfrage ausführen

Elementare SQL-Kommandos

SELECT feld1, feld2	welche Felder
FROM tabelle1, tabelle2	aus welchen Tabellen
WHERE bedingung	unter welchen Bedingungen
GROUP BY feld	wie gruppieren
ORDER BY feld	wie sortieren
DELETE ...	Kommando zum Löschen von Datensätzen
UPDATE ...	Kommando zur Aktualisierung mehrerer Datensätze
INSERT INTO ...	Kommando, um Datensätze in Tabelle einzufügen
SELECT INTO ...	Kommando, um eine neue Tabelle zu erstellen

■ 12.4 Beispiel: Fragebogenauswertung

12.4.1 Überblick

Die Idee des folgenden Beispiels ist relativ einfach: Es soll eine Umfrage durchgeführt werden. Anstatt den Teilnehmern einen Fragebogen in die Hand zu drücken und die Ergebnisse später mühsam zu erfassen, wird der Fragebogen in einer Excel-Tabelle formuliert. Dabei können diverse Steuerelemente (Listenfelder, Auswahlkästchen) verwendet werden, um die Eingabe möglichst einfach zu machen – siehe den Beispielfragebogen *12\survey\survey.xlsm* in Bild 12.21.

BILD 12.21
Der Beispiel-
fragebogen

Als Ergebnis der Umfrage erhalten Sie dann also nicht einen Karton mit ausgefüllten Fragebögen, sondern ein Verzeichnis voller Excel-Dateien. Hier beginnt der Datenbankaspekt des Beispiels. Die Datei *12\survey\analysedata.xlsm* bietet eine Funktion, mit der aus allen Excel-Dateien eines Verzeichnisses sämtliche Antworten in eine Access-Datenbank übertragen werden. In einem zweiten Schritt können alle bisher zur Verfügung stehenden Antworten sofort ausgewertet werden – siehe Bild 12.22.

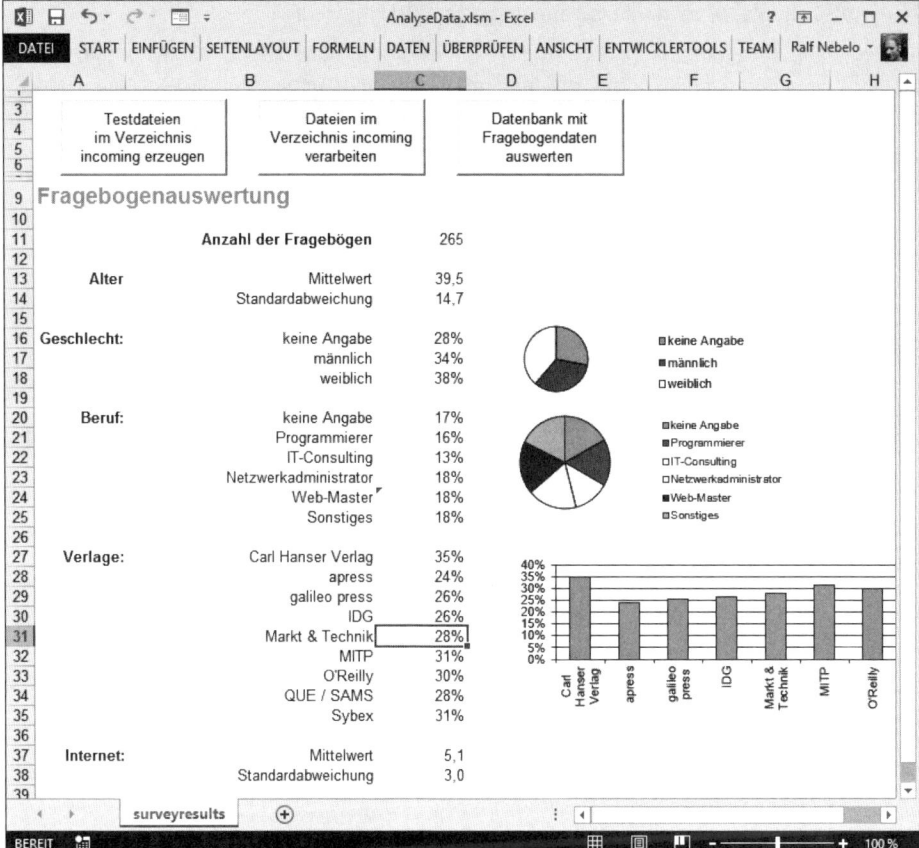

BILD 12.22 Auswertung der Fragebögen

Dateien und Verzeichnisse

Das gesamte Projekt ist auf der beiliegenden CD im Verzeichnis *survey* zu finden. Ausgefüllte Fragebögen müssen im Verzeichnis *incoming* abgelegt werden. Nach dem Einlesen werden die Dateien verkleinert (d. h., nicht benötigte Tabellenblätter werden gelöscht) und in das Verzeichnis *archive* verschoben.

Der Fragebogen befindet sich in der Datei *survey.xlsm*, ein zusätzliches Muster dieses Fragebogens in *survey_template.xlsm*. Diese Datei wird verwendet, um Testdateien mit Zufallsdaten zu erzeugen. (Sie brauchen also nicht erst zehn Fragebögen zu erstellen, um das Programm auszuprobieren.)

Zur Auswertung der Fragebögen dient *analysedata.xlsm*. In dieser Datei befindet sich der gesamte VBA-Code des Beispiels. Die Umfragedaten werden in der Access-Datenbank *dbsurvey.mdb* gespeichert.

Alternativen, Varianten, Verbesserungsmöglichkeiten

Wie bei jedem Problem gibt es auch hier nicht nur eine Lösungsmöglichkeit, sondern viele. Um zu vermeiden, dass Sie blind ein Beispiel in die Praxis umsetzen, ohne einige Alternativen zu bedenken, gibt die folgende Liste einige Hinweise zu Problemen, Varianten und Verbesserungsmöglichkeiten.

- Das vorliegende Beispiel kommt ohne VBA-Code im Umfrageformular aus. (Die Steuerelemente sind nicht mit Code verbunden.) Der Vorteil dieser Vorgehensweise ist natürlich, dass eine mögliche Verwirrung durch die Makroviruswarnung vermieden wird. Andererseits können Sie mit zusätzlichem Code natürlich noch viel „intelligentere" Formulare gestalten, bei denen beispielsweise bestimmte Teilfragen in Abhängigkeit von einer vorherigen Antwort gestellt werden.

- Die Frage des Datenflusses ist bei diesem Beispiel offen gelassen: Wie bekommen die Teilnehmer der Umfrage ihre Fragebögen, wie gelangen die Excel-Dateien zurück auf Ihren Rechner? Wie wird sichergestellt, dass eine Excel-Datei nicht irrtümlich mehrfach in die Datenbank eingelesen wird? Oder dass ein Teilnehmer der Umfrage das Ergebnis bewusst zu verfälschen versucht, indem er mehrere Dateien abgibt?

Mögliche Lösungsansätze hängen sehr stark von der individuellen Aufgabenstellung ab. Wenn Sie z. B. Patientendaten erfassen, könnten Sie die Umfrage auf einem einzigen stationären Rechner durchführen. Wenn anzunehmen ist, dass die Teilnehmer der Umfrage Internetzugang haben, könnte E-Mail als Kommunikationsmedium eingesetzt werden. Theoretisch könnten die Excel-Dateien mit einer Seriennummer ausgestattet werden, um so Doppelgänger zu vermeiden – aber die Anonymität der Daten wäre dadurch empfindlich eingeschränkt.

- Wenn nicht der Teilnehmer der Umfrage die Antworten eingibt, sondern eine dritte Person (etwa bei einer Telefonumfrage), bestünde auch die Möglichkeit, das Eingabeformular gleich mit der Datenbank zu verbinden (etwa mit Access). Excel-Dateien haben den Vorteil, dass sie unabhängig von der Datenbank sind und viel geringere Voraussetzungen an den Rechner stellen, an dem die Daten erfasst werden.

- Die technologisch attraktivste Variante zum hier vorgestellten Excel-Fragebogen ist ein Internetfragebogen. Allerdings ist der Aufwand zur Installation einer derartigen Internetumfrage deutlich höher. Auch die Manipulationsgefahr ist größer.

 Anmerkung

Wenn die Anonymität der Daten ein entscheidendes Kriterium ist, dann ist der gute alte Fragebogen auf Papier (leider) noch immer die sicherste Variante. Office 97 ist in die Schlagzeilen der Computer-Presse gekommen, weil alle damit erstellten Dokumente mit einer eindeutigen ID-Nummer ausgestattet wurden. Diese Nummern ermöglichen es (zumindest in einem Netzwerk), den Rechner eindeutig zu identifizieren, auf dem das Dokument erstellt wurde. Microsoft hat damals von einem Irrtum gefaselt, ein Update zur Verfügung gestellt und versprochen, dass das bei späteren Office-Versionen nicht mehr vorkommen würde – aber von einer Vertrauensbasis kann seitdem keine Rede mehr sein.

12.4.2 Aufbau des Fragebogens

Um das Beispiel nicht unnötig aufzublähen, wurde der Fragebogen relativ einfach gestaltet: Es gibt nur sechs Fragen. Bei drei Fragen kann die Antwort direkt in eine Excel-Zelle eingegeben werden, was sowohl bei der Gestaltung des Fragebogens als auch bei der späteren Auswertung am wenigsten Mühe bereitet.

Interner Aufbau

Die Datei *survey.xlsm* besteht aus drei Tabellenblättern (Bild 12.23), von denen normalerweise aber nur das erste sichtbar ist. Das Blatt „listdata" enthält die Einträge der beiden Listenfelder, „results" eine Zusammenfassung der Ergebniszellen.

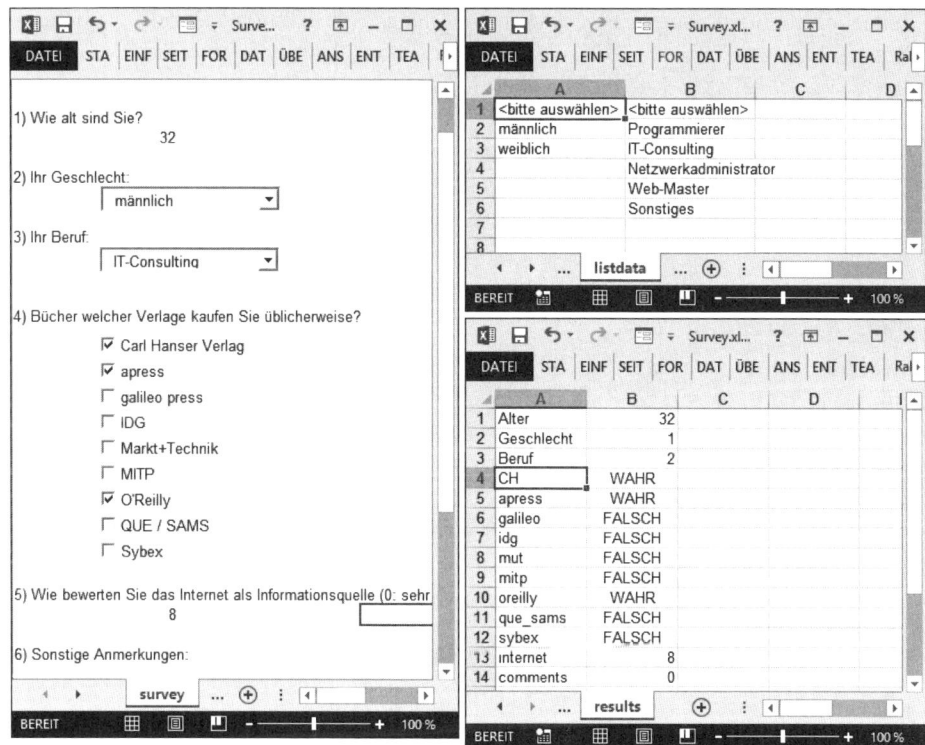

BILD 12.23 Der interne Aufbau von *survey.xlsm*

Dazu einige Erläuterungen: Bei den beiden Listenfeldern wurde *ListFillRange* so eingestellt, dass die Daten aus „listdata" gelesen werden (beim ersten Listenfeld gilt *ListFillRange="listdata: A1:A3"*). Mit *BoundColumn=0* wird erreicht, dass das Ergebnis der Auswahl eine Nummer ist (0 für den ersten Eintrag etc.). *LinkedCell* verweist auf eine Ergebniszelle in „results", sodass dort die Nummer des aktiven Listeneintrags angezeigt wird. Schließlich vermeidet die Einstellung *Style=fmStyleDropDownList (2)*, dass der Teilnehmer im Listenfeld Text eingeben kann.

Auch die Auswahlkästchen zur Angabe der bevorzugten Computerbuchverlage sind via *LinkedCell* mit den korrespondierenden Zellen in „results" verbunden. Bei den Fragen 1), 5) und 6) wurden in „results" einfach Formeln eingesetzt (z. B. *=survey!$B$5* für das Alter).

Der Hauptgrund für die Trennung zwischen der Fragebogentabelle „survey" und der Ergebnistabelle „results" besteht darin, dass Sie den Fragebogen problemlos ändern können (etwa durch das Einfügen einer neuen Frage), ohne die Reihenfolge der Ergebniszellen in „results" durcheinanderzubringen. Der gesamte Code zur Auswertung der Fragebögen bezieht sich nur auf „results" und steht und fällt damit, dass der Aufbau dieser Tabelle konstant ist. (Jede Veränderung hier ist mit mühsamen Veränderungen im Programmcode verbunden.)

Hinweis

Wenn Sie die Datei mit dem Fragebogen ausfüllen, speichern und schließlich wieder laden, werden die Listenfelder zurückgesetzt, d. h., die dort durchgeführten Einstellungen gehen scheinbar verloren. Zum Glück bleibt die Information über den ausgewählten Listeneintrag in der mit dem Listenfeld verbundenen Zelle (z. B. [B3] im Tabellenblatt *results* für den Beruf) erhalten. Da bei der Auswertung nur die mit den Steuerelementen verknüpften Zellen ausgelesen werden, ergibt sich durch das automatische Rücksetzen der Listenfelder keine Einschränkung für das Programm. ∎

Schutz, Validitätskontrolle

Sowohl das Tabellenblatt *survey* als auch die Excel-Datei als Ganzes sind geschützt. Vorher wurden die Blätter „listdata" und „results" ausgeblendet (START | FORMAT | AUSBLENDEN UND EINBLENDEN | BLATT AUSBLENDEN). Daher kann der Anwender nur bei den vorgesehenen Zellen bzw. bei den Steuerelementen Veränderungen vornehmen. (Der Schutz ist nicht durch ein Passwort abgesichert – in der Praxis ist das aber natürlich zu empfehlen.)

Bei Frage 5) wurde die Eingabezelle B29 durch DATEN | DATENÜBERPRÜFUNG abgesichert. In der Zelle können nur ganze Zahlen zwischen 0 und 10 eingegeben werden. Jeder Versuch, etwas anderes einzugeben, führt zu einer Fehlermeldung.

12.4.3 Aufbau der Datenbank

Aufgabe der Datenbank *dbsurvey.mdb* ist es, die Umfrageergebnisse zu speichern. Die Datenbank besteht aus einer einzigen Tabelle *dbsurveydata*, es gibt also keine Relationen. Die Datenbank wurde mit Access erstellt. Bild 12.24 zeigt die Tabelle im Entwurfsstadium, Bild 12.25 einige darin gespeicherte Datensätze.

Neben den Datenbankfeldern, die sich direkt aus dem Fragebogen ergeben, enthält die Tabelle noch ein *id*-Feld vom Typ *AutoWert*. Dieses Feld hat die Aufgabe, die Datensätze zu identifizieren, und erleichtert die interne Verwaltung der Daten. (Es gehört gleichsam zum „guten Ton" des Datenbankentwurfs, jede Tabelle mit einem derartigen *id*-Feld auszustatten und dieses Feld anschließend als Primärindex zu definieren. Besonders wichtig sind *id*-Felder, wenn mehrere Tabellen durch Relationen verbunden werden.)

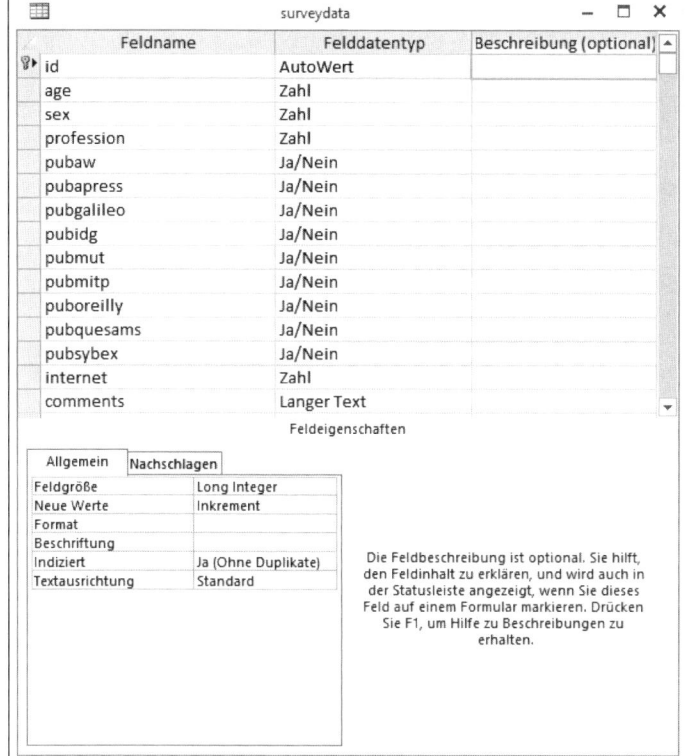

BILD 12.24
Die Tabelle
surveydata
im Entwurfsstadium

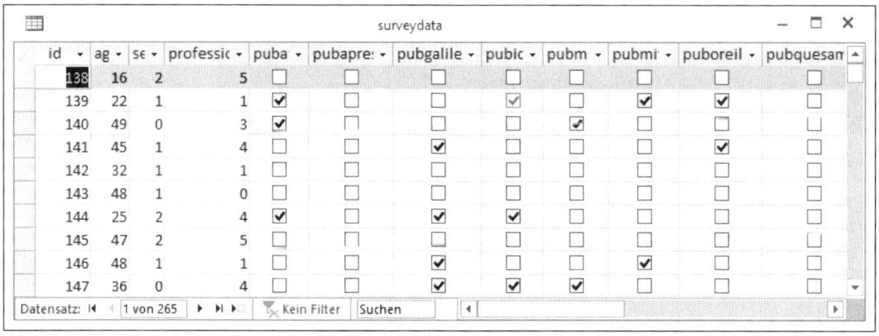

BILD 12.25 Einige Datensätze der Tabelle surveydata

12.4.4 Programmcode

Fragebögen in die Datenbank einlesen

Die VBA-Prozedur *ProcessIncomingFolder* öffnet zuerst eine Verbindung zur Datenbank *dbsurvey.mdb* und dann ein *Recordset*-Objekt zur Tabelle *surveydata*. In der *Open*-Methode wird statt eines richtigen SQL-Kommandos einfach nur der Name der Tabelle genannt — das ist eine in ADO zulässige Kurzschreibweise für *SELECT * FROM tabelle*.

Anschließend wird eine Schleife über alle *.xlsm-Dateien im Unterordner *incoming* ausgeführt. Jede einzelne Datei wird in der Prozedur *ProcessSurveyFile* bearbeitet (siehe unten). Während des Prozesses werden zahlreiche Excel-Dateien geladen, verändert und wieder gespeichert. Damit das so schnell wie möglich klappt, werden einige Maßnahmen zur Geschwindigkeitsoptimierung vorgenommen (keine Bildschirmaktualisierung etc., siehe Abschnitt 5.10). Um die Wartezeit (ca. 1 Sekunde pro Datei) überschaubar zu machen, wird in der Statuszeile angezeigt, die wievielte Datei gerade bearbeitet wird.

```
' Datei 12\survey\analysedata.xlsm, Modul1
Sub ProcessIncomingFolder()
  Dim fil As File, fld As Folder
  Dim conn As New Connection
  Dim rec As New Recordset
  Dim nrOfFiles&, i&
  On Error GoTo error_processincoming
  ' Geschwindigkeitsoptimierung
  Application.Calculation = xlCalculationManual
  Application.ScreenUpdating = False
  Application.DisplayStatusBar = True
  Application.DisplayAlerts = False
  ' Verbindung zur Datenbank dbsurvey.mdb
  Set conn = OpenSurveyDatabase
  If conn Is Nothing Then Exit Sub
  ' entspricht "SELECT * FROM surveydata"
  rec.Open "surveydata", conn, adOpenKeyset, adLockOptimistic
  Set fld = fso.GetFolder(ThisWorkbook.Path + "\incoming")
  nrOfFiles = fld.Files.Count
  For Each fil In fld.Files
    i = i + 1
    Application.StatusBar = "Bearbeite Datei " & fil.Name & _
      " (" & i & " von " & nrOfFiles & ")"
    If LCase(Right(fil.Name, 5)) = ".xlsm" Then
      ProcessSurveyFile fil, rec
    End If
  Next
  rec.Close
  conn.Close
error_processincoming:
  Application.Calculation = xlCalculationAutomatic
  Application.DisplayAlerts = True
  Application.ScreenUpdating = True
  Application.StatusBar = False
  If Err <> 0 Then
    MsgBox Error + vbCrLf + _
      "Die Prozedur ProcessIncomingFolder wird abgebrochen."
  End If
End Sub
```

Daten in die Datenbank übertragen

ProcessSurveyFile wird für jede Datei im *incoming*-Verzeichnis aufgerufen. Die Datei wird geladen, der Schutz für die ganze Datei wird aufgehoben. Anschließend werden zuerst die Ergebniszellen in „results" durch ihre Kopien ersetzt. Das ist notwendig, damit anschließend die Ausgangsdaten gelöscht werden können, um die archivierten Dateien so klein wie möglich zu machen.

Achtung

Ursprünglich war geplant, dazu einfach die Blätter „survey" und „listdata" zu löschen. Es hat sich aber herausgestellt, dass *wb.Worksheets(„survey").Delete* die Datei in einen intern defekten Zustand versetzt. Die Datei kann zwar noch gespeichert werden, beim nächsten Versuch, sie zu laden, kommt es allerdings zu einem Absturz von Excel. Aus diesem Grund wird dieses Blatt nicht als Ganzes gelöscht, sondern nur sein Inhalt (*Cells.Clear* für die Zellen, *Shapes(...).Delete* für die Steuerelemente). ∎

Das Einfügen eines neuen Datensatzes in die *surveydata*-Tabelle der Datenbank erfolgt einfach mit *AddNew*. Anschließend werden die Ergebniszellen des Tabellenblatts *results* gelesen und in diversen Feldern des Datensatzes gespeichert. Die Methode *Update* speichert schließlich den neuen Datensatz.

```
Sub ProcessSurveyFile(fil As File, rec As Recordset)
  Dim newfilename$
  Dim wb As Workbook, ws As Worksheet
  Dim shp As Shape
  ' Datei öffnen
  Set wb = Workbooks.Open(fil.Path)
  ' in Blatt results: Formeln durch Ergebnisse ersetzen
  ' Blätter survey und listdata: löschen
  wb.Unprotect
  Set ws = wb.Worksheets("results")
  ws.[a1].CurrentRegion.Copy
  ws.[a1].CurrentRegion.PasteSpecial xlPasteValues
  ws.Visible = xlSheetVisible
  ' Inhalt von „survey"-Blatt löschen
  With wb.Worksheets("survey")
    .Unprotect
    .Cells.Clear
    For Each shp In .Shapes
      shp.Delete
    Next
  End With
  Application.DisplayAlerts = False 'Sicherheitsfragen vermeiden
  ' wb.Worksheets("survey").Delete  'Verursacht defekte Datei!
  wb.Worksheets("listdata").Delete
```

```
Application.DisplayAlerts = True
' Daten aus Umfragebogen in die Datenbank übertragen
With rec
  .AddNew
  !age = ws.[b1]
  !sex = ws.[b2]
  !profession = ws.[b3]
  !pubaw = -CInt(ws.[b4])   'False-->0, True-->1
  !pubapress = -CInt(ws.[b5])
  !pubgalileo = -CInt(ws.[b6])
  !pubidg = -CInt(ws.[b7])
  !pubmut = -CInt(ws.[b8])
  !pubmitp = -CInt(ws.[b9])
  !puboreilly = -CInt(ws.[b10])
  !pubquesams = -CInt(ws.[b11])
  !pubsybex = -CInt(ws.[b12])
  !internet = ws.[b13]
  If ws.[b14] <> 0 And ws.[b14] <> "" Then
    !Comments = [b14]
  End If
  .Update
End With
' Excel-Datei schließen und in den Archivordner verschieben
wb.Save
wb.Close
' neuer Dateiname:
'   Verzeichnis incoming statt archive
'   yyyymmdd-hhmmss-altername.xlsm statt altername.xlsm
newfilename = Replace(fil.Path, _
  "incoming", "archive", Compare:=vbTextCompare)
newfilename = Replace(newfilename, _
  fil.Name, Format(Now, "yyyymmdd-hhmmss-") + fil.Name)
fso.MoveFile fil, newfilename
End Sub
```

Erwähnenswert ist der Einsatz der Funktion *CInt* bei der Auswertung der Verlagsauswahl-kästchen (*True/False*). *CInt* wandelt die Wahrheitswerte in 0 (*False*) und –1 (*True*) um. Das negative Vorzeichen vor *CInt* bewirkt, dass die Wahrheitswerte in der Datenbank als 0 und 1 gespeichert werden.

Der neue Dateiname wird aus dem bisherigen Dateinamen in zwei Schritten gewonnen: Zuerst wird das Verzeichnis *incoming* durch *archive* ersetzt. Dabei wird in *Replace* ein Textvergleich ohne Berücksichtigung der Groß- und Kleinschreibung durchgeführt (*Compare:=vbTextCompare*). Im zweiten Schritt wird der bisherige Name (also *fil.Name*) durch einen neuen ersetzt, dem das aktuelle Datum und die Uhrzeit vorangestellt sind. Das ist sinnvoll, damit bei der Verarbeitung gleichnamiger Dateien kein Namenskonflikt auftreten kann.

Hilfsfunktion OpenSurveyDatabase

Die paar Zeilen zum Öffnen der Verbindung zur Datenbank wurden aus *ProcessIncomingFolder* bzw. *CreateDummyFilesInIncoming* ausgelagert, in erster Linie um die Redundanz bei der Fehlerabsicherung zu vermeiden. Ansonsten enthalten die Zeilen wenig Überraschungen.

```
' Verbindung zur Datenbank öffnen
Function OpenSurveyDatabase() As Connection
  Dim conn As Connection
  On Error Resume Next
  Set conn = New Connection
  conn.Open "provider=microsoft.jet.oledb.4.0;" + _
    "data source=" + ThisWorkbook.Path + "\dbsurvey.mdb;"
  If Err <> 0 Then
    MsgBox "Probleme beim Versuch, die Datenbank zu öffnen: " & _
      Error & vbCrLf & "Das Makro wird abgebrochen."
    Exit Function
  End If
  Set OpenSurveyDatabase = conn
End Function
```

Umfragedatenbank auswerten

Die unter dem Gesichtspunkt der Datenbankprogrammierung interessanteste Prozedur ist sicherlich *AnalyseDatabase*. Darin werden mit diversen SQL-Kommandos Abfragen in der Datenbank *dbsurvey.mdb* durchgeführt und die Ergebnisse dann in Zellen des Tabellenblatts „surveyresults" übertragen. Die Prozedur setzt voraus, dass dieses Tabellenblatt wie in Bild 12.22 aussieht, dass also die Ergebniszellen sinnvoll formatiert sind (etwa als Prozentzahlen), die Diagramme auf die dort angezeigten Daten verweisen etc. Diese ganze Arbeit kann während der Entwicklung des Programms interaktiv erledigt werden und bedarf keines VBA-Codes.

Die Datenbankabfragen werden alle mit derselben *Recordset*-Variablen durchgeführt, die mit den unterschiedlichsten SQL-Kommandos geöffnet und nach dem Auslesen wieder geschlossen wird. Die beiden ersten Kommandos sind leicht zu verstehen· *SELECT COUNT(id)* ermittelt die Anzahl aller Datensätze. *AVG(age)* und *STDEV(age)* berechnen den Mittelwert und die Standardabweichung des Alters. Beide Kommandos liefern als Ergebnis eine Datensatzliste mit nur einem einzigen Datensatz. Zum Test derartiger Kommandos ist es praktisch, wenn Ihnen Access zur Verfügung steht (siehe Bild 12.26).

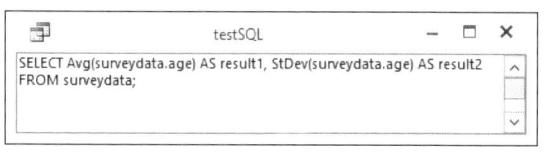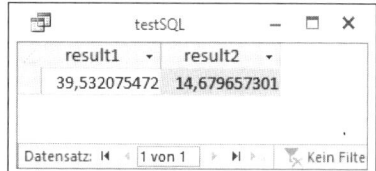

BILD 12.26 Test einer SQL-Abfrage in Access

Hinweis

Beachten Sie bitte, dass *STDEV* nicht dem SQL-Standard entspricht, sondern eine spezifische Erweiterung der SQL-Syntax für Access ist. Diese Aggregatsfunktion steht daher im Gegensatz zu *AVG* nicht auf allen Datenbanksystemen zur Verfügung. ∎

```
Sub AnalyseDatabase()
  Dim conn As Connection
  Dim rec As New Recordset
  Dim ws As Worksheet
  Dim publ As Variant
  Dim p, i&
  Set ws = ThisWorkbook.Worksheets("surveyresults")
  ' Verbindung zur Tabelle surveydata der Datenbank dbsurvey.mdb
  Set conn = OpenSurveyDatabase
  If conn Is Nothing Then Exit Sub
  ' Anzahl der Fragebögen
  rec.Open "SELECT COUNT(id) AS result FROM surveydata", conn
  ws.[c11] = rec!result
  rec.Close
  ' Durchschnittsalter, Varianz
  rec.Open "SELECT AVG(age) AS result1, " _
           "STDEV(age) AS result2 FROM surveydata", conn
  ws.[c13] = rec!result1
  ws.[c14] = rec!result2
  rec.Close
```

Schon interessanter wird die Auswertung der Spalte *sex* in der Datenbank. Hier sind drei Werte zulässig: 0 (keine Angabe), 1 (männlich) und 2 (weiblich). Die Abfrage soll ermitteln, wie viele Datensätze es von jeder Gruppe gibt. Dazu wird das SQL-Konstrukt *GROUP BY* eingesetzt. Zum leichteren Verständnis der Abfrage hilft es, sich vorerst eine einfachere Variante anzusehen:

```
SELECT sex, id AS result FROM surveydata
```

sex	result
...	...
2	19
1	20
2	21
0	22

Sie erhalten also eine Liste (eine Zeile für jeden Datensatz), wobei sich in der ersten Spalte das Geschlecht und in der zweiten Spalte die durchlaufende ID-Nummer befindet. Diese Liste können Sie nun mit *GROUP BY sex* so gruppieren, dass Einträge mit dem gleichen Geschlecht zu einer Zeile zusammengefasst werden. Dann müssen Sie aber auch angeben, wie die Einträge der zweiten Spalte zusammengefasst werden sollen. Dazu geben Sie eine Aggregatsfunktion an (hier *COUNT*).

```
SELECT sex, COUNT(id) AS result FROM surveydata GROUP BY sex
```

sex	result
0	35
1	29
2	24

Die *Recordset*-Variable *rec* enthält also voraussichtlich wie in der obigen Tabelle drei Datensätze. Voraussichtlich deswegen, weil es theoretisch möglich wäre, dass es für eine der drei zulässigen *sex*-Werte in der Datenbank gar keine Einträge gibt. In diesem Fall würde die entsprechende Zeile fehlen. Aus diesem Grund werden die drei Ergebniszellen vorher mit *ClearContents* gelöscht, um zu vermeiden, dass hier eventuell ein altes Ergebnis stehen bleibt. *ClearContents* hat gegenüber einem einfachen *Clear* den Vorteil, dass die Formatierung der Zellen erhalten bleibt.

Damit ist nun klar, wie der Inhalt von *rec* aussieht. Aber auch die Auswertung ist interessant: In einer Schleife werden alle Datensätze von *rec* durchlaufen. *sex* wird als Index für *[c16].Cells(1 + n)* verwendet. Auf diese Weise werden die Zellen C16, C17 und C18 angesprochen. In diese Zellen wird nicht einfach ein Wert eingetragen, sondern eine Formel, mit der das Ergebnis durch die Gesamtanzahl der Datensätze (Zelle C11) dividiert wird.

```
' Geschlecht (0: keine Angabe, 1: männlich, 2: weiblich)
ws.[c16:c18].Clear
rec.Open "SELECT sex, COUNT(id) AS result " & _
        "FROM surveydata GROUP BY sex"
While Not rec.EOF
  ws.[c16].Cells(1 + rec!sex).Formula = "=" & _
    rec!result & " / $C$11"
  rec.MoveNext
Wend
rec.Close
```

Dieselbe Vorgehensweise wird auch für die Zuordnung des Berufs gewählt.

```
' Beruf (0: keine Angabe, 1-5: diverse Berufe)
rec.Open "SELECT profession, COUNT(id) AS result " & _
        "FROM surveydata GROUP BY profession"
```

```
   While Not rec.EOF
     ws.[c20].Cells(1 + rec!profession).Formula = _
        "=" & rec!result & " / $C$11"
     rec.MoveNext
   Wend
   rec.Close
```

Um zu ermitteln, von wie viel Prozent der Umfrageteilnehmer die einzelnen Verlage ausgewählt wurden, sind eine ganze Menge gleichartiger Abfragen erforderlich:

```
SELECT COUNT(id) AS result FROM surveydata WHERE pubXyz = True
```

Um diese Abfragen mit minimalem Programmieraufwand durchzuführen, wird eine Schleife
über die in einem *Array* genannten Feldnamen durchgeführt. Für jeden Feldnamen wird die
SQL-Abfrage durchgeführt und das Ergebnis in die entsprechende Zelle im Tabellenblatt
eingetragen.

```
   ' Verlage
   publ = Array("pubaw", "pubapress", "pubgalileo", "pubidg", _
     "pubmut", "pubmitp", "puboreilly", "pubquesams", "pubsybex")
   For Each p In publ
     i = i + 1
     rec.Open "SELECT COUNT(id) AS result FROM surveydata " & _
        "WHERE " & p & " = True"
     ws.[c27].Cells(i).Formula = "=" & rec!result & " / $C$11"
     rec.Close
   Next
```

Die Auswertung der Internetfrage erfolgt wie die nach dem Alter: Es werden der Durchschnittswert und die Standardabweichung aller Nennungen errechnet.

```
   ' Internet
   rec.Open "SELECT AVG(internet) AS result1, " & _
     "STDEV(internet) AS result2 FROM surveydata", conn
   ws.[c37] = rec!result1
   ws.[c38] = rec!result2
   rec.Close
   ' Verbindung schließen
   conn.Close
 End Sub
```

AnalyseDatabase verzichtet mit Absicht auf die in den anderen Prozeduren eingesetzten
Verfahren zur Geschwindigkeitsoptimierung: Wenn die Ausführung der SQL-Abfragen
einige Zeit dauert (was nur dann der Fall ist, wenn wirklich sehr viele Fragebögen in der
Datenbank erfasst wurden), sieht der Benutzer, wie nach und nach eine Ergebniszelle nach
der anderen aktualisiert wird.

Naturgemäß können die hier demonstrierten Analysekommandos keine richtige statistische Auswertung ersetzen. Wenn Sie also beispielsweise für eine medizinische Untersuchung die Kreuzkorrelation zwischen verschiedenen Parametern berechnen möchten, wird an einem richtigen Statistikprogramm (etwa SPSS) kein Weg vorbeiführen. Aber auch in diesem Fall ist es angenehm, wenn die Daten bereits in elektronischer Form vorliegen und nur noch mit relativ geringem Aufwand in das Statistikprogramm importiert werden müssen. (Übrigens bietet auch Excel einige fortgeschrittene Statistikfunktionen im Add-in ANALYSE-FUNKTIONEN. Diese Funktionen können aber ein professionelles Statistikprogramm nicht ersetzen und bereiten zudem in ihrer Anwendung in VBA-Code oft Probleme.)

Testdateien für das incoming-Verzeichnis erzeugen

Wenn Sie das Programm ausprobieren möchten, können Sie natürlich einige Umfragebögen selbst ausfüllen und dann in das Verzeichnis *incoming* kopieren. Sie können sich diese Mühe aber auch ersparen und stattdessen *CreateDummyFilesInIncoming* aufrufen. Die Prozedur erzeugt eine einstellbare Anzahl von Dateien *nnnn.xlsm* im *incoming*-Verzeichnis und fügt im Tabellenblatt „results" Zufallsdaten ein.

Die Prozedur beginnt mit denselben Anweisungen zur Geschwindigkeitsoptimierung wie *ProcessIncomingFolder*. Anschließend wird *nrOfFiles* Mal die Datei *survey_template.xlsm* geöffnet, verändert und unter einem neuen Namen im Verzeichnis *incoming* gespeichert. Um zu vermeiden, dass die Datei später noch manuell bearbeitet wird, werden alle Zellen im Blatt „survey" durch ein diagonales Muster gleichsam durchgestrichen.

```
Sub CreateDummyFilesInIncoming()
  Const nrOfFiles = 100
  Dim i&, j&
  Dim newfilename$
  Dim wb As Workbook, ws As Worksheet
  On Error GoTo error_createdummy
  Randomize
  ' Geschwindigkeitsoptimierung
  Application.Calculation = xlCalculationManual
  Application.ScreenUpdating = False
  Application.DisplayStatusBar = True
  Application.DisplayAlerts = False
  ' n Mal survey_template.xls öffnen, Zufallsdaten einsetzen
  ' und unter einem neuen Namen speichern
  newfilename = ThisWorkbook.Path + "\incoming\"
  For i = 1 To nrOfFiles
    Application.StatusBar = "Erzeuge Datei " & i & _
      " von " & nrOfFiles
    Set wb = Workbooks.Open(ThisWorkbook.Path + _
      "\survey_template.xlsm")
    ' Zufallsdaten in results-Tabellenblatt
    Set ws = wb.Worksheets("results")
    ws.[b1] = Int(15 + Rnd * 50)
    ws.[b2] = Int(Rnd * 3)   '0: k. A., 1: männlich, 2: weiblich
```

```
      ws.[b3] = Int(Rnd * 6)   '0: k. A., 1-5: diverse Berufe
      For j = 1 To 9           'für alle Verlage
        If Rnd > 0.7 Then
          ws.[b4].Cells(j) = True
        Else
          ws.[b4].Cells(j) = False
        End If
      Next
      ws.[b13] = Int(Rnd * 11) 'Internet: 0-10
      ' survey-Datenblatt als inaktiv markieren
      Set ws = wb.Worksheets("survey")
      ws.Cells.Interior.Pattern = xlLightUp
      ws.[a1] = "contains random data, do not edit manually"
      ' Achtung: vorhandene Dateien werden ohne Rückfrage
      ' überschrieben (wegen DisplayAlerts=False)
      wb.SaveAs newfilename + Format(i, "0000") + ".xlsm"
      wb.Close
    Next
error_createdummy:
  Application.Calculation = xlCalculationAutomatic
  Application.DisplayAlerts = True
  Application.ScreenUpdating = True
  Application.StatusBar = False
  If Err <> 0 Then
    MsgBox Error + vbCrLf + _
      "Die Prozedur CreateDummyFilesInIncoming wird abgebrochen."
  End If
End Sub
```

13 Datenanalyse in Excel

Excel ist kein Datenbanksystem. Seine Stärken liegen vielmehr bei den weitreichenden Möglichkeiten zur Datenanalyse. Im Mittelpunkt dieses Kapitels stehen Pivot-Tabellen. Dabei handelt es sich um ein sehr leistungsfähiges Werkzeug, um Daten mit mehreren Parametern übersichtlich zu gruppieren und zu gliedern. Eine Besonderheit von Pivot-Tabellen besteht darin, dass damit auch Daten analysiert werden können, die sich gar nicht in einem Excel-Tabellenblatt befinden, sondern z. B. in einer externen Datenbank.

■ 13.1 Daten gruppieren (Teilergebnisse)

13.1.1 Einführung

Hinter dem eher kryptischen Kommando DATEN | TEILERGEBNIS verbirgt sich die Möglichkeit, sortierte Daten in Gruppen einzuteilen, jede Gruppe mit einer Zwischensumme und schließlich alle Daten zusammen mit einer Endsumme abzuschließen. Statt Summen sind auch Durchschnittswerte, Minima, Maxima etc. möglich.

Die Voraussetzung dafür, dass das Kommando überhaupt sinnvoll eingesetzt werden kann, besteht in einer Spalte, durch die mehrere zusammengehörige Datensätze identifiziert werden können. Die gesamte Datenbank muss nach dieser Spalte (und eventuell nach weiteren Kriterien) sortiert werden.

Am einfachsten ist das Kommando anhand eines Beispiels zu verstehen. Bild 13.1 zeigt eine ganz einfache Artikeldatenbank (Beispieldatei *13\Subtotal.xlsm*). Die Datenbank ist in erster Linie nach der Kategorie der Waren (a-c) und dann nach der Qualität der Waren (I oder II) sortiert. Durch den TEILERGEBNISSE-Dialog werden die Daten nach ihrer Kategorie gruppiert; gleichzeitig wird zu jeder Gruppe der Mittelwert der Preise gebildet. Intern wird dazu die Tabellenfunktion *=TEILERGEBNIS(typ; zellbereich)* eingesetzt.

Das Kommando TEILERGEBNIS bildet nicht nur Gruppen, es gliedert die Tabelle auch automatisch nach diesen Gruppen. Sowohl die Gruppenbildung als auch die Teilergebnisse können sehr einfach wieder entfernt werden, wenn im TEILERGEBNISSE-Dialog der Button ALLE ENTFERNEN angeklickt wird.

Normalerweise werden bei jeder Ausführung des Kommandos die zuletzt erstellten Gruppierungen wieder aufgelöst. Wenn Sie die Option VORHANDENE TEILERGEBNISSE ERSETZEN

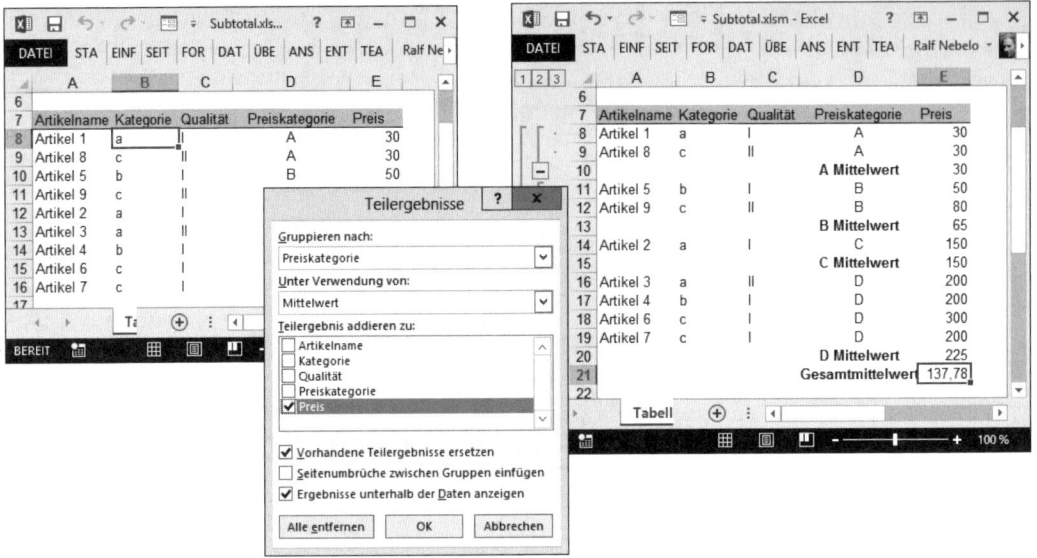

BILD 13.1 Die Artikeldatenbank wurde nach Kategorien gruppiert.

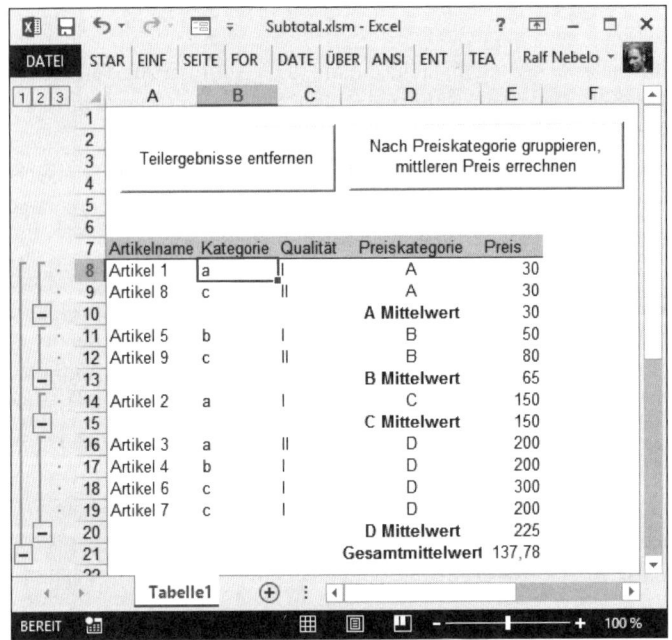

BILD 13.2
Die Artikeldatenbank
wurde in vier Preis-
gruppen unterteilt.

deaktivieren, fügt Excel zu den bereits vorhandenen Gruppen neue hinzu. In manchen Fällen kann dies dazu verwendet werden, um mehrstufige Gruppierungen zu bilden. Im Regelfall scheitert dieser Versuch allerdings daran, dass Excel auch die Teilergebnisse der vorherigen Gruppe in die Berechnung mit einschließt und aus diesem Grund unsinnige Ergebnisse liefert.

Das Kommando ist generell nicht in der Lage, Gruppen nach der Art *0<=x<10, 10<=x<20* etc. zu bilden. Es kann also nur solche Gruppen zusammenfassen, die bereits durch ein *eindeutiges* Merkmal gekennzeichnet sind. Diese Einschränkung können Sie umgehen, indem Sie in Ihre Tabelle eine neue Spalte mit Formeln einfügen, die als Ergebnisse Kategoriecodes liefern, z. B.:

```
=WENN(E2<50;"A";WENN(E2<100;"B";WENN(E2<200;"C";"D")))
```

Die obige Formel liefert das Ergebnis „A", wenn E2 einen Wert kleiner 50 enthält, „B", wenn E2 kleiner als 100 ist, etc. (Falls die Kategorieeinteilung komplexer ist, können Sie dazu auch eine neue Makrofunktion schreiben – siehe Abschnitt 5.7.) In Bild 13.2 wurde die Artikeldatenbank aus Bild 13.1 um eine Preiskategoriespalte mit der obigen Formel erweitert, danach sortiert und gruppiert.

13.1.2 Programmierung

Methode SubTotal

Um Teilergebnisse per VBA-Code zu erzeugen, steht die Methode *SubTotal* zur Verfügung, die auf eine beliebige Zelle der Tabelle angewandt wird. Der Parameter *GroupBy* gibt die Nummer der Spalte an (relativ zur ersten Spalte der Daten), deren Werte gruppiert werden. *TotalList* erwartet eine Liste aller Spalten, für die Teilergebnisse berechnet werden sollen. Die Funktion für die Teilergebnisse (die für alle Spalten gleich ist) wird durch *Function* eingestellt. Zur Auswahl stehen unter anderem *xlAverage, xlCount, xlMax, xlMin, xlStDev* und *xlSum*. (Details siehe Excel-Hilfe.)

 Tipp

Achten Sie darauf, dass Sie die Tabelle vorher sortieren müssen, wobei die *GroupBy*-Spalte das erste Sortierkriterium ist!

```
' Datei 13\Subtotal.xlsm, Tabelle1
Private Sub btnBuildSubtotals_Click()
  With ThisWorkbook.Worksheets(1).[a7]
    .Sort Key1:=[D7], Order1:=xlAscending, Header:=xlYes, _
      MatchCase:=False, Orientation:=xlTopToBottom
    .Subtotal GroupBy:=4, Function:=xlAverage, _
      TotalList:=Array(5), Replace:=True, PageBreaks:=False, _
      SummaryBelowData:=True
  End With
End Sub
```

Um die Gruppierung wieder zu entfernen, wenden Sie *RemoveSubtotal* auf die Tabelle an.

```
Private Sub btnRemoveSubtotals_Click()
  ThisWorkbook.Worksheets(1).[a7].RemoveSubtotal
End Sub
```

Durch die Methode *SubTotal* werden die Daten nicht nur gruppiert und mit Teilergebnissen versehen, am linken Tabellenrand werden auch Symbole zum Ein- und Ausklappen von Teilbereichen angezeigt. Besonders bei sehr langen Tabellen hilft das ungemein, um rasch einen Überblick zu erhalten und dann interessante Teilergebnisse zu analysieren.

Objekt Outline

Intern wird die durch *SubTotal* erzeugte Gliederung durch das Objekt *Outline* verwaltet. Dieses Objekt ist mit relativ wenigen Eigenschaften oder Methoden ausgestattet: Die Methode *ShowLevels* gibt an, wie viele Zeilen- oder Spaltenebenen angezeigt werden sollen. Indem Sie hier den Wert 1 übergeben, reduzieren Sie die Ansicht auf das Endergebnis.

```
ThisWorkbook.Worksheets(1).Outline.ShowLevels 1
```

Der höchste zulässige Wert für *ShowLevels* ist 8. Diesen Wert können Sie auch dann übergeben, wenn die Gliederung weniger Hierarchieebenen hat. Sie erreichen damit, dass ausnahmslos alle Daten angezeigt werden.

Die Eigenschaften *SummaryColumn* und *SummaryRow* geben an, ob sich Ergebniszellen rechts bzw. unterhalb der Daten befinden (Default-Einstellung) oder links bzw. oberhalb.

Sie können Tabellen auch ohne das Kommando TEILERGEBNIS gliedern. Im Excel-Menüband stehen Ihnen dazu die Befehle der Gruppe DATEN | GLIEDERUNG zur Verfügung. Im VBA-Code können Sie stattdessen diverse Methoden auf Zellbereiche (*Range*-Objekt) anwenden:

Am einfachsten werden Gliederungen für den angegebenen Zellbereich durch *AutoOutline* erstellt bzw. durch *ClearOutline* gelöscht. Eine individuelle Gliederung ist durch die Methoden *Group* und *Ungroup* möglich, wobei hierfür als Bereich ganze Zeilen oder Spalten angegeben werden müssen (verwenden Sie die Eigenschaften *EntireRow* bzw. *EntireColumn*). Die Eigenschaft *OutlineLevel* gibt die Gliederungsebene einer einzelnen Spalte/Zeile an bzw. verändert sie. Die Eigenschaft *ShowDetail* einer Ergebnisspalte/-zeile bestimmt, ob die untergeordneten Detaildaten angezeigt werden oder nicht.

Über die *Window*-Eigenschaft *DisplayOutline* können Sie Gliederungen ein- bzw. ausblenden, ohne den Aufbau der Gliederung zu verändern.

Syntaxzusammenfasung

rng ist ein *Range*-Objekt, *ws* ein *Worksheet*-Objekt, *wnd* ein *Window*-Objekt und *outl* ein *Outline*-Objekt.

Teilergebnisse	
rng.SubTotal	gruppiert eine Tabelle und bildet Teilergebnisse
rng.RemoveSubTotal	entfernt die Teilergebnisse wieder

Gruppierung	
ws.Outline	verweist auf das *Outline*-Objekt
outl.ShowLevel	bestimmt die Anzahl der sichtbaren Hierarchieebenen
rng.AutoOutline	analysiert die Daten und bildet automatisch Teilgruppen
rng.Group	bildet eine Teilgruppe für den Zellbereich
rng.Ungroup	löst die Teilgruppe auf
rng.ClearOutline	entfernt die gesamte Gruppierung
rng.ShowDetail	blendet eine Teilgruppe ein/aus
wnd.DisplayOutline	blendet die Teilgruppenspalte bzw. -zeile ein/aus

■ 13.2 Pivot-Tabellen (Kreuztabellen)

13.2.1 Einführung

Pivot-Tabellen oder Kreuztabellen (die beiden Begriffe sind synonym) stellen eine besondere Ansicht von Tabellen dar. Darin werden die Daten nach mindestens zwei Kategorien in ein Raster (in einer Matrix) zusammengefasst. Pivot-Tabellen eignen sich dazu, umfangreiche Datenmengen durch die Bildung zusammengehöriger Gruppen sehr kompakt darzustellen. Pivot-Tabellen stellen damit das wichtigste Werkzeug Excels zur Datenanalyse dar. Durch die Verwendung von MS Query können Sie die Pivot-Tabellen-Kommandos auch zur Analyse fremder Daten verwenden, die mit einem externen Datenbanksystem verwaltet werden.

Pivot-Tabellen sollten nach Möglichkeit an einer Stelle in einem Tabellenblatt platziert werden, an der sowohl nach unten als auch nach rechts eine Vergrößerung problemlos möglich ist. Der Grund: Je nach Anordnen der Gliederungsfelder einer Pivot-Tabelle kann sich deren Größe erheblich verändern.

Im Gegensatz zu den meisten anderen Excel-Funktionen sind Pivot-Tabellen statisch konzipiert: Eine Veränderung der zugrunde liegenden Daten bewirkt *keine* Veränderung der Pivot-Tabelle. Erst durch das Kommando DATEN | ALLE AKTUALISIEREN kann der Inhalt der Pivot-Tabelle auf den aktuellen Stand gebracht werden.

Einführungsbeispiel

Bild 13.3 zeigt eine kleine Datenbank, in der 22 Artikel eines Warenlagers verwaltet werden sowie zwei dazu passende, ebenso einfache Pivot-Tabellen (Beispieldatei *13\Pivot.xlsm*). Die Datenbank enthält eine Liste mit Artikeln aus drei Produktkategorien und in zwei Qualitätsklassen. Die erste Pivot-Tabelle gibt Auskunft darüber, wie viele verschiedene Artikel in einer bestimmten Kategorie- und Qualitätsgruppe existieren und wie groß deren Durchschnittspreis ist. Aus der Pivot-Tabelle geht beispielsweise hervor, dass es 14 Artikel der Qualitätsklasse I, aber nur 8 Artikel der Qualitätsklasse II gibt. In der zweiten Pivot-Tabelle

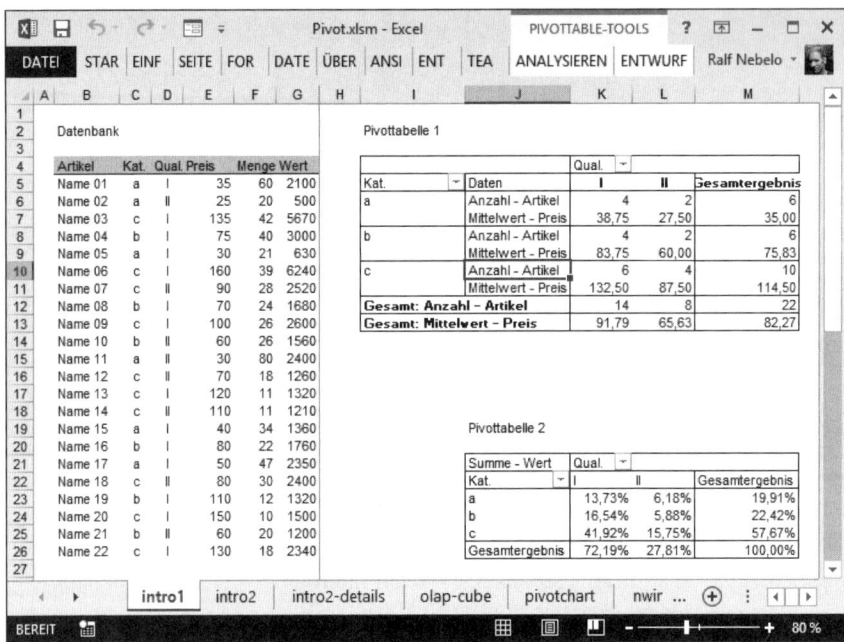

BILD 13.3 Eine Datenbank mit zwei Pivot-Tabellen

sind die Gesamtwerte der gelagerten Artikel je Gruppe angegeben, allerdings diesmal in Prozent zum Gesamtwert des Lagers.

Pivot-Tabellen werden über das Kommando EINFÜGEN | PIVOTTABLE erstellt. Dieses Kommando ruft den Pivotassistenten auf. Ziel dieses Beispiels (also Pivot-Tabelle 1 in Bild 13.3) ist es, für jede Produktkategorie und Qualitätsstufe die Anzahl der Artikel und deren mittleren Preis zu bestimmen. Dazu wurden folgende Schritte durchgeführt:

Schritt 1: bestimmt den Ursprung der Daten, im vorliegenden Beispiel einfach das aktuelle Tabellenblatt.

Schritt 2: bestimmt den Zellbereich, aus dem die Daten stammen: B4:G26.

Schritt 3: bestimmt, ob die Pivot-Tabelle in demselben Tabellenblatt oder in einem neuen Blatt erstellt werden soll. Als Ergebnis erscheint jetzt das leere Raster einer Pivot-Tabelle. Gleichzeitig wird die PivotTable-Feldliste eingeblendet, und der Dialog des Assistenten verschwindet.

Schritt 4: Jetzt geht es um die Konstruktion der PivotTable, die sich in Excel 2013 ausschließlich innerhalb der am rechten Bildschirmrand angezeigten PivotTable-Feldliste abspielt. Die Aufgabe besteht darin, die im oberen Bereich angezeigten Feldnamen (die den Spaltenüberschriften der Ausgangstabelle entsprechen) in die richtigen „Zielfelder" im unteren Bereich der PivotTable-Feldliste zu ziehen. Die beiden Listenfelder ZEILEN und SPALTEN definieren die Gruppen, in welche die Tabelle untergliedert wird. Das Listenfeld WERTE gibt an, welche Informationen in den einzelnen Gruppen angezeigt werden.

Beginnen Sie damit, dass Sie „Kat." in das Listenfeld ZEILEN ziehen, „Qual." in das Listenfeld SPALTEN und „Preis" in das Listenfeld WERTE. Als Ergebnis erhalten Sie eine erste Pivot-Tabelle, die wie in Bild 13.4 aussieht.

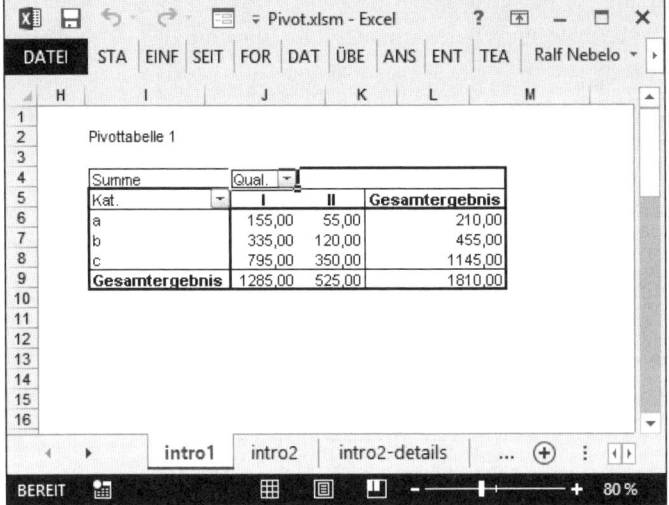

BILD 13.4
Zwischenschritt auf
dem Weg zur gewünsch-
ten Pivot-Tabelle 1

Außer dem Preis ist auch die Anzahl der Artikel von Interesse – ziehen Sie also auch das
Feld „Artikel" in das Listenfeld WERTE (Bild 13.5).

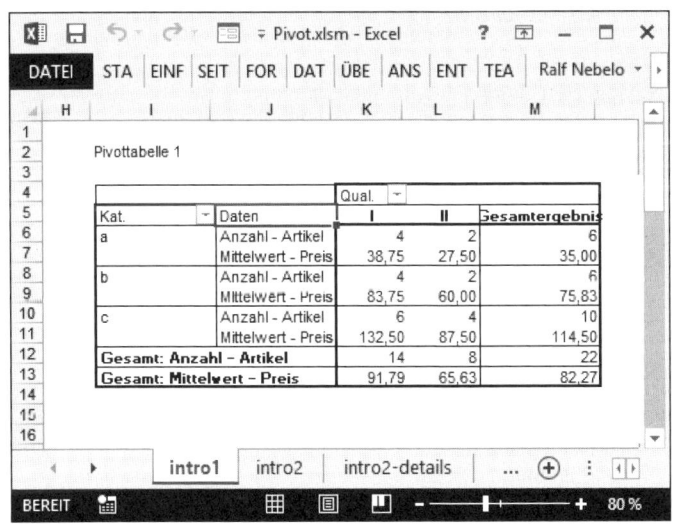

BILD 13.5
Noch ein
Zwischenschritt

Schritt 5: Bild 13.5 entspricht schon beinahe den Anforderungen der Tabelle. Allerdings soll
nicht die Summe der Preise, sondern deren Mittelwert angezeigt werden. (Excel berechnet
bei numerischen Daten automatisch die Summe, bei Texten die Anzahl.) Um also statt der
Summen Mittelwerte anzuzeigen, klicken Sie auf „Summe von Preis" im Listenfeld WERTE,
wählen Sie WERTFELDEINSTELLUNGEN, und doppelklicken Sie auf „Mittelwert". Es werden
daraufhin alle Preisfelder auf die neue Funktion umgestellt.

Schritt 6: Wegen der Mittelwertsberechnung tauchen jetzt eine Menge Nachkommastellen auf,
welche die Tabelle unübersichtlich machen. Öffnen Sie abermals den WERTFELDEINSTELLUNGEN-

Dialog, klicken Sie dort den Button ZAHLENFORMAT an, und wählen Sie das Format „Zahl" mit zwei Dezimalstellen aus. Das ausgewählte Zahlenformat gilt für alle Preiszellen.

Beispiel 2

Aufgabe der zweiten Pivot-Tabelle aus Bild 13.3 ist es, den Wert des Lagers zu beurteilen: Wie viel Prozent des Lagerwerts betreffen eine bestimmte Kombination aus Produktkategorie und Qualitätsstufe? Die Vorgehensweise sieht folgendermaßen aus:

Schritt 1, 2 und 3: Datenursprung wie oben. (Sie können als Datenursprung auch die Pivot-Tabelle 1 angeben, die ja auf derselben Datenbasis fußt.)

Schritt 4: Ziehen Sie „Kat." nach ZEILEN, „Qual." nach SPALTEN und „Wert" nach WERTE.

Schritt 5: Excel bildet für „Wert" automatisch Summenfelder. Das ist an sich korrekt, allerdings sollen die Ergebnisse als Prozentzahlen formatiert werden. Dazu rufen Sie den WERTFELD-EINSTELLUNGEN-Dialog des Wertfelds auf und aktivieren das Register WERTE ANZEIGEN ALS. Dort geben Sie an, dass die Daten als „% des Ergebnisses" angezeigt werden sollen.

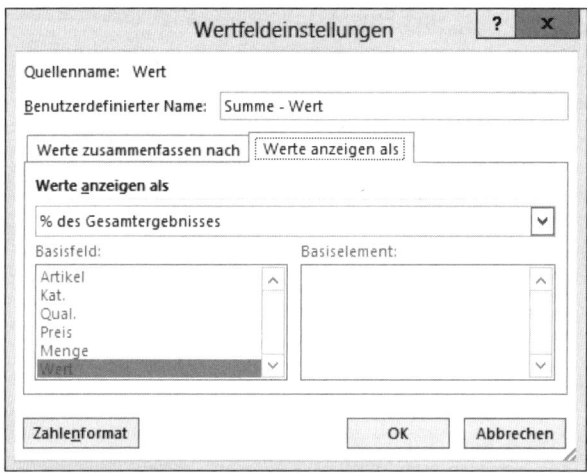

BILD 13.6
Summen als Prozentzahlen darstellen

13.2.2 Gestaltungsmöglichkeiten

Tabellenlayout

Excel sieht zur Gliederung von Pivot-Tabellen drei Gruppierungsbereiche vor: Zeilenbeschriftungen, Spaltenbeschriftungen und Berichtsfilter. Mindestens einer dieser drei Gruppierungsbereiche muss ein Datenfeld aufnehmen, damit überhaupt eine Pivot-Tabelle gebildet werden kann. Der einfachste Fall besteht zumeist darin, dass (wie im obigen Beispiel) das Zeilen- und Spaltenlistenfeld je ein Datenfeld enthält, wodurch eine „klassische" Tabelle in Matrixform entsteht.

Wenn im Zeilen- oder Spaltenbereich mehrere Datenfelder eingefügt werden, bildet Excel Subspalten bzw. Subzeilen und erweitert die Tabelle mit Zwischensummen. Das macht die Tabelle zwar unübersichtlicher, dafür können aber beliebig komplexe Kategoriegruppen gebildet werden.

Eine bessere Übersichtlichkeit kann durch die Verwendung eines oder mehrerer Berichtsfilter erreicht werden: Damit werden oberhalb der eigentlichen Pivot-Tabelle Listenauswahlfelder angezeigt, wie sie bereits vom Autofilter-Kommando bekannt sind. Über diese Listenauswahlfelder kann eine einzelne Kategorie ausgewählt werden – die Pivot-Tabelle wird dann auf diese Kategorie reduziert. Daneben sieht das Listenauswahlfeld die Möglichkeit vor, alle Kategorien gleichzeitig anzuzeigen.

Über das Kommando START | ALS TABELLE FORMATIEREN kann die gesamte optische Gestaltung der Pivot-Tabelle verändert werden. Excel stellt dazu verschiedene vordefinierte Formatkombinationen zur Verfügung.

Pivot-Tabellen nachträglich verändern

Es gibt beinahe unendlich viele Möglichkeiten, vorhandene Pivot-Tabellen zu verändern. (Die Vielzahl der Varianten stiftet manchmal etwas Verwirrung. Nehmen Sie sich eine halbe Stunde Zeit zum Experimentieren, um die wichtigsten Operationen kennenzulernen.)

Sobald Sie den Zellzeiger in eine Pivot-Tabelle bewegen, erscheinen automatisch die beiden kontextsensitiven Befehlsregister ANALYSIEREN und ENTWURF im Menüband von Excel. Das wichtigste Kommando im Register ANALYSIEREN lautet AKTUALISIEREN. Damit werden die angezeigten Daten neu berechnet. Das Kommando muss ausgeführt werden, wenn sich die Ausgangsdaten verändert haben, weil Excel (im Gegensatz zu praktisch allen anderen Tabellenfunktionen) Pivot-Tabellen nicht automatisch neu berechnet.

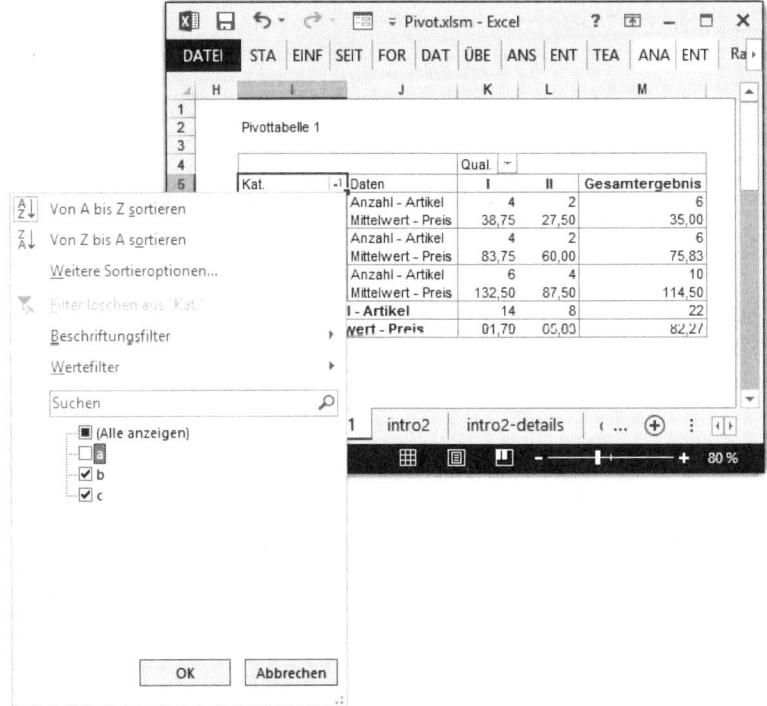

BILD 13.7 Im Listenfeld können einzelne Datenfelder deaktiviert werden.

Über die genannten Befehlsregister können Sie die Pivot-Tabelle durch zusätzliche Kategorien erweitern, zusätzliche Datenfelder einfügen etc. Natürlich können Sie auch Felder aus der Tabelle herausziehen, um die Tabelle so zu verkleinern. Dazu müssen Sie allerdings zunächst den Befehl Analysieren | PivotTable | Optionen aufrufen, das Register Anzeige aktivieren und hier das Kontrollkästchen Klassisches PivotTable-Layout einschalten.

Im Gegensatz zu früheren Excel-Versionen findet die Nachbearbeitung von Pivot-Tabellen aber im Wesentlichen in der PivotTable-Feldliste am rechten Rand des Excel-Programmfensters statt. Hier können Sie die gesamte Struktur von Pivot-Tabellen ändern, indem Sie die ursprünglich zugeordneten Datenfelder ganz einfach per Maus in andere Listenfelder ziehen. Durch das Ablegen von Datenfeldern außerhalb der PivotTable-Feldliste werden die betreffenden Datenfelder aus der Pivot-Tabelle entfernt.

Mit dem Kommando Analysieren | Sortieren kann die Reihenfolge der Datenfelder innerhalb der Pivot-Tabelle verändert werden. Die Position des Zellzeigers beim Aufruf des Kommandos bestimmt dabei das Sortierkriterium.

Vorsicht

Excel kann Pivot-Tabellen nicht an eine grundlegende Veränderung der Basisdaten anpassen. Wenn Sie beispielsweise die Beschriftung Ihrer Datenbank verändern und anschließend die Pivot-Tabelle aktualisieren möchten, liefert Excel eine Fehlermeldung und entfernt die veränderte Spalte aus der Tabelle. ∎

Feldeigenschaften

Zur Formatierung einzelner Datenfelder sieht Excel sehr komplexe Optionen vor: Über das Kontextmenükommando Wertfeldeinstellungen (oder durch einen Doppelklick auf das Datenfeld in der Pivot-Tabelle) gelangen Sie zum Dialog Feldeinstellungen, der seine ganze Komplexität über zwei Dialogregister verteilt (siehe Bild 13.6).

Das Dialogregister Werte zusammenfassen nach ermöglicht die Auswahl verschiedener Rechenfunktionen und ist leicht zu verstehen. Im Dialogregister Werte anzeigen als wird es schon komplizierter. Die Einstellmöglichkeiten des gleichnamigen Listenfelds können in zwei Gruppen unterteilt werden:

Berechnung erfolgt autonom

Standard:	Zeigt die absoluten Zahlenwerte an.
% des Ergebnisses:	Zeigt Prozentwerte an, die sich auf das Gesamtergebnis der Tabelle beziehen (Endsumme, Gesamtmittelwert etc.).
% der Zeile/Spalte:	Zeigt Prozentwerte an, die sich auf das Zeilen- bzw. Spaltenergebnis beziehen.
Index:	Zeigt Maßzahlen an, durch die der Wert in Relation zu Zeilen- und Spaltenergebnissen gesetzt wird. Formel: *(Zellenwert * Gesamtergebnis) / (Zeilenergebnis * Spaltenergebnis)*

Berechnung berücksichtigt Werte eines weiteren Datenfelds

Differenz von:	Zeigt die Differenz zu einem anderen Wert an.
% von:	Zeigt den Prozentanteil bezogen auf einen anderen Wert an.
% Differenz von:	Zeigt den Prozentanteil der Differenz bezogen auf den Basiswert an.
Ergebnis in:	Funktion unklar, laut Dokumentation Anzeige eines fortlaufenden Ergebnisses.

Zu den vier zuletzt genannten Einstellungen muss ein zweites Datenfeld angegeben werden, auf das die Berechnung bezogen wird.

Ergebnisse in Pivot-Tabellen gruppieren

Die Ergebniszeilen einer Pivot-Tabelle können durch das Kommando ANALYSIEREN | GRUPPEN-
AUSWAHL gruppiert werden. Diese Form der Weiterverarbeitung von Pivot-Tabellen bietet sich
vor allem bei zeitbezogenen Daten an. Bild 13.8 zeigt dafür ein Beispiel.

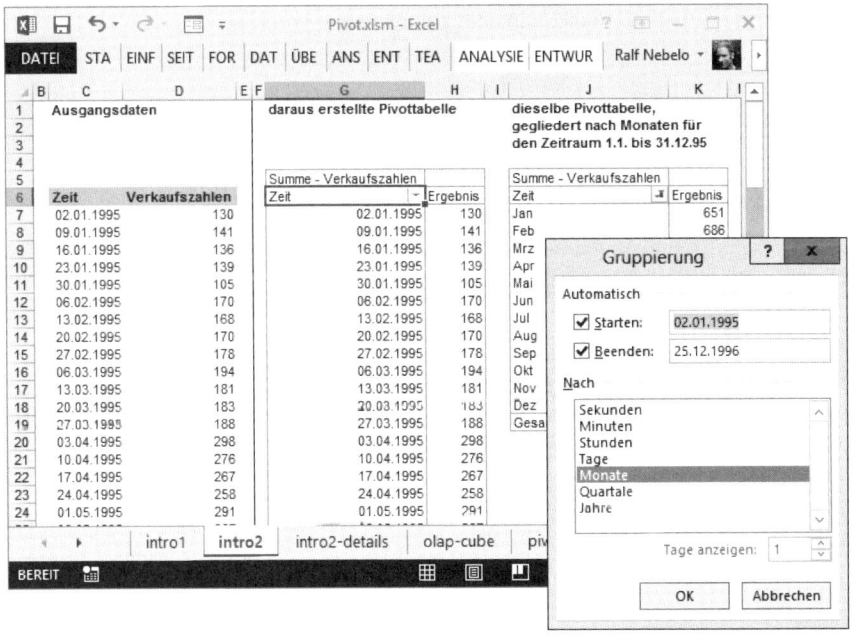

BILD 13.8 Die Verkaufszahlen des Jahres 95 wurden nach Monaten gruppiert.

Hinweis

Wenn wie im obigen Beispiel nur nach Monaten gruppiert wird, der Zeitraum aber mehr als ein Jahr umfasst, bildet Excel dennoch nur zwölf Gruppen. Das bedeutet, dass die Januar-Ergebnisse aller Jahre in derselben Gruppe zusammengefasst werden, was natürlich selten sinnvoll ist. Im vorliegenden Beispiel wurde das Problem so umgangen, dass im GRUPPIERUNG-Dialog Start- und Enddatum explizit angegeben wurden.

Eine andere Vorgehensweise besteht darin, gleichzeitig nach Jahren und Monaten zu gruppieren. Excel bildet dann zwei Hauptgruppen (1995 und 1996) und darin für jeden Monat Untergruppen. Bild 13.9 zeigt dafür ein Beispiel, wobei zusätzlich auch noch Gruppen für die Quartale gebildet werden.

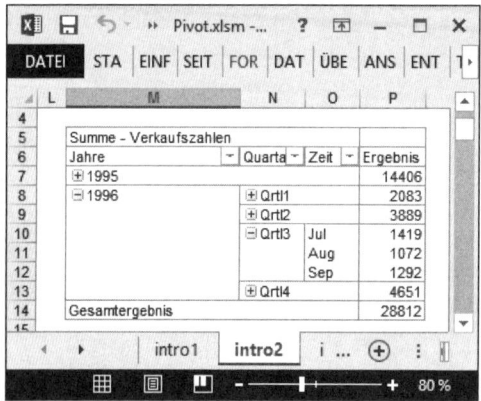

BILD 13.9
Gruppierung der Verkaufszahlen nach Jahren, Quartalen und Monaten

Drill-down und Roll-up

Drill-down und *Roll-up* sind übliche Begriffe für das Ein- und Ausblenden von Detailergebnissen. Dazu gibt es zwei Möglichkeiten. Die eine besteht darin, einen Doppelklick für eine Zelle im Gruppierungsbereich durchzuführen. Daraufhin wird die entsprechende Gruppe ein- bzw. wieder ausgeblendet (Bild 13.10). Bei der zweiten Möglichkeit genügt ein einfacher Mausklick auf die angezeigten Plus- und Minuszeichen.

BILD 13.10 Detailergebnisse einblenden (Drill-down)

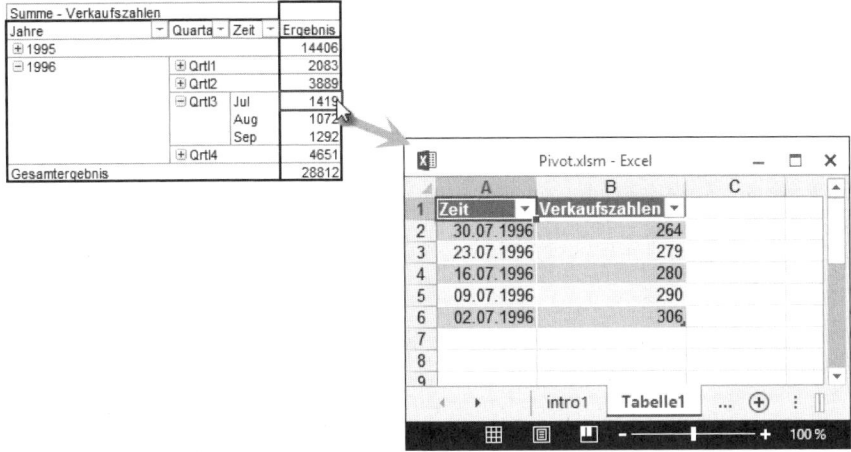

BILD 13.11 Verkaufszahlen im Juli 1996 (per Doppelklick generiert)

Wenn Sie einen Doppelklick auf ein Datenfeld durchführen, fügt Excel ein oder sogar mehrere neue Tabellenblätter ein, die Detailergebnisse enthalten (Bild 13.11).

Pivot-Tabellen löschen

Es gibt kein Kommando, um Pivot-Tabellen aus einem Tabellenblatt zu entfernen. Das macht aber nichts: Markieren Sie den gesamten Zellbereich und führen Sie dann das Kommando START | LÖSCHEN | ZELLEN LÖSCHEN aus. Damit werden sowohl die Inhalte als auch die Formatierung der Zellen gelöscht.

13.2.3 Pivot-Tabellen für externe Daten

Pivot-Tabellen können auch dann erstellt werden, wenn sich die Ausgangsdaten noch gar nicht in einer Excel-Tabelle befinden. Der Assistent sieht dazu im ersten Schritt die Auswahl einer externen Datenquelle vor, womit eine Datenbank gemeint ist. Wenn Sie diese Option anklicken, startet Excel das Zusatzprogramm MS Query, um mit dessen Hilfe die Daten einzulesen (siehe Abschnitt 12.2).

In jedem Fall werden die ausgewählten Daten zu Excel übertragen und intern gespeichert. Die Daten werden als Pivot-Tabelle angezeigt. Die Rohdaten sind dagegen nicht sichtbar.

 Achtung

Das im vorigen Kapitel im Zusammenhang mit MS Query bereits erwähnte Problem, dass die Namen von Access-Datenbanken absolut gespeichert werden (mit Laufwerk und Verzeichnis), trifft leider auch auf Pivot-Tabellen zu. Wenn sowohl die Excel-Datei als auch die Access-Datenbankdatei in ein anderes Verzeichnis verschoben werden, findet Excel die Ursprungsdaten nicht mehr und kann die Pivot-Tabelle daher nicht aktualisieren. Ein Ausweg aus diesem Dilemma wird in Abschnitt 13.3.3 präsentiert.

Anmerkung

Bei Pivot-Tabellen aus externen Daten gibt es zwei prinzipielle Vorgehensweisen: Die eine besteht darin, möglichst viele Daten zu importieren und diese dann mit den Mitteln einer Pivot-Tabelle zu ordnen. Das lässt Ihnen maximale Freiheit bei der Gestaltung der Pivot-Tabelle, ist allerdings auch mit hohem Speicherverbrauch verbunden. Die andere Vorgehensweise besteht darin, bereits beim Import der Daten zu versuchen, diese der Aufgabe entsprechend auf ein Minimum zu reduzieren. (Das kostet dann etwas mehr Zeit zur Steuerung des manchmal sperrigen MS Query.) Der Vorteil: Die Systemanforderungen in Excel (Rechenleistung, Speicher) sind deutlich geringer, die Verarbeitungsgeschwindigkeit ist entsprechend höher. ∎

OLAP-Cube-Dateien

OLAP steht für *Online Analytical Processing*. Gemeint sind damit spezielle Methoden zur Verwaltung und zur Analyse mehrdimensionaler Daten. Darunter versteht man wiederum Daten, die nach mehreren Parametern geordnet werden können. Die *Northwind*-Tabelle in Bild 13.12 gibt dafür ein gutes Beispiel: Nur zwei Spalten enthalten die eigentlichen Daten (*quantity* und *price*). Alle anderen Spalten können als Parameter bzw. Dimensionen zur Gruppierung der Daten verwendet werden: das Bestelldatum, die Produktkategorie, das Land des Empfängers etc. So gesehen ordnen Sie also mit jeder Pivot-Tabelle mehrdimensionale Daten.

Auch wenn also die *Northwind*-Datenbank durchaus ein Beispiel für mehrdimensionale Daten ist, wird OLAP üblicherweise nur dann angewandt, wenn ungleich mehr Daten zur Verfügung stehen (oft GBytes). Solche Datenbanken werden dann als *Data Warehouse* bezeichnet. OLAP bezieht sich darauf, dass die Analysefunktionen trotz der riesigen Datenmengen sehr rasch ausgeführt werden können – eben online. Dazu ist eine geschickte Organisation der Daten erforderlich und das ist eben das besondere Kennzeichen von OLAP-fähigen Datenbanksystemen. (Ein solches System, das besonders gut auf die von Microsoft zur Verfügung gestellten OLAP-Funktionen optimiert ist, ist natürlich der hauseigene SQL Server.)

Nach diesem sehr knappen Ausflug in die wundersame OLAP-Welt zurück zu Excel: Mit Pivot-Tabellen können Sie nicht nur herkömmliche Datenquellen (Tabellen, relationale Datenbanken), sondern eben auch OLAP-Datenquellen analysieren. Den Schlüssel dazu stellt MS Query dar. Mit dem Programm können Sie einerseits direkt auf OLAP-Datenquellen zugreifen; andererseits können Sie die Resultate einer Datenbankabfrage – selbst wenn es sich um eine relationale Datenbank handelt! – als sogenannten OLAP-Cube speichern.

Noch ein neuer Begriff! Ein *Cube* ist an sich nur eine weitere Bezeichnung für eine mehrdimensionale Datenmenge. Eine OLAP-Cube-Datei mit der Kennung *.cub ermöglicht es, ein statisches Abbild eines Segments der Gesamtdatenmenge getrennt von der Datenbank zu speichern. Das bietet mehrere Vorteile: Erstens kann die Cube-Datei einfach weitergegeben werden. Zweitens sind die Daten darin sehr platzsparend gespeichert. Drittens ist ein sehr effizienter Zugriff auf diese Daten möglich. Natürlich gibt es auch Nachteile: Die Organisation der Daten in der Cube-Datei ist starr (was die Auswertungsoptionen einschränkt). Außerdem können Änderungen in den Ausgangsdaten (also im Datenbanksystem) nicht berücksichtigt werden (das geht nur durch eine Neubildung der Cube-Datei).

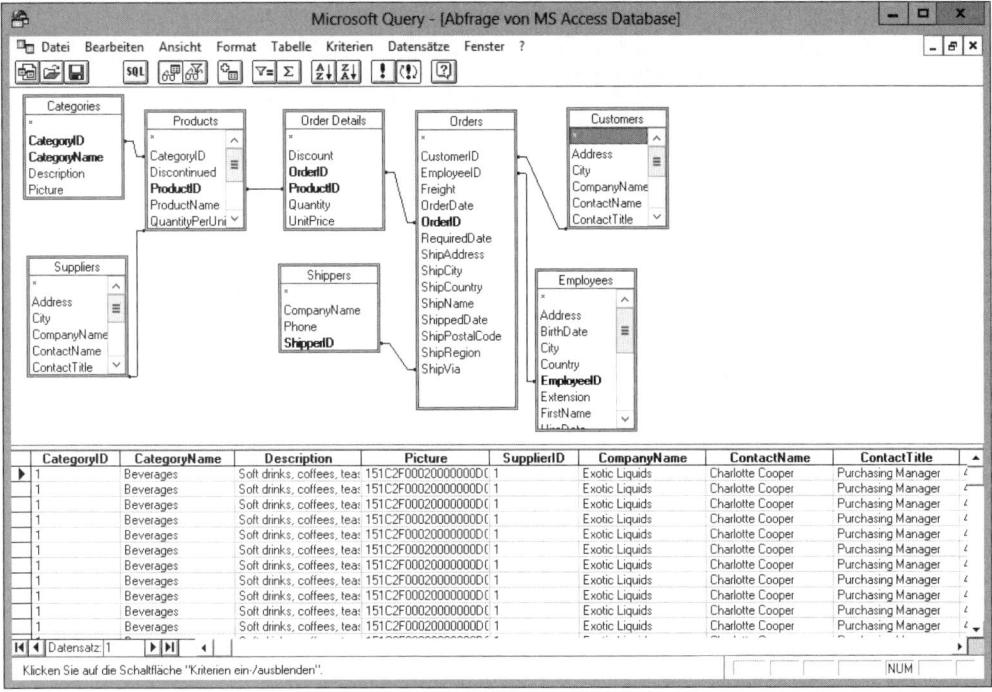

BILD 13.12 Entwurf einer komplexen Abfrage mit MS Query

Auch wenn Sie keinen Zugang zu einem *Data Warehouse* haben, können Sie die OLAP-Funktionen ausprobieren. Dazu erstellen Sie mit MS Query eine Abfrage, die sich auf eine relationale Datenbank bezieht (etwa wie in Bild 13.12).

Nun können Sie entweder im letzten Schritt des QUERY-Assistenten angeben, dass Sie aus dieser Abfrage einen OLAP-Cube erstellen möchten (was in Excel 2013 nicht mehr vorgesehen ist), oder Sie führen in MS Query das Kommando DATEI | OLAP CUBE ERSTELLEN aus. In beiden Fällen erscheint der OLAP-Cube-Assistent. Dort wählen Sie im ersten Schritt die Datenfelder aus (z. B. Summe von *Quantity* und Summe von *UnitPrice*). Im zweiten Schritt geben Sie die Parameter der Daten an (z. B. *OrderDate, LastName* der *Employees, CategoryName*). Bei Zeitdaten können Sie zudem Subkategorien (Jahr/Quartal/Monat etc.) angeben. Im dritten Schritt speichern Sie den Cube in einer Datei.

Sie können nun in Excel auf der Basis dieses Cube eine Pivot-Tabelle bilden. Im Prinzip unterscheidet sich die Vorgehensweise nicht von der bei der Analyse von Daten, die direkt in Excel zur Verfügung stehen. Einige Details sind aber dennoch anders: So können Sie etwa die Berechnungsfunktion der Datenfelder (etwa *Summe*) nicht verändern, weil im Cube eben nur die Summendaten gespeichert sind. Wenn Sie jetzt feststellen, dass Sie Durchschnittswerte benötigen, müssen Sie den Cube neu bilden. Neu ist auch, dass Zeitreihen viel komfortabler ausgewertet werden können (ohne das bisweilen umständliche GRUPPENAUSWAHL-Kommando). Aber auch hier gilt: Zeitkategorien, die Sie nicht im Cube-Assistenten vorgesehen haben, stehen nicht zur Verfügung und können auch nicht durch ANALYSIEREN | GRUPPENAUSWAHL reproduziert werden.

Beim Abschluss des OLAP-Assistenten werden im Verzeichnis *[BenutzerVerzeichnis]\AppData\ Roaming\Microsoft\Queries* zwei Dateien gespeichert: *name1.oqy* mit dem SQL-Code der OLAP-Abfrage und *name2.cub* mit den Ergebnissen der Abfrage. Für das vorliegende Beispiel wurde *olap.cub* im selben Verzeichnis wie die Excel-Datei gespeichert.

Tipp

Es ist nicht möglich, eine neue Pivot-Tabelle auf der Basis einer *.cub-Datei zu erstellen, wenn die dazugehörige *.oqy-Datei fehlt! ▪

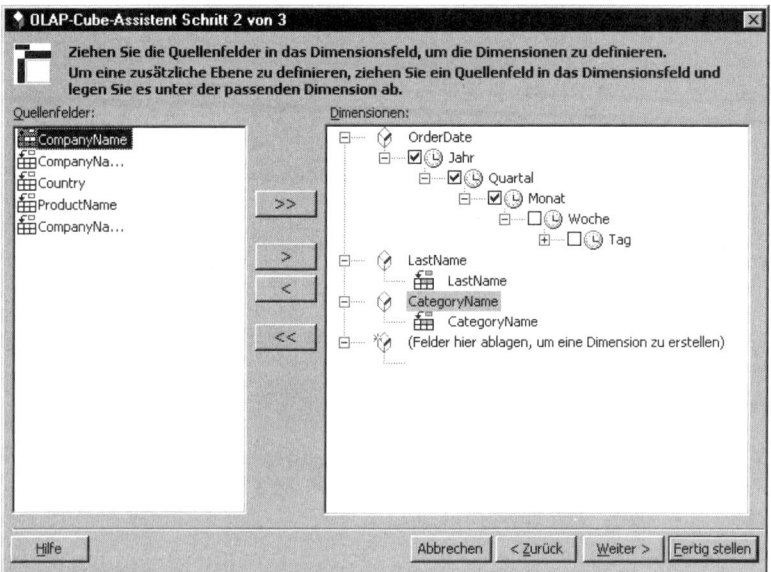

BILD 13.13 Der OLAP-Cube-Assistent

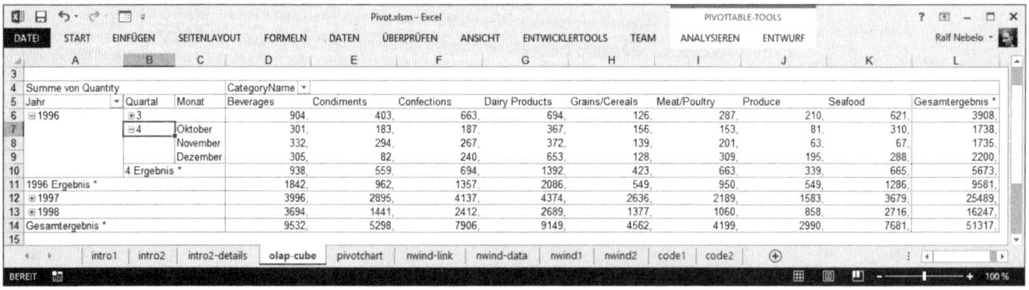

BILD 13.14 Pivot-Tabelle auf der Basis eines OLAP-Cube

Verweis

Zu den OLAP-Bibliotheken von Microsoft zählt auch *ADOMD* (also ADO *multi dimensional*). Damit können Sie ähnlich wie mit der ADO-Bibliothek auf OLAP-Datenquellen zugreifen. Es fehlt hier aber der Platz, um auch darauf einzugehen.

Eine gut verständliche Einführung in die Microsoft'sche OLAP-Welt (mit einem Kapitel zu *ADOMD* und einem weiteren Kapitel zu Excel als OLAP-Analysetool) gibt das Buch *MS OLAP Services* von Gerhard Brosius. ∎

13.2.4 Pivot-Tabellenoptionen

Wenn Sie im Register ANALYSIEREN das Kommando PIVOTTABLE | OPTIONEN ausführen, erscheint der in Bild 13.15 zu sehende Dialog. Dessen Dialogregister LAYOUT UND FORMAT betrifft die Formatierung der Pivot-Tabelle. Die Bedeutung der meisten Optionen ist offensichtlich bzw. geht aus der Hilfe hervor. Oft wird übersehen, dass Sie der Pivot-Tabelle in diesem Dialog auch einen neuen Namen geben können (über das Feld NAME). Das ist vor allem dann praktisch, wenn Sie in einer Excel-Datei mehrere Pivot-Tabellen verwalten.

Etwas mehr Erklärungsbedarf besteht beim Dialogregister DATEN. Hier bedeutet QUELLDATEN MIT DATEI SPEICHERN, dass die Abfragedaten zusammen mit der Excel-Datei gespeichert werden. Der Vorteil: Beim nächsten Laden stehen die Daten sofort wieder zur Verfügung. Der Nachteil: Je nach Umfang der Datenmenge wird die Excel-Datei dadurch sehr groß. (Die Einstellung ist nur relevant, wenn die Daten aus einer externen Datenquelle stammen.)

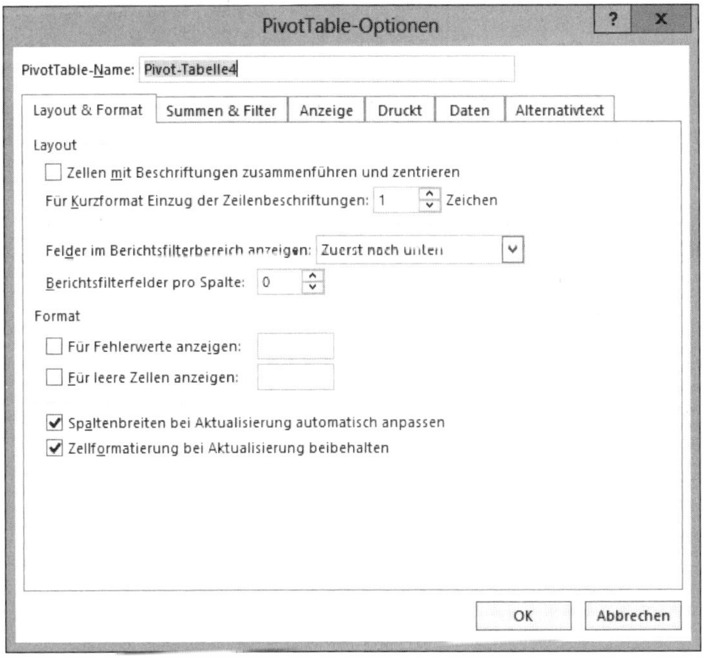

BILD 13.15
Pivot-Tabellen-optionen

DETAILS ANZEIGEN bezieht sich auf das Verhalten der Tabelle bei einem Doppelklick. Normalerweise werden dadurch Detailergebnisse ein- oder ausgeblendet. Wenn Sie die Option deaktivieren, unterbindet Excel dieses für Pivot-Neulinge manchmal verwirrende Verhalten.

Die AKTUALISIERUNGS-Option legt fest, dass die Datengrundlage automatisch beim Öffnen der Excel-Datei aktualisiert werden soll. (In der Default-Einstellung erfolgt eine Aktualisierung nur, wenn Sie das entsprechende Kommando explizit ausführen.)

13.2.5 Pivot-Diagramme

Pivot-Diagramme sind Diagramme, die direkt mit einer Pivot-Tabelle verbunden sind. Es ist nicht möglich, ein Pivot-Diagramm ohne zugeordnete Pivot-Tabelle zu erzeugen. Jede Änderung an der Struktur der Tabelle wirkt sich auch auf das Diagramm aus und umgekehrt.

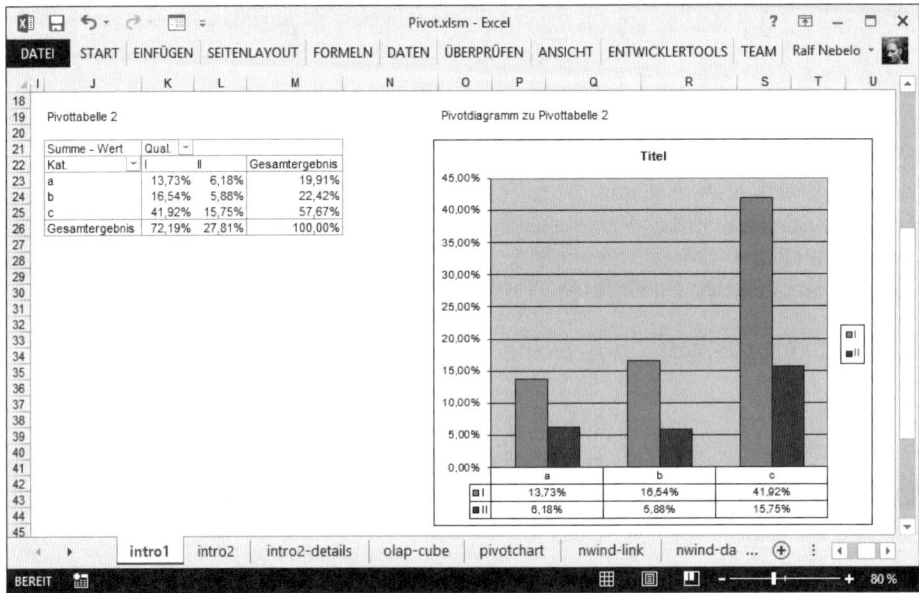

BILD 13.16 Eine Pivot-Tabelle mit einem Pivot-Diagramm

Um ein neues Pivot-Diagramm zu erzeugen, verwenden Sie das Kommando EINFÜGEN | PIVOTCHART. Alle Schritte im daraufhin erscheinenden Assistenten verlaufen genauso wie beim Erstellen einer Pivot-Tabelle, allerdings wird zum Abschluss zusätzlich zur Tabelle ein Diagramm erzeugt (in einem eigenen Blatt).

Sie können auch eine schon vorhandene Tabelle mühelos mit einem Pivot-Diagramm ausstatten: Dazu wählen Sie das Kommando ANALYSIEREN | PIVOTCHART, während sich der Zellzeiger in der Pivot-Tabelle befindet.

■ 13.3 Programmiertechniken

Ausgangspunkt für die meisten Beispiele dieses Kapitels ist eine ziemlich umfangreiche Tabelle (elf Spalten, 2100 Zeilen, siehe Bild 13.12). Diese Daten wurden mit MS Query von *nwind.mdb* in das Tabellenblatt *nwind-data* importiert. Die Tabellenblätter *nwind-1, -2* etc. greifen auf diese Daten zu. Alle Beispiele befinden sich in der Datei *Pivot.xlsm*. Die folgende Liste gibt eine kurze Beschreibung der Tabellenblätter dieser Datei:

intro1	Einführungsbeispiel 1 (Daten und zwei Pivot-Tabellen)
intro2	Einführungsbeispiel 2 (Daten und drei Pivot-Tabellen, Zeitgruppierung)
intro2-details	Detaildaten zu intro2 (Verkaufszahlen August 1996)
olap-cube	Pivot-Tabelle, die auf *olap.cub* basiert
pivot-chart	Pivot-Tabelle mit Diagramm, Datenbasis *nwind.mdb*
nwind-link	Pivot-Tabelle, Datenbasis *nwind.mdb*
nwind-data	Datentabelle (mit MS Query aus *nwind.mdb* importiert)
nwind1, -2 ...	diverse Pivot-Tabellen auf der Basis der Daten in *nwind-data*
code1, -2 ...	diverse Pivot-Tabellen plus VBA-Code

13.3.1 Pivot-Tabellen erzeugen und löschen

CreatePivotTable-Methode

Es gibt mehrere Möglichkeiten, wie Sie eine neue Pivot-Tabelle per Code erzeugen können. An dieser Stelle werden allerdings nur zwei Varianten vorgestellt. Die erste entspricht dem, was die Makroaufzeichnung liefert. Ausgangspunkt ist die Datenbasis eines *PivotCache*-Objekts. Mit der Methode *CreatePivotTable* wird daraus eine – vorerst leere – Pivot-Tabelle erstellt. Durch die Veränderung der *Orientation*-Eigenschaft einiger Pivot-Felder wird anschließend die Struktur der Pivot-Tabelle bestimmt. Die Apostrophe bei den Pivot-Feldnamen resultieren von MS Query. Dieses Programm verwendet bei den Namen einiger importierter Spalten diese an sich überflüssigen Zeichen. *CreatePivotTable* übernimmt diese Schreibweise aus dem *nwind-data*-Tabellenblatt. Daher müssen Sie sich ebenfalls an diese Schreibweise halten.

 Tipp

PivotField-Objekte werden in Abschnitt 13.3.2 genauer vorgestellt, das *PivotCache*-Objekt im übernächsten Abschnitt 13.3.3.   ■

```
' Datei 13\Pivot.xlsm, code1
Private Sub btnCreatePivot1_Click()
  Dim pc As PivotCache, pt As PivotTable
  Dim ptName$
```

```
  ' Me verweist auf Tabellenblatt zum Code
  ptName = Me.Name + "_ptsample1"
  btnDeletePivot_Click   'vorhandene Pivot-Tabellen löschen
  Set pc = ThisWorkbook.PivotCaches.Add(xlDatabase, _
    "'nwind-data'!R3C1:R2158C11")
  Set pt = pc.CreatePivotTable([a8], ptName)
  With pt
    .PivotFields("Quantity").Orientation = xlDataField
    .PivotFields("'Category'").Orientation = xlColumnField
    .PivotFields("'EmployeeName'").Orientation = xlRowField
    .PivotFields("'CustomerCountry'").Orientation = xlPageField
  End With
End Sub
```

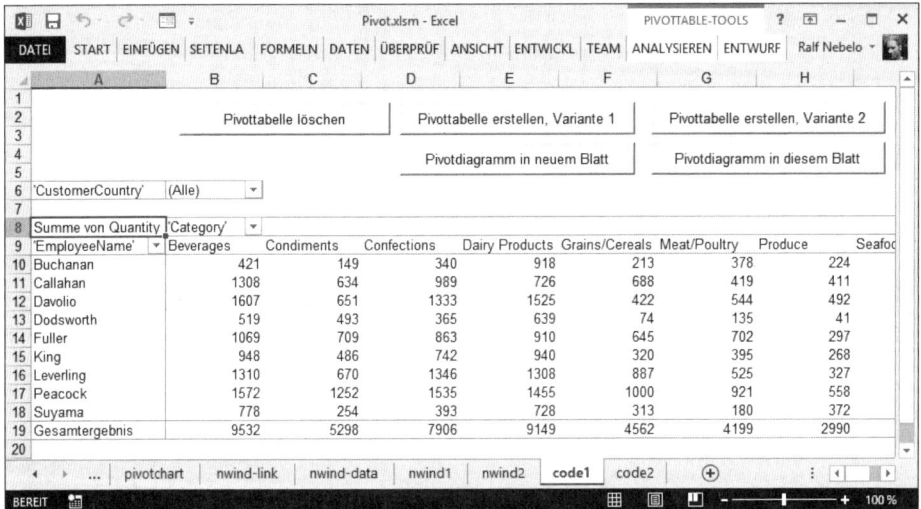

BILD 13.17 Das Ergebnis der Prozedur code1.btnCreatePivot1_Click

PivotTableWizard-Methode

Die zweite Variante zur Erzeugung neuer Pivot-Tabellen ist die *PivotTableWizard*-Methode. Dabei übergeben Sie in einer Reihe von Parametern alle Informationen zum Erzeugen einer leeren Pivot-Tabelle. Das *PivotCache*-Objekt wird automatisch erzeugt. Die Zeilen zur Herstellung der Tabellenstruktur sind wie im ersten Beispiel.

```
' Pivot-Tabelle direkt erzeugen
Private Sub btnCreatePivot2_Click()
  Dim pt As PivotTable
  Dim ptName$
  ' Me verweist auf Tabellenblatt zum Code
  ptName = Me.Name + "_ptsample1"
```

```
    btnDeletePivot_Click    'vorhandene Pivot-Tabellen löschen
    Set pt = Me.PivotTableWizard(SourceType:=xlDatabase, _
      SourceData:="'nwind-data'!R3C1:R2158C11", _
      TableDestination:="R8C1", TableName:=ptName)
    With pt
      .PivotFields("..."). _
        Orientation = ..    'wie in btnCreatePivot1_Click
    End With
End Sub
```

Pivot-Diagramme erzeugen

Wenn Sie ein neues Pivot-Diagramm erzeugen möchten, benötigen Sie zuerst eine Pivot-Tabelle. Ist diese vorhanden, wird mit *Charts.Add* ein neues Diagrammblatt erzeugt. *SetSourceData* weist dem Diagramm als Datenquelle den Zellbereich der Pivot-Tabelle zu. Fertig!

```
Private Sub btnPivotChart1_Click()
  Dim ch As Chart
  If Me.PivotTables.Count = 0 Then Exit Sub
  Set ch = Charts.Add
  ch.ChartType = xlColumnStacked
  ch.SetSourceData Source:=Me.PivotTables(1).TableRange2
End Sub
```

Ein wenig komplizierter wird es, wenn das Pivot-Diagramm in demselben Tabellenblatt wie die Pivot-Tabelle angezeigt werden soll. Abermals wird das Diagramm mit *Charts.Add* erzeugt. Allerdings wird das neue Objekt diesmal durch die *Location*-Methode in das Tabellenblatt eingefügt. Ab diesem Zeitpunkt kann aus unerfindlichen Gründen nicht mehr auf die Objektvariable *ch* zugegriffen werden. Alle weiteren Operationen müssen daher mit *ActiveChart* durchgeführt werden.

Via *Parent* wird nun auf das zugrunde liegende *ChartObject* zugegriffen. (Dieses Objekt ist für die Einbettung des Diagramms in das Tabellenblatt verantwortlich – siehe Kapitel 10.) Über *Left* und *Top* wird der Ort des Objekts so eingestellt, dass das Diagramm direkt unterhalb der Tabelle erscheint.

```
Private Sub btnPivotChart2_Click()
  Dim ch As Chart
  Dim pt As PivotTable
  If Me.PivotTables.Count = 0 Then Exit Sub
  Set pt = Me.PivotTables(1)
  Set ch = Charts.Add
  With ch
    .ChartType = xlColumnStacked
    .SetSourceData Source:=pt.TableRange2
    .Location Where:=xlLocationAsObject, Name:="code1"
  End With
```

```
' ab hier muss mit ActiveChart weitergearbeitet werden
With ActiveChart.Parent   'verweist auf ChartObject
  .Left = 20
  .Top = pt.TableRange2.Top + pt.TableRange2.Height + 10
End With
End Sub
```

Pivot-Tabelle löschen

In Excel fehlt ein Menübandkommando, um eine Pivot-Tabelle wieder zu löschen. Da überrascht es wenig, dass es auch für die *PivotTables*-Auflistung keine *Remove*- oder *Delete*-Methode gibt. Dennoch ist es einfach, eine Pivot-Tabelle zu löschen: Löschen Sie einfach den gesamten von der Tabelle beanspruchten Zellbereich. Damit wird automatisch auch das *PivotTable*-Objekt gelöscht. (*TableRange2* verweist auf den Zellbereich der gesamten Pivot-Tabelle. Die Eigenschaft wird im nächsten Abschnitt vorgestellt.)

```
' alle Pivot-Tabellen des Tabellenblatts löschen
Private Sub btnDeletePivot_Click()
  Dim pt As PivotTable, ws As Worksheet
  Set ws = Me  'verweist in Modul eines Tabellenblatts auf Worksheet
  For Each pt In ws.PivotTables
    pt.TableRange2.Clear
  Next
End Sub
```

Wenn der Tabelle ein Pivot-Diagramm zugeordnet war, bleibt dieses bestehen. Die darin angezeigten Daten sind jetzt aber statisch. Sie können das Diagramm mit *Charts(...).Delete* bzw. *ChartObjects(...).Delete* ebenfalls löschen. Sie können das Diagramm aber auch später mit einer neuen (oder anderen) Pivot-Tabelle verbinden, indem Sie neuerlich die Methode *SetSourceData* ausführen.

Makroaufzeichnung bei Pivot-Tabellen

Die Makroaufzeichnung hilft auch bei Pivot-Tabellen rasch zum Verständnis, wie bestimmte Operationen per Code durchgeführt werden können. Aber wie immer gilt: Der Code der Makroaufzeichnung ist selten optimal. Insbesondere wenn Sie das Einfügen einer neuen Pivot-Tabelle aufzeichnen (also die Schritte, die Sie üblicherweise mit dem PIVOTTABLE-Assistenten erledigen), ist der Code oft ungewöhnlich umständlich. Das liegt vor allem daran, dass Excel lange Zeichenketten aus unerfindlichen Gründen in ein zweidimensionales *Array* zerlegt. Statt

```
.Connection= "..."
```

liefert die Makroaufzeichnung:

```
.Connection = Array(Array("teil1"), Array("teil2") ...)
```

Natürlich teilt die Aufzeichnung die Zeichenkette an willkürlichen Stellen, was die Lesbarkeit weiter erschwert. Bevor Sie beginnen, aus dem *Array*-Konglomerat eine übersichtliche Anweisung zu bilden, sollten Sie sich im Direktfenster den Inhalt der Zeichenkette ausgeben lassen, beispielsweise durch die folgende Anweisung:

```
?ActiveSheet.PivotTables(1).PivotCache.Connection
```

Das Ergebnis können Sie per Zwischenablage in den Programmcode einfügen. Das Einfügen von Hochkommas und die Zerlegung über mehrere Zeilen bleiben Ihnen auch jetzt nicht erspart, aber dieser Weg ist dennoch meist schneller als die unmittelbare Bearbeitung des aufgezeichneten Codes.

SQL2String

Wenn Ihre Pivot-Tabelle einer sehr komplexen SQL-Anweisung zugrunde liegt (etwa bei OLAP-Abfragen), scheitert die Makroaufzeichnung oft ganz, weil die maximale Anzahl der Zeilenverlängerungszeichen („_") überschritten wird. In diesem Fall müssen Sie den Code selbst schreiben, wobei Sie wiederum die Zeichenketten aus bereits vorhandenen Pivot-Tabellen extrahieren können.

Wenn sich auch bei manueller Teilung des SQL-Codes mehr als 20 Zeilen ergeben, müssen Sie mit einer *String*-Variablen arbeiten, die Sie mit $x = x + „..."$ beliebig erweitern können. Bei dieser Aufgabe hilft Ihnen das kleine Programm *sql2string.exe*, das Sie auf der beiliegenden CD finden (Bild 13.18). Es bildet aus dem im oberen Fensterbereich dargestellten Text eine der VB-Syntax entsprechende Variablenzuweisung. Der Text im oberen Fensterbereich kann wie in einem Texteditor bearbeitet und verändert werden (Zeilenumbruch).

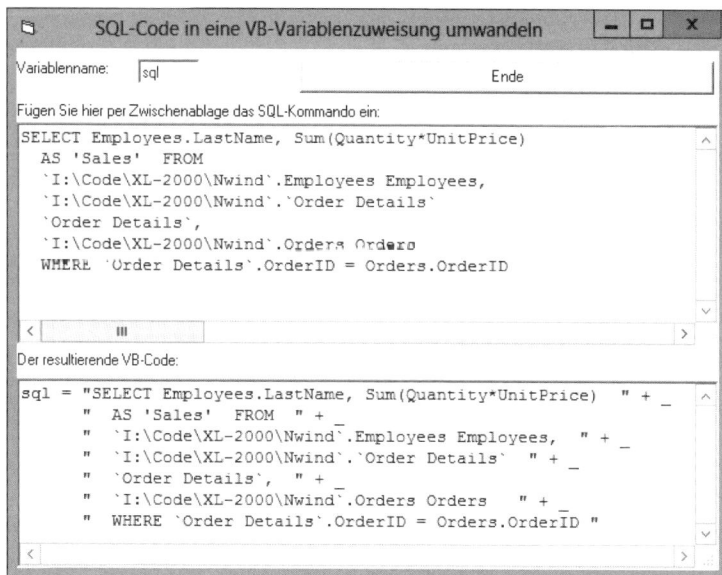

BILD 13.18 Lange Zeichenketten in VB-Syntax umwandeln

13.3.2 Aufbau und Bearbeitung vorhandener Pivot-Tabellen

Zellbereiche

Ausgangspunkt für jede Manipulation an Pivot-Tabellen sind in erster Linie die drei Auflistungen *PivotTables*, *PivotFields* und *PivotItems*: *PivotTables* verweist auf alle Pivot-Tabellen eines Tabellenblatts. Über das *PivotTable*-Objekt können neben der unten beschriebenen Methode *PivotFields* die Eigenschaften *TableRange1*, *TableRange2*, *PageRange* (Seitenbereich), *ColumnRange* (Spaltenbereich), *RowRange* (Zeilenbereich), *DataBodyRange* (Datenbereich) und *DataLabelRange* ausgewertet werden. *RowGrand* und *ColumnGrand* geben an, ob zur Pivot-Tabelle Ergebniszeilen bzw. -spalten angezeigt werden.

	B	C	D	E	F	G	H	I
4								
5		Titel	(Alle)	▼				
6								
7		Summe - Stück	Reihenname					
8		Vertretername	Anwendung	Programmierung	Gesamtergebnis			
9		Wabnegg	2281	2031	4312		TableRange1	C7:F17
10		Treiber	2964	1893	4857		TableRange2	C5:F17
11		Schwarzl	2993	2594	5587		ColumnRange	D7:F8
12		Rovi	1333	1136	2469		RowRange	C8:C17
13		Jandl	2069	1472	3541		PageRange	C5:D5
14		Grebien	2480	2270	4750		DataBodyRange	D9:F17
15		Biber	2429	1864	4293		DataLabelRange	C7
16		Allweiler	2983	2248	5231			
17		Gesamtergebnis	19532	15508	35040			

BILD 13.19 Bereiche einer Pivot-Tabelle

Pivot-Felder (PivotField)

PivotFields enthält alle für eine Tabelle definierten Pivot-Felder. (Jedes Pivot-Feld steht für eine Spalte der Quelldaten.) Die *Orientation*-Eigenschaft der *PivotField*-Objekte bestimmt, ob das Feld zur Gliederung der Daten, zur Ermittlung der Ergebnisse oder überhaupt nicht genutzt wird. Indem Sie bei einem Pivot-Feld die Eigenschaft *Orientation* ändern, machen Sie daraus z. B. ein Datenfeld, ein Seitenfeld etc. bzw. blenden das Feld wieder aus.

PivotField-Objekte steuern also die Struktur der Pivot-Tabelle. Mit den Methoden *ColumnFields*, *DataFields*, *HiddenFields*, *PageFields*, *RowFields* und *VisibleFields* kann gezielt auf alle *PivotField*-Objekte eines bestimmten *Orientation*-Typs zugegriffen werden.

Zahlreiche *PivotField*-Eigenschaften steuern die Layoutdetails einer Pivot-Tabelle: *DataRange* und *LabelRange* geben an, wo sich die Beschriftungs- und Ergebniszellen befinden. *Function* bestimmt, nach welcher Funktion die Ergebnisse für die Datenfelder bestimmt werden sollen. *Subtotals* enthält ein Datenfeld, das angibt, welche Typen von Zwischenergebnissen in der Pivot-Tabelle erscheinen sollen. Bei Seitenfeldern gibt *CurrentPage* an, welche Seite gerade ausgewählt ist.

 Verweis

Diese Beschreibung ist alles andere als vollständig. Eine Menge weiterer Eigenschaften sind im Objektkatalog aufgezählt und in der Hilfe beschrieben. Experimentieren Sie auch mit der Makroaufzeichnung, indem Sie nur *ein* Detail einer vorhandenen Pivot-Tabelle ändern!

OLAP-Felder (CubeField)

Wenn Ihre Tabelle auf OLAP-Daten basiert, ist alles anders: In diesem Fall erfolgt die Manipulation der Pivot-Felder nicht über *PivotFields*, sondern über *CubeFields*. Beim *CubeField*-Objekt handelt es sich um eine reduzierte Variante von *PivotField*, die den Möglichkeiten von OLAP-Daten entspricht. (Bei OLAP-Daten können Sie zumeist viel weniger Operationen durchführen. Das Layout der Tabelle ist stärker durch die Abfrageoptionen limitiert, die bei der Erstellung des OLAP-Cube gewählt wurden.)

Berechnete Felder (Formelfelder)

Es besteht die Möglichkeit, aus vorhandenen Pivot-Feldern ein neues zu erzeugen: Wenn in den Quelldaten Spalten mit *price* und *quantity* vorgesehen sind, kann aus dem Produkt dieser Zahlen ein neues Pivot-Feld *sales* errechnet werden. Dazu führen Sie in VBA *CalculatedFields.Add* „*sales*", „*=price * quantity*" aus. Anschließend können Sie *sales* wie jedes andere Pivot-Feld verwenden. *CalculatedFields* verweist auf alle Pivot-Felder, die nicht direkt aus den Ausgangsdaten stammen, sondern errechnet sind. Für diese Felder gilt *IsCalculated=True*. Die Eigenschaft *Formula* enthält die Berechnungsformel.

Gruppierung von Pivot-Feldern

Ein Teil der Analysemöglichkeiten von Pivot-Tabellen kann nur in Zusammenarbeit mit der Gruppierungsfunktion ausgeschöpft werden. Die dazu erforderliche *Group*-Methode ist an sich von Pivot-Tabellen unabhängig (siehe Abschnitt 11.5). Sie erwartet als Objektreferenz einfach eine Zelle oder einen Zellbereich. Wenn dieser Bereich innerhalb einer Pivot-Tabelle liegt, wird die Gruppierung hierfür durchgeführt.

Im Regelfall bieten sich nur Zeit- bzw. Datumsfelder zur Gruppierung an. Der entscheidende Parameter von *Group* ist dann *Periods*: An ihn wird ein Datenfeld übergeben, das angibt, für welche Zeiteinheiten die Gruppierung durchgeführt werden soll (Sekunden, Minuten, Stunden, Tage, Monate, Quartale und Jahre). Durch die Gruppierung entstehen neue Pivot-Felder (übrigens mit lokalisierten Namen – z. B. *Jahre* bei der deutschen Excel-Version, *Years* bei der englischen), die wie alle anderen Pivot-Felder bearbeitet werden können.

```
' Datumsfeld gruppieren (Monate, Quartale, Jahre)
[c3].Group Start:=True, End:=True, _
   Periods:=Array(False, False, False, False, True, True, True)
pt.PivotFields("Jahre").Orientation = xlPageField
```

Wenn gruppiert wird, dann sollen zumeist auch Zwischenergebnisse angezeigt werden. Dafür ist die *Subtotals*-Eigenschaft zuständig, die direkt auf ein Pivot-Feld angewendet werden muss. Auch *Subtotals* wird ein Datenfeld zugewiesen. Es gibt in einer Reihe von *True*- und *False*-Werten an, welche Typen von Zwischenergebnissen gebildet werden sollen (Summe, Mittelwert etc.). Die Reihenfolge der Parameter ist in der Hilfe dokumentiert.

```
.PivotFields("Quartale").Subtotals = Array(False, True, False, _
    False, False, False, False, False, False, _
    False, False)
```

Pivot-Elemente (PivotItem)

Noch eine Ebene unter den *Pivot-* bzw. *CubeFields* stehen die *PivotItem*-Objekte: Dabei handelt es sich um Ergebnisspalten oder -zeilen der Pivot-Tabelle. *PivotItem*-Objekte sind jeweils einem *PivotField* zugeordnet. Über die *Visible*-Eigenschaft der *PivotItem*-Objekte kann beispielsweise die Sichtbarkeit einzelner Ergebnisspalten oder -zeilen verändert werden. Im interaktiven Betrieb entspricht das der Veränderung der Auswahlhäkchen eines Pivot-Felds – siehe Bild 13.20.

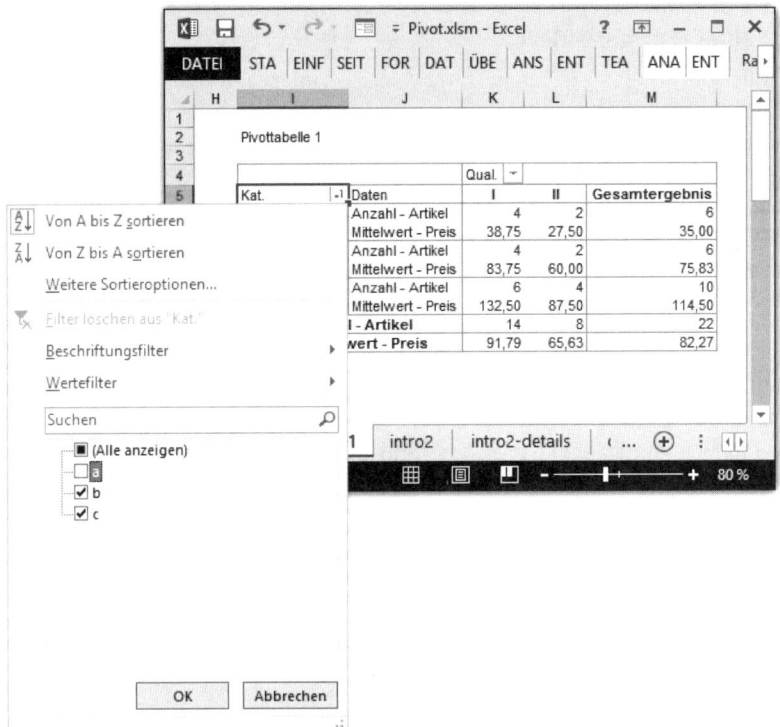

BILD 13.20 Einzelne Zeilen (*PivotItems*) eines Pivot-Felds ein- und ausblenden

Beispiel

Die folgende Prozedur demonstriert die Anwendung vieler der oben beschriebenen Objekte und Eigenschaften. Das Ergebnis ist in Bild 13.21 zu sehen.

```
' Datei 13\Pivot.xlsm, Code2
Private Sub btnCreatePivot1_Click()
  Dim pc As PivotCache, pt As PivotTable, pf As PivotField
  Dim ptName$
  ' Me verweist auf Tabellenblatt zum Code
  ' vorhandene Tabellen löschen
  For Each pt In Me.PivotTables
    pt.TableRange2.Clear
  Next
```

```
  Set pc = ThisWorkbook.PivotCaches.Add(xlDatabase, _
    "'nwind-data'!R3C1:R2158C11")
  Set pt = pc.CreatePivotTable([a8], ptName)
  With pt
    .PivotFields("OrderDate").Orientation = xlRowField
    .PivotFields("'Category'").Orientation = xlColumnField
    ' neues berechnetes Feld, Zahlenformat ohne Dezimalstellen
    .CalculatedFields.Add "sales", "= Quantity * '''Price'''"
    .PivotFields("sales").Orientation = xlDataField
    .PivotFields("Summe - sales").NumberFormat = "0"
    ' Datumsfeld gruppieren (Monate, Quartale, Jahre)
    ' Jahresfeld als Seitenfeld, nur Jahr 1997 sichtbar
    ' Zwischenergebnisse je Quartal
    .PivotFields("OrderDate").VisibleItems(1).LabelRange.Group _
      Start:=True, End:=True, _
      Periods:=Array(False, False, False, False, True, True, True)
    .PivotFields("Jahre").Orientation = xlPageField
    .PivotFields("Jahre").CurrentPage = "1997"
    .PivotFields("Quartale").Subtotals = Array(False, True, False, _
        False, False, False, False, False, False, False, _
        False, False)
  End With
End Sub
```

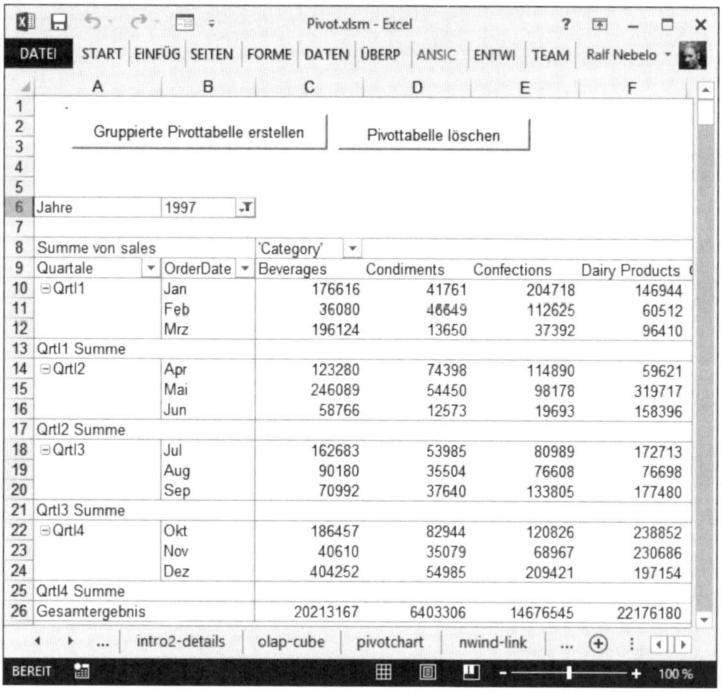

	A	B	C	D	E	F
8	Summe von sales		'Category'			
9	Quartale	OrderDate	Beverages	Condiments	Confections	Dairy Products
10	Qrtl1	Jan	176616	41761	204718	146944
11		Feb	36080	46649	112625	60512
12		Mrz	196124	13650	37392	96410
13	Qrtl1 Summe					
14	Qrtl2	Apr	123280	74398	114890	59621
15		Mai	246089	54450	98178	319717
16		Jun	58766	12573	19693	158396
17	Qrtl2 Summe					
18	Qrtl3	Jul	162683	53985	80989	172713
19		Aug	90180	35504	76608	76698
20		Sep	70992	37640	133805	177480
21	Qrtl3 Summe					
22	Qrtl4	Okt	186457	82944	120826	238852
23		Nov	40610	35079	68967	230686
24		Dez	404252	54985	209421	197154
25	Qrtl4 Summe					
26	Gesamtergebnis		20213167	6403306	14676545	22176180

BILD 13.21 Das Ergebnis der Prozedur code2.btnCreatePivot1_Click

13.3.3 Interne Verwaltung (PivotCache)

Die Datenbasis von Pivot-Tabellen wird intern durch *PivotCache*-Objekte verwaltet (eines je Pivot-Tabelle). Das Objekt speichert nicht nur die Daten an sich, sondern enthält auch eine Beschreibung der Parameter, die zum Einlesen externer Daten erforderlich sind. Die Eigenschaft *MemoryUsed* gibt den Aufwand zur Zwischenspeicherung der Daten an. Wenn beispielsweise die große *Northwind*-Tabelle aus Bild 13.12 als Datenbasis verwendet wird, beträgt der Speicherbedarf ca. 200 kByte. *RecordCount* gibt an, wie viele Datensätze (Zeilen) die Datenquelle umfasst.

Je nach Datenquelle sind unterschiedliche Eigenschaften des Objekts belegt. Ein Versuch, auf andere Eigenschaften zuzugreifen, führt zu einer Fehlermeldung. Aus unerfindlichen Gründen gibt es keine Eigenschaft, die immer verfügbar ist und den Typ der Datenquelle angibt. Wenn Sie also eine Schleife über alle *PivotCache*-Objekte ausführen, müssen Sie Ihren Code durch *On Error Resume Next* absichern und nach dem Zugriff auf bestimmte Eigenschaften *Err* testen, um auf diese Weise Rückschlüsse auf den Datenquellentyp zu ziehen.

Excel-Tabelle als Datenquelle	
QueryType	nicht initialisiert, Zugriff führt zu Fehler
CommandType	nicht initialisiert, Zugriff führt zu Fehler
Connection	nicht initialisiert, Zugriff führt zu Fehler
CommandText	nicht initialisiert, Zugriff führt zu Fehler
SourceData	enthält als Zeichenkette (nicht als *Range*-Objekt!) die Adresse der Tabellenfelder; die Zeichenkette ist aus unerfindlichen Gründen lokalisiert: die deutsche Excel-Version enthält also z. B. „*intro1!Z4S2:Z26S7*", während es bei der englischen Version „*intro1!R4C2:R26C7*" heißt

Externe Datenquelle (via MS Query)	
QueryType	enthält *xlODBCQuery*
CommandType	enthält *xlCmdSql*
Connection	enthält Verbindungsinformationen wie beim *QueryTable*-Objekt („*ODBC;...*")
CommandText	enthält die SQL-Kommandos
SourceData	enthält nochmals das SQL, allerdings zerlegt in ein *Array* von Zeichenketten mit je 255 Zeichen

OLAP-Cube als Datenquelle	
QueryType	enthält *xlOLEDBQuery*
CommandType	enthält *xlCmdCube*
CommandText	enthält „*OCWCube*"
Connection	enthält in einer einzigen (meist riesigen) Zeichenkette sowohl die Verbindungsinformationen als auch das SQL-Kommando für den OLAP-Cube
SourceData	nicht initialisiert, Zugriff führt zu Fehler

Verbindung zwischen Pivot-Tabellen und Datenquellen aktualisieren

Der Grund für die relativ ausführliche Behandlung von *PivotCache* besteht darin, dass die Weitergabe der Pivot-Beispieldateien auf der beiliegenden CD ohne geeignete Gegenmaßnahmen Fehler produziert: Die Dateinamen *Nwind.mdb* und *Olap.cub* werden in den *Connection*- und *CommandText*-Zeichenketten mit Laufwerks- und Pfadinformationen gespeichert. Wenn Sie die Pivot-Beispieldateien auf Ihrem Rechner öffnen, würde sich Excel bei einem Datenaktualisierungsversuch darüber beschweren, dass es die Quelldateien nicht findet (und wir würden mit jeder Menge Beschwerden per E-Mail überhäuft, dass unsere Beispiele nicht funktionieren).

Leider ist es im Gegensatz zum *QueryTable*-Objekt nicht zulässig, die Eigenschaften des *PivotCache*-Objekts einfach zu ändern, um den Pfad zu Datenbankdateien richtigzustellen. Die einzige – leider recht aufwendige – Alternative besteht darin, die Pivot-Tabellen zu löschen und basierend auf den bisherigen Verbindungsinformationen neu zu erstellen. Das Problem bei dieser Vorgehensweise besteht darin, dass dabei das Layout der Pivot-Tabelle teilweise verloren geht. Auf der anderen Seite offenbart der „Reparaturcode" eine Menge Interna über die Verwaltung von Pivot-Tabellen und ist daher über die Aufgabenstellung hinaus durchaus interessant.

Die Codeausführung beginnt in *Workbook_Open*, also in der Prozedur, die beim Öffnen einer Excel-Datei als Erstes ausgeführt wird. Dort wird zuerst *CheckMSQueryData* aufgerufen, um für alle mit MS Query importierten Tabellen die Pfade zu externen Access-Dateien richtigzustellen (siehe Abschnitt 12.2.2).

```
' Datei 13\Pivot.xlsm, DieseArbeitsmappe
Private Sub Workbook_Open()
  CheckMSQueryData     'siehe Workbook_Open in Abschnitt 12.2.2
  CheckPivotTableData
End Sub
```

In *CheckPivotTableData* wird eine Schleife über alle *PivotTable*-Objekte des Tabellenblatts ausgeführt. Für jede Tabelle wird getestet, ob sie auf externen Daten basiert. (Bei Tabellen, wo dies nicht der Fall ist, löst bereits der Versuch, *QueryType* zu lesen, einen Fehler aus. Die Zeile ist daher entsprechend abgesichert.)

Wenn es externe Daten gibt, wird mit *ExtractDir* (siehe nochmals Abschnitt 12.2.2) das Verzeichnis der Daten ermittelt. Stimmt dieses nicht mit *ThisWorkbook.Path* überein, erscheint (nur bei der ersten Tabelle) eine Abfrage, ob die Tabellen tatsächlich neu erstellt werden sollen. Diese Arbeit wird dann in *RecreatePivotTable* erledigt.

```
Sub CheckPivotTableData()
  Dim ws As Worksheet
  Dim pt As PivotTable, pc As PivotCache
  Dim qtype&, result&
  Dim oldDir$, newDir$
  ' aktuelles Verzeichnis (ohne \ am Ende)
  newDir = ThisWorkbook.Path
  If Right(newDir, 1) = "\" Then
```

```
      newDir = Left(newDir, Len(newDir) - 1)
   End If
   ' Schleife über alle Pivot-Tabellen
   For Each ws In ThisWorkbook.Worksheets
     For Each pt In ws.PivotTables
       Set pc = pt.PivotCache
       qtype = -1
       On Error Resume Next
       qtype = pc.QueryType   'hier evt. Fehler
       On Error GoTo 0
       If qtype = xlODBCQuery Or qtype = xlOLEDBQuery Then
         ' bisherigen Pfad aus Connection-Zeichenkette ermitteln
         oldDir = ExtractDir(pc.Connection)
         ' falls erfolgreich: alten Pfad durch neuen Pfad ersetzen
         If oldDir <> "" And LCase(oldDir) <> LCase(newDir) Then
           If result = 0 Then
             result = MsgBox("Der Pfad ... stimmt nicht mit dem " & _
               "dieser Datei überein. Sollen die Pivot-Tabellen " & _
               "neu erstellt werden?", vbYesNo)
           End If
           If result = vbYes Then
             RecreatePivotTable pt, oldDir, newDir
           End If
         End If
       End If
     Next
   Next
End Sub
```

RecreatePivotTable beginnt damit, dass die Eigenschaften der vorhandenen Pivot-Tabelle ermittelt werden. Bei den Zeichenketten für *Connection* und *CommandText* wird bei dieser Gelegenheit gleich der bisherige Pfad durch den neuen Pfad ersetzt.

Die neue Tabelle soll exakt am Ort der bisherigen Tabelle wiederhergestellt werden. Daher wird bei der Ermittlung der Startzelle (Variable *ptRange*) getestet, ob die Tabelle mit Pivot-Seitenfeldern ausgestattet ist oder nicht. Dieser Test ist notwendig, weil beim Erstellen einer neuen Pivot-Tabelle automatisch Platz für eine Zeile mit Pivot-Seitenfeldern freigelassen wird.

```
Sub RecreatePivotTable(pt As PivotTable, oldDir$, newDir$)
   Dim pc As PivotCache
   Dim chrt As Chart, chobj As ChartObject
   Dim ws As Worksheet, ptRange As Range
   Dim con$, cmdText$, ptName$
   Dim i&, cmdType&, hasChart&
   Dim ptLayout()
   ' bisherige Eigenschaften ermitteln
   Set pc = pt.PivotCache
   cmdType = pc.CommandType
```

```
con = Replace(pc.Connection, oldDir, newDir, _
  Compare:=vbTextCompare)
cmdText = Replace(pc.CommandText, oldDir, newDir, _
  Compare:=vbTextCompare)
ptName = pt.Name
If pt.PageFields.Count > 0 Then
  '2 Zeilen unter erstem Seitenfeld
  Set ptRange = pt.TableRange2.Cells(3, 1)
Else
  '1. Zelle der Tabelle
  Set ptRange = pt.TableRange1.Cells(1)
End If
```

Das Layout der Tabelle wird zwar nicht vollständig wiederhergestellt, aber zumindest soll der prinzipielle Aufbau erhalten bleiben. Daher werden im Feld *ptLayout* die Namen und Orte aller sichtbaren Pivot-Felder gespeichert. Dabei muss darauf geachtet werden, dass bei OLAP-Pivot-Tabellen *CubeFields*, bei herkömmlichen Pivot-Tabellen dagegen *VisibleFields* ausgewertet werden muss.

```
If LCase(cmdText) = "ocwcube" Then
  ' OLAP-Pivot-Tabelle
 ReDim ptLayout(pt.CubeFields.Count, 2)
 For i = 1 To pt.CubeFields.Count
   ptLayout(i, 1) = pt.CubeFields(i).Name
   ptLayout(i, 2) = pt.CubeFields(i).Orientation
 Next
Else
  ' normale Tabelle
 ReDim ptLayout(pt.VisibleFields.Count, 2)
 For i = 1 To pt.VisibleFields.Count
   ptLayout(i, 1) = pt.VisibleFields(i).SourceName
   ptLayout(i, 2) = pt.VisibleFields(i).Orientation
 Next
End If
```

Als Nächstes wird die gesamte Arbeitsmappe nach einem *Chart*-Objekt durchsucht, das vielleicht in Verbindung mit der Tabelle steht. Dazu wird getestet, ob es ein *Chart*-Objekt gibt, dessen *PivotLayout.PivotTable*-Eigenschaft auf das gerade in Arbeit befindliche *PivotTable*-Objekt verweist. Aus unerfindlichen Gründen scheitert dabei ein direkter Objektvergleich mit *Is*. Aus diesem Grund werden in der Hilfsfunktion *PtCompare* die Eigenschaften *Worksheet.Name* und *Address* von *TableRange1* verglichen (Methode *trial by error*).

```
' zugeordnetes Chart-Objekt suchen
' zuerst Diagramme in eigenem Blatt
hasChart = False
For Each chrt In ThisWorkbook.Charts
  If PtCompare(chrt.PivotLayout.PivotTable, pt) Then
```

```
            hasChart = True
            Exit For
        End If
    Next
    ' noch nichts gefunden; vielleicht
    ' Diagramm als Objekt in einem Tabellenblatt
    If hasChart = False Then
        For Each ws In ThisWorkbook.Worksheets
            For Each chobj In ws.ChartObjects
                If Not (chobj.Chart.PivotLayout Is Nothing) Then
                    If PtCompare(chobj.Chart.PivotLayout.PivotTable, pt) Then
                        hasChart = True
                        Set chrt = chobj.Chart
                        Exit For
                    End If
                End If
            Next
        Next
    End If
```

Damit sind die Vorbereitungsarbeiten abgeschlossen. Die alte Pivot-Tabelle wird gelöscht und sogleich wiederhergestellt. Anschließend wird versucht, auch die Platzierung der Pivot-Felder wiederherzustellen. Dabei kann es zu Problemen kommen, wenn in *ptLayout* nicht mehr existierende Pivot-Felder enthalten sind. Dieser Fall tritt beispielsweise ein, wenn in der ursprünglichen Tabelle ein Datumsfeld gruppiert worden ist. Dann gelten auch die Gruppierungsfelder (etwa „Jahre" oder „Monate" als Pivot-Felder). In der neuen Tabelle fehlen diese Felder mangels Gruppierung. Beachten Sie auch hier wieder die Unterscheidung zwischen *PivotFields* und *CubeFields* (OLAP).

```
' alte Pivot-Tabelle samt Cache löschen
pt.TableRange2.Clear
' neue Pivot-Tabelle erstellen
Set pc = ThisWorkbook.PivotCaches.Add(xlExternal)
pc.Connection = con
pc.CommandType = cmdType
pc.CommandText = cmdText
Set pt = pc.CreatePivotTable(ptRange, ptName)
For i = 0 To UBound(ptLayout(), 1)
    If ptLayout(i, 2) <> xlHidden Then
        On Error Resume Next 'falls Feld aus Zeitgruppierung
        If LCase(cmdText) = "ocwcube" Then     ' OLAP-Pivot-Tabelle
            pt.CubeFields(ptLayout(i, 1)).Orientation = ptLayout(i, 2)
        Else                                   ' normale Pivot-Tabelle
            pt.PivotFields(ptLayout(i, 1)).Orientation = ptLayout(i, 2)
        End If
        On Error GoTo 0
    End If
Next
```

Im noch vorhandenen *Chart*-Objekt werden weiter die alten Daten angezeigt. Bei der Datengrundlage handelt es sich allerdings um eine statische Kopie. Mit *SetSourceData* kann die neue Tabelle mit *Chart*-Objekt wieder verbunden werden.

```
  ' neue Pivot-Tabelle mit dem vorhandenen Chart-Objekt wieder
  ' verbinden
  If hasChart Then
    chrt.SetSourceData pt.TableRange2
    chrt.Refresh
  End If
End Sub
' aus unerfindlichen Gründen liefert pt1 Is pt2 manchmal False,
' selbst dann, wenn pt1 und pt2 auf die gleiche Pivot-Tabelle zeigen
Function PtCompare(pt1 As PivotTable, pt2 As PivotTable) As Boolean
  Dim rng1 As Range, rng2 As Range
  Set rng1 = pt1.TableRange1
  Set rng2 = pt2.TableRange1
  If rng1.Address = rng2.Address And _
     rng1.Worksheet.Name = rng2.Worksheet.Name Then
    PtCompare = True
  Else
    PtCompare = False
  End If
End Function
```

 Vorsicht

Ebenso wie in Abschnitt 12.2.2 ist auch hier eine Warnung angebracht: Die abgedruckten Prozeduren verlassen sich darauf, dass der Pfad zur Datenbankdatei im Attribut *DefaultDir* der *Connection*-Eigenschaft gespeichert ist. In der gegenwärtigen Excel-Version ist dies der Fall, wenn die Datenquelle direkt eine Access-Datei oder ein OLAP-Cube auf der Basis einer Access-Datei ist. Es ist aber nicht sicher, ob diese Vorgehensweise auch für andere Datenquellen bzw. in künftigen Versionen von Excel funktioniert.

Die Prozeduren gehen des Weiteren davon aus, dass sich alle betroffenen Datenbankdateien in demselben Verzeichnis wie die Excel-Datei befinden. Auch diese Annahme gilt natürlich nur im vorliegenden Fall, durchaus nicht bei jeder Excel-Anwendung. ∎

13.3.4 Syntaxzusammenfassung

wsh steht für ein *WorkSheet*-Objekt, *rng* für einen Zellbereich.

Pivot-Tabellen	
wsh.PivotTableWizard ...	erstellt bzw. verändert eine Pivot-Tabelle
wsh.PivotTables(..)	Zugriff auf Pivot-Tabellenobjekte
chrt.PivotLayout	Zugriff auf das *PivotLayout*-Objekt
chrt.PivotLayout.PivotCache	Zugriff auf das *PivotCache*-Objekt
chrt.PivotLayout.PivotFields	Zugriff auf *PivotField*-Objekte
chrt.PivotLayout.PivotTable	Zugriff auf das *PivotTable*-Objekt
chrt.SetSourceData rng	Diagramm mit Pivot-Tabelle verbinden

PivotTable – Eigenschaften und Methoden	
TableRange1	Zellbereich der Tabelle ohne Seitenfelder
TableRange2	Zellbereich der Tabelle inklusive Seitenfelder
PageRange	Zellbereich der Seitenfelder
ColumnRange	Zellbereich der Spaltenfelder
RowRange	Zellbereich der Zeilenfelder
DataBodyRange	Datenbereich
DataLabelRange	Beschriftung des Datenbereichs (Eckpunkt links oben)
PivotFields(..)	Zugriff auf alle Pivot-Felder der Pivot-Tabelle
VisibleFields(..)	Zugriff auf alle sichtbaren Felder
PageFields(..)	Zugriff auf die Seitenfelder
ColumnFields(..)	Zugriff auf die Spaltenfelder
RowFields(..)	Zugriff auf die Zeilenfelder
DataFields(..)	Zugriff auf die Datenfelder
HiddenFields(..)	Zugriff auf die zurzeit nicht sichtbaren Pivot-Felder
CubeFields(..)	Zugriff auf Pivot-Felder bei OLAP-Daten (*CubeField*-Objekte)
PivotCache	Zugriff auf das *PivotCache*-Objekt
RefreshData	aktualisiert die Pivot-Tabelle (liest die Quelldaten neu ein)

PivotField – Eigenschaften	
DataRange	Zellbereich der Datenfelder des Pivot-Felds
LabelRange	Zellbereich der Beschriftungsfelder des Pivot-Felds
Orientation	Typ des Pivot-Felds (*xlPageField*, *xlColumnField*, *xlRowField*, *xlDataField*, *xlHidden*)
Subtotals	steuert, welche Zwischenergebnisse angezeigt werden
Function	bestimmt die Rechenfunktion (nur für Datenfelder)
CurrentPage	bestimmt die gerade sichtbare Seite (nur für Seitenfelder)
PivotItems(..)	Zugriff auf einzelne Pivotelemente
CubeField	OLAP-spezifische Zusatzeigenschaften

PivotCache – Eigenschaften und Methoden	
CommandType	Typ des SQL-Kommandos (SQL, OLAP-Cube)
CommantText	SQL-Kommando bei externen Daten
Connection	Zugang zur Datenquelle bei externen Daten
MemoryUsed	Speicherverbrauch (RAM) in Byte
QueryType	Datentyp bei externen Daten (ODBC, OLE DB)
RecordCount	Anzahl der Datensätze (Zeilen)
SourceData	Adresse der Quelldaten in Tabellenblatt
CreatePivotTable	Pivot-Tabelle aus *PivotCache* erzeugen

14 XML- und Listenfunktionen

Mit Excel 2003 hat sich das Leistungsspektrum von VBA um diverse Funktionen zur Bearbeitung von Listen sowie zum Import und Export von XML-Dokumenten erweitert. Dieses Kapitel gibt einen Überblick über die Objekte, Methoden und Eigenschaften und demonstriert deren Anwendung.

 Achtung

Wenn Sie nicht mit Excel ab Version 2007, sondern mit Excel 2003 arbeiten, stehen Ihnen die in diesem Kapitel beschriebenen XML-Funktionen nur zur Verfügung, wenn Sie Excel 2003 als Einzelprogramm gekauft haben bzw. wenn Sie mit Office 2003 Professional arbeiten. In den Excel-Versionen von Office 2003 Small Business Edition und Office 2003 Standard Edition fehlen die XML-Funktionen! ∎

14.1 Bearbeitung von Listen

Excel-Tabellen enthalten häufig Listen. In früheren Excel-Versionen bot das DATEN-Menü eine Menge Kommandos zur Bearbeitung derartiger Listen (z. B. zum Sortieren und zur Anzeige einer Eingabemaske). Seit Excel 2003 besteht darüber hinaus die Möglichkeit, den Zellbereich explizit als Liste zu kennzeichnen. (Das dazu verwendete Kommando lautete DATEN | LISTE | LISTE ERSTELLEN und entspricht dem Befehl EINFÜGEN | TABELLE in Excel 2013.) Der Zellbereich wird dann blau umrahmt und mit Spaltenköpfen versehen. Gleichzeitig erscheint das kontextsensitive Befehlsregister ENTWURF, mit dem listenspezifische Bearbeitungsschritte einfach und gezielt erledigt werden können. Bei der Eingabe von Daten erweitert sich die Liste automatisch, was schon sehr an Datenbankprogramme wie Access erinnert.

Für VBA-Programmierer stehen zur Manipulation derartiger Listen diverse Objekte zur Verfügung, deren Name durchweg mit *List* beginnt (*ListObject*, *ListColumn* etc.).

Um einen Zellbereich in eine Liste umzuwandeln, führen Sie *ListObjects.Add* aus. Als Ergebnis erhalten Sie ein *ListObject*-Objekt (Ein neues *ListObject*-Objekt kann auch auf der Basis einer existierenden XML-Datei oder einer externen Datenquelle erzeugt werden. In diesem Fall muss an *Add* die Konstante *xlSrcXml* oder *xlSrcExternal* übergeben werden. Außerdem muss in den weiteren Parametern die Datenquelle beschrieben werden.)

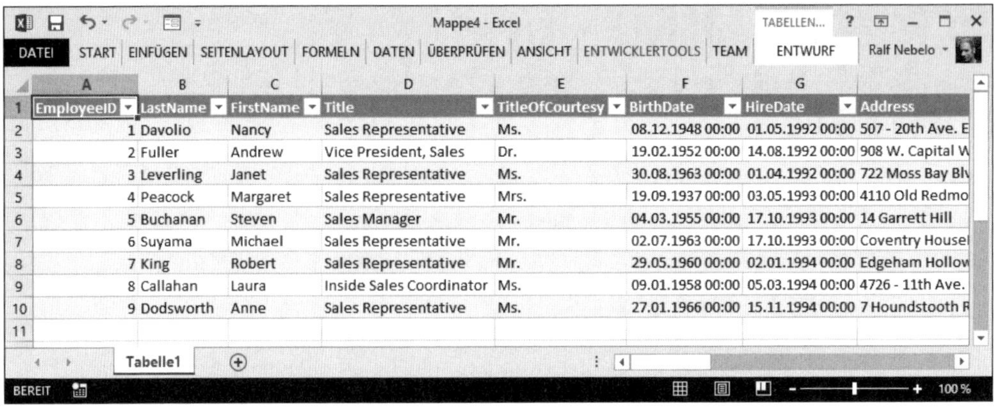

EmployeeID	LastName	FirstName	Title	TitleOfCourtesy	BirthDate	HireDate	Address
1	Davolio	Nancy	Sales Representative	Ms.	08.12.1948 00:00	01.05.1992 00:00	507 - 20th Ave. E
2	Fuller	Andrew	Vice President, Sales	Dr.	19.02.1952 00:00	14.08.1992 00:00	908 W. Capital W
3	Leverling	Janet	Sales Representative	Ms.	30.08.1963 00:00	01.04.1992 00:00	722 Moss Bay Bl
4	Peacock	Margaret	Sales Representative	Mrs.	19.09.1937 00:00	03.05.1993 00:00	4110 Old Redmo
5	Buchanan	Steven	Sales Manager	Mr.	04.03.1955 00:00	17.10.1993 00:00	14 Garrett Hill
6	Suyama	Michael	Sales Representative	Mr.	02.07.1963 00:00	17.10.1993 00:00	Coventry House
7	King	Robert	Sales Representative	Mr.	29.05.1960 00:00	02.01.1994 00:00	Edgeham Hollow
8	Callahan	Laura	Inside Sales Coordinator	Ms.	09.01.1958 00:00	05.03.1994 00:00	4726 - 11th Ave.
9	Dodsworth	Anne	Sales Representative	Ms.	27.01.1966 00:00	15.11.1994 00:00	7 Houndstooth R

BILD 14.1 Die Listen-/Tabellenfunktionen von Excel

```
Dim lo As ListObject
Set lo = ActiveSheet.ListObjects.Add( _
  xlSrcRange, Range("$A$1:$D$5"), HasHeaders := True)
lo.Name = "list1"
```

Die Größe einer Liste kann nachträglich durch die *Resize*-Methode verändert werden. (Eine andere Möglichkeit besteht darin, Spalten oder Zeilen hinzuzufügen oder zu löschen – siehe unten.)

```
lo.Resize Range("$A$1:$D$8")
```

Ein wesentlicher Vorteil eines *ListObject* im Vergleich zur direkten Bearbeitung eines Zellbereichs besteht darin, dass die einzelnen Zeilen und Spalten sehr bequem über *ListRows(n)* bzw. *ListColumns(n)* adressiert werden können. (Dabei bezeichnet *n=1*, wie unter VBA üblich, die erste Zeile/Spalte.)

Die folgenden Codezeilen demonstrieren, wie eine neue Zeile und eine neue Spalte zuerst eingefügt und dann wieder gelöscht werden. Bemerkenswert ist dabei, dass rechts bzw. unterhalb der Liste befindliche Zellen automatisch verschoben werden, um Platz für die Listenvergrößerung zu machen bzw. um den entstehenden Leerraum wieder zu füllen.

```
lo.ListRows.Add 3          'neue Zeile einfügen
lo.ListColumns.Add 4       'neue Spalte einfügen
lo.ListRows(3).Delete      'die neue Zeile wieder löschen
lo.ListColumns(4).Delete 'die neue Spalte wieder löschen
```

Die Eigenschaften der *ListRow*- bzw. *ListColumn*-Objekte ermöglichen es, einige Merkmale der Spalten bzw. Zeilen zu verändern. Beispielsweise können Sie mit der Eigenschaft *TotalsCalculation* für jede Spalte angeben, mit welcher Funktion (Summe, Anzahl, Minimum, Maximum etc.) das Ergebnisfeld berechnet werden soll. Ob die Ergebnisfelder unterhalb der Liste angezeigt werden sollen oder nicht, steuert die Eigenschaft *ShowTotals* von *ListObject*.

Um eine Liste wieder in einen gewöhnlichen Zellbereich zurückzuverwandeln, wenden Sie auf das *ListObject* die Methode *Unlist* an. Die Daten werden dadurch nicht verändert. Der Zellbereich wird aber intern nicht mehr als Liste gekennzeichnet und nicht mehr optisch hervorgehoben.

```
lo.Unlist
```

Wenn Sie dagegen die Liste samt aller Daten löschen möchten, führen Sie *Delete* aus:

```
lo.Delete
```

Um festzustellen, ob eine bestimmte Zelle Bestandteil einer Liste ist, können Sie die Eigenschaft *rangeobject.ListObject* auswerten. Die Eigenschaft enthält entweder *Nothing* oder verweist auf das betreffende *ListObject*.

■ 14.2 XML-Grundlagen

XML steht für *Extensible Markup Language* und beschreibt ein Dateiformat. Es fehlt hier der Platz, um im Detail auf die Grundlagen, Varianten und Spezialitäten von XML einzugehen. (Damit wurden schon viele Bücher gefüllt, die wir hier nicht ersetzen können oder wollen.) Dieser Abschnitt soll aber zumindest im Sinne eines erweiterten Glossars einen ersten Überblick über XML geben und die wichtigsten Begriffe definieren, mit denen in den weiteren Abschnitten die neuen XML-Funktionen von Excel beschrieben werden.

XML ist eine Sprache (ein Code) zur Formulierung von Dokumenten mit strukturierten Daten. XML-Dateien liegen grundsätzlich im Textformat vor und können daher mit jedem Editor gelesen werden. Sie sehen auf den ersten Blick sehr ähnlich wie HTML-Dokumente aus.

Das Ziel bei der Entwicklung der diversen XML-Standards war es, den Daten- und Dokumentaustausch zu vereinfachen, und zwar möglichst unabhängig von den eingesetzten Programmen, Computerarchitekturen, Sprachen und Zeichensätzen.

XML-Dokumente bestehen aus den folgenden syntaktischen Strukturen:

Einleitung: Gültige XML-Dokumente müssen mit <?xml version="n"?> beginnen. Dabei ist *n* die Versionsnummer des XML-Standards, auf dem die Datei basiert (meist 1.0).

Optional kann auch der Zeichensatz des XML-Dokuments angegeben werden:

```
<?xml version="1.0" encoding="ISO-8859-1"?>
```

Sehr häufig kommt als Zeichensatz Unicode zur Anwendung (UTF-8).

Elemente: XML-Elemente werden mit <name> eingeleitet und enden mit </name>. Dazwischen können einfacher Text oder weitere XML-Elemente stehen. Für <name></name> (also ein XML-Element ohne Inhalt) ist die Kurzschreibweise <name /> vorgesehen. XML-Elemente werden oft auch als *Tags* bezeichnet. Vorsicht: Anders als bei HTML wird streng zwischen Groß- und Kleinschreibung unterschieden!

Innerhalb von Elementen können Attribute angegeben werden, z. B. <name attribut1="abc">. Der Attributwert muss in Anführungszeichen stehen (auch bei Zahlen).

Leerraum: Leerraum zwischen XML-Elementen wird beim Lesen des Dokuments ignoriert. Als Leerraum gelten Leerzeichen, Tabulatoren und Zeilenumbrüche.

Kommentare: Kommentare beginnen wie in HTML mit den Zeichen <!– und enden mit –>. Alles, was dazwischen steht, wird beim Lesen ignoriert. Innerhalb eines Kommentars dürfen keine doppelten Bindestriche vorkommen. Ineinander verschachtelte Kommentare sind nicht zulässig.

Sonderzeichen: Um im Text zwischen XML-Elementen die Sonderzeichen <, >, & etc. aus-zudrücken, gibt es die Spezialcodes <, > oder &.

Unformatierter Text: Text, der nicht als XML-Code interpretiert werden soll, muss mit <![CDATA[eingeleitet werden und mit]]> enden.

In XML-Dokumenten kann eine beliebige hierarchische Struktur durch die Verschachtelung von XML-Elementen ausgedrückt werden.

```
<?xml version="1.0" encoding="ISO-8859-1"?>
<salesreport>
  <location>Graz</location>
  <reportdate>2003-01-01</reportdate>
  <sale>
    <product>P23423</product>
    <quantity>12</quantity>
  </sale>
  <sale>
    <product>P924</product>
    <quantity>4</quantity>
  </sale>
</salesreport>
```

XML-Schema: Grundsätzlich kann jeder, der XML-Dokumente erzeugt, die Namen für die XML-Tags frei wählen. Es besteht aber die Möglichkeit, durch eine separate Datei die erlaubten Namen von XML-Elementen sowie deren Attribute genau festzulegen. Anhand dieser Datei kann dann überprüft werden, ob ein dazugehöriges XML-Dokument *gültig* ist, d. h., ob es alle Regeln einhält.

Die Regeln können auf zwei unterschiedliche Arten definiert werden: durch eine DTD-Datei (*document type definition*) oder durch eine XSD-Datei (*xml schema definition*). DTD ist die ältere Variante, mittlerweile hat sich aber XSD trotz seiner hohen Komplexität durchgesetzt. Die XSD-Syntax ist in einem offiziellen Dokument des WWW-Konsortiums (W3C) beschrieben, das mehrere Hundert Seiten lang ist!

Die folgenden Zeilen zeigen ein XSD-Schema, das zum obigen XML-Beispiel passt. Das Schema wurde mit dem XSD-Designer von Visual Studio .NET erstellt.

```xml
<?xml version="1.0" encoding="utf-8" ?>
<xs:schema id="salesreport" xmlns=""
    xmlns:xs="http://www.w3.org/2001/XMLSchema">
  <xs:element name="salesreport">
    <xs:complexType>
      <xs:sequence>
        <xs:element name="location" type="xs:string"
            minOccurs="1" />
        <xs:element name="reportdate" type="xs:date"
            minOccurs="1" />
        <xs:element name="sale" minOccurs="1" maxOccurs="unbounded">
          <xs:complexType>
            <xs:sequence>
              <xs:element name="product" type="xs:string"
                  minOccurs="1" maxOccurs="1" />
              <xs:element name="quantity" type="xs:long"
                  minOccurs="1" maxOccurs="1" />
            </xs:sequence>
          </xs:complexType>
        </xs:element>
      </xs:sequence>
    </xs:complexType>
  </xs:element>
</xs:schema>
```

Damit beim Verarbeiten von XML-Dokumenten das dazugehörende Schema bekannt ist, muss es im ersten betreffenden XML-Element angegeben werden:

```xml
<?xml version="1.0" encoding="ISO-8859-1"?>
<salesreport xmlns:xsi="http://www.w3.org/2001/XMLSchema-instance"
  xsi:noNamespaceSchemaLocation="salesreport.xsd">
...
```

Namensraum: Wenn mehrere XML-Schemata gleichnamige XML-Elemente definieren, kommt es zu Konflikten: Meint <date> ein Element des Namensraums abc oder eines von efg? Die Lösung besteht darin, in den XML-Elementnamen Präfixe zu verwenden, die den Namensraum angeben (also z. B. <abc:date> und <efg:date>).

HTML-Darstellung: Als XML vor einigen Jahren populär wurde, betrachteten viele XML als HTML-Nachfolger. Daraus ist nichts geworden. XML hat sich zwar für viele Anwendungen als Standard zum Datenaustausch durchgesetzt, aber nichts an der Dominanz von HTML bzw. dessen neuerer und etwas XML-ähnlicher Variante XHTML geändert.

Moderne Webbrowser bieten dennoch die Möglichkeit, XML-Dokumente direkt darzustellen. Das Ergebnis sieht ganz ähnlich wie der ursprüngliche XML-Quellcode aus: Immerhin werden die XML-Elemente farbig hervorgehoben und ihrer Struktur entsprechend eingerückt. Außerdem können einzelne XML-Elemente per Mausklick auseinander- und zusammengeklappt werden. Darüber hinaus fehlt aber jede Formatierung.

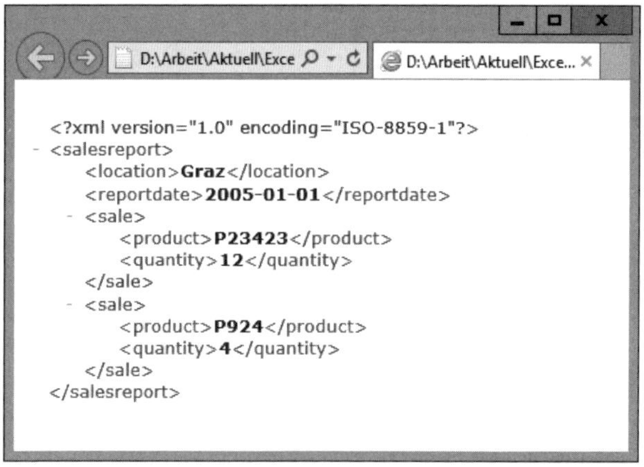

BILD 14.2
XML-Darstellung
im Webbrowser

Wenn XML-Dokumente ordentlich formatiert in einem Browser dargestellt werden sollen, müssen sie vorher mit XSLT in das HTML-Format umgewandelt werden. XSLT steht für *Extensible Stylesheet Language Transformations* und ermöglicht anhand von Regeln, eine XML-Datei von einer Syntaxdarstellung in eine andere umzuwandeln. Die Umwandlung von XML in HTML ist ein Sonderfall einer XSL-Transformation. Damit die XSLT-Regeldatei berücksichtigt wird, muss sie im XML-Dokument nach der <?xml>-Zeile angegeben werden:

```
<?xml version="1.0" encoding="ISO-8859-1"?>
<?xml-stylesheet type="text/xsl" href="name.xsl"?>
...
```

XPath: Bei der Formulierung der XSL-Transformationsregeln kommt XPath zur Anwendung. XPath steht für *XML Path Language* und beschreibt die Syntax, ein bestimmtes Element innerhalb einer XML-Datei zu adressieren.

■ 14.3 XML-Funktionen interaktiv nutzen

Excel unterstützt seit der Version 2003 das Laden (Importieren), Bearbeiten und mit gewissen Einschränkungen auch das Speichern (Exportieren) beliebiger XML-Daten. Dabei kommen auch die in Abschnitt 14.1 beschriebenen Listenfunktionen zum Einsatz: Excel wandelt XML-Daten beim Import automatisch in ein Tabellenformat um und betrachtet diese Tabelle als Liste. Bevor es im nächsten Abschnitt um die VBA-Programmierung der XML-Funktionen geht, zeigt dieser Abschnitt die interaktive Nutzung dieser Funktionen.

Flache XML-Daten importieren, ändern und speichern

XML-Dokumente, die einfache Tabellen oder Listen ohne zusätzliche Datenhierarchien enthalten, können vollkommen problemlos mit DATEI | ÖFFNEN geladen werden. Excel stellt

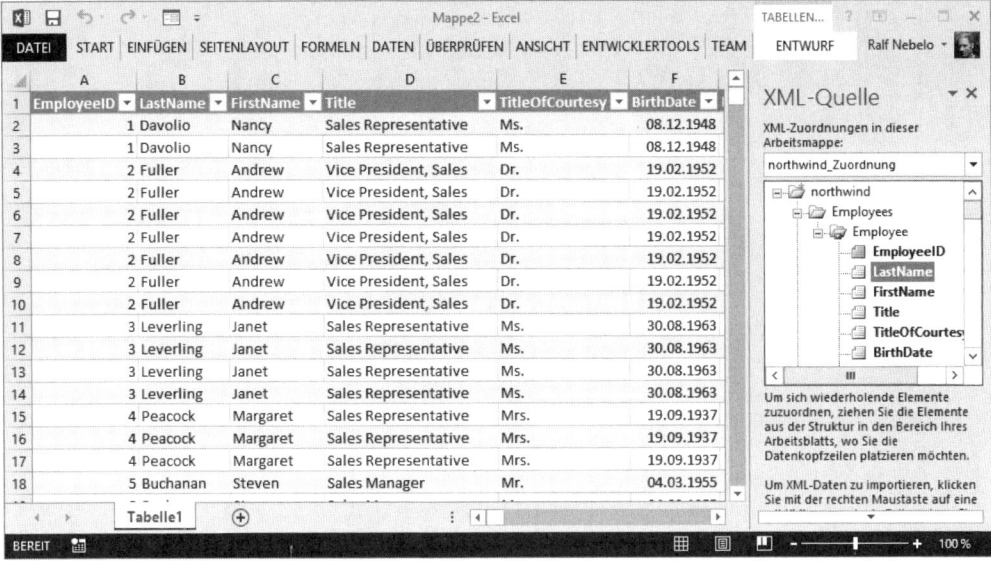

BILD 14.3 Bearbeitung von flachen XML-Dateien

beim Öffnen drei Optionen zur Auswahl: XML-Tabelle, Schreibgeschützte Arbeitsmappe oder Aufgabenbereich XML-Quelle verwenden. Für XML-Dokumente mit Listen und Tabellen ist XML-Tabelle die beste Option. Wenn es zur XML-Datei noch kein Schema gibt, erzeugt Excel selbst eines und weist darauf hin. Sie sehen das baumförmige Schema mit Entwicklertools | Quelle (siehe das rechte Fenster in Bild 14.3).

Anschließend können Sie die Daten bearbeiten (z. B. neu sortieren) und verändern (Datensätze hinzufügen, löschen etc.). Um die Daten wieder im XML-Format zu speichern, führen Sie Entwicklertools | Exportieren aus.

Hinweis

Falls Sie die standardmäßig ausgeblendete Befehlsregisterkarte Entwicklertools noch nicht sichtbar gemacht haben, holen Sie das wie folgt nach: Öffnen Sie die Registerkarte Datei, und wählen Sie Optionen. Klicken Sie links im Dialogfeld auf Menüband anpassen, schalten Sie im rechten Listenfeld das Kontrollkästchen vor „Entwicklertools" ein, und schließen Sie das Dialogfeld mit OK. ∎

Hierarchische XML-Daten

XML-Dokumente sind oft hierarchisch organisiert, während sich Excel nur zur Bearbeitung tabellarischer Daten eignet. Zwar bemüht sich Excel, die XML-Daten so gut wie möglich in ein Tabellenformat umzuwandeln, das klappt aber nicht immer zufriedenstellend. Ein späterer Export ist zumeist unmöglich.

Bessere Ergebnisse erzielen Sie, wenn Sie den Importprozess manuell beeinflussen: Dazu wählen Sie nach Datei | Öffnen die Option Aufgabenbereich XML-Quelle verwenden.

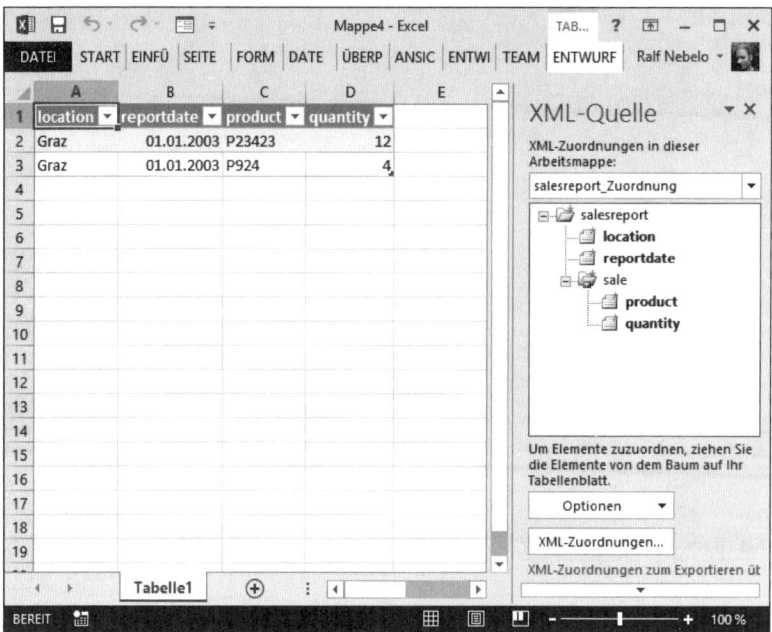

BILD 14.4 Bearbeitung von hierarchischen XML-Dateien

Excel zeigt im Fenster XML-QUELLE nun alle Komponenten des XML-Dokuments in einer baumartigen Darstellung. Aus diesem Baum können Sie einzelne Teile per Drag&Drop in das Tabellenblatt verschieben. Erst nachdem die Zuordnung abgeschlossen ist, erfolgt der eigentliche Datenimport durch ENTWICKLERTOOLS | DATEN AKTUALISIEREN. (Diese Zuordnung wird im Englischen als *mapping* bezeichnet und spiegelt sich im Excel-Objekt *XmlMap* wider.)

Die beste Strategie besteht darin, zuerst Einzelfelder, die sich nicht wiederholen, per Drag&Drop in die Excel-Tabelle einzufügen (z. B. *location* und *report date* in Bild 14.4). Diese Felder werden per Default nicht beschriftet. Direkt nach dem Einfügen erscheint aber ein kleines Kästchen, das zu den Menükommandos XML-KOPFZEILE LINKS ANORDNEN bzw. OBERHALB ANORDNEN führt und so bei der Beschriftung der Tabelle hilft. (Das Menükästchen verschwindet, sobald die nächste Änderung an der Tabelle durchgeführt wird. Sie können die Zellen dann nur mehr manuell beschriften.)

Zuletzt schieben Sie die ganze Gruppe mit sich wiederholenden Daten in das Tabellenblatt. Excel erzeugt daraus automatisch Listen mit Spalten für alle XML-Elemente (*product* und *quantity* in Bild 14.4).

Nachdem Sie das Mapping einmal durchgeführt haben, können Sie mit ENTWICKLERTOOLS | IMPORTIEREN neue XML-Dokumente laden. Die Daten werden nun sofort an den richtigen Positionen im Tabellenblatt eingefügt. (Bereits vorhandene Daten werden dadurch überschrieben. Wenn Sie das nicht möchten, ändern Sie die entsprechende Option mit ENTWICKLERTOOLS | EIGENSCHAFTEN ZUORDNEN.)

Ebenso können Sie nach der Veränderung der Zuordnung die zuletzt importierten Daten mit ENTWICKLERTOOLS | DATEN AKTUALISIEREN neu einlesen. (Zwischenzeitlich durchgeführte Änderungen im Excel-Tabellenblatt gehen dadurch verloren.)

Datenvalidierung

Wenn die importierte XML-Datei auf eine Schemadatei (XSD-Datei) verweist, kann Excel zumindest in einfachen Fällen überprüfen, ob veränderte oder neu eingegebene Daten dem Schema entsprechen. Per Default ist diese Überprüfung allerdings deaktiviert. Zur Aktivierung führen Sie ENTWICKLERTOOLS | EIGENSCHAFTEN ZUORDNEN aus und aktivieren die Option BEIM IMPORTIEREN UND EXPORTIEREN DATEN GEGEN DAS XML-SCHEMA VALIDIEREN. Sollten dabei Fehler auftreten, wird der Import/Export dennoch durchgeführt; allerdings bekommen Sie eine Warnung wie in Bild 14.5.

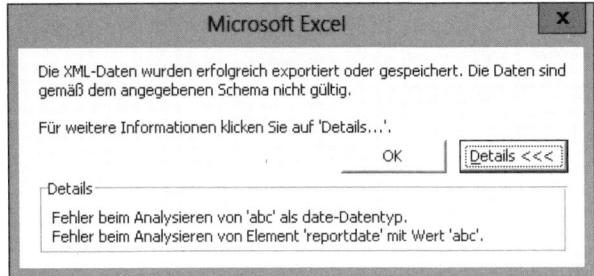

BILD 14.5
Warnung, wenn Daten nicht dem XML-Schema entsprechen

Hinweis

Beim Speichern bzw. Exportieren von XML-Dokumenten verzichtet Excel leider darauf, den Verweis auf die XSD-Datei einzubauen.

XML-Dateien als Grafik darstellen

Selbstverständlich können Sie aus importierten XML-Daten eine Grafik erstellen. (Sobald XML-Daten einmal importiert sind, unterscheiden sie sich nicht von anderen Daten in einer Excel-Tabelle.) Wenn Sie anschließend die XML-Daten aktualisieren bzw. eine neue XML-Datei importieren, wird auch die Grafik aktualisiert. Damit ist eine effiziente Visualisierung gleichartiger XML-Dateien möglich.

Excel-Dateien im XML-Format speichern

Schon seit Excel 2002 besteht die Möglichkeit, eine ganze Excel-Datei (also die Arbeitsmappe mit allen Tabellenblättern) als XML-Datei zu speichern: DATEI | SPEICHERN UNTER, Dateityp XML-KALKULATIONSTABELLE 2003. Diese Funktion ist vollkommen losgelöst von den restlichen XML-Funktionen. Die resultierenden XML-Dateien sind erwartungsgemäß sehr komplex, eine Weiterverarbeitung mit einem anderen Programm als Excel ist daher mit sehr hohem Aufwand verbunden.

■ 14.4 XML-Programmierung

Zur Programmierung der XML-Funktionen steht eine Reihe von Objekten zur Verfügung. Die folgende Tabelle gibt einen ersten Überblick. (Da es zwischen den XML-Objekten zahlreiche Querverweise gibt, bestehen viele Möglichkeiten zur Darstellung der Hierarchie. Hier wird als Ausgangspunkt ein *XPath*-Objekt verwendet.)

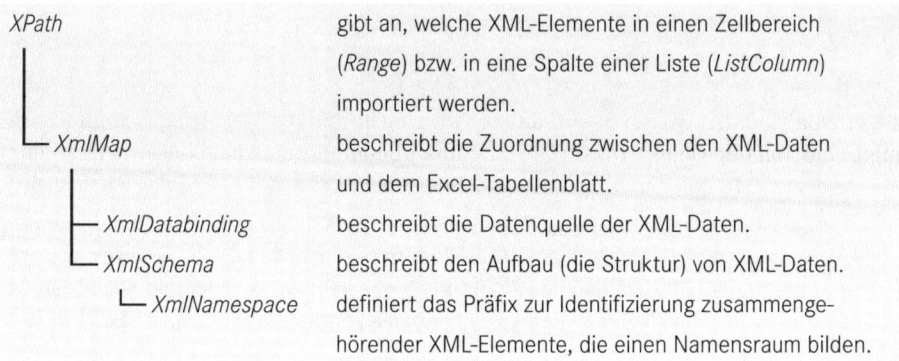

XPath	gibt an, welche XML-Elemente in einen Zellbereich (*Range*) bzw. in eine Spalte einer Liste (*ListColumn*) importiert werden.
XmlMap	beschreibt die Zuordnung zwischen den XML-Daten und dem Excel-Tabellenblatt.
XmlDatabinding	beschreibt die Datenquelle der XML-Daten.
XmlSchema	beschreibt den Aufbau (die Struktur) von XML-Daten.
XmlNamespace	definiert das Präfix zur Identifizierung zusammengehörender XML-Elemente, die einen Namensraum bilden.

XML-Datei laden (Workbooks.OpenXml)

Um eine XML-Datei als neue Arbeitsmappe zu laden, führen Sie die Methode *OpenXml* aus:

```
Dim wb As Workbook
Set wb = Application.Workbooks.OpenXML("dateiname.xml")
```

Mit dem optionalen Parameter *LoadOption* können Sie den Ladevorgang etwas genauer steuern. *LoadOption:=xlXmlLoadMapXml* bewirkt beispielsweise, dass nur das XML-Schema erstellt wird, aber kein Datenimport stattfindet. (Der Benutzer kann nun selbst aus dem Fenster XML-QUELLE die gewünschten XML-Elemente per Drag&Drop in die Tabelle verschieben.)

XML-Import (Workbook.XmlImport)

Um eine beliebige XML-Datei an eine bestimmte Stelle in ein Arbeitsblatt zu importieren, führen Sie die Methode *XmlImport* folgendermaßen aus:

```
Dim xm As XmlMap
Dim result As XlXmlImportResult
result = ActiveWorkbook.XmlImport("name.xml", xm, , _
   ActiveSheet.[B2])
```

Damit wird die Datei *name.xml* in das aktive Tabellenblatt beginnend mit der Zelle B2 importiert. Statt des Dateinamens kann auch die Internetadresse der XML-Datei angegeben werden.

Durch den optionalen dritten Parameter kann angegeben werden, ob durch den Import bereits existierende Daten überschrieben werden dürfen (*True/False*). Der Parameter hat bei Tests allerdings nicht zufriedenstellend funktioniert: Wenn der Import wiederholt wurde, trat ein Fehler auf, egal ob *Overwrite:=True* angegeben wurde oder nicht. Abhilfe schuf erst das vorherige Löschen des *ListObject*-Objekts, das durch den vorherigen XML-Import entstanden ist (*[B2].ListObject.Delete*).

Generell ist eine Wiederholung des Imports aber selten sinnvoll. Besser ist es, die Daten einfach nur zu aktualisieren; dazu führen Sie die Methode *Refresh* für das *XmlMap*-Objekt aus.

```
xm.Refresh       'importierte XML-Daten aktualisieren
```

Nach dem Import gibt *result* an, ob alles fehlerfrei funktioniert hat bzw. welche Fehler aufgetreten sind. Des Weiteren enthält die zuvor nicht initialisierte Variable *xm* nach dem Import ein *XmlMap*-Objekt. Dieses Objekt enthält Detailinformationen über die Zuordnung zwischen den XML-Daten und den Zellen im Tabellenblatt. (Details zu *XmlMap* folgen gleich.)

Falls die XML-Daten nicht aus einer externen Datenquelle gelesen werden sollen, sondern bereits in einer Zeichenkette vorliegen, kann zum Import die Methode *XmlImportXml* eingesetzt werden. Der einzige Unterschied zu *XmlImport* besteht darin, dass der erste Parameter nun die tatsächlichen XML-Daten (statt einer Adresse) enthalten muss.

Zuordnung zwischen den XML-Daten und dem Tabellenblatt

Um die Interna der XML-Funktionen von Excel besser zu verstehen, lohnt sich eine etwas genauere Analyse, was bei dem oben beschriebenen XML-Import vor sich geht:

- Excel erzeugt ein *XmlMap*-Objekt und speichert darin und in einigen untergeordneten Objekten alle zentralen Informationen über die XML-Daten: den Datenursprung (Dateiname/Internetadresse), die Struktur der Daten (Schema) und deren Namensraum sowie diverse allgemeine Importoptionen.

  Noch eine Anmerkung zum XML-Schema: Falls die XML-Daten nicht auf eine Schemadefinition verweisen (*.xsd-Datei), analysiert Excel die XML-Daten und erzeugt selbst eine minimale Schemadefinition. Diese wird in *xm.Schemas(n).XML* gespeichert.

- Excel erzeugt eine Liste, in welche die Daten importiert werden sollen. Für die einzelnen Spalten dieser Liste (*ListColumn*-Objekte) wird das *XPath*-Objekt initialisiert. Es bestimmt, welche XML-Elemente in die Spalte importiert werden sollen.

- Schließlich wird der eigentliche Import durchgeführt.

Die folgende Liste gibt eine Übersicht über die wichtigsten Eigenschaften, die über das *XmlMap*-Objekt (hier kurz *xm*) zugänglich sind:

XmlMap-Eigenschaft	Beschreibung
xm.AppendOnImport	gibt an, ob beim nächsten Import Daten hinzugefügt (statt per Default überschrieben) werden sollen
xm.DataBinding.SourceUrl	gibt den Dateinamen bzw. die Internetadresse der XML-Daten an
xm.ImportOption	gibt an, ob beim nächsten Import vorhandene Zellen überschrieben oder nach unten bzw. nach rechts verschoben werden sollen

XmlMap-Eigenschaft	Beschreibung
xm.IsExportable	gibt an, ob die Daten nach einer Veränderung wieder gespeichert (exportiert) werden können
xm.RootElementName	gibt den Namen des Wurzelelements der XML-Daten an (oft „dataroot")
xm.RootElementNamespace	verweist auf das XmlNamespace-Element für das Wurzelelement der XML-Daten (entspricht xm.Schemas(1).Namespace)
xm.Schemas(1)	verweist auf das Schema (die Strukturbeschreibung) der XML-Daten für das Wurzelelement
xm.Schemas(n)	verweist eventuell auf weitere Schemata (mit n>1)
xm.Schemas(n).XML	enthält den XML-Code der Schemata
xm.Schemas(n).NameSpace	verweist auf ein Objekt zur Beschreibung des Namensraums des Schemas

Die folgende Liste gibt eine Übersicht über die wichtigsten Eigenschaften, die über ein *XPath*-Objekt (hier kurz *xp*) einer Spalte einer Liste zugänglich sind:

XPath-Eigenschaft	Beschreibung
xp.Map	verweist auf das XmlMap-Objekt, das den Ursprung der Daten beschreibt
xp.Repeating	gibt an, ob gegebenenfalls auch mehrere passende Ergebnisse importiert werden sollen (True/False)
xp.Value	gibt an, welches XML-Element aus dem XML-Datenstrom importiert werden soll. Die Syntax des Suchausdrucks muss dem XPath-Standard entsprechen – siehe das folgende Beispiel sowie www.w3.org/TR/xpath [Link 16].

Tipp

Wenn Sie ein vorhandenes Tabellenblatt analysieren und alle Zellen bzw. Zellbereiche finden möchten, die mit XML-Datenquellen verbunden sind, können Sie dazu die Methoden *XmlDataQuery* bzw. *XmlMapQuery* zu Hilfe nehmen. Diese Methoden liefern die *Range*-Objekte der Zellen, deren *XPath*-Objekte entsprechend den Suchkriterien initialisiert sind.

XML-Import genauer steuern (XmlMap.Import)

Durch den oben beschriebenen Import mit *ActiveWorkbook.XmlImport* werden die XML-Daten in einen tabellarischen Raster gezwungen. Das gelingt zwar meistens, je nach Strukturierung der XML-Daten kann es aber sein, dass dazu manche XML-Elemente in jeder Zeile der Tabelle wiederholt werden müssen. Das sieht nicht nur merkwürdig aus, es macht auch einen späteren Export der (eventuell veränderten) Daten unmöglich.

Abhilfe kann eine gezielte Zuordnung zwischen bestimmten XML-Elementen mit bestimmten Zellen bzw. Zellbereichen schaffen. (Bei einem manuellen Import würden Sie dazu die Option AUFGABENBEREICH XML-QUELLE VERWENDEN wählen.) Per Code sieht die Vorgehensweise so aus, dass Sie zuerst ein *XmlMap*-Objekt erzeugen und dessen Eigenschaften einstellen; anschließend stellen Sie die *XPath*-Objekte der Zellen oder Spalten ein, in welche die Daten importiert werden sollen; zuletzt führen Sie den eigentlichen Import mithilfe von *xmlmapobject.Import* durch.

Die folgenden Zeilen veranschaulichen die prinzipielle Vorgehensweise. Ausgangspunkt ist die in diesem Kapitel schon mehrfach als Beispiel genutzte Datei *salesreport.xml*. Diese Datei enthält den Verkaufsbericht einer Filiale für ein bestimmtes Datum. Die XML-Elemente *location* und *reportdate* kommen innerhalb der XML-Datei nur einmal vor. Dagegen gibt es eine ganze Reihe von *sale*-Elementen, die jeweils einen Verkaufsvorgang (bestehend aus *product* und *quantity*) beschreiben. Eine entsprechende XML-Datei könnte also so aussehen:

```xml
<?xml version="1.0" encoding="UTF-8" standalone="yes"?>
<salesreport>
  <location>Graz</location>
  <reportdate>2005-01-01</reportdate>
  <sale>
    <product>P23423</product>
    <quantity>12</quantity>
  </sale>
  ..
</salesreport>
```

Das Ziel besteht darin, dass *location* in die Zelle B2, *reportdate* in C2 sowie die Bestellliste in die Zellen A5:B*n* importiert werden (wobei sich *n* aus der Anzahl der Bestellungen ergibt). Dabei sollen in A5 und B5 Überschriften angezeigt werden – siehe Bild 14.6.

```vba
' Beispielsdatei 14/xmlimport.xlsm
Sub btnImport_Click()
  Dim xm As XmlMap
  Dim xmlfile As String
  Dim lst As ListObject
  xmlfile = ThisWorkbook.Path + "\salesreport.xml"
  Application.DisplayAlerts = False
  Set xm = ActiveWorkbook.XmlMaps.Add(xmlfile)
  Application.DisplayAlerts = True
  With ActiveSheet
    .[a1] = "Location:"
    .[b1].XPath.SetValue xm, "/salesreport/location"
    .[a2] = "Reportdate:"
    .[b2].XPath.SetValue xm, "/salesreport/reportdate"
    Set lst = .ListObjects.Add(, Range("A4:B5"))
    lst.ListColumns(1).XPath.SetValue _
      xm, "/salesreport/sale/product", Repeating:=True
```

```
      lst.ListColumns(1).Name = "Product:"
      lst.ListColumns(2).XPath.SetValue _
        xm, "/salesreport/sale/quantity", Repeating:=True
      lst.ListColumns(2).Name = "Quantity:"
    End With
    xm.Import xmlfile
End Sub
```

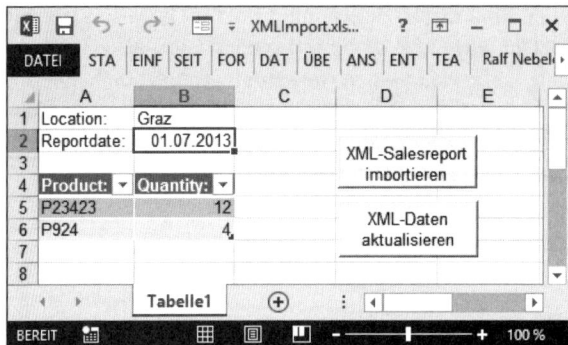

BILD 14.6
XML-Import per VBA-Code

Einige Anmerkungen zum Code: *XmlMaps.Add* erwartet eigentlich eine *.xsd-Datei mit der Definition des Schemas der XML-Daten. Wenn eine Schemadefinition nicht zur Verfügung steht, kann alternativ auch eine XML-Datendatei übergeben werden. Excel erzeugt dann daraus selbstständig eine Schemadefinition, zeigt aber vorher eine Warnung an. *DisplayAlerts = False* unterdrückt diese Warnung.

Anschließend kann für ein *ListColumn-* oder *Range*-Objekt die Methode *.XPath.SetValue* ausgeführt werden, um so den gewünschten Suchausdruck (XPath-Syntax) sowie das zugrunde liegende *XmlMap*-Objekt anzugeben. Wenn in den XML-Daten oder im Suchausdruck Namensraumpräfixe verwendet werden, müssen diese im optionalen dritten Parameter von *SetValue* deklariert werden. Ein weiterer optionaler Parameter gibt an, ob gegebenenfalls mehrere passende Ergebnisse als Liste importiert werden sollen (*Repeating:=True/False*).

Der eigentliche Import wird schließlich mit der *Import*-Methode durchgeführt, wobei als Parameter der Dateiname der XML-Datei angegeben wird. Normalerweise sollten Sie den Rückgabewert dieser Methode auswerten, um sicherzugehen, dass der Import fehlerfrei funktioniert hat. Falls die XML-Daten nicht aus einer externen Datei stammen, sondern bereits als Zeichenkette vorliegen, verwenden Sie statt *Import* die Methode *ImportXml*.

Die Prozedur *myXmlImport* funktioniert nur ein einziges Mal. Der Versuch, den Code ein zweites Mal auszuführen, scheitert an der bereits existierenden Verknüpfung zu den XML-Daten. Sie müssten daher vor einem neuerlichen Import das *XmlMap*-Objekt sowie die damit verknüpften Zellen löschen. Wenn Sie die Daten lediglich aktualisieren möchten, ist es wesentlich einfacher, für das *XmlDatabinding*-Objekt die Methode *Refresh* auszuführen. Das *XmlMap*-Objekt erhalten Sie ausgehend von einer Tabellenzelle, die importierte XML-Daten enthält:

```
Private Sub btnRefresh_Click()
  If ActiveSheet.[b1].XPath.Value <> "" Then
    ActiveSheet.[b1].XPath.Map.DataBinding.Refresh
  End If
End Sub
```

Die hier beschriebene Vorgehensweise können Sie auch dazu einsetzen, um ganz gezielt Daten aus einem XML-Datenstrom zu suchen bzw. zu filtern. Der einzige Unterschied zu anderen XML-Bibliotheken besteht darin, dass die gefundenen Daten immer in ein Tabellenblatt importiert werden müssen. (Es ist nicht möglich, aus einem XML-Datenstrom ein bestimmtes Element zu suchen und direkt in einer Variablen zu speichern.)

XML-Export (XmlMap.Export)

Sofern beim *XmlMap*-Objekt die Eigenschaft *IsExportable* den Wert *True* enthält, können die im Tabellenblatt enthaltenen Daten zurück in eine XML-Datei geschrieben werden. *IsExportable* enthält allerdings nur dann *True*, wenn beim Import keine Hierarchieprobleme aufgetreten sind. (Diese Probleme äußern sich meist dadurch, dass XML-Elemente in der Ergebnisliste mehrfach wiederholt werden.)

Zum Export führen Sie entweder *xmlmapobject.Export* (Export in eine XML-Datei, deren Name bzw. Adresse angegeben wird) oder *ExportXml* aus. Bei der zweiten Variante wird der XML-Code in die als Parameter übergebene Zeichenkettenvariable kopiert.

```
Dim xmlfile As String
Dim xmlstring As String
xmlfile = ThisWorkbook.Path + "\testout.xml"
xm.Export xmlfile      'export into a local file
xm.ExportXml xmlstring  'export into the variable xmlstring
MsgBox xmlstring
```

XML-Formulare

In Kapitel 9 haben wir verschiedene Möglichkeiten präsentiert, Excel zur Gestaltung intelligenter Formulare zu verwenden. Die eingegebenen Daten können dann je nach Art und Programmierung des Formulars als Excel-Datei oder in einer externen Datenbank gespeichert werden.

Excel 2013 eröffnet mit seinen XML-Funktionen eine weitere Möglichkeit: Die eingegebenen Daten können nun auch als XML-Datei gespeichert werden. Das ermöglicht die Weiterverarbeitung durch andere XML-kompatible Programme in Ihrer Arbeitsumgebung (und zwar selbst dann, wenn diese Programme nicht von Microsoft stammen und mit dem Excel-Dateiformat nichts anfangen können!).

Zur Vorbereitung eines derartigen Formulars müssen Sie lediglich die Verbindung zum gewünschten XML-Schema herstellen. Dieser Vorgang kann wie oben beschrieben per Programmcode erfolgen; einfacher ist es aber zumeist, ausgehend von einer vorhandenen XML-Datei das Formular im interaktiven Betrieb zu gestalten. Anschließend fügen Sie dem Tabellenblatt noch einen Button zum Speichern hinzu. Im dazugehörigen Code rufen Sie einfach die *Export*-Methode für das *XmlMap*-Objekt auf.

XML-Ereignisse

Vor und nach einem XML-Import bzw. -Export treten sowohl für das *Workbook*- als auch für das *Application*-Objekt die folgenden Ereignisse auf:

Objekt	XML-Ereignis
Application	WorkbookBeforeXmlExport / WorkbookAfterXmlExport
Application	WorkbookBeforeXmlImport / WorkbookAfterXmlImport
Workbook	BeforeXmlExport / AfterXmlExport
Workbook	BeforeXmlImport / AfterXmlImport

An die Ereignisprozeduren wird das zugrunde liegende *XmlMap*-Objekt übergeben. In den *XyBeforeXy*-Ereignissen kann der Import bzw. Export gegebenenfalls durch *Cancel=True* verhindert werden.

Grenzen der XML-Funktionen von Excel

Die neuen XML-Objekte der Excel-Objektbibliothek bieten keine Möglichkeiten, XML-Daten losgelöst von einer Excel-Tabelle zu bearbeiten. Daher ist es beispielsweise unmöglich, aus eigenen Daten selbst ein XML-Dokument zu erzeugen, ohne die Daten vorher als Excel-Tabelle darzustellen; ebenso wenig können Sie eine XML-Datei oder auch nur ein ganz spezielles Element daraus direkt lesen, ohne die Datei vorher in eine Excel-Tabelle zu importieren.

Insbesondere das *XPath*-Objekt hält hier nicht, was sein Name verspricht. (XPath bezeichnet im XML-Jargon eigentlich all jene Funktionen, die zur Navigation innerhalb eines XML-Dokuments erforderlich sind. *XPath* bietet aber keine derartigen Funktionen, sondern hilft nur bei der Zuordnung von XML-Elementen mit Tabellenzellen.)

15 Excel-Programmierung für Fortgeschrittene

Ob Sie nun Add-ins erstellen, auf Smart Tags zugreifen, Web Services nutzen, API-Funktionen aus DLLs aufrufen, über ActiveX-Automation fremde Programme steuern oder Anwendungen für die 64-Bit-Version von Excel schreiben möchten – dieses Kapitel vermittelt das erforderliche Know-how. Es richtet sich damit explizit an erfahrene VBA-Programmierer. Ferner stellt es Ihnen in Gestalt der Visual Studio Tools for Office eine professionelle Alternative zu VBA vor.

■ 15.1 Add-ins

Mit Excel werden eine Reihe sogenannter Add-in-Dateien geliefert. Diese Dateien haben die Aufgabe, den Funktionsumfang von Excel in verschiedenen Punkten zu erweitern. Sie können über den Add-in-Manager aktiviert bzw. deaktiviert werden. Da das Laden der Add-in-Funktionen Zeit und Speicherplatz erfordert, sollten Sie nur jene Add-ins aktivieren, die Sie wirklich benötigen. Add-in-Dateien sind an der Endung *.xlam zu erkennen.

Neben den mitgelieferten Add-in-Dateien besteht über das Kommando DATEI | SPEICHERN UNTER die Möglichkeit, eigene Excel-Dateien im Add-in-Format (der Dateityp heißt „Excel-Add-In (*.xlam)") zu speichern. Als Speicherort wird der Ordner

[BenutzerVerzeichnis]\AppData\Roaming\Microsoft\AddIns

vorgeschlagen. Das bedeutet, dass das Add-in nur für den aktuellen Anwender verwendbar ist. Wenn Sie ein Add-in allgemein verfügbar machen möchten, müssen Sie es im Ordner

[OfficeVerzeichnis]\Macros

speichern.

Hinweis

Angaben über die genauen Pfade der Ordner „[BenutzerVerzeichnis]" und „[OfficeVerzeichnis]" finden Sie im Abschnitt 5.9.3.

■

Add-in-Dateien unterscheiden sich in den folgenden Punkten von normalen Excel-Dateien:

- Die darin enthaltenen (benutzerdefinierten) Funktionen stehen allen anderen Arbeitsmappen zur Verfügung. Dabei muss nicht (wie sonst üblich) der Name der Add-in-Datei vorangestellt oder ein Verweis eingerichtet werden. Der Funktionsaufruf erfolgt also unmittelbar über *Funktionsname*, nicht in der Form *Dateiname!Funktionsname*. Der Zugriff auf diese Funktionen ist natürlich nur möglich, wenn die Add-in-Datei vorher geladen wird. (Darum kümmert sich der Add-in-Manager.)

- Die Tabellenblätter des Add-ins sind unsichtbar und können nicht eingeblendet werden. (Trotzdem kann man ihre Inhalte per VBA-Code verändern und die Add-in-Datei anschließend speichern. Das ermöglicht unter anderem die Entwicklung von Anwendungen, in denen eine durchlaufende Seriennummer (Rechnungsnummer, Datensatznummer etc.) verwaltet werden muss, die bei jedem Programmstart den zuletzt gültigen Wert aufweist.)

- Die Eigenschaft *IsAddin* des Objekts *ThisWorkbook* („Diese Arbeitsmappe") enthält den Wert *True*.

 Achtung

Im Gegensatz zu Excel 5 und 7 ist der Programmcode von Add-ins in der Entwicklungsumgebung uneingeschränkt sichtbar! Der Code kann dort bearbeitet und gespeichert werden. Wenn Sie nicht möchten, dass der Anwender den Code Ihres Add-ins betrachtet, müssen Sie dessen Anzeige mit EXTRAS | EIGENSCHAFTEN | SCHUTZ durch ein Passwort sperren.

■

 Tipp

Add-ins können problemlos wieder in normale Dateien verwandelt werden: Laden Sie die Add-in-Datei, öffnen Sie in der Entwicklungsumgebung das Eigenschaftenfenster zu „Diese Arbeitsmappe", und stellen Sie *IsAddin* auf *False*. Damit werden die Tabellenblätter sichtbar, und die Datei kann in Excel mit DATEI | SPEICHERN UNTER wieder als *.xlsm-Datei gespeichert werden.

■

Anwendungsmöglichkeiten eigener Add-ins

- Sie können ein Add-in mit einer Sammlung neuer Tabellen- oder VBA-Funktionen schreiben, die Sie häufig benötigen. Sobald das Add-in geladen ist, stehen diese Funktionen sowohl in anderen VBA-Programmen als auch zur direkten Verwendung in Tabellen zur Verfügung. Das Add-in wird in keiner Form sichtbar, d. h. weder durch Menüband- oder Menübefehle noch durch Symbole oder Dialoge. Derartige Funktionsbibliotheken bereiten in der Programmierung die geringsten Schwierigkeiten. Das Add-in besteht ausschließlich aus Code in Modulblättern. Es ist normalerweise nicht einmal eine *Workbook_Open*-Prozedur erforderlich (es sei denn, Ihre Funktionen benötigen einige globale Variablen oder Felder, die in *Workbook_Open* initialisiert werden).

- Sie können Excel mit zusätzlichen Kommandos oder Assistenten ausstatten, also die Benutzeroberfläche von Excel erweitern. Dazu muss das Add-in einzelne Befehle in die Menü- und Symbolleisten einfügen, die im Befehlsregister ADD-INS angezeigt werden (siehe

Abschnitt 8.1). Der bessere Weg ist es, das Menüband oder die Backstage-Ansicht um neue Befehle zu erweitern (siehe Abschnitte 8.2 und 8.5). Die Auswahl dieser Kommandos führt dann in der Regel zum Aufruf von Makros oder zur Anzeige von Dialogen.

- Die dritte Variante besteht darin, dass Sie Add-ins als „Verpackung" eigenständiger Anwendungen benutzen. Diese Variante ist mit hohem Programmieraufwand verbunden. Der umfasst in der Regel größere Erweiterungen der Benutzeroberfläche – etwa das Erstellen kompletter Menüs für die Registerkarte ADD-INS oder das Einfügen benutzerdefinierter Registerkarten in das Menüband. Häufig ist auch das Laden und Verwalten anderer Excel-Dateien erforderlich. Zu den Problemen, die bei der Umsetzung von eigenständigen Add-in-Programmen auftreten können, finden Sie etwas weiter unten („Einschränkungen") noch Informationen.

Laden von Add-in-Dateien mit und ohne den Add-in-Manager

Prinzipiell bestehen zwei Möglichkeiten, Add-in-Dateien zu starten: Entweder Sie öffnen die Datei wie eine normale Excel-Datei mit DATEI | ÖFFNEN, oder Sie rufen den Add-In-Manager auf (DATEI | OPTIONEN | ADD-INS | GEHE ZU), klicken dort den Button DURCHSUCHEN an und wählen die Datei aus. Bei Add-ins, die den ersten beiden Varianten entsprechen, ist die Installation über den Add-in-Manager sinnvoller. Sie können dann die Add-in-Datei – wie die anderen Add-ins – nach Belieben aktivieren und deaktivieren. Bei Add-ins der dritten Variante (eigene Anwendungen) ist es praktischer, die Add-in-Datei nur dann über DATEI | ÖFFNEN zu laden, wenn sie wirklich benötigt wird.

 Tipp

Im Add-in-Manager wird normalerweise nur der Dateiname der ausgewählten Add–in-Datei angezeigt, nicht aber (wie bei den mitgelieferten Add-ins) eine aussagekräftigere Benennung des Add-ins und ein kurzer Kommentar zur Bedeutung des Add-ins. Das können Sie ändern, wenn Sie Ihrer Arbeitsmappe vor dem Umwandeln in eine Add-in-Datei in der Backstage-Ansicht DATEI | INFORMATIONEN einen Titel geben und einen kurzen Kommentar zuordnen. ∎

Der Dialog des Add-in-Managers hat den Nachteil, dass er keine Möglichkeit vorsieht, einen Eintrag aus der Add-in-Liste wieder zu löschen. Die einzige Möglichkeit besteht darin, dass Sie die entsprechende *.xlam-Datei löschen oder umbenennen und dann versuchen, das Add-in zu aktivieren. Excel erkennt jetzt, dass das Add-in gar nicht mehr existiert, und fragt, ob der Eintrag aus der Add-in-Liste entfernt werden darf.

 Tipp

Einmal mit DATEI | ÖFFNEN geladene Add-in-Dateien können nicht mehr aus dem Excel-Speicher entfernt werden. Add-in-Dateien sind „unsichtbar", sie können daher in Excel nicht als Fenster aktiviert und anschließend geschlossen werden. Abhilfe: Verwenden Sie den Add-in-Manager zum Laden. ∎

Verwendung von Funktionen, die in Add-ins definiert sind

Benutzerdefinierte Funktionen, die im Code eines Add-ins definiert sind, können unmittelbar in Tabellen verwendet werden. Die Funktionen werden auch im Funktion-einfügen-Dialog in der Gruppe „Benutzerdefiniert" angezeigt. Die einzige Voraussetzung besteht darin, dass die Add-in-Datei geöffnet ist (egal ob durch DATEI | ÖFFNEN oder über den Add-in-Manager). Funktionen oder Prozeduren, die nur innerhalb des Add-ins verwendet werden, nach außen hin aber unzugänglich bleiben sollen, müssen Sie im Programmcode mit dem Schlüsselwort *Private* kennzeichnen.

Wenn Sie eine Add-in-Funktion (oder auch eine Prozedur) im VBA-Code einer neuen Arbeitsmappe verwenden möchten, dann müssen Sie im Visual-Basic-Editor einen Verweis auf die Add-in-Datei einrichten (Kommando EXTRAS | VERWEISE). Alle verfügbaren Funktionen werden dann auch im Objektkatalog angezeigt. Siehe Abschnitt 4.3.2 zum Thema Objektkatalog und Verweise.

Im Beispiel unten (*15\AddInFn.xlsm* bzw. *.xlam*) wird die allgemein zugängliche Funktion *AITest* definiert, die den übergebenen Parameter mit sechs multipliziert. *AITest* verwendet wiederum die Funktion *InternalFunction*, die dem Anwender der Add-in-Datei nicht zur Verfügung steht.

```
' Datei 15\AddInFn.xlam, Modul1
Function AITest(x As Double) As Double
  AITest = 2 * InternalFunction(x)
End Function
Private Function InternalFunction(x As Double) As Double
  InternalFunction = x * 3
End Function
```

Wenn Sie eine größere Funktionsbibliothek erstellen und diese weitergeben möchten, sollten Sie zu den Funktionen auch kurze Infotexte vorsehen, die im Funktionsassistenten bzw. im Objektkatalog angezeigt werden. Diese Texte können Sie im Objektkatalog mit dem Kontextmenükommando EIGENSCHAFTEN einstellen. In diesem Dialog können Sie auch einen Verweis auf eine Hilfedatei einrichten.

Ereignisprozeduren in Add-ins

Neben den auch bei normalen Arbeitsmappen gebräuchlichen Prozeduren *Workbook_Open* und *Workbook_BeforeClose* werden bei Add-ins zwei weitere Prozeduren automatisch ausgeführt: *Workbook_AddinInstall*, wenn ein Add-in in die Add-in-Liste des Add-in-Managers aufgenommen wird, und *Workbook_AddinUninstall*, wenn das Add-in aus dieser Liste wieder entfernt wird. Die beiden Prozeduren werden also nicht bei jedem Laden des Add-ins ausgeführt, sondern nur einmal bei der Installation als ständige Excel-Erweiterung bzw. bei der Deinstallation. Sie können diese Prozeduren dazu verwenden, um einmalige Vorbereitungsarbeiten durchzuführen (z. B. um Vorlagedateien in das Vorlagenverzeichnis zu kopieren) bzw. um entsprechende Aufräumarbeiten durchzuführen.

Einschränkungen bei der Programmierung eigenständiger Add-in-Anwendungen

Add-in-Dateien sind vollkommen „unsichtbar". Damit ist gemeint, dass die Tabellen- oder Diagrammblätter von Add-in-Dateien nicht angezeigt werden können! Add-in-Dateien können sich rein optisch nur durch eigene Befehle in der Benutzeroberfläche von Excel oder durch Dialoge bemerkbar machen.

Die Daten aus Tabellenblättern von Add-in-Dateien stehen intern aber durchaus zur Verfügung und können beispielsweise durch VBA-Code in eine zu diesem Zweck neu geöffnete Arbeitsmappe übertragen und dort bearbeitet werden. Es ist aber nicht möglich, eine Anwendung wie *11\DB_Share.xlsm* (Formular- und Datenbankanwendung für Car-Sharing-Verein, siehe Abschnitt 11.6) ohne Änderungen in eine Add-in-Datei zu übersetzen. Die Anwendung basiert darauf, dass deren Tabellenblätter am Bildschirm angezeigt und dort vom Anwender verändert werden können – und eben das ist bei einer Add-in-Datei nicht möglich.

Zu diesem Problem bestehen zwei Lösungsansätze. Die eine Variante besteht darin, dass Sie die Anwendung in zwei Dateien aufspalten. Die eine Datei enthält Code, Menüs und Dialoge und wird als Add-in-Datei weitergegeben. Die zweite Datei enthält die Tabellen, in denen der Anwender arbeiten kann, und wird von der ersten Datei per *Workbook_Open* geladen. In *Workbook_Open* können auch Ereignisprozeduren für die neu geladene Tabellendatei eingerichtet werden (etwa für den Blattwechsel). Diese Vorgehensweise hat zwei Nachteile: Erstens steht und fällt die Anwendung mit dem Vorhandensein *beider* Dateien, und zweitens ist die Anwendung gegen beabsichtigte und unbeabsichtigte Veränderungen in der Tabellendatei anfällig.

Die zweite Lösungsvariante besteht darin, dass Sie weiterhin alle Tabellenblätter in der Add-in-Datei belassen. In *Workbook_Open* erzeugen Sie eine neue Arbeitsmappe und kopieren die betreffenden Tabellenblätter dorthin. Dieser zweite Lösungsansatz ist mit etwas mehr Aufwand bei der Programmierung verbunden, dafür aber weniger störanfällig bei der Anwendung.

Fazit: Add-ins eignen sich gut dazu, eine Sammlung von Rechenfunktionen weiterzugeben oder um die Benutzeroberfläche von Excel zu ergänzen. Add-ins stellen aber selten einen brauchbaren Lösungsansatz für eigenständige Anwendungen dar, wie sie im Mittelpunkt der Kapitel 9 bis 13 stehen. Add-ins bieten in diesem Fall auch keine erkennbaren Vorteile gegenüber normalen Excel-Dateien.

COM-Add-ins

COM-Add-ins sind zu DLLs kompilierte Add-ins. (DLLs sind binäre Bibliotheksdateien.) COM-Add-ins wurden mit Office Developer 2000 eingeführt und können auch nur mit dieser speziellen, nicht mehr erhältlichen Entwicklerversion von Microsoft Office sowie alternativ mit Visual Basic (ab Version 5.0) erzeugt werden. Sie weisen eine Menge Unterschiede zu herkömmlichen Add-ins auf und können insbesondere keine Tabellenblätter, keine Diagramme und keine Symbolleisten enthalten. Der große Vorteil von COM-Add-Ins besteht darin, dass darin enthaltener Code wegen der Kompilierung gut geschützt ist. Diesem Vorteil stehen aber die komplizierte Weitergabe und Installation gegenüber, weswegen sich COM-Add-Ins in der Praxis nicht durchsetzen konnten.

Die Excel-Versionen ab 2007 unterstützen dagegen eine neue Form von sogenannten „verwalteten" COM-Add-Ins, die mit den Visual Studio Tools for Office (siehe Abschnitt 15.8) erstellt werden.

■ 15.2 Excel und das Internet

15.2.1 Excel-Dateien als E-Mail versenden

Mit der Methode *SendMail* des *Workbook*-Objekts wird die Arbeitsmappe unmittelbar an das „installierte Mail-System" übergeben, wie sich die Excel-Dokumentation etwas vage ausdrückt.

Wenn Sie mit Outlook oder Outlook Express als E-Mail-Client arbeiten, funktioniert das hervorragend. Die E-Mail landet im Postausgangsordner des jeweiligen Programms. Je nach Einstellung in Outlook wird die E-Mail jetzt sofort versandt oder erst dann, wenn das nächste Mal der Button SENDEN UND EMPFANGEN gedrückt wird (bei einer Offline-Konfiguration etwa).

An die Methode *SendMail* werden drei Parameter übergeben: Die Empfängeradresse, der Betreff (also der *Subject*-Text) und optional der Wahrheitswert *True* oder *False*, je nachdem, ob eine Empfangsbestätigung erwünscht ist oder nicht. (Beachten Sie aber, dass nur relativ wenige E-Mail-Systeme Empfangsbestätigungen durchführen, ganz egal, was Sie hier einstellen.)

```
ThisWorkbook.SendMail "huber@firma.de", "Abrechnung Mai 2010"
```

Tipp

Wenn Sie die E-Mail gleichzeitig an mehrere Personen versenden möchten, können Sie im ersten Parameter ein *Array* von Zeichenketten übergeben. Die Angabe eines Nachrichtentexts ist leider nicht möglich. Bevor Sie *SendMail* ausführen, brauchen Sie die Arbeitsmappe übrigens nicht zu speichern. Excel versendet selbstständig die aktuelle Version.

Typ des installierten Mail-Systems feststellen

Mit der Eigenschaft *MailSystem* des *Application*-Objekts können Sie feststellen, ob und welches E-Mail-System am lokalen Rechner installiert ist. Die Eigenschaft kann drei Werte annehmen:

xlMAPI	das E-Mail-System ist MAPI-kompatibel (Messaging Application Program Interface, ein Microsoft-Standard)
xlPowerTalk	das E-Mail-System basiert auf PowerTalk (ein E-Mail-System für Apple Macintosh-Computer); in diesem Fall können bei der Macintosh-Version von Excel E-Mails über das *Mailer*-Objekt versandt werden
xlNoMailSystem	es steht kein E-Mail-System zur Verfügung (zumindest keines, das kompatibel zu MAPI oder PowerTalk ist)

Es ist zwar nicht dokumentiert, aber vermutlich kann *SendMail* nur verwendet werden, wenn *MailSystem = xlMAPI* gilt. Ob das tatsächlich funktioniert, wenn als E-Mail-System nicht Outlook verwendet wird, konnten wir leider nicht testen. (Auf unseren Rechnern ist – zumindest unter Windows – kein anderes E-Mail-System installiert.)

E-Mail interaktiv versenden

Wenn Sie dem Anwender die Chance geben möchten, auf das Versenden der E-Mail Einfluss zu nehmen und selbst den Empfänger sowie einen Nachrichtentext einzugeben, gibt es dazu zwei Varianten. Die eine besteht darin, den Dialog zum Versenden einer E-Mail aufzurufen. Es erscheint ein Outlook-Fenster, wobei die aktuelle Arbeitsmappe bereits in die ansonsten noch leere E-Mail eingefügt ist.

```
Application.Dialogs(xlDialogSendMail).Show
```

Die zweite Variante besteht darin, die Eigenschaft *EnvelopeVisible* für die aktuelle Arbeitsmappe auf *True* zu setzen. Damit werden unterhalb des Menübands vier Zeilen eingeblendet, welche die Angabe einer Empfängeradresse und das direkte Versenden der E-Mail ermöglichen. Um *EnvelopeVisible* abwechselnd ein- und auszuschalten, können Sie die folgende Anweisung verwenden:

```
ThisWorkbook.EnvelopeVisible = Not ThisWorkbook.EnvelopeVisible
```

Falls Sie die Anweisung in der Ereignisprozedur eines Buttons ausführen, achten Sie darauf, dass Sie bei dem Button die Eigenschaft *TakeFocusOnClick* auf *False* gestellt haben – sonst kommt es zu einer Fehlermeldung.

Abermals ist unklar geblieben, ob die beiden Methoden auch ohne eine Outlook-Installation funktionieren.

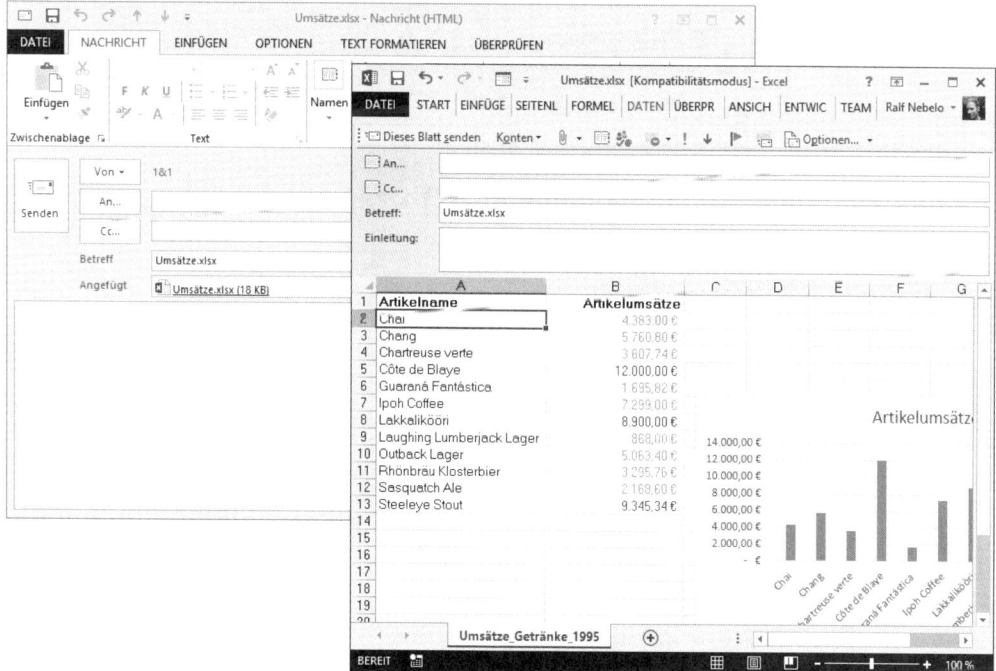

BILD 15.1 Links das Resultat des *xlDialogSendMail*-Dialogs, rechts Excel mit *EnvelopeVisible=True*

15.2.2 HTML-Import

> **Verweis**
>
> Der Import von Texten (Abschnitt 5.6.6), Datenbanken (Abschnitt 12.2) und HTML-Dokumenten erfolgt in Excel über dasselbe *QueryTable*-Objekt. An dieser Stelle werden nur mehr die HTML-Besonderheiten beschrieben. Der Datenquellentyp geht aus der Eigenschaft *QueryType* des *QueryTable*-Objekts hervor (*xlODBCQuery*, *xlTextImport* oder *xlWebQuery*). Je nach *QueryType* sind es dann auch andere Eigenschaften des *QueryTable*-Objekts, welche die Parameter des Imports beschreiben. ∎

Mit DATEN | EXTERNE DATEN ABRUFEN | AUS DEM WEB können Sie eine beliebige HTML-Datei sowohl im Internet als auch in einem lokalen Netz auswählen. Dazu muss die Internetadresse der Datei beziehungsweise deren Dateiname im Feld „Adresse" angegeben werden. Das Dialogfeld (Bild 15.2) zeigt eine Vorschau der HTML-Datei, in der man bei Bedarf einzelne Tabellen innerhalb der Seite komfortabel mit der Maus auswählen kann. (Als Tabellen gelten alle Teile der HTML-Datei, die zwischen *<TABLE>* und *</TABLE>* eingeschlossen sind. Aufgrund der vielfältigen Formatierungsmöglichkeiten, die Tabellen in HTML-Dokumenten bieten, werden *<TABLE>*-Konstruktionen oft auch für Textpassagen verwendet, die gar nicht wie eine Tabelle aussehen.)

BILD 15.2 Import aus einer HTML-Datei

Beim folgenden Import versucht Excel je nach Auswahl entweder das gesamte Dokument, die ausgewählte(n) Tabelle(n) oder einfach alle Tabellen des Dokuments zu importieren.

Im Prinzip funktioniert der Webimport überraschend gut. Das Problem besteht aber darin, dass sich das Internet sehr schnell ändert und viele Webseiten zumindest einmal im Jahr vollkommen umstrukturiert werden. Eine Anwendung, die etwa regelmäßig Aktienkurse aus dem Internet liest, muss daher regelmäßig an das gerade aktuelle Layout der Aktienseiten angepasst werden.

Einige Worte zur Einstellung der *QueryTable*-Eigenschaften: *QueryType* enthält *xlWebQuery (4)*. *Name* muss mit dem Namen des Zellbereichs übereinstimmen, in den die Daten importiert wurden. *Destination* gibt die erste Zelle des Importbereichs an. Die *Connection*-Zeichenkette hat den Aufbau *URL;http://www.name.com/seite.htm*. Diverse Details des Imports werden durch die *WebXy*-Eigenschaften eingestellt. Wie üblich führt der schnellste Weg zu plausiblen Einstellungen für diese Eigenschaften über die Makroaufzeichnung.

15.2.3 HTML-Export

Im interaktiven Betrieb erfolgt der HTML-Export über das Kommando DATEI | SPEICHERN UNTER und die Auswahl des Dateityps WEBSEITE (*.HTM;*.HTML). Exportiert werden können ein Zellbereich (die aktuelle Markierung), ein Tabellenblatt, die ganze Arbeitsmappe oder ein Diagramm.

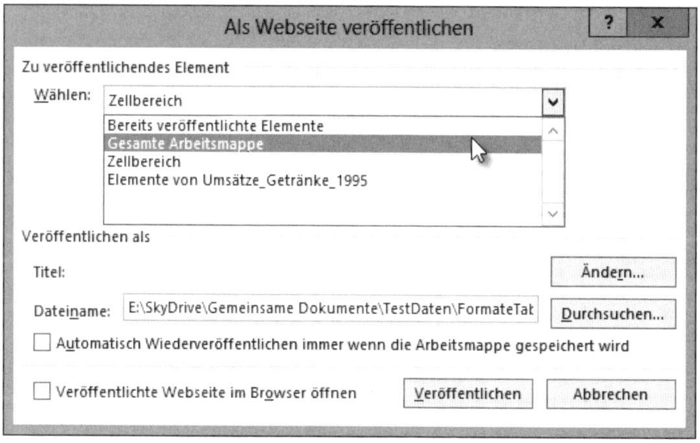

BILD 15.3
Einer der drei
Exportdialoge

Die Einstellung der zahlreichen Exportoptionen ist ein wenig unübersichtlich, weil sie auf drei Dialoge verteilt ist:

- Der Dialog SPEICHERN UNTER erlaubt die Festlegung, ob die aktuelle Auswahl oder die gesamte Arbeitsmappe exportiert werden soll.

- Der Dialog ALS WEBSEITE VERÖFFENTLICHEN wird über den VERÖFFENTLICHEN-Button des SPEICHERN-UNTER-Dialogs aufgerufen. Er enthält unter anderem eine Liste der schon früher exportierten Objekte der aktuellen Arbeitsmappe und erleichtert damit die Wiederholung eines Exportvorgangs.

- Der Dialog WEBOPTIONEN wird über das Menükommando TOOLS | WEBOPTIONEN des SPEICHERN-UNTER-Dialogs aufgerufen. Darin können eine ganze Menge Optionen eingestellt werden, die bestimmen, wie die HTML-Dokumente aufgebaut werden sollen.

HTML-Export per VBA-Code mit PublishObject

Wenn Sie ein Excel-Objekt per VBA-Code in einem HTML-Dokument speichern möchten, müssen Sie sich mit *PublishObject* anfreunden. Der Zugriff auf derartige Objekte erfolgt über *Workbook.PublishObjects*. Damit Sie ein Excel-Objekt zum ersten Mal exportieren können, müssen Sie mit *Add* ein neues *PublishObject* erstellen.

```
Dim publ As PublishObject
Dim fname$
fname = "c:\test.htm"
Set publ = ThisWorkbook.PublishObjects.Add( _
  SourceType:=xlSourceRange, Sheet:="Tabelle1", _
    Source:="$B$3:$C$5", Filename:=fname, _
    HtmlType:=xlHtmlStatic, DivID:="ID1")
publ.Publish
```

An die *Add*-Methode müssen eine ganze Reihe Parameter übergeben werden, zu denen es gleichnamige Eigenschaften des *PublishObject* gibt (die zumeist aber „read only" sind): *SourceType* gibt an, um welchen Datentyp es sich handelt (z. B. um einen Zellbereich oder um ein Diagramm.) *Sheet* und *Source* geben als Zeichenketten an, welche Daten gespeichert werden sollen. *HtmlType* bestimmt, ob ein statisches oder ein interaktives HTML-Dokument mit Webkomponenten erstellt werden soll.

Hinweis

Da Webkomponenten von Office 2013 nicht mehr unterstützt werden, ist die Erstellung interaktiver HTML-Dokumente mit den jüngsten Excel-Versionen nicht mehr möglich. ∎

Recht merkwürdig ist der Parameter *DivID*: Hiermit kann eine Identifizierungszeichenkette angegeben werden, mit der später wieder auf das *PublishObject* zugegriffen werden kann. *DivID* übernimmt damit die Rolle, die bei allen anderen Objektauflistungen *Name* hat. (Wenn die angegebene Zeichenkette schon in Verwendung ist, wird das dazugehörige Objekt durch die neuen Daten überschrieben. Wenn Sie den Parameter nicht angeben, erzeugt Excel selbstständig eine Zeichenkette.)

Zu guter Letzt müssen Sie für das *PublishObject* noch die Methode *Publish* ausführen. Erst damit wird die HTML-Datei erzeugt.

Exportoptionen

Zur Feinsteuerung des HTML-Exports können Sie die zahllosen Eigenschaften der Objekte *DefaultWebOptions* (gilt global für Excel) bzw. *WebOptions* (gilt nur für die aktuelle Arbeitsmappe) einstellen. Bei den beiden Objekten handelt es sich trotz der Endung *-s* nicht um Auflistungsobjekte. Die wichtigsten Eigenschaften der beiden Objekte sind am Ende von Abschnitt 5.9.2 zusammengefasst.

15.3 Smart Tags

Smart Tags sind eine Funktion, die mit Office 2002 eingeführt wurde. Die Grundidee dahinter ist einfach: Wenn Excel (oder eine andere Office-Komponente) einen Text erkennt, zu dem es zusätzliche Informationen anbieten oder Aktionen ausführen kann, dann wird der Text markiert (in Excel durch ein kleines violettes Dreieck in der rechten unteren Ecke der Zelle). Wenn Sie die Maus über die Markierung bewegen, erscheint außerdem ein kleines Informationssymbol. Durch das Anklicken dieses Symbols gelangen Sie in ein Menü, über das Sie die gewünschte Aktion auswählen können.

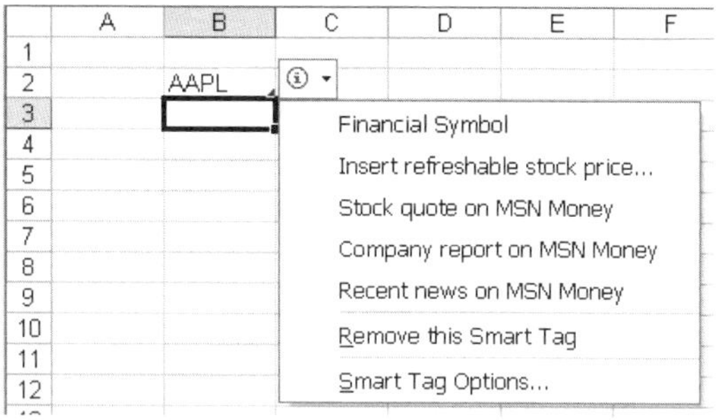

	A	B	C	D	E	F
1						
2		AAPL	① ▾			
3						
4			Financial Symbol			
5			Insert refreshable stock price…			
6			Stock quote on MSN Money			
7			Company report on MSN Money			
8			Recent news on MSN Money			
9						
10			Remove this Smart Tag			
11						
12			Smart Tag Options…			

BILD 15.4
Ein Smart Tag zur Erkennung von Aktiensymbolen in Excel 2002 (englische Version)

Um es an einem Beispiel zu erklären: Sie geben in einer Zelle die Zeichen AAPL ein (das ist das Aktiensymbol von Apple). Wenn die Smart-Tags-Funktion aktiviert ist, erscheinen das violette Dreieck und das Infosymbol. Über das Menü können Sie den aktuellen Börsenkurs oder andere Apple-spezifische Informationen im Internet Explorer lesen bzw. den aktuellen Kurs in die Tabelle einfügen.

Hinweis

Die Erkennung von Aktiensymbolen durch die Smart-Tags-Funktion von Excel funktioniert nur in der englischen Version des Kalkulationsprogramms und dort auch nur für englische Aktiensymbole.

∎

Smart Tags aktivieren

Smart Tags wurden von Microsoft seinerzeit als eine zentrale Neuerung angepriesen. Gegner von Microsoft waren allerdings weniger begeistert über diese Innovation, weil naturgemäß Microsoft selbst bestimmt, welche Internetseiten durch Smart Tags angezeigt werden. So verwundert es denn nicht, dass die in Bild 15.4 dargestellten Smart Tags ausgerechnet zur MSN-Website führen (und nicht etwa zu entsprechenden Börsenseiten von Yahoo! oder einer beliebigen anderen Firma).

Die Proteste von Medien, Datenschützern etc. führten schließlich dazu, dass Smart Tags im Internet Explorer 6 ganz eliminiert wurden und in nachfolgenden Office-Versionen per Default deaktiviert sind. Wenn Sie Smart Tags nutzen möchten, erfolgt die Aktivierung im Dialog DATEI | OPTIONEN | DOKUMENTPRÜFUNG | AUTOKORREKTUR-OPTIONEN | AKTIONEN.

Selbst nach der Aktivierung ist die Bandbreite der Smart Tags in einer deutschen Excel-Version gering. Die hier verfügbaren Smart Tags reagieren nur auf das Einfügen eines Datums oder eines Personennamens, der im Outlook-Adressbuch gespeichert ist.

Weitere Smart Tags laden

Wem das mitgelieferte Smart-Tags-Angebot nicht genügt, der gelangt im Dialog DATEI | OPTIONEN | DOKUMENTPRÜFUNG | AUTOKORREKTUR-OPTIONEN | AKTIONEN über den Button WEITERE AKTIONEN zu einer Webseite, wo weitere (zumeist kostenpflichtige) Smart Tags zum Download bereitstehen. Besonders groß ist das Angebot allerdings nicht: Die deutsche Download-Seite enthält unter anderen ein Smart Tag, das Telefonnummern erkennt und die zugehörige Adresse liefert. Ein anderes Smart Tag erkennt fremdsprachige Begriffe und ruft bei Bedarf deren Übersetzung ab.

Eigene Smart Tags entwickeln

Mit VBA ist es leider nicht möglich, eigene Smart Tags zu entwickeln. Wenn Sie das möchten, benötigen Sie eine COM-taugliche Programmiersprache (z. B. Visual Basic 6 oder Visual C++) sowie das Smart Tag SDK (Software Development Kit). Es ist Teil von Office 2002 Developer, kann aber auch kostenlos aus dem Internet geladen werden, zuletzt von der folgenden Seite *[Link 17]*:

> *http://msdn.microsoft.com/downloads*

 Hinweis

Wer Smart Tags ohne das komplizierte SDK entwickeln möchte, kann das auf sehr bequeme und deutlich zeitgemäßere Art mit den Visual Studio Tools for Office (siehe Abschnitt 15.8) erledigen. ∎

VBA-Zugriff auf Smart Tags

Wenn Sie mit VBA schon keine eigenen Smart Tags programmieren können, so besteht immerhin die Möglichkeit, auf vorhandene Smart Tags zuzugreifen und deren Funktionen zu nutzen. (Allzu viele Anwendungsmöglichkeiten dafür sehen wir allerdings nicht.) Das Objektmodell von Excel wurde dazu gleich mit einer Reihe neuer *SmartTagXy*-Objekte ausgestattet, die in der Objektreferenz auf der Buch-CD beschrieben werden.

Über die Auflistung *SmartTags* können Sie auf alle Smart Tags eines Tabellenblatts oder eines Zellbereichs (*Range*-Objekt) zugreifen. *SmartTagActions* liefert dann zu jedem Smart Tag die zur Auswahl stehenden Aktionen (die bei Bedarf mit der Methode *Execute* auch ausgeführt werden können). Die folgende Schleife durchläuft alle Smart Tags des aktiven Tabellenblatts und zeigt deren Namen sowie die Namen der dazugehörenden Aktionen an. Beachten Sie, dass die Schleife über alle *SmartTagActions* mit einer *Integer*-Schleifenvariablen gebildet wurde, weil *For Each* bei *SmartTagActions* leider nicht funktioniert.

```
' Beispiel 15\smarttags.xlsm
Sub show_smarttagactions()
  Dim i As Integer
  Dim st As SmartTag
  Dim sta As SmartTagAction
  For Each st In ActiveSheet.SmartTags
    Debug.Print st.Name
    For i = 1 To st.SmartTagActions.Count
      Set sta = st.SmartTagActions(i)
      Debug.Print "   " + sta.Name
    Next
  Next st
End Sub
```

Um alle Smart Tags in einem Tabellenblatt oder einem Zellbereich zu löschen, können Sie die *Delete*-Methode für das *SmartTag*-Objekt einsetzen, beispielsweise so:

```
Dim st As SmartTag
For Each st In ActiveSheet.SmartTags
  st.Delete
Next st
```

Smart-Tags-Funktion ein- und ausschalten

Gleich eine ganze Menge Eigenschaften steuern, ob Smart Tags funktionieren oder nicht. Die Eigenschaften entsprechen den Optionen des Dialogs DATEI | OPTIONEN | DOKUMENT- PRÜFUNG | AUTOKORREKTUR-OPTIONEN | AKTIONEN.

- Die Auflistung *Application.SmartTagRecognizers* verweist auf alle Smart-Tag-Module, die für die Erkennung von Smart Tags verantwortlich sind. Unter Excel stehen normalerweise nur zwei derartige Module zur Verfügung, eines für Outlook-Kontakte, ein zweites für Smart-Tag- Listen (wie z. B. die Liste mit den Aktienkürzeln). Jedes dieser Module (*SmartTagRecognize*- Objekte) kann mit der *Enabled*-Eigenschaft individuell aktiviert bzw. deaktiviert werden.

- Die Eigenschaft *Application.SmartTagRecognizers.Recognize* steuert, ob die Smart-Tag- Funktion im Hintergrund ausgeführt wird (d. h., ob bei Neueingaben oder Veränderungen in Zellen automatisch Smart Tags eingefügt werden).

- Die Eigenschaft *Workbook.SmartTagOptions.DisplaySmartTags* gibt an, ob in der jeweiligen Excel-Datei Smart Tags angezeigt werden.

- Die Eigenschaft *Workbook.SmartTagOptions.EmbedSmartTags* gibt an, ob die Smart Tags zusammen mit der Datei auch gespeichert werden.

15.4 Web Services nutzen

 Hinweis

Die folgenden Ausführungen gelten nur für Excel-Versionen bis 2010 einschließlich. In der jüngsten Version 2013 (und unter Windows 8) ist es den Autoren trotz intensiver Bemühungen nicht gelungen, das notwendige Web Services Toolkit zum Laufen zu bringen. ■

Web Services sind ein wesentlicher Bestandteil der .NET-Offensive von Microsoft. Sie ermöglichen eine standardisierte Kommunikation zwischen Rechnern, die über das Internet miteinander verbunden sind. Dabei wird dasselbe HTTP-Protokoll genutzt, mit dem auch gewöhnliche Webseiten übertragen werden. Allerdings erfolgt der Datenaustausch nicht im HTML-, sondern im XML-Format.

Web Services sind praktisch, wenn ein Webserver keine fertigen Webseiten, sondern lediglich Daten anbietet (z. B. Börsenkurse). Web Services können aber auch eine Ergänzung zu existierenden Webseiten sein. So bieten beispielsweise amazon.com und google.com derzeit Web Services an. Damit können Sie beispielsweise eine Google-Suche durchführen und das Ergebnis selbst verarbeiten oder formatieren. Weitere Informationen finden Sie unter anderem auf den folgenden Websites *[Link 19 und 20]*:

- *http://www.amazon.com/webservices*
- *http://www.google.com/apis*

Web Services Toolkit

Da Office bzw. Excel noch nicht .NET-kompatibel sind, ist auch die Nutzung von Web Services noch nicht vorgesehen. Microsoft bietet aber auf seiner Website ein kostenloses Ergänzungspaket an, das in der Überschrift erwähnte *Web Services Toolkit*. Unter Zuhilfenahme dieses Toolkits ist es beinahe ein Kinderspiel, per VBA-Code Web Services zu nutzen.

Nach der Installation und einem Neustart von Excel können Sie mit EXTRAS | VERWEISE Links auf die neuen Bibliotheken *Microsoft Soap Type Library 3.0* und *Microsoft XML 4.0* einrichten. Diese Bibliotheken benötigen Sie zum Datenaustausch mit den Web Services.

Darüber hinaus steht in der VBA-Entwicklungsumgebung das neue Kommando EXTRAS | WEBDIENSTVERWEISE zur Verfügung. Mit diesem Kommando können Sie im Internet einen Web Service suchen. Wenn die Suche erfolgreich ist und der angebotene Web Service durch eine ASMX- oder WSDL-Seite beschrieben wird, kann mit dem WEBDIENSTVERWEISE-Dialog Programmcode in das aktuelle VBA-Projekt eingefügt werden: Dabei werden Datenstrukturen und Klassen generiert, welche die Nutzung des Web Services ganz einfach machen. Gleichzeitig werden Verweise auf die beiden oben genannten Bibliotheken eingerichtet.

Versionsverwirrung

Derzeit gibt es das Web Services Toolkit in zwei Versionen. Die Version 2.0 ist für die früheren Office-Versionen 2000 und XP bestimmt und lässt sich hier kostenlos herunterladen *[Link 22]*:

http://www.microsoft.com/downloads/details.aspx?FamilyID=4922060F-002A-4F5B-AF74-978F2CD6C798

Die zweite Version wurde für Office 2003 entwickelt. Da diese Office-Version die erwähnten Bibliotheken von Haus aus mitbringt, enthält das Web Services Toolkit 2.01 nur die fehlenden Komponenten, unter anderem den WEBDIENSTVERWEISE-Dialog für den Visual-Basic-Editor. Der Download-Link *[Link 23]* lautet folgendermaßen:

http://www.microsoft.com/downloads/details.aspx?displaylang=de&FamilyID=fa36018a-e1cf-48a3-9b35-169d819ecf18

Eine weitere Version des Web Services Toolkits, die auf die Belange von Office 2007 und 2010 zugeschnitten wäre, gibt es leider nicht. Besitzer dieser Office-Versionen müssen zunächst die Version 2.0 und anschließend die Version 2.01 installieren, um alle Komponenten des Web Services Toolkits beisammen zu haben.

 Hinweis

Beachten Sie bitte, dass Microsoft alle Versionen des Web Services Toolkits auf der Download-Seite als ein *not supported product* bezeichnet. Mit anderen Worten: Wenn Sie Probleme mit dem Toolkit haben, dürfen Sie nicht auf Hilfe von Microsoft hoffen. ∎

Miniglossar und Abkürzungsverzeichnis

Der Platz in diesem Buch reicht nicht, um auf die Details von Web Services einzugehen bzw. deren Programmierung zu erklären. Sie sollten aber auf jeden Fall wissen, dass Web Services nicht nur (und sehr viel einfacher) mit Microsofts Visual Studio .NET programmiert werden können (siehe Abschnitt 15.8), sondern auch mit Entwicklungsumgebungen von IBM, Sun etc. sowie mit diversen Open-Source-Produkten. Das folgende Glossar soll eine Art erste Hilfe darstellen, damit Sie dem folgenden Text auch ohne tiefere Web-Services-Grundlagen folgen können.

ASMX	unbekannte Abkürzung	Dateikennung für .NET-Web-Service-Dateien
HTTP	Hyper Text Transfer Protocol	Protokoll zur Übertragung von Daten zwischen einem Webserver und einem Client (z. B. einem Browser)
HTML	Hyper Text Markup Language	Textformat zur Darstellung und Formatierung von Webseiten
SOAP	Simple Object Access Protocol	Standard zum Austausch von Objekten zwischen Prozessen auf unterschiedlichen Rechnern, die durch ein Netzwerk miteinander verbunden sind
UDDI	Universal Description, Discovery and Integration	Format zur inhaltlichen Beschreibung von Web Services; das Ziel besteht unter anderem darin, die Suche von Web Services im Internet zu erleichtern (in der Art einer Datenbank aller verfügbaren Web Services für eine bestimmte Aufgabe)

WSDL	Web Service Description Language	Textformat auf der Basis von XML zur Beschreibung der Dienste und Datentypen eines Web Services; die WSDL-Datei beschreibt die Syntax der angebotenen Methoden, also die Parameter, den Rückgabedatentyp etc.
XML	Extensible Markup Language	Textformat zur Darstellung beliebiger (hierarchischer) Daten; Web Services tauschen Daten generell im XML-Format aus

Einen einfachen Web Service in Excel nutzen

Um die Kommunikation mit einem Web Service auszuprobieren, müssen Sie entweder selbst einen solchen Service erstellen (z. B. mit Visual Studio .NET) und auf einem lokalen Internet Information Server verfügbar machen oder Sie greifen auf einen der im Internet bereits verfügbaren Services zurück. Bei der Suche hilft Ihnen beispielsweise die folgende Website *[Link 25]*:

http://www.xmethods.com

Wir haben für unser Beispiel den kostenlosen Web Service *SalesRankNPrice* der Website *www.perfectxml.com* verwendet. Mit diesem Service können Sie für eine gegebene ISBN-Nummer den Preis und den Verkaufsrang des dazugehörenden Buchs bei amazon.com bzw. barnesandnoble.com ermitteln.

Hinweis

Das vorgestellte Beispiel funktioniert natürlich nur, solange der Web Service

www.perfectxml.com/WebServices/SalesRankNPrice/BookService.asmx

[Link 27] zur Verfügung steht. Da es sich hier um eine (kostenlose!) Beispielanwendung handelt, ist seine Lebensdauer ungewiss. Sie können sich ganz einfach davon überzeugen, ob es den Web Service noch gibt: Geben Sie einfach die obige Adresse in einem beliebigen Webbrowser ein. Sie gelangen damit zu einer Statusseite, die den Web Service und seine Funktionen beschreibt. ∎

Die Excel-Beispielanwendung sehen Sie in Bild 15.5: Das Beispiel wird durch eine Liste von ISBN-Nummern in Spalte B und den Button AKTUALISIEREN geprägt. Wenn Sie den Button anklicken, stellt das zugehörige Makro *CommandButton1_Click* eine Verbindung zum Web

	A	B	C	D	E	F	G	H	I
1		ISBN	Rang	Preis	Buchtitel				
2	Aktualisieren	0201596288	7034	$34.97	Linux, 2nd Edition				
3		0201178990	15839	$27.97	Maple, 1st Edition				
4		0201721937	47012	NA	Visual Basic Database Programming, 1st Edition				
5		1590591038	187620	$49.69	Excel VBA, 2nd Edition				
6		1590591445	529701	$31.49	MySQL, 2nd Edition				
7									
8									

BILD 15.5 Web-Service-Beispielanwendung

Service *SalesRankNPrice* her und ermittelt zu allen ISBN-Nummern den aktuellen Verkaufs-rang des Buchs sowie den Preis. Diese Informationen werden in die Tabelle eingetragen. Statt der hier angegebenen ISBN-Nummern (die sich auf englischsprachige Bücher von Michael Kofler beziehen) können Sie natürlich beliebige andere Nummern angeben.

Ein ähnliches Prinzip können Sie auch zur Ermittlung anderer Daten anwenden – ganz egal, ob es sich nun um Börsenkurse, Preise von beliebigen Artikeln oder Abflugzeiten handelt. Die einzige Voraussetzung ist, dass Sie einen für Ihre Aufgabe geeigneten Web Service fin-den – was zunehmend schwieriger wird.

Anscheinend ist die einst so hochgepushte und dabei wirklich effektive und leicht anwend-bare Web-Services-Technologie akut vom Aussterben bedroht. Das gilt zumindest für den kommerziellen Bereich, wo sich jede Art von Dienstleistung natürlich nur rechnet, wenn man zahlungswillige Kunden dafür findet.

Klassen zur Kommunikation mit dem Web Service

Wenn Sie das Beispiel selbst realisieren möchten, öffnen Sie eine neue Excel-Datei, wechseln in die VBA-Entwicklungsumgebung und führen dort EXTRAS | WEBDIENSTVERWEISE aus. Im Dialog geben Sie als WEBDIENST-URL die Adresse

> *www.perfectxml.com/WebServices/SalesRankNPrice/BookService.asmx*

[Link 27] an und klicken auf SUCHEN. Damit werden die angebotenen Dienste (Methoden) ermittelt und im Listenfeld rechts angezeigt. Wenn Sie diese Dienste durch Einschalten des Kontrollkästchens aktivieren und HINZUFÜGEN anklicken, werden die folgenden Klassenmodule vollautomatisch erzeugt und in Ihr VBA-Projekt eingefügt:

- *clsws_SalesRankNPrice*: Mit dieser Klasse wird die Verbindung zum Web Service her-gestellt (einfach indem ein Objekt dieser Klasse erzeugt wird). Anschließend können mit den Methoden *wsm_GetAmazonSalesRank*, *wsm_GetAmazonUKSalesRank*, *wsm_GetAmazonDESalesRank* etc. die verschiedenen Dienste des Web Service aufgerufen werden. Durch *Set objvar = Nothing* trennen Sie die Verbindung wieder.

- *struct_All, struct_Prices, struct_SalesRankNPrice1* und *struct_SalesRanks*: Diese Klassen stellen durchweg einfache Datenstrukturen zur Verfügung. Diese Strukturen werden von diversen *wsm_GetXy*-Methoden verwendet, um die Ergebnisse zurückzugeben.

  Der Aufbau dieser Klassen ist übrigens denkbar einfach. So besteht die im Beispielpro-gramm eingesetzte Klasse *struct_SalesRankNPrice1* nur aus den beiden Anweisungen *Public SalesRank As String* und *Public Price As String*.

- *clsof_Factory_SalesRankNPri:* Diese Klasse stellt die Methode *IGCTMObjectFactory_Create-Object* zur Verfügung. Diese Methode wird benötigt, um die vom Web Service übertragenen XML-Daten in VBA-Datenstrukturen (Klassen) umzuwandeln. Die Methode wird bei der Verwendung von *wsm_GetXy*-Methoden automatisch aufgerufen, d. h., Sie müssen sich nicht selbst um diese Umwandlung kümmern.

Auch wenn Sie Anwendungen für andere Web Services entwickeln, wird es immer die Klassen *clsws_Name*, *clsof_Name* und eine Reihe von *struct_*-Klassen geben, die dieselbe Bedeutung haben wie oben beschrieben (aber natürlich andere Methoden und Datentypen unterstützen).

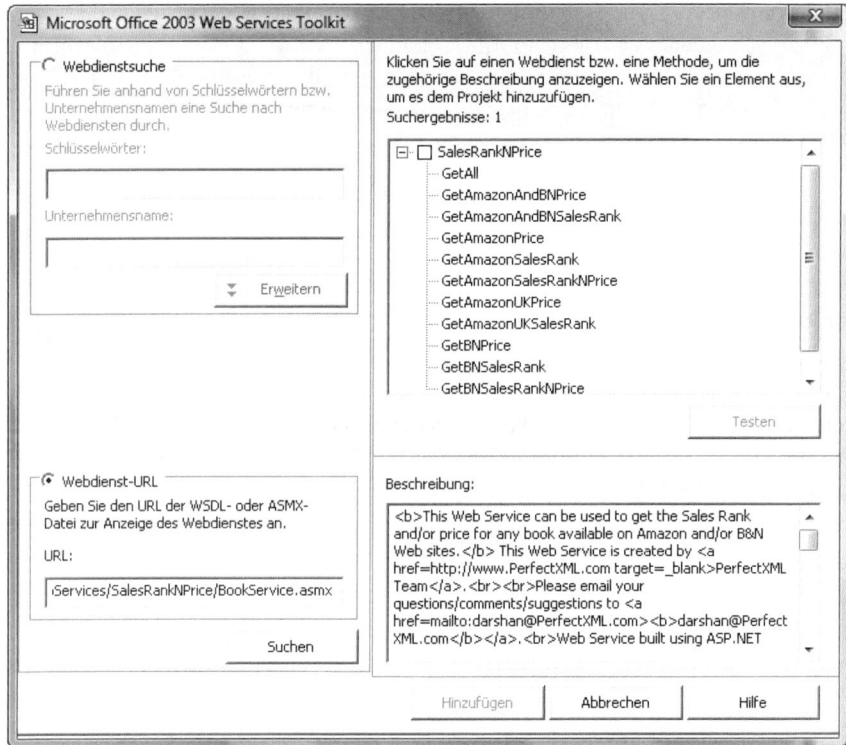

BILD 15.6 Klassen zur Verwendung eines Web Service einfügen

Anwendung der Klassen

Die Anwendung der vom Web-Services-Dialog erzeugten Klassen ist denkbar einfach: Indem Sie ein Objekt der Klasse *clsws_SalesRankNPrice* erzeugen, stellen Sie die Verbindung zum Web Service her. Anschließend können Sie alle Methoden des Web Service wie gewöhnliche VBA-Funktionen verwenden. Das Beispiel unten ermittelt mit *wsm_GetAmazonSalesRank* den Verkaufsrang des Buchs mit der ISBN-Nummer 1893115577. Um die Verbindung wieder zu trennen, weisen Sie der Objektvariablen *ws* den Wert *Nothing* zu.

```
Dim ws As clsws_SalesRankNPrice
Dim result As String
' Verbindung zum Web Service herstellen
Set ws = New clsws_SalesRankNPrice
' eine Methode des Web Service aufrufen
result = ws.wsm_GetAmazonSalesRank("1893115577")
MsgBox "SalesRank: " + result
' Verbindung trennen
Set ws = Nothing
```

Beispielprogramm

Die Ereignisprozedur, die zum AKTUALISIEREN-Button des Beispielprogramms gehört, ist ein wenig umfangreicher. Das liegt unter anderem daran, dass die Prozedur gegen mögliche Fehler abgesichert ist und dass während der (übrigens recht langsamen) Kommunikation mit dem Web Service in der Statuszeile angezeigt wird, wie viele Daten bereits übertragen wurden.

Der eigentliche Code beginnt mit der Initialisierung der *Range*-Variablen *r* für den Bereich mit den ISBN-Nummern. Dessen Ende wird ausgehend von der Zelle B2 mit der Methode *End(xlDown)* ermittelt. Anschließend werden die beiden benachbarten Spalten durch *Offset* ermittelt und gelöscht. Nach dem Verbindungsaufbau zum Web Service werden in einer Schleife alle Zellen *c* des Zellbereichs *r* durchlaufen.

Aus *c* wird die ISBN-Nummer als Zeichenkette (!) ermittelt. Die Fallunterscheidung ist notwendig, weil ISBN-Nummern im Tabellenblatt sowohl als Zahlen als auch als Zeichenketten enthalten sein können (z. B. um ISBN-Nummern darzustellen, die mit einer Null beginnen). Die Web-Services-Methoden *wsm_GetAmazonSalesRank* und *wsm_GetAmazonPrice* liefern (soweit verfügbar) den Verkaufsrang und den -preis. Diese Daten werden in den benachbarten Zellen von *c* in die Tabelle eingetragen.

```
' Beispiel 15\webservice.xlsm, Modul sheet1
Private Sub CommandButton1_Click()
  Dim i As Integer
  Dim r As Range, c As Range
  Dim isbn As String, s As String
  Dim SalesWebserv As clsws_SalesRankNPrice
  ' Feedback
  Application.DisplayStatusBar = True
  Application.StatusBar = "Verbindung zum Web Service wird " + _
    "hergestellt"
  On Error GoTo error_code
  ' ISBN-Zellbereich, der verarbeitet werden soll
  Worksheets(1).[A1].Select
  Set r = Worksheets(1).Range(Range("b2"), Range("b2").End(xlDown))
  ' benachbarte Spalten löschen
  r.Offset(, 1).ClearContents
  r.Offset(, 2).ClearContents
  ' Verbindung zum Web Service herstellen
  Set SalesWebserv = New clsws_SalesRankNPrice
  ' alle Zellen durchlaufen
  For Each c In r.Cells
    i = i + 1
    Application.StatusBar = "Web Service: " & _
      "Zeile " & i & " von " & r.Cells.Count
    If TypeName(c.Value) = "String" Then
      isbn = c.Value
    Else
      isbn = Trim(Str(c.Value))
    End If
```

```
    c.Offset(, 1).Value = SalesWebserv.wsm_GetAmazonSalesRank(isbn)
    c.Offset(, 2).Value = SalesWebserv.wsm_GetAmazonPrice(isbn)
  Next
error_code:
  If Err Then MsgBox ("Fehler: " + Err.Description)
  ' Verbindung beenden
  Set SalesWebserv = Nothing
  Application.StatusBar = False
End Sub
```

■ 15.5 Dynamic Link Libraries (DLLs) verwenden

Dynamic Link Libraries sind Bibliotheken mit Funktionen. Über DLLs haben Sie Zugriff auf beinahe alle Windows-Systemfunktionen. Außerdem können Sie – falls notwendig – Ihre Programme beschleunigen, indem Sie anstelle von vergleichsweise langsamen VBA-Prozeduren die schnellen C-Routinen einer vorhandenen oder auch selbst geschriebenen DLL verwenden. Die folgenden Absätze beschränken sich darauf, wie Sie die API-Funktionen von Windows in VBA aufrufen können. (API steht für Application Programming Interface und bezeichnet die Gesamtheit der DLLs mit den Windows-Systemfunktionen.)

Hinweis

Der Einsatz von DLL-Funktionen erfordert ein hohes Maß an Hintergrundwissen über Windows-Interna bzw. Windows-Programmierung, das in diesem Abschnitt natürlich nicht vermittelt werden kann.   ■

Grundlagen

Eine *Library* ist eine Sammlung von Funktionen. Die vorangestellten Begriffe *Dynamic Link* deuten an, dass die Library erst dann geladen wird, wenn sie wirklich benötigt wird. Das Laden erfolgt automatisch bei der ersten Verwendung einer Funktion aus der DLL.

DLLs werden normalerweise in *.dll-Dateien gespeichert. DLLs befinden sich entweder im Windows-Systemverzeichnis (bei gemeinsamen DLLs, die von allen Programmen verwendet werden können) oder direkt im Verzeichnis eines Programms (wenn die DLL nur für ein bestimmtes Programm konzipiert ist).

Viele der Systemfunktionen von Windows befinden sich in DLLs. Die drei wichtigsten Libraries sind die GDI Library (Grafikfunktionen), die User Library (Fenster, Menü, Maus) und die Kernel Library (Speicherverwaltung).

Neben diesen Systemfunktionen (deren DLL-Dateien im Lieferumfang von Windows enthalten sind) existieren anwendungsspezifische DLLs. Diese DLLs sind speziell für ein bestimmtes Programm erstellt worden. Im Office-Verzeichnis befinden sich beispielsweise eine ganze Reihe von DLLs. Diese DLLs sind für Anwendungsprogrammierer aber uninteressant, weil sie nicht dokumentiert sind. Sie wissen also nicht, welche Funktionen darin enthalten und wie sie zu verwenden sind. (Außerdem können Sie ohnedies auf fast alle Office-Funktionen viel bequemer über VBA-kompatible Objektbibliotheken zugreifen.)

Wenn Sie mit der Programmiersprache C bzw. C++ arbeiten, können Sie auch eigene DLLs programmieren. Das hat den Vorteil, dass Sie zeitkritische VBA-Prozeduren durch sehr viel effizienteren C-Code ersetzen können. Jetzt werden Sie sich vielleicht denken, dass Sie dann auch gleich das ganze Programm in C schreiben können. Das wäre aber mit einem riesigen Programmieraufwand verbunden. Durch DLLs können Sie die Vorteile von VBA und C in einem Programm vereinen: rasche Programmentwicklung von 95 Prozent Ihrer Anwendung mit VBA, zeitkritische Spezialfunktionen mit C.

Probleme und Einschränkungen

Sie werden DLLs meistens dann einsetzen, wenn eine in Windows vorgesehene Funktion nicht über ein VBA-Kommando oder eine Methode zugänglich ist. Ein wesentliches Problem besteht aber darin, dass Sie erstens wissen müssen, welche DLLs überhaupt existieren, und zweitens, wie diese DLLs verwendet werden (welche Funktionen, welche Parameter, welche Rückgabewerte etc.). Die Windows-Systemfunktionen sind zwar sehr gut dokumentiert, die Dokumentation orientiert sich aber an der Syntax der Sprache C.

Wenn das Dokumentationsproblem gelöst ist, tritt unter Excel eine weitere Schwierigkeit auf: An sehr viele Systemfunktionen müssen Windows-interne Kennnummern übergeben werden – etwa die Kennnummer des aktiven Fensters, die Kennnummer eines Grafikobjekts etc. In VBA existiert aber keine Möglichkeit, die Kennnummern von Excel-Objekten festzustellen. Damit ist der Aufruf vieler elementarer DLL-Funktionen (etwa zur Ermittlung der Auflösung des Grafiksystems) unmöglich.

DLL-Funktionen deklarieren

Der Aufruf von DLL-Funktionen in VBA-Programmen ist im Prinzip sehr einfach: Sie deklarieren die Funktion und rufen sie dann wie jede andere VBA-Prozedur auf. Sie werden aber gleich feststellen, dass die Deklaration von DLL-Funktionen nicht immer ganz einfach ist.

Eine Funktionsdeklaration ist notwendig, damit Visual Basic weiß, in welcher DLL-Datei sich die Funktion befindet, welche Parameter an die Funktion übergeben werden und welches Format der Rückgabewert der Funktion hat (sofern es überhaupt einen Rückgabewert gibt).

Die Deklaration erfolgt mit dem Befehl *Declare*. Unmittelbar hinter *Declare* steht entweder das Schlüsselwort *Function* (wenn die DLL-Funktion einen Rückgabewert besitzt) oder *Sub* (kein Rückgabewert). Daran schließen der Name der Funktion, das Schlüsselwort *Lib* und der in Hochkommas eingeschlossene Name der DLL-Bibliothek an. Ab jetzt gehorcht die Deklaration den gleichen Regeln wie bei einer VBA-Prozedur: Es folgt die Parameterliste und gegebenenfalls der Datentyp des Rückgabewerts.

```
Declare Sub prozedurname Lib "bibliothekname" (parameterliste)
Declare Function funktionsname Lib "bibliothekname" _
  (parameterliste) As datentyp
```

 Hinweis

Wenn Sie DLL-Funktionen in der 64-Bit-Version von Excel nutzen möchten, müssen Sie dem *Declare*-Befehl das Schlüsselwort *PtrSafe* hinzufügen. Details dazu und zu weiteren Anforderungen der 64-Bit-Programmierung finden Sie im Abschnitt 15.7. ∎

Den Datentyp des Rückgabewerts spezifizieren Sie entweder mit einem der Typenkennzeichen &, %, !, #, $ oder @ hinter dem Funktionsnamen oder mit *As datentyp* hinter der Parameterliste. Die beiden folgenden Deklarationen sind gleichwertig:

```
Declare Function fname& Lib "biblname" (parameterliste)
Declare Function fname Lib "biblname" (parameterliste) As Long
```

Der Bibliotheksname enthält normalerweise den Dateinamen der DLL, also beispielsweise *Shell32.dll*. Eine Ausnahme stellen die System-Libraries GDI32, User32 und Kernel32 dar, deren Namen ohne die Dateikennung *.dll angegeben werden.

Wenn Sie eine Funktion unter VBA unter einem anderen Namen aufrufen möchten, müssen Sie das Schlüsselwort *Alias* bei der Deklaration verwenden. Im Beispiel unten wird die DLL-Funktion *GetWindowsDirectoryA* so deklariert, dass sie in VBA unter dem kürzeren Namen *GetWindowsDirectory* verwendet werden kann. (Der zusätzliche Buchstabe A bezieht sich darauf, dass die Funktion Zeichenketten im ANSI-Format erwartet. Das ist Voraussetzung für jeden Einsatz einer DLL-Funktion in VBA.)

```
Declare Sub GetWindowsDirectory Lib "kernel32" _
  Alias "GetWindowsDirectoryA" (parameterliste)
```

Sobald eine DLL-Funktion tatsächlich verwendet wird, sucht Windows die DLL-Datei im Windows-Verzeichnis, im Windows-Systemverzeichnis und im Excel-Verzeichnis. Wenn sich Ihre DLL in keinem dieser Verzeichnisse befindet, müssen Sie den Bibliotheksnamen exakt angeben, also beispielsweise „*C:\Eigene Dateien\Test\Meine.dll*". Beachten Sie, dass DLLs, die sich in demselben Verzeichnis wie die Excel-Datei befinden, nur dann auffindbar sind, wenn Sie den exakten Pfad angeben.

Die Parameterliste der DLL-Deklaration

In der Parameterliste müssen Sie die Datentypen der Parameter der DLL-Funktion und die Art der Parameterübergabe angeben. Viele Schwierigkeiten resultieren aus den unterschiedlichen Datentypen in VBA und in der Programmiersprache C, für welche die DLL-Funktionen normalerweise vorgesehen sind.

Visual Basic	C
ByVal x As Byte	BYTE x
x As Byte	LPBYTE x
ByVal x As Integer	short x
x As Integer	short far *x
ByVal x As Long	LONG x
x As Long	LPLONG x
ByVal x As Single	float x
x As Single	float far *x
ByVal x As Double	double x
x As Double	double far *x

Generell gilt, dass die meisten DLL-Funktionen Werte erwarten, während VBA normalerweise Zeiger übergibt. Aus diesem Grund müssen numerische Parameter fast ausnahmslos mit *ByVal* deklariert werden.

Bei Zeichenketten besteht das Hauptproblem darin, dass die DLL-Funktionen Zeichenketten erwarten bzw. zurückgeben, in denen das letzte Zeichen den Code 0 hat und so das Ende der Zeichenkette markiert. Bei der Übergabe von Zeichenketten an DLL-Funktionen reicht das Schlüsselwort *ByVal* für den Parameter aus: VBA hängt dann automatisch ein 0-Zeichen an die Zeichenkette an.

Etwas diffiziler ist der Umgang mit DLL-Funktionen, die Zeichenketten zurückgeben. Erstens müssen Sie die betreffende Variable schon vor dem Aufruf mit einer ausreichend langen Zeichenkette vorbelegen – sonst schreibt die DLL-Funktion unkontrolliert in den Speicher und verursacht unter Umständen sogar einen Absturz. Und zweitens müssen Sie die Ergebnisvariable nach dem Aufruf auswerten und die darin enthaltene 0-terminierte Zeichenkette in eine „echte" VBA-Zeichenkette umwandeln. Beide Details werden im folgenden Beispiel demonstriert.

Falls eine DLL-Funktion einen zusammengesetzten Datentyp erwartet, müssen Sie diesen Datentyp durch eine *Type*-Anweisung nachbilden. Manche DLL-Funktionen sind in der Lage, veränderliche Datentypen zu bearbeiten. Deklarieren Sie solche Parameter mit dem Datentyp *As Any*. VBA verzichtet dann auf die automatische Datentypüberprüfung und gibt den beim Aufruf angegebenen Parameter als Adresse an die DLL-Funktion weiter. Wenn der Parameter als Wert übergeben werden soll, verwenden Sie beim Aufruf der Funktion das Schlüsselwort *ByVal*.

Die Übergabe einer Adresse (eines Zeigers, engl. *pointer*) bereitet wenig Probleme, weil VBA standardgemäß ohnedies alle Parameter „by reference" übergibt und dabei 32-Bit-far-Adressen (das Standardadressformat von Windows) benutzt. Wenn Sie an eine DLL-Funktion einen NULL-Zeiger übergeben möchten, müssen Sie den Datentyp dieses Parameters bei der Deklaration mit *As Any* festlegen. Beim Aufruf der Funktion geben Sie *ByVal 0&* an.

DLL-Funktionen aufrufen

Der Aufruf von DLL-Funktionen erfolgt (nachdem die DLL-Funktion vorher deklariert wurde) auf dieselbe Weise wie der Aufruf von normalen Prozeduren.

```
Dim tmp$
tmp = Space(256)    'mit 256 Leerzeichen belegen
GetWindowsDirectory tmp, 255
```

Beispiel: Windows-Verzeichnis ermitteln

Das vorliegende Beispiel befindet sich in *15\DLL.xlsm*. Es ermittelt den Ort des Windows-Verzeichnisses. Dieses Verzeichnis kann sich je nach Installation auf einer beliebigen Festplatte befinden und einen beliebigen Namen haben. Daher existiert in der Kernel-Bibliothek die Funktion *GetWindowsDirectory*, um den Pfad dieses Verzeichnisses zu ermitteln.

Vor der Verwendung der Funktion muss sie mit *Declare* definiert werden. Der eigentliche Aufruf der Funktion erfolgt in *WinDir*. Dort wird die Variable *tmp* zuerst mit 256 Leerzeichen vorbelegt und anschließend an *GetWindowsDirectory* übergeben. Die DLL-Funktion liefert eine 0-terminierte Zeichenkette zurück, d. h., die wahre Länge der Zeichenkette muss über den Ort dieses 0-Zeichens festgestellt werden. Dazu wird die Funktion *NullString* aufgerufen, die alle Zeichen ab dem 0-Zeichen entfernt.

```
' Datei 15\DLL.xlsm, Modul1
Declare Sub GetWindowsDirectory Lib "kernel32" _
  Alias "GetWindowsDirectoryA" (ByVal lpBuffer$, ByVal nSize&)
Function WinDir() As String
  Dim tmp$
  tmp = Space(256)    'mit 256 Leerzeichen belegen
  GetWindowsDirectory tmp, 255
  WinDir = NullString(tmp)
End Function
Function NullString(x As String) As String
  NullString = Left(x, InStr(x, Chr(0)) - 1)
End Function
' Datei 15\DLL.xlsm, Tabelle1
Private Sub btnShowWindowsDir_Click()
  MsgBox "Der Pfad des Windows-Verzeichnisses lautet " & WinDir()
End Sub
```

Hinweis

Das obige Beispiel hat nur didaktischen Charakter. Das Windows-Verzeichnis können Sie viel einfacher ermitteln, nämlich mit der Methode *Environ(„windir")* der VBA-Bibliothek oder mit der Methode *GetSpecialFolder(WindowsFolder)*, die für das Objekt *FileSystemObject* der Microsoft-Scripting-Bibliothek definiert ist (siehe auch Abschnitt 5.6).

Syntaxzusammenfassung

DLL-Funktionen	
Declare Sub prozedurname _ *Lib „bibliothekname" _* *(parameterliste)*	DLL-Funktion ohne Rückgabewert deklarieren
Declare Function funktionsname _ *Lib „bibliothekname" _* *(parameterliste) As datentyp*	DLL-Funktion mit Rückgabewert deklarieren
Declare Sub/Function vbname _ *Lib „bibliothekname" Alias _* *„dll-funktionsname" _* *(parameterliste) [As datentyp]*	DLL-Funktion deklarieren, wobei der Funktionsname in der DLL und der Name im VBA-Code abweichen

■ 15.6 ActiveX-Automation (COM)

ActiveX-Automation ist ein Steuerungsmechanismus, mit dem eine Anwendung (etwa Excel) eine andere Anwendung (etwa Word) steuern kann. Dabei wird das steuernde Programm zumeist als *Client*, das gesteuerte Programm als *Server* bezeichnet. Als Synonym für ActiveX-Automation wird häufig auch der Begriff *COM-Automation* verwendet, wobei die Abkürzung für Component Object Model steht.

Als Steuerungssprache dient VBA in Kombination mit der Objektbibliothek des Serverprogramms. Damit das problemlos funktioniert, muss die Objektbibliothek des Servers aktiviert werden (über EXTRAS | VERWEISE in der Entwicklungsumgebung). Anschließend können alle Objekte, Methoden und Eigenschaften des Servers wie Client-eigene Schlüsselwörter verwendet werden, d. h., es stehen auch für die gesteuerte Komponente der Objektkatalog, die Hilfe etc. zur Verfügung.

Im Prinzip greift Excel auf *jede* Bibliothek via ActiveX-Automation zu – also auch auf die in diesem Buch ausführlich beschriebenen VBA-, Scripting- und ADO-Bibliotheken. ActiveX-Automation ist für Sie also eigentlich nichts Neues mehr, sondern das tägliche Brot. (Nur wussten Sie wahrscheinlich bisher noch nicht, dass Sie als internen Steuerungsmechanismus täglich ActiveX-Automation einsetzen.)

Jetzt fragen Sie sich vermutlich, warum ActiveX-Automation hier noch ein eigener Abschnitt gewidmet wird, wenn ja eigentlich ohnedies schon alles bekannt ist. Aber das stimmt nicht ganz. Denn bisher kennen Sie nur den Zugriff auf *einzelne Funktionen* in externen (also nicht zu Excel gehörenden) Bibliotheken. Mit ActiveX lassen sich darüber hinaus aber *ganze Anwendungen* fernsteuern, was bislang nicht thematisiert wurde und einiges Wissen erfordert. Das soll in diesem Abschnitt anhand der folgenden Beispiele demonstriert werden.

- Start des Internet Explorers und Anzeige eines HTML-Dokuments
- Ausdruck eines Datenbankberichts mit Access
- Programmierung einer neuen Objektbibliothek mit Visual Basic und Nutzung dieser Bibliothek in Excel
- Steuerung von Excel durch ein externes Programm

Die Grenzen von ActiveX-Automation

Das Potenzial von ActiveX-Automation ist riesig, aber leider gibt es auch Probleme:

- Die Steuerung externer Programme ist selten so ausgereift wie die Verwendung reiner Funktionsbibliotheken wie ADO. Ein hohes Maß an Experimentierfreude ist noch immer Voraussetzung für ein funktionierendes Programm. Und wenn es einmal mit der Version n läuft, ist keineswegs sicher, dass es auch mit der Version $n+1$ noch klappt.

- ActiveX-Automation setzt voraus, dass die jeweiligen externen Programme installiert sind. Das ist vielleicht auf Ihrem Rechner der Fall, aber nicht immer am Rechner Ihrer Kunden.

- Ein großer Vorteil der Kombination ActiveX-Automation/VBA ist der Umstand, dass Sie nicht für jedes Programm eine eigene Programmiersprache erlernen müssen. Dieses Argument führt aber ein wenig in die Irre: Sie müssen zwar keine neue Programmiersprache lernen, dafür müssen Sie sich aber in ein vollkommen neues Objektmodell einarbeiten, was mitunter ebenso schwierig ist.

Die Grenzen von Excel

Mit Excel-VBA können Sie den Mechanismus ActiveX-Automation nur *nutzen*, d. h., als Client daran teilnehmen. Wenn Sie selbst *aktive* ActiveX-Komponenten entwickeln möchten, benötigen Sie eine „ausgewachsene", COM-fähige Programmiersprache wie Visual Basic 6 beispielsweise. (Die können Sie zwar nicht mehr neu kaufen, weil Microsoft die Entwicklung zugunsten seiner .NET-Technologie eingestellt hat. Auf dem „Second-Hand"-Software-Markt bei eBay & Co dürfte jedoch mit Sicherheit das eine oder andere Schnäppchen zu bekommen sein. Eine zeitgemäße Alternative sind die *Visual Studio Tools for Office* (siehe Abschnitt 15.8).)

Visual Basic 6 eröffnet Ihnen folgende Möglichkeiten:

- Sie können COM-Add-Ins erzeugen. Das sind funktionale Erweiterungen für einzelne oder mehrere Office-Anwendungen, die über ActiveX-Automation eingebunden werden. Im Unterschied zu Add-ins, die mit VBA entwickelt wurden, liegt der Code dieser Erweiterungen in geschützten DLLs vor.

- Sie können mit Visual Basic neue ActiveX-Server entwickeln. Das sind eigenständige Programme oder DLLs, die sich via ActiveX-Automation aus Excel heraus fernsteuern beziehungsweise nutzen lassen. Wenn Sie eine bestimmte Funktion in Excel vermissen, können Sie sich mit Visual Basic die entsprechenden Objekte, Methoden und Eigenschaften selbst programmieren. Im Unterschied zu COM-Add-Ins sind derartige Bibliotheken nicht auf die Anwendung in der Microsoft-Office-Familie eingeschränkt.

- Visual Basic ermöglicht auch die Programmierung neuer ActiveX-Steuerelemente, die wie die MS-Forms-Steuerelemente in Excel-Dialogen und Tabellenblättern verwendet werden können.

15.6.1 Excel als Client (Steuerung fremder Programme)

Herstellung einer Verbindung zum Partnerprogramm

Bevor Sie den Steuerungsmechanismus ActiveX-Automation verwenden können, müssen Sie zu dem zu steuernden Programm eine Verbindung herstellen. Dazu bestehen folgende Möglichkeiten:

- Sie erzeugen einfach ein Startobjekt des ActiveX-Programms. Diese Variante funktioniert allerdings nur, wenn die Objektbibliothek dies unterstützt (was meist nur bei Bibliotheken der Fall ist, die nicht als eigenständiges Programm konzipiert sind). Ein Beispiel ist die ADO-Bibliothek, wo die beiden folgenden Zeilen zur Herstellung einer Verbindung ausreichen:

```
Dim conn As New Connection
conn.Open ...
```

Diese Form von ActiveX-Automation ist die bequemste und einfachste Variante. (Die Verwendung der ADO-Objekte ist übrigens in Kapitel 12 ausführlich beschrieben.)

- Sie erzeugen ein Objekt mit *CreateObject*. Als Parameter müssen Sie die Objektklasse angeben, die das Programm identifiziert. Die folgenden Zeilen stellen die Verbindung zu Word her:

```
Dim word As Object
Set word = CreateObject("Word.Application")
```

Die Zeichenkette „Word.Application" identifiziert das Objekt, das Sie erzeugen wollen, in diesem Fall das Programm Microsoft Word selbst. Viele Anwendungsprogramme stellen mehrere Objekte bereit. So kann man über „Word.Document" beispielsweise ein neues Word-Dokument anlegen und darauf verweisen. Das Problem ist, dass die zur Identifikation verwendeten Zeichenketten bekannt sein müssen, was nicht immer der Fall ist. Eine auch nur annähernd lückenlose Aufstellung aller Objektklassenbezeichner ist den Autoren nicht bekannt.

- Wenn Sie nicht auf das Programm selbst, sondern auf eine bestehende Dokumentdatei zugreifen möchten, verwenden Sie *GetObject* zur Erzeugung des Steuerungsobjekts. Als Parameter geben Sie den vollständigen Dateinamen an. Dabei wird das dazugehörige Programm automatisch mit der angegebenen Datei geladen (was aber nur ein unvermeidlicher Nebeneffekt ist). Durch die folgenden Zeilen wird eine Verbindung zu einer Datenbankdatei von Access hergestellt:

```
Dim accessdb As Object
Set accessdb = GetObject("c:\dateiname.mdb")
```

Zur Ausführung der Zeilen muss Access natürlich installiert sein. Bei dieser Variante stehen die Objekte der Access-Bibliothek nicht für die Programmierung zur Verfügung, da das Steuerungsobjekt *accessdb* ja auf die Datenbank und nicht auf die Anwendung verweist.

Mit *GetObject* können Sie nicht nur auf ein bestehendes Dokument, sondern auch auf die laufende Instanz eines Anwendungsprogramms zugreifen. (Bei Verwendung von *CreateObject* wird jedes Mal eine neue Programminstanz gestartet.) Dazu lassen Sie die

Dateiangabe weg (Sie müssen allerdings ein Komma setzen) und fügen als zweiten Parameter den Objektklassenbezeichner des laufenden Programms hinzu. Die folgende Zeile
verweist auf die aktuell ausgeführte Instanz von Word:

```
Set wordakt = GetObject(, "Word.Application")
```

- Sie greifen auf die *Object*-Eigenschaft eines in Excel eingefügten OLE-Objekts zurück.
  Diese Methode funktioniert nur, wenn das Programm OLE (*Object Linking And Embedding*)
  unterstützt.

```
Dim oleobj as OLEObject, word As Object
Set oleobj = Sheets(1).OLEObjects(1)
Set word = oleobj.Object.Application
```

Egal, nach welcher Methode Sie die Verbindung zum ActiveX-Server herstellen: Sofern der
Server eine Objektbibliothek bereitstellt, sollten Sie diese Bibliothek mit EXTRAS | VERWEISE
aktivieren. Damit steht Ihnen die Hilfe per F1 zur Verfügung, im Programmcode wird die
Groß- und Kleinschreibung automatisch richtig gestellt, und Sie können den Objektkatalog
zur Erkundung der bereitgestellten Funktionen verwenden.

Sobald Sie die Objektbibliothek aktiviert haben, können Sie Objektvariablen exakter deklarieren, etwa *Dim word As Word.Application*. Das hat den Vorteil, dass die Entwicklungsumgebung
alle erlaubten Methoden und Eigenschaften kennt und somit bei der Codeeingabe und bei
der Syntaxüberprüfung behilflich ist.

Tipp

Objektbibliotheken, die noch nie verwendet wurden, fehlen im VERWEISE-Dialog
meist. Klicken Sie auf DURCHSUCHEN, und suchen Sie nach der Objektbibliothek.
Die Bibliotheken der Office-Komponenten befinden sich in [OfficeVerzeichnis]/
Office 15 und haben die Dateikennung *.olb bzw. *.exe (bei manchen Bibliotheken
von Office 2013).

Anmerkung

Zwingend vorgeschrieben ist die Aktivierung der Objektbibliothek durch EXTRAS |
VERWEISE übrigens nur bei der ersten der vier obigen Varianten. Wenn die Verbindung zum ActiveX-Server mit *CreateObject* oder *GetObject* hergestellt wird,
läuft das Programm prinzipiell auch ohne Verweis auf die Objektbibliothek. Die
Objektvariable muss jetzt mit *Dim x As Object* allgemeingültig deklariert werden.
Aus diesem Grund kann Excel allerdings erst zur Laufzeit testen, ob die von Ihnen
angegebene Methode oder Eigenschaft überhaupt existiert. Zudem ist der so
erzeugte Code weniger effizient als bei der Nutzung einer Objektbibliothek (weil
die Auflösung der Methoden nicht beim Kompilieren, sondern erst zur Laufzeit
erfolgen kann).

Beispiel: Access-Bericht ausdrucken

Das folgende Beispiel setzt voraus, dass Sie Access besitzen. (Die ADO-Bibliothek ist nicht ausreichend!) Obwohl der Code recht unscheinbar aussieht, bewirkt die kurze Prozedur einiges: Access wird gestartet, die aus diversen Kapiteln schon bekannte *Northwind*-Datenbank wird geladen.

Dabei ist eine relativ komplizierte Fehlerabsicherung erforderlich: Es kann sein, dass Access sich überhaupt nicht starten lässt (etwa weil es nicht installiert ist). Es kann auch sein, dass Access zwar vom letzten Aufruf der Prozedur noch läuft, dass die Datenbankdatei *nwind.mdb* aber mittlerweile geschlossen ist. In diesem Fall wird die Datenbank mit *OpenCurrentDatabase* neuerlich geladen.

acc wurde als statische Variable definiert. Das hat den Vorteil, dass Access nicht jedes Mal neu gestartet werden muss, wenn die Prozedur aufgerufen wird. Ab dem zweiten Mal erscheint Access beinahe verzögerungsfrei (sofern Sie genug RAM haben). Allerdings müssen Sie *Set acc=Nothing* explizit ausführen, damit Access beendet wird. (Wenn Sie in Access Datei | Beenden ausführen, wird Access zwar unsichtbar, läuft aber weiter. Unter Windows können Sie sich davon im Task-Manager überzeugen. Es ist daher nicht in jedem Fall eine gute Idee, *acc* als *Static* zu deklarieren.)

```
' Datei 15\ActiveX-Access.xlsm, Tabelle1
Private Sub btnAccessReport_Click()
  Dim ok, fil$, prjName$
  On Error GoTo report_error
  Static acc As Access.Application
report_anothertry:
  fil$ = ThisWorkbook.Path + "\nwind.mdb"
  ' Access starten, Datenbank laden
  If acc Is Nothing Then
    Set acc = GetObject(fil, "access.project")
  End If
  On Error Resume Next  'Fehler, wenn kein CurrentProject
  prjName = acc.CurrentProject.Name
  On Error GoTo report_error
  If LCase(prjName) <> "nwind.mdb" Then
    acc.OpenCurrentDatabase fil, False
  End If
```

Mit der Access-Eigenschaft *DoCmd* kann nun der in *Nwind.mdb* definierte Bericht ausgedruckt werden. (Die Definition des Berichts erfolgte schon im Voraus in Access.) *OpenReport* ist dabei eine Methode des *DoCmd*-Objekts.

Insgesamt wirkt diese Objektkonstruktion ein wenig merkwürdig: Es existiert zwar ein *Report*-Objekt samt *Reports*-Auflistung, es kann aber nur auf Berichte zugegriffen werden, die vorher geöffnet wurden. Dabei stellt *DoCmd* ein künstliches Objekt dar, das einfach zum Aufruf aller Kommandos verwendet wird, die nicht in das Access-Objektmodell passten. Erst im Vergleich mit anderen Objektbibliotheken erkennt man die Eleganz der Objekte und Methoden in Excel!

Durch den Parameter *acViewPreview* bei *OpenReport* erreichen Sie, dass der Bericht nur am Bildschirm angezeigt, nicht aber ausgedruckt wird. (Die Konstante *acViewPreview* ist in der Access-Objektbibliothek definiert.) *ActivateMicrosoftApp* macht Access zum aktiven Fenster – andernfalls wäre Access nur als Icon in der Taskleiste sichtbar.

```
acc.DoCmd.OpenReport "Products by Category", acViewPreview
acc.DoCmd.Maximize
acc.Visible = True
Application.ActivateMicrosoftApp xlMicrosoftAccess
Exit Sub
report_error:
ok = MsgBox("Es ist ein Fehler aufgetreten: " & Error & vbCrLf & _
    vbCrLf & "Noch ein Versuch?", vbYesNo)
Set acc = Nothing
If ok = vbYes Then
    On Error GoTo report_error
    GoTo report_anothertry
End If
End Sub
```

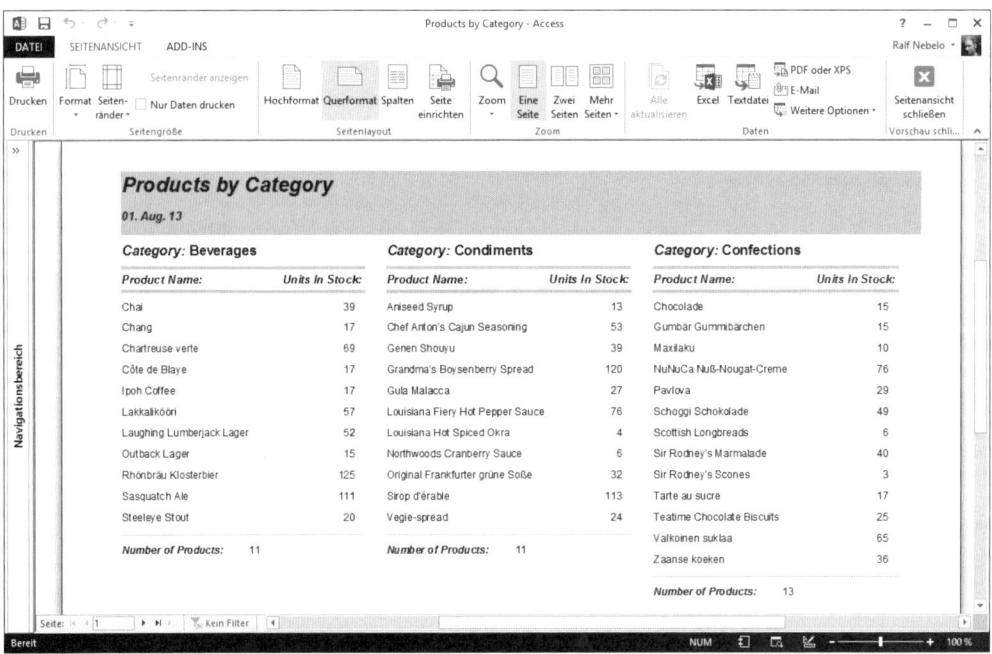

BILD 15.7 Die erste Seite des mit Access ausgedruckten Berichts

Beispiel: HTML-Datei anzeigen (Internet Explorer)

Im zweiten ActiveX-Beispiel wird der Internet Explorer gestartet. Darin wird anschließend eine HTML-Datei angezeigt. Diese Vorgehensweise kann z. B. als Alternative zur Anzeige eigener Hilfetexte gewählt werden. (Die Vorteile: Sie ersparen sich das mühsame Arbeiten mit dem HTMLHelp-Workshop.)

Für das Beispiel wurde die Bibliothek „Microsoft Internet Controls" (Datei *Windows\ System32\ieframe.dll*) über EXTRAS | VERWEISE aktiviert. Der Internet Explorer wird zuerst mit *CreateObject* gestartet. Anschließend wird mit der Methode *Navigate* die Datei *Excel.htm* aus dem gleichen Verzeichnis wie das Excel-Programm geladen. In *CommandButton2_Click* wird der Explorer mit der Methode *Quit* beendet.

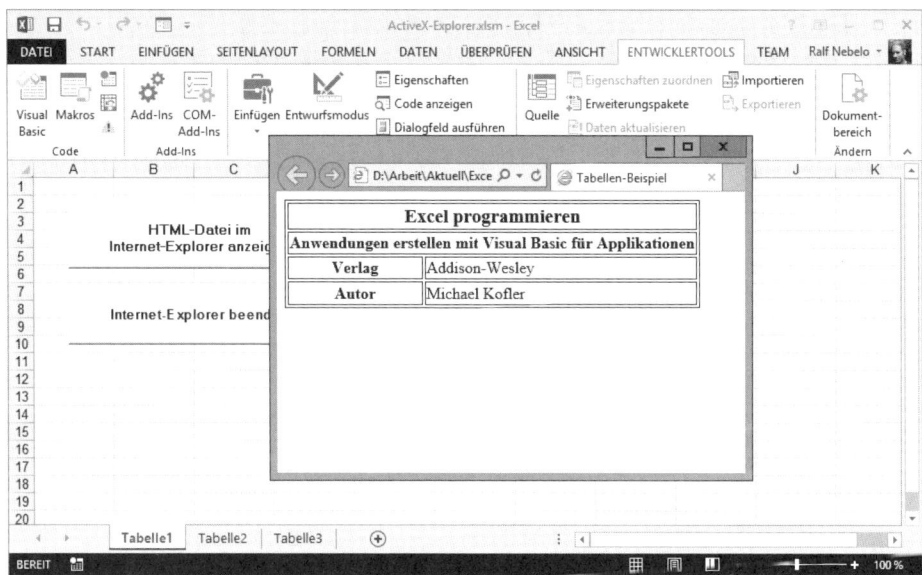

BILD 15.8 Anzeige einer HTML-Datei im Internet Explorer

```
' Datei 15\ActiveX-Explorer.xlsm, „Tabelle1"
Dim obj As InternetExplorer
' Internet Explorer mit Datei anzeigen
Private Sub CommandButton1_Click()
  On Error Resume Next
  Set obj = CreateObject("InternetExplorer.Application")
  If Dir(ThisWorkbook.Path + "\Excel.htm") <> "" Then
    obj.Navigate ThisWorkbook.Path + "\Excel.htm"
  Else
    obj.GoHome
  End If
  obj.StatusBar = False   'Statusleiste deaktivieren
  obj.MenuBar = False     'Menü deaktivieren
  obj.Toolbar = 1         'Toolbar aktivieren
```

```
   obj.Visible = True      'Internet Explorer anzeigen
End Sub
' Explorer beenden
Private Sub CommandButton2_Click()
  On Error Resume Next
  If Not obj Is Nothing Then
    obj.Quit
    Set obj = Nothing
  End If
End Sub
```

15.6.2 Excel als Server (Steuerung durch fremde Programme)

Bisher ist immer von der Annahme ausgegangen worden, dass die Programmentwicklung mit VBA innerhalb von Excel erfolgt und dass über ActiveX-Automation andere Programme gesteuert werden. Wie in der Einführung dieses Abschnitts bereits angedeutet wurde, ist aber auch ein anderes Szenario denkbar: Die Programmentwicklung erfolgt im VBA-Dialekt eines anderen Anwendungsprogramms (Word, Access, Project) oder in der eigenständigen Programmiersprache Visual Basic. Excel wird dann von einem fremden Programm gesteuert und dient als ActiveX-Server.

 Hinweis

Obwohl ursprünglich für Windows XP entwickelt, lässt sich Visual Basic 6 durchaus noch unter neueren Windows-Versionen wie 7 oder 8 zum Laufen bringen. Dazu muss nach dem Setup, das „als Administrator" erfolgen sollte, lediglich das Service-Pack 6 für Visual Basic *[Link 24]* installiert werden. ∎

Beispiel: Excel-Diagramm in einem Visual-Basic-Programm anzeigen

Das Beispiel dieses Abschnitts haben wir dem Buch von Michael Kofler zu Visual Basic 6 entnommen (siehe Quellenverzeichnis). Das Beispielprogramm ist ein eigenständiges Programm (d. h., es handelt sich nicht um eine Excel-Datei, sondern um eine eigenständige *.exe-Programmdatei). Falls Sie Visual Basic 6 auf Ihrem Rechner nicht installiert haben, müssen Sie das Setup-Programm im Beispielverzeichnis *15\VB6\Chart\Setup* ausführen, um alle erforderlichen Visual-Basic-Bibliotheken auf Ihrem Rechner zu installieren.

Nach dem Start des Programms wird automatisch auch Excel gestartet (wenn Excel nicht ohnedies schon läuft). Excel wird dazu verwendet, um ein Diagramm basierend auf der Datei *15\VB6\Chart\ActiveX_Chart.xls* zu zeichnen. Dieses Diagramm wird im Visual-Basic-Programm in einem OLE-Feld angezeigt.

Mit dem Menükommando 3D-DIAGRAMM | PARAMETER ÄNDERN können zwei Parameter der Grafik eingestellt werden. Das Visual-Basic-Programm berechnet anschließend die z-Koordinaten für alle Punkte der Grafik neu und fügt diese Daten über die Zwischenablage in die Excel-Tabelle ein. Das Diagramm wird daraufhin auf der Basis dieser Daten neu gezeichnet.

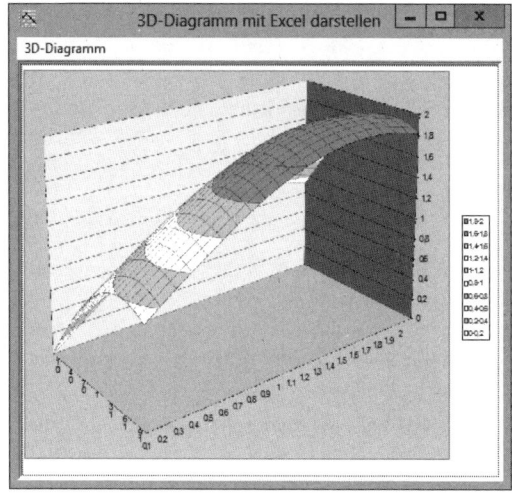

BILD 15.9
Ein Visual-Basic-Programm, das auf
Excels Diagrammfunktionen zurückgreift

Mit zwei weiteren Menükommandos kann das Aussehen des Diagramms verändert werden. Im Programmcode werden dazu einfach die entsprechenden Excel-Dialoge eingeblendet. Mit 3D-DIAGRAMM | DRUCKEN kann das Diagramm ausgedruckt werden.

Das Visual-Basic-Programm zeigt, wie ActiveX-Automation dazu verwendet werden kann, ein 3D-Diagramm mit allen Finessen darzustellen und auszudrucken, ohne diese Funktionen alle neu programmieren zu müssen. Wozu auch, wenn Excel das alles mühelos bewältigt?

Installation

Das Programm ExcelChart befindet sich im Verzeichnis *15\VB6\Chart* als eigenständige *.exe-Datei. Sie können das Programm aber nur dann ausführen, wenn Sie Visual Basic 6 installiert haben. Falls das nicht der Fall ist, müssen Sie vorher das Programm *15\VB6\ Chart\Setup\Setup.exe* ausführen. Dieses Programm installiert alle erforderlichen Visual Basic-Bibliotheken auf Ihrem Rechner.

 Hinweis

Sie können diese Installation problemlos rückgängig machen: Durch einen Doppelklick auf das PROGRAMME UND FEATURES-Symbol der Windows-Systemsteuerung gelangen Sie zu dem vorgesehenen Dialog zum Deinstallieren von Programmen. ∎

Verbindung herstellen

Die Verbindung zu Excel wird in der Prozedur *MDIForm_Load* hergestellt. Dabei wird die Methode *CreateEmbed* des OLE-Felds verwendet. Ein OLE-Feld von Visual Basic entspricht in etwa dem Excel-Objekt *OleObject*. Die Methode *CreateEmbed* ist mit *CreateObject* vergleichbar.

Es folgt eine Schleife, in der alle derzeit in Excel geöffneten Fenster durchlaufen werden, bis die gerade geladene Datei gefunden wird. Als Kennzeichen wird die Zeichenkette „ActiveX_Chart_keyword" verwendet, die bei der Datei *ActiveX Chart.xls* als Titel der Dokumenteigenschaften angegeben wurde. Die Schleife umgeht eine Schwäche von *CreateEmbed*:

Die Methode erzeugt zwar das Objekt, liefert aber keinen Objektverweis zurück. Wenn Excel schon läuft und mehrere Dateien geöffnet sind, stellt dieses Verfahren sicher, dass nicht eine falsche Arbeitsmappe bearbeitet wird. Sobald das Fenster gefunden ist, wird über die *Parent*-Eigenschaft das *Workbook*-Objekt der Arbeitsmappe ermittelt und in der globalen Variablen *wb* gespeichert.

```
'Datei 15\VB6\Chart\formOLE.frm
Dim wb As Workbook
' Initialisierung: Excel-Datei laden, Verweis auf
' die Datei in der Variablen wb speichern,
' Daten einfügen, via OLE-Feld anzeigen
Private Sub Form_Load()
  Dim xl As Object, win As Window
  On Error Resume Next
  ChDrive App.Path
  ChDir App.Path
  Me.OLE1.Visible = False   'vorläufig unsichtbar
  formWait.Show             'Bitte warten ...
  MousePointer = vbHourglass
  With Me
    .OLE1.CreateEmbed App.Path + "\ActiveX_Chart.xls"
    Set xl = .OLE1.object.Application
    ' alle XL-Fenster durcharbeiten, das neu
    ' erzeugte Fenster suchen
    For Each win In xl.Windows
      If win.Parent.Title = "ActiveX_Chart_keyword" Then
        ' wir haben es gefunden!
        Set wb = win.Parent
        Exit For
      End If
    Next
  End With
  ' wenn bis jetzt ein Fehler aufgetreten ist, steht
  ' Excel wahrscheinlich nicht zur Verfügung
  If Err <> 0 Then
    MsgBox "Es ist ein Fehler aufgetreten. " _
      & "Das Programm wird beendet. Zur Ausführung " _
      & "dieses Beispielprogramms muss Excel installiert " _
      & "sein."
    Unload Me
  End If
  PlotChart
  Me.OLE1.Visible = True
  MousePointer = 0
  formWait.Hide
End Sub
```

Diagramm zeichnen

Das Zeichnen des Diagramms erfolgt in einer eigenen Prozedur. Die Idee ist einfach: In zwei Schleifen wird für jeden Punkt in einem 21*21 Elemente großen Bereich die z-Koordinate der Fläche berechnet. Die z-Werte werden in einer einzigen riesigen Zeichenkette aneinandergereiht, wobei die einzelnen Werte durch *vbTab* (Tabulator) und die Zeilen durch *vbCr* (Carriage Return) voneinander getrennt werden. Diese Zeichenkette wird anschließend in die Zwischenablage übertragen.

Mit der Excel-Methode *Paste* werden die Daten dann aus der Zwischenablage in die Tabelle 1 ab Zelle B2 eingefügt. (Das Diagramm in *ActiveX_Chart.xls* erwartet seine Daten im Zellbereich A1:V22, wobei die erste Zeile und Spalte für die Beschriftung der Achsen vorgesehen und schon mit Werten versehen sind. Prinzipiell wäre es auch möglich, die Daten in einer Schleife direkt in die einzelnen Zellen des Tabellenblatts zu schreiben – aber das hat sich als viel langsamer herausgestellt.)

Nach der Übertragung der Daten wird im OLE-Feld automatisch die Tabelle (und nicht das Diagramm) angezeigt. Um dieses Problem zu beseitigen, wird das Diagrammblatt aktiviert und das Tabellenblatt unsichtbar gemacht. Im Prinzip sollte jede dieser Maßnahmen für sich schon ausreichen, es hat sich aber herausgestellt, dass nur beide Kommandos gemeinsam zum Ziel führen. Es sind gerade diese Kleinigkeiten, die einem das Leben mit ActiveX-Automation so schwer machen und eine Menge Zeit bei der Fehlersuche kosten.

```
Sub PlotChart()
  Dim xfreq, yfreq
  Dim x#, y#, z#, data$
  xfreq = formPara.SliderX
  yfreq = formPara.SliderY
  ' neue Daten ausrechnen
  For y = 0 To 2.00001 Step 0.1
    For x = 0 To 2.00001 Step 0.1
      z = Sin(x * xfreq / 10) + Sin(y * yfreq / 10)
      data = data & Str(z) & vbTab
    Next x
    data = data & vbCr
  Next y
  Clipboard.Clear
  Clipboard.SetText data
  wb.Sheets("table").Paste wb.Sheets("table").Cells(2, 2)
  ' damit das Diagramm und nicht die Tabelle angezeigt wird
  wb.Sheets("chart").Activate
  ' Activate alleine hilft nichts - warum auch immer
  wb.Sheets("table").Visible = False
End Sub
```

Diagramm drucken

```
Private Sub menuPrint_Click()
  On Error Resume Next
  wb.Sheets("Diagramm1").PrintOut   'Diagramm drucken
  If Err <> 0 Then
    MsgBox "Beim Versuch, das Diagramm zu drucken, ist " & _
      "ein Fehler aufgetreten"
  End If
End Sub
```

Der restliche Code des Programms hat mit Excel wenig zu tun und ist daher hier nicht von Interesse. Falls Sie Visual Basic besitzen, können Sie sich die verbleibenden Prozeduren damit ansehen. Falls Ihnen Visual Basic nicht zur Verfügung steht, können Sie sich die vier *.frm-Dateien im Verzeichnis *15\VB6\Chart* mit einem beliebigen Texteditor ansehen. Diese Dateien enthalten die Definition der Formulare des Programms und den Programmcode im ASCII-Format.

15.6.3 Neue Objekte für Excel (ClipBoard-Beispiel)

In den beiden vorangegangenen Abschnitten ist es darum gegangen, bereits vorhandene Objektbibliotheken von einem anderen Programm aus zu nutzen, wobei Excel einmal als Client und einmal als Server behandelt wurde. Visual Basic eröffnet eine noch weiter reichende Möglichkeit: Sie können mit Visual Basic einen neuen ActiveX-Server programmieren und diesen dann von Excel aus verwenden. Auf diese Weise können Sie selbst neue Objekte, Methoden und Eigenschaften definieren.

Dieser Abschnitt gibt dafür ein einfaches Beispiel: In Excel fehlt eine Möglichkeit, auf den Inhalt der Zwischenablage richtig zuzugreifen: Sie können zwar einen Zellbereich in die Zwischenablage einfügen oder von dort in einen anderen Zellbereich kopieren; Sie können aber nicht eine Zeichenkette in die Zwischenablage schreiben oder daraus lesen. Für manche Anwendungen würden sich dadurch zusätzliche Möglichkeiten eröffnen. Insbesondere können große Datenmengen über die Zwischenablage viel effizienter in einen Zellbereich eingefügt werden als bei der herkömmlichen Vorgehensweise (d. h. Einzelbearbeitung jeder Zelle).

Hinweis

Da dies ein Buch zu Excel und nicht zu Visual Basic ist, wird auf die Details der Server-Programmierung nicht eingegangen. In diesem Abschnitt geht es nur darum, die prinzipielle Möglichkeit aufzuzeigen und die Anwendung eines neuen OLE-Servers unter Excel zu demonstrieren. ∎

Installation

Das neue *ClipBoard*-Objekt wird durch einen ActiveX-Server in Form einer DLL zur Verfügung gestellt. Dieses Programm muss in die Registrierdatenbank von Windows eingetragen werden, bevor es für ActiveX-Automation genutzt werden kann. Dazu müssen Sie das Programm *15\VB6\ClipBoard\Setup\Setup.exe* ausführen. Dieses Programm installiert auch die eventuell noch erforderlichen Visual-Basic-Bibliotheken.

Verwendung des ClipBoard-Objekts in Excel

Zur Anwendung des Servers ist es erforderlich, dass mit EXTRAS | VERWEISE ein Verweis auf die Bibliothek „ClipBoard-Object" eingerichtet wird. In der Beispieldatei *15\Vb6\ClipBoard\ ActiveX_Clip.xlsm* ist das natürlich schon der Fall.

Wenn diese Vorbereitungsarbeiten erledigt sind, steht Ihnen das *ClipBoard*-Objekt mit vier Methoden zur Verfügung: *Clear* löscht den Inhalt der Zwischenablage; *GetFormat* testet, ob die Zwischenablage Daten in einem bestimmten Format (z. B. Textdaten) enthält; *SetText* fügt Text in die Zwischenablage ein; und *GetText* liest den in der Zwischenablage enthaltenen Text.

Der Excel-Programmcode

Die Prozedur *test1* zeigt den prinzipiellen Umgang mit dem neuen Objekt: Mit *CreateObject* wird die Verbindung zum OLE-Server hergestellt. In der Objektvariablen *clip*, die den neuen *ClipBoard*-Objekttyp aufweist, wird der Verweis auf das neue Objekt gespeichert. Anschließend können die oben aufgezählten Methoden auf *clip* angewendet werden. In *test1* wird mit *SetText* eine kurze Zeichenkette in die Zwischenablage geschrieben. Die folgenden Zeilen sind herkömmlicher VBA-Code: Der aktuelle Inhalt der Zwischenablage wird in die Zelle A1 kopiert, um zu zeigen, dass *SetText* funktioniert hat.

```
' Datei 15\Vb6\ClipBoard\ActiveX_Clip.xlsm, „Modul1"
Sub test1()
  Dim clip As ClipBoard
  Set clip = CreateObject("ClipBiblio.Clipboard")
  clip.Clear
  clip.SetText "abc"
  With Sheets("Tabelle1")
    .Activate
    .[a1].CurrentRegion.Clear
    .[a1].Select
    .Paste
  End With
End Sub
```

Nicht viel aufregender ist *test2*: Dort wird mit *GetFormat* getestet, ob die Zwischenablage Daten im Textformat enthält. An *GetFormat* muss dazu eine Kennnummer übergeben werden. Für VBA-Anwendungen sind dabei nur zwei Kennnummern relevant: 1 für normalen Text und 2 für Bitmaps. (Die Zwischenablage kann übrigens gleichzeitig Daten in mehreren Formaten enthalten – etwa ASCII-Text und Text mit Word-Formatierungscodes. Aus diesem Grund muss das Format *GetFormat* getestet werden und wird nicht direkt zurückgegeben.) Falls die Zwischenablage Text enthält, wird dieser via *GetText* gelesen und per *MsgBox* angezeigt. Zu lange Texte werden durch *MsgBox* abgeschnitten.

```
Sub test2()
  Dim clip As ClipBoard
  Set clip = CreateObject("ClipBiblio.Clipboard")
  If clip.GetFormat(1) Then
    MsgBox "Die Zwischenablage enthält Daten im Textformat: " & _
       Chr(13) & Chr(13) & clip.GetText
  End If
End Sub
```

Der Programmcode des ActiveX-Servers

Das Visual-Basic-Programm *ClipBoard.vbp* besteht lediglich aus dem Klassenmodul *Class.cls*. Dort sind die Methoden der neuen Klasse *ClipBoard* definiert. Der Code ist sehr kurz, weil es unter Visual Basic bereits ein vordefiniertes *ClipBoard*-Objekt gibt, dessen Methoden nur angewendet werden müssen.

```
' Vb6\Clipboard\Code\Class.cls mit Instancing=5 (MultiUser)
' Methode Clear: löscht Zwischenablage
Sub Clear()
  On Error Resume Next
  ClipBoard.Clear
End Sub
' Methode GetText: liest Text aus der Zwischenablage
Function GetText$(Optional format)
  On Error Resume Next
  If IsMissing(format) Then
    GetText = ClipBoard.GetText(1)
  Else
    GetText = ClipBoard.GetText(format)
  End If
End Function
' Methode SetText: fügt Text in die Zwischenablage ein
Sub SetText(txt$, Optional format)
  On Error Resume Next
  If IsMissing(format) Then
    ClipBoard.SetText txt
  Else
    ClipBoard.SetText txt, format
  End If
End Sub
' Methode GetFormat: testet, ob die Zwischenablage
' Daten im angegebenen Format aufweist
Function GetFormat(format)
  On Error Resume Next
  GetFormat = ClipBoard.GetFormat(format)
End Function
```

Damit diese Codezeilen einen brauchbaren ActiveX-Server ergeben, sind außerdem diverse Einstellungen in PROJEKT | EIGENSCHAFTEN erforderlich. So lautet der Projektname „ClipBiblio". Als Projekttyp wurde ActiveX-DLL eingestellt.

15.6.4 Object Linking and Embedding (OLE)

OLE bezeichnet das Einbetten eines Dokuments X in ein anderes Dokument Y und die Mechanismen, wie X bearbeitet werden kann, ohne das Programm für Y zu verlassen. (Konkreter: Sie betten etwa eine Corel-Draw-Grafik in Excel ein und können die Grafik bearbeiten, ohne Excel zu verlassen.)

Hinweis

Die Abkürzung OLE wurde von Microsoft aber eine Weile auch als Synonym für COM verwendet, also für *Component Object Model* (Microsofts Technologie zur Kommunikation zwischen Objekten). Später wurde der Begriff OLE durch ActiveX ersetzt, sodass OLE heute meist nur noch in seiner ursprünglichen Bedeutung verwendet wird.

Für Programmierer ist OLE insofern interessant, als in ein Excel-Tabellenblatt eingebettete Objekte über das Excel-Objektmodell angesprochen werden können. Besonders gut klappt das, wenn das eingebettete Objekt seinerseits via ActiveX-Automation bearbeitet werden kann – das ist aber keine zwingende Voraussetzung.

Grundlagen

Wenn Sie ein Objekt im interaktiven Betrieb in Excel einbetten möchten, führen Sie dazu EINFÜGEN | OBJEKT aus. Das Objekt ist nun innerhalb von Excel sichtbar, obwohl es von einem anderen Programm stammt. Wenn Sie ein OLE-Objekt bearbeiten möchten, aktivieren Sie es durch einen Doppelklick. Statt Excels Menüband wird jetzt die Menüleiste (oder das Menüband) des jeweiligen Programms angezeigt.

Genau genommen müsste OLE für „Object Linking *oder* Embedding" stehen – es handelt sich dabei nämlich um zwei durchaus verschiedene Mechanismen. Was gerade beschrieben wurde, war *Object Embedding*: Ein selbstständiges Objekt wurde in Excel eingebettet. Die Daten dieses Objekts werden in der Excel-Datei gespeichert.

Im Gegensatz dazu steht *Object Linking*: Dabei wird ein Ausschnitt einer Datei des jeweiligen Partnerprogramms kopiert und über die Zwischenablage (in Excel via START | EINFÜGEN | INHALTE EINFÜGEN, Option VERKNÜPFEN) in ein zweites Programm eingefügt. Bei einer Veränderung der Daten im Ursprungsprogramm werden die Daten auch in Excel aktualisiert. Die Daten sind aber Teil der Datei des Ursprungsprogramms und werden von diesem gespeichert. Eine Bearbeitung der Daten ist nur im Ursprungsprogramm möglich (und nicht innerhalb des Objektrahmens in Excel).

Vorhandene OLE-Objekte bearbeiten

Auf die in einem Tabellenblatt eingebetteten OLE-Objekte können Sie mit *OLEObjects* zugreifen. Diese Methode verweist auf *OLEObject*-Objekte. Die Eigenschaft *OLEType* dieses Objekts gibt an, ob es sich bei dem Objekt um ein eingebettetes Objekt (*xlOLEEmbed*) oder um ein verknüpftes Objekt (*xlOLELink*) handelt.

- *Eingebettete und verknüpfte Objekte*
  Eingebettete und verknüpfte Objekte können mit *Select* zum aktiven Objekt gemacht werden (entspricht dem einfachen Anklicken mit der Maus). *Activate* ermöglicht eine Bearbeitung des Objekts und entspricht dem Doppelklick auf das Objekt. Je nach OLE-Typ kann die Bearbeitung unmittelbar in Excel erfolgen (mit einem geänderten Menü) oder das jeweilige OLE-Programm erscheint in einem eigenen Fenster. Beachten Sie, dass *Activate* nicht vom Direktbereich aus verwendet werden kann!

  Über diverse Eigenschaften von *OLEObject* können Sie Position und Größe des Objekts innerhalb des Blatts sowie optische Formatierungsdetails (Rahmen, Schatten etc.) einstellen. *Delete* löscht das Objekt (wobei bei eingebetteten Objekten die gesamten Daten verloren gehen, bei verknüpften Objekten dagegen nur der Verweis auf die im Ursprungsprogramm weiterhin vorhandenen Daten).

  An die Objekte kann über die *Verb*-Methode ein Kommando übergeben werden. Viele OLE-Programme unterstützen nur zwei Kommandos, deren Kennnummern in den Konstanten *xlOpen* und *xlPrimary* gespeichert sind. *Verb xlOpen* führt dazu, dass das OLE-Objekt in einem eigenen Fenster bearbeitet werden kann (auch dann, wenn dieses OLE-Programm die direkte Bearbeitung innerhalb von Excel unterstützen würde). *Verb xlPrimary* führt das Defaultkommando des jeweiligen OLE-Programms aus. In vielen Fällen wird dadurch die Bearbeitung des Objekts innerhalb von Excel gestartet (wie durch die Methode *Activate*). Je nach OLE-Programm kann das Defaultkommando aber auch eine andere Wirkung haben. Manche OLE-Programme unterstützen daneben auch weitere Kommandos. Die Kennnummern dieser Kommandos müssen Sie der Dokumentation dieser Programme entnehmen.

- *Nur bei verknüpften Objekten*
  Verknüpfte Objekte können über die Methode *Update* auf den neuesten Stand gebracht werden. Mögliche Veränderungen der Daten im Ursprungsprogramm werden dann auch in Excel angezeigt. Die Eigenschaft *AutoUpdate* gibt an, ob das Objekt automatisch nach Veränderungen aktualisiert wird. Diese Eigenschaft kann nur gelesen, aber nicht verändert werden. Auch wenn die Eigenschaft auf *True* steht, erfolgt die automatische Aktualisierung nur in regelmäßigen Zeitabständen und nicht bei jeder Veränderung, da der Rechenaufwand dafür zu groß wäre.

OLE-Objekte mit ActiveX-Automation bearbeiten

Falls das OLE-Programm auch ActiveX-Automation unterstützt (was etwa bei allen Office-Komponenten der Fall ist), dann gelangen Sie über die *Object*-Eigenschaft des *OLEObject*-Objekts zur Schnittstelle für ActiveX-Automation. Vermutlich ist Ihnen jetzt vor lauter Objekten schwindlig geworden. Daher eine kurze Erklärung, was mit welchem „Objekt" gemeint ist: *OLEObject* ist ein normales VBA-Objekt wie *Range* oder *Font*. *Object* ist eine Eigenschaft von *OLEObject* und verweist auf ein neues Objekt, das den Ausgangspunkt für ActiveX-Automation darstellt.

Das folgende Beispiel fügt die beiden Worte „neuer Text" in ein Word-OLE-Objekt ein. Das Programm geht davon aus, dass im ersten Tabellenblatt als erstes Objekt ein OLE-Word-Objekt eingebettet ist (Befehl EINFÜGEN | OBJEKT). Auf das OLE-Objekt wird über *Sheets* und *OLEObjects* zugegriffen. Über *Object.Application* gelangen Sie zum Word-*Application*-Objekt (das dieselbe Rolle spielt wie das Excel-*Application*-Objekt, also die Basis der Objektbibliothek darstellt). Über die Eigenschaft *Selection* kann das gleichnamige Objekt bearbeitet werden. Die Methode *Typetext* fügt schließlich einige Zeichen Text und mit *vbCrLf* einen Zeilenumbruch ein.

Beachten Sie, dass das OLE-Objekt vor der Ausführung von Automatisierungskommandos durch *Activate* aktiviert werden muss. Ein Kommando zur Deaktivierung fehlt, daher wird anschließend einfach eine Zelle des Excel-Tabellenblatts aktiviert, wodurch die Deaktivierung von Word erreicht wird.

```
' Datei 15\OLE-WinWord.xlsm, „Tabelle1"
Private Sub CommandButton1_Click()
  Dim winword As Word.Application
  On Error GoTo btn1_error
  Application.ScreenUpdating = False
  Sheets(1).OLEObjects(1).Activate
  Set winword = Sheets(1).OLEObjects(1).Object.Application
  With winword
    .Selection.Typetext "neuer Text" + vbCrLf
  End With
  Sheets(1).[A1].Activate
btn1_error:
  Application.ScreenUpdating = True
End Sub
```

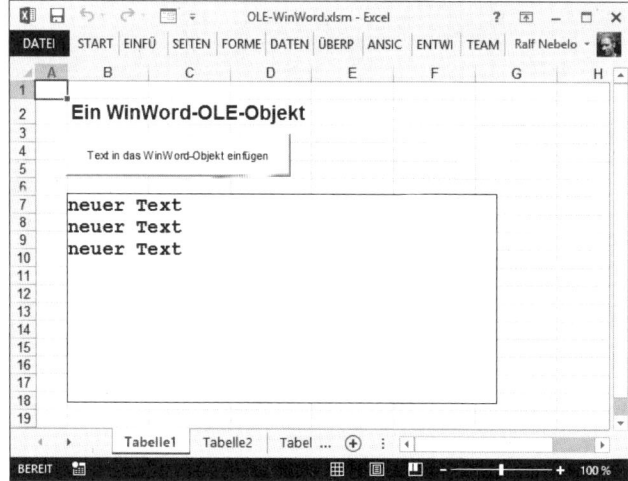

BILD 15.10
ActiveX-Automation
für ein OLE-Objekt

Damit das Programm ausgeführt werden kann, muss in EXTRAS | VERWEISE die *Microsoft Word 15.0 Object Library* aktiviert werden. Damit funktioniert die Expansion von Eigenschaften und Methoden der Word-2013-Bibliothek wie bei der Excel-Bibliothek. Die Word-Objektbibliothek steht im Objektkatalog zur Verfügung, die Hilfe kann mit F1 aufgerufen werden etc.

Tipp

Wenn *Microsoft Word 15.0 Object Library* nicht im Verweise-Dialog angezeigt wird, klicken Sie den Button DURCHSUCHEN an und wählen die Datei *C:\Program Files\ Microsoft Office\Office15\Msword.olb* aus.

Neue OLE-Objekte einfügen

Wenn Sie nicht – wie auf den letzten Seiten beschrieben – schon vorhandene OLE-Objekte bearbeiten möchten, sondern neue Objekte in ein Tabellen-, Diagramm- oder Dialogblatt einfügen wollen, stehen Ihnen mehrere Möglichkeiten zur Auswahl: das Einbetten eines neuen leeren OLE-Objekts, das Einbetten einer Datei, das Verknüpfen einer Datei und das Verknüpfen eines Objekts aus der Zwischenablage.

- *Neues, leeres OLE-Objekt einbetten*
  Zum Einfügen eines neuen OLE-Objekts wenden Sie *Add* auf die *OLEObjects* an, wobei Sie im ersten Parameter die Bezeichnung des OLE-Programms angeben müssen. Die Syntax dieser Bezeichnung variiert von Programm zu Programm und ändert sich beinahe mit jeder Version. Zwei Beispiele für momentan gültige Zeichenketten sind „*Word.Document.15*" für ein Word-2013-Objekt und „*MSGraph.Chart.8*" für ein Microsoft-Graph-Diagramm.

  Die folgenden Zeilen fügen in das erste Tabellenblatt Ihrer Arbeitsmappe ein Diagrammobjekt von Microsoft Graph ein. Die Bearbeitung der Zahlen, die dem Diagramm zugrunde liegen, muss manuell erfolgen. Microsoft Graph kann nicht per ActiveX-Automation gesteuert werden. Die Prozedur funktioniert nur, wenn das Office-Zusatzprogramm installiert wurde.

```
' OLE-Graph.xlsm, »Tabelle1«
Private Sub CommandButton1_Click()
  Sheets(1).OLEObjects.Add("MSGraph.Chart.8").Name = "neu"
  With Sheets(1).OLEObjects("neu")
    .Left = 10    'Größe und Position
    .Top = 10
    .Width = 50:   .Height = 50
    .Activate    'OLE-Objekt bearbeiten
  End With
  Sheets(1).[a1].Activate
End Sub
```

- *OLE-Objekt auf der Basis einer Datei einbetten*
  Zum Einbetten eines neuen Objekts, dessen Inhalt durch eine Datei des jeweiligen OLE-Programms bereits vorgegeben ist, verwenden Sie wiederum *Add*. Allerdings geben Sie jetzt die beiden benannten Parameter *Filename* und *Link* an. In der Beispielanweisung unten wird das neue Objekt sofort aktiviert. Sie könnten aber auch so wie im vorherigen Beispiel vorgehen und zuerst die Position des Objekts verändern.

```
Sheets(1).OLEObjects.Add( _
  Filename:="C:\Eigene Dateien\dok2.doc", Link:=False).Activate
```

- *OLE-Objekt auf der Basis einer Datei verknüpfen*
  Programmiertechnisch besteht der einzige Unterschied darin, dass Sie jetzt *Link:=True* angeben. Das hat die Konsequenz, dass die eigentlichen Daten weiterhin vom OLE-Programm gespeichert werden (und nicht innerhalb von Excel). Außerdem ist eine Bearbeitung der Daten nur im OLE-Programm (und nicht innerhalb von Excel) möglich.

- *OLE-Objekt aus der Zwischenablage einfügen und verknüpfen*
  Das Einfügen von OLE-Daten aus der Zwischenablage erfolgt interessanterweise nicht über *OLEObjects* und *Add*, sondern über die Methoden *Pictures* und *Paste*. Das auf diese Weise eingefügte Objekt gilt aber als „normales" OLE-Objekt, das nach dem Einfügen über *OLE-Objects* bearbeitet werden kann. Voraussetzung für die korrekte Ausführung der folgenden Zeile ist es, dass Sie vorher in einem geeigneten OLE-Programm Daten markieren und in die Zwischenablage kopieren (z. B. einen Absatz in einem Word-Text).

```
Sheets(1).Pictures.Paste(Link:=True).Select
```

15.6.5 Automation und Visual Basic .NET

Beim .NET Framework und seinen wichtigsten Programmiersprachen Visual Basic .NET und C# basiert die Kommunikation zwischen Programmen bzw. Komponenten nicht mehr auf COM/ActiveX, sondern auf neuen Mechanismen. Aus Kompatibilitätsgründen wird COM/ActiveX aber weiter unterstützt, wenn auch mit Einschränkungen. Dieser Abschnitt beschreibt, wie Sie Excel via VB.NET steuern können.

 Verweis

Zum Thema Automation mit VB.NET gibt es u. a. folgende Beiträge in der Knowledge-Base *[Link 28 und 29]*.

- *http://support.microsoft.com/default.aspx?scid=kb;en-us;Q301982*
- *http://support.microsoft.com/default.aspx?scid=kb;en-us;Q302814*

Weitere Artikel finden Sie, wenn Sie im Knowledge-Base-Suchformular nach *automate .NET* oder *automation .NET* suchen. Wenn Sie mit C# statt mit VB.NET arbeiten, kann der folgende Artikel *[Link 30]* als Ausgangspunkt dienen:

http://support.microsoft.com/default.aspx?scid=KB;EN-US;Q302084   ∎

Kein OLE-Feld

Es gibt in VB.NET kein OLE-Feld mehr (auch keinen entsprechenden Ersatz). Damit sind Programme wie der in Abschnitt 15.6.2 demonstrierte Diagramm-Viewer nicht mehr möglich.

Varianten

Es gibt mehrere unterschiedliche Möglichkeiten, wie Excel-Funktionen durch ein .NET-Programm genutzt bzw. gesteuert werden können:

- **Objektzugriff durch Late Binding:** Hierfür erzeugen Sie ein Objekt der Klasse *Excel.sheet* und greifen über Methoden und Eigenschaften auf alle weiteren Excel-Objekte zurück.

  Vorteil: Die Vorgehensweise funktioniert unabhängig von der .NET-Version und von der Excel-Version. Der Code sieht nahezu identisch aus wie unter Visual Basic 6.

  Nachteile: Die Programmentwicklung ist ausgesprochen mühsam, weil die IntelliSense-Funktion nicht funktioniert und Sie ständig in der Hilfe nachsehen müssen, welche Eigenschaften oder Methoden eine bestimmte Klasse kennt, welche Parameter und Rückgabewerte es hierfür gibt etc. Zudem kann der Compiler die Korrektheit des Codes nicht überprüfen. Tippfehler (z. B. ein falscher Methodenname) werden daher erst bei der Ausführung des Programms bemerkbar.

- **Verwendung von Primary Interop Assemblies (PIAs):** Hierbei handelt es sich um .NET-Zwischenbibliotheken (*wrapper*), die den Zugriff auf Excel-Objekte durch .NET-Klassen, -Methoden und -Eigenschaften ermöglichen.

  Vorteil: Die Excel-Bibliothek fügt sich nahtlos in die .NET-Entwicklungsumgebung ein.

  Nachteile: PIAs stehen (bislang) nur für die Excel-Versionen 2002 bis 2010 zur Verfügung. Das resultierende .NET-Programm ist auf eine bestimmte Excel-Version fixiert.

- **Visual Studio Tools for Office (VSTO):** Hierbei handelt es sich um eine Office-spezifische Erweiterung von Visual Studio Professional, die dort seit der Version 2008 fest integriert ist und nicht mehr als eigenständiges Produkt zu kaufen ist. Sie können damit direkt aus der Visual-Studio-Entwicklungsumgebung heraus Add-ins und „intelligente" (d. h. mit .NET-Code hinterlegte) Dokumente für alle Office 2007/2010/2013-Anwendungen mit Ausnahme von Access entwickeln. Als Programmiersprachen kommen VB.NET oder C# zum Einsatz.

  Vorteil: Die VSTO bieten im Vergleich zur einfachen PIA-Nutzung wesentlich mehr Komfort und zusätzliche Funktionen (z. B. die Möglichkeit, Excel-Ereignisse durch .NET-Code zu verarbeiten).

  Nachteil: Visual Studio Professional ist teuer (rund 900 Euro) und setzt in der Version 2010 mindestens Excel 2007 voraus. Die letzte Version 2012 kommt sogar nur mit Excel 2010 und 2013 zurecht.

Weitere Informationen zu den Visual Studio Tools finden Sie in Abschnitt 15.8.

Im Folgenden werden nur die Varianten *Late Binding* und *PIA* näher diskutiert.

Late Binding

Late Binding bedeutet, dass Sie VB.NET-Code erzeugen, ohne vorher einen Verweis auf eine Excel-Bibliothek einzurichten. Zur Steuerung von Excel verwenden Sie eine Variable des Typs *Object* und wenden darauf Methoden und Eigenschaften an. Der Compiler kann nicht überprüfen, ob es diese Methoden oder Eigenschaften überhaupt gibt. Die Verbindung zwischen Objekt und Methode oder Eigenschaft wird erst dann hergestellt, wenn das Programm ausgeführt wird – daher die Bezeichnung Late Binding (Späte Bindung). (Das Gegenteil von Late Binding wird als Early Binding bezeichnet und ist unter VB.NET der Normalfall.)

Wie bereits erwähnt, hat Late Binding zwei wesentliche Nachteile: Erstens müssen Sie bei der Codeentwicklung auf die IntelliSense-Funktionen verzichten und ständig in der Hilfe nachsehen, welche Eigenschaften oder Methoden eine bestimmte Klasse kennt. Zweitens kann der Compiler die Korrektheit des Codes nicht überprüfen. Tippfehler (z. B. ein falscher Methodenname) werden daher erst bei der Ausführung des Programms bemerkbar.

Um diese Nachteile zu umgehen, ist es am besten, den Code zuerst in einer anderen Programmiersprache (z. B. in VB6 oder in der VBA-Entwicklungsumgebung) zu entwickeln und den fertigen Code dann in das VB.NET-Programm einzufügen. Ganz ohne Änderungen ist das aber meist auch nicht möglich, weil die Namen von Klassen, Konstanten etc. unter VB.NET bisweilen anders sind.

 Tipp

VB.NET unterstützt Late Binding nur dann, wenn *Option Strict Off* gilt!
Mit *Option Strict On* kann ausschließlich *Early binding* verwendet werden.

Late-Binding-Verbindung zu Excel herstellen

Der Verbindungsaufbau zu Excel erfolgt wie bei VB6:

- Mit *CreateObject*(„bibliothek.objekt") erzeugen Sie ein neues Objekt, z. B. eine Excel-Tabelle („*Excel.sheet*"). Dabei können Sie im Unterschied zu VB 6 auf das Schlüsselwort *Set* verzichten. Falls das Programm noch nicht läuft, wird es dazu gestartet.

```
Dim xl As Object            'Late Binding
xl = CreateObject("Excel.sheet")
```

- Mit *GetObject*(dateiname) öffnen Sie eine Datei und erhalten ebenfalls ein Objekt. *GetObject* startet bei Bedarf automatisch das richtige Programm (in diesem Fall Excel, um die Datei „*test.xlsx*" zu öffnen).

```
Dim xl As Object            'Late Binding
xl = GetObject("C:\test\test.xlsx")
```

Die Methoden *CreateObject* und *GetObject* sind in der *Interaction*-Klasse von *Microsoft.VisualBasic* definiert. Welcher Klasse die zurückgegebenen Objekte angehören, hängt von der Klassenbibliothek des Programms ab. Welche Zeichenketten an *CreateObject* übergeben werden dürfen, hängt davon ab, wie die Programme in der Registrierdatenbank registriert sind. (Die Tabelle mit allen zulässigen Objektnamen können Sie mit regedit.exe ermitteln: HKEY_LOCAL_Machine | Software | Classes.)

Durch *GetObject* oder *CreateObject* gestartete Programme sind normalerweise unsichtbar, können aber über *objekt.Application.Visible = True* sichtbar gemacht werden.

Late-Binding-Verbindung zum Programm trennen

Bisweilen komplizierter als der Verbindungsaufbau ist es, sich von dem zu steuernden Programm wieder zu trennen, wenn es nicht mehr benötigt wird. Wenn Sie nicht aufpassen, läuft das (womöglich unsichtbare) Programm weiter.

Um das Programm explizit zu beenden, führen Sie üblicherweise *object.Application.Quit()* aus. Das Programm wird dadurch aber keineswegs tatsächlich sofort beendet. Es läuft vielmehr weiter, solange es in Ihrem VB.NET-Programm noch Verweise auf irgendein Objekt des Programms gibt. Wie lange es derartige Verweise gibt, hängt davon ab, wann diese durch eine *garbage collection* (eine automatische „Müllabfuhr" für nicht mehr benötigte Variablen etc.) aus dem Speicher entfernt werden.

Wenn Sie möchten, dass das externe Programm möglichst schnell beendet wird, dann sollten Sie folgenden Weg einschlagen: Achten Sie zum einen darauf, dass alle Variablen, die auf Objekte des Programms verweisen, entweder nicht mehr gültig sind (weil sie in einer Prozedur deklariert sind, die nicht mehr läuft) oder explizit auf *Nothing* gesetzt werden (also *doc = Nothing*). Lösen Sie zum anderen die *garbage collection* explizit zweimal hintereinander aus. (Fragen Sie uns nicht, warum gerade zweimal. Der Tipp stammt aus einem News-Gruppenbeitrag und hat sich in der Praxis bewährt.)

```
doc.Application.Quit()            'Programm zum Ende auffordern
doc = Nothing                     'Objektvariablen löschen
GC.Collect()                      'garbage collection auslösen
GC.WaitForPendingFinalizers()     'auf das Ende der gc warten
GC.Collect()                      'garbage collection nochmals auslösen
GC.WaitForPendingFinalizers()     'auf das Ende der gc warten
```

Hinweis

Es kann sein, dass Excel schon läuft, wenn Sie *GetObject* oder *CreateObject* ausführen. Dann wird das neue Objekt in der schon laufenden Instanz erzeugt. In diesem Fall sollten Sie das Programm nicht durch *Quit* beenden. Das Problem besteht allerdings darin, dass es in VB.NET nicht ohne Weiteres zu erkennen ist, ob das Programm schon läuft. Daher sollten Sie vor der Ausführung von *Quit* überprüfen, ob im Programm noch andere Dokumente geöffnet sind. (In Excel können Sie das mit *Application.Workbooks.Count* tun.) ∎

Late-Binding-Beispiel: Daten aus einer Excel-Datei lesen

Wegen der oben schon beschriebenen Probleme beim Versuch, die Excel-Klassenbibliothek zu importieren, verwendet das Beispielprogramm Late Binding. Das Programm *15\vb.net-late-binding\bin\automation-Excel.exe* öffnet die Datei ..*sample.xlsx*, liest die Zellen [A1] bis [C3] aus und zeigt die Werte im Konsolenfenster an, trägt in [A4] die aktuelle Zeit ein und schließt die Datei dann wieder.

Falls danach keine weitere Excel-Datei geöffnet ist (*Workbooks.Count = 0*), wird Excel durch *Quit* beendet. (Die Abfrage ist deswegen wichtig, weil Excel ja möglicherweise schon vor dem Programm gestartet wurde und dann nicht willkürlich beendet werden soll.) Excel endet allerdings erst nach zwei *garbage collections*, die alle Verweise auf das Excel-Objekt aus dem Speicher räumen.

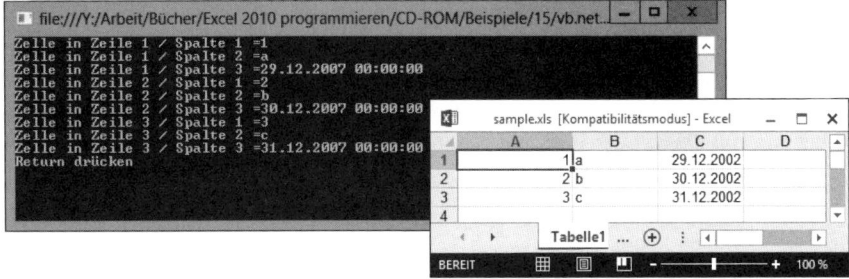

BILD 15.11 ActiveX-Automation mit einem VB.NET-Programm

```vb
' Beispiel 15\vb.net-late-binding\module1.vb
Option Strict Off
Sub Main()
  ' Excel-Datei bearbeiten
  process_xl_file()
  ' Excel beenden
  GC.Collect()                   'garbage collection auslösen
  GC.WaitForPendingFinalizers()  'auf das Ende der gc warten
  GC.Collect()                   'garbage collection auslösen
  GC.WaitForPendingFinalizers()  'auf das Ende der gc warten
  ' Programmende
  Console.WriteLine("Return drücken")
  Console.ReadLine()
End Sub
Sub process_xl_file()
  Dim i, j As Integer
  Dim xl, wb, ws As Object
  Dim fname As String
  fname = IO.Path.Combine(Environment.CurrentDirectory, _
    "..\sample.xlsx")
  wb = GetObject(fname)
  xl = wb.Application
  ' xl.Visible = True    'wenn Sie sehen wollen, was vor sich geht
  ' wb.NewWindow()
  ws = wb.Sheets(1)
  For i = 1 To 3
    For j = 1 To 3
      Console.WriteLine("Zelle in Zeile {0} / Spalte {1} ={2}", _
        i, j, ws.Cells(i, j).Value)
    Next
  Next
  ws.Cells(4, 1).Value = Now
  ' wb.Windows(wb.Windows.Count).Close()
  wb.Save()
  wb.Close()
  If xl.Workbooks.Count = 0 Then xl.Quit()
End Sub
```

Primary Interop Assemblies (PIAs)

Wie bei VB6 bzw. VBA besteht auch in VB.NET-Programmen die Möglichkeit, einen Verweis auf die ActiveX-Bibliotheken einzurichten, um so die Objekte der Excel-Bibliotheken möglichst bequem im VB.NET-Code zu nutzen. Dazu müssen die Bibliotheken allerdings mit einer .NET-Zwischenbibliothek (einem sogenannten Wrapper) versehen werden. Das erfolgt automatisch, sobald Sie einen Verweis auf die Bibliothek herstellen. Allerdings funktioniert diese automatische Bibliotheksadaptierung bei den sehr komplexen Office-Objektbibliotheken nicht zufriedenstellend.

Abhilfe schaffen sogenannte *Primary Interop Assemblies* (PIAs). Dabei handelt es sich um von Microsoft vorgefertigte Wrapper-Bibliotheken, die als offizielle Schnittstelle verwendet werden sollen, um Konflikte zwischen verschiedenen selbst erstellten Wrapper-Bibliotheken zu vermeiden. Hintergrundinformationen zu diesem Thema finden Sie unter *[Link 31]*:

  http://msdn2.microsoft.com/en-us/library/aa302338.aspx

Verfügbarkeit von PIAs nach Office-Version:

Office 2002: PIAs stehen im Internet zum kostenlosen Download zur Verfügung. Zuletzt waren Download-Links auf der folgenden Seite *[Link 32]* zu finden:

  http://www.microsoft.com/downloads/details.aspx?FamilyId=C41BD61E-3060-4F71-A6B4-01FEBA508E52&displaylang=en

Office 2003: Die PIAs werden gleich mitgeliefert. Achten Sie bei der Installation darauf, dass die Komponente MICROSOFT OFFICE EXCEL | .NET-PROGRAMMIERUNTERSTÜTZUNG ausgewählt ist. (Sie können die Komponente auch nachträglich installieren, indem Sie in SYSTEMSTEUERUNG | SOFTWARE das Setup-Programm für Office 2003 starten. Die Komponente steht nur zur Auswahl, wenn mindestens das .NET Framework 1.1 installiert ist.

Office 2007: Hier werden die PIAs nicht mehr mitgeliefert, standen aber zuletzt unter der folgenden Adresse *[Link 33]* zum kostenlosen Download bereit:

  http://www.microsoft.com/downloads/details.aspx?familyid=59daebaa-bed4-4282-a28c-b864d8bfa513&displaylang=en

Office 2010: Die PIAs stehen unter folgender Adresse *[Link 34]* bereit:

  http://www.microsoft.com/en-us/download/details.aspx?id=3508

Für Office 2013 sind unseren Recherchen nach noch keine PIAs verfügbar. Hier muss die Einbindung von Excel-Funktionen also per Late Binding oder Visual Studio Tools for Office erfolgen.

PIA-Anwendung

Verweis auf die Objektbibliothek einrichten: Der erste Schritt bei der Entwicklung eines .NET-Programms, das auf Excel-2007-Funktionen zurückgreift, besteht darin, einen Verweis auf die Objektbibliothek einzurichten. Dazu führen Sie in der VS.NET-Entwicklungsumgebung PROJEKT | VERWEIS HINZUFÜGEN aus, aktivieren das Dialogblatt COM und wählen die Bibliothek *Microsoft Excel 15.0 Object Library* (siehe Bild 15.12).

Objektzugriff: Im VB.NET-Code können Sie nun auf alle Klassen der Excel-Bibliothek in der Form *Microsoft.Office.Interop.Excel.name* zugreifen, z. B. so:

```
Dim xlapp As Microsoft.Office.Interop.Excel.Application
```

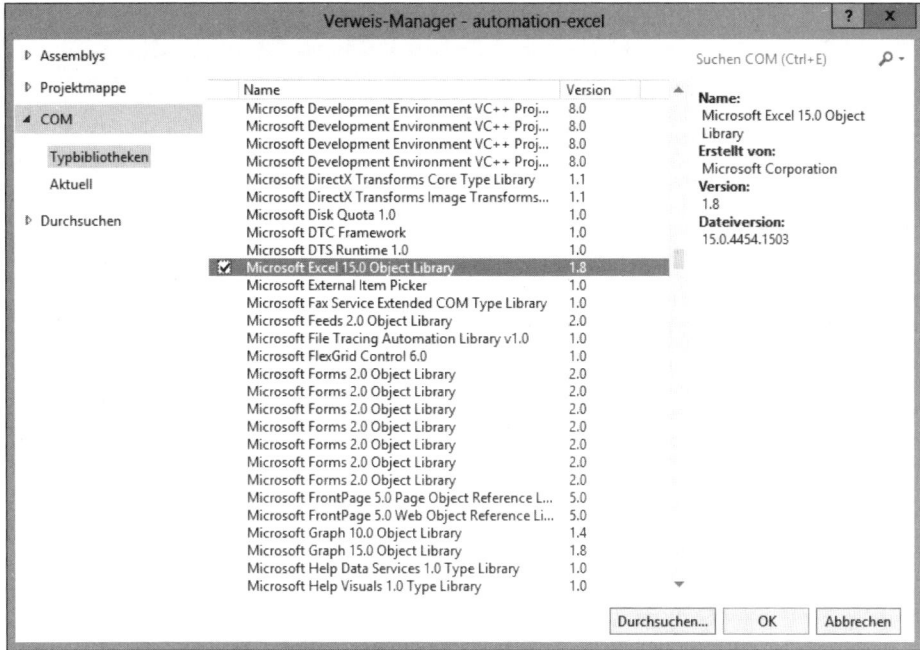

BILD 15.12 Verweis auf die Excel-2013-Objektbibliothek einrichten

Um den riesigen Tippaufwand für den vollständigen Klassennamen zu vermeiden, fügen Sie am Beginn Ihres Codes eine *Imports*-Zeile ein, die für *Microsoft.Office.Interop.Excel* das Kürzel *xl* definiert.

```
Imports xl = Microsoft.Office.Interop.Excel
...
Dim xlapp As xl.Application
```

Excel starten und beenden: Um Excel zu starten, erzeugen Sie einfach ein neues Objekt der Klasse *xl.Application*. Das Beenden von Excel ist aber wie beim Late Binding etwas aufwendiger: Sie müssen allen Variablen mit Excel-Objekten *Nothing* zuweisen, für *xlapp* die Methode *Quit* ausführen und dieses Objekt dann ebenfalls löschen und schließlich mit *GC.Collect()* und *GC.WaitForPendingFinalizers()* eine *garbage collection* auslösen, die alle nicht mehr benötigten Objekte aus dem Speicher entfernt. (Bei Tests mit Visual Studio 2012 reichte ein Aufruf dieser Funktionen, während bei älteren Versionen und Late Binding zwei Aufrufe erforderlich waren – siehe oben.)

PIA-Beispiel

Das folgende Beispiel wurde mit Visual Studio 2005 entwickelt und mit der Version 2012 getestet. Es erfüllt dieselbe Aufgabe wie das *late-binding*-Beispiel: Es lädt die Excel-Datei *sample.xls*, liest daraus einige Zellen, schreibt in eine Zelle das aktuelle Datum und speichert die Datei. Anschließend wird Excel beendet. Der Programmcode sieht so aus:

```vb
' Beispiel 15\vb.net-pia\module1.vb
Option Strict On
Imports xl = Microsoft.Office.Interop.Excel
Module Module1
  Sub Main()
    process_xl_file()
    ' Programmende
    Console.WriteLine("Return drücken")
    Console.ReadLine()
  End Sub
  Sub process_xl_file()
    Dim i, j As Integer
    Dim xlapp As xl.Application
    Dim wb As xl.Workbook
    Dim ws As xl.Worksheet
    Dim rng As xl.Range
    Dim fname As String
    ' Excel starten
    xlapp = New xl.Application
    fname = IO.Path.Combine(Environment.CurrentDirectory, _
      "..\sample.xls")
    wb = xlapp.Workbooks.Open(fname)
    ws = CType(wb.Sheets(1), xl.Worksheet)
    For i = 1 To 3
      For j = 1 To 3
        rng = CType(ws.Cells(i, j), xl.Range)
        Console.WriteLine("Zelle in Zeile {0} / Spalte {1} ={2}", _
          i, j, rng.Value)
      Next
    Next
    CType(ws.Cells(4, 1), xl.Range).Value = Now
    wb.Save()
    wb.Close()
    ' Excel beenden
    wb = Nothing
    ws = Nothing
    rng = Nothing
    If xlapp.Workbooks.Count = 0 Then xlapp.Quit()
    xlapp = Nothing
    GC.Collect()
    GC.WaitForPendingFinalizers()
  End Sub
End Module
```

15.6.6 Programme ohne ActiveX starten und steuern

Programm starten

Wenn Sie innerhalb eines VBA-Programms ein anderes Windows- oder DOS-Programm starten möchten, das nicht via ActiveX-Automation gesteuert werden kann, müssen Sie das Kommando *Shell* einsetzen. Als Parameter geben Sie den Dateinamen und einen Moduswert an. Der Moduswert bestimmt, in welcher Form das Programm am Bildschirm erscheinen soll:

1. als normales Fenster mit Fokus
2. als Icon mit Fokus (das Programm erscheint zwar in der Taskleiste, sein Fenster wird aber nicht geöffnet)
3. als Vollbild mit Fokus
4. als normales Fenster ohne Fokus
5. als Icon ohne Fokus

Als Defaultmodus gilt merkwürdigerweise der Modus 2, der am allerwenigsten zu gebrauchen ist. Sinnvoll sind Modus 1 (wenn der Anwender mit dem Programm arbeiten soll) oder Modus 7 (wenn das Programm ungestört im Hintergrund laufen soll).

Der Dateiname muss normalerweise vollständig (mit der Endung *.exe und dem gesamten Pfad) angegeben werden. Ohne diese Angaben findet Excel nur Programme, die sich im Windows-Verzeichnis befinden.

Wenn *Shell* als Funktion verwendet wird, liefert sie als Ergebnis die ID-Nummer des Programms zurück. Unter dieser Nummer wird das Programm Windows-intern verwaltet. Die Nummer kann dazu verwendet werden, das Programm zu einem späteren Zeitpunkt mit *AppActivate* wieder zu aktivieren. Durch die folgende Anweisung wird das Notepad-Programm gestartet.

```
ID = Shell("notepad", 2)
```

Beachten Sie bitte, dass VBA nach einer kurzen Verzögerung die Abarbeitung der Prozedur fortsetzt. Excel und das neu gestartete Programm laufen jetzt quasi gleichzeitig und unabhängig voneinander. Es gibt in VBA keine Möglichkeit festzustellen, ob ein Programm schon oder noch läuft. (Sie müssten dazu diverse DLL-Systemfunktionen verwenden, die Informationen über alle laufenden Prozesse ermitteln. Das erfordert aber eine ziemlich diffizile Programmierung, die über das Thema dieses Buchs hinausginge. Details finden Sie im KB-Artikel Q129796 in der MSDN-Library.)

Ein schon geladenes Programm aktivieren

Das Kommando *AppActivate* aktiviert ein bereits geladenes Programm. Dem Kommando wird als Parameter die ID-Nummer eines früheren *Shell*-Kommandos oder der Fenstertitel des zu aktivierenden Programms übergeben. VBA verhält sich bei der Interpretation dieses Parameters ziemlich gnädig: Groß- und Kleinschreibung spielen keine Rolle. Das Programm wird aktiviert, sobald es eindeutig identifizierbar ist.

AppActivate aktiviert das Programm, verändert aber nicht dessen Zustand. Wenn das Programm gerade den Zustand eines Icons aufweist, dann bleibt dieser Zustand erhalten.

Versuche, das Programm mit *SendKeys* in einen definierten Zustand zu versetzen (etwa mit Alt+Leertaste, Strg+W) scheitern daran, dass Excel die Tastenkombination für sich in Anspruch nimmt (weil es nach *AppActivate* eine Weile dauert, bis das Programm wirklich aktiviert wird). Falls *AppActivate* das angegebene Programm nicht finden kann, kommt es zum Fehler 5 („Ungültiger Prozeduraufruf").

Microsoft-Anwendungsprogramme starten bzw. aktivieren

Falls Sie nicht ein beliebiges Programm starten möchten, sondern eines der Microsoft-Anwendungsprogramme (insbesondere also Word, Access etc.), können Sie auch die Methode *ActivateMicrosoftApp* verwenden. Die Methode hat gegenüber *Shell* den Vorteil, dass Sie den genauen Dateinamen des Programms nicht wissen müssen.

An *ActivateMicrosoftApp* wird eine Konstante übergeben, die das Programm identifiziert (siehe Excel-Hilfe). Bedauerlicherweise fehlen in der Liste der Programme, die aktiviert werden können, die elementarsten Windows-Programme (etwa der Explorer).

Falls das Programm schon läuft, wird es wie mit *AppActivate* aktiviert. Die Methode liefert als Ergebnis *True* zurück, wenn der Programmstart bzw. die Aktivierung geglückt ist, andernfalls *False*.

```
Application.ActivateMicrosoftApp xlMicrosoftWord
```

Das aktive Programm steuern

Die einfachste Möglichkeit, ein mit *Shell*, *AppActivate* oder *ActivateMicrosoftApp* gestartetes bzw. aktiviertes Programm zu steuern, bietet das Kommando *SendKeys*: Es simuliert für das gerade aktive Programm eine Tastatureingabe. Die Syntax für die Zeichenkette, die als Parameter an *SendKeys* übergeben wird, können Sie der Hilfe entnehmen.

Auch wenn die Möglichkeiten von *SendKeys* auf den ersten Blick recht attraktiv aussehen, ist es in der Praxis so gut wie unmöglich, damit wirklich ein Programm zu steuern. Die Steuerung von Excel scheitert zumeist daran, dass die per *SendKeys* simulierten Tasten erst dann verarbeitet werden können, wenn kein VBA-Makro mehr läuft. Die Steuerung fremder Programme scheitert daran, dass Sie nicht in jedem Fall vorhersehen können, wie sich das Programm verhält. Außerdem müssen Sie darauf achten, dass Sie die Tasten nicht zu schnell senden – sonst werden Tasten „verschluckt" oder falsch interpretiert. Die Geschwindigkeit des zu steuernden Programms hängt wiederum von der Rechnergeschwindigkeit ab. Kurz und gut: *SendKeys* eignet sich für ein paar nette Gags, aber nicht ernsthaft für die Steuerung eines Programms.

Neben dieser recht inflexiblen Steuerungsmöglichkeit kennt VBA noch zwei intelligentere Verfahren: ActiveX und DDE. ActiveX wurde ja bereits ausführlich behandelt. DDE steht für Dynamic Data Exchange und bezeichnet einen (schon ziemlich alten) Steuerungsmechanismus, der bereits unter Windows 95 kaum mehr Bedeutung hatte und in diesem Buch nicht weiter beschrieben wird.

15.6.7 Syntaxzusammenfassung

sh steht für ein Tabellen- oder Diagrammblatt, *oleob* für ein OLE-Objekt.

Programmstart und -steuerung	
id= Shell(„datname")	fremdes Programm starten
AppActivate „fenstertitel"	bereits laufendes Programm
AppActivate id	aktivieren
Application.ActivateMicrosoftApp xlXy	MS-Programm starten/aktivieren
SendKeys „.."	simuliert Tastatureingabe

OLE, ActiveX-Automation	
sh.OLEObjects(..)	Zugriff auf OLE-Objekte
sh.OLEObjects.Add ...	neues OLE-Objekt erzeugen
sh.Pictures.Paste link:=True	OLE-Objekt aus Zwischenablage einfügen
oleob.Select	wählt Objekt aus (normaler Mausklick)
oleob.Activate	aktiviert Objekt (Doppelklick)
oleob.Verb xlOpen/xlPrimary	führt OLE-Kommando aus
oleob.Update	aktualisiert verknüpftes OLE-Objekt
oleob.Delete	löscht OLE-Objekt
oleob.Object	Verweis für ActiveX-Automation
obj = GetObject(„ ", „ole-bezeichn")	Verweis für ActiveX-Automation

■ 15.7 64-Bit-Programmierung

Seit der Versionsnummer 2010 wird Excel sowohl in einer 32- als auch einer 64-Bit-Version angeboten. Letztere bietet den Vorteil, den gesamten Arbeitsspeicher eines 64-Bit-Windows-Systems nutzen zu können. Davon profitiert das Programm insbesondere beim Umgang mit sehr großen Arbeitsmappen, die mehr als 2 GByte RAM für sich beanspruchen dürfen. Ein weiterer 64-Bit-Vorteil ist die sogenannte hardware-gestützte Datenausführungsverhinderung. Die soll Sicherheitslücken im Zusammenhang mit Pufferüberlaufen schließen und damit die Angriffsfläche für Viren und Würmer deutlich verringern.

15.7.1 Kompatibilitätsprobleme

Den genannten Vorteilen stehen allerdings diverse Nachteile gegenüber, die insbesondere die Kompatibilität mit vorhandenen Makros, Add-ins, Datenbanken und sonstigen Excel-Erweiterungen betreffen. So verwendet die 64-Bit-Version von Excel beispielsweise eine ebenso breite Variante des Windows-eigenen *Graphics Device Interface* (GDI), um ihre Diagramme und sonstigen Hochglanzgrafiken zu rendern. Das 64-Bit-GDI unterstützt aber keine MMX-Befehle mehr, die eine besonders schnelle, weil parallele Verarbeitung von Grafik- und Videodaten auf Intel-Prozessoren ermöglichen. Das stellt allen Excel-Erweiterungen mit MMX-gestützten Multimedia-Ambitionen den Stuhl vor die 64-Bit-Tür. Add-ins dieser Art dürfte es allerdings nicht allzuviele geben.

Da wiegt der Ausschluss aller kompilierten Datenbankdateien (*.mde oder *.accde), die je mit einer 32-Bit-Ausgabe von Microsoft Access erstellt wurden, deutlich schwerer. Eine Neukompilierung mit der jüngsten 64-Bit-Variante des Datenbankprogramms kann dieses Problem zwar lösen, erfordert allerdings Zugriff auf die originären ACCDB- oder MDB-Dateien. Die jedoch rücken die Entwickler nur selten heraus, da die verwendeten Programmcodes darin für jedermann einsehbar sind.

Problemfall ActiveX

Noch schwerwiegender dürfte die Verweigerungshaltung von Excel 64 Bit in Bezug auf *ActiveX-Steuerelemente* und *COM-Add-Ins* (siehe Abschnitt 15.1) sein. Dabei handelt es sich durchweg um 32-Bit-Binärdateien, die ein 64-Bit-Prozess grundsätzlich nicht laden kann. Und das ist ein wirkliches Problem, da nahezu jede programmierte Lösung, die die funktionalen Grenzen von Excel wirksam erweitert, COM- und ActiveX-Elemente verwendet: als Userform-Control (Steuerelement) für besondere Aufgaben, als Funktionsbibliothek oder Fernsteuerung für beliebige (COM-fähige) Anwendungen beispielsweise.

Zwar lässt sich auch dieses Problem grundsätzlich durch Neukompilierung beseitigen. Dazu braucht es allerdings einen geeigneten 64-Bit-Compiler, sämtliche Quellcodes sowie ein nicht unerhebliches Know-how. Als Endanwender ohne Programmiererfahrung wird man daher in der Regel warten müssen, bis der Software-Hersteller eine 64-Bit-Version seines ActiveX-Controls beziehungsweise COM-Add-Ins herausgibt.

Problemfall Windows-API

Wenn ein Excel-Entwickler die VBA-Grenzen sprengen will, verwendet er ebenfalls sehr häufig das *Application Programming Interface* (API) von Windows, das seine zahllosen Funktionen in Form von Dynamic Link Libraries (siehe Abschnitt 15.5) zur Verfügung stellt. Für die Verwaltung von Fenster-Handles und Adresszeigern verwenden API-Funktionen standardmäßig den 32-Bit-Datentyp *Long* – was in einem 64 Bit breiten Adressraum schwere Komplikationen bis hin zum Programmabsturz verursachen kann.

Probleme dieser Art kann der Entwickler allerdings selbst lösen – mit den einschlägigen Werkzeugen der neuen VBA-Version 7.0, die wir Ihnen im Folgenden anhand eines praktischen Beispiels vorstellen möchten.

Hinweis

Microsoft bietet ein nützliches Tool an, mit dem Sie die 64-Bit-Verträglichkeit vorhandener Excel-Erweiterungen überprüfen können. Sie finden den *Microsoft Office Code Compatibility Inspector* unter der folgenden Adresse *[Link 35]*:

http://www.microsoft.com/downloads/details.aspx?FamilyID=23C8A7F6-88B3-48EF-9710-9742340562C0

15.7.2 Ein problematisches (32-Bit-)Beispiel

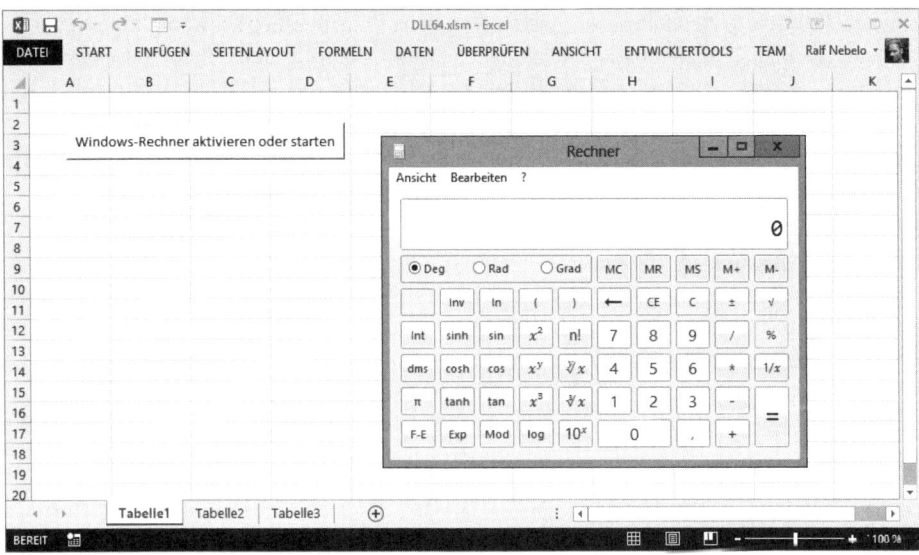

BILD 15.13 Das Beispielprogramm nutzt diverse API-Funktionen, die den Windows-Rechner je nach Zustand starten oder aktivieren.

Wenn ein VBA-Makro eine externe Anwendung wie den Windows-Rechner beispielsweise aufrufen soll, muss es diese natürlich starten können, was mit der *Shell*-Anweisung von VBA (siehe Abschnitt 15.6.6) auch keinerlei Probleme bereitet. Um mehrfache Starts und die damit verbundene Verschwendung von Rechnerressourcen zu vermeiden, sollte das Makro allerdings vorher prüfen, ob die Anwendung nicht bereits läuft. Mit VBA geht das nicht, das Windows-API hält dagegen gleich mehrere Lösungen bereit.

Die meistgenutzte Lösung dürfte der Einsatz der Funktion *FindWindow* sein, die man nach Auskunft der üblichen API-Dokumentationen wie folgt deklarieren muss, um sie in einem Makro nutzen zu können:

```
Declare Function FindWindow Lib "user32" Alias "FindWindowA" _
  (ByVal lpClassName As String, ByVal lpWindowName As String) _
  As Long
```

Wie man sieht, besitzt die *FindWindow*-Funktion zwei Argumente, die der zweifelsfreien Identifikation der gewünschten Anwendung dienen. Das erste Argument *lpClassName* benennt den sogenannten Klassennamen, eine vom jeweiligen Programmierer festgelegte Bezeichnung der zentralen Anwendungskomponente, die beim Windows-Rechner „CalcFrame" lautet (der Klassenname von Excel ist „XLMAIN", der von Word „OpusApp"). Kennt man den Klassennamen nicht, gibt sich *FindWindow* auch mit dem Titel des Anwendungsfensters zufrieden, den man im zweiten Argument *lpWindowName* übergibt. Im Fall des Windows-Rechners lautet dieser schlicht „Rechner".

Findet *FindWindow* ein Anwendungsfenster, das den angegebenen Argumenten entspricht, dann liefert die API-Funktion im Gegenzug dessen „Handle" zurück. Das ist eine eindeutige Fensternummer, die das aufrufende Makro – ebenfalls laut API-Dokumentation – in einer Variablen vom Typ *Long* entgegenzunehmen hat. Das könnte ungefähr so aussehen:

```
Dim lngWindowHandle As Long
lngWindowHandle = FindWindow(vbNullString, "Rechner")
```

Mit einer simplen *If-Then-Else*-Abfrage wie der folgenden kann das Makro dann schnell die passenden Schlüsse ziehen und angemessen reagieren:

```
If lngWindowHandle = 0 Then
  Shell "calc.exe"
Else
  Dim lngResult As Long
  lngResult = ShowWindow(lngWindowHandle, SW_RESTORE)
  lngResult = SetForegroundWindow(lngWindowHandle)
End If
```

Die *If*-Anweisung prüft den Wert des zurückgelieferten Handles. Ist der gleich null, läuft der Windows-Rechner offensichtlich nicht, da er ja kein (nummeriertes) Anwendungsfenster besitzt. In dem Fall startet das Makro den Rechner per *Shell*-Anweisung. Liegt der Handle-Wert aber über null, gibt es bereits ein Anwendungsfenster, das nur noch aktiviert werden muss. Das erledigt das Makro im *Else*-Abschnitt mithilfe von zwei weiteren API-Funktionen: Die *ShowWindow*-Funktion bringt das Anwendungsfenster zunächst in seine normale Größe (es könnte ja zum Symbol verkleinert sein), so dass es die *SetForegroundWindow*-Funktion in den Vordergrund holen kann (es könnte ja von anderen Fenstern verdeckt sein).

Der Datentyp LongPtr

Wenn Sie das obige Beispiel mit der 32-Bit-Version von Excel ausführen, werden Sie keinerlei Probleme bemerken. Die ergaben sich erst mit der 64-Bit-Version des Kalkulationsprogramms. Auslöser ist *lngWindowHandle*, eine Variable vom Datentyp *Long*, die das von *FindWindow* bereitgestellte Handle des Anwendungsfensters aufnehmen soll. Und das funktioniert in einer 64-Bit-Umgebung nicht, da Handles hier volle 64 Bit beanspruchen, von denen der stets nur 32 Bit „breite" Datentyp *Long* dann nur noch die Hälfte speichern kann. Das gleiche Problem tritt übrigens auch bei „Pointern" auf, das sind vom Windows-API gelieferte Variablen, die auf bestimmte Speicheradressen verweisen.

Damit die Zuweisung von Handles und Pointern nun auch ohne kapitalen Absturz in einem 64-Bit-Excel gelingt, hat Microsoft den Sprachumfang von VBA erstmals seit vielen Jahren wieder (und ausschließlich zu diesem Zweck) erweitert. Wichtigste diesbezügliche Errungenschaft der VBA-Version 7.0 ist der „intelligente" Datentyp *LongPtr*. Der passt seine Bit-Breite automatisch an die der verwendeten Excel-Version an: Im Fall eines 32-Bit-Excels speichert er also 32-Bit-Werte, bei einem 64-Bit-Excel nimmt er entsprechend 64-Bit-Werte auf.

Somit eignet sich der Datentyp *LongPtr* ideal für die Aufnahme von Handles und Pointern, die als Argument oder Rückgabewert von API-Funktionen in Erscheinung treten. Wurden die zugehörigen Variablen bislang „As Long" definiert, so müssen diese Definitionen nun also einfach in „As LongPtr" geändert werden, um eine vorhandene Excel-Lösung 64-Bit-tauglich zu machen.

Der *FindWindow*-Aufruf aus unserem Beispiel würde dann so aussehen:

```
' Beispiel 15\DLL64.xlsm
Dim lngWindowHandle As LongPtr
lngWindowHandle = FindWindow(vbNullString, "Rechner")
```

Hinweis

Die vermeintliche „Intelligenz" des Datentyps *LongPtr* ist nichts weiter als ein cleverer Trick. Der besteht darin, sämtliche *LongPtr*-Variablen je nach Bit-Breite der Excel-Version in den real existierenden Datentyp *Long* (32 Bit) beziehungsweise dessen neuesten Kollegen *LongLong* (64 Bit) umzuwandeln. ∎

Das Schlüsselwort PtrSafe

Mit der Makrointernen Umstellung der Variablen *lngWindowHandle* auf den Datentyp *LongPtr* ist es aber nicht getan. Schließlich „weiß" Excel ja noch gar nicht, dass es sich beim Rückgabewert von *FindWindow* um ein Handle mit variabler Bitbreite handelt. Damit der ausführende VBA-Interpreter von diesem Umstand Kenntnis erhält, muss man die Deklarationszeile der API-Funktion ebenfalls wie folgt ändern:

```
' Beispiel 15\DLL64.xlsm
Declare PtrSafe Function FindWindow Lib "user32" Alias _
  "FindWindowA" (ByVal lpClassName As String, ByVal _
  lpWindowName As String) As LongPtr
```

Die Unterschiede zum Original liegen nicht nur am Ende der Deklarationszeile, wo der Datentyp des Rückgabewerts von *Long* in *LongPtr* geändert wurde, sondern auch in der zusätzlichen Verwendung des Schlüsselworts *PtrSafe*. Es informiert den VBA-Interpreter darüber, dass die *Declare*-Anweisung für die 64-Bit-Version von Excel geschrieben wurde. Ohne dieses Schlüsselwort tritt bei Verwendung der *Declare*-Anweisung auf einem 64-Bit-System ein Kompilierungsfehler auf. Bei der 32-Bit-Version von Excel ist das *PtrSafe*- Schlüsselwort optional. Auf diese Weise wird die Funktion vorhandener *Declare*-Anweisungen nicht beeinträchtigt.

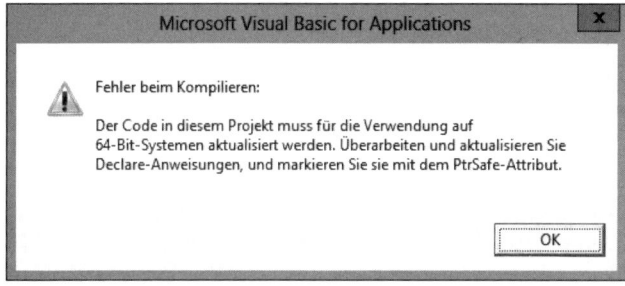

BILD 15.14
In der 64-Bit-Version von Excel müssen *Declare*-Anweisungen zwingend das Schlüsselwort *PtrSafe* enthalten, sonst gibt es Gemecker in Form dieser Fehlermeldung.

Während die Kennzeichnung durch das Schlüsselwort *PtrSafe* also zwingend ist für den 64-Bit-Einsatz, sollte man Datentypänderungen in *Declare*-Anweisungen nur sehr gezielt vornehmen. Die Online-Hilfe von VBA und viele Internetquellen erwecken zwar den Eindruck, als müsste man den Datentyp *sämtlicher* Argumente oder Rückgabewerte von *Long* auf *LongPtr* umstellen. Tatsächlich ist das aber nur bei solchen Argumenten oder Rückgabewerten erforderlich, die für die bilaterale Weitergabe eines Handles oder Pointers verantwortlich sind. Alle anderen Argumente oder Rückgabewerte dürfen ihrem Datentyp *Long* unverändert treu bleiben.

Bei der Deklaration der API-Funktionen *ShowWindow* und *SetForegroundWindow* ist eine Datentypänderung somit nur für das Argument *hwnd* notwendig, das in beiden Fällen das von *FindWindow* gelieferte Handle des Anwendungsfensters übergibt. Als Rückgabewert geben beide Funktionen einen numerischen (Fehler-)Code zurück, der in jedem Fall in einer *Long*-Variablen Platz findet. Die 64-Bit-tauglichen *Declare*-Anweisungen sehen folglich so aus:

```
' Beispiel 15\DLL64.xlsm
Declare PtrSafe Function ShowWindow Lib "user32" (ByVal _
    hwnd As LongPtr, ByVal nCmdShow As Long) As Long
Declare PtrSafe Function SetForegroundWindow Lib "user32" (ByVal _
    hwnd As LongPtr) As Long
```

Da die beiden API-Routinen somit auch in einer 64-Bit-Umgebung „nur" einen *Long*-Wert zurückgeben, genügt für dessen Aufnahme innerhalb des Makros selbstverständlich auch weiterhin eine Variable desselben Typs. Der entsprechende Aufrufcode in der *If-Then-Else*-Abfrage unseres Beispiels erfordert daher keinerlei Änderungen:

```
' Beispiel 15\DLL64.xlsm
Dim lngResult As Long
lngResult = ShowWindow(lngWindowHandle, SW_RESTORE)
lngResult = SetForegroundWindow(lngWindowHandle)
```

Bedingte Kompilierung

Der Datentyp *LongPtr*, das Schlüsselwort *PtrSafe* und einige andere Elemente, die vollständig in der nachfolgenden Syntaxzusammenfassung dokumentiert sind, sind Neuerungen der VBA-Version 7.0 und stehen damit – vom Datentyp *LongLong* einmal abgesehen – sowohl in der 64- als auch der 32-Bit-Version von Excel zur Verfügung. Somit dürfte jeder VBA-Code, der ursprünglich für die 64-Bit-Fassung von Excel entwickelt wurde und die neuen Elemente für den Umgang mit API-Funktionen nutzt, auch in der 32-Bit-Version funktionieren. Die Codeverträglichkeit endet allerdings schon bei der Excel-Version 2007, die es ja ausschließlich in einer 32-Bit-Fassung gibt und deren VBA-Version 6.5 Elemente wie *LongPtr*, *PtrSafe* & Co natürlich völlig unbekannt sind.

Man kann trotzdem „allgemeingültigen" VBA-Code schreiben, der API-Funktionen nutzt und dennoch mit allen Bitbreiten und VBA-Varianten bis hinunter zur Version 6.0 (die mit Excel 2000 eingeführt wurde) zurecht kommt. Das Mittel der Wahl heißt „Bedingte Kompilierung" und wurde in Excel 2010/2013 um eine neue Konstante namens *VBA7* erweitert. Die ermöglicht eine saubere Codetrennung für die jüngste VBA-Version und alle VBA-Versionen davor. Das Grundmuster sieht so aus:

```
#If VBA7 Then
   'Anweisungen für VBA 7.0
#Else
   'Anweisungen für frühere VBA-Versionen
#End If
```

Wird der obige Code in Excel (egal, ob 32 oder 64 Bit) ausgeführt, pickt sich der VBA-Interpreter exklusiv die Anweisungen heraus, die im *#If*-Abschnitt durch die Kompilierungskonstante *VBA7* gekennzeichnet sind. Älteren VBA-Interpretern ist die Konstante unbekannt; sie verzweigen daher automatisch in den *#Else*-Abschnitt des Codeblocks.

Im Fall unseres Beispiels würde man die bedingte Kompilierung unter anderem für eine versionsgerechte Deklaration der beteiligten API-Funktionen einsetzen, und zwar so:

```
' Beispiel 15\DLL64.xlsm
#If VBA7 Then
   Declare PtrSafe Function FindWindow Lib "user32" Alias _
     "FindWindowA" (ByVal lpClassName As String, ByVal _
     lpWindowName As String) As LongPtr
   Declare PtrSafe Function ShowWindow Lib "user32" _
     (ByVal hwnd As LongPtr, ByVal nCmdShow As Long) As Long
   Declare PtrSafe Function SetForegroundWindow Lib _
     "user32" (ByVal hwnd As LongPtr) As Long
#Else
   Declare Function FindWindow Lib "user32" Alias _
     "FindWindowA" (ByVal lpClassName As String, ByVal _
     lpWindowName As String) As Long
   Declare Function ShowWindow Lib "user32" (ByVal hwnd As _
     Long, ByVal nCmdShow As Long) As Long
   Declare Function SetForegroundWindow Lib "user32" (ByVal _
     hwnd As Long) As Long
#End If
```

Darüber hinaus käme die bedingte Kompilierung auch innerhalb des Makros für die Aktivierung des Windows-Rechners zum Einsatz, und zwar bei der Deklaration der Variablen *lngWindowHandle*:

```
' Beispiel 15\DLL64.xlsm
Public Sub RechnerAktivierenOderStarten()
    #If VBA7 Then
        Dim lngWindowHandle As LongPtr
    #Else
        Dim lngWindowHandle As Long
    #End If

    lngWindowHandle = FindWindow(vbNullString, "Rechner")
    If lngWindowHandle = 0 Then
        Shell "calc.exe"
    Else
        Dim lngResult As Long

        lngResult = ShowWindow(lngWindowHandle, SW_RESTORE)
        lngResult = SetForegroundWindow(lngWindowHandle)
    End If
End Sub
```

 Hinweis

Das vollständige Beispiel finden Sie in der Datei *DLL64.xlsm* im Unterordner 15 der Beispieldateien. ∎

15.7.3 Syntaxzusammenfassung

Neue Elemente von VBA 7.0 für die 64-Bit-Programmierung	
CLngLng	konvertiert einen Wert in den Datentyp LongLong
CLngPtr	konvertiert einen Wert in den Datentyp LongPtr
LongLong	8-Byte-Datentyp, der nur in 64-Bit-Versionen von Excel 2010/2013 zur Verfügung steht
LongPtr	variabler Datentyp, der auf 32-Bit-Versionen von Excel 2010/2013 als 4-Byte-Datentyp (Long) und auf 64-Bit-Versionen als 8-Byte-Datentyp (LongLong) ausgelegt ist
ObjPtr	Objektkonverter; gibt auf 64-Bit-Versionen LongPtr und auf 32-Bit-Versionen Long zurück
PtrSafe	gibt an, dass die Declare-Anweisung mit 64-Bit-Systemen kompatibel ist
StrPtr	Zeichenfolgenkonverter; gibt auf 64-Bit-Versionen LongPtr und auf 32-Bit-Versionen Long zurück
VarPtr	Variantenkonverter; gibt auf 64-Bit-Versionen LongPtr und auf 32-Bit-Versionen Long zurück
VBA7	Konstante, die die bedingte Kompilierung von Anweisungblöcken für VBA 7 und ältere VBA-Versionen ermöglicht

■ 15.8 Visual Studio Tools for Office

Die folgenden Ausführungen sind *nicht* als vollständige Einführung in die Office-Programmierung mit den Visual Studio Tools gedacht. Das Thema ist viel zu komplex, um es im Rahmen eines VBA-Buchs auch nur halbwegs mit der gebotenen Ausführlichkeit behandeln zu können. Dieser Abschnitt beschränkt sich daher auf die Vermittlung der wichtigsten Grundlagen. Vor allem aber soll er Ihnen anhand praktischer Beispiele zeigen, wie relativ einfach sich anspruchsvolle Programmieraufgaben mithilfe der Visual Studio Tools bewältigen lassen.

Um die Beispiele nachvollziehen zu können, sind grundlegende Kenntnisse in der Programmiersprache Visual Basic .NET (alias „VB.NET") sowie im Umgang mit der Visual-Studio-Entwicklungsumgebung erforderlich.

Hinweis

Falls Sie noch nicht über .NET-Erfahrungen verfügen, können Sie das leicht nachholen. Dazu müssen Sie sich nur die kostenlose (!) Visual Basic 2012 Express Edition beschaffen und damit ein wenig experimentieren. Die Download-Datei und weiterführende Infos finden Sie auf der folgenden Internetseite *[Link 36]*:

http://msdn.microsoft.com/vstudio/express/vb/default.aspx

Mit dieser „kleinsten" Version von Visual Studio können Sie aber nur eigenständige Windows-Anwendungen programmieren. Für die Entwicklung von Office-Lösungen ist die Anschaffung der Professional-Version von Visual Studio unvermeidlich. ■

15.8.1 Bestandsaufnahme: die Grenzen von VBA

VBA dürfte mit Sicherheit noch einige Zeit das wichtigste Werkzeug für die Entwicklung eigener Excel-Lösungen bleiben – allein schon, weil es integraler Bestandteil des Kalkulationsprogramms ist und somit keine Extrakosten verursacht. In Kapitel 2.3 war allerdings schon von einigen Programmieraufgaben die Rede, die sich mit reinem VBA nicht mehr lösen lassen. Als Beispiele wurden das Anlegen von individuellen Aufgabenbereichen („Custom Task Panes") und Smart Tags genannt. Darüber hinaus kann man mit der Makrosprache keine SharePoint-Lösungen für die Teamarbeit entwickeln. Und auch jenseits des unmittelbaren Office-Bereichs stößt man mit VBA auf viele weitere Grenzen. Beispielsweise bei der Beschaffung von System- oder Netzwerkinfos, beim Zugriff auf Web Services (ohne das passende Toolkit) oder der Interpretation von regulären Ausdrücken, um nur wenige Beispiele zu nennen.

Der größte Nachteil der Makrosprache VBA aber ist ihre mangelnde Sicherheit. Dieser Umstand bescherte der Welt die erste große Welle von Computerviren und zwang Microsoft zur Einführung der unseligen Makrosicherheitsstufen. Diese verringerten das Virenrisiko zwar deutlich, hinderten den Anwender aber häufig nur am bestimmungsgemäßen Gebrauch von Office-Lösungen.

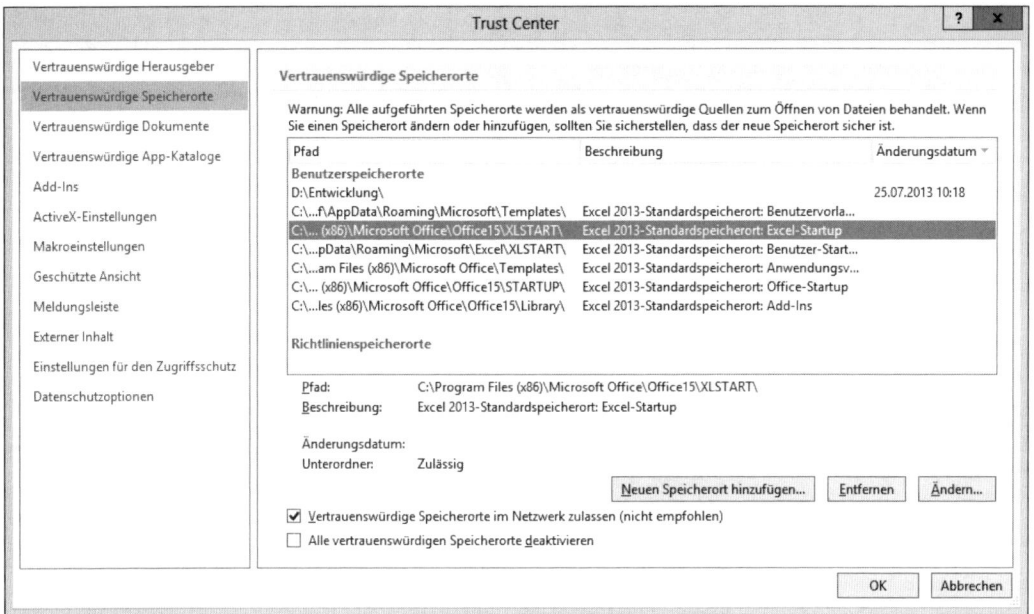

BILD 15.15 Auch wenn in Excel u. a. der Speicherort über die Vertrauenswürdigkeit von VBA-Lösungen entscheidet, macht das diese nicht wirklich sicher.

War eine solche nämlich *nicht* mit einem offiziellen digitalen Zertifikat versehen (das für nichtkommerzielle Entwickler unerschwinglich ist), so konnte sich der sicherheitsbewusste Anwender eigentlich nur zwischen zwei Übeln entscheiden: der Abschaltung aller Makros oder dem ständigen Auftauchen von ultranervigen Warnhinweisen und „Sind Sie sicher?"-Dialogen. (Der mit Office 2007 eingeführte Ansatz, wo der Speicherort eines Dokuments über dessen Vertrauenswürdigkeit entscheidet, ist da eine echte Verbesserung.)

Möchte man sich nicht mehr länger mit den Beschränkungen von VBA zufriedengeben, gibt es derzeit nur eine Alternative, und die heißt *Visual Studio Tools for Office*.

15.8.2 VSTO: Profi-Werkzeug für Profi-Entwickler

Die Visual Studio Tools for Office (oder kurz: VSTO) sind seit der Version 2008 ein integraler Bestandteil von Microsofts Visual Studio Professional. Sie erlauben die .NET-basierte Entwicklung von „smarten" Dokumenten und Add-ins für alle Office-Anwendungen in den Versionen 2003 bis 2013 mit Ausnahme von Access.

Die Visual Studio Tools vereinen das Beste aus zwei (Programmier-)Welten. Sie können einerseits auf die Objektmodelle aller Office-Anwendungen zugreifen, womit sie annähernd die gleichen Möglichkeiten bieten wie VBA. Darüber hinaus aber besitzen die Tools Zugriff auf die gesamte Funktionalität des .NET Frameworks. Dabei handelt es sich um eine wirklich gigantische Klassenbibliothek, die viele Tausend Funktionen bereitstellt, mit denen Sie – bei entsprechendem Überblick – nahezu jede Programmieraufgabe lösen können.

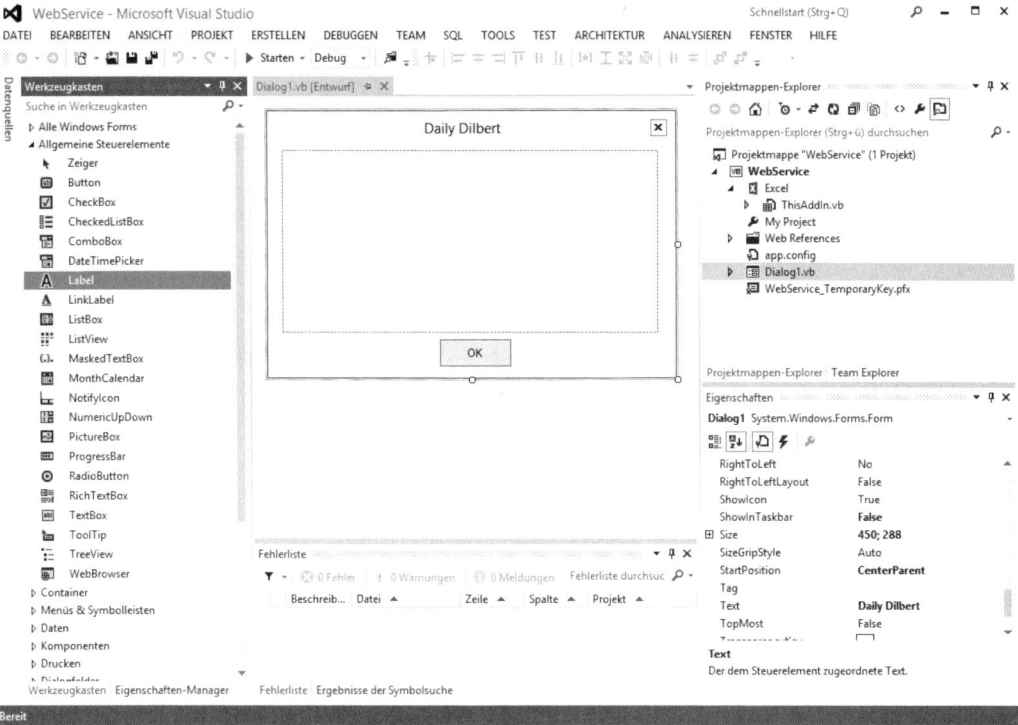

BILD 15.16 Die Entwicklungsumgebung der Visual Studio Tools for Office ist extrem leistungsfähig und komfortabel.

Im Vergleich zu VBA ist der Leistungszuwachs beim Einsatz der Visual Studio Tools also gewaltig. Als „Zugaben" erhalten Sie eine außerordentlich komfortable Entwicklungsumgebung sowie ein Maximum an Sicherheit, das die .NET-Technologie durch das Konzept des „verwalteten Codes" bereitstellt. Dabei überwacht eine Laufzeitumgebung die Berechtigung jeder einzelnen Codezeile, bevor sie diese zur Ausführung an den Prozessor übergibt.

Anders als bei VBA müssen Entwickler auch keine Ausspähung ihres geistigen Eigentums befürchten, da der Code von .NET-Programmen grundsätzlich kompiliert vorliegt und sich darüber hinaus wirkungsvoll (und mit Bordmitteln) gegen jede Form von „Reverse Engineering" schützen lässt.

Und schließlich sei auch noch erwähnt, dass Office-Lösungen, die mit den Visual Studio Tools entwickelt wurden, standardmäßig über „ordentliche" Installationsroutinen verfügen. Bastellösungen, wie sie etwa bei VBA-Add-ins üblich sind, entfallen damit vollständig.

Im Gegenzug müssen sich umstiegswillige VBA-Entwickler aber an viele neue Konzepte, eine konsequente Objektorientierung sowie neue Programmiersprachen wie Visual Basic .NET oder C# gewöhnen. Für einen ersten Überblick empfiehlt sich ein Besuch des (englischsprachigen) VSTO-Developer-Portals, das unter der folgenden Adresse *[Link 37]* zu finden ist:

http://msdn2.microsoft.com/de-de/Office/aa905533.aspx

Das größte Hindernis für den potenziellen Umsteiger aber dürfte der Preis von Visual Studio Professional sein, der bei rund 900 Euro liegt. (Ein Preisvergleich im Internet fördert natürlich auch günstigere Angebote zutage.) Für professionelle Office-Entwickler lohnt die Investition dennoch auf jeden Fall, da sie mit den Visual Studio Tools sozusagen von der Amateur- in die Bundesliga wechseln und nie mehr wertvolle Arbeitszeit für das Umgehen von VBA-Schwächen verlieren werden.

15.8.3 Grundlagen des VSTO-Einsatzes

Projektvorlagen

Mit den Projektvorlagen der Visual Studio Tools können Sie sowohl dokumentbasierte Office-Lösungen als auch COM-Add-Ins entwickeln.

Im ersten Fall steht die Lösung nur in dem konkreten Dokument zur Verfügung, wie Sie es von einem mit VBA-Makros ausgestatteten Word- oder Excel-Dokument her kennen. Die Codespeicherung erfolgt hier allerdings extern in einer separaten DLL-Datei, die mit dem Dokument verknüpft ist („Code behind"-Prinzip). Darüber hinaus können Sie auch Dokumentvorlagen mit VSTO-Code ausstatten. Der ist dann in allen Dokumenten, die auf der Grundlage dieser Vorlage erstellt werden, abrufbar.

Den größten Wirkungsgrad aber erzielen Sie mit COM-Add-Ins. Der darin gespeicherte Code ist prinzipiell auf Anwendungsebene und damit aus *jedem* Dokument heraus nutzbar. COM-Add-Ins sind somit funktional mit den globalen Dokumentvorlagen in Word, der Persönlichen Arbeitsmappe in Excel und natürlich auch mit VBA-Add-ins vergleichbar.

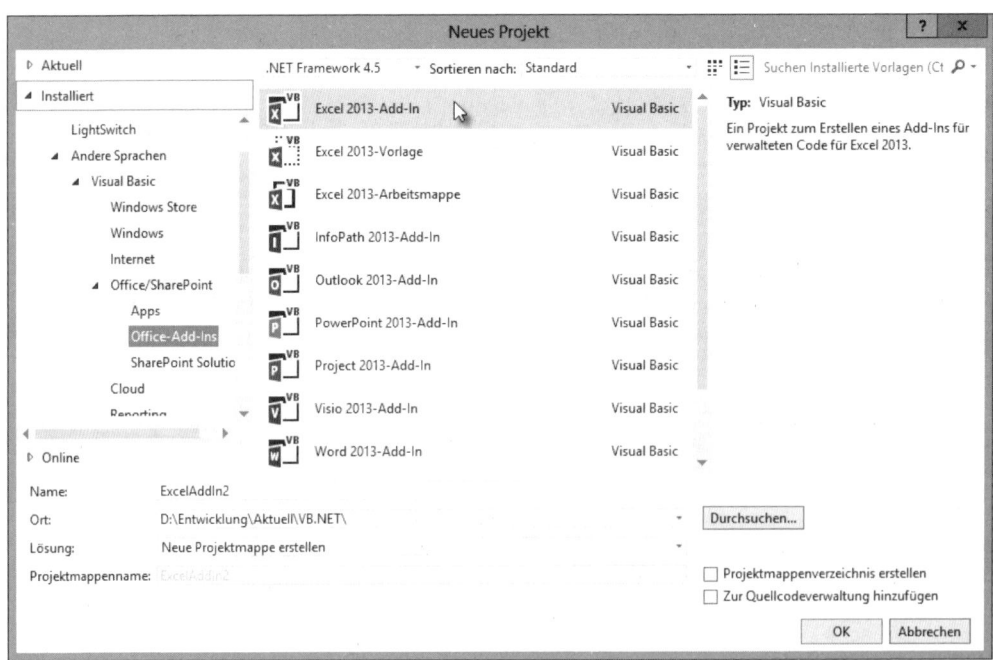

BILD 15.17 Mit den Projektvorlagen von Visual Studio 2012 lassen sich u. a. Add-ins für alle Office-2013-Anwendungen mit Ausnahme von Access entwickeln.

Arbeitsmappenprojekte und Controls

Entscheiden Sie sich für die Projektvorlage „Excel 2013-Arbeitsmappe", startet die VSTO-Entwicklungsumgebung eine neue Instanz des Kalkulationsprogramms und hostet diese als „Designer" für das automatisch neu angelegte Dokument. Das heißt: Sie können es nun direkt aus der Entwicklungsumgebung heraus inhaltlich gestalten, wozu Ihnen alle Funktionen der Office-Anwendung zur Verfügung stehen.

Darüber hinaus können Sie die Arbeitsmappe aber auch mit sämtlichen Steuerelementen (.NET-Controls) bestücken, welche der *Werkzeugkasten* der Visual Studio Tools zu bieten hat. Und das sind weit mehr und durchweg leistungsfähigere Exemplare, als Sie es von den VBA-eigenen Userforms gewohnt sind. Hier nur einige Beispiele:

- Die Controls *DateTimePicker* und *MonthCalendar* ermöglichen die mausgesteuerte Auswahl einer Uhrzeit oder eines Datums. Im Gegensatz zum Office-eigenen *Kalender*-Steuerelement sind diese aber auch verfügbar, wenn Access nicht installiert ist.

- Das *ListView*-Control erlaubt die mit grafischen Elementen ausgestattete Anzeige von hierarchisch geordneten Listen, wie sie unter anderem im Windows-Explorer zu bewundern ist.

- Eine Fülle weiterer Controls können Sie direkt mit einer Datenquelle verbinden, was Ihnen die schnelle Realisierung von Datenbankanwendungen erlaubt.

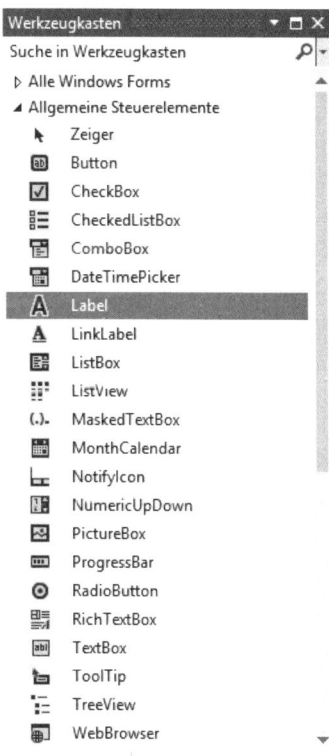

BILD 15.18
Der VSTO-Werkzeugkasten enthält ein reichhaltiges Arsenal an sichtbaren und unsichtbaren Controls.

Über diese und viele weitere Steuerelemente hinaus stellt Ihnen der VSTO-Werkzeugkasten auch *unsichtbare* Controls zur Verfügung. Damit können Sie unter anderem alle wichtigen Windows-Dialogfelder anzeigen, für das einheitliche Öffnen und Speichern von Dateien etwa oder die bequeme Auswahl von Ordnern.

Hilfen bei der Codeeingabe

Über Ereignisroutinen können Sie jedem VSTO-Control innerhalb der Arbeitsmappe die gewünschte Funktionalität verleihen. Das Verfahren unterscheidet sich kaum von dem VBA-üblichen Vorgehen, bei dem nach Auswahl des Ereignisnamens in einem Listenfeld des Editors ein leerer Prozedurrumpf erscheint.

Beim Füllen dieses Rumpfs mit sinnvollem Code unterstützt Sie eine ungleich leistungsfähigere *IntelliSense*-Funktion als beim VBA-Editor. Diese ermöglicht nicht nur einen handbuchfreien Zugriff auf die zahllosen Objekte des .NET Frameworks, sondern meldet formale Fehler wie nicht deklarierte Variablen schon während der Codeeingabe, was den späteren Debugging-Aufwand auf ein Minimum reduziert.

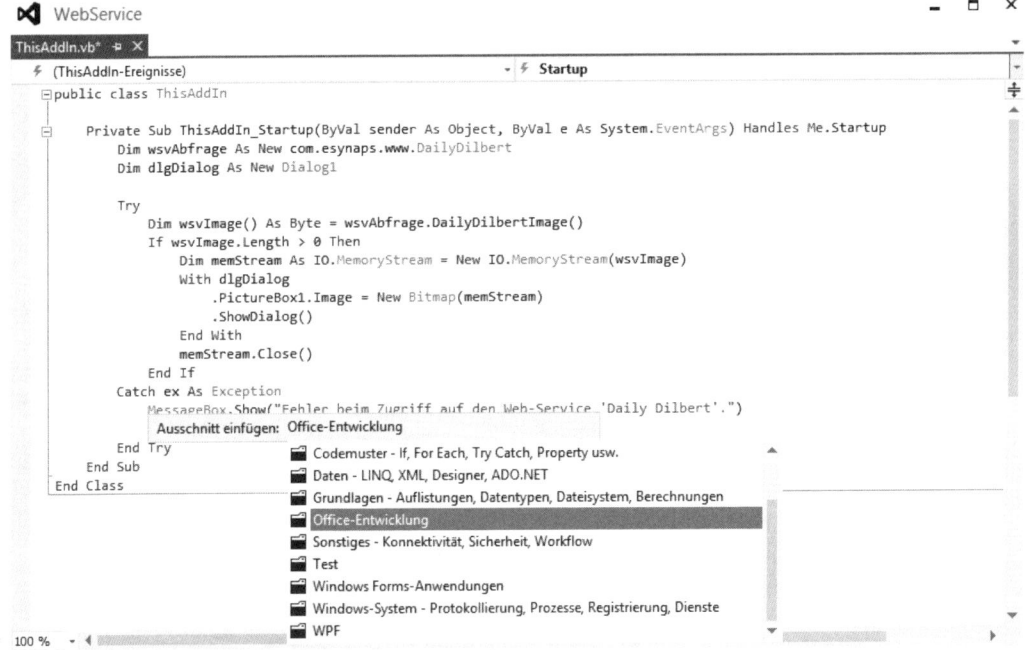

BILD 15.19 Mit den Codeausschnitten steht dem VSTO-Entwickler eine thematisch gegliederte Bibliothek von Codebeispielen zur Verfügung.

Eine integrierte *Autokorrektur* ergänzt fehlende Angaben in Objektbezeichnern, erkennt typische Tippfehler und markiert diese mit einem Smart-Tag-Menü. Darin finden Sie zumeist zutreffende Vorschläge für die Fehlerbehebung. Haben Sie beispielsweise „strng" eingegeben, können Sie den Text mit einem einzigen Mausklick in „String" verwandeln.

Und schließlich stellt Ihnen die IntelliSense-Funktion eine Vielzahl von *Codeausschnitten* (alias „Snippets") zur Verfügung. Dahinter verbirgt sich eine thematisch gegliederte und individuell erweiterbare Bibliothek aus Codebeispielen, die Sie ganz einfach per Mausklick in den Editor übernehmen können.

Ereignisroutinen und wichtige Objekte

Für die Speicherung des Arbeitsmappenprojekts ist das Klassenmodul *ThisWorkbook.vb* zuständig. Das enthält die Ereignisroutinen *ThisWorkbook_StartUp* und *ThisWorkbook_Shutdown*, über die Sie festlegen können, was beim Öffnen respektive Schließen der Arbeitsmappe geschehen soll. Typischerweise finden hier Initialisierungs- und Aufräumarbeiten statt.

Für die Reaktion auf Excel-interne Ereignisse hat das Klassenmodul eine Vielzahl weiterer Ereignisprozeduren zu bieten, darunter etwa die Routine *SheetSelectionChange*, die beim Verschieben der Auswahlmarkierung innerhalb des Arbeitsblatts aufgerufen wird.

Möchten Sie innerhalb einer Ereignisroutine auf irgendeine Eigenschaft oder Methode der Arbeitsmappe zugreifen, so können Sie das mithilfe des Objekts *Globals.ThisWorkbook* tun. Die Anweisung

```
MessageBox.Show(Globals.ThisWorkbook.Name)
```

beispielsweise informiert Sie per Nachrichtendialog über den Namen der Arbeitsmappe, die zum VSTO-Projekt gehört.

Ein weiteres Objekt von zentraler Bedeutung ist *ThisApplication*. Es eröffnet Ihnen den vollständigen Zugriff auf das gesamte Objektmodell von Excel. Sie können damit also alles bewerkstelligen, was auch per VBA machbar ist. So könnten Sie beispielsweise die Excel-eigene *GetOpenFilename*-Methode zur interaktiven Auswahl eines Dateinamens aufrufen und diesen dann in einer zuvor deklarierten String-Variablen speichern:

```
strFilename = ThisApplication.GetOpenFilename()
```

Add-in-Projekte

Entscheiden Sie sich für die VSTO-Projektvorlage „Excel 2013-Add-In", sind die Verhältnisse ähnlich. Das Add-in-Projekt enthält ebenfalls ein zentrales Klassenmodul, das *ThisAddIn.vb* heißt und für die Codespeicherung zuständig ist. Es verfügt über die beiden Ereignisprozeduren *ThisAddIn_Startup* und *ThisAddIn_Shutdown*. Darin können Sie festlegen, was beim Laden beziehungsweise Entfernen des Add-ins geschehen soll. Das Klassenmodul des Add-in-Projekts stellt Ihnen ebenso Ereignisprozeduren für die Reaktion auf Excel-Ereignisse zur Verfügung.

Innerhalb des Codes der Ereignisprozeduren greifen Sie über das Objekt *Application* (anstatt *ThisApplication*) auf sämtliche Excel-Objekte zu. Der Befehl zum Aufruf des Excel-eigenen Dateiwahldialogs würde hier also wie folgt aussehen:

```
strFilename = Application.GetOpenFilename()
```

15.8.4 Beispielprojekte

Nach der kurzen Einführung in die VSTO-Grundlagen folgen nun drei „Mini-Workshops". Die sollen Ihnen Schritt für Schritt zeigen, wie leicht und schnell sich anspruchsvolle Aufgaben der Office-Programmierung mit den Visual Studio Tools lösen lassen.

- Das erste Beispiel realisiert einen individuellen, mit VSTO-Steuerelementen ausgestatteten Aufgabenbereich, der im Office-Jargon als „Custom Task Pane" bezeichnet wird.

- Das nachfolgende Projekt demonstriert das Anpassen der Menüband-Oberfläche von Excel. Im Unterschied zur kombinierten „XML-VBA-Methode" aus Kapitel 8.2 lassen sich dabei aber *sämtliche* Arbeitsschritte in *einer* Entwicklungsumgebung und mithilfe eines grafischen Designers erledigen.

- Im dritten Workshop schließlich dreht sich alles um das Abfragen eines Web Service, der ein auf dem Server gespeichertes Bild in seine Bytes zerlegt und via Internet an den Client überträgt. Dabei sind anders als beim VBA-Beispiel aus Kapitel 15.4 keinerlei Toolkits oder andere „Software-Prothesen" im Spiel, was insbesondere der Stabilität der Lösung zugutekommt.

Zum Verständnis der abgedruckten Codezeilen sind – wie eingangs erwähnt – grundlegende VB.NET-Kenntnisse gefragt.

15.8.4.1 Individuelle Aufgabenbereiche anlegen

> **Hinweis**
>
> Den vollständigen Code dieses Beispielprojekts finden Sie im Unterordner
> 15\VSTO\CustomTaskPane der Beispieldateien. Zum Öffnen des Projekts
> benötigen Sie Visual Studio 2012 Professional.

Mit Excel 2013 und den Visual Studio Tools können Sie sich maßgeschneiderte Aufgabenbereiche zusammenbauen, die auf Anwendungsebene – also unabhängig von Dokumenten – verfügbar sind. (Korrekterweise sollte man von maßgeschneiderten *Dialogflächen* reden, die innerhalb des Aufgabenbereichs, den es nur einmal gibt, angezeigt werden.) Diese sogenannten *Custom Task Panes* sind im Grunde nichts anderes als integrierte Programme, die über eine eigene, von der Office-Anwendung bereitgestellte (und jederzeit ausblendbare) Benutzeroberfläche verfügen. Und dank der tatkräftigen Hilfe der Visual Studio Tools lassen sich diese sehr leicht realisieren, was nun zu beweisen wäre.

Beginnen Sie mit dem Anlegen eines neuen Projekts vom Typ „Excel 2013-Add-In". Fügen Sie diesem über das Kontextmenü des Projektmappen-Explorers ein Benutzersteuerelement hinzu. Es trägt den Standardnamen *UserControl1* und stellt die noch leere Fläche des künftigen Aufgabenbereichs dar. Und die könnten Sie – genau wie das Fenster eines Windows-Programms – mit allen Steuerelementen des VSTO-Werkzeugkastens bestücken.

Im konkreten Fall soll sich die Control-Ausstattung jedoch auf ein *MonthCalendar*-Control und einen einzelnen *Button* beschränken. Die positionieren Sie untereinander auf dem Benutzersteuerelement, was genauso wie bei den Userforms von VBA funktioniert.

BILD 15.20
Das Benutzersteuerelement UserControl1

Der Button soll beim Anklicken den Inhalt der aktuellen Zelle anzeigen. Damit er das tun kann, füllen Sie seine *Click*-Routine, die im Klassenmodul *UserControl1.vb* zu finden ist, mit folgendem Code:

```
MessageBox.Show(Globals.ThisAddIn.Application.ActiveCell.Value)
```

Die *Show*-Methode des *MessageBox*-Objekts zeigt (genau wie die *MsgBox*-Anweisung von VBA) einen Nachrichtendialog an. Der Bezeichner innerhalb der Klammer verweist über das dem Add-in (*Globals.ThisAddIn*) zugeordnete *Application*-Objekt auf den aktuellen Zellinhalt von Excel (*ActiveCell.Value*).

Das MonthCalendar-Control soll in der umgekehrten Richtung mit der aktuellen Arbeitsmappe interagieren, indem es einen Text in die aktuelle Zelle hineinschreibt. Um das zu realisieren, fügen Sie der *DateChanged*-Ereignisprozedur des Controls die folgende Codezeile hinzu:

```
Globals.ThisAddIn.Application.ActiveCell.Value =
   MonthCalendar1.SelectionRange.Start
```

Die Zeile weist der *Value*-Eigenschaft der aktuellen Zelle (*ActiveCell*) das vom Anwender gewählte Datum (*MonthCalendar1.SelectionRange.Start*) zu, wodurch jeder vorhandene Zellinhalt ohne Warnung überschrieben wird.

Damit aus dem einfachen Benutzersteuerelement ein echter Aufgabenbereich wird, stellen Sie dem Klassenmodul *ThisAddIn.vb* die Deklaration eines *CustomTaskPane*-Objekts voran:

```
Public Shared ctpDatum As Microsoft.Office.Tools.CustomTaskPane
```

Danach fügen Sie der *CustomTaskPanes*-Auflistung des Add-ins eine neue Instanz von *UserControl1* hinzu und weisen diese der gerade deklarierten Objektvariablen zu. Das alles geschieht innerhalb einer einzigen Codezeile in der *Startup*-Prozedur des Add-ins:

```
ctpDatum = Me.CustomTaskPanes.Add(New UserControl1, _
  "Mein Aufgabenbereich")
```

Jetzt fehlt nur noch eine Anweisung, die den selbst gebauten Aufgabenbereich sichtbar macht. Sie lautet

```
ctpDatum.Visible = True
```

und taucht gleichfalls in der *Startup*-Prozedur auf, wodurch der Aufgabenbereich vollautomatisch beim Laden des Add-ins in Erscheinung tritt.

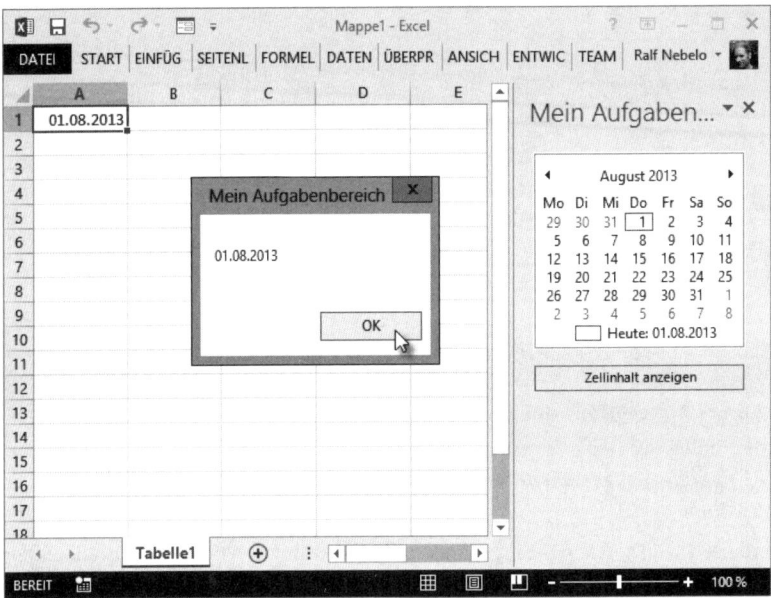

BILD 15.21 Der individuell gestaltete Aufgabenbereich kann in beiden Richtungen mit der aktuellen Arbeitsmappe interagieren.

Wenn Sie sich beim Entladen des Add-ins höflich von Ihren Anwendern verabschieden möchten, fügen Sie der *Shutdown*-Ereignisprozedur des Add-ins eine Codezeile wie die folgende hinzu:

```
MessageBox.Show("Auf Wiedersehen!")
```

15.8.4.2 Anpassen des Menübands

Hinweis

Den vollständigen Code dieses Beispielprojekts finden Sie im Unterordner 15\VSTO\RibbonX der Beispieldateien. Zum Öffnen des Projekts benötigen Sie Visual Studio 2012 Professional.

Obwohl die Anpassung des Menübands von Excel auch durch den kombinierten Einsatz von XML- und VBA-Code (siehe Abschnitt 8.2.2) möglich ist, wird sie mit den Visual Studio Tools erst richtig komfortabel. Das Profiwerkzeug verfügt nämlich über einen visuellen Designer, mit dem man die gewünschten RibbonX-Controls ganz einfach in der gewünschten Größe und Position auf das Menüband „zeichnen" kann. Das funktioniert genauso einfach und intuitiv wie die Bestückung einer VBA-Userform mit Steuerelementen.

Das zugehörige Praxisbeispiel beginnt erneut mit dem Anlegen eines Projekts vom Typ „Excel 2013-Add-In". Dem fügen Sie über das Kontextmenü des Projektmappen-Explorers ein neues Element vom Typ „Menüband (Visueller Designer)" hinzu. Die Visual Studio Tools erweitern das Projekt nun automatisch um eine Datei namens Ribbon1.vb und öffnen diese im visuellen Designer.

Der Designer zeigt eine weitgehend „leere" Darstellung des Menübands, die nur eine Register-karte namens *TabAddIns* (das ist der Office-interne Name für die Registerkarte Add-Ins) mit einer einzelnen Befehlsgruppe namens *Group1* darauf umfasst. Da Menübandbefehle stets in einer Befehlsgruppe enthalten sein müssen, bildet *Group1* also das einzig mögliche Ziel für die folgende Drag&Drop-Aktion. Dabei öffnen Sie den Werkzeugkasten-Bereich „Steuerelemente für Office-Menübänder", markieren darin das Control „ToggleButton" (Wechselschaltfläche) und ziehen es bei gedrückter Maustaste in die leere Befehlsgruppe.

Danach weisen Sie dem frisch platzierten Control über das *Eigenschaftenfenster* der Visual-Studio-Umgebung die folgenden Eigenschaftswerte zu:

Name	ToggleButton1
ControlSize	RibbonControlSizeLarge
Label	Wechselschaltfläche
OfficeImageId	HappyFace
ScreenTip	Ich bin ein QuickInfo

Ein Doppelklick auf das Control öffnet das Codefenster von Visual Studio, in dem eine leere Ereignisprozedur namens *ToggleButton1_Click* erscheint. Die füllen Sie mit wenigen Zeilen Code, die beim Anklicken der Wechselschaltfläche ausgeführt werden sollen. Die Ereignis-prozedur sieht danach so aus:

```
Private Sub ToggleButton1_Click(ByVal sender As System.Object, _
  ByVal e As Microsoft.Office.Tools.Ribbon.RibbonControlEventArgs) _
  Handles ToggleButton1.Click
  Dim isPressed As Boolean = TryCast(sender, _
    Microsoft.Office.Tools.Ribbon.RibbonToggleButton).Checked

  If isPressed Then
    MessageBox.Show("Schaltfläche ist gedrückt!")
  Else
    MessageBox.Show("Schaltfläche ist nicht gedrückt!")
  End If
End Sub
```

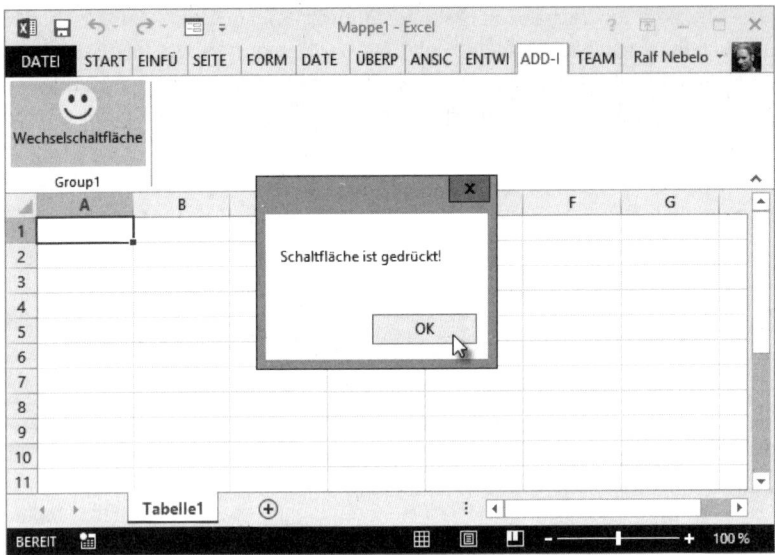

BILD 15.22 Diese Anpassung des Menübands lässt sich mit wenig Aufwand realisieren. Der visuelle Designer der Visual Studio Tools macht's möglich.

Die Ereignisprozedur startet mit der Definition der Boolean-Variablen *isPressed* und ordnet dieser den aktuellen (von *TryCast(sender, Microsoft.Office.Tools.Ribbon.RibbonToggleButton).Checked* gelieferten) Status der Wechselschaltfläche zu. Die *If*-Schleife fragt den Wert der Variablen ab und präsentiert je nach deren Wert (*True* oder *False*) eine Meldung, die den Anwender über den Schaltflächenzustand informiert.

Sie starten das Beispielprojekt mit einem Druck auf die Taste F5. Darauf öffnet Visual Studio eine neue Instanz von Microsoft Excel. Aktivieren Sie die Registerkarte ADD-INS, und überzeugen Sie sich von der ordnungsgemäßen Funktion Ihrer kleinen Menübandanpassung, die ja nur als einführendes Beispiel dienen soll.

Hinweis

Für die Anpassung des Menübands müssen Sie nicht zwingend auf die Dienste des visuellen Designers zurückgreifen. Fügen Sie dem Projekt stattdessen ein neues Element vom Typ „Menüband (XML)" hinzu, und nehmen Sie die gewünschten Änderungen durch die manuelle Eingabe von XML-Code vor. Dabei können Sie auf das gesamte Wissen zurückgreifen, das Sie sich im Abschnitt 8.2 erworben haben. ∎

15.8.4.3 Abfragen von Web Services

Hinweis

Den vollständigen Code dieses Beispielprojekts finden Sie im Unterordner 15\VSTO\WebService der Beispieldateien. Zum Öffnen des Projekts benötigen Sie Visual Studio 2012 Professional. ∎

Auch außerhalb der direkten Office-Programmierung leisten die Visual Studio Tools gute Dienste. Sie ermöglichen beispielsweise die Abfrage von Web Services (siehe Abschnitt 15.4) oder Webdiensten, wie diese in der deutschsprachigen Microsoft-Dokumentation heißen.

Bei einer solchen Interaktion werden die Anfragen eines Clients via Internet an einen Server geschickt und von diesem durch das Zurücksenden von XML-Datenpaketen beantwortet. Dabei kommen allerlei Protokolle und Codierungen zum Einsatz, mit denen Excels eingebaute Programmiersprache VBA nur umgehen kann, wenn das *Web Services Toolkit* installiert ist.

Bei den Visual Studio Tools sind die notwendigen Hilfsmittel bereits eingebaut und bestens aufeinander abgestimmt, was den Programmieraufwand auf wenige Schritte reduziert. Das soll hier durch die exemplarische Abfrage eines ebenso exemplarischen Webdienstes gezeigt werden, dessen einziger Zweck darin besteht, exemplarische Bilder zu verschicken.

Das Beispiel basiert auf einem Projekt vom Typ „Excel 2013-Add-In", dem Sie ein neues Element vom Typ „Windows Form" hinzufügen. Darauf positionieren Sie ein *PictureBox*-Control, dessen Lage und Größe der nachfolgenden Abbildung entsprechen sollte:

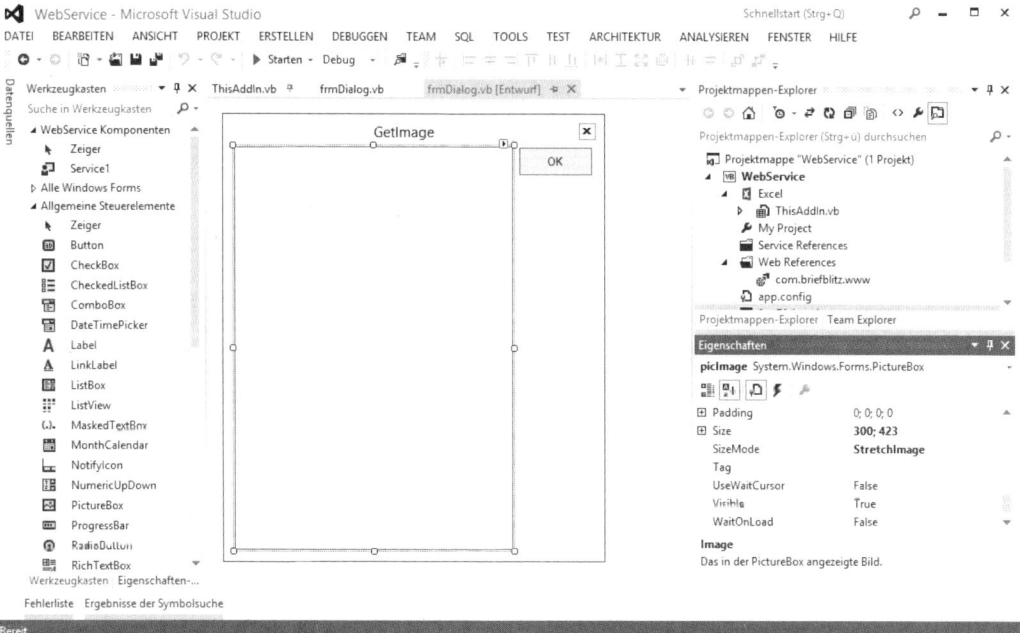

BILD 15.23 Das PictureBox-Control des Dialogfelds ist für die spätere Anzeige des vom Webdienst bereitgestellten Bilds zuständig.

Damit das PictureBox-Control das vom Webdienst angeforderte Bild später komplett anzeigen kann, ändern Sie die *SizeMode*-Eigenschaft des Controls auf den Wert *StretchImage*. Die *(Name)*-Eigenschaft, die den Namen des Controls bestimmt, erhält den Wert „picImage". Als zweites und letztes Steuerelement zeichnen Sie ein Button-Control auf die Form, dessen *(Name)*-Wert „btnOK" lautet. Die Form selbst bekommt den Namen „frmDialog".

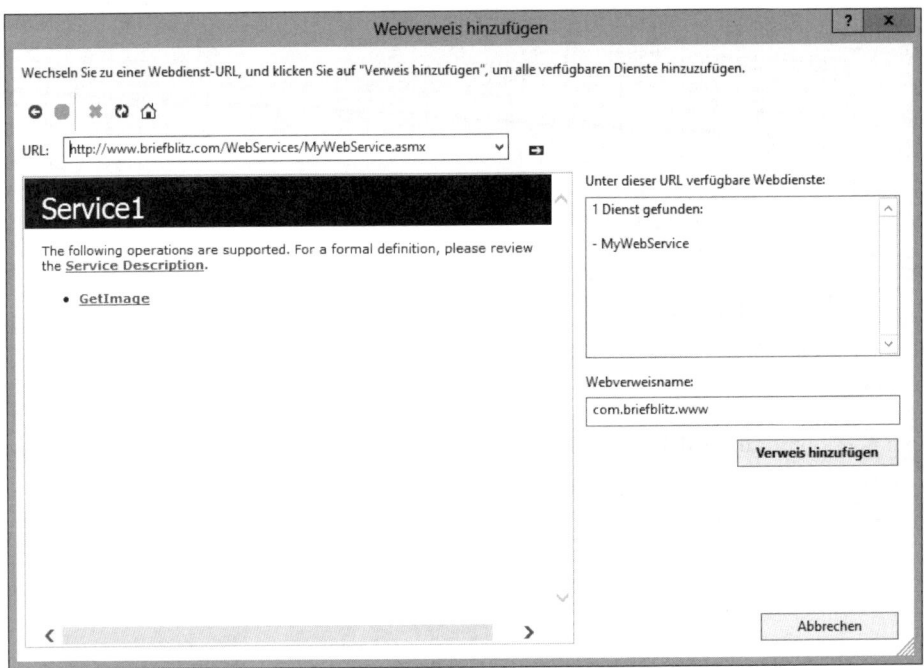

BILD 15.24 Der Webverweis verbindet das VSTO-Projekt mit dem gewünschten Web Service.

Nun fügen Sie dem Projekt einen Verweis auf den Webdienst hinzu, der die Bilddaten bereitstellt. Dazu wählen Sie PROJEKT | DIENSTVERWEIS HINZUFÜGEN | ERWEITERT | WEBVERWEIS HINZUFÜGEN, geben die Webadresse

www.briefblitz.com/WebServices/MyWebService.asmx

[Link 38] in das Feld *URL* ein und klicken auf den mit einem Pfeil versehenen Button GEHE ZU. Sobald die Verbindung zustande kommt (und das Dialogfeld eine Vorschau des Webdienstes anzeigt), wählen Sie VERWEIS HINZUFÜGEN.

Jetzt fehlt nur noch der Code, der die Abfrage durchführt. Diesen Code schreiben Sie in die Ereignisprozedur *ThisAddIn_Startup*, die Sie im Klassenmodul *ThisAddIn.vb* finden. Der Code wird damit automatisch beim Laden des Add-ins ausgeführt und besteht aus den folgenden Anweisungen:

```
Private Sub ThisAddIn_Startup(ByVal sender As Object, _
ByVal e As System.EventArgs) Handles Me.Startup
  Dim wsvAbfrage As New com.briefblitz.www.Service1
  Dim frmDialog As New frmDialog

  Randomize()
  Dim intImageNumber As Integer = New Random().Next(1, 5)

  Dim wsvImage() As Byte = wsvAbfrage.GetImage(intImageNumber)
  If wsvImage.Length > 0 Then
    Dim memStream As IO.MemoryStream = New IO.MemoryStream(wsvImage)
```

```
    With frmDialog
        .picImage.Image = New Bitmap(memStream)
        .ShowDialog()
    End With

    memStream.Close()
  End If
End Sub
```

Die Ereignisprozedur legt zunächst je eine neue Instanz des Webdienstes sowie der Windows Form an, die als Dialogfeld fungiert (*Dim*-Anweisungen). Dann generiert sie eine Zufallszahl zwischen 1 und 5 (*New Random().Next(1, 5)*) und speichert diese in der Variablen *intImageNumber*. Die nachfolgende Zeile ruft die *GetImage*-Funktion des Webdienstes auf und übergibt ihr die Zufallszahl, die auf eines der fünf verfügbaren Beispielbilder auf dem Server verweist.

Wenn alles gut geht, liefert der Webdienst umgehend das gewünschte Bild zurück – allerdings nicht „am Stück" oder als Datei, sondern in Form eines Byte-Arrays, das die Ereignisprozedur in *wsvImage()* speichert. Nach Abschluss des Downloads kopiert die Routine den Inhalt des Byte-Arrays in einen Memory-Stream (*memStream*). Den liest sie dann als Bitmap-Grafik in die *Image*-Eigenschaft des PictureBox-Controls ein und zeigt die Form beziehungsweise das Dialogfeld per *ShowDialog*-Methode an. Das Schließen des Memory-Streams am Ende der Prozedur gibt die belegten Speicherressourcen wieder frei.

Mit einem Druck auf F5 führen Sie das Projekt aus. Die Aktion startet Excel und zeigt Ihnen automatisch das Dialogfeld mit der heruntergeladenen Grafik an. Ein Klick auf die *OK*-Schaltfläche des Dialogs (oder dessen *X*-Button in der rechten oberen Ecke) beendet die Vorführung.

Damit Excel künftig wieder ohne Werbeeinblendung startet, wählen Sie ERSTELLEN | PROJEKTMAPPE BEREINIGEN.

BILD 15.25
Das fertige VSTO-Projekt lädt ein Fachbuchcover vom Web-Server und zeigt dieses per Dialogfeld an – Ende des Werbeblocks ;-)

■ 15.9 Apps für Office

Hinter dem neuen Befehl Apps für Office im Menüband Einfügen von Excel 2013 verbirgt sich ein radikal neues Erweiterungskonzept, das Apps an die Stelle von Makros setzen und Webtechniken und Cloud-Dienste direkt in die Bedienoberflächen aller Office-Anwendungen (und ihrer jeweiligen Web-App-Versionen) integrieren will.

Obwohl sich Apps für Office (oder kürzer: Office-Apps) auch lokal bereitstellen lassen – was wir in diesem Kapitel anhand von zwei Beispielen demonstrieren werden –, erhält man sie vorzugsweise im *Office Store*. Das ist ein gleichfalls neuer Online-Shop, den man direkt aus den Office-Anwendungen heraus erreicht.

Der Office Store präsentiert das bislang vorwiegend englischsprachige App-Angebot in übersichtlicher Form und reduziert die Installation des gewählten Helferleins auf wenige Mausklicks. Die schnelle Verfügbarkeit macht Office-Apps für Anwender und damit natürlich auch für Entwickler attraktiv. Grund genug also, sich mit den Grundlagen der neuen Office-Apps vertraut zu machen.

15.9.1 Bestandteile einer Office-App

Eine Office-App ist im Grunde eine normale Webanwendung, die aber nicht auf einem Server im Internet, sondern in Office „gehostet" und angezeigt wird. Die typische Office-App besteht aus den folgenden Komponenten:

- **Webseite:** Dabei handelt es sich um eine (halbwegs) normale HTML-Datei, die man wie jede andere Webseite auch mit Steuerelementen aus dem HTML-, ASP.NET-, Silverlight- oder Flash-Fundus bestücken kann. Das Aussehen der Webseite kann der Entwickler über standardmäßige Webtechniken wie HTML5, XML und CSS3 bestimmen. Die Webseite bildet die Bedienoberfläche der Office-App.

- **Skriptdatei:** Das ist zumeist eine JavaScript-Datei, die den Programmcode der App enthält und damit für die „Action" zuständig ist. Wie bei regulären Webanwendungen wird die Verbindung zwischen Webseite und Skriptdatei häufig über das *onclick*-Attribut der Steuerelemente hergestellt. Es weist dem jeweiligen Steuerelement eine Ereignisroutine in der Skriptdatei zu. Der Code darin bestimmt, was beim Anklicken des Steuerelements geschieht.

  Grundsätzlich lässt sich die gewünschte Funktionalität einer Office-App aber nicht nur über eine externe Skriptdatei, sondern über *jede* Art der client- oder serverseitigen Programmierung bereitstellen. Das kann im einfachsten Fall ein in die Webseite eingebettetes Skript sein, in anspruchsvolleren Szenarien eine komplexe ASP.NET-Anwendung. Über REST-APIs kann eine Office-App so gut wie jeden Web-Service (siehe Abschnitte 15.4 und 15.8.4) zur Informationsbeschaffung anzapfen.

- **Icon-Datei** (optional): Diese BMP-, GIF-, EXIF-, JPG-, PNG- oder TIFF-Datei enthält das Icon der Office-App, das eine Größe von 32 mal 32 Pixel aufweisen muss. Fehlt die Icon-Datei oder weist sie eine andere Bildgröße auf, erhält die App ein monochromes Standard-Icon zugewiesen.

- **OfficeStyles.css** (optional): Diese Datei stellt das Stylesheet für die Office-App bereit und weist allen Bestandteilen der Webseite die Office-typischen Schriftarten und Formatierungen zu.

- **Manifestdatei:** Diese XML-Datei ist das Bindeglied zwischen den einzelnen App-Elementen. Die Manifestdatei verrät der Office-Anwendung unter anderem, wo die Webseiten- und die Icon-Datei (falls vorhanden) zu finden sind. Darüber hinaus definiert sie die Einstellungen der App, ihre Fähigkeiten und Rechte.

- **JavaScript-API für Office:** Diese von Microsoft bereitgestellte und online verfügbare Bibliothek (die eine JavaScript-Datei ist) stellt die Verbindung zwischen der Office-Anwendung und der App-Webseite her. Die Bibliothek sorgt dafür, dass die App unter anderem auf Inhalte des Dokuments zugreifen oder mit der als Host fungierenden Office-Anwendung kommunizieren kann.

  Die Risiken einer solchen Interaktion zwischen Anwendung und App will Microsoft insbesondere durch eine sorgsame Trennung der beiden klein halten. Dazu sperrt der Hersteller die HTML-Datei in ein Webbrowser-Control und lässt dieses in einem von der Host-Anwendung unabhängigen Prozess ausführen. Zu den weiteren Sicherheitsmaßnahmen gehört eine restriktive Laufzeitumgebung. Die überwacht jede Interaktion über Prozessgrenzen hinweg und gestattet Zugriffe auf die Daten und die Bedienoberfläche der Office-Anwendung grundsätzlich nur über asynchrone Methoden, die den Office-Prozess weder ausbremsen noch zum Entgleisen bringen können.

Die Auflistung der App-Elemente lässt bereits erahnen, dass die Entwicklung von Office-Apps vorzugsweise in die Zuständigkeit erfahrener Webentwickler fällt. Klassische Office-Entwickler, die sich „nur" mit VBA und eventuell noch mit den Visual Studio Tools for Office (VSTO, siehe Abschnitt 15.8) auskennen, werden sich in einer neuen Programmierwelt zurechtfinden müssen.

Aus diesem Grund kann das vorliegende Kapitel auch kaum mehr als eine Einführung in das Thema sein. Für das Verständnis der folgenden Ausführungen und Codepassagen sind grundlegende HTML-, XML- und JavaScript-Kenntnisse erforderlich. Wer weiterführende Infos benötigt, findet diese auf Microsofts Portal für Office-App-Entwickler *[Link 44]*:

http://msdn.microsoft.com/en-us/Office/apps

15.9.2 Typen von Office-Apps

Es gibt drei Typen von Office-Apps, die man nach dem Erscheinungsort der App-Oberfläche (die ja von der App-Webseite bereitgestellt wird) unterscheidet:

- **Aufgabenbereich-App:** Diese Office-App zeigt sich im Aufgabenbereich der Office-Anwendung am rechten Rand des Dokumentfensters. Apps dieser Art eignen sich insbesondere dazu, dem Anwender kontextbezogene Informationen und Funktionen – für die Suche oder das Übersetzen von Inhalten beispielsweise – zu liefern.

- **Inhalt-App:** Diese Office-App erscheint ähnlich wie ein Excel-Diagramm als abgegrenzter Bereich innerhalb des Dokuments. Inhalt-Apps eignen sich vor allem für die Visualisierung von Daten oder die Wiedergabe von YouTube-Videos und anderen Internetmedien.

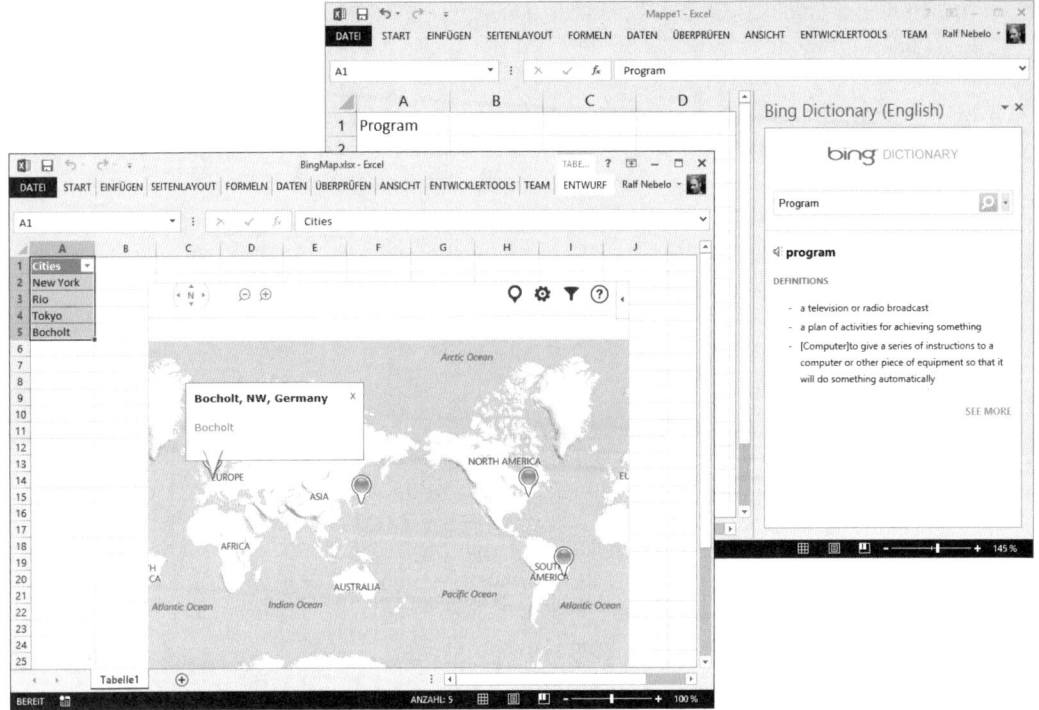

BILD 15.26 Microsofts Suchmaschine Bing stellt Excel-Anwendern unter anderem eine Aufgaben-bereich-App (hinten) sowie eine Inhalt-App zur Verfügung.

- **Mail-App:** Sie klinkt sich in Outlook-Formulare ein und stellt dem Anwender dort maß-geschneiderte Infos und Funktionen bereit, die sich auf das jeweils angezeigte Outlook-Element – eine Nachricht, eine Besprechungsanfrage oder einen Termin etwa – beziehen. Mail-Apps funktionieren nur im Zusammenspiel mit Exchange 2013, normale POP- und IMAP-Konten werden nicht unterstützt.

Während Mail-Apps quasi naturgemäß auf Outlook festgelegt sind, sollten Inhalt- und Auf-gabenbereich-Apps von der Konzeption her eigentlich in allen Office-Anwendungen nutzbar sein, die der Bearbeitung von Dokumenten dienen. Momentan unterstützt aber nur Excel beide App-Typen, während sich PowerPoint, Project und Word 2013 nur mit Aufgabenbereich-Apps erweitern lassen. Die Tabelle zeigt den aktuellen Stand, der sich jedoch jederzeit ändern kann.

Anwendung	Aufgabenbereich-App	Inhalt-App	Mail-App
Access 2013	-	-	-
Excel 2013	+	+	-
Excel-Web-App	-	+	-
Outlook 2013	-	-	+
Outlook-Web-App	-	-	+
PowerPoint 2013	+	-	-

Anwendung	Aufgabenbereich-App	Inhalt-App	Mail-App
PowerPoint-Web-App	-	-	-
Project 2013	+	-	-
Word 2013	+	-	-
Word-Web-App	-	-	-

Anders als ein konventionelles Office-Add-in, das man für jede Applikation separat entwickeln muss, lässt sich eine App aber sehr leicht so gestalten, dass sie mit demselben Code in jeder Office-Anwendung funktioniert, die den jeweiligen App-Typ unterstützt.

15.9.3 Werkzeuge für die App-Entwicklung

Auch wenn die App-Entwicklung einiges Wissen über Webtechniken erfordert, so benötigt man doch erfreulich wenig Handwerkszeug dafür: Ein schlichter Texteditor genügt für den Anfang (und die Realisierung der nachfolgenden Beispiel-Apps).

Allerdings sollte man es auch nicht übertreiben, indem man sich mit dem Windows-eigenen Notepad begnügt. Wesentlich angenehmer lässt es sich beispielsweise mit *Notepad++* arbeiten, da es unter anderem mehrere Fenster für die Bearbeitung der verschiedenen Projektdateien unterstützt. Die Download-Adresse für das nützliche Open-Source-Werkzeug lautete zuletzt wie folgt *[Link 40]*:

http://notepad-plus-plus.org

Wer es komfortabler mag, verwendet die *Napa Office 365 Development Tools*. Dabei handelt es sich um eine webbasierte Entwicklungsumgebung, mit der Sie im Browser Projekte erstellen, Code schreiben und Ihre Apps ausführen können. Weitere Informationen finden Sie hier *[Link 45]*:

http://msdn.microsoft.com/de-de/library/Office/apps/jj220038

Das mit Abstand komfortabelste, leistungsfähigste, aber auch teuerste Werkzeug zum Erstellen einer Office-App ist *Visual Studio 2012*. Die Entwicklungsumgebung verfügt über eine spezielle *App für Office*-Projektvorlage, die dem Entwickler viele Handgriffe, die er ansonsten manuell erledigen müsste, erspart. Darüber hinaus beschleunigt Visual Studio die App-Entwicklung mit einer Projektmappe, die eine vorkonfigurierte Manifestdatei, Skriptbibliotheken, Stylesheets sowie HTML- und JavaScript-Ausgangsdateien enthält.

15.9.4 Beispiel 1: SimpleApp

Die Arbeit an unserer ersten Beispiel-App beginnt mit dem Anlegen einer Ordnerstruktur, die die diversen Projektdateien aufnimmt. Dazu benötigen Sie eine Netzwerkfreigabe, die auf einem Rechner Ihres Firmen- respektive Heimnetzes oder einer Netzwerkfestplatte (NAS) liegen kann. Lokale Festplatten kommen nicht in Betracht, da Office 2013 für Speicherortangaben ausschließlich echte URLs (ohne „file:///"-Präfix) akzeptiert.

Fügen Sie der Netzwerkfreigabe zunächst ein neues Stammverzeichnis für die App-Entwicklung hinzu, das Sie mit *OfficeApps* benennen. Dieses Stammverzeichnis dient unter anderem der Aufnahme der Manifestdatei(en) (und ist damit gleichzeitig auch der Manifestordner). Fügen Sie dem Stammverzeichnis einen Unterordner namens *SimpleApp* hinzu, der die Heimat der Beispiel-App bildet.

Die Webseite von SimpleApp

Zunächst erstellen Sie die Webseite der Beispiel-App, indem Sie eine HTML-Datei mit folgendem Inhalt anlegen (die erste Zeile bitte weglassen, sie verweist nur auf den Speicherort der Datei auf der Buch-CD). Speichern Sie die HTML-Datei anschließend unter dem Namen *SimpleApp.html* im Unterordner *SimpleApp*.

```
<! 15\OfficeApps\SimpleApp\SimpleApp.html >
<!DOCTYPE html>
<html>
  <head>
    <meta charset="UTF-8" />
    <meta http-equiv="X-UA-Compatible" content="IE=Edge"/>
    <link rel="stylesheet" type="text/css"
      href="../OfficeStyles.css" />
    <script src="SimpleApp.js"></script>
  </head>
  <body>
    <input type="text" value=http://www.hanser-fachbuch.de
      id="TextBox1" style="margin-top: 10px; width: 280px" />
    <input type="button" value="Öffnen" id="Button1" onclick=
      "doAction()" style="margin-top: 10px; margin-right: 10px;
      padding: 0px; width: 100px;" />
  </body>
</html>
```

Wer sich mit HTML ein wenig auskennt, erkennt rasch, dass sich die Struktur dieser App-Webseite kaum von jeder anderen Webseite unterscheidet. Erklärungsbedürftig ist allenfalls das zweite *meta*-Element innerhalb des HTML-Kopfs, das den Internet Explorer zur bevorzugten Rendering-Engine erhebt.

Das *link*-Element stellt einen Verweis auf das Stylesheet *OfficeStyles.css* im übergeordneten Verzeichnis (..\) her. Da diese CSS-Datei ziemlich umfangreich ist, kopieren Sie sie der Einfachheit halber von der Buch-CD in Ihren neu angelegten *OfficeApps*-Ordner, wo sie künftig allen Apps zur Verfügung steht.

Das *script*-Element erhebt die Datei *SimpleApp.js* im gleichen Verzeichnis in den Rang der zuständigen Skriptdatei.

Die Anweisungen innerhalb des *body*-Blocks statten die Webseite mit zwei HTML-Controls aus, einer Textbox und einem Button. In der Textbox erscheint die Webadresse „*http://www.hanser-fachbuch.de*" als Vorgabewert, dem Button wird per *onclick*-Attribut eine Funktion namens „doAction" als Ereignisroutine für das Anklicken zugewiesen.

Die Skriptdatei von SimpleApp

Die oben erwähnte *doAction*-Funktion bildet den einzigen Inhalt der nachfolgend abgedruckten Skriptdatei *SimpleApp.js*. Speichern Sie diese – genau wie die HTML-Datei zuvor – im Unterordner *SimpleApp*. Die erste Zeile können Sie beim Abtippen wieder weglassen.

```
/* 15\OfficeApps\SimpleApp\SimpleApp.js */
function doAction() {
  var url = document.getElementById("TextBox1").value
  window.location.href = url;
}
```

Der Inhalt der *doAction*-Funktion ist schnell erklärt. Die erste Anweisungszeile liest den aktuellen Inhalt der Textbox, bei dem es sich um eine gültige Webadresse handeln sollte, in die Variable *url* ein. Die zweite Zeile öffnet dann ein Browser-Fenster, das den Inhalt der entsprechenden Internetseite anzeigt.

Die Manifestdatei von SimpleApp

Die Manifestdatei unserer Beispiel-App hat folgenden Inhalt (erste Zeile bitte wieder weglassen):

```
<! 15\OfficeApps\SimpleApp.xml >
<?xml version="1.0" encoding="utf-8"?>
<OfficeApp xmlns=
  "http://schemas.microsoft.com/Office/appforOffice/1.0"
  xmlns:xsi="http://www.w3.org/2001/XMLSchema-instance"
  xsi:type="TaskPaneApp">
  <Id>08afd7fe-1631-42f4-84f1-5ba51e242f11</Id>
  <Version>1.0</Version>
  <ProviderName>Ralf Nebelo</ProviderName>
  <DefaultLocale>EN-US</DefaultLocale>
  <DisplayName DefaultValue="SimpleApp"/>
  <Description DefaultValue="Meine erste Office-App"/>
  <IconUrl DefaultValue=
    "\\MYBOOKDATA\Public\OfficeApps\SimpleApp\SimpleApp.png"/>

  <Capabilities>
    <Capability Name="Document"/>
    <Capability Name="Workbook"/>
  </Capabilities>

  <DefaultSettings>
    <SourceLocation DefaultValue=
      "\\MYBOOKDATA\Public\OfficeApps\SimpleApp\SimpleApp.html"/>
  </DefaultSettings>
  <Permissions>ReadWriteDocument</Permissions>
</OfficeApp>
```

Speichern Sie diese Manifestdatei unter dem Namen *SimpleApp.xml* im Stammverzeichnis (respektive Manifestordner) *OfficeApps*.

Hinweis

Im Normalfall werden Manifestdateien *nicht* lokal gespeichert. Das ist nur für die Dauer der Programmierung der Fall oder wenn die App ausschließlich für Teilnehmer des eigenen Heim- oder Firmennetzwerks gedacht ist. Möchte man eine App in Microsofts eingangs erwähnten Office Store veröffentlichen (und sie damit weltweit für *alle* Office-Anwender verfügbar machen), so leitet man das Manifest im Rahmen eines offiziellen Anmelde- und Prüfverfahrens an Microsoft weiter. Informationen darüber finden Sie hier *[Link 41]*:

  http://msdn.microsoft.com/en-US/library/Office/apps/jj220068

Die HTML-Datei und alle weiteren Bestandteile der App gehören dann auf einen öffentlich erreichbaren Webserver, dessen Adresse im Manifest zu vermerken ist. ∎

Der konstruktive Inhalt der abgedruckten Manifestdatei beginnt mit einem XML-Element namens *OfficeApp*, das neben dem verwendeten XML-Schema gleich auch den App-Typus definiert. Letzteres fällt in die Zuständigkeit des Attributs *xsi:type*, das im Falle einer Aufgabenbereich-App den Wert „TaskPaneApp" enthält. Bei einer Inhalt- oder Mail-App würden die Attributwerte „ContentApp" beziehungsweise „MailApp" lauten.

Das *Id*-Element benennt die GUID der App, die man als eine Art Seriennummer bezeichnen könnte. Diese sollte für jede App neu generiert werden, was sich unter anderem mit dem *Online GUID Generator (www.guidgenerator.com, [Link 42])* erledigen lässt. Im jeweiligen Verbreitungsraum der App (Office Store oder Netzwerk) muss die GUID auf jeden Fall eindeutig sein. Ist sie das nicht, taucht die App gar nicht erst im Auswahldialog der Office-Anwendung auf. Weniger kritisch ist der Inhalt des *Version*-Elements, das die Versionsnummer des Codegebildes angibt.

Die XML-Elemente *DisplayName* und *Description* definieren den Namen der App sowie eine Beschreibung ihrer Funktion, der Name des Entwicklers lässt sich im Element *ProviderName* verewigen. *IconUrl* verweist auf den Speicherort der Icon-Datei. Dabei handelt es sich im konkreten Fall um die Projektdatei *SimpleApp.png*, die Sie von der Buch-CD in den Projektordner *SimpleApp* kopieren sollten.

Hinweis

Die Icon-Datei wird nur sichtbar, wenn Sie die hinter *DefaultValue* angegebene URL an Ihre konkreten Gegebenheiten anpassen. Dabei müssen Sie stets absolute Angaben machen; relative URLs wie in der Webseitendatei sind in der Manifestdatei nicht zulässig. ∎

Im Abschnitt *Capabilities* bestimmt das Manifest, mit welchen Office-Dokumenten die App zusammenarbeiten kann. Dabei steht „Document" für ein Word-Dokument, „Workbook" für eine Excel-Arbeitsmappe, „Project" für ein Microsoft-Project-Projekt und „MailBox" für ein Outlook-Postfach.

Das Element *Permissions* weist der App die Rechte für den Umgang mit den aufgeführten Office-Dokumenten zu. Der Wert *ReadWriteDocument* erlaubt hier Lese- und Schreibzugriffe und bildet das Maximum an zuweisbaren Rechten. Weitere Abstufungen wären *WriteDocument* (nur Schreiben), *ReadDocument* (nur Lesen) und *Restricted,* die der App gar keinen Zugriff gewährt.

Das Element *SourceLocation* im Abschnitt *DefaultSettings* schließlich verweist auf den Speicherort der App-eigenen Webseite. Auch hier müssen Sie die angegebene (absolute!) URL an Ihre Gegebenheiten anpassen.

Vertrauenswürdige App-Kataloge

Die Office-Anwendungen laden lokal gespeicherte Apps grundsätzlich nur aus einem „Vertrauenswürdigen App-Katalog", wobei es sich um den Ordner handelt, in dem die Manifestdateien gespeichert sind. Im Fall unserer Beispiel-App wäre das also der Ordner *OfficeApps*.

Um diesen Ordner nun in den Status der Vertrauenswürdigkeit zu erheben, starten Sie Excel 2013 und wählen DATEI | OPTIONEN. Klicken Sie links auf TRUST CENTER und danach auf die Schaltfläche EINSTELLUNGEN FÜR DAS TRUST CENTER. Markieren Sie links VERTRAUENSWÜRDIGE APP-KATALOGE, und tragen Sie den UNC-Pfad des Ordners in das Textfeld „Katalog-URL" ein – er sollte die Form „\\server\freigabe\manifestordner" haben. Im Fall unseres Entwicklungsrechners lautet der Pfad:

*MYBOOKDATA**Public**OfficeApps*

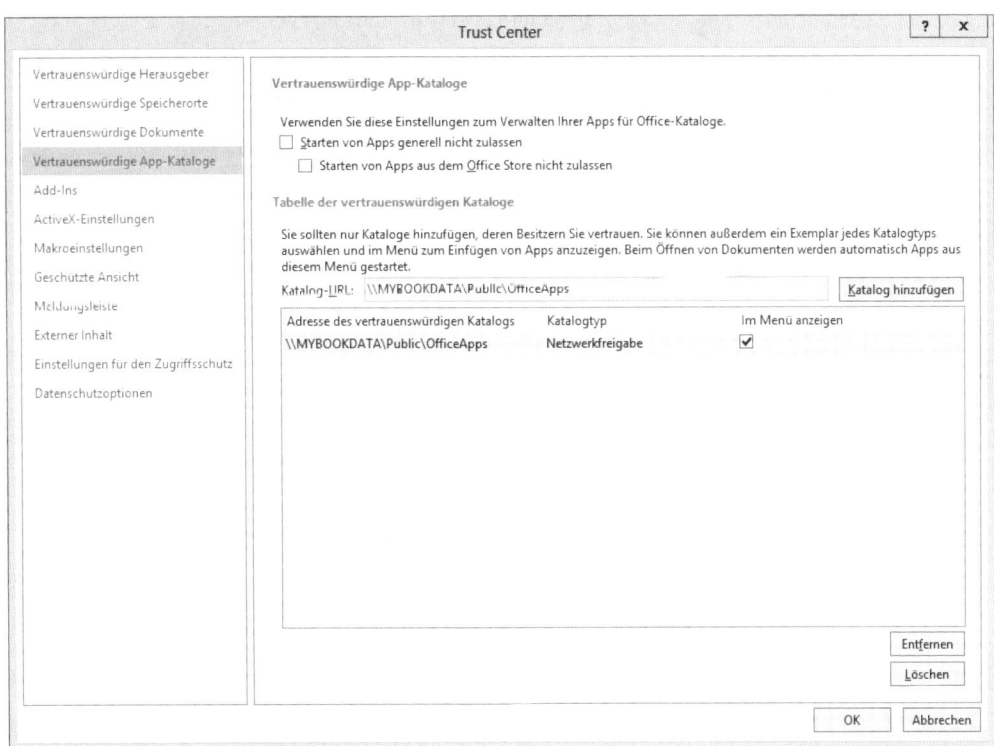

BILD 15.27 Lokal gespeicherte Apps stehen nur zur Auswahl, wenn man deren Manifestordner zum „Vertrauenswürdigen Katalog" erklärt.

Unnötig zu erwähnen, dass Sie auch diesen Pfad Ihren Gegebenheiten entsprechend ändern müssen. Wählen Sie dann KATALOG HINZUFÜGEN. Das Listenfeld enthält jetzt einen neuen Eintrag mit einem Kontrollkästchen dahinter („Im Menü anzeigen"). Das müssen Sie unbedingt einschalten, da Ihre Apps ansonsten nicht im Auswahldialog erscheinen. Anschließend schließen Sie alle Dialoge mit OK und starten Excel neu.

App-Start

Die Beispiel-App ist jetzt betriebsbereit und kann zum ersten Mal gestartet werden. Wählen Sie EINFÜGEN | APPS FÜR OFFICE, wobei Sie *nicht* auf das Icon, sondern auf dessen Pfeilsymbol klicken. Nach einem Klick auf ALLE ANZEIGEN und dann auf FREIGEGEBENE ORDNER sollte das Dialogfeld einen Eintrag namens „SimpleApp" enthalten, dessen Icon aus einem Smiley besteht.

Fehlt der Eintrag, empfiehlt sich ein Klick auf die Schaltfläche AKTUALISIER..., um die Anzeige auf den neuesten Stand zu bringen. Der Rest ist simpel: Markieren Sie „SimpleApp", und wählen Sie EINFÜGEN.

Wenn alles geklappt hat, erscheint die App nun am rechten Rand des Excel-Fensters. Inhaltlich bietet sie nicht viel: Sie können eine Webadresse eingeben und die entsprechende Seite dann mit einem Klick auf den Button in Ihrem Standard-Browser öffnen. SimpleApp halt!

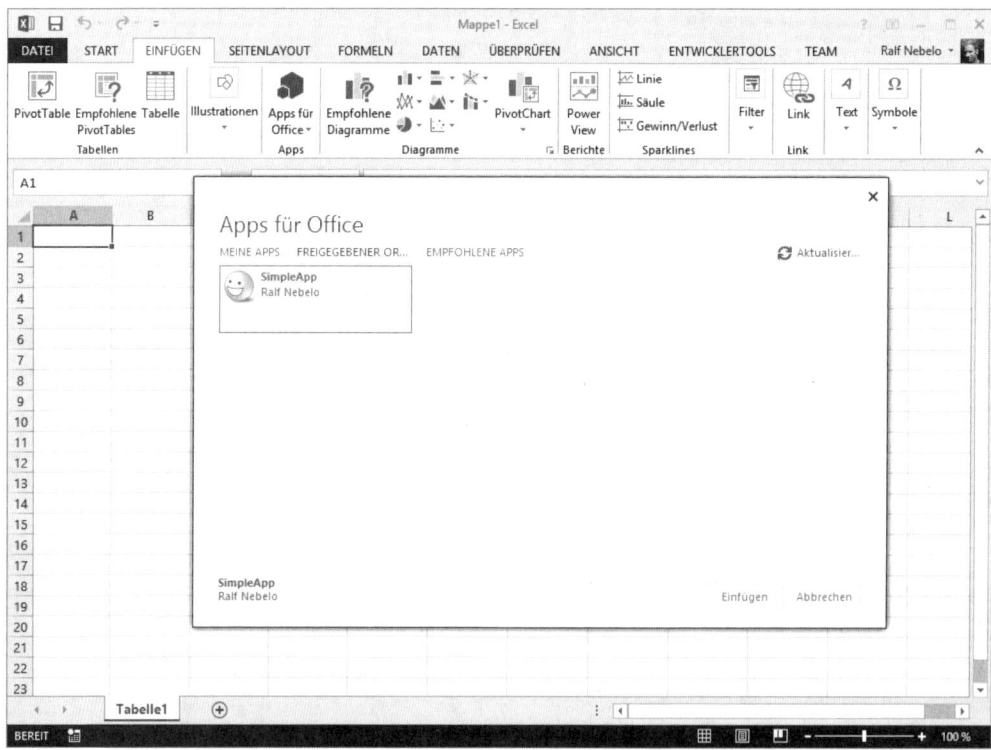

BILD 15.28 Wenn bis hierher alles geklappt hat, steht die Beispiel-App nun im Auswahldialog bereit.

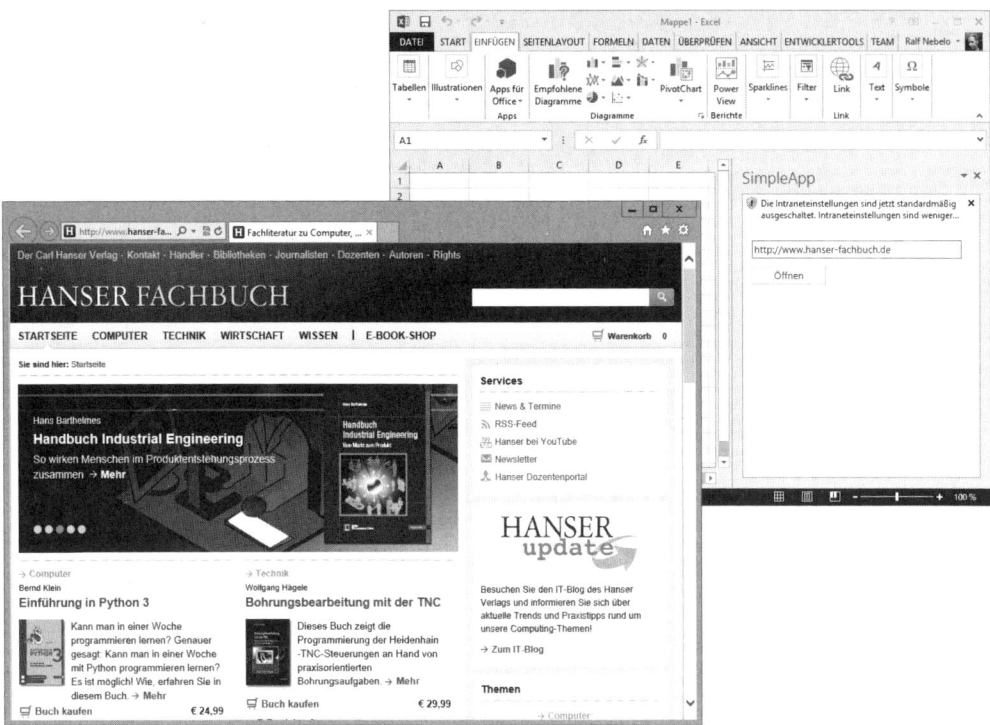

BILD 15.29 Das Beispielprojekt SimpleApp in Aktion

 Hinweis

Wenn die App einmal erfolgreich gestartet wurde, erscheint sie künftig im Schnellstartmenü des APPS FÜR OFFICE-Symbols, das Sie mit einem Klick auf das Pfeilsymbol öffnen können.

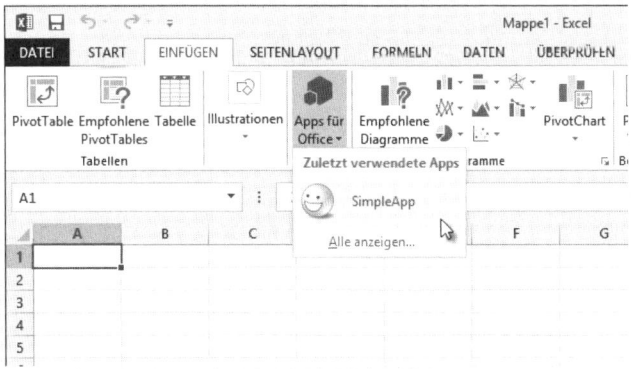

15.9.5 Das JavaScript-API für Office

SimpleApp ist zwar schon eine „echte" App für Office, hat mit Office-Programmierung aber noch nicht viel zu tun. Sie ist absolut isoliert und kann anders als jedes VBA-Makro weder mit der Host-Anwendung kommunizieren noch Daten mit dem aktuellen Dokument austauschen.

Für diese Formen der Interaktion benötigt man das *JavaScript-API für Office*. Dabei handelt es sich um eine relativ umfangreiche Funktionsbibliothek, die auf einem Microsoft-Server liegt und damit online verfügbar ist (natürlich kann man die JavaScript-Datei auch herunterladen und lokal abspeichern). Um diese Bibliothek nutzen zu können, muss man sie durch ein (weiteres) *script*-Element im HTML-Kopf der App-Webseite anmelden:

```
<script src=
  "https://az88874.vo.msecnd.net/api/1.0/Office.js"></script>
```

API-Anatomie

Das JavaScript-API stellt der Office-App ein ziemlich überschaubares Objektmodell für den programmierten Zugriff auf die Host-Anwendung und den Datenaustausch mit dem Dokument zur Verfügung. Eine vollständige Dokumentation finden Sie hier *[Link 43]*:

http://msdn.microsoft.com/library/fp142185.aspx

An der Spitze des Objektmodells steht das *Office*-Objekt. Es repräsentiert das API und verweist mit seiner *context*-Eigenschaft auf ein gleichnamiges Objekt, das den Laufzeitkontext der App verkörpert. Dieses Objekt wiederum stellt die Verbindung zum *Document*-Objekt her, welches Zugriff auf das konkrete Dokument gewährt und bei Aufgabenbereich- oder Inhalt-Apps stets im Mittelpunkt des Interesses steht.

Bevor das Objektmodell nutzbar ist, muss das API initialisiert werden. Dazu setzt man die folgende Anweisung an den Anfang der Skriptdatei:

```
Office.initialize = function (reason) {
}
```

Die Zeile installiert zugleich einen Ereignis-Handler, der beim Laden der App ausgeführt wird. Den kann man mit Code füllen, um eigene Initialisierungen vorzunehmen oder auf unterschiedliche Startbedingungen zu reagieren. So könnte es etwa von Interesse sein, ob die App erstmals eingefügt wurde oder bereits im Dokument vorhanden war. Zur Beantwortung der Frage sollte man den von Office übergebenen *reason*-Parameter auswerten, was folgendermaßen aussehen kann:

```
Office.initialize = function (reason) {
  if (reason == "inserted")
    showText("App wurde neu eingefuegt");
  if (reason == "documentOpened")
    showText("App wurde mit Dokument geoeffnet");
}
function showText(text) {
```

```
    document.getElementById("TextBox1").value = text;
}
```

Auf Dokumentereignisse reagieren

Alternativ lässt sich die *Office.initialize*-Routine auch nutzen, um einen Handler für Dokumentereignisse – die Änderung der Auswahl beispielsweise – einzurichten. Dazu benutzt man die *addHandlerAsync*-Methode des *Document*-Objekts und übergibt ihr eine *Office.EventType*-Konstante, die das gewünschte Ereignis definiert, sowie den Namen der Routine, die das Ereignis behandeln soll. Das Beispiel

```
Office.initialize = function (reason) {
  Office.context.document.addHandlerAsync(
    Office.EventType.DocumentSelectionChanged, myHandler);
}
function myHandler(eventArgs) {
  showText("Auswahl geaendert");
}
```

erklärt die Routine *myHandler* zum offiziellen Event-Handler für das *DocumentSelectionChanged*-Ereignis. Das tritt in Excel auf, sobald der Anwender eine andere Zelle innerhalb des Arbeitsblatts aktiviert. In Word wirkt sowohl das Verschieben der Schreibmarke als auch das Markieren von Inhalten als Event-Trigger.

Rückgabe von markiertem Text

Wer nicht nur auf eine Änderung der Auswahl reagieren, sondern auch auf deren Inhalt zugreifen will, verwendet die *getSelectedDataAsync*-Methode des *Document*-Objekts und übergibt ihr eine passende *Office.CoercionType*-Konstante.

Die bestimmt den sogenannten Koersionstyp, das ist der Datentyp, den die Methode zurückgeben soll. Dabei kann es sich im einfachsten Fall um den reinen Text der Auswahl handeln, der sich wie folgt ermitteln lässt:

```
Office.context.document.getSelectedDataAsync(
  Office.CoercionType.Text, function(result) {
    if (result.status == "succeeded")
      showText(result.value);
    else
      showText(result.error.message);
  }
);
```

Die Methode greift auf den Inhalt der Auswahl zu und retourniert das Objekt *result* an die eingeschlossene *function*-Routine. Die überprüft zunächst die *status*-Eigenschaft des Objekts. Enthält diese den Text „succeeded", war der Abruf des Auswahltextes erfolgreich. Eine leere *status*-Variable oder der Text „failed" deuten auf einen Fehler hin, dessen Beschreibung dann in *result.error.message* steckt.

Rückgabe von mehreren markierten Werten

Neben simplem Text unterstützt das JavaScript-API noch weitere Rückgabetypen: *Matrix* und *Table* beispielsweise. Die eignen sich für die Rückgabe respektive das Festlegen von tabellarischen Daten, wobei eine Table Kopfzeilen enthalten kann, eine Matrix nicht.

Die drei bislang genannten Typen funktionieren in allen App-tauglichen Office-Anwendungen. Table- oder Matrix-Daten stehen also nicht nur in Excel zur Verfügung, was man erwarten würde, sondern beispielsweise auch in Word, wo es ja ebenfalls Tabellen gibt.

Das JavaScript-API wandelt Daten, die nicht im passenden Typ vorliegen, in den meisten Fällen automatisch um. Sollte der Entwickler also einen Text anfordern, der Anwender aber einen Bereich mit mehreren Tabellenzellen markiert haben, so liefert das API dennoch einen Text zurück – in Form eines tabulatorseparierten Strings nämlich, der die Werte aller ausgewählten Zellen enthält.

Wer keinen Sammel-String, sondern jeden markierten Zellwert einzeln verarbeiten möchte, fordert den Typ Matrix beim Aufruf der *getSelectedDataAsync*-Methode ausdrücklich an:

```
Office.context.document.getSelectedDataAsync(
  Office.CoercionType.Matrix, function(result){
    if (result.status == "succeeded")
      showData(result.value);
  }
);
```

Die *value*-Eigenschaft des *result*-Objekts enthält dann im Erfolgsfall ein zweidimensionales Array mit den markierten Zellwerten. Die kann die aufgerufene *showData*-Funktion wie folgt mit zwei verschachtelten *for*-Schleifen zur Anzeige bringen:

```
function showData(data) {
  var text = "";
  for (var y = 0 ; y < data.length; y++) {
    for (var x = 0; x < data[y].length; x++) {
      text += data[y][x] + ", ";
    }
  }
  document.getElementById("TextBox1").value = text;
}
```

Markierte Dokumentinhalte ändern

Soll die Office-App den Inhalt der Auswahl nicht nur lesen, sondern aktiv verändern, wählt man die *setSelectedDataAsync*-Methode und übergibt ihr im einfachsten Fall einen Text, der die Dokumentauswahl ersetzt:

```
Office.context.document.setSelectedDataAsync("Neuer Text");
```

Im Fall von Word ersetzt der Text den Inhalt der Markierung, im Fall von Excel wird stets der komplette Inhalt der aktiven Zelle ausgetauscht, auch wenn der Anwender nur einen Teil davon markiert hat.

Soll die App die Inhalte *mehrerer* Zellen ändern, die Teil der aktuellen Auswahl sind, definiert man zunächst ein passendes Array, das die neuen Werte enthält:

```
var arr = [['a', 'b'],['c', 'd'],['e', 'f']];
```

Dieses Array leitet man dann nebst einem weiteren Argument zur Festlegung der Datentyps Matrix an die *setSelectedDataAsync*-Methode weiter. Das Beispiel

```
Office.context.document.setSelectedDataAsync
  (arr, {coercionType: 'matrix'});
```

füllt einen zwei Spalten breiten und drei Zeilen hohen Tabellenbereich, dessen obere linke Ecke die aktive Zelle bildet, mit den Buchstaben „a" bis „f".

Das deutlich spektakulärere Einfügen von Bildern gelingt ausschließlich im Office-eigenen Textprogramm Word. In Excel ist es bislang nicht vorgesehen.

Entwicklerdefinierte Dokumentinhalte ändern

Über die vom Anwender festgelegte Auswahl hinaus können Office-Apps auch mit Regionen eines Dokuments interagieren, die der Entwickler bestimmt. Dazu muss die Region allerdings einen eindeutigen Namen besitzen, was im Fall von Excel auf benannte oder als Tabelle/Liste formatierte Arbeitsblattbereiche, in Word unter anderem auf Inhaltssteuerelemente zutrifft.

Für den Zugriff auf eine solche Region generiert die App zunächst eine „Bindung", über die sie dann den Inhalt der Region sowohl lesen als auch ändern kann. Dazu stehen ihr die Methoden *getDataAsync* und *setDataAsync* zur Verfügung, die ähnlich funktionieren wie die zuvor vorgestellten Methoden *getSelectedDataAsync* und *setSelectedDataAsync* für den Umgang mit Markierungsinhalten. Die verfügbaren Datentypen sind in beiden Fällen identisch.

Die zuvor schon erwähnte JavaScript-API-Dokumentation *[Link 43]* enthält ausführliche Infos über den Zugriff auf Regionen.

Auf die Dokumentdatei zugreifen

Neben der Interaktion mit markierten Dokumentinhalten und benannten Regionen erlaubt das JavaScript-API auch einen programmierten Zugriff auf die Dokumentdatei. Den erhält man mit Hilfe der *getFileAsync*-Methode. Damit kann man das Dokument beispielsweise versenden oder im Firmennetzwerk veröffentlichen. Zugang zum gesamten Dokumentinhalt liefert die Methode aber nicht.

Auch hier müssen wir Sie auf die JavaScript-API-Dokumentation *[Link 43]* verweisen. Eine ausführliche Behandlung des Themas würde den Rahmen einer Einführung sprengen.

15.9.6 Beispiel 2: ComplexApp

Ein zweites Beispielprojekt soll den Einsatz des JavaScript-API und den dadurch ermöglichten Datenaustausch zwischen Anwendung und App demonstrieren. Es übernimmt einen in Celsius angegebenen Temperaturwert aus der aktuellen Zelle und rechnet diesen wahlweise in Kelvin oder Fahrenheit um. Ein Mausklick fügt das Ergebnis dann wieder in die aktuelle Zelle ein.

Wenn Sie dieses Beispielprojekt praktisch nachvollziehen möchten, fügen Sie dem *Office-Apps*-Stammordner zunächst einen neuen Unterordner namens *ComplexApp* hinzu. Dort speichern Sie die folgende HTML-Datei, die die Webseite der App bildet, unter dem Namen *ComplexApp.html* ab:

```
<! 15\OfficeApps\SimpleApp\ComplexApp.html >
<!DOCTYPE html>
<html>
  <head>
    <meta charset="UTF-8" />
    <meta http-equiv="X-UA-Compatible" content="IE=Edge"/>
    <link rel="stylesheet" type="text/css"
      href="../OfficeStyles.css" />
    <script src=
      "https://az88874.vo.msecnd.net/api/1.0/Office.js"></script>
    <script src="ComplexApp.js"></script>
  </head>
  <body>
    <div>
      Aktuelle Auswahl: <br>
      <input type="text" value="" id="txtValue"
        style="width: 254px" />
      <input type="button" value="Celsius in Kelvin"
        id="btnToKelvin" onclick="convertKelvin()"
        style="margin-top: 5px; width: 258px" />
      <input type="button" value="Celsius in Fahrenheit"
        id="btnToFahrenheit" onclick= "convertFahrenheit()"
        style="margin-top: 5px; width: 258px" />
      <hr width="258" align="left">
      Ergebnis: <br>
      <input type="text" value="" id="txtResult"
        style="width: 254px" />
      <input type="button" value="Ergebnis einfügen"
        id="btnInsert" onclick= "insertResult()"
        style="margin-top: 5px; width: 258px" />
    </div>
    <div>
      <hr width="258" align="left">
      Meldung: <br>
      <textarea id="txtMessage" rows="6"></textarea>
```

```
        <hr width="210" align="left">
      </div>
    </body>
  </html>
```

Der *head*-Bereich der Webseite unterscheidet sich kaum von seinem Gegenstück in *Simple-App.html*. Einziger Unterschied ist das zweite *script*-Element, das den Verweis auf das JavaScript-API herstellt.

Innerhalb des *body*-Blocks sind die Unterschiede größer. Die Anweisungen dort fügen der Webseite gleich zwei Textboxen, drei Buttons und ein mehrzeiliges Textarea-Control aus dem HTML-Fundus hinzu. Die erste Textbox (id="txtValue") zeigt den Inhalt der aktuell markierten Zelle, die zweite (id="txtResult") das Ergebnis, das nach dem Klick auf die oberen beiden Buttons (id="btnToKelvin" und id="btnToFahrenheit") berechnet wird. Button Nummer Drei (id="btnInsert") überträgt das Ergebnis zurück in das Dokument. Das Textarea-Control schließlich (id="txtMessage") ist für die Anzeige möglicher Fehlermeldungen zuständig.

Die Skriptdatei von ComplexApp

Die Skriptdatei der Beispiel-App trägt den Namen *ComplexApp.js* und ist ebenfalls im Unterordner *ComplexApp* zu speichern.

```
/* 15\OfficeApps\SimpleApp\ComplexApp.js */
Office.initialize = function (reason) {
  Office.context.document.addHandlerAsync(
    Office.EventType.DocumentSelectionChanged, myHandler);
}

function myHandler(eventArgs) {
  showMessage("");

  Office.context.document.getSelectedDataAsync(
    Office.CoercionType.Text, function (result) {
    if (result.status == "succeeded")
      document.getElementById("txtValue").value = result.value;
    else
      showMessage(result.error.message);
  });
}

function convertKelvin() {
  var celsius =
    parseFloat(document.getElementById("txtValue").value)
  var kelvin = celsius + 273.15

  document.getElementById("txtResult").value = kelvin
}
```

```
function convertFahrenheit() {
  var celsius =
    parseFloat(document.getElementById("txtValue").value)
  var fahrenheit = (celsius * 1.8) + 32

  document.getElementById("txtResult").value = fahrenheit
}

function insertResult() {
  showMessage("");

  var correctedResult =
    document.getElementById("txtResult").value.replace(".", ",")

  Office.context.document.setSelectedDataAsync(correctedResult,
    function (result) {
    if (result.status == "failed")
      showMessage(result.error.message);
  });
}

function showMessage(message) {
  document.getElementById("txtMessage").value = message;
}
```

Die *Office.initialize*-Zeile, die ja beim Laden der App automatisch aufgerufen wird, erklärt die Funktion *myHandler* zum zuständigen Event-Handler, der bei jeder Änderung der Dokument-auswahl ausgeführt wird. Die Funktion ermittelt dann den Wert der aktuellen Zelle mit Hilfe der API-Funktion *getSelectedDataAsync* und trägt diesen in die Textbox mit der ID *txtValue* ein.

Das Anklicken des obersten Buttons fällt in die Zuständigkeit der *convertKelvin*-Routine. Diese liest den Wert der Textbox *txtValue*, addiert die Zahl 273,15 dazu und trägt das Ergebnis in die Textbox *txtResult* ein.

Bei *convertFahrenheit* verhält es sich ähnlich. Die Routine tritt beim Anklicken des zweiten Buttons von oben in Aktion. Sie liest ebenfalls den Wert der Textbox *txtValue*, multipliziert die-sen aber mit 1,8 und rechnet 32 hinzu, ehe sie das Ergebnis in die Textbox *txtResult* überträgt.

Ein Klick auf den dritten Button schließlich ruft die *insertResult*-Routine auf den Plan. Diese ermittelt den momentanen Wert der Textbox *txtResult*, tauscht einen eventuell darin befind-lichen Dezimalpunkt gegen das hierzulande übliche Dezimalkomma aus und überträgt das Ergebnis mit Hilfe der *setSelectedDataAsync*-Methode des JavaScript-API in die markierte Zelle.

Die Manifestdatei von ComplexApp

Die Manifestdatei unserer zweiten Beispiel-App hat folgenden Inhalt und ist unter dem Namen *ComplexApp.xml* im Stamm-/Manifestordner *OfficeApps* zu speichern. Wie schon im ersten Beispiel, so sind auch hier die verwendeten (absoluten) URLs, die auf die Speicherorte der Webseiten- und der Icon-Datei verweisen, an die eigenen Gegebenheiten anzupassen.

```
<! 15\OfficeApps\ComplexApp.xml >
<?xml version="1.0" encoding="utf-8"?>
<OfficeApp xmlns=
  "http://schemas.microsoft.com/Office/appforOffice/1.0"
  xmlns:xsi="http://www.w3.org/2001/XMLSchema-instance"
  xsi:type="TaskPaneApp">
  <Id>08afd7fe-1631-42f4-84f1-5ba51e242f12</Id>
  <Version>1.0</Version>
  <ProviderName>Ralf Nebelo</ProviderName>
  <DefaultLocale>EN-US</DefaultLocale>
  <DisplayName DefaultValue="ComplexApp"/>
  <Description DefaultValue="Meine zweite Office-App"/>
  <IconUrl DefaultValue=
    "\\MYBOOKDATA\Public\OfficeApps\ComplexApp\ComplexApp.png"/>

  <Capabilities>
    <Capability Name="Document"/>
    <Capability Name="Workbook"/>
  </Capabilities>

  <DefaultSettings>
    <SourceLocation DefaultValue=
      "\\MYBOOKDATA\Public\OfficeApps\ComplexApp\ComplexApp.html"/>
  </DefaultSettings>
  <Permissions>ReadWriteDocument</Permissions>
</OfficeApp>
```

ComplexApp anzeigen und nutzen

Zum Starten der Beispiel-App wählen Sie EINFÜGEN | APPS FÜR OFFICE, wobei Sie wiederum *nicht* auf das Icon, sondern auf dessen Pfeilsymbol klicken. Nach einem Klick auf ALLE ANZEIGEN und dann auf FREIGEGEBENE ORDNER sollte das Dialogfeld einen Eintrag namens „ComplexApp" enthalten, dessen Icon aus einem Stern besteht. Fehlt der Eintrag, klicken Sie auf AKTUALISIER..., um die Anzeige auf den neuesten Stand zu bringen. Anschließend markieren Sie „ComplexApp" und wählen EINFÜGEN.

Die App sollte nun am rechten Rand des Excel-Fensters erscheinen. Testen Sie sie, indem Sie ein paar Temperaturwerte in das Arbeitsblatt schreiben und diese anschließend der Reihe nach anklicken. Der jeweilige Zellwert erscheint dann in der Textbox AKTUELLE AUSWAHL der ComplexApp.

Nach einem Klick auf CELSIUS IN KELVIN beziehungsweise CELSIUS IN FAHRENHEIT sollte das Ergebnis der Umrechnung in der Textbox ERGEBNIS auftauchen, von wo aus Sie es mit einem Klick auf ERGEBNIS EINFÜGEN in die aktuelle Zelle übertragen können.

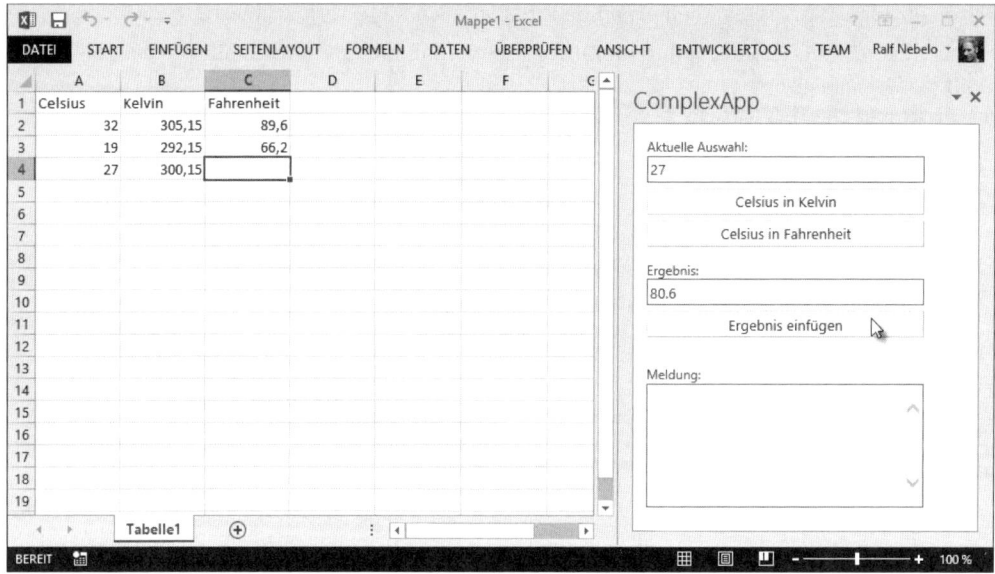

BILD 15.30 ComplexApp macht sich durchaus nützlich, indem sie Temperaturwerte von Celsius in Kelvin und Fahrenheit umrechnet.

15.9.7 Office-Apps bewertet

Mit Office-Apps will Microsoft die Grenzen seines Büropakets mit Hilfe von Webtechniken erweitern. Die Idee ist nicht schlecht. Solange aber nur Excel sowohl Aufgabenbereich- als auch Inhalt-Apps unterstützt und solange viele Office-Anwendungen überhaupt noch nicht App-tauglich gemacht wurden, weist das Konzept noch große Lücken auf.

Die findet man auch im JavaScript-API für Office. Das bildet in der vorliegenden Version 1.0 nur eine sehr schmale Brücke zur Host-Anwendung, da es der App zu wenige Möglichkeiten bietet, Informationen in das Dokument einzufügen. Den meisten Apps bleibt derzeit nur der Weg über die aktuelle Auswahl. Der Zugriff auf andere Dokumentregionen mit Hilfe von Bindungen ist in der Praxis verbaut, da er vorbereitete Dokumente erfordert, die der Entwickler selbst mit den notwendigen Bereichsnamen versehen hat.

Die typische Office-App erkennt, was der User gerade eintippt oder markiert, und beschafft ihm dazu passende Infos, Übersetzungen, Karten oder Grafiken aus dem Internet – was durchaus nützlich ist. Makros und insbesondere Add-ins, die mit VSTO (siehe Abschnitt 15.8) und den unerschöpflichen .NET-Bibliotheken realisiert wurden, können das aber auch – und darüber hinaus noch sehr viel mehr. Sie besitzen unbegrenzten Zugang auf jeden Dokumentbestandteil, können Office-Anwendungen nach Belieben steuern, Programme starten, auf die Hardware und das Dateisystem zugreifen, Funktionen des Windows-API nutzen und vieles mehr, was einer in Office integrierten Webanwendung verwehrt ist. Daher werden Office-Apps die klassischen Makros und Add-ins auch sicher nicht ersetzen, sondern allenfalls ergänzen.

Davon abgesehen muss man dem App-Konzept aber auch klare Vorteile attestieren:

- Den unkomplizierten und voll in die Office-Anwendung integrierten Installationsmechanismus beispielsweise

- Den Office Store, der für Transparenz im App-Angebot sorgt und Entwicklern eine zentrale und weltweite Vermarktungsplattform bietet

- Eine konkurrenzlos hohe Codekompatibilität, die Apps in mehreren Office-Anwendungen funktionieren lässt

- Und nicht zuletzt: ein deutliches Plus an Sicherheit, das der Welt nach den Makroviren hoffentlich jede Form von „App-Viren" ersparen wird

Anhang

■ A Inhalte der CD zum Buch

A.1 Objektreferenz

In früheren Auflagen dieses Buchs gab es am Ende stets eine langes Kapitel mit einer alphabetischen Referenz der wichtigsten Excel-Objekte. Da Auswahlen aber grundsätzlich subjektiv sind und somit nicht jedem Anspruch genügen und da Objektmodelle einem ständigem Wandel unterliegen, mit dem das sprichwörtlich so geduldige Medium Papier nicht Schritt halten kann, möchten wir Sie diesbezüglich nun auf die Hilfe von VBA verweisen.

Die ist zwar auch nicht wirklich lückenlos, liefert Ihnen aber konkurrenzlos schnelle (F1 drücken genügt), umfassende und dank (alternativloser) Online-Anbindung auch stets aktuelle Informationen zu den allermeisten Objekten, Eigenschaften und Methoden.

Eine gedruckte Referenz braucht es da eigentlich nur noch, wenn mal – aus welchen Gründen auch immer – die Online-Verbindung ausfallen sollte und die VBA-Hilfe keine Verbindung zur Excel-2013-Objektmodellreferenz im Internet

   http://msdn.microsoft.com/de-de/library/Office/ff194068.aspx

[Link 39] aufbauen kann. In dem Fall könnte sich unsere traditionelle Objektreferenz, die wir in Form einer PDF-Datei auf die Buch-CD ausgelagert haben, als nützlich erweisen. Die Datei trägt den Namen *Objektreferenz.pdf*, befindet sich im Ordner *Info* und beschreibt in alphabetischer Reihenfolge die rund 200 wichtigsten Objekte der Excel-, ADO-, MS-Forms-, Office-, Binder-, Scripting-, VBA- und VBE-Bibliothek (Stand: Office 2010). Dabei haben wir vor allem versucht, die Querverbindungen zwischen den Objekten deutlich zu machen und Eigenschaften und Methoden zu nennen, die diese Verbindungen herstellen.

A.2 Hyperlinks

Im Ordner *Info* der beiliegenden CD finden Sie eine weitere Datei namens *Hyperlinks.pdf*. Diese enthält eine nummerierte Auflistung aller Internetadressen, die in diesem Buch genannt und in der Form *[Link x]* referenziert werden (dabei steht x für die Nummer der Internetadresse). Die zugehörige Internetseite kann – sofern sie noch existiert – durch simples Anklicken der gewünschten Internetadresse geöffnet werden.

A.3 Beispieldateien

Der Ordner *Beispiele* der beiliegenden CD enthält die Beispieldateien zu diesem Buch. Zur Installation kopieren Sie diesen Ordner an einen beliebigen Ort auf Ihrer Festplatte. Anschließend öffnen Sie den kopierten Ordner im Windows-Explorer und führen die Batch-Datei *ReadWrite.bat* per Doppelklick aus. Diese Datei enthält das DOS-Kommando:

```
ATTRIB /s /d -r *.*
```

Es deaktiviert für alle Dateien (auch in den Unterverzeichnissen) das Read-Only-Attribut. Dieses Schreibschutzattribut ist automatisch bei allen Dateien gesetzt, die von einer CD-ROM kopiert werden.

Die Beispielprogramme sind kapitelweise organisiert. Sie finden also alle Beispiele zu Kapitel 1 im Verzeichnis *Beispiele\01*. Falls Sie die Beispielprogramme zu den Themen ActiveX-Automation ausprobieren möchten, müssen Sie eventuell das entsprechende Setup-Programm ausführen. Details und Hintergründe sind in Abschnitt 15.6 beschrieben. Um die Beispiele aus Abschnitt 15.8 öffnen zu können, benötigen Sie Microsoft Visual Studio 2012 Professional.

Bitte beachten Sie, dass auch die übrigen Codebeispiele nicht in jedem Fall unmittelbar lauffähig sind. Manche setzen die Existenz bestimmter Programme oder Verzeichnisstrukturen voraus und müssen zunächst an die Gegebenheiten Ihres Rechners angepasst werden. Das dazu notwendige Vorgehen wird entweder im zugehörigen Buchkapitel oder in Form von Codekommentaren beschrieben.

◾ B Verwendete Literatur

Für die inhaltlichen Recherchen zu diesem Buch haben wir die folgenden Bücher und Internetquellen verwendet:

- Eric Wells: *Lösungen entwickeln mit Microsoft Excel*. Microsoft Press 1995.
- Josef Broukal: *Excel schneller, rascher, sicherer mit VBA*. Seminarunterlagen zur VBA-Programmierung, Wien 1995.
- Michael Kofler: *Visual Basic 6. Programmiertechniken, Datenbanken und Internet*. Addison-Wesley 1998.
- Michael Kofler: *Visual Basic Datenbankprogrammierung*. Addison-Wesley 1999.
- John Walkenbach: *Microsoft Excel 2000 Power Programming with VBA*. IDG Books Worldwide 1999.
- Gerhard Brosius: *Microsoft OLAP Services*. Addison-Wesley 1999.
- Microsoft: *Office 2000/Visual Basic Programmierhandbuch*. 1999 (wird mit Office 2000 Developer mitgeliefert).
- Microsoft: *Office XP Entwicklerhandbuch*. 2001 (wird mit Office XP Developer mitgeliefert).

- Holger Schwichtenberg: *Windows Scripting.* Addison-Wesley 2001.
- Armin Hanisch: *XML mit .NET – Programmierung und Basisklassen.* Addison-Wesley 2002
- Steve Harris, Rob Macdonald: *Moving to ASP.NET: Web Development with VB.NET.* Apress 2002.
- Michael Kofler: *Visual Basic .NET.* Addison-Wesley 2002.
- Peter Monadjemi, Eckehard Pfeifer: *Office 2007 Programmierung. Von VBA zu VSTO.* Microsoft Press 2008.
- *Microsoft Developer Network* (MSDN-Library), *http://msdn.microsoft.com*

■ C Nachweis der Grafiken & Icons

In einigen Abbildungen dieses Buches und diversen Beispielprogrammen sind Grafiken oder Icons von VisualPharm (*www.visualpharm.com*) zu sehen.

Stichwortverzeichnis